Dedicación

A mis estudiantes que le ponen alas a mis palabras.
¡Los amo!

Abreviaciones de los libros en inglés citados por el autor:

ABW Archaeology in the Biblical World
AL Alliance Life
Ann Annals
Ant Antiquities of the Jews
ATJ Asbury Theological Journal
ATR Anglican Theological Review
AUSS Andrews University Seminary Studies
BA Biblical Archaeologist
BAR Biblical Archaeology Review
BBR Bulletin for Biblical Research
BETS Bulletin of the EvangelicalTheological Society
BibSac Bibliotheca Sacra
BibT Bible Today
BJRL Bulletin of the John Rylands University Library of Manchester
BR Bible Review
BT Bible Translator
BTB Biblical Theology Bulletin
BV Biblical Viewpoint
BW Biblical World
CBQ Catholic Biblical Quarterly
ChHist Church History
ChicSt Chicago Studies
ChrCen Christian Century
CJ Concordia Journal
CQ Covenant Quarterly
CS Christian Standard
CSR Christian Scholar's Review
CT Christianity Today
CTJ Calvin Theological Journal
CTM Concordia Theological Monthly
CTR Criswell Theological Review
CurTM Currents in Theology and Mission
DJ Discipleship Journal
EmJ The Emmaus Journal
EvJ Evangelical Journal
EvQ Evangelical Quarterly
ExpT Expository Times
GR Gordon Review
GTJ Grace Theological Journal
GWPA Gospel Witness and Protestant Advocate
HeyJ Heythrop Journal
HibJ Hibbert Journal
HTR Harvard Theological Review
IEJ Israel Exploration Journal
Int Interpretation
IRV International Review of Mission
ITQ Irish Theological Quarterly
JAMA Journal of the American Medical Assoc.
JBL Journal of Biblical Literature
JES Journal of Ecumenical Studies
JETS Journal of the Evangelical Theological Society
JHLT Journal of Hispanic/Latino Theology
JJS Journal of Jewish Studies
JPSP Journal of Personality and Social Psychology
JPST Journal of Psychology and Theology
JQR Jewish Quarterly Review
JSNT Journal for the Study of the New Testament
JTS Journal of Theological Studies
JTSA Journal of Theology Southern Africa
LexTQ Lexington Theological Quarterly
LXX Septuagint
MSJ Masters Seminary Journal
MT Masoretic Text
NovT Novum Testamentum
NT New Testament
NTS New Testament Studies
OT Old Testament
PEQ Palestine Exploration Quarterly
Pres Presbyterian
PRS Perspectives in Religious Studies
R&R Reformation & Revival
RB Revue Biblique
RestQ Restoration Quarterly
RevExp Review & Expositor
SBET Scottish Bulletin of Evangelical Theology
SCJ Stone-Campbell Journal
SJT Scottish Jounal of Theology
ST Studia Theologica
SwJT Southwestern Journal of Theology
TB Tyndale Bulletin
TheolED Theological Educator
TrinJ Trinity Journal
TS Theological Studies
VE Vox Evangelica
War Jewish Wars
WTJ Westminster Theological Journal
ZNW Zeitschrift Für die neutestamentliche Wissenschaft und die Kundederältern Kirch

La vida cronológica de Cristo

Mark E. Moore

LATM
Libros que logran
Literatura Alcanzando a Todo el Mundo
www.latm.info

La vida cronológica de **cristo**

Redacción * Edición * Distribución

La RED es un servicio voluntario para promover la obra literaria. Su propósito es apoyar y ayudar todo esfuerzo relacionado con la producción de literatura bíblica y cristiana.

La RED se compromete a servir la comunidad publicadora utilizando la riqueza de la diversidad cultural e intelectual de sus recursos humanos y técnicos, sin embargo, respetando la autonomía de cada entidad para la unidad de la iglesia.

La RED es un servicio disponible a quien quiera utilizar los recursos humanos cooperativos para la revisión y mejoramiento de los trabajos impresos y así mantener una fidelidad al lenguaje.

Este logotipo (sello) es el símbolo representativo de la calidad en ortografía y el uso de un lenguaje común con el propósito de que el mensaje bíblico y las aplicaciones cristianas se comprendan por la gran mayoría de hispanohablantes.

La vida cronológica de Cristo por Mark E. Moore

Publicado originalmente por College Press Publishing Company, Joplin, Missouri bajo el título:

The Chronological Life of Christ
Material original © 1996 (Tomo 1); 1997 (Tomo 2)
Tomo único © 2007
Revisión 2011
Derechos reservados

Publicado en español por Literatura Alcanzando a Todo el Mundo (LATM) © 2009 (Tomo 1); 2010 (Tomo 2); ahora en tomo único. Derechos reservados © 2022 Literatura Alcanzando a Todo el Mundo (LATM)

P. O. Box 645
Joplin, MO 64802-0645 E.U.A.
www.latm.info

Todos los derechos están reservados. Ninguna parte de este libro puede ser reproducida ni transmitida por medios electrónicos, mecánicos, fotocopiadores, de grabación o cualquier otro, sin permiso del dueño de los derechos. Sólo se permite citar breves trozos del libro en publicaciones especializadas y dando el debido crédito con notas al pie de la página, y en la bibliografía.

Traducción: José José Aparicio
Foto de la tapa por Fatih Yildirima en unsplash.com

ISBN: 978-1-952942-06-8

Scriptures taken from La Santa Biblia, Nueva Versión Internacional TM, NVI TM
    Copyright © 1999 by Biblica, Inc.
    Used with permission. All rights reserved worldwide.

"Nueva Versión Internacional" is a trademark registered in the United States Patent and Trademark Office and in the Instituto Mexicano de la Propiedad Industrial (IMPI) by Biblica, Inc. The "NVI", "Biblica", "International Bible Society" and the Biblica Logo are trademarks registered in the United States Patent and Trademark Office by Biblica, Inc. Used with permission.

Contenido

Introducción	9
Parte uno: En el principio	13
Parte dos: Dos nacimientos divinos	39
Parte tres: Los primeros años de Jesucristo	59
Parte cuatro: El ministerio de Juan el Bautista	89
Parte cinco: Transición de Juan a Jesús	101
Parte seis: Ministerio galileo	153
Parte siete: Saliendo de Galilea	371
Parte ocho: El posterior ministerio judío de Jesucristo	477
Parte nueve: El posterior ministerio pereo	585
Parte diez: La última semana	697
Parte once: Preparación para la muerte de Cristo	759
Parte doce: La muerte de Cristo	865
Parte trece: La resurrección y ascensión de Jesús	937
Guia de pasajes	987

Introducción

En el año 1996 nuevamente hizo historia. Por primera vez, las revistas *Time*, *Newsweek*, y *US News* and *World Report* presentaron la misma historia: Jesucristo. Sin otro particular, estos artículos muestran que todavía hay concepciones equivocadas y medias verdades en cuanto a este hombre en el mundo. Así que aquí lo tenemos. . . . No ha habido muchos cambios de cuando las sandalias de Jesús recogieron polvo en la tierra de Palestina. Sigue siendo tema de conversación en los cafés y en las peluquerías. Se sigue hablando bien y mal de él. Despierta nuestra curiosidad. Motiva nuestra imaginación. Y en ocasiones hasta nos encoleriza.

En *verdad*, ¿quién es él? Usted sabe que no es un político, pero sigue estrechando las manos de niños y ancianos y transforma naciones enteras. No es un activista social, pero él es el propulsor de muchos hospitales, orfanatos e innumerables actos de bondad. No es un entretenedor, pero ¿la agenda de quién es la más ocupada? ¿Es un psicoterapeuta? No lo creo. Pero ha rehabilitado a millones. Este carpintero y campesino ha construido un reino jamás imaginado por sus enemigos terrenales.

En *verdad*, ¿quién es? Si usted fisgoneara detrás de las puertas de las torres de marfil usted escucharía a los eruditos discutiendo sobre la frase "la búsqueda del Jesús histórico". Lo que afirman es que hay que quitarle a los evangelios toda secuela de lo milagroso y lo "mítico" y tratar de entender lo que el autor *realmente* dijo. En la mayoría de estas presentaciones resulta que Jesús es un filósofo cínico; un zelote rebelde; o peor aún, un buen hombre que sería buen vecino.

Bueno, he aquí las buenas noticias y el ímpetu detrás de este libro: Los evangelios, como los tenemos, presentan a este Jesús histórico. No tenemos que rebuscar en las fuentes. No tenemos que jugar a las escondidas con ellas. No tenemos que psicoanalizar una iglesia hipotética. Tampoco tenemos que interpretar los murales de un pintor del segundo siglo. Los evangelios que usted tiene en sus manos, con todos sus milagros, dicen la verdad en cuanto a Jesús. En *verdad*, ¿quién es él? Es el Señor, Jesucristo, quien murió por nuestros pecados y se levantó para nuestra justificación. ¡Vale la pena escribir de eso!

En este libro, se han armonizado los cuatro evangelios para presentar una historia cronológica única. DOS ADVERTENCIAS: (1) Los escritores de los evangelios no pretendieron contar la vida de Jesús de manera cronológica fiel. La 'cronología' que ellos presentan tiene que ver más con la 'teología' tanto en las historias que escogieron narrar y su forma de presentarlas. Por lo tanto, mucho de su armonía es mera especulación nuestra. Sin embargo, aun ese arreglo pretensioso del 'cuándo' y 'dónde' llevó Jesús a cabo su ministerio nos arroja luz respecto al 'cómo' y 'por qué' hizo lo que hizo. No obstante, este acercamiento en la vida de Jesús resulta interesante y de gran ayuda, a pesar de que la cronología resulte incierta el algunas ocasiones. Esta simple observación hará que su lectura sea más provechosa. (2) Los evangelistas no tan sólo cuentan la vida de Jesús; la compactan en el vocabulario propio del evangelissta en cuestión, su estilo literario e intereses teológicos. La armonía *no* pretende silenciar las voces únicas de los evangelistas al mezclarlas en una especie de guisado literario. Por el contrario, la armonía pone atención cuidadosa a lo que cada evangelista añade (o quita) al colocarlos uno al lado del otro en una proximidad de lo más cercana posible. Por favor recuerde que usted está leyendo cuatro perspectivas complementarias de la misma historia. Al irse familiarizando e ir conociendo a Jesús, también debe aprender un poco de cada uno de sus cuatro amigos que decidieron tomarse el tiempo para contar su historia.

Es tiempo de compartirle mi secreto. He pasado la mayor parte de mi carrera profesional dedicado a conocer plenamente los evangelios pero, francamente, me siguen eludiendo. Esto no se debe a que los evangelistas sean tan complicados que no se puedan comprender o que sean tan iletrados que no puedan comunicar claramente sus ideas. El problema radica en el mismo Jesús. No encaja en ninguna categoría conocida. No es (meramente) consevador o liberal, no (exclusivamente) profeta, sacerdote o rey, no (únicamente) religioso, social o político. Lo único pleno en él es que es humano y divino. No obstante, esto casi no ayuda para presentar plenamente su persona.

Aunado a esto, lo que hace todo ello más complicado es que Jesús está más allá de adaptarlo a nuestros intereses. Sus demandas resultan imposibles y su ética resiste hasta la más mínima concesión. A pesar de todo ello, jamás ha existido hombre alguno que se muestre más lleno de gracia, que te reciba con agrado y te acepta. Su sabiduría elude lo más inteligente y sabio, y aún así se dignó ilustrar sus historias son toda la simpleza posible refiriéndose a flores y pan. Es el juez que paga el castigo que el culpable merece, el rey que lava los pies de sus siervos, el Dios encarnado que muere una muerte patética bajo la mano dura de los políticos complacientes de las masas. ¿Qué haremos de él? Por favor acepta, de primera mano, mi más profunda disculpa, ya que este libro no contestará esa pregunta. Sin embargo, puede que ayude a contestar la siguiente: ¿Qué va a hacer de mí este hombre?

En cuanto al formato

Este libro casi presenta el mismo formato que la *Armonía NVI* escrita por Thomas y Gundry,[1] incluyendo su presentación de los números (usado con permiso) con pocas variaciones menores. Sin embargo, en vez de alistar los textos bíblicos en columnas por separado, éstos se han combinado para leerlos con "una línea histórica" única. Con el simple hecho de usar letras exponenciales [Mt, Mr, Lc, Jn, Hech, 1 Co] representamos a los autores Mateo, Marcos, Lucas, Juan, Hechos y 1 Corintios respectivamente. Al combinar partes de oraciones de las diferentes narraciones para consolidar la línea de la historia, a veces fue necesario agregar o cambiar palabras o signos de puntuación y así lograr una transición adecuada gramaticalmente. En el caso de que la sintaxis la puntuación o el uso de mayúsculas no *sea exacta* como lo presenta la versión con derechos de autor de la NVI, hemos indicado el cambio al citar entre corchetes ([...]).

---

[1] Robert L. Thomas y Stanley N. Gundry, *The NIV Harmony of the Gospels* (La armonía de los evangelios NVI) Harper San Francisco, Division Harper Collins, 1988. Usado con permiso, hemos sido fieles a sus números de sección con pequeñas variaciones.

Parte uno
En el principio

Sección 1
La introducción que Lucas hace de su narración
(Lucas 1:1-4)

¹Muchos han intentado hacer un relato de las cosas que se han cumplido[a] entre nosotros, ²tal y como nos las transmitieron los que desde el principio fueron testigos presenciales y servidores de la palabra. ³Por lo tanto, yo también, excelentísimo Teófilo, habiendo investigado todo esto con esmero desde su origen, he decidido escribírtelo ordenadamente, ⁴para que llegues a tener plena seguridad de lo que te enseñaron.

ᵃ1 se han cumplido. Alt. se han recibido con convicción.

De los cuatro evangelios, solamente Lucas declara el propósito en un párrafo introductorio. Por ello, empezaremos con él. Estos cuatro versículos en nuestro idioma, hacen en el griego una sola y larga oración cuidadosamente estructurada. De hecho, algunos creen que esta es la mejor oración griega del Nuevo Testamento. Esto resulta muy interesante ya que el resto del capítulo uno y todo el dos están plagados de frases de tipo arameo y no en griego puro. Entonces, lo que tenemos en los vv. 1-4 es una introducción formal donde Lucas plantea su tratado con pomposidad. Sin embargo, en lo sucesivo, procede a utilizar frases idiomáticas apropiadas al tema que maneja. Es literalmente un genio.¡Rápidamente descubrimos en Lucas que nuestro intelecto tendrá un buen sabor de boca!

Mientras que esta es una introducción rebuscada y bien estructurada, no está fuera de lo ordinario. Los historiadores griegos y helénicos estaban acostumbrados a este tipo de presentación[1] Buscaban asegurarle al lector su capacidad investigadora y su confiabilidad. Por ello, Lucas procede a describir su motivación (vv. 1-2), su propia recomendación como investigador (v. 3) y su propósito específico (v. 4).[2]

La palabra inicial del evangelio de Lucas [*epeidepēr*] se traduce como "por lo tanto" en la *Nueva Versión Internacional* de la Biblia, y se encuentra colocada en el versículo tres por cuestiones de estilo. Es una palabra clásica que ambienta el escenario de la introducción formal de Lucas.

Lucas se motiva a escribir por los "muchos" que ya lo habían intentado. El hecho de que muchos habían intentado escribir de Jesús sienta el precedente de la versión de Lucas. Además, Vincent, en su (*Word Studies in the NT*, [Estudio de las palabras del Nuevo Testamento], I:251), señala que esta palabra [*epicheireo*, literalmente "poner las manos en algo"] implica que sus intentos anteriores no tuvieron éxito (ver también Johnson, pp 27-28). Aunque esta no es una implicación necesaria, Lucas se da cuenta que falta algo. Esto fue lo que hizo que él se abocara a llevar a cabo este proyecto tan extenso, dando como resultado los dos volúmenes que escribió: El Evangelio según Lucas y Hechos de los Apóstoles. Estos libros empezaron su relato con el nacimiento de Juan el Bautista y siguieron el evangelio hasta Roma. En otras palabras, las narraciones de Lucas abarcan mucho antes y mucho después en el tiempo, a diferencia de los otros tres evangelistas.

Lucas utiliza tres fuentes informativas en su investigación.[3] Primera, utiliza sucesos en los que participaron tanto él y/o su audiencia — **las cosas que se han cumplido**. Esta traducción no le hace justicia plena al tiempo del verbo que utiliza Lucas. Pudiéramos decir: "cosas que se han logrado cumplidamente entre nosotros". Como

---

[1] Existen muchos ejemplos de este tipo de introducción en Herodoto, Dionisio, Polibio, Hipócrates, Josefo, etc. Ver a T. Callan, "The Preface of Luke-Acts and Historiography" (El prefacio de Lucas-Hechos e Historiografía), *NTS* (Estudios del Nuevo Testamento) 31 [1985]: 576-581; H. J. Cadbury, "Comentario del prefacio de Lucas-Hechos". En *Beginnings* (Principios), ed. F. J. Foakes-Jackson y K. Lake, 2:489-510.

[2] Ver D. J. Sneen, "An Exegesis of Luke 1:1-4 with Special Regard to Luke's Purpose as a Historian" (Una exégesis de Lucas 1:1-4 con especial énfasis en los propósitos de Lucas como historiador), *ExpT* (Revista expositor) 83 [1971]: 40-43

[3] Ver R. H. Stein, "Luke 1:1-4 and *Traditionsgeschichte*", *JETS* (Diario de la sociedad teológica evangélica) 26/4 [diciembre, 1983]: 421-430.

historiador, Lucas no solamente nos dice qué fue lo que pasó, sino que registra los sucesos con un toque teológico y con los designios soberanos como él los percibe. Segunda, Lucas utiliza los **materiales escritos** ya existentes: tal y como nos las transmitieron. Como lo señala el versículo uno, muchos ya habían intentado "hacer un relato" de la vida de Jesús. Esto pudo haber incluido los relatos escritos de Mateo y de Marcos.[4] Tercera, había **testimonio oral** de testigos oculares. Esto no se debe tomar a la ligera. Lucas hace hincapié en que los testigos presenciales se remontan desde el principio. Es decir, desde el mismo inicio de la narración en cuanto a la vida de Jesús. Están bien informados y tienen credibilidad. Cualquier teoría de los orígenes del evangelio que no toma en cuenta las tres fuentes citadas por Lucas está destinada a tener defectos serios. Además, la veracidad de Lucas se aprecia desde el mismo inicio ya que él mismo señala **no** ser testigo presencial.[5] No es la obra de un fantasioso narrador de historias y cuentos, sino de un investigador confiable y honesto.

Lucas utiliza una palabra fascinante equivalente a habiendo *investigado*. Etimológicamente significa seguir a la par. Es la figura de un reportero aferrado y persistente con libreta y pluma en mano, siempre haciendo preguntas. Lucas investigó de forma detallada y cuidadosamente, como lo describe con cuatro palabras:

(1) *Todo esto*. Lucas es el evangelio más completo y exhaustivo de los cuatro. Junto con Hechos representan el 27% de todo el Nuevo Testamento. Leemos más de lo escrito por Lucas que de Pedro, Juan o Pablo. Por Lucas tenemos un entendimiento completo en cuanto a la iglesia cristiana.

(2) *Desde su origen*. Lucas es el único escritor del evangelio que presenta una narración completa y detallada del nacimiento de Jesús y de Juan.

(3) *Con esmero*. Mejor dicho "fielmente". Esta investigación fue hecha de manera cuidadosa, precisa y fiel. Ha habido muchos que han criticado a Lucas como historiador, pero jamás con éxito o con el apoyo de la arqueología.

---

[4] Aunque P. Felix argumenta que los "muchos" no podría incluir a Mateo y Marcos porque (1) Lucas supuestamente ver algo deficiente en ellos y (2) son otros aparte del testimonio de los apóstoles de v. 2. ("Literary Dependence and Luke's Prologue" [La dependencia literaria y el prólogo de Lucas], *MSJ* [Periódico del Seminario de Maestría] 8/1 [1997]: 61-82).

[5] John Wenham, "The Identification of Luke" (La identificación de Lucas), *EvQ* (Revista evangélica trimestral) 63/1 [1991]: 3-44 sin embargo, argumenta que Lucas era uno de los 70 (capítulo 10) el compañero de Cleofas en el camino a Emaús, Lucio de Cirene en Antioquía (Hechos 13), tanto como familiar del apóstol Pablo.

(4) Escribírtelo ordenadamente. La narración que Lucas hace no es tan sólo ordenada o bien estructurada, sino que presenta una línea cronológica ordenada. Fue hecha en orden de aparición de los acontecimientos (ver Lucas 8:1; Hechos 3:24; 11:4; 18:23). No queremos afirmar que Lucas jamás se desvíe de una cronología estricta debido a su arreglo temático o propósito teológico, sino que él es el único escritor de los evangelios que señala ser cronológico en el arreglo de su narración. Debemos mantener esto en mente al armonizar los cuatro evangelios.

El libro de Lucas está dirigido al **excelentísimo Teófilo**. El título de "excelentísimo" estaba reservado para aquellos pertenecientes al orden ecuestre o de equitación (por ejemplo, la caballería) o a los gobernadores (refiriéndose a Felix en Hechos 23:26; 24:3 y a Festo en Hechos 26:25). El nombre "Teófilo" quiere decir "amigo de Dios". Algunos creen que es un nombre ficticio representativo de todos aquellos que aman a Dios, pero el título específico de honor, "excelentísimo", contrarresta esa posición. Lo más seguro es que fue socio o conocido de Lucas porque éste quiere convertirlo o fortalecerlo en su fe. También es posible que este personaje sea un oficial romano a quien Lucas quería convencer de que el cristianismo es una religión legal (tal vez el abogado defensor de Pablo en Roma, ver Hechos capítulo 28). Otra fuerte posibilidad es que Teófilo sea el patrocinador o el editor del libro de Lucas.[6] Después de todo era común que el escritor dedicara el libro a la persona que cubría los gastos. Sin embargo y aunque Lucas dirigió ambos volúmenes a Teófilo, es cierto que era para toda la comunidad cristiana.

Finalmente, llegamos, en el versículo cuatro, al tema del libro: "proveer evidencia para que llegues a tener plena seguridad de lo que te enseñaron" (ver Juan 20:31). Teófilo (y toda la comunidad cristiana) obviamente sabían algo en cuanto a Jesús. Ambos tratados, Lucas y Hechos, intentaban que todo el conocimiento de Jesús se lograra cumplidamente. Buscaban que la gente "llegara a tener plena seguridad" en cuanto a los sucesos en la vida de Jesús. La palabra [*asphaleian*], tanto en su forma sustantiva como verbo, casi siempre se refiere a encarcelar o asegurar a alguien (Mateo 27:64-66; Hechos 5:23; 16:24). Es una palabra que describe una convicción certera. Este libro habla de Jesús. Es tanto convincente como apremiante.

---

[6]Comparar E. T. Goodspeed, "Some Greek Notes: I. Was Theophilus Luke's Publisher?" (Algunas notas griegas: I. ¿Fue Teófilo el publicista de Lucas?) *JBL* (Periódico de la literatura bíblica) 73 [1954]: 84.

Sección 2
La presentación que Juan hace de Jesús
(Juan 1:1-18)

La introducción de Lucas refleja lo familiarizado que él estaba con la literatura histórica griega. Por otro lado, la introducción de Juan refleja la cultura literaria sabia de los judíos.[7] Por ejemplo, él utiliza el paralelismo poético hebreo[8] y recurrentes palabras claves que son indicios del tema dominante del texto.[9]

De hecho, muchos eruditos creen que este prólogo no era tan sólo un poema, sino un himno cristiano primitivo[10] que fija el tono o hasta el bosquejo del resto del libro. Staley lo pone de la siguiente manera: "al igual que la primera estrofa del prólogo fija el tono rítmico y simétrico de todo el prólogo, de igual manera la simetría del prólogo fija el tono de toda la

---

[7] Thomas Tobin, "The Prologue of John and Hellenistic Jewish Speculation", (El prólogo de Juan y la especulación judía helenística) CBQ (Publicación trimestral católica de la Biblia) 52 [Abril, 1990]: 252-269, compara a Juan con Filo. Él sugiere que ambos utilizan una hermenéutica mística, pero con Juan reflejando unos rasgos palestinos mientras que Filo proviene de tradiciones helenísticas de Alejandría. Kay Keng Khou, "The Tao and the Logos", (El Tao y la Palabra) IRV (Revista internacional de misión) 87-344 [1998]: 77-84, también argumenta que el punto de vista de Juan encaja con la opinión china del Tao. Entonces la filosofía de Juan encaja con el pensar occidental del platonismo y el pensar oriental del Tao.

[8] Mathias Rissi ofrece un análisis profundo de la poesía de esta sección ("Juan 1:1-18", Int [Interpretación], 31 [octubre, 1977]: 394-401).

[9] Jeff Staley, "The Structure of John's Prologue: Its Implication for the Gospel's Narrative Structure", (La estructura del prólogo de Juan: su implicación en la estructura narrativa del evangelio), CBQ (Publicación trimestral católica de la Biblia) 48:241-264, llama a este recurso literario *leitwort*. Él sugiere que *phōs* y *ginomai* son tales palabras. Hace la observación que ginomai, por ejemplo, "ocurre por lo menos una vez en cada sección de la estructura quiásmica del prólogo y llega a ser unidad unificadora principal del prólogo" (p. 249).

[10] E. G., Barclay Newman, "Some Observations regarding a Poetic Restructuring of John 1:1-18" (Algunas observaciones pertinentes a una reestructuración poética de Juan 1:1-18), BT (Traductor de la Biblia), 29 [abril, 1978]: 206-212; Thomas Tobin, "The Prologue of John and Hellenistic Jewish Speculation." (El prólogo de Juan y la especulación judía helenística), CBQ (Publicación trimestral católica de la Biblia), 52 [abril, 1990]: 252-269. Sin embargo, la mayoría de los intentos en analizar la estructura del prólogo de Juan terminan siendo presa de dos errores. Primero, necesitan una redacción radical, considerando los vv. 6-8, 13, 15 como comentarios editoriales posteriores e intrusiones al himno original [Ver Charles Giblin, "Two Complementary Literary Structures in John 1:1-18" (Dos estructuras literarias complementarias en Juan 1:1-18), JBL (Periódico de literatura bíblica) 104/1 [1985]: 87-103. Segundo, con frecuencia sugieren algo que parece un quiasmo "forzado" del texto. En verdad, Juan utiliza el recurso judío típico de la repetición (por ejemplo, v. 1; vv. 6-8 y 15), pero no es un quiasmo plenamente identificado (como se podrá ver por su gran variedad de estructuras de quiasmo sugeridas por los eruditos].

narrativa siguiente" (p. 242).[11] Este prólogo es complejo, no tan solamente por su retórica, sino también por su teología.[12] Algunos conceptos que Juan maneja son bastante profundos. Pero hasta el lector más ingenuo capta el punto principal de Juan: hay afiliación entre Jesús y Dios.

Juan 1:1-2 señala:

¹En el principio ya existía el Verbo, y el Verbo estaba con Dios, y el Verbo era Dios. ²Él estaba con Dios en el principio.

"En el principio" enlaza por lo menos tres libros: Génesis, Juan y 1 Juan. Los tres inician su narración con este pensamiento. Tanto Génesis como Juan hablan específicamente de la creación. Tanto Juan como 1 Juan hablan específicamente de la encarnación (Juan 1:14; 1 Juan 1:1-2). Por lo tanto, Jesús, el Logos hecho carne tenía plena existencia y operaba plenamente desde el principio de la creación.

En los primeros cinco versículos, Juan hace cuatro afirmaciones sorprendentes acerca de Jesús: Es el Logos, es Dios, es el Creador de la vida y es la Luz.

Jesús es el logos

Cuando leemos que Jesús es "el Verbo", naturalmente pensamos en la Palabra de Dios — la Biblia. Le damos a esta frase un significado espiritual que quiere decir que Jesús era el mensaje encarnado de Dios. No está mal, pero no es todo. La palabra *logos* estaba cargada de significado tanto para los filósofos griegos como para los teólogos hebreos.

Por ejemplo, Sócrates y Platón utilizaron *logos* para referirse a las ideas que únicamente residían en "la mente divina". En otras palabras, *logos* no era simplemente una forma gramatical humana, sino los pensamientos mismos de los dioses que de alguna manera se

---

[11] Jeff Staley, "The Structure of John's Prologue: Its Implications for the Gospel's Narrative Structure" (La estructura del prólogo de Juan: sus implicaciones para la estructura narrativa), *CBQ* [Publicación trimestral católica de la Biblia] 48: 241-264. Él divide el libro en cinco secciones, la última más larga que la anterior (1:1-18; 1:19-3:36; 4:1-6:71; 7:1-10:42; 11:1-21:25). Además, en la gráfica de la página 264, él sugiere que cada elemento del prólogo se repite en cada uno de las cinco secciones siguientes.

[12] Por ejemplo, Juan 1:1-18 reconstruye la creación y el éxodo — dos eventos cruciales en el Antiguo Testamento — por medio de la persona de Jesucristo. Ver George Knight, "The Light of God in Action" (La luz de Dios en acción), *Chr. Cent.* (El siglo del cristiano) 115/35 [1998]: 1212-1214.

filtraban al ser humano. Los estoicos, comandados por uno de nombre Zeno (300 a.c.), llevó esta palabra un paso más adelante. *Logos* no era una simple idea divina, sino un mandato divino. Es decir, aquello que los dioses piensan y dicen se cumple de manera física en el tiempo y en el espacio. Es como lo que leemos en Génesis capítulo 1: Dios dijo . . . y existió. Así, el logos de los dioses tenía una fuerza creadora (conocida como *logos spermatikos*). Los cultos misteriosos dieron un paso más adelante. Añadieron a *logos* la idea de una comunicación con los dioses. *Si un dios hablaba al hombre, logos = revelación. Si un hombre hablaba con un dios, logos = oración.* Sin embargo, ambas cosas eran consideradas como algo misterioso y sagrado. Hermes era considerado el mensajero que entregaba el *logos* para ambas partes. Dejemos hasta ahí esto de la filosofía griega.

Llega Filo. Él era un teólogo hebreo que amaba la filosofía griega. Así que utilizó la definición griega de la palabra *logos* y la aplicó al Antiguo Testamento. Él se refirió a *logos* como un puente entre el trascendental Dios y el mundo físico. Era una clase de fuerza semi-divina que se desplazaba entre el cielo y la tierra. Así, en la teología judía, *logos* vino a significar "una fuerza activa de parte de Dios – que causaba cierto resultado": (1) la creación en Génesis 1:3; (2) sanidad en Salmos 107:20; 147:15, 18; ó (3) revelación.

Para los griegos, *logos* era las ideas "filtradas" de un dios en la filosofía humana. Para los hebreos representaba la palabra hablada de Dios que llegó a ser una realidad humana. Juan adapta ambas ideas. Para él, *logos* era la encarnación tanto de la sabiduría de Dios y el agente activo de Dios – Jesucristo. Sin embargo, para Juan, la diferencia es que no se perdió nada cuando *logos* descendió a la tierra. Este *logos* no representa simplemente las ideas de Dios, sino que es Dios encarnado. Así, la mente de Dios invade la historia de la raza humana.

Jesús es Dios

Este concepto de logos nos permite entender algo más en cuanto a Jesús. Antes de su encarnación, existió como Dios en su estado "*logos*". No tan sólo Juan y Pablo afirman la preexistencia de Jesús, sino que el mismo Jesús así lo señala (Juan 6:38; 8:42; 16:27; 17:5) en presencia tanto de amigos como de sus adversarios. Estaba con Dios en el principio al momento mismo de la creación (Juan 1:1-3, 18; 1 Corintios 8:6; Colosenses 1:16; 1 Juan 1:1) y compartió el ministerio de Dios a los israelitas (1 Corintios 10:3-4). Aunque era igual al Padre en gloria, poder y riquezas (Juan 17:5; 2 Corintios 8:9; Filipenses 2:6), se sometió a Dios y por ello Dios lo envió como su representante del cielo (Juan 6:38, 51; 8:42; 13:3; 16:27, 30; Romanos 8:3; Gálatas 4:4; 1 Juan 4:9-10). En este acto obediente de su encarnación se despojó a sí mismo para cumplir la voluntad de su Padre. Se humilló al tomar la forma de ser humano (Romanos 8:3; Filipenses 2:7-8) y murió como pecador (2 Corintios 5:21).

Ahora, si el logos era igual a Jehová, ¿por qué algunos afirman que simplemente era "un dios" más o "parecido a dios"? El texto griego del v. 1 no tiene artículo definido ("el") en la frase "y el Verbo era Dios". Por ello, algunos grupos religiosos se sienten tentados a agregarle el artículo indefinido ("un"), que no existe en la lengua griega. En ocasiones esa es una traducción apropiada, pero no siempre. El artículo definido en griego señala o especifica un objeto en particular (una persona, un lugar o una cosa). Es como si uno señalara con el dedo índice y dijera "ese" o "eso". Por otro lado, un sustantivo griego sin artículo significa la cualidad o característica de ese sustantivo en particular. Así, la frase "y el Verbo era Dios" describe al Verbo como teniendo "la cualidad o el carácter de Dios mismo". En vez de señalar que Jesús simplemente era "un dios" o "parecido a dios", este versículo es un reclamo explícito a la deidad de Jesús.[13] [Nota: esta misma estructura gramatical se encuentra en los vv. 12 y 18 donde claramente sería inapropiado agregarle un artículo indefinido. Específicamente ver Juan 4:24 "Dios es Espíritu"].[14]

Admitimos que resulta muy difícil tragarnos esta aseveración de que Jesús, el hombre, era Dios encarnado. Si Juan fuera el único que así lo admitiera lo consideraríamos un lunático o un poeta. Pero lo acompañan en esta aseveración Pedro y Pablo, quienes igualan a Jesús con Jehová en sus cartas (Romanos 9:5; 2 Tesalonicenses 1:12;

---

[13] E. L. Miller, "The Logos was God" (El Verbo era Dios), *EvQ* (Publicación evangélica trimestral) 53/2 [1981]: 65-77 llega a ciertas conclusiones significativas en cuanto a esta frase: (1) Se debe rechazar "divino" como muy débil para representar *theos*. (2) El contexto inmediato general de la frase sugiere un significado definitivo, no cualitativo o adjetivo para *theos*. (3) La ausencia del artículo sugiere que Juan evita una ecuación completa o un equilibrio entre *logos* y *theos*, como lo hace 1:1b. (4) Pero junto con 1:2 sugiere el concepto cristiano (trino) de Dios.

[14] Para una discusión más detallada de los sustantivos sin artículos ver C. H. Dodd, "New Testament Translation Problems II" (Problemas en la traducción del Nuevo Testamento II), *BT* (Traductores de la Biblia) 28/1 [enero, 1977]: 101-104 y P. B. Harner, "Qualitative Anarthrous Predicate Nouns: Mark 15:39 and John 1:1" (Sustantivos calificativos predicativos sin artículo: Marcos 15:39 y Juan 1:1), *JBL* (Periódico de literatura bíblica) 92 [1973]: 75ss.

Tito 2:13; 2 Pedro 1:1; 1 Juan 5:20). Es más, tanto los amigos de Jesús (Juan 1:18; Mateo 14:33; 16:16-19; Lucas 7:13-16; 23:39-43) como sus enemigos (Mateo 3:11; 27:54; Marcos 15:39; Lucas 4:41; Juan 3:1-2) se refieren a su naturaleza divina. Más que eso, Jesús mismo así lo declara. Acepta ser adorado como Dios (Mateo 16:16-17; 26:6-13; Lucas 5:8-9; 7:36-50; 19:35-40; Juan 20:27-Hace maravillas que únicamente Dios realiza (Mateo 28:18; Marcos 2:10; Juan 5:24-30; 14:6; Romanos 3:21-26; 5:5-17; 1 Corintios 15:16-19, 35-58; Filipenses 3:21; Colosenses 1:16-17; 2:3; Hebreos 1:3). Además, hace declaraciones específicas en cuanto a su deidad (Mateo 10:32-33; 16:13-18; 28:18; Marcos 2:10; 9:41; 14:62; Juan 5:30-40; 8:23-24, 58; 9:37; 10:30, 36; 14:9; 17:1-3). Esto ni siquiera incluye las declaraciones de Jesús en Juan: "YO SOY" (6:35, 41, 48, 51; 8:12, 58; 9:5; 10:7, 9, 11, 14, 36; 11:25; 14:6; 15:1, 5; Apocalipsis 1:8, 17; 22:16). La realidad es que tenemos a los cuatro evangelistas, a Pedro, a Pablo y al propio Jesús reafirmando Juan 1:1 — Jesús es el logos — Dios encarnado.

Juan 1:3-5 señala:

³Por medio de él todas las cosas fueron creadas; sin él, nada de lo creado llegó a existir. ⁴En él estaba la vida, y la vida era la luz de la humanidad. ⁵Esta luz resplandece en las tinieblas, y las tinieblas no han podido extinguirla.[a]

[a]5 *extinguirla*. Alt. *Comprenderla*.

Jesús es el creador de la vida

Aparte de este versículo (Juan 1:3), existen dos declaraciones más en el Nuevo Testamento de que Jesús creó el mundo — 1 Corintios 8:6 y Colosenses 1:16. De estos tres pasajes aprendemos que (1) Jesús estaba bajo la autoridad del Padre y (2) Jesús fue el agente activo que cumplió la voluntad del Padre en la creación. Esta idea de Jesús siendo el *logos* se puede apreciar claramente en la narración de Génesis. Primero, recordemos que Dios creó por la fuerza de la palabra — "Dios dijo . . . y existió". Segundo, recordamos las palabras de Dios en Génesis 1:26: "Hagamos al ser humano a nuestra imagen y semejanza". En el momento de la creación, Dios se manifestó con una pluralidad de personas. De esta idea los teólogos han inferido la existencia de la trinidad. En verdad, Juan claramente implica que Jesús fue el agente activo llevando a cabo la voluntad creadora de Dios.

Dado que Jesús, el *logos*, fue el responsable de la creación, Juan puede afirmar que "en él estaba la vida". En realidad hay tres palabras griegas para vida: *bios, psiqué* y *zoé*. *Bios* (de donde obtenemos la palabra biología) indica una vida "aquí y ahora" — la duración de la vida. *Psiqué* (literalmente alma), indica (1) la vida individual — la personalidad del individuo, y (2) el aliento de la persona. La tercer palabra (*zoé*), que es la que Juan utiliza en este texto, es la vida intensiva (opuesta a bios — vida extensiva). Es lo que pudiéramos llamar "estar vivo".

De hecho, cuando Juan habla de "vida eterna" únicamente utiliza zoe (Juan 3:15-16, 36; 4:14, 36; 5:24, 39; 6:27, 40, 47, 54, 68; 10:28; 12:25, 50; 17:2-3; 1 Juan 1:2; 2:25; 3:15; 5:11, 13, 20). Por lo tanto, la vida que Jesús nos da no es la cantidad de vida, sino la calidad de vida. Una persona no entra a "la vida eterna" tan pronto como muere. Uno obtiene vida eterna a través de una relación personal con el Cristo viviente (Juan 5:40; 1 Juan 5:11-12). Al encontrar a Jesús por la palabra (Juan 5:24, 39; 6:63, 68) y depositamos nuestra fe en él (3:15-16, 36; 6:40, 47; 20:31; 1 Juan 5:13), recibimos la vida como un regalo de él (Juan 10:28; 17:2-3).

¡Jesús mismo es vida (1 Juan 1:1-2)! Cuando tenemos una buena relación con él también tenemos una vida plena (ver Romanos 8:10-11). Seguramente hay un aspecto futuro de esta vida eterna, es decir, permanece para siempre. Más significativo aún, se inicia en el presente (Juan 10:10; 1 Juan 3:14-15; 5:11-13). La realidad es esta: Jesús me salva de mis pecados. Esa es la vida eterna (Juan 6:51). Tengo una relación personal con el Hijo de Dios, se inicia hoy y permanece por la eternidad.

Jesús es la luz

Jesús no es sólo la vida, sino que también es la luz. Este es un tema fuerte de Juan. De las 72 veces que se utiliza la palabra phos en el Nuevo Testamento, 33 las utiliza Juan en sus escritos. Excepto por las profecías hechas en Mateo 4:16 y Lucas 2:32, Juan es el único escritor de los evangelios que usa el término "luz" en referencia a Jesús. Los otros escritores la usan refiriéndose a la gente del reino de Dios con respecto a nuestra relación con el mundo. Sin embargo, Juan enlaza los dos grandes temas de la vida y la luz — ambos personificados en Jesús (1:9-14; 8:12; 9:5; 12:35-36, 46). Juan también se destaca más en su descripción que hace de la lucha entre la luz y las tinieblas (Juan 1:5; 3:19-20; 1 Juan 2:8; ver 2 Corintios 6:14). Sin embargo, la comparación ética de la luz y las tinieblas no surgió con la teología cristiana, sino que ya se había utilizado en la filosofía griega. De hecho, los dioses se les conoce por habitar en una región de luz. El Antiguo Testamento, al igual que los gnósticos y los esenios, emplearon esta misma metáfora. Pero aquí, el hecho de que Juan llame al Padre la luz (Juan 1:5), nuevamente demuestra que Juan retrata a Jesús como Dios.

La función principal de la luz en los escritos de Juan es para exponer la realidad de aquello que nos rodea. Por lo tanto, aquellos que caminan en la luz son inocentes (Juan 3:19-21; 1 Juan 1:7; 2:9; ver Romanos 13:12), porque pueden ver o percibir (éticamente) y responder de forma apropiada a su entorno. Por otro lado, aquellos que caminan en tinieblas están propensos a caer (Juan 11:10; 12:35; 1 Juan 2:11). También existe la plena libertad de escoger la exposición a la luz o al secreto de las tinieblas. Escatológicamente, el destino de los malos se describe como tinieblas mientras que el de los justos está descrito como luz, especialmente la luz de Dios mismo, que se le ofrece a la Nueva Jerusalén (Apocalipsis 21:23; 22:5).

Toda esta discusión en cuanto a la "luz" arroja una pregunta práctica: ¿qué quiere decir Juan con "las tinieblas no han podido extinguirla"? Esta palabra griega, *katalambano*, es una palabra compuesta de "abajo" y "tomar/recibir". Así, etimológicamente indica "mantener abajo" de una forma u otra. Hay dos direcciones hacia donde se puede dirigir esta palabra. Primero, puede indicar mantener abajo intelectualmente (por ejemplo, mediante el entendimiento, la comprensión o la aprehensión de las cosas; ver Hechos 25:25; Efesios 3:18). Utilizamos la misma expresión idiomática cuando nos referimos a "lo entiendo o comprendo". Segundo, su significado primario es mantener algo abajo físicamente (por ejemplo, sobreponerse, someter, sorprender, extinguir; ver Juan 8:3; 12:35; 1 Corintios 9:24; 1 Tesalonicenses 5:4). Estos dos usos aparecen indistintamente en las diferentes versiones de las Escrituras y se traducen como comprender, sobreponerse, sorprender extinguir y aprehender. Es importante entender que la palabra griega puede, a la misma vez, llevar ambas connotaciones. Sin embargo, debido a que no tenemos una palabra equivalente en el español, tenemos que aceptar la una o la otra.

Por ello, este versículo conlleva dos connotaciones primarias. Primero, las tinieblas no se han sobrepuesto a la luz. Es decir, cuando usted entra al cuarto y prende la luz, las tinieblas no prevalecen.

Cuando Jesús, la luz, vino al mundo en tinieblas, él salió vencedor, no a la inversa. Esto puede parecer extraño ya que la luz fue clavada en la cruz, pero nuevamente, el fin de la historia fue la resurrección. El segundo énfasis radica en que las tinieblas no aprehendieron la verdad o realidad de la luz. En verdad, Jesús fue el ser a quien más se le mal entendió en la historia de la humanidad.[15]

Juan 1:6-9 señala:

> [6]Vino un hombre llamado Juan. Dios lo envió [7]como testigo para dar testimonio de la luz, a fin de que por medio de él todos creyeran. [8]Juan no era la luz, sino que vino para dar testimonio de la luz. [9]Esa luz verdadera, la que alumbra a todo ser humano, venía a este mundo.[a]
>
> [a]9 *Esa . . . mundo.* Alt. *Esa era la luz verdadera que alumbra a todo ser humano que viene al mundo.*

Juan el Bautista tiene una biografía interesante. Fue el que había de venir, el precursor de Jesús (Isaías 40:3-4; Malaquías 3:1; 4:5). Su trabajo fue abrirle paso a Jesús, preparando el corazón de la gente mediante su predicación. Vino al mundo a través del linaje sacerdotal. Su padre, Zacarías, era de la línea de Abías (1 Crónicas 24:10) y su mamá fue descendiente de Aarón (Lucas 1:5). Elizabet era estéril y los dos eran de edad avanzada. Sin embargo, Dios escuchó las oraciones de ambos y el embarazo de Elizabet está narrado en Lucas y Mateo capítulo 1. Jesús y Juan eran parientes (tal vez primos). El mayor, por seis meses, era Juan (Lucas 1:36). Juan fue circuncidado al octavo día y apartado como nazareo (Lucas 1:15, 59). Todo lo que sabemos de la vida temprana de Juan se encuentra en Lucas 1:80.

Juan empezó su ministerio profético en el año 25 d.C. - en el año quince del reinado de Tiberio César (Lucas 3:1). Atrajo grandes multitudes (Mateo 3:5) al predicar y bautizar en Betania [Betábara] al otro lado del río Jordán (Juan 1:28). Su predicación se resume en la frase "el reino de Dios se acerca" y en su ministerio predicando el bautismo de arrepentimiento para el perdón de pecados (Marcos 1:4). Tan fuerte fue su ministerio de la predicación que algunos creían que se trataba de Elías reencarnado, Jeremías u otro profeta (Mateo 16:14). Jesús afirmó que entre los mortales no se había levantado nadie más grande que Juan el Bautista (Mateo 11:11). Sin embargo, un hecho interesante es que Juan el Bautista jamás hizo un solo milagro (Juan

---

[15]La caverna de Platón es una muy buena ilustración de cómo las tinieblas no entienden la luz (*Republic* VII) [La República, VII].

10:41). Tal vez su acto de mayor renombre haya sido el bautismo de Jesús. Con ello su ministerio llegó a su culminación. Aunque siguió bautizando (Juan 3:23; 4:1), Juan reconoció que había logrado lo que le fue encomendado (Juan 3:30).

Los trucos de Herodes y la venganza de su esposa Herodías mataron al último profeta del Antiguo Testamento. Juan fue decapitado en el castillo de Macareo en el Mar Muerto. Aunque murió a traición, cumplió fielmente con la tarea que Dios le encomendó. Le preparó el camino a Jesús y nos lo señaló como la verdadera luz.

¿Cómo es que Jesús, la luz verdadera, alumbra a todo hombre (v. 9)? Existe una buena cantidad de pasajes que señalan a Jesús como el Salvador universal (Juan 1:9, 29; 4:42; 12:32; Romanos 5:18; 11:32; 1 Timoteo 2:6; 4:10; 1 Juan 2:2). Obviamente no todos los hombres son cristianos, así que estos pasajes no pueden significar que Jesús salvó a todo ser humano e hizo todo brillante y gozoso. De hecho, Juan acaba de decir que las tinieblas rechazan la luz (v. 5). Existen por lo menos tres explicaciones válidas de estos versículos. Primero, de hecho, Jesús impactó la historia humana más que cualquier otro personaje. El mundo es un lugar más humano, mucho mejor y más sabio debido a la marca que dejó en sus 33 años de vida. Segundo, su influencia se sigue sintiendo a través de la iglesia que fundó. Si no fuera por los seguidores de Jesús, el mundo sufriría siglos de retraso en la ciencia, la educación, la política y la medicina de lo que ahora existe. Tercero, debido a que presentó la luz, abrió la posibilidad de que cada persona sea iluminada.

Juan 1:10-13 señala:

> ¹⁰El que era la luz ya estaba en el mundo, y el mundo fue creado por medio de él, pero el mundo no lo reconoció. ¹¹Vino a lo que era suyo, pero los suyos no lo recibieron. ¹²Mas a cuantos lo recibieron, a los que creen en su nombre, les dio el derecho de ser hijos de Dios. ¹³Éstos no nacen de la sangre,ª ni por deseos naturales, ni por voluntad humana, sino que nacen de Dios.
>
> ª*13 Palabra griega para descendencia de padres terrenales.*

Resulta apropiado hacer unos comentarios introductorios: (1) Tenemos el extraordinario derecho, a través de Jesús, de ser hijos de Dios. La palabra (exousia) literalmente significa "poder" o "autoridad". (2) Debemos ser adoptados en su familia; no somos hijos naturales (Romanos 8:14-17). (3) La transacción se lleva a cabo cuando respondemos a Jesús y lo recibimos por fe (ver Gálatas 3:26) y somos guiados por su Espíritu (Romanos 8:14). (4) Jesús mismo lo prometió así a los pacificadores (Mateo 5:9).

Aparte de las dos referencias enigmáticas en Génesis 6:2, 4, este es un concepto del Nuevo Testamento. Un breve vistazo del Nuevo Testamento revela cómo reconocemos a los hijos de Dios y los beneficios que estos pueden esperar. Primero, los hijos de Dios se destacan por sus obras: (1) Dejan de pecar (1 Juan 3:9-10; 5:18); (2) se aman entre sí (1 Juan 4:7); (3) creen en Jesús (1 Juan 5:1); (4) aman a Dios y guardan sus mandamientos (1 Juan 5:2). Segundo, los hijos de Dios pueden esperar ciertas bendiciones: (1) tenemos victoria sobre el mundo (1 Juan 5:4); (2) tenemos una relación íntima con el Padre por la cual podemos decir "¡Abba, Padre!" (Romanos 8:15; Gálatas 4:6); (3) llegamos a ser herederos junto con Cristo (Romanos 8:17); (4) esperamos bendiciones futuras cuando Jesús regrese (Romanos 8:19-21; 1 Juan 3:1-2).

Estos hijos de Dios son una rareza. El v. 13 nos da tres descripciones peculiares de ellos. Primero, "no nacen de la sangre". Es decir, no son descendientes humanos. Segundo, "ni por deseos naturales", es decir, no nacen por la voluntad o las pasiones de la carne. Y, tercero, "ni por voluntad humana", es decir, no son producto del deseo del hombre por tener descendencia. Las tres características subrayan las relaciones humanas físicas, sensuales y biológicas de reproducción. Esto no es lo que Juan quiere decir en cuanto a los hijos de Dios. Aunque la mitología griega en los tiempos de Jesús frecuentemente se refirió a la unión sexual de los dioses con los seres humanos, Juan enfatiza que los hijos de Dios se asocian en el ámbito espiritual en vez del físico.

Juan 1:14 señala:

> [14]Y el Verbo se hizo hombre y habitó[a] entre nosotros. Y hemos contemplado su gloria, la gloria que corresponde al Hijo unigénito[b] del Padre, lleno de gracia y de verdad.
>
> [a]*14 habitó. Lit. puso su carpa.* [b]*14 Alt. su único Hijo.*

La encarnación es tal vez la verdad más hermosa de la historia. Sus implicaciones son profundas y de gran alcance. Nos indica que Dios quiere comunicarse a sí mismo a nosotros y debido a nuestra naturaleza diminuta, fue capaz de hacerlo únicamente hablándonos a nuestro nivel y se hizo humano como nosotros. Nos dice que Dios verdaderamente entiende nuestra naturaleza y sufrimientos (Hebreos 2:17-18). Nos señala la seriedad de nuestros pecados, ya que Cristo tuvo que morir por ellos. Nos dice del amor de Dios hacia el hombre — le interesa la historia de la humanidad y está obrando en ella. De hecho, él es el actor principal en la historia de la raza humana. Nos dice que el puente entre la divinidad y la humanidad puede cruzarse. Por ello, tenemos esperanza de un compañerismo futuro ante Dios.

Isaías 9:6 -7 predice la encarnación. En verdad, resulta de lo más difícil imaginar que Dios llegara a morar en un cuerpo humano. Tanto que la encarnación se ha tornado un signo reconocido de la impiedad del cristianismo en los círculos judíos y musulmanes. Sin embargo, esta verdad, que raya al borde de lo mitológico, es la gran esperanza y consuelo para aquellos que la pueden aceptar. En verdad tenemos la evidencia más certera de la encarnación: la profecía, el carácter y los milagros de Cristo y la necesidad lógica de Dios de comunicarse con nosotros a nuestro nivel. Puesto de una manera muy simple, como nosotros no podíamos llegar a Dios, él bajó a nosotros.

Si vamos a aceptar la encarnación, ¿acaso no resulta justo esperar evidencias que respalden esta afirmación tan descabellada? No es justo preguntar "¿obró Jesús como Dios?" ¿Hizo las cosas que únicamente Dios es capaz de hacer? La respuesta a estas preguntas es un rotundo "¡SÍ!"

1. Fue profetizado (Isaías 9:6 -7).
2. Hizo milagros (Juan 10:25).
3. Enseñó con autoridad (Mateo 7:28-29).
4. Tenía conocimientos sobrenaturales (Mateo 21:1-3; 24:1-2; 26:17-35; Marcos 2:6-8; Juan 1:47-49; 2:23-25; 4:16-19, 28-30; 11:4, 11-15; 14:29; 16:4; 18:4; 21:5-6, 18-19).
5. Sin pecado (Juan 8:46; 2 Corintios 5:21; Hebreos 4:15; 1 Pedro 2:22).
6. Era uno con el Padre (Juan 1:1-5, 18; 3:35-36; 10:25-30; 14:1-11).
7. Aceptó ser adorado (Mateo 16:16-17; 26:6-13; Lucas 5:8-9; 7:36-50; 19:35-40; Juan 20:27-29).

Por medio de la encarnación, el Logos tomó la forma de Hijo "unigénito" (*monogenes*). La palabra griega está compuesta de "uno" y "engendrar". Es por ello que algunas traducciones lo ponen como "único Hijo". El problema es que esto da la impresión de que Jesús fue de alguna manera concebido (fuera de su encarnación). En verdad tal palabra puede significar "hijo único" (Lucas 7:12; 8:42; 9:38). Sería mejor ponerla como "único". De hecho, todo el uso que Juan hace (5 de sus 9 usos), fielmente se puede tomar como "único" (Juan 1:14, 18; 3:16, 18; 1 Juan 4:9). No se pone énfasis en la cualidad de obtener algo sino en la naturaleza única del objeto o persona. (Ciertamente cuando la palabra hace referencia a Dios en el v. 18 no quiere decir engendrado). Es como si fuera a decir "es el único de su clase" (ver Hebreos 11:17).

Juan 1:15-18 señala:

> ¹⁵Juan dio testimonio de él, y a voz en cuello proclamó: Éste es aquel de quien yo decía: "El que viene después de mí es superior a mí, porque existía antes que yo." ¹⁶De su plenitud todos hemos recibido gracia sobre gracia, ¹⁷pues la ley fue dada por medio de Moisés, mientras que la gracia y la verdad nos han llegado por medio de Jesucristo. ¹⁸A Dios nadie lo ha visto nunca; el Hijo unigénito, que es Dios^a y que vive en unión íntima con el Padre, nos lo ha dado a conocer.
>
> ᵃ18 el Hijo unigénito, que es Dios. Lit. Dios unigénito. Var. el Hijo unigénito.

Ciertamente nos alegramos mucho en saber que recibimos "gracia sobre gracia" (v. 16). ["bendición tras bendición" o "gracia en lugar de gracia"]. Pero exactamente ¿qué significa esto? Antes de que podamos descifrar el significado, primero debemos determinar quién habla: El apóstol Juan o Juan el Bautista. Si es el apóstol Juan, quien escribe alrededor del año 95 d.C., entonces es probable que quiera decir algo parecido a: "La gracia de nuestro Señor Jesucristo sobrepasó y reemplazó el regalo de la ley dado a través de Moisés".[16] *La Nueva Versión Internacional* de la Biblia termina lo que Juan el Bautista dice en el v. 15. Pero, igualmente, podríamos terminar de citarlo en el vv. 16 o 17 o hasta el 18. ¿Contienen estos versículos una "teología muy madura" para Juan el Bautista? (ver Juan 1:23, 29, 33.) Entonces, si consideramos que estas palabras las dijo Juan el Bautista, pudo haber estado señalando algo como "Dios ha bendecido a su pueblo una y otra vez. Y ahora, a través de Jesús, recibimos su regalo más grande".[17]

---

[16] En cuanto a este punto de vista ver W. J. Dumbrell, "Law and Grace: The Nature of the Contrast in John 1:17" (La ley y la gracia: La naturaleza del contraste en Juan 1:17), *EvQ* (Publicación trimestral evangélica) 58 [enero, 1986]: 25-37. Él considera *anti* como contraste. Por ello sugiere que esto marca el inicio de una nueva comunidad ("hijos de Dios", v. 12) y una nueva ley (por ejemplo, la gracia).

[17] En cuanto a este punto de vista ver Z. C. Hodges, "Grace after Grace – John 1:16" (Gracia después de la gracia – Juan 1:16), *BibSac* (Biblioteca Sacra) 135 [enero, 1978]: 34-45.

Sin importar qué punto de vista tomemos, el v. 17 nos explica el v. 16. Las bendiciones de Jesús se contrastan con las bendiciones de la ley de Moisés. Es muy probable que sea Éxodo capítulos 33-34 lo que sirva de respaldo a esta idea, y tal vez más específicamente Éxodo 33:13 a 34:6.[18] Lo que Israel esperaba, lo que todos nosotros deseamos desesperadamente, lo anuncia Juan como algo que ya ha llegado. "En efecto, la ley no pudo liberarnos porque la naturaleza pecaminosa anuló su poder; por eso Dios envió a su propio Hijo en condición semejante a nuestra condición de pecadores, para que se ofreciera en sacrificio por el pecado. Así condenó Dios el pecado en la naturaleza humana" (Romanos 8:3).

Junto con la salvación llegan muchas otras bendiciones: el Espíritu Santo, la paz, la victoria, los dones espirituales, la confraternidad en la iglesia, la promesa del cielo, la salud física, un propósito en la vida. En Jesús en verdad recibimos bendición tras bendición.

Una de las grandes bendiciones de Jesús hacia nosotros es que nos da un vistazo de Dios. Moisés le rogó a Dios que le permitiera verlo (Éxodo 33:18). Dios le permitió que únicamente viera su espalda – el remanente de su gloria que quedó una vez que Dios hubo pasado. Dios explica que ningún ser humano podría verle y aún así seguir viviendo (Éxodo 33:20).

¿Qué podemos, entonces, hacer con tales pasajes como Génesis 3:8: Dios caminando con Adán en el huerto o Génesis 18:1: Dios apareciéndosele a Abraham en el encinar de Mamre? Concluiremos que estas son teofanías — apariciones de Dios en otras formas tangibles o corporales. Cottrell (*Dios Altísimo*, p. 118) sugiere que estos cuerpos fueron creados *ex nihilo* mientras duraba la aparición y luego se disiparon. Prosigue a afirmar que "así como Dios es por naturaleza invisible en el reino material ya que es espíritu, también resulta invisible en el mundo espiritual porque no fue creado y es trascendente" (p. 231).

Pero Jesús, para que lo pudiéramos entender, en una forma que pudiéramos sobrevivir, nos mostró como es Dios. Cuando lo miramos, apreciamos las acciones y el carácter de Dios, vestido de

---

[18] Para ver a los puntos de vista conflictivos ver L. J. Kuyper, "Grace and Truth: An Old Testament Description of God, and Its Use in the Johannine Gospel" (Gracia y verdad: Una descripción de Dios en el Antiguo Testamento, y su uso en el evangelio de Juan) *Int* (Interpretación) 18 [1964]: 3; y A. Hanson, "John 1:14-18 and Exodus 34" (Juan 1:14-18 y Éxodo 34), *NTS* (Estudios del Nuevo Testamento) 23 [1976]: 90-95.

hombre. El v. 18 no tan sólo describe una de nuestras más grandes bendiciones en Jesús; hace uno de los más grandes reclamos en cuanto a su deidad.

Sección 3
La genealogía de Jesús
(Mateo 1:1-17; Lucas 3:23b-38)

La introducción de Lucas tiene un muy buen parecido a la historia griega. Juan nos recuerda de la sabia literatura judía. Mateo se asemeja a un documento judío religioso o legal. Es más, el Antiguo Testamento hebreo inicia y termina con un registro genealógico. El Antiguo Testamento hebreo finalizó con 1 y 2 de Crónicas. Génesis usa el título "estas son las generaciones de . . ." para dividir las secciones del libro (Génesis 6:9; 10:1; 11:10, 27; 25:12, 19; 36:1, 9; 37:2). También Mateo inicia con "Tabla genealógica" (*biblos geneseos*).[19] También resulta significativo que la palabra "nacer" (literalmente génesis) se usa en el v. 18 justo después del registro genealógico. Así, este tema continúa por todo el libro.

Una genealogía tenía tres aspectos esenciales: (1) Mostrar el personaje de una línea en particular. En otras palabras, los descendientes de un hombre supuestamente actuaban como él. Tal es el caso del contraste entre la descendencia de Set y la de Caín (Génesis 4:25 y adelante). (2) Demostrar la obra de Dios en la historia de un pueblo en particular. Esto ayudó a establecer una identidad social. Y, (3) probar una sucesión biológica.

Este tercer propósito era importante para las transacciones políticas y legales:

(1) La propiedad era distribuida en acuerdo con la filiación familiar.

(2) El sacerdocio de Aarón demandaba una filiación biológica. De hecho, en los días de Esdras, los sacerdotes que no podían comprobar su linaje eran considerados inmundos (Nehemías 7:61-64). Esto era de gran importancia después del cautiverio en Babilonia y la predominia de los matrimonios

---

[19] J. Nolland, "What Kind of Genesis Do We Have in Mt. 1:1?" (¿Qué tipo de Génesis tenemos en el Mateo 1:1?), *NTS* (Estudios del Nuevo Testamento) 42/3 [1996]: 463-471, sin embargo tenga cuidado de no ver a Mateo como un resumen de Génesis. Jesús se parece más a David que a Adán.

mixtos con tribus idólatras (Esdras 2:59-63; 10:9-44; Nehemías 13:23-28).

(3) Una genealogía servía para mantener "pura" una tribu o raza (Deuteronomio 7:1-4; 23:1-8). Esto fue sumamente importante después de los días de la helenización.

(4) Los contingentes militares judíos estaban organizados por tribus (Números 1:2-4), incluso cuando acamparon en el desierto (Números 2:2, 17; 10:1-28).

(5) Los impuestos y las ofrendas del templo se hacían de acuerdo a las líneas de genealogía (Números 7:11-89).

(6) El reino de Judá, de la dinastía davídica, siempre confió en la línea directa de sucesión. Esto fue todavía más importante al relacionarse con el cumplimiento mesiánico (Isaías 11:1-5).

Mateo 1:1-17 señala:

¹Tabla genealógica de Jesucristo, hijo de David, hijo de Abraham: ²Abraham fue el padre de[a] Isaac; Isaac, padre de Jacob; Jacob, padre de Judá y de sus hermanos; ³Judá, padre de Fares y de Zera, cuya madre fue Tamar; Fares, padre de Jezrón; Jezrón, padre de Aram; ⁴Aram, padre de Aminadab; Aminadab, padre de Naasón; Naasón, padre de Salmón; ⁵Salmón, padre de Booz, cuya madre fue Rajab; Booz, padre de Obed, cuya madre fue Rut; Obed, padre de Isaí; ⁶e Isaí, padre del rey David. David fue el padre de Salomón, cuya madre había sido la esposa de Urías; ⁷Salomón, padre de Roboán; Roboán, padre de Abías; Abías, padre de Asá; ⁸Asá, padre de Josafat; Josafat, padre de Jorán; Jorán, padre de Uzías; ⁹Uzías, padre de Jotam; Jotam, padre de Acaz; Acaz, padre de Ezequías; ¹⁰Ezequías, padre de Manasés; Manasés, padre de Amón; Amón, padre de Josías; ¹¹y Josías, padre de Jeconías[b] y de sus hermanos en tiempos de la deportación a Babilonia. ¹²Después de la deportación a Babilonia, Jeconías fue el padre de Salatiel; Salatiel, padre de Zorobabel; ¹³Zorobabel, padre de Abiud; Abiud, padre de Eliaquín; Eliaquín, padre de Azor; ¹⁴Azor, padre de Sadoc; Sadoc, padre de Aquín; Aquín, padre de Eliud; ¹⁵Eliud, padre de Eleazar; Eleazar, padre de Matán; Matán, padre de Jacob; ¹⁶y Jacob fue padre de José, que fue el esposo de María, de la cual nació Jesús, llamado el Cristo. ¹⁷Así que hubo en total catorce generaciones desde Abraham hasta David, catorce desde David hasta la deportación a Babilonia, y catorce desde la deportación hasta el Cristo.

[a]*2 fue el padre de. Lit. engendró a; y así sucesivamente en el resto de esta genealogía.* [b]*11 Jeconías. Es decir, Joaquín; también en v. 12. Mesías. "El Cristo" (en griego) y "el Mesías" (en hebreo), ambos con el mismo significado: "el ungido".*

Mateo arregla su genealogía en tres grupos de 14 nombres (v. 17), cada grupo representativo de un período importante en la historia de Israel: Abraham, David, el exilio. Él intenta demostrar que Jesús es el cumplimiento de toda la historia judía. El problema radica en que el segundo grupo de nombres únicamente tiene 13 generaciones. ¿Se equivocó Mateo al contar? No lo creo, ya que Mateo fue un cobrador de impuestos profesional. No se pudo haber equivocado al contar o trazar una genealogía. Lo que confunde todavía más es que Mateo dejó fuera cuatro nombres en el v. 9 (Ocozías, Joás, Amasías y Joacim), que se encuentran en la genealogía de 1 Crónicas. En otras palabras, Mateo pudo haber listado los nombres en grupos de 14/17/14, pero quita a cuatro de ellos, dando como resultado los nombres de 14/13/14.

Ahora bien, debemos darnos cuenta que a los judíos no les interesaban los listados "completos" (esto es característico de la civilización occidental). Lo que a ellos les interesaba era el establecimiento de una descendencia. Con frecuencia se omitía de una genealogía el nombre de una persona que se consideraba sin importancia o que deshonraba a la familia. Además, las palabras "padre", "hijo" y "engendrar" se pueden utilizar para establecer una relación entre un hombre y su abuelo o nieto, o más allá en el pasado de esa línea biológica. Estas palabras simplemente conectan a dos personas pertenecientes a una familia, no necesariamente declaran de manera científica su relación biológica. Así, aunque no se encuentren en la genealogía algunos de los nombres, podemos hablar correctamente de un bisabuelo "engendrando" a un descendiente.

Algunos han sugerido que estas omisiones son el resultado del error de un escriba. Los primeros tres nombres proceden de 1 Crónicas 3:11-12. Es posible que el ojo de un escriba pasara de Ocozías hasta Amasías, dejando fuera a tres personas.[20] También, es posible que el nombre Joacim se haya confundido con su hijo Jeconías (1 Crónicas 3:16). La verdad es que se le acusa a Mateo de haberse equivocado por un error de pluma.

Sin embargo, una mejor explicación es la de que Mateo conscientemente arregló la genealogía en tres grupos o divisiones de catorce generaciones cada uno. En otras palabras, a propósito, dejó

---

[20] J. Nolland, "Jeconiah and His Brothers (Mt. 1:11)" (Jeconías y sus hermanos [Mateo 1:11]), *BBR* (Boletín de investigación bíblica) 7 [1997]: 169-178, sugiere que los primeros tres de estos son omitidos a propósito porque se casaron con familiares de Acab y entonces recibieron la misma maldición (1 Reyes 21:21-24).

fuera a cuatro reyes para mantener su arreglo estructural. Surge la pregunta, ¿por qué quería tener Mateo catorce nombres en cada grupo y por qué dejó la división central con trece únicamente? La respuesta a estas dos interrogantes es David.[21]

En el v. 1 notamos claramente que Mateo menciona a David antes que a Abraham, dejando de lado el orden cronológico del resto de la genealogía.

¿Por qué pone primero a David? Para darle un énfasis en especial. De hecho, la prominencia de David en el v. 1 es una clave de todo el libro. El único énfasis de Mateo es que Jesús es el rey de los judíos, el progenitor prometido de David. Con este entendimiento, vayamos ahora al v. 6 y démosle a David una "doble porción". En otras palabras, al contar dos veces a David, nuestro listado queda como 14/14/14. Lo que resulta todavía más sorprendente es que las letras del nombre David, en hebreo, tienen un valor numérico de 14. Mientras que este tipo de "interpretación numérica" (gematria) resulta extraña para nosotros, era un método rabínico común de interpretación. El lenguaje hebreo utiliza su alfabeto, a la vez como su sistema numérico. Por lo tanto, los niños aprenden aritmética usando las letras de sus nombres, haciendo de este sistema numérico algo más común y mejor reconocido. Mateo, al igual que Lucas y Juan, presentan sus libros con un estilo maravillosamente apropiado a su audiencia.[22]

Otra característica sorprendente de la genealogía de Mateo es que incluye a las mujeres. No era común incluir a las mujeres en una genealogía, pero tampoco era del todo raro (ver 1 Crónicas 1:32; 2:17-21, 24, 26). Sin embargo, se esperaba que fuesen ejemplares. El hecho de incluir estas mujeres resulta simplemente escandaloso. Tamar era culpable de prostitución e incesto (Génesis 38:6-30). Rahab era notoriamente una ramera extranjera (Josué 2:1, 3; 6:17, 23, 25; Hebreos 11:31). Rut fue una extranjera. Y, Betsabé fue una adúltera (2 Samuel 12:24) y tal vez considerada una extranjera por haberse

---

[21]Aparte de presentar esta genealogía en un formato más fácil de recordar, el número 14 fue usado en la literatura apocalíptica (por ejemplo, 2° Baruc 53-74) para indicar el cumplimiento del tiempo y la presentación de la era mesiánica. Ver H. C. Waetjen, "The Genealogy as the Key to the Gospel According to Matthew" (La genealogía como la clave al evangelio según san Mateo), *JBL* (Diario de literatura bíblica), 95/2 [1976]: 205-230.

[22]En cuanto a una descripción más detallada de esta "numerología" ver B. M. Newman, "Matthew 1:1-18: Some Comments and a Suggested Restructuring" (Mateo 1:1-18: Algunos comentarios y la sugerencia de una reestructuración *BT* (Traductor bíblico) 27/2 [abril, 1976]: 209-212.

casado con Urías heteo. Cada historia resalta la fe de un gentil sobre su contraparte judía: Tamar contra Judá, Rahab contra Israel, Rut contra la época de los jueces y Urías contra David.[23]

Estas mujeres no pertenecían al linaje del Mesías! Sin embargo, se presentan como un recordatorio resplandeciente de la gracia de Dios. Cuando María fue acusada de haber sido violada (o algo peor)[24] y aislada por su familia y amigos, cada una de estas mujeres pudieron estar a su lado y decirle: "¡María, sé como te sientes!"

Al mismo tiempo, Mateo describe a María muy distinto de los demás. Cada una de las cinco mujeres dan a luz un hijo del linaje de David. Las primeras cuatro utilizan una estructura idéntica del lenguaje "cuya" (*ek tes*). Sin embargo, con María la estructura cambia a "de la cual" (*ex hes egennethe*). Parece que Mateo hace una ligera declaración en cuanto al nacimiento virginal de Jesús.

Antes de pasar a la genealogía de Lucas, existe una espina teológica muy curiosa con la cual tenemos que lidiar. En 2 Samuel 7:12-17, Dios le promete a David que a través del linaje de Salomón él siempre tendría un sucesor de su linaje en el trono. Sin embargo, Jeremías 22:30 señala: "Así dice el Señor: «Anoten a este hombre como si fuera un hombre sin hijos; como alguien que fracasó en su vida. Porque ninguno de sus descendientes logrará ocupar el trono de David, ni reinar de nuevo en Judá»". ¿Cómo podía Dios cumplir ambas promesas?

Dado que Jesús fue el hijo adoptivo de José, se constituye heredero legal al linaje de José. Mateo, al mismo tiempo, plantea claramente que Jesús no es hijo físico de José, ni siquiera en 18-25, pero tampoco en el v. 16. En los vv. 2-16 Mateo utiliza el verbo *egennesen*, que equivale a "vino a ser el padre de", treinta y nueve veces. Luego, de pronto, en el v. 16 rompe el patrón cuando llega a José de quien tan sólo se dice que es el esposo de María. También, las palabras "de la cual" es femenino. Mateo, de una manera muy sutil, pero clara, declara que Jesús fue el hijo adoptivo de José (y heredero legal al trono de David) y el hijo natural de María. Así, se cumplen ambos pasajes en cuestión: 2 Samuel 7:12-17 y Jeremías 22:30.

---

[23] J. C. Hutchison, "Women, Gentiles, and the Messianic Mission in Matthew's Genealogy," *BicSac* 158 (2001): 152-164.

[24] Las opiniones judías antiguas en cuanto a María no eran halagüeñas. Algunos consideraron que ella fue violada por José o por un soldado romano. Otros simplemente la señalaron como fornicadora.

Lucas 3:23-38 señala:

²³Jesús tenía unos treinta años cuando comenzó su ministerio. Era hijo, según se creía, de José, hijo de Elí, ²⁴hijo de Matat, hijo de Leví, hijo de Melquí, hijo de Janay, hijo de José, ²⁵hijo de Matatías, hijo de Amós, hijo de Nahúm, hijo de Esli, hijo de Nagay, ²⁶hijo de Máat, hijo de Matatías, hijo de Semei, hijo de Josec, hijo de Judá, ²⁷hijo de Yojanán, hijo de Resa, hijo de Zorobabel, hijo de Salatiel, hijo de Neri, ²⁸hijo de Melqui, hijo de Adi, hijo de Cosán, hijo de Elmodán, hijo de Er, ²⁹hijo de Josué, hijo de Eliezer, hijo de Jorín, hijo de Matat, hijo de Leví, ³⁰hijo de Simeón, hijo de Judá, hijo de José, hijo de Jonán, hijo de Eliaquín, ³¹hijo de Melea, hijo de Mainán, hijo de Matata, hijo de Natán, hijo de David, ³²hijo de Isaí, hijo de Obed, hijo de Booz, hijo de Salmón,ᵃ hijo de Naasón, ³³hijo de Aminadab, hijo de Aram,ᵇ hijo de Jezrón, hijo de Fares, hijo de Judá, ³⁴hijo de Jacob, hijo de Isaac, hijo de Abraham, hijo de Téraj, hijo de Najor, ³⁵hijo de Serug, hijo de Ragau, hijo de Péleg, hijo de Éber, hijo de Selaj, ³⁶hijo de Cainán, hijo de Arfaxad, hijo de Sem, hijo de Noé, hijo de Lamec, ³⁷hijo de Matusalén, hijo de Enoc, hijo de Jared, hijo de Malalel, hijo de Cainán, ³⁸hijo de Enós, hijo de Set, hijo de Adán, hijo de Dios.

ᵃ*32 Salmón.* Var. *Sala.* ᵇ*33 Aminadab, hijo de Aram.* Var. *Aminadab, el hijo de Arní;* los mss. varían mucho en este.

Existen tres diferencias principales entre la genealogía de Mateo con la de

(A) Mateo principia con Abraham y se dirige hacia Jesús, mientras que Lucas inicia con Jesús y se desplaza hasta Adán.

(B) Si se invierte el orden del listado de Lucas y se junta con el listado de Mateo, la porción de Abraham a David resulta virtualmente idéntica. Sin embargo, entre David y José los dos listados resultan distintos. Los únicos nombres que aparecen en el mismo orden son los de Zorobabel y Salatiel (Mateo 1:12; Lucas 3:27).

(C) Lucas contiene cuarenta progenitores entre David y Cristo; Mateo solamente tiene veintiséis.

¿Cómo podemos explicar estas diferencias? Al parecer tenemos dos listados distintos. Así que ¿a quién pertenecen? Se han sugerido distintas teorías al respecto, distintas todas entre sí.[25] La primera la propone Julius Africanus (en el año 240 d.C.). Sugiere que Mateo presenta la genealogía del padre biológico de José mientras que Lucas nos entrega la genealogía del padre legal de José. De acuerdo con

---

[25] Ver R. Thomas y S. Gundry, A *Harmony of the Gospels* (Una armonía de los evangelios) (Chicago: Moody), pp. 313-319.

las leyes de un matrimonio levirato, si un hombre moría sin hijos, caía la responsabilidad en su hermano de darle descendencia. En tal caso, el hombre muerto seguía siendo el padre legal con propósitos de herencia, y el hombre vivo era el padre biológico. Esta teoría se basa asumiendo que el padre legal de José haya muerto sin hijos. Aunque es una posibilidad distinta, el texto no indica que este sea el caso.

Una segunda teoría, promovida primero por J. Gresham Machen en *The Virgin Birth of Christ* (El nacimiento virginal de Cristo), declara que Mateo presenta la descendencia legal de José, mientras que Lucas la descendencia física. La diferencia es que el recuento de Mateo traza la herencia legal al trono de David, que llegaría hasta José. En tal recuento, dado que la línea se rompe con Jeconías (Jeremías 22:30), dio un "brinco" y pasó al siguiente heredero legal al trono (por ejemplo, Salatiel, Mateo 1:12, ver Lucas 3:27). Por lo tanto, Mateo cambia de vía de la línea biológica a la colateral. Si este es el caso, Mateo pregunta: ¿Quién es el heredero de David? Mientras que Lucas pregunta: ¿Quién es el papá de José? Este punto de vista está basado asumiendo que el recuento de Mateo brinca a la línea colateral. Nuevamente, esto puede resultar cierto, pero nada del texto lo indica, precisa o sugiere.[26]

Una tercer teoría sugiere que los registros de Lucas no pertenecen a José para nada, sino que de hecho, presenta a la familia de María. Si asumimos que no hubo heredero hombre y que ella fuese la mayor de la familia, ella sería la heredera (Números 27:1-11; 36:1-12). Si este fuese el caso, cuando ella se casó con José, él, de manera práctica, vendría a ser el heredero también de este linaje. Por lo tanto, se menciona a José en Lucas y no a María.

Una cuarta teoría, al igual que la tercera, sugiere que el linaje de María es el que se presenta en Lucas. Sin embargo, José no es parte de la genealogía sino tan sólo un comentario entre paréntesis de Lucas 3:23, que se debe leer como "Jesús . . . siendo el hijo (como se suponía de José) de Elí . . ." El griego permite tal puntuación y hasta la sugiere ya que de todos los nombres de este listado, solamente el de José no tiene artículo. Además, "hijo" ciertamente se podría aplicar a Elí como abuelo de Jesús. Más aún, Lucas omite el nombre de María porque a las mujeres casi no se les incluía en una genealogía. Aunque

---

[26] R. P. Nettelhorst ofrece un sesgo interesante en cuanto a estas dos primeras teorías. Propone que ambas genealogías son las de José, pero Mateo rastrea su línea materna mientras que Lucas rastrea su línea paterna. Ver "Genealogy of Jesus" (La genealogía de Jesús), *JETS* (Revista de la sociedad teológica evangélica) 31 [junio 1988]: 169:172.

Mateo incluyó a cuatro mujeres en su listado, Lucas no menciona ninguna.

Esta última teoría otorgaría a la genealogía de Mateo hablar de una descendencia biológica y no de una colateral o legal. Así, el uso que Mateo hace de la expresión "padre de" retendría su uso normal en vez de ser algo figurativo. Además, el interés que Mateo muestra en la relación de Jesús con el Antiguo Testamento tendría mejor base si su genealogía fuera la descendencia real de José (al igual que su descendencia legal), dándole a Jesús un reclamo legal al trono de David. La genealogía de Lucas en cuanto a Jesús a través de su padre biológico encajaría en el énfasis que Lucas hace en cuanto a la humanidad de Jesús.

Más allá de estos asuntos escabrosos, hay muchas lecciones importantes que podemos aprender de los registros genealógicos. Primero, a Dios le importa la gente. Nos ama, nos conoce por nuestro nombre, le interesamos y espera que vivamos obedeciéndole. Segundo, Dios puede usar gente desconocida y caída para lograr sus propósitos. Los planes y formas de obrar de Dios son mucho más grandes que nuestros esfuerzos falibles. Tercero, Dios es soberano. ¡Sus propósitos se cumplirán! Él ordena y dirige la historia a través de los participantes humanos. Cuarto, estas dos genealogías nos dan un reflejo de la identidad de Jesús. Humanamente, fue el hijo de María; legalmente, fue el hijo de José; fundamentalmente, fue el hijo de Dios.

Parte dos
Dos nacimientos divinos

Esta sección de Lucas en particular (capítulos 1-2) mezcla las narraciones de dos nacimientos comparando a Jesús y a Juan, dándonos algo parecido a una "telenovela". Las narraciones del nacimiento de este estilo son comunes en biografías de personajes famosos de la cultura greco-romana. El propósito es dar respuesta a esta simple pregunta: ¿cómo explicamos una vida como ésta? Al mismo tiempo, Lucas capítulos 1-2 está cargado de frases y pensamientos hebreos. Constantemente hace eco de los temas y la teología del Antiguo Testamento (especialmente de Jueces 13:2-7; 1 Samuel capítulos 1-3; Génesis 18:11ss). Por lo tanto, tenemos una forma greco-romana clásica inmersa en un ambiente hebreo. Lucas, con sumo cuidado y destreza, refleja la cultura de los personajes de su narrativa.

Todavía más, existen muchos detalles que solamente los ve un testigo presente (por ejemplo, el ángel parado a la *derecha* del altar, en el v. 11). Estos fragmentos tan coloridos nos recuerdan que Lucas, en verdad, estaba haciendo uso de información de primera mano rebuscada de los testigos oculares (ver 1:1-4). Y, mientras Lucas es un maravilloso historiador cuidadoso, estas cosas no son del pasado. Lo que hace Lucas es asentar una base para la vida de Jesús. Estos acontecimientos señalan proféticamente al futuro. Nos ayudan a predecir lo que estamos a punto de encontrar en la vida y ministerio de Jesús.

R. E. Brown en su obra *The Birth of the Messiah* (El nacimiento del Mesías) indica varios paralelos entre este texto y Daniel 9 – 10. Por ejemplo, (1) las dos son visiones de (o encuentros con) un ángel. (2) Gabriel aparece tan solo en estos dos textos de la Biblia (1:10-11, 19, 26 y Daniel 9:20-21). (3) Gabriel aparece como la respuesta a una oración de aflicción (1:13 y Daniel 9:20). Y (4) tanto Daniel como Zacarías terminan los encuentros mudos (1:20-22 y Daniel 10:15).

Sección 4
Revelación a Zacarías del nacimiento de Juan
(Lucas 1:5-25)

⁵En tiempos de Herodes, rey de Judea, hubo un sacerdote llamado Zacarías, miembro del grupo de Abías. Su esposa Elisabet también era descendiente de Aarón. ⁶Ambos eran rectos e intachables delante de Dios; obedecían todos los mandamientos y preceptos del Señor. ⁷Pero no tenían hijos, porque Elisabet era estéril; y los dos eran de edad avanzada.

Herodes el Grande fue un político sagaz, un fracaso con su familia, un constructor voraz y un amante apasionado. Los romanos lo pusieron como rey de los judíos una vez que los mismos judíos no pudieron lidiar con sus disputas civiles. Reinó desde el año 37 a.C. hasta el 4 a.C.

Durante este tiempo había veinticuatro grupos de sacerdotes con aproximadamente 900 sacerdotes cada uno, haciendo el gran total de 21,600 (Josefo en *Against Apion* [Contra Apion], 2.108 – estima un total de 20,000). Cada grupo tenía su turno de servicio en el templo una semana completa cada seis meses. En el día de reposo debían servir todos los hombres del grupo de 24 años o más. En los otros seis días, solamente servían alrededor de 50, habiéndose escogido por suertes. En las fiestas principales como son la pascua, el pentecostés y los tabernáculos, servían los 24 grupos. El resto del tiempo vivían en sus casas esparcidas en Judea. Zacarías no solamente fue sacerdote, sino que hasta estaba casado con la hija de un sacerdote – lo cual implicaba un doble honor. Eran una pareja ya avanzada en años, pero se querían mucho. Vivían vidas ejemplares de pureza y piedad.

Tristemente, vivían bajo la "maldición" de la esterilidad. Los hijos eran considerados una bendición de Dios (Éxodo 23:26; Deuteronomio 7:14), la antítesis era que la esterilidad era una maldición del Señor (Job 15:34). Cuando la esterilidad de una mujer se invertía, se consideraba una gran bendición de Dios y viceversa (1 Samuel 2:5; Isaías 54:1; Gálatas 4:27).

La esterilidad era una maldición porque una mujer sin hijo no tenía a nadie que la apoyara y protegiera después de la muerte de su esposo (Job 24:21). Además, se tornaba objeto de mofa de las demás mujeres (Saray en Génesis 11:30; Raquel en Génesis 25:21; 29:31).

Por su edad, Zacarías y Elisabet perdieron las esperanzas de que Dios les quitara la "maldición" de la esterilidad. Los verbos que utiliza Lucas en esta sección son muy pintorescos. Combina el verbo imperfecto "ser" con el participio perfecto "avanzar". Así, Lucas indica que ellos se encontraban en ese momento en el estado de haber ya envejecido. Es más, envejecían día a día. Tenemos frente a nosotros el triste cuadro de una pareja judía avanzada en años. Habían tenido fuertes esperanzas de tener un hijo. Al ir envejeciendo, día a día, su sueño se perdió en la distancia como se aleja un barco del puerto. Estas esperanzas eran tan sólo vagos recuerdos.

En cuanto a sus edades, una propuesta da lo mismo que otra, aunque un judío no se consideraba viejo sino hasta los sesenta años de edad. Así, podemos adivinar que sus edades oscilaban entre los ochenta años.

Lucas 1:8-17 señala:

⁸Un día en que Zacarías, por haber llegado el turno de su grupo, oficiaba como sacerdote delante de Dios, ⁹le tocó en suerte, según la costumbre del sacerdocio, entrar en el santuario del Señor para quemar incienso. ¹⁰Cuando llegó la hora de ofrecer el incienso, la multitud reunida afuera estaba orando. ¹¹En esto un ángel del Señor se le apareció a Zacarías a la derecha del altar del incienso. ¹²Al verlo, Zacarías se asustó, y el temor se apoderó de él. ¹³El ángel le dijo:

—No tengas miedo, Zacarías, pues ha sido escuchada tu oración. Tu esposa Elisabet te dará un hijo, y le pondrás por nombre Juan. ¹⁴Tendrás gozo y alegría, y muchos se regocijarán por su nacimiento, ¹⁵porque él será un gran hombre delante del Señor. Jamás tomará vino ni licor, y será lleno del Espíritu Santo aun desde su nacimiento.ᵃ ¹⁶Hará que muchos israelitas se vuelvan al Señor su Dios. ¹⁷Él irá primero, delante del Señor, con el espíritu y el poder de Elías, para reconciliar aᵇ los padres con los hijos y guiar a los desobedientes a la sabiduría de los justos. De este modo preparará un pueblo bien dispuesto para recibir al Señor.

ᵃ15 desde su nacimiento. Alt. *antes de nacer.* Lit. *desde el vientre de su madre.* ᵇ*17 reconciliar a.* Lit. *hacer volver los corazones de;* véase Malaquías 4:6.

Un día común de un sacerdote se iniciaba limpiando los recintos del templo antes del alba. Por la madrugada, se echaban por lo menos tres suertes para determinar las siguientes tareas: (1) Reavivar el fuego del altar y ayudando con el sacrificio matutino. (2) El sacerdote oficiante del día. (3) Cortar los pábilos del candelero de oro y preparar el incienso en el lugar santo (m. *Tamid* 3.1, 5.4-5). Esta tercera responsabilidad era el servicio más sagrado del día. El incienso simbolizaba las oraciones de los santos que eran elevadas al cielo (Salmos 141:2; Apocalipsis 5:8; 8:3, 4). Se preparaba por la mañana y por la tarde para que ardiera perpetuamente delante el Señor (Éxodo 30:8). Era como el sacrificio de la tarde, aunado a la hora de la oración (3:00 p.m.). Solamente una vez en la vida se le permitía a un sacerdote llevar a cabo esta tarea. En verdad era afortunado si acaso le tocaba.

Zacarías escogería a dos amigos o familiares para que le ayudaran en la tarea sagrada de quemar u ofrecer incienso (consulte m. *Tamid* 1.2-4, 6.1-3). Uno de ellos tenía que limpiar el altar del incienso debido a la ofrenda de la tarde anterior. Mientras adoraba, retrocedería saliendo del lugar santo. Luego, el otro penetraría con carbones ardiendo del altar de los sacrificios para colocarlo en los brazos del altar del incienso. También adorando retrocede para salir del lugar santo, dejando solo a Zacarías para cumplir con su tarea sagrada. El santuario interno estaba alumbrado por una luz tenue procedente del candelero de siete brazos ubicado al sur. Al norte se encontraba la mesa con los panes de la proposición; al oeste, cerca del lugar santísimo, estaba el altar del incienso.

En el momento propicio, esparciría el incienso sobre el altar. Los sacerdotes y la gente de afuera, al ver el humo del incienso subir a Dios, se postrarían en adoración y oración. Mucha gente de la ciudad acudía al templo a esta hora de la oración. La mayoría de los sacerdotes cumplían con su tarea rápidamente, temiendo la ira de Dios si se tardaban. Por ello, la tardanza de Zacarías era poco común.

Una vez que los ayudantes de Zacarías salen, él queda solo . . . o así lo cree. Un ángel se había metido. La manera en que Lucas lo pone, parece como si Gabriel hubiera estado parado allí hace tiempo entre el altar del incienso y el candelero de oro, sin ser notado por Zacarías quien está absorto en sus funciones. Cuando finalmente nota la presencia del ángel, se queda petrificado. Es la reacción normal a una visita angelical. Pero aunado a eso, Zacarías se encuentra solo en el santuario del Señor llevando a cabo sus tareas sagradas y por ello tiene suficiente motivo para alarmarse. Gabriel, con una clásica expresión angelical, trata de confortarlo y calmarlo: "No tengas miedo" [Literalmente, *no temas más*].

Luego Gabriel agrega, "Pues ha sido escuchada tu oración. Tu esposa Elisabet te dará un hijo." El ya anciano Zacarías en el lugar santo de Dios, llevando a cabo una tarea religiosa que se le encomendó a él una sola vez en toda la vida, *no* rogaba por tener hijos. Él oraba por la redención de Israel. Él había presenciado la guerra civil bajo Hyrcano y Aristóbulo (67-63 a.C.) y la conquista romana de Jerusalén en 63 a.C. Él presenció el nombramiento del vil edomita, Herodes, como rey en 37 a.C. Su oración era a favor de su nación. Ciertamente se pareció mucho a la de Daniel (Daniel 9:4-19).

Pero falta por llegar otra sorpresa más. No era un hijo común. Debían ponerle por nombre Juan, significando "el Señor es misericordioso". Debía tener una dieta especial (v. 15). Esto parece un voto nazareo de por vida (por ejemplo, Sansón en Jueces 13:4, 5; Samuel en 1 Samuel 1:11). Sería precioso a sus padres (v. 14). Haría que muchos israelitas se volvieran a Dios nuevamente (vv. 16-17) y sería un hombre de Dios con el poder de Elías, preparando a la gente para la venida del Señor (Isaías 40:3-5; Malaquías 3:1-5; 4:5-6; ver m. *Eduyot* 8.7). Finalmente, los 400 años de silencio profético se rompieron.

Lucas 1:18-20 señala:

[18]—¿Cómo podré estar seguro de esto? —preguntó Zacarías al ángel—. Ya soy anciano y mi esposa también es de edad avanzada. [19]—Yo soy Gabriel y estoy a las órdenes de Dios —le contestó el ángel—. He sido enviado para hablar contigo y darte estas buenas noticias. [20]Pero como no creíste en mis palabras, las cuales se cumplirán a su debido tiempo, te vas a quedar mudo. No podrás hablar hasta el día en que todo esto suceda.

Todo esto es demasiado y Zacarías es incapaz de procesarlo inmediatamente. No lo puede creer. Así que pide pruebas. Aunque eso nos suene razonable a nosotros, a Gabriel le pareció muy falto de cordura.[1] Después de todo, Gabriel estaba en la presencia de Dios. Sabía lo que pasaba. Sus fuentes de información eran confiables.

¡Pero como Zacarías deseaba una señal, Gabriel se la dio! Viviría en silencio hasta el nacimiento de Juan. Anderson sugiere que se trata de estar *sordo* no *mudo*.[2] Él afirma que a "Zacarías se le castigó así porque no creyó lo que *escuchó* . . . es decir, ya no *oiría más* NINGUNA *palabra* sino hasta el cumplimiento de las palabras del ángel" (pp. 23-24). En Lucas 1:62, cuando Juan nace, los vecinos utilizaron la mímica para comunicarse con Zacarías. Él les contesta escribiendo sus respuestas, no hablando. Esto indicaría que estaba sordo y mudo a la vez. Entonces, tal vez la conclusión deba ser que la palabra mudo [*siōpaō*] puede incluir ambos problemas – sordomudo.

Aunque el texto no señala que Zacarías haya quedado mudo como castigo por haber visto una señal, parece que es una reprimenda y una señal en sí misma. Después de todo, Jesús critica a aquellos que demandan señal una vez habiendo visto suficiente evidencia de algo (Mateo 12:38-39; Lucas 11:29; Juan 6:30).

Sin embargo, tanto Gedeón (Jueces 6:38-39) como Ezequías (2 Reyes 20:8) pidieron señal y les fue dada señal sin crítica o castigo. A Acaz se le dijo que pidiera señal, pero él no lo hizo (Isaías 7:11). ¿Por qué, entonces, la aparente contradicción entre buscar una señal en el Antiguo Testamento y demandar una señal en el Nuevo Testamento, con reprimenda en el Nuevo? Note que Ezequías y Acaz tenían frente a ellos un mensajero humano, mientras que los pasajes del Nuevo Testamento tienen que ver con mensajeros divinos (por ejemplo, Gabriel y Jesús). Además, Jesús, mediante sus milagros, y Gabriel con su presencia en el santuario del Señor, ya ofrecen suficientes evidencias para ser creídos. Así, no se necesitaba otra señal.

Lucas 1:21-25 señala:

[21]Mientras tanto, el pueblo estaba esperando a Zacarías y les extrañaba que se demorara tanto en el santuario. [22]Cuando por fin

---

[1] Aparte de Gabriel, que significa "Dios es grande" (Daniel 8:16; 9:21; Lucas 1:19, 26), el arcángel Miguel es el otro ángel de quien conocemos su nombre (Judas v. 9; Apocalipsis 12:7; Daniel 10:13, 21; 12:1). Además, la última vez que Gabriel habló (Daniel capítulos 9–10) fue en cuanto a la venida del Mesías. Entonces, sería natural que Zacarías (y nosotros) prestemos atención a sus palabras con una expectación profética o mesiánica.

[2] J. G. Anderson, "A New Translation of Luke 1:20" (Una nueva traducción de Lucas 1:20), *BT* (Traductor bíblico) 20 [enero, 1969]: 21-24. Él basa todo esto en la siguiente evidencia: (1) El uso de esta frase en la versión Septuaginta de la Biblia, (2) la etimología de *siōpaō*, (3) la estructura perifrástica de ese *siōpōn* = "vivirás callado" y (4) el contexto.

salió, no podía hablarles, así que se dieron cuenta de que allí había tenido una visión. Se podía comunicar sólo por señas, pues seguía mudo.
²³Cuando terminaron los días de su servicio, regresó a su casa. ²⁴Poco después, su esposa Elisabet quedó encinta y se mantuvo recluida por cinco meses. ²⁵Esto —decía ella— es obra del Señor, que ahora ha mostrado su bondad al quitarme la vergüenza que yo tenía ante los demás.

Fuera del templo, los adoradores ven subir el humo al cielo. Empiezan a orar. Pero se dan cuenta que Zacarías no ha salido. Entre más se tarda él en salir, ellos se ponen más nerviosos y preocupados. ¡Tal vez ha sido herido por Dios mismo! De pronto, sale pareciéndoles muy raro. No puede hablar. Pero a través de ciertas señas finalmente se puede comunicar con ellos y les dice lo que le pasó.

Al terminar la semana, se fue a casa. Elisabet lo esperaba y aconteció que ella se embarazó. Eso debió haber sido un gran espectáculo porque ella tuvo que recluirse cinco meses. En privado, ella esperaba el cumplimiento de todo. Cuando por fin salió, ¡gloria a Dios! Estaba LLENA de alegría. Dios le había quitado la maldición de la esterilidad.

Sección 5
Revelación a María del nacimiento de Jesús
(Lucas 1:26-38)

Lo que tenemos aquí es un "anuncio de nacimiento" clásico. Era un recurso literario común en la literatura de las biografías antiguas en cuanto a personajes importantes (por ejemplo, Suetonio, "Augusto", 94 en *Lives of the Twelve Caesars* (Las vidas de los doce Césares). Estaba diseñado para dar respuesta a tan importante interrogante: ¿Cómo podemos explicar tan extraordinaria vida? Talbert señala: "Todos los evangelios canónicos luchan con el mismo asunto. Marcos explica la vida tan singular de Jesús debido a que es portador del Espíritu . . . en su bautismo (Marcos 1:9-11). La explicación de Juan recae en que el Verbo ya existente tomó forma de hombre y moró entre nosotros" (Juan 1:14).[3] Tanto Mateo como Lucas explican la singularidad de Jesús mediante su nacimiento virginal.

---

[3] CH. Talbert, "Lucas 1:26-31", *Int* (Interpretación) 39 [julio, 1985]: 288-291.

Lucas 1:26-29 señala:

26A los seis meses, Dios envió al ángel Gabriel a Nazaret, pueblo de Galilea, **27**a visitar a una joven virgen comprometida para casarse con un hombre que se llamaba José, descendiente de David. La virgen se llamaba María. **28**El ángel se acercó a ella y le dijo:
—¡Te saludo,[a] tú que has recibido el favor de Dios! El Señor está contigo.[b]
29Ante estas palabras, María se perturbó, y se preguntaba qué podría significar este saludo.

[a]28 ¡Te saludo. Alt. ¡Alégrate. [b]28 contigo. Var. contigo; bendita tú entre las mujeres.

Cuando Elisabet tenía seis meses de embarazo,[4] Dios envió a Gabriel a otra misión. Esta vez a Nazaret, no a Jerusalén. Esta vez a una jovencita, no a una anciana. Ambos mensajes fueron similares: Vas a tener un bebé. En ambas ocasiones Gabriel tuvo que calmar el temor mediante la promesa de Dios. Y, mientras que tanto Zacarías como María vacilaron en cuanto a la posibilidad del anuncio, María muestra una fe y compromiso seguro al mensaje angelical.

Tan pronto una muchacha entraba a la adolescencia, sería prometida a alguien en matrimonio, es decir, quedaría comprometida. Los padres de la posible pareja harían todos los arreglos y, de hecho, escogerían al compañero. Aunque esto no cumple con *nuestras* expectativas culturales en cuanto al matrimonio, sigue teniendo vigencia hoy en día. Una vez que el joven ha ahorrado para la dote, escogería un intercesor (posiblemente a un amigo). El intercesor iría, junto con los padres del joven, a conversar con los padres de la posible novia. Los padres de la joven los recibirían y les ofrecerían algo de tomar. El grupo rechazaría la bebida hasta que se hubiera fijado el precio de la dote y se hubiera consentido en la petición de la novia. Los padres de la muchacha escogerían, en este punto, un mediador de parte de ellos y daría inicio la negociación. Una vez resuelto el asunto, se traían alimentos y todos celebraban el acuerdo juntos. El período de compromiso no sería mayor a un año para llevarse a cabo la boda. Este contrato era una unión legal y no se podía romper a menos que uno de los contrayentes muriera o se divorciara. En caso de muerte, la mujer era considerada una viuda. Pero las relaciones sexuales no les eran permitidas sino hasta después de la ceremonia matrimonial.

---

[4]Si Edersheim (I:135) está correcto, que el grupo de Abías sirvió en la primer semana de octubre, entonces nos acercamos al mes de abril. Por lo tanto, Jesús hubo de haber nacido a fines de diciembre o a principios de enero.

Conforme con la tradición judía, María tenía alrededor de quince años de edad.⁵

Este debió haber sido un tiempo maravilloso en la vida de María. Era joven, era virgen y está comprometida. Todo es normal, todo está bien. Gabriel entra en escena con un saludo notable: "¡Te saludo, tú que has recibido el favor de Dios!" De este pasaje surge la famosa frase "Ave María". Aunque estas palabras la asustaron, lograron captar su atención y le dieron un tono positivo al mensaje que vendría enseguida.

Lucas 1:30-33 señala:

³⁰—No tengas miedo, María; Dios te ha concedido su favor —le dijo el ángel—. ³¹Quedarás encinta y darás a luz un hijo, y le pondrás por nombre Jesús. ³²Él será un gran hombre, y lo llamarán Hijo del Altísimo. Dios el Señor le dará el trono de su padre David, ³³y reinará sobre el pueblo de Jacob para siempre. Se reinado no tendrá fin.

Zacarías tuvo temor al *ver* a Gabriel. A María la atemoriza su *mensaje*. El temor es una reacción normal ante la visita de un ser angelical. Además, los ángeles normalmente dicen: "No tengas miedo" (ver Génesis 15:1; 26:24; Daniel 10:19; Mateo 28:5; Lucas 1:13, 30; 2:10; Hechos 18:9; Apocalipsis 1:17). Normalmente los ángeles son heraldos de juicio y/o agentes de destrucción, pero esta vez no. María no debía temer, sino regocijarse. Tendría un hijo y le pondría por nombre Jesús.

"Jesús" proviene del nombre hebreo "Josué" que quiere decir "Jehová salva". Josué fue un tipo de Cristo, ya que guió al pueblo de Dios a la tierra prometida, conquistando a sus enemigos. También se debe notar que "Cristo" no es el apellido de Jesús sino su título. "Cristo" es la palabra griega que quiere decir "Mesías" en hebreo. Ambas significan "el Ungido". Otros nombres y títulos que encontramos de Jesús son: Hijo del hombre, Hijo de Dios, Hijo de David, Dios, Señor, el Verbo, Siervo, Salvador, el Cordero de Dios, Sumo Sacerdote, Mediador, el postrer Adán, Profeta, Sacerdote, Rey.

La descripción que Gabriel hace de Jesús resulta asombrosa a la luz de la profecía del Antiguo Testamento. "Hijo del Altísimo" es una exaltación de Dios. Así, a Jesús se le llama Hijo del mismísimo

---

⁵Ver D. Robinson, "The Incredible Announcement" (El anuncio increíble), *His* (Historia) 35 [diciembre, 1974]: 2-4. Él señala: "Las leyendas de José siendo un hombre viejo no tienen ninguna base bíblica" y sugiere que José tenía alrededor de 18 años de edad.

Dios. Muy interesante resulta que el único que se dirige a Jesús como "Hijo del Altísimo" es el endemoniado geraseno [gadareno] (Marcos 5:7; Lucas 8:28). Todavía más sorprendente es la aseveración de Jesús afirmando que nosotros podemos ser hijos del Altísimo (Lucas 6:35). Somos adoptados mediante la sangre de Jesús (Juan 1:12; Romanos 8:14-17; 1 Juan 3:1-2).

"Trono de David" designa el linaje real del reino de los judíos. David llegó a ser el arquetipo del rey del pueblo de Dios. 2 Samuel 7:16 (ver 1 Crónicas 17:11-15) contiene esta promesa: "Tu casa y tu reino durarán para siempre delante de mí; *tu trono quedará establecido para siempre*". Sin embargo, en los días de Joaquín ese reino se desplomó, del cual Dios dijo: "él no tendrá a nadie que se siente en el trono de David". Como ya se discutió antes en cuanto a la genealogía de Jesús, ambas promesas se cumplieron cuando Jesús, quien no fue del linaje de Joaquín, sino de David, llegó a ser rey de los judíos.

María estaba familiarizada con las Escrituras. En su canto o Magníficat utilizó por lo menos treinta frases o palabras del Antiguo Testamento. Esta mención del trono de David debió haberle recordado Isaías 7:14 y 9:6-7 — un niño que nacería de una virgen y que se sentaría en el trono de David para siempre. Estas profecías mesiánicas debieron haber agregado más conocimiento a ella en cuanto a la identidad de su hijo.

"Pueblo de Jacob" se refiere a todo Israel ya que el patriarca Jacob fue el padre de las doce tribus, es decir, toda la nación judía. Así se usa comúnmente en la literatura profética (Isaías 2:5-6; 8:17; 10:20; 14:1; 29:22; 46:3; 48:1; 58:1; Jeremías 2:4; 5:20; Ezequiel 20:5; Amós 3:13; 9:8; Abdías 1:17-18; Miqueas 2:7; 3:9).

Lucas 1:34-38 señala:

> [34]—¿Cómo podrá suceder esto —le preguntó María al ángel—, puesto que soy virgen?[a] [35]—El Espíritu Santo vendrá sobre ti, y el poder del Altísimo te cubrirá con su sombra. Así que al santo niño que va a nacer lo llamarán[b] Hijo de Dios. [36]También tu parienta Elisabet va a tener un hijo en su vejez; de hecho, la que decían que era estéril ya está en el sexto mes de embarazo. [37]Porque para Dios no hay nada imposible. [38]—Aquí tienes a la sierva del Señor —contestó María—. Que él haga conmigo como me has dicho.
>
> Con esto, el ángel la dejó.
>
> *[a]34 soy virgen?* Lit. *no conozco a hombre?* *[b]35 santo niño que va a nacer lo llamarán* Alt. *así el niño que nacerá será llamado santo.*

Muchos han batallado con el milagro del nacimiento virginal.⁶ En verdad, tanto la palabra griega *parthenos* como la hebrea *alma* se pueden traducir como "jovencita".⁷ Sin embargo, en este contexto, debe significar "virgen" ya que María declara: "puesto que soy virgen". La verdad es: ¿Escogemos creer lo que declaran Mateo y Lucas? O poniéndolo en otras palabras, ¿es capaz Dios de hacer un milagro creador de esta naturaleza? No hará ningún bien señalar que las audiencias de Mateo y Lucas eran prescientíficas, por ello podían creer en esas historias. Usted no tiene que ser "moderno" para saber de donde vienen los bebes.⁸ Y Lucas, por ser médico, no pudo haber aceptado esto a la ligera. Tampoco debemos sugerir que Mateo y Lucas simplemente imitaban la mitología pagana al incluir la nota sobre la virginidad de la mamá de Jesús. No hay paralelos verdaderos a la concepción virginal en estos mitos.⁹ Además, no existe un precedente judío para un Mesías nacido de una virgen. Lucas habría reconocido el riesgo de convertir a Jesús en un semidiós pagano. Es más, la tradición-historia tendría que lograr tres metas difíciles: (1) Graduar a Jesús de humano a divino *sin salir del judaísmo*; (2) Transformarle a Jesús de una figura hebrea a un semidiós griego; (3) Hacer que Mateo y Lucas independientemente se equivocan, tomando esta metáfora por historia verídica. Todo esto sucede dentro de 50 años. Esta teoría nos exige la creencia que la historia del nacimiento virginal se originó ex nihilo — es decir, "de la nada". ¡Esto es equivalente a una

---

⁶Ver R. E. Brown, "The Problem of Virginal Conception" (El problema de la concepción virginal), TS (Estudios teológicos) 33 [1972]: 3-34. Para una defensa conservadora del nacimiento virginal, ver David MacLeod, "The Virginal Conception of our Lord in Mt. 1:18-25" (La concepción virginal de nuestro Señor en Mateo 1:18-25), *EmJ* (El periódico Emaús) 8 [1999]: 3-42; y S. Lewis Johnson, "The Genesis of Jesus" (El genesis de Jesús) *BS* [Biblioteca sacra] 122 [1965]: 331-332.

⁷Ver C. H. Dodd, "New Testament Translation Problems I" (Problemas de traducción del Nuevo Testamento I), *BT* (Traductores bíblicos) 27/3 [julio, 1976]: 301-305. Sin embargo, ver J. Carmignac, "The Meaning of parthenos in Lk 1:27 — A Reply to C.H. Dodd" (El significado de parthenos en Lucas 1:27 — una respuesta a C. H. Dodd), *BT* (Traductores bíblicos) 28 [1977]: 327-330.

⁸D. M. Smith, "Lucas 1:26-38", *Int* (Interpretación) 29 [octubre, 1975]: 411-417, llega hasta señalar que "sabemos, como no lo hizo la gente de la antigüedad, que las vírgenes no conciben ni procrean hijos". Sin duda, tal vulgaridad cronológica está equivocada.

⁹J. Nolland, *Luke* [Lucas], en el Comentario bíblico de Word, Tomo 35a [Dallas: Word 1989]: 57-58 correctamente señala que "el origen de esta tradición de una concepción virginal no se encuentra en ninguno de los mitos paganos con paternidad divina. Se conducen en un mundo completamente distinto del pensamiento . . . la mejor explicación finalmente es la histórica: Jesús nació sin la intervención de un padre humano". Ver también H.D. Buckwalter, "The Virgin Birth of Jesus Christ: A Union of Theology and History" (El nacimiento virginal de Jesucristo: Una unión de teología e historia), *EJ* (Periódico Evangélico) 13 [1995]: 3-14.

partenogénesis intelectual![10] La verdad es que si Dios pudo crear al hombre en Edén, ciertamente puede crear vida en un vientre.

Uno tal vez tenga una curiosidad irreverente y sensual en cuanto a la mecánica de la concepción en María. De hecho, simplemente no sabemos como fue. El v. 35 señala que el Espíritu Santo "vendrá sobre ti", María. En el Antiguo Testamento esta frase indicaba poder del Espíritu Santo, no un contacto físico. Aunque la mitología pagana habla de que los dioses cohabitaban con los humanos, no hay base teológica, contextual o gramatical que indique en este texto cualquier encuentro sexual entre María y el Espíritu Santo.

Todo esto habría sido aterrador y difícil que María lo aceptara ya que ella misma sabía que era virgen. Por ello, Gabriel le da una señal. Su parienta vieja y estéril estaba embarazada. Si Dios pudo cumplir su promesa a Elisabet, ciertamente también le sería fiel a María. Aunque desconocemos la relación familiar entre María y Elisabet, sabemos que Elisabet tenía suficientes años como para ser abuela de María.

No tan sólo era esto difícil de creer, sino que también era aterrador. Primero, una persona adúltera debía ser apedreada hasta morir (Levítico 20:10). Si no era apedreada, por lo menos perdería al hombre que amaba (y de hecho eso le habría pasado a ella si no hubiera tenido la intervención de Gabriel). Más aún, ¿quién va a querer casarse con una mujer "usada"? Además, una madre soltera en esa cultura no tenía oportunidad de empleo. Y, claro, viviendo en un pueblito, todos se enterarían de lo acontecido. Muy pronto todos habrían catalogado a María de prostituta. Esta jovencita tan pura y tan preciosa habría impactado a todos con su falta de "propiedad" o castidad.

Aun entendiendo las consecuencias, la fe de María en Dios la llevó a decir: "Que él haga conmigo como me has dicho". El texto griego utiliza un optativo, una forma verbal inusual que expresa un deseo. Sin embargo, debemos evitar dos extremos. Uno es la adoración a María (por ejemplo, la Mariología o mariolatría, comúnmente observada en el catolicismo romano). Ella es magnífica, pero no es diosa. El otro extremo o lado de la moneda es la negación protestante de esta increíble jovencita. Comparada con la fe de Abraham, Sara y Zacarías, la fe de María brilla por encima de todos ellos. Ella tenía más

---

[10] N.T. Wright, "God's Way of Acting" (La manera de Dios para actuar), *ChrCen* (Siglo Cristiano) 115/35 (1998): 1215-1217.

que perder. En cambio, sin titubear, invita a que la voluntad de Dios prevalezca en su vida.

Sección 6
La visita de María a Elisabet
(Lucas 1:39-45)

> ³⁹A los pocos días María emprendió el viaje y se fue de prisa a un pueblo en la región montañosa de Judea. ⁴⁰Al llegar, entró en casa de Zacarías y saludó a Elisabet. ⁴¹Tan pronto como Elisabet oyó el saludo de María, la criatura saltó en su vientre. Entonces Elisabet, llena del Espíritu Santo, ⁴²exclamó: —¡Bendita tú entre las mujeres, y bendito el hijo que darás a luz!ª ⁴³Pero, ¿cómo es esto, que la madre de mi Señor venga a verme? ⁴⁴Te digo que tan pronto como llegó a mis oídos la voz de tu saludo, saltó de alegría la criatura que llevo en el vientre. ⁴⁵¡Dichosa tú que has creído, porque lo que el Señor te ha dicho se cumplirá!
>
> ª42 *el hijo que darás a luz!* Lit. *el fruto de tu vientre.*

Le debió haber tomado a María de tres a cuatro días de viaje desde Nazaret a la región montañosa de Judea. Como no se especifica un pueblo en particular, hacemos una aproximación en la distancia entre 80 a 112 kilómetros. Ella rápidamente recoge unas cuantas pertenencias y emprende su viaje, tal vez entre uno a dos días después del anuncio de Gabriel. (No podemos hacer otra cosa más que preguntarnos acerca de lo que sus padres pensaron). Cuando María llega a la casa de Elisabet, tiene menos de una semana de embarazo.

Fue el lugar lógico donde María se pudo refugiar en sus primeros meses de embarazo. Elisabet podía mostrarle evidencia de la obra maravillosa de Dios. De hecho, si alguien debía apoyarla y le creía, era nada menos que Elisabet. Además, María le ayudaría a Elisabet con las labores de la casa, limpiando y cocinando, durante los tres últimos meses de su embarazo — especialmente en los meses calurosos de verano en Judea.

Tan pronto María saludó a Elisabet, Juan saltó en su vientre. La palabra que Lucas utiliza también se puede traducir como "brincó". Normalmente se la asocia con un salto de alegría, en ocasiones en relación con el Mesías (por ejemplo, Malaquías 4:2). La palabra "criatura" [*brephos*] especifica que se trata de un bebé no nacido todavía. Esta es una pieza de evidencia un poco rara. Primero, la criatura saltó al tiempo que María saludaba a Elisabet. Parece que el salto de Juan, no las palabras de María, reveló el secreto en su vientre. Segundo, ¿cómo supo el feto, Juan, cuándo saltar de alegría excepto por obra del Espíritu Santo?

¿Qué pensarían los vecinos de esta mujer embarazada, de más de sesenta años de edad, gritando a los cuatro vientos lo de su parienta adolescente? La respuesta de Elisabet es tan profética como la de su hijo. Llena del Espíritu Santo,[11] identificó tanto a María como a Jesús como instrumentos benditos de Dios. "Bendita tú entre las mujeres" es como lo dicen los hebreos, es decir, "de entre todas las mujeres, tú eres la más bendecida". En otras palabras, María es el objeto mismo, la que sobresale de entre todas las mujeres como receptora de las bendiciones de Dios. ¡Este botón de vida en el vientre de María, la mera blástula, era el mismísimo Señor de Elisabet! Elisabet reconoce el señorío de Cristo *in utero*.

Sección 7
El Magnificat
(Lucas 1:46-56)

Esta poesía es comparable en su contenido y estilo a dos otras, el *Gloria in excelsis* (2:13-14) y el *Nunc dimittis* (2:29-32). Funcionan en el texto en manera similar a los discursos que Lucas graba en el libro de Hechos. Es decir, ellas dan una voz original a uno de los caracteres claves en el texto. Estas tres poesías son mosaicos de textos del Antiguo Testamento.

⁴⁶Entonces dijo María:
«Mi alma glorifica al Señor,
⁴⁷y mi espíritu se regocija en Dios mi Salvador,
⁴⁸porque se ha dignado fijarse en su humilde sierva.
Desde ahora me llamarán dichosa todas las generaciones,
⁴⁹porque el Poderoso ha hecho grandes cosas por mí.
¡Santo es su nombre!
⁵⁰De generación en generación
se extiende su misericordia a los que le temen.
⁵¹Hizo proezas con su brazo;
desbarató las intrigas de los soberbios.ª
⁵²De sus tronos derrocó a los poderosos,
mientras que ha exaltado a los humildes.
⁵³A los hambrientos los colmó de bienes,

---

[11]Las dos obras más importantes del Espíritu se presentan aquí: (1) testificando la verdad en cuanto a Jesús (Juan 15:26) y (2) guiando nuestro pensamiento y hablando por Jesús a través de nosotros (Mateo 10:19-20).

y a los ricos los despidió con las manos vacías.
54-55Acudió en ayuda de su siervo Israel
y, cumpliendo su promesa a nuestros padres,
mostró^b su misericordia a Abraham
y a su descendencia para siempre».
56María se quedó con Elisabet unos tres meses y luego regresó a su casa.

^a51 desbarató... soberbios. Lit. *dispersó a los orgullosos en el pensamiento del corazón de ellos.* ^b*54-55 mostró.* Lit. *Recordó.*

Aunque María es una simple campesina, su poema no es simple.[12] Está arreglado con mucha destreza tal cual si fuese un poema hebreo del Antiguo Testamento, pero registrado en griego elegante. Su rica teología hebraica está tan bien estructurada como su forma. Alude a una gran cantidad de ideas y frases del Antiguo Testamento.[13] Pero es más parecido a la oración de Ana (1 Samuel 2:1-10), aunque la situación de Ana se parecía más a la de Elisabet que a la de María.[14] El poema se conoce como "El Magníficat", que es la palabra del latín para engrandecer o magnificar.

Claro, no se nos dice cómo se preservó este poema. No es muy seguro que Elisabet haya transcrito al momento en que María lo decía. Tampoco resulta fácil creer que ambas mujeres hayan recordado palabra por palabra como salieron de los labios de María. Tampoco no parece que un poema con esta profundidad y claridad sea producto de una expresión instantánea de adoración. Pero no por esto vamos a asumir que Lucas lo escribió o lo editó (aunque es posible que él lo haya traducido del arameo al griego). Existen mejores explicaciones. Por ejemplo, María pudo haber compuesto este poema *en camino* a Judea o en su estancia de tres meses con Elisabet. Mientras que el texto no señala que María haya sido inspirada por el Espíritu Santo para recitar este poema, el Espíritu Santo la cubrió de tal manera tan poderosa que generó una nueva vida en su vientre. Por lo tanto, él también pudo haberse visto envuelto en su composición.

---

[12] R. C. Tannenhill, "The Magníficat as Poem" (El Magníficat como poema), *JBL* (Periódico de literatura bíblica) 93 [1974]: 263-275, analiza la complejidad del poema de María.

[13] J. Koontz, "Mary's Magnificat" (El Magníficat de María), *BibSac* (Biblioteca Sacra) 116 [octubre, 1959]: 336-249, listado de referencias del Antiguo Testamento a las cuales alude cada frase del poema (p. 339), que incluyen referencias de cada una de las tres principales divisiones hebreas del Antiguo Testamento.

[14] Algunos manuscritos antiguos, de hecho, sí atribuyen este poema a Elizabet. Ver S. Benko, "The Magníficat: A History of the Controversy" (El Magníficat: la historia de la controversia), *JBL* (Periódico de literatura bíblica) 86 [1967]: 263-275.

El poema está dividido en tres partes: El favor de Dios hacia (1) María (vv. 46-49); (2) los humildes (vv. 50-53); y, (3) Israel (vv. 54-55). María resalta la soberanía de Dios tanto en el Antiguo Testamento como en su propia vida. Su personalidad brilla a través de sus palabras. Ella es una muchacha hebrea humilde, buena conocedora del Antiguo Testamento y llena de fe y devoción hacia Dios.

Su interés mostrado aquí es la forma en que Dios cambia los estados del hombre. Dios toma una humilde doncella (sierva) y la exalta sobre todas las mujeres (vv. 48-50). (En el .48 María reconoce visiblemente la importancia del nacimiento inminente de su bebé). Dios toma a los exaltados y los humilla (vv. 51-52). Alimenta a los hambrientos (v. 53) y levanta a Israel como nación (vv. 54-55). Todo el tema de este canto es una reversión (ver Mateo 19:30 - 20:16; Santiago 4:10; 1 Pedro 5:6; Filipenses 2:5-11).

Los vv. 51-55 describen cosas que Dios "hizo". Sin embargo, esta es probablemente una forma poética de describir lo que Dios "siempre hace".[15] Ahora, ¿cómo le hace Dios para desbaratar las intrigas de los soberbios (v. 51)? Se puede tomar esta frase como "en los pensamientos de sus corazones", pero creo que se debe mejor decir "con los pensamientos de sus corazones". En otras palabras, Dios puede tratar a los soberbios de tal manera que ellos mismos se enreden en sus propias telarañas que tejen.

No se nos dice que María se haya quedado hasta el nacimiento de Juan. Pero estos tres meses (v. 56) la llevó hasta el tiempo mismo del alumbramiento.[16] Lo más seguro es que María sí se quedó hasta después del nacimiento de Juan y luego ya se regresó a la casa de sus padres. En este punto, María regresa a Nazaret. José se entera de su condición (Mateo 1:18-25).

---

[15] Este recurso literario se conoce como "aoristo gnómico o sentencioso".

[16] Uno debe tener en mente que aquí estamos hablando de meses lunares, no solares. Entonces una mujer judía estaba embarazada por diez meses, no nueve. Sin embargo, parece razonable suponer que María acompañería a Elisabet hasta el nacimiento de Juan aunque del texto (Lucas 1:26 y 56) uno cuenta solamente nueve meses.

Sección 8a
El nacimiento de Juan
(Lucas 1:57-66)

⁵⁷Cuando se le cumplió el tiempo, Elisabet dio a luz un hijo. ⁵⁸Sus vecinos y parientes se enteraron de que el Señor le había mostrado gran misericordia, y compartieron su alegría. ⁵⁹A los ocho días llevaron a circuncidar al niño. Como querían ponerle el nombre de su padre, Zacarías, ⁶⁰su madre se opuso.
—¡No! —dijo ella—. Tiene que llamarse Juan. ⁶¹—Pero si nadie en tu familia tiene ese nombre —le dijeron.

El nacimiento de Juan fue un suceso comunitario. Había mucha curiosidad debido al anuncio angelical y por la condición muda de Zacarías. Claro está, también había gran preocupación por la seguridad de Elisabet. Después de todo, una mujer de su edad no debía dar a luz. Pero una vez que tanto la mamá como el niño se veían saludables, todos los vecinos celebraron el gran acontecimiento.

Como cualquier otro niño judío, a los ocho días de nacido, Elisabet lo lleva para ser circuncidado de acuerdo con la ley. La circuncisión le fue ordenada primeramente a Abraham (Génesis 17:9-14), como señal de su pacto especial con Dios. Junto con guardar el día de reposo, esta fue la señal distintiva que identificaba al pueblo de Dios.

Después de ocho días, los vecinos pueden contemplar bien al niño y lo empiezan a llamar equivocadamente. Asumen que se llamará igual que su padre, Zacarías. Esa, después de todo, era la costumbre de los judíos. Elisabet los para de inmediato. Las instrucciones de Gabriel fueron que se llamaría Juan. Así que ella, durante ocho días, ya lo llamaba Juan.

Lucas 1:62-66 señala:

⁶²Entonces le hicieron señas a su padre, para saber qué nombre quería ponerle al niño. ⁶³Él pidió una tablilla, en la que escribió: «Su nombre es Juan.» Y todos quedaron asombrados. ⁶⁴Al instante se le desató la lengua, recuperó el habla y comenzó a alabar a Dios. ⁶⁵Todos los vecinos se llenaron de temor, y por toda la región montañosa de Judea se comentaba lo sucedido. ⁶⁶Quienes lo oían se preguntaban: «¿Qué llegará a ser este niño?» Porque la mano del Señor lo protegía.

Los vecinos rehúsan escuchar a Elisabet. Acudieron a su esposo para que pusiera fin a la disputa. Visiblemente Zacarías sigue sordo y mudo (este es el uso legítimo de la palabra, ver Lucas 7:22), así que se comunicaron con él por medio de la mímica. Él saca una tablilla. Tal vez era algo parecido a una tablilla de madera cubierta de alguna cera en la cual se podía escribir. Soluciona el argumento al escribir: "su nombre es Juan". ¡Esto fue aterrador! Los rumores se esparcieron rápidamente por las colinas de Judea. Era obvio a todos que la mano de Dios estaba con este niño. Su destino estaba trazado. Ellos se preguntaban qué sería de este niño.

Sección 8b
El cántico de Zacarías
(Lucas 1:67-79)

> [67] Entonces su padre Zacarías, lleno del Espíritu Santo, profetizó
> [68] «Bendito sea el Señor, Dios de Israel, porque ha venido a redimir[a] a su pueblo.
> [69] Nos envió un poderoso salvador[b] en la casa de David su siervo
> [70] (como lo prometió en el pasado por medio de sus santos profetas),
> [71] para librarnos de nuestros enemigos y del poder de todos los que nos aborrecen;
> [72] para mostrar misericordia a nuestros padres al acordarse de su santo pacto.
> [73] Así lo juró a Abraham nuestro padre:
> [74] nos concedió que fuéramos libres del temor, al rescatarnos del poder de nuestros enemigos, para que le sirviéramos
> [75] con santidad y justicia, viviendo en su presencia todos nuestros días.
> [76] Y tú, hijito mío, serás llamado profeta del Altísimo, porque irás delante del Señor para prepararle el camino.
> [77] Darás a conocer a su pueblo la salvación mediante el perdón de sus pecados,
> [78] gracias a la entrañable misericordia de nuestro Dios. Así nos visitará desde el cielo el sol naciente,
> [79] para dar luz a los que viven en tinieblas, en la más terrible oscuridad, para guiar nuestros pasos por la senda de paz.»
>
> [a] **68** *ha venido a redimir.* Lit. *ha visitado y ha redimido.* [b] **69** *envió un poderoso salvador.* Lit. *levantó un cuerno de salvación.*

La lengua de Zacarías se soltó. El Espíritu Santo vino sobre él como a cualquier profeta de antaño. Este canto que se conoce

como "Benedictus" es tanto poético como profético. Al igual que el Magníficat, está saturado de hebraísmos como de alusiones al Antiguo Testamento. Contiene varias profecías que fueron cumplidas con la llegada de Jesús y de Juan:
    a. La redención de Israel (v. 68)
    b. Nos envió un poderoso salvador de la casa de David (v. 69)
    c. Salvación de nuestros enemigos (v. 71)
    d. Cumplimiento de las promesas hechas a los padres (vv. 72-74)
    e. Libres de temor para servir a Dios (vv. 74-75)
    f. El predecesor del Mesías (v. 76)
    g. Traer perdón de pecados (v. 77)
    h. La luz de Dios brillará a aquellos que viven en tinieblas (vv. 78-79)

    El poema se inicia celebrando la redención. La palabra literalmente significa "pago" o "rescate". En el Antiguo Testamento, primariamente se refirió al éxodo. En el tiempo de Cristo, los judíos esperaban un "rescate" similar de la esclavitud romana (Lucas 24:21). Desde nuestro ángulo, vemos que la redención que Jesús ofrecía no venía a través de una campaña militar sino a través de la cruz. Jesús ofreció el único pago aceptable por nuestros pecados – su propia sangre. La cruz de Jesús *equivalió* a la redención.

    En el v. 69, se describe al Mesías como "un poderoso salvador". Es una frase que viene de Salmo 18:2, y literalmente se traduce "levantó un cuerno de salvación". A causa de la conocida fuerza de los animales con cuernos en el medio oriente, el cuerno llegó a ser un símbolo de poder. Todas las otras veces que ocurre la palabra "cuerno" en las Escrituras del Nuevo Testamento son del libro de Apocalipsis. En tal libro se refiere a tres entidades: Jesús, como el Cordero; el altar de Dios; y una y otra vez el Dragón y la Bestia. Hay una batalla feroz desatada por nuestra salvación entre grandes poderes cósmicos – grandes aunque desiguales. Apocalipsis deja abundantemente claro que esta contienda no es muy grande para Dios, aunque para nosotros el poder en los dos bandos inspira asombro.

    Esta declaración profética rompe con los 400 años de silencio desde Malaquías. La cita específica del v. 71 se encuentra en Salmos 106:10. Sin embargo, el concepto se puede encontrar en casi cada uno de los libros proféticos. Es claro que Zacarías se refiere a una liberación física como lo hicieron sus contemporáneos. Sin embargo, el resto del evangelio revelará la naturaleza espiritual de su cumplimiento.

Zacarías estaba seguro que Juan, su hijo, anunciaría la llegada del Mesías (v. 76). Hasta describió cómo anunciaría Juan el perdón de pecados (v. 77). Seguro que él conocía la descripción del puesto de este "predecesor", señalada en el Antiguo Testamento (ver Malaquías 3:1; 4:5; Isaías 40:3; Mateo 3:3).

Juan prepararía el camino y el Mesías "surgiría" o se levantaría tras él. El término "surgir" en el Antiguo Testamento, específicamente asociado con el término "rama" tiene una implicación mesiánica que se debe tener en mente. La llegada del Mesías se compara con la salida del sol, "el sol naciente", que pone fin a la negra oscuridad de la noche (ver Mateo 4:16; Lucas 2:32; Juan 1:4-9; 3:20-21; 8:12). Un nuevo día surge con la esperanza de la salvación para el pueblo de Dios.

Sección 8c
Crecimiento y presentación pública de Juan
(Lucas 1:80)

> [80] El niño crecía y se fortalecía en espíritu; y vivió en el desierto hasta el día en que se presentó públicamente al pueblo de Israel.

Este versículo abarca un período de 30 años. Las palabras "se presentó públicamente" se puede traducir como "comisionado", "elegido", "mostrarse" y hasta "inaugurar". Esta frase se utilizaba como el anuncio público de una nominación oficial. En otras palabras, esto describe la "inauguración" de Juan.

Algunas personas creen que Juan fue miembro de la comunidad conocida como Qumrán. Si sus padres, ya viejos, murieron en la juventud de Juan, esa comunidad lo pudo haber adoptado. Era, después de todo, una buena forma para que una comunidad célibe se reprodujera. Sin embargo, debemos mantener en mente que no hay evidencia histórica que respalde esta idea, sino solamente el hecho de que Juan, como la comunidad de Qumrán, eran ascéticos que vivían en el desierto.

Parte tres
Los primeros años de Jesucristo

Sección 9
José se entera de Jesús
(Mateo 1:18-25)

El primer capítulo de Mateo fue escrito en respuesta a una sola pregunta: ¿Quién es Jesús? Hay dos respuestas a la misma pregunta. La primera está en los vv. 1-17. Es el *hijo de David* a través de José, su padre que lo adoptó.[1] De hecho, José es la única persona en los evangelios, aparte de Jesús, a quien se le dirige como hijo de David (v. 20). La segunda respuesta es: Jesús es el *Hijo de Dios* mediante su concepción inmaculada (vv. 18-25) y, por ello, se le debe llamar *Emanuel — Dios con nosotros* (ver Isaías 8:10). Ambas respuestas están unidas a la palabra *génesis* (vv. 1, 18). Describen lo que conocemos como la *encarnación*. Dios se vistió de carne y sangre humanas y moró entre nosotros (ver Mateo 17:17; 18:20; 26:29; 28:20).

Mateo 1:18-21 señala:

¹⁸El nacimiento de Jesús, el Cristo, fue así: Su madre, María, estaba comprometida para casarse con José, pero antes de unirse a él, resultó que estaba encinta por obra del Espíritu Santo. ¹⁹Como José, su esposo, era un hombre justo y no quería exponerla a

---

[1] Esta es un tema clave para Mateo. Lo menciona diez veces comparado a cuatro veces en los evangelios de Marcos y Lucas, y Juan no lo menciona.

vergüenza pública, resolvió divorciarse de ella en secreto. [20]Pero cuando él estaba considerando hacerlo, se le apareció en sueños un ángel del Señor y le dijo: «José, hijo de David, no temas recibir a María por esposa, porque ella ha concebido por obra del Espíritu Santo. [21]Dará a luz un hijo, y le pondrás por nombre Jesús,[a] porque él salvará a su pueblo de sus pecados.»

[a]*21 Jesús es la forma griega para Josué, que quiere decir Jehová salva.*

Esto sucedió, aparentemente, después de que María pasó tres meses con su prima Elisabet. A María ya se le nota algo, a pesar de su atuendo palestino. Algo se tiene que hacer. Para que José quede libre de cualquier sospecha, él mismo debe aportar las pruebas en su defensa.

José tiene dos opciones. Puede llevar a María ante un humillante juicio público, que llevaría a María a ser apedreada. O, le puede otorgar una carta de divorcio en presencia de dos testigos. A ojos de la comunidad, María había sido deshonrada.

José estaba a punto de llevar a cabo la segunda opción y librar a María de la humillación pública. Aunque las dos opciones eran razonables y aceptadas, no fue esa la voluntad de Dios. Un ángel interviene en un sueño. Aunque esto pudiera sonar fuera de lo común para nosotros, los judíos consideraban los sueños como mensajes de Dios. De hecho, hubo doce distintos hombres en el Antiguo Testamento a quienes Dios se dirigió a través de sueños (Génesis 20:3; 28:12; 31:10; 31:24; 37:5; 40:9; 40:16; 41:1; Jueces 7:13; 1 Reyes 3:5; Daniel 2:3; 7:1). Es más, Joel 2:28 señala que los sueños sería una de las señales de la era mesiánica. Más aún, se registran seis sueños en el Nuevo Testamento, todos en Mateo. Cuatro de los seis fueron a José (Mateo 1:20; 2:12, 13,19, 22; 27:19).

En sueño le dice tres cosas a José. Primero, María no ha sido deshonrada. Su embarazo tiene que ver con la obra del Espíritu Santo, no por fornicación. Por lo tanto, tómala como tu esposa. Segundo, ella va a tener un hijo. Como su padre "adoptivo" le vas a poner por nombre "Jesús" (es decir, "Jehová salva"). El hecho de que José le da nombre a Jesús, en la cultura de Palestina, indicaría que él adopta al niño. Declaraba que Jesús era su hijo. Por lo tanto, Jesús *no* sería ilegítimo. Tercero, este va a ser un niño especial. Va a "salvar a su pueblo de sus pecados".

Esta frase lleva un significado muy especial para el lector cristiano. Sin embargo, para el judío era algo más práctico y político.

Los pecados de Israel normalmente eran castigados a nivel nacional a través de una nación extranjera. Esto fue exactamente lo que los judíos estaban pasando bajo la ocupación romana. Sin duda, José compartía las esperanzas populares de un Mesías libertador político que pondría fin a esta *ocupación* por el *castigo* de su pecado. Sin embargo, el significado real de esta profecía no se encuentra en la caballería sino en el Gólgota.

Mateo 1:22-25 señala:

> ²²Todo esto sucedió para que se cumpliera lo que el Señor había dicho por medio del profeta: ²³«La virgen concebirá y dará a luz un hijo, y lo llamarán Emanuel»ª (que significa «Dios con nosotros»). ²⁴Cuando José se despertó, hizo lo que el ángel del Señor le había mandado y recibió a María por esposa. ²⁵Pero no tuvo relaciones conyugales con ella hasta que dio a luz un hijo, a quien le puso por nombre Jesús.
>
> ª**23** Isaías 7:14

Esta profecía proviene de Isaías 7:14. En ella se utiliza una palabra [*alma*] que puede significar tanto virgen como sierva joven. Cuando esta profecía se cumplió por vez primera alrededor del año 732 a.C., la palabra significó "sierva". Dios le ofreció a Acaz una señal del juicio que vendría sobre Judá a través de Egipto y Asiria (Isaías 7:11-19). Un niño nacería de una joven. Dios dijo: "Cuando sepa elegir lo bueno y rechazar lo malo, comerá cuajada con miel. Porque antes de que el niño sepa elegir lo bueno y rechazar lo malo, la tierra de los dos reyes que tú temes quedará abandonada" (vv. 15-16). Esto tuvo un significado obvio en los días de Acaz. Algunos proponen que este hijo fue Ezequías o cualquier otro miembro de la realeza. Otros sugieren que se refería a cualquier niño judío. Pero, al parecer, el contexto más apropiado es Maher-salal-hasbaz (Isaías 8:3). Sin embargo, con todas estas sugerencias nadie sugeriría la necesidad de un nacimiento virginal.

Esta profecía tuvo su gran cumplimiento en el nacimiento de Jesús, como lo sugiere el contexto de la profecía (Isaías 8:17-18; 9:1-2, 6-7), como su interpretación inspirada (Mateo 1:23). Aquí, como en Lucas, es obvio que hablamos de una virgen. Gabriel le dijo a José que la vida en el vientre de María procedía del Espíritu Santo, no por una relación sexual con un hombre.

Este niño de nacimiento virginal sería llamado "Emanuel", "Dios con nosotros". La implicación es que el trascendente Dios moraría entre los hombres. Los israelitas habían presenciado un tipo de ello en el lugar santísimo. Pero aún entonces, tan sólo un hombre podía hablar con él una vez al año. También tenían la historia de Adán caminando con Dios en la brisa del atardecer. Luego estaba este como "un hijo de hombre" en las nubes del cielo (Daniel 7:13). Sin embargo, Dios encarnado, en la persona de Jesús, estaba fuera del sueño más espectacular de cualquier judío de esa época.

Cuando José se despertó, supo que Dios le había hablado en un sueño. Pero ¿cómo distinguiría José este mensaje angelical de un sueño normal? La respuesta es muy simple — no podría ni lo haría. El hecho es que los sueños eran considerados por los judíos del primer siglo como una comunicación divina, es decir, como agüero favorable de parte de Dios. Eran tan comunes que el Talmud (*Ber 55 b*) afirma: "Si alguien duerme siete días sin soñar (o tampoco recuerda su sueño para ser interpretado), tal persona sea considerada malvada" (como no recordada por Dios). En consecuencia, José, obedeciendo el sueño, estuvo dispuesto a aceptar a María como su esposa.

Más allá del elaborado noviazgo legal, no quedaba otra cosa que la ceremonia de bodas. Después de la ceremonia, la esposa se iba a vivir con su esposo. No sabemos qué tipo de ceremonia tuvieron ellos. Pero una vez que José trajo a María su esposa a vivir con él, eran ya considerados esposos. Sin embargo, José no tuvo relaciones sexuales con María sino hasta después del nacimiento de Jesús. Esto no fue porque el sexo fuera malo, sino para que nadie pudiera negar lo peculiar y santo del nacimiento de Jesús.[2]

Sección 10
El nacimiento de Jesús
(Lucas 2:1-7)

> [1]Por aquellos días Augusto César decretó que se levantara un censo en todo el imperio romano.[a] [2](Este primer censo se efectuó cuando Cirenio gobernaba en Siria.) [3]Así que iban todos a inscribirse, cada cual a su propio pueblo.
>
> [a]1 *el imperio romano*. Lit. *el mundo*.

El César de ese entonces era Gayo Octavio. Él nació el 23 de septiembre del año 63 a.C. Lo adoptó su tío abuelo Julio César,

---

[2]El v. 25, al igual que los hijos de María, parece no estar de acuerdo con ninguna teoría en cuanto a su virginidad perpetua. La idea se origina en el libro apócrifo, Pro-evangelio de Santiago 14:15-19, que hasta sugiere que el himen de María no se rompió ni al tener hijos.

quien fue asesinado el 15 de marzo del año 44 a.C. En ese año, Gayo Octavio tenía apenas 19 años de edad, pero ya era un político muy astuto y perspicaz. Él llegó a ser uno de los tres hombres más poderosos del imperio. En la batalla de Accio [Actium], el 2 de septiembre del año 31 a.c., después de derrotar a Marco Antonio, conquistó a todos sus rivales. Al rehusar los títulos de "rey" y "dictador" mostró, ostensiblemente, que no quería ser emperador. Sin embargo, en eso se convirtió. Fue Octavio quien ostentó el título de César, es decir, el que se consideró divino. Gobernó hasta su muerte en el año 14 d.C.

En la última etapa de su reinado empezó a censar a todo el imperio romano para cobrar impuestos más eficazmente.[3] Sin embargo, no podía hacer todo al mismo tiempo. Por lo cual, ordenó que las diferentes provincias lo hicieran en tiempos distintos. Debido a que el imperio romano era tan vasto y tan diverso, el método de empadronamiento tenía que adaptarse a la cultura del pueblo y a su geografía.

Cuando se trató de los judíos, debían empadronarse por tribu, clan y familia. Para ello, las personas debían viajar a la ciudad de sus ancestros. Es probable que era en ese lugar donde se encontraban los registros genealógicos. José, por ser descendiente de David, debió viajar a Belén (ver 1 Samuel 16:1; 17:58).

El censo más famoso de Cirenio fue en el año 6 d.C., mientras él era gobernador de Siria. Se le recuerda por los disturbios que ocasionó (Hechos 5:37; Josefo, *Ant.* 18. 26). Pero esto fue diez años después del nacimiento de Jesús el Cristo. O, ¿se equivocó Lucas por diez años? Hay dos posibles soluciones. Primera, Cirenio fue un líder militar en Siria (8-4 a.C.), antes de llegar a ser el verdadero gobernador de Siria en el año 6-7. El término "gobernador" se entendía como "líder". Por lo tanto, Lucas pudo haberse estado refiriendo a este censo levantado por Cirenio como el primero en su liderazgo militar, no su segundo censo levantado cuando ya era gobernador. Una segunda y tal vez más simple solución es traducir la palabra *prote* como "antes" en vez de "primer". Por lo que, Lucas puede afirmar que no se refiere al censo famoso durante el reinado de Cirenio, sino a uno antes de ese.[4]

---

[3] Ver Tácito, *Ann* (Annals) 1:11; Dios Casio 53:30.2.

[4] Ver J.B. Pearson, "The Lucan Census Revisited" (Otra mirada al censo de San Lucas), *CBQ* (Publicación trimestral católica de la Biblia) 61/1 [1999]: 262-282. W. Brindle, "The Census and Quirinius: Luke 2:2" (El censo de Cirenio: Lucas 2:2), *JETS* (Periódico de la sociedad teológica evangélica) 27/1 [marzo, 1984]: 43-52 y J. Nolland, Lucas en el Comentario bíblico conceptual, Vol. 35ª (Dallas: Word, 1989), p. 101.

Lucas estaba bien familiarizado con el censo del año 6 d.C., porque lo menciona en Hechos 5:37. Además, la mención de Cirenio no resulta esencial a la narrativa. Por lo tanto, podríamos otorgarle a Lucas el beneficio de la duda ya que él tiene sumo cuidado para no incluir información dudosa o superficial. Entonces, parece que la mención de Cirenio sirve para diferenciar entre los dos censos. A la luz de la investigación minuciosa de Lucas, parece prudente aceptar la precisión de su narración, admitiendo ser posible que él conociera los detalles históricos que nosotros ignoramos.

Lucas 2:4-7 señala:

> ⁴También José, que era descendiente del rey David, subió a Nazaret, ciudad de Galilea, a Judea. Fue a Belén, la ciudad de David, ⁵para inscribirse junto con María su esposa.ª Ella se encontraba encinta ⁶y, mientras estaban allí, se le cumplió el tiempo. ⁷Así que dio a luz a su hijo primogénito. Lo envolvió en pañales y lo acostó en un pesebre, porque no había lugar para ellos en la posada.
>
> ª5 *María su esposa.* Lit. *María, que estaba comprometida para casarse con él.*

José tomó a María y viajaron aproximadamente 112 kilómetros de Nazaret a Belén. Esta "casa de pan" estaba a ocho kilómetros al sur de Jerusalén. Fue aquí donde nació "El Pan de Vida" (por diciembre 5 a.C. o enero 4 a.C.) Este fue el cumplimiento de la profecía de Miqueas (5:2). En esta humilde villa, el Mesías hizo su espectacular aparición sobre la tierra.

Lucas señala correctamente que José y María "habían estado" comprometidos en matrimonio. Ahora ya son esposos (ver Mateo 1:24), excepto, claro, que se abstienen de tener relaciones sexuales. Llegan a Belén y buscan un lugar donde hospedarse. Nuestras escenas tradicionales de navidad colocan a María y a José en un lugar donde se encuentran los animales porque para allá los envió un despiadado e insensible mesonero. Sin embargo, Bailey señala que esto no pudo haber sido posible.[5] Primero, la hospitalidad palestina es grandiosa.

¡Seguro que alguien debió haber provisto un lugarcito para la pareja, siendo que ella estaba a punto de dar a luz y esta era la ciudad ancestral de José! Segundo, los mesones o posadas fueron más bien una concepción romana, no judía. Siendo que Belén no es una ciudad grande o ciudad de paso en una ruta comercial de

---

[5] K. E. Bailey, "The Manger and the Inn" (El pesebre y el mesón), *Bible & Spade* (La Biblia y la espada) 10 [verano-otoño, 1981]: 74-85.

importancia, no era posible que tuvieran más que una simple "posada de mala muerte". El hecho es que esta palabra sería mejor traducirla como "cuarto para visitas" (ver Lucas 22:11). La palabra normal que hace referencia a posada es *pandocheion* (ver Lucas 13:15) no *katalyma*. Por ello, sugerimos que Jesús nació en una casa particular, no en un establo.[6]

¿Cómo explicamos la existencia del pesebre (por ejemplo, lugar en donde se alimenta a los animales) dentro de la casa? Bailey explica que los hogares palestinos normalmente tienen una entrada debajo del área donde viven las personas (ver Lucas 13:15). Los animales entran por la noche en esta área para prevenir que sean robados, para "cuidar" la casa o para calentarla durante el invierno. Claro está que habría alimento para animales colgado en la pared o en el espacio entre la entrada y la parte superior donde se encuentra la familia. La verdad es que resulta común encontrar pesebres en las casas palestinas. Por lo tanto, sugerimos la siguiente lectura de los vv. 6-7: "Un tiempo después de que[7] José y María llegaron a Belén, ella dio a luz. Dado que el cuarto para visitas ya estaba ocupado, ella dio a luz en la parte principal de la casa, utilizando el pesebre como cuna". A la manera hebrea, arropa al niño sujetándole las piernas para darle calor y protección.

A Jesús se le reconoce como "primogénito". Esto señala su situación legal bajo la ley de Moisés (Éxodo 13:2; Deuteronomio 21:15-17), pero también muestra que María tuvo más hijos. Por lo menos se menciona a seis: Jacobo, José, Simón, Judas y sus hermanas (Mateo 13:55-56). La lectura más simple del texto muestra que Jesús tuvo medios hermanos y hermanas más jóvenes que él.

Sección 11
La adoración de los pastores
(Lucas 2:8-20)

⁸En esa misma región había unos pastores que pasaban la noche en el campo, turnándose para cuidar sus rebaños. ⁹Sucedió

---

[6]La tradición antigua señala que Jesús nació en una cueva (Justino Mártir, *Dialogue with Trypho* (Diálogo con Tripo), 79; *Protevangelio of James* (Pro-evangelio de Santiago), 7:.14). Sin embargo, una gran cantidad de hogares palestinos estaban construidos a la entrada de las cavernas.

[7]El versículo seis parece indicar que pasó un tiempo entre su llegada a Belén y el nacimiento de Jesús.

que un ángel del Señor se les apareció. La gloria del Señor los envolvió en su luz, y se llenaron de temor. [10]Pero el ángel les dijo:

«No tengan miedo. Miren que les traigo buenas noticias que serán motivo de mucha alegría para todo el pueblo. [11]Hoy les ha nacido en la ciudad de David un Salvador, que es Cristo[a] el Señor. [12]Esto les servirá de señal: Encontrarán a un niño envuelto en pañales y acostado en un pesebre.» [13]De repente apareció una multitud de ángeles del cielo, que alababan a Dios y decían:

[14]«Gloria a Dios en las alturas, y en la tierra paz a los que gozan de su buena voluntad.»[b]

[a]11 Alt. *Mesías*. El Cristo en griego y *el Mesías* en hebreo, significando ambos "el Ungido"; también ver el v. 26. [b]14 *paz . . . voluntad*. Lit. *paz a los hombres de buena voluntad*. Var. *paz, buena voluntad a los hombres*.

El pastoreo era una de las actividades más bajas. La gente se mofaba de esa actividad ya que las mismas tareas a desempeñar hacían de ese trabajo imposible cumplir con las regulaciones de la ley. Entonces, podemos apreciar que, desde el mismo inicio, Dios extiende su misericordia a los que la sociedad ha rechazado.

También se debe reconocer que el pastor es el símbolo de alguien que cuida al pueblo de Dios. Este símbolo abarca desde David, el pastorcillo, hasta Jesús, el buen Pastor y desde los ancianos de Israel a los ancianos de la iglesia (Salmos 23:1; Isaías 40:11; Jeremías 23:1-4; Hebreos 13:20; 1 Pedro 2:25; 5:2).

Estos pastores humildes pudieron estar cuidando los corderos a punto de ser sacrificados. En otras palabras, cuando los corderos alcancen su tamaño apropiado, serán llevados a Jerusalén para ser sacrificados en expiación por los pecados del pueblo de Israel. Están a punto de vislumbrar al Cordero de Dios, quien expiará los pecados del mundo (Juan 1:29). Tenemos frente a nosotros un doble simbolismo. Los pastores conocerán al único Pastor verdadero quien, paradójicamente, es el único Cordero verdadero.

Resulta raro encontrar a los pastores afuera, en vez de tener a sus rebaños dentro y protegidos. Sin embargo, suponiendo que de pronto hubiera muchos visitantes en Jerusalén para el censo, resultaría en un tiempo muy apropiado para los sacrificios. Es posible que todos los pesebres estén llenos. Durante diciembre y enero no hace tanto frío en Palestina como para poner en peligro a los pastores y sus rebaños. Como lo señalan las notas de Longeneker, esto no nos da con certeza la fecha de nacimiento de Jesús:

La fecha tradicional de la natividad fue fijada mucho después del nacimiento para coincidir con un festival pagano, demostrando así que "el invicto sol" o "el sol inconquistable" había sido conquistado. A fines del cuarto siglo, ya era común celebrar el nacimiento de Jesús el 25 de diciembre. El 6 de enero también fue fecha importante en la iglesia primitiva, tomada por muchos como la ocasión en que los reyes o magos de oriente, visitaron a Jesús, conocida como la Epifanía (p. 845).

Los pastores se atemorizan al ver a los ángeles. ¿Quién no lo estaría? Zacarías, María y José vieron seres angelicales y todos tuvieron miedo. Además de presenciar a los ángeles, la gloria de Dios rodeó a los pastores. No es de extrañarse que ellos tuvieran gran temor.

Fueron instruidos a que buscaran una señal en la "ciudad de David". Esta frase se usa cuarenta y tres veces en la Nueva Versión Internacional de la Biblia. Casi todas estas referencias son en cuanto a Jerusalén. Sin embargo, también se puede referir a Belén ya que David nació allí (1 Samuel 17:12). La señal era un bebé recién nacido, envuelto en pañales y acostado en un pesebre. La "envoltura" del niño era el proceso normal que se le aplicaba a un recién nacido. Sin embargo, la parte distintiva de esta señal es el pesebre. No era costumbre utilizar un lugar en el que se alimenta a los animales como cuna.

Nos damos cuenta que con cada uno de los tres anuncios angelicales, el pueblo de Dios recibe una señal en apoyo a su fe. Zacarías quedó sordo mudo. María testificó el embarazo de su vieja y estéril prima Elisabet. Y ahora, estos pastores encontrarán a Jesús exactamente como lo describieron los ángeles. En esto tenemos una lección. Dios no espera que nosotros creamos ciegamente. Nos provee de la información necesaria y la respalda con señales para validar su mensaje. De hecho, ese es el propósito de los milagros. La fe es "creerle a Dios".

De repente, aparece una multitud de ángeles (literalmente, "una hueste celestial"), un ejército celestial anunciando la paz, no la guerra. *La versión Reina-Valera de la Biblia* lo señala un poco distinto, al igual que otras traducciones modernas. *La versión Reina-Valera* afirma: "Y en la tierra paz, buena voluntad para con los hombres". "Buena voluntad" [*eudokia*] está en nominativo, lo cual lo hace parte del sujeto de la oración, al igual que "paz". Sin embargo, en los manuscritos más antiguos, que fueron encontrados después de la traducción de *La versión Reina-Valera de la Biblia, eudokia* tiene una S al final, haciéndola un genitivo, describiendo a los hombres. Por ello, las versiones modernas lo ponen como "hombres de buena voluntad" o como la *Nueva Versión Internacional:* "Los que gozan de su buena voluntad".

Además, tanto Mueller como Dodd sugieren que *eudokias* expresa escoger por voluntad propia en vez de una emoción.[8] En otras palabras, no es que Dios esté feliz con el hombre y por ello ofrece salvación mediante Jesús, sino que él ha querido regalarnos a Jesús. La verdad es: el regalo de Jesús está basado en la soberanía de Dios al escoger o determinarlo así, no en la bondad del hombre.

Lucas 2:15-20 señala:

> [15]Cuando los ángeles se fueron al cielo, los pastores se dijeron unos a otros: «Vamos a Belén, a ver esto que ha pasado y que el Señor nos ha dado a conocer.» [16]Así que fueron de prisa y encontraron a María y a José, y al niño que estaba acostado en el pesebre. [17]Cuando vieron al niño, contaron lo que les habían dicho acerca de él, [18]y cuantos lo oyeron se asombraron de lo que los pastores decían. [19]María, por su parte, guardaba todas estas cosas en su corazón y meditaba acerca de ellas. [20]Los pastores regresaron glorificando y alabando a Dios por lo que habían visto y oído, pues todo sucedió tal como se les había dicho.

Los pastores se marchan a Belén. (Seguramente dejaron los rebaños a un pobre pastor que le cayó la mala suerte.). Ciertamente, encuentran todo tal y como lo anunció el ángel. Esparcen la noticia por todo el pueblo y, como era de esperarse, todos se maravillan. Esto fue una gran noticia para un pueblito tranquilo como Belén.

¡María no se perdió un solo detalle! Considere usted todo lo que ella sabía ahora. Escuchó por voz de Gabriel, el sueño de José, las palabras de Elisabet, la profecía de Zacarías, las revelaciones de los pastores y todas las profecías mesiánicas. Por venir está la revelación de Simeón y Ana la profetisa.[9]

---

[8]C. H. Dodd, "New Testament Translation Problems II" (Problemas de traducción del Nuevo Testamento II), *BT* (Traductor bíblico) 28/1 [enero, 1977]: 104-110 y T. Mueller, "Observations on Some New Testament Texts Based on Generative-Transformational Grammar" (Observaciones de algunos textos del Nuevo Testamento basados en la gramática transformadora generativa), *BT* (Traductor bíblico) 29 [enero, 1978]: 117-120.

[9]Considere todo lo que María sabe en cuanto a Jesús:
    I. **De Gabriel** (Lucas 1:31-35): (1) Grande, (2) Hijo del Altísimo, (3) se sentaría en el trono de David (ver Isaías 9:6-7); (4) gobernará sobre la casa de Jacob para siempre; (5) su reino no tendrá fin; (6) el Santo Ser, (7) Hijo de Dios.

María tiene mucho "en qué pensar". La palabra "meditaba" etimológicamente se podría interpretar como "considerar internamente". Está tratando de "digerir" sus pensamientos, que retozan, van y vienen, una y otra vez. María sigue tratando de poner todo en perspectiva.

Sección 12
La circuncisión de Jesús
(Lucas 2:21)

²¹Cuando se cumplieron los ocho días y fueron a circuncidarlo, lo llamaron Jesús, nombre que el ángel le había puesto antes de que fuera concebido.

Lucas sigue comparando y contrastando ambos nacimientos: Juan y Jesús. Al igual que Juan, Jesús fue (1) circuncidado al octavo día, (2) nombrado en el momento de su circuncisión, y (3) conocidos sus nombres, mediante la anunciación angelical, antes de ser concebidos.

Es verdad que Jesús nació "bajo la ley" (Gálatas 4:4). Era puro según la ley judía, desde la punta de sus pies hasta su coronilla. Esta narrativa nos da su herencia.

Sección 13
Presentación de Jesús en el templo
(Lucas 2:22-38)

Cuando los padres de Jesús se presentan con él en el templo para su purificación (ver 1 Samuel 1:24, 28), conocen a dos personas importantes: Simeón y Ana. Ambos son viejos y son influenciados por el Espíritu Santo. Han esperado toda su vida para ver a este niño y ahora que lo conocen, sus vidas están completas. Además, la profecía de Simeón, "Nunc Dimittis" es paralela al "Benedictus" de Zacarías. Ambas proclamaciones explican el papel del recién nacido.

II. **De Elizabet** (Lucas 1:43): (8) "madre de mi Señor".
III. **La Magníficat** (Lucas 1:48-55): (9) "todas las generaciones me llamarán bendita"; (10) ayudará a la descendencia de Abraham y de Israel.
IV. **De José** (Mateo 1:20-23): (11) concebido del Espíritu Santo; (12) salvará al mundo de sus pecados; (13) Emanuel ("Dios con nosotros") de Isaías 7:14.
V. **De los pastores** (Lucas 2:11): (14) Salvador.
VI. **De Simeón** (Lucas 2:26-35): (15) El Cristo = Mesías; (16) Salvación: Luz de revelación a los gentiles (ver Isaías 42:6); (17) Levantamiento y caída de muchos en Israel; (18) la espada que traspasará hasta la misma alma de María.
VII. **De los profetas** (Lucas 2:38): (19) Él es la redención de Israel.

Lucas 2:22-24 señala:

²²Así mismo, cuando se cumplió el tiempo en que, según la ley de Moisés, ellos debían purificarse, José y María llevaron al niño a Jerusalén para presentarlo al Señor. ²³Así cumplieron con lo que en la ley del Señor está escrito: «Todo varón primogénito será consagrado{a} al Señor.»{b} ²⁴También ofrecieron un sacrificio conforme a lo que la ley del Señor dice: un par de tórtolas o dos pichones{c}

{a}**23** Todo... consagrado. Lit. Todo varón que abre la matriz será llamado santo. {b}**23** Éxodo 13:2, 12 {c}**24** Levítico 12:8.

Levítico 12:1-8 bosqueja los días de purificación para una mujer después de haber dado a luz. Si había sido niña, la mujer sería inmunda por catorce días, y "permanecerá sesenta y seis días más purificándose de su flujo de sangre". Después del alumbramiento de un niño, ella permanecía impura por siete días, el niño sería circuncidado al octavo día y "ella permanecía purificándose de su flujo de sangre por treinta y tres días". Después de ese tiempo (cuarenta días por un hijo y ochenta por una hija), la madre acudiría al templo a ofrecer dos sacrificios. El primer sacrificio era un cordero para la ofrenda quemada y el segundo era un par de tórtolas o dos pichones como ofrenda por el pecado. Si ella era pobre, en vez de ofrecer un cordero, podía ofrecer una tórtola o un pichón. El precio de ambas aves sería muy barato. Al hacer esto, José y María revelaron ser de la clase pobre. En la sala de las mujeres había trece baúles en forma de trompeta en donde se echaban las ofrendas. El tercer "baúl" estaba reservado para las ofrendas de los pobres, quienes pagaban por los animales del sacrificio.

Esta ceremonia de purificación cumplía dos propósitos. Primero, enfatizaba la corrupción del hombre y la pureza de Dios. Sin embargo, no debemos adelantarnos a hacer de esto como que las relaciones sexuales, tener bebés o dar a luz sea algo pecaminoso. Segundo, era algo simplemente por cuestiones de salud. La mamá y su hijo tendrían cuarenta días solos, de descanso y en cuarentena.

Éxodo 13:2-12 describe la consagración del primogénito. Dios demanda que todo primogénito, sea varón o bestia, le sea entregado. Luego, podían ser redimidos del Señor a un precio fijado. No sabemos el costo exacto en dinero de hoy, pero sería aproximadamente equivalente al sueldo de un cuarto de un día de un obrero, o menos. Debemos entender que esto sigue los pasos de la décima plaga de Egipto, la muerte de los primogénitos. Fue mediante esta plaga que los israelitas quedaron libres. La consagración de los primogénitos fue diseñada como señal. Fue recordatorio de cómo Dios libró a Israel de Egipto.

Lucas 2:25-32 señala:

²⁵Ahora bien, en Jerusalén había un hombre llamado Simeón, que era justo y devoto, y aguardaba con esperanza la redención[a] de Israel. El Espíritu Santo estaba con él ²⁶y le había revelado que no moriría sin antes ver al Cristo del Señor. ²⁷Movido por el Espíritu, fue al templo. Cuando al niño Jesús lo llevaron sus padres para cumplir con la costumbre establecida por la ley, ²⁸Simeón lo tomó en sus brazos y bendijo a Dios:
²⁹«Según tu palabra, Soberano Señor, ya puedes despedir[b]
a tu siervo en paz.
³⁰Porque han visto mis ojos tu salvación,
³¹que has preparado a la vista de todos los pueblos:
³²luz que ilumina a las naciones y gloria de tu pueblo Israel.»

[a]25 redención. Lit. Consolación. [b]29 Alt. prometido, ahora terminar.

Simeón es aparentemente un sacerdote. Después de todo, toma al niño en sus brazos y lo bendice en el momento mismo de la "presentación". Esa era una tarea sacerdotal. Pero es más que un sacerdote. Debido a su pureza y paciente esperanza del Mesías, Dios le permitió ser profeta. El Espíritu Santo vino sobre él como a los profetas de antaño y le reveló que el Mesías vendría en sus días. El Espíritu Santo hasta dirigió sus pasos al templo para estar en el lugar correcto en el momento propicio para que cuando José y María trajeran a presentar al bebé, ellos lo encontraran a él primero.

Simeón tomó a Jesús en sus brazos y alabó a Dios por la llegada del "consuelo de Israel" (Isaías 40:1; 49:13; 51:3; 52:9; 54:11; 61:2; 66:13; Jeremías 31:13). Pero más que el consuelo de los judíos, Jesús fue la luz a los gentiles. Este concepto era extraño para los judíos del tiempo de Simeón. Aunque el Antiguo Testamento frecuentemente se refiere a la salvación de los gentiles (Génesis 12:3; Salmos 67:2; Isaías 2:2; 42:6; 49:6; Joel 2:28; Amós 9:11-12; etc.), los judíos consistentemente rechazaron cualquier idea en cuanto a incluir a los gentiles. Hasta la iglesia primitiva tuvo problemas para aceptar esto. No hubo peleas más arduas en el libro de los Hechos de los Apóstoles que el que los gentiles fuesen parte de la iglesia (ver los capítulos 10, 11, 15; 28:28).

Lucas 2:33-35 señala:

33El padre y la madre del niño se quedaron maravillados por lo que se decía de él. **34**Simeón les dio su bendición y le dijo a María, la madre de Jesús: «Este niño está destinado a causar la caída y el levantamiento de muchos en Israel, y a crear mucha oposición,ᵃ **35**a fin de que se manifiesten las intenciones de muchos corazones. En cuanto a ti, una espada te atravesará el alma.»

ᵃ34 a crea mucha oposición. Lit. *a ser una señal contra la cual se hablará.*

Aunque Simeón tuvo varias cosas hermosas y alentadoras que señalar de Jesús, no todo fue positivo. Él causaría muchos disturbios en Jerusalén al lograr que la gente se levantara. Para otros sería piedra de tropiezo – para aquellos que lo rechazaran (Isaías 8:14; Mateo 21:42, 44; Hechos 4:11; Romanos 9:33; 1 Corintios 1:23). Para aquellos que lo acepten, él es la resurrección y la vida (Juan 11:25; Romanos 6:4, 9; Efesios 2:6).

También le causaría gran dolor a María y a toda la nación. Una espada atravesaría el alma de María. Esta no es la daga romana [*macaira*], sino la espada larga de hoja ancha [*romphaia*], asociada con grandes heridas y dolor. Creemos que se refiere a la crucifixión de su hijo. Este suceso sería devastador para María. No tan sólo perdería a su hijo, sino que, temporalmente, perdería la esperanza de la redención de Israel.

Pero hay algo más en juego con la espada. La imagen en el Antiguo Testamento se refiere al juicio discriminatorio (Ezequiel 14:17); en el Nuevo Testamento se refiere a la Palabra de Dios (Hebreos 4:12). De alguna manera esta espada hace un juicio discriminatorio con María. Podemos ver cómo lo hace donde ella aparece de nuevo en el texto de Lucas 8:19-21 (comparar Marcos 3:31-35). Ella con sus otros hijos vienen para ver a Jesús y encuentran que ni siquiera tienen privilegios especiales por ser parientes de él. A pesar de los vínculos biológicos, ahora la nueva familia de Jesús consiste de los que escuchan y obedecen la Palabra de Dios. Este tema se reitera en Mateo 10:34-36 donde Jesús declara que él trae una espada que divide las familias. Mientras María llega a ser discípula de Jesús, ella siente esta espada discriminatoria que corta cualquier privilegio que de otra manera podría haber tenido como su madre. Esta perspicacia también nos prepara para la próxima escena que encontramos en Lucas 2:41-50.

Sección 13

Lucas 2:36-38 señala:

> ³⁶Había también una profetisa, Ana, hija de Panuel, de la tribu de Aser. Era muy anciana; casada de joven, había vivido con su esposo siete años, ³⁷y luego permaneció viuda hasta la edad de ochenta y cuatro.ª Nunca salía del templo, sino que día y noche adoraba a Dios con ayunos y oraciones. ³⁸Llegando en ese mismo momento, Ana dio gracias a Dios y comenzó a hablar del niño a todos los que esperaban la redención de Jerusalén.
>
> ª*37 hasta la edad de ochenta y cuatro.* **Alt.** *durante ochenta y cuatro años.*

Entra en escena el complemento de Simeón. Se llama Ana. Ella fue una de las profetisas mencionadas en la Biblia (Éxodo 15:20; Jueces 4:4; 2 Reyes 22:14; Nehemías 6:14; Isaías 8:3; Hechos 2:17; 21:9; 1 Corintios 11:5). Ella es también una viuda ya anciana, de ochenta y cuatro años de edad.[10] Estuvo casada por siete años. Si asumimos que se casó a la edad de diecisiete años, ha sido viuda por aproximadamente sesenta años. Ella es un personaje bien reconocido en el templo.

Ella había visto a Dios preparar el terreno político para la llegada del Mesías.[11] Ha visto a Julio César ascender al trono y supo de su asesinato. Ha contemplado la declinación lenta y triste del reinado del ilustre Macabeo, quien fue el que libertó a su pueblo por primera vez desde Esdras y Nehemías doscientos años atrás. Ella era una jovencita cuando Pompeyo, un general romano, conquistó el Oriente Medio para Roma. Ella miró la imposición de los odiados idumeos (edomitas) de la familia de Herodes sobre Palestina. Ella atestiguó el levantamiento de dos partidos religiosos que se oponían entre sí (los fariseos y los saduceos). Ella vivió bajo el yugo de los altos impuestos romanos y bajo el extremo yugo legalista de los judíos. Los tiempos estaban maduros para la llegada del Cristo . . . ella contemplaba, esperaba pacientemente y se mantenía fiel a su esperanza.

Ana había adorado, o mejor dicho, había "servido" en el templo por casi sesenta años. Ayunos y oraciones no son verbos sino

---

[10]La traducción de la Nueva Versión Internacional de la Biblia (en su texto principal) nos lleva a creer que Ana tenía 84 años de edad. Pero el v. 37 también se podría traducir "Ella había sido viuda por 84 años", como lo señala la nota de pie de página de la *Nueva Versión Internacional de la Biblia*. Por lo tanto, ella debía tener más de 100 años de edad. M. P. John, "Luke 2:36-37: How Old Was Anna?" (Lucas 2:36-37: ¿Qué edad tenía Ana?), BT (Traductores bíblicos) 26 [abril, 1975]: 247, verifica que sí habría sido posible pero no probable que ella viviera tanto tiempo (ver Judit 16:22-23).

[11]Noland (p. 125) sugiere que la edad de Ana es simbólica, no literal. Él señala que "84" puede representar 7 X 12 = el cumplimiento de tiempo en cuanto a la espera del Mesías.

sustantivos (dativos). Indican la forma como ella servía. Siendo una mujer, ni siquiera de la tribu de Leví, jamás podría ofrecer sacrificios o desempeñar tareas sacerdotales. Sirve en la forma que puede, con ayunos y oraciones.

Estos eran tiempos de gran expectación acerca del Mesías. Jerusalén estaba ocupada por Roma. Herodes, un corrupto idumeo, era el rey de los judíos. La revuelta macabea de hacía unos ciento cincuenta años atrás sólo quedaba en la memoria. Sin embargo, las Escrituras hacen eco a través de los años de que los judíos son el pueblo escogido de Dios. A través de ellos llegaría el libertador. Desafortunadamente, la cultura materialista de los griegos, impuesta a ellos por los helenistas, los cegó de cualquier esperanza espiritual y los dejó buscando un Mesías militar/político.

Sección 14
Los sabios visitan a Jesús
(Mateo 2:1-12)

Este texto resulta un poco raro. Mientras que Lucas, el evangelista a los gentiles, presenta a Jesús en el templo, Mateo, el evangelista a los judíos, presenta la adoración de los gentiles (Edersheim, I:202). En los talones de la profecía de Simeón, vemos el primer destello de su cumplimiento: Jesús es luz a los gentiles. Ya hemos visto la semilla del evangelio tocar a las mujeres, a los de clase baja (pastores) y a los gentiles (sabios o magos) de manera significativa.

Mateo 2:1-6 señala:

¹Después que Jesús nació en Belén de Judea en tiempos del rey Herodes, llegaron a Jerusalén unos sabios[a] procedentes del Oriente. ²—¿Dónde está el que ha nacido rey de los judíos? —preguntaron—. Vimos levantarse[b] su estrella y hemos venido a adorarlo.
³Cuando lo oyó el rey Herodes, se turbó, y toda Jerusalén con él. ⁴Así que convocó de entre el pueblo a todos los jefes de los sacerdotes y maestros de la ley, y les preguntó dónde había de nacer el Cristo[c] ⁵—En Belén de Judea —le respondieron—, porque esto es lo que ha escrito el profeta:
⁶»"Pero tú, Belén, en la tierra de Judá, de ninguna manera
eres la menor entre los principales de Judá;
porque de ti saldrá un príncipe
que será el pastor de mi pueblo Israel"[d]

ᵃ1 sabios. Lit. *magos;* también en v. 7:16. *ᵇ2 levantarse.* Alt. *en el oriente;* también en v. 9. *ᶜ4 Alt. Mesías. ᵈ6* Miqueas 5:2.

Los magos eran una casta de altísimo rango de oficiales reales. Servían de consejeros politico-religiosos en las cortes imperiales de Media y luego de Persia. Ellos eran frecuentemente instrumentos que predecían y establecían nuevos reyes (como se ve en la historia de Tiridato y Nerón [Pliny, *Natural History* (Historia Natural) 30.6 17]). Con razón esta visita inquietó a Herodes y a los de alta posición en Jerusalén. Y llama la atención aun más al tomar en cuenta que el sector de Mesopotamia y alrededores continuaban como cuna de resistencia notoria contra la expansión oriental de Roma y su imperio.[12]

Los términos "magos" y "magia" son obviamente de la misma raíz. Aunque los magos no estaban libres de la superstición y de las artes ocultas, eran reconocidos como los eruditos de esa época. No tan sólo participaban en la astrología, sino que también estudiaban astronomía, medicina, matemáticas y ciencias naturales. De igual manera, se interesaron en la literatura sagrada de los judíos y la sabiduría que ofreció durante el cautiverio de los judíos en Babilonia.

Estos magos contemplaron algún tipo de fenómeno astronómico en Babilonia que los llevó a creer que vendría un nuevo rey de los judíos. Ha habido una gran cantidad de suposiciones en cuanto a ese fenómeno.[13] Los astrónomos, con la ayuda de las computadoras, han intentado reproducir el alineamiento de los cuerpos celestes que se pudieron haber visto desde Mesopotamia por allá en el año 6 a.C. Parece que hubo una alineación entre Júpiter y Saturno en la constelación de Piscis aproximadamente en el año 6 a.C. Esto normalmente sucede una vez cada ochocientos años, pero tuvo lugar tres veces (en mayo, octubre y diciembre) cerca del nacimiento de Jesús. Al año siguiente el planeta Marte se unió a esta alineación de los planetas. Sin embargo, ninguna de las teorías naturales encajan adecuadamente con el v. 9 donde se narra que la estrella los guió y se posó sobre el lugar donde se encontraba Jesús. Los magos le daban suma importancia a las señales astrológicas de presagios de cosas por

---

[12]R.A. Horsley, *The Liberation of Christmas* (La liberación de la Navidad) [New York: Continuum, 1993]: 53-60. Ver también: R.E. Brown, *Birth* (Nacimiento): 167-170.

[13]S. Begley, "The Christmas Star – Or Was it Planets" (La estrella de Navidad – O ¿eran planetas?) *Newsweek* [diciembre 30, 1991]: 54-55. Las posibilidades principales son una supernova, un cometa o un alineamiento planetario (ver R.E. Brown, *Birth* (Nacimiento): 170-173).

venir. Era natural que ellos interpretaran esta alineación estelar como un mensaje divino (Edersheim, I:209-216).

Vinieron a Jerusalén no para encontrar a Jesús, sino para encontrar dirección. Iban al rey Herodes, el rey de los judíos. Era natural presentarse con la cabeza de una nación ante un suceso de esta magnitud. Además, Jerusalén era la capital religiosa de los judíos. Sus sabios debían poder contestar una pregunta como esta.

El encuentro turbó a Herodes. Toda la carrera política de Herodes estaba plagada de sedición y problemas, especialmente proveniente de su propia familia. Él mató a varios de sus hijos, como a su esposa Mariana (Josefo, *Ant.* 7.61-145) y a su suegra por temor de que tomaran el control de su reino (lo cual era muy probable).

Más aún, Herodes estaba ya muy cercano a su lecho de muerte. Sufría de desórdenes mentales. Su cuerpo estaba lleno de úlceras y putrefacto. Estaba ya muy enfermo y paranoico. Era un salvaje. No es de maravillarse que Herodes se haya turbado ante la noticia de la amenaza de este niño. Toda Jerusalén se turbó con Herodes, no por sentir simpatía por él, sino por la forma en que reaccionaría. Conocían perfectamente su reputación.

Aunque Herodes está herido de muerte, sigue actuando astutamente. En el versículo cuatro, él llama a los jefes de los sacerdotes y a los maestros de la ley. Por medio de ellos se entera *dónde* nacería el Mesías. En el versículo siete, llamó en secreto a los magos. Por ellos se enteró cuándo había nacido el niño. Así parece que Herodes era el único que tuvo toda la información. Finge el deseo de querer adorar al niño en persona. Así, planea obtener toda la información en torno al niño. Afortunadamente, Dios les advierte tanto a los magos (v. 12) como a José (v. 13) del plan de Herodes y ambos escapan de sus garras.

Los administradores del templo (los jefes de los sacerdotes) y los maestros de la ley (los escribas) concluyen que el Mesías nacería en Belén. Esa fue la interpretación que hicieron de Miqueas 5:2 (ver *j. Ber.*, capítulo 2, párrafo 4). Pero el versículo seis cambia muchas de las palabras de Miqueas 5:2.[14] Es decir, no es una cita textual, sino una "traducción interpretada". Los lectores judíos de Mateo entenderían que no se trata de "descomponer" el texto, sino de transmitir su

---

[14] En cuanto a lo particular y específico ver A. J. Petrotta, "A Closer Look at Matt. 2:6 and Its Old Testament Sources" (Una mirada más de cerca de Mateo 2:6 y sus fuentes del Antiguo Testamento), *JETS* (Diario de la sociedad teológica evangélica) 28/1 [marzo, 1985]: 47-52 y G. Archer y G. Chirichigno, *O.T. Quotations in the N.T.* (Citas del Antiguo Testamento en el Nuevo Testamento) [Chicago: Moody, 1983] página 157.

verdadero significado. Esta era una forma común de la enseñanza judía, algo así como la paráfrasis de un texto en un sermón. Heater sugiere que Mateo está combinando tres versículos (Génesis 49:10; 2 Samuel 5:2; Miqueas 5:2) para mostrar como encajan perfectamente para predecir el nacimiento del Mesías en Belén.[15]

Mateo 2:7-12 señala:

> [7]Luego Herodes llamó en secreto a los sabios y se enteró por ellos del tiempo exacto en que había aparecido la estrella. [8]Los envió a Belén y les dijo: —Vayan e infórmense bien de ese niño y, tan pronto como lo encuentren, avísenme para que yo también vaya y lo adore.
> [9]Después de oír al rey, siguieron su camino, y sucedió que la estrella que habían visto levantarse[a] iba delante de ellos hasta que se detuvo sobre el lugar donde estaba el niño. [10]Al ver la estrella, se llenaron de alegría. [11]Cuando llegaron a la casa, vieron al niño con María, su madre; y postrándose lo adoraron. Abrieron sus cofres y le presentaron como regalos oro, incienso y mirra. [12]Entonces, advertidos en sueños de que no volvieran a Herodes, regresaron a su tierra por otro camino.
>
> [a]9 Alt. *visto cuando se levantó.*

Aparentemente, María y José residieron en Belén, tal vez en su propia casa. No se nos informa por qué decidieron quedarse en Belén. Pero era mejor que regresar a Nazaret donde tanto su hijo como ellos serían tomados como objeto de burla por la aparente fornicación. Además, José es carpintero; seguro que tendría empleo tanto en Belén como en Nazaret.

Los sabios (magos) siguieron la estrella hasta la casa de José y María. Es claro que esto tuvo lugar mucho después que la visita de los pastores. Después de todo, Herodes quería matar a los bebés de hasta dos años de edad. (Nuestras pastorelas y representaciones navideñas son una versión condensada, versiones apócrifas). Cuando finalmente ven al niño, se llenan de alegría. Se postran en adoración y le ofrecen ofrendas costosas. Estos regalos representan las riquezas de su lejano país.[16] Es la forma en que ellos honran a un rey. Y es la forma que Dios usa para valorar a su Hijo. Aunque el nacimiento de

---

[15]H. Heater, "Matthew 2:6 and Its O.T. Sources" (Mateo 2:6 y sus fuentes del Antiguo Testamento), *JETS* (Periódico de la sociedad teológica evangélica) 26 [diciembre, 1983]: 395-397.

[16]El hecho de que hubo tres regalos no necesariamente indica que hubo tres reyes magos. Sin embargo, por tradición, se han conocido por los nombres Melchor, Gaspar y Baltasar.

Jesús está lleno de sospecha en Nazaret, los mismos cielos declaran su divinidad. Además, los magos representan la aceptación que los gentiles hacen de Jesús. Esto nos da un panorama de las cosas que están por venir.

Sección 15
El paso de Jesús por Egipto
(Mateo 2:13-18)

>¹³Cuando ya se habían ido, un ángel del Señor se le apareció en sueños a José y le dijo: «Levántate, toma al niño y a su madre, y huye a Egipto. Quédate allí hasta que yo te avise, porque Herodes va a buscar al niño para matarlo.»
>¹⁴Así que se levantó cuando todavía era de noche, tomó al niño y a su madre, y partió para Egipto,
>¹⁵donde permaneció hasta la muerte de Herodes. De este modo se cumplió lo que el Señor había dicho por medio del profeta: «De Egipto llamé a mi hijo.»[a]
>
>[a]15 Oseas 11:1.

Herodes tuvo una muerte horrenda en el año 4 a.C. (Josefo, *Ant.* 17.146-192), con su cuerpo lleno de úlceras y putrefacto. Él sabía que los judíos lo odiaban y que ansiaban su muerte. Así que justo antes de morir reunió a todos los nobles de Judea y los retuvo en el circo. Él ordenó que tan pronto muriera, fueran ejecutados todos ellos para que el pueblo se lamentara aunque no fuera por él. Afortunadamente, a su muerte, su propia hermana liberó a los judíos nobles en cautiverio. Paradójicamente, Herodes recibió una sepultura honorable por la gente de Jerusalén.

Esta reseña histórica monta el escenario de lo que aquí pasó. En su lecho de muerte, Herodes estaba loco, era brutal y estaba paranoico. El niño Jesucristo representaba una gran amenaza para él, por lo menos en la mente trastornada de Herodes. Tenía que deshacerse del niño. Cuando el ángel le advirtió a José mediante un sueño, escapó en la oscuridad y se llevó a su pequeña familia a Egipto.

La frontera con Egipto estaba a tan sólo ciento veinte kilómetros. La tradición señala que ellos viajaron hasta Motorea, el lugar donde se encontraba un templo judío egipcio construido en el año 150 a.C. En ese momento había alrededor de un millón de judíos viviendo en Egipto. Muchas de sus comunidades, especialmente

Alejandría, aceptaban bien a los judíos. Fácilmente pudieron haber encontrado una comunidad de judíos que les diera albergue.

Mateo señala que este acontecimiento cumple la profecía de Oseas 11:1, que afirma: "De Egipto llamé a mi Hijo". El único problema es que Oseas 11:1 *claramente* hace referencia a la nación de Israel, no al Mesías. De hecho, Oseas 11:2 afirma: "Pero cuanto más lo llamaba, más se alejaba de mí. Ofrecía sacrificios a sus falsos dioses y quemaba incienso a las imágenes". ¿Sacó de contexto Mateo este versículo para aplicarlo equivocadamente a Jesús? ¡No! Mateo no está tratando Oseas 11:1 como profecía predictiva. Él *no* está afirmando que Oseas esté prediciendo al Mesías. En cambio, está señalando que Jesús representa la nación de Israel y había ciertas similitudes entre los dos que ciertamente son algo más que mera coincidencia. Al comparar Mateo la vida de Jesús como la de Israel, se percató que ambos vivieron oprimidos y fueron llamados de Egipto. En otras palabras, Mateo no está mirando más allá de Oseas para ver a Jesús. Empieza con Jesús y mira al pasado en los sucesos paralelos en la vida de Israel. Mateo jamás niega el significado histórico literal de Oseas 11:1.[17]

Mateo 2:16-18 señala:

> **16**Cuando Herodes se dio cuenta de que los sabios se habían burlado de él, se enfureció y mandó matar a todos los niños menores de dos años en Belén y en sus alrededores, de acuerdo con el tiempo que había averiguado de los sabios. **17**Entonces se cumplió lo dicho por el profeta Jeremías:
> **18**«Se oye un grito en Ramá, llanto y gran lamentación;
> es Raquel, que llora por sus hijos y no quiere ser consolada;
> ¡sus hijos ya no existen!»ª
>
> *ª18* Jeremías 31:15

Un ángel le advirtió a José que huyera a Egipto. Un ángel también le advirtió a los sabios que no pasaran por Jerusalén de regreso a casa. Herodes era uno de los hombres más poderosos en el mundo de ese entonces. Estaba loco y era un hombre fiero. Como los sabios no regresaron, Herodes se sintió engañado. Así que envía a sus soldados a darle muerte a todos los niños de Belén y sus

---

[17] Ver la excelente explicación de T. L. Howard, "The Use of Hosea 11:1 in Matthew 2:15: An Alternative Solution" (El uso de Oseas 11:1 en Mateo 2:15: Una solución alterna), *BibSac* (Biblioteca Sacra) 143 [octubre, 1986]: 314-328.

alrededores. Fue un mandato brutal y horrendo para estos soldados. Pero no debemos pensar en términos de cientos de niños asesinados. De hecho, considerando la población de Belén y sus alrededores, Herodes no pudo haber matado a más de veinte niños.

Josefo permanece callado en cuanto a todo este incidente. Tan extraño como parezca, este suceso horroroso fue pequeño en comparación con algunos de los más violentos procederes de Herodes, especialmente en sus últimos días de vida, cuando parece que perdió toda cordura. Por ejemplo, mató a algunos de sus propios hijos, temiendo que ellos usurparan el trono. Hasta ejecutó a Mariana su propia esposa. Tantos murieron en manos de este hombre, que unos cuantos niños resulta algo poco notable. Además, Josefo tiende a evitar información que tenga que ver con el cristianismo, a menos que sea importante a su línea de investigación. Él le escribe a una audiencia romana que casi no se interesa en esta nueva secta de los judíos. Por ello, no nos sorprende que Josefo no haya registrado este acontecimiento.

Nuevamente, Mateo apoya su texto con profecía. Él ve la matanza de los niños en el pasaje de Jeremías 31:15: "Se oye un grito en Ramá, lamentos y amargo llanto. Es Raquel, que llora por sus hijos". Ramá es una pequeña población ubicada ocho kilómetros al norte de Jerusalén. Los hijos de Raquel fueron Efraín, Manasés y Benjamín. Estas tres tribus poblaron el área geográfica del norte de Judá y Samaria.

Originalmente esto se refirió al cautiverio en Babilonia (en el año 586 a.C.), después de la destrucción de Jerusalén. Al ir cautiva la gente de Judá, saliendo de Jerusalén y pasando por Samaria, para finalmente llegar a Babilonia, se escuchó gran lamento en Ramá, el primer poblado que atravesaron. Entonces, simbólicamente se refiere al lamento por la pérdida de los hijos. Así es como se aplica aquí. Belén, en la misma vecindad general, también experimenta la pérdida de sus hijos. Mateo no está diciendo que Jeremías 31:15 profetice este suceso en la vida de Jesús sino que lo asemeja.

Mateo sigue la línea rabínica de interpretación. Aunque estas interpretaciones no sean algo natural para nosotros, eran comunes y aceptables entre los judíos. Además, uno no debe pasar por alto la intervención del Espíritu Santo en su dirección de Mateo en cuanto a la interpretación de la profecía del Antiguo Testamento. Todavía más, es posible que el mismo Jesús haya explicado algunos de estos pasajes a sus discípulos (ver Lucas 24:27). Finalmente, Jesús, como el Antitipo de Israel, en verdad representa el entendimiento profundo y total de estos textos.

Sección 16
Regreso a Nazaret
(Mateo 2:19-23; Lucas 2:39)

Mateo describe el viaje de Jesús a Egipto. Sin embargo, Lucas simplemente señala que la santa familia regresa a Nazaret después de su presentación en el templo. No es que esté en desacuerdo con Mateo, sino que comprime su narrativa dejando fuera los detalles en la vida de Jesús.

Mateo 2:19-23 señala:

[19] Después que murió Herodes, un ángel del Señor se le apareció en sueños a José en Egipto [20] y le dijo: «Levántate, toma al niño y a su madre, y vete a la tierra de Israel, que ya murieron los que amenazaban con quitarle la vida al niño.» [21] Así que se levantó José, tomó al niño y a su madre, y regresó a la tierra de Israel. [22] Pero al oír que Arquelao reinaba en Judea en lugar de su padre Herodes, tuvo miedo de ir allá. Advertido por Dios en sueños, se retiró al distrito de Galilea, [23] y fue a vivir en un pueblo llamado Nazaret. Con esto se cumplió lo dicho por los profetas: «Lo llamarán nazareno.»

Herodes murió en marzo o abril del año 4 a.C. Josefo describe la terrible y grotesca muerte que tuvo (*Ant.* 17. 168-192). Fue un final apropiado a una vida llena de violencia. El testamento de Herodes señalaba que Arquelao gobernaría Galilea y Perea (Josefo, *Ant.* 17. 146). Pero en su lecho de muerte, en su trastorno mental (y probablemente bajo la providencia de Dios), Herodes cambia su testamento. Le dio a Arquelao el control de Judea y a Herodes Antipas lo cambió a Galilea y Perea (Josefo, *Ant.* 17. 188-189). Este fue un cambio muy significativo. Ver usted, Arquelao fue un hombre vicioso y ávido de poder. Aún en vida de su padre, él intentó usurpar el poder varias veces. Tan pronto se sentó en el trono de Jerusalén, mató a 3,000 hombres en el templo, que se oponían a su liderazgo (Josefo, *Ant.* 17. 213-218). Era muy peligroso que José llevara a su familia a vivir en territorio de Arquelao. Así que Dios sacó a Arquelao fuera de Galilea, a Jerusalén. Esto "forzó" a José para regresar a Nazaret, lo cual Mateo considera el cumplimiento de los profetas.

Nazaret era un lugar rústico lleno de campesinos. Tenían frecuente contacto con los gentiles del mundo de los negocios. Este pueblito está ubicado a 28 kilómetros al oeste del lado sur del mar de Galilea. Se ubica, escondido, en un valle rodeado de las quince colinas de Galilea. De la cima del perímetro, uno puede ver tan lejos como a unos 48 kilómetros de distancia en un día claro.

Había mucho prejuicio contra los galileos. Comparado con Jerusalén, Nazaret es un lugar insignificante. Natanael expresa el acostumbrado menosprecio por Nazaret (Juan 1:46). Tenían la tendencia a tragarse las vocales guturales y por ello su forma de hablar era como los de las montañas. Galilea fue también un foco de actividad política, especialmente por los zelotes. También esto contribuyó al prejuicio que sentían los de Jerusalén. Además, debido a que estaban rodeados de gentiles, su observancia de la ley, especialmente la ley oral, no era tan meticulosa como la de los judíos en Jerusalén. El punto es, usted no podría esperar que el Mesías judío viniera de tan insignificante y cuestionable lugar. De hecho, los judíos de Jerusalén afirmaban que ningún profeta venía de Galilea (Juan 7:52). Eso simplemente no fue verdad. Jonás y probablemente Nahum nacieron en Galilea, y tanto Elías como Eliseo ministraron grandemente allí. Así, el Mesías potencialmente podía venir de allá.

Mateo lleva todo esto un paso más adelante. Registra este viaje a Nazaret como el cumplimiento de una profecía: "lo llamarán nazareno". Intente como pueda pero no encontrará esas palabras en el Antiguo Testamento. Por ello, afirmamos que Mateo no está citando la profecía sino haciendo alusión a "los profetas". De hecho, es esta la única vez que Mateo usa el plural "profetas" para presentar una "cita". La verdad es esta: Mateo no está presentando una cita directa y precisa, sino que se refiere a un tema común de los profetas del Antiguo Testamento.[18] Es probable que esto sea un juego de palabras usando "Nazaret" en referencia al Mesías. La palabra Nazaret proviene de la palabra hebrea que significa "rama", "vara" o "vástago"[*nezer*]. Es una metáfora del Mesías (Isaías 11:1). Otra palabra que también significa rama es *zemach*. Ésta conlleva todavía implicaciones mesiánicas más fuertes (Jeremías 23:5; 33:15; Zacarías 3:8; 6:12). A través de este juego de palabras, Mateo sugiere que la Rama, Vara o Renuevo de David (por ejemplo, el Mesías), creció en Nazaret ("la Rama"). Mateo

---

[18] W. B. Tatum, "Matthew 2:23: Wordplay and Misleading Translations" (Mateo 2:23: Juego de palabras y traducciones equivocadas), *BT* (Traductor bíblico) 27/1 [enero, 1976]: 135-138.

sugiere que aunque Nazaret es un lugar sorprendente donde crezca el Mesías, no resulta indebido que los profetas hayan previsto este acontecimiento.

Secciones 17-19
Desarrollo o crecimiento de Jesús
(Lucas 2:40-52)

Excepto por este registro, no tenemos algo más que describa la juventud de Jesús. Existen varios mitos apócrifos, la mayoría presentando a Jesús como alguien que abusa de su poder milagroso (por ejemplo, *Mary, Protevangelion, Infancy*). No encajan ni en el propósito del evangelio, ni en la personalidad de nuestro Señor. En esta simple narrativa leemos de la dignidad y la sabiduría en la vida joven de Jesús. También, apreciamos claramente que a temprana edad (a los doce años y siendo el hijo del pacto[19]) ya entendía su herencia divina y su propósito mesiánico.

El v. 49 es clave en este pasaje. Debemos mantener los ojos abiertos en cuanto a los tres temas del versículo. Primero, Jesús es el Hijo de Dios (ver Lucas 1:32, 35; 3:22; 4:3, 9, 41; 8:28; 9:35; 10:22; 20:13; 22:70). María se refiere a José como el padre de Jesús (v. 48). Sin embargo, Jesús le recuerda que su verdadero padre es Dios (v. 49). Segundo, María y José no entendieron a Jesús (v. 50). Jesús seguirá maravillando y dejando perpleja a la gente (Lucas 4:22, 32, 36; 5:26; 8:25, 56; 9:7, 43; 11:14; 24:22, 41). Tercero, Jesús se conduce en acuerdo a la dirección divina. Dijo que era necesario (*dei*) que estuviera en la casa de su Padre. A través de todo su ministerio, Jesús se conducirá por compulsión divina (Lucas 4:43; 9:22; 13:33; 17:25; 19:5; 22:37, 42; 24:7). Al mismo tiempo, Jesús se sometió a la autoridad paternal de José y María (v. 51).

Lucas 2:40 señala:

> [40]El niño crecía y se fortalecía; progresaba en sabiduría, y la gracia de Dios lo acompañaba.

El relato de Jesús en el templo, a la edad de doce años, está publicado entre dos declaraciones en cuanto a su crecimiento físico,

---

[19]Hoy en día las familia judías celebran con sus hijos varones su transición de niño a hombre con una fiesta, su bar mitzvá. Jesús vivió antes de la tradición de la fiesta, pero el reconocimiento de la nueva etapa de la vida – de niño a hombre con todos sus privilegios y responsabilidades – se expresa con llamarle "hijo de la ley".

social y espiritual (vv. 40 y 52). Solamente Lucas nos da un vistazo de los treinta años de silencio de Jesús. Este incidente está bien escogido. Llega en un momento crítico en la vida de Jesús,[20] pues está pasando de niño a adulto. En ningún momento de la vida de Jesús se duda de su identidad. Sus padres sabían de su identidad al momento de su nacimiento y Jesús así lo entendía al entrar a su adolescencia.

Este suceso refleja muchos de los temas principales de Lucas. Por ejemplo, el libro de Lucas se inicia y se termina en Jerusalén. Con frecuencia incluye elementos importantes de esta historia: "la pascua", "tres días" y "buscando" a Jesús en el lugar equivocado, que puede señalar hacia el contexto extenso de Lucas.[21] En otras palabras, los años de adulto de Jesús concuerdan con sus años de niño. El mensaje es el mismo; la persona es la misma.

Lucas 2:41-45 señala:

> [41]Los padres de Jesús subían todos los años a Jerusalén para la fiesta de la Pascua. [42]Cuando cumplió doce años, fueron allá según era la costumbre. [43]Terminada la fiesta, emprendieron el viaje de regreso, pero el niño Jesús se había quedado en Jerusalén, sin que sus padres se dieran cuenta. [44]Ellos, pensando que él estaba entre el grupo de viajeros, hicieron un día de camino mientras lo buscaban entre los parientes y conocidos. [45]Al no encontrarlo, volvieron a Jerusalén en su busca.

Esta fiesta representaba una incursión anual para la familia pobre. Era lo mejor del calendario religioso. Cada año ellos se tomaban el tiempo y el dinero para celebrar esta fiesta en Jerusalén. Había tres fiestas que se esperaba que celebraran los judíos anualmente en Jerusalén (Éxodo 34:22-23): La pascua, el pentecostés y los tabernáculos. Para muchos, esto resultaba prácticamente imposible. Los padres de Jesús por lo menos iban a la pascua.

Al acercarse a Jerusalén, esta procesión de adoradores entonaban los cánticos de los peregrinos (Salmos 120-134). Al llegar, eran recibidos en los hogares de los residentes de Jerusalén quienes

---

[20] Nolland y Johnson destacan que la edad de 12 años era una edad sumamente importante en la literatura grecorromana. Era común describir una gran aventura o impresión que causaban en su paso de la niñez a la etapa adulta. Como ejemplos, ver Cenofón, *Cyropaedia* 1.2.8; Josefo, *Ant.* (Antigüedades de los judíos) 5, 348; Filo, *Life of Moses* (La vida de Moisés), 1:21. Un listado más extenso lo provee De Jong, "Sonship, Wisdom, Infancy: Luke 2:41-51a" (Hijo, sabiduría e infancia: Lucas 2:41-51a), *NTS* (Estudios del Nuevo Testamento) 24 [1977-78]: 317-354.

[21] J. F. Jansen, "Lucas 2:41-52", *Int* (Interpretación) 30 [octubre, 1976]: 400-404.

eran personas generosas. Las necesidades de los peregrinos eran simples y las provisiones de la fiesta abundaban.

Cuando Jesús tenía doce años, su familia llevó a cabo su viaje anual para celebrar la pascua. Esta ocasión era sumamente importante para Jesús porque entraba a su vida "adulta". A la edad de doce años, el niño judío era considerado hombre. Hoy día esto se celebra con la ceremonia conocida como bar mitzvah (significando "el hijo del pacto"). Notamos que ahora Lucas cambia su forma de expresión al referirse a Jesús. Lo había estado llamando *paidion*, v. 40. Ahora hace referencia a él como país, v. 43, que quiere decir "siervo" o "hijo". A esta edad se espera que el hijo judío guarde la ley, aprenda un oficio y celebre las fiestas judías de mayor importancia. Esta sería la primera vez que Jesús se presenta en el templo. Junto con una multitud de alrededor de 210,000 personas, Jesús presenciaría los sacrificios, el lavamiento, los sacerdotes en plena acción, los animales y a los cambistas por vez primera. Era un edificio fantástico, especialmente para un niño del pueblito de Galilea.

El v. 43 señala que la familia emprendió el viaje de regreso "terminada la fiesta". Sin embargo, Lucas literalmente afirma: "cuando se cumplieron los días". De hecho, es posible que la fiesta todavía seguía. Duraba siete días completos, pero a la gente únicamente se le requería estar presente tres días. En los tres días ya debieron haber comido la cena pascual, ofrecido sus sacrificios y haber participado en las ceremonias más importantes de la fiesta. Edersheim (II:248-249) sugiere que todavía no terminaba. Él afirma que los maestros salían y enseñaban en el templo durante la fiesta pero ya no estarían disponibles después. Es por ello que Jesús los encuentra enseñando durante la fiesta, aparentemente desde el tercero hasta el quinto día. Después de los tres primeros días de la fiesta, una vez ya pasado lo mejor y más importante de la fiesta, muchos se regresaban a sus casas. La gente de Galilea normalmente viajaba en grupos grandes de la familia y los amigos. No es tan sorprendente que un joven maduro de doce años necesitara ser vigilado en una caravana de amigos y familiares. A esta edad intermedia, se podía asumir que él estuviera con las mujeres o con los hombres y los jóvenes. María pudo asumir que Jesús estaría con José y José pudo asumir que Jesús estaba con María.

Cuando la caravana se detuviera para pernoctar, María y José buscarían a su hijo (v. 44). Esta es una palabra fuerte. Significa que *lo buscaron por todas partes.* Lucas los describe buscando al niño de continuo y sin parar.

Lucas 2:46-50 señala:

⁴⁶Al cabo de tres días lo encontraron en el templo, sentado entre los maestros, escuchándolos y haciéndoles preguntas. ⁴⁷Todos los que le oían se asombraban de su inteligencia y de sus respuestas. ⁴⁸Cuando lo vieron sus padres, se quedaron admirados.

—Hijo, ¿por qué te has portado así con nosotros? —le dijo su madre—. ¡Mira que tu padre y yo te hemos estado buscando angustiados!

⁴⁹—¿Por qué me buscaban? ¿No sabían que tengo que estar en la casa de mi Padre? ⁵⁰Pero ellos no entendieron lo que les decía.

Les tomó tres días encontrar a Jesús. El primer día lo pasaron viajando de Jerusalén hacia Galilea. El segundo día lo emplearon para regresar a Jerusalén. El tercer día encontraron a Jesús en el templo. En términos judíos esto quiere decir "después de tres días".

Hablando de un niño adelantado y desarrollado. Jesús no tan sólo hacía preguntas difíciles de persona madura, sino que respondía las preguntas de los maestros. Claro, una forma judía de enseñanza y aprendizaje era mediante preguntas y respuestas. Sin embargo, Jesús mostró ser un niño brillante. En este tiempo, Anás era el sumo sacerdote, el mismo que juzgaría a Jesús unos veintiún años más tarde. Nos preguntamos si también él participó en este encuentro educativo con Cristo. Además, supuestamente Hillel nació en el año 112 a.C., y de acuerdo con la tradición, vivió ciento veinte años. Es probable que este suceso aconteció en el año 8 d.C. Entonces, existe la posibilidad de que Hillel también estuvo en la audiencia. Casi seguro que su nieto Gamaliel sí estuvo presente.

Sin duda, algunas de las preguntas tuvieron que ver con la pascua y su verdadero significado como cumplimiento en el Mesías. Tal vez hasta discutieron pasajes como Isaías capítulo 53, el Cordero de Dios o el Salmo 22, la naturaleza de la ejecución del Mesías.

¿Puede pensar usted en una reacción más humana que la del v. 48? ¿Qué madre no ha tenido la misma angustia cuando se le pierde un hijo? ¿Qué mamá no ha abrazado y a la misma vez reprendido a su hijo? Eso es precisamente lo que nos presenta María. La palabra "angustiados" (v. 48) viene de una palabra que comúnmente se la asocia con un dolor intenso. José y María padecieron ese dolor mientras buscaban a Jesús. Por ello, María señala: "¡Hemos estado buscando angustiados!"

Jesús les contesta que ellos debieron haber sabido que él estaba "en la casa de su Padre". Otras traducciones dicen "en los negocios de mi Padre me es necesario estar". La palabra casa en realidad no se usa. La frase hebrea se puede traducir indistintamente. Pero dado que María estaba señalando la ubicación de Jesús, también Jesús le contesta de la misma manera.[22]

Esta es verdaderamente una narración increíble. A través de Lucas escuchamos las primeras palabras de Jesús y tenemos un vistazo a su primera expresión de su "conciencia mesiánica". Aún o desde la edad de doce años sabía quién era su verdadero "Papito". También sabía cuáles eran sus tareas primordiales en la vida.

No sabemos si José llegó a entender todo esto. Era valiente y humilde a la vez para siquiera entrar en escena. Sin embargo, María aprende paso a paso mediante el ministerio y vida de Jesús. Pero aún ella no entendió plenamente sino hasta después de la resurrección. No podemos asegurar que alguien realmente lo hubiera comprendido todo.

Lucas 2:51-52 señala:

51Así que Jesús bajó con sus padres a Nazaret y vivió sujeto a ellos. Pero su madre conservaba todas estas cosas en el corazón. **52**Jesús siguió creciendo en sabiduría y estatura, y cada vez más gozaba del favor de Dios y de toda la gente.

Una vez afirmada la divinidad de Jesús, se resalta su humanidad. Jesús, en perfecta humildad, se somete a unos padres imperfectos. Su naturaleza humana se aprecia en su obediencia. Jesús entendió la autoridad ordenada por Dios. No podemos obedecer a Dios si dejamos de lado la obediencia a su autoridad propiamente puesta.

Nuevamente, encontramos a María guardando todas estas cosas en su corazón (ver Lucas 2:19). Ella es en verdad una joven dama increíblemente perceptiva y meditativa.

Vemos un crecimiento positivo y normal en el joven, Jesús (ver 1 Samuel 2:26 y Proverbios 3:4). Esto concluye las narraciones del niño Jesús. Es claro que exteriormente era un joven judío normal,

---

[22]También la preposición griega *en* (en la casa de mi Padre) generalmente se refiere a un lugar.

bajo el cuidado de unos padres piadosos. Sin embargo, tanto él como María entendían que él era el Mesías. Al ir creciendo, esperaron el llamado de Dios para sacarlo de la oscuridad de Nazaret y presentarlo a un ministerio nacional.

Parte cuatro
El ministerio de Juan el Bautista

Sección 20
Preparando el camino
(Marcos 1:1; Lucas 3:1-2)

Marcos 1:1 señala:

¹Comienzo del evangelio de Jesucristo, el Hijo de Dios.ª

ª1 Var. no incluye: *el Hijo de Dios.*

A diferencia de los otros evangelistas, Marcos no tiene una introducción formal. Su línea inicial atrapa nuestra atención como el sonido de una trompeta. Su efecto en los primeros lectores de Marcos debió haber sido algo parecido a: "¡Oigan, hay buenas noticias en Jesús!" Las "buenas noticias", no obstante, no son simplemente sobre una alza en la bolsa de valores, ni el pronóstico favorable de las condiciones climáticas. En la versión en griego del Antiguo Testamento, la Septuaginta, esta palabra se utilizó para anunciar la victoria de Dios sobre los enemigos de Israel (1 Reyes 1:42; 1 Samuel 4:17; 2 Samuel 18:26). Así que, llega a ser un término teológico para el rescate de Dios (comparar Isaías 40:9; 52:7; 61:1; Salmo 96:2-10). Fuera del contexto de la literatura judía, la frase "buenas nuevas" (*euangelion*) primordialmente se usaba para dar un anuncio político en cuanto al nacimiento de un nuevo rey o del casamiento del emperador que a su vez daría como resultado un heredero.¹ Como resultado de esta concepción respecto a la terminología política de esta frase en conexión con "Cristo" (= un gobernante judío) y "el Hijo de Dios" (= rey del Antiguo Testamento o emperador romano), los lectores de Marcos no tendrían ninguna dificultad en relacionar a Jesús como alternativa al César (ver Hechos 17:7).²

Rápidamente, Marcos brinca al centro de la trama. Abre las viñetas que presentan inmediatamente el escenario del ministerio de Jesús: una cita del Antiguo Testamento, la predicación de Juan el Bautista, y el bautismo y la tentación de Jesús.

Lucas 3:1-2 señala:

> ¹En el año quince del reinado de Tiberio César, Poncio Pilato gobernaba la provincia de Judea, Herodesª era tetrarca en Galilea, su hermano Felipe en Iturea y Traconite, y Lisanias en Abilene; ²el sumo sacerdocio lo ejercían Anás y Caifás. En aquel entonces, la palabra de Dios llegó a Juan hijo de Zacarías, en el desierto.
>
> ª1 Es decir, Herodes Antipas, hijo del rey Herodes (1:5).

Lucas no empieza diciendo "Érase una vez", sino que, centra su narrativa de forma precisa en la historia y con líderes específicos (vv. 1-2). Y esta vez se excede a sí mismo. Presenta no menos de siete gobernantes a la velocidad del resonar de los tambores:

1. Tiberio César — su predecesor, Augusto, murió el 19 de agosto del año 14 d.C. Si Tiberio tomó el trono inmediatamente, pondría esta narrativa entre el año 28 y el 29 d.C., conforme con el método de registro romano.³
2. Herodes — Herodes Antipas fue el hijo de Herodes el Grande, gobernó Galilea y Perea desde el año 4 a.C. hasta el 39 d.C. (ver Lucas 3:19-20; 13:31; 23:7).

---

[1] Consulte a Craig A. Evans, "The Beginning of the Good News and the Fulfillment of Scripture in the Gospel of Mark," (El principio de las buenas nuevas y el cumplimiento de la Escritura en el Evangelio de Marcos) in *Hearing the Old Testament in the New Testament* (Escuchar el Antiguo Testamento en el Nuevo Testamento) (Grand Rapids: Eerdmans, 2006). 255-294.

[2] R. Poon, "The Beginning of the Gospel: The Introductory Statement of Mark's Gospel (1:2-3)," (El comienzo del evangelio: La declaración introductoria del Evangelio de Marcos [1:2-3]) *Jian Dao* 13 (1999): 103-118.

[3] B Messner, "'In the Fifteenth Year' Reconsidered: A Study of Luke 3:1" ('En el año decimoquinto' reconsiderado: Un estudio de Lucas 3:1), *SCJ* (Periódico de Stone-Campbell) ½ [Otoño 1998]: 201-211.

3. Felipe — al igual que Herodes Antipas, fue hijo de Herodes el Grande. Él gobernó Iturea y Traconite, la parte noreste de Palestina desde el año 4 a.C. hasta el 33 o 34 d.C. Un tetrarca era alguien que gobernaba parte de Palestina, que había sido dividida en cuatro partes.
4. Lisanias — sin referencia histórica significativa.
5. Pilato — Este es Poncio Pilato quien fue gobernador del 26 al 36 d.C.
6. Anás — Ocupó el sumo sacerdocio desde año 7 al 15 d.C. Al parecer, Anás, conforme a la ley judaica, era sumo sacerdote de por vida (ver Juan 11:49; 18:13; Hechos 4:6). Ejerció su poder y diplomacia de tal manera que cinco de sus hijos (Josefo, *Antigüedades* 20.9.1), y su yerno, Caifás, le sucedieron estando él todavía vivo. Anás siguió liderando aún cuando sus hijos llevaban el título.
7. Caifás — Era oficialmente el sumo sacerdote reconocido así por el gobierno romano (durante los años 18-36 d.C.). Fue el cuarto nombrado después de Anás. Finalmente el gobierno encontró a un títere que podía manipular aunque el pueblo seguía mirando a Anás en cuanto al liderazgo.

Sección 21
El ministerio de Juan el Bautista
(Mateo 3:1-6; Marcos 1:2-6; Lucas 3:3-6; ver Juan 1:19-23)

Mt 3:1En aquellos días se presentó Juan el Bautista predicando en el desierto de Judea.
Lc 3:3Juan recorría toda la región del Jordán predicando el bautismo de arrepentimiento para el perdón de pecados.
Mt 3:2Decía: «Arrepiéntanse, porque el reino de los cielos está cerca.»

Con la llegada de Juan, las profecías mesiánicas empezaron a encajar como el cerrojo en la cerradura, liberando el misterio de Dios — las buenas noticias de Jesucristo. La labor de Juan fue presentar al Mesías. Lo hizo mediante un ministerio ambulante por la ribera del río Jordán cerca de Betania (Juan 1:28; 10:40). La gente de toda Palestina se juntó a escucharlo.

Su mensaje era simple, pero profundo: El reino de Dios se acerca. Para que la gente se preparara a recibir el reino, debían arrepentirse y bautizarse. El bautismo de Juan es el precursor del bautismo cristiano. Los dos son "bautismos para perdón de pecados" (Hechos 2:38). Las Escrituras enseñan que tanto el bautismo de Juan, como los sacrificios del Antiguo Testamento, en verdad cumplen con el propósito de perdonar pecados, aún antes de la cruz. Al igual que nosotros, también ellos fueron "justificados por fe" (ver Romanos 4:1-25; Gálatas 3:1ss). La única diferencia es que nosotros miramos hacia el pasado para ver la cruz y ellos miraban hacia el futuro. Pero todos somos salvos por fe, es decir, al confiar en las promesas de Dios.

Algunos han sugerido que el bautismo de Juan fue una imitación del bautismo de los prosélitos judíos, del rito de purificación de los esenios o hasta de los ritos de iniciación zoroástricos. A pesar de sus similitudes, las diferencias son grandes.[4] (1) En estos grupos las personas se bautizaban a sí mismos en vez de que alguien los bautizara. (2) Estos bautismos eran para alcanzar una pureza ritual (común en el Antiguo Testamento, Levítico 14:9; Números 19:19; 8:7). Pero el bautismo de Juan trataba con el asunto del arrepentimiento. Juan trataba con el hombre interior, los otros trataban únicamente con el hombre exterior. (3) El bautismo de Juan no fue para iniciarse en algo, para novicios o neófitos, fue para los judíos que ya se consideraban puros. (4) El bautismo de Juan trató con el pecado en vez de conformarse o adaptarse a un ritual religioso. Josefo mal entiende el bautismo de Juan, poniéndolo al nivel de los bautismos contemporáneos:

> Él fue un buen hombre y les pidió a los judíos que fueran virtuosos, tanto en justicia entre unos y otros como en piedad hacia Dios y así presentarse para ser bautizado; ya que el bautismo era acepto a Dios, si hacían uso de él, no para expiar algún pecado, sino para purificación del cuerpo, una vez ya purificada el alma con anticipación mediante la justificación (*Ant.* 18.117).

En verdad, las formas son las mismas, pero el significado difiere totalmente. El bautismo de Juan forma un puente entre el culto judío y el sacramento cristiano.

Lucas 3:4-6 *con* Marcos 1:2-3 señalan:

^{Lc 3:4}Así está escrito en el libro del profeta Isaías:

---

[4]Ver H.H. Rowley, "Jewish Proselyte Baptism and the Baptism of John" (Bautismo prosélito judía y el bautismo de Juan), *HUCA* 15 (1940): 313-314.

> ^{Mr 1:2}«Yo estoy por enviar a mi mensajero delante de ti,
> el cual preparará tu camino.ª»
> ³«Voz de uno que grita en el desierto:
> "Preparen el camino del Señor, háganle sendas derechas."»ᵇ
> ^{Lc 3:5}«"Todo valle será rellenado,
> toda montaña y colina será allanada. Los caminos torcidos
>   se enderezarán, las sendas escabrosas quedarán llanas.
> ⁶Y todo mortal verá la salvación de Dios."»ᶜ
>
> ªMr 1:2 Malaquías 3:1 ᵇMr 1:3 Isaías 40:3 ᶜLk 3:6 Isaías 40:3-5

Las tres sinópticos citan palabras de Isaías 40:3. Lucas además incluye Isaías 40:4 y 5 (sin 5a). Marcos precede las palabras de Isaías con una cita de Malaquías 3:1 (y Éxodo 23:20), profetizando la venida de Elías. Los judíos esperaban que Elías regresara antes del Mesías.[5] Después de todo, Elías en verdad no murió (2 Reyes 2:11). Malaquías 4:5 predice su regreso en preparación para la llegada del Mesías. Jesús aplica estos mismos versículos a Juan (Mateo 11:14).

Este lenguaje figurativo describe la preparación hecha para la llegada de un rey o algún otro dignatario. Cuando se sabía del paso de un rey, los empleados de limpieza y la construcción salían a preparar el camino. Limpiarían el camino de piedras, ampliarían las curvas y llenarían los hoyos. Juan hizo precisamente esto en relación a Jesús a través de su predicación. Él presentó muchos conceptos mesiánicos al igual que el bautismo de arrepentimiento que prepararía los corazones y las mentes de la gente para seguir a Jesús.

Los sinópticos utilizan la versión Septuaginta de la Biblia para hacer las citas del Antiguo Testamento lo cual presenta unos cuantos pequeños cambios del texto hebreo. Primero, "háganle *(a él)* sendas derechas", en hebreo literalmente: "a nuestro Dios". También, en Mateo 3:3, la palabra "Señor" es una traducción del hebreo para Jehová. La verdad es que ambos cambios indican que Jesús es Jehová Dios.

Mateo 3:4-6 señala:

> ⁴La ropa de Juan estaba hecha de pelo de camello. Llevaba puesto un cinturón de cuero y se alimentaba de langostas y miel silvestre. ⁵Acudía a él la gente de Jerusalén, de toda Judea y de toda la región del Jordán. ⁶Cuando confesaban sus pecados, él los bautizaba en el río Jordán

---

[5] La primera evidencia no bíblica de esta creencia es b. *Erub.* 43b, basada en Malaquías 4:5, 6. Ver 4Q558. No obstante, Marcos 9:11-13 (en referencia con Juan 1:20, 21) atribuye esta creencia a los escribas y sin ningún ímpetu por cristiano por definirlo así.

Tanto Mateo como Marcos retratan a Juan: es un ascético raro vestido con una túnica de piel de camello, ceñida con un cinturón de cuero. Pareciera como que Juan deliberadamente se viste al estilo de Elías (2 Reyes 1:8 [ver Malaquías 4:5]; Zacarías 13:4). Su dieta basada en miel silvestre y langostas parece muy rara. Sin embargo, las langostas eran consideradas comida limpia (Levítico 11:22) y todavía en nuestros días son el alimento de los pobres en el Oriente Medio y en el Oriente. Con frecuencia se sazonaban con leche o miel silvestre. El comportamiento de Juan pudo haber sido rústico y poco culto, pero conocido. En nuestra cultura nos podríamos referir a él como un ermitaño. En su cultura era conocido como profeta. Además de vestirme como Elías, Juan adopta la geografía de Josué, al bautizar gente en la precisa ubicación histórica israelita de la entrada a la tierra prometida. Seguro que así lo hizo para tener la atención de la élite de Jerusalén.

Sección 22
Predicación de Juan el Bautista
(Mateo 3:7-10; Lucas 3:7-14)

Lucas 3:7-9 *con* Mateo 3:7 señalan:

> [Lc 3:7]Muchos {muchos fariseos y saduceos[Mt]} acudían a Juan para que los bautizara. —¡Camada de víboras! —les advirtió—. ¿Quién les dijo que podrán escapar del castigo que se acerca? [8]Produzcan frutos que demuestren arrepentimiento. Y no se pongan a pensar: "Tenemos a Abraham por padre". Porque les digo que aun de estas piedras Dios es capaz de darle hijos a Abraham. [9]Es más, el hacha ya está puesta a la raíz de los árboles, y todo árbol que no produzca buen fruto será cortado y arrojado al fuego.

La enseñanza de Juan es práctica y penetrante. Mateo 3:7 indica que Juan específicamente les habló a los escribas y fariseos que acudieron a él. Esto hace que sus palabras sean más mordaces. Él hasta los llamó camada de víboras, figura que también Jesús usó al referirse a los fariseos (Mateo 23:33). El atrevimiento de Juan es característico de los profetas del Antiguo Testamento.

Sabemos que grandes multitudes acudieron a Juan para ser bautizadas. Pero, ¿acudieron a él los fariseos y saduceos para ser bautizados? Mateo describe a los fariseos y saduceos que "llegaban a donde él estaba bautizando" [*epi ton*]. Esto puede significar que ellos acudieron "para ser bautizados". Pero en otras partes de Mateo *epi ton* jamás significa "para ser". Sin embargo, sí puede significar "debido a que" o "porque" (ver Mateo 15:32; 22:34). Así, el entendimiento más apropiado puede ser que los fariseos se presentaron ante Juan *debido a su bautismo*.

Pudo haber sido algo parecido a: fueron donde Juan para interrogarlo en cuanto a la autoridad que tenía para bautizar (Juan 1:24-25). Es posible que algunos de ellos fueron sinceros, pero la mayoría de los fariseos y saduceos fingían sinceridad debido a las multitudes. Juan percibió la verdad, los desenmascaró y los calmó (Lucas 3:7-9). Así los fariseos y los saduceos, o la gran mayoría de ellos, rehusaron someterse al bautismo de Juan (Lucas 7:30; Mateo 21:23-27).

Los fariseos y saduceos estaban en lo correcto al acudir a Juan para ser bautizados, pero sus motivos no eran los debidos. Lo que necesitaban era arrepentirse para producir el fruto apropiado. La palabra "arrepentirse" quiere decir "un cambio de pensar". Sin embargo, esto nos puede guiar mal. El concepto griego para "pensar" incluía la voluntad al igual que los pensamientos. Así, la mente controlaba tanto los pensamientos como el comportamiento de una persona. Así como la fe sin obras está muerta, así también el arrepentimiento sin el cambio apropiado del comportamiento carece de significado (ver Hechos 17:30-31; 26:20). Esto no quiere decir que usted tiene que estar libre de pecado o no se ha arrepentido de verdad. El asunto no es el nivel de santidad de una persona, sino su dirección. ¿Nos estamos aproximando a la naturaleza de Dios o nos estamos alejando?

Estos bandos estaban convencidos que su herencia judía les aseguraba una posición de privilegio con Dios. Sin embargo, Juan les advierte en cuanto a confiar en su herencia en vez de en un arrepentimiento verdadero. Verdaderamente que eran descendientes de Abraham, pero esto no necesariamente los convertía en "hijos" de Abraham. En la cultura judía, el hijo debía representar al papá (ver Mateo 23:29-32). El pensamiento de los fariseos era que su linaje y posición les otorgaba el favor de Dios. Es el antiguo adagio: "no es lo que sabes, sino a quién conoces". Juan corrigió ese malentendido antes de que ellos lo pronunciaran. Somos justificados con Dios por nuestra relación con él, no con nuestros ancestros. Los verdaderos hijos de Abraham no provienen de la carne sino de la fe en las promesas de Dios (Romanos 9:6-9; Gálatas 6:16). En arameo la palabra hijo es *"bny"*; la palabra piedras también es *"bny"*. Tomando en cuenta el lenguaje de Juan y las circunstancias, este juego de palabras es muy bueno.

El arrepentimiento urge debido a la cercanía y veracidad del juicio. Juan señala que el hacha está lista y en su lugar, a punto de ser utilizada. Cortará todo árbol que no produzca el fruto apropiado. Jesús hace eco a las advertencias de Juan (Lucas 6:43-45; Juan 15:1-6). Además, los verbos "cortar" y "arrojar" están en presente, no en futuro, indicando la prontitud de la acción a ejecutar. No tan sólo habrá un juicio futuro individual, sino que parece haber un juicio presente en todo el sistema judío.

Lucas 3:10-14 señala:

¹⁰—¿Entonces qué debemos hacer? —le preguntaba la gente.
¹¹—El que tiene dos camisas debe compartir con el que no tiene ninguna —les contestó Juan—, y el que tiene comida debe hacer lo mismo.
¹²Llegaron también unos recaudadores de impuestos para que los bautizara. —Maestro, ¿qué debemos hacer nosotros? —le preguntaron.
¹³—No cobren más de lo debido —les respondió.
¹⁴—Y nosotros, ¿qué debemos hacer? —le preguntaron unos soldados.
—No extorsionen a nadie ni hagan denuncias falsas; más bien confórmense con lo que les pagan.

¿Qué debemos hacer para arrepentirnos? Tres grupos acuden a Juan con la misma pregunta (Lucas 3:10-14): La multitud judía, los cobradores de impuestos y los soldados. Esto suena muy parecido a Hechos 2:36-37.

Juan contesta primero la pregunta de la multitud. La túnica (camisa) era la prenda interior bajo la capa. Todos necesitaban una camisa o túnica, pero muy bien podían estar sin una extra. Por lo tanto, si tenemos más de lo que necesitamos, debemos compartir con una persona que no tiene lo suficiente. Juan no está sugiriendo una manera de vivir teniendo las cosas en común como lo encontramos en Qumrán; simplemente se refiere a la benevolencia básica. El alimento y el vestido son necesidades. ¿Cómo podemos considerarnos amantes de Dios si permanecemos inmunes ante las necesidades básicas de nuestros semejantes? (ver 2 Corintios 8:13-15; Santiago 2:15-17; 1 Juan 3:17).

En seguida, Juan se dirige a los cobradores de impuestos. Junto con las prostitutas y los asesinos, estas personas eran las más despreciadas en Israel. Eran consideradas apóstatas. Hasta "los griegos consideraban la palabra 'publicano' como sinónimo de 'ladrón'" (McGarvey, p. 76). Bajo el sistema romano del cobro de impuestos, una provincia en particular se vendía al mejor postor. Estos eran los cobradores principales de impuestos, como Zaqueo (Lucas 19:2). Le prometían al emperador que cobrarían cierta cantidad de impuestos por área. Luego, contrataban a sus subordinados que serían los que finalmente cobrarían los impuestos a las personas. Los cobradores principales de impuestos cobraban más de lo que enviaban a Roma porque de eso vivían. Entre más cobraran, ganaban más. El exceso era la ganancia. De igual manera, los subordinados cobraban más para quedarse con una porción mayor ya que de ello vivían, entregando al jefe la porción señalada. Así, entre más abusivo era, la persona se enriquecía más. Además, su trabajo los hacía impuros ceremonialmente. No tan sólo eran odiados, sino que no eran parte de la sociedad judía.

Es posible que las multitudes se hayan sentido un poco traicionadas por Juan ya que él no sugirió una reforma social o una rebelión. El arrepentimiento demanda justicia. Hasta los cobradores de impuestos deben ganarse la vida, pero no de manera exorbitante.

Finalmente, los *soldados* [literalmente, "aquellos que sirven como subordinados"] no deben robarle a la gente. Es posible que estos fueran guardias del templo judío. Pero por el consejo de Juan parece que eran los tan odiados soldados romanos. Debido a su posición, los soldados romanos podían extorsionar a la gente y quitarles su dinero. Así lo hacían al intimidarlos. La frase final de Juan para ellos es significante: "confórmense con lo que les pagan". Los salarios de un soldado romano normalmente eran doscientos veinticinco denarios al año. Un denario era el sueldo normal diario de un trabajador. También, la comida, el vestido y las armas de un soldado le eran descontadas de su sueldo. Aunque a su retiro recibían la ciudadanía romana, su sueldo era bastante raquítico. Era entendible que estuvieran descontentos con su sueldo. Pero, como lo señala Juan, esa no es una excusa para robarles a los demás.

Nota: Se nos urge mostrar compasión, particularmente hacia los que están en desventaja. Y la compasión no es porque queremos ser buenos cristianos, y observadores de la ley, sino porque el reino de Dios está cerca. ¡Dios está por aparecer! Debemos, entonces, enderezar nuestro camino para que cuando llegue, podamos escapar el juicio seguro que él trae sobre todas las desigualdades de su pueblo.

El contraste y la comparación entre Jesús y Juan continúa. Cuando la gente ve a Juan como el Mesías, él apropiadamente señala a otro. Él tan sólo era el preparador. Y no importando qué tan maravilloso era su bautismo, el Mesías era mucho más poderoso.

Sección 23
Bautismo en el Espíritu Santo y con fuego
(Mateo 3:11-12; Marcos 1:7-8; Lucas 3:15-18)

> Lc 3:15 La gente estaba a la expectativa, y todos se preguntaban si acaso Juan sería el Cristo.ª ¹⁶—Yo los bautizo a ustedes conᵇ agua {para que se arrepientan^Mt} —les respondió Juan a todos—. Pero {el que viene después de mí^Mt,Mr} está por llegar uno más poderoso que yo, a quien ni siquiera merezco {agacharme y^Mr} desatarle {llevarle^Mt} la correa de sus sandalias. Él los bautizará con el Espíritu Santo y con fuego. ¹⁷Tiene el rastrillo en la mano para limpiar su era y recoger el trigo en su granero; la paja, en cambio, la quemará con fuego que nunca se apagará. ¹⁸Y con muchas otras palabras exhortaba Juan a la gente y le anunciaba las buenas nuevas.
>
> ª15 Cristo. Alt. Mesías. ᵇ16 con. Alt. En.

La gente no tan sólo se preguntaba si Juan era el Mesías; esperaban que lo fuera.[6] La espera del Mesías había llegado a su máximo. Considerando la ocupación romana, esperaban un Mesías militar (Números 24:17; Salmos capítulo 2; ver Philo, *Praem.* 16:91-97; 2 *Bar.* 39:7-40:2; 70:2-6; 1 *En.* 62:1-3; Esdras 12:32, 33; 13:27, 28, 35-38; *Tg. Ps.-J.* Génesis 49:11; 1QM 11:5-10) que sería rey (Salmos capítulo 110). La popularidad de Juan daba el potencial necesario para un levantamiento. Considerando los cuatrocientos años de silencio profético, esperaban un Mesías que fuera profeta (Deuteronomio 18:15, 18): Juan encajaba perfectamente. Considerando las condiciones sociales de los pobres y la riqueza de Herodes, esperaban un Mesías que les trajera prosperidad económica (Amós 9:13-15). El estilo de vida ascético de Juan parecía no encajar en esto, pero dos de las tres características no está nada mal.

Juan no era el Cristo. De hecho, ni siquiera se sentía digno de desatarle su calzado. En otras palabras, Juan ni siquiera se sentía

---

[6] El tiempo *optativo* del verbo que Lucas usa en 3:15 indica un deseo.

capaz de servirle como vil esclavo. Juan sabía que él no era el Mesías y su bautismo lo probaba. Él únicamente podía bautizar con agua. El bautismo del Mesías sería en el Espíritu Santo y con fuego. Aunque esto represente solamente un bautismo de purificación (Guelich, pp. 27-28), parece que se trataba de dos bautismos. Primero, tenemos el bautismo en el Espíritu Santo. En el Nuevo Testamento se le identifica dos veces: El día del pentecostés (Hechos 1:5; 2:1-4) y en la casa de Cornelio (Hechos 11:15-17). En ambas ocasiones se trató del nacimiento de una nueva iglesia (judía y gentil). En ambas ocasiones probó que Dios aceptó a estas personas. Y en ambas ocasiones lo acompañó el don de lenguas.

¿Es el bautismo en el Espíritu Santo lo mismo que la inmersión cristiana en agua? Pablo utiliza el mismo lenguaje para referirse al bautismo cristiano (1 Corintios 12:13; Efesios 4:5). Juan el Bautista parece indicar que Jesús los bautizaría a todos ellos en el Espíritu Santo (Mateo 3:11; Marcos 1:8; Lucas 3:16; Juan 1:33). A pesar de ello, existen diferencias significativas entre el bautismo en el Espíritu Santo y el bautismo cristiano. (1) Las dos veces en que se identifica el bautismo en el Espíritu Santo (Hechos capítulos 2, 10), no fue para arrepentimiento sino como evidencia. (2) Se identificó con el don de lenguas, que jamás está asociado al bautismo cristiano.[7] (3) No hubo inmersión en agua en ninguno de los dos casos del bautismo en el Espíritu Santo. Entonces concluimos que la *morada* del Espíritu Santo está prometida a través del bautismo cristiano (Hechos 2:38; 19:1-6; ver Juan 3:5; 7:38-39; Tito 3:5). Este bautismo en el Espíritu Santo fue evidencia única de que Dios había aceptado las dos nuevas iglesias (Hechos capítulos 2, 10). Es posible que "el bautismo en el Espíritu Santo" se refiera a la experiencia sobrenatural de Hechos capítulos 2 y 10 como también a la inmersión en agua, pero los dos son claramente diferentes. La conexión resulta algo natural procedente del Antiguo Testamento donde, metafóricamente, al Espíritu Santo se le equivale a agua: ". . . derramaré mi Espíritu sobre todo el género humano . . ." (Joel 2:28; ver Isaías 32:15; 44:3-4; Ezequiel 36:25-27; también ver 1QS 3:7-9; 4:20-21; T. Jud. 24:2-3).

El segundo bautismo de Jesús era con fuego. Dado que el Espíritu Santo descendió sobre los apóstoles en Hechos 2:3 en forma de lenguas de fuego, algunos han interpretado el bautismo en el Espíritu Santo como un suceso único. No lo son. El bautismo en el

---

[7] Hechos 19:1-7, el hablar en lenguas no parece estar conectado con el bautismo sino con la imposición de manos del apóstol Pablo.

Espíritu Santo es una cosa buena. El bautismo con fuego es algo malo. Esencialmente, es el juicio (Isaías 34:9, 10; Génesis 14:10; Apocalipsis 8:5, 7; 20:9).[8] El contexto lo describe como el campesino que recoge el trigo en su granero y quema la paja. Ese no es un suceso que los cristianos quieren experimentar.

    Lucas nos recuerda (v. 18) que tan sólo tenemos una sinopsis de la predicación de Juan. Pero lo crucial del mensaje es el arrepentimiento a la luz del reino que se acerca, y la grandeza de la venida de Cristo.

---

[8] Otras expresiones similares se encuentran en 4 Ezra 13:10, 11; *Sib. Or.* 2:196-205; 3:54; 1QH 11:29-32.

Parte cinco
Transición de Juan a Jesús

Sección 24
El bautismo de Jesús
(Mateo 3:13-17; Marcos 1:9-11; Lucas 3:21-23)

El bautismo de Jesús cumple con dos propósitos. Primero, anuncia la inauguración del ministerio público de Jesús. El Espíritu desciende y Juan pasa a segundo plano. Jesús pasa al centro del escenario. Segundo, su bautismo identifica a Jesús. De hecho, Lucas conecta el bautismo de Jesús con su genealogía. En relación con Juan, Jesús resulta superior. En relación a la multitud, él es el Cristo. (Tres distintas señales del cielo validan que él es Jesús, el Mesías.) En relación con Dios, es el Hijo amado y el siervo sufriente, una paradoja inesperada para los contemporáneos de Jesús.

Mateo 3:13-15 *con* **Marcos 1:9 señala:**

¹³Un día Jesús fue de {Nazaret^{Mr}} Galilea al Jordán para que Juan lo bautizara. ¹⁴Pero Juan trató de disuadirlo. —Yo soy el que necesita ser bautizado por ti, ¿y tú vienes a mí? —objetó.
¹⁵—Dejémoslo así por ahora, pues nos conviene cumplir con lo que es justo —le contestó Jesús. Entonces Juan consintió.

Jesús no fue bautizado porque escuchó el mensaje de Juan. Él viajó desde Nazaret a Betania para ser bautizado por Juan (Mateo 3:13). ¿Por qué se bautizó Jesús? Jesús mismo da la razón de su bautismo en Mateo 3:15: "nos conviene cumplir con lo que es justo". Desde luego esto tiene algo que ver con la obediencia de Jesús al plan de Dios. Seguramente incluye la identificación de Jesús como el Hijo de Dios (comparar Juan 1:31-34). Sin embargo, parece que hay más significado todavía en este texto. Jesús aparentemente está tomando el papel de Israel cuando la nación pasó por el Mar Rojo. Por medio de su bautismo se crea una nueva comunidad del pueblo de Dios.[1]

Pero lo más importante de todo es el hecho de que Jesús se sometió al bautismo de Juan, que era para arrepentimiento y perdón de pecados. Llama la atención que el que no tuvo pecado tuviera que arrepentirse. Algunos, frente a este dilema, sugieren que Jesús está meramente dándonos un ejemplo y que él mismo no tenía necesidad de bautizarse.[2] Entonces, ¿era todo simplemente un espectáculo? Si es que Jesús es bautizado por Juan y no para arrepentimiento, se está realizando una farsa. Por otro lado Jesús era el Hijo de Dios y sin pecado. ¿Cómo resolver esta paradoja? Para los occidentales, el arrepentimiento es invariablemente un asunto individual. Para los orientales, que viven en comunidad, el líder del grupo puede, de hecho, arrepentirse de parte de sus seguidores. Daniel, Nehemías, Moisés y Jeremías lo hicieron. Ellos oraron, lloraron, ayunaron y se arrepintieron por pecados que no habían cometido personalmente. Como líderes del pueblo de Dios, tomaron responsabilidad por los pecados de la comunidad. Al parecer esto es lo que sucede aquí. Jesús es la personificación de Israel, la representación mesiánica del pueblo de Dios. Como tal, él tiene el derecho y el deber de arrepentirse de parte de la nación díscola. Si este es el caso, entonces el bautismo de Jesús verdaderamente inaugura su ministerio. Verdaderamente "cumple con lo que es justo". Y verdaderamente prefigura su destino en el Calvario.

Lucas 3:21-23 con Marcos 1:10, Mateo 3:16 señalan:

²¹Un día en que todos acudían a Juan para que los bautizara, Jesús fue bautizado también. Y mientras {al subir del agua^Mr} oraba, {en ese momento^Mt} se abrió el cielo, ²²y el Espíritu Santo bajó

---

[1] C. G. Dennison, "How Is Jesus the Son of God? Luke's Baptism Narrative and Christology" (¿Cómo es que Jesús es el Hijo de Dios?: Cristología y la narrativa de Lucas en cuanto al bautismo), *CTJ* (Periódico teológico calvinista) 17 [abril, 1982]: 6-25.

[2] La dificultad por lo menos se remonta hasta Jerónimo (*Adversus Pelagianos* 3.2) quien preserva porciones del *Evangelio de los nazarenos* donde los hermanos de Jesús y su madre lo instan a que acuda ante Juan para se bautizado. Sin embargo, Jesús objeta: "¿acaso he pecado yo para acudir a ser bautizado por él?".

sobre él en forma de paloma. Entonces se oyó una voz del cielo que decía: «Tú eres mi Hijo amado; estoy muy complacido contigo.»
²³Jesús tenía unos treinta años cuando comenzó su ministerio.

Las oraciones de Jesús eran poderosas. Especialmente en Lucas, preceden acontecimientos significativos. Por ejemplo, oró toda la noche antes de escoger a los doce apóstoles (Lucas 6:12). Mediante la oración presentó su primera revelación de sí mismo (Lucas 9:18). Cuando Jesús oraba en la montaña fue que se transfiguró (Lucas 9:29). Y antes de su crucifixión lo encontramos postrado en Getsemaní (Lucas 22:41-44). Esta fue la fuente de poder para Jesús. Entonces, no nos sorprende que mientras Jesús oraba (Lucas 3:21), el cielo se abría (Marcos). Esta fue la primer señal.

Esto simbolizaba una visión de la deidad (Isaías 24:18; 64:1; Ezequiel 1:1; Malaquías 3:10; Macabeos 6:18: Hechos 7:56; 10:11; Apocalipsis 19:11). Marcos utiliza una palabra vívida [*schizomenous*, 1:10), significando que el cielo fue "rasgado". A través de esta rasgadura, el Espíritu Santo desciende al tiempo que Jesús sube del agua. Los cuatro escritores de los evangelios describen al Espíritu Santo en forma de paloma. Las implicaciones teológicas de la segunda señal son un tanto vagas. Simplemente puede ser que el movimiento del Espíritu de una semblanza como una paloma.³ También se le compara al fuego (Hechos 2:3) que iba y venía (Génesis 1:2). Es posible que se encuentre implícito algo más. La paloma es símbolo de pureza, gentileza y paz. Pero Lucas esclarece que fue más que un mero símbolo, pues, de hecho, "tenía forma corporal".

Juan vio esta "manifestación" del Espíritu Santo y también la debieron haber visto las multitudes. Esto nos da una gran evidencia de que Jesús fue aquel quien Juan había prometido. Esto ayudó a que las multitudes hicieran esa transición de Juan a Jesús (ver Juan 1:32-34).

La tercera señal fue la voz que se escuchó desde el cielo. Dios en tres ocasiones validó a Jesús con una voz que provenía del cielo (Lucas 3:22; 9:35; Juan 12:28). Los evangelistas sugieren que nuestra confesión de Jesús no debe ser menor a la de Dios. Las tres partes que Dios declara en cuanto a Jesús tienen su respaldo en el Antiguo

---

[3] La especulación en cuanto a lo que la paloma significa se ha diversificado. Ver R. Poon, "The Background to the Dove Imagery in the story of Jesus' Baptism" (El trasfondo de la imaginaría de la paloma en el bautismo de Jesús) *JD* 3 (1995): 33-49.

Testamento. "Tú eres mi Hijo[4] . . . en quien tengo complacencia" tiene su base en Salmos 2:7 e Isaías 42:1. El profundo amor de Dios para su Hijo puede ser una alusión a Génesis capítulo 22.[5] Nada hay de nuevo en todo esto. Todo tiene raíces ricas y profundas en la profecía del Antiguo Testamento. Además, estas tres señales en el momento del bautismo de Jesús (los cielos abiertos, la voz de Dios y el Espíritu descendiendo), era algo que los judíos esperaban junto con la llegada y presentación del Mesías.[6] En the *Testaments of the Twelve Patriachs* (Los testamentos de los doce patriarcas), refiriéndose al Mesías, *T. Levi* (18:6-8) dice:

> Los *cielos se abrirán* y desde el templo de gloria vendrá sobre él la santificación con *voz de padre*, como de Abraham a Isaac. Y la gloria del Altísimo se derramará sobre él. Y el *Espíritu* de entendimiento y santificación *posará sobre él* [en el agua]. Porque él dará majestuosidad de Jehová a aquellos que son sus verdaderos hijos para siempre.

Nuevamente, *T. Jud*, (24:3) afirma: "Y los cielos se abrirán para él para derramar el Espíritu como bendición del Santo Padre. Y él derramará el Espíritu de gracia sobre ti". Los judíos del primer siglo interpretarían estas tres señales como evidencia del Mesías. Así, se presenta el ministerio público de Jesús, con la participación de toda la Deidad: El Padre trascendente, el Hijo encarnado y el Espíritu descendiendo. Como es típico de Lucas, le pone una nota de posdata al texto, haciendo notar que Jesús tenía como treinta años.

---

[4]"Por adopción" es la idea de cómo es que Jesús se *convirtió* en el Hijo de Dios en el bautismo. Pero ninguno de los sinópticos comparten o apoyan esa idea. Los tres señalan que Jesús *ya era* el Hijo de Dios. Además, las narrativas del nacimiento presentadas por Mateo y por Lucas claramente señalan que Jesús era el Hijo de Dios desde su concepción. Y, tanto Juan como Pablo, agregan que Jesús era Dios desde antes de encarnarse.

[5]W. Stegner, "The Baptism of Jesus: A Story Modeled on the Binding of Isaac" (El bautismo de Jesús: una historia modelada en Isaac), *BR* (Panorama bíblico) 1 [otoño, 1985]: 36-46. Él sugiere que las porciones judías de Génesis capítulo 22 sirven de respaldo para el bautismo de Jesús. Si esto es verdad, esto conectaría el bautismo de Jesús con la cruz; ver Marcos 10:38; 15:37-38.

[6]J. R. Edwards, "The Baptism of Jesus According to the Gospel of Mark" (El bautismo de Jesús de conformidad con el evangelio de Marcos), *JETS* (Revista de la sociedad teológica evangélica) 34/1 [marzo, 1991]: 43-57.

Sección 25
La tentación de Jesús
(Mateo 4:1-11; Marcos 1:12-13; Lucas 4:1-13)

La narración del bautismo de Jesús nos enseña que Jesús es el Cristo. Por lo tanto, la pregunta ya no es en cuanto a si Jesús es el Mesías, sino ¿qué clase de Mesías es? Los contemporáneos de Jesús esperaban que él fuera un héroe político. Ese no es el tipo de Mesías que encontramos aquí. Jesús es la personificación de Israel, reviviendo su experiencia en el desierto (ver Deuteronomio capítulos 6 a 8). Israel pasó cuarenta años en el desierto, Jesús pasó cuarenta días. Jesús es el postrer Adán,[7] el cual resistió la tentación de ser como Dios aunque tenía toda la razón para serlo (Filipenses 2:6-7). Y Jesús es el nuevo Moisés, el libertador del pueblo de Dios (Deuteronomio 34:1-8; ver Deuteronomio 18:15, 18).[8]

La batalla sigue. Al entrar Jesús a cumplir con su papel del Mesías, Satanás asume su papel de adversario.[9] Jesús pasa del bautisterio al sartén. Con cada tentación, Satanás le ofrece a Jesús una ruta más fácil para cumplir con su ministerio mesiánico. Pero cada uno de estos atajos harían que el plan de Dios sufriera un corto circuito. Para nuestra fortuna, Jesús los rechazó todos. Además, Jesús fue tentado "en todo al igual que nosotros" (refiérase a Lucas 22:28; Hebreos 2:17; 4:15; 5:2) y por eso, entiende nuestras luchas. Él nos ofrece un modelo para vencer la tentación mediante la Palabra de Dios.

Mateo 4:1-4 *con* Marcos 1:12-13, Lucas 4:1-2 señalan:

¹Luego el Espíritu llevó a Jesús {lleno del Espíritu Santo^{Lc}} al desierto {En seguida^{Mr}} para que el diablo lo sometiera a tentación. ²Después de ayunar cuarenta días y cuarenta noches, tuvo hambre. {Estaba entre las fieras^{Mr}} ³El tentador {por Satanás^{Mr}} {el diablo^{Lc}}

---

[7] Desde el tiempo de Justino Mártir (*Diálogo con Tripo* 103), la tentación de Cristo ha estado conectada con Adán en el huerto. Romanos 5:12-21 y 1 Corintios 15:45-49 continúan esta comparación como lo hacen los cuadros apocalípticos de Adán. Cf. D. MacLeod, "The Temptation of Christ (La tentación de Cristo) (Mateo 4:1-11)", *EmJ* 10 (2001):3-48.

[8] J.W. Van Henten, "The First Testing of Jesus: A Rereading of MK 1:12-13" (La primera prueba de Jesús: Volvamos a leer Marcos 1:12-13), *NTS* (Estudios del Nuevo Testamento) 45 [1999]: 349-366.

[9] P. Pokorny, "The Temptation Stories and their Intention" (Las historias de la tentación y su intención), *NTS* (Estudios del Nuevo Testamento) 20 [1973-1974]: 115-127. Él observa que en la historia de las religiones, la iniciación y la tentación van de la mano. Muchos cristianos han experimentado lo mismo. Tan pronto como alcanzamos la "cima", enfrentamos nuestras pruebas más severas.

se le acercó y le propuso: —Si eres el Hijo de Dios, ordena a estas piedras que se conviertan en pan.
⁴Jesús le respondió: —Escrito está: 'No sólo de pan vive el hombre, sino de toda palabra que sale de la boca de Dios'.ᵃ

ᵃ4 Deuteronomio 8:3

Jesús, lleno del Espíritu Santo (Lucas 4:1), fue llevado al desierto. El lenguaje que utiliza Marcos es más pintoresco. Literalmente, afirma que Jesús fue "arrojado" o "empujado" al desierto. Jesús tiene un enfrentamiento cara a cara con Satanás. Lucas utiliza la palabra griega "diablo" (*diabolos*, que significa "el calumniador" o "el que acusa falsamente"). Mateo utiliza tanto la palabra griega "diablo" como su contraparte hebrea "satanás" (*satanos*: "adversario"). Satanás es un ángel poderoso (2 Corintios 11:14; 2 Tesalonicenses 2:9; Judas 6; Apocalipsis 13:13-14) quien probablemente fue arrojado del cielo debido a su gran orgullo (Job capítulos 1 y 2; Isaías 14:12; Lucas 10:18; 1 Timoteo 3:6). El gobierna las fuerzas oscuras de este mundo (2 Pedro 2:4; Judas 6; ver 2 Corintios 4:4) y busca destruir a la iglesia de Dios (1 Pedro 5:8; Apocalipsis 12:13-17). Sin embargo, sigue bajo el control de Dios (Job 1:12; 2:6; Mateo 12:29).

Esta no es una pelea justa. Jesús está debilitado por sus cuarenta días de ayuno total (refiérase a Moisés en Éxodo 34:28 y Elías en 1 Reyes 19:4-8). Aún así, Satanás sigue en desventaja severa. Marcos añade un detalle interesante: "Estaba entre las fieras". En otras palabras, Jesús estaba solo y con mucha hambre. Físicamente estaba vacío, pero espiritualmente estaba lleno. Cuán frecuentemente nuestra experiencia es todo lo contrario.

Se deben considerar dos observaciones en cuanto a estas tres tentaciones antes de examinarlas por separado. Primera, cada una de las tentaciones se iniciaron con el "si" condicional. Las primeras dos utilizan la cláusula condicional "Si eres el Hijo de Dios". Satanás está intentando que Jesús caiga en la trampa de probarse a sí mismo. Lo está retando. Sin embargo, tal cláusula condicional podría tener el significado "*ya que eres* el Hijo de Dios" (ver Mateo 6:30; 7:11; 12:27). Por lo tanto, el diablo no está pidiéndole a Jesús que muestre *quien* es él, sino que lo está retando a *cómo* revelar su identidad.

Segunda, Mateo y Lucas presentan la segunda y tercer tentación de manera opuesta. La razón es que ambos arreglan su narrativa para que ésta termine en un clímax. La versión de Lucas llega a su clímax con Satanás llevando a Jesús al templo (el punto focal de Lucas) y siendo impreciso al citar las Escrituras. Sin embargo, Mateo llega a su clímax con (a) el atrevimiento blasfemo de que Jesús se inclinara y adorara a Satanás y (b) el mandato de Jesús ordenándole a Satanás: "¡Vete, Satanás!" (v. 10).

TENTACIÓN 1: El deseo de la carne (ver 1 Juan 2:15-17)

Se le reta a Jesús para que se alimente a sí mismo mediante el uso de milagros. A simple vista, esto no parece pecaminoso. A todos en general les habría gustado. Después de todo, esperaban que el Mesías hiciera tal clase de maravillas para la prosperidad de su pueblo. Pero habría sido un mal uso de sus poderes divinos. Si Jesús empieza a usar sus poderes con fines de complacencia personal al inicio de su ministerio, no habría podido terminar su marcha al Getsemaní. Además, lo habría sacado de la realidad humana. Ya no se hubiera podido señalar que él sufrió de la misma manera que nosotros (Hebreos 4:15-16) porque él habría usado un milagro para escapar, cosa que nosotros no podemos hacer.

En Deuteronomio 8:3, Moisés le recuerda a Israel que se debe humillar y no confiar en sí mismo. Le recuerda de la provisión de maná en el desierto. Así, la tentación de Jesús se compara con los israelitas en el desierto. Hay varios paralelos a esta altura: cuarenta días comparados con cuarenta años; siendo guiados por el Espíritu; y probados en el desierto.

Mateo 4:5-7 *con* Lucas 4:9-10 señalan:

⁵Luego el diablo lo llevó a la ciudad santa {Jerusalén[Lc]} e hizo que se pusiera de pie sobre la parte más alta del templo, y le dijo:
⁶—Si eres el Hijo de Dios, tírate abajo. Porque escrito está:
 "Ordenará que sus ángeles
  te sostengan {te cuiden[Lc]} en sus manos, para que no
  tropieces con piedra alguna."[a]
⁷—También está escrito: "No pongas a prueba al Señor tu Dios"[b] — le contestó Jesús.

[a]**6** Salmos 91:11, 12 [b]**7** Deuteronomio 6:16

TENTACIÓN 2: La jactancia del orgullo de la vida

No sabemos dónde se localizaba el punto más alto del templo. Existen tres posibilidades: (1) el ápice del santuario, (2) la cima del pórtico de Salomón, (3) la cima del pórtico real (ver Josefo, *Ant.* 15.412-413). La tradición judía señalaba que de forma espectacular y milagrosa el Mesías aparecería encima del templo. Así, Jesús sería rápidamente victoreado como el Mesías popular y se habría ahorrado mucho tiempo y mucho ministerio "sucio". El problema sería que habría sido completamente mal entendido y el plan de Dios se habría frustrado.

Ahora Satanás se atreve a citar las Escrituras y lo hace con su engaño característico. Cita el Salmo 91:11, pero deja fuera la última frase: "en todos tus caminos". Esto pudo haber sido omitido intencionalmente. Todos los caminos de Dios ciertamente no incluía el orgullo personal. Sin embargo, a esta altura, Satanás está en lo correcto — Dios envía su ayuda y protección a través de los ángeles "guardianes" (ver Job 1:10; 2 Reyes 6:8-17; Salmos 34:7; Judas 9).

Lucas 4:5-8, 13 *con* Mateo 4:10-11; Marcos 1:13 señalan:

⁵Entonces el diablo lo llevó a un lugar alto y le mostró en un instante todos los reinos del mundo. ⁶—Sobre estos reinos y todo su esplendor —le dijo—, te daré la autoridad, porque a mí me ha sido entregada, y puedo dársela a quien yo quiera. ⁷Así que, si me adoras, todo será tuyo. Jesús le contestó: ⁸—Escrito está: {¡Vete, Satanás![Mt]} "Adorarás al Señor tu Dios, y sírvele solamente a él."ᵃ

¹³Así que el diablo, habiendo agotado todo recurso de tentación, lo dejó hasta otra oportunidad. {y unos ángeles acudieron a servirle[Mt,Mr]}.

ᵃ8 Deuteronomio 6:13

TENTACIÓN 3: La lujuria de los ojos

El diablo lo llevó a la cima de una montaña (Mateo) y le mostró en un instante (Lucas) todos los reinos del mundo. Esto indica algo así como una visión milagrosa con Jesús parado desde la cima del monte Quarantiania, el sitio tradicionalmente considerado para esto, y contemplando una vista impresionante de Palestina, con las vías que conducían a los principales reinos del mundo de ese entonces — Roma, Grecia, Egipto, Persia y Asiria.

Satanás afirma tener el dominio de la tierra. Esencialmente, pero de manera temporal, esto es cierto. Sin embargo, debemos mantener en mente que el control de Satanás está limitado. Está atado. Todo lo que está fuera de su alcance, no lo puede dominar (ver Juan 12:31; 14:30; 16:11; 2 Corintios 4:4; Efesios 2:2; 1 Juan 4:4; 5:19). Concerniente a esto, McGarvey señala:

> Es cierto que Satanás junto con sus emisarios, por usurpación, se adueñaron de una parte del mundo, pero Jesucristo tiene

el derecho por herencia divina (Mateo 21:33-43). Siendo más poderoso que Satanás, acudió a recuperar su reino, no por un tratado, sino por conquista (Lucas 11:19-22). Además, lo obtendría como reino espiritual y no carnal (p. 98).

¡El mandato de Satanás de ser adorado es de lo más atrevido! Sin embargo, es sutil en su petición. Este verbo es un subjuntivo aoristo que indica una acción única. Satanás no le está pidiendo a Jesús que se una a él por siempre... sino tan sólo esta vez. ¡Una vez y nada más!

Al final de sus tentaciones, Jesús le ordena a Satanás que se vaya. Y, claro, debe obedecer al Señor. Lucas registra que lo abandonó hasta tener nuevamente otra oportunidad. El hecho de citar las Escrituras hará que Satanás huya (ver Santiago 4:7). Regresará, como lo hizo con Jesús, en la primera oportunidad, pero la palabra de Dios es la clave para conquistar al tentador.

En este instante Marcos se pone a la par con la narración de Mateo y nos señala que vinieron algunos ángeles para servirle a Jesús. La siguiente vez que leemos algo similar es en el huerto de Getsemaní, otro momento de crisis en la vida de Jesús (Lucas 22:43), cuando lucha con llevan a cabo el plan de Dios en humildad en vez de con gran poder. A ello se pudiera agregar la confesión de Pedro cuando Jesús escoge la cruz en vez del poder. Estos tres incidentes juntos demuestran lo omnipresente y perpetuo de esta tentación de Jesús.

Sección 26
Preguntas en cuanto a la identidad de Juan
(Juan 1:19-28)

[19]Éste es el testimonio de Juan cuando los judíos de Jerusalén enviaron sacerdotes y levitas a preguntarle quién era. [20]No se negó a declararlo, sino que confesó con franqueza:

—Yo no soy el Cristo.[a]

[21]—¿Quién eres entonces? —le preguntaron—. ¿Acaso eres Elías?

—No lo soy.
—¿Eres el profeta?
—No lo soy.

[22]—Entonces quién eres? ¡Tenemos que llevar una respuesta a los que nos enviaron! ¿Cómo te ves a ti mismo?

[23]—Yo soy la voz del que grita en el desierto: "Enderecen el

camino del Señor"ᵇ —respondió Juan, con las palabras del profeta Isaías.

*ᵃ***20** Alt. *Mesías*, "El Cristo" (griego) y "el Mesías" (hebreo) significando ambos "el Ungido", también en el v. 25. ᵇ**23** Isaías 40:3

Juan creó una agitación o conmoción grande. Por lo menos tres son los grupos que salen a conocer a Juan: El pueblo (Lucas 3:15), los saduceos (Juan 1:19-23) y los fariseos (Juan 1:24-27). Cada uno de ellos acude con una pregunta en mente: '¿Eres el Mesías?' Cuando Juan contesta '¡No lo soy!', le hacen una segunda pregunta: 'Entonces, ¿quién eres y por qué actúas de la manera en que lo haces?'

En Juan 1:19-23 se le acerca otro grupo con sus preguntas, los sacerdotes y sus compatriotas, los levitas. En gran parte éstos estaban en común acuerdo, políticamente, con los saduceos. ¡Ni siquiera creían en un Mesías literal! No vienen ni para aprender de Juan ni para arrepentirse de sus pecados. Están protegiendo su territorio como líderes religiosos de Israel. Cuando sus reuniones quedaron vacías, se preguntaron dónde estaba toda la gente y por ello acuden ellos mismos para verificar quién era este "profeta que así se consideraba a sí mismo".

Juan admitió libremente que él no era el Cristo. "Cristo" es la traducción griega del hebreo "Mesías", que significa "el Ungido". En el Antiguo Testamento había tres puestos que requerían de la unción; el Mesías cumpliría con los tres: el profeta (Deuteronomio 18:15, 18; el sacerdote (Salmos 110:4) y el rey (Salmos capítulo 2; Isaías 2:1-4; 9:6-7).

"¿Eres Elías?" le preguntaron. Juan contestó "¡No lo soy!" ¿Por qué pensaban ellos que Juan podía ser Elías? La teología popular judía esperaba el regreso de Elías. Después de todo, Elías no murió. Y Malaquías predice su regreso (Malaquías 3:1; 4:5). Ahora, había algo de confusión en cuanto al trabajo de Elías cuando regresara. ¿Sería (a) el Mesías, (b) el mensajero del Mesías (Malaquías 3:1) o (c) el heraldo de juicio (Malaquías 4:5)?

De hecho, Jesús señala que Juan era "el Elías que vendría" (Mateo 11:14) y citó Malaquías 3:1 como evidencia (Mateo 11:10). Sin embargo, Juan niega ser Elías. ¿Cómo podemos reconciliar esta diferencia? (1) Tal vez Juan no entendió su papel a desempeñar de forma total. Sin embargo, esto no parece ser ya que él está a punto de citar Isaías 40:3 como descripción de su propia identidad. (2) Tal vez haya una diferencia entre Malaquías 3:1 y 4:5. Si los saduceos le preguntaban a Juan si cumplía con Malaquías 4:5 y si el texto se refiere a un testigo por venir (por ejemplo, Apocalipsis 11:3 como lo han propuesto algunos), entonces Juan contestó correctamente que él no era esa persona. (3) Lo más seguro es esta idea popular errada de que Elías regresaría y sería el Mesías. Las tres preguntas de los saduceos no parecen hacer ninguna diferencia entre Mesías, Elías y EL profeta (ver Deuteronomio 18:15, 18). Así, Juan contesta correctamente que él no es la persona que pensaban que era Elías.

Debido a que ellos andaban despistados terminan diciendo: "¿Cómo te ves a ti mismo?" (Juan 1:22). Juan parafrasea su respuesta con las palabras del profeta Isaías: "Una voz proclama: Preparen en el desierto un camino para el SEÑOR" (Isaías 40:3).

Juan 1:24-28 señala:

²⁴Algunos que habían sido enviados por los fariseos 25lo interrogaron: —Pues si no eres el Cristo, ni Elías ni el profeta, ¿por qué bautizas?

²⁶—Yo bautizo con agua,ᵃ pero entre ustedes hay alguien a quien no conocen, ²⁷y que viene después de mí, al cual yo no soy digno ni siquiera de desatarle la correa de las sandalias.

²⁸Todo esto sucedió en Betania, al otro lado del río Jordán, donde Juan estaba bautizando.

ᵃ26 con Alt. *en*; también en vv 31 y 33.

El tercer grupo, los fariseos, acuden a cuestionar la identidad de Juan (Juan 1:24-27). Le han escuchado negar ser el Mesías. Sin embargo, sus actividades le aseguran un cierto grado de autoridad. Le preguntan: "Pues si no eres el Cristo, ni Elías ni el profeta, ¿por qué bautizas?"

La respuesta de Juan a esta tercera pregunta es parecida a la que les dio a los saduceos: "le preparo el camino al Mesías; mi bautismo es previo al de él". Procede a reiterarles que Jesús es, por mucho, superior a él o su superior. La audiencia de Juan ya había escuchado estas palabras con anticipación, antes de que Jesús fuese bautizado. [Ver los comentarios anteriores en la ***Sección 23***; Mateo 3:11; Marcos 1:7; Lucas 3:16.] Anteriormente Juan había señalado "el que viene", pero ahora señala: "¡está entre ustedes!"

Sección 27
Juan identifica a Jesús
(Juan 1:29-34)

²⁹Al día siguiente Juan vio a Jesús que se acercaba a él, y dijo: «¡Aquí tienen al Cordero de Dios, que quita el pecado del mundo! ³⁰De éste hablaba yo cuando dije: "Después de mí viene un hombre que es superior a mí, porque existía antes que yo". ³¹Yo ni siquiera lo conocía, pero, para que él se revelara al pueblo de Israel, vine bautizando con agua.»

Al día siguiente de que Juan fue cuestionado en cuanto a su propia identidad y señaló a alguien superior (Juan 1:19-27), vio que Jesús se le acercaba. Inmediatamente gritó: "¡Aquí tienen al Cordero de Dios, que quita el pecado del mundo!" ¿Por qué identificó a Jesús tan rápidamente? Bueno, esta no es la primera vez que ellos se encuentran. Cuarenta días antes Juan bautizó a Jesús (ver el v. 32). No son desconocidos. Sus familias eran afines entre sí cuando ellos eran pequeños. Esta relación se debió haber mantenido con el paso de los años. Lo menos que podemos señalar es que las historias de sus vidas perduraron entre sus conocidos y sus familias.

Esta identificación del "Cordero de Dios" está cargada de significado simbólico. La primera vez que la palabra "cordero" se utiliza en la Biblia es en Génesis 22:7-8 cuando Isaac le pregunta a Abraham acerca del cordero para el sacrificio y él responde proféticamente: "Dios proveerá". El siguiente uso principal de la palabra en Éxodo (12:3-4 ss.) tiene que ver con el cordero de la Pascua que es el sacrificio que ocupa el lugar de los primogénitos. Y claro, en Levítico y Números (treinta y cuatro veces), se le refiere como a la ofrenda por el pecado, un cordero de un año sin mancha. Isaías usa el símbolo del cordero refiriéndose al Siervo sufriente (53:7) y por ello se le llama en 1 Corintios 5:7 nuestra pascua (cordero) es Cristo. Hay dos cosas sorprendentes de este Cordero. Primero, Jesús encaja en este tipo o antitipo de la Biblia. Sufrió en nuestro lugar como la ofrenda por el pecado. Proveyó la libertad de los primogénitos como el cordero pascual. Es el cumplimiento de Isaías 53:7 y Génesis 22:8, el Cordero que Dios mismo proveyó como sustitución nuestra. Resulta asombroso que desde el mismo inicio del ministerio de Jesús su propósito ya esté identificado tan claramente. ¿Cómo podría alguien de entre la audiencia de Juan perderse el significado del Cordero de Dios? Más notable aún es el hecho de que Apocalipsis mencione la palabra "cordero" veintiséis veces. Este sacrificio silencioso se torna en el victorioso y supremo soberano.

Juan 1:32-34 señala:

> ³²Juan declaró: «Vi al Espíritu descender del cielo como una paloma y permanecer sobre él. ³³Yo mismo no lo conocía, pero el que me envió a bautizar con agua me dijo: 'Aquel sobre quien veas que el Espíritu desciende y permanece, es el que bautiza con el Espíritu Santo'. ³⁴Yo lo he visto y por eso testifico que éste es el Hijo de Dios.»

Juan no pudo perder de vista a Jesús. El Espíritu Santo, en forma de paloma, fue la identificación ordenada por Dios para identificar al Mesías. Juan lo ha estado meditando ya por cuarenta días.

Sección 28
Los primeros discípulos de Jesús
(Juan 1:35-51)

Este es el tercero de cuatro días descritos en el primer capítulo de Juan (ver vv. 29, 35, 43). Edersheim (I.345) afirma que la costumbre judía común era que las viudas se casaran en jueves y que las mujeres jóvenes se casaran en miércoles. En Juan 2:1-11 presenciaremos una boda. Las festividades parecen indicar que se trata de una boda de miércoles, de una jovencita. Si esto es verdad, podemos retroceder y obtener la siguiente cronología: (1) jueves fue la entrevista con Juan y los miembros del Sanedrín (vv. 19-28), (2) viernes fue cuando Jesús regresó del desierto (vv. 29-34). (3) Sábado fue cuando, por segundo día consecutivo, Juan ve a Jesús y lo identifica como el Cordero de Dios (vv. 35-42). Aparentemente, Juan solamente tiene a dos de sus discípulos. Es posible que el resto se haya tomado libre el sábado por ser el día de reposo. Sin embargo, estos dos son los primeros discípulos de Jesús. Y de acuerdo a nuestros registros de los evangelios, esta es la última vez que Juan y Jesús se ven. Jesús se marcha llevándose a dos de los mejores estudiantes de Juan. (4) Domingo fue cuando Jesús conoce a Natanael a través de Felipe, y este cortejo pequeño de discípulos (Andrés, Juan, Pedro, Jacobo, Felipe y Natanael) empacan sus cosas y se regresan con Jesús a Galilea (vv. 43-51). Tres días más tarde estarán todos ellos en una boda en Caná de Galilea (Juan 2:1).

Juan 1:35-40 señala:

35Al día siguiente Juan estaba de nuevo allí, con dos de sus discípulos. 36Al ver a Jesús que pasaba por ahí, dijo: —¡Aquí tienen al Cordero de Dios!
37Cuando los dos discípulos le oyeron decir esto, siguieron a Jesús. **38**Jesús se volvió y, al ver que lo seguían, les preguntó:
—¿Qué buscan?
—Rabí, ¿dónde te hospedas? (Rabí significa: Maestro).
39—Vengan a ver —les contestó Jesús.
Ellos fueron, pues, y vieron dónde se hospedaba, y aquel mismo día se quedaron con él. Eran como las cuatro de la tarde.[a]
40Andrés, hermano de Simón Pedro, era uno de los dos que, al oír a Juan, habían seguido a Jesús.

[a] *39 Eran... tarde* (si se cuentan las horas a partir de las seis de la mañana, según la hora judía). Lit. *Era como la hora décima;* véase nota en 19:14.

El llamamiento de Andrés y Juan:

La escena, con sus detalles concisos, resulta chistosa. Jesús va caminando, se da la vuelta e inmediatamente dice: "¿Qué buscan?" En realidad la pregunta es: "¿*A quién* buscan?" El discípulo de Jesús no persigue "algo" sino a alguien. Pareciera como si Jesús, con su prontitud los agarrara desprevenidos. Es como si tartamudearan por un momento para preguntar inadecuadamente: "Oye, ¿dónde te hospedas?" La respuesta de Jesús, nuevamente, es breve: "Vengan a ver". O, "¡si tan sólo me siguen, se darán cuenta!"

Como a las cuatro de la tarde (es decir, la hora décima, desde el amanecer),[10] Jesús llama a Andrés (vv. 39-40). Su compañero del

---

[10] Hendriksen (pp. 104-105) y Westcott (vol. 2, pp. 324-326) argumentan que Juan utiliza la forma romana-civil de contar el tiempo, que tiene que ver con iniciar el recuento de las horas a partir de la media noche. Eso significaría que este acontecimiento se llevó a cabo a las 10:00 de la mañana en vez de a las 4:00 de la tarde. Este método del registro del tiempo también resulta la explicación más aceptable de los otros pasajes de Juan donde él menciona las horas específicas del día (Juan 4:6; 4:52 y especialmente 19:14). El problema recae en que virtualmente no existe un soporte básico para este método romano-civil de contabilizar el tiempo. Ciertamente, Plinio (*Natural History* [Historia Natural], 2.79.188) afirmó que los sacerdotes romanos contaban un *día civil* desde la media noche a la media noche siguiente, pero esto fue con propósitos legales. Sin embargo, en la oración previa, afirmó que "la gente común por todos lados" cuenta *las horas del día* desde el amanecer hasta oscurecer. En verdad, los relojes romanos, sin excepción, reflejan esta práctica. El medio día está representado por "VI" no por "XII". En los círculos judíos, las horas del día contaban ya fuese a partir del amanecer o el anochecer. Pero no hay un solo ejemplo de que las horas del día jamás se hubiesen contado a partir de la media noche (R. T. Beckwith, "The Day, Its Divisions and Its Limits, in Biblical Thought" (El día, sus divisiones y sus límites, en el pensamiento bíblico), *EvQ* (Publicación trimestral evangélica) 43 [1971]: 218-227.

cual no se menciona el nombre es lo más seguro que sea Juan. Juan tiende a dejar su nombre fuera de la narración (Juan 13:23; 19:26, 35; 21:7, 20, 24). Además, Juan menciona la hora exacta durante la cual seguían a Jesús. Este detallito ocular demuestra cuan memorable evento fue esto para Juan. Fue profundamente impactado por el momento de su llamado que hasta recuerda las manecillas de su reloj. A partir de este momento, Juan presenta detalles oculares. Si este no fuese el llamamiento de Juan al discipulado, entonces él permanece callado en cuanto a este asunto.

Juan 1:41-42 señala:

> 41Andrés encontró primero a su hermano Simón, y le dijo: —Hemos encontrado al Mesías (es decir, el Cristo). 42Luego lo llevó a Jesús, quien mirándolo fijamente, le dijo:
> —Tú eres Simón, hijo de Juan. Serás llamado Cefas (es decir, Pedro[a]).
>
> [a]42 Tanto *Cefas* (arameo) como *Pedro* (griego) significan *piedra*.

El llamamiento de Pedro y Jacobo:

Andrés le cuenta a su hermano Pedro: "hemos encontrado al Mesías". (Juan traduce "Mesías" del hebreo a su equivalente en griego: "Cristo".) Como era su costumbre, Andrés trajo a Pedro ante Jesús (ver Juan 6:8; 12:22).

Literalmente, el v. 41 declara que: "primero encontró a su hermano Simón". No sabemos si Andrés encontró a alguien más. Es posible que Juan esté señalando que el primero que fue a traer a su hermano fue Andrés, pero que *Juan también fue por su hermano*. En otras palabras, Andrés trajo a su hermano Pedro; y Juan trajo a su hermano Jacobo. Los primeros cuatro discípulos de Jesús fueron Pedro, Andrés, Jacobo y Juan. Esto ayudaría a entender el llamado que Jesús hace después de estos cuatro pescadores (Mateo 4:18-22; Lucas 5:1-11), al igual que el círculo cercano a Jesús.

Cuando Jesús conoce a Pedro le pone su apodo "Cefas", que quiere decir "piedra". Claro que Pedro no haría honor a este nombre sino hasta después de la resurrección, cuando fue transformado de un desertor a un predicador poderoso y convincente. El nombre parece encajar bien con Pedro.

Juan 1:43-51 señala:

⁴³Al día siguiente, Jesús decidió salir hacia Galilea. Se encontró con Felipe, y lo llamó: —Sígueme.

⁴⁴Felipe era del pueblo de Betsaida, lo mismo que Andrés y Pedro. ⁴⁵Felipe buscó a Natanael y le dijo:

—Hemos encontrado a Jesús de Nazaret, el hijo de José, aquel de quien escribió Moisés en la ley, y de quien escribieron los profetas.

⁴⁶—¡De Nazaret! —replicó Natanael—. ¿Acaso de allí puede salir algo bueno? —Ven a ver —le contestó Felipe.

⁴⁷Cuando Jesús vio que Natanael se le acercaba, comentó: —Aquí tienen a un verdadero israelita, en quien no hay falsedad.

⁴⁸—¿De dónde me conoces? —le preguntó Natanael.

—Antes que Felipe te llamara, cuando aún estabas bajo la higuera, ya te había visto.

⁴⁹—Rabí, ¡tú eres el Hijo de Dios! ¡Tú eres el Rey de Israel! —declaró Natanael.

⁵⁰—¿Lo crees^a porque te dije que te vi cuando estabas debajo de la higuera? ¡Vas a ver aun cosas más grandes que éstas!

Y añadió: ⁵¹—Ciertamente les aseguro que ustedes verán abrirse el cielo, y a los ángeles de Dios subir y bajar sobre el Hijo del hombre.

^a50 Alt. ¿en verdad lo crees?

El llamamiento de Felipe y Natanael

Es probable que Felipe haya sido un amigo de los cuatro pescadores (Pedro, Andrés, Jacobo y Juan), quienes empezaron a seguir a Jesús el día anterior. También él era de la pequeña aldea de Betsaida. De camino de regreso a Galilea, Jesús también llama a Felipe. Es interesante que todos los apóstoles, excepto Felipe y Andrés tienen nombres griegos (Hendriksen, p 108). Esto puede explicar por qué los amigos griegos de Juan 12:20-22 buscaron a estos hombres para solicitar una audiencia con Jesús.¹¹

Aparentemente Jesús no estaba de camino cuando llamó a Felipe. Después de todo, Felipe tiene el tiempo suficiente para ir por Natanael.¹² Felipe trata de persuadirlo con una propuesta sumamente

---

¹¹Aparte del listado de apóstoles (Mateo 10:3; Marcos 3:18; Lucas 6:14; y Hechos 1:13), a Felipe se le menciona en tres acontecimientos más en Juan 6:5, 7; 12:21-22 y 14:8-9.

¹²Natanael es probablemente la misma persona que los sinópticos llaman Bartolomé. Existen cuatro evidencias para esto. (1) Natanael es su nombre de familia, pero es muy posible que haya tenido otro nombre. (2) Juan jamás utiliza el nombre Bartolomé y los sinópticos jamás usan Natanael. (3) En el listado de los apóstoles presentado por los sinópticos, Bartolomé aparece a continuación de Felipe. (4) Todos los demás discípulos en este capítulo se

interesante. Le dice que han encontrado al Mesías del cual escribió Moisés. La declaración de Felipe está estructurada de tal manera que exalta al máximo y minimiza la ofensa. Es decir, la primer palabra de su declaración es "Mesías" y la última es "Nazaret". Pero el hecho de que Jesús es de Nazaret no se le escapa a Natanael. No puede creer que algo bueno pudiera salir de allá. Tal vez está expresando un prejuicio popular en cuanto a ese pueblito ubicado en las montañas de Galilea. No existe prueba alguna de que los galileos despreciaran a Nazaret. Aunque Natanael actúe sin dolo (v. 47), es posible que siga expresando una rivalidad coloquial entre Nazaret y su pueblo natal de Caná (Juan 21:2), a pocos kilómetros al norte. Felipe finalmente convence a Natanael de que conozca a Jesús, con un simple reto: "¡ven a ver!"[13]

La interacción de Natanael con Jesús es interesante. Si escuchamos con oídos judíos encontraremos ecos de Jacob del Antiguo Testamento. Al irse acercando Natanael, Jesús lo llama un israelita verdadero. Trudinger afirma:

> Jacob, en la historia tradicional de Jacob y Esaú, virtualmente se había convertido en sinónimo de "engaño" o "suplantador". En Génesis 27:36, Esaú se lamenta: "-¡Con toda razón le pusieron Jacob! Ya van dos veces que me engaña". Sin embargo, este mismo Jacob tramposo es un personaje clave en el plan de Dios para la salvación de la humanidad y más tarde en la historia Dios le cambia el nombre a "Israel". Por ello, el saludo de Jesús pudo haberse expresado como "¡Miren, Israel sin ningún rastro de Jacob en él!" Esto es lo que asusta a Natanael.[14]

Natanael se impresiona de que Jesús lo conozca. Entonces Jesús afirma algo que más le sorprenderá, "Ah, eso no es nada, vean esto: ¡te vi sentado debajo de la higuera!" Esto impresiona tanto a Natanael que él confiesa que Jesús es el Mesías de Dios. Natanael es el primero que declara esto sin la revelación de un ángel o de Dios. Pero ¿qué hay de importante en todo esto? ¿Así que Jesús lo

---

convierten en apóstoles.

[13] Así como Mateo y Lucas describen los humildes inicios de Jesús en Belén, así Juan describe sus inicios humildes en Nazaret.

[14] L. P. Trudinger, "An Israelite in Whom There Is No Guile: An Interpretive Note on John 1:45-51" (Un verdadero israelita en quien no hay falsedad: Una nota interpretativa de Juan 1:45-51), *EvQ* (Publicación trimestral evangélica) 54 [abril, 1982]: 117-120.

vio sentado bajo una higuera? Las hojas tan grandes y gruesas de la higuera hacía de ella un lugar apropiado que los palestinos buscaban para el descanso. Llegó a ser un lugar privilegiado para la meditación y el estudio de la Tora (*Ecclesiastes Rabbah* 5:15). Además, la higuera era un símbolo de Israel y el Mesías (Miqueas 4:4; Mateo 24:32; Lucas 13:6-9). Solamente podemos adivinar, pero parece que las palabras de Jesús implican mucho más de lo que a primera vista encontramos. Tal vez Jesús vio que Natanael había estado estudiando la Biblia y contemplando al Mesías, tal vez desde la misma historia de Jacob. Pero parece que queda claro lo siguiente: Jesús pudo ver que el corazón de Natanael ansiaba al Mesías. Jesús penetró la mente de Natanael y esto causó que Natanael creyera en Jesús y lo siguiera.

Jesús nuevamente lleva a Felipe y a Natanael hasta Jacob. Les dice que ellos verán ángeles ascender y descender. Si buscamos un cumplimiento literal de esto en el ministerio de Jesús no encontraremos nada. Sin embargo, la alusión a la escalera de Jacob resulta enriquecedora. Debemos acudir a Génesis capítulo 28. En el sueño de Jacob, Dios lo bendice. El clímax de la bendición es: "y todas las familias de la tierra serán bendecidas por medio de ti y tu descendencia". Jesús es el cumplimiento de esta visión de más de 2,000 años de antigüedad. Y, en un sentido, este es el "Betel" de Natanael (ver Génesis 28:19).

En este pasaje a Jesús se le llama "el Cordero de Dios", "el Hijo de Dios", "el Mesías" y "el Rey de Israel". Sin embargo, Jesús se refiere a sí mismo como "el Hijo del hombre". Este título proviene de Daniel 7:13-14. Jesús lo utiliza refiriéndose a sí mismo unas 76 veces. "Hijo del hombre" resalta la afinidad de Jesús con la humanidad. Así, de Juan 1:1 hasta Juan 1:51 vemos toda la descendencia de Dios encarnada en cuerpo humano.

Sección 29
La boda de Caná
(Juan 2:1-11)

Esta escena, de alguna forma, nos deja flotando en el aire. Existen muchas preguntas sin respuesta: ¿Cuál era el papel de María? ¿Qué parentesco tenía Natanael con los novios? ¿Quién era esta pareja? ¿Los conoció Jesús con anticipación? ¿Cómo los conoció?, etc. Como testigo ocular, Juan pudo haber contestado todas estas interrogantes.

Sin embargo, él escoge resaltar a Jesús. Jesús es el personaje principal de la boda, el único que realmente importa.

Juan 2:1-5 señala:

> ¹Al tercer día se celebró una boda en Caná de Galilea, y la madre de Jesús se encontraba allí. ²También habían sido invitados a la boda Jesús y sus discípulos. ³Cuando el vino se acabó, la madre de Jesús le dijo: —Ya no tienen vino.
> ⁴—Mujer, ¿eso qué tiene que ver conmigo? —respondió Jesús—. Todavía no ha llegado mi hora. ⁵Su madre dijo a los sirvientes: —Hagan lo que él les ordene.

¿Hay algo más grato que una boda? Este es el lugar más apropiado para el primer milagro de Jesús. Si Edersheim (I.345) está en lo correcto, esta es una boda de una jovencita en miércoles. La fiesta normalmente empezaba al amanecer y se prolongaba por siete días (Génesis 29:27; Jueces 14:12). Jesús acude a la boda junto con sus primeros seis discípulos después de haber viajado tres días desde el Jordán hasta Caná.[15] Varias ciudades se han considerado como Caná, dentro de un rango de seis a 18 kilómetros al norte de Nazaret. Cualquiera de esas ciudades estaban cerca y por ello María pudo haber participado en la planeación de la boda. Además, Jesús tuvo suficiente tiempo para quedarse un tiempo en Nazaret antes de proseguir su viaje a Caná.

Jesús fue invitado a la fiesta junto con sus discípulos. Es posible que Natanael, quien era de Caná, los hubiese invitado. Hasta pudo haber sido él un pariente o amigo cercano de la pareja. O tal vez Jesús supo de la boda cuando se detuvo en Nazaret (si en verdad se detuvo).

Cuando se acabó el vino de la fiesta, María le notificó a Jesús del asunto tan penoso, que hasta pudo haber dado como resultado una demanda legal.[16] De igual manera, María pudo haber participado en el arreglo del banquete, porque se enteró en cuanto a la falta de vino.[17] Es posible que los invitados extras de Jesús fueron los

---

[15] Así como Juan presenta en algo de detalle la última semana del ministerio de Cristo (Juan 12:1), así en esta ocasión presenta la primer semana del ministerio de Cristo (Juan 1:29, 35, 43, 2:1).

[16] K. T. Cooper, "The Best Wine: John 2:1-11" (El mejor vino: Juan 2:1-11), *WTJ* (Revista teológica Westminster) 41 [primavera, 1979]: 364-380.

[17] José no se menciona en la narración, aunque el resto de la familia sí está presente (Juan 2:12), tal vez ayudándole a su mamá con los preparativos de la boda. Esto pudiera indicar que José está muerto.

responsables que se acabara el vino. Sin pedirle directamente a Jesús que hiciera algo, María sugiere que él puede hacerlo.

La madre de Jesús no le pide necesariamente que haga un milagro. Probablemente se le acercó a ella una mujer de la familia para ver si ella podía ayudarles salir de esta vergonzosa falta de vino. María va como una "agente" a Jesús. Si él ayudara, no tan solo resolvería el problema, sino que también elevaría el estatus social de su familia biológica. Como viuda en Palestina, sus derechos incluirían una petición así a su hijo. Sin embargo, a Jesús no le interesa entrar en una competencia familiar para lograr más honor. Al contrario, él está creando una nueva familia a través de su campaña mesiánica. Es por eso que el comentarista Williams entiende las palabras de Jesús, "Todavía no ha llegado mi hora" como una pregunta, "¿No será ésta la hora para mí?"[18] Entonces, haciendo el milagro, Jesús responde afirmativamente a su mamá y a la vez se separa de su familia.

Obviamente, Jesús no rehusaría cumplir con la "petición" de María. Sin embargo, sí examina los motivos de ella y lo que espera de él. Su breve respuesta a María consta de tres partes. Primero, se dirige a ella como "mujer" en vez de "mamá". Fue muy cortés con ella al dirigírsele así, como dirigiéndose a una gran celebridad: a una "dama" o "señora" de alto rango (ver Juan 19:26), pero con una declaración definida en cuanto a su relación entre ambos. Ella debía dirigirse a él como a Cristo en vez de cómo a "hijo" a quien podía ordenarle algo. Jesús procede a decir: "¿eso qué tiene que ver conmigo?" [Literalmente: "qué hay de mí hacia ti"]. Esta es una expresión idiomática hebrea, como decir "¿Te debo algo?" o más fuerte aún: "¡Y eso a mí qué me importa!" Esencialmente, Jesús le está pidiendo a María que considere cuidadosamente su relación con él. Finalmente, afirma que su hora no ha llegado. En otras palabras, "María, no esperes una proclamación pública todavía" (ver Juan 7:6, 8). La vida de Jesús estaba predestinada. Los sucesos de su encarnación (Gálatas 4:4) y ministerio estaban meticulosamente planeados y **cronometrados** para ir al Gólgota en el momento preciso. El uso que Juan hace de la frase "todavía no ha llegado mi hora" indica el plan de Dios para Jesús (ver Juan 2:4; 7:6, 8, 30; 8:20; 12:23, 27; 13:1; 17:1), especialmente de su muerte. La respuesta de María indica que ella espera que Jesús supla la necesidad.

---

[18]Ritva H. Williams, "The Mother of Jesus at Cana: A Social Science Interpretation" (La madre de Jesús en Caná: Una interpretación de las ciencias sociales), *CBQ* (Publicación trimestral católica de la Biblia) 59 [1997]: 679-692.

Tal vez el tono de su voz, un guiño del ojo u otra palabra que no tenemos escrita indique que Jesús entraría en acción. Sin embargo, este es el único mandato que María dio en toda su vida: "Hagan lo que él les ordene". ¡Ese es un consejo sabio!

Juan 2:6-10 señala:

⁶Había allí seis tinajas de piedra, de las que usan los judíos en sus ceremonias de purificación. En cada una cabían unos cien litros.ª
⁷Jesús dijo a los sirvientes: —Llenen de agua las tinajas. Y los sirvientes las llenaron hasta el borde.
⁸—Ahora saquen un poco y llévenlo al encargado del banquete —les dijo Jesús. Así lo hicieron. ⁹El encargado del banquete probó el agua convertida en vino sin saber de dónde había salido, aunque sí lo sabían los sirvientes que habían sacado el agua. Entonces llamó aparte al novio ¹⁰y le dijo: —Todos sirven primero el mejor vino, y cuando los invitados ya han bebido mucho, entonces sirven el más barato; pero tú has guardado el mejor vino hasta ahora.

ª6 *unos cien litros.* Lit. *entre dos y tres metretas.*

Jesús se fijó en las seis tinajas utilizadas para contener el agua del rito del lavamiento. Cada tinaja podía contener de entre 75 a 115 litros, es decir, un total de 450 a 690 litros de vino. Aparte de suplir las necesidades del banquete, este podría ser tomado como un justo regalo de boda. Jesús ordena que estas vasijas se llenen de agua a su máxima capacidad: "Y los sirvientes las llenaron hasta el borde". Esto indica (1) una cantidad enorme, (2) nada extra se le agregó al vino y (3) como eran recipientes de agua para la purificación, no había ningún rasgo de vino en esa agua. Por ello, no habría ningún residuo previo de vino en ellas.

Algo del "agua" se sacó de una de las vasijas y se lo llevaron al "maestresala", que era el responsable de tres cosas: (1) probar todo guisado y vino para determinar si era el apropiado, (2) mantener el orden en la fiesta (él rompería un recipiente si alguien empezaba el desorden) y (3) oficiar o dirigir el banquete mismo. Esta persona no se enteró de la ayuda de Jesús. Cuando bebió del agua convertida en vino la encontró deliciosa. Su "fineza" no fue su grado de intoxicación sino su sabor. De hecho, el vino palestino se conocía por estar muy rebajado. Aunque alguien sí se podía emborrachar tomándolo, había licores mucho más fuertes. El vino era la bebida de mesa común que acompañaba los alimentos. Tan bueno fue este vino que el encargado del banquete llamó aparte al novio y lo felicitó por obrar de esta manera. Normalmente, lo más fino se sirve primero y se deja lo peor para después.

Juan 2:11 señala:

> ¹¹Ésta, la primera de sus señales, la hizo Jesús en Caná de Galilea. Así reveló su gloria, y sus discípulos creyeron en él.

Jesús hizo muchos prodigios y milagros. Este fue el primero de siete que Juan escoge registrar (v. 11). Y, básicamente fue una muestra especial en privado para los discípulos, como lo fueron los otros seis. Las siete "señales" de Juan no tienen la intención de ser un espectáculo en cuanto al poder de Jesús, sino que validan su posición como Hijo de Dios.

Estos milagros hacen más que simplemente validar a Jesús o para describir cualquier suceso en su vida. Si Blomberg está en lo correcto, los milagros de Jesús, al igual que sus parábolas son metáforas del reino. Es decir, son parábolas puestas en acción.[19] Esto no quiere decir que históricamente no sean verdad. Muchos eruditos han mostrado que un prejuicio que se opone a lo sobrenatural científica y filosóficamente no tiene defensa. Lo que sí afirma es que Juan escogió escribir y presentar únicamente algunos milagros de Jesús porque estos representaron la verdad de su ministerio mesiánico.

Por lo tanto, debemos preguntar: "¿A qué se refiere este milagro?" Toussaint sugiere dos cosas que nos pueden ayudar.[20] Primero, el vino nuevo en la boda señala hacia el reino por venir. En el Antiguo Testamento la venida del reino se comparó a vino (Isaías 25:6; 55:1; Joel 3:18; Amós 9:13). En el Nuevo Testamento se le asemejó a un banquete, especialmente de boda (Mateo 8:11; 22:1-14; Lucas 13:29; 14:15-24; Apocalipsis 19:7-9). Sería nuevo y diferente al reino viejo (ver Marcos 2:21-22). Segundo, Jesús exagera, pues produce mucho más vino del que se necesita. Esta superabundancia es característica del reino de Dios (Filipenses 4:7; Romanos 5:20; 1 Pedro 1:8; ver Amós 9:13ss.). Así, empujado por María, Jesús inaugura su ministerio de obrar milagros, no de manera pública, sino para sus discípulos. Al hacerlo, mostró vívidamente cómo sería el

---

[19] C. L. Blomberg, "New Testament Miracles and Higher Criticism: Climbing up the Slippery Slope" (Los milagros en el Nuevo Testamento y mucha crítica: Subiendo la cuesta resbalosa), *JETS* (Periódico de la sociedad teológica evangélica) 27/4 [diciembre, 1984]: 425-438.

[20] S. D. Toussaint, "The Significance of the First Sign in John's Gospel" (La importancia del primer milagro en el evangelio de Juan), *BibSac* (Biblioteca Sacra) 134 [enero, 1977]: 45-51.

reino. Es significativo también que la boda de gran celebración ocurre el tercer día.

Sección 30
Jesús y compañía visitan Capernaúm
(Juan 2:12)

Juan 2:12 señala:

> ¹²Después de esto Jesús bajó a Capernaúm con su madre, sus hermanos y sus discípulos, y se quedaron allí unos días.

Jesús se desplaza de las montañas de Caná a las playas del mar de Galilea, el territorio de los seis discípulos que le seguían. Junto con Jesús viajan los seis discípulos, sus cuatro hermanos y su madre. El hecho de que sus hermanas no viajan con ellos se puede deber a que ya se casaron y están ocupadas con sus responsabilidades domésticas en sus propios hogares.

Se menciona a los hermanos del Señor nueve veces. Seis de esas veces están relacionados con María (Mateo 12:46; 13:55; Marcos 3:32; 6:3; Lucas 8:19-20; Juan 2:12); tres veces no se relacionan con ella (Juan 7:3, 5, 10; 1 Corintios 9:5; Gálatas 1:19). Esta es una buena indicación de que estos hermanos de Jesús son hijos naturales de María en vez de ser sobrinos o hijos de José con otra mujer u otro matrimonio previo. El hecho de que Jesús le confía, junto a la cruz, a Juan el cuidado de María (Juan 19:25-27), puede indicar el rechazo hacia él de sus propios hermanos o debido a que eran más jóvenes y no aptos para cuidar de su mamá.

Como lo hace notar McGarvey (p. 120), esta breve visita a Capernaúm sugiere varias cosas: (1) Muestra cómo los funcionarios o nobles, que lo buscaron en Caná, lo conocieron bien (Juan 4:46-54). (2) Muestra su cambio en cuanto a su "base de operaciones" de Nazaret a Capernaúm (Mateo 4:13; 9:1; Marcos 2:1). Esto sugiere una cierta dinámica en la relación entre sus discípulos de Nazaret y los de Capernaúm al igual que los viajes siguientes de Jesús a Nazaret. (3) Muestra que Jesús no cortó sus vínculos familiares, al menos no lo hizo sino hasta después de la pascua siguiente.

Sección 31
La primer purificación del templo
(Juan 2:13-22)

Al igual que Ezequías (2 Reyes 18:4) y Josías (2 Reyes 22:3 – 23:25) de antaño, Jesús purifica el templo de Dios. Este fue un proceder muy arriesgado y valiente, que muestra que Jesús es el Mesías (ver Malaquías 2:2-3).[21] El enfoque de este incidente no es tanto el templo o su corrupción imperante como lo es Jesús y su persona. Mas lea esto conjuntamente con la boda de Caná y encontraremos rasgos de ambos lados del ministerio de Jesús. Por un lado, él es el gran Mesías del nuevo reino con todas sus hermosas y abundantes provisiones. Por otro lado, es el siervo sufriente, rechazado y destruido por los líderes judíos, para levantarse nuevamente al tercer día.

Los cuatro evangelios registran la purificación del templo. Pero los sinópticos la ponen al final del ministerio de Jesús (Mateo 21:12-13; Marcos 11:15-17; Lucas 19:45-46), no al principio como lo hace Juan. Es posible que haya habido una sola purificación y Juan la pone al principio por cuestiones meramente de énfasis teológico en vez de una precisión cronológica. Después de todo, las similitudes resultan sorprendentes (por ejemplo, el mismo lugar, los animales, los cambistas) por razones obvias. También presenta considerables diferencias. Juan es el único que menciona el látigo de cuerdas, la profecía del Salmo 69:9 y la precisión en cuanto a la destrucción del templo. Los sinópticos también agregan las profecías de Isaías 56:7 y Jeremías 7:11-14, además del comentario de Marcos en cuanto a Jesús parando el tráfico en el templo. Esto nos lleva a concluir que, de hecho, Jesús purificó dos veces el templo.[22] Este acto tan atrevido sirve para iniciar como para cerrar su ministerio público.

Juan es el único que nos permite fechar el ministerio de Jesús basado en las distintas fiestas a las que él acudió: (1) La primera pascua (2:13); (2) la segunda pascua (supuestamente) (5:1); (3) la tercera pascua (6:4); (4) los tabernáculos (7:2); la dedicación (10:22);

---

[21] R. H. Hiers, "Purification of the Temple: Preparation for the Kingdom of God" (La purificación del templo: preparativos para el reino de Dios), *JBL* (Revista de literatura bíblica) 90 [1971]: 82-90.

[22] La mayoría de los eruditos defenderían fuertemente una sola purificación, pero podríamos respaldar una segunda purificación basados en el terreno literario, histórico y sociológico; ver Richards, "An Honor/Shame Argument for Two Temple Clearings", TrinJ 29 ns (2008): 19-43.

(6) la cuarta pascua (11:55). Además, el ministerio de Juan el Bautista se puede fechar en el año 26 d.C. (Lucas 3:1), probablemente en el otoño. Es probable que Jesús haya sido bautizado ese invierno. Pasó cuarenta días en el desierto (Mateo 4:2); siete días reclutando a sus primeros discípulos e ida a la boda de Caná (Juan 1:29, 35, 43; 2:1). Visita Capernaúm unos días (Juan 2:12) y se apresura para estar en Jerusalén y celebrar la pascua, que se celebraría en el 15 de Nisán (aproximadamente en abril), el año 27 d.C.

Juan 2:13-17 señala:

¹³Cuando se aproximaba la Pascua de los judíos, subió Jesús a Jerusalén. ¹⁴Y en el templo[a] halló a los que vendían bueyes, ovejas y palomas, e instalados en sus mesas a los que cambiaban dinero. ¹⁵Entonces, haciendo un látigo de cuerdas, echó a todos del templo, juntamente con sus ovejas y sus bueyes; regó por el suelo las monedas de los que cambiaban dinero y derribó sus mesas. ¹⁶A los que vendían las palomas les dijo: —¡Saquen esto de aquí! ¿Cómo se atreven a convertir la casa de mi Padre en un mercado? ¹⁷Sus discípulos se acordaron de que está escrito: «El celo por tu casa me consumirá.»[b]

[a]14 Es decir, en el área general del templo; en vv. 19-21 el término griego significa *santuario*. [b]17 Salmo 69:9

En un sentido, este es el discurso inaugural de Jesús. Como un mes antes de la fiesta, las cuadrillas de construcción repararían los caminos y los puentes. Los sepulcros se pintaban para que los viajeros no pisaran uno por error y se contaminaran (Edersheim, I.367). Jesús y compañía se unirían a la procesión al subir de Capernaúm aproximadamente 200 metros bajo el nivel del mar, a Jerusalén, a una altura de unos 850 metros sobre el nivel del mar. Al ascender hacia la Santa Ciudad entonarían los cánticos de los peregrinos (Salmos 120-134).

La corrupción

Al entrar Jesús al templo todo se veía y olía a una mezcla entre circo y corral de ganado. Habría sangre sobre el altar, mugidos y bramidos de los toros, el de las ovejas, el arrullo de las aves, los graznidos y el aleteo cuando los querían agarrar. La gente era cosmopolita, de todo el mundo romano. Ellos traían dinero con el deseo y propósito de ofrecer un sacrificio a su Dios. Para el piadoso rico, esto era un encuentro anual. Para el pobre es posible que fuera una experiencia única en toda su vida. Qué desilusión debió haber sido esta escena.

Todo el espectáculo llegó a conocerse como "el bazar de Anás".[23] Él era el sumo sacerdote judío. Su poder fue tan sólo excedido por su avaricia y codicia. Era reverenciado y temido. Él se había provisto de una aventura que le dejaba excelentes ganancias en los pasillos del templo sagrado. Era algo semejante a (ver Edersheim, I.369): si un adorador traía un animal para ser sacrificado el sacerdote [*mumcheh*] le encontraría un defecto y ofrecería comprarlo a un precio bajo. El animal sería llevado a los corrales del sacerdote, le echaba su bendición y lo vendía a otro adorador en un precio elevado. El adorador original tendría que comprar un animal "limpio" a un precio exagerado, a veces cuatro o cinco veces su valor actual. Cuando sacaba sus monedas, si no eran palestinas, tendría que acudir al cambista para tener dinero de la moneda local. Cuando lo hacía, tenía que pagar de un quince a un veinte por ciento para que se lo cambiaran. Todo resultaba una estafa.

Además de los sacrificios, cada judío debía pagar un impuesto o tributo anual para el templo, equivalente a doce gramos de plata (Éxodo 30:13; Mateo 17:24). Los judíos de otras regiones (por ejemplo, Persia, Tiro, Siria, Egipto, Grecia y Roma), que utilizaban otras monedas, tenían que pagar por cambiar su moneda a la moneda local. Hamilton observa que el templo de Jerusalén, al igual que los templos paganos de ese momento, servía como el banco central de la región (ver 2 Macabeos 3:6-15).[24] Había muchos financieros tramposos que se aprovechaban de los peregrinos piadosos.

Todo esto amargaba la vida a los visitantes,[25] pero no tenían otra alternativa si querían cumplir con sus inclinaciones piadosas. Para empeorar las cosas, no había un precio fijo por los animales, todo se vendía al mejor postor. Siempre había regateos acalorados y riñas por los precios. Los rostros se transformaban de cólera, los puños

---

[23] J. McArthur, *Matthew* (Mateo), Vol. 3 [Chicago: Moody, 1988], p. 268.

[24] N. Q. Hamilton, "Temple Cleansing and Temple Bank" (Purificación del templo y banco del templo), *JBL* (Revista de literatura bíblica) 83 [1964]: 356-372.

[25] Las críticas tanto del templo como del sacerdocio, especialmente con fundamento en cuanto a la explotación económica, eran bien sabidas: Jeremías 26:6, 18; Miqueas 3:12; T. Leví 10:3; 14:1 - 15:3; 16:1-5; T. Judah 23:1-5; 1 Enoch 90:28-29; *Sib. Or*: 3:665; 4QpHab 9:2-7; 12:3-5; 4QpNah 1:1-3; Josefo, *JW* 3.351;352; 6.250; *Y. Sota* 6.3; *b. Yoma* 39; *Lam. Rab.* 1.5 31. Consulte a Craig A. Evans, "Predictions of the Destruction of the Herodian Temple in the Psedepigrapha, Qumran Scrolls, and Related Texts", *JSP* 10 (1992): 89-147.

apretujados de coraje y se dejaban escuchar los gritos de impotencia . . . todo por adorar a Dios.

La purificación

Cuando Jesús entra al templo, se encoleriza rápidamente. De inmediato empieza a trenzar un látigo de algunas cuerdas que encuentra. Con todos esos animales, seguro que había cuerdas por todos lados. Con destreza, habilidad y de forma enérgica y violenta implementa su instrumento y limpia el corral. Cuando en el v. 15 afirma: "Echó a todos del templo" también se refiere sin duda a los cambistas. Los animales son inocentes; son los humanos descarriados los que necesitan disciplina.

¿Cómo es que Jesús se sale con la suya cuando que él era uno solo? Puede haber varias explicaciones: (1) Aún en su estado encarnado, su pureza y pasión son divinas. Eso en sí mismo produce intimidación. (2) Los cambistas son subordinados. Ellos huyen ante el peligro. Además, es posible que muchos de ellos sientan algo de temor por lo que están haciendo — saben que no está bien. (3) La gente debió haber estado vitoreando a Jesús al tiempo que él volteaba las mesas y regaba las monedas por todos lados. Fue un acontecimiento popular y en su celo exaltado la gente lo apoyaría. (4) Hay una guarnición romana vigilando el desarrollo de la fiesta desde la torre de Antonia. Jesús ya llamó su atención. Lo último que quieren hacer los saduceos es agitar la llama. Podían perder sus puestos y hasta sus vidas. Estos son tiempos peligrosos. La gente espera un salvador y están dispuestos a pelear si lo encuentran.

Jesús les dice: "¡Cómo se atreven a convertir la casa de mi Padre en un mercado!"[26] Juan entrelaza su propio comentario en su narración del v. 17. Los discípulos recuerdan el Salmo 69:9: "El celo por tu casa me consumirá". Esta es una cita interesante por varias razones. Primero, el Salmo 69 es mesiánico (ver el v. 21). Esto es parte de su primer entendimiento acerca de Jesús. Segundo, la palabra "consumirá" literalmente quiere decir "devorar". Este versículo no tan sólo afirma que Jesús tiene un deseo profundo o una pasión por el templo. El contexto original indica un dolor profundo y un grito de desesperación. Al igual que David, la pasión que Jesús siente por Dios lo va a meter en problemas. Tercero, el tiempo verbal de la

---

[26] *mē* con el presente imperativo indica parar o terminar cualquier actividad que esté en pleno progreso.

palabra "consumirá" ha sido cambiado de pasado en la Septuaginta a futuro en la narración de Juan. Históricamente, como David escribió el Salmo 69, él ya había experimentado sufrimiento debido a su celo por Dios. Sin embargo, Jesús lo anticipaba. Aún en estos precisos momentos, está desafiando la autoridad tanto del sumo sacerdote como del procurador, los cuales reclamaban el control del banco central en el templo.

Juan 2:18-22 señala:

¹⁸Entonces los judíos reaccionaron, preguntándole: —¿Qué señal puedes mostrarnos para actuar de esta manera?
¹⁹—Destruyan este templo —respondió Jesús—, y lo levantaré de nuevo en tres días.
²⁰—Tardaron cuarenta y seis años en construir este templo, ¿y tú vas a levantarlo en tres días? ²¹Pero el templo al que se refería era su propio cuerpo. ²²Así, pues, cuando se levantó de entre los muertos, sus discípulos se acordaron de lo que había dicho, y creyeron en la Escritura y en las palabras de Jesús.

Los judíos[27] (por ejemplo, los sacerdotes saduceos) estaban en un apuro. Estaban a punto de perder mucho dinero, que era uno de sus amores más grandes. Por otro lado, estaban a punto de irse a la ruina si se oponía a este Jesús. Se dirigen a él con una cordialidad cautelosa. No niegan su identidad sino que piden prueba de ella. Piden una señal. De acuerdo con la expectación judía en cuanto al Mesías éste llegaría con grandes señales y prodigios. Así, los saduceos, que ni siquiera creían en un Mesías literal, trataban con un cuidado extremo a la multitud.

Jesús no quiere seguirles el juego. La única señal que Jesús ofrece es la resurrección. Lo mal entienden porque toman sus palabras de manera literal (ver Juan 3:3-4; 4:14-15; 4:32-33; 6:51-52; 7:34-35; 8:51-52; 11:11-12; 14:4-5). Ellos no podían concebir cómo es que Jesús reconstruiría un edificio en tres días cuando les llevó a las cuadrillas de construcción cuarenta y seis años edificarlo. Esto surgirá

---

[27] En Juan, el término *"los judíos"*, en ocasiones se refiere a los judíos en general, las costumbres judías o hasta los habitantes de Judea. Sin embargo, normalmente es un término "hostil", en referencia a las autoridades judías incrédulas. R. A. Culpepper, "The Gospel of John and the Jews" (El evangelio de Juan y los judíos), *RevExp* (Revisión y Expositor) 84 [primavera, 1987]: 273-288, sugiere que entre más nos adentremos en el libro es más hostil *hoy Ioudaioi*. Además, la audiencia original de Juan (aproximadamente en el año 90 d.C.) estaba siendo expulsada de la sinagoga. Así, esta presentación negativa de las autoridades judías (aparte de ser verdadera históricamente) serviría como recordatorio a los cristianos que la fidelidad a Cristo no es lo mismo que la fidelidad a la sinagoga. Hasta el mismo Jesús fue desterrado por la jerarquía religiosa de su época.

nuevamente en el juicio de Jesús (Mateo 26:61; Marcos 14:58) como en el de Esteban (Hechos 6:14), cuando se le acusa de su amenaza de destruir el templo. Y aún así parece que los fariseos sí entendieron esto porque piden se coloque guardias vigilando su tumba (Mateo 27:62-66).

Resulta significativo que la palabra "templo" [*hieron*] en el v. 14 se cambia a naos en los vv. 19-21. *Naos*, hablando estrictamente, es el "altar" donde mora una deidad. Se la utiliza en 1 Corintios 3:16-17 y en 6:19 para referirse al cuerpo del cristiano. Obviamente, Jesús se refiere a su propio cuerpo como la morada de Dios. Más tarde, los discípulos recordaron esta discusión y provocó en ellos una fe más grande en Jesús.

Este incidente no tiene que ver con el edificio del templo, sino con la persona de Jesús. Aún así, la muerte de Jesús, hizo obsoleto al templo. El último sacrificio fue hecho y el velo del templo se rasgó en dos, de arriba abajo. Dios ya no estaba en el lugar santísimo. En cambio, Dios mora en los corazones de los hombres a través del Espíritu Santo (1 Corintios 6:19). Además, el juicio de Dios cayó sobre los judíos y sobre su templo por matar a Jesús. Fue destruido en el año 70 d.C. Hasta el día de hoy no se ha restablecido la adoración del Antiguo Testamento en el templo.

Sección 32a
Las primeras respuestas a los milagros de Jesús
(Juan 2:23-25)

²³Mientras estaba en Jerusalén, durante la fiesta de la Pascua, muchos creyeron en su nombreª al ver las señales que hacía. ²⁴En cambio Jesús no les creía porque los conocía a todos; ²⁵no necesitaba que nadie le informara nadaᵇ acerca de los demás, pues él conocía el interior del ser humano.

ª23 Alt. y creyeron en él. ᵇ25 le informara nada. Lit. le diera testimonio.

Las multitudes creyeron en Jesús por las señales que hacía (v. 23). Pero Jesús en verdad no había hecho señales, sino la purificación del templo (ver Malaquías 3:1-3) y les había contestado a los saduceos, cosas que no eran milagros. Entonces, ¿qué eran estas señales? Más adelante, Jesús pasaría de ocho a nueve meses en Judea (Juan 4:35). Es posible que él haya hecho muchos milagros en esa región. Sin embargo, Juan parece indicar que creían en él aquí en Jerusalén y en estos momentos, durante la fiesta. Así, es posible que hizo milagros durante la Pascua, pero no se nos informa de ellos.

Aunque las multitudes creen en Jesús, él rehúsa entregarse completamente a ellos, pues él conoce sus corazones (ver Juan 1:42, 47-48; 3:3; 4:29; 6:61, 64; 13:11; 21:17). Parecen verdaderos creyentes. Es decir, Juan afirma: "creyeron en su nombre", como cualquier otro creyente (ver 1:12-13; 3:18, etc.).[28] Pero aún los "creyentes" pueden ser volubles y poco confiables. Jesús permite que confíen en él; pero él desconfía de ellos.

Sección 32b
Nicodemo conoce a Jesús
(Juan 3:1-21)

La entrevista que Jesús tiene con Nicodemo ilustra los dos últimos versículos (Juan 2:24-25). He aquí a uno de esos "creyentes" con los cuales Jesús no se fía. Nicodemo es un personaje temeroso, confundido y que anda a tientas. Sin embargo, ¡representa la crema y nata de los judíos! Este capítulo nos llevará de una fe escasa (vv.1-9) a una fe pura y verdadera (vv.31-36).

Este capítulo nos llevará desde el reportaje (2:23-25) al diálogo (3:1-12) y al monólogo (3:17-21) con Jesús. Luego, nuevamente desde el reportaje (3:22-24) al diálogo (3:25-30) y al monólogo (3:31-36) con Juan.

Juan 3:1-2 señala:

> [1]Había entre los fariseos un dirigente de los judíos llamado Nicodemo. [2]Éste fue de noche a visitar a Jesús. —Rabí —le dijo—, sabemos que eres un maestro que ha venido de parte de Dios, porque nadie podría hacer las señales que tú haces si Dios no estuviera con él.

Nicodemo es un hombre de importancia, como miembro del sanedrín, tiene una gran influencia. También estuvo, desde adentro, en el debate que Jesús causó por la purificación del templo (Juan 2:12-25). Tal vez la noche sea la que le provea de la única oportunidad a este hombre tan ocupado para conversar con Jesús. Sin embargo, esto no es tan aceptable ya que él tiene gran influencia y el asunto de Jesús es lo más importante en el terreno religioso en esos días. Sin

---

[28] Z. C. Hodges, "Unworthy Believers – John 2:23-25" (Creyentes infieles – Juan 2:23-25), *Bib Sac* (Biblioteca Sacra) 135 [abril-junio 1978]: 139-152.

embargo, así se conduce un líder religioso como Nicodemo. Así que, ¿por qué acudir a Jesús de noche? Tal vez la oscuridad de la noche provea el ambiente propicio para entrevistarse con Jesús. O tal vez sea el momento adecuado o único para reunirse con Jesús en privado. Pero el simbolismo de la "noche" parece significativo.[29]

Nicodemo se dirige a Jesús respetuosamente. Es obvio que él no es el único miembro del sanedrín con inclinaciones favorables hacia Jesús. Una gran cantidad de los dirigentes judíos conocen del poder, la posición y el origen de Jesús.[30] Las señales de Jesús no se pueden negar u ocultar, reflejando la bendición de Dios en la vida de Jesús. Hay otros "maestros" judíos que dicen hacer milagros, pero hay un mundo de diferencia entre Jesús y ellos.

Aunque Nicodemo no sigue a Jesús abiertamente, le muestra gran respeto y compromiso.[31] En Juan 7:50-52, defiende que Jesús tiene derecho a un juicio justo. Y, en Juan 19:38-39 le trae especias aromáticas para su sepultura. Antes de acusarlo de cobarde, debemos recordar que Nicodemo fue el único fariseo que acudió a Jesús con tanta sinceridad.

Lo que aquí tenemos aparentemente es un breve resumen del encuentro de estos dos hombres. Casi parece que estamos leyendo las notas tomadas de lo que Juan iba escuchando en la conversación. Sin embargo, son lo suficientemente claras para captar las ideas principales y hasta las emociones que afloran en el encuentro. El texto nos llega en tres descargas: vv. 3-8; 9-15 y 16-21.

---

[29] F. P. Cotterell, "The Nicodemus Conversation: A Fresh Appraisal" (La conversación con Nicodemo: Una apreciación fresca), *ExpT* (Revista Expositor), 96 [mayo, 1985]: 237-242, sugiere cuatro posibles entendimientos de "noche": (1) una marca cronológica simple, (2) el deseo de Nicodemo de guardar su anonimato, (3) simbolismo, como en 1:8-9; 3:19-20; 9:4; 11:10; 13:30, (4) los rabinos normalmente se ponían a discutir sus asuntos teológicos por la noche.

[30] Es posible que el mismo Nicodemo haya tenido discípulos propios que acudieron con él a entrevistar a Jesús. Por lo tanto, el plural "sabemos" se puede estar refiriendo a sus estudiantes, no necesariamente a otros miembros del sanedrín. Hasta pudiera estarse refiriendo a todos los creyentes en general: Juan 2:23.

[31] J. M. Bassler, "Mixed Signals: Nicodemus in the Fourth Gospel" (Señales mezcladas: Nicodemo en el cuarto evangelio), *JBL* (Revista de literatura bíblica) 108/4 [1989]: 635-646, observa que Nicodemo no deja un ejemplo ni positivo ni negativo. Esto puede hacer que un lector vacilante se identifique con este personaje. Craig Bloomberg, "The Globalization of Biblical Interpretation: A Test Case – John 3-4" (La globalización de la interpretación bíblica: Un caso de prueba – Juan 3-4), *BBR* (Boletín de investigación bíblica) 5 [1995]: 1-15, lista siete pistas narrativas que muestran la deficiencia del fe de Nicodemo.

Juan 3:3-8 señala:

³—De veras te aseguro que quien no nazca de nuevoª no puede ver el reino de Dios —dijo Jesús.

⁴—¿Cómo puede uno nacer de nuevo siendo ya viejo? —preguntó Nicodemo—. ¿Acaso puede entrar por segunda vez en el vientre de su madre y volver a nacer?

⁵—Yo te aseguro que quien no nazca de agua y del Espíritu, no puede entrar en el reino de Dios —respondió Jesús—. ⁶Lo que nace del cuerpo es cuerpo; lo que nace del Espírituᵇ es espíritu. ⁷No te sorprendas de que te haya dicho: "Tienen que nacer de nuevo". ⁸El viento sopla por donde quiere, y lo oyes silbar, aunque ignoras de dónde viene y a dónde va. Lo mismo pasa con todo el que nace del Espíritu.

ª*3 de nuevo.* Alt. *de arriba;* también en v. 7 ᵇ*6* Alt. *de espíritu*

En el v. 3 Jesús responde, no a lo que Nicodemo ha hablado, sino a su necesidad más profunda y tal vez a su deseo oculto. Tal vez más que un milagro de Jesús, su habilidad para leer el corazón de Nicodemo atraería a este hombre al reino.

Para entrar al reino de Dios se requiere de un nuevo nacimiento. La palabra griega [*anõthen*] tal vez se deba traducir mejor como "de arriba" como se encuentra en otra parte (ver Juan 3:3, 7, 31; 19:11, 23). No sólo es nuevo en el tiempo sino también en su naturaleza – es un nacimiento *celestial.* Nicodemo sabe que literalmente no se puede nacer de nuevo, especialmente cuando ya se está viejo.³² Pero Jesús le dice: "tienes razón, no se trata de un nacimiento físico sino de uno espiritual".

La frase "nacer del agua y del Espíritu" ha sido fuente de mucho debate. Hay varias sugerencias en cuanto al significado del agua que cae dentro de tres categorías. Primero, "agua" se puede referir al agua asociada al nacimiento físico, como el fluido amniótico³³ o al semen.³⁴ Sin embargo, no existen ejemplos claros en la literatura

---

³²Nicodemo utiliza una palabra muy interesante cuando pregunta: "¿Cómo puede uno nacer de nuevo siendo ya viejo?" Pitágoras define la palabra "viejo" [*gerõn*] como a una persona de entre 60-80 años de edad. Si en verdad esta es una reflexión del mismo Nicodemo, podemos ver que él ya era una persona mayor.

³³Concerniente a partidarios de este punto de vista ver R. Fowler, "Born of Water and the Spirit (John 3:5)" (Nacido de agua y del Espíritu [Juan 3:5], *ExpT* (Revista expositor) 82 [1971]: 159; y D. G. Springs, "Meaning of Water in John 3:5" (El significado de agua en Juan 3:5), *ExpT* (Revista expositor) 85 [1974]: 150.

³⁴Ver a Leon Morris, *Expository Reflections on the Gospel of John* (Reflexiones de exposición en el evangelio de Juan), [Grand Rapids: Baker, 1986], 90-91.

judía de una asociación de un nacimiento con cualquiera de estos tipos de "agua".

Segundo, el agua puede estar haciendo referencia a la purificación. Algunos sugieren que Jesús estaba pidiéndole a Nicodemo a que se sometiera al bautismo de Juan, que se acababa de mencionar (Juan 1:23, 26; 3:23). Aparte del hecho que el bautismo de Juan no estaba asociado con el Espíritu, el mismo Juan ha estado alejando a la gente de sí mismo para señalarles a Jesús. Tal vez la purificación no es un rito de lavamiento sino una referencia simbólica al Espíritu Santo.[35] Después de todo, el Antiguo Testamento asocia al Espíritu Santo tanto con el viento como con el agua (Génesis 1:2; Joel 2:28-29; Isaías 44:3; Ezequiel 36:25-27), especialmente en términos de revivir a la gente (Isaías 32:15-17; 55:1-3; Jeremías 2:13; 17:13; Zacarías 14:8). Además, la palabra "espíritu" se la traduce como "viento". Así, Jesús puede estar diciendo que para nacer de arriba uno debe nacer del viento y del agua. Ambas metáforas describen al Espíritu Santo, ambas vienen de arriba y ambas son símbolos de purificación en el Antiguo Testamento.

Tercero, el agua puede referirse al bautismo.[36] Nosotros apoyamos esta tercer opción por las siguientes razones:

(1) Ambos sustantivos (agua y espíritu) los gobierna una sola preposición. Así, Jesús hace referencia a un nacimiento, no a dos.

(2) Las palabras "agua" y "Espíritu" están ligadas en Ezequiel 36:25-27 donde el autor espera una purificación escatológica que les dará a sus purificados un nuevo corazón y un nuevo espíritu. Esto ilustra apropiadamente el mandamiento del bautismo.

(3) El concepto de bautismo ya ha sido presentado por Juan. Por lo que no nos sorprende encontrar el bautismo en agua y en el Espíritu (Juan 1:25-26, 28, 31-33).

(4) El agua y el Espíritu están ligados en otros pasajes acerca del bautismo (Mateo 28:19; Hechos 2:38; 19:1-7; Tito 3:5).

(5) Los padres griegos y latinos unánimemente interpretan este versículo como inmersión.

---

[35]Ver a Z. C. Hodges, "Water and Spirit – John 3:5" (El agua y el Espíritu –Juan 3:5), *BibSac* (Biblioteca Sacra) 135 [julio, 1978]: 206-220.

[36]Ver L. L. Belleville, " 'Born of Water and Spirit' : John 3:5" ('Nacido de agua y del Espíritu': Juan 3:5), *TrinJ* (Revista de la Trinidad) 1 [1980]: 125-140.

(6) En seguida encontramos a Jesús bautizando (Juan 3:22).

(7) Los lectores originales de Juan no pudieron haber leído esta combinación (agua y Espíritu) sin pensar en el bautismo.[37]

En verdad, el bautismo cristiano es anacrónico aquí. Jesús casi no pudo reprocharle a Nicodemo (v. 10) por no haberse sometido al bautismo cristiano que ni siquiera ha sido instituido. Pero el bautismo de Juan (Juan 1:26) cederá ante el bautismo de Jesús (Juan 1:33; 3:22) que será el bautismo cristiano (Mateo 28:19).

Fue algo degradante que Jesús esperase que Nicodemo naciera de nuevo. Eso sería como pedirle al Presidente de la República que tomase una clase de civismo a nivel preparatoria. Académica y profesionalmente, este individuo ya había alcanzado su meta. Ahora, Jesús le estaba pidiendo que renunciara a todos sus logros. Esto tal vez sería apropiado para los prosélitos o para los niños, pero **no** para un doctor de la ley.

En este primer disparo explota la palabra Espíritu/Viento. Tanto en el hebreo como en el griego es la misma palabra. Ilustra un cuadro poderoso. No puedes atrapar y sujetar al Espíritu Santo para sacarle algo de poder en cuanto lo necesites como tampoco puedes atrapar y guardar algo de viento en tu bolsa para después. La pregunta importante para un ciudadano del Reino no es: "¿Tienes al Espíritu Santo?", sino: "¿te tiene el Espíritu Santo?" Note también en el v. 8 que el individuo "libre" no es tan sólo el Espíritu Santo, sino todos los que han nacido del Espíritu. A tal persona no se le puede confinar, predecir o restringir. No hay nada más libre que el viento.

Juan 3:9-15 señala:

⁹Nicodemo replicó: —¿Cómo es posible que esto suceda? ¹⁰—¿Tú eres maestro de Israel, ¿y no entiendes estas cosas? —respondió Jesús—. ¹¹Te digo con seguridad y verdad que hablamos de lo que sabemos y damos testimonio de lo que hemos visto personalmente, pero ustedes no aceptan nuestro testimonio. ¹²Si les he hablado de las cosas terrenales, y no creen, ¿entonces cómo van a creer si les hablo de las celestiales? ¹³Nadie ha subido jamás al cielo sino el que descendió del cielo, el Hijo del hombre.[a] ¹⁴»Como levantó Moisés la serpiente en el desierto, así también tiene que ser levantado el Hijo del hombre, ¹⁵para que todo el que crea en él tenga vida eterna.[b]

---

[37] De la misma manera, los lectores de Juan pensarían naturalmente en la comunión cuando leen Juan 6:53-54 y en la morada del Espíritu Santo cuando leen Juan 7:38-39.

ᵃ13 hombre. Var. hombre que está en el cielo. ᵇ15 todo . . .eterna. Alt. todo el que cree tenga vida eterna en él.

En el primer disparo, Nicodemo hace dos preguntas. Ahora, solamente se le permite una: "¿Cómo es posible que esto suceda?". Nuevamente, como Nicodemo está plagado de ideas rabínicas y político religiosas, no puede entender las verdades básicas del reino. La lección a aprender es (v. 13): para poder realmente entender el corazón de Dios, debemos escuchar y someternos a la persona de Jesús. Él es el único que puede abrir el camino del cielo a la tierra y únicamente él conoce el camino de regreso.

En el v. 10, Jesús no es manso. Al utilizar el artículo con *Israel* y con *maestro*, Jesús está a punto de mofarse de Nicodemo con mucha determinación. Le debió haber sonado como: "Me quieres decir que eres un maestro tan famoso de Israel pero que no tienes la capacidad de entender lo básico". En este punto el diálogo se torna en monólogo.

Jesús afirma que hasta este momento ha estado hablando de cosas terrenales. Es decir, tal nacimiento es un acto espiritual representado con simbolismos terrenales. Pero lo que está por venir (Juan 3:16), se origina en el cielo. Será mucho más difícil entender el *amor de Dios* que la *regeneración*.

Jesús es como la serpiente que Moisés levantó en el desierto (Números 21:8-9). Debido a la constante murmuración y descontento, Dios perdió la paciencia y empezó a destruirlos con serpientes. El resultado fue fácil de predecir — arrepentimiento instantáneo. Pero no fue tan fácil. La sanidad llegó por mirar la serpiente de bronce que Moisés hizo y erigió en un asta. De la misma manera, Jesús sería levantado (en la cruz).[38] Y todos los que lo miraran (en fe), serían salvos de su picadura de serpiente (la paga por el pecado). Esta es la tercera referencia simbólica que Juan ha hecho respecto de la muerte de Jesús (ver 1:29; 2:19).

Juan 3:16-21 señala:

¹⁶Porque tanto amó[39] Dios al mundo, que dio a su Hijo unigénito,ᵃ para que todo el que cree en él no se pierda, sino que

---

[38] Cuando Juan habla de la exaltación de Jesús incluye la crucifixión, la resurrección y su ascensión. Todo lo considera como uno solo.

[39] Las palabras *tanto amó* [griego *houtōs*] indican la *calidad* en vez de la *cantidad* del amor de Dios. H. K. Moulton, " John 3:15 – God So Loved the World" (Juan 3:15 – Porque tanto amó Dios al mundo), *BT* (Traductor bíblico) 27/2 [abril, 1976]: 242, sugiere la siguiente

tenga vida eterna. ¹⁷Dios no envió a su Hijo al mundo para condenar al mundo, sino para salvarlo por medio de él. ¹⁸El que cree en él no es condenado, pero el que no cree ya está condenado por no haber creído en el nombre del Hijo unigénito^b de Dios. ¹⁹Ésta es la causa de la condenación: que la luz vino al mundo, pero la humanidad prefirió las tinieblas a la luz, porque sus hechos eran perversos. ²⁰Pues todo el que hace lo malo aborrece la luz, y no se acerca a ella por temor a que sus obras queden al descubierto. ²¹En cambio, el que practica la verdad se acerca a la luz, para que se vea claramente que ha hecho sus obras en obediencia a Dios.^c

*a***16** Alt. *su único Hijo.* *b***18** Alt. *el único Hijo de Dios.* *c***21** Algunos intérpretes consideran que el discurso de Jesús termina en el v. 15.

Resulta difícil determinar si los vv. 16-21 son palabras de Jesús o de Juan. De cualquier manera, este es el evangelio de manera concentrada y encapsulado (3:16-18) — es la joya de la corona del Nuevo Testamento. En ninguna otra parte se ha simplificado tanto la teología y con un alcance tan sublime y vasto. Casi tenemos que leer cada palabra con signos de admiración.

McGarvey (p. 131), afirma lo siguiente en cuanto a Juan 3:16:

> Es una lección del amor de Dios: 1. Su magnitud — dio a su Hijo unigénito. 2. Su alcance — dio a un mundo pecador (Romanos 5:8). 3. Su imparcialidad — da a quien sea; es decir, a todos por igual (Mateo 5:45; Apocalipsis 22:17). 4. Su riqueza beneficiadora — bendice con vida eterna. 5. Su limitación — en ninguna parte se dice que Dios ame tanto que salvará a los incrédulos.

Jesús vino a salvar, no a juzgar. Es su deseo dar vida eterna — no tan sólo vida abundante sino también vida divina de calidad. Sin embargo, como sus palabras provienen de Dios, la respuesta a Jesús llega a ser yunque donde todos son probados.

Jesús es extremadamente bueno (3:19-21), pero no es manso. Demanda; penetra hasta lo más recóndito de nuestro ser; vindica el pecado pero no tolera la incredulidad; es la luz que cruelmente expone⁴⁰ nuestra maldad. Si un hombre no está listo para despojarse de su vestimenta y revestirse de Cristo, no tiene otra opción más que refugiarse en la oscuridad.

---

traducción: "De tal manera amó Dios al mundo: Él envió a su único Hijo . . ."

⁴⁰La palabra que Juan usa [*elenchō*], no tan sólo significa "traer a la luz" sino que también incluye la idea de "convencer" que lleva a "reprender" que a su vez culmina en "castigo".

Sección 33
De Juan a Jesús
(Juan 3:22-36)

Juan es el único que testifica del ministerio temprano de Jesús en Judea, que duró de 8-9 meses. En los sinópticos no tenemos ninguna seña de este período que tuvo lugar entre Mateo 4:11 y capítulo 12 (ver Marcos 1:13-14; Lucas 4:13-14). Jesús se presentó en Jerusalén para celebrar la Pascua (Juan 2:13, en abril) y se quedó allí cuatro meses antes de la siega (Juan 4:35). Durante este tiempo Jesús purificó el templo (Juan 2:13-22), hizo muchas señales (Juan 2:23; 3:2) y bautizó discípulos (Juan 3:23). Pero casi no tenemos los detalles de sus palabras y hechos.

Durante estos días, la popularidad de Juan se esfumaba tan rápidamente como la de Jesús aumentaba. De hecho, esto fue lo que Juan quería. Pero en la competencia fraternal, los discípulos de Juan contemplaban esto como un retroceso. Esta es la fuerza encontrada en el texto.

Juan 3:22-26 señala:

²²Después de esto Jesús fue con sus discípulos a la región de Judea. Allí pasó algún tiempo con ellos, y bautizaba. ²³También Juan estaba bautizando en Enón, cerca de Salín, porque allí había mucha agua. Así que la gente iba para ser bautizaba. ²⁴(Esto sucedió antes de que encarcelaran a Juan.) ²⁵Se entabló entonces una discusión entre los discípulos de Juan y un judío[a] en torno a los ritos de purificación. ²⁶Aquéllos fueron a ver a Juan y le dijeron: —Rabí, fíjate, el que estaba contigo al otro lado del Jordán, y de quien tú diste testimonio, ahora está bautizando, y todos acuden a él.

ª25 un judío. Var. unos judíos.

Jesús continúa y expande la obra y bautismo de Juan. Mientras tanto, Juan se retira a Enón y Salim. La palabra "Salim" significa nacimientos de agua. McGarvey afirma que "esta corriente perenne, con abundante agua por todo su recorrido abastece, hasta en los veranos más crudos, de 'suficiente agua' para bautizar" (p. 134).

A Juan todavía le quedan unos ocho meses de libertad (Mateo 4:12; Marcos 1:14). Un judío, cuyo nombre no se sabe, confronta a los discípulos de Juan en cuanto al tema de la purificación (v. 25). Esto propicia su entrevista con Juan en el v. 26. ¿Por qué? Lo más seguro es que el debate sobre la purificación se haya centrado en la naturaleza del bautismo de Juan y el perdón de pecados. Naturalmente esto llevaría al bautismo de Jesús, que tomó la misma forma. Aún así, Juan prometió un nuevo tipo de bautismo — en el Espíritu Santo y fuego. Desde nuestro punto de vista ventajoso, nos damos cuenta que todavía no se llevaba a cabo el bautismo espiritual de Jesús. Pero es probable que este judío lo esperara inmediatamente y querría saber algunas cosas: (1) ¿Por qué es que el bautismo de Jesús se parecía al de Juan? ¿Cuál sería la diferencia entre ambos? (2) ¿Cómo es el bautismo de Jesús ya que es en el Espíritu Santo y fuego? (3) ¿Cómo es que la inmersión en agua resulta efectiva para el perdón de pecados?

Su celoso comentario del v. 26 tiene un cierto reproche hacia Juan por consentir con Jesús. Estos discípulos fieles y partidarios de Juan siguen asidos a él. Sin duda alguna tienen a Juan en alta estima y honor, pero están equivocados. Juan, nuevamente y de una manera brusca, los envía a Jesús. Juan enfrenta mucha resistencia en destetar a estos cachorros.

Juan 3:27-30 señala:

>[27]—Nadie puede recibir nada a menos que Dios se lo conceda —les respondió Juan—. [28]Ustedes me son testigos de que dije: "Yo no soy el Cristo,[a] sino que he sido enviado delante de él." [29]El que tiene a la novia es el novio. Pero el amigo del novio, que está a su lado y lo escucha, se llena de alegría cuando oye la voz del novio. Ésa es la alegría que me inunda. [30]A él le toca crecer, y a mí menguar.
>
>*[a]28 Alt. Mesías.*

Estas fueron las últimas palabras de Juan el Bautista, que encontramos registradas. Muestran la dignidad de Juan y la superioridad de Jesús. Su primera declaración: "Nadie puede recibir nada a menos que Dios se lo conceda", se puede aplicar a él y a Jesús. Si se refirió a Jesús, estaría afirmando: "Jesús recibió su ministerio directamente de Dios, por lo tanto, me alegra saber que tenga tantos discípulos". Pero si Juan habla de sí mismo, pudiera estar señalando: "Yo recibí mi ministerio directamente de Dios. Por lo tanto, no tengo ningún derecho de promoverme a mí mismo o extenderme más allá de mi propósito." Esto tiene mucho sentido, especialmente a la luz del contexto de los vv. 28-30.

El cuadro que Juan presenta en el v. 29 es de un día común y feliz para él (ver Jeremías 7:34; 25:10; 33:11). Este amigo del novio anunciaría su venida, pediría la mano de la novia y haría los arreglos para la recepción de la boda. Pero esta alegría se la da su papel de promotor de su amigo, no de sí mismo. De la misma manera, la alegría de Juan se encuentra en el avance de Jesús, no el de sí mismo.

Jamás se dijeron palabras tan nobles de un discípulo como las de Juan: "A él le toca crecer, y a mí menguar". Sin embargo, esto va más allá de una amistad de sacrificio. En los días de Jesús y en el oriente medio imperaba la idea de que había cierta cantidad de honor como si fuera una cuenta bancaria (refiérase a Plutarch, *On Listening to Lectures* (Escuchando a conferencias), 44B (LCL, Babbit, 1.237) y a Josefo, *JW* 1.23.5, 459). Por lo tanto, si una persona es honrada la otra **pierde** la misma cantidad de honor. Así, Juan está dispuesto voluntariamente a perder su honor e influencia con la finalidad de acrecentar la fama de Jesús.[41]

Juan 3:31-36 señala:

³¹»El que viene de arriba está por encima de todos; el que es de la tierra, es terrenal y de lo terrenal habla. El que viene del cielo está por encima de todos ³²y da testimonio de lo que ha visto y oído, pero nadie recibe su testimonio. ³³El que lo recibe certifica que Dios es veraz. ³⁴El enviado de Dios comunica el mensaje divino, pues Dios[a] mismo le da su Espíritu sin restricción. ³⁵El Padre ama al Hijo, y ha puesto todo en sus manos. ³⁶El que cree en el Hijo tiene vida eterna; pero el que rechaza al Hijo no sabrá lo que es esa vida, sino que permanecerá bajo el castigo de Dios.[b]

[a]**34** *Griego él.* [b]**36** *Algunos intérpretes consideran que los vv. 31-36 son comentario del autor del evangelio..*

Nuevamente, la teología de Juan3 en cuanto a Jesús nos deja pasmados (v. 31-36). Tenemos aquí un desarrollo y entendimiento completos de la divinidad de Jesús y de que él es el Hijo de Dios, y a la misma vez se nos presenta la obediencia a él por medio de la fe. *La Nueva Versión Internacional* de la Biblia nos deja con un mal sabor de boca con su traducción "rechaza" en el v. 36. Tal palabra tendría toda su carga completa si se la tradujera como "desobedecer" [*apeitheō*]. En otras partes se traduce como "sin persuadir". Como su palabra compañera "fe", trata de una creencia que lleva a la acción (ver Santiago 2:20).

---

[41]J. Neyrey y R. Rohrbaugh, "He Must Increase, I Must Decrease' (Juan 3:30): A Cultural and Social Interpretation", *CBQ* 63 (2001): 464-483.

Sección 34
Jesús sale de Judea y se va a Galilea
(Mateo 4:12; Marcos 1:14; Lucas 3:19-20; 4:14a; Juan 4:1-4)

Esta breve sección nos presenta una transición, pues liga dos encuentros previos de Jesús — con Nicodemo, el líder maduro, educado y con respetuoso; y la mujer samaritana — la extranjera, pecadora y sin educación. En medio de este gran contraste, Jesús es el hilo dorado que los enlaza. Ambos necesitaban a Jesús. Además, este pequeño texto le da movimiento a la narración del evangelio: (a) Del énfasis a Jesús en Juan, (b) del ministerio en Judea a Galilea, (c) de la oposición a Juan a la oposición a Jesús, (d) del naciente ministerio de Jesús a una popularidad completa. Es un texto clave, central. Es tan significativo que presenta el inicio del ministerio principal de Jesús (Lucas 23:5; Hechos 10:37).

Lucas 3:19-20 señala:

> [19]Pero cuando reprendió al tetrarca Herodes por el asunto de su cuñada Herodías,[a] y por todas las otras maldades que había cometido, [20]Herodes llegó hasta el colmo de encerrar a Juan en la cárcel.
>
> [a]19 Esposa de Felipe, hermano de Herodes Antipas.

Mateo 4:12 con Lucas 4:14 señalan:

> [12]Cuando Jesús oyó que habían encarcelado a Juan, regresó a Galilea {en el poder del Espíritu[Lc]}.

Jesús se tiene que desplazar de Judea a Galilea después del arresto de Juan. Este arresto pone en peligro a Jesús por su cercanía con Juan. Son parientes, a tan sólo seis meses de diferencia en sus edades. Juan ha identificado a Jesús como la razón de su ministerio. Tienen lazos "profesionales" muy cercanos. Además, ambos se encuentran practicando la inmersión con el mismo propósito y predicando la misma doctrina — el arrepentimiento y el reino de Dios. Son parecidos como dos gotas de agua. Así, Jesús huye para evitar un arresto prematuro por parte de Herodes (quien más tarde probó ser un verdadero peligro: ver Lucas 13:31-32).

Visiblemente Jesús fue guiado por el Espíritu Santo. Lucas 4:14 señala que "Jesús regresó a Galilea en el poder del Espíritu". Entiende perfectamente el tiempo divino obrando en su ministerio (Juan 10:18;

13:1; 14:31). También está consciente que está cumpliendo con el plan predeterminado de Dios (Juan 2:4; 7:30; 8:20; 12:23). También recordamos que Galilea fue identificada proféticamente como el lugar del ministerio de Jesús (Isaías 9:1-2; Mateo 4:14-16).

Juan 4:1-4 señala:

> ¹Jesúsa se enteró de que los fariseos sabían que él estaba haciendo y bautizando más discípulos que Juan 2(aunque en realidad no era Jesús quien bautizaba sino sus discípulos). 3Por eso se fue de Judea y volvió otra vez a Galilea. 4Como tenía que pasar por Samaria.

El hecho de que Jesús se haya pasado de Judea a Galilea eminentemente es para evitar cualquier confrontación con los fariseos. La popularidad de Jesús es desbordante (Juan 3:26). Las multitudes crecen, más que con Juan. La envidia de los fariseos resulta peligrosa (ver Mateo 27:18). "La influencia de los fariseos era mucho mayor en Judea que en Galilea y el sanedrín habría arrestado a Jesús si él se hubiera quedado en Judea" (Juan 7:1; 10:39), afirma McGarvey (p. 140). Además, con el arresto de Juan (Mateo 4:12; Marcos 1:14), Jesús queda como blanco único para la agresión de los fariseos y para la devoción de los discípulos.

Mientras tanto, Jesús practica la inmersión. Es obvio que esto no es el bautismo cristiano siendo que Jesús todavía no muere ni ha resucitado (ver Romanos 6:1-6). Simplemente es la continuación del bautismo de Juan para remisión de pecados (Marcos 1:4) para entrar al reino (Juan 3:5). Más tarde sería reemplazado por el bautismo cristiano como el acto de iniciación o cumplimiento del reino (Mateo 28:18-20; Hechos 2:38; Colosenses 2:11-12). Pero por ahora, marca a aquellos que quieren llegar a ser como niños (Lucas 18:16-17) y quieren nacer de nuevo (Juan 3:5).

Haciendo uso de un comentario entre paréntesis muy típico (ver Juan 3:24; 4:8, 9), nos enteramos que Jesús delega la ejecución del bautismo a sus discípulos (Juan 4:2). Esto evitaría la fuerte confrontación del enredo en el que Pablo se vio metido en 1 Corintios 1:14-17.

Sección 35a
Jesús y la mujer samaritana
(Juan 4:5-26)

En muchas maneras, este encuentro con la mujer contrasta con la entrevista que Jesús tuvo con Nicodemo. Ella era una extraña, él fue un principal judío. Él tenía prestigio, ella era una mujer despreciada. Ella era humilde, él tenía honra. Sin embargo, la similitud entre ambos es su gran expectación de la llegada del Mesías. En el resto de este capítulo, Juan presentará tres temas de suma importancia: Agua viva, adoración verdadera y la inclusión de los gentiles. Los tres temas encuentran su cumplimiento en la persona de Jesús.

También haríamos bien en prestar atención al tema del "agua" que hasta aquí ha presentado Juan. En el capítulo 1 Juan utiliza el agua para el bautismo de arrepentimiento y la entrada al reino. En el capítulo 2 Jesús convirtió el agua de las vasijas para el lavamiento en vino, un símbolo o prefigura potencial del nuevo reino que estaba inaugurando. En el capítulo 3 Jesús le dice a Nicodemo que él debe nacer de nuevo del agua y del Espíritu Santo. Ahora, en el pozo de Samaria, Jesús se ofrece a sí mismo, el agua viva, a la mujer samaritana.

Juan acaba de señalar en el v. 4 que era necesario [*edei*] que Jesús pasara por Samaria. La mayoría de los judíos escogían regresar a Galilea por Perea, teniendo que cruzar el río Jordán. Era una ruta más larga, pero evitaban así contaminarse ceremonialmente con los samaritanos y evitaban una confrontación física por las diferencias raciales[42] y la tensión que imperaba entre esta gente. Sin embargo, Jesús escoge esta ruta más directa. Es posible que esté apurado para llegar a Galilea (aunque se queda dos días en la región: v. 40). O, tal vez quiere evitar las multitudes judías de Perea o evitar al mismo Herodes, ya que Perea era parte de su jurisdicción. Una tercera posibilidad es

---

[42] Merilyn L. Hargis, "On the Road: The Inns and Outs of Travel in First-Century Palestine" (En el camino: Alojamientos y dificultades de viajeros en el primer siglo en Palestina), *ChHist* (Historia de la iglesia) 17/3 [1998]: 28-31, argumenta convincentemente que la idea que los peregrinos judíos evitaban pasar por Samaria está equivocada. Dice que tal mito se basa en el autor Josefo quien cuenta que un grupo de judíos fue atacado en su camino por Samaria. Sin embargo, tal ataque tuvo lugar en 52 d.C., mucho después del tiempo de Jesús. Además Josefo dice, "Era costumbre de los galileos, cuando vinieron a la Santa Ciudad para los festivos, viajar por el territorio de los samaritanos". Sea como sea, la autora no dirije palabra al hecho que los samaritanos eran de los inmundos para la mente judía. Tal motivo *puede haber* persuadido a muchos peregrinos a tomar la ruta al otro lado del Jordán.

que Jesús presiente una cita divina con esta mujer y se siente obligado a pasar por Samaria, no por presión política sino por predestinación.

Juan 4:5-9 señala:

⁵llegó a un pueblo samaritano llamado Sicar, cerca del terreno que Jacob le había dado a su hijo José. ⁶Allí estaba el pozo de Jacob. Jesús, fatigado del camino, se sentó junto al pozo. Era cerca del mediodía.[a]

⁷⁻⁸Sus discípulos habían ido al pueblo a comprar comida. En eso llegó a sacar agua una mujer de Samaria, y Jesús le dijo: —Dame un poco de agua.

⁹Pero como los judíos no usan nada en común[b] con los samaritanos, la mujer le respondió: —¿Cómo se te ocurre pedirme agua, si tú eres judío y yo soy samaritana?

[a] *6 del mediodía.* Lit. *de la hora sexta;* véase nota en 1:39. [b] *9 no usan nada en común.* Alt. *no se llevan bien.*

Sicar es una aldea (generosamente llamada pueblo), como a medio kilómetro del pozo de Jacob. Aproximadamente a unos 48 kilómetros al norte de Jerusalén. Jesús y sus acompañantes llegan al pozo alrededor del mediodía. Jesús envía sus discípulos al pueblo mientras él descansa junto al pozo. (Este es el único lugar del cual podemos estar seguros donde Jesús se mantuvo dentro de un radio de dos metros). En la actualidad, el pozo tiene una profundidad de aproximadamente 25 metros y solamente almacena agua en los meses húmedos de invierno. Se ha llenado de piedras y basura. Durante los días de Jesús, es probable que su profundidad haya sido de más de 30 metros.

Jesús se queda solo en el pozo; los discípulos se apresuran para llegar al pueblo y comprar comida. En ausencia de ellos, esta mujer se acerca para sacar agua. Jesús le pide saque agua para él. Esta es una petición hasta cierto punto ofensiva ya que ella es mujer, pero además es samaritana.[43] Los hombres de esos días no hablaban en público con ninguna mujer, ni siquiera con su esposa. Además, como lo señala Juan, "los judíos no usan nada en común con los samaritanos". El verbo literalmente quiere decir "usar en común las mismas cosas". Comúnmente se refiere a vasijas. Así, un judío no tomaría de un vaso usado ya por un samaritano, que es en esencia lo que Jesús está

---

[43] J. D. M. Derrett, "The Samaritan Woman's Purity (John 4:4-52)" (La pureza de la mujer samaritana [Juan 4:4-52])", *EvQ* (Revista trimestral evangélica) 60/4 [1988]: 291-298. M. *Tehar.* 5:8 compara la mujer samaritana con una mujer gentil y una mujer "idiota". Las tres hacen inmunda la aldea.

pidiendo (Hendricksen, p. 161). El hecho de que los judíos sí tuvieran alguna interacción con los samaritanos (por ejemplo, comprar y vender) es obvio del v. 8. Por otro lado, Jesús muestra el deseo de sobreponerse al prejuicio (Lucas 9:54-55; 10:25-37; 17:11-19), aunque sí clasificó a gentiles y a samaritanos (Mateo 10:5) y los calificó como extranjeros (Lucas 17:18). El Mishná considera subhumanas a las mujeres samaritanas (m. Qidd 4.3) y que son seres "menstruantes desde su cuna" (m. Nid. 4.1).

Juan 4:10-15 señala:

¹⁰—Si supieras lo que Dios puede dar, y conocieras al que te está pidiendo agua —contestó Jesús—, tú le habrías pedido a él, y él te habría dado agua que da vida.
¹¹—Señor, ni siquiera tienes con qué sacar agua, y el pozo es muy hondo; ¿de dónde, pues, vas a sacar esa agua que da vida? ¹²¿Acaso eres tú superior a nuestro padre Jacob, que nos dejó este pozo, del cual bebieron él, sus hijos y su ganado?
¹³—Todo el que beba de esta agua volverá a tener sed —respondió Jesús—, ¹⁴pero el que beba del agua que yo le daré, no volverá a tener sed jamás, sino que dentro de él esa agua se convertirá en un manantial del que brotará vida eterna. ¹⁵—Señor, dame de esa agua para que no vuelva a tener sed ni siga viniendo aquí a sacarla.

Ahora sí que Jesús capta su atención al plantearle unos subjuntivos hipotéticos: "Si supieras y conocieras al que te está pidiendo, tú le habrías pedido a él del agua que da vida". Esta frase: "agua que da vida" se usaba para referirse a los manantiales, los arroyos y los ríos. Significaba agua en constante movimiento en vez de agua estancada en una cisterna o pozo (Jeremías 2:13; 17:13; Zacarías 14:8; m. Miqw: 1.8). Ella toma literalmente lo que Jesús le dice. "Ni siquiera tienes con qué sacar agua, y el pozo es muy hondo", contesta ella. Es claro que Jesús no puede sacar agua de este pozo, aunque había varios arroyos en el área. Tal vez ella pensó que este recién llegado sabía de una fuente de agua deliciosa. Desde nuestro punto de vista ventajoso, nos damos cuenta que Jesús hablaba de cosas espirituales, especialmente referentes al Espíritu Santo (Juan 7:37-39).

Jacob, el gran patriarca judío, trabajó arduamente para cavar este pozo. Tuvo que atravesar roca hasta encontrar el nacimiento de agua en la profundidad. Fue una fuente de agua cristalina, pura y fresca. ¡Seguro que este extranjero no es un contrincante a la altura de Jacob (v. 12)! Pero audazmente Jesús señala que puede hacer algo mejor que Jacob. Su agua calma la sed eternamente. Además, esta agua viva se torna en una fuente interna. La fuente produce vida eterna. Obviamente, su conversación se inició con el pozo de Jacob pero ha escalado rápidamente hasta los cielos.

Desafortunadamente, ella no está lista para este tipo de refrigerio tan sublime. Ella estaría satisfecha si tan sólo no tuviera, en su acostumbrada monotonía, que acarrear los cántaros de agua día tras día. Ella afirma: "dame de esa agua para que no vuelva a tener sed ni siga *viniendo* aquí a sacarla" [presente subjuntivo]. El viaje representaba tan sólo diez minutos de camino, pero con el cántaro en la cabeza y día tras día, resultaba tedioso. Casi podemos leer en sus comentarios las palabras: "¡Está bien, amigo; prueba lo que dices!" Así que él lo hace y le da más de lo que ella pide.

Juan 4:16-18 señala:

> [16] —Ve a llamar a tu esposo, y vuelve acá —le dijo Jesús.
> [17] —No tengo esposo —respondió la mujer. —Bien has dicho que no tienes esposo. [18] Es cierto que has tenido cinco, y el que ahora tienes no es tu esposo. En esto has dicho la verdad.

¿Por qué le pediría Jesús que ella fuera a traer a su esposo? ¿Le está pidiendo Jesús que ella se someta al liderazgo espiritual de su esposo? ¿Le está pidiendo que se arrepienta de su vida pecaminosa? ¿Le está indicando y permitiendo al lector que entienda su amor por el pecador? ¿Está aprovechando la oportunidad para demostrar su omnisciencia? Cualesquiera que sean sus motivos [entendemos aquí la naturaleza sutil de psicoanalizar a un personaje histórico], Jesús atrapa su atención de manera efectiva y la acerca a él. Debido a que Jesús supo su vida pasada, ella se convenció que él podía entregarle esta agua viva.

> La respuesta de la mujer es a secas. Ella, quien ha hablado mucho (note 4:11, 12, 15), de pronto cierra la boca. Es interesante contar la cantidad de palabras de sus respuestas previas: de acuerdo al griego en el versículo nueve ella utiliza 11 palabras... en el versículo quince utiliza 13 palabras... en los vv. 11 y 12 usa 42 palabras... pero en el versículo diecisiete únicamente usa 3 palabras: "No tengo esposo" (Hendriksen, p. 164).

Notoriamente Jesús toca un punto muy sensible. Luego, llama más la atención y lo enfatiza utilizando la palabra "esposo"; poniendo esta palabra al inicio de su petición, remata su punto.

No es de sorprenderse que ella hubiese tenido ya cinco esposos. El divorcio era de lo más común entre los romanos de esa época, y algunos hasta tenían a su esposa en casa y a su amante para exhibirse en reuniones sociales. Hasta los judíos, siguiendo las enseñanzas liberales de Hillel, se divorciaban de sus esposas con frecuencia. Hillel hasta consideraba causa de divorcio "si ella quemaba la comida". La ética samaritana en cuanto al divorcio se encontraba en un punto medio entre los romanos y los judíos.

Juan 4:19-26 señala:

[19]—Señor, me doy cuenta de que tú eres profeta. [20]Nuestros antepasados adoraron en este monte, pero ustedes los judíos dicen que el lugar donde debemos adorar está en Jerusalén.

[21]— Créeme, mujer, que se acerca la hora en que ni en este monte ni en Jerusalén adorarán ustedes al Padre. [22]Ahora ustedes adoran lo que no conocen; nosotros adoramos lo que conocemos, porque la salvación proviene de los judíos. [23]Pero se acerca la hora, y ha llegado ya, en que los verdaderos adoradores rendirán culto al Padre en espíritu y en verdad,[a] porque así quiere el Padre que sean los que le adoren. [24]Dios es espíritu, y quienes lo adoran deben hacerlo en espíritu y en verdad.

[25]—Sé que viene el Mesías, al que llaman el Cristo—respondió la mujer—. Cuando él venga nos explicará todas las cosas.

[26]—Ése soy yo, el que habla contigo —le dijo Jesús.

[a] 23 en espíritu y en verdad. Alt. *por el Espíritu y la verdad;* también en v. 24.

Jesús entra en su pasado privado. Ella rápidamente confiesa que Jesús es profeta. Esto es lo obvio. Pero ella cambia la conversación de su vida pecaminosa a un debate teológico furioso —el lugar propio donde se debe adorar. Algunos la han acusado de simplemente querer ocultar su pecado. Pero sus motivos pueden ser algo más profundo. Suponga usted que se encuentra con un profeta quien pueda decirle sus secretos. ¿Qué preguntas le haría? Parece totalmente apropiado que esta mujer samaritana le pregunte a Jesús sobre este asunto de tanta controversia entre los judíos y su gente.

La pregunta se torna de lo más provocativo al darnos cuenta que ellos están parados al pie del monte Gerizim, a 320 metros bajo el lugar del viejo templo. Con un ligero recorrido de la mano, ella podía señalar los escombros del templo samaritano antiguo que había sido destruido en el año 127 a.C., por otro judío de Jerusalén, de nombre John Hyrcanus.[44] Este era un asunto delicado para su gente. De acuerdo con los judíos, Jerusalén era el único lugar de adoración ordenado por Dios (Deuteronomio 12:5-11; 1 Reyes 9:3; 2 Crónicas 3:1), pero los samaritanos decían que era Gerizim.[45]

Judíos y samaritanos erraban en su manera de pensar que la adoración era algo específico que se hacía con el cuerpo en cierto lugar en vez de un corazón contrito al conocer y amar a Dios. Jesús presenta una nueva relación con Dios (Jeremías 31:31-34; Hebreos 8:8-12), donde el Espíritu de Dios y el espíritu del hombre se unen (1ª Corintios 2:10-14; 6:19).

En verdad, la salvación viene de los judíos: Salmos 147:19-20; Isaías 2:3; Amós 3:2; Miqueas 4:1-2; Romanos 3:1-2; 9:3-5, 18. Sin embargo, llega el tiempo cuando el velo del templo sea rasgado de arriba abajo (Mateo 27:51), y la salvación será para todos (Hechos 10:34-35). El énfasis cambiará de un lugar a la persona. El pueblo de Dios se dará cuenta que Dios no necesita un templo hecho con las manos del ser humano (Hechos 7:48; 17:24).

"Dios es espíritu".[46] La teología fluye de los labios de Jesús en trozos simples y que los niños pueden atrapar, pero que los teólogos no pueden examinar a fondo. Así es esta porción de verdad. Contesta tantas preguntas en cuanto a la naturaleza de Dios, pero nos conduce a muchas más.

Ella no sabe como responderle a Jesús. Él la tiene dominada. Así que ella se libera señalando: "el Mesías nos explicará todas las

---

[44] R. J. Bull, "Archaeological Context for Understanding John 4:20" (Contexto arqueológico para entender Juan 4:20), BA (Arqueología bíblica) 38 [mayo, 1975]: 54-60.

[45] McGarvey (p. 147) enumera las razones por las que los samaritanos favorecen que es en Gerizim donde se debe adorar: "(1) Fue aquí donde Dios se apareció, por primera vez, a Abraham después de que éste entró a la tierra de Canaán (Génesis 7:6-7). (2) Fue aquí donde Jacob llegó a morar por primera vez (Génesis 33:18). (3) Fue a este lugar a donde José acudió en busca de sus hermanos (Génesis 37:12-13). (4) Aquí hubo una ciudad de refugio (Josué 20:7-9). (5) Fue aquí donde Josué leyó acerca de las bendiciones y las maldiciones (Josué 8:33). (6) Fue aquí donde Josué dio su último discurso (Josué 24:1). (7) Aquí fueron enterrados los huesos de José (Josué 24:32). Y, (8) los pueblos vecinos eran prominentes en el momento de la división de las diez tribus (1 Reyes 12:1, 25)". Además, la tradición samaritana moderna también le atribuye a Gerizim: El paraíso en su máximo esplendor, la tierra que Dios utilizó para formar a Adán, el primer altar construido por Adán, Set y Noé; el lugar sobre el cual descansó el arca y el único lugar que el diluvio no alcanzó a cubrir y por lo tanto el único lugar que no fue contaminado con los cuerpos muertos; el lugar donde Abraham tuvo su encuentro con Melquisedec y donde después ofreció a Isaac y el lugar verdadero de Betel (McGarvey, p. 147-148).

[46] A Dios también se le describe como luz (1 Juan 1:5); amor (1 Juan 4:8, 16); y fuego (Hebreos 12:29).

cosas". Así que Jesús afirma: "Ése soy yo, el que habla contigo". Pasarían dos años antes de que Jesús nuevamente fuera tan claro en cuanto a su identidad (Mateo 16:16-18). Jesús sabe que los samaritanos no lo van a forzar a ser un Mesías político (ver Juan 6:15). Además, como nada más va a estar entre ellos dos días puede ser más abierto. Los samaritanos, en verdad, esperaban al Mesías (Hechos 8:9; Josefo, Ant. 18.85), por lo evidenciado en su respuesta.

Sección 35b
La cosecha está lista
(Juan 4:27-38)

>²⁷En esto llegaron sus discípulos y se sorprendieron de verlo hablando con una mujer, aunque ninguno le preguntó: «¿Qué pretendes?» o «¿De qué hablas con ella?»
>²⁸La mujer dejó su cántaro, volvió al pueblo y le decía a la gente: ²⁹—Vengan a ver a un hombre que me ha dicho todo lo que he hecho. ¿No será éste el Cristo?ᵃ ³⁰Salieron del pueblo y fueron a ver a Jesús.
>
>ᵃ29 Alt. Mesías.

Los discípulos regresan con comida y se sorprenden, naturalmente, que Jesús esté conversando con esta mujer. Sin embargo, nadie dice nada. En los nueve o diez meses que han estado con él, se han dado cuenta que él sabe lo que hace. Aunque esté actuando raro, confían en su decisión. O no tienen las agallas para confrontarlo.

Hay mucha especulación en el porqué la mujer deja su cántaro. La mayoría afirma que ella estaba tan extasiada con la discusión que se olvida de todo. Sin embargo, es posible que ella sacó su agua y la dejó con el Mesías, dándole el agua que éste le pidió (v. 7).

Ella corre al pueblo con exuberancia natural (que es la respuesta normal después de haber conocido a Jesús). Sabiendo que una mujer en su cultura, especialmente una de su reputación, no sería lo suficientemente convincente, empieza con un comentario que llama la atención: "Vengan a ver a un hombre que me ha dicho todo lo que he hecho". Eso sí que generaría bastante interés. ¿Por qué? Por la curiosidad latente en querer saber qué ha hecho una mujer de tal reputación.

Por lo que sabemos, Jesús no le dijo *todo* lo que ella había hecho, pero sí cubrió toda su vida adulta. Eso fue suficiente para que ella se convenciera de que él la conocía bien. Luego, ella le pregunta a la multitud: "¿No será este el Cristo?". Ella estructura su pregunta de tal forma que la respuesta que espera es una negación. Realmente sabe ella captar la atención de los hombres (que es lo que se concluye de su experiencia marital). Mucha gente salió a buscar a Jesús. Sin embargo, también note usted el progreso de la mujer en darse cuenta quién es Jesús: En el versículo nueve lo llama "judío", en el versículo once lo llama "Señor", en el versículo diecinueve lo llama "profeta" y en el versículo veintinueve lo llama el "Cristo".

Juan 4:31-38 señala:

> ³¹Mientras tanto, sus discípulos le insistían: —Rabí, come algo.
> ³²—Yo tengo un alimento que ustedes no conocen —replicó él.
> ³³«¿Le habrán traído algo de comer?», comentaban entre sí los discípulos.
> ³⁴—Mi alimento es hacer la voluntad del que me envió y terminar su obra —les dijo Jesús—. ³⁵¿No dicen ustedes: "Todavía faltan cuatro meses para la cosecha?" Yo les digo: ¡Abran los ojos y miren los campos sembrados! Ya la cosecha está madura; ³⁶ya el segador recibe su salario y recoge el fruto para vida eterna. Ahora tanto el sembrador como el segador se alegran juntos. ³⁷Porque como dice el refrán: "Uno es el que siembra y otro el que cosecha". ³⁸Yo los he enviado a ustedes a cosechar lo que no les costó ningún trabajo. Otros se han fatigado trabajando, y ustedes han cosechado el fruto de ese trabajo.

Mientras tanto, los discípulos le ofrecen algo de comer a Jesús, que él rechaza. Es posible que el hambre natural de Jesús desapareció ante su felicidad causada por la declaración que por primera vez escucha en cuanto al Mesías. Los discípulos, pensando en términos carnales, no entienden a Jesús. La mujer se confundió cuando escuchó del agua viva; los discípulos se confunden en cuanto al alimento espiritual. Jesús les empieza a enseñar respecto del alimento espiritual, pero no hay tiempo. Está llegando la multitud.

Fue diciembre (o los primeros días de enero) y la cosecha del invierno se recogería en cuatro meses.⁴⁷ Sin embargo, Jesús dice: "Mirad, los campos están Jesús pudo estar citando un blancos para la siega". Al hacerlo, al levantar la vista, es posible que hayan visto a los samaritanos vestidos de blanco aproximarse, entre los campos

---

⁴⁷ A. W. Argyle, "A Note on John 4:35" (Una nota de Juan 4:35), *ExpT* (Revista expositor) 82 [1971]: 247-248, sugiere que Juan 4:35 es "un verso yámbico" y por lo tanto poesía proverbial. Es posible que Jesús estaba citando un proverbio común de algún origen griego. Pero también es posible que Jesús, conocido de verso griego, lo compuso el mismo.

verdes, al encuentro con el potencial Mesías. La cosecha, en verdad, fue abundante (ver Mateo 9:37-38; Lucas 10:2).

"Tanto el sembrador como el segador se alegran juntos" es una alusión a Amós 9:13. Este pasaje describe la felicidad de la era mesiánica cuando la cosecha es tan abundante y tan pronta que tanto el sembrador como el segador trabajan juntos.[48] "Uno es el que siembra y otro el que cosecha". Claramente, Jesús está llamando a sus discípulos a cosechar, pero ¿quiénes han sido los sembradores? Respuesta: Moisés, los profetas, Juan el Bautista, Jesús y hasta la mujer samaritana.

Sección 35c
Sicar se somete a Cristo
(Juan 4:39-42)

> [39]Muchos de los samaritanos que vivían en aquel pueblo creyeron en él por el testimonio que daba la mujer: «Me dijo todo lo que he hecho.» [40]Así que cuando los samaritanos fueron a su encuentro le insistieron en que se quedara con ellos. Jesús permaneció allí dos días, [41]y muchos más llegaron a creer por lo que él mismo decía. [42]—Ya no creemos sólo por lo que tú dijiste —le decían a la mujer—; ahora lo hemos oído nosotros mismos, y sabemos que verdaderamente éste es el Salvador del mundo.

Debido al testimonio de esta mujer, muchos de Sicar creyeron en Jesús. Le rogaron que se quedara con ellos. Durante estos dos días que él se quedó más gente creyó en él.

No sabemos que tan profunda y madura sea la fe de estos samaritanos, pero lo llaman "el Salvador del mundo" (ver Mateo 1:21; Lucas 2:11; Hechos 5:31;13:23; Filipenses 3:20; Efesios 5:23; Tito 1:4; 2:13; 3:6; 2 Timoteo 1:10; 2 Pedro 1:1, 11; 2:20; 3:2, 18). Esta designación originalmente no fue una declaración de salvación espiritual, sino, de hecho, fue un reconocimiento político hecho a los emperadores quienes "liberaban" naciones extranjeras para anexarlas a su imperio.[49] Habrá otros que comprendan a Jesús en tan poco tiempo. Cuando su corazón está abierto, no toma mucho tiempo

---

[48] Amós 9:11-12 es claramente aplicado a la era cristiana en Hechos 15:16-17. Es lógico presumir que Amos 9:13-14 es de un contexto de la iglesia naciente, especialmente a la luz de las palabras de Jesús acá.

[49] Craig Koester, "The Savior of the World (Juan 4:42)", *JBL* 109/4 (1990): 665-680.

reconocer a Jesús tal cual es (Mateo 8:5-13; Marcos 15:39; Lucas 1:42; Juan 1:49; Hechos 16:31-34).

McGarvey nota que este texto derriba tres barreras formidables: (1) el prejuicio racial; (2) el género — Jesús está de acuerdo que esta mujer reciba instrucción espiritual y hasta está de acuerdo que ella lo proclame dando a conocer su presencia y posición; (3) la rectitud moral. En verdad, Jesús vino a salvar a los perdidos y a los despreciados de la sociedad.

Parte seis
Ministerio galileo

diciembre, 27 d.c. — abril 29 d.c.

Jesús solamente estuvo dos días en Samaria pero tuvo una gran cosecha. En Galilea no se convertirían tan fácilmente, pero él tendría mejor aceptación que en la multitud de Judea.[1]

Cuando pensamos en la vida y la obra de Jesús, lo que más recordamos es lo que él hizo en Galilea (Mateo 4:12 – 15:20; Marcos 1:14 – 7:23; Lucas 4:14 – 9:17; Juan 4:46-54; 6:1-71). Este es el Jesús clásico. De esta escabrosa área rural multiétnica llamará a once de sus doce discípulos, aquí predicará el sermón del monte, hará la mayoría de sus milagros más famosos, alimentará a las multitudes, caminará sobre el agua, montará su base de operaciones en Capernaúm y hará muchos prodigios. El campo de Galilea solamente lo sobrepasa la belleza y la productividad de las obras del Señor que ministró aquí. Ya ha pasado más de un año desde que Jesús fue bautizado por Juan (Mateo 3:13; Marcos 1:9). Ahora, después de ocho o nueve meses de ministerio en Judea, Jesús regresa a su tierra otra vez.

Sección 36
Jesús regresa a Galilea
(Juan 4:43-45)

⁴³Después de esos dos días Jesús salió de allí rumbo a Galilea ⁴⁴(pues, como él mismo había dicho, a ningún profeta se le honra en su propia tierra). ⁴⁵Cuando llegó a Galilea, fue bien recibido por

---

[1] Los judíos dividían Israel en cuatro partes: Judea, Transjordania y Galilea eran consideradas como judías, mientras que Samaria era una región independiente (m. Sheb. 9.2).

los galileos, pues éstos habían visto personalmente todo lo que había hecho en Jerusalén durante la fiesta de la Pascua, ya que ellos habían estado también allí.

Puesto "que a ningún profeta lo aceptan en su propia tierra" (Lucas 4:24), Jesús primero obtuvo fama en Judea (Juan 2:23; 3:26; 4:1), no tan sólo al purificar el templo (Juan 2:13-22), sino también al realizar muchos milagros (Juan 2:23). ¡Sin duda, muchos de estos galileos estaban en la fiesta cuando Jesús se enfrentó cara a cara con el grupo de Anás . . . y ganó! Se convirtió así en el héroe local. Un muchacho de rancho va a la ciudad y sorprende a los profesionales. Ciertamente debió de haber galileos entre los primeros creyentes mencionados por Juan (2:23). Ahora que regresa a Galilea con algo de fama, los suyos están dispuestos a recibirlo. [**Nota:** Jesús fue conocido como galileo – Juan 1:46; 7:41-52; Lucas 23:5-7].

Sin embargo, Jesús todavía no está listo para ir a Nazaret, su pueblo (Mateo 13:58; Lucas 4:22-31). De hecho, en las dos ocasiones que Jesús ha regresado a Galilea, primero ministra en Caná: en una boda (Juan 2:1-11) y sanando al hijo de un funcionario real (Juan 4:46-54). Lucas 4:15 también nos da la idea de un ministerio ambulante en Galilea antes de que Jesús regresara a Nazaret (4:16-31). Notaremos un cambio en el ministerio galileo de Jesús al pasarse de Caná (Juan 4:45-54) a Nazaret (Lucas 4:16-30) y de allí a Capernaúm (Mateo 4:13-17; Lucas 4:31).

Sección 37
La naturaleza del ministerio galileo de Jesús
(Marcos 1:14-15; *con* Mateo 4:17; Lucas 4:14b-15)

{^{17}Desde entonces comenzó Jesús a predicar^{Mt}} ^{14}. . . a anunciar las buenas nuevas de Dios. ^{15}«Se ha cumplido el tiempo — decía —. El reino de Dios {de los cielos^{Mt}} está cerca. ¡Arrepiéntanse y crean las buenas nuevas!—
Lc 4:14 . . . y se extendió su fama por toda aquella región. ^{15}Enseñaba en las sinagogas, y todos lo admiraban.

De la *Sección 34* ya sabemos que Jesús salió de Judea por tres razones: (1) la presión política de los fariseos (Juan 4:1); (2) Juan el Bautista fue encarcelado por Herodes (Mateo 4:12; Marcos 1:14; Lucas 3:19-20) y (3) Jesús fue guiado por el Espíritu Santo (Lucas 4:14). En este momento, Juan agrega dos encuentros importantes más a los sinópticos: La mujer samaritana (Juan 4:5-42) y el hijo del funcionario real (Juan 4:46-54). Estos episodios nos muestran que Jesús, al desplazarse a Galilea, ministra a toda clase de personas, no tan sólo a los religiosos "justos".

Dos cosas nos sorprenden de las primeras predicaciones de Jesús. Primero, su mensaje era idéntico al de Juan el Bautista: "Arrepiéntanse porque el reino de Dios está cerca". Era un mensaje simple y era un anuncio jubiloso. Era "las buenas nuevas" (Griego: evangelio) de que el reino de Dios estaba invadiendo el reino del hombre. Segundo, nos sorprende el ánimo con que la gente recibe a Jesús. Los galileos lo *amaban*. De sinagoga en sinagoga, surgía el ánimo de Jesús para invadir las comunidades rurales.

Sección 38
Desde Caná, Jesús sana al hijo de un funcionario real, que estaba en Capernaúm
(Juan 4:46-54)

En este momento, Jesús hace su segundo milagro que podemos identificar. Nuevamente, sucede en Caná de Galilea, el pueblo natal de Natanael. Muchos comentaristas han comparado este milagro con el de la sanidad del siervo del centurión (Mateo 8:1, 5-13; Lucas 7:1-10).[2] Existen algunas similitudes: (1) a Jesús se le implora que sane a un hijo / siervo amado. (2) Jesús sana a distancia. (3) La ciudad de Capernaúm toma parte en esto. Sin embargo, también hay varias diferencias: (1) Jesús estaba en Caná y no en Capernaúm (Lucas 7:1). (2) El funcionario le rogaba a Jesús que fuese a su casa, pero el centurión lo desanimaba.

Los ancianos judíos le rogaban a Jesús a favor del centurión, un gentil. (4) Jesús alaba la fe del centurión, pero reprende al funcionario por pedir una señal. Aunque las narraciones parezcan similares, su tono, momento y propósito son distintos. El punto de la narración del centurión es demostrar que él tiene una gran fe en Jesús. El punto de la narración del funcionario es demostrar la popularidad creciente de Jesús y la fe que este milagro generó.

---

[2] Hasta tales comentaristas como Orígenes, Crisóstomo, Ireneo y Eusebio han representado por lo menos parcialmente estas narraciones como una sola y como el mismo acontecimiento.

Juan 4:46-48 señala:

⁴⁶Y volvió otra vez Jesús a Caná de Galilea, donde había convertido el agua en vino. Había allí un funcionario real, cuyo hijo estaba enfermo en Capernaúm. ⁴⁷Cuando este hombre se enteró de que Jesús había llegado de Judea a Galilea, fue a su encuentro y le suplicó que bajara a sanar a su hijo, pues estaba a punto de morir. ⁴⁸—Ustedes nunca van a creer si no ven señales y prodigios — le dijo Jesús.

Es posible que este funcionario real sea siervo de Herodes Antipas. Por lo menos, Josefo utiliza este nombre unas seiscientas veces para designar un siervo de Herodes. En el Nuevo Testamento encontramos a otros funcionarios siervos de Herodes, como es el caso de Cuza (Lucas 8:3) y Manaen (Hechos 12:1). Estos quizás fuesen colaboradores de Herodes. "Es posible que el funcionario fuese gentil. Si fue así, las tres personas entrevistadas en el principio del ministerio de Jesús representaban a los judíos, los samaritanos y los gentiles — en breve, el mundo al cual vino a salvar" (Tenney, p. 60). No importa quien sea, actúa creyendo que este rabí famoso hace oraciones poderosas. Sin embargo, notamos que la fe del funcionario va más allá de pedir oración por la sanidad. Le pide a Jesús que vaya a su casa y que haga un milagro.

En respuesta a su petición, Jesús lo regaña junto con la multitud (note el uso del plural) por demandar señal. No es esta la última vez en que Jesús mostrará menosprecio por los buscadores de milagros (ver Mateo 11:20-24). Jesús desea que creamos en él por lo que es, no tan sólo por lo que hace (Juan 10:38; 14:11; 15:22-24; 20:29). Los milagros son evidencia de la identidad de Jesús. Hasta se utilizaron para apuntalar y sostener la fe de Juan el Bautista (Mateo 11:4-5), pero jamás saciarán la curiosidad insaciable de los perseguidores de emociones, como tampoco forzarán fe en aquellos que rehúsan someterse a Jesús (Mateo 12:38-45). Qué tan desalentador debe ser esto para Jesús ya que viene de Sicar de Samaria, donde la gente se amotinó por lo que dijo, y llega a Galilea a los suyos, quienes demandan una función de circo.

¿Por qué regaña Jesús a este pobre hombre por su falta de fe? ¿No es muy duro eso? Después de todo, su hijo yace en su lecho de muerte y él acude a Jesús pidiendo un poco de ayuda divina. Sin embargo, su fe falla en dos maneras. Primero, él asume que Jesús debe ir hasta su casa para sanar al niño. Segundo, únicamente cree que Jesús puede sanar al muchacho, no que lo pueda resucitar. Recordemos que Jesús no regaña únicamente al hombre, sino a toda la multitud. Tal vez sus expresiones están atentas para contemplar otro milagro más y nada más. ¡Antes de que nos tornemos tan escrupulosos con Jesús, debemos considerar que él, de hecho, sanó al muchacho!

Juan 4:49-54 señala:

⁴⁹—Señor —rogó el funcionario—, baja antes de que se muera mi hijo. ⁵⁰—Vuelve a casa, que tu hijo vive —le dijo Jesús.

El hombre creyó lo que Jesús le dijo, y se fue. ⁵¹Cuando se dirigía a su casa, sus siervos salieron a su encuentro y le dieron la noticia de que su hijo estaba vivo. ⁵²Cuando les preguntó a qué hora había comenzado su hijo a sentirse mejor, le contestaron: —Ayer a la una de la tarde se le quitó la fiebre.

⁵³Entonces el padre se dio cuenta de que precisamente a esa hora Jesús le había dicho: «Tu hijo vive.» Así que creyó él con toda su familia.

⁵⁴Ésta fue la segunda señal que hizo Jesús después de que volvió de Judea a Galilea.

El funcionario tiene una gran urgencia, suplica por ayuda. Jesús responde a este padre necesitado, sana a su hijo quien se encuentra a una distancia de 32 kilómetros. De la misma manera, el funcionario le responde a Jesús. Le cree e inicia su viaje de regreso a Capernaúm.

La fiebre dejó al niño como a la una de la tarde. Los siervos lo vigilan toda la noche. Por la mañana el joven ya se siente bien. Los siervos están tan felices que esperan ansiosos la llegada de su señor. Salen a recibirlo. Mientras tanto, el funcionario pasó la noche en un punto intermedio entre Caná y Capernaúm.³ En el transcurso de la mañana lo encuentran sus siervos jubilosos. ¡Tienen buenas noticias! Su hijo ha sanado. El papá, naturalmente, verifica la hora en que la fiebre dejó a su hijo. Coincidió perfectamente con la hora en que Jesús le declaró que su hijo había sanado.

No hay forma de que esto sea psicosomático o tampoco una coincidencia. No solamente cree él, sino que también cree toda su casa. (Para otras conversiones de toda la familia ver Hechos 10:23-26; 16:14-15, 34; 18:8.)

---

³Ya que apenas es la 1:00 de la tarde y se encuentra a 32 kilómetros de Capernaúm, nos preguntamos por qué este padre no llegó a su casa el mismo día en que su hijo fue sanado. Tal vez confía plenamente en el poder de Jesús y se toma su tiempo en volver a casa. Tal vez sus siervos lo encuentran en el camino, pero como ya es de noche, lo consideran otro día. Sin embargo, al parecer surge algún inconveniente en el camino y por ello el padre se demora más de lo debido.

Sección 39
Rechazo de Jesús en Nazaret
(Lucas 4:16-31a)

Jesús ha estado fuera de Nazaret por casi un año. Fue bautizado por Juan, pasó cuarenta días y cuarenta noches en el desierto cuando fue tentado por Satanás, atrajo a sus primeros seguidores, hizo un milagro en Caná, purificó el templo durante la Pascua, hizo muchos milagros y pasó de ocho a nueve meses rodeándose de más discípulos y bautizando en Judea. Regresa a su territorio, pero no a su hogar. Su viaje de predicación lo lleva por varias ciudades y sinagogas, incluyendo a Caná donde sana al hijo del funcionario real. Predicar era popular y un buen predicador tenía seguidores. Ese es el caso de Jesús. Su fama se va extendiendo por toda la región.

Ahora regresa al pueblo donde creció (v. 16), o mejor dicho, donde fue "alimentado" [griego: participio perfecto]. No tan sólo creció aquí Jesús, sino que aquí recibió sustento, fue criado y alcanzó su madurez. Aquí fue a la escuela, aprendió un oficio, compitió en los deportes, etc. Era un muchacho de su pueblo, triunfando en grande.

Lucas 4:16-21 señala:

^{16}Fue a Nazaret, donde se había criado, y un sábado entró en la sinagoga, como era su costumbre. Se levantó para hacer la lectura, ^{17}y le entregaron el libro del profeta Isaías. Al desenrollarlo, encontró el lugar donde está escrito:
^{18}«El Espíritu del Señor está sobre mí, por cuanto me ha ungido
para anunciar buenas nuevas a los pobres.
Me ha enviado para proclamar libertad a los cautivos
y dar vista a los ciegos,
a poner en libertad a los oprimidos,
^{19}a pregonar el año del favor del Señor.»[a]
^{20}Luego enrolló el libro, se lo devolvió al ayudante y se sentó. Todos los que estaban en la sinagoga lo miraban detenidamente, ^{21}y él comenzó a hablarles: «Hoy se cumple esta Escritura en presencia de ustedes.»

[a]*19* Isaías 61:1, 2

Fue costumbre de Jesús acudir a adorar en la sinagoga cada semana. Cuando regresa a su pueblo, no nos sorprende verlo en la sinagoga. Todos lo miraban. Podemos imaginar a los ancianos recordar qué tan buen estudiante fue Jesús en la escuela del día de reposo. Naturalmente, Jesús es el predicador invitado en ese día.

Desde el punto de vista judío, todo esto es muy normal. El predicador se pararía a leer las Escrituras y luego se sentaría a enseñarle a la gente. Eso es exactamente lo que Jesús hace (vv. 16, 20; ver Mateo 5:1; Marcos 4:1; Juan 8:2). Además, cada culto de adoración en la sinagoga constaba de dos partes: La liturgia y la enseñanza. La liturgia era una serie de oraciones y lectura seguida de la enseñanza. La enseñanza consistía de siete lecturas, cada una no menor de tres versículos, seguido de un sermón. La lectura de la ley aparentemente seguía un ciclo de tres años de duración. La selección de los profetas aparentemente quedaba a cargo del predicador (Nolland, P. 194). Por lo tanto, Jesús utiliza su propio texto leído para desarrollar su sermón.

Se esperaba que el sermón fuese fiel a la Biblia, preciso e interesante desde un punto de vista literario. Después se permitía que la congregación hiciera algunas preguntas al orador. Normalmente, el sermón lo daba un rabino bien capacitado, pero también se le permitía hablar a un visitante de la capacidad de Jesús.

Jesús escoge el pasaje de Isaías 61:1-2ª (insertándole el 58:6d) que la comunicad Qumran claramente entendía que se refería a el Mesías (11Qmelch 4-6: 4Q521, 2:1-14).[4] La palabra "ungir" señala en esta dirección ya que "Mesías" significa "el Ungido". La audiencia de Jesús sabía perfectamente esto.

Su ministerio se describe de varias formas:

(1) Dirigido o lleno del Espíritu.

(2) Dando libertad a los oprimidos — literalmente "aquellos que han sido quebrantados". Jesús liberta de la opresión a aquellas vidas que han sido rotas. Es amable y bondadoso con aquellos que se duelen. Isaías 61:2 agrega: "a consolar a todos los que están de duelo".

(3) Obrar milagros — sanando a los ciegos.

(4) Proclamando el favor de Dios — literalmente "el año del favor del Señor". Esto infiere el año del jubileo: Levítico 25:8-17, cuando todo fue devuelto o liberado a su dueño original. El año del jubileo, cada cincuenta años, es un cuadro claro

---

[4] Muy interesante resulta que Jesús deja fuera Isaías 61:2b referente al juicio. Lucas retoma el asunto del juicio que Jesús viene desarrollando (Lucas 10:13-16; 11:29-32, 37-54; 13:5-9, 28:30, 33-35; 19:41-44; 21:20-22. Sin embargo, fuera de la lectura común que los judíos hacen respecto al juicio, esto no se refiere a un castigo para los gentiles, sino para el Israel incrédulo.

de lo que Jesús hizo por nosotros en la cruz. El jubileo es el reino mesiánico.

Todos los ojos estaban puestos en él (v. 20). Esta palabra, en sus otros usos, implica una emoción extrema. La gente amaba la buena predicación. Y Jesús, en los pocos meses que había estado fuera, había cobrado fama de buen predicador. Había rumores de que él era el Mesías. ¿Qué va a decir? La multitud anticipa algo; hay sentimientos de orgullo, amistad, celo y superioridad. Mire fijamente al tiempo que Jesús cumple con la expectativa de frente y sin titubear.

Jesús le regresa el rollo al ayudante[5] y empieza a enseñar. **Hoy día se ha cumplido esta Escritura en presencia de ustedes** (v. 21). Este verbo, "cumple", está en el tiempo perfecto, indicando una acción ya ejecutada o cumplida. Esta profecía no se cumple mientras miran, sino que ya se cumplió en la persona de Jesús. Casi no podemos entender qué tan audaz les pareció a los nazarenos humildes esta declaración. Esta es apenas la primera declaración del sermón. El resto lamentablemente no se registró.

Lucas 4:22-27 señala:

²²Todos dieron su aprobación, impresionados por las hermosas palabras[a] que salían de su boca. «¿No es éste el hijo de José?», se preguntaban.

²³Jesús continuó: «Seguramente ustedes me van a citar el proverbio: "¡Médico, cúrate a ti mismo! Haz aquí en tu tierra lo que hemos oído que hiciste en Capernaúm."

²⁴Pues bien, les aseguro que a ningún profeta lo aceptan en su propia tierra. ²⁵No cabe duda de que en tiempos de Elías, cuando el cielo se cerró por tres años y medio, de manera que hubo una gran hambre en toda la tierra, muchas viudas vivían en Israel. ²⁶Sin embargo, Elías no fue enviado a ninguna de ellas, sino a una viuda de Sarepta, en los alrededores de Sidón. ²⁷Así mismo, había en Israel muchos enfermos de lepra[b] en tiempos del profeta Eliseo, pero ninguno de ellos fue sanado, sino Naamán el sirio.»

[a]22 *Todos . . . palabras.* Lit. *Todos daban testimonio de él y estaban asombrados de las palabras de gracia.* [b]27 La palabra griega se usa para varias enfermedades que afectan la piel — no necesariamente la lepra.

La *Nueva Versión Internacional de la Biblia* traduce el v. 22 de manera interpretativa: "Todos hablaban bien de él". Lucas literalmente

---

[5]Esta persona, conocida como Chazzan, era un empleado con goce de sueldo de la sinagoga. Su puesto era entre el pastor y el guarda templo. Tenía bajo su cargo todas las funciones y vasijas sagradas, incluyendo los rollos.

señala: "Ellos testificaban de él". La palabra "testificar" [*martyreō*] no necesariamente implica "aprobar", sino meramente "testificar acerca de". Esto es especialmente cierto ya que está relacionado con "asombrados" [*thaumazō*], que siempre carece de una fe genuina.[6] La verdad es que esta gente habla **de** Jesús pero no estaban comprometidos **con** él. Están impresionados con su habilidad para predicar, pero se enfurecen por el mensaje que les trae o presenta. Eso explica por qué su testimonio u "aprobación" puede tornarse inmediatamente en hostilidad (vv. 28-29).

"No es éste el hijo de José? ¡Claro que lo es; todos lo sabían! Lo conocen. Parece muy bueno. ¿De dónde surgió, tan de repente, toda esa sabiduría? Esto hasta puede ser el reflejo de la naturaleza simple y llana de su padrastro.

Jesús procede a recordarles el famoso proverbio: "¡Médico cúrate a ti mismo!" (v. 23). Notoriamente, Jesús ya había hecho varios milagros en Capernaúm y los aldeanos quieren que esto se repita. Es común que un plomero tenga goteras en su casa y que un mecánico tenga un coche que apenas funcione. Sin embargo, ellos hacen bien su trabajo en otros lugares, no en casa. Es como el refrán que reza "zapatero sin zapatos". Esta es la idea básica de esta parábola. Jesús predice que los suyos están a punto de decirle "hiciste todos estos milagros maravillosos en otras ciudades, ¿por qué no las haces aquí en tu propio pueblo?" La respuesta se da en la siguiente y última vez que Jesús regresa a Nazaret: No pudo hacer allí ningún milagro por la incredulidad de ellos (Marcos 6:5-6).

Esto nos recuerda de los escarnecedores al pie de la cruz. Decían: "salvó a otros; que se salve a sí mismo, si es el Cristo de Dios, el Escogido." (Lucas 23:35). También los soldados, y hasta el criminal crucificado junto a él, hacían comentarios similares de burla y mofa (Lucas 23:36-39). Todo esto fue profetizado en el Salmo 22:8.

Jesús contesta el dicho de ellos con el suyo (v. 24): Ningún profeta es bien recibido en su propia tierra. La verdad de su parábola demuestra la falsedad de ellos. Ellos afirman que la caridad empieza por casa. Pero el hecho es, Jesús ofrece "caridad", la cual es rechazada. ¿Cuántas veces los suyos rechazaron a Jesús? "Vino a lo que era suyo,

---

[6] John Nolland, "Impressed Unbelievers as Witnesses to Christ" (Incrédulos impresionados como testigos de Cristo), *JBL* (Revista de literatura bíblica) 98/2 [1979]: 219-229. Él también demuestra que Lucas con frecuencia cita testimonios de Jesús provenientes de aquellas personas que no creen (p. 226). Retóricamente, ellos sirven como testigos "imparciales" de la poderosa predicación de Jesús.

pero los suyos no lo recibieron" (Juan 1:11). Juan ya ha utilizado esta parábola para explicar por qué Jesús no regresó inmediatamente a Nazaret (Juan 4:43-45). Jesús no solamente afirma esto, sino que está a punto de ilustrar la verdad con dos acontecimientos en las vidas de dos profetas prominentes (vv. 25-27): Elías y Eliseo.

Esto fija un patrón del ministerio de Jesús. Él no vino a los sanos sino a los enfermos, a los discriminados y a los odiados (Lucas 6:20-22; 7:22; 14:13, 21). Una y otra vez, Jesús fue rechazado y por ello se aleja. De la misma manera, en el libro de los Hechos encontramos que los apóstoles primero presentaron a Jesús a los judíos, pero como lo rechazaron, se fueron a los gentiles. Este fue el claro modelo del ministerio de Jesús que Pedro medita en este texto cuando habla con Cornelio acerca de Jesús, el primer convertido gentil.[7]

La narración de Elías y la viuda se encuentra en 1 Reyes 17:1-16. La verdad es: Debido a que los judíos rechazaron al profeta Elías, se le envió a que ayudara a una viuda gentil. La narración de Eliseo y Naamán se encuentra en 2 Reyes 5:1-14. El punto es: los judíos rechazaron al profeta Eliseo y él sanó a un leproso gentil en vez de a un judío. De la misma manera, Jesús es rechazado por su propia gente y también él se va a ministrar a otros campos, al extranjero.

Lucas 4:28-31a señala:

> **28** Al oír esto, todos los que estaban en la sinagoga se enfurecieron. **29** Se levantaron, lo expulsaron del pueblo y lo llevaron hasta la cumbre de la colina sobre la que estaba construido el pueblo, para tirarlo por el precipicio. **30** Pero él pasó por en medio de ellos y se fue.
> **31** Jesús pasó a Capernaúm, un pueblo de Galilea.

La multitud se enfurece. Esta parece ser la reacción típica cuando los judíos escuchan algo agradable tocante a los gentiles. Ellos habían crecido creyendo que Dios creó a los gentiles para alimentar las llamas del infierno. Pablo se metió en problemas por lo mismo (Hechos 22:21).

Sería interesante saber la coreografía del suceso que siguió (vv. 29-30). ¿Forzaron a Jesús a subir a la colina? O ¿caminó voluntariamente? ¿Fue un milagro que él pasara por en medio

---

7 L. C. Crockett, "Luke 4:25-27 and Jewish-Gentile Relations in Luke-Acts" (Lucas 4:25-27 y relaciones judío-gentiles en Lucas-Hechos), *JBL* (Revista de literatura bíblica) 88 [1969]: 177-183, sugiere que el énfasis de este pasaje no es el rechazo de los judíos sino la inclusión de los gentiles (ver Hechos 13:46), y la futura reconciliación de los judíos y los gentiles en la iglesia.

de ellos? O ¿no lo pudieron tocar por ser justo? Si fue un milagro, ¿simplemente desapareció, fue más poderoso que ellos o se quedaron paralizados?

Lo que sí sabemos es, nadie puede tomar la vida del Hijo del hombre, él la pone. Todavía no era el tiempo para que él muriera. Hubo otras ocasiones en que ellos quisieron someterlo (Juan 7:30; 10:39), hasta de forma violenta (Juan 8:59; 10:31). Nadie lo tocaría sino hasta que el tiempo llegara y él mismo se sometiera.

Sección 40
Jesús se va a Capernaúm
(Mateo 4:13-16)

¹³Partió de Nazaret y se fue a vivir a Capernaúm, que está junto al lago en la región de Zabulón y de Neftalí, ¹⁴para cumplir lo dicho por el profeta Isaías:
¹⁵«Tierra de Zabulón y tierra de Neftalí,
camino del mar, al otro lado del Jordán,
Galilea de los gentiles;
¹⁶el pueblo que habitaba en la oscuridad ha visto una gran luz;
sobre los que vivían en densas tinieblas[a] la luz ha resplandecido.»[b]

[a]16 *vivían en densas tinieblas.* Lit. *habitaban en tierra y sombra de muerte.*
[b]16 Isaías 9:1, 2

Este cambio es sumamente significativo para Jesús. Capernaúm, siendo una ciudad grande, le permite a Jesús mayor visibilidad y oportunidades para predicar. Su cambio también demuestra su claro rechazo en Nazaret. Por un año o un poco más, Capernaúm será el centro de operaciones de Jesús. Está ubicada en el ángulo noroeste del mar de Galilea y provee un centro comercial con una gran mezcla de culturas para la predicación de Jesús.

Antes del cautiverio sirio en el año 722 a.C., esta área le pertenecía a las tribus de Zabulón y Neftalí. Una vez que Israel fue deportado, la tomaron los extranjeros. Aún en los tiempos de Jesús, los gentiles dominaban un 50% de esta tierra (Blomberg, p. 88). McGarvey afirma que era conocida como "Galilea de los gentiles" porque de acuerdo con Strabo y otros, estaba habitada por egipcios, árabes y fenicios, al igual que por hebreos" (p. 160). Isaías 9:1-2 predice la bendición futura de Galilea.[8] Jesús, la luz del mundo, llega a una cultura que vive en la oscuridad (Juan 1:4-5, 9; 3:19; 7:52).

[8]Este es uno de los pocos lugares del Nuevo Testamento donde la cita es más próxima o

Sección 41
Jesús llama a cuatro pescadores
(Mateo 4:18-22; Marcos 1:16-20; Lucas 5:1-11)⁹

Este es obviamente un suceso significativo para los discípulos, pero también lo es para la iglesia primitiva. Su experiencia de seguir a Jesús se ve reflejada en estos cuatro pescadores. Para muchos cristianos, el llamamiento de Jesús a que sean "pescadores de hombres", mezclado con temor y adoración, es algo muy familiar.

Además, este incidente no sólo revela que Jesús fraternizaba con la clase obrera, sino que los usó significativamente en la propagación del reino. Mientras que su "fe doctrinal" deja mucho que desear, su "fe en la práctica" resulta ejemplar.

¡En otras palabras, lo que ellos creen acerca de Jesús es errado; pero su confianza en Jesús es encomiable!

De esta creencia surge el símbolo cristiano del pez. La palabra griega para pez es *ichthys*. Cada una de las cinco letras griegas son la primer letra de las siguientes palabras: Jesús, Cristo, Dios, Hijo y Salvador. Era la palabra secreta para entrar a los cultos de adoración en las catacumbas. La teología cristiana se resume en este símbolo.

Mateo 4:18 *con* Lucas 5:1 señalan:

{Un día^{Lc}} ¹⁸Mientras caminaba junto al mar de Galilea, Jesús vio a dos hermanos: uno era Simón, llamado Pedro, y el otro Andrés. Estaban echando la red al lago, pues eran pescadores.

Lucas 5:1-3 señala:

¹... estaba Jesús a orillas del lago de Genesaret,ª y la gente lo apretujaba para escuchar el mensaje de Dios. ²Entonces vio dos barcas que los pescadores habían dejado en la playa mientras lavaban las redes. ³Subió a una de las barcas, que pertenecía a

---

cercana al texto masorético que a la versión Septuaginta de la Biblia (ver Archer y Chirichigno, *Old Testament Quotations in the New Testament* [Citas del Antiguo Testamento en el Nuevo Testamento], p. 98).

⁹Existen diferencias significativas entre el registro de Lucas en cuanto al llamado de los pescadores y el de Mateo y Marcos. Ello ha llevado a muchos escritores de armonías a considerarlos como dos acontecimientos separados. Sin embargo, nosotros los pondremos juntos ya que sus detalles se pueden armonizar coherentemente y no puede ser que Jesús haya llamado dos veces a Pedro para que dejara su vocación. Sin embargo, esta es una de las pocas veces en que sacamos a Lucas fuera de orden. Debemos notar que Lucas pone este incidente después del ministerio de Jesús en Capernaum (4:31-37), sanando a la suegra de Pedro (4:38-41), y la primera gira de Galilea.

Simón, y le pidió que la alejara un poco de la orilla. Luego se sentó, y enseñaba a la gente desde la barca.

*a*1 Es decir, *el mar de Galilea.*

Jesús llama a estos cuatro hombres — dos parejas de hermanos, pescadores todos ellos: Pedro, Andrés, Jacobo y Juan. Ellos trabajaron en lo que comúnmente se conoce como el mar de Galilea (también llamado Genesaret, Cineret o el mar de Tiberias). Pero en verdad es un lago, no un mar. Tiene la forma de una pera, de diecinueve kilómetros de norte a sur y once en su parte más ancha. Extrañamente, está ubicado a doscientos ocho metros bajo el nivel del mar, rodeado por un perímetro de cerros de unos trescientos metros de altura, y está lleno de peces.

La pesca fue una de las tres actividades preponderantes de los palestinos, junto con la agricultura y la ganadería. La pesca fue una industria de renombre en este lago. Una exageración rabínica típica señalaba que en este lago había unas trescientas distintas clases de peces. Edersheim describe algunas enseñanzas rabínicas en cuanto a los peces, incluyendo hasta cómo cocinarlos (I.473). Lo cierto es que la pesca fue un gran negocio en Palestina, incluso una de las entradas a Jerusalén se llamaba "la puerta del Pescado" (Nehemías 3:3).

Mientras Jesús camina en la playa, los pescadores lavaban sus redes después de haber trabajado en vano toda la noche (Lucas 5:5). Fue una noche infructuosa. Sin embargo, tenían que limpiar sus redes de las algas marinas, y desechos para luego remendarlas.

Jesús encuentra a Simón y a Andrés primero. Están echando sus redes en el lago. Esta es la única vez que este tipo de red [*amphiblestron*] se menciona en la Biblia. Era una red relativamente pequeña que se echaba al agua y hundía todo lo que encontraba en su descenso, luego se jalaba y arrastraba con todo lo atrapado. La segunda clase de red que se menciona en la Biblia es *sagene* — una red extendida que se jalaba detrás de la barca (solamente usada en Mateo 13:47). La red más común era *diktya*, también mencionada dos veces en nuestro pasaje. Era la red normal que se echaba al agua. Estas son las redes que los pescadores están lavando, mientras que uno de ellos pierde el tiempo con la *amphiblestron*, tratando de redimir la noche infructuosa.

La multitud apretuja a Jesús. Ya es tan popular que no lo dejan para nada. Como artista de cine, Jesús emplea la barca vacía de Pedro como púlpito y utiliza la playa como anfiteatro.

Lucas 5:4-7 señala:

⁴Cuando acabó de hablar, le dijo a Simón: —Lleva la barca hacia aguas más profundas, y echen allí las redes para pescar.

⁵—Maestro, hemos estado trabajando duro toda la noche y no hemos pescado nada —le contestó Simón—. Pero como tú me lo mandas, echaré las redes.

⁶Así lo hicieron, y recogieron una cantidad tan grande de peces que las redes se les rompían. ⁷Entonces llamaron por señas a sus compañeros de la otra barca para que los ayudaran. Ellos se acercaron y llenaron tanto las dos barcas que comenzaron a hundirse.

Jesús le pide a Pedro que aleje su barca de la orilla, mar adentro, para enseñar a la multitud desde allí. Pero cuando concluye, le ordena adentrarse más y "echen allí las redes para pescar". Esta es una escena llena de tensión. Pedro está cansado y desanimado. Toda la noche habían estado echando sus redes sin atrapar un solo pez. Debemos recordar que esta no es una pesca por diversión con una línea y anzuelo. Estas son barcas especiales para la pesca, las redes son grandes y esta es la manera en que ellos se ganan la vida. Además, Pedro acaba de lavar y remendar sus redes. Ahora Jesús le está pidiendo que las vuelva a ensuciar. Este aprendiz de marinero ni siquiera sabe que no es el momento apropiado para la pesca. Más aún, la mejor pesca está cerca de la playa, no en lo profundo del lago.

Pedro dice: "Maestro . . . Pero como tú me lo mandas, echaré las redes". Esta palabra inusual "maestro" [*epistata*] solamente la utiliza Lucas, siempre refiriéndose a Jesús. Esta es una frase trascendental. Pedro es un pescador profesional. Conoce el mar y sabe las nulas probabilidades que hay de pescar algo mar adentro a esa hora del día. Sin embargo, con anterioridad, ya ha visto a Jesús en acción. Poco más de un año atrás, al seguir a Juan el Bautista, contempló el bautismo de Jesús, miró cómo Jesús purificó el templo, estuvo en Samaria después de que Jesús habló con la mujer samaritana junto al pozo de Jacob, atestiguó las sanidades en Judea y la conversión de agua en vino en Caná. Casi después de nueve meses de seguir a Jesús, Pedro regresó al negocio familiar de la pesca en el lago, mientras Jesús predicaba en su pueblo natal. Nuevamente se reúnen. Jesús le pide algo simple, aunque absurdo. Por respeto y confianza, Pedro obedece.

Al ir sacando la red, los músculos de Pedro se tensan, sus ojos se abren profusamente y una sonrisa involuntaria se asoma en su semblante. La pesca es tanta que las redes empiezan a romperse y la barca empieza a hundirse. La sonrisa se torna en una mueca. Pedro sabe que necesita ayuda. Lucas usa una palabra que significa "llamar con la cabeza". Eso tiene sentido. Sus manos están ocupadas con la red, no puede ocuparse de llamarlos con ademanes y no puede soltar la red. Además de eso, no los puede llamar a gritos porque está lejos de ellos y no puede pedirle a sus acompañantes que ellos lo hagan.

La segunda barca del negocio familiar acude en su ayuda, tripulada por Jacobo y Juan. Se acomoda de tal forma que entre las tripulaciones de las dos barcas jalan la red. Al ir sacando la red, los peces empiezan a saltar dentro de las barcas. Tantos son los peces que ambas barcas empiezan a llenarse con peligro de hundirse por completo. ¡No podían resistir tanta bendición! La noche anterior estaban abrumados por las cuentas pendientes que pagar por los nueve meses que habían estado con Jesús. Pero hoy, en un instante hermoso, el Señor se encarga de pagar todo y hasta les sobra para comprarle a la mujer de Pedro un vestido nuevo.

Lucas 5:8-10 señala:

> ⁸Al ver esto, Simón Pedro cayó de rodillas delante de Jesús y le dijo: —¡Apártate de mí, Señor; soy un pecador! ⁹Es que él y todos sus compañeros estaban asombrados ante la pesca que habían hecho, ¹⁰como también lo estaban Jacobo y Juan, hijos de Zebedeo, que eran socios de Simón.

Usted podría pensar que a Pedro le habría gustado tener a Jesús cerca. Después de todo, resultaría muy bueno para sus negocios. Una vez que lograron equilibrar las barcas y sus corazones se tranquilizaron, Pedro cae de rodillas ante un puñado de peces. Sabía perfectamente que Jesús había penetrado en su más recóndito ser, y lo había visto tal cual él es. Afirma: "¡Apártate de mí, Señor; soy un pecador!" Debemos notar algunas observaciones al respecto. (1) Pedro recapacita en la dirección correcta. Él, a diferencia de las multitudes, no busca un milagro egoístamente. Piensa acerca de lo que significa estar ante la presencia de una pureza perfecta. La pureza de Jesús demanda obediencia y anuncia el juicio. (2) Pedro responde en temor ante la presencia de Dios mismo. Fue para él un milagro temeroso o aterrador. La gente en la rivera tal vez se encontraba echando porras, riendo y vendiendo camisetas con propaganda de Jesús, pero ellos no estuvieron en las barcas que por poco se hundían. Este milagro no los tocó a ellos tan personalmente como a Pedro y sus acompañantes. Además, este es un pescador profesional que entiende el poder del lago y la majestuosidad de este milagro. Así como Jesús miró los peces a través del agua, así llegó él hasta lo más profundo del corazón de Pedro.

Lucas 5:10-11 *con* Mateo 4:19-20, Marcos 1:17-18 señalan:

^{10}—No temas; {¡Vengan, síganme!^{Mt,Mr}} desde ahora serás pescador de hombres —le dijo Jesús a Simón. ^{11}Así que {Al instante^{Mt,Mr}} llevaron las barcas a tierra y, dejándolo todo, siguieron a Jesús.

Mateo 4:21-22 *con* Marcos 1:20 señalan:

^{21}Más adelante vio a otros dos hermanos: Jacobo y Juan, hijos de Zebedeo, que estaban con su padre en una barca remendando las redes. {En seguida^{Mr}} Jesús los llamó, ^{22}y dejaron en seguida la barca y a su padre, {en la barca con los jornaleros^{Mr}} y lo siguieron.

Una vez que los discípulos regresaron a la playa, las multitudes se juntaron para clasificar y contar los pescados. Los empleados de Pedro (Marcos 1:20) tuvieron que lavar y remendar las redes (nuevamente). En este preciso momento Jesús utiliza su ocupación para llamar su atención — pescadores de hombres. Como otras analogías, no se aplican todos los puntos de comparación. Jesús no les está pidiendo que atrapen o encierren a los hombres, sino que los reúnan en el reino de Dios. Pedro y Andrés responden al llamamiento de Jesús.

Lucas se separa en este momento de los otros escritores sinópticos. Tanto Mateo como Marcos señalan: "los haré pescadores de hombres". La palabra que Lucas utiliza no quiere decir pescar, sino tomar cautivas a las vidas. Únicamente se usa esta palabra una vez más (2 Timoteo 2:26). Describe cómo rescatamos de la trampa de Satanás a aquellos que él tiene cautivos en vida. Este es un llamado a la batalla. Marchamos en la línea enemiga para liberar a aquellos que Satanás tiene sometidos a su voluntad.

Los tres hombres caminan un poco y encuentran a sus socios, Jacobo y Juan. Están sentados en su barca con su padre, Zebedeo, lavando y remendando las redes que se rompieron debido a la gran pesca. Jesús también los llama y ellos responden inmediatamente, dejando a su padre en la barca con los jornaleros (Marcos 1:20).[10] De estos dos, recordamos que Jacobo fue el primer mártir apostólico registrado en Hechos capítulo 12; Juan fue el último de los apóstoles que vivió ya que lo encontramos escribiendo Apocalipsis por el año 95 d.C. La tradición también nos dice que Juan fue el único apóstol que murió de muerte natural.

No creo que Zebedeo se quedó tan contento con todo el trabajo de la pesca y la limpieza de las redes. Claro que el trabajo era tanto que tenía gente contratada para hacer el trabajo sucio. Al parecer no fue tan amable el hecho de que estos dos hijos abandonaran a su padre con el negocio familiar, pero tal es la naturaleza del discipulado (ver Mateo 10:37).

Este llamado parece ser muy apresurado para que hayan respondido así. Pero debemos recordar que estos cuatro ya habían andado con Jesús por un año (ver Juan 1:35-51), y recién habían visto una pesca milagrosa. Jesús penetra a sus dominios y prueba su poder. Ahora él los llama a su dominio para ser dotados de poder para pescar hombres. ¿Qué más se puede hacer cuando un personaje de la talla de Jesús demanda una decisión?

El llamamiento que Jesús hace a estos hombres es singular: (1) Ya existe un antagonismo (oposición) a Jesús en Jerusalén. Ellos saben que es peligroso en seguir a este hombre. (2) Los llama a que abandonen sus ocupaciones, que son lucrativas, populares y proveen seguridad. Este es un gran paso de fe para ellos. (3) Jesús no les hace un llamamiento a una nueva doctrina, sino a tomar una nueva dirección. Los rabinos contemporáneos consideraban un gran honor y una responsabilidad sagrada hacerse rodear de estudiantes. Sin embargo, Jesús no les pide que lo sigan y aprendan, sino que hagan, o, mejor aún, que sean. El reino empieza a cobrar sentido.

---

[10] Marcos agrega esta pizca de información en cuanto a los siervos, que tal vez sacó de la predicación de Pedro. De otra manera, los registros de Mateo y de Marcos son virtualmente idénticos.

Sección 42
Enseñando en la sinagoga y la expulsión de un espíritu maligno
(Marcos 1:21-28; Lucas 4:31-37)

La expulsión de un espíritu maligno y la curación de la suegra de Pedro (**Secciones 42 y 43**) suceden en un solo día de reposo.[11] Aquí podemos ver el ministerio de Jesús en su estado primitivo. No hay fariseos de Jerusalén que se interpusieran. Jesús, el gran médico, suple las necesidades de la gente que todavía le adoran. En su humildad y divinidad toca las multitudes. La profecía que Jesús citó en la sinagoga en Nazaret empieza a cumplirse (Lucas 4:18-19; Isaías 61:1-2). No hay conflicto, no hay complicación alguna . . . todavía. Preferiríamos esta simple pureza sino fuera porque la revelación propia de Jesús no puede existir sin entrar en conflicto. Por la naturaleza de los milagros e identidad de Jesús, él va a atraer atención, devoción y controversia.

Marcos 1:21-22 señala:

> [21]Entraron en Capernaúm, y tan pronto como llegó el sábado, Jesús fue a la sinagoga y se puso a enseñar. [22]La gente se asombraba de su enseñanza, porque la impartía como quien tiene autoridad y no como los maestros de la ley.

Lucas señala que Jesús enseñaba en los días de reposo (plural), dando así lugar a varias semanas de enseñanza como el llamamiento de los cuatro pescadores (Lucas 5:1-11). Jesús enseñaba con autoridad. Había una marcada diferencia entre él y los escribas. La forma común de enseñanza de los escribas fue citar una gran cantidad de otros escribas. Supuestamente esto le daba credibilidad a su enseñanza. En cambio, Jesús simplemente señaló: "Pero yo digo". Además, la verdad de sus palabras eran su propia autoridad. La gente no necesitaba "un sello profesional de aprobación" para que ellos reconocieran la verdad como tal. Como era común, la multitud se maravillaba (ver Mateo 7:28; 13:54; 19:25; 22:33; Marcos 1:22; 6:2; 7:37; 10:26; 11:18; Lucas 2:48; 4:32; 9:43; Hechos 13:12).

---

[11]Lucas presenta dos episodios consecutivos en una sinagoga. En el primero, Jesús es rechazado y expulsado de la sinagoga de su pueblo (4:16-31). En el segundo, Jesús es honrado después de haber expulsado un demonio en la sinagoga de Capernaúm (4:32-37). En ambos, Jesús maravilla a la multitud con su enseñanza poderosa.

Lucas 4:33-35 *con* Marcos 1:26 señalan:

³³Había en la sinagoga un hombre que estaba poseído por un espíritu maligno,ª quien gritó con todas sus fuerzas: ³⁴—¡Ah! ¿Por qué te entrometes, Jesús de Nazaret? ¿Has venido a destruirnos? Yo sé quién eres tú: ¡el Santo de Dios!
³⁵—¡Cállate! —lo reprendió Jesús—. ¡Sal de ese hombre! Entonces el demonio derribó al hombre {sacudió al hombre violentamente^Mr} en medio de la gente y salió de él {y salió dando un alarido^Mr} sin hacerle ningún daño.

ª**33** Griego: *inmundo;* tambien en v. 36.

Este fue el primero de seis enfrentamientos que Jesús tiene con un demonio (ver Secciones 42, 61, 66, 68, 78 y 87),[12] o como lo designa Lucas, "un espíritu maligno". Esta cultura estaba poblada de supersticiones respecto de los demonios (ver Edersheim, Appendix XVI). De hecho, los judíos habían escrito mucho en cuanto a los demonios. Primeramente, estos escritos trataban de dos cosas: (1) los demonios eran los espíritus sin cuerpo de personas malvadas y (2) el exorcismo por conjuros mágicos. La existencia de las supersticiones judías no quiere decir que los demonios no existan. Jesús no se enfrenta a las supersticiones sino a la realidad.

Edersheim (I.480) nota como Jesús enfrentó a los demonios como una realidad y no como una mera superstición o psicosis: (1) les encargó a sus discípulos que los echaran fuera (Mateo 10:8). (2) Le agradeció a Dios una vez que estos fueron expulsados (Lucas 10:17-18). (3) Reprendió a sus discípulos cuando estos no lograron expulsarlos (Mateo 17:17). Hay tres posibilidades en todo esto: Jesús vivía engañado por las supersticiones de su tiempo, pretendía que fueran reales para ganarse fama entre las multitudes o los demonios eran una realidad.

Los demonios eran reales y lo siguen siendo hoy en día.[13] Es posible que no veamos la manifestación demoníaca de la misma

---

[12] De manera apropiada, este es el primer milagro registrado por Marcos. El poder de Jesús sobre los demonios resumía tanto su habilidad milagrosa como la inauguración del reino de Dios. El punto de la narración es: "¡He aquí al Rey!" Además, este es el primer milagro compartido entre Marcos y Lucas. Es muy raro que Marcos y Lucas cuenten un acontecimiento del cual Mateo permanece callado.

[13] Algunos han intentado atribuir los reportes de posesión demoníaca a casos de histeria, esquizofrenia, epilepsia o a cualquier otro desorden o fenómeno fisiológico o psicológico (ver J. K. Howard, "New Testament Exorcism and its Significance Today" [El exorcismo del Nuevo Testamento y su significado hoy en día], *ExpT* [Revista expositor] 96 [enero, 1985]: 105-109). Pero estos diagnósticos son muy vagos para tomarlos como base a los acontecimientos de esta naturaleza (ver John Montgomery, ed., *Demon Possession* [Posesión demoníaca], Minneapolis:

manera en todas las culturas. Sin embargo, esto no quiere decir que no existan. Satanás es muy sabio y astuto en cuanto a las herramientas que utiliza. Así como un carpintero sabe muy bien qué herramienta usar para cierta tarea, así Satanás sabe qué instrumentos de maldad son los apropiados en un momento dado.

Por lo tanto sería un error negar la realidad de la actividad demoníaca, como también sería un error hacer demasiado hincapié en ella. Nuestros días están plagados de morbosidad en cuanto a la curiosidad por lo oculto, hasta en los círculos cristianos con nuestros "encuentros poderosos". He aquí algunas verdades que se deben tomar en cuenta en nuestra teología y experiencia demoníaca:

1. Satanás no es ni omnipotente ni omnisciente. Afirmar que uno es tentado por Satanás es presumir y ser bastante jactancioso. Es posible que él tenga asuntos más importantes que tratar.

2. Hay poca evidencia que indique acerca de que los demonios se "especialicen" en ciertas actividades como el cáncer, el enojo, el orgullo, robar, la jactancia, etc. En otras palabras, aunque los demonios parecen tener personalidad (Marcos 5:8; 9:25), no hay indicación de que cierta aflicción la cause cierto demonio y se tenga que identificar antes de expulsarse.

3. La idea de que se tenga que tener el nombre del demonio para expulsarlo tiene sus raíces en prácticas griegas y judías, no en las Escrituras.

4. No se puede negar que estemos en una lucha espiritual. Sin embargo, es falso y no hay razón para considerar esta batalla como algo dual — poderes un tanto equivalentes entre las tinieblas y la luz y que una obtendrá la victoria sobre la otra. El Espíritu Santo es infinitamente más poderoso que los espíritus malos creados, derrotados y lanzados del "cielo". Simplemente no dan batalla.

5. No hay indicación de que la victoria de los ángeles buenos dependa de las oraciones de los santos. Es ficción pura que

---

Bethany Fellowship, 1976). Afortunadamente, los ataques al cristianismo, procedentes por considerarlo algo antisupernatural o el raciocinio, en su mayoría son cosa del pasado. La mayoría de los eruditos que hablan de Jesús aceptan que él sí llevó a cabo algunas curaciones milagrosas. Josefo así lo confirma de manera independiente (Ant. 18.63) al igual que le Talmud (b. Sanh. 43ª). Acuda a la publicación de Marcus Borg y N. T. Wright, *The Meaning of Jesus: Two Visions* [El significado de Jesús: Dos perspectivas] (San Francisco: Harper & Row, 1998), 66.

los humanos doten de poder a los seres angelicales con sus súplicas.

6. Aunque resulta aparente que los demonios pueden ser los causantes de ciertas enfermedades, no toda enfermedad tiene su origen en éstos. En los evangelios se hace una separación entre las enfermedades y los demonios. Las enfermedades son algo natural de nuestro mundo en decadencia. Los demonios son una parte espiritual de una "caída celestial".

Después de que Jesús enseñó en la sinagoga, surge este hombre endemoniado: "¡Ah! ¿Por qué te entrometes?" La interjección de Lucas le agrega emoción a la frase. ¡Ah! Puede indicar, al mismo tiempo, temor, odio y enojo. En verdad es o son emociones llevadas al extremo. La segunda parte de esta frase "¿Por qué te entrometes?" También se puede traducir como: ¿Qué tenemos que ver el uno con el otro?" O hasta "¿Por qué interfieres?

Los demonios proceden a preguntarle a Jesús si piensa destruirlos. Esta es la primera confrontación que Jesús tiene con los demonios. Ellos están derrotados antes de iniciar la batalla. El poder de Jesús los somete y ellos se resignan ante la derrota. Nosotros que tenemos el Espíritu de Cristo no debemos temerles a los demonios.

Lo sorprendente de todo esto es que los demonios estaban bien familiarizados con la verdadera identidad de Jesús, mejor que los demás presentes en la sinagoga o hasta los propios discípulos. El endemoniado dijo: "Yo sé quién eres tú: ¡el Santo de Dios!" Recordamos Santiago 2:19: "También los demonios lo creen, y tiemblan".

Pero Jesús les prohíbe hablar. ¿Por qué? Porque: (1) Jesús no ha tenido tiempo de enseñar y mostrar su verdadera naturaleza como el Mesías. Una noción mesiánica equivocada puede causar más daño que beneficio. (2) Es mala publicidad que los demonios te alaben. (3) Los hechos hablan más que mil palabras. Jesús quería que sus obras hablaran por sí mismas.

Así que Jesús les pone "bozal y freno" al ordenarles [*epetimesen*] mantenerse callados. Esta palabra demanda atención. Jesús la utilizará nuevamente en el siguiente pasaje (Lucas 4:39, 41) cuando sana a la suegra de Pedro. Es una palabra clave para entender el propósito de esta sección. Kee da la siguiente definición a *epitimaō*: "La palabra da la orden mediante la cual el agente de Dios derrota a sus enemigos:

preparándose para la venida del reino".¹⁴ Él rastrea su uso en la extensa literatura judía y encuentra que describe la lucha cósmica de Dios contra las fuerzas de la oscuridad, evidente tanto en enfermedad como en posesión demoníaca. Por lo tanto, muestra que este suceso es tan sólo parte de la guerra duradera. Además, esto demuestra la aparición del reino de Dios y el comienzo del fin del dominio de Satanás.¹⁵

El demonio de mala gana abandona su presa. Como niño consentido que no obtiene lo que quiere, derriba al hombre al suelo. Este demonio patético, emberrinchado, dio un alarido como ataque posterior al hombre. Este acto cobarde de desafío es lo último de placer que el demonio logra en su ataque contra este hombre. Lucas, el médico, nos asegura que el demonio no dañó al hombre. No se atrevió en la presencia de Dios/Hombre.

Esto **no** fue un exorcismo. No hubo ningún encanto o fórmula mágica. En realidad, esto fue más parecido a una sanidad.¹⁶ Jesús, con la autoridad de su palabra, ordenó a este demonio que saliera y así lo hizo. El punto de la narración no es la demonología sino la autoridad de Jesús.

Descartemos la superstición falsa en cuanto al desmedido poder que le otorgamos a los demonios. Son reales, están muy activos, pero están sometidos a la palabra de Cristo. Nosotros los que estamos poseídos por el Espíritu Santo no tenemos nada que temer a un espíritu inmundo "El que está en ustedes es más poderoso que el que está en el mundo" (1 Juan 4:4). "El Hijo de Dios fue enviado precisamente para destruir las obras del diablo" (1 Juan 3:8) y en el día final destruirá al diablo y sus ángeles (Mateo 25:41).

Marcos 1:27-28 señala:

²⁷Todos se quedaron tan asustados que se preguntaban unos a otros: «¿Qué es esto? ¡Una enseñanza nueva, pues lo hace con autoridad! Les da órdenes incluso a los espíritus malignos, y le

---

[14] H. C. Kee, "The Terminology of Mark's Exorcism Stories" (La terminología en las historias de exorcismo de Marcos), NTS (Estudios del Nuevo Testamento) 14 [1967-]: 232-246.

[15] A pesar de que la sanidad está en conexión con la venida del Mesías (Jub. 23:29f.; T. Zeb. 9:8; 2 Bar: 73:23; 2 Esd 13:50), ningún otro documento precristiano combina el exorcismo con la proclamación del reino de Dios, ver G. Twelftree, Jesus The Exorcist: A Contribution to the Study of the Historical Jesus (Peabody, MA: Hendrickson, 1993, 227).

[16] Ver J. K. Howard, "New Testament Exorcism and its Significance Today" (Exorcismo en el Nuevo Testamento y su significado hoy en día), ExpT (Revista expositor) 96 [enero, 1985]: 105-109.

obedecen.» **²⁸**Como resultado, su fama se extendió rápidamente por toda la región de Galilea.

La multitud está asustada, no por lo que Jesús hizo, sino por el poder de sus palabras. Los hechos validan sus palabras, no al revés. La poderosa palabra de Jesús es exaltada, tanto su aptitud para enseñar como su poder para expulsar demonios.

Sección 43
Sanando a la suegra de Pedro
(Mateo 8:14-17; Marcos 1:29-34; Lucas 4:38-41)

Marcos 1:29-31 *con* Lucas 4:38-39 señala:

²⁹Tan pronto como salieron de la sinagoga, Jesús fue con Jacobo y Juan a casa de Simón y Andrés. **³⁰**La suegra de Simón estaba en cama con fiebre, {muy alta^{Lc}} y en seguida se lo dijeron a Jesús. **³¹**Él se le acercó, {se inclinó sobre ella y reprendió a la fiebre^{Lc}} la tomó de la mano y la ayudó a levantarse. Entonces se le quitó la fiebre y se puso a servirles.

Jesús sale de la sinagoga e inmediatamente se traslada a la casa de Pedro y Andrés. Es posible que los dos se hubieron cambiado de Betsaida a Capernaúm (Juan 1:44, que literalmente quiere decir "Casa de pez") o Betsaida era un lugar a las afueras de Capernaúm o parte de Capernaúm.

Pedro está cuidando a su suegra (ver 1 Corintios 9:5). Ella está en cama con una fiebre "muy alta". Los médicos de ese entonces clasificaban las fiebres como "altas" o "bajas". Una fiebre baja era cualquier malestar. La "fiebre alta" podía ser causada por la malaria o algo peor. La suegra de Pedro estaba muy enferma y es posible que ya había estado así por mucho tiempo.

Las tres narraciones ofrecen distintos puntos en cuanto a esta sanidad. Lucas dice que Jesús se inclinó sobre ella; Mateo añade que Jesús la tomó de la mano; y Marcos afirma que Jesús la tomó de la mano y la levantó. Al mismo tiempo, Jesús reprendió a la fiebre. Esta palabra es la misma que Jesús usó para reprender al demonio en la sinagoga (Lucas 4:35). Esto ha guiado a algunos a especular que Jesús vio actividad demoníaca detrás de esta y otras enfermedades. Pero los vv. 40 y 41 hacen una clara distinción entre las enfermedades y los demonios. No podemos culpar a los demonios de todas las enfermedades o desórdenes mentales. Estas son parte natural de nuestro mundo en decadencia. Sin embargo, el hecho de que Jesús reprende tanto a las enfermedades como a los demonios muestra que él vino a destruir toda obra del diablo. La llegada del reino muestra el inicio del fin del dominio de Satanás a través de sus demonios al igual que la maldición de Edén mediante las enfermedades y la muerte.

La suegra de Pedro al instante sana completamente y se levanta para "servirles". Esta frase está encapsulada en una sola palabra griega. Es la misma palabra de donde obtenemos "diácono" [*diakoneō*]. En su forma más simple quiere decir "servir a las mesas", (no en un restaurante, sino en la casa). Es sorprendente que ella podía hacerlo de inmediato. Aun cuando una persona sana de una fiebre por medios naturales, tal persona tarda tiempo en recobrar sus fuerzas. Cuando Jesús sana, sana de una manera tan completa que no hay efectos secundarios a raíz de la enfermedad. No hay debilidad o fatiga después de la fiebre.

Lucas 4:40-41 *con* Marcos 1:32; Mateo 8:16 señalan:

⁴⁰Al ponerse el sol, {Al atardecer, cuando ya se ponía el sol[Mr]} la gente le llevó a Jesús todos los que padecían de diversas enfermedades; él puso las manos sobre cada uno de ellos y los sanó. ⁴¹Además, {y con una sola palabra expulsó a los espíritus,y[Mt]} de muchas personas salían demonios que gritaban: «¡Tú eres el Hijo de Dios!» Pero él los reprendía y no los dejaba hablar porque sabían que él era el Cristo.ᵃ

ᵃ41 Alt. *el Mesías*

Mateo 8:17 señala:

¹⁷Esto sucedió para que se cumpliera lo dicho por el profeta Isaías: «Él cargo con nuestras enfermedades y soportó con nuestras dolores.»ᵃ

ᵃ17 Isaías 53:4

El sol está ocultándose. Toda la ciudad acude a Jesús. Recordando que este es un día de reposo, y que el día completo empieza con la puesta del sol el viernes y termina con la puesta del sol el sábado, esta gente acude a Jesús en la primera hora legal del día domingo. Esta es una escena de lo más conmovedor de toda la

Biblia. Al tiempo que el crepúsculo da paso a la noche y al tiempo que las estrellas empiezan a vislumbrarse, los camastros y las camillas forman una línea frente a la casa de Pedro. Aquí no hay oposición ni antagonismo, el maestro camina junto a cada enfermo, rodeado de sus familiares, y los toca individualmente [*heni hekastō*]. Cada uno es sanado; cada rostro tiene una sonrisa, incluyendo el de nuestro Señor. Lágrimas de gozo corren por las calles. Se oyen risas por todos los rincones de Capernaúm. No podemos imaginar a esta multitud desaparecer sino hasta altas horas de la madrugada. Y a la mañana siguiente estarían buscando al sanador.

Los demonios, como es su costumbre, confesaban que Jesús era el Hijo de Dios. Jesús, como es su costumbre, no les permite hablar. No ha llegado el tiempo de que Jesús sea revelado como el Cristo. La gente espera ansiosa al Mesías, pero no está lista para recibirlo. Desesperadamente quieren un Mesías, pero propio en sus términos, para que lo que esperan se cumpla. Jesús es diferente al sueño que ellos tienen . . . es mejor, pero diferente. Por lo tanto, este anuncio de los demonios causaría más daño que provecho. Ni por un momento pensemos que un demonio va a hacer algo para avanzar la obra del reino de Dios.

Tanto Marcos como Lucas utilizan un tiempo verbal interesante. Cuando afirman: "sabían que él era el Cristo", indica que ellos ya lo sabían con anticipación. No fue algo nuevo para los demonios. Ya lo habían sabido desde hacía tiempo atrás.

En este momento, Mateo presenta el cumplimiento de la profecía de Isaías 53:4, "Él cargó con nuestras enfermedades y soportó nuestros dolores". Esto se refiere, especialmente considerando el contexto, a la crucifixión. De hecho, Pedro lo aplica al Calvario en 1ª Pedro 2:24. Sin embargo, Mateo lo menciona en el contexto de estas sanidades. Entonces, ¿se refiere Isaías 53:4 a la sanidad de nuestras enfermedades espirituales o las físicas? Respuesta: ¡Ambas! Jesús no se satisface con sanar solamente una parte — nos ama enteramente, cuerpo, alma y espíritu. Además la cruz es el medio de nuestra sanidad total. Hasta ahora nuestras almas son redimidas. Cuando Jesús vuelva, nuestros cuerpos, a través de la cruz, serán renovados. Este pasaje no es una promesa para tener salud y riqueza en el presente. Después de todo, aun los que Jesús sanó, con el tiempo, se enfermaron de nuevo y fallecieron. Estas sanidades son promesas y pregonan lo que va a suceder. Son precursores de nuestra permanente y completa redención.

Sección 44
El primer recorrido a Galilea
(Mateo 4:23-25; Marcos 1:35-39; Lucas 4:42-44)

Jesús tiene gran éxito. Sus sermones y sanidades atraen a las multitudes. Este es el logro que los discípulos esperan. Sin embargo, en medio de toda esta fama creciente, Jesús abandona el barco. Los discípulos lo quieren a la vista de las multitudes. Jesús demuestra que sus prioridades son distintas.

Marcos 1:35-37 *con* Lucas 4:42 señalan:

³⁵Muy de madrugada, cuando todavía estaba oscuro, Jesús se levantó, salió de la casa y se fue a un lugar solitario, donde se puso a orar. ³⁶Simón y sus compañeros salieron a buscarlo. ³⁷Por fin lo encontraron y le dijeron: —Todo el mundo te busca. {procuraban detenerlo para que no se fuera.^{Lc}}

Lucas 4:43 señala:

⁴³Pero él les dijo: «Es preciso que anuncie también a los demás pueblos las buenas nuevas del reino de Dios, porque para esto fui enviado.»

Después de estar sanando gente durante toda la noche, Jesús envía a dormir a sus discípulos. Es posible que ellos se hayan quedado dormidos con una sonrisa en sus semblantes. Jesús también se va, tal vez sin dormir nada. Después de unas pocas horas se levanta. Se viste y sale de la casa sin hacer ruido, mucho antes del amanecer. Para Jesús, la oración solitaria es más importante y esencial que dormir. Cuando se dan cuenta que la cama de Jesús está vacía, Simón (note el interés de Marcos en Pedro) dirige la búsqueda.

Cuando Pedro y sus acompañantes lo encuentran, Pedro dice: "Todo el mundo te busca". Los demás se unen y tratan de persuadir a Jesús que no se vaya de Capernaúm. Pero Jesús opera con el plan de su Padre en vez de estar a disposición de las multitudes. No es tan parroquial como para predicar a solo una ciudad. Este reino es más extenso de lo que los discípulos jamás se imaginaron.

Mateo 4:23-25 con Lucas 4:44 señalan:

²³Jesús recorría toda Galilea, {de los judíos^{Lc}}ᵃ enseñando en las sinagogas, anunciando las buenas nuevas del reino, y sanando toda enfermedad y dolencia entre la gente. ²⁴Su fama se extendió por toda Siria, y le llevaban todos los que padecían de diversas enfermedades, los que sufrían de dolores graves, los endemoniados, los epilépticos y los paralíticos, y él los sanaba. ²⁵Lo seguían grandes multitudes de Galilea, Decápolis,ᵇ Jerusalén, Judea y de la región al otro lado del Jordán.

ᵃ44 los judíos. Lit. *Judea.* Var. *Galilea.* *ᵇ25* Es decir, las diez ciudades

En contra de la voluntad de las multitudes, Jesús emprende este primer recorrido por Galilea. Lucas difiere de Mateo y Marcos. Él afirma que Jesús predica en las sinagogas de Judea. Hay una variante textual débil en la versión Reina-Valera de la Biblia señalando "Galilea". Con toda probabilidad "Judea" es lo que escribió Lucas. Sin embargo, la cronología y desplazamiento del ministerio de Jesús, al igual que los pasajes paralelos, indica que este recorrido es por Galilea. Así llegamos a esta conclusión: Lo que Lucas está diciendo es "en las sinagogas de los judíos". Es decir, en la tierra de los judíos, que incluiría, claro, a Galilea (ver Lucas 1:5; 6:17; 7:17; 23:5). En otras palabras, Lucas no está meramente refiriéndose a una geografía sino a un grupo étnico.

La fama de Jesús se esparce como un incendio forestal. Mateo se atreve a señalar que Jesús puede sanar cualquier enfermedad, desde una posesión demoníaca, hasta una parálisis o la misma epilepsia.[17] Su reputación como sanador se extiende por todo Israel y más allá. Toda la gente enferma de Siria, Judea, Jerusalén y Decápolis es traída a él. Todos fueron sanados. No hubo nada que no pudiera sanar y los tocó a todos.

Sección 45
Jesús sana a un leproso
(Mateo 8:2-4; Marcos 1:40-45; Lucas 5:12-16)

Esta es una de las escenas más emocionantes en la Biblia. Ninguna otra enfermedad llevaba la afrenta y un destierro social como

---

[17] Esta palabra "epilepsia" [*seleniazomai*] es muy difícil de traducir. Etimológicamente significa "golpeado por la luna". Puede indicar epilepsia, un mal físico, o locura, un mal psicológico que estaban asociadas con la luna en el tiempo de Jesús. Las dificultades de traducción de esta palabra encontrada en Mateo 4:24 las explica J.M. Ross: "Epileptic or Moonstruck?" (¿Epilepsia o golpeado por la luna?) *BT* (Traductor bíblico)] 29 [enero 1978]: 126-128.

la lepra. Este desechado de la sociedad se abandona a la misericordia de Dios. Jesús lo toca. En vez de que Jesús quedara inmundo, el leproso queda limpio.

Lucas 5:12 con Mateo 8:2; Marcos 1:40 señalan:

12En otra ocasión, cuando Jesús estaba en un pueblo, se presentó un hombre cubierto de lepra.ª Al ver a Jesús, cayó {se arrodilló delante de él[Mt,Mr]} rostro en tierra y le suplicó: —Señor, si quieres, puedes limpiarme.

ª12 La palabra griega se utilizó para referirse a varias enfermedades que afectaban la piel, no necesariamente la lepra.

Marcos 1:41-42 señala:

41Movido a compasión, Jesús extendió la mano y tocó al hombre, diciéndole: —Sí quiero. ¡Queda limpio! **42**Al instante se le quitó la lepra y quedó sano.ª

ª42 sano. Lit. *limpio.*

Jesús empieza su primer recorrido por Galilea y lo aborda un leproso.[18] La palabra "lepra" proviene de "*lepo*" que quiere decir "desgarrarse como escamas". Solamente se la describe dos veces (Números 12:10; 2 Reyes 5:27) y en ambas ocasiones es "blanca como la nieve". Así, muchos comentaristas modernos la han identificado con la soriasis o la elefantiasis. Sin embargo, ninguna de estas condiciones se comparan con los detalles descritos que se hacen de la lepra en Levítico capítulo 13 (ver *m. Negaim*).[19]

El leproso se aproximó a Jesús, se arrodilló ante él y luego cayó rostro en tierra. Esto era ilegal porque los leprosos debían mantenerse alejados de la gente.

Vestido de ropas de luto el leproso pasaba, su pregonar "¡inmundo!" era para motivar a la gente orar por él, pero también para evitarlo. Nadie debía siquiera saludarlo; su cama debía ser baja, inclinada hacia el suelo. Si el leproso ponía

---

[18] Mateo presenta a este leproso acosando a Jesús mientras baja de la montaña después del sermón del monte. Sin embargo, cuando se le presenta junto con Marcos y Lucas, nos damos cuenta de que Mateo tiene un arreglo por tema, no cronológico.

[19] Ver R. Cochrane, "No Wonder You're Confused about Leprosy" (No es de extrañarse que estás confundido acerca de la lepra), *Eternity* (Eternidad) [septiembre, 1965]: 12-14; K. P. Gramberg, "Leprosy and the Bible" (La lepra y la Biblia), *BT* (Traductor bíblico) [enero, 1960]: 10-23; y J. L. Swellengrebel, "Leprosy and the Bible" (La lepra y la Biblia), *BT* (Traductor bíblico) [abril, 1960]: 69-81.

su cabeza en algo, ese artículo quedaba inmundo. Se debía mantener una distancia mínima de por lo menos dos metros entre un leproso y la demás gente, pero si el viento soplaba de la dirección donde se encontraba un leproso, la distancia sería de por lo menos treinta metros. El rabino Meir no comería un huevo comprado en la calle donde habitaba un leproso. Otro rabino vocifera que él los apedrea para mantenerlos alejados, mientras que otros afirman esconderse o huir de ellos (Edersheim, p. 495).

La norma era que si una persona se aproximaba a un leproso, el leproso debía gritar "¡inmundo! ¡inmundo!" (Levítico 13:45-46). En cambio, este leproso le suplicó a Jesús: "Señor, si quieres, puedes limpiarme". No hay antecedente a la petición de este hombre. Él debió haber huido de cualquier rabino cuyo rechazo violento le hubiese podido lastimar y humillar.[20] Además, el Antiguo Testamento no nos muestra la sanidad de una lepra igual. El único caso y ejemplo que tenemos es el de Naamán y Eliseo, pero Naamán no era judío y Eliseo no lo tocó (2 Reyes 5:1-19). A nuestra forma de pensar y razonar, este leproso tiene pocas probabilidades para confiar en que Jesús pudiera o quisiera sanarlo. En este mismo sentir, es interesante ver que no hay un solo caso de sanidad de lepra fuera de la directa intervención divina.

Jesús, "movido a compasión",[21] extendió su mano y agarró [*haptō*] al hombre. El hecho de tocar a un leproso habría contaminado al que lo tocaba. Pero en vez de que Jesús fuera inmundo, el leproso fue limpio. Ciertamente, Jesús pudo haber sanado al leproso por su palabra. Después de todo, sanó al hijo del funcionario a una distancia

---

[20]Como lo señala Edersheim (p. 493), "Una vez declarado leproso, el afectado sentiría muy pronto la total falta de corazón de los rabinos. Sacarlo fuera de las murallas pudo haber sido una necesidad, lo cual, tal vez, hasta requirió de ser forzado y amenazado con la pena de cuarenta menos un latigazos". Sin embargo, C. R. Kazmierski, "Evangelist and Leper: A Socio-Cultural Study of Mark 1:40-45" (El evangelista y el leproso: Un estudio sociocultural de Marcos 1:40-45), *NTS* (Estudios del Nuevo Testamento) 38 [1992]: 37-50, sugiere que estas regulaciones no se llevaban a cabo estrictamente en los pueblos y las aldeas, especialmente entre más lejos se estaba de Jerusalén.

[21]C. H. Cave, "The Leper: Mark 1:40-45" (El leproso: Marcos 1:40-45), *NTS* (Estudios del Nuevo Testamento) 25 [1979]: 245-250, contiende por la variante textual débil de "tuvo hambre" [*orgistheis*] en vez de "sintió compasión" [*splanchnistheis*]. Esto cambiaría esta historia de una sanidad en una de controversia. Esto explicaría por qué (1) Jesús ordena permanecer callado y despedirlo, (2) el uso de la palabra "advertencia fuerte" [*embrimesamenos*] y (3) el contexto de otras historias de controversia. Sin embargo, esta variante textual es muy débil para seguirla y las categorías de crítica de forma han probado ser poco confiables. Así que aceptamos el texto como aparece en la *Nueva Versión Internacional de la Biblia*.

de treinta y dos kilómetros (Juan 4:45-54). ¿Por qué no hizo lo mismo en este caso? Se dio cuenta que este hombre tenía varias necesidades: (1) Necesitaba ser limpio de su lepra. (2) Necesitaba ser tocado por alguien. Había vivido aislado y había sido rechazado y necesitaba regresársele a la sociedad. (3) Necesitaba ser liberado del destierro social de haber tenido lepra. Así, esta sanidad consta de tres partes: física, emocional y social. Jesús trata la necesidad física al sanar al leproso. Trata el asunto emocional al tocarlo. Y, trata el aspecto social al enviarlo al templo para ofrecer el sacrificio apropiado.

Marcos 1:43-45 *con* Lucas 5:15-16 señalan:

> [43]Jesús lo despidió en seguida con una fuerte advertencia: [44]— Mira, no se lo digas a nadie; sólo ve, preséntate al sacerdote y lleva por tu purificación lo que ordenó Moisés, para que sirva de testimonio. [45]Pero él salió y comenzó a hablar sin reserva, divulgando lo sucedido. Como resultado, Jesús ya no podía entrar en ningún pueblo abiertamente, sino que se quedaba afuera, en lugares solitarios. Aun así, gente de todas partes seguía acudiendo a él. {[15]de modo que acudían a él multitudes para oírlo y para que los sanara de sus enfermedades. [16]Él, por su parte, solía retirarse a lugares solitarios para orar.[Lc]}

Moisés designó una ofrenda como evidencia de haber sido limpiado de la lepra (Levítico capítulos 14-15). Debido a que un leproso era un ser totalmente apartado de Israel, aun después de haber quedado limpio, el leproso puede sentirse todavía rechazado. El sacrificio era una señal pública que el ex-leproso hacía a manera de aceptación por los sacerdotes y por Dios mismo. Así, tal persona se incorporaba nuevamente a la sociedad sin más rechazo o alienación.

¿Por qué le pide Jesús que mantenga en secreto todo esto? Primero, debido al prejuicio que surge en contra de Jesús, el sacerdote podía no declarar limpio a este leproso debido a su contacto con Jesús. Así que fue para beneficio del leproso. Segundo, fue para beneficio de Jesús. Su popularidad ha escalado las alturas y las multitudes lo abruman. Jesús trata de evitar lo que sucedió (Marcos 1:45): el leproso sano y limpio divulga lo sucedido y en consecuencia las multitudes buscan a Jesús y por ello él no puede entrar a ningún pueblo y se tiene que quedar en el campo[22] Además, como lo indica Lucas 5:15,

---

[22]C. R. Kazmierski, "Evangelist and Leper: A Socio-Cultural Study of Mark 1:40-45" (El evangelista y el leproso: Un estudio sociocultural de Marcos 1:40-45), NTS (Estudios del Nuevo Testamento) 38 [1992]: 37-50, sugiere que es el leproso, no Jesús, que ya no podía entrar libremente a una ciudad (Marcos 1:45b). Sin embargo, mientras que "Jesús" no

la presencia de Jesús estimula a la gente pero por razones equivocadas. Las multitudes quieren sanidad física y una función de circo. Esto dificulta que Jesús muestre y predique su verdadera identidad. Finalmente, la tensión se inicia entre Jesús y la jerarquía religiosa. No hay necesidad de una confrontación prematura desagradable.

En medio de toda esta popularidad, Jesús con frecuencia[23] se apartó a orar en lugares solitarios (Lucas 5:16). Cuando más trabajo tenía Jesús, más se apartaba a orar. Esa es una lección que haríamos bien en aprender. No podemos vivir sin el poder y la perspectiva que la oración da, *especialmente* cuando nuestra agenda está saturada.

Sección 46
Jesús sana y perdona a un paralítico
(Mateo 9:1-8[24]; Marcos 2:1-12; Lucas 5:17-26)

Al aproximarse el cierre del recorrido de Jesús por Galilea nuevamente lo encontramos en Capernaúm, posiblemente en casa de Simón Pedro (Marcos 1:29). La sanidad del leproso (el único suceso que se nos da de su primer recorrido) y la sanidad de este paralítico, son representativos de la obra de Jesús y tienen varias cosas en común: (1) Jesús muestra su preocupación por algo más que tan sólo su bienestar físico. (2) Estas sanidades carecen de un antecedente. Nada similar había sido hecho antes (ver Marcos 2:12). (3) Las sanidades demuestran el poder divino. (4) Jesús obra muy por el contrario de cómo lo hubieran hecho los rabinos de su tiempo.

En nuestra presente narrativa, veremos, por vez primera, la oposición pública oficial de la jerarquía religiosa. Muy pronto objetarán a Jesús en cuatro niveles (McGarvey, p. 183): (1) blasfemia, (2) participación con cobradores de impuestos y pecadores, (3) descuido de las responsabilidades ascéticas (lavarse las manos, ayunar, etc.) y (4) violaciones al día de reposo.

---

aparece en el texto griego, el paralelo en Lucas 5:15-16 claramente habla de Jesús, no del leproso, que tenía grandes multitudes.

[23]Note el presente participio [*hypochōrōn*].

[24]Nuevamente, entendemos que Mateo ofrece un arreglo temático en vez de cronológico. Así, su introducción (9:1), en cuanto a cruzar el lago de Galilea, es para darle un flujo y continuidad literaria, no que haya habido un desplazamiento real.

Marcos 2:1, 2 señala:

¹Unos días después, cuando Jesús entró de nuevo en Capernaúm, corrió la voz de que estaba en casa. ²Se aglomeraron tantos que ya no quedaba sitio ni siquiera frente a la puerta mientras él les predicaba la palabra.

Lucas 5:17-21 *con* Marcos 2:3-4, Mateo 9:2 señalan:

¹⁷Un día, mientras enseñaba, estaban sentados allí algunos fariseos y maestros de la ley que habían venido de todas las aldeas de Galilea y Judea, y también de Jerusalén. Y el poder del Señor estaba con él para sanar a los enfermos. ¹⁸Entonces llegaron unos {cuatro^{Mr}} hombres que llevaban en una camilla a un paralítico. Procuraron entrar para ponerlo delante de Jesús, ¹⁹pero no pudieron a causa de la multitud. Así que subieron a la azotea y, {quitaron parte del techo encima de donde estaba Jesús y, luego de hacer una abertura^{Mr}} separando las tejas, lo bajaron en la camilla hasta ponerlo en medio de la gente, frente a Jesús.
²⁰Al ver la fe de ellos, Jesús dijo: —Amigo, {¡ánimo, hijo!^{Mt}} tus pecados quedan perdonados.
²¹Los fariseos y los maestros de la ley comenzaron a pensar: «¿Quién es éste que dice blasfemias? ¿Quién puede perdonar pecados sino sólo Dios?»

De alguna manera Jesús pudo entrar a la ciudad y permaneció sin ser notado por algún tiempo (probablemente era la casa de Pedro). Tan pronto se difundió la noticia de que estaba de regreso, la gente empezó a juntarse frente a la entrada principal. Jesús empieza a enseñarles a las multitudes cada día. Los fariseos y los maestros de la ley se enteran que Jesús reanudaba sus clases y llegan a él de las aldeas esparcidas por Galilea, Judea y Jerusalén. La casa se llena nuevamente.²⁵

De las indicaciones que tenemos, ésta habrá sido casa de una familia de clase media-alta. Probablemente tenía un patio cuadrado con cuartos alrededor. En una esquina del patio quedaría la puerta que daba a la calle. Generalmente una casa así habrá sido de dos pisos y con el techo abierto, con una baranda alrededor para seguridad. Alrededor del patio hubo un toldo para permitir a los de la casa acceso de un cuarto a otro, pero protegidos de sol y lluvia.

---

²⁵Lucas utiliza un verbo en modo perfecto para indicar que los fariseos "estaban en el estado presente de haber estado allí". En otras palabras, han estado presentes por varios días ya. Así, esta no es la primera vez que escuchan a Jesús hablar.

Lucas (5:17) señala que muy pronto la gente evidenciará "el poder del Señor para sanar a los enfermos". Cuatro hombres trajeron a un paralítico en una camilla. Es posible que la camilla haya sido tan sólo una piel de algún animal sujetada con unos barrotes. Este paralítico ya está acostumbrado a que lo transporten así. Nos gustaría saber más de su condición. ¿Era paralítico de nacimiento? ¿Se lastimó la nuca en algún momento de su vida? ¿Es casado y con una familia que mantener? Simplemente no lo sabemos porque no se nos informa. Pero podemos asegurar por la cultura judía que lo único que podía hacer era pedirle a unos amigos que lo sacaran o colocaran en una entrada de un lugar público para pedir limosnas. Es posible que estos mismos cuatro hombres son los que diariamente lo colocaban en un lugar público para que él se acostara allí, mirándose patético, que la gente lo viera de manera impertinente y le arrojaran unos centavos.

No sabemos de quien fue la idea de llevarle este paralítico a Jesús. Pero resultó un proceso engorroso y molestoso. La multitud fuera de la puerta no cedió el paso. Tal vez un niño pudo haberse deslizado y metido entre las piernas de la gente, pero no cuatro hombres cargando una camilla. Así que, suben al tejado. Es posible que por fuera hubiera una escalerilla al tejado, pero no es muy probable porque esto invitaría a los rateros. Es más probable que ellos le hayan pedido a un vecino de Pedro que les permitiera entrar a su casa, subir a la azotea y de allí pasarse a la casa de Pedro. Las casas estaban cerca una de la otra, permitiendo esta maniobra. Pero, esto no se pudo hacer sin llamar la atención de los demás. ¡Fue precisamente eso lo que lograron! ¿Por qué están tan motivados en presentar este hombre ante Jesús HOY MISMO? Respuesta: Jesús es impredecible. Hoy está aquí, mañana quien sabe. Es posible que la única oportunidad que tienen es hoy mismo.

Se posicionan precisamente arriba de donde estaba Jesús. No lo pueden ver, pero por las miradas de la multitud pueden adivinar donde está. Tuvieron que escarbar, romper y desbaratar el tejado para abrir el boquete que necesitaban para bajar la camilla con el paralítico (Marcos 2:4).[26] La gente frente a Jesús podía ver todo lo

---

[26] Lucas utiliza la palabra *keramōn* para el techo, indicando "barro". Así, algunos comentaristas (McGarvey, p.184) colocaría a Jesús dentro de la casa y estos cuatro hombres entran por el techo sólido, haciéndole una abertura. Tal acto de vandalismo parece un poco extremista. Aunque esta es una posibilidad, nuestra reconstrucción presente parece más acertada. Lo que Lucas dice probablemente refleja la construcción de casas greco-romana, para Teófilo familiar. En otras palabras, los detalles de Lucas son para favorecer a su lector más que para precisión histórica. J. Vonnorsdall, "Marcos 2:1-12", Int (Interpretación) 36 [enero, 1982]:

que estaba pasando. Sin duda, Jesús se da cuenta que la multitud se distrae. Pronto la basura, las pajas, los pedazos de teja empiezan a caerle mientras predica. De pronto, la luz del sol penetra por el tejado y se ve una camilla bajando con el paralítico dentro. ¿Cómo cree usted que se sintió el paralítico al estar ante la presencia de Jesús? ¿No cree usted que mostró una pequeña sonrisa burlona? ¿No cree usted que se sintió un poco avergonzado por haber interrumpido el sermón? Jesús, respetando la fe de estos cuatro hombres, declara a este paralítico perdonado de sus pecados (ver Lucas 7:48; 23:43). Vienen a Jesús buscando la sanidad (tal vez para que ya no tengan que cargar a su amigo más). Pero lo que obtienen es una absolución. Esto puede que no sea lo que esperaban los cuatro hombres. Pero los fariseos se enfurecen. Ve usted, ¡Cristo está actuando como Dios!

Los fariseos piadosos están sentados en los asientos de honor escuchando el sermón. Pero cuando escuchan esto, se sobresaltan. Se congregan para conferenciar entre ellos y determinan de manera unánime que Jesús ha blasfemado. Se preguntan: "¿Quién puede perdonar pecados sino sólo Dios?" Su lógica está correcta: Solamente Dios tiene la autoridad moral de perdonar pecados (ver Isaías 43:25). Su teología está correcta, pero se equivocan al evaluar a Jesús.

La blasfemia es un "oprobio" o "insulto" (ver Tito 3:2; 2 Pedro 2:2; Judas v. 8). De acuerdo con el Mishná, "el blasfemo no es culpable a menos que pronuncie el nombre en cuestión" (*Sanh.* 7.5). Como resulta claro que Jesús no pronunció ningún nombre, algunos han cuestionado la autenticidad de este texto.[27] Sin embargo, se duda que el Mishná, una codificación teórica posterior, tome en cuenta toda exigencia histórica. La literatura bíblica y seudoepígrafe pare sugerir una aplicación más amplia del término. Por ejemplo, el Salmo 74:18 sugiere que negar cualquier habilidad de Dios resulta en blasfemia; Isaías 52:5 pone a la persecución de los justos como algo blasfemo (o su ejecución, Tobit 1:18); Ezequiel 35:12 enseña que regocijarse en la derrota de Israel es blasfemo; como también lo es insultar el templo (1 Macabeos 7:35-38)[28] Lo más seguro es que esto

---

58-63, juguetonamente sugiere que "como experto carpintero" Jesús mismo arregló el techo una vez que la multitud se dispersó.

[27] Ver G. Vermes, *Jesus the Jew: A Historian's Reading of the Gospels* (Jesús el judío: Una lectura de los Evangelios por un historiador) (NY: Macmillan, 1973), 35.

[28] En cuanto a más ejemplos, ver Str-B, 1:1016-20; Evans, *Mark* 453-455, Darrel Bock, "The Son of Man and the Debate over Jesus' 'Blasphemy'", in *Jesus of Nazareth: Lord and Christ* (ed. Joel B. Green and Max Turner; Grand Rapids; MI: Eerdmans, 1994), 184-186.

concuerde con Juan 5:18 (ver 10:33): "Así que los judíos redoblaban sus esfuerzos para matarlo, pues no sólo quebrantaba el sábado sino que incluso llamaba a Dios su propio Padre, con lo que él mismo se hacía igual a Dios". El hecho de que la blasfemia era castigada con la muerte hace que los judíos se muestran feroces ante Jesús.

Marcos 2:8-11 *con* Mateo 9:4 señalan:

⁸En ese mismo instante supo Jesús en su espíritu que esto era lo que estaban pensando. —¿Por qué razonan así? {dan lugar a tan malos pensamientos^Mt} —les dijo—. ⁹¿Qué es más fácil, decirle al paralítico: "Tus pecados son perdonados", o decirle: "Levántate, toma tu camilla y anda"? ¹⁰Pues para que sepan que el Hijo del hombre tiene autoridad en la tierra para perdonar pecados —se dirigió entonces al paralítico—: ¹¹A ti te digo, levántate, toma tu camilla y vete a tu casa.

Lucas 5:25-26 *con* Mateo 9:8 señalan:

²⁵Al instante se levantó a la vista de todos, tomó la camilla en que había estado acostado, y se fue a su casa alabando a Dios. ²⁶Todos quedaron asombrados y ellos también alababan a Dios. {por haber dado tal autoridad a los mortales^Mt}. Estaban llenos de temor y decían: «Hoy hemos visto maravillas.»

Nuevamente Jesús percibe sus pensamientos "en su espíritu" y hasta los considera "malos". Jesús contesta, no con argumentos, sino con evidencia irrefutable. Pregunta: "¿Qué es más fácil, decirle al paralítico: "Tus pecados son perdonados", o decirle: "Levántate, toma tu camilla y anda?" De hecho, ambas frases son fáciles de decir, pero difíciles de hacer. Además, cualquiera podía *decir* tus pecados son perdonados y no hay forma de *probar* si son perdonados o no. Pero si alguien dijera, "Levántate, toma tu camilla y anda", eso se puede verificar inmediatamente.

Así llegamos a la parte central del texto: "Pues para que sepan que el Hijo del hombre tiene autoridad en la tierra para perdonar pecados . . ."²⁹ Jesús rompe su oración a la mitad (Marcos 2:10), se

---

²⁹Algunos eruditos han atacado este texto. Lo han hecho porque claramente identifica el propósito y la persona de Jesús y por ello aseveran que se pudo haber agregado después a esta narración de la sanidad (ver L. S. Hay, "The Son of Man in Mark 2:10 and 2:28", JBL 89 (1970): 69-75. Sin embargo, R. T Mead, "The Healing of the Paralytic - A Unit", JBL 80 (1960): 348-354, de manera acertada ha mostrado que a pesar de las supuestas dificultades inherentes en el texto, la sanidad del paralítico cobra poco sentido si se le divorcia del pronunciamiento respecto al Hijo del Hombre (Marcos 2:5b-10). Es más, este distintivo "el Hijo del Hombre" la autodesignación auténtica favorita de Jesús, se usa en otra parte para designar y exaltar al emisario de Jehová (ver Daniel 7:13, 14; 1 En 46:1-6; 48:5, 10; 62:1-16;

dirige al paralítico y dice: "toma tu camilla y vete a tu casa. Es como si Jesús dijera, "¡Tan sólo vean esto!"

La prueba de la sanidad del paralítico comprueba que también perdonó efectivamente el pecado del hombre. Los judíos, por supuesto, creerían que el problema físico es causado por un problema espiritual (ver Juan 9:2). De esta manera Jesús no tan solo libra al hombre de su parálisis, sino también de la mala fama de ser pecador.

El hombre inmediatamente obedece a Jesús, recogiendo su camilla y yéndose a su casa. La multitud que no lo dejó entrar ahora abren paso para que salga. ¿No lo haría usted? El paralítico sale, alabando a Dios. La multitud queda boquiabierta y pasmada. Los fariseos permanecen callados. ¿Qué podrán decir frente a los comentarios de la gente? "Hoy hemos visto maravillas". "Nunca hemos visto tal cosa antes." La multitud no responde en primera instancia a la sanidad. Ya han visto esto en esta misma casa. Lo que no han visto antes es un hombre con autoridad divina para perdonar pecados. Así, el milagro de Jesús consta de tres partes: (1) El perdón de pecados, (2) leer la mente y (3) sanar la parálisis. Los tres son sorprendentes.

Sección 47a
El llamado de Leví /Mateo
(Mateo 9:9; Marcos 2:13-14; Lucas 5:27-28)

Como el episodio anterior, Jesús nuevamente trata con el perdón de pecados. No necesitamos leer estos sucesos como si uno le siguiera inmediatamente al otro. Aparecen juntos porque su contenido es similar.

Podemos apreciar sólo en parte lo radical que es el concepto del perdón que mostraba Jesús. El judaísmo tuvo sus linderos claros referente a quién se le permitía entrar, y Lucas quedaba afuera. Una relación correcta con Dios requería de la pureza ritual. Jesús dejó este principio patas arriba cuando enseñó que una relación con Dios da atención a la compasión. Esta idea requirió automáticamente un rompimiento con los linderos normales del judaísmo, cruzando líneas y recibiendo con brazos abiertos a los ritualmente impuros.[30]

---

2 Esdras 13:3; Juan 12:34). Además, en otra parte de los evangelios, la expresión "Hijo del Hombre" es una exaltación: juzga (Juan 5:27); da testimonio de sus discípulos ante Jehová (Marcos 8:38; Mateo 10:32); y es el Señor del sábado (Marcos 2:28). Ver W. Horbury, "The Messianic Associations of 'The Son of Man'", JTS 36 (1985) 34-55.

[30] M. Tehor: 7.6 afirma que la presencia de un gentil, un recaudador de impuestos o un

Así que, Jesús extiende compasión a personas tales como un leproso y un cobrador de impuestos.

Marcos 2:13-14 *con* Mateo 9:9, Lucas 5:28 señalan:

> ¹³De nuevo salió Jesús a la orilla del lago. Toda la gente acudía a él, y él les enseñaba. ¹⁴Al pasar vio a Leví {Mateo^Mt} hijo de Alfeo, donde éste cobraba impuestos. —Sígueme — le dijo Jesús. Y Leví se levantó {lo dejó todo^Lc} y lo siguió.

Nuevamente encontramos a Jesús en uno de sus lugares favoritos haciendo lo que le apasionaba, — enseñando a la gente. El mar de Galilea está atiborrado de gente. No importa en qué momento se presente Jesús, la multitud está lista. Hasta el lago parece estar esperando el momento para proveer un anfiteatro natural al Maestro.

Al final de la lección del día, Jesús pasa por donde se encuentra un cobrador de impuestos. Ya sea que este cobrador de impuestos esté en la playa misma cobrando peaje de los bienes que cruzan el lago o en el camino a Capernaúm, cualquiera de estos dos lugares proveería un ingreso lucrativo para este empleado del gobierno romano.

Lucas y Marcos lo llaman por su nombre judío, Leví, como también lo hace El *evangelio de Pedro* del siglo II; v. 59. Él se llama a sí mismo Mateo (arameo), significando "regalo de Dios".

En cuanto al apostolado, él era alguien que ni siquiera se le consideraría para formar parte del grupo de los apóstoles. Como cobrador de impuestos, se le habrían opuesto violentamente los judíos más ortodoxos. De hecho, la palabra hebrea para cobrador de impuestos [*mokhes*], parece tener en su raíz "opresión" e "injusticia". Los judíos simplemente odiaban este sistema romano opresivo del cobro de impuestos. Odiaban los altos porcentajes del cobro de impuestos. Odiaban la gran cantidad y variedad de impuestos que había que pagar: por los caminos, los puentes, el ingreso, por vivir en un pueblo, por las cosechas, por el vino, por pescar, por los frutos, etc. Odiaban cómo su dinero iba a pagar gastos inmorales y de idolatría. Pero más que nada, odiaban lo que representaba el sistema de impuestos romano: el dominio romano sobre el pueblo de Dios.

En consecuencia, cualquier judío que trabajaba cobrando impuestos para el gobierno romano era considerado el peor traidor. Por lo tanto, Mateo está desterrado de cualquier forma de vida judía, especialmente de sus servicios en las sinagogas. "Su dinero era

---

ratero hacen que una casa sea inmunda.

considerado manchado y hacía impuro o inmundo a cualquiera que lo aceptara. Él no podía servir como testigo. Los rabinos no tenían ninguna palabra de ayuda para los publicanos, porque esperaban que él se conformara externamente a la ley para ser justificado por Dios" (Shepard, p. 143).

Como escritor del primer Evangelio, aprendemos más de Mateo en cuanto a las profecías del Antiguo Testamento y de las tradiciones judías que de cualquier otro escritor. Al leer su libro nosotros esperaríamos que él fuese un judío de judíos. ¿Qué vamos a hacer con esto? Tal vez Mateo extrañaba sus raíces judías, pero a la vez luchaba por la seguridad de su empleo. Es posible que en soledad estudiaba las Escrituras, llegando a conclusiones propias e individualmente esperando al Mesías. (Es difícil creer que Mateo haya estudiado el Antiguo Testamento únicamente bajo la tutela de Jesús). Debemos aprender de Mateo que aquellos que se encuentran en la periferia y que se aprecian tan antagonistas pueden llegar a ser los mejores conversos.

Al pasar Jesús, mira a Leví. La mayoría de la gente trata de ignorarlo; algunos tratan de pasar inadvertidos. Jesús fue distinto. Mira a Leví a los ojos y lo desafía llamándolo a un discipulado inmediato.

Mateo responde de inmediato y de forma radical. Es posible que Leví esté familiarizado con Jesús. El mar de Galilea, especialmente esta playa cerca de Capernaúm, es donde Jesús tiene su "base de operaciones". Sin duda que ha escuchado a Jesús predicar. Hasta pudo haber atestiguado el llamamiento de Jesús a los cuatro pescadores. Cierto es que él debió haberles cobrado muchos impuestos ya, especialmente después de esa pesca milagrosa. Además, por la brevedad del texto parece que Mateo se levantó inmediatamente y dejó su mesa de trabajo para que los demás se llevaran sus monedas. Eso no es del todo aceptable. Lo más seguro es que cerró el negocio y fue a rendir cuentas a las autoridades romanas. No hacerlo habría resultado en una gran irresponsabilidad de su parte y hasta peligroso, poniendo en riesgo el ministerio de Jesús.

Hemos visto a cuatro pescadores dejar el negocio en manos de su padre. Sin embargo, siempre tienen la opción de regresar. De hecho, después de la resurrección, los apóstoles regresan a Galilea y se la pasan pescando mientras esperan a Jesús. Leví es distinto – no tiene otras opciones. Cuando deja la mesa de los tributos es para siempre. Es un miembro pequeño de una estructura corporativa enorme. Hay publicanos jóvenes ansiosos de tomar su lugar, su silla lucrativa. Cuando él deja todo, lo hace para siempre.

Sección 47b
Un banquete en la casa de Mateo
(Lucas 5:29-32; Mateo 9:10-13; Marcos 2:15-17)

En el mundo social de la época de Jesús el comer juntos no servía sólo para alimentarse, era una manera de desarrollar y mantener los límites sociales y la solidaridad. Las comidas eran, por lo tanto, herramientas con fines políticos, religiosos y sociales. Con ellas se establecía y reforzaba la posición de uno en la familia y en la sociedad. Tomemos nota. Jesús utiliza las comidas para derribar la estructura exclusiva y opresiva de su mundo social: (1) Él frecuentemente ocupa las comidas para no hacer caso al estatus de los grandes y dar valor a la humildad (ver Lucas 14:1-14). (2) A través de las comidas él creó un nuevo grupo social que incluía a los "pecadores" y parias (ver Mateo 9:10-17). Y (3) Jesús hizo caso omiso de los ritos referentes a comidas que levantaban barreras entre personas (ver Marcos 7:1-25).[31]

Lucas 5:29-30 con Mateo 9:10-11; Marcos 2:15 señalan:

²⁹Luego Leví le ofreció a Jesús un gran banquete en su casa, y había allí un grupo numeroso de recaudadores de impuestos y otras personas {pecadores^{Mt,Mr}} que estaban comiendo con ellos {pues ya eran muchos los que lo seguían^{Mr}}. ³⁰Pero los fariseos y los maestros de la ley que eran de la misma secta les reclamaban a los discípulos de Jesús: —¿Por qué comen y beben ustedes {su maestro^{Mt}} con recaudadores de impuestos y pecadores?

Marcos 2:17 señala:

¹⁷Al oírlos, Jesús les contestó: — No son los sanos los que necesitan médico sino los enfermos. Y yo no he venido a llamar a justos sino a pecadores.

Mateo 9:13 señala:

¹³Pero vayan y aprendan lo que significa: "Lo que pido de ustedes es misericordia y no sacrificios."[a] Porque no he venido a llamar a justos sino a pecadores.

---

[31]Dietmar Neufeld, "Jesus' Eating Trasgressions and Social Impropriety in the Gospel of Mark: A Social Scienfific Approach" (Las ofensas de Jesús en comidas y sus impropiedades sociales en el Evangelio de Marcos: Un acercamiento socio científico), *BTB* (Boletín de teología bíblica) 30/1 [2000]:15-26.

a13 Oseas 6:6

Mateo se lleva a Jesús a su casa y hace algo que parece muy honorable — le hace una fiesta, no sólo para Jesús sino para todos sus discípulos (Marcos 2:15). ¿A quiénes invitará? A todos los que nosotros invitaríamos — nuestros amigos. El problema es que los amigos de Mateo eran todos pecadores y cobradores de impuestos como él (ver Mateo 11:19; 18:17; 21:31-32; Lucas 15:1).[32] Esto es evangelismo típico. Cuando los pecadores encuentran a Jesús, espere a que venga una bandada de amigos, porque ellos quieren que todos conozcan el mismo gozo que ellos acaban de encontrar.

Así como la respuesta de Mateo es típica de los pecadores, también la respuesta de los fariseos y sus escribas es típica de la comunidad religiosa. Se oponen a Jesús por no saber aplicar el proverbio que dice: "los de la misma calaña se mantienen juntos". Además, actúan con mucha astucia. No enfrentan directamente a Jesús, sino que lo hacen con los discípulos (Lucas 5:30). Les reclamaban a los discípulos. Casi era imposible que los discípulos no reaccionaran ante los embates de queja e intimidación de los fariseos. Todas sus vidas han venerado a los fariseos. Ahora se encuentran del otro lado, en la oposición.

Además, los fariseos debían ser un poco escrupulosos en cuanto a aceptar comer en casa de Mateo, eran del mismo pueblo. Se habían dado cuenta perfectamente bien del destierro social de Mateo y de lo que Mateo tenía que soportar. Tal vez hasta ellos mismos criticaron en algún momento a Mateo y participaron en el chisme acerca de él. Es seguro que se preguntaron si debían seguir a Jesús con rumbo a la casa de Leví. De hecho, hasta se han de haber preguntado si no debían abandonarlo todo en estos momentos.

Jesús escucha el cuchicheo del sabotaje y le pone fin con un proverbio hermoso (Mateo 9:12; Marcos 2:17; Lucas 5:31; ver P. Oxyrhynchus 1224). Jesús, el gran médico, no está preocupado por lo que la gente piense de él. Y, como médico, jamás le ha preocupado hacerse rico. Le impulsa su compasión por los enfermos. "Donde termina el interés de los fariseos por lograr algo provechoso, entra en acción la preocupación de Jesús para dar el tratamiento adecuado: Los pecadores están enfermos y necesitan ayuda, no ser contaminados ni ser rechazados" (Nolland, p. 250).

---

[32] Lucas, en su compasión típica por los pequeños y los perdidos, simplemente dice "otros" en lugar de "pecadores".

Nosotros hablamos mucho de amar a los pecadores y querer ganar al mundo, pero esperamos que primero se limpien los pies antes de entrar al lugar donde se reúne la iglesia. Nos enojamos cuando hacen algo indebido. No les entendemos cuando dicen: "bravo" en vez de "amén". Y, espere a tener un silencio mortuorio cuando se les escuche decir una mala palabra en alguna reunión cristiana. La iglesia debe entender que ella no es un hotel de lujo para santos sino un hospital para pecadores.

Únicamente Mateo (como es típico de él) agrega la cita de Oseas 6:6: "Pero vayan y aprendan lo que significa: "Lo que pido de ustedes es misericordia y no sacrificios". "Ve y aprende" era la frase típica de los rabinos al enfrentar a un estudiante que no "hizo su tarea". Jesús está tratando a estos doctores como si fuesen estudiantes novatos. Los insultó en gran manera, y se lo merecen porque sus prioridades están al revés. Les preocupa más la religiosidad que la gente. Por ello, Oseas 6:6 resulta aplicable mordazmente. La expresión idiomática semita "esto, no aquello" se entiende mejor como "más de esto que de aquello". No es que Dios no quisiera sus sacrificios; pero más que sacrificios, Dios quería misericordia. La iglesia de clase media sigue tropezándose con Jesús en cuanto a esta declaración, como lo señala Blomberg:

> Muchos de nosotros, al igual que los fariseos, seguimos ignorando a los desechados por la sociedad o por lo menos los discriminamos. Deberíamos considerar incrementar substancialmente nuestro alcance espiritual, evangelizador y social para llegar a las minorías, a aquellos que no tienen hogar, que son prostitutas, que son adictos a alguna droga, que venden drogas ilícitas, que son lesbianas u homosexuales, que son víctimas del SIDA y similares. También debemos llegar a los que encubiertamente son criticados y desechados, como lo son las madres solteras, los divorciados, los ancianos, los alcohólicos y similares . . . no debemos juntarnos con los pecadores y practicar el pecado, pero tal vez tengamos que acudir a juntarnos con ellos y encontrar la iniquidad del mundo de tal manera que no lo harían los fariseos modernos de nuestras iglesias — formas que ellos desacreditan (p. 157).

Sección 48
Fiesta contra ayuno; viejo contra nuevo
(Mateo 9:14-17; Marcos 2:18-22; Lucas 5:33-39)

El banquete de Mateo propició no solo una, sino dos quejas contra Jesús: (1) Fraternizaba con pecadores y (2) estaba en fiestas en vez de ayunar. Esta narración es la "parte dos" del banquete de Mateo y resalta como la pieza principal dentro de las historias de controversia de Lucas (Lucas 5:1 - 6:16). La verdad es que el evangelio de Jesús "no se puede reducir a un remiendo nuevo para una prenda vieja o para reparar lo 'viejo' (v. 36) ni tampoco se puede encerrar dentro de los límites del 'viejo' (vv. 37-38)" (Nolland, p. 250).

Marcos 2:18-20 con Lucas 5:33, Mateo 9:14-15 señalan:

18Al ver que los discípulos de Juan y los fariseos ayunaban, algunos {los discípulos de Juan^{Mt}} se acercaron a Jesús y le preguntaron: —¿Cómo es que los discípulos de Juan y de los fariseos {ayunan y oran con frecuencia^{Lc}} ayunan, pero los tuyos no? {pero los tuyos se la pasan comiendo y bebiendo^{Lc}} **19**Jesús les contestó: —¿Acaso pueden ayunar {estar de luto^{Mt}} los invitados del novio mientras él está con ellos? No pueden hacerlo mientras lo tienen con ellos. **20**Pero llegará el día en que se les quitará el novio, y ese día sí ayunarán.

En acuerdo con la ley, solamente se ordenaba un ayuno por año, el día de la expiación (Levítico 16:29) y algunos ayunaban por cuatro días con motivo de conmemorar la destrucción de Jerusalén (Zacarías 7:3, 5; 8:19). Pero los fariseos ayunaban cada lunes y jueves como demostración de su extrema religiosidad (Lucas 18:12; Did 8:1; Str-B 2.241-244). Entonces, posiblemente el banquete de Mateo fue en uno de estos días cuando los "verdaderamente religiosos" no estaban comiendo.

Es curioso que los discípulos de Juan se identifican con los fariseos en vez de con Jesús.[33] Después de todo, Juan frecuentemente señalaba a Jesús como el Mesías mientras que regañaba a los fariseos llamándolos generación de víboras. Por otro lado, Juan está ahora en prisión y sus fieles discípulos (que por alguna razón no siguieron a Jesús), creen que Jesús no está haciendo lo suficiente para liberar a Juan de la cárcel. También, es importante recordar que tanto Jesús

---
[33] Esto resalta lo mordaz de la práctica de Jesús en cuanto a su compañerismo con pecadores a la mesa. Las comidas fungían una relación social y agrupaban a la gente. Ver Mary Douglas, "Deciphering a Meal", *Daedalus* 101 (1972): 61-81.

como Juan tienen distintos modos de operar (Mateo 11:18-19). Juan era totalmente "ascético" mientras que Jesús era mucho más "liberal". Esto debió de haber sido confuso y un poco ofensivo para los discípulos de Juan.

La respuesta de Jesús es profunda y lógica. ¡Cuando el novio está entre la gente es tiempo de celebración! Así que Jesús pregunta: "¿Ayuna la gente durante el banquete de bodas?" Notamos algunas cosas en esta pregunta. Primero, está planteada en griego, esperando así una respuesta negativa. "¡Claro que no!" Segundo, Jesús se refiere a sí mismo de la misma manera que lo hace Juan – el novio. Así, Jesús les recuerda de la enseñanza de su propio maestro (Juan 3:29).

El punto es, usted no ayuna ni está de luto en una boda. El ministerio de Jesús fue un tiempo de alegría, gozo y celebración. Eso resultaba un poco raro ya que Jesús, al igual que Juan, predicaba el arrepentimiento, que iba apropiadamente acompañado de ayuno. Sin embargo, muy pronto los discípulos de Jesús lamentarían la pérdida de su Señor. La palabra "quitará" [*aparthe*] indica un acto violento. Jesús ya está aludiendo a la cruz. Por tres días sus seguidores guardarían intenso luto. Aún ahora, entre el tiempo de su ascensión y regreso, sus seguidores están tristes por su ausencia. Es el tiempo propicio de ayuno y de luto. Nos conforta la presencia de su Espíritu. Esto nos deja con una bendición a medias – el reino de Dios ahora, pero todavía no.

Lucas 5:36-39 con Mateo 9:16, Marcos 2:21 señalan:

> ³⁶Les contó esta parábola: —Nadie quita un retazo de un vestido nuevo para remendar un vestido viejo. De hacerlo así, habrá rasgado el vestido nuevo, {porque el remiendo fruncirá el vestido y la rotura se hará peor^{Mt,Mr}} y el retazo nuevo no hará juego con el vestido viejo. ³⁷Ni echa nadie vino nuevo en odres viejos. De hacerlo así, el vino nuevo hará reventar los odres, se derramará el vino y los odres se arruinarán. ³⁸Más bien, el vino nuevo debe echarse en odres nuevos. ³⁹Y nadie que haya bebido vino añejo quiere el nuevo, porque dice: "El añejo es mejor."

La primera parábola de Jesús tiene que ver con la ropa y la segunda con el vino. La lección principal de ambas parábolas es que resulta innecesario que los discípulos de Jesús ayunen mientras él está con ellos. Es tiempo de regocijo, no de ayuno. Además, ambas ilustraciones muestran que las acciones equivocadas pueden producir una gran destrucción.

Una segunda lección tiene que ver con lo viejo y lo nuevo. Lo nuevo no encaja en lo viejo. Usted no puede tomar el régimen de Jesús y tratar de encajonarlo en códigos y cultos legalistas viejos, especialmente como lo marcan los fariseos. Ambos irían a la ruina. Jesús llama a un orden completamente nuevo.

Únicamente Lucas presenta esta observación perspicaz (5:39), que la gente tiende a preferir lo viejo a lo nuevo. Jesús simplemente cita este proverbio, no lo está aprobando. Se acepta de manera general que el vino añejo es mejor. Pero aquí es donde termina la metáfora. Con el reino, lo nuevo (el evangelio) es mejor que lo viejo (la ley). Sin embargo, se aplican los mismos principios: a la gente le gusta más lo viejo. La gente se acostumbra a las viejas prácticas y quieren continuar en ellas. Tal es la naturaleza de los ritos.

No estamos refiriéndonos simplemente a la cronología, ya que el evangelio es bastante viejo. La gente tiende a sentirse más a gusto con la ley que con la gracia. Aunque la ley nos condena, es clara en lo que espera de nosotros. Jesús nos hace el llamado a seguirlo, pero no sabemos donde terminaremos. ¡Quién sabe si es que nos tiene preparado a otro Mateo que debemos enfrentar y a los pecadores con él! El código de la ley puede ser oscuro, pero sus caminos son seguros; el evangelio, aunque libera, nos asusta con sus infinitas facetas y expectativas.

Sección 49a
Curación del inválido en el estanque de Betesda en día de reposo
(Juan 5:1-9)

Este es el segundo paralítico o inválido que Jesús sana (ver **Sección 53** Mateo 9:1-8; Marcos 2:1-12; Lucas 5:17-26). Edersheim observa cuatro similitudes entre estos dos sucesos: (1) Jesús utiliza palabras idénticas: "Levántate, recoge tu camilla y anda" (Marcos 2:9; Juan 5:8). (2) Jesús, sin palabras, es acusado de blasfemia por perdonar pecados (Juan 5:18). Como resultado, la jerarquía religiosa quiere matarlo. (3) En ambas ocasiones el asunto es la autoridad de Jesús (Juan 5:27). Y, (4) en ambos casos, Jesús apela a sus obras como evidencia de su autoridad (Marcos 2:10; Juan 5:36).

Juan 5:1-5 señala:

¹Algún tiempo después, se celebraba una fiesta de los judíos, y subió Jesús a Jerusalén. ²Había allí, junto a la puerta de las Ovejas, un estanque rodeado de cinco pórticos, cuyo nombre en arameo es Betzata.ᵃ ³En esos pórticos se hallaban tendidos muchos enfermos, ciegos, cojos y paralíticos.ᵇ ⁵Entre ellos se encontraba un hombre inválido que llevaba enfermo treinta y ocho años.

ᵃ2 Betzatá. Var. Betesda; otra var. Betsaida. ᵇ3 paralíticos. Var. paralíticos, que esperaban el movimiento del agua. ⁴De cuando en cuando un ángel del Señor bajaba al estanque y agitaba el agua. El primero que entraba en el estanque después de cada agitación del agua quedaba sano de cualquier enfermedad que tuviera.

El ministerio galileo de Jesús está marcado por una visita a Jerusalén durante una de las fiestas. Realmente no sabemos cuál fiesta fue, pero Hendricksen asegura rotundamente que se trata de la Pascua (pp. 188-189). Si eso es cierto, entonces esto marca el segundo año de ministerio de Jesús.

Jesús va a este estanque público, que estaba rodeado de cinco pórticos cerrados. El estanque llevaba por nombre Betesda: "casa de misericordia". Estaba cerca de la puerta de las Ovejas, probablemente nombrada así por las ovejas del sacrificio que entraban al templo por esta puerta.³⁴ Parecía una sala de enfermos. Por alguna razón, la gente se reunía allí esperando ser sanada.

Parte del versículo tres y cuatro explican el por qué: "Esperaban el movimiento del agua. De cuando en cuando un ángel del Señor bajaba al estanque y agitaba el agua. El primero que entraba en el estanque después de cada agitación del agua quedaba sano de cualquier enfermedad que tuviera". Pero estas palabras no están incluidas en el texto principal de la Nueva Versión Internacional de la Biblia porque no se encuentran en los manuscritos previos al cuarto

---

³⁴Ha habido como seis ubicaciones que se han sugerido para este estanque. La más segura, de acuerdo con Wieand, es el estanque doble junto al templo de Santa Ana. Además, el texto del v. 2 resulta difícil. Primero, la palabra "puerta" no aparece en el texto griego sino que está anexo. Por lo tanto, pudiésemos estarnos refiriendo al "estanque de las ovejas" y no a "la puerta de las ovejas". Segundo, existen varias variantes para Betesda, incluyendo a *Betsaida, Bezata, Betzata*, etc. Cada una de estas dificultades las analiza D. J. Wieand, "John 5:2 and the Pool of Bethesda" (Juan 5:2 y el estanque de Betesda), NTS (Estudios del Nuevo Testamento) 12 [1966]: 392-404. Sin embargo, ni el acontecimiento histórico ni el mensaje teológico se ve afectado por estas interrogantes.
Basados en el tiempo presente del v. 2, "hay en Jerusalén...", D. B. Wallace plantea que Juan debió haber escrito su evangelio antes del año 70 después de Cristo ya que las columnas de este estanque debieron haber sido destruidas ("John 5:2 and the Date of the Fourth Gospel" (Juan 5:2 y la fecha del cuarto evangelio), *Biblica* 71 [1990]: 177-205).

siglo.³⁵ ¿Cómo es que llegaron a incluirse entonces en la versión Reina-Valera? Esto es sólo presunción pero parece razonable asumir que en el segundo siglo³⁶ algunos escribas pusieron una nota de pie de página explicando el v. 7, que después se adoptó como parte del texto mismo. Esta adición posiblemente representa la percepción popular en los tiempos de Jesús. Sin embargo, no necesitamos asumir que Juan (o el escriba que insertó esta nota), aceptó la verdad de la declaración; la población sí lo hizo. De hecho, no es razonable que Dios actuara de manera tan caprichosa. Además, parece un tanto injusto que los que menos necesitaban sanidad tuvieran más ventajas al ganarles a los demás para entrar al estanque. No tenemos ningún otro ejemplo de Dios sanando de esta manera. Por ello, (1) rechazamos parte del versículo tres y todo el cuatro como parte original del texto,³⁷ (2) **rechazamos la verdad de esa declaración, pero (3) aceptamos que se apega fielmente a la creencia popular en los tiempos de Jesús.**

Uno de los inválidos cerca del estanque había tenido algún tipo de parálisis por treinta y ocho años. No hay necesidad de asumir que esta persona llevaba ya treinta y ocho años frecuentando el estanque, sino que había estado enfermo todo ese tiempo. Tenemos frente a nosotros una sala abarrotada de enfermos; Jesús escoge a uno y lo sana. Jesús pudo haber extendido y recorrido su mano señalando a todos y los habría sanado. Sin embargo, escoge a uno. ¿Por qué? Es obvio que Jesús no sólo fue movido a compasión para hacer este milagro. De hecho, hasta parece que lo que Jesús quiere es empezar una pelea con los líderes religiosos por ser día de reposo, que ha creado ya una gran controversia entre ellos. ¡Fue excelente!

---

³⁵Sin embargo, Zane Hodges provee una larga defensa en cuanto a su inclusión, "The Angel at Bethesda" (El ángel en Betesda), *BibSac* (Biblioteca Sacra) 136 [1979]: 25-39, contra Bruce Metzger, *A Textual Commentary on the Greek New Testament* (Un comentario textual del Nuevo Testamento en griego) [Londres: UBS, 1971], p. 209.

³⁶Tertuliano (c. 145-220 d.C.), estaba bien familiarizado con este pasaje. Afirma: "Un ángel, por su intervención, bajaba a revolver el agua en Betesda. Los que sufrían de alguna enfermedad normalmente ansiaban que bajara; ya que el primero en descender a las aguas, quedaba libre de su enfermedad y dejaba de quejarse" (*On Baptism* V [En cuanto al bautismo V]).

³⁷A este respecto estamos de acuerdo con G. D. Fee quien evalúa los argumentos de discute la exclusión de Juan 5:3b-4, "On the Inauthenticity of John 5:3b-4" (En cuanto a la falta de autenticidad de Juan 5:3b-4) *EvQ* (Publicación trimestral evangélica) 54 [octubre, 1982]: 207-218.

Juan 5:6-9 señala:

⁶Cuando Jesús lo vio allí, tirado en el suelo, y se enteró de que ya tenía mucho tiempo de estar así, le preguntó: —¿Quieres quedar sano?
⁷—Señor — respondió—, no tengo a nadie que me meta en el estanque mientras se agita el agua, y cuando trato de hacerlo, otro se mete antes.
⁸— Levántate, recoge tu camilla y anda — le contestó Jesús.
⁹Al instante aquel hombre quedó sano, así que tomó su camilla y echó a andar.
Pero ese día era sábado.

En el v. 6 Jesús hace una pregunta singular, casi boba: "¿Quieres quedar sano?". La presencia del enfermo en el estanque lo hace bastante obvio. ¿Quién **NO** quisiera sanar después de treinta y ocho años de estar enfermo? El problema del hombre es obvio; no tiene a nadie que le ayude a bajar al estanque. Los demás, no tan enfermos, le ganan, así que Jesús le ayuda. Deliberadamente sana a este tipo en día de reposo. Para hacer empeorar las cosas, Jesús le ordena que recoja su camilla y se vaya. El hombre sale en absoluto silencio, pero todo está listo para que empiece la reacción ruidosa.

El día de reposo, junto con la circuncisión y algunas regulaciones alimenticias, distinguen a los judíos de las culturas que los rodean. Esta era una parte importante de su herencia y lo tomaban muy en serio. El judaísmo rabínico ha rodeado al día de reposo con literalmente cientos de reglas para asegurar que sus discípulos no violaran el mandato divino simple de descansar en el día sábado. Dentro de este vasto cuerpo de tradiciones orales encontramos reglas precisas acerca de curar. Usted podía rescatar a una persona en día de reposo para salvarle la vida, pero para sanarla tenía que esperar hasta el día siguiente. Jesús sabía perfectamente lo que hacía al sanar a este hombre y luego pedirle que cargara su camilla. Estaba desafiando y confrontando a las autoridades judías en este asunto tan serio de guardar y santificar el día de reposo.

Sección 49b
Controversia en cuanto a sanar en día de reposo
(Juan 5:10-18)

¹⁰Por eso los judíos le dijeron al que había sido sanado: — Hoy es sábado; no te está permitido cargar tu camilla.
¹¹— El que me sanó me dijo: "Recoge tu camilla y anda" — les respondió.
¹²—¿Quién es ese hombre que te dijo: "Recógela y anda"? —le interpelaron.
¹³El que había sido sanado no tenía idea de quién era, porque Jesús se había escabullido entre la mucha gente que había en el lugar.

Aunque la ley del sábado o día de reposo (Éxodo 20:10) era abierta y bastante amplia, sí especificaba que nadie debía trabajar; en este caso cargar cosas pesadas (ver Jeremías 17:19-27; Nehemías 13:15). Sin embargo, las tradiciones orales en cuanto al día de reposo le agregaban especificaciones increíbles en cuanto a lo que quería decir "carga". Llegan hasta el punto de ser ridículas y enredadas. (Ver Edersheim, Appendix 17, II:777). Además, resulta sorprendente que estas tradiciones orales reemplazaron la palabra de Dios. Se debe observar aquí que Jesús **JAMÁS** violó ninguna norma divina del día de reposo. Pero siempre desafió y no cumplió con los códigos fariseos en cuanto a la observancia del día de reposo (ver *Secciones 50, 51, 110*). En nuestra narración presente, Jesús lo hizo de manera abierta y con propósito.

El gozo de este pobre paralítico pronto se vio opacado por el temor y el rechazo. Él simplemente hace lo que le dicen que haga. Pero los fariseos están furiosos cuando lo atrapan cargando su camilla. Buscando justificarse, le echa la culpa a Jesús quien fue el que le ordenó que cargara su camilla. ¡Muy cierto es que si alguien lo sana a usted después de treinta y ocho años de estar enfermo, va a hacer lo que le pida! Sin embargo, desde nuestra perspectiva, también nosotros cambiaríamos de parecer rápidamente frente a tanta oposición. Nuestra llama se apagaría inmediatamente. ¿Quién no?

Note que los judío[38] no le preguntaron al hombre "¿Quién te sanó?", sino "¿Quién es ese hombre que te dijo: 'Recógela y anda'?"

---

[38]Nuevamente, en uso exclusivo de Juan, este término "judíos" casi invariablemente se refiere a los líderes religiosos antagonistas (es decir, los fariseos y los saduceos, ver. 1:19; 7:17; 9:22; 18:12, 14), excepto cuando se describen cosas "judías" (por ejemplo, las fiestas o

Rehúsan admitir, o por lo menos enfatizar, el milagro. Prefieren concentrarse en la ofensa por haber violado una de sus tradiciones. Ahora el pobre hombre ya ni siquiera puede probar su coartada porque Jesús se pierde, escabulléndose entre la gente (v. 13).

Juan 5:14-18 señala:

> ¹⁴Después de esto Jesús lo encontró en el templo y le dijo: — Mira, ya has quedado sano. No vuelvas a pecar, no sea que te ocurra algo peor. ¹⁵El hombre se fue e informó a los judíos que Jesús era quien lo había sanado.
> ¹⁶Precisamente por esto los judíos perseguían a Jesús, pues hacía tales cosas en sábado. ¹⁷Pero Jesús les respondía: — Mi Padre aun hoy está trabajando, y yo también trabajo. ¹⁸Así que los judíos redoblaban sus esfuerzos para matarlo, pues no sólo quebrantaba el sábado sino que incluso llamaba a Dios su propio Padre, con lo que él mismo se hacía igual a Dios.

Un tiempo más tarde, Jesús encuentra al hombre en el templo. Tal vez esta sea la primera vez que este hombre tiene la oportunidad de entrar al templo y adorar a Dios ya que a los inválidos no se les permitía participar. Jesús le advierte que si sigue pecando puede que se encuentre un destino peor que la parálisis.

La forma común de pensar en los tiempos de Jesús fue que las enfermedades eran el resultado del pecado. Así, la parálisis del hombre pudo haber sido un castigo de Dios por algo malo que él hubiera hecho. Si este tipo no se corrige, Dios lo puede azotar más severamente. Aparentemente Jesús no está de acuerdo con esa lógica (ver Juan 9:1-4). Entonces, ¿qué *es* lo que Jesús está diciendo? ¿Qué es eso "algo peor"? Parece razonable interpretar la declaración de Jesús como refiriéndose al juicio. Esto encaja en el contexto de este capítulo (vv. 27-30). En otras palabras, si su salud recién recuperada es mal utilizada, puede terminar en el lago de fuego. Pero más allá de esto, el contexto **NO** parece indicar que su pecado sea una avaricia carnal, sino simple incredulidad. No esperaba un milagro, fue con el chisme acerca de Jesús y lo entregó a las autoridades.

Podría sonar injusto acusar a este hombre de tener motivos malvados, pero ¿cómo supo que delatándolo lo metería en problemas? Tal vez los judíos le ordenaron que si sabía quién lo había sanado lo denunciara. Simplemente no lo sabemos. Pero sí conocemos el

---

las costumbres).

resultado. Jesús fue acosado por los oficiales al violar la reglamentación del día de reposo.

Bajo circunstancias normales, un obrero galileo se habría sometido a la presión de la jerarquía de Jerusalén. Pero Jesús enfrenta la acusación con una aseveración atrevida: "Mi Padre aun hoy está trabajando, y yo también trabajo". En otras palabras, "cual padre, tal hijo". Claro que tal afirmación pondría de mal humor a los judíos.

Cierto es que Dios descansó en el séptimo día (Génesis 2:3). Pero a cada instante, todos los días, Dios sostiene y mantiene su creación. Jesús, al igual que su Padre, sigue ocupado trabajando en todo momento, todos los días. Ahora los judíos *se enfurecen*. Jesús no tan sólo desafió sus tradiciones, sino que hasta blasfemó, de acuerdo a su forma de pensar. Al afirmar ser el Hijo de Dios, Jesús se está poniendo a la par con Dios. En el mundo del primer siglo un hijo *no* era igual a su papá. Por ende, que Jesús proclamara su igualdad con el Padre y que Dios era su Padre sería doblemente ofensivo. Es por eso que la contestación de Jesús (vv. 19-30), que simplemente imitaba al Padre, es un punto tan importante.[39] Correctamente han interpretado sus palabras, pero no lo pueden creer siquiera un instante. ¡Una blasfemia de tal naturaleza se paga con la muerte! Así, con toda su alma se proponen hacerlo.

Sección 49c
Un sermón en cuanto a la deidad de Jesús y sus credenciales
(Juan 5:19-47)

Este sermón es una de las declaraciones más claras en cuanto a la deidad de Jesús y sus credenciales, pero está lleno de frases idiomáticas judías, así que para entenderlo hay que pensar como judío. Su significado real no se logra por el simple discernimiento o entendimiento de las palabras, sino mediante la observación de la cultura judía actual y por la reacción que tiene la audiencia de Jesús. Se puede dividir en tres secciones: (1) una comparación entre Jesús y el Padre (vv. 19-23), (2) la resurrección a la vida y al juicio (vv. 24-30) y (3) varios testigos de Jesús (vv. 31-47).

---

[39] James McGrath, "A Rebellious Son? Hugo Odeberg and the Interpretation of John 5:18" (Un hijo rebelde: Hugo Odeberg y la interpretación de Juan 5:18), NTS (Estudios del Nuevo Testamento) 44/3 [1998]: 470- 473.

Juan 5:19-23 señala:

¹⁹Entonces Jesús afirmó: — Ciertamente les aseguro que el hijo no puede hacer nada por su propia cuenta, sino solamente lo que ve que su padre hace, porque cualquier cosa que hace el padre, la hace también el hijo. ²⁰Pues el padre ama al hijo y le muestra todo lo que hace. Sí, y aun cosas más grandes que éstas le mostrará, que los dejará a ustedes asombrados. ²¹Porque así como el Padre resucita a los muertos y les da vida, así también el Hijo da vida a quienes a él le place. ²²Además, el Padre no juzga a nadie, sino que todo juicio lo ha delegado en el Hijo, ²³para que todos honren al Hijo como lo honran a él. El que se niega a honrar al Hijo no honra al Padre que lo envió.

Versículos 19-23 pueden resumirse así: "Del tal palo, tal astilla." O, "como el padre, así el hijo." Jesús y Yavé no son meramente similares, sino idénticos en cuatro maneras. Tienen las mismas "manos" (v. 19), los mismos "ojos" (v. 20), el mismo "aliento" (v. 21) y la misma "lengua" (v. 22). En otras palabras, Jesús *hace* lo que el Padre hace, *ve* lo que el Padre ve, *respira* el mismo aliento de vida y *dice* las mismas declaraciones de justicia. Éstas son afirmaciones provocadoras: el compartir la omnipotencia de Dios, su omnisciencia, su potestad para crear y para condenar. Aun así, la afirmación más alocada está en el v. 23. Léelo de nuevo... con seriedad. Jesús sugiere que un grupo de monoteístas extremistas debe ofrecerle a él el respeto que dan a Yavé. De hecho, si no lo hacen su adoración es nula.

¡Las implicaciones de todo esto son asombrosas y nos dejan pasmados! Jesús tiene la capacidad y la autoridad del Padre. Si esta premisa se acepta, entonces Jesús representa el fin de la búsqueda que el hombre ha hecho de Dios. Él nos lleva al Padre (Juan 14:6). Además, si rechazamos a Jesús, hemos rechazado al Padre. Esto monta el escenario para el resto del sermón de Jesús.

Juan 5:24-30 señala:

²⁴«Ciertamente les aseguro que el que oye mi palabra y cree al que me envió, tiene vida eterna y no será juzgado, sino que ha pasado de la muerte a la vida. ²⁵Ciertamente les aseguro que ya viene la hora, y ha llegado ya, en que los muertos oirán la voz del Hijo de Dios, y los que la oigan vivirán. ²⁶Porque así como el Padre tiene vida en sí mismo, así también ha concedido al Hijo el tener vida en sí mismo, ²⁷y le ha dado autoridad para juzgar, puesto que es el Hijo del hombre.

²⁸»No se asombren de esto, porque viene la hora en que todos los que están en los sepulcros oirán su voz, ²⁹y saldrán de allí. Los

que han hecho el bien resucitarán para tener vida, pero los que han practicado el mal resucitarán para ser juzgados. ³⁰Yo no puedo hacer nada por mi propia cuenta; juzgo sólo según lo que oigo, y mi juicio es justo, pues no busco hacer mi propia voluntad sino cumplir la voluntad del que me envió.

Los vv. 21-23 lanzan a Jesús a su presente discusión: la resurrección. Jesús le da vida a quien él quiera y ejecuta juicio porque Dios le ha delegado esta responsabilidad y le ha dado la autoridad de hacerlo. Por lo tanto, puede resucitar a los muertos para vida eterna o para el temible juicio.

Claro que nuestras mentes gravitan sobre los acontecimientos "del fin". Esto es muy apropiado, en especial en los vv. 28-30. Pero no pierdan la verdad muy real y muy presente que Jesús da su vida ahora — hablando de hoy día — a los que están muertos espiritualmente. Note que hubo gente que *ya* había pasado de muerte a vida (v. 24). Esa declaración está en tiempo pasado y presente, no en futuro. Cuando Jesús habla de vida eterna es aquí y ahora. En otras palabras, la resurrección ya ha empezado. Aquellos que escuchan a Jesús y le entregan sus vidas ya han experimentado la esencia de la vida eterna.

Los que espiritualmente están potencialmente muertos serán traídos a la vida mediante la predicación de Jesús. El símbolo de muerte por el pecado se utiliza con frecuencia en las Escrituras (Efesios 2:1, 5; Colosenses 2:13; Apocalipsis 3:1). Esta es la primera resurrección (vv. 24-25; ver Apocalipsis 20:4-6). Existe una segunda resurrección que es futura (vv. 28-30; Apocalipsis 20:11-15)

Resulta interesante notar que en cada caso tenemos el cuadro del juicio: los hombres no son juzgados en bases a sus obras. Somos salvos por gracia a través de la fe. Sin embargo, no existe una manera práctica de observar la fe fuera de las obras, como tampoco existe una fe válida que no se pueda ver en las obras (Santiago 2:14-26).

Juan 5:31-40 señala:

31»Si yo testifico en mi favor, ese testimonio no es válido. ³²Otro es el que testifica en mi favor, y me consta que es válido el testimonio que él da de mí.

³³»Ustedes enviaron a preguntarle a Juan, y él dio un testimonio válido. ³⁴Y no es que acepte yo el testimonio de un hombre; más bien lo menciono para que ustedes sean salvos. ³⁵Juan era una lámpara encendida y brillante, y ustedes decidieron disfrutar de su luz por algún tiempo.

³⁶»El testimonio con que yo cuento tiene más peso que el de Juan. Porque esa misma tarea que el Padre me ha encomendado que lleve a cabo, y que estoy haciendo, es la que testifica que el Padre me ha enviado. ³⁷Y el Padre mismo que me envió ha testificado en mi favor. Ustedes nunca han oído su voz, ni visto su figura, ³⁸ni vive su palabra en ustedes, porque no creen en aquel a quien él envió. ³⁹Ustedes estudian^a con diligencia las Escrituras porque piensan que en ellas hallan la vida eterna. ¡Y son ellas las que dan testimonio en mi favor! ⁴⁰Sin embargo, ustedes no quieren venir a mí para tener esa vida.

^a *39 Ustedes estudian.* Alt. *Estudien.*

En esta etapa final del sermón de Jesús, él bosqueja los distintos testigos que tiene: él mismo (v. 31), el Padre (vv. 32, 34, 37), Juan el Bautista (v. 33, 35-36), sus propias obras (v. 36), y las Escrituras (v. 39), específicamente como lo escribió Moisés (v.45-47). Esto era de suma importancia en la cultura judía. Ningún testimonio se podía aceptar sin tener dos o tres testigos. Jesús se respalda y se apoya con no menos de cinco fuentes creíbles.

Primero, Jesús es su propio testigo. Sin embargo, los judíos jamás aceptarían el testimonio de Jesús acerca de sí mismo, especialmente si estaba solo. Por ello, Jesús dice: "Si yo testifico en mi favor, ese testimonio no es válido". Tenemos que llenar ese vacío, es decir, su testimonio no sería cierto en tanto que los judíos no lo percibieran o aceptaran, lo cual fue precisamente el caso en Juan 8:12-14. Sin embargo, el testimonio de Jesús en cuanto a él mismo (vv. 19-23) *es* verdadero. Él no puede mentir.

Segundo, el Padre mismo testifica de Jesús. Por lo menos podemos asumir que esto se trata de cuando se escuchó la voz del cielo y el Espíritu Santo descendió en forma de paloma sobre Jesús en su bautismo (Mateo 3:17; Marcos 1:11; Lucas 3:22). También tal vez pudiéramos expandirlo al testimonio de Dios en las Escrituras en cuanto a Jesús (aunque esto se tratará por separado).

Tercero, el testimonio de Juan fue sorprendentemente claro y de manera teológica "madura". Utilizando tan sólo el cuarto evangelio nos da un cuadro sorprendente de Jesús: (1) Es superior a Juan y existía antes que él (1:27, 30; 3:30). (2) Es el Cordero de Dios que quita el pecado del mundo (1:29, 36). (3) Divinamente se le identifica como el Mesías por el Espíritu Santo descendiendo sobre él en forma de paloma (1:31-33). (4) Es el Hijo de Dios (1:34). (5) Es el Cristo o Mesías (3:28). (6) Proviene del cielo (3:31). (7) Revela verdades de parte de Dios (3:32-34). (8) Posee el Espíritu Santo sin medida (3:34). (9) Es amado de Dios (3:35). (10) Tiene toda la autoridad de Dios (3:35). (11) Es la fuente de vida eterna (3:36). La mayor parte de este testimonio fue dado ante los fariseos y saduceos (Juan 1:19-28). Además, hubo interacción entre los discípulos de Juan y los líderes judíos (Juan 3:25). Por lo tanto, ellos debían saber perfectamente lo que Juan había testificado en cuanto a Jesús.

Cuarto, las mismas obras de Jesús testificaban acerca de él. A tan sólo un año de ministerio, Jesús ya ha hecho gran cantidad de milagros tanto en Judea (Juan 2:23) como en Galilea. Ha convertido el agua en vino, ha purificado el templo, ha leído la mente de las personas y ha sanado al hijo del funcionario real en Capernaúm, a la suegra de Pedro y a muchos más. Ha expulsado demonios, ha sanado a paralíticos y ha limpiado a leprosos. Ese debe ser un currículum vitae suficiente para el Hijo de Dios.

Quinto, las mismas Escrituras testifican de Jesús, no tan sólo de manera profética, sino tipológica y analógica (Lucas 24:27, 44). La versión *Reina-Valera* de la Biblia pone el v. 39 como un mandato: "Escudriñad las Escrituras", que gramaticalmente es posible, pero incomoda contextualmente. Nosotros aceptamos cómo lo pone la *Nueva Versión Internacional*, como una declaración: "Ustedes estudian con diligencia las Escrituras". Hay muchos, especialmente entre los cristianos conservadores, que viven bajo esta misma ilusión. Piensan que la vida eterna se encuentra en la Biblia. Los rabinos enseñaban: "si alguien ha obtenido enseñanza procedente de la torá, tal persona se ha ganado la vida eterna" (m. Abot 2.7).[40] Así, si la estudiamos arduamente, podemos ser salvos y santificados. Pero la salvación no se encuentra en un libro, sino en una persona. Hay muchos eruditos en Biblia que saben todo en cuanto a Jesús, pero no lo conocen. La Biblia siempre apuntará hacia Jesús . . . pero no puede hacer más que eso. Somos salvos por confiar en Jesús, no por tener conocimiento.

Juan 5:41-47 señala:

> [41]»La gloria humana no la acepto, [42]pero a ustedes los conozco, y sé que no aman realmente a Dios.ª [43]Yo he venido en nombre de mi Padre, y ustedes no me aceptan; pero si otro viniera por su propia cuenta, a ése sí lo aceptarían. [44]¿Cómo va a ser posible que

---

[40] ¡En el judaísmo rabínico, el estudio de la torá tenía una prioridad muy alta, hasta el punto de ser más importante que honrar a padre o madre (m. Peah 1.1)!

ustedes crean, si unos a otros se rinden gloria pero no buscan la gloria que viene del Dios único?ᵇ
⁴⁵»Pero no piensen que yo voy a acusarlos delante del Padre. Quien los va a acusar es Moisés, en quien tienen puesta su esperanza. ⁴⁶Si le creyeran a Moisés, me creerían a mí, porque de mí escribió él. ⁴⁷Pero si no creen lo que él escribió, ¿cómo van a creer mis palabras?

ᵃ*42 no aman . . . Dios.* Lit. *no tienen el amor de Dios en sí mismos.* ᵇ*44 del Dios único.* Var. *del Único.*

Cuando Jesús termina, nos damos cuenta que todos sus testigos son divinos. Sin embargo, ¡los líderes religiosos no aceptan ninguno! Si Jesús hubiera confiado en el testimonio humano, tal vez hubiera sido aceptado en su club de consentidores. Eso es lo que ellos aman (Mateo 23:5-7). Pero debido a que Jesús afirma tener derechos exclusivos, ellos se ofendieron.

No tan sólo los fariseos estaban disgustados con Jesús, ¡él también estaba disgustado con ellos! Él los reprende duramente, no por crueldad sino por su claridad de los hechos. Él sabe que los humos y los ánimos están exaltados. Habrá un día del juicio y todos los que rechazan a Jesús tendrán que pagar en el lago de fuego. Ahora por si pensamos que Jesús está tratando de hacer su berrinche temperamental en defensa propia, él pone en claro su papel. No es Jesús quien los acusará, sino Moisés mismo, a quien ellos afirman seguir. Las mismas palabras de las Escrituras por las que ellos afirman vivir serán las que los matarán.

Sección 50
Controversia en cuanto al día de reposo: recogiendo espigas
(Mateo 12:1-8; Marcos 2:23-28; Lucas 6:1-5)

En esta sección y la que sigue, tenemos controversias acaloradas y consecutivas en cuanto al día de reposo: el recoger espigas y el sanar al hombre de la mano paralizada. Estas ilustran como la "nueva" legislación de Jesús no encaja en el "viejo" esquema de los fariseos (ver Lucas 5:27-39). Jesús se convierte en el nuevo rabino de la iglesia.⁴¹ Él provee la interpretación autorizada de la ley.

⁴¹F. W. Beare, "The Sabbath Was Made for Man" (El día de reposo fue hecho a causa del hombre), *JBL* (Diario de literatura bíblica) 79 [1960]: 130-136, explica cómo estas historias pueden reflejar la controversia existente y continua en la iglesia del primer siglo en cuanto al día de reposo -sábado (Gálatas 4:10; Colosenses 2:16; Romanos 14:5). Al tiempo que la

El día de reposo fue parte tan importante del judaísmo que el Talmud tiene todo un tratado en cuanto a guardar el sábado (*Shabbat*). El Mishna (*Sanh.* 7:4) registra que la violación del día de reposo era un crimen tan serio que merecía la pena de muerte por lapidación. Entonces, no es de maravillarse que el hecho de que Jesús no tomara en cuenta las tradiciones farisaicas en cuanto al día de reposo causaba una gran furia a los judíos.[42]

Estas controversias ya han ido dándose por un tiempo. Podemos rastrear la progresión de las acusaciones en contra de Jesús: (1) Blasfemia (por sanar al paralítico – Mateo 9:1-8; (2) el fraternizar con los pecadores (el banquete en casa de Leví – Mateo 9:9-13; (3) negación de las responsabilidades ascéticas (controversia en cuanto al ayuno y estar de fiesta) – Mateo 9:14-17; y 4) controversia sobre el día de reposo (sanando al paralítico – Juan capítulo 5).

Lucas 6:1-2 *con* Mateo 12:1 señalan :

¹Un sábado, al pasar Jesús por los sembrados, sus discípulos {tenían hambre así que^Mt} se pusieron a arrancar unas espigas de trigo, y las desgranaban para comérselas. ²Por eso algunos de los fariseos les dijeron:

—¿Por qué hacen ustedes lo que está prohibido hacer en sábado?

Marcos 2:25-26 señala:

²⁵Él les contestó: —¿Nunca han leído lo que hizo David en aquella ocasión, cuando él y sus compañeros tuvieron hambre y pasaron necesidad? ²⁶Entró en la casa de Dios cuando Abiatar era el sumo sacerdote, y comió los panes consagrados a Dios, que sólo a los sacerdotes les es permitido comer. Y dio también a sus compañeros.

---

iglesia se separaba de la sinagoga y con la inclusión de más gentiles, el asunto de guardar el día de reposo plantearía muchas preguntas para los primeros creyentes.

[42] No debemos, sin embargo, presumir que hubo una lista común de reglas para el día de descanso (el sábado). Este tema era de discusión acalorada en la literatura judía (ver el Libro de Jubileos, Documento de Damasco, Mishnah). Tampoco debemos presumir que el sábado fue considerado una obligación odiosa. En realidad fue percibido como un regalo de Dios. Andrew Saldarini, "Comparing the Traditions: New Testament and Rabbinic Literature" (Comparando las tradiciones: El Nuevo Testamento y la literatura rabínica), *BBR* (Boletín de investigación bíblica) 7 [1997]: 195-204.

Mateo 12:5-6 señala:

⁵¿O no han leído en la ley que los sacerdotes en el templo profanan el sábado sin incurrir en culpa? ⁶Pues yo les digo que aquí está uno^a más grande que el templo.

^a 6 Alt. algo; también en los vv. 41 y 42

La controversia del día de reposo, que empezó en Jerusalén, ha llegado hasta Galilea cuando éste regresa de la fiesta que asumimos fue la segunda pascua a la que asistió durante su ministerio (Juan capítulo 5). Los campos con los sembrados maduran por el mes de abril. En la variante del texto de Lucas 6:1: (*deuterōprote = primer mes, segundo sábado*) es correcto, por lo que señalamos que este grano en particular fue cebada, que madura de una a tres semanas antes que el trigo.

Comer del sembrado de otro estaba permitido según la ley del Antiguo Testamento (Deuteronomio 23:25). Además, ningún mandato sobre el día de reposo del Antiguo Testamento prohibía un acto tan inocente. La queja de los fariseos en contra de Jesús tenía que ver con las tradiciones (leyes) orales, no con la ley escrita. En acuerdo con estas tradiciones los discípulos eran culpables de ciertas violaciones. Por arrancar las espigas eran culpables de cosechar; por frotar los granos eran culpables de desgranar (ver Éxodo 34:21, m. *Shabb*. 7.2) .

Los fariseos acusan a los discípulos de violar la ley oral. Jesús justificará sus acciones haciendo uso de la ley escrita. Primero, en los días de Abiatar, David y sus hombres comieron el pan de la proposición reservado únicamente a los sacerdotes (ver 1 Samuel 21:1-6).[43] La pregunta sarcástica de Jesús: "¿Nunca han leído?" no tan sólo es un insulto, sino que llama la atención al hecho de que ellos han puesto por encima de la ley de Dios sus tradiciones y leyes orales. Conocían perfectamente **la Palabra escrita. Pero estaban a miles de kilómetros de cumplir con lo que estipulaba.**

---

[43]Es un hecho que Abiatar no fue el sacerdote de Nob que David conoció. Fue su padre Abimelec. Pero entonces, Jesús no afirma que Abiatar haya sido sacerdote, sino que simplemente afirma "en los días de (*epi*) Abiatar". Y de hecho, no tan sólo estuvo vivo Abiatar, sino presente en el acontecimiento. Poco tiempo después Saúl masacraría a todos los sacerdotes de Nob (1 Samuel 22:18-19) y Abiatar fue el único que escapó y se refugió con David. No debe sorprendernos, más tarde David lo nombró sumo sacerdote. Casey sugiere que el arameo utilizado lo pone como "sacerdote notable" y no específicamente como "sumo sacerdote"; ver P. M. Casey, "Culture and Historicity: The Plucking of the Grain (Mark 2:23-28)", NTS 34 (1988); 1-23.

Los que podían comer de este pan eran solamente los sacerdotes (Levítico 24:5-9). Pero David y sus acompañantes lo hicieron sin culpa alguna (1 Samuel 21:2, 4; ver *b. Meno.* 95b-96a, 4QSam^b, Str-B 1:618-619). ¿Por qué? Porque: (1) tenían necesidad y la necesidad se sobreponía a las regulaciones de los ritos. De hecho, *m. Yoma* 8.6 afirma: "si algún ser humano pasaba por una hambruna feroz tal persona podía ser alimentada con comida inmunda hasta recobrar su mirada perdida" (ver *Str-B* 1:620-622). (2) Bajo la dirección de David ellos cumplían con una misión divina. Así, eran candidatos aceptables para la provisión de Dios, aun sobreponiéndose a la ley escrita. Tipológicamente, Jesús es el cumplimiento de David. Por ello, también sus discípulos son candidatos propicios para la provisión de Dios a través de Jesús.

La comparación entre Jesús y David no es en cuanto a sus actos, sino con respecto a sus personas. Jesús es el cumplimiento del reinado de David. Jesús es Rey del linaje de David. Tal comparación fue muy atrevida por parte de Jesús especialmente ante estos eruditos de la Biblia.

Segundo, los sacerdotes trabajan en día de reposo, porque llevan a cabo todas sus funciones en el templo, violando así la ley de descansar en el día de reposo. Ahora, cualquier persona profanaría el día de reposo si tocase la sangre o trabajase en ese día de reposo ofreciendo los sacrificios requeridos, pero no así los sacerdotes. ¿Por qué? Porque servían relacionados con el templo. Dado que Jesús es mayor que el templo, y por consiguiente también mayor que David (ver Mateo 22:41-45), los discípulos son doblemente inocentes porque servían asociados con Jesús.[44]

Mateo 12:7 señala:

> ⁷Si ustedes supieran lo que significa: "Lo que pido de ustedes es misericordia y no sacrificios",ª no condenarían a los que no son culpables.
>
> ª**7** Oseas 6:6

---

[44] Jesús está utilizando una lógica estrictamente judía (*qal wa-homer*), arguyendo con el método de lo menor a lo mayor. Sin embargo, el rabino D. M. Cohn-Sherbok muestra por qué la lógica de Jesús no pudo haber sido aceptada por los abogados rabínicos de su día ("An Analysis of Jesus' Arguments Concerning the Plucking of Grain on the Sabbath" (Un análisis de los argumentos de Jesús concernientes a arrancar espigas en el día de reposo), *JSNT* (Revista para el estudio del Nuevo Testamento) 2 [1979]: 31-41).

Marcos 2:27-28 señala:

> ²⁷El sábado se hizo para el hombre, y no el hombre para el sábado –añadió. ²⁸Así que el Hijo del hombre es Señor incluso del sábado.

Jesús presenta tres conclusiones en cuanto al sábado:
(1) La cita de Oseas 6:6 reitera la prioridad de Dios en cuanto a las responsabilidades religiosas. A Dios le interesa el amor y la misericordia más que el cumplimiento meticuloso de regulaciones.
(2) El sábado o día de reposo debía ser una bendición al pueblo de Dios, no una carga. Tenía dos propósitos: El descanso y la adoración. De hecho, el descanso es bueno para nuestros cuerpos, pero su función primordial fue dar la oportunidad para la adoración. Las regulaciones sabáticas de los fariseos se apartaban de estos propósitos.
(3) Los tres sinópticos resaltan que Jesús es el Señor del sábado. Jesús se lanza al extremo cuando afirma ser la autoridad de esta institución fundada en el Edén. No tan sólo es él el árbitro de este descanso, sino que, tipológicamente, cumple con este descanso institucional (Hebreos capítulo 4). A este mismo respecto, parece significativo que Mateo coloque estas dos controversias del día de reposo en los talones de 11:28-30: "Vengan a mí todos ustedes que están cansados y agobiados, y yo les daré descanso".

Podemos concluir algo más:
(4) Las tradiciones humanas jamás deben cobrar mayor importancia que la palabra de Dios. Es fácil para las comunidades religiosas construir sistemas de ritos basados en las tradiciones humanas y luego utilizar las Escrituras para justificarlos. Pero al hacerlo, a menudo abrogamos el espíritu de la ley por la letra de la ley.

Sección 51
Controversia respecto del día de reposo: Curación del hombre con la mano paralizada
(Mateo 12:9-14; Marcos 3:1-6; Lucas 6:6-11)

Únicamente Lucas (6:6) nos dice que estos sucesos no se dan en el mismo día de reposo. En la narrativa previa los fariseos hostigan a Jesús por las acciones de sus discípulos. En la segunda vez, Jesús inicia la controversia al colocar en el centro del escenario al hombre de la mano paralizada (Lucas 6:8). Este acontecimiento lleva la controversia del sábado a otro nivel. No tan sólo fue el sábado creado a beneficio del hombre, sino que daba la oportunidad para hacer el bien a los demás.

Lucas 6:6-8 *con* Mateo 12:10 señalan:

> ⁶Otro sábado entró en la sinagoga y comenzó a enseñar. Había allí un hombre que tenía la mano derecha paralizada; ⁷así que los maestros de la ley y los fariseos, buscando un motivo para acusar a Jesús, {le preguntaron: —"¿Está permitido sanar en sábado?"^Mt} no le quitaban la vista de encima para ver si sanaría en sábado. ⁸Pero Jesús, que sabía lo que estaban pensando, le dijo al hombre de la mano paralizada: — Levántate y ponte frente a todos. Así que el hombre se puso de pie.

La ley oral era muy clara en cuanto a sanar en día de reposo. Usted podía auxiliar médicamente para salvar una vida, pero eso era todo. Si un hombre caía en un precipicio, usted podía parar la hemorragia, pero no podía inmovilizar una pierna rota. Debido a que una mano paralizada no ponía en riesgo la vida, era ilegal sanar a este tipo en sábado. Jesús, percibiendo el plan de ellos, acepta el reto y los enfrenta. Jerónimo (*On Matthew*, 12:2) comentando este pasaje, dice que este hombre era albañil. Por ello, estaba completamente imposibilitado para ganarse la vida. Aún después de ser sanado, no podía trabajar sino hasta el día siguiente. De acuerdo con los fariseos, Jesús está incontrolable.

Marcos 3:4-5 señala:

> ⁴Luego dijo a los otros: —¿Qué está permitido en sábado: hacer el bien o hacer el mal, salvar una vida o matar? Pero ellos permanecieron callados.
> ⁵Jesús se les quedó mirando, enojado y entristecido por la dureza de su corazón, . . .

Mateo 12:11-12 señala:

> ¹¹Él les contestó: —Si alguno de ustedes tiene una oveja y en sábado se le cae en un hoyo, ¿no la agarra y la saca? ¹²¡Cuánto más vale un hombre que una oveja! Por lo tanto, está permitido hacer el bien en sábado.

¡La respuesta a la pregunta de Jesús es tan obvia! Pero el fanatismo religioso y la protección de las teologías favoritas pueden cegarlo a uno. Jesús se enoja. Eso no pasó con frecuencia. Pero cuando la gente pone las tradiciones y las reglas sobre las necesidades humanas se puede esperar su cólera.[45] Cómo debieron ellos bajar la vista cuando la mirada enojada de Jesús traspasó sus almas. Jesús experimentó todo el espectro de emociones humanas, incluso el enojo. Su enfado aquí se dirigió hacia los fariseos, en la limpieza del templo hacia los saduceos (**Sección 129b**) y hacia sus propios discípulos cuando impidieron a los niños que se acercaran a él (**Sección 123**). Nuestro enojo puede ser santo, pero tenemos que tomar precaución a que sea dirigido en justicia hacia un "blanco" apropiado.

Ya que ellos no contestaron a su pregunta, él lo hizo. La ley oral preveía el rescate de un animal que en sábado hubiera caído en un pozo (m Sabb. 22:6). Nuevamente, Jesús usa la típica lógica judía —de menor a mayor. Un hombre vale más que un animal. Por lo tanto, debe ser legal hacer una buena obra a alguien en día de reposo, más allá de simplemente salvarle la vida. Pero Jesús no termina aquí. El día de reposo no solamente provee una buena oportunidad para hacerle bien a alguien, sino que no hacer algo a la luz de una necesidad humana es malo, es como el asesinato (Marcos 3:4).

Mateo 12:13 señala:

> [13]Entonces le dijo al hombre: —Extiende la mano. Así que la extendió y le quedó restablecida, tan sana como la otra.

Marcos 3:6 *con* Lucas 6:11 señalan:

> [6]Tan pronto como salieron los fariseos, {se enfurecieron[lc]} comenzaron a tramar con los herodianos cómo matar a Jesús.

Parece que al extender su mano el hombre quedó sano. Hasta el músculo que había permanecido dormido y atrofiado quedó sano. Quedó tan sana como la otra mano. Los fariseos inmediatamente empiezan su malvada obra, pues estaban enfurecidos. De hecho, la palabra que Lucas usa significa "furia necia". Esta fue la primera vez que planean como matar a Jesús. Raro fue que ellos se asociaran con los herodianos. No existe una evidencia determinante que identifique a este grupo, pero su afiliación política con Herodes es incuestionable.

---

[45]Ver W. Hanson, "The Emotions of Jesus" (Las emociones de Jesús), CT (El cristianismo hoy) [3 febrero 1997]: 43-46.

Era raro que ellos entablaran un compañerismo con los fariseos. Lo único que podemos decir es que esta fue la única vez en que los dos grupos estuvieron de acuerdo.

Sección 52
Evitar el peligro y las multitudes junto al mar
(Mateo 12:15-21; Marcos 3:7-12)

Marcos 3:7-12 con Mateo 12:15-21 señalan:

^{7}{Consciente de esto^{Mt}} Jesús se retiró al lago con sus discípulos, y mucha gente de Galilea lo siguió. ^{8}Cuando se enteraron de todo lo que hacía, acudieron también a él muchos de Judea y Jerusalén, de Idumea, del otro lado del Jordán y de las regiones de Tiro y Sidón. ^{9}Entonces, para evitar que la gente lo atropellara, encargó a sus discípulos que le tuvieran preparada una pequeña barca; ^{10}pues como había sanado a muchos, todos los que sufrían dolencias se abalanzaban sobre él para tocarlo. ^{11}Además, los espíritus malignos,[a] al verlo, se postraban ante él, gritando: «¡Tú eres el Hijo de Dios!» ^{12}Pero él les ordenó terminantemente que no dijeran quién era él.

[a]11 Griego *inmundo*; también en el v. 30

Las líneas de combate están claramente señaladas. Después de haber sanado al hombre de la mano paralizada en el día sábado, los fariseos y los herodianos se ponen de acuerdo para planear la muerte de Jesús. Estratégicamente, Jesús se aparta de la ciudad donde era más posible que el plan se llevara a cabo. El mar de Galilea es el lugar perfecto donde él podía seguir predicando. Las multitudes lo amaban y al aire libre es fácil ver cuando se está reuniendo una muchedumbre. Si las multitudes se aglomeraban peligrosamente, él podía subirse a una barca e irse a cualquier lugar del otro lado del lago.

Las multitudes aumentan en torno a Jesús a medida que los rumores continúan de que él sana y echa fuera demonios. La única región de donde la gente no acude a él es, prediciblemente, de Samaria. De todas partes (como lo muestra la siguiente tabla), la gente busca a Jesús. Le llegan enfermos con todo tipo de dolencias y endemoniados. Cuando llegan ante Jesús, su empresa ansiosa se torna en atropellos ofensivos. Sus gritos y deseos de llegar hasta él ponen en peligro al mismo Jesús y a las multitudes.[46] Por ello, Jesús tiene que enseñar desde una barca en el lago para no ser maltratado.

Lugar	Evangelio(s)	Distancia (km)	Dirección
Siria	Mateo	96	Norte
Galilea	Mateo y Marcos	32 máximo	
Decáplis	Mateo	96	Sureste
Perea	Mateo y Marcos	48-144	Sureste
Jerusalén	Mateo, Marcos y Lucas	120	Sur
Judea	Mateo, Marcos y Lucas	104-144	Sur
Idumea	Marcos	160-102	Sur
Tiro	Marcos y Lucas	64	Noroeste
Sidón	Lucas	96	Noroeste

Los demonios tienen poderes sobrenaturales y por ello saben perfectamente quién es Jesús. Jesús los calla, no quiere que lo identifiquen por varias razones (ver Marcos 1:34, 43-45): (1) No quiere que su propaganda provenga de los demonios. (2) Las multitudes no están listas para escuchar quién es él verdaderamente. Su fe todavía está en la etapa de ser una semilla. (3) Las multitudes ya se están tornando violentas. Jesús no necesita *más* popularidad. Y, (4) el antagonismo en contra de Jesús no necesita alentarse más. Y, (5) resulta inconsistente con el postulado político de Jesús de autonegación respecto a no permitir que nadie más lo exalte y le dé fama, escepto Jehová, particularmente justo antes de su muerte y resurrección.

---

[46]Marcos utiliza una palabra gráfica que literalmente diría: "le cayeron encima o lo sorprendieron".

Mateo 12:17-21 señala:

¹⁷Esto fue para que se cumpliera lo dicho por el profeta Isaías:
¹⁸«Éste es mi siervo, a quien he escogido,
mi amado, en quien estoy muy complacido;
sobre él pondré mi Espíritu,
y proclamará justicia a las naciones.
¹⁹No disputará ni gritará;
nadie oirá su voz en las calles.
²⁰No acabará de romper la caña quebrada
ni apagará la mecha que apenas arde,
hasta que haga triunfar la justicia.
²¹Y en su nombre pondrán las naciones su esperanza.ª»

²¹ Isaías 42:1-4

Esta es la cita del Antiguo Testamento más larga en Mateo. Tiene similitud al Texto Masorético (el Antiguo Testamento en Hebreo), como también con la Septuaginta (versión griega del Antiguo Testamento). Proviene del primer canto del siervo en Isaías 42:1-4. Ya hemos escuchado este tipo de aprobación en cuanto a Jesús en su bautismo (Mateo 3:17). Esta hermosa descripción del ministerio mesiánico resalta la gentileza de Jesús. Fue tierno con las multitudes que lo abordaron para ser sanadas. Ministró compasivamente sus necesidades físicas. Hasta fue tierno con los fariseos que se le oponían. En vez de usar su popularidad para dirigir una revuelta, Jesús aquietó tanto a las multitudes como a los demonios.

Esta cita contiene dos contrastes sorprendentes a la concepción judía popular del Mesías. Primero, él sería tierno. No sería el rebelde militante o el comandante agresivo que ellos esperaban. Él haría justicia, no con la espada, sino con dos rústicos maderos. Afirmar que "nadie oirá su voz en las calles" no quiere decir que Jesús no confrontará el pecado (ver Mateo 12:25-45). Quiere decir que Jesús no haría alarde de sí mismo para promoverse (o para siquiera defenderse).

Segundo, sería un salvador universal, no un héroe nacional. También los gentiles aclamarían su nombre. Hasta esta muchedumbre en tropel es tan sólo una pequeña parte del total de gente que acudirían al Mesías.

Sección 53
Nombramiento de los doce apóstoles
(Marcos 3:13-19; Lucas 6:12-16; ver Mateo 10:2-4; Hechos 1:13)

Lucas 6:12-13 señala:
¹²Por aquel tiempo se fue Jesús a la montaña a orar, y pasó toda la noche en oración a Dios. ¹³Al llegar la mañana, llamó a sus discípulos y escogió a doce de ellos, a los que nombró apóstoles.

Marcos 3:14-15 señala:
¹⁴. . . para que lo acompañaran y para enviarlos a predicar ¹⁵y ejercer autoridad para expulsar demonios.

Aunque esta escena únicamente comprende cinco versículos, fue uno de los momentos más cruciales en el ministerio de Jesús. De hecho, fue tan importante que toda la noche anterior la pasa en oración. Nosotros pensaríamos que lo prudente sería dormir bien para tener la mente clara y lúcida a la hora de tomar las decisiones, para escoger bien. Pero Jesús tomó sus decisiones más importantes después de haber orado fervientemente.

De los millares que seguían a Jesús, él escoge a doce en los cuales él invierte su vida. Sigue enseñando a las multitudes, pero en sesiones privadas se derrama a sí mismo y confía sus planes a los doce. Aún en medio de su mayor popularidad, Jesús se da cuenta que para poner al mundo de cabeza hay que invertir fuertemente en unos cuantos. Y funciona. Once de estos hombres se convierten en parte del fundamento de la iglesia, construida en Cristo como la piedra angular (Efesios 2:19-20).

La palabra *apóstolos* tiene una gran variedad de significados en el Nuevo Testamento.[47] Esencialmente, indica "un mensajero enviado con una comisión". Además, el enviado lleva la autoridad del que lo envió. Así, estos embajadores escogidos llevarían consigo la autoridad del Cristo. Aquí, específicamente estamos tratando del grupo de los doce apóstoles, parte del fundamento de la iglesia. Su responsabilidad era predicar el evangelio del reino especialmente una vez que Jesús ya no estuviera con ellos. Fueron enviados por todo el

---

[47] En cuanto a una discusión completa del tema ver F. H. Agnew, "The Osrigin of the N.T. Apostle-Concept: A Review of Research" (El origen del concepto apóstol en el Nuevo Testamento: Un repaso de la investigación), *JBL* (Revista de literatura bíblica) 105/1 [1986]: 75-96.

mundo con la autoridad de Jesús para proclamarlo como Rey. Para asegurarles el éxito, Jesús los dota con un poder especial para echar fuera demonios y para sanar (Mateo 10:1; Hechos 1:8). Jesús sabía perfectamente lo que significaba ser un apóstol, porque también él había sido enviado a una misión (Hebreos 3:1).

Marcos 3:16-19 señala:

> **16** Éstos son los doce que él nombró: Simón (a quien llamó Pedro); **17** Jacobo y su hermano Juan, hijos de Zebedeo (a quienes llamó Boanerges, que significa: Hijos del trueno); **18** Andrés, Felipe, Bartolomé, Mateo, Tomás, Jacobo, hijo de Alfeo; Tadeo, Simón el Zelote **19** y Judas Iscariote, el que lo traicionó.

Los apóstoles aparecen listados cuatro veces (Mateo 10:2-4; Marcos 3:16-19; Lucas 6:14-16; Hechos 1:13). Cada listado coloca los nombres en un orden distinto. Sin embargo, cada listado se puede dividir en tres secciones con cuatro nombres cada una. Cada una de las tres secciones empieza con Pedro, Felipe y Jacobo. También debemos notar que algunos de estos personajes tienen dos o más nombres. Simón también es conocido como Pedro;[48] a Judas también se le conoce como Lebeo y Tadeo; Bartolomé es probable que sea Natanael de Juan capítulo 1; y Tomás (arameo) también conocido como Dídimo (griego), ambos nombres significando "gemelo".

Además, es posible que varios de los apóstoles fueran parientes entre sí y también con Jesús. Una comparación entre Mateo 27:56, Marcos 15:40 y Juan 19:25 sugiere que Jacobo y Juan, los hijos de Zebedeo eran primos de Jesús. El otro Jacobo, Simón y Judas posiblemente son hermanos. Es posible que también sean primos de Jesús por el lado del hermano de José (ver Edersheim I:522).

Judas Iscariote es el único apóstol que no le fue fiel hasta la muerte a Jesús. Él parece ser un extraño, el único apóstol que no era de Galilea. Su pueblo, Queriot, estaba en Judea (Josué 15:25).[49] Siempre se le menciona al último en los listados y siempre se le identifica como

---

[48] C. Roth, "Simon Peter" (Simón Pedro), *HTR* (Revista teológica de Harvard) 54 [1961]: 91-97, observa que el nombre "Simón" estaba totalmente fuera de uso en el primer siglo. Él lista a muchos "Simones" famosos de esa época que se conocían por sus patronímicos. Además, este fenómeno fue único con referencia al nombre "Simón". Roth sugiere que el nombre "Simón" pudo haber sido considerado de alto honor patriótico que parecía inapropiado que cualquiera lo usase. Por lo tanto, uno puede concluir que Jesús le cambió el nombre a Simón por el de Pedro por razones culturales en vez de religiosas.

[49] Su pueblo "Queriot" se deriva de su nombre "Iscariote". Sin embargo, A. Ehrman

el que traicionó a Jesús. Sus motivos son un misterio. Sea suficiente señalar que el único motivo que hasta se da a entender en los evangelios es por su avaricia (Juan 12:4-6; Mateo 26:14-15).

El sermón del monte

Este es el mejor sermón jamás dado y también el más citado. En él encontramos la sinopsis o resumen de la enseñanza de Jesús — radical, sensible, espiritual y hasta casi violento por tratar de acabar con la hipocresía. Afronta la cultura a la que entra, penetra cada corazón que lo escucha. Tratamos de analizarlo o criticarlo con un escalpelo exegético para darnos cuenta que nosotros, no el texto, estamos bajo la lupa.

Antes de adentrarnos en la narración del sermón del monte, debemos plantear dos preguntas en cuanto al mismo. Una tiene que ver con la forma cómo tomamos o nos acercamos al sermón. La segunda tiene que ver con cómo debemos entender las diferencias que tanto Mateo como Lucas hacen del mismo material.

¿Cómo debemos acercarnos al Sermón del Monte?

Algunas enseñanzas del sermón del monte son tan difíciles que tenemos dificultad en su manejo. O son fáciles de entender, pero quedamos perplejos en cuanto a qué hacer con ellas. Esta dificultad ha llevado a la gente a considerarlo de distintas maneras.[50]

(1) Acercamiento ético temporal (Albert Scheweitzer, Johannes Weiss) — Algunos sugieren que Jesús pensó que "el fin de los tiempos" estaba sobre ellos. Así, él defendió una ética radical revolucionaria. Su intención fue temporal pero válida por los tiempos tan críticos. Debido a que el mundo no llegó a su fin, esta "ética temporal" ya

---

aporta evidencias etimológicas que "Iscariote" significa "tintorero" ("Judas Iscariote y Abba Saqqara", *JBL* (Revista de literatura bíblica) 97 [1978]: 572-573), y C. C. Torrey sugieren que "Iscariote" era una apelación autorizada relacionada con la palabra hebrea *saqqar*, significando "falsedad" (" The Name 'Iscariot' [El nombre 'Iscariote'], *HTR* 36 [1993]: 51-62).

[50]D. Crump, "Applying the Sermon on the Mount: Once You Have Read It What Do You Do With It" (Aplicación del sermón del monte: Una vez leído, qué hace usted con él), *CTR* (Revistateológica Criswell) 61 [1992]: 3-14. Él hace varias preguntas profundas. La respuesta a estas preguntas determinará qué acercamiento le damos al sermón: ¿Pide el sermón "requisitos de entrada" al reino? ¿Cuál es la relación del sermón con la gracia y la ley? ¿Resulta relevante el sermón a la dispensación cristiana o a alguna era pasada o futura? ¿Está diseñado únicamente para los creyentes o para toda la sociedad en general? También ver W. D. Davies y D. C. Allison, "Reflections on the Sermon on the Mount" (Reflexiones en cuanto al sermón del monte), *SJT* 44 [1991]: 283-309.

no se aplica. Sus demandas no tienen razón de ser o son posibles en nuestro mundo actual. Los problemas de este punto de vista tienen doble aplicación. Primero, debemos asumir que no solamente se equivocó Jesús, sino que su ética fue producto de la exigencia del momento. Segundo, en ninguna parte del texto de este sermón se nos insinúa que sus directrices éticas sean temporales o restringidas a una época en particular.

(2) Acercamiento existencial (desmitificación) – Este punto de vista sostiene que las palabras de Jesús (si acaso son de él) no tienen la intención de formular un código ético. En cambio, su intento era crear una tensión en el creyente entre lo que "debe ser" y lo que "es". Esta tensión causa un auto examen que lleva al arrepentimiento y mejoría moral. Entonces, el valor del sermón no recae en el valor de su contenido, sino en un cambio personal forjado en cada individuo. El problema con este punto de vista es que niega el valor del texto o su contenido. Permitiendo así cualquier código ético que el individuo quiera adoptar. Es un abuso terrible del material histórico.

Existen dos acercamientos similares, que le dan mayor credibilidad al texto. Primero, el "Acercamiento del principio general" afirma que Jesús no se refirió a acciones específicas, sino a una ética general que se aplica a una gran variedad de situaciones. Segundo, el "Acercamiento de actitudes no hechos" señala que Jesús no se refirió a acciones o hechos específicos sino a la actitud detrás de los hechos. Ambas posiciones presentan la misma falla – rebajan el poder del sermón ya que excusan el comportamiento que no cumple con el estándar. Sin embargo, en una perspectiva apropiada, amplían y profundizan el impacto de las palabras de Jesús.

(3) Acercamiento legalista – Este acercamiento toma el sermón como la Constitución del Reino de Dios. Forma la "nueva ley" que rige al cristiano tanto en privado como en público. Algunos hasta trazarán una dicotomía entre Pablo (la gracia) y Jesús (la ley). Este acercamiento no parece considerar adecuadamente la revelación progresiva. Jesús habló como judío, a los judíos, bajo la ley. Eso no quiere decir que Jesús no trascendió la ley, sino afirma que el sermón del monte no es la última palabra en cuanto a la moralidad, la guerra, la política, las demandas legales, etc.

Un acercamiento similar es el "Acercamiento literal o absolutista" que declara que cada mandato se debe obedecer literalmente por todos. Tales hombres como San Agustín, San Francisco de

Asís y León Tolstoi han defendido esta posición de una forma u otra. Esta posición toma en serio las enseñanzas de Jesús, pero llevadas a los extremos pueden resultar ridículas y hasta peligrosas (ver Mateo 5:29). Así, algunos han tomado el acercamiento literal pero han ofrecido "vías de escape" para los pasajes más difíciles (Acercamiento moderado). La aplicación de tal exégesis del sentido común es generalmente recomendable. Sin embargo, debemos tener cuidado de no descartar las intenciones de Jesús con tal de aceptar un comportamiento cultural.

(4) Preparación para el evangelio (punto de vista luterano) — Algunos afirman que el sermón, por sus demandas imposibles de lograr, muestra a los hombres sus pecados y por lo tanto la obra redentora del Cristo. De este modo, prepara a los hombres para que reciban a Jesús como su Salvador. Sin embargo, el problema es que esto no le hace justicia a la exégesis del texto. Parece claro que una lectura rápida del sermón nos indica o demanda su obediencia, no tan sólo lograr que nos sintamos mal.

Un acercamiento similar sería afirmar que Jesús utilizó hipérbole para llamar la atención de su audiencia. Sus demandas, entonces, necesitan "rebajarse". El peligro con esto es igual al "Acercamiento moderado", minimizar las palabras de Jesús hasta que nos sean placenteras.

(5) Acercamiento liberal — Algunos señalan que este sermón es el medio por el cual la humanidad ha de salvar la civilización. Este estándar ético (no el Gólgota) es la clave para construir el reino de Dios. Fue popular antes de las dos guerras mundiales y también en los años sesenta. Su optimismo irreal niega la naturaleza pecaminosa del hombre y pone su esperanza en la evolución del hombre a un estado de sacrificio propio más benévolo. Tal idealismo es, tal vez, atractivo pero no tan realista.

(6) Acercamiento dispensacionalista (Darby y Scofield) — De acuerdo con este punto de vista, Jesús bosqueja la constitución para el reino milenario. Debido a que los judíos rechazaron a Jesús como el Mesías, su oferta se pospuso para un tiempo en el futuro. Así, esto es lo que los cristianos vivirán bajo el reinado de Jesús por un período de mil años en esta tierra (Apocalipsis 20:1-6). No se puede lograr ahora o aplicar en forma particular. Algunas de sus normas éticas sí "se aplican a nosotros". Pero como tal, es un reflejo de "cosas por venir". El acercamiento dispensacionalista importa al texto una gran

cantidad de suposiciones y prepara un paquete teológico. De esta forma, no parece hacerle justicia al texto como lo señala el contexto mismo.

(7) Acercamiento cristológico — Solamente Jesús ha vivido o jamás vivirá este texto. Es más una autobiografia de Jesús que una constitución del reino. Esta es un observación maravillosa. Sin embargo, no nos ayuda a implementar el carácter de Jesús en nuestras propias vidas.

Si ninguna de estas seis sugerencias es la adecuada, ¿cómo debemos acercarnos al sermón del monte? Ofrecemos las siguientes pautas:

(1) **Hace un llamado a la iglesia.** Es una disertación en cuanto al reino. Es un código literal de la ética cristiana (Mateo 7:24, 26). En este sentido, provee una pauta real a los ciudadanos del reino para relacionarse con los ciudadanos de este mundo los cuales rechazan la verdad (Mateo 5:11-12).

(2) **Señala al cielo.** Fue dado bajo la dispensación de la ley, pero tiene en la mira el fin. Intenta traer la ética del reino de los cielos a la tierra en todo momento. Además, los ciudadanos del reino están en constante desarrollo — conformándose a la imagen del Cristo. Esta tarea se acabará en la eternidad. Mientras tanto, hay un sentido de urgencia en cuanto a la moral de los cristianos.

(3) **Traspasa el alma.** Penetra hasta lo más profundo del corazón y la actitud. Va más profundo que el comportamiento o conformándose a un estándar. Jesús quiere una persona cambiada, no tan sólo a un moralista legalista.

(4) **Ansía el Gólgota.** Las palabras de Jesús crean tensión entre lo que debe ser y lo que es. Aunque en el lugar llamado la Calavera paga el precio de esta tensión, no lo resuelve. Es decir, el cristiano sigue siendo llamado a una vida de excelencia moral, disminuyendo, lo más posible, esta distancia entre lo ideal y la realidad.

(5) **Requiere la realidad.** Este sermón es radical y en algunos momentos hiperbólico. Aunque intenta causar un impacto, y así se debe explicar, eso no nos da el derecho de rebajarlo o descartarlo. Nuestra única meta es entender y cumplir con lo esperado por Jesús y vivir de acuerdo con él.

(6) **Nos presenta a Jesús.** Presenta un panorama claro del comportamiento y ética de Jesús. El sermón es en verdad

un retrato suyo. Fue el único que lo vivió, por ello él es el contenido real del sermón del monte.

Estas seis pautas no contestan todas nuestras preguntas específicas del acercamiento que debemos hacer o la aplicación del sermón del monte. Pero fijan algunos parámetros a nuestra interpretación del texto.

¿Cómo se compara la versión de Mateo con la de Lucas?

Lucas utiliza mucho del material que se encuentra en Mateo concerniente al sermón del monte, pero lo arregla en diferentes contextos.[51] Por ejemplo, tomemos el sermón del llano (Lucas 6:17-49). D. A. Carson observa que al igual que Mateo capítulos 5-7, (1) comienza con las "bienaventuranzas", (2) finaliza con los dos constructores, el prudente y el insensato, (3) contiene la regla de oro, ordena amar a nuestros enemigos y poner la otra mejilla, manda no juzgar a los demás con la ilustración de la astilla y la viga y el árbol y su fruto y (4) sigue con la narración de Jesús yéndose a Capernaúm.[52]

Al mismo tiempo, hay diferencias muy marcadas. (1) Tanto uno como otro sermón contiene información propia, que no se repite en el otro. (2) Mateo presenta su información en ciento siete versículos, mientras que Lucas sólo contiene treinta. (3) Las bienaventuranzas de Lucas son estrictamente físicas mientras que las de Mateo son espirituales. (4) El sermón de Mateo fue en las laderas de una montaña, mientras que Lucas lo presenta en un llano.

¿Cómo manejamos nosotros tanto las similitudes como las diferencias? Una solución es afirmar que tanto Mateo como Lucas recogen una conglomeración de dichos de Jesús y los empaquetaron en un sermón.[53] Algunos van más allá y **señalan que estas enseñanzas fueron el catecismo de la iglesia primitiva y que nada tenían que ver con las enseñanzas de Jesús.**[54]

---

[51] En cuanto a una gráfica completa de Lucas y Marcos del uso de Mateo capítulos 5-7 ver a J. A. Brooks, "The Unity and Structure of the Sermon on the Mount" (La unidad y la estructura del sermón del monte), *CTR* (Revista teológica Criswell) 6/1 [1992]: 15-28.

[52] D. A. Carson, *The Sermon on the Mount* (El Sermón del Monte), (Grand Rapids: Baker, 1978), pp. 139-140.

[53] Hay evidencia de que Mateo hizo esto junto con el discurso del "envío" en el capítulo 10. El v. 5 dice no ir a los gentiles, pero el v. 18 afirma que testificarían aún a los gentiles. A menos que Jesús fuese inconsistente, Mateo debió haber unido o ligado "la referencia a enviar" de un discurso posterior de Jesús.

[54] Carson presenta una sinopsis excelente de estos asuntos concernientes a las diferencias entre Mateo y Lucas en *The Sermon on the Mount* [El Sermón del Monte], pp. 139-149.

Sin embargo, ambos evangelistas presentan todo esto como un solo sermón con datos históricos. Por ejemplo, ambos lo señalan con un lugar específico: montaña y llano. Ambos presentan a Jesús saliendo de ese lugar para entrar en Capernaúm (Mateo 8:5; Lucas 7:1). Mateo hasta registra la reacción específica de las multitudes – asombro (7:28-29). Por ello, concluimos que Jesús predicó básicamente el mismo sermón en dos ocasiones diferentes. Esto no nos sorprende proviniendo de un predicador errante.

Esto no quiere decir que tengamos el sermón palabra por palabra. Hasta la versión de Mateo únicamente tomaría alrededor de quince minutos. En vez de ello, tenemos, como en casi todo discurso del Nuevo Testamento, un resumen fiel de su contenido. Si Jesús enseñó por algunas horas, que sería lo normal, tenemos mucho más dejado fuera que lo que se incluyó. Además, si Jesús enseñó en arameo (que es muy posible), entonces su traducción al griego puede explicar sus diferencias entre Mateo y Lucas. También las diferencias se pueden explicar tomando en cuenta que los evangelistas no siempre presentan una biografía cronológica sino una narración teológica en la cual los sucesos y lo que se dice se arregla por tema para resaltar con precisión el énfasis necesario. En otras palabras, tanto Mateo como Lucas pudieron haber incorporado otras afirmaciones de Jesús en sus sermones porque encajan con el tema en cuestión. Esta no era una práctica rara en el primer siglo. No se consideraría deshonesto o fuera de lugar.

Finalmente, observamos que el modo estándar educativo en los días de Jesús era la memorización. Por ejemplo, los rabinos memorizaban todo el Pentateuco al igual que sus tradiciones orales. Así, resulta que no es descabellado reproducir los bosquejos generales de dos sermones diferentes, especialmente bajo la dirección del Espíritu Santo (Juan 14:26).

Sección 54a
El ambiente del sermón
(Mateo 5:1-2; Lucas 6:17-19)

El sermón tratará tres cosas: La Tora (5:17-48), el culto cristiano (6:1-18) y asuntos sociales (6:19 – 7:12). Como lo señalan Davies y Allison, esto es sorprendentemente similar al famoso dicho de Simón el Justo: "El mundo descansa en tres cosas: La Tora, el servicio en el templo y en 'obras de caridad'"[55] En el sermón del monte, estos tres pilares del judaísmo también son el fundamento del reino.

Mateo ya ha resumido la enseñanza de Jesús en una declaración simple: "Arrepiéntanse, porque el reino de los cielos está cerca" (4:17, 23). El sermón del monte explicará y detallará esa declaración, es decir, la desarrollará. Es un llamado a una vida cambiada. Stott señala que el cristianismo iba en contra de la cultura.[56] De hecho, Stott sugiere que Mateo 6:8 (ver Levítico 18:3) es la clave para entender el sermón: "No sean como ellos". Instruirá a los ciudadanos del reino a desarrollar un comportamiento y actitud apropiados dentro de un reino mundano que rechaza sus preceptos.

Mateo 5:1-2 *con* Lucas 6:17 señalan:

> [1]Cuando vio a las multitudes, subió a la ladera de una montaña {Luego bajó con ellos y se detuvo en un llano[Lc]} y se sentó. Sus discípulos se le acercaron, [2]y tomando él la palabra, comenzó a enseñarles diciendo:

Jesús tiene que escalar hasta cierto punto de la montaña.[57] Las multitudes son enormes y el pueblo no tiene un lugar apropiado para enseñarles. No solamente les predica "las buenas nuevas" sino que también los sana (Mateo 4:23). Como resultado, su fama se extiende y la gente acude de Siria, Galilea, Decápolis, Jerusalén, Judea y Perea (Mateo 4:24-25; Lucas 6:17-19). Hay muletas, caminadoras, camillas, colchonetas, paralíticos, endemoniados, desfigurados, patéticos; se quejan, sangran, están desesperados por llegar hasta el Maestro. Lucas (6:19) nos recuerda cómo toda esta gente procuraba tocar a Jesús y quedar sana.

En esta situación Jesús le da un parecido a Moisés (Deuteronomio 18:15).[58] Mientras que Moisés subió a la montaña para

---

[55] D. C. Allison, "Las estructuras del sermón del monte", *JBL* [Revista de literatura bíblica] 106/3 (1987): 423-445.

[56] John Stott, *Christian Counter-Culture* (Cultura cristiana de resistencia) (Downers Grove, IL: InterVarsity [IVP], 1978).

[57] "Montaña" en el evangelio de Mateo normalmente quiere decir un lugar de una nueva revelación (tentación: Mateo 4:8, transfiguración: 17:1, entrada triunfal: 21:1, el discurso en el monte de los Olivos: 24:3, la gran comisión: 28:16). Ver A. A. Trites, "The Blessings and Warnings of the Kingdom" (Las bendiciones y advertencias del reino), *Rev y Expos* (Revisor y expositor) 89/2 [1992]: 179-196

[58] D. C. Allison, "Jesus and Moses (Mt 5:1-2)" (Jesús y Moisés [Mateo 5:1-2]), *ExpT* (Revista expositor) 97/7 [1987]: 203-205, sugiere cuatro formas en las que Jesús refleja a Moisés en este pasaje. (1) Jesús se sentó, asemejando la morada de Moisés enel monte Sinaí (Deuteronomio 9:9). (2) Jesús "subió" a la montaña, lo cual equivale a la descripción de la versión

recibir la ley, Jesús sube a la montaña para entregarla. Al igual que Moisés, Jesús es el Libertador del Nuevo Israel y este sermón es como la Carta Magna de la fe cristiana.

Al sentarse Jesús en la ladera de la montaña, sus discípulos se le acercan. Esta era una de las formas de la enseñanza rabínica usada por Jesús.[59] Cuando un rabí se sentaba, era una indicación a sus estudiantes que la clase estaba por iniciar. No es un descanso para los cansados, es la señal de la campana para dar inicio a la enseñanza.

Sección 54b
Los bienadventuranzas
(Mateo 5:3-12 con Lucas 6:20-26) señalan:

> {Él entonces dirigió la mirada a sus discípulos y dijo:[Lc]}
>
> ³«Dichosos los pobres en espíritu, porque el reino de los cielos {de Dios[Lc]} les pertenece.
>
> ⁴Dichosos los que lloran, porque serán consolados. {habrán de reír[Lc]}
>
> ⁵Dichosos los humildes, porque recibirán la tierra como herencia.
>
> ⁶Dichosos los que tienen hambre y sed de justicia, porque serán saciados.
>
> ⁷Dichosos los compasivos, porque serán tratados con compasión.
>
> ⁸Dichosos los de corazón limpio, porque ellos verán a Dios.
>
> ⁹Dichosos los que trabajan por la paz, porque serán llamados hijos de Dios.
>
> ¹⁰Dichosos los perseguidos por causa de la justicia, porque el reino de los cielos les pertenece.
>
> ¹¹»Dichosos serán ustedes cuando por mi causa la gente {los odien, cuando los discriminen[Lc]} los insulte, los persiga y levante contra ustedes toda clase de calumnias. ¹²Alégrense {en aquel día y salten de gozo[Lc]} y llénense de júbilo, porque les espera una gran

---

Septuaginta de la Biblia cuando Moisés subió a la montaña para recibir la ley. (3) Mateo 8:1 "Jesús descendió de la montaña" equivale a Éxodo 34:29 en la Septuaginta. (4) Él sugiere que la vida de Jesús en Mateo capítulos 1-4 es paralela a la vida de Moisés e Israel. Para todas las conexiones de Moisés en el libro de Mateo, ver W.S. Baxter, "Mosaic Imagery in the Gospel of Matthew" (Imágenes Mosaicas en el evangelio de Mateo), *TrinJ* (Revista Trinidad) 20ns [1999]: 69-83.

[59] G. L. Stevens, "Understanding the Sermon on the Mount: Its Rabbinic and New Testament Context" (Entendiendo el sermón del monte: Su contexto rabino y del Nuevo Testamento), *TheolEd* (Educador teológico) 46 [otoño, 1992]: 83-95, identifica una gran cantidad de métodos rabinos que Jesús utilizó en el sermón del monte: las parábolas (7:24-27); la metáfora (5:13-16; 7:16-20); la antítesis (5:17-44); la lógica, especialmente *a minori ad maius* – de menor a mayor (6:28-30) humor (7:4); las Escrituras (5:27), las tradiciones (6:1-18).

recompensa en el cielo. Así también persiguieron a los profetas que los precedieron a ustedes.

Lucas 6:24-26 señala:

24»Pero ¡ay de ustedes los ricos,
porque ya han recibido su consuelo!
25¡Ay de ustedes los que ahora están saciados,
porque sabrán lo que es pasar hambre!
¡Ay de ustedes los que ahora ríen,
porque sabrán lo que es derramar lágrimas!
26¡Ay de ustedes cuando todos los elogien!
Dense cuenta de que los antepasados de esta gente trataron
 así a los falsos profetas.

Las bienaventuranzas son gemas pequeñas y hermosas que juntas asestan un fuerte golpe. Antes de examinar cada bienaventuranza, debemos presentar algunas observaciones preliminares.

Comparación de las bienaventuranzas entre Mateo y Lucas

Primero, el arreglo de las bienaventuranzas de Mateo es distinto al de Lucas. Mateo presenta ocho bendiciones. En contraste, Lucas presenta cuatro bendiciones (similar a Mateo 5:3, 6, 4 y 11) y cuatro ayes que no aparecen en Mateo. Estos cuatro ayes son la antítesis de sus cuatro bendiciones. De esta manera Lucas hace hincapié en que los oprimidos y pisoteados serán bendecidos en el futuro como ciudadanos del reino. En contraste, los ciudadanos de este mundo ya son (y únicamente) bendecidos con bendiciones temporales. Qué pena por ellos ya que se satisfacen y optan por cualquier cosa, en vez de una mejor bendición (espiritual) futura.

Sin embargo, una diferencia más significativa es que Lucas presenta sus bienaventuranzas no como condiciones espirituales sino físicas. Por ejemplo, Mateo dice "Dichosos los pobres *en espíritu*". Pero Lucas simplemente señala: "Dichosos los pobres".[60] Esto también es cierto para los que "ahora tienen hambre" y los que "ahora lloran", los que son "ricos", "los que comen bien" y los que "ahora ríen".

---

[60] Sin embargo, Meadors sugiere que el uso de Lucas en cuanto a "pobre" se debe entender como "piadoso" contra el telón de Salmos capítulo 37 e Isaías capítulo 61. G. T. Meadors, "The 'Poor' in the Beatitudes of Matthew and Luke" (Los 'pobres' en las bienaventuranzas de Mateo y Lucas), *GTJ* 6/2 [1985]: 305-314. Por lo tanto, Mateo y Lucas tienen en mente un programa espiritual que tiene un impacto real en la existencia diaria de la gente que vive en constante hostigamiento.

Esto no nos sorprende ya que Lucas comúnmente resalta a los pobres y a los pisoteados. Jesús se presentó proclamando buenas nuevas a los pobres (Lucas 4:18). A pesar de que esto no es un llamado a un evangelio social, cualquier interpretación del anuncio del reino de Jesús que ignore un favorecimiento a los pobres, enfermos o a los oprimidos ha perdido un elemento central de la prédica de Jesús.

La naturaleza de las bienaventuranzas

Segundo, las bienaventuranzas están estructuradas como proverbios. Es decir, son declaraciones cortas eficaces e hiladas de acuerdo a un tema en específico. Cada una consta de tres partes: (1) Empieza con la palabra "Dichosos", (2) describe una característica en particular y (3) finaliza con una bendición apropiada.

Otra herramienta estructural que Mateo utiliza es repetir la bendición: "porque el reino de los cielos les pertenece", tanto con la primera como con la última bienaventuranza (vv. 3 y 10). Esto logra dos cosas: Nos muestra que los vv. 11-12 son explicaciones de la octava y última bienaventuranza; pero más importante aún, une toda la sección con un solo tema — el reino de los cielos.

Este tema en común se puede señalar como "la economía inversa del reino". Es decir, en el sistema mundial, los pobres, los perseguidos, los que lloran, los humildes, etc., se consideran desafortunados, no bendecidos. En la economía divina, los que son menos, los perdidos y los últimos llegan a ser ricos, con influencia y favorecidos (Mateo 19:30; 20:16; Santiago 4:6; 1 Pedro 5:6; Proverbios 3:34). Además, estos verbos en voz pasiva tal vez se debieran tomar como "pasivos divinos". En otras palabras, es Dios quien bendice. Así, "serán consolados", se debe leer como "Dios los consolará".

Aplicación de las bienaventuranzas

Tercero, las bienaventuranzas no describen a ocho distintas clases de personas. Idealmente describen a cada ciudadano del reino.[61] Hinckley lo pone muy bien al señalar que "las bienaventuranzas no son virtudes aisladas, sino señales (mojoneras) a la orilla del camino del arrepentimiento que nos acerca más al corazón de Dios".[62] Esto

---

[61] Un ciudadano del reino equivale hoy en día a un cristiano, pero usar el término cristiano en relación al sermón del monte resulta anacrónico. Con eso en mente, usaremos ambos términos intercambiablemente a partir de este momento.

[62] K. Hinckley, "The Journey to Freedom: A Fresh Look at the Beatitudes" (La jornada a la libertad: Una mirada fresca a las bienaventuranzas), *DJ* (Revista del discipulado) 9 [enero,

no solamente encaja bien en el tema del sermón, sino que describe fielmente la enseñanza de Jesús en cuanto al arrepentimiento y el reino.

Finalmente, nuestra palabra introductoria "Dichosos" (*makarios*) también se puede entender como "afortunados", "suertudos" o hasta "felices". Esta gente debe ser felicitada. Sin embargo, debemos tener cuidado para no rebajar su significado y caer en un estado o situación de placer transitorio. Esta felicidad indica un estado espiritual favorable debido a la aprobación divina. No es ni una felicidad temporal, como la define el mundo, ni depende de circunstancias físicas o externas.

Queda una pregunta por contestar: ¿son presentes o futuras estas bendiciones? Cierto es que serán mejores y más completas en la eternidad, cuando el reino de Dios more "entre los seres humanos" (Apocalipsis 21:3). El v. 12 así lo establece. Esto no quiere decir que no recibamos ninguna de esas bendiciones ahora, siendo que el reino de Dios ya está entre nosotros. Aún más, los vv. 3-10 utilizan una forma de expresión en tiempo presente, no futuro. Y hasta los tiempos de los verbos en futuro, entremezclados en el texto, pueden enfatizar algo en el presente a la vez que algo futuro. Así, en respuesta a nuestra pregunta: ¿son presentes o futuras estas bendiciones?, nuestra respuesta es "¡ambas!"

Al analizar las bienaventuranzas de Mateo, notaremos que las primeras cuatro tratan con nuestra humildad ante Dios. Las últimas cuatro tratarán con la misericordia hacia el hombre, que surge de nuestra relación con Dios. Así, las primeras cuatro bienaventuranzas tienen un énfasis ascendente y las últimas cuatro un énfasis hacia el exterior. (Este mismo patrón se nota con los diez mandamientos). Puesto de otra manera, la opresión experimentada bajo las primeras cuatro bienaventuranzas las alivian las que le siguen.

Las bienaventurazanzas en la literatura judía

Cuarto, es común encontrar bienaventuranzas en la literatura judía (Sirach 14:20-27; 25:7-10; 4Q525; Salmo 1:1; 32:1; 41:1; Proverbios 3:13; 8:34; 2 *En* 42:6-14; *Thomas* 19, 49, 58,69, 103). Sin embargo, resalta una gran diferencia. Jesús bendice a los humildes y a los mansos; estas otras fuentes citadas comunmente bendicen a aquellas personas que buscan sabiduría, que dedican sus vidas al servicio de Dios y que ofrecen de su compasión. En breve, éstas siguen estando en un nivel de lo más alto, en tanto que las bendiciones escatológicas de Jesús son a la inversa y en beneficio de los más desprotegidos de la sociedad.

Humildad ante Dios:

Mateo 5:3 y Proverbios 16:19 señalan:

> ³Dichosos los pobres en espíritu, porque el reino de los cielos les pertenece.
> {Vale más humillarse con los oprimidos que compartir el botín con los orgullosos. ^{Proverbios 16:19}}

Esta es una introducción apropiada al sermón del monte por dos razones: Primera, presenta el tema que Jesús desarrollará: el reino de los cielos. La audiencia pronto se dará cuenta del inmenso abismo que hay entre lo que ellos entienden del reino y la presentación de Jesús sobre el reino. Segunda, esta primer bienaventuranza separará la audiencia de Jesús en dos grupos. Algunos únicamente aceptarán el reino si cumple con sus expectativas e ideas preconcebidas. Solamente aquellos que reconocen que su vida espiritual está en bancarrota serán los candidatos apropiados para esta ciudadanía. Así que esta primer bienaventuranza sienta el tono de todo el sermón.

La teología de los "pobres en espíritu" tiene sus raíces en el Antiguo Testamento y se propaga profusamente en el Nuevo. La continua opresión de Israel daba como resultado su pobreza material y por ello buscaban a Dios como su sustento y ayuda. Por ello, comúnmente se asociaba a la pobreza con religiosidad – humildad, penitencia y dependencia de Dios. Por ejemplo, el Salmo 34:6 afirma: "Este pobre clamó, y el Señor le oyó y lo libró de todas sus angustias". Isaías 61:1-2, que puede ser la base de esta bienaventuranza, predice que el ministerio del Mesías especialmente tocará a los pobres y a los pisoteados.[63] Jesús ya ha aplicado el texto a él mismo en la sinagoga de su pueblo (Lucas 4:18).

Así que ¿qué quiere decir ser pobre en espíritu? Bueno, primero, no quiere decir que usted se debe odiar a sí mismo o que carezca de valor como persona. No quiere decir tener una fe escasa o débil, falsa humildad o ascetismo piadoso. Puesto de manera simple,

---

[63] Ver W. R. Domeris, "Biblical Perspectives on the Poor" (Perspectivas bíblicas de los pobres), JTSA (Revista de teología de Sudáfrica) 57 [diciembre, 1986]: 57-61.

es el reconocimiento de su propia bancarrota espiritual. Nadie puede participar en el reino si no ha reconocido su gran necesidad de Dios y su incapacidad de suplir esa desesperada necesidad. Jesús dijo que debemos entrar como niños. Los ricos y autosuficientes tienen una gran dificultad para entrar (ver Apocalipsis 3:17). Pero los pobres, los pecadores, los destituidos ven claramente su necesidad y corren libremente hacia Dios.

Mateo 5:4 e Isaías 61:1 señalan:
⁴Dichosos los que lloran, porque serán consolados.
{El Espíritu del SEÑOR omnipotente está sobre mí, por cuanto me ha ungido para anunciar buenas nuevas a los pobres.^(Isaías 61:1)}

Jesús se refiere aquí a la pena por el arrepentimiento, no tan sólo a la pérdida de un ser querido. Es cierto que Jesús es nuestro consuelo (Isaías 40:1), que él sana los corazones heridos (Isaías 61:1), pero ese no es el contexto en este caso. Siguiendo el v. 3, al reconocer nuestra pobreza, el v. 4 nos llama al arrepentimiento de ese pecado que causó nuestra pobreza. Esa tristeza que viene de parte de Dios es la que nos dará grandes ganancias (2 Corintios 7:8-13).

Pero ¿dónde están las lágrimas en el altar? ¿Hay alguien que se entristezca por su pecado? En la Biblia tenemos innumerables ejemplos de gente que hicieron lamento por los pecados de su pueblo (Salmos 119:136; Ezequiel 9:4; Mateo 23:37; Filipenses 3:18), al igual que por sus propios pecados (Lucas 5:8; 7:36-38; Romanos 7:24; 1 Corintios 5:2; 2 Corintios 12:21). Con frecuencia, los evangélicos hemos hecho gran alarde de la gracia que hasta nos hemos olvidado del pecado.

Mateo 5:5 y el Salmo 37:11 señalan:
⁵Dichosos los humildes, porque recibirán la tierra como herencia.
{Pero los desposeídos heredarán la tierra y disfrutarán de gran bienestar.^(Salmo 37:11)}

La palabra griega para humildes [*praüs*], también conlleva la idea de "gentil, cortés, considerado". Es una descripción del mismo Jesús (Mateo 11:29; 2 Corintios 10:1). Aunque esta palabra se utilizó para describir caballos de guerra sometidos a sus jinetes con frenos y riendas, no debemos imaginar que Jesús aquí describe a personas simpáticas pero poderosas. La palabra no habla del caballo sino del freno — de la sumisión. Los humildes son los que están bajo el control de otros. Mientras que "pobres en espíritu" describe nuestro reconocimiento personal de nuestra propia bancarrota, "humildes" describe nuestra expresión pública de ese mismo sentido de humildad. El Nuevo Testamento habla muy bien de esta característica (2 Corintios 10:1; Gálatas 5:22ss; Colosenses 3:12; 1 Pedro 3:15ss; Santiago 1:19-21).

Entonces, al señalar que los humildes heredarán la tierra es una paradoja risible en nuestra sociedad materialista y complacedora de sí misma. ¿Cómo puede ser posible esto? Finalmente, los cristianos heredarán todo, porque somos coherederos con Cristo (Romanos 8:17). Poseeremos la nueva tierra. Francamente, esto parece un tanto "descabellado" para este texto. Señala que poseeremos la tierra – presumiblemente esta tierra. 2 Corintios 6:10 señala que en Cristo lo poseemos todo. Cierto que Satanás aparentemente gobierna este mundo (Efesios 6:12), pero es claro que Dios es el dueño. Entonces, como hijos de Dios, espiritualmente, también nosotros poseemos este mundo. Sin embargo, puede que sea más literal que eso. Esta bienaventuranza es una cita del Salmo 37:11. Aunque no es una verdad absoluta, el principio general es que los malos perecen y no se puede confiar en los que buscan su propio bienestar. A aquellos que buscan el bienestar de los demás, que demuestran integridad, consideración y dominio propio se les confiará posesiones y posiciones. Hay mucha más verdad literal en esta bendición, no tan sólo en el reino de Dios, sino también en el mundo presente.

Mateo 5:6 señala:

⁶Dichosos los que tienen hambre y sed de justicia, porque serán saciados.

Cuando lleguemos a leer a las epístolas, la palabra "justicia" describirá lo que recibimos de parte de Dios por lo que Jesús hizo en la cruz. En otras palabras, Dios nos declara justos porque nuestros pecados ya han sido pagados. Pero en este momento es muy temprano para esta definición. La justicia de la que habla Jesús es nuestro comportamiento moral (vv. 10-20) y nuestros motivos correctos (vv. 21-48). Esto refleja la teología antiguotestamentaria en desear haya "justicia" en la sociedad. Casi la mitad de los usos de la palabra justo en el Antiguo Testamento está asociada a "justicia". Ambas palabras describen el funcionamiento apropiado de un gobierno. Por ejemplo, la reina de Sabá visitó a Salomón y reconoció ". . . el SEÑOR te ha hecho rey para que gobiernes con justicia y rectitud" (1 Reyes 10:9) Esto encaja perfecto con el papel de Dios: "La justicia y el derecho son el fundamento de tu trono." (Salmo 89:14) Todo esto en realidad es un llamado a todos los ciudadanos del reino a que todo "justo se ocupe de la causa del desvalido." (Proverbios 29:7).[64] Jesús hace la invitación a que formen parte de su reino aquellos que sientan una pasión ardiente de justicia social, aquellos que se sientan atribulados por la opresión del mundo sobre los débiles.

Misericordia hacia el hombre:

Mateo 5:7 y Santiago 2:13 señalan:

> ⁷Dichosos los compasivos, porque serán tratados con compasión.
> {. . . porque habrá un juicio sin compasión para el que actúe sin compasión. ¡La compasión triunfa en el juicio! Santiago 2:13}

Jesús desarrolla esta bienaventuranza basándose en la parábola del siervo despiadado (Mateo 18:21-35), al igual que en el Padre Nuestro (Mateo 6:14). El principio es muy simple: Dios tiende a tratarnos de la misma manera en que tratamos a los demás (ver Mateo 10:32-33; 25:40). Excepto que estos ejemplos tratan con la gracia – no teniendo aquello que merecemos. Esta bienaventuranza tiene que ver con la misericordia – obteniendo aquello que no merecemos.

La razón por la que el cristiano muestra misericordia es porque entiende cuanta misericordia ha recibido. Amamos porque hemos sido amados; perdonamos porque hemos sido perdonados. Cuando tratamos a los demás sin misericordia traicionamos ese preciso hecho de haber sido tratados con misericordia de parte de Dios. Por ello Pablo afirma: "Por tanto, acéptense mutuamente, así como Cristo los aceptó a ustedes para gloria de Dios" (Romanos 15:7).

Mateo 5:8 y Proverbios 22:11 señalan:

> ⁸Dichosos los de corazón limpio, porque ellos verán a Dios.
> {El que ama la pureza de corazón y tiene gracia al hablar tendrá por amigo al rey. Proverbios 22:11}

"De corazón limpio" conlleva por lo menos dos connotaciones: limpieza y sinceridad. Los fariseos vivían preocupados por la limpieza

---

[64] En cuanto a otros textos del Antiguo Testamento referentes a justo y justicia, buscar Salmo 9:8; 33:5; Isaías 1:21, 27; 5:7, 16; 9:7; 11:4; 16:5; 28:17; 32:1, 16; 33:5; 59:9, 14; Jeremías 9:24; Hoseas 2:19; Amós 5:7, 24; 6:17; Habacuc 1:4; Sofonías 3:5.

o purificación ceremonial (ver Mateo 23:23-27). Se veían bien por fuera, pero hedían por dentro. Jesús lanza una granada a tan hueca religiosidad. Él demanda que nuestra pureza alcance las profundidades del corazón. Esto no es algo nuevo. Hasta en el Antiguo Testamento se entendía así: "¿Quién puede subir al monte del SEÑOR? ¿Quién puede estar en su lugar santo? Sólo el de manos limpias y corazón puro" (Salmos 24:3-4).

La segunda connotación es la sinceridad. Dios busca corazones sinceros. Por ejemplo, Mateo 6:22-24 señala: "El ojo es la lámpara del cuerpo. Por tanto, si tu visión es clara, todo tu ser disfrutará de la luz Nadie puede servir a dos señores". Dios demanda una devoción sin vacilar. Por ello, para poder ver a Dios, necesitamos corazones puros — corazones limpios, purificados y sinceros. No quiere decir con esto que ya tenemos comprado el boleto para verlo, sino que este es un requisito imperativo previo de limpiar la nubosidad de nuestros ojos espirituales. Dios no se esconde de nosotros. Nosotros somos los que nos hemos puesto anteojeras que solamente pueden ser quitadas por un corazón puro y limpio.

Mateo 5:9, junto *con* Ezequiel 34:25, ver 37:26 señalan:

⁹Dichosos los que trabajan por la paz, porque serán llamados hijos de Dios.
{Estableceré con ellas un pacto de paz. Ezequiel 34:25; ver 37:26}

Ser llamado "hijo de Dios" no es tan sólo una declaración de una relación sino de carácter. La frase "hijo de perra" literalmente indica que tal persona actúa como lo hacen los perros. En los días de Jesús, decirle a alguien que era hijo del diablo quería decir que esta persona actuaba como lo hace el diablo. Señalar que alguien era hijo de Dios indicaba que esta persona en verdad actuaba de la misma manera que lo hace Dios.

Dios es un pacificador (ver Números 25:12; Proverbios 16:7). Esto está cargado de significados teológicos (ver Efesios 2:11-22). Él reconcilió al hombre consigo mismo, judíos con gentiles, hombres con mujeres, etc. Como imitadores de Dios, debemos procurar la paz. Es nuestro ministerio principal (2 Corintios 5:18-20). Esto va más allá que el simple hecho de ansiar la paz, ser pacífico o juntarnos con gente pacífica. Debemos ser agentes que traigan paz a un mundo fragmentado. Romanos 14:19 afirma: "Por lo tanto, esforcémonos por promover todo lo que conduzca a la paz" (ver Hebreos 12:14).

Este es un paso de suma importancia para aquellos rabinos que primordialmente consideraban hacer la paz un asunto interno judíos (b. Aboth R. Nathan 23ª).

Lo incómodo nos llega cuando entramos a un mundo hostil (vv. 10-12, 39-45). Pongámoslo en la dimensión apropiada, este mundo no aprecia a los cristianos. Asegurémonos de lo que venimos diciendo, nos encanta ser pacificadores cuando se trata de resolver una disputa entre dos personas, pero cuando se trata de poner la otra mejilla, porque una ya nos está doliendo de la bofetada recibida, de manera que logremos así la paz, no nos agrada. Para hacer las cosas peor, ya que Jesús es el objeto de tanto rencor (Juan 15:18-21), su sola presencia era suficiente para iniciar una contienda. Hasta dividirá familias, tan cortante como una espada (Mateo 10:34-37).

La verdad es que tal vez no estemos en paz debido a nuestra filiación con Jesús. No obstante, debemos buscar la paz (Hebreos 12:14). Esto no quiere decir que debamos poner en riesgo nuestra posición con Jesús, pero tal vez implique escuchar con atención, hablar serenamente, olvidarnos de nuestros deseos personales, no tomando venganza cuando se nos haga un mal, pedir disculpas cuando ofendemos, tomar las cosas con calma cuando los ánimos se calientan, poniendo a los demás en primer lugar, etc. Cuando hacemos la paz, la gente reconocerá nuestra afinidad con la personalidad de Dios.

Mateo 5:10-12 y Salmo 119:157 señalan:

¹⁰Dichosos los perseguidos por causa de la justicia, porque el reino de los cielos les pertenece. ¹¹»Dichosos serán ustedes cuando por mi causa la gente los insulte, los persiga y levante contra ustedes toda clase de calumnias. ¹²Alégrense y llénense de júbilo, porque les espera una gran recompensa en el cielo. Así también persiguieron a los profetas que los precedieron a ustedes.

{Muchos son mis adversarios y mis perseguidores, pero yo no me aparto de tus estatutos.^(Salmo 119:157)}

El cristiano no recibe bendición por persecución como resultado de su necedad o por sus errores, sino por causa de la justicia. Así como la humildad, la pureza y la compasión son distintivos de cada cristiano, también lo es la persecución. En otras palabras, si seguimos a Cristo, debemos esperar ser perseguidos (Juan 15:18-21; 1 Pedro 4:13-14; Hechos 14:22; 2 Timoteo 3:12). En innumerables ocasiones Jesús les advirtió a sus seguidores que ellos serían perseguidos *por su fidelidad a él* (Mateo 10:28, 22; 24:9).

Nada de esto era nuevo en el judaísmo. La persecución era un camino plenamente andado por el pueblo de Dios. Lo nuevo era la definición que Jesús presenta en cuanto a la justicia. Otros judíos sufrieron por su fidelidad a la tora y por Jehová cuya palabra defendieron (ver b. *Ber*: 61b). En el v. 11 queda claro que mismo Jesús es el nuevo estándar de la justicia — no una justicia aparente, sino una "dotada" a través de la encarnación de Jehová en forma de un carpintero de Nazaret.

Los vv. 11-12 desarrollan esta última bienaventuranza en varias maneras. Primero, Jesús empieza a dirigirse en forma más personal: "Dichosos serán ustedes . . ." La intención es ahondar más en la reflexión personal. Segundo, Jesús explica que no se refiere únicamente a la persecución física, sino que incluye la calumnia y la exclusión, que son más precursores o mecanismos de una persecución física que una categoría separada de persecución (ver Lucas 6:22).[65] Tercero, Jesús dirige nuestra respuesta: "Alégrense y llénense de júbilo, porque les espera una gran recompensa en el cielo" (Lucas 6:23 dice "salten de gozo"). Tal vez no reconozcamos la bendición de la persecución ahora, pero la entenderemos finalmente. Como lo afirma Pablo, "Pues los sufrimientos ligeros y efímeros que ahora padecemos producen una gloria eterna que vale muchísimo más que todo sufrimiento" (2 Corintios 4:17). Cuarto, Jesús clarifica. En vez de señalar "por causa de la justicia" dice: "por mi causa". Es nuestra posición respecto a Jesús la que nos trae la bendición de la persecución, no un activismo socio-religioso.

Nuestra respuesta ante la persecución no es la de un perro, que se lame las heridas. Tampoco es la del masoquista que se emociona ante el dolor. Ni tampoco es la respuesta del estoico que rehúsa reconocerla. Nos regocijamos ante las bendiciones que la persecución trae. ¿Qué serían esas bendiciones? (1) Ya hemos mencionado una recompensa futura (v. 12; 2 Corintios 4:17). (2) Aumenta la fe y desarrolla la personalidad (1 Pedro 1:6ss). (3) Valida lo genuino de nuestra fe y testimonio (v. 12; Hechos 5:41).

Esta es apenas la introducción al sermón de Jesús. Confronta su cultura y la nuestra, al refutar las prioridades más importantes del hombre — independencia, fuerza, arrogancia y logro. Al tiempo que el reino de Dios avanza, lo hace frente a los reinos de este mundo.

---

[65] Dean Cloate, "In the Meantime Trouble for the Peacemakers: Matthew 5:10-12", *JTSA* 52 (1985): 42-48, ayuda a situar esto en un marco histórico y social para la audiencia de Mateo.

No hace falta decir que ahora Jesús ha logrado tener la atención de su audiencia.

Sección 54c
La sal y la luz
(Mateo 5:13-16; Lucas 14:35)

¹³Ustedes son la sal de la tierra. Pero si la sal se vuelve insípida, ¿cómo recobrará su sabor? Ya no sirve para nada, sino para que la gente la deseche y la pisotee. {No sirve ni para la tierra ni para el abono^{Lc}}
¹⁴»Ustedes son la luz del mundo. Una ciudad en lo alto de una colina no puede esconderse. ¹⁵Ni se enciende una lámpara para cubrirla con un cajón. Por el contrario, se pone en la repisa para que alumbre a todos los que están en la casa. ¹⁶Hagan brillar su luz delante de todos, para que ellos puedan ver las buenas obras de ustedes y alaben al Padre que está en el cielo.

Las bienaventuranzas describen el carácter del cristiano. Tal vez tendríamos la impresión de que estos ciudadanos del reino son monjes — amantes de la paz, callados, enclaustrados. Tal vez, por su personalidad sumisa y humilde, podrían influir muy poco en la sociedad. Jesús destroza estas nociones. Estos ciudadanos beatíficos han, sorprendentemente, impactado al mundo.

Jesús ilustra la influencia cristiana con dos artículos encontrados en cada hogar de Palestina: la sal y la luz. Ambas metáforas asumen que existe una significante, si no es que antitética, diferencia entre la gente del reino y los ciudadanos de este mundo. Ambas metáforas también señalan que esta distinción se puede adulterar o esconder. Si esto sucede, el cristiano pierde su influencia como su valor en el mundo.

También debemos observar que tanto la sal como la luz, aunque necesarias, pueden tener un efecto aguijoneador. Por ello, no es de sorprendernos que los cristianos que toman en serio su obligación de vivir este sermón enfrenten persecución.

La sal

La sal tiene una gran variedad de usos.[66] Cuatro de ellas son las que sobresalen. (1) Preserva, (2) purifica los sacrificios (Levítico

---

[66] W. D. Davis y D. C. Allison, *Matthew* (Mateo), Comentario crítico internacional, vol. 1 [Edinburg: T y T Clark, 1988], pp. 472-473, exponen once usos para la sal. Para un estudio más extenso ver M. Kurlansky, *Salt: A World History* (Sal: Una historia mundial) [New York:

2:13) (3) da sabor, (4) da sed. Aunque las dos posibilidades últimas tienen un valor homilético, es muy probable que Jesús se refiriera primariamente a la primera. En una cultura sin refrigeración, la sal resultaba muy crítica para la preservación de los alimentos (y los alimentos preservados en sal no necesitan más sal a la hora de cocinarlos). De la misma manera, los cristianos son los primeramente responsables para la preservación de la moralidad, la justicia y la conciencia social. Dios también ha instituido al estado y la familia para estos propósitos, pero sin la iglesia, hasta estas instituciones carecen de luz y sal. Históricamente, la iglesia se lleva el crédito del avance científico, la medicina, la reforma carcelaria, los orfanatos, la abolición de la esclavitud y trabajo infantil, la educación y la alfabetización. En verdad, el reino de Dios ha dado sabor a este mundo de distintas maneras.

El problema se presenta cuando la sal pierde su sabor. Técnicamente, la sal (es decir, el cloruro de sodio) no puede perder su salinidad. Es un químico que no se desvanece. La palabra que Jesús utiliza se la podría traducir mejor por "contaminada". Aunque la sal no puede tornarse insípida, se la puede adulterar y mezclar con otras sustancias. Por ejemplo, fue bastante probable que alrededor del Mar Muerto, al secarse el agua, la sal natural en el agua quedaba seca, mezclada con otros químicos y arena blanca. La mezcla se podía raspar y usar como sal. Aunque esta mezcla contenía sal, estaba tan contaminada que perdía su poder preservador. Si usted compraba de esta "sal", tendría que desecharla. La analogía con el cristiano es obvia. Cuando alguien se mezcla con el mundo, pierde su influencia preservadora en la sociedad.

La luz

En la oscuridad, hasta una luz tenue es fácil de identificar. ¿Qué insensato querría esconderla? A pesar de ello, muchos cristianos asiduamente evitan ser reconocidos. Temen que la oscuridad se sobreponga a la luz. Pero eso es imposible. Debido a que Jesús es la luz (Juan 8:12; 9:5) y nosotros estamos en él, podemos brillar como las estrellas (Filipenses 2:15). Así como él fue luz a las naciones, así la iglesia sigue llevando su luz (Isaías 9:2; 49:6; Lucas 2:32; Hechos 13:47; 26:23).

"La luz" no es una confesión teológica o una organización eclesiástica. Representa la buena obra de un cristiano. No servirá de nada esconder nuestra responsabilidad cristiana detrás de un anuncio plenamente iluminado en la iglesia o guardarlo en una estructura organizacional. Cada cristiano ha sido llamado a habitar este mundo y vivir de tal forma tan distinta que la persona aún no redimida pueda tener un destello de Dios.

Cuando así lo hacemos, el Padre es adorado. Del contexto también entendemos que se sirve al mundo. Y de las bienaventuranzas asumimos que el cristiano recibe bendición. Estos son los frutos de echar mano de las bienaventuranzas. Una vez que esta introducción ya asentó los cimientos, Jesús puede proseguir con la carne de este mensaje.

Sección 54d
La ley no es abolida sino cumplida
(Mateo 5:17-20)

Así como las bienaventuranzas fueron "enmarcadas" con el "reino de los cielos" (vv. 3, 10) de igual manera este mensaje está "enmarcado" con "la ley y los profetas" (Mateo 5:17, 19-20; 7:12). Así, ahora entendemos que el tema de este sermón es la aplicación de la palabra de Dios (el Antiguo Testamento) a su reino. Jesús inicia su sermón utilizando la tercer persona (ellos, vv. 3-10: las bienaventuranzas); se desplaza a la segunda persona (ustedes, vv. 11-16: la influencia del cristiano); y ahora utiliza la primer persona (yo, vv. 17-20: describiendo su propia relación con el Antiguo Testamento).

Jesús está a punto de contrastar su propia aplicación del Antiguo Testamento con la interpretación rabínica popular (vv. 21-48). Pareciera que él contradice el Antiguo Testamento. Después de todo, él enseñaba con su propia autoridad y no con el judaísmo clásico (Mateo 7:28-29). Y él hasta ha logrado que muchos reaccionen por su desacato de las tradiciones en cuanto al día de reposo (Marcos 2:23 - 3:6). Jesús fue tan radicalmente distinto que las multitudes le atribuyeron "¡una enseñanza nueva!" (Marcos 1:27). PERO, Jesús de forma vehemente niega contradecir cualquier parte del Antiguo Testamento (vv. 17-20). Sin embargo, lo que sí hace es profundizar en el significado del Antiguo Testamento y contradecir las tradiciones orales de los escribas.

Mateo 5:17-18 señala:

17»No piensen que he venido a anular la ley o los profetas; no he venido a anularlos sino a darles cumplimiento. **18**Les aseguro que mientras existan el cielo y la tierra, ni una letra ni una tilde de la ley desaparecerán hasta que todo se haya cumplido.

Este es un texto difícil. Por un lado, Jesús dice que toda letra de la ley perdurará tan largamente como el cielo y la tierra. Por otro lado, Pablo declara con claridad que el código mosaico está finado (Romanos 10:4; Gálatas 3:23-25; Efesios 2:15; Colosenses 2:14). ¿Cómo reconciliamos la discrepancia aparente? Una respuesta, que propone hasta Santo Tomás de Aquino (1225-74 d.C.), traza una diferencia entre la ley ceremonial, la civil y la moral. La teoría señala algo parecido a: La ley *ceremonial* fue abolida en el Gólgota. La ley *civil* ya no tendría efecto siendo que el pueblo de Dios ya pertenece a un reino espiritual, no a uno físico. Esto nos dejaría con tan sólo la ley *moral* del Antiguo Testamento, intacta para los cristianos.

La dificultad llega cuando tratamos de determinar cuales códigos del Antiguo Testamento son ceremoniales, o civiles y morales. Las mismas Escrituras jamás presentan esta distinción. Así que no tenemos ayuda de parte de la Biblia para apoyar esa teoría. Para empeorar las cosas, parece que las leyes morales, las civiles y las ceremoniales se entrelazan. Por ejemplo, el día de reposo parece ser tanto ceremonial como civil. Las leyes en contra del divorcio son morales y civiles. Las leyes en cuanto a los sacrificios son morales y ceremoniales. La verdad es que no podríamos discernir claramente cuáles leyes debemos guardar. Además, el v. 18 no encaja en esta teoría. Jesús señala que toda la ley del Antiguo Testamento se debe obedecer.

Así que, ¿cómo le dio cumplimiento Jesús a la ley? Tal vez de distintas maneras: (1) mediante la profecía predicha — todo el Antiguo Testamento señalaba a Jesús; de manera que no lo podemos entender sin Jesús (ver Lucas 24:27, 44; Juan 5:39). Esto también incluye tipos y analogías. (2) La obediencia — únicamente en Jesús encontramos el cumplimiento ético que la ley requería (2 Corintios 5:21; Hebreos 4:15). (3) La redención — Jesús paga el precio de nuestra transgresión. Su muerte paga nuestra deuda legal (Romanos 6:23; Hebreos 10:11-18). El problema con cada una de esta respuestas, no obstante, se ve en el v. 19. Jesús no tan solo proclama que *él* cumple la ley, sino que también nosotros debemos seguirla.

¿Qué significa que Jesús cumplió la ley? Es claro que el cristiano ya no vive bajo esa ley. Es decir, esa ley no nos juzga ni nos condena. Su castigo ha sido satisfecho (Romanos 7:4; Colosenses 2:14; Hebreos 8:13; 10:8-10). Tenemos una nueva ley escrita en nuestros corazones por medio del Espíritu Santo (Romanos 8:2-4; Gálatas 5:4-5, 18; Hebreos 8:10-11; Jeremías 24:7; 31:33). Tenemos un nuevo Señor, el Cristo, no la ley (Romanos 10:4; Gálatas 4:23-25), a quien hasta las Escrituras del Antiguo Testamento apuntaban (Romanos 3:21; Gálatas 3:24). Jesús alteró el reglamento alimenticio del Antiguo Testamento (ver Marcos 7:19). ¡Cómo han cambiado las cosas!

Sin embargo, el hecho de que ya no somos controlados o juzgados por la ley del Antiguo Testamento, no quiere decir que la podemos descartar o ignorar. Jesús dijo que hay que obedecerla. Él no permitiría que ni siquiera una tilde de alguna letra fuese ignorada. La letra más pequeña (literalmente *iota*), equivalía a nuestra "i". El rasgo más insignificante era una extensión pequeña en la esquina de una letra (algo parecido a una tilde). En el idioma hebreo esta tilde, por ejemplo, servía para diferenciar una "R" de una "D". La diferencia era tan pequeña como una "I" de una "i". Un simple rasgo de la pluma hace la gran diferencia. Debiéramos parafrasear las palabras de Jesús: "Ni el punto sobre la "i" ni el palito de la "t" desaparecerán".

Entonces, ¿cómo debe un cristiano tratar con la ley del Antiguo Testmento? En resumidas cuentas: Jesus cumplió la ley no por lo que hizo, sino por quién era.[67] Tal como Jesús es nuestro templo, nuestro día del descanso (sábado), nuestro rey David y Moisés; tal como él es nuestro sumo sacerdote, cordero pascual y tierra prometida, así Jesús personifica el código mosaico. Es como si Jesús fuera el filtro a través del cual pasa todo el Antiguo Testamento. Cada oración, cada palabra, hasta cada letra está incorporada en él. Ahora, que nada se pierde no implica que ninguna cosa cambia. El código mosaico está reforjado en Cristo, pero su propósito queda igual.

Debemos reconocer que la ley jamás se presentó como fuente de salvación en el Antiguo Testamento.[68] Los judíos fueron salvos dado el hecho de que Dios los escogió, no porque ellos hubiesen obedecido perfectamente la ley. Entonces, el propósito de la ley fue

---

[67] F. Zaspel, "Divine Law: A New Covenant Perspective" (Ley divina: Un perspectivo según el nuevo pacto), *R & R* (Reformación y avivamiento) 6/3 [1997]: 145-169.

[68] J. D. Charles, "The Greatest or the Least in the Kingdom? The Disciple's Relationship to the Law (Mt 5:17-20)" (¿El mayor o el menor del reino?: La relación del discípulo con la ley [Mateo 5:17-20]), *TrinJ* (Revista Trinidad) 13 [1992]: 139-162.

doble: declaró la santidad de Dios y dio la pauta de un comportamiento social. Demuestra que somos hijos de Dios, distintos al mundo.[69] Por lo tanto, todo el Antiguo Testamento es relevante como guía e instrucción (2 Timoteo 3:16), pero no para salvación o juicio. Si rastreamos el punto de vista de Mateo en cuanto a la ley, encontramos que se la debe interpretar y aplicar dentro de los parámetros del amor y la misericordia (Mateo 5:43-48; 7:12; 19:19; 22:34-40; 24:12; 25:31-46).[70] Además, el nuevo pacto obviamente cambiará la manera en que aplicaremos algunos de los códigos antiguos. No todo se aplicará en el reino de los cielos como pasó en el pacto de Moisés. Así, interpretaremos correctamente la ley únicamente a través de la vida y el ministerio de Jesús (Lucas 24:25-27). Tal como Israel de antaño, guardamos la ley de Cristo para mostrar nuestra distinción; dependemos del sacrificio de Cristo para nuestra salvación.

Mateo 5:19-20 señala:

> [19]Todo el que infrinja uno solo de estos mandamientos, por pequeño que sea, y enseñe a otros a hacer lo mismo, será considerado el más pequeño en el reino de los cielos; pero el que los practique y enseñe será considerado grande en el reino de los cielos. [20]Porque les digo a ustedes, que no van a entrar en el reino de los cielos a menos que su justicia supere a la de los fariseos y de los maestros de la ley.

Los fariseos tenían el mal hábito de desechar textos que ellos sentían que no se aplicaban o que creaban un malestar. Jesús los está cuestionando. Ellos no pueden pasar por alto el juego de palabras que Jesús hace con "anular" [*katalysai*] (v. 17) "infrinja" [*lysē*] (v. 19). Los fariseos no tan sólo ignoraban los pasajes difíciles, pero aunque enseñaran correctamente, no vivían en acuerdo con sus enseñanzas (Mateo 23:2-4). Ellos fingían tener reverencia por la palabra de Dios, pero no se sometían a sus demandas (Juan 5:39-40).

Los fariseos eran famosos por su observancia meticulosa en los rituales religiosos (ver Mateo 23:23-24). Y aunque sus corazones no estaban bien, la gente se preguntaba si la justicia de alguien podía rebasar el cumplimiento riguroso de los escribas y fariseos. Pero lo que

---

[69]W. C. Kaiser, "The Place of Law and Good Works in Evangelical Christianity" (La ley y las buenas obras en el cristianismo), *A Time to Speak: The Evangelical-Jewish Encounter* (Tiempo de hablar: El encuentro judíoevangélico), Ed. A. James Rudin y Martin R. Wilson [Grand Rapids: Eerdmans, 1987].

[70]K. R. Snodgrass, "Matthew's Understanding of the Law" (El entendimiento que Mateo tiene de la ley), *Int* (Interpretación) 46 [octubre, 1992]: 368-378.

Jesucristo quiere no es una obediencia más amplia sino más profunda. Él quiere corazones obedientes a las prioridades de Dios en vez de vidas amoldadas a un listado de reglas: "Debían haber practicado esto sin descuidar aquello" (Mateo 23:23).

Sección 54e
Seis contrastes: "Ustedes han oído . . . pero yo les digo."
(Mateo 5:21-48; Lucas 6:27-30, 32-36)

Esta sección se caracteriza por el estribillo de Jesús: "Pero yo les digo" (5:22, 28, 32, 34, 39, 44). Esto sienta una antítesis obvia entre las palabras de Jesús y las enseñanzas previas. La pregunta es: "¿Cuáles son las enseñanzas previas?" Si es la Escritura del Antiguo Testamento, encontramos a Jesús a lo menos prolongándola y quizás hasta contradiciéndola. Sin embargo, Stott es categórico al mostrar a Jesús contradiciendo la interpretación que los fariseos hacen del Antiguo Testamento y no que Jesús contradiga las mismas Escrituras.[71]

Stott apoya su aseveración con cuatro evidencias: (1) Aparentemente cada una de estas citas provienen de la ley. Sin embargo, cuando llegamos a la sexta: "Ama a tu prójimo y odia a tu enemigo", encontramos la primera parte en Levítico 19:18, pero la segunda parte no la encontramos por ningún lado en el Antiguo Testamento. Además, el v. 31 plantea una frase interpretativa de Deuteronomio 24:1, 3. (2) La fórmula introductoria de Jesús: "Ustedes han oído que se dijo" (vv. 27, 38, 43) "a sus antepasados" (vv. 21, 33) se alinea mejor a las enseñanzas orales que con la palabra escrita, que normalmente se introduce haciendo uso de la frase "Como está escrito". (3) En cuanto al contexto (vv. 17-20), Jesús afirma la inspiración verbal del texto, mientras que critica a los fariseos por su descuido en cuanto a ella. Entonces, la siguiente discusión fluye naturalmente de la mala interpretación de los fariseos. (4) En otros casos Jesús se somete a la palabra escrita (por ejemplo, su tentación: capítulo 4). Así, asumimos que aquí también lo hace.

La interpretación farisaica tiende a relajar los mandamientos de Dios y a mostrar lo permisivo de Dios. Así, hicieron que la ley de Dios fuese más "manejable". Pero Jesús hace exactamente lo opuesto.

---

[71] J. R. Stott, *Christian Counter-Culture* (La contracultura cristiana) [Downers Grove, IL: IVP, 1978], pp. 76-79.

Esto se puede apreciar claramente en la tabla que a continuación presentamos.

LEY	TIPO	FARISEOS	JESÚS
Asesinato (vv. 21-26)	Mandato	Restringido para actuar	Abarcó hasta los pensameintos
Adulterio (vv. 27-30)	Mandato	Restringido para actuar	Abarcó hasta los pensamientos
Divorcio (vv. 31-32)	Licencia	Extendido casi por cualquier causa	Restringido al adulterio
Juramento (vv. 33-37)	Mandato	Restringido a ciertas promesas	Abarcó únicamente un sí o un no
Venganza (vv. 38-42)	Licencia	Extendido a causas "justas"	Restringido a nada
Amor (vv. 43-48)	Mandato	Restringido al prójimo	Abarcó a los enemigos

El resultado neto fue que los fariseos hicieron de la ley de Dios algo más fácil de obedecer, pero Jesús la hizo más difícil. Lo extraño es que los fariseos seguían agregándole normas, mientras que Jesús las quitó. Entonces, ¿por qué hizo Jesús más difícil la ley? Él hizo de la ley algo interno en el ser humano. Hablando de esta manera, él penetró al corazón del asunto.

1. El asesinato/ira

Mateo 5:21-22 señala:

> [21]»Ustedes han oído que se dijo a sus antepasados: "No mates,[a] y todo el que mate quedará sujeto al juicio del tribunal". [22]Pero yo les digo que todo el que se enoje[b] con su hermano quedará sujeto al juicio del tribunal. Es más, cualquiera que insulte[c] a su hermano quedará sujeto al juicio del Consejo. Pero cualquiera que lo maldiga[d] quedará sujeto al juicio del infierno.
>
> [a]**21** Éxodo 20:13 [b]**22** se enoje. Var. se enoje sin causa. [c]**22** insulte. Lit. le diga: "Raca" (estúpido en arameo). [d]**22** lo maldiga. Lit. le diga: "Necio".

"No mates" es el sexto mandamiento.[72] Los fariseos únicamente hacían hincapié en la acción de asesinar. Por otro lado, Jesús se extendió hacia los motivos y hasta las emociones que provocan el asesinato. Juan captó la misma idea cuando señaló, más tarde: "Todo

---

[72]La palabra hebrea "asesinato" no incluye matar en defensa propia, la pena capital, una masacre o matar en combate. Esos asuntos se tendrán que tratar en otro momento.

el que odia a su hermano es un asesino" (1 Juan 3:15). Debemos aclarar unos puntos aquí. Primero, el progreso del castigo (juicio/ sanedrín/infierno) tal vez no sea algo más que puro estilo literario. Los hebreos frecuentemente usaban este tipo de paralelismo. Segundo, estos insultos y maldiciones verbales "Raca" (en arameo significa "cabeza hueca") y "Necio," no siempre resultan inapropiados. Después de todo, hasta Jesús mismo llamó "insensatos" a los fariseos (Mateo 23:17-19; ver también 1 Corintios 15:36; Gálatas 3:1; Santiago 2:20). Sin embargo, son peligrosos cuando se tornan en emociones y semilla que germina en asesinato. De hecho, hay una variante en el texto con suficiente evidencia de manuscritos que contienen la frase "sin causa" después de la palabra "hermano". Aunque es probable que estas palabras no estuvieran en el original, parecen esclarecer el intento de Jesús. Y aunque parecieran suavizar la declaración de Jesús, se justifican por algunos que estamos casi siempre a punto de actuar violentamente por cualquier cosita.

Mateo 5:23-24 señala:

> ²³»Por lo tanto, si estás presentando tu ofrenda en el altar y allí recuerdas que tu hermano tiene algo contra ti, ²⁴deja tu ofrenda allí delante del altar. Ve primero y reconcíliate con tu hermano; luego vuelve y presenta tu ofrenda.

Casi todos los comentaristas transportan este texto a nuestros días señalando: "si estás en la iglesia, adorando al Señor y te acuerdas que alguien está en agravio u ofendido contigo, deja la adoración y ve a reconciliarte con tu hermano". Esa es probablemente una interpretación fiel del principio simple de Jesús: Corregir las relaciones personales es más importante que corregir los ritos. Esto tiende a irritar a los religiosos quienes afirman que Dios debe ser nuestra prioridad. Esto es cierto. Sin embargo, nuestra relación con Dios se puede entender y medir mejor por nuestras relaciones humanas que por los ritos religiosos. Aunque no podemos garantizar que el hermano ofendido nos va a aceptar, estamos obligados a hacer todo lo que esté de nuestra parte: "en cuanto dependa de nosotros" (Romanos 12:18).

Mateo 5:25-26 señala:

> ²⁵»Si tu adversario te va a denunciar, llega a un acuerdo con él lo más pronto posible. Hazlo mientras vayan de camino al juzgado, no sea que te entregue al juez, y el juez al guardia, y te echen en

la cárcel. ²⁶Te aseguro que no saldrás de allí hasta que pagues el último centavo.ᵃ

ᵃ**26** centavo. Lit. Cuadrante.

La primera ilustración es la de un amigo (v. 23). Esta segunda trata de un enemigo (v. 25). La primera se lleva a cabo en el templo. La segunda es de camino al juzgado, la corte o el tribunal. Sin embargo, ambas tienen un mensaje: La urgencia por buscar la reconciliación.

Hay mucha sabiduría humana en las palabras de Jesús. Todo abogado sabe qué tan fácil puede resultar arreglar todo fuera del juzgado. Una vez que el caso pasa a manos del juez, su destino está fuera de sus manos. Al igual que en los tiempos de Jesús, así también es en el nuestro, una persona será encarcelada hasta que pague todo, hasta el último centavo.[73]

Sin embargo, esta metáfora no se refiere a un litigio terrenal. Contextualmente, se refiere al juicio eterno. Las relaciones que tengamos aquí y ahora determinará nuestro destino futuro.[74]

2. El adulterio

Mateo 5:27-28 señala:

²⁷»Ustedes han oído que se dijo: "No cometas adulterio".ᵃ ²⁸Pero yo les digo que cualquiera que mira a una mujer y la codicia ya ha cometido adulterio con ella en el corazón.

ᵃ**27** Éxodo 20:14

Jesús se desplaza del sexto al séptimo mandamiento: "No cometas adulterio". Nuevamente, los fariseos únicamente trataban el acto; Jesús extiende la prohibición al motivo detrás del hecho — la lujuria, la lascivia. Jesús no se está refiriendo a una mirada casual o a un pensamiento involuntario. El presente participio "mira" [*blepōn*] indica una acción continua. Describe a una persona que permite que esos pensamientos iniciales florezcan. Jesús no condena el acto de mirar, sino la lujuria o lascivia.

Es imposible en nuestra sociedad, donde las imágenes sexuales dominan nuestros medios de comunicación, apartar de nuestra vista cualquier pensamiento lujurioso. Tampoco somos culpables en ese

---

[73]Esta monedita [*kodrantes*] representaba 1/64 de un día de salario.

[74]Resulta exegéticamente inapropiado alegorizar que esta metáfora tiene nociones del purgatorio.

momento de mirar. Sin embargo, *somos* culpables, hasta de adulterio, cuando nuestras pestañas se incendian. Satanás está atacando a la iglesia y está ganando terreno. Aquellos que son sorprendidos en adulterio, comúnmente señalan: "no sabemos cómo es que esto sucedió". No hemos prestado atención a Jesús. El adulterio sucede mucho antes de que dos cuerpos siquiera se rocen (Job 31:1, 7, 9).

Mateo 5:29-30 señala:

> ²⁹Por tanto, si tu ojo derecho te hace pecar, sácatelo y tíralo. Más te vale perder una sola parte de tu cuerpo, y no que todo él sea arrojado al infierno.ᵃ ³⁰Y si tu mano derecha te hace pecar, córtatela y arrójala. Más te vale perder una sola parte de tu cuerpo, y no que todo él vaya al infierno.
>
> ᵃ29 al infierno. Lit. *a la Gehenna;* también en v. 30.

Parte de nuestro ser quiere tomar esto de forma literal porque queremos ser fieles a Jesús y no queremos terminar en el infierno. Es más, sabemos perfectamente qué tan pecadores podemos llegar a ser. Entonces, pensamos con el sentido común y reconocemos que esta es una hipérbole. Tomadas literalmente, las palabras de Jesús pueden tornarse algo sangrientas. Además, no nos haría nada de bien ya que nuestro órgano dominante en cuanto al pecado es el cerebro, no los demás miembros del cuerpo.[75]

Jesús no se refiere a partes literales de nuestro cuerpo. Después de todo, ¿qué bien haría perder un solo ojo? Podemos seguir pecando con el ojo sano. Lo que necesitamos hacer es actuar como si nos hubiésemos sacado los ojos o cortado las manos. Es decir, cuando estamos tentados a mirar, no mirar. Salgamos de los lugares donde las tentaciones afloran. No nos acompañemos de aquellas personas que más problemas nos causan. Estos comportamientos en ocasiones son tan difíciles o dolorosos como si nos hubiésemos literalmente cortado uno de nuestros miembros. Pero la única solución al pecado es la muerte (Marcos 8:34; Romanos 6:5-7; 8:13; Gálatas 5:24; Colosenses 3:5).

---

[75]Algunos, de hecho, han tomado esto de manera literal y han practicado el punto que acabamos de mencionar. Tal vez el ejemplo más claro que tengamos sea Orígenes (195-254 d.C.), quien se castró a sí mismo, pero siguió teniendo deseos lascivos.

3. El divorcio

Mateo 5:31-32 señala:

> ³¹»Se ha dicho: "El que repudia a su esposa debe darle un certificado de divorcio".ª ³²Pero yo les digo que, excepto en caso de infidelidad conyugal, todo el que se divorcia de su esposa, la induce a cometer adulterio, y el que se casa con la divorciada comete adulterio también.
>
> ª*31* Deuteronomio 24:1

El asunto del divorcio, que naturalmente le sigue a la discusión del adulterio, es sin duda uno de los temas más sensibles y difíciles que la iglesia debe enfrentar. Jesús discute el divorcio con más detalle en Mateo 19:1-12. Por ello nosotros también lo trataremos con más amplitud entonces. Sin embargo, por ahora, queremos analizar cómo es que este asunto del divorcio encaja en el sermón del monte.

Primero, notamos que Jesús restringe el permiso divino del divorcio a tan sólo los casos de adulterio. Los dos rabinos más importantes, justo antes de los días de Jesús, Hillel y Shammai, debaten acaloradamente este mismísimo asunto. Basados en Deuteronomio 24:1-4, se decía que un hombre podía divorciarse de su mujer si se descubría algo "impropio". Precisamente era lo "impropio" el punto del debate. Para Shammai, únicamente se refería a lo sexual. Para Hillel, podía ser algo tan trivial como quemar la comida de su esposo. La opinión de Hillel era la que comúnmente prevalecía. Nuevamente, encontramos a Jesús contradiciendo la opinión popular.

La palabra que Jesús usó para referirse a "infidelidad conyugal" [*porneia*], no necesariamente se limita al adulterio, sino que puede incluir varias formas de impropiedad sexual, incluyendo la fornicación (relaciones sexuales antes del matrimonio). Sin embargo, *porneia* se usó típicamente para referirse a adulterio femenino. El adulterio varonil se conoció como *moicheia*. Así, asumimos que Jesús se refiere a cierta infidelidad dentro del matrimonio, en vez de alguna promiscuidad antes del mismo. Dentro de la ley judía (m. *Yebam* 2:8; m. *Sota* 5:1), uno de los contrayentes estaba obligado a divorciarse de su pareja infiel. No es así para el cristiano. Crisóstomo observa correctamente que estos versículos no se pueden separar de las bienaventuranzas. Hasta en el caso de adulterio, uno que sea humilde, pacificador y misericordioso, seguro que no podía repudiar a su esposa. Dios, como modelo, ha mostrado paciencia a la luz de una infidelidad espiritual (Jeremías 2:1 – 3:1; 4:1; Oseas 2:1-23).

De hecho, algunos hasta se han preguntado si el adulterio es causa suficiente para el divorcio basados en el hecho de que Marcos y Lucas no tienen esta cláusula de excepción. Pero, en los días de Jesús, se tomaba como tal que el adulterio era causa de divorcio; hasta Hillel y Shammai concordaban en ello. Mateo 19:9 parece ser una declaración clara al respecto.

El asunto crítico es ¿cómo es que el divorcio lleva a alguien a cometer adulterio? Jesús está utilizando una metáfora, comparando figurativamente el divorcio con el adulterio (Oseas 2:4; Jeremías 5:7; Ezequiel 16:32). Después de todo, no se puede afirmar justamente que una mujer comete adulterio si su esposo es quien se divorcia de ella sin que ella haya cometido ninguna falta. Ella es inocente. Si ella jamás se acuesta con otro hombre, usted no la puede acusar de ser adúltera. Tal vez se asumía en la cultura judía que una mujer divorciada o se casaba de nuevo o se convertía en prostituta. Sin embargo, esto no necesariamente resulta cierto. Ella se podía ir a vivir con algún familiar. Así, Jesús no está diciendo que el divorcio equivalía al adulterio pero que sí tienen las mismas consecuencias terribles. En Mateo 19:1-12 Jesús describe los dos pilares del matrimonio que se originan en Génesis: (1) Dejar padre y madre y unirse a su mujer. Es decir, ellos se **comprometen** el uno al otro. (2) Llegan a ser una sola carne. Es decir, se juran *fidelidad* el uno al otro. Este segundo pilar se resume, pero no está limitado al placer sexual.[76]

Cuando un hombre se divorcia de su esposa, el pilar del **compromiso** se destruye y el matrimonio se disuelve. Cuando uno comete adulterio, el pilar de la *fidelidad* se destruye y se rompe con el contrato matrimonial. Por lo tanto, tanto el divorcio como el adulterio dan como resultado un matrimonio roto y *en ese sentido son lo mismo*. Cuando una tercera persona aparece en escena y se casa con la persona divorciada, esta persona participa en esa rotura y destruye cualquier opción de reconciliación de la pareja original. Por ello, el resultado práctico en verse participando en un segundo enlace matrimonial equivale al adulterio — sella el matrimonio roto.

Entonces, ¿es pecado volverse a casar? Si todo intento de reconciliación ha fracasado, entonces no. Muy probablemente no.

---

[76]C. L. Blomberg, "Marriage, Divorce, Remarriage, and Celibacy: An Exegesis of Mt 19:3-12" (Casamiento, divorcio, volverse a casar y celibato: Una exégesis de Mateo 19:3-12), *TrinJ* (Revista Trinidad) 11ns. [1990]: 161-196.

Y ciertamente no es un adulterio perpetuo. Tanto Deuteronomio 24:1-4 y Jesús en Juan 4:17-18 reconocen la validez de más de un casamiento.[77] ero el hecho de que no sea adulterio no quiere decir que volverse a casar sea lo ideal. Un segundo matrimonio siempre llevará la carga de la ruptura.

Entonces, es posible que nos estemos enfrentando a dos posibles opciones: Volverse a casar o el celibato. Un segundo matrimonio, especialmente cuando hay niños de por medio, puede ser la mejor de las dos opciones. Pero ninguna de ellas es la ideal. Esto tampoco quiere decir que un segundo matrimonio será de mala calidad. Sin embargo, llevarán al nuevo matrimonio la ruptura anterior, con la cual se debe tratar delicadamente. Desde un punto de vista práctico, sería un grave error demandar que las segundas nupcias se rompieran con el afán de restablecer las primeras.

Así, ¿viven en perpetuo adulterio las parejas que se vuelven a casar? No. Recuerde, esta es una metáfora. Jesús no está diciendo que volverse a casar *sea* adulterio, sino que al igual que el adulterio, las consecuencias *son similares*. Mientras que no es adulterio perpetuo, es una ruptura perpetua. Dios puede sanar nuestras heridas de nuestros pecados pasados, pero las cicatrices permanecen para siempre.

Sabemos que Dios odia el divorcio (Malaquías 2:16) y que solamente lo permitió por la dureza de nuestros corazones (Mateo 19:8; Marcos 10:5). Las palabras del Señor son claras: "No se divorcien". Pero, ¿qué hacemos una vez que alguien se divorcia? Esa es una pregunta difícil. Dése cuenta que casi toda Escritura en cuanto al divorcio es prescriptiva (es decir "no lo hagas"). Tenemos pocas guías que nos sirvan después de los hechos. Es nuestro ardua tarea balancear las normas bíblicas con la reconciliación mediante la gracia.

4. Los juramentos

Mateo 5:33-37 señala:

> [33]»También han oído que se dijo a sus antepasados: "No faltes a tu juramento, sino cumple con tus promesas al Señor". [34]Pero yo les digo: No juren de ningún modo: ni por el cielo, porque es el trono de Dios; [35]ni por la tierra, porque es el estrado de sus pies; ni por Jerusalén, porque es la ciudad del gran Rey. [36]Tampoco jures por tu cabeza, porque no puedes hacer que ni uno solo de tus

---

[77] Los matrimonios, a los ojos de Dios, pueden, de hecho, disolverse. Ver M. J. Down, "The Sayings of Jesus about Marriage and Divorce" (Las declaraciones de Jesús en cuanto al matrimonio y el divorcio), *ExpT* (Revista expositor) 95 [1984]: 332-334.

cabellos se vuelva blanco o negro. ³⁷Cuando ustedes digan "sí", que sea realmente sí; y cuando digan "no", que sea no. Cualquier cosa de más, proviene del maligno.

Estas palabras de Jesús no provienen directamente del Antiguo Testamento. Lo que tenemos es un resumen de una cantidad de mandatos del Antiguo Testamento en cuanto a mentir y jurar (Éxodo 20:7; Levítico 19:12; Números 30:2; Deuteronomio 23:21-24). Los fariseos utilizaron los juramentos no para confirmar la fe de otros, sino para escapar ellos mismos de sus promesas hechas. El tratado o ensayo de leyes orales de las tradiciones judías conocido como *Shebuoth* identifica qué fórmulas de juramentos comprometían y cuales no (esp. 3.1-11). Es como cuando las personas cruzan sus dedos a sus espaldas. Lo que están a punto de decir no cuenta o no tiene validez.

En cuanto a los fariseos, jurar por el cielo o la tierra, por el trono de Dios o por Jerusalén (vv. 34-36, ver Mateo 23:16-22), no era tan comprometedor como jurar "por Dios" mismo. Jesús señala que estas cuatro cosas le pertenecen a Dios de manera singular. Hasta los cabellos de la cabeza de una persona tienen el color que Dios quiere. Así que si Dios es el dueño de todo, todo juramento debe reflejar su personalidad verídica. Esta lógica se puede extender a todo lo que hay en el cielo o en la tierra (hasta los dedos cruzados de una persona o la ley impresa en letras muy chiquititas).

Algunos han tomado las palabras de Jesús de manera muy exagerada y se rehusan a jurar por completo, hasta en una corte, juzgado o tribunal. Pero tanto en el Antiguo Testamento (Deuteronomio 10:20) como en el Nuevo Testamento (Romanos 1:9; 2 Corintios 1:18, 23; Gálatas 1:20; 1 Tesalonicenses 2:5, 10) encontramos ejemplos apropiados de juramentos. Jesús, en su propio juicio, le contestó, bajo juramento, al sumo sacerdote (Mateo 26:63-64). A lo que Jesús se oponía era a usar el juramento como forma de engaño. En ese caso, es mejor no tener ninguna "fórmula" secreta de persuasión. Que su sí sea sí, y su no, sea no (Santiago 5:12). La verdad es que hemos sido llamados a ser gente honesta. Si no lo somos, nos estamos sometiendo a la influencia del malo quien es el padre de las mentiras (Juan 8:44).

5. La venganza

Mateo 5:38-42 señala:

³⁸Ustedes han oído que se dijo: "Ojo por ojo y diente por diente".ª ³⁹Pero yo les digo: No resistan al que les haga mal. Si alguien te da una bofetada en la mejilla derecha, vuélvele también la otra. ⁴⁰Si alguien te pone pleito para quitarte la capa, déjale también la camisa. ⁴¹Si alguien te obliga a llevarle la carga un kilómetro, llévasela dos. ⁴²Al que te pida, dale; y al que quiera tomar de ti prestado, no le vuelvas la espalda.

ª**38** Éxodo 21:24; Levítico 24:20; Deuteronomio 19:21

El Antiguo Testamento permitía un desquite personal utilizando la Ley del talión (*Lex Talionis*, Éxodo 21:24; Deuteronomio 19:21). Los judíos, como comúnmente lo hace la gente, pasaron del desquite, en los juzgados,[78] a la venganza que casi siempre sobrepasaba la ofensa. Jesús, como es común de él, se pasa de la venganza al sacrificio desinteresado. Él provee tres ejemplos donde su principio de la no venganza se puede aplicar. Los tres se pueden comprender mejor si se les analiza desde un punto de vista judío.

(1) Una cachetada era un insulto común que casi siempre se le regresaba al primer agresor. Este desquite normalmente terminaba en una disputa acalorada o en un zafarrancho. (2) La túnica se requería comúnmente en casos legales como garantía en depósito (Éxodo 22:26-27). Jesús dijo: "Si alguien te quiere quitar la capa, déjale también la camisa". Si una persona quiere tu prenda de menor valor, también dale la de más valor. (3) Los soldados romanos tenían el poder para reclutar a los ciudadanos comunes para que estos llevaran sus armamentos y accesorios militares. Si uno de estos soldados le pedía a usted llevar sus cosas un kilómetro, debía llevarlas dos. Esto encaja con el proverbio que reza: "Andar la segunda milla".

Estos tres ejemplos son ilustraciones (no regulaciones) de un solo principio: No al desquite. Es poco probable, poco recomendable o hasta imposible aplicar absolutamente cualquiera de estas tres ilustraciones. El motivo de obrar así es, sin duda alguna, admirable.

[78] S. D. Currie, "Mt 5:39a — Resistance or Protest" (Mateo 5:39a — Resistencia o protesta), *HTR* (Revista teológica de Harvard) 57 [1964]: 140-145, llama la atención al hecho de que el contexto tiene mucho lenguaje "legal". Además, la palabra "resistir" [*anistēmi*] comúnmente se la utiliza en lenguaje judicial, significando "testificar en contra". Así, él afirma que Jesús debe estar diciendo algo parecido a: "No discutas con tu adversario ni reclames tus derechos" o "No hagas de eso un caso para la corte o el tribunal. No busques una retribución o el pago de los daños".

Pero la aplicación absoluta del no desquite, sin consideración razonable, probablemente no honra a Jesús ni al texto mismo.

Con estas palabras Jesús **no**: (1) defiende la sumisión cristiana a la tortura, (2) NO se dirige al pacifismo o una guerra justa,[79] (3) NO restringe la intervención cristiana para ayudar a un tercero de quien se abusa, (4) NO prohibe la auto defensa o (5) NO contraviene el desquite por parte del estado. Blomberg justamente resume el intento de Jesús: "No solamente deben rechazar los discípulos cualquier comportamiento motivado por el desquite, sino que deben obrar positivamente en aras del bienestar entre los demás para no entrar en disputa" (p. 113).

En el v. 42 Jesús asume que las necesidades son genuinas. Por ejemplo, no estamos obligados a darle una moneda a un vicioso para alimentar su hábito o llenarle el estanque a un estafador. Agustín observó que Jesús dijo: "Al que te pida, dale" no "Dale todo al que te pide" (*De Sermone Domine en Monte*, 67). Al mismo tiempo, no estamos autorizados para indagar las farsas. Sería mejor ser víctima de un engaño que negarse a suplir las verdaderas necesidades.

6. El amor (ver también Lucas 6:27-30, 32-36)

Mateo 5:43-48 señala:

⁴³»Ustedes han oído que se dijo: "Ama a tu prójimo[a] y odia a tu enemigo." ⁴⁴Pero yo les digo: Amen a sus enemigos y oren por quienes los persiguen,[b] ⁴⁵para que sean hijos de su Padre que está en el cielo. Él hace que salga el sol sobre malos y buenos, y que llueva sobre justos e injustos. ⁴⁶Si ustedes aman solamente a quienes los aman, ¿qué recompensa recibirán? ¿Acaso no hacen eso hasta los recaudadores de impuestos? ⁴⁷Y si saludan a sus hermanos solamente, ¿qué de más hacen ustedes? ¿Acaso no hacen esto hasta los gentiles?

[a]43 Levítico 19:18 [b]44 Amen . . . persiguen. Var. Amen a sus enemigos, bendigan a quienes los maldicen, hagan bien a quienes los odian, y oren por quienes los ultrajan y los persiguen (véase Lucas 6:27,28)

Lucas 6:34-35 señala:

³⁴¿Y qué mérito tienen ustedes al dar prestado a quienes pueden corresponderles? Aun los pecadores se prestan entre sí, esperando recibir el mismo trato. ³⁵Ustedes, por el contrario,

---

[79] Ver J. Rausch, "The Principle of Nonresistance and Love of Enemy in Mt 5:38-48" (El principio de la no resistencia y el amor al enemigo en Mateo 5:38-48), *CBQ* (Publicación trimestral católica de la Biblia) 28 [1966]: 31-41.

amen a sus enemigos, háganles bien y denles prestado sin esperar nada a cambio. Así tendrán una gran recompensa y serán hijos del Altísimo, porque él es bondadoso con los ingratos y malvados.

Mateo 5:48 *con* Lucas 6:36 señalan:

⁴⁸Por tanto, sean perfectos {compasivos^{Lc}}, así como su Padre celestial es perfecto {compasivo^{Lc}}.

En Levítico 19:18 leemos: "Ama a tu prójimo". Sin embargo, jamás encontramos en el Antiguo Testamento: "Odia a tu enemigo". Se duda que esto se pueda inferir hasta de tales textos como Deuteronomio 23:3-6; 25:17-19; o Salmos 139:21. Tal vez ellos únicamente habían leído: "Ama *solamente* a tu prójimo". Pero Dios ha mostrado su amor a todos, hasta a los pecadores, al proveer sol y lluvia (ver Juan 3:16; Romanos 5:8). Si en verdad somos hijos de Dios; es decir, si tenemos su personalidad, entonces amaremos a la gente como él lo hace. De cierta manera, este es el otro lado del no desquite. Por otro lado, debemos ser pasivos y pacientes con nuestros enemigos, a través del no desquite. De igual forma, debemos ser muy activos con nuestros enemigos, a través del amor.

A los ojos de los judíos, no había alguien más despreciable que un cobrador de impuestos (v. 46), porque ellos se habían vendido a Roma y, los paganos o gentiles (v. 47) porque ellos adoraban y servían a dioses falsos. ¡Seguro que estos religiosos intachables podían hacer mejor que aquellos gentiles a los que menospreciaban! ¡Pero este es justamente el punto! La élite religiosa actúa como aquellos pecadores. A ellos solamente les preocupa aquella gente que es como ellos que les puede pagar sus favores. Lucas 6:34-35 lo pone en términos financieros. Si usted hace un préstamo teniendo la certeza que le será pagado, no ha sacrificado nada. Solamente cuando usted da de sí mismo, sin esperar nada a cambio, es cuando usted actúa más noblemente que un pagano.

Hasta este momento hemos examinado seis ilustraciones distintas de cómo nuestra justicia puede ser más profunda que la de los fariseos (vv. 21-47). Cierto que esto no es un listado amplio, aunque pinta un cuadro del ciudadano del reino. Si hacemos estas cosas, nos pareceremos más a nuestro Padre celestial. Así seremos "perfectos" (v. 48) como Dios es perfecto. Pero esto es tan amplio . . . tan exigente. ¿Cómo en el mundo puedo ser como Dios?

La palabra griega "perfecto" [*teleios*] no quiere decir "sin falla". En cambio, quiere decir "maduro, completo, entero". Solamente se la usa una vez más en los evangelios (Mateo 19:21). Jesús le dice al joven rico: "Si quieres ser perfecto, anda, vende lo que tienes y dáselo a los pobres". Eso encaja perfectamente en nuestro contexto presente del amor radical e incondicional (vv. 43-48). Así, Jesús no nos está llamando a que moralmente no tengamos ninguna falla como lo es Dios. Sino que nos pide que amemos de tal forma tan completa y madura como Dios ama. Esto quiere decir que amemos tanto lo bueno como lo malo, tanto a nuestros amigos como a nuestros enemigos. Lucas (6:36) es su preocupación típica por la gente que no es amada, poniéndolo de la siguiente manera: "Sean compasivos, así como su Padre es compasivo". Esto es difícil, pero no imposible.

Esto muy bien puede ser el eco sentimental a Levítico 19:2: "Sean santos, porque yo, el SEÑOR su Dios, soy santo"[80]. Los ciudadanos del reino celestial, de igual manera deben reflejar la personalidad del Rey: "ámense, porque Dios es amor".

Sección 54f
Prohibición contra la religiosidad pública: las limosnas, la oración y el ayuno
(Mateo 6:1-18)

El capítulo cinco nos dio seis ilustraciones de comportamiento moral público (vv. 21-48). En cada una de las seis, Jesús dijo: "revisen sus motivos". El capítulo seis nos dará tres ilustraciones de las responsabilidades religiosas: dar limosna (2-4), orar (5-13) y ayunar (14-18). En cada una de estas tres Jesús dirá: "revisen sus motivos". Tanto la moralidad pública como los ritos religiosos son expresiones buenas y propias de nuestra fe en Dios. Pero ambas se pueden practicar admirablemente con motivos maliciosos. Así que Jesús nos advierte: "revisen sus motivos".

Otro paralelismo entre los capítulos cinco y seis es el mandato de Jesús: "No sean como ellos". "Ellos" incluye tanto a los fariseos hipócritas (Mateo 5:20; 6:5) como a los gentiles o paganos (Mateo 5:46-47; 6:7). El sermón del monte sigue haciendo un llamado inequívoco a un singular estilo de vida diferente, distinto de los fariseos hipócritas y de los gentiles paganos.

---

[80] B. B. Thurston, "Mateo 5:43-48", *Int* 41 [1987]: 170-173.

Las demandas de una perfección genuina se pierde en una meta menor de la religiosidad externa; la meta de complacer al Padre se cambia por su primo enano; es decir, se cambia por la meta de complacer al hombre. Pareciera que entre más grande sea la demanda para una santidad, la oportunidad para la hipocresía también es mayor. Es por esto que sospecho que el peligro más serio está entre los líderes religiosos . . . "sean perfectos (5:48), pero sean cuidadosos (6:1)" (Carson p. 55).

Mateo 6:1 señala:

¹»Cuídense de no hacer sus obras de justicia delante de la gente para llamar la atención. Si actúan así, su Padre que está en el cielo no les dará ninguna recompensa.

El primer versículo del capítulo seis establece el tema de esta sección: una religiosidad secreta. Pero en Mateo 5:16 se les dijo y ordenó a los cristianos que dejaran brillar su luz. Ambos versículos enfatizan (1) ante los hombres, (2) para ser vistos de los hombres, (3) dar la gloria a Dios. Mateo 5:16 dice que hagamos públicas las cosas, mientras que 6:1 dice que hay que actuar en secreto. ¿De qué se trata todo esto?

La contradicción es meramente verbal. Cuando somos tentados a esconder nuestros compromisos cristianos, normalmente a la luz de la oposición pública, debemos recordar las palabras en 5:16. Cuando somos tentados a hacer alarde de nuestras actividades religiosas, normalmente en las reuniones o ambientes religiosos, debemos recordar 6:1.

Como ya lo hemos visto con otros mandatos de este sermón, no sería apropiado aplicar estas prohibiciones de manera absoluta. Por ejemplo, resulta imposible esconder o que su mano izquierda no se entere de lo que hace su mano derecha. Además, hay momentos en que los compromisos financieros que se hacen en público pueden ser de gran ánimo a la comunidad sin glorificar al individuo (por ejemplo, Hechos 4:36-37; 21:24; Filipenses 4:14-18). Y, ¿quién no está de acuerdo con la oración en público? Y, ¿no habla Pablo mismo de la oración y ayuno mutuos? (1 Corintios 7:5). Jesús no está dictando principalmente el comportamiento; él está tratando con las actitudes que motivan ciertos comportamientos (Comparar 5:22, 28, 44).

Las limosnas

Mateo 6:2-4 señala:

> ²»Por eso, cuando des a los necesitados, no lo anuncies al son de trompeta, como lo hacen los hipócritas en las sinagogas y en las calles para que la gente les rinda homenaje. Les aseguro que ellos ya han recibido toda su recompensa. ³Más bien, cuando des a los necesitados, que no se entere tu mano izquierda de lo que hace la derecha, ⁴para que tu limosna sea en secreto. Así tu Padre, que ve lo que se hace en secreto, te recompensará.

Los judíos no tenían seguro social o un sistema de ayuda por desempleo. Por ello, dar limosnas resultaba crítico para los pobres y los discapacitados (Deuteronomio 15:11; Salmos 41:1; Proverbios 19:17).[81] Con frecuencia, se daba dinero no para ayudar a los pobres, tampoco para glorificar a Dios, sino para atraer la atención a la religiosidad personal. "No es claro si las trompetas 'en las sinagogas y en las calles' (v. 2) eran literal o metáforas, pero sí quiere decir 'alabarse uno mismo'. Lo mejor que se puede asumir es que se refiera al ruido de las monedas al caer en el recipiente o recipientes que las colecta" (Blomberg, p. 116).[82] Stott ofrece la sugerencia de que las trompetas se tocaban para llamar a los pobres para que recibieran su dádiva.

Jesús habla contra la hipocresía. Esta palabra describe a los actores griegos que escondían su verdadera identidad bajo una máscara. Cuando se iba al teatro se esperaba encontrar actores enmascarados. Todos sabían que así era. Pero cuando usted va a la reunión de la iglesia, no se espera que ello sea un juego o una actuación. Así, la gente es engañada o defraudada por la fachada. Jesús no se refiere a rendir cuentas financieras o registrar su benevolencia con propósitos de presupuesto. Tal vez lo más cercano a las palabras de Jesús sería las placas con los nombres de los donadores o listas publicadas de benefactores de las organizaciones cristianas.

Tenemos la opción de escoger de donde vendrá nuestra recompensa (vv. 4, 6, 18). Podemos recibir la alabanza de los hombres, que los fariseos amaban (Juan 5:44; 12:43) o una recompensa de Dios. Ahora, la recompensa de Dios no necesariamente será en el futuro (por ejemplo, el cielo, la corona o las "mansiones"). Puede

---

[81] Cada viernes "los oficiales de ayuda humanitaria" salían casa por casa a recoger bandejas de alimentos y donativos en efectivo suficiente para suministrar o aprovisionar con 14 comidas para los pobres. D. Gaertner, Acts (Hechos) [Joplin, MO: College Press, 1993], p. 119.

[82] N. J. McElency, "Does the Trumpet Sound or Resound" (¿Suena o resuena la trompeta?), ZNW 76 [1985]: 43-46.

ser una bendición temporal, la contestación a una oración (v. 8), la satisfacción de ver que las necesidades de los pobres son satisfechas, sobreponerse a la tentación, desarrollar un carácter semejante al de Cristo, etc. No importa cual sea la recompensa de Dios, usted puede estar seguro que es algo mejor que la alabanza inconstante de los hombres. Aunque la opción a escoger parece obvia, la gratificación inmediata del reconocimiento público en ocasiones nos seduce y engaña.

La oración

Mateo 6:5-8 señala:

> ⁵»Cuando oren, no sean como los hipócritas, porque a ellos les encanta orar de pie en las sinagogas y en las esquinas de las plazas para que la gente los vea. Les aseguro que ya han obtenido toda su recompensa. ⁶Pero tú, cuando te pongas a orar, entra en tu cuarto, cierra la puerta y ora a tu Padre, que está en lo secreto. Así tu Padre, que ve lo que se hace en secreto, te recompensará. ⁷Y al orar, no hablen sólo por hablar como hacen los gentiles, porque ellos se imaginan que serán escuchados por sus muchas palabras. ⁸No sean como ellos, porque su Padre sabe lo que ustedes necesitan antes de que se lo pidan.

Nosotros no debemos orar ni como los fariseos, buscando un reconocimiento público (vv. 5-6), ni como los gentiles, con "muchas palabras" hablando sólo por hablar o usando vanas repeticiones (vv. 7-8). Entendamos primero aquello que Jesús NO quiso decir. Él no está en contra de la oración pública (ver Hechos 1:24; 3:1; 4:24ss, etc.). Está en contra de la oración que les predica a los oyentes; la oración que demuestra un vocabulario "ortodoxo"; u oraciones que ganan honores de la audiencia, en vez de oraciones que hablen con Dios genuinamente.

Segundo, Jesús no está en contra de las repeticiones, porque él nos insta a que persistamos en la oración (Mateo 7:7-8; Lucas 11:5-13; 18:1-8). No necesitamos fastidiar a Dios, porque él se goza en darnos buenas dádivas (Mateo 7:11), pero se ha reservado algunas dádivas para aquellos que oran (Santiago 4:2). Jesús está en contra de *vanas* repeticiones. La palabra "balbuceo" es una onomatopeya [battalogeō, literalmente quiere decir "decir batta"]. Este es su único uso en toda la literatura griega. Por lo tanto, no estamos seguros de su significado. Pero parece indicar recitar oraciones de memoria sin pensar en lo que se dice o multiplicar las palabras, no con la intención de comunicar algo sensato y pensado, sino para extender la oración para atraer la atención de Dios. Por ejemplo, los conjuros gentiles con frecuencia hacían uso de todo nombre imaginable al invocar a su dios, pensando que por lo menos uno "pegaría". Esta clase de retórica florida, o hasta las sílabas sin sentido, comunes en las encantaciones mágicas gentiles, no le impresionan a Dios.

Así, Jesús nos advierte contra los errores comunes al orar. No debemos orar tratando de atraer la atención de una audiencia humana. Tampoco debemos orar tratando de manipular a Dios para que nos dé lo que queremos. Debemos orar tratando de comunicarnos genuinamente con Dios y presentarle nuestras necesidades.

Una oración ejemplar

Esta oración es mejor conocida como "el padre nuestro" (que es un nombre más correcto en referencia a Juan capítulo 17). Lo que tenemos frente a nosotros es "la oración de los discípulos" o "una oración ejemplar". La Didache instaba a los cristianos a "orar tres veces al día" (8:3). Entonces, resulta irónico que en algunos círculos esta oración se ha utilizado mecánicamente (ver vv. 7-8), o en otros se ignora por completo, ni se toma como modelo (ver el v. 9). La palabra operativa es "cómo" (v. 9). Tenemos frente a nosotros un modelo, no una receta de cómo orar.[83] Contiene los elementos esenciales de la oración: la adoración, la sumisión, la confesión, la súplica. No es de sorprenderse que en otra ocasión los discípulos le hayan pedido a Jesús que les enseñara a orar y él haya repetido las mismas palabras al pie de la letra (Lucas 11:2-4).

Mateo 6:9 señala:

> 9»Ustedes deben orar así:
> »"Padre nuestro que estás en el cielo,
> santificado sea tu nombre".

La palabra "nuestro" nos indica que se trata de un actividad en comunidad. No somos jinetes solitarios, somos un cuerpo. Hasta cuando oramos de forma individual, oramos en conjunto como

---

[83] S. J. Kistemaker, "The Lord's Prayer in the First Century" (La oración del Señor en el primer siglo), *JETS* (Diario de la sociedad teológica evangélica) 21/4 [1978]: 323-328, muestra cómo esta oración fue usada como modelo en la iglesia del primer siglo, especialmente con su antecedente judío.

iglesia. Así, también rogamos por *nuestro* pan diario, por *nuestros* pecados y por *nuestras* tentaciones.

La palabra "Padre" nos recuerda nuestra relación íntima con Dios. La palabra griega "Padre" Jesús la traduce al arameo como "Abba" (ver Marcos 14:36; Romanos 8:15; Gálatas 4:6), que se encuentra entre las palabras "Padre" y "Papito". Mientras que los judíos no pensaron ni se dirigieron a Dios como Padre, tal relación tan estrecha con Jehová salía de los límites del judaísmo.[84] Ser hijos es uno de los más grandes privilegios que tenemos a través de Cristo (Juan 1:12; 20:17; Romanos 8:14-17; 1 Juan 3:1). Sin embargo, Jesús lo balanceó en referencia al nombre de Dios (por ejemplo, su personalidad y sus atributos), con la frase "santificado sea tu nombre". Mientras que el judaísmo, al sobre enfatizar la trascendencia de Dios, hizo de Dios que fuese intocable. El evangeliscalismo, por otro lado, al sobre enfatizar la cercanía de Dios, ha permitido nuestra irreverencia. Él ha llegado a ser nuestro "yunta", "el de arriba", nuestro "papá navidad cósmico". Pero el modelo ejemplar de oración no permite esto.

Mateo 6:10 señala:

> ¹⁰Venga tu reino,
> hágase tu voluntad
> en la tierra como en el cielo.

Esta no es una simple petición del regreso de Jesús.[85] Es una petición para que el reino, los propósitos y los planes de Dios se lleven a feliz término en la tierra como lo son en su trono. Es significativo que antes de la confesión o súplica personal, Jesús instruye al cristiano a adorar y a someterse. En verdad, no es posible orar a todo nuestro potencial hasta que reconocemos quién es Dios y quiénes somos nosotros frente a él (ver Isaías 37:15-20).

Mateo 6:11 señala:

> ¹¹Danos hoy nuestro pan cotidiano.ª
>
> *a11 nuestro pan cotidiano. Alt. el pan que necesitamos.*

---

[84] D. E. Garland, "The Lord's Prayer in the Gospel of Matthew" (La oración del Señor en el evangelio de Mateo), *Rev & Expos* (Expositor y repaso) 89/2 [1992]: 215-228.

[85] Sin embargo, R. E. Brown interpreta toda esta oración como refiriéndose a "lenguaje del fin del mundo", en vez de a la era cristiana, especialmente porque las tres primeras peticiones son imperativos aoristo. Ver "The Pater Noster as an Eschatological Prayer" (El Padre Nuestro como oración escatológica), *TS* (Estudios teológicos) 22 [1961]: 175-208.

El significado de este adjetivo tan raro [*epiousios*], traducido "cotidiano" es incierto.[86] Otros han sugerido que significa "para mañana". A pesar de ello, la implicación parece muy clara. Debemos orar para que Dios supla nuestras necesidades inmediatas (*m. Ber* 6.1).[87] En el tiempo de Jesús, a los hombres se les pagaba diariamente. Normalmente sólo recibían lo suficiente para comprar las provisiones de su familia. Así, si se lastimaban o no podían encontrar empleo, es posible que se quedaran sin comer ese día. Además, como sociedad agricultora, reconocían su constante dependencia en la provisión de Dios. Si fallaba un cultivo o si azotaba una granizada, o si caía la plaga o se presentaban otros desastres, quedaban sin comida. Es difícil que nosotros entendamos esto. Las personas de Estados Unidos de Norteamérica, que tienen de sobra, casi no oran para que Dios les provea el pan diario ya que tienen sus refrigeradores llenos de comida que hasta puede durar para un mes. Crea una tensión confiar en Dios cuando estamos tan bien protegidos.

Mateo 6:12 señala:

> ¹²Perdónanos nuestras deudas,
> como también nosotros hemos perdonado
> a nuestros deudores.

¿Cuáles son estas deudas? A la luz de los vv. 14-15 al igual que Lucas 11:4, entendemos que son pecados. Son *lex talionis* espirituales. Es decir, somos perdonados de la misma forma y con el mismo alcance en que perdonamos a los demás. No resulta difícil ver por qué. Nuestra ofensa a Dios es mucho mayor que las ofensas de los demás hacia nosotros, no sería razonable que nosotros esperásemos el perdón de Dios y no estar dispuestos a perdonar a aquellos que nos han ofendido. "Ciertamente, esto no significa que al perdonar a otros nos ganemos el perdón de Dios. Pero lo que pasa es que Dios perdona únicamente al penitente y la marca principal de una

---

[86]Mientras que no existe otro uso claro de epiousios en toda la literatura griega (B. M. Metzger, "How Many Times Does '*Epiousios*' Occur Outside the Lord's Prayer?" (¿Cuántas veces ocurre epiousious fuera de la oración del Señor?), *ExpT* [Revista expositor] 69 ([1957-58]: 52-54), E. M. Yamauchi, "El motivo del 'pan diario' en la antigüedad", *WTJ* [Revista teológica Westminster] 28 (1966): 145-156, convincentemente defiende el significado tradicional de "pan diario".Jerome cita *The Gospel of the Nazaraeans* (El evangelio de los Nazareos) (ahora perdido) dando el significado "Give us today *tomorrow's* bread" (Da nos hoy el pan de mañana) (*Commentary on Matt. 6:11* [Comentario de Mateo 6:11])

[87]Muchos de los primeros padres de la iglesia alegorizaron que este pan diario era la Palabra de Dios o la Cena del Señor. Para ellos, pedir pan en tal acto de adoración era totalmente trivial

penitencia verdadera es un espíritu perdonador" (Scott, p. 149). Este es precisamente el punto de la parábola del siervo despiadado (Mateo 18:21-35).

Mateo 6:13-15 señala:

> ¹³Y no nos dejes caer en tentación,
> sino líbranos del maligno.ᵃ
> ¹⁴»Porque si perdonan a otros sus ofensas, también los perdonará a ustedes su Padre celestial. ¹⁵Pero si no perdonan a otros sus ofensas, tampoco su Padre les perdonará a ustedes las suyas.
>
> *ᵃ13 del mailigno. Alt. del mal. Var. del maligno, porque tuyos son el reino y el poder y la gloria para siempre. Amén.*

La segunda frase de esta oración nos ayuda a entender la primera. Nuestra oración no es "no me permitas ser tentado" sino "no me abandones en la tentación para que ella no prevalezca sobre mí". Algunas observaciones nos permitirán entender las palabras de Jesús. (1) Jesús fue tentado (Mateo 4:1ss); nosotros no debemos esperar menos que eso. (2) Una sola palabra en griego se la tradujo tanto como "tentación" y como "prueba". La diferencia recae en el motivo. Dios no nos tienta (Santiago 1:13) de tal forma que caigamos. Dios nos prueba para que maduremos (Santiago 1:2-4; 1 Pedro 1:6-9). (3) Cuando enfrentamos pruebas o tentaciones, Dios provee la forma en que podamos soportar (1 Corintios 10:13). Entonces, nuestra oración es que podamos resistir a Satanás.[88]

La forma común de terminar esta oración "Porque tuyo es el reino, el poder y la gloria por siempre, amén", ciertamente no podemos decir que fuese parte del texto original de Mateo, aunque se encuentra en la *Didaché*.[89] Sin esta parte, la oración termina de forma brusca. Así que es posible que se haya agregado, basado en 1 Crónicas 29:11-13, para darle una buena terminación a la oración. Sin embargo, no hay necesidad de erradicarlo de la oración ejemplar. Le da un final hermoso a la oración y no hay nada que se pueda oponerle.

---

[88] No importa si el v. 13 se traduce como "mal" (versión Reina Valera) o "maligno" (Nueva Versión Internacional) porque no tiene repercusiones ya que se entiende a la tentación como teniendo su origen en Satanás. Ver las notas de Brown, p. 207.

[89] A. Bandstra, "The Lord's Prayer and Textual Criticism: A Response" (La oración del Señor y la crítica textual: Una respuesta), *CTJ* (Revista teológica Calvinista) 17 [1982]: 88-97. Aunque J. Van Bruggen, "The Lord's Prayer and Textual Criticism" (La oración del Señor y la crítica textual) *CTJ* (Revista teológica Calvinista) 17 [1982]: 78-87, está a favor del texto de la versión King James de la Biblia y por un final prolongado de la oración.

El ayuno

Mateo 6:16-18 señala:

> **16**»Cuando ayunen, no pongan cara triste como hacen los hipócritas, que demudan sus rostros para mostrar que están ayunando. Les aseguro que éstos ya han obtenido toda su recompensa. **17**Pero tú, cuando ayunes, perfúmate la cabeza y lávate la cara **18**para que no sea evidente ante los demás que estás ayunando, sino sólo ante tu Padre, que está en lo secreto; y tu Padre, que ve lo que se hace en secreto, te recompensará.

Esto es "más de lo mismo". Al igual que con las limosnas y la oración, cuando ayunamos no debemos mostrar nuestra religiosidad; de otra forma, lo único que obtendremos será la alabanza de los hombres. Pero si practicamos nuestra religiosidad únicamente ante Dios, él lo verá y nos recompensará. Así, cuando ayunemos, y Jesús asume que lo haremos, debemos peinarnos y lavarnos como siempre lo hacemos e ir a nuestras actividades normales. Esto no quiere decir que nadie jamás se enterará si ayunamos. Por ejemplo, sería difícil esconder que estamos ayunando frente a nuestra pareja. Lo que quiere decir es que no andaremos publicando que estamos ayunando. Usted debe escoger entre impresionar a la gente o a Dios. Usted decida.

Toda esta discusión (Mateo 6:1-18) se puede resumir en la siguiente pregunta: "¿Cuál es su audiencia primordial?" Simplemente no es posible ni tampoco recomendable que practiquemos toda nuestra religiosidad en secreto. La gente observa, ven lo que hacemos. Pero, ¿es para ellos para quienes usted actúa? O, ¿sigue usted practicando su religiosidad aunque ningún ojo humano lo vea? Esa es la medida de un verdadero ciudadano del reino.

Sección 54g
Tres prohibiciones:
Las riquezas, el preocuparse y el juzgar
(Mateo 6:19 – 7:6; Lucas 6:37-42)

Las riquezas (6:19-24)

El dinero consume nuestro tiempo y nuestra atención de tal forma que casi siempre Dios deja de ser nuestro objeto de adoración (Efesios 5:5). La iglesia se ha abstenido muchas veces acerca de enseñar respecto del dinero. Jesús jamás lo hizo. En nuestro texto presente, Jesús enseña sin restricción alguna, entendiendo que nuestras carteras son el mejor barómetro de nuestros espíritus – de nuestra espiritualidad.

Tesoros terrenales contra tesoros espirituales:

Mateo 6:19-21 señala:

> ^{19}»No acumulen para sí tesoros en la tierra, donde la polilla y el óxido destruyen, y donde los ladrones se meten a robar. ^{20}Más bien, acumulen para sí tesoros en el cielo, donde ni la polilla ni el óxido carcomen, ni los ladrones se meten^{90} a robar. ^{21}Porque donde esté tu tesoro, allí estará también tu corazón.

Es verdad que usted "no se puede llevar sus tesoros consigo". Sin embargo, Jesús dijo que usted los puede enviar por delante. ¿Cómo? Al usar su dinero para ayudar a los pobres (1 Timoteo 6:17-19). Esta también parece ser la implicación dela parábola del administrador astuto. En Lucas 16:9 Jesús dice: "Por eso les digo que se valgan de las riquezas mundanas para ganar amigos, a fin de que cuando éstas se acaben haya quienes los reciban a ustedes en las viviendas eternas" (ver Mateo 25:31-46).

En el primer siglo, las riquezas no se guardaban en cuentas bancarias, sino en un escondite de metales preciosos y telas. Así, la polilla y el óxido (por ejemplo, la corrosión), destruían las riquezas. Hasta aquellas cosas que no se pueden "comer" pueden ser robadas. Lo que no se come o se puede robar quedará atrás cuando muramos (Lucas 12:15-21). Por ello, las riquezas mundanas son una mala inversión.

El v. 21 es axiomático. Las riquezas demandan de nuestro tiempo y atención, casi siempre excluyéndonos de nuestras preocupaciones espirituales. Por ejemplo, si compramos una bicicleta, tenemos que tener un lugar donde guardarla para protegerla. Si se le desinfla una llanta, tenemos que repararla. Con frecuencia, tenemos que darle servicios de mantenimiento. Y, ¿cuál es el propósito de tenerla si no la podemos sacar y pasearnos en ella? Tal es la naturaleza de los tesoros terrenales. No es imposible ser rico y ser cristiano, pero sí resulta muy difícil (Mateo 19:23-26). Aquellos que son "bendecidos" con riquezas pronto se distraen y la riqueza los domina. Las riquezas no son antitéticas para el discipulado pero con frecuencia se interponen para

---

^{90}Literalmente "cavar". Esto resultaba cierto en las casas de adobe.

seguir a Jesús. Cuando las riquezas se tornan un grillete, la solución es difícil, pero tal vez sea necesario deshacerse de las riquezas (Mateo 19:21) para hacer inversiones más permanentes.

Otro peligro de las riquezas es que tendemos a hacernos posesivos de ella y no compartirlas en beneficio del reino o para ayudar a los pobres. Aún en nuestros esfuerzos cristianos, protegemos nuestras cuentas bancarias "por si acaso" se necesita después. Nuestra tendencia es sobre estimar drásticamente nuestras necesidades y minimizar la situación de los pobres.[91]

La luz contra las tinieblas:

Mateo 6:22-23 señala:

> [22]»El ojo es la lámpara del cuerpo. Por tanto, si tu visión es clara, todo tu ser disfrutará de la luz. [23]Pero si tu visión está nublada, todo tu ser estará en oscuridad. Si la luz que hay en ti es oscuridad, ¡qué densa será esa oscuridad!

D.C. Allison sugiere que no es el ojo el que permite la entrada de luz al cuerpo, sino el que arroja luz fuera del cuerpo.[92] Él investiga y nos dice que nuestros ancestros consideraban que tanto los animales como nosotros los humanos arrojamos un haz de luz, especialmente los animales con "luz propia" en la noche. Es por ello que un cuerpo lleno de luz la mostraría en actos de generosidad [*haplous*]. Un cuerpo lleno de oscuridad no tendría ningún destello de luz. Como resultado, esa persona sería mezquina. Esta explicación debiera ser loada por dos cosas. Una, encaja perfectamente en el texto. Dos, la definición de *haplous* como "generoso" tiene un apoyo muy fuerte.[93] Sin embargo, la idea de que el ojo arroja luz en vez de recibirla es un tanto peculiar. Además, Jesús dice que la luz atraviesa el ojo y se interna en el cuerpo, no a la inversa.

Tal vez una mejor explicación sea la siguiente: El ojo es el órgano de la luz. Es decir, permite la entrada de luz al cuerpo. Entonces, hablando figurativamente, el ojo es el órgano del discernimiento

---

[91]C. L. Blomberg, "On Wealth and Worry: Matthew 6:19-34 – Meaning and Significance" (En cuanto a las riquezas y la ansiedad: Mateo 6:19-34 – Significado e importancia), *CTR* (Revista teológica Criswell) 6/1 [1992]: 73-89, nos provee de algunas ideas profundas en cuanto a la administración financiera cristiana corporativa e individual.

[92]D. C. Allison, "The Eye is the Lamp of the Body" (El ojo es la lámpara del cuerpo), *NTS* (Estudios del Nuevo Testamento) 33 [1987]: 61-83.

[93]H. J. Cadbury, "The Single Eye" (El único ojo), *HTR* (Revista teológica de Harvard) [1954]: 69-74.

moral. La palabra "bueno" [*haplous*] significa más específicamente, "con un mismo propósito, lealtad total".[94] Aplicada al contexto, las palabras de Jesús significan algo parecido a: "si eres capaz de discernir entre las riquezas terrenales y espirituales y, te propones únicamente obtener tesoros celestiales, toda tu vida tendrá luz verdadera. Si tu lealtad está dividida entre Dios y el dinero, tu vida quedará en tinieblas".

Dios contra el dinero:

Mateo 6:24 señala:

> [24]»Nadie puede servir a dos señores, pues menospreciará a uno y amará al otro, o querrá mucho a uno y despreciará al otro. No se puede servir a la vez a Dios y a las riquezas.

Tres observaciones nos ayudarán a entender claramente las palabras de Jesús. (1) Un señor era el dueño de esclavos, no tan sólo el jefe. Estas palabras no están hablando de tener dos empleos para suplir sus necesidades. (2) El odio y el amor están siendo comparados, no se deben tomar de manera literal (ver Lucas 14:26). Para que se entienda, "uno de los dos será el prioritario". (3) La versión Reina-Valera de la Biblia usa el término "riquezas", que incluye todo lo que una persona posee. Algunos creen que podemos tener lo mejor de los dos mundos — riquezas y alabanza. Jesús dice que esto simplemente no es posible. Uno de los dos dominará nuestro tiempo y nuestra atención. Con el paso del tiempo, ambos "señores" querrán y demandarán nuestra atención al mismo tiempo. Entonces se manifestará nuestro verdadero amor.

La preocupación, (6:25-34)

"La preocupación" está conectada lógicamente con la discusión previa en cuanto al dinero (a través de "por eso"). Es claro que este es el tema del pasaje (vv. 25, 27, 28, 31 y 34). Cierto que muchos de la audiencia se preguntaban: "Pero si no le damos prioridad al dinero, entonces, ¿cómo serán satisfechas nuestras necesidades?" Jesús le pone el alto a la preocupación y les dice: "confíen en Dios". Nuevamente, Jesús aparta nuestras mentes de los valores mundanos a una perspectiva del reino.

---

[94] T. Thiennaman, "A Comment on an Interpretation by Prof. Cadbury" (Un comentario en cuanto a una interpretación por el profesor Cadbury), GR (Revista Gordon) 1 [1955]: 9-22.

Jesús resalta dos cosas que más nos preocupan: La comida (vv. 26-27) y el vestido (vv. 28-30). Nos da tres razones del porqué no debemos preocuparnos por estas cosas. (1) Hay cosas en la vida que son más importantes que la comida y el vestido (v. 25). Haríamos mejor si ocupamos nuestro tiempo y energías en ellas en vez de en la preocupación. (2) Dios nos ama y quiere proveer para nosotros (vv. 26, 30, 32). Para ilustrar este punto, Jesús usa la típica lógica judía — de menor a mayor — y dos objetos muy comunes: las aves y la hierba. Es decir, si Dios provee para las aves y para la hierba, ciertamente proveerá para los humanos ya que estos son de mucho más valor. (3) La preocupación en realidad no produce ningún cambio (vv. 27 y 34). Es como una mecedora. Le da a usted algo qué hacer, pero no lo lleva a ninguna parte.

Mateo 6:25-27 señala:

> 25 »Por eso les digo: No se preocupen por su vida, qué comerán o beberán; ni por su cuerpo, cómo se vestirán. ¿No tiene la vida más valor que la comida, y el cuerpo más que la ropa? 26 Fíjense en las aves del cielo: no siembran ni cosechan ni almacenan en graneros; sin embargo, el Padre celestial las alimenta. ¿No valen ustedes mucho más que ellas? 27 ¿Quién de ustedes, por mucho que se preocupe, puede añadir una sola hora al curso de su vida?ª
>
> ª27 *puede añadir . . . su vida.* Alt. *puede aumentar su estatura siquiera medio metro?* (lit. un codo).

"Fíjense en las aves del cielo" (v. 26) implica "Fíjense y aprendan". "Observen cómo" [*katamathete*] (v. 28) es todavía más específico, significando, "aprendan cuidadosamente de". Podemos aprender mucho de estas pequeñas creaturas. Son industriosas, pero no se preocupan. Sin tener el beneficio de un granero, se las arreglan para encontrar su alimento diario. Esa es la provisión de Dios para ellos. Para nosotros, la provisión de Dios es aún mayor. Tenemos la capacidad de manipular nuestro entorno. Podemos sembrar y recoger las cosechas, podemos criar animales y podemos almacenar y preservar la comida. No tan sólo somos más capaces que las aves para proveernos de alimento, sino que somos de mucho más valor ante los ojos de Dios (Mateo 10:29-31). Entonces, cuánto menos debemos preocuparnos nosotros.

"Una sola hora" se ha traducido de muchas maneras. "Añadir a su estatura un codo" afirma la versión Reina-Valera. "Prolongar su vida ni siquiera una hora" afirma la versión popular. He aquí el problema. La palabra griega *helikian*, traducida "vida" (prolongar), puede significar ya sea "largura de vida" o "estatura" (por ejemplo, altura o tamaño) — ya sea una medida física o cronológica. Un codo es una medida física de aproximadamente cuarenta y cinco centímetros. Pero Jesús se refirió a una medida pequeñísima. Cuarenta y cinco centímetros agregados a la estatura de una persona sería un salto *enorme*, por ello algunas versiones de la Biblia lo ponen así. Por otro lado, sería raro agregarle cuarenta y cinco centímetros a la *cronología* de una vida. Una solución razonable sería imaginarse a una persona caminar por el "camino de la vida". La preocupación no le permitiría a esta persona siquiera añadir un pasito (cuarenta y cinco centímetros) a su jornada. Nosotros utilizamos una metáfora similar, combinando medidas cronológicas y físicas, cuando hablamos de "alcanzar una meta" en la vida.

Mateo 6:28-30 señala:

> ²⁸»¿Y por qué se preocupan por la ropa? Observen cómo crecen los lirios del campo. No trabajan ni hilan; ²⁹sin embargo, les digo que ni siquiera Salomón, con todo su esplendor, se vestía como uno de ellos. 30Si así viste Dios a la hierba que hoy está en el campo y mañana es arrojada al horno, ¿no hará mucho más por ustedes, gente de poca fe?

"Los lirios" pueden representar a cualquier especie de flor silvestre. Forma un complemento natural a "las aves del cielo". Un campo lleno de flores silvestres con una capa de pasto verde es en verdad un panorama preciosísimo. Estas hermosuras no trabajan ni hilan (tal vez haciendo alusión al trabajo tanto de los hombres como de las mujeres respectivamente). Pero ni la vestimenta de Salomón se les comparaba.

Si Dios es tan generoso con algo tan transitorio como la leña que alimenta el fuego (v. 30), ¿qué supone usted que hará por nosotros? Por ello, Jesús nos reprende: "gente de poca fe", si con solo mirar por la ventana de nuestro dormitorio nos daremos cuenta de la futilidad de la preocupación. Como ya lo señaló Mounce: "La preocupación prácticamente es ateísmo y una afrenta a Dios".[95]

Mateo 6:31-34 señala:

> ³¹Así que no se preocupen diciendo: "¿Qué comeremos?" o "¿Qué beberemos?" o "¿Con qué nos vestiremos?" ³²Porque

---

[95] R. H. Mounce, *Matthew* (Mateo) [Peabody, MA: Hendrickson, 1991], p. 80.

los paganos andan tras todas estas cosas, y el Padre celestial sabe que ustedes las necesitan. ³³Más bien, busquen primeramente el reino de Dios y su justicia, y todas estas cosas les serán añadidas. ³⁴Por lo tanto, no se angustien por el mañana, el cual tendrá sus propios afanes. Cada día tiene ya sus problemas.

Primero, se nos hace un llamado a confiar en Dios en vez de a la seguridad que proveen las riquezas. ¿Cómo podemos ser luz y sal si perseguimos las mismas cosas y prioridades como lo hacen los paganos? El cristianismo tendrá un impacto en la sociedad en la proporción de su particularidad distintiva. El incrédulo Julián, emperador romano en el cuarto siglo, refiriéndose al ejemplo de los cristianos indicó: "nos debe avergonzar. No existe un pordiosero entre los judíos. Y aquellos galileos sin Dios no tan sólo alimentan a sus familias sino también a las nuestras, mientras que nuestra gente no recibe ninguna ayuda de parte nuestra".

Segundo, Dios ha prometido suplir las necesidades de aquellos que de continuo buscan su reino y su justicia (v. 33). Pudiéramos registrar innumerables testimonios de la enorme provisión de Dios. Pero todavía tendríamos que contestar la pregunta sermonera: "¿Por qué es que los cristianos mueren de hambre?" Rechazamos la respuesta en el sentido de que les falta fe. Aunque admitimos que el v. 33 se cumplirá escatológicamente, debe tener una aplicación inmediata o toda la discusión sobre la preocupación sobre cosas y necesidades temporales se torna irrelevante.

Algunas observaciones ayudarán a nuestro entendimiento de este versículo. (1) Los cristianos no están exentos del sufrimiento, en ocasiones por disciplina (Hebreos 12:7), en ocasiones debido a nuestro testimonio por Cristo (Mateo 5:10-12; Romanos 8:17; Filipenses 3:10; 4:12) y en ocasiones simplemente porque vivimos en un mundo en decadencia. Hay suficiente comida en el mundo para alimentar a todos. El problema no es con la provisión de Dios, sino con la distribución humana. (2) Los cristianos tienen la responsabilidad de cuidar a los pobres (Proverbios 22:9; 25:21ss; Isaías 32:6; 58:6ss; Ezequiel 16:49; 18:7; Mateo 25:42; Marcos 10:21; Lucas 3:11; 12:33, 48; Hechos 4:32ss). Dios, típicamente, suple las necesidades humanas a través de aquellos que son guiados por su Espíritu. Esa es parte esencial al buscar el reino de Dios y su justicia. En este mundo, la iglesia funciona como la mano de Dios. Así, mucha de la hambruna que azota al mundo es resultado de la codicia dentro de la iglesia, no por negligencia de parte de Dios. (3) El v. 34 parece moderar al

33. Jesús reconoce que nuestros días estarán llenos de problemas. Nosotros simplemente no nos podemos dar el lujo de preocuparnos ni en el presente ni por el futuro. Cada día demandará toda nuestra atención.

Mateo 7:1 señala:

¹»No juzguen a nadie, para que nadie los juzgue a ustedes.

Lucas 6:37-38 señala:

³⁷»No juzguen, y no se les juzgará. No condenen, y no se les condenará. Perdonen, y se les perdonará. ³⁸Den, y se les dará: se les echará en el regazo una medida llena, apretada, sacudida y desbordante. Porque con la medida que midan a otros, se les medirá a ustedes.»

Mateo 7:2 señala:

²Porque tal como juzguen se les juzgará, y con la medida que midan a otros, se les medirá a ustedes.

La palabra "juzgar" [*krinō*] puede significar "analizar", "evaluar" o hasta "condenar". Se espera que los cristianos analicen y evalúen a la gente y la forma como se comportan (v. 7:5-6, 16; 1 Corintios 5:5; 1ªJuan 4:1), pero no tenemos derecho de condenar a otros. Esta es una prerrogativa única de Dios (Romanos 14:4, 10; 1 Corintios 4:4-5). Lucas (6:37) muestra claramente que este tipo de juicio es para condenar, no para evaluar. Dicho de una manera simple, no tenemos ni la aptitud ni la autoridad para opinar respecto de la posición de una persona ante Dios. Por otro lado, el mundo incrédulo está bien familiarizado con este texto. Muchas veces se le utiliza como comodín o carta de triunfo contra aquellos cristianos que siempre se andan entremetiendo en las vidas de los demás (v. 6). Jesús no permitiría el uso de este versículo sacado de su contexto.[96] No podemos condenar a nadie. Pero, el cristiano sí tiene la responsabilidad de ser la voz moral en este mundo (ver Mateo 5:13-16).

Nos encontraríamos en el lado equivocado del juicio de Dios si condenamos a los demás. Lucas también dice que si perdonamos,

---

[96] J. D. M. Derrett, "Christ and Reproof (Mt 7-1-5; Lk 6:37-42)" (Cristo y la represión [Mateo 7:1-5; Lucas 6:37-42]), *NTS* (Estudios del Nuevo Testamento) 34 [1988]: 271-281, muestra que dentro de la cultura judía, Jesús aprueba que no es juzgar a otros cuando se trata de casos de represión.

recibiremos una medida compacta, entera y completa de la gracia de Dios (Lucas 6:37-38).

Mateo 7:3-5 señala:

> ³»¿Por qué te fijas en la astilla que tiene tu hermano en el ojo, y no le das importancia a la viga que está en el tuyo? ⁴¿Cómo puedes decirle a tu hermano: "Déjame sacarte la astilla del ojo", cuando ahí tienes una viga en el tuyo? ⁵¡Hipócrita!, saca primero la viga de tu propio ojo, y entonces verás con claridad para sacar la astilla del ojo de tu hermano.

La agudeza del ingenio de Jesús se deja ver en esta graciosa caricatura. Pero su verdad por ser tan común, no es tan divertida. Normalmente es más fácil, sin dejar fuera la parte divertida, identificar las faltas de los demás y no las nuestras. Analizando bien el problema, normalmente nos ofendemos por las fallas de carácter en los demás, cuando son las mismas que nosotros tenemos (ver 2 Samuel capítulo 12). Por ejemplo, una persona temperamental puede mostrarse sumamente insultada si alguien se enoja con ella. Stott lo pone de la siguiente manera: "Tenemos un punto de vista un tanto benigno en cuanto a nosotros mismos y un punto de vista predispuesto respecto a otros. En verdad, lo que hacemos es ver nuestras fallas en los demás y los juzgamos sustituyéndolos por nosotros. De esa manera, experimentamos el placer de la auto-justificación sin el dolor de la penitencia" (p. 178). Pablo afirma, esencialmente, lo mismo que Jesús:

> Por tanto, no tienes excusa tú, quienquiera que seas, cuando juzgas a los demás, pues al juzgar a otros te condenas a ti mismo, ya que practicas las mismas cosas . . . ¿Piensas entonces que vas a escapar del juicio de Dios, tú que juzgas a otros y sin embargo haces lo mismo que ellos? (Romanos 2:1,3).

Esto no alivia nuestra responsabilidad de confrontar a nuestros hermanos y hermanas viviendo en el error (Gálatas 6:1). Aunque, cuando los confrontemos, nuestro encuentro debe estar fundamentado en varios principios. Primero, nosotros mismos debemos estar luchando por una pureza moral, especialmente en el área de la confrontación con el compañero creyente. Esto no es para que podamos ufanarnos y decir: "yo estoy por encima de ti en esto", sino para afirmar: "he luchado con esto y te presento la salida". Segundo, tenemos un profundo sentido de apreciación por "la bondad, misericordia, tolerancia y paciencia" de Dios (Romanos 2:4) que nos guió al arrepentimiento. Tercero, "la ley de lo justo" que finalmente se expresa en "la regla de oro" (v. 12) nos remite al Padre Nuestro (Mateo 6:12, 14-15) y a las bienaventuranzas (Mateo 5:7). Cuarto, no debemos pretender ser lo que no somos. Nuevamente el tema de la hipocresía hace eco en este sermón (ver Mateo 6:2, 5, 16). La confrontación, que Jesús aprueba (v. 5) se debe llevar a cabo con humildad, admitiendo nuestros propios errores. Su meta es la reconciliación, no un auto engrandecimiento piadoso.

Mateo 7:6 señala:

> ⁶»No den lo sagrado a los perros, no sea que se vuelvan contra ustedes y los despedacen; ni echen sus perlas a los cerdos, no sea que las pisoteen.

Tanto los perros como los puercos eran animales inmundos para los judíos. En un ambiente de caos, lo más seguro sería que los perros destrocen a alguien y los cerdos pisoteen algo. Obviamente, alguien no les daría algo sagrado, como lo es la carne del sacrificio a los perros o las perlas a los cerdos. Es fácil explicar esta figura planteada, pero resulta más difícil de interpretar.[97]

Jesús la ubica aquí para balancear su enseñanza en cuanto a juzgar. Es obvio que debemos tener alguna medida de evaluación de los demás antes de clasificarlos como perros o cerdos. Pero, ¿quiénes son estas personas? En ocasiones, los judíos se refirieron a los gentiles como si fuesen perros o cerdos (Mateo 15:26, 27). Sin embargo, en el reino esa distinción no tiene lugar (Gálatas 3:28). Entonces, concluimos que los perros y los cerdos son aquellos que rechazan la verdad (2 Pedro 2:22) y llegan a ser depravados moralmente (Apocalipsis 22:15), no importando si son judíos o gentiles (Filipenses 3:2).

Entonces, ¿cuáles son las cosas que son sagradas y las perlas que no debemos exponer u ofrecer a estas personas? La iglesia primitiva, en ocasiones, consideró que se refería a la cena del Señor. Por ejemplo, la *Didache*, 9:5 señalaba: "Que nadie coma o beba la eucaristía, sino únicamente aquellos que han sido bautizados en el nombre del Señor; porque concerniente a esto mismo el Señor señaló: 'No den lo sagrado a los perros'" Sin embargo, este texto parece muy pronto para

---

[97] En cuanto a un proverbio similar ver m. *Tem.* 6.5 "Porque no redimes lo santo para echarlo a los perros".

considerar que habla de la cena del Señor. Una interpretación mejor procede de la perla de gran precio (Mateo 13:46) al igual que 2 Pedro 2:22, que considera esto tan "valioso" como la predicación del reino de Dios. La interpretación señala: "Si alguien rechaza la verdad, no les sigas predicando". Eso fue precisamente lo que Jesús dijo cuando envió a los doce (Mateo 10:14) y ese fue el *modus operandi* de Pablo (ver Hechos 13:44-51; 18:5-6; 28:17-28).[98]

Sección 54h
Conclusión
(Mateo 7:7-27; ver Lucas 6:31, 43-49)

Esta sección final del sermón del monte tiene varios bloques de material que únicamente los conecta el tema común de "las relaciones de un cristiano". Esto ha llevado a algunos a señalar que el sermón, como lo tenemos actualmente, es una colección de escenas en distintos lugares, momentos y hasta fuentes. Eso tal vez no sea así. Considerando que esta es tan sólo una sinopsis, uno pudiera asumir que las transiciones y enlaces lógicos se han dejado fuera por cuestiones de la brevedad requerida. Además, las conclusiones de los sermones se prestan a dejar cabos sueltos que, a su vez, regresan al cuerpo del desarrollo del sermón para encontrar apoyo.

Mateo 7:7-11 señala:

> ⁷»Pidan, y se les dará; busquen, y encontrarán; llamen, y se les abrirá. ⁸Porque todo el que pide, recibe; el que busca, encuentra; y al que llama, se le abre. ⁹»¿Quién de ustedes, si su hijo le pide pan, le da una piedra? ¹⁰¿O si le pide un pescado, le da una serpiente? ¹¹Pues si ustedes, aun siendo malos, saben dar cosas buenas a sus hijos, ¡cuánto más su Padre que está en el cielo dará cosas buenas a los que le pidan!

Nuestra vida de oración es un barómetro que mide nuestra creencia de mejor forma que nuestra confesión. ¿Cree usted que Dios es un Padre bueno? Entonces usted orará. Cierto que nuestro padre terrenal no nos jugaría la broma de darnos una piedra en vez

---

[98] T. J. Bennett, "Mt 7:6 – A New Interpretation" (Mateo 7:6 – Una nueva interpretación), *WTJ* (Revista teológica Westminster) 49 [1987]: 371-386, sugiere que Jesús es sarcástico: "No des lo que *crees* que es santo a lo que *piensas* que son perros". En otras palabras, "¡No juzgues!" Esto hace que Jesús no les llame perros a los hombres y evita una aparente contradicción entre los vv. 1 y 6. También explica cómo usted podría evitar una venganza procedente de los perros y los puercos. Pero sí requiere que nosotros le agreguemos ideas (si no es que palabras) al texto que no son claras.

de un delicioso pan. Tampoco nos daría una víbora en vez de un rico pescado. Dios puede ser comparado a un padre amoroso perfecto, un concepto extraño para los judíos que oran. Isaías 49:15 también compara a Dios con una madre que se preocupa: "¿Puede una madre olvidar a su niño de pecho, y dejar de amar al hijo que ha dado a luz? Aun cuando ella lo olvidara, ¡yo no te olvidaré!"

Esto implica varias cosas. (1) Él nos quiere dar buenas dádivas (que Lucas 11:13 identifica como el Espíritu Santo). (2) Nos podemos acercar a él de manera personal y ser persistentes (como lo marcan los imperativos presentes "pidan", "busquen", "llamen"). Y, (3) si pedimos algo dañino o si pedimos con motivos egoístas (Santiago 4:2-3) o sin fe (Santiago 1:6-8), Dios no está condicionado a ser un mago como Aladino para concedernos nuestros caprichos. Nos concederá aquello que él cree que es lo mejor para nosotros. En ocasiones la respuesta de Dios es "sí", pero a veces es "no" y en otros momentos es "espera".

La efectividad de la oración ciertamente es un misterio. Dios es soberano; su voluntad se cumplirá. Además, él ya conoce nuestras necesidades. ¿Cómo imaginamos, entonces, que nuestras oraciones mezquinas cambiarán algo? Precisamente porque las Escrituras así lo señalan. Por ejemplo, la oración de Moisés apartó la ira de Dios de los israelitas (Éxodo 32:9-14). Pero lo que más sucede es que el corazón del hombre es el que cambia, no la mente de Dios. Con frecuencia, la oración produce en nosotros una perspectiva y una postura que nos permite recibir las bendiciones que Dios ya nos tiene preparadas de antemano. Simplemente oramos como resultado de nuestra fe en obediencia, no porque hayamos resuelto la paradoja entre la soberanía de Dios y la oración efectiva.

Mateo 7:12 señala:

> ¹²Así que en todo traten ustedes a los demás tal y como quieren que ellos los traten a ustedes. De hecho, esto es la ley y los profetas.

Esta regla de oro resume una gran cantidad de información. No tan sólo resume todo el Antiguo Testamento, sino todo el sermón del monte. Su introducción "Así que" nos lleva hasta 5:17. Como fue dicho, 5:17 y 7:12 encierran el cuerpo del sermón. Todo su material tan difícil lo aclara una sola oración. En realidad, es muy clara para entenderse, pero muy difícil de poner por obra.[99]

La negativa de esta regla, en ocasiones mencionada como la regla de plata, se la encuentra con frecuencia en la literatura religiosa. Hasta se dice que el mismo Confucio dijo: "No les hagas a los demás aquello que odiarías que te hicieran". Tobías 4:15 señala: "No les hagas a los demás aquello que no te gusta te hicieran". Y cuando un prospecto prosélito le pidió al gran rabino judío, Hillel, que explicase toda la ley permaneciendo parado con un solo pie, Hillel dijo: "aquello que odias, no se lo hagas a nadie. Esto resume toda la ley; todo lo demás es puro comentario" (*Sabbath*, 31ª). La diferencia entre estas reglas negativas y la positiva de Jesús resalta inmediatamente. Podemos permanecer pasivos y todavía cumplimos completamente la regla de plata. En cambio, la regla de oro demanda mi acción constante y máxima. Tal es la diferencia entre las extrañas reglas de la religión que los hombres guardan minuciosamente mientras que encuentran la forma de deshacerse del amor y el clarín de Jesús llama a la justicia, cuya simplicidad expone nuestra hipocresía pero nos estimula a que pongamos todo de nuestra parte para que imitemos a Jesús.

Dos caminos

Mateo 7:13-14 señala:

> [13]»Entren por la puerta estrecha. Porque es ancha la puerta y espacioso el camino que conduce a la destrucción, y muchos entran por ella. [14]Pero estrecha es la puerta y angosto el camino que conduce a la vida, y son pocos los que la encuentran.

"Ancho" y "estrecho" no tan sólo indican la poca cantidad de personas que se convertirán al cristianismo, sino también la facilidad y la dificultad de cada camino. "Estrecho" también sugiere "problemas, dificultad, siendo oprimido". Sin embargo, esto no quiere decir que el camino libre, sin valores y sin responsabilidades del pagano sea de una vida más dichosa. Paradójicamente, en un esfuerzo por buscar el confort, la comodidad, ser mimado y complaciente de nuestros deseos carnales, arruinamos nuestras vidas. Por otro lado, cuando nos entregamos a Cristo, entonces encontramos la verdadera vida y

---

[99]Resulta exegéticamente irresponsable importar ideas del siglo XX a este texto, en cuanto a teorías psicológicas de autoestima. Es verdad que, aquellos que no se aman a sí mismos tienen mucha dificultad en amar a otros. Pero este texto no se refiere a ello. Además, cuando seguimos a Jesús en sus enseñanzas de servir a los demás, casi no tenemos el tiempo para pensar en nosotros mismos, ya sea de manera arrogante o condenatoria.

la felicidad (Mateo 10:39; Juan 10:10). Este camino, que al principio parece muy abrumador, pronto lo encontramos liberador, lleno de gracia y fácil (Mateo 11:28-30).

Nuestra sociedad sincrética se ofende con las opciones en blanco y negro de Jesús. Demandamos una gran variedad de opciones éticas. Queremos tener distintos platillos de donde escoger, a manera de bufete. Consideramos las enseñanzas de Jesús como de mente estrecha, muy simples y hasta intolerantes. Sin embargo, ¿es posible que muchos se hayan tornado tan abiertos de mente que sus cerebros se hayan desparramado?

Dos frutos

Mateo 7:15-20 señala:

> 15»Cuídense de los falsos profetas. Vienen a ustedes disfrazados de ovejas, pero por dentro son lobos feroces. 16Por sus frutos los conocerán. ¿Acaso se recogen uvas de los espinos, o higos de los cardos? 17Del mismo modo, todo árbol bueno da fruto bueno, pero el árbol malo da fruto malo. 18Un árbol bueno no puede dar fruto malo, y un árbol malo no puede dar fruto bueno. 19Todo árbol que no da buen fruto se corta y se arroja al fuego. 20Así que por sus frutos los conocerán.

Lucas 6:45 señala:

> 45El que es bueno, de la bondad que atesora en el corazón produce el bien; pero el que es malo, de su maldad produce el mal, porque de lo que abunda en el corazón habla la boca.

Un profeta era alguien que recibía una revelación de Dios y la comunicaba a la gente. En ocasiones estas revelaciones tenían que ver con acontecimientos futuros, otras veces se referían al presente, pero a veces al pasado. La característica definitiva de un profeta no era el tiempo al que se referían sus palabras, sino al hecho de que su mensaje provenía de Dios (Jeremías 23:16, 18, 22). Así, un profeta falso (ver Mateo 24:11-14; 2 Pedro 2:1-3, 17-22) es uno que afirma: "Dios me dijo . . ." cuando Dios no le ha hablado. También hay falsos apóstoles (2 Corintios 11:13-15), falsos maestros (2 Pedro 2:1) y falsos Cristos (Mateo 24:24). El punto es, algunas personas esconden su verdadera identidad (v. 15) y pretenden tener una relación con Dios para explotar el rebaño de Dios. Aunque este texto no es una licencia que nos permita emprender una cacería de herejes, previene a la iglesia que no se trague el anzuelo. Satanás utilizará todo medio posible para destruir el rebaño (Juan 10:11-13). Con frecuencia él usa a la gente hambrienta o deseosa de poder (Hechos 20:29-30). Jesús nos sugiere que balanceemos la inocencia con la sabiduría (Mateo 10:16).

¿Cómo reconocer un profeta falso? Primero, por su fruto. Siempre ha habido cristianos únicamente de nombre. Caminan por el camino espacioso mientras se jactan de caminar por el camino estrecho. Algunos árboles sorprendentemente se ven iguales a otros. Crecen y crecen por años hasta que usted los puede identificar plenamente. Pero su fruto no nos engaña. Podemos esconder nuestra personalidad hasta cierto punto. Nuestro fruto (comportamiento) hace obvia nuestra afiliación.

Segundo, debemos considerar el contexto del camino espacioso contra el estrecho. Cualquiera que defiende una salvación "fácil", un camino sincrético y con muchas opciones es un profeta falso. Al igual que los falsos profetas de antaño dicen: "Paz, paz cuando no hay paz" (Jeremías 6:13-15). De Jeremías también aprendemos otras dos características de los falsos profetas. Buscan ganancias sumamente avariciosas y no se avergüenzan. La inmoralidad sexual y el mal manejo financiero parecen acompañar las falsas enseñanzas y un ministerio mercenario.

Mateo 7:21-23 señala:

> [21] »No todo el que me dice: "Señor, Señor", entrará en el reino de los cielos, sino sólo el que hace la voluntad de mi Padre que está en el cielo. [22] Muchos me dirán en aquel día: "Señor, Señor, ¿no profetizamos en tu nombre, y en tu nombre expulsamos demonios e hicimos muchos milagros?" [23] Entonces les diré claramente: "Jamás los conocí. ¡Aléjense de mí, hacedores de maldad!"

Debido a que la gente está enamorada de aquello que es espectacular en vez de lo espiritual, a muchos los engañan los frutos artificiales de plástico. Por frutas de plástico me refiero a la imitación de lo milagroso (v. 22). Dado que los milagros son relativamente fáciles de manipular o pretender, son una prueba pobre de la aprobación divina. Algunos de estos hacedores de milagros son simples charlatanes. Otros son individuos ilusos que reemplazaron la obediencia a Dios por el cortejo y el cautivar a las multitudes.

Simplemente se nos ha dicho que los conoceremos "por sus frutos". Pero el hecho es que los motivos de muchas personas permanecerán escondidos todas sus vidas. Sin embargo, en el gran día del juicio todo será revelado (1 Corintios 4:5).

Cierto que las prioridades de Dios son menos fantásticas que las nuestras, más internas. El reino de Dios no tiene nada que ver con un gran espectáculo de luces de colores por todas partes; sino que tiene que ver con un espíritu quebrantado empeñado en seguir los designios de Dios.[100]

Dos casas

Mateo 7:24-27 señala:

> [24]»Por tanto, todo el que me oye estas palabras y las pone en práctica es como un hombre prudente que construyó su casa sobre la roca. [25]Cayeron las lluvias, crecieron los ríos, y soplaron los vientos y azotaron aquella casa; con todo, la casa no se derrumbó porque estaba cimentada sobre la roca. [26]Pero todo el que me oye estas palabras y no las pone en práctica es como un hombre insensato que construyó su casa sobre la arena. [27]Cayeron las lluvias, crecieron los ríos, y soplaron los vientos y azotaron aquella casa, y ésta se derrumbó, y grande fue su ruina.»

"Mientras que el contraste en el párrafo anterior fue entre 'decir' y 'hacer', el contraste ahora es entre 'oír' y 'hacer'" (Stott, p. 208). En el desierto palestino es mejor construir sobre la arena en vez de escarbar hasta encontrar una roca firme (Lucas 6:48). De la misma manera, es más fácil escuchar las palabras de Jesús (v. 26) y profesar una relación con él (vv. 21-22) que obedecerle (v. 24). Pero esta es la única forma de echar un fundamento permanente.

Estas dos casas se verán igual al transeúnte, pero la diferencia se notará frente a la tormenta. De igual forma, dos cristianos pueden acudir a la iglesia, orar, leer su Biblia y hasta portar calcomanías de Jesús en alguna parte de sus vehículos. La tormenta hará la diferencia. Utilizamos esta metáfora primariamente para "las tormentas de la vida". Hay verdad en ello. Los tiempos de tribulación normalmente revelan lo genuino de la fe de una persona. Sin embargo, los judíos utilizaron esta metáfora de la tormenta especialmente en relación al juicio (Ezequiel 13:10ss). Así, contextualmente, nuestra casa será probada en el día del juicio (1ª Corintios 3:12-15).

---

[100] En años recientes, las iglesias carismáticas han sido plagadas con los problemas planteados en los vv. 15-23, especialmente de falsos profetas y en cuanto a un sobre énfasis a lo milagroso. Pero si únicamente identificamos estos problemas con lo carismático tal vez nos podríamos identificar con los vv. 1-5.

Sección 54i
Reacción de la gente
(Mateo 7:28 – 8:1)

²⁸Cuando Jesús terminó de decir estas cosas, las multitudes se asombraron de su enseñanza, ²⁹porque les enseñaba como quien tenía autoridad, y no como los maestros de la ley.
¹Cuando Jesús bajó de la ladera de la montaña, lo siguieron grandes multitudes.

Esta es una terminación de lo más austera de un sermón: la disertación acerca del juicio. Además, todo el mensaje tiene incisiva claridad. Es tan sensible que tenemos que concordar con él y tan radical que nos asombra. Si tratamos de evadir sus demandas, sus metáforas tan memorables nos regresan a la realidad. Si tratamos de vivirlo, nos enfrentamos a nuestra hipocresía abrumadora y a nuestros motivos egoístas. No es de sorprenderse que esta multitud muda estaba asombrada de sus enseñanzas. Jamás habían oído algo igual. Hasta los mejores maestros se citaban unos a otros o citaban las Escrituras en apoyo a lo que venían diciendo. Jesús jamás citó a otro rabino. Y cuando citó las Escrituras se sintió con la libertad de ir más allá con la frase ostentosa: "¡Pero yo les digo!" Blomberg está en lo cierto: "tal enseñanza refleja o la más alta presunción y herejía o el hecho de que era un verdadero portavoz de Dios, a quien no debemos ignorar" (p. 135).

El libro de Mateo presenta alrededor de cinco discursos, terminando cada uno con la frase: "Cuando Jesús terminó de decir estas cosas" (7:28-29; 11:1; 13:53; 19:1; 26:1). Con este sermón, entonces, se cierra la primera parte del libro de Mateo.

La creciente fama de Jesús

Sección 55
Jesús sana al siervo del centurión
(Lucas 7:1-10; Mateo 8:5-13)

Lucas 7:1-6 señala:

¹Cuando terminó de hablar al pueblo, Jesús entró en Capernaúm. ²Había allí un centurión, cuyo siervo, a quien él estimaba mucho, estaba enfermo, a punto de morir. ³Como oyó

hablar de Jesús, el centurión mandó a unos dirigentesa de los judíos a pedirle que fuera a sanar a su siervo. ⁴Cuando llegaron ante Jesús, le rogaron con insistencia: —Este hombre merece que le concedas lo que te pide: ⁵aprecia tanto a nuestra nación, que nos ha construido una sinagoga.⁶Así que Jesús fue con ellos.

Después del gran sermón, Jesús regresa a Capernaúm. Mientras está allí, un noble centurión le envía una delegación de ancianos judíos. Lo común era que los centuriones y los líderes judíos no se llevaran muy bien. Sin embargo, este centurión echo mano de sus recursos (muy posiblemente sus tropas) para la construcción de la sinagoga local.[101] Ellos le rogaron a Jesús que sanara a el siervo del centurión. Mateo señala que el mismo centurión acudió a Jesús. ¿Quiere decir esto que Mateo y Lucas se contradicen entre sí? No necesariamente. El registro de Mateo es un resumen de todo el suceso. Dado que el centurión era el responsable de la delegación, se le presenta como si él mismo acudiera a Jesús.[102]Además, eso encaja con Mateo porque élnunca escribe comentarios positivos acerca de los líderes judíos.[103] En contraste, Lucas presenta una narración más detallada que característicamente les muestra misericordia a los gentiles. Entonces, lo que tenemos no es una contradicción, sino una forma distinta de presentar lo mismo.

El énfasis de este pasaje recae en el centurión, no en el siervo enfermo. De hecho, hasta la sintaxis de esta oración pone la palabra "centurión" en una posición prominente así que sobresale, aunque el sujeto de la oración sea el siervo.

Un centurión era un líder militar en el ejército romano, con un rango similar a un teniente de hoy en día.[104] Como lo sugiere

---

[101]En Afrodisias, 139 kilómetros al este de Éfeso, se encontró una inscripción enlistando los benefactores de un comedor público judío, con el 45% de nombres de origen griego, demostrando así el apoyo griego a las construcciones judías.

[102]Z. C. Hodges, "The Centurion's Faith in Matthew and Luke" (La fe del centurión en Mateo y Lucas) BibSac (Biblioteca sacra) 121 [octubre, 1964]: 321-332, sugiere que, de hecho, el centurión acudió a Jesús, como lo señala Mateo, pero lo hizo después de haber dicho: ". . . no merezco que entres bajo mi techo. Por eso ni siquiera me atreví a presentarme ante ti" (Lucas 7:7). Así que el texto no se contradice, sino que el centurión se muestra voluble. Pero esto no es posible ya que (1) el punto de la narración es que el centurión tiene una fe enorme. La inconsistencia no se ajusta a ese tipo de personalidad. Y (2) al parecer el centurión envía una segunda delegación (Lucas 7:6) para detener a Jesús para que no entrase a su casa.

[103]Además, Mateo coloca esta narración junto a la sanidad del leproso y resalta las similitudes entre ellas. Tanto el leproso como el centurión acudieron a Jesús, eran rechazados por el pueblo de Israel, demostraron una gran fe y fueron aceptados por Jesús.

[104]E. Ferguson, *Background of Early Christianity* (Antecedentes del cristianismo primitivo) [Grand Rapids: Eerdmans, 1987], pp. 38-42.

el título "centurión", estaba encargado de cien hombres. El Nuevo Testamento menciona a varios centuriones y a todos en términos favorables. (1) El centurión presente cuando se crucificó al Cristo proclamó su fe que Jesús era el Hijo de Dios o posiblemente el hijo de un dios (Mateo 27:54; Marcos 15:39; Lucas 23:47). (2) Cornelio, en Hechos capítulos 10 y 11, demostró una fe plena en Jesús. Tanto él como toda su casa recibieron el Espíritu Santo y fueron bautizados. (3) Julio, en Hechos capítulo 27, custodiaba a Pablo en su viaje a Roma. Julio se mostró atento y amable con Pablo. (4) Solamente se puede señalar a un centurión, Hechos 22:25-26, como un villano. Estuvo a punto de azotar a Pablo, pero simplemente estaba cumpliendo con sus funciones. Sin embargo, cuando se dio cuenta de que Pablo era ciudadano romano, desistió de lo que estuvo a punto de hacer. En general, nuestra impresión de los centuriones es positiva. Parecen actuar razonablemente, imparciales y sujetos a la autoridad.

Su siervo es "altamente estimado". En varios otros pasajes esto se refiere a posiciones de alto honor. Tanto en Lucas 7:7 como en Mateo 8:6, se le refiere, no como a siervo, sino como a criado o hijo. En otras palabras, es más que un simple siervo. El criado había llegado a ser como un hijo para el centurión.

Una vez escuchando de la reputación de Jesús como sanador, este centurión le envía una delegación de ancianos (líderes) judíos para pedir la ayuda de Jesús. Era raro que un judío ayudara a un gentil. Pero este era un gentil raro. Él había aportado dinero y su influencia había servido para edificar una sinagoga en Capernaúm. Y ahora, una buena obra merece algo similar.

Lucas 7:6-8 señala:

> ⁶No estaba lejos de la casa cuando el centurión mandó unos amigos a decirle: —Señor, no te tomes tanta molestia, pues no merezco que entres bajo mi techo. ⁷Por eso ni siquiera me atreví a presentarme ante ti. Pero con una sola palabra que digas, quedará sano mi siervo. ⁸Yo mismo obedezco órdenes superiores y, además, tengo soldados bajo mi autoridad. Le digo a uno: "Ve", y va, y al otro: "Ven", y viene. Le digo a mi siervo: "Haz esto", y lo hace.

Al parecer la delegación de judíos se brincó las trancas o ignoró los deseos del centurión, cuando le piden a Jesús que vaya a la casa del centurión. Así, una segunda delegación, compuesta de unos amigos del centurión, es enviada para detener el avance de Jesús.

Su mensaje es simple: "No te tomes tanta molestia" (literalmente: "No te sobre esfuerces por esto"). Esta construcción gramatical significa "para" o "desiste" de la acción que va en progreso. Es claro que el centurión escucha y ve la procesión avanzando hacia su casa y no quiere que Jesús sea desviado de su trabajo y se le moleste más todavía. Si Jesús entraba en la casa de un gentil, sería muy criticado por sus seguidores y paisanos (ver Hechos 10:28). A este centurión le preocupa proteger la vida de Jesús. Por ello trata de defender su reputación e intereses.

Siendo un soldado, el centurión entiende perfectamente el poder de la palabra hablada. Jesús no necesita estar presente o tocar al criado. Simplemente necesita dar la orden para que se haga (ver Salmos 107:20). Tal es la naturaleza de la autoridad. Aún así, no hay precedente aquí de la "sanidad a distancia" salvo el único incidente cuando Jesús sanó al hijo de un funcionario real en Capernaúm, estando a unos 32 kilómetros de distancia, en Caná de Galilea (Juan 4:46-54). Tal vez el centurión estaba familiarizado con ese incidente. Aún así, su fe asombra.

El centurión hace una comparación muy sutil entre su posición militar y la posición espiritual de Jesús con su Padre. Él tiene superiores de los cuales recibe autoridad para hacer uso de ella. También, tiene subordinados a los cuales ordena. Él reconoce que Jesús tiene autoridad que le ha sido dada de parte de Dios y está autorizado para ejercer su poder mediante instrucciones y órdenes a sus subordinados (por ejemplo: las enfermedades y los elementos de la naturaleza).

Mateo 8:10-13 señala:

¹⁰Al oír esto, Jesús se asombró y dijo a quienes lo seguían: —Les aseguro que no he encontrado en Israel a nadie que tenga tanta fe. ¹¹Les digo que muchos vendrán del oriente y del occidente, y participarán en el banquete con Abraham, Isaac y Jacob en el reino de los cielos. ¹²Pero a los súbditos del reino se les echará afuera, a la oscuridad, donde habrá llanto y rechinar de dientes.

¹³Luego Jesús le dijo al centurión: —¡Ve! Todo se hará tal como creíste. Y en esa misma hora aquel siervo quedó sano.

Lucas 7:10 señala:

¹⁰Al regresar a casa, los enviados encontraron sano al siervo.

Esta es una de las dos veces que mismo Jesús se muestra asombrado. En esta ocasión se asombra por la increíble fe de un gentil, y en Marcos 6:6, en Nazaret, se sorprendió por la falta de fe de sus mismos compatriotas. Es una paradoja que los judíos, quienes poseían las Escrituras (Romanos 3:1-2), no tuvieran fe, mientras que los gentiles demostraran tanta fe.

Jesús plantea una paradoja propia. Los judíos, quienes esperaban participar en el banquete mesiánico (Isaías 25:6; Mateo 26:29; Lucas 22:30), fueron expulsados. Sin embargo, se les permitió la entrada a los extranjeros. La lección tan simple de esta narrativa es que Jesús respeta la fe, no la raza. Por ello, tenemos una predicción dramatizada de la inclusión de los gentiles (Hechos capítulos 10 y 11).

Sección 56
Resurrección del hijo de una viuda en Naín
(Lucas 7:11-17)

Mateo compara la sanidad del siervo del centurión con la sanidad del leproso para mostrar sus similitudes. De la misma manera, Lucas la aparea con la resurrección del hijo de la viuda. En ambas narraciones un "hijo" precioso es levantado mientras que un candidato no merecedor también recibe la atención del Señor.

Esta es la primera de tres personas que Jesús resucita. Las otras dos fueron la hija de Jairo (Mateo 9:18-26; Marcos 5:22-43; Lucas 8:49-56) y Lázaro, el amigo de Jesús (Juan capítulo 11). Así como Elías resucitó al hijo de una viuda (1 Reyes 17:17-24; ver a Eliseo en 2 Reyes 4:32-37), del mismo modo lo hace Jesús. Así, el ministerio de Jesús se parece al del gran profeta Elías.[105]

Lucas 7:11-13 señala:

> [11]Poco después Jesús, en compañía de sus discípulos y de una gran multitud, se dirigió a un pueblo llamado Naín. [12]Cuando ya se acercaba a las puertas del pueblo, vio que sacaban de allí a un muerto, hijo único de madre viuda. La acompañaba un grupo

---

[105] C. A. Evans, "Luke's Use of the Elijah/Elisha Narratives and the Ethic of Election" (Uso que Lucas hace con su narración de Elías y Eliseo y la ética de la elección), *JBL* (Revista de literatura bíblica) 106/1 [1987]: 75-83, muestra como Lucas utiliza una gran cantidad de veces el motivo Elías y Eliseo, especialmente en su sección central (Lucas 4:25-27; 7:11-17; 9:52-55, 61-62). Cuando lo hace, parece comparar a Jesús con él o los grandes profetas que presentaron el reino de Dios a los gentiles. Esto encaja perfectamente en esta parte, contra el telón de la sanidad del siervo del centurión ver *Str-B* 4:2, 769.

grande de la población. ¹³Al verla, el Señor se compadeció de ella y le dijo: —No llores.

La resurrección del hijo de esta viuda en Naín tuvo lugar un poquito después de la sanidad del hijo del centurión, tal vez al día siguiente.[106] La aldea de Naín ("La agradable") está ubicada a unos cuarenta kilómetros al sureste de Capernaúm justo al otro lado de la montaña de Sunem donde Eliseo resucitó al hijo de la mujer sunamita. Seguramente que esto traía gratos recuerdos a los lugareños. Hoy día lo único que se puede apreciar de Naín son los sepulcros fuera de la ciudad, cavados en la ladera de las montañas. En esta tarde en particular los habitantes de Naín se dirigen hacia una de esas tumbas. Esta pobre mujer había perdido a su esposo y ahora a su hijo. Queda ella sin el apoyo financiero necesario para sobrevivir. Toda la aldea debe estar conmovida junto con ella. Una multitud va en la procesión fúnebre fuera de la ciudad. La encuentra otra multitud que se dirige a la ciudad. La primera, de acuerdo con las costumbres galileas de un funeral, era encabezada por una mujer con la ropa rasgada (*Jer. Moed. K.* 83 d).[107] La segunda multitud, habiendo viajado todo el día desde Capernaúm, llevaba a Jesús a la cabeza. Pareciera raro y hasta no propio que este tráfico de personas interfiriese con el funeral.

Los funerales judíos eran acompañados de rituales bien elaborados como son el toque de trompeta anunciando la muerte, las flautas melancólicas y el constante retiñir de los címbalos. Hasta los judíos más pobres debían llevar en su procesión a por lo menos dos flautistas y a una mujer que lamentara el suceso (*Kethub.* iv.4). El cuerpo debía estar presentable, con el cabello y las uñas recortadas. Debía estar limpio, ungido y envuelto en lino. Luego, debía estar colocado boca arriba en el féretro de cañas, con sus brazos cruzados sobre su pecho. Los amigos y familiares paseaban el cuerpo por el pueblo, turnándose para que todos tuvieran el honor de haber cargado al muerto. Se esperaba que al pasar el cuerpo, la gente de Naín se uniera a la procesión "porque se consideraba una **afrenta y deshonra para el Creador no acompañar al muerto hasta su última morada o lugar de descanso**" (Edersheim, I:556). Si una persona no podía unirse al funeral, por lo menos saldría a la calle mientras el

---

[106] La palabra *hexes* en ocasiones significa el siguiente día, nunca señala un período largo de tiempo.

[107] La explicación del Midrash era que una mujer introdujo la muerte y por ello ella debía estar al frente de la procesión (*Ber. R.* 17).

cuerpo pasaba. Los funerales eran tratados con gran reverencia en parte por reverencia a Dios y también porque los judíos tenían la superstición de que "el espíritu del muerto volaba (acompañaba) por encima del cuerpo hasta antes de ser enterrado" (Edersheim, I:554).

Jesús experimenta las emociones humanas de este acontecimiento y se mueve a misericordia. Se condolió de la mujer (*splanchnizomai*). Literalmente, le dice a la mujer: "Deja de llorar". Estas palabras, en esta situación, eran algo rudas e insensibles. Pero sin duda, el tono y el aplomo de Jesús, le aseguran a la mujer cosas mejores.

Lucas 7:14-17 señala:

> ¹⁴Entonces se acercó y tocó el féretro. Los que lo llevaban se detuvieron, y Jesús dijo: —Joven, ¡te ordeno que te levantes! ¹⁵El muerto se incorporó y comenzó a hablar, y Jesús se lo entregó a su madre.
> ¹⁶Todos se llenaron de temor y alababan a Dios. —Ha surgido entre nosotros un gran profeta —decían—. Dios ha venido en ayuda deᵃ su pueblo. ¹⁷Así que esta noticia acerca de Jesús se divulgó por toda Judeaᵇ y por todas las regiones vecinas.
>
> ᵃ*16 ha venido en ayuda de.* Lit. *ha visitado a.* ᵇ*17 Judea.* Alt. *la tierra de los judíos.*

Bajo circunstancias normales, ningún judío haría lo que Jesús hizo. No había una contaminación e inmundicia mayor que tocar un cuerpo muerto (Números 19:11, 16). Pero ¿se aplica esta norma cuando un cuerpo vuelve a la vida? No necesitamos decirlo, pero no había ninguna reglamentación a este respecto. Los que cargaban el cuerpo se asombran y se turban de tal forma que paran en seco.

A la orden de Jesús, el joven se sienta y empieza a hablar. Los que se dedican a enterrar a los muertos pueden contar historias tenebrosas de los muertos, pero explican el movimiento del cuerpo debido a los gases dentro del mismo. Pero ninguno de ellos puede contar historias de un muerto que hable. ¡En verdad que sí divagan nuestras mentes en cuanto a lo que él pudo haber dicho! "¿Dónde estoy? ¿Qué creen que están haciendo?" O tal vez dijo: "Esa fue una grata siesta. ¡Jamás me había sentido tan bien!"

La reacción de la multitud es clásica. Es la respuesta típica frente a los milagros de Jesús. Se sorprenden. Literalmente, "todos se llenaron de temor". Eso tiene sentido. Pero su temor los lleva a alabar a

Dios. Se dan cuenta que Jesús es un gran profeta, a la misma altura de Elías. A través de él, Dios los visita. Es decir, Dios se ha dignado suplir sus necesidades. Esta declaración está llena de implicaciones mesiánicas (Mateo 1:23; Lucas 1:68, 78; 19:44; Salmos 8:4; Isaías 29:6; Sofonías 2:7; Hechos 15:14; Hebreos 2:6). Y las noticias se esparcieron por todo el territorio judío.[108]

¿Qué hace una sociedad científica con este pasaje? ¿Podemos aceptarlo siquiera como un acontecimiento histórico? Más allá de un prejuicio preconcebido en cuanto a los milagros no existe razón literaria, histórica o teológica para rechazar la realidad de este suceso. Sin embargo, hay una buena razón para aceptar el testimonio de Lucas de que Jesús tiene poder para levantar a los muertos (Edersheim, I:558-560).

1. No es razonable considerar esta historia como una exageración, pero tampoco es posible explicarla mediante causas naturales. Así, nos quedamos con dos opciones. O es verdad o es ficción.[109]

2. Aunque únicamente Lucas registra la resurrección del hijo de la viuda en Naín, los otros tres evangelios también registran que Jesús resucitó a otros muertos. Así que Lucas no está solo en su testimonio del poder de Jesús para dar vida.

3. Los judíos no esperaban que el Mesías resucitara a los muertos. Por lo tanto, no hay un motivo aparente para inventar esta historia.

4. Mientras que este acontecimiento se parece mucho al de Elías y la viuda de Sarepta de Sidón (1 Reyes 17:8-24, especialmente los vv. 10 y 23 de la versión Septuaginta de la Biblia),[110] existen suficientes diferencias para concluir que la narración de Jesús resucitando al hijo de la viuda no está basado en la resurrección del hijo de la viuda que hace Elías.

---

[108] El término "Judea" indica "el país de los judíos" no tan sólo "el sur de Palestina" que no encajaría en este contexto ya que Naín está en Galilea. Pero no resulta descabellado pensar que las noticias de este acontecimiento se hayan esparcido hasta Jerusalén al sur de Palestina.

[109] El hecho de que Filántropo (*Life of Apollonius* 4.45) (La vida de Apolonio), registra una resurrección similar no indica que ambas sean ficticias. Cada narración se debe examinar individualmente con sus propios méritos buscando su verdad y confiabilidad.

[110] T. L. Brodie, "Towards Unravelling Luke's Use of the Old Testament: Lk 7:11-17 as an IMITATIO of 1 Kings 17:17-24" (Hacia la aclaración del uso que Lucas hace del Antiguo Testamento: Lucas 7:11-17 como IMITATIO de 1 Reyes 17:17-24), *NTS* (Estudios del Nuevo Testamento) 32 [1986]: 247-267, lista una gran cantidad de estas similitudes, pero también muestra algunas diferencias significativas.

5. Si esta historia se hubiese inventado, no se hubiera escogido un lugar tan apartado e insignificante como Naín para tan notable milagro.
6. El acontecimiento tuvo lugar en presencia de dos multitudes grandes. En Eusebio, Hist. Eccl. 4:3, Quadratus afirma que algunos de estos testigos seguían vivos y podían testificar ante el emperador.
7. La iglesia primitiva estaba familiarizada con las resurrecciones y, de hecho, eran parte integral de su fe, por la cual los apóstoles estaban dispuestos a morir (ver Mateo 10:8; Hechos 9:40; 20:9-10).

Sección 57
Pregunta sobre Juan el Bautista
(Mateo 11:2-19; Lucas 7:18-35)

Esta es la hora oscura de Juan. Ya ha permanecido en prisión por unos diez meses (ver Mateo 4:12; 14:1-12; Lucas 3:19-20). Las Escrituras nos dicen por qué. Juan abiertamente había reprendido el pecado de Herodes por vivir en adulterio e incesto con la esposa de su hermano. Herodías, su mujer, se ofendió y le pidió a su esposo que silenciara a Juan el Bautista (Mateo 14:3-5). Así fue encarcelado. Sin embargo, es posible que haya más respecto de esta historia. Juan el Bautista era muy popular, pero la popularidad de Herodes decrecía cada día más. Esa combinación proveía una tierra fértil para una revuelta. De modo que es probable que se encerró a Juan para sofocar cualquier levantamiento (ver Josefo, *Ant.* 18.5.2). Además, tenemos la sospecha de que los líderes judíos tuvieron algo que ver. No querían a Juan y tampoco les agradaba Jesús. Tal vez sus artimañas fueron parte de la trama.

Lucas 7:18-20 con Mateo 11:2 señalan:

^{18}Los discípulos de Juan le contaron {en la cárcel^{Mt}} todo esto {que Cristo estaba haciendo^{Mt}}. Él llamó a dos de ellos ^{19}y los envió al Señor a preguntarle: —¿Eres tú el que ha de venir, o debemos esperar a otro?

^{20}Cuando se acercaron a Jesús, ellos le dijeron: —Juan el Bautista nos ha enviado a preguntarte: "¿Eres tú el que ha de venir, o debemos esperar a otro?"

Juan tiene suficiente tiempo en su celda para reflexionar. La muerte parece algo inevitable. "¿Ha sido una pérdida de tiempo mi vida? ¿Es Jesús realmente el Mesías o fue mi imaginación la que me traicionó? ¿Me estoy volviendo loco?" Tales preguntas debieron haber bombardeado la mente de Juan. Así que envía a dos de sus pocos discípulos que se quedan para preguntarle a Jesús:

"¿Eres tú el que ha de venir?"[111] Suena extraño, que Juan exprese esta duda.. Después de todo, Juan fue el que anunció primeramente a Jesús. Su madre Elisabet también le debió haber contado todo, con lujo de detalle, en cuanto al nacimiento de Jesús. Se dio cuenta que tanto él como Jesús cumplían las profecías. Hasta vio la aprobación divina en forma de paloma en el bautismo de Jesús (Juan 1:32-34). Así que, ¿por qué dudar ahora?

Debemos recordar que Juan ha permanecido en la cárcel la mayor parte del año en curso. Ese es suficiente tiempo para entrar en una depresión y para que la duda surgiera. Para hacer peor las cosas, Jesús no encajaba en las esperanzas (contemporáneas) que la gente tenía del Mesías. De los informes que Juan obtiene, Jesús está actuando de manera muy extraña. ¿Por qué se mezclaba y convivía con los cobradores de impuestos y las rameras? ¿Por qué no ayunaba como el resto de la gente? ¿Por qué participaba en las fiestas y aceptaba invitaciones de todo mundo? Su ministerio era tan distinto al de Juan. Además, ¿por qué Jesús no había liberado a Juan? ¿No predecían las profecías que el Mesías libertaría a los cautivos (Isaías 61:1)? ¿Qué esperaba?

Tal vez las preguntas de Juan no revelan tanto su duda como su impaciencia. Seguro es que cree que Jesús es el Mesías, simplemente quiere que continúe con el plan. En la entrevista, Jesús no tan sólo afirma quién es él, sino que confirma a Juan tan positivamente que la luz que arroja convierte la hora oscura de Juan en un momento brillante.

Lucas 7:21-23 señala:

²¹En ese mismo momento Jesús sanó a muchos que tenían enfermedades, dolencias y espíritus malignos, y les dio la vista a muchos ciegos. ²²Entonces les respondió a los enviados: —Vayan y cuéntenle a Juan lo que han visto y oído: Los ciegos ven,[112] los

---

[111]En el libro en inglés era necesario aclarar aquí el tiempo presente del verbo que en español está claro: "el que ha de venir".
[112]Isaías *no* contiene el texto los muertos resucitan. Tanto Mateo como Lucas lo integran,

cojos andan, los que tienen lepra[a] son sanados, los sordos oyen, los muertos resucitan y a los pobres se les anuncian las buenas nuevas [Isaías 35:5-6; 61:1]. [23]Dichoso el que no tropieza por causa mía.

[a]22 La palabra griega se usaba con referencia a distintas enfermedades de la piel –no necesariamente la lepra.

Los discípulos que Juan envió llegan ante Jesús en el momento adecuado. Al momento de cuestionar la identidad de Jesús, él está haciendo varios milagros. Aunque Mateo no menciona el hecho de que los discípulos de Juan hayan sido testigos de estos milagros, ilustra a cada uno de los milagros mencionados en los capítulos 8-9. No tan sólo pueden compartir estos suceso con Juan, sino que hubo muchos testigos oculares que podían verificar lo que Jesús afirmaba, algunos de ellos, sin duda, eran receptores de este toque de sanidad.

A pesar de que los milagros no eran un elemento común en las descripciones del Mesías, había gran cantidad de textos que predijeron la sanidad o largura de vida como un aspecto importante en la época mesiánica (ver Isaías 35:5, 6; 61:1-3; Jub. 23:26-30; Enoch 5:8, 9; 25:5-7; 96:3; *Sib. Or.* 3.367 siguiente; 4 Esdras 8:53; *Pesiq. Rab.* 76a, 13). Resulta sorprendente que las traducciones arcaicas (paráfrasis antiguas) de Sofonías 3:19, Isaías 35:6 y Miqueas 4:6-8 todas reemplazan a los "cojos" o "inválidos" con "exiliados" o "expatriados". No tan sólo pone esto su sanidad en una luz escatológica o mesiánica, sino que también hace de la sanidad de Jesús de los ciegos y cojos naturales de lo más sorprendente ya que porqué él se rehusa a marginar y espiritualizar su condición.

Muy sutilmente, Jesús regaña a Juan (Lucas 7:23) y a la multitud a su alrededor: "Dichoso el que no tropieza por causa mía". Debemos estar dispuestos a aceptarlo por lo que él es y no tratar de ajustarlo a nuestro molde. En verdad, Jesús es difícil de tratar. Usted podría decir que él es ofensivo. Lo fue y lo sigue siendo. Toda esta discusión de poner la otra mejilla, sacar la viga del ojo, vender todo lo que usted tenga, aborrecer a su familia, cargar la cruz. Todo ello va en contra de los valores centrales de nuestra cultura. Preferimos a un Jesús más domesticado, que sea más burgués. ¡Que sea más refinado!, diríamos. Pero eso simplemente no es una opción que él nos dé. O lo aceptamos por lo que es o de plano lo rechazamos.

---

pero así también lo hace la comunidad Qumran en su uso de este texto proveniente de Isaías 35:5, 6 (ver 4Q521, 2:1-14).

Lucas 7:24-28 con Mateo 11:7-11 señalan:

²⁴Cuando se fueron los enviados {Mientras se iban los discípulos de Juan^Mt}, Jesús comenzó a hablarle a la multitud acerca de Juan: «¿Qué salieron a ver al desierto? ¿Una caña sacudida por el viento? ²⁵Si no, ¿qué salieron a ver? ¿A un hombre vestido con ropa fina? Claro que no, pues los que se visten ostentosamente y llevan una vida de lujo están en los palacios reales {de los reyes^Mt}. ²⁶Entonces, ¿qué salieron a ver? ¿A un profeta? Sí, les digo, y más que profeta. ²⁷Éste es de quien está escrito:

»"Yo estoy por enviar a mi mensajero delante de ti,
el cual preparará el camino."ᵃ [ver Marcos 1:2; Éxodo 23:20]
²⁸Les digo que entre los mortales no ha habido nadie más grande que Juan {el Bautista^Mt}; sin embargo, el más pequeño en el reino de Dios {cielos^Mt} es más grande que él.»

27 Malaquías 3:1

Después de que los dos mensajeros se regresan a Juan, Jesús instruye a la multitud. Justo en los talones de ese sutil regaño descansa este elogio. Jesús ofrece dos alternativas negativas a la pregunta: "¿Quién es Juan?" (1) ¿Una caña sacudida por el viento? Juan no fue un enclenque. No tan sólo fue fuerte físicamente, quien vivió en el desierto, sino que sostuvo convicciones morales fuertes y definidas. (2) ¿A un hombre vestido con ropa fina? ¡No! Prendas de pelo de camello fue lo más fino que Juan vistió.

Juan el Bautista estuvo subordinado como profeta y como ser humano únicamente a Jesús. Esta es una declaración fuerte y un tanto sorpresiva. Después de todo, Juan forma parte de aquellos grandes hombres de fe, junto con Abraham, Moisés, Elías, David, etc. Entonces, ¿qué hizo de Juan algo tan grande?

(1) Juan sirvió como mensajero que preparó el camino del Señor Jesucristo (especialmente ver Malaquías 3:1). Nadie más tuvo el privilegio y la tan sorprendente responsabilidad de bautizar al Mesías, Dios-Hombre. Juan cumplió fielmente con su responsabilidad. Esta tarea fue grande y él la ejecutó admirablemente.

(2) Él terminó con la laguna existente de cuatrocientos años de silencio profético. Además, fue grandemente popular. Todo el país salió a escucharlo y a ser bautizado por él. Una gran cantidad de discípulos lo rodearon como testimonio de su popularidad y poder.

(3) Juan retrató la humildad divina. A pesar de la popularidad de Juan, este exaltó a Jesús. De hecho, hasta dijo que no era digno de desatar las correas del calzado de Jesús. Luego, cuando los discípulos

de Juan preguntaron en cuanto a qué hacer respecto del decline de sus rangos debido a la popularidad de Jesús, Juan inmortaliza las siguientes palabras: "A él le toca crecer, y a mí menguar" (Juan 3:30).

"Entre los mortales" es una expresión idiomática semita que quiere decir dentro de la raza humana. Aparte de Jesucristo, no hay una persona mayor en el mundo. Sin embargo, tan sorprendente como pueda sonar, hasta el más pequeño en el reino de Dios, es mayor que Juan. ¿Cómo es posible que el cristiano más pequeño sea mayor que Juan (y por consiguiente que Abraham, Moisés, David, etc.)? (1) Nosotros estamos llenos del Espíritu Santo (Juan 7:38-39; 16:7; Hechos 1:7-8). (2) Estamos operando bajo un nuevo pacto (Hebreos 8:8-12; 2 Corintios 3:7-18), y por lo tanto (a) la ley de Dios está escrita en nuestras mentes y en nuestros corazones, (b) tenemos una relación personal con Dios, (c) tenemos un conocimiento personal de Dios y (d) nuestros pecados son perdonados. (3) Somos hijos de la promesa y no de la voluntad humana o de la ley (Romanos 9:8; Gálatas 4:28).

Los cristianos tienen mayores privilegios que Juan y por lo tanto una responsabilidad mayor. Pero Jesús no se refiere a los privilegios sino al carácter. Los privilegios señalados anteriormente no son tan sólo lo que recibimos, sino lo que llegamos a ser. No podemos separar nuestra nueva naturaleza en Cristo de nuestros dones en Cristo. Yo estoy lleno del Espíritu Santo, por lo que soy parte de la divinidad. Mis pecados son perdonados, por lo que estoy sin pecado. Conozco personalmente a Dios, por lo que soy amigo de Dios. Los cristianos son superiores a Juan, no por lo que han hecho por Dios, sino por lo que Dios ha hecho por ellos.

Mateo 11:12-15 señala:

> **12**Desde los días de Juan el Bautista hasta ahora, el reino de los cielos ha venido avanzando contra viento y marea, y los que se esfuerzan logran aferrarse a él.[a] **13**Porque todos los profetas y la ley profetizaron hasta Juan. **14**Y si quieren aceptar mi palabra, Juan es el Elías que había de venir. **15**El que tenga oídos, que oiga.
>
> *a12 ha venido... aferrarse a él. Alt. sufre violencia y los violentos quieren arrebatarlo.*

El v. 12 contiene un problema sumamente difícil para los intérpretes (ver Lucas 16:16). Algunos lo consideran una declaración positiva. Es decir, los hombres con fuerzas, con una fe firme, toman la iniciativa de echar mano de esta oportunidad que tienen y siguen al Cristo.¹¹³ Sin embargo, las palabras *biazetai*¹¹⁴ y *harpazō* indican violencia y generalmente tienen una connotación negativa. Josefo utiliza estas dos palabras juntas como aparecen en este texto, generalmente en un contexto de guerra, violencia, y/u opresión. De hecho, la frase "aferrarse a ella" (v. 12) es la misma que se utiliza para describir una violación: "tomada por la fuerza".¹¹⁵ Entonces, resulta claro que estos hombres violentos son extranjeros que no entienden el reino y utilizan la fuerza en vez de la persuasión.¹¹⁶ Además, la conjunción mas, que la Nueva Versión Internacional deja fuera en el v. 12, parece indicar un contraste con lo que antecede. Así, la naturaleza positiva del reino, remarcado en el v. 11, aparece en pleno contraste en el v. 12 por esta respuesta violenta o esforzada de los hombres para lograr asirse del reino.

Esto también explica el ambiente histórico. La población esperaba ansiosamente la llegada del reino mesiánico. Sin embargo, cuando éste llegó, respondieron violentamente contra él: (1) Juan el Bautista fue echado a la cárcel y está a punto de ser decapitado. (2) Los fariseos ahora se oponen a Jesús cada vez que pueden y contradicen sus enseñanzas con sus fastidiosas tradiciones orales. (3) La población constantemente quiere meter a Jesús en una encrucijada política como líder de una rebelión (ver Juan 6:15). Las artimañas de Satanás contra este nuevo reino ya proclamado son obvias.

Jesús proclama que Juan es el cumplimiento de Elías (ver Malaquías 3:1; 4:6; ver Lucas 1:17); no una reencarnación física, que el mismo Juan negó (Juan 1:21), sino un precursor y proclamador espiritual de la nueva era.

---

¹¹³*Biazetai* solamente se la pudiese considerar como algo positivo si estuviese en voz media, en vez del pasivo. Sin embargo, tanto el sirio peshita como el sirio antiguo la traducen como pasivo. De allí que tradujeron, el reino "sufre violencia" en vez de "avanzar con potencia". Además, la Peshita interpretativamente traduce "hombres violentos" como "jefes de pastores". Esto, probablemente refleja la teología de Ezequiel capítulo 34 y le da credibilidad a la idea de que los fariseos estaban liderando este asalto contra el recién anunciado reino. E. Moore, "Violence to the Kingdom" (Violencia contra el reino), *ExpT* (Tiempos de exposición) 100 [1980]: 174-177.

¹¹⁴Ver Mateo 12:29; 13:19; Juan 6:15; 10:12, 28, 29; Josephus, *JW* 5.430; Herodotus, *Hist.* 1.2; 9.107; Xenophon, *Anabasis* 4.6.11.

¹¹⁵En esta ocasión el pronombre femenino *auten* se refiere al reino, no a una mujer.

¹¹⁶E. Moore, "BIAZO, HARPAZO and the Cognates in Josephus" (BIAZO, HARPAZO y los cognados en Josefo), *NTS* (Estudios del Nuevo Testament)] 21 [1975]: 519-543.

Lucas 7:29-30 señala:

²⁹Al oír esto, todo el pueblo, y hasta los recaudadores de impuestos, reconocieron que el camino de Dios era justo, y fueron bautizados por Juan. ³⁰Pero los fariseos y los expertos en la ley no se hicieron bautizar por Juan, rechazando así el propósito de Dios respecto a ellos.[a]

[a]**29,30** Algunos intérpretes piensan que estos versículos forman parte del discurso de Jesús.

La descripción que Jesús hace de Juan despierta o provoca dos respuestas de la multitud. La gente, incluyendo a los cobradores de impuestos, dice: "¡Sí, es cierto; tienes razón!" Experimentaron de primera mano a Juan ya que se humillaron para que él los bautizara. Por otro lado, los fariseos rechazaron el bautismo de Juan y el de Jesús. No quisieron admitir que Juan estaba en lo correcto (Mateo 21:23-27). Aunque algunos fariseos acudieron a Juan, aparentemente para ser bautizados (Mateo 3:7; ver Juan 1:19-27), (y es seguro que algunos sí se bautizaron), la mayoría de los fariseos acudieron a Juan para cuestionarlo y para atraparlo. Si los fariseos estaban celosos de Jesús hasta el punto de querer matarlo, es lógico asumir que también lo estaban de Juan.

Lucas 7:31-35 *con* Mateo 11:19 señalan:

³¹«Entonces, ¿con qué puedo comparar a la gente de esta generación? ¿A quién se parecen ellos? ³²Se parecen a niños sentados en la plaza que se gritan unos a otros:

»"Tocamos la flauta,
y ustedes no bailaron;
entonamos un canto fúnebre,
y ustedes no lloraron."

³³Porque vino Juan el Bautista, que no comía pan ni bebía vino, y ustedes dicen: "Tiene un demonio." ³⁴Vino el Hijo del hombre, que come y bebe, y ustedes dicen: "Éste es un glotón y un borracho, amigo de recaudadores de impuestos y de pecadores." ³⁵Pero la sabiduría queda demostrada por los que la siguen[a] {por sus hechos^Mt}.»

[a]**35** *queda... siguen.* Lit. *ha sido justificada por todoos sus hijos.*

Jesús compara a sus contemporáneos como si fuesen niños en el mercado. Primero, intentaron jugar a "la boda" pero sus amigos no quisieron jugar con ellos. Luego, intentaron jugar "al funeral" pero sus compañeros no quisieron seguirles el juego. Esta fue la situación de Jesús y Juan contra los fariseos y los saduceos. Los líderes religiosos querían jugar juegos que Juan y Jesús no aceptaron. Ellos se enfurecieron. Así que los líderes los atacaron. Ellos afirmaron que Juan tenía demonio y que Jesús era un borracho. Estas etiquetas son más que simples calumnias; son un mecanismo social para desacreditar al individuo y para rebajar su honor o status.[117] Al categorizarlos, no tenían que tratar con su persona y sus enseñanzas. Pero ese no es el fin de la discusión. El verdadero análisis se encuentra al final del v. 35.

"La sabiduría queda demostrada por sus hechos . . ." El verbo "queda demostrada" [pasivo aoristo], se puede traducir literalmente como "la sabiduría ha sido hecha justa". Tal vez quede sin entenderse plenamente, pero ha sido plenamente demostrada por sus hechos. Tanto Jesús como Juan vivieron vidas rectas, sin mancha. No se podía criticar su comportamiento. Así, en sus vidas demostraron su sabiduría. Estaban bien, sin importar la crítica y lo que sus opositores dijeran de ellos.

La simple duda de Juan habría afectado a las multitudes. Si Juan hubiera dudado, habría duda en cuanto a la identidad de Jesús. Además, la acusación de los fariseos, aunado al "mal" comportamiento y enseñanza de Jesús, habría causado que muchos de las multitudes también dudaran. Jesús no tan sólo contesta bien las preguntas de Juan en cuanto a él, sino que también reafirma la grandeza de Juan. Para aquellos que siguen dudando, Jesús no se defiende. Simplemente afirma esperen y vean, mis obras hablarán por sí solas.

Sección 58
Ayes sobre ciudades no arrepentidas
(Mateo 11:20-30; ver Lucas 10:13-15)

Tenemos frente a nosotros un texto muy raro. Las ciudades que debieron haber respondido a los milagros de Jesús no lo hicieron (vv. 20-24). La gente que usted espera que conozca a Dios sigue en tinieblas, pero aquellos que usted espera que queden fuera, entran y conocen a Dios (vv. 25-26). Jesús, quien es claro que es Dios hombre (v. 27) se torna apacible y humilde (v. 29, ver Mateo 3:15; 8:17; 12:19; 21:5). Él pone un yugo en nuestros cuellos que se torna liberador y liviano (vv. 28-30).

---

[117]Bruce Malina y Jerome Neyrey, "First Century Personality: Dyadic, Not Individual", en *The Social World of Luke/Acts*, ed. Jerome Neyrey (Peabody, MA: Hendrickson, 1991), 97-124.

Mateo 11:20-24 señala:

²⁰Entonces comenzó Jesús a denunciar a las ciudades en que había hecho la mayor parte de sus milagros, porque no se habían arrepentido. ²¹«¡Ay de ti, Corazín! ¡Ay de ti, Betsaida! Si se hubieran hecho en Tiro y en Sidón los milagros que se hicieron en medio de ustedes, ya hace tiempo que se habrían arrepentido con muchos lamentos.ᵃ ²²Pero les digo que en el día del juicio será más tolerable el castigo para Tiro y Sidón que para ustedes. ²³Y tú, Capernaúm, ¿acaso serás levantada hasta el cielo? No, sino que descenderás hasta el abismo.ᵇ Si los milagros que se hicieron en ti se hubieran hecho en Sodoma, ésta habría permanecido hasta el día de hoy. ²⁴Pero teᶜ digo que en el día del juicio será más tolerable el castigo para Sodoma que para ti.»

ᵃ**21** con muchos lamentos. Lit. *en saco y ceniza*. ᵇ**23** Griego *Hades*.[118] ᶜ**24** te.Lit. *les*.

Corazín y Betsaida eran poblaciones en las afueras de Capernaúm, que era la base de operaciones del ministerio galileo de Jesús. Más que cualquier otra localidad, estas ciudades tenían la bendición de la presencia de Jesús y tuvieron el privilegio de ver su ministerio milagroso. Aquí fue donde Jesús sanó al hijo de un funcionario real, al paralítico, a un endemoniado en la sinagoga, a la suegra de Pedro, al siervo del centurión, a la hija de Jairo, a la mujer con flujo de sangre, a dos ciegos, a un mudo endemoniado y a muchos más. Era obvio que las grandes multitudes les gustaba que Jesús estuviera entre ellos, pero no respondieron adecuadamente con arrepentimiento.

En contraste con estas ciudades, Jesús resalta a Tiro y a Sidón, la epítome (resumen) de los enemigos de Israel (ver Isaías capítulo 23; Ezequiel capítulos 26 al 38; Amós 1:9-10) y Sodoma, la epítome del pecado (Génesis capítulo 19). Los judíos menospreciaban estos lugares y ese es el "golpe" que Jesús asesta con su declaración. Si Jesús hubiera acudido a estos lugares paganos, la gente se habría arrepentido felizmente hasta con ceniza y silicio, la señal judía de un gran y profundo remordimiento (Ester 4:1, 3; Isaías 58:5; Jeremías 6:26; Daniel 9:3; Lucas 10:13). El material pesado y áspero servía bien para fabricar sacos ásperos, pero de un lino de mala calidad. El cabello despeinado y la cara llena de cenizas era un cuadro patético de cómo alguien se sentía internamente.

[118] Es decir, la morada de los muertos. En esta ocasión simboliza las profundidades, lo más lejos que una persona puede estar de Dios.

El asunto es que habrá un juicio mayor para aquellos que tuvieron la oportunidad de aceptar al Cristo, pero que no lo hicieron, que aquellos que no tuvieron ninguna oportunidad. Con mayor revelación, hay mayor responsabilidad de rendir cuentas (ver Romanos 2:12-16). Dado que Jesús trabajó en estas ciudades (Mateo 4:15-16), se esperaba que respondieran. Debido a que no lo hicieron, fueron condenadas.[119]

Mateo 11:25-27 señala:

²⁵En aquel tiempo Jesús dijo: «Te alabo, Padre, Señor del cielo y de la tierra, porque habiendo escondido estas cosas de los sabios e instruidos, se las has revelado a los que son como niños. ²⁶Sí, Padre, porque esa fue tu buena voluntad.
²⁷»Mi Padre me ha entregado todas las cosas. Nadie conoce al Hijo sino el Padre, y nadie conoce al Padre sino el Hijo y aquel a quien el Hijo quiera revelarlo.

Jesús le agrega una segunda paradoja a su narrativa: Los sabios, que usted esperaría que estuvieran bien informados, no lo estaban. Pero los niños, que usted esperaría que fueran ignorantes, recibieron una revelación especial. Ahora, no quiere decir que los sabios sean ignorantes o retrasados mentales. Conocen una gran variedad de cosas respecto del mundo, y hasta pudieran saber todo en cuanta Dios. Pero no lo conocen personalmente. Esa clase de conocimiento llega únicamente a través de la revelación. Y tal revelación ha sido guardada para los pequeñitos. Jesús, el único que realmente conoce al Padre, escoge presentárselo a los humildes, a los despreciados, a los perdidos. El todopoderoso Hijo de Dios (Mateo 28:18; Colosenses 1:16-19) les da poder a los débiles de este mundo y humilla a los fuertes.[120]

Mateo 11:28-30 señala:

²⁸»Vengan a mí todos ustedes que están cansados y agobiados, y yo les daré descanso. ²⁹Carguen con mi yugo y aprendan de mí,

---

[119] McGarvery nota que dentro de treinta años las tres ciudades serían destruidas (p. 288). Mientras que "Tiro y Sidón aceptaron el evangelio (Hechos 21:3; 27:3), Tiberias se convirtió en la silla del Talmudismo judío" (pp. 286-287).

[120] Esta es una afirmación tan atrevida de la relación divina de Jesús que algunos eruditos han asegurado que Jesús no fue quien dijo esto de sí mismo. Sino que pudo haber sido una designación de la iglesia primitiva. Pero I. H. Marshall demuestra que esto es, en verdad, lo que Jesús pensaba y afirmaba de sí mismo. I. H. Marshall, "The Divine Sonship of Jesus" (La divinidad de Jesús como Hijo), *Int* (Interpretación) 21 [1967]: 89-103.

pues yo soy apacible y humilde de corazón, y encontrarán descanso para su alma. ³⁰Porque mi yugo es suave y mi carga es liviana.»

¡Que invitación tan atractiva! Para los acosados y abatidos, estas son palabras refrescantes, especialmente cuando consideramos que ellos están rodeados de controversia y rechazo por causa de Jesús. Por lo tanto, esta invitación es como el ojo del huracán — una calma rodeada por la tormenta. Sin embargo, este texto es paradójico. En el v. 28 Jesús dice: "Yo les daré descanso". Y sus próximas palabras son: "Carguen con mi yugo". El yugo comúnmente simbolizaba la ley (Gálatas 5:1; Hechos 15:10; Eclesiástico 51:26) Los judíos no consideraban que la ley fuese una esclavitud cruel sino un regalo. Probaba que eran el pueblo escogido y especial de Dios. Por lo tanto, el yugo de la ley no era una opresión servil sino era someterse voluntariamente a la dirección de Dios, trabajando para él. Pero los fariseos le agregaron muchas normas a la ley de Dios que se tornó en una carga terrible. Jesús nos libra de toda ella al invitarnos a unirnos a él en su yugo. "El yugo de Jesús, como lo entendía Mateo, no era uno de fidelidad a un código sino una dedicación a una persona que era el representante de Dios entre los hombres".[121]

Pero ¿cómo puede afirmar Jesús que su yugo es suave y su carga es liviana cuando en Mateo 10:38 nos hace el llamado a que carguemos su cruz y le sigamos? Bueno, la palabra "suave" o "fácil" no quiere decir "sin esfuerzo", sino "apropiado", "que encaja" o hasta "agradable". La obra de Jesús no es "una suave brisa" sino que "encaja perfectamente". Además, esto no hace que los cristianos queden exentos del sufrimiento o las dificultades. Sin embargo, aun la cruz es *luz* y eso es liberator. Quedamos libres de la esclavitud y decadencia de este mundo (Mateo 6:33), del castigo de la ley (Gálatas 5:1-4) y del incesante apetito por la alabanza de los hombres (Juan 5:41-44). Esto es, verdaderamente, buenas noticias. Mateo ilustra cómo funciona todo esto al compararlo con dos controversias en cuanto al día de reposo (Mateo 12:1-14). La primera describe a Jesús recogiendo espigas en el día de reposo; en la segunda, sana a un hombre que tiene paralizada su mano. Bacchiocchi sugiere que a su vez estas situaciones ilustran los dos temas dominantes del descanso en Jesús: La redención (Mateo 12:1-8) y la restauración (Mateo 12:9-14).[122] Debido a que Jesús nos salva y nos restaura, podemos descansar en su yugo.

[121]M. Maher, "Take My Yoke Upon You" (Llevad mi yugo), *NTS* (Estudios del Nuevo Testamento) 22 [1975]: 97-103.
[122]S. Bacchiocchi, "Matthew 11:28-30: Jesus' Rest and the Sabbath" (Mateo 11:28-30:

Sección 59
Una mujer pecadora unge a Jesús
(Lucas 7:36-50)

Este incidente es similar a otro registrado en Mateo 26:6-13; Marcos 14:3-9 y Juan 12:1-8.[123] En ambos incidentes una mujer entra al banquete de un hombre llamado Simón y unge a Jesús con aceite que lleva en un recipiente de alabastro. Pero existen varias diferencias significativas:

1. Estaban en dos lugares distintos: La casa del fariseo contra la casa del leproso.
2. En Lucas, solamente son ungidos sus pies. En los demás evangelios, se ungen sus pies y su cabeza.
3. Las lágrimas registradas en Lucas no están presentes en las demás narraciones.
4. El registro de Lucas ocurre en la mitad del ministerio galileo de Jesús. En los otros evangelios esto ocurre una semana antes de la crucifixión del Cristo.
5. Tenemos dos lecciones que se nos enseñan. El enfoque de este registro en Lucas es el arrepentimiento de esta mujer pecadora. El enfoque de los otros evangelios está en la gran cantidad de dinero en este gasto innecesario que bien se pudo haber utilizado para los pobres.

Por lo tanto, concluimos que se trata de un ungimiento por separado del que se informa en Mateo, Marcos y Juan.[124]

Lucas 7:36-38 señala:

36Uno de los fariseos invitó a Jesús a comer, así que fue a la casa del fariseo y se sentó a la mesa.ª **37**Ahora bien, vivía en aquel pueblo

---

El descanso de Jesús y el día de reposo), *AUSS* (Estudios del seminario de la universidad Andrews) 22/3 [1984]: 289-316.

[123] Muchos eruditos, en verdad, asumen que solamente hubo una unción y la otra u otras narraciones fueron editadas por razones teológicas. Ver R. Holst, "The One Anointing of Jesus: Another Application of the Form-Critical Method"(La única unción de Jesús: Otra aplicación del método crítico de la forma), *JBL* (Diario de literatura bíblica) 95/3 [1976]: 435-446; y J. K. Elliott, "The Anointing of Jesus" (La unción de Jesús), *ExpT* (Revista expositor) 85 [1973-74]: 105-107.

[124] De acuerdo con esta posición tenemos a A. Legault, "An Application of the Form-Critique Method to the Anointings in Galilee and Bethany" (Una aplicación del método crítico de la forma a la unción en Galilea y Betania), *CBQ* (Publicación bíblica católica trimestral) 16 [1954]: 131-145; y una gran cantidad de los primeros padres de la iglesia desde Orígenes, Taciano y Crisóstomo.

una mujer que tenía fama de pecadora. Cuando ella se enteró de que Jesús estaba comiendo en casa del fariseo, se presentó con un frasco de alabastro lleno de perfume. ³⁸Llorando, se arrojó a los pies de Jesús,ᵇ de manera que se los bañaba en lágrimas. Luego se los secó con los cabellos; también se los besaba y se los ungía con el perfume.

ᵃ36 se sentó a la mesa. Lit. *se recostó.* *ᵇ38 se arrojó a los pies de Jesús.* Lit. *se puso detrás junto a sus pies;* es decir, detrás del recostadero.

Jesús, como rabino famoso, es invitado a un banquete en la casa de Simón el fariseo. Hasta este punto en Lucas, cada vez que Jesús encuentra a un fariseo siempre ha habido problemas (Lucas 5:17-20, 30; 6:2, 6-11). Sin embargo, no queremos acusar a un hombre inocente, pero sospechamos que esta invitación al banquete es una trampa. Después de todo, los camaradas de Simón están presentes de manera típica (v. 49). Y, Simón, como veremos, niega la amabilidad y cordialidad que se le ofrece a un amigo e invitado.

Los judíos acostumbraban comer de una mesa a tan sólo unos cuantos centímetros del suelo. Se recostaban del lado izquierdo sobre un cojín. La cabeza de cada persona estaría casi sobre la mesa y con los pies hacia fuera. Como invitado de honor, es probable que Jesús se encontrara recostado muy cerca del pecho de Simón.

De pronto, entra esta mujer sin nombre, pero con una gran (pero mala) reputación en todo el pueblo.[125] ¿Cuál era su pecado? No lo sabemos con precisión, pero la mejor opción parece la prostitución.[126] Eso explicaría por qué (1) tenía una reputación en todo el pueblo, (2) su cabello colgaba en vez de estar recogido bajo un velo y (3) Simón se incomodó cuando ella tocó a Jesús.

¿Cómo es que ella con tal reputación logra entrar a la casa de Simón? Durante tales fiestas, la gente podía mirar las festividades, en ocasiones hasta conversar con los invitados y llevarse parte de lo que sobraba. Esta mujer saca ventaja de esta costumbre para acercarse a Jesús. Otra posibilidad es que ella ya había estado antes en esta casa por cuestiones de negocios. Nuevamente, no queremos acusar injustamente a Simón, pero esta no sería la primera, ni la última, vez que un líder religioso hiciera tal cosa.

---

[125]Algunos han sugerido que se trata de María Magdalena, de la cual Jesús expulsó siete demonios (Marcos 16:9), ya que María es presentada en el siguiente perícopa (Lucas 8:2). Pero nosotros simplemente no podemos probar esto.

[126]T. Cavalcanti, "Jesus, the Penitent Woman and the Pharisee" (Jesús, la mujer penitente y el fariseo), *JHLT* (Revista hispano latino de teología) 2/1 [1994]: 28-40.

Ella lleva consigo un frasco de alabastro lleno de perfume. Tal frasco normalmente se colgaba del cuello con una cadena o cuerda y metido en las ropas de la mujer. Este era el lugar más seguro, si acaso había uno, para tan costoso artículo. Era muy conveniente tener este perfume a la mano ya que también se usaba para el buen aliento. (Tanto el perfume como el aromatizante eran importantes por su trabajo). El alabastro es una piedra transparente que era trabajada y pulida para servir como recipiente de tan precioso perfume. Este es un regalo costoso el que ella presenta. Un regalo similar a este estaba valuado en un año de salario (Juan 12:5).

Esta es una escena llena de emociones. Ella se aproxima a Jesús con la intención obvia de ungirlo con el perfume. Ella termina ofreciendo sus respetos en cuatro formas distintas:

1. Sus lágrimas lavan los pies de Jesús. El verbo "bañar" se le traduce en otras partes como "lluvia". Sus lágrimas brotaron en un torrente y profusamente cayeron en los pies de Jesús. Suficientes lágrimas, claro, para lavarlos.

2. Le secó los pies con sus cabellos. Toda vanidad ha desaparecido (ver 1 Corintios 11:15). Con el acto más humillante, le sirve al Señor.

3. Le besa los pies. Esta es una forma más reforzada del verbo "besar". En otras palabras, besó sus pies profusamente.

4. Ungió sus pies con perfume. El perfume era más costoso que el aceite. Tiene un olor grato, concentrado. La palabra utilizada aquí para "ungir" no es el rito religioso normal ("vaciar") sino lo que pudiéramos traducir como "frotar" o "dar masaje".

Lucas 7:39-43 señala:

[39]Al ver esto, el fariseo que lo había invitado dijo para sí: «Si este hombre fuera profeta, sabría quién es la que lo está tocando, y qué clase de mujer es: una pecadora.»
[40]Entonces Jesús le dijo a manera de respuesta: -Simón, tengo algo que decirte.
-Dime, Maestro -respondió.
[41]-Dos hombres le debían dinero a cierto prestamista. Uno le debía quinientas monedas de plata,[a] y el otro cincuenta. [42]Como no tenían con qué pagarle, les perdonó la deuda a los dos. Ahora bien, ¿cuál de los dos lo amará más?
[43]-Supongo que aquel a quien más le perdonó -contestó Simón.
-Has juzgado bien -le dijo Jesús.

*a***41** *quinientas monedas de plata.* Lit. *quinientos denarios.* Un denario equivalía al salario de un día de trabajo.

El razonamiento de Simón se puede resumir con el siguiente silogismo **lógico**:

A: *Si Jesús fuera profeta, podría saber qué tipo de mujer es ella.*[127]
B: *Si Jesús supiera qué tipo de mujer es ella, no permitiría que lo tocara.*[128]
C: *Jesús le permite tocarlo.*
POR LO TANTO, *Jesús no debe ser profeta.*

El problema con este silogismo radica en la premisa "B". Basado en presuposiciones culturales propias, el fariseo asume que el Mesías no permitiría ser tocado por una prostituta. Él se equivoca en eso.

Jesús está a punto de probarle a Simón que él no solamente sabe a la perfección quién es esta mujer, sino que hasta sabe a la perfección lo que Simón está pensando. Él dice: "Simón, tengo algo que decirte". Sin darse cuenta que Jesús ha percibido su pensamiento, de forma respetuosa dice, "Dime, Maestro". ¡Que hipócrita! Lo que pasa por su mente y lo que sale de su boca son dos cosas distintas.

Jesús responde con una simple parábola de un prestamista. El prestamista es algo así como un punto intermedio entre un banquero respetable y un tiburón que devora a sus clientes. En otras palabras, no va a ser tan generoso. Pero supongamos que este prestamista en verdad libera a estos dos de sus deudas con él. Se podría traducir literalmente como "hizo de la deuda un obsequio".

El obrero común recibía aproximadamente un denario al día. Así, uno de los hombres debía aproximadamente un mes y medio de salario y el otro debía diez veces más, casi dos años de salario.

Así que, ¿quién amaría más al prestamista? Al señalar Simón "supongo" muestra un aire de una indiferencia arrogante. Está seguro que va a ser derrotado, pero no se imagina como.

---

[127]Una característica común del profeta era discernir los pensamientos y estilos de vida de la gente (Isaías 11:2-4; 1 Reyes 14:6; 2 Reyes 1:1-3; 5:26).

[128]Los judíos ni siquiera hablarían en público con mujeres respetables, mucho menos permitir que una mujer pecadora los tocase. De la misma manera, ella sería considerada impura por las actividades diarias.

Lucas 7:44-47 señala:

⁴⁴Luego se volvió hacia la mujer y le dijo a Simón: -¿Ves a esta mujer? Cuando entré en tu casa, no me diste agua para los pies, pero ella me ha bañado los pies en lágrimas y me los ha secado con sus cabellos. ⁴⁵Tú no me besaste, pero ella, desde que entré, no ha dejado de besarme los pies. ⁴⁶Tú no me ungiste la cabeza con aceite, pero ella me ungió los pies con perfume. ⁴⁷Por esto te digo: si ella ha amado mucho, es que sus muchos pecados le han sido perdonados.ª Pero a quien poco se le perdona, poco ama.

ª**47 te digo . . . perdonados.** Lit. *te digo que sus muchos pecados han sido perdonanados porque amó mucho.*

Esta es una escena tierna. Jesús mira a la mujer pero le habla a Simón. Él compara la forma en que ambos lo han tratado:

1. **Lavamiento de los pies.** Esta era parte importante de la hospitalidad. Después de haber caminado por los caminos polvorientos y con sandalias, los pies de una persona estarían sucios. Por cortesía, uno de los sirvientes debía lavarle los pies a los invitados. De esta forma los invitados no se sentirían apenados de ensuciar las alfombras. Simón no se esforzó en hacer esto con Jesús. Sin embargo, esta mujer no tan sólo le lava los pies sino que lo hace con sus lágrimas y los seca con sus cabellos.

2. **Saludo de beso.** No hay nada romántico en los besos. Los hombres normalmente se saludaban de beso en la mejilla. Simón no le mostró ese afecto a Jesús. Esta mujer no tan sólo lo besa, sino que en humildad le besa los pies. Además, sigue postrada a sus pies besándolos fervorosamente [*kataphileō*].

3. **Ungimiento.** Esta era una señal especial de honor. Normalmente se hacía con aceite de oliva. Era el aceite que comúnmente se tenía en casa. Simón no honra a Jesús. Sin embargo, esta mujer, no tan sólo lo unge, sino que lo hace con perfume, que era de un precio mayor que el aceite. Y, en vez de honrar la cabeza de Jesús, honra hasta sus pies. Eso fue lo que fue considerado como un lujo excesivo (Pliny, *H. N.* 13:4).

El v. 47 sigue comparando a la prostituta y a Simón. Ella tiene mucho que perdonársele, por ello ama más. Simón tiene poco que perdonársele, por ello ama poco. Pero la verdad es que ni Simón ni la prostituta pueden pagar su deuda. Jesús no se rebajó más al permitirle a esta mujer tocarlo que cuando entró a la casa de Simón a comer con él. La verdad es, todos necesitamos a Jesús.

Lucas 7:48-50 señala:

⁴⁸Entonces le dijo Jesús a ella: -Tus pecados quedan perdonados.
⁴⁹Los otros invitados comenzaron a decir entre sí: «¿Quién es éste, que hasta perdona pecados?»
⁵⁰—Tu fe te ha salvado —le dijo Jesús a la mujer—; vete en paz.

Por segunda vez en este banquete Jesús es objeto de debate. Este mismo debate surgió meses atrás en Capernaúm cuando cuatro hombres bajaron a su amigo paralítico en una camilla. Jesús le perdonó sus pecados y luego demostró su poder sanándolo (Lucas 5:17-26). Esta vez no ofrece ninguna evidencia, ninguna prueba. De hecho, aparentemente hasta ignora todo el murmullo que se desató en la sala del banquete. En cambio, se concentra en esta mujer vulnerable.

"Tu fe te ha salvado". Esto está cargado de significado. Primero, no fue su fe la que la salvó, Jesús la salvó ya que él es el único que lo puede hacer. Pero él salva a aquellos que responden en fe. Además, su fe no se aprecia en una confesión sino en acciones de alabanza profusa. En verdad, nuestra fe únicamente se puede medir por nuestras acciones.

Jesús proclama: "Tu fe te ha salvado" [presente perfecto en el griego], así que ahora ella ya puede irse en paz. Es posible que ella no se ver diferente, pero es diferente porque ha sido salvada. Ella todavía tiene mucho esfuerzo que hacer. Tendrá que sobreponerse a la tentación, al estigma social y a la pobreza por dejar su ocupación. Su paz es interna ahora. En verdad ella está en paz debido a que Jesús le ha perdonado sus pecados.

Sección 60
Algunas mujeres apoyan la gira de Jesús con sus propios recursos
(Lucas 8:1-3)

¹Después de esto, Jesús estuvo recorriendo los pueblos y las aldeas, proclamando las buenas nuevas del reino de Dios. Lo acompañaban los doce, ²y también algunas mujeres que habían sido sanadas de espíritus malignos y de enfermedades: María, a la que llamaban Magdalena, y de la que habían salido siete demonios;

³Juana, esposa de Cuza, el administrador de Herodes; Susana y muchas más que los ayudaban con sus propios recursos.

Esta es una sección pequeña pero sumamente interesante. Abre la puerta al segundo recorrido galileo de Jesús y abre una ventana de conocimiento en el ministerio de Jesús. Es posible que los doce que "lo acompañaban" (v. 1) hayan empezado a participar en la predicación al lado del Maestro. No son los únicos que lo acompañan. Sorprendentemente, hay una cantidad de mujeres importantes que lo apoyan económicamente. Yendo en contra de las costumbres sociales, van con Jesús y sus discípulos hasta el fin (Lucas 23:55).[129] Lucas, nuevamente, muestra su constante interés en las mujeres, como Jesús lo hizo.

María Magdalena estuvo frecuentemente asociada con Jesús. Él la liberó de siete demonios que la atormentaban y ella fue una de las primeras testigos de su resurrección (Marcos 16:9).

Juana fue la mujer de Cuza, el administrador de la casa de Herodes. Él estaba encargado de que los fondos y recursos se distribuyeran bien. Esta era una posición de mucha influencia. No sabemos si Cuza mostró alguna devoción por Jesús, como lo hizo su esposa. Si no lo hubiera hecho, pudo haber evitado que ella contribuyera o lo ayudara en su causa. Sus contribuciones financieras debieron haber sido considerables. Es obvio que la influencia de Jesús abarcó más que la clase trabajadora.

Las contribuciones financieras de estas y otras mujeres fueron un apoyo significativo para Jesús y los apóstoles. Es posible que Pedro, Andrés, Jacobo y Juan hayan recibido parte de los ingresos en Capernaúm por el negocio familiar de la pesca. Estos fondos, puestos a disposición de Judas Iscariote, debían utilizarse para la comida, los

---

[129] Witherington señala que mientras que estas mujeres pudieron haber servido al grupo de apóstoles en cosas tradicionales, el mismo hecho de que las mujeres siguiesen a un rabino como lo hacían los apóstoles debió de haber provocado un gran escándalo en esa época. (B. Witherington II, "On the Road with Mary Magdalene, Joanna, Susanna, and the Other Disciples —Luke 8:1-3". (En el camino con María Magdalena, Juana, Susana y otros discípulos — Lucas 8:1-3). ZNW 70 [1979]: 243-248.) Sim va más allá. Señala (1) estas mujeres (la mayor parte solteras, viudas y unas cuantas ex prostitutas) eran discípulas de tiempo completo, no simples sirvientas. (2) Ya que otros discípulos contribuían con su dinero, estas mujeres también hicieron sus propias contribuciones y dieron más. Pero el grupo de discípulos era un experimento de vivir en comunidad como lo leemos en Hechos. (David C. Sim, "The Followers of Jesus: The Implications of Luke 8:1-3" (Las mujeres seguidoras de Jesús: Las implicaciones de Lucas 8:1-3). HeyJ (Revista Heytrop) 30 [1989]: 51-62).

impuestos, abastecerse de víveres, ropa y hasta para hospedaje si fuese necesario.

Sección 61
Blasfemia contra el Espíritu Santo
(Mateo 12:22-37; Marcos 3:20-30; ver Lucas 11:14-23)

Marcos 3:20-21 señala:
²⁰Luego entró en una casa, y de nuevo se aglomeró tanta gente que ni siquiera podían comer él y sus discípulos. ²¹Cuando se enteraron sus parientes, salieron a hacerse cargo de él, porque decían: «Está fuera de sí.»

Mateo 12:22-23 señala:
²²Un día le llevaron un endemoniado que estaba ciego y mudo, y Jesús lo sanó, de modo que pudo ver y hablar. ²³Toda la gente se quedó asombrada y decía: «¿No será éste el Hijo de David?»

El ministerio de Jesús se encuentra en una etapa crítica y de gran frenesí. Trata de hacer que los doce entiendan quién verdaderamente es él. A la vez, las multitudes lo abruman, lo quieren tocar y ser sanados. Los fariseos de Jerusalén quieren interrogarlo y capturarlo. Su familia[130] se entera de todo esto y también llegan ante él. Por propia seguridad, su familia lo quiere arrebatar[131] y llevárselo. ¡Es tan popular que ni siquiera puede comer[132]

En este momento sus hermanos no creen en él y tal vez se deba a que están celosos (Juan 7:1-5). Casi los podemos oír decir: "¡Está bien, esto ha ido demasiado lejos! Toda esta popularidad y trabajo lo ha enloquecido. Llevémoslo a casa y hagámoslo volver en sí". De hecho, Marcos plasma su narrativa como si fuese un sándwich,

---

[130]Literalmente "aquellos de él". Se pueden considerar "sus parientes" (*Nueva Versión Internacional de la Biblia* y *La Biblia Latinoamérica* y *Dios Habla Hoy*) y "los suyos" (*Reina Valera*, edición 1960 y *Reina Valera Actualizada*). Indica a aquellos que estaban más cerca de Jesús que las demandantes multitudes.

[131]Este verbo, "ponerle la mano encima" con frecuencia quiere decir "arrestar" (Marcos 6:17; 12:12; 14:1; etc.). En esta ocasión ciertamente indica tomarlo por la fuerza y llevárselo.

[132]Puede ser que Jesús está muy ocupado para comer, pero Neufeld ofrece otra posibilidad. La literatura intertestamentaria describe al ayuno como un preparativo para el exorcismo. Si Jesús hace así, encajaría bien en el contexto. También explicaría la consternación de su familia, porque muchos de los ritos del exorcismo incluían conductos excéntricos. Dietmar Neufeld, "Eating, Ecstasy, and Exorcism (Mk 3:21)", (Comer, éxtasis y exorcismo Marcos 3:21), *BTB* (Boletín bíblico de teología) 26/4 [1996]: 152-162.

poniendo a Jesús en medio y a los fariseos y a su familia presionándolo. Los fariseos lo acusan de tener el poder de Beelzebú. La estructura de la narrativa sugiere que tanto los fariseos como la familia de Jesús están en común acuerdo.

Las obras de Jesús son suficiente defensa para probar su identidad y que está cuerdo (ver Juan 5:36). El hecho de que puede expulsar este demonio y restaurarle la vista y el habla a este hombre debe silenciar toda acusación en su contra. Ciertamente, las multitudes le ponen atención. Su pregunta: "¿No será este el Hijo de David?", aunque intencionada para obtener una respuesta negativa, claramente identifica a Jesús como el Mesías.[133] Esto monta el escenario para algo definitivo entre los fariseos y Jesús. Simplemente, ellos no pueden darse el lujo de que esta creencia en Jesús se propague, pero tampoco pueden esconderlo debajo de la alfombra y negar su existencia.

Mateo 12:24-28 *con* Marcos 3:22-23, Lucas 11:20 señalan:

> [24]Pero al oírlo los fariseos {los maestros de la ley que habían llegado de Jerusalén[Mk 3:22]}, dijeron: «Éste no expulsa a los demonios sino por medio de Beelzebú,[a] príncipe de los demonios.» [25]Jesús conocía sus pensamientos, {y les habló en parábolas[Mk 3:23]} y les dijo: «Todo reino dividido contra sí mismo quedará asolado, y toda ciudad o familia dividida contra sí misma no se mantendrá en pie. [26]Si Satanás expulsa a Satanás, está dividido contra sí mismo. ¿Cómo puede, entonces, mantenerse en pie su reino? [27]Ahora bien, si yo expulso a los demonios por medio de Beelzebú, ¿los seguidores de ustedes[134] por medio de quién los expulsan? Por eso ellos mismos los juzgarán a ustedes. [28]En cambio, si expulso a los demonios por medio del Espíritu {poder[b Lc 11:20]} de Dios, eso significa que el reino de Dios ha llegado a ustedes.
>
> *[a]24* griego *Beezeboul o Beelzeboud*; también en el v. 27. *[b]Lc 11:20* poder. Lit. *Dedo*.

Debemos preguntarnos, "¿por qué razón les preocupaba a los líderes religiosos judíos cuando Jesús expulsaba demonios? Después de todo, ¿acaso no se veía *fortalecido* con esto el judaísmo y le daba

---

[133]Mateo utiliza el título "Hijo de David" siete veces para identificar a Jesús. Con la excepción de la genealogía (1:1) y la entrada triunfal (21:9), todas las demás veces se usa en un contexto de sanidad (9:27; 12:23; 15:22; 20:30-31; 21:15). Así, la gente esperaba que el Mesías, el "Hijo de David", pudiera sanarlos. D. C. Duling "The Therapeutic Son of David: An Element in Matthew's Christological Apologetic" (El terapeuta Hijo de David: Un elemento en la apologética cristológica de Mateo), NTS (Estudios del Nuevo Testamento) 24 [1978]: 392-410

[134]Literalmente significa "sus hijos", los que comparten su carácter.

estabilidad a toda una aldea en particular? Tal vez sí. Sin embargo, solamente algunas personas eran las autorizadas para ejercer exorcismo. Su objeción no es con respecto a la sanidad que Jesús hace, sino a su aseveración respecto de su autoridad como arquitecto social. En resúmen, él se había salido de su límites.[135]

Baalzebub era un dios cananeo cuyo nombre significa *dios de la casa/templo*. Pudo haber representado al señor de los demonios (ver Mateo 10:26; 12:25,26; Marcos 3:22,27). Pero los judíos se mofaban de él al cambiarle el nombre un poco. Un ligero cambio de letras y el significado podía ser completamente otro (ver 2 Reyes 1:2-16).

La acusación en contra de Jesús es clara. Ellos afirman que Jesús expulsa demonios, no por el poder de Dios, sino por el poder de Satanás. Jesús les ofrece dos pruebas lógicas contra la acusación. Primero, Satanás estaría destruyendo su propia obra si permitiese que sus demonios fueran expulsados. No es que Satanás no *pudiera* expulsar demonios, pero no *quería*. La sugerencia de ellos de que Jesús estuviese trabajando para Satanás es absurda.

Segundo, si Jesús manifiesta poder de parte de Satanás, entonces, ¿quién les da poder a los exorcistas judíos?[136] Esta misma acusación, entonces, también se aplica a ellos. Dado que los fariseos comparten la misma personalidad que sus "hijos", los exorcistas judíos, se condenan a sí mismos si afirman que su poder viene de Satanás.

Pero, ¿qué hay en cuanto a que si están equivocados? ¿Qué si Jesús en verdad expulsa demonios con el poder de Dios? Entonces estos amigos se encuentran en serias dificultades ya que se oponen al reino y poder de Dios.[137]

---

[135] Paul Hollenback, "Jesus, Demoniacs, and Public Authorites: A Socio-Historical Study", *JAAR* 49/4 (1981): 567-588.

[136] R. Shirock, "Whose Exorcists Are They? The Referents of Hoi Huioi Humōn at MT 12:27 / LK 11:19" (¿De quién son esos exorcistas? Los referentes de Hoy Huioi Humōn de Mateo 12:27 y Lucas 11:19), *JSNT* (Revista para el estudio del Nuevo Testamento) 46 [1992]: 41-51, sugiere que Jesús no se refiere a los exorcistas judíos sino a sus mismos discípulos. (1) Los exorcistas judíos no encuentran ningún apoyo en el Nuevo Testamento. (2) La función del juicio será planteada más tarde a los doce (Mateo 19:28; Lucas 22:30). Y (3) los apóstoles acaban de regresar de un recorrido de enseñanza, predicación y sanidad donde expulsaron demonios. Así, se entiende que Jesús señaló: "estos discípulos míos son sus parientes y hacen lo mismo. ¿Nos acusarán a todos de estar ligados a Satanás?" Crisóstomo y una gran cantidad de los primeros padres de la iglesia estuvieron de acuerdo con esta interpretación.

[137] El reino de Satanás y los de este mundo no están separados del todo. Como lo demuestra una encuesta de la literatura del segundo templo, los judíos contemporáneos creían que los gobiernos terrenales obtenían su poder del mismo diablo. Ver A. Evans, "Inaugurating the Kingdom of God and Defeating the Kingdom of Satan", *BBR* 15/1 (2005): 49-75.

Mateo 12:29-32 con Lucas 11:21-22, Marcos 3:29-30 señalan:

²⁹»¿O cómo puede entrar alguien en la casa de un hombre fuerte y arrebatarle sus bienes, a menos que primero lo ate? Sólo entonces podrá robar su casa. {»Cuando un hombre fuerte y bien armado cuida su hacienda, sus bienes están seguros. Pero si lo ataca otro más fuerte que él y lo vence, le quita las armas en que confiaba y reparte el botín.ᴸᶜ}

³⁰»El que no está de mi parte, está contra mí; y el que conmigo no recoge, esparce. ³¹Por eso les digo que a todos se les podrá perdonar todo pecado y toda blasfemia, pero la blasfemia contra el Espíritu no se le perdonará a nadie. {Éste no tendrá perdón jamás.ᴹʳ} ³²A cualquiera que pronuncie alguna palabra contra el Hijo del hombre se le perdonará, pero el que hable contra el Espíritu Santo no tendrá perdón ni en este mundo ni en el venidero. {Es que ellos habían dicho: «Tiene un *espíritu maligno.»ᴹʳ}

Jesús acaba de explicar que su poder no viene de Satanás. Por lo tanto, él ha vencido a Satanás al saquear sus posesiones. Satanás es el hombre fuerte (v. 29) y Jesús es quien lo ha atado (ver Judas v. 6; Apocalipsis 20:2). Además, aquellos que no están saqueando a Satanás, junto con Jesús, están en contra de Jesús. Ahora, si tenemos a un hombre fuerte atado y a uno más fuerte que lo ató, ¿de qué lado quiere usted estar? Jesús está trazando una línea en la arena y está señalando: "¡Pónganse de su lado o del mío!" Aunque sus palabras están dirigidas a los fariseos y a los escribas, todos los que lo escuchan tienen que escoger. Tienen que ponerse de un lado o del otro.

Estos fariseos quienes se unieron en contra de Jesús, por consiguiente, estaban alineados con Satanás y estaban muy cerca, peligrosamente, de blasfemar contra el Espíritu Santo. La blasfemia esencialmente es injuriar o criticar a otro. Jesús expulsa el demonio mediante el poder del Espíritu. Sin embargo, los fariseos lo atribuyen al poder de Beelzebú (Satanás). De esta manera le llaman al Espíritu Santo el espíritu inmundo. Tal insulto al Espíritu Santo no es un pecado que se pueda perdonar (ver Isaías 5:20).

¿Por qué se puede perdonar la crítica contra Jesús, mas no la que se hace contra el Espíritu Santo? Dios encarnado (en la persona de Jesús) era un concepto tan radical que se predice algo de escepticismo o mal entendido. Se entiende que algunos dudaron, hasta que Jesús proveyó suficiente evidencia de lo que afirmaba ser. Sin embargo, no hay razón para criticar al Espíritu Santo, especialmente en su papel de echar fuera demonios. Tal cinismo e incredulidad es motivado por un total rechazo a aceptar la evidencia de Dios. Sin esa evidencia no hay una fe válida. Sin fe, no hay perdón de pecados.

De modo que no es la blasfemia en sí la que es imperdonable, sino la actitud impenetrable de una incredulidad voluntaria. Parece que esto también explica muy bien del pecado que lleva a la muerte (1 Juan 5:16-17) al igual que el punto en el cual una persona ya no se puede arrepentir (Hebreos 6:4-6). Algunos se preocupan de haber blasfemado contra el Espíritu Santo. Pero el hecho de que les preocupe parece excluir la posibilidad de que lo hubieran hecho. El problema radica en rechazar el propósito de Dios, voluntariamente, (ver Números 15:30-31). No se trata de un hecho o una palabra en particular.

Existe una gran cantidad de pecados contra el Espíritu Santo: La rebelión (Isaías 63:10), la mentira (Hechos 5:3-9), poner resistencia (Hechos 7:51), las ganancias deshonestas (Hechos 8:18-22), contristar (Efesios 4:30), apagar al Espíritu (1ª Tesalonicenses 5:19), desobediencia (Hebreos 10:29). De estos, la blasfemia es el único pecado imperdonable (Mateo 12:31-32; Marcos 3:29; Lucas 12:10).

Mateo 12:33-37 señala:

³³»Si tienen un buen árbol, su fruto es bueno; si tienen un mal árbol, su fruto es malo. Al árbol se le reconoce por su fruto. ³⁴Camada de víboras, ¿cómo pueden ustedes que son malos decir algo bueno? De la abundancia del corazón habla la boca. ³⁵El que es bueno, de la bondad que atesora en el corazón saca el bien, pero el que es malo, de su maldad saca el mal. ³⁶Pero yo les digo que en el día del juicio todos tendrán que dar cuenta de toda palabra ociosa que hayan pronunciado. ³⁷Porque por tus palabras se te absolverá, y por tus palabras se te condenará.»

¡Nuestras palabras son muy poderosas! Así como el fruto muestra la bondad del árbol, así nuestras palabras despliegan la bondad de nuestros corazones. De hecho, nuestras palabras son el barómetro más fiel de nuestros pensamientos, y un buen medidor de nuestras acciones; seremos juzgados por ellas.

Sección 62
Los fariseos son reprendidos por buscar una señal
(Mateo 12:38-45; ver Lucas 11:24-36)

Jesús acaba de afirmar que expulsa demonios con el poder de Dios. Es natural que los fariseos pidan la verificación de tan atrevida afirmación. Esta no es una nueva discusión. Ya hemos visto a los fariseos en Jerusalén pidiendo una señal (Juan 2:18-23). Estos dos acontecimientos son paralelos en varias maneras: (1) Ante la incrédula demanda de una señal Jesús hace un gran "milagro" (Juan 2:12-17: Jesús purifica el templo; en esta ocasión Jesús acaba de sanar a un sordo y ciego endemoniado). (2) En ambos acontecimientos Jesús rechaza hacer lo que le piden, en cambio señala a su resurrección como evidencia rotunda. (3) Jesús sigue haciendo milagros que sirven como evidencia adecuada para aquellos que se inclinan hacia la fe (ver Mateo 16:1-4 para ver un incidente similar, pero más breve).

Mateo 12:38-42 *con* Lucas 11:16, 29 señalan:

38Algunos de los fariseos y de los maestros de la ley le dijeron: -Maestro, queremos ver alguna señal milagrosa de parte tuya. {del cielo[Lc]}
39{Como crecía la multitud,[Lc]}Jesús les contestó: -¡Esta generación malvada y adúltera pide una señal milagrosa! Pero no se le dará más señal que la del profeta Jonás. **40**Porque así como tres días y tres noches estuvo Jonás en el vientre de un gran pez, también tres días y tres noches estará el Hijo del hombre en las entrañas de la tierra. **41**Los habitantes de Nínive se levantarán en el juicio contra esta generación y la condenarán; porque ellos se arrepintieron al escuchar la predicación de Jonás, y aquí tienen ustedes a uno más grande que Jonás. **42**La reina del Sur se levantará en el día del juicio y condenará a esta generación; porque ella vino desde los confines de la tierra para escuchar la sabiduría de Salomón, y aquí tienen ustedes a uno más grande que Salomón.

Las multitudes se incrementan por el debate tan acalorado, que inició desde Mateo 12:24 (y Lucas 11:14). La gente se amotina para ver de qué se trata todo esto. Las voces se escuchan más fuertes y Jesús se torna deliberado y directo — "¡Generación malvada y adúltera!" Jesús utiliza la comparación del Antiguo Testamento que equipara a la idolatría con el adulterio. Los fariseos, al igual que sus antepasados, rechazan al portavoz de Dios, sí, rechazan hasta la encarnación misma de Dios, para proteger sus posiciones de poder y prestigio.

¿Qué había de malo en ver una señal? ¿No valida Dios a sus mensajeros con señales? Sí. Pero Jesús ya ha demostrado con señales y prodigios su deidad. No tan sólo acaba de echar fuera un demonio del mudo, sino que ha hecho una gran cantidad de milagros en Galilea y en Judea: Cambió el agua en vino, leyó los pensamientos de la gente, sanó toda clase de enfermedades y dolencias, expulsó demonios, sanó la lepra, sanó a paralíticos, devolvió la vista a los ciegos y hasta resucitó al joven de Naín. Buscar ahora una señal, es desacreditar lo que Jesús ya había hecho con anterioridad. Ellos buscan, sin querer encontrar. Tal incredulidad parece noble, pero es insidiosamente dura.

Piden una señal del cielo, es decir, de Dios mismo (Lucas 11:16; ver Éxodo 19:22-24; 16:4; Josué 10:12; 1 Samuel 7:9-10; 12:16-18; 1 Reyes 18:36-38; 2 Reyes 1:10; Isaías 38:8). Se demandaba señal bajo cuatro circunstancias: (1) Para verificar una declaración profética, (2) para justificar una acción inusual (ver Juan 2:18), (3) para respaldar un punto doctrinal importante (por ejemplo: el perdón de pecados: Marcos 2:6) y (4) para respaldar una afirmación mesiánica.[138] La señal tenía que corresponder con lo que se afirmaba o la acción llevada a cabo en el momento. No era en cuanto al poder, sino la comprobación apropiada. No están rechazando los milagros de Jesús que ya había hecho, al señalar: "esos no se aplican a lo que ahora afirmas". Sin embargo, no están buscando evidencia para creer en Jesús. Están buscando una excusa para criticarlo y para disuadir a las multitudes de que lo sigan. Esto resulta muy claro de la sección anterior.

La señal de Jonás es una clara referencia a la resurrección.[139] Jonás, con una predicación renuente, llevó a toda la ciudad de Nínive a que se arrepintiera. Jesús, con muchos milagros, sermones magníficos y una vida pura, no podía lograr que **esta raza escogida**

---

[138] O. Linten, "The Demand for a Sign from Heaven" (La demanda de una señal del cielo), ST (Estudios teológicos) 19 [1965]: 12-29.

[139] E. H. Merril asegura que, al haber sido Jonás vomitado por el pez, serviría particularmente a los habitantes de Nínive cuya capital probablemente se creía que había sido fundada por un dios pez que se adoraba allí. ("The Sign of Jonah" [La señal de Jonás], JETS [Diario de la sociedad teológica evangélica] 23/1 [marzo, 1980]: 23:30.) Sin embargo, J. Swetham, asevera que la señal de Jonás era la predicción en cuanto a la destrucción de Nínive y por lo tanto una profecía en cuanto a lo que le acontecería a Jerusalén. Dado que una ciudad malvada se convertía bajo una predicación hecha de mala gana, Jerusalén ciertamente será juzgada por no arrepentirse con la predicación del mismo Jesús. El lenguaje de la resurrección es simple punto de comparación que justifica más comparaciones de la profecía en contra de la ciudad (Biblica 68 [1987]: 74-79).

se arrepintiera. Los habitantes de Nínive mostraron corazones llenos de fe mientras que los judíos mostraron su incredulidad.

Mateo 12:40 presenta la señal de Jonás en cuanto a haber pasado tres días y tres noches en el vientre de un gran pez. De la misma manera, la gran señal de Jesús será su resurrección cuando triunfante salga de las entrañas de la tierra después de tres días y tres noches.[140] Sin embargo, ni siquiera eso será suficiente para estremecer tan dura incredulidad (Lucas 16:31).

La reina de Sabá (1 Reyes 10:1ss) fue otro testimonio contra la incredulidad de los judíos. El caso era de una pagana impresionada por la sabiduría humana de Salomón. Sin embargo, el pueblo escogido de Dios no se impresiona con la sabiduría divina demostrada por Jesús y validada a través de sus milagros.

Ambas ilustraciones muestran el argumento judío clásico de ir de lo menor a lo mayor. La sabiduría espiritual de Jesús es más grande que la sabiduría mundana de Salomón.[141] Sin embargo, la reina de Sabá viajó una gran distancia para escucharla. Esta generación rechaza a Jesús aunque él mismo toca a la puerta. De la misma manera, Jonás no hizo ningún milagro, sino que tan sólo predicó de mala gana por cuarenta días. Jesús y sus apóstoles validaron sus cuarenta años de predicación con grandes señales pero siguieron siendo rechazados hasta la destrucción de Jerusalén. Por lo tanto, estos paganos se levantan en el juicio, como recordatorio, contra la severa incredulidad de los judíos. La verdad es que la nación judía va de mal en peor por su gran rechazo aunque tienen mejor oportunidad (ver Mateo 10:15; 11:21-24).

Mateo 12:43-45 señala:

> [43]»Cuando un espíritu maligno sale de una persona, va por lugares áridos, buscando descanso sin encontrarlo. [44]Entonces dice: "Volveré a la casa de donde salí." Cuando llega, la encuentra desocupada, barrida y arreglada. [45]Luego va y trae a otros siete espíritus más malvados que él, y entran a vivir allí. Así que el estado

---

[140] No hay razón para buscar tres períodos de 24 horas cada uno. Hasta la forma de expresión de Jesús indica que se refiere a un tiempo general: "al tercer día", "después del tercer día" y "tres días y tres noches".

[141] Mencionar a Salomón en este contexto es apropiado porque su imagen en literatura intertestamentaria incluye los papeles de mago poderoso y exorcista, sin embargo Jesús echa fuera los demonios por la autoridad de su palabra en lugar de algun conjuro secreto o fórmula. Comparar Larry Perkins, "Greater Than Solomon (Mt 12:42)" (Más que Salomón, Mateo 12:42) *TrinJ* (Revista Trinidad) 19/2 [1998]: 207-217.

postrero de aquella persona resulta peor que el primero. Así le pasará también a esta generación malvada.

La sabiduría popular judía del tiempo de Jesús afirmaba que los demonios habitaban los desiertos (al igual que las casas vacías, los baños, los pantanos y la sombra de ciertos árboles). Los judíos tenían un sistema supersticioso muy complicado. Por ejemplo, creían que aunque los demonios eran invisibles, si una persona ponía cenizas en el suelo, por la mañana se podía verificar las pisadas de los demonios en forma de huellas de pollos.

Jesús regresa al tema de lo demoníaco y utiliza el incidente para ilustrar el creciente mal de la nación judía. Esta persona que había quedado libre del demonio necesitaba llenar el vacío en su vida o aún más demonios podían regresar para gozar de la morada recién renovada. Así también, toda la nación judía necesitaba llenar del Cristo su vacío espiritual. La purificación con una "justicia" moral no es suficiente. Puede únicamente seducir a los demonios para que se escondan bajo la ostentosa pureza farisaica.

María Magdalena tenía literalmente siete demonios que le fueron expulsados (Lucas 8:2). El endemoniado gadareno tenía una legión de demonios dentro de él. Pero el número siete en este pasaje pudiera representar maldad total. Esta es una analogía que no se debe llevar tan lejos.

Sección 63
La verdadera familia de Jesús
(Mateo 12:46-50; Marcos 3:31-35; Lucas 8:19-21)

Ya Marcos hubo presentado la familia de Jesús (Marcos 3:20-21). Entre la conversación de esta familia, introduce[142] la acusación de que Jesús expulsa demonios por Beelzebú. Entendemos entonces que Jesús enfrenta dos oposiciones. Tanto su familia como los jerarcas religiosos lo mal entienden y lo acusan de estar loco.

Mateo 12:46-48 *con* **Lucas 8:19, Marcos 3:31 señalan:**

⁴⁶Mientras Jesús le hablaba a la multitud, se presentaron su madre y sus hermanos. Se quedaron afuera, y deseaban hablar con él. {Pero como había mucha gente, no lograban acercársele.^{Lc}} {Enviaron a alguien a llamarlo^{Mr}} ⁴⁷Alguien le dijo: -Tu madre y tus

---

[142] Este es un recurso común que Marcos utiliza para arreglar su narrativa para plantear un punto en particular (Marcos 4:1-20; 5:21-43; 6:7-29; 11:12-25; 14:1-11; 14:53-72).

hermanos están afuera y quieren hablar contigo.[a] [48] -¿Quién es mi madre, y quiénes son mis hermanos? -replicó Jesús.

[a]**47** Variante textual no incluye v. 47.

Marcos 3:34 señala:

[34]Luego echó una mirada a los que estaban sentados alrededor

Mateo 12:49 señala:

[49]Señalando a sus discípulos, añadió: -Aquí tienen a mi madre y a mis hermanos.

Lucas 8:21 señala:

[21]Pero él les contestó: -Mi madre y mis hermanos son los que oyen la palabra de Dios y la ponen en práctica.

Jesús tiene cuatro medios hermanos: Jacobo, José, Simón y Judas (Mateo 13:55). También tiene hermanas, se preocupan de Jesús. Ya han aparecido al inicio de esta narración. Ellos piensan que él se ha presionado demasiado y ha entrado en un estado de incertidumbre, desconfianza y locura porque no se toma el tiempo para comer y descansar (Marcos 3:20-21). Los hermanos de Jesús, que todavía no creen en él (Juan 7:1-4; ver 1 Corintios 15:7), vienen a verlo para posiblemente decirle que no se esfuerce tanto y para advertirle de la oposición creciente de los fariseos. Notamos que el padre de Jesús no acude con ellos. Es posible que para esta fecha José ya estuviera muerto. Aún así, Dios fue el único Padre de Jesús (ver Mateo 23:9). El resto de su familia consistía de aquellos fieles a la palabra de Dios. Jesús no está desconociendo a su propia familia. Los judíos tenían un profundo respeto por sus padres. En cambio, está exaltando a aquellos que oyen y obedecen la palabra de Dios. "¡El antiguo adagio que 'la sangre es más espesa que el agua' (originalmente intentando defender que los lazos familiares son más fuertes que los lazos del bautismo en la familia espiritual de Dios) está equivocado!" (Butler, p. 140).

Sección 64a
El escenario del sermón en parábolas
(Mateo 13:1-3; Marcos 4:1-2; con Lucas 8:4)

¹Ese mismo día salió Jesús de la casa y se sentó junto al lago. ²Era tal la multitud que se reunió para verlo que él tuvo que subir a una barca donde se sentó mientras toda la gente {de cada pueblo^Lc} estaba de pie en la orilla. ³Y les dijo en parábolas muchas cosas como éstas: Un sembrador salió a sembrar.

Este ha sido un día muy atareado para Jesús: Sanó al endemoniado ciego y mudo, y hubo la inmediata discusión acerca de la blasfemia contra el Espíritu Santo (*Sección 61*); rechazó mostrar señal del cielo a los fariseos (*Sección 62*); rechazó a su madre biológica y a sus hermanos quienes buscaban rescatarlo de las multitudes (*Sección 63*); y, transmitió una serie de parábolas en las playas del mar de Galilea (*Sección 64*). Esa misma tarde calmó la tempestad (*Sección 65*) y en el transcurso de la noche sanó al endemoniado gadareno (*Sección 66*).

Esta playa es un lugar que Jesús frecuenta mucho. Es muy posible que tanto la casa como la barca sean de Pedro. Como ya lo hemos visto antes, Jesús utiliza la barca como púlpito y la playa como anfiteatro natural para enseñarles a las multitudes. Lo diferente es que ahora Jesús enseña mediante el uso de parábolas. Las ha utilizado antes (Mateo 7:24-27; 9:16-17; 11:16-19; 12:29). Pero esta vez todo su sermón fue estructurado con una serie de parábolas. Este método jugará un papel más dominante en sus enseñanzas de aquí en adelante. Sus parábolas polarizarán a sus audiencias, confundiendo a algunos y deleitando a otros.

Wenham nos ofrece un análisis que nos ayudará a entender mejor el porqué del arreglo de estas parábolas en este sermón (Mateo capítulo 13):[143]

---

[143] D. Wenham, "The Structure of Matthew XIII" (La estructura de Mateo XIII), *NTS* (Estudios del Nuevo Testamento) 25 [1979]: 517-518.

A. Del sembrador – parábola de aquellos que oyen la palabra del reino.
B. Los discípulos preguntan y Jesús les contesta acerca del propósito de las parábolas y la interpretación de la primera parábola.
C. La mala hierba [la cizaña] – parábola del reino en cuanto al bien y al mal.
D. El grano de mostaza y la levadura – par de parábolas acerca del reino.
E. Conclusión de esta sección con las multitudes e interpretación de la mala hierba.
D'. El tesoro escondido y la perla – par de parábolas acerca del reino.
C'. La red – parábola del reino en cuanto al bien y al mal.
B'. Jesús pregunta y los discípulos contestan en cuanto al entender las parábolas.
A'. Escriba – parábola de aquellos entrenados para el reino.

Antes de tratar cada parábola por separado, examinaremos el uso que Jesús hace y cómo interpreta él las parábolas:[144]

1. Jesús utilizó las "metáforas usuales" de las parábolas rabínicas (por ejemplo, m. Nid. 5.2, 7; 9.11). Los maestros, los padres y los reyes representan a Dios. Los siervos y los hijos representan al pueblo de Dios o a sus asistentes. La cosecha está en lugar del juicio. La fiesta representa el banquete mesiánico.

2. Las parábolas de Jesús eran muy distintas a las de los demás rabinos en que (a) los conceptos que enseñaba eran totalmente diferentes y (b) los utilizó tanto para revelar como para esconder.

3. La palabra griega *parabolé* y la palabra hebrea *mashal* se utilizan para significar una gran cantidad de figuras retóricas que no se pueden diferenciar tan bien en los idiomas originales

---

[144] En cuanto a una obra más servicial acerca de las parábolas ver C. L. Blomberg, Interpretando las parábolas (Downers Grove: IVP, 1990). Para una perspectiva sociohistórica, La obra de Kenneth Bailey es de mucha ayuda: *Poet and Peasant; and Through Peasant Eyes: A Literary-Cultural Approach to the Parables in Luke* (El poeta y el campesino; y por medio de los ojos del campesino: Un enfoque literario-cultural a las parábolas de Lucas) (Grand Rapids: Eerdmans).

como en español. Por ejemplo, representan parábola, similitud, alegoría, fábula, proverbio, acertijo, símbolo, etc.

4. Las parábolas de Jesús no tan sólo ilustraban, sino que con frecuencia entregaban la parte central del mensaje.
5. Las parábolas de Jesús presentaban a la audiencia asuntos cotidianos. De hecho, Edersheim asegura que con cada parábola en este sermón, Jesús pudo haberse referido precisamente y señalado los objetos mencionados en las parábolas — un campo, una mujer horneando, la planta del trigo brotando de la tierra, las plantas de mostaza y las redes.
6. Con frecuencia hay un mensaje principal que el o los personajes principales presentan en las parábolas.
7. Esta serie de parábolas son "mensajes del reino". Las ideas son simples para que todo interesado las entienda. Pero para aquellos discípulos que no logran captar la naturaleza del reino espiritual, estos pensamientos son inescrutables.

Mateo y Marcos nos informan que este sermón se imparte desde la playa de Galilea, seguramente cerca de Capernaúm. Jesús está parado dentro de una barca a poca distancia de la playa. Una gran multitud se encuentra en la ribera. ¿De dónde vinieron todas estas personas? Lucas menciona que Jesús acaba de estar en gira. Como resultado, muchas personas de las poblaciones y aldeas lo han seguido hasta Capernaúm. Se encuentran en la ribera esperando ansiosos para ver qué más tiene que decirles este hombre.

Sección 64b
La parábola de la tierra
(Mateo 13:3-23; Marcos 4:3-25; Lucas 8:5-18)

Aparentemente, la primera parábola sirve como introducción de todo el sermón, al igual que la parábola del dueño de una casa (Mateo 13:51-52) resume todo el sermón.[145] Es diferente de las otras en tanto que no contiene la frase: "el reino de Dios es como". Así, esta parábola monta el escenario para las parábolas del reino. Algunos, hasta de los presentes en esta multitud, son como la buena tierra y serán grandemente bendecidos por este sermón. Otros, por una gran

---

[145]S. D. Toussaint, "The Introductory and Concluding Parables of Matthew Thirteen" (Las parábolas introductorias y finales de Mateo capítulo trece), *BibSac* (Biblioteca Sacra) 121 [1964]: 351-355.

variedad de razones, no aceptarán estas parábolas. En consecuencia, quedarán todos confundidos.

Mateo 13:3-9 *con* Lucas 8:5-7 y Marcos 4:7 señalan:

³Y les dijo en parábolas muchas cosas como éstas: Un sembrador salió a sembrar. ⁴Mientras iba esparciendo la semilla, una parte cayó junto al camino, {fue pisoteada^{Lc}}y llegaron los pájaros y se la comieron. ⁵Otra parte cayó en terreno pedregoso, sin mucha tierra. Esa semilla brotó pronto porque la tierra no era profunda; ⁶pero cuando salió el sol, las plantas se marchitaron y, por no tener raíz, {por falta de humedad^{Lc}} se secaron. ⁷Otra parte de la semilla cayó entre espinos que, al crecer, {junto con la semilla^{Lc}} la ahogaron {de modo que no dio fruto^{Mr}}. ⁸Pero las otras semillas cayeron en buen terreno, en el que se dio una cosecha que rindió treinta, sesenta y hasta cien veces más de lo que se había sembrado. {Dicho esto, exclamó:^{Lc}} ⁹El que tenga oídos, que oiga.»

En la sociedad agricultora de Jesús los campesinos caminaban por el terreno con un saco de semilla, agarraban puñados y la esparcían por el suelo ya preparado para la siembra. Era común ver esto en Palestina. Aunque nuestras mentes occidentales no lo logran captar muy bien, al sembrador no le importaban mucho los diferentes tipos de suelo o en qué lugar caía la semilla. Como usted ha de saber, antes de sembrar aramos la tierra y así nos damos cuenta del tipo de suelo que tenemos. En los tiempos de Jesús, normalmente se plantaba antes de arar (*m. Kil.* 2.4).[146] Así, el camino (terreno duro) podía tornarse en un lugar fértil. Y el terreno pedregoso, que tal vez no era visible a simple vista, surgía después de que se volteaba la tierra. Aunque arara antes de plantar, el sembrador podía mostrarse muy generoso al plantar la semilla, porque entre más semilla esparciera, se auguraba una mejor cosecha. Él sabe que parte de la semilla se perderá especialmente en las esquinas, en las partes rocosas y en los límites del terreno. Pero vale la pena perder un puñado de semilla para asegurar que todo espacio fértil se aproveche.

Existen cuatro tipos de terreno, cada uno representando la condición del corazón humano:[147] Primero, el camino endurecido. Es impenetrable. Ninguna semilla puede germinar y crecer en él, así que

---

[146] P. B. Payne, "The Order of Sowing and Plowing in the Parable of the Sower" (El orden en plantar y arar en la parábola del sembrador), *NTS* (Estudios del Nuevo Testamento) 25 [1978]: 123-129, explica los detalles de esta peculiaridad en la agricultura.

[147] M. Hor.5.15 comparte una metáfora similar de cuatro clases de estudiantes: 1) una esponja que absorve todo; 2) un embudo que lo pierde todo; 3) un colador que se queda con lo equivocado; y 4) un filtro que se queda con lo más fino, pero no con lo esencial o principal.

las aves (Satanás, ver Marcos 4:15) la arrebatan. Segundo, el terreno entre las piedras no es muy profundo. Mateo y Marcos mencionan las raíces superficiales de las plantas; Lucas menciona la falta de humedad. Cualquier persona familiarizada con la jardinería se da cuenta que casi no hay diferencia entre estas dos descripciones. Es la escasa tierra la que causa la falta de humedad. Tercero, la hierba crece junto con la buena semilla y la ahogan. Cuarto, hay la buena tierra que produce una cosecha abundante. Un buen resultado era que la tierra produjera hasta diez veces lo plantado. El cien por cien de Jesús resulta una pequeña exageración, pero no imposible. Y ciertamente capta la atención de cada agricultor presente en la audiencia.

En cuanto al tercer tipo de suelo, es incorrecto imaginarnos que las semillas, tan pequeñas, fuesen arrojadas entre la hierba. Los espinos, si es que quedan algunos después de un verano caluroso y seco, serían desmalezados después de haberse esparcido la semilla. La verdadera imagen que debemos tener es la de la buena semilla en competencia con la mala. Lucas utiliza la palabra symphyō, que quiere decir "crecer juntos". La implicación es obvia. Nuestras vidas se pueden ver puras. Al parecer, no hay peligro de las "hierbas malvadas", pero las semillas están allí.

Esencialmente la tierra es la misma. La diferencia está en lo que le agregamos (por ejemplo, mala semilla, piedras o las pisadas constantes que tanto daño hacen). ¿Cómo se manifiestan estas diferencias? A través de escuchar. No el hecho de escuchar físicamente, sino la aceptación humilde del corazón. La palabra de Dios debe ser obedecida y no tan sólo oída. De hecho, en la cultura hebrea, "oír" también implica obediencia. Potencialmente, la tierra es buena en cada corazón humano. La diferencia recae en la voluntad. Este es el significado de la frase idiomática "¡El que tiene oídos para oír, oiga!

Mateo 13:10-12 *con* Marcos 4:10-11, Lucas 8:18 señalan:

¹⁰Los discípulos se acercaron {cuando se quedó solo, los doce y los que estaban alrededor de él[Mr]} y le preguntaron: —¿Por qué le hablas a la gente en parábolas?

¹¹—A ustedes se les ha concedido conocer los secretos del reino de los cielos; pero a ellos no. {A los de afuera todo les llega por medio de parábolas[Mr]} ¹²Al que tiene, se le dará más, y tendrá en abundancia. Al que no tiene, hasta lo poco {que cree tener[Lc]} que tiene se le quitará.

Jesús está enseñando desde una barca en el lago. Los doce y otras personas más están con él en la barca. Cuando ellos ven las miradas de confusión en los rostros de los oyentes, le preguntan por qué los está confundiendo haciendo uso de parábolas. Este no es su estilo normal. Ellos pueden preguntarle de manera privada en el barco, aunque Jesús esté frente a una gran multitud. Después él dejará la multitud y les enseñará a sus discípulos en privado en una casa (Mateo 13:36).

Este secreto (misterio) del reino es algo que no se necesita adivinar, es algo que se necesita revelar. Una vez revelado el misterio, es fácil entenderlo.

El principio encontrado en el v. 12 (basado en Proverbios 1:5; 9:9; ver *Ber.* 55a) se puede aplicar a varias áreas. Entre más escuchemos, entenderemos más. Entre menos escuchemos, entenderemos menos. Es como tener dinero en el banco. Entre más dinero tenga una persona, tendrá mejores opciones de incrementar su capital. La gente acude a un restaurante lleno, no a uno vacío. Les damos responsabilidades a aquellos que son responsables. De la misma manera, aquellos que entienden la naturaleza y el propósito del reino obtendrán instrucción por medio de estas parábolas. Pero aquellos que rehúsan "conocer", estas parábolas los confundirán y desilusionarán.

Mateo 13:13-17 *con* Marcos 4:12, Lucas 8:18 señalan:

¹³Por eso les hablo a ellos en parábolas:»
   Aunque miran, no ven;
   aunque oyen, no escuchan ni entienden.
   {no sea que se conviertan y sean perdonados.ª Mr}
¹⁴En ellos se cumple la profecía de Isaías: »
   "Por mucho que oigan, no entenderán;
   por mucho que vean, no percibirán.
¹⁵Porque el corazón de este pueblo se ha vuelto insensible;
   se les han embotado los oídos,
   y se les han cerrado los ojos.
   De lo contrario, verían con los ojos,
   oirían con los oídos,
   entenderían con el corazón
   y se convertirían, y yo los sanaría."ᵇ
¹⁶Pero dichosos los ojos de ustedes porque ven, y sus oídos porque oyen.

¹⁷Porque les aseguro que muchos profetas y otros justos anhelaron ver lo que ustedes ven, pero no lo vieron; y oír lo que ustedes oyen, pero no lo oyeron.

^a*Mr* 4:12 Isaías 6:9,10. ^b*Mt* 13:15 Isaías 6:9, 10.

La parábola fue la herramienta que Jesús utilizó para esconder el reino de muchos de sus oidores. Esta cita de Isaías 6:9-10 se la encuentra mejor traducida al griego en Marcos 4:12. El hebreo puede ser algo así como "viendo, siguen viendo, pero no ven; y escuchando, siguen escuchando, pero no escuchan". Marcos también agrega la importante oración: "no sea que se conviertan y sean perdonados". Esto no quiere decir que nadie de la audiencia de Jesús jamás se convertiría a Cristo (Isaías 6:13; Romanos 11:25). Lo que quiere decir es que por el momento no pueden aceptar la palabra de Dios a través de Jesús.

Así, las parábolas de Jesús no les permitieron a algunos ver el reino, arrepentirse y ser salvos. ¿Por qué hace Jesús esto? Del contexto de Isaías, se puede apreciar claramente que esta es la respuesta de Jesús ante la incredulidad de los judíos. Al darle la espalda un individuo a Jesús, Jesús le da la espalda a esa persona mediante parábolas. Este es uno de los cumplimientos del principio bíblico de que la incredulidad no tan sólo trae consigo el juicio, sino que también destruye la capacidad de una persona para percibir la verdad (Juan 3:17-19; 9:39-41; Éxodo 8:32; 9:12; Romanos 9:17-18; Hechos 28:26-27; Mateo 7:6; Lucas 20:1-8; Juan 12:39-41; Apocalipsis 22:11).

Además, este texto de Isaías 6:9-10 se le utiliza tres veces en el Nuevo Testamento. En este momento la responsabilidad de su ignorancia recae en el predicador. Es decir, Jesús escondió el reino mediante el uso de parábolas. En Juan 12:40, la responsabilidad parece recaer en Dios, quien retiró la oportunidad para que ellos se arrepintieran. En Hechos 28:26-27 la responsabilidad está puesta a los pies de la audiencia. Bajo todo esto está la palabra "oír" (utilizada trece veces en Mateo 13:13-23). Si la audiencia rehúsa escuchar al mensajero de Dios entonces su oportunidad desaparece.

¿Rechazaría Dios a alguien? Sí. Pero no de manera caprichosa. El rechazo de parte de Dios está basado en varias cosas: (1) En la respuesta del hombre respecto del pecado (Isaías 6:8-13). (2) En un rechazo mutuo entre Dios y el hombre (Juan 3:17-19). (3) En su purificación del remanente (Romanos 11:5-8). (4) En su inclusión de los gentiles (Romanos 11:9ss). (5) Por el corazón y el oído cerrados de la gente que no se arrepiente.

Mateo añade estas importantes palabras de los v. 16-17 que subrayan nuestro privilegio de ver el reino (ver Lucas 10:23-24; Hebreos

11:39-40; 1 Pedro 1:10-12). Tal vez podemos estar enamorados de la excitación que produce la narrativa del Antiguo Testamento o hasta de la narrativa de los evangelios. Podemos decir que esas personas fueron afortunadas por vivir en esos tiempos fenomenales. Pero nosotros, por mucho, somos más privilegiados que ellos. Gozamos del reino de Dios, de las Escrituras aprobadas (dentro del canon) y del Espíritu Santo que mora en nosotros. Somos los receptores de aquello que los profetas anhelaron profundamente.

Marcos 4:13 señala:

¹³»¿No entienden esta parábola? -continuó Jesús-. ¿Cómo podrán, entonces, entender las demás?

Mateo 13:18-23 *con* Marcos 4:14-20, Lucas 8:12-15 señalan:

¹⁸»Escuchen lo que significa la parábola del sembrador: {El sembrador siembra la palabra.^{Mr}} ¹⁹Cuando alguien oye la palabra acerca del reino y no la entiende, viene el maligno {Satanás^{Mr}} {el diablo^{Lc}} y arrebata lo que se sembró en su corazón {no sea que crean y se salven^{Lc}}. Ésta es la semilla sembrada junto al camino. ²⁰El que recibió la semilla que cayó en terreno pedregoso es el que oye la palabra e inmediatamente la recibe con alegría; ²¹pero como no tiene raíz, dura poco tiempo. Cuando surgen problemas o persecución {cuando llega la prueba^{Lc}} a causa de la palabra, en seguida se aparta de ella. ²²El que recibió la semilla que cayó entre espinos es el que oye la palabra, pero las preocupaciones de esta vida y el engaño de las riquezas {los placeres^{Lc}} {y muchos otros malos deseos^{Mr}} la ahogan, de modo que ésta no llega a dar fruto {y no maduran^{Lc}}. ²³Pero el que recibió la semilla que cayó en buen terreno es el que {con corazón noble y bueno^{Lc}} oye la palabra y la entiende {[y] la aceptan^{Mr}}. Éste {y como perseveran^{Lc}} sí produce una cosecha al treinta, al sesenta y hasta al ciento por uno.

Somos afortunados de que Jesús mismo nos haya dado su interpretación de la parábola. Él identifica estos cuatro tipos distintos de personas:

1. Camino: Gente sin el deseo del conocimiento de la palabra de Dios. La palabra simplemente no les entra. Satanás les arrebata la palabra: "no sea que crean y se salven".
2. Terreno pedregoso: Gente que a raíz de los problemas o la persecución desisten. Mateo y Marcos utilizan la palabra "inmediatamente" para describir cómo este tipo de persona recibe la palabra y cómo cae. Este tipo de personas las

conocemos como "mucho ruido y pocas nueces". Esta persona acepta la palabra inmediatamente. Pero de igual manera rápidamente la deja cuando la considera desventajosa.

3. Espinos: Ahogados. Nuevamente, les recordamos a nuestros lectores que la buena semilla compite con la mala. Al ir creciendo juntas, los espinos se imponen. Jesús describe tres áreas de peligro para el cristiano: Las preocupaciones de la vida, las riquezas y los placeres.

4. Buen tierra: Esta gente recibe la palabra por el oír y obedecer. ¡Y producen una cosecha abundante!

Jesús nos da tres requisitos para llevar fruto: (1) Un corazón noble y puro. Este es el requisito previo que le permite al individuo escuchar la palabra, no tan sólo oírla. (2) Debemos asirnos a la palabra porque en ella está la vida. ¡La palabra es vida! (3) Perseverancia. El que no persevera no alcanza la salvación (Mateo 24:13; Apocalipsis 2:10). Es como montar un toro en un rodeo. Primero, usted acepta el reto. Luego, se agarra fuertemente. Y para bien o para mal, usted se sostiene hasta que suena la campana de ganador.

La parábola de la lámpara

Lucas 8:16-18; Marcos 4:21-25; ver Mateo 5:14-16 señalan:

{También les dijo:^{Mr}} ^{16}»Nadie enciende una lámpara para después cubrirla con una vasija o ponerla debajo de la cama, sino para ponerla en una repisa, a fin de que los que entren tengan luz. ^{17}No hay nada escondido que no llegue a descubrirse, ni nada oculto que no llegue a conocerse públicamente. {El que tenga oídos para oír, oiga^{Mr}} ^{18}Por lo tanto, pongan mucha atención. {Con la medida que midan a otros, se les medirá a ustedes, y aún más se les añadirá^{Mr}} Al que tiene, se le dará más; al que no tiene, hasta lo que cree tener se le quitará.»

[Lucas 8:16 = Mateo 5:14-16, ver comentario en *Sección 54c*.]

"Pongan mucha atención" (literalmente, "tengan cuidado de escuchar con atención" o "mantengan sus ojos en sus oídos"). Este es el misterio en este pasaje: Obtenemos nuestra luz (o "producimos" como en la parábola anterior) al poner atención a las palabras de Jesús, no tan sólo con nuestros oídos, sino con nuestros corazones. Las palabras de Jesús arrojan luz a nuestro entendimiento del reino.

Sección 64c
La parábola del crecimiento espontáneo de la semilla
(Marcos 4:26-29)

[26]Jesús continuó: «El reino de Dios se parece a quien esparce semilla en la tierra. [27]Sin que éste sepa cómo, y ya sea que duerma o esté despierto, día y noche brota y crece la semilla. [28]La tierra da fruto por sí sola; primero el tallo, luego la espiga, y después el grano lleno en la espiga. [29]Tan pronto como el grano está maduro, se le mete la hoz, pues ha llegado el tiempo de la cosecha.»

Esta parábola, encontrada únicamente en Marcos, le sigue a la parábola de los distintos tipos de tierra. Por un lado, la tierra (el hombre) es el responsable de recibir la semilla (la palabra de Dios). Pero por el otro lado, Dios es el responsable del crecimiento misterioso. El hombre debe proveer un clima donde la palabra de Dios pueda florecer. Pero de ninguna manera podemos atribuirnos los méritos por su crecimiento. En otras palabras, nosotros sembramos y cultivamos, pero Dios es quien produce la germinación. Estas parábolas paralelas balancean lo soberano de Dios y la responsabilidad del hombre.

Además, este crecimiento es misterioso. El reino de Dios es como el reino vegetal. Empieza con una semillita y crece constantemente (día y noche), algo imperceptible, culminando en una gran cosecha.

Sección 64d
La parábola de la mala hierba [cizaña]
(Mateo 13:24-30)

[24]Jesús les contó otra parábola: «El reino de los cielos es como un hombre que sembró buena semilla en su campo. [25]Pero mientras todos dormían, llegó su enemigo y sembró mala hierba entre el trigo, y se fue. [26]Cuando brotó el trigo y se formó la espiga, apareció también la mala hierba. [27]Los siervos fueron al dueño y le dijeron: "Señor, ¿no sembró usted semilla buena en su campo? Entonces, ¿de dónde salió la mala hierba?" [28]"Esto es obra de un enemigo", les respondió. Le preguntaron los siervos: "¿Quiere usted que vayamos a arrancarla?" [29]"¡No! -les contestó-, no sea que, al arrancar la mala hierba, arranquen con ella el trigo. [30]Dejen que crezcan juntos hasta la cosecha. Entonces les diré a los segadores: Recojan primero la mala hierba, y átenla en manojos para quemarla; después recojan el trigo y guárdenlo en mi granero."

Tal sabotaje de la agricultura era raro pero real.[148] Si alguien quería ser tan malvado y vengativo, podía utilizar una semilla llamada cizaña (del griego *zizania*). Se parecía tanto al trigo que jamás se podía notar la diferencia hasta que la planta crecía y empezaba a espigar. En este momento ya era demasiado tarde para arrancarla porque sus raíces y las del trigo estaban entrelazadas. Así, al querer arrancar las hierbas malas también se arrancaban las plantas de trigo.

Entonces, la única solución, era esperar hasta la cosecha. Ambas plantas se cortarían y separarían. Las hierbas malas se amarraban en manojos para ser quemadas. El trigo se amarraba para ser almacenado en los graneros. De igual forma, el bien y el mal de este mundo existen a la par. Al destruir a los malvados, muchos que son buenos serían alcanzados por el fuego.

Sin embargo, llegará el día cuando todo el mal se acabará. Lo bueno permanecerá. El reino de Dios se manifestará totalmente. Pero por ahora, debemos vivir con la mezcla desagradable del reino de Dios en un mundo caído.

Algunos han usado este versículo para la disciplina en la iglesia.[149] Es decir, no debemos intentar correr o sacar a los malvados de la iglesia. Pero el campo lleno de hierba mala en esta parábola no es la iglesia, sino el mundo. El Nuevo Testamento es claro que la iglesia, de hecho, tiene la obligación de disciplinar a sus miembros en error.

---

[148] A. J. Kerr, "Matthew 13:25, Sowing Zizania among Another's Wheat: Realistic or Artificial?" ("Mateo 13:25, Sembrando cizaña entre el trigo de otro: ¿real o artificial?) JTS (Revista de Estudio Teológicos) 48-1 [1997]: 108-109, cita una ley romana que alude a esta misma ofensa. De hecho, las dos plantas eran tan similares que el Mishná permite se siembren juntas sin violar la ley levítica en cuanto a mezclar cosas (*m. Kil.* 1.1).

[149] Una discusión razonable sobre esto se encuentra en R. McIver, "The Parable of the Weeds among the Wheat (Matthew 13:24-30, 36-43) and the Relationship between the Kingdom and the Church as Portrayed in the Gospel of Matthew" (La parábola de la cizaña en el trigo [Mateo 13:24-30, 36-43] y la relación entre el reino y la iglesia representado en el Evangelio según San Mateo), *JBL* (Revista de la literatura bíblica) 114/4 [1995]: 643-659. Entre las dificultades para la interpretación universalista de esta parábola, él cita: (1) ¿Por qué diría Jesús que habrá hijos del malo hasta el día de juicio? ¿No sería una redundancia? (2) ¿Por qué pensarían los discípulos que pudiesen o debiesen arrancar a los hijos del malo del campo si, de hecho, el campo es el mundo? (3) Si el campo es el mundo, entonces ¿por qué son difíciles de distinguir el trigo y la cizaña? ¿No deben ser visiblemente diferentes los cristianos?

Sección 64e
La parábola del árbol de mostaza
(Marcos 4:30-32; Mateo 13:31-32; ver Lucas 13:18-19)

> ³⁰También dijo: «¿Con qué vamos a comparar el reino de Dios {de los cielos^Mt}? ¿Qué parábola podemos usar para describirlo? ³¹Es como un grano de mostaza: cuando se siembra en la tierra, es la semilla más pequeña que hay, ³²pero una vez sembrada crece hasta convertirse en la más grande de las hortalizas, y echa ramas tan grandes que las aves pueden anidar bajo su sombra {ramas^Mt,Lc}.»

Marcos presenta esta parábola luego de presentar la del crecimiento espontáneo de la semilla (*Sección 64c*). En verdad, estas dos parábolas se relacionan la una con la otra. No tan sólo la semilla crece de manera espontánea (mediante la influencia de Dios), sino que crece enormemente en comparación con su pequeño inicio. De la misma manera, el reino de Dios, que ahora se pudiera considerar insignificante, crecerá y se expandirá. Desde los humildes inicios de Jesús y los doce, el reino ha impresionado al globo terráqueo.

La semilla de mostaza no es necesariamente la semilla más pequeña del mundo (esa sería la orquídea negra).[150] Pero era proverbialmente famosa porque aunque era pequeña se convertía en árbol. De hecho, algunas plantas de mostaza llegan a alcanzar una altura de entre tres y cuatro metros. Eso provee una altura suficiente para que las aves aniden en él, ya que es como un árbol.[151]

Algunos han hecho de esta parábola una alegoría al señalar que las aves y la sombra son naciones extranjeras descansando en el reino de Dios (ver Ezequiel 17:22-24; Daniel 4:12).[152] Aunque parezca que esto sea llevar esta parábola muy lejos, es claro, históricamente, que el reino de Dios ha tenido un impacto y beneficio enormes en este mundo.

---

[150] J. A. Sproule, "El problema de la semilla de mostaza", GTJ (Revista Teológica de Grace Theological Seminary) 1 [1980]: 37-42, analiza el lenguaje figurativo de Jesús en este punto.

[151] La palabra que Jesús usa, *laxanon*, significa una planta o verdura comestible, no necesariamente un madero (Mateo y Lucas) o hasta un arbusto. Y, de hecho, la semilla de mostaza era la semilla más pequeña dentro de la clase *laxanon* en la Palestina de ese tiempo.

[152] Por ejemplo, R. W. Funk, "El madero transparente es para las aves", Int (Interpretación) 27 [1973]: 3-9.

Sección 64f
La parábola de la levadura
(Mateo 13:33-35; Marcos 4:33-34; ver Lucas 13:20-21)

³³Les contó otra parábola más: «El reino de los cielos es como la levadura que una mujer tomó y mezcló en una gran cantidad[a] de harina, hasta que fermentó toda la masa.» 34Jesús le dijo a la multitud todas estas cosas en parábolas. Sin emplear parábolas no les decía nada.

ᵃ33 una gran cantidad. Lit. *tres satas* (probablemente unos 22 litros).

Así como la pequeña semilla de mostaza germina, se desarrolla y alcanza una altura considerable, también una pequeña porción de levadura fermenta mucha masa.¹⁵³ Como la levadura, la influencia del reino, que ahora es pequeña, muy pronto abarcará mucho. La levadura, con frecuencia se usa en las Escrituras para representar una influencia negativa, pero no siempre (Levítico 7:13-14; 23:17). En este contexto ciertamente representa la influencia positiva del reino.

Marcos 4:33-34 señala:

³³Y con muchas parábolas semejantes les enseñaba Jesús la palabra hasta donde podían entender. ³⁴No les decía nada sin emplear parábolas. Pero cuando estaba a solas con sus discípulos, les explicaba todo.

Mateo 13:35 señala:

³⁵Así se cumplió lo dicho por el profeta: «Hablaré por medio de parábolas; revelaré cosas que han estado ocultas desde la creación del mundo.»[a]

ᵃ35 Salmo 78:2

Este sermón está estructurado completamente de parábolas. Deja a casi toda la audiencia de Jesús perpleja (Mateo 13:10-17). De hecho, Jesús tiene que explicar estas parábolas de manera privada a sus discípulos, una vez que regresan a la casa.

Mateo, característicamente, emplea esta cita del Antiguo Testamento proveniente de Asaf. No necesariamente está presentando el Salmo 78:2 como profecía de alguna predicción. En cambio, lo que está diciendo es que Jesús tipifica las enseñanzas del Israel antiguo.

---

153 Tres *satas* serían alrededor de 20-45 litros. Eso es suficiente pan para alimentar a cien personas.

Así como Asaf recuenta las grandes maravillas de Dios en un lenguaje escondido o secreto, así ahora Jesús revela el gran reino de Dios a través de un lenguaje velado.

Sección 64g
Explicación de la parábola de la mala hierba
(Mateo 13:36-43)

³⁶Una vez que se despidió de la multitud, entró en la casa. Se le acercaron sus discípulos y le pidieron: -Explícanos la parábola de la mala hierba del campo.
³⁷-El que sembró la buena semilla es el Hijo del hombre -les respondió Jesús-. ³⁸El campo es el mundo, y la buena semilla representa a los hijos del reino. La mala hierba son los hijos del maligno, ³⁹y el enemigo que la siembra es el diablo. La cosecha es el fin del mundo, y los segadores son los ángeles.
⁴⁰»Así como se recoge la mala hierba y se quema en el fuego, ocurrirá también al fin del mundo. ⁴¹El Hijo del hombre enviará a sus ángeles, y arrancarán de su reino a todos los que pecan y hacen pecar. ⁴²Los arrojarán al horno encendido, donde habrá llanto y rechinar de dientes. ⁴³Entonces los justos brillarán en el reino de su Padre como el sol. El que tenga oídos, que oiga.

Jesús deja la multitud y entra la casa (ver Mateo 13:1). Su interpretación de esta parábola arroja mucha luz. No tan sólo conocemos el significado de la parábola, sino que también el método de interpretación de Jesús. Notamos primeramente que Jesús utiliza "cosecha" como la metáfora común judía para juicio. Así, Jesús era entendido por sus contemporáneos a través del uso de sus metáforas. Segundo, Jesús demuestra una creencia literal en Satanás, el juicio, el fin de los tiempos y el "horno encendido" [lago de fuego]. Tercero, la interpretación que Jesús hace es alegórica. Es decir, le da un significado específico a cada uno de los elementos principales de la parábola. No era una interpretación anormal ni caprichosa, sino que era fundamentalmente alegórica.

Sección 64h
La parábola del tesoro escondido
(Mateo 13:44)

⁴⁴»El reino de los cielos es como un tesoro escondido en un campo. Cuando un hombre lo descubrió, lo volvió a esconder, y lleno de alegría fue y vendió todo lo que tenía y compró ese campo.

Debido a que no existían las bóvedas bancarias donde guardar el dinero, los ricos construían sus bodegas de almacenamiento bien protegidas y custodiadas, mientras que el hombre común tenía que esconder sus riquezas de la mejor forma posible. Si de repente moría, entonces su tesoro tenía que esperar ser encontrado. Hablando estrictamente, un tesoro escondido pertenecía al dueño de ese campo. Algunos se han preguntado por qué primero recobrar el tesoro y luego comprar el campo. Pero esto no es el punto de la parábola.[154] Jesús no vacilaría en usar a un vividor para enseñar una verdad espiritual (ver Lucas 16:1-8; 18:1-8). El punto es, el reino de los cielos es de gran valor. Al igual que un tesoro, vale la pena sacrificar todo para obtenerlo.

Sección 64i
La parábola de la perla de gran valor
(Mateo 13:45-46)

⁴⁵»También se parece el reino de los cielos a un comerciante que andaba buscando perlas finas. ⁴⁶Cuando encontró una de gran valor, fue y vendió todo lo que tenía y la compró.

El mensaje de esta parábola es el mismo que la última — el gran valor del reino. Vale la pena deshacerse de todo por obtenerlo. La diferencia está en que el comerciante deliberadamente buscó la perla de gran valor. El hombre del campo simplemente se tropezó con el tesoro. Ya sea que busquemos a Dios, como lo hizo Cornelio (Hechos

---

[154] P. S. Hawkins, "Parable as Metaphor" (La parábola como metáfora), CSR (Revista de eruditos cristianos) 12 [1983]: 226-236, afirma que lo deshonesto era, en verdad, el enigma de la parábola. En sus propias palabras, el punto principal de la parábola es: "Dios obra para llevar a cabo sus propósitos hasta a través de las personas y de las circunstancias más enredadas como las que encontramos en esta ocasión". Sin embargo, en respuesta, J. W. Sider, "Interpreting the Hidden Treasure" (Interpretando el tesoro escondido), CSR (Revista de eruditos cristianos) 13 [1984]: 360-372, presenta persuasivamente que la actividad deshonesta del hombre que encontró el tesoro es un detalle incidental y no debe ser un factor de interpretación. No hay tal elemento en la parábola paralela de la perla de gran precio. Donde la ética es parte central de las parábolas, los detalles se especifican y dramatizan.

capítulo 10) o si nos tropezamos con él, como la mujer samaritana en el pozo de Jacob (Juan capítulo 4), vale la pena todo nuestro sacrificio para obtener sus tesoros. Jesús llama a sus discípulos a que se deshagan de todo aquello que pudiera estorbarles para seguirlo. En ocasiones es el dinero (Mateo 19:21), pero siempre será un sacrificio completo. "Paradójicamente, la salvación es gratuita, pero nos cuesta todo".[155]

Sección 64j
La parábola de la red
(Mateo 13:47-50)

> **47**»También se parece el reino de los cielos a una red echada al lago, que recoge peces de toda clase. **48**Cuando se llena, los pescadores la sacan a la orilla, se sientan y recogen en canastas los peces buenos, y desechan los malos. **49**Así será al fin del mundo. Vendrán los ángeles y apartarán de los justos a los malvados, **50**y los arrojarán al horno encendido, donde habrá llanto y rechinar de dientes.

Esta red [*sagēnē*] no era la red que los pescadores normalmente aventaban al agua. Era una red que los pescadores jalaban detrás de la barca. Al desplazarse, atrapaba cualquier clase[156] de peces. Ya en la playa, los pescadores separaban los peces buenos de los malos, los grandes de los pequeños.

Esta parábola es muy parecida a la del trigo y la cizaña. Ambas se refieren a la mezcla de los buenos con los malos, de los justos con los malvados, y el juicio separador que se llevará a cabo al final de los tiempos. Jesús les interpreta ambas a su audiencia y les pone una posdata en cuanto a la naturaleza del castigo eterno (Mateo 13:42, 50). La diferencia es que la parábola de la cizaña enfatiza la espera mientras que la parábola de la red enfatiza la separación.

---

[155] F. Stagg, *Matthew* [Mateo] in *The Broadman Bible Commentary* [El comentario bíblico Broadman], Vol. 8 (Nashville: Broadman, 1969), p. 159. M. Bailey, "The Parables of the Hidden Treasure and of the Pearl Merchant" [Las parábolas del tesoro escondido y del mercader de la perla], *BibSac* [Biblioteca sacra] 156 (abril-junio 1999): 175-189, justamente ilumina la yuxtaposición de estas dos parábolas de la gracia y la demanda.

[156] Literalmente "todas las nacionalidades". Esta es una forma rara de hablar en cuanto a los peces, pero perfectamente natural al referirse a los hombres. Aún en este momento tan temprano en el ministerio de Jesús, él sugiere que será un Mesías global y no tan sólo nacional.

Sección 64k
La parábola de los tesoros nuevos y viejos
(Mateo 13:51-53)

51—¿Han entendido todo esto? —les preguntó Jesús.
—Sí —respondieron ellos.
Entonces concluyó Jesús: **52**—Todo maestro de la ley que ha sido instruido acerca del reino de los cielos es como el dueño de una casa, que de lo que tiene guardado saca tesoros nuevos y viejos.
53Cuando Jesús terminó de contar estas parábolas, se fue de allí.

Cuando Jesús pregunta a sus discípulos si entendieron estas parábolas, probablemente debiéramos de insertar la palabra "mejor". No creo que ellos hayan entendido todo el impacto de las mismas. Pero como ellos afirmaron haberlas entendido [mejor], se responsabilizan en enseñar estas verdades del reino. De igual manera que los fariseos recibieron instrucción farisaica, así fueron enseñados los discípulos de Jesús (literalmente, disciplinados), en los puntos principales del reino.

Como maestros del reino, deben sacar y presentar tanto lo viejo como lo nuevo. Así como un rico puede decorar su mansión con antigüedades y con arte moderno, así el maestro debe enseñar y aplicar tanto las verdades antiguas como los desarrollos modernos. Estos discípulos deben mostrar cómo es que Jesús cumplió el plan antiguo de Dios en los tiempos presentes.

Después de todo un día de enseñanza, Jesús se embarca y se va de Capernaúm, dirigiéndose al distrito de los gadarenos. Entonces, ¿qué hemos aprendido de estas parábolas del reino?

1. El reino es como un campo sembrado con trigo. Su crecimiento se basa tanto en la recepción del hombre (*Sección 64b*) como en la soberanía de Dios (*Sección 64c*).
2. La separación de los justos y los malvados no será sino hasta el día de juicio (*Secciones 64d, y 64j*).
3. El reino crece e influencia de manera fenomenal (*Secciónes 64e y 64f*).
4. El reino es de valor infinito (*Secciones 64 h, 64i y 64k*).

Sección 65
Jesús calma la tormenta
(Mateo 8:18, 23-27[157]; Marcos 4:35-41; Lucas 8:22-25)

Esta es una narración importante y poderosa. Es la primera vez en los sinópticos que el poder de Jesús actúa sobre lo inanimado. Provocó miedo y asombro, hasta en sus seguidores más cercanos. Algunos han tratado de explicar este acontecimiento como mera coincidencia o lo relegan a mito o producto de la imaginación. Sin embargo, ninguno de ellos explica adecuadamente los detalles tan vívidos del testigo ocular. Además, más y más se acepta que un prejuicio anti-sobrenatural no tiene defensa científica o filosófica.

Al mismo tiempo, ese suceso es más que una simple narración de un acontecimiento histórico. Los milagros son algo así como las parábolas decretadas del reino.[158] Esa misma noche, después de que Jesús predicó un sermón sobre el reino de Dios, todo en parábolas, demostró dos aspectos importantes del reino. Primero, Jesús demuestra el poder de Dios (ver Salmos 104:7; 107:23-30).[159] En otras palabras, el reino de Dios tomó parte activa en la historia de la humanidad. Segundo, Jesús salva a su pueblo de la tormenta.[160]

Marcos 4:35-38 *con* Mateo 8:18, 24-25, Lucas 8:23-24 señalan:

> [35]Ese día al anochecer,{cuando Jesús vio a la multitud que lo rodeaba[Mt]} les dijo a sus discípulos: —Crucemos al otro lado. [36]Dejaron a la multitud y se fueron con él en la barca donde estaba. También lo acompañaban otras barcas. [37]{De repente[Mt]} se desató entonces una fuerte tormenta, y las olas azotaban la barca, tanto que ya comenzaba a inundarse {y corrían gran peligro[Lc]}. [38]Jesús,

---

[157]Mateo toma esta sección fuera de su orden cronológico y la ubica en medio de una colección de milagros en los capítulos 8-9. Él lo hace con un propósito. Tomado como un todo, estos milagros contestan una simple pregunta: ¿Quién es Jesús en verdad? A la luz de la oposición farisea, las falsas concepciones populares, la duda aún de su propia familia y hasta la ignorancia de sus discípulos, este milagro nos da un destello de la verdadera persona de Jesús. Ver P. F. Feiler, "The Stilling of the Storm in Matthew: A Response to Günther Bornkamm" (La calma de la tormenta en Mateo: Una respuesta a Günther Bornkamm), *JETS* (Diario de la sociedad teológica evangélica) 26/4 [1983]: 399-406.

[158]Ver C. L. Blomberg, "New Testament Miracles and Higher Criticism: Climbing up the Slippery Slope" (Los milagros en el Nuevo Testamento y la alta crítica: Escalando la pendiente resbalosa), *JETS* (Revista de la sociedad teológica evangélica) 27/4 [1984]: 425-438.

[159]P. J. Achtemeier, "Person and Deed: Jesus and the Storm Tossed Sea" (Persona y acción: Jesús y el mar tormentoso), *Int* (Interpretación) 16 [1962]: 169-176.

[160]Esto ha sido aplicado alegóricamente a Jesús viendo a los cristianos en las tormentas de la vida (por ejemplo, N. Pittenger, "Great Calm" [La gran calma]), *ExpT* [Tiempos de exposició] 85 [1974]: 209-210).

mientras tanto, estaba en la popa, durmiendo sobre un cabezal, así que los discípulos lo despertaron. —¡Maestro! {¡Señor!^Mt} —gritaron—, ¿no te importa que nos ahoguemos?

Jesús ha terminado su sermón mediante el uso de parábolas. Es aparente que sigue habiendo multitudes esperando su enseñanza. Tal vez sea claro para sus discípulos que no iban a poder dormir esa noche a menos que salieran del pueblo (Marcos 4:35). Sin tomarse el tiempo de cambiarse de ropa o bañarse, se embarcan para salir rápidamente. Pero no son lo suficientemente rápidos. Las multitudes tratan de seguir a Jesús en otras barcas. Este es un gran error, como a continuación lo van a descubrir. Se está preparando y se avecina una gran tormenta. Tienen dos posibilidades, ya sea que la tormenta los lleve nuevamente a la playa o que se hundan.

Como es común en el mar de Galilea las tormentas se levantan sorpresivamente. El lago está situado a una altura por debajo del nivel del mar, como a 209 metros, rodeado por montañas de hasta 610 metros de altura. Cuando los vientos entran por esas colinas rápidamente entran hasta el fondo y causan estragos con una gran fuerza. Esta "furioso turbión" [*lailaps*] es la palabra usada para huracán. Es una tormenta extremadamente furiosa.

Mientras tanto, Jesús se queda dormido sobre un cojín (tal vez hecho del cuero de los borregos) en la popa de la barca. Esta es la única vez que leemos de Jesús durmiendo, que es de lo más sorprendente ya que la barca "se hundía" y "estaban todos en peligro". Ambos verbos están en tiempo presente imperfecto, indicando un dilema constante para los discípulos. En otras palabras, la barca se llenaba de agua. Es una de esas barcas fuertes, bien construida, pero lenta. Con trece personas estaría muy cargada. Mientras las olas golpean los lados y el agua entra a la barca, se hunde cada vez más.

Los discípulos despiertan a Jesús y dicen: "¡Maestro, Maestro, nos vamos a ahogar!" (Lucas 8:24). Este "Maestro" utilizado únicamente por Lucas, significa "comandante". Ellos no tan sólo se sorprenden que él duerma en estas circunstancias, sino que está de mal humor. Por su respuesta ante el milagro, pareciera que ellos no esperaban que Jesús calmara la tormenta. En cambio, necesitan a todos en la proa para manejar los remos o achicar en agua en la barca.

Marcos 4:39-41 *con* Lucas 8:25, Mateo 8:27 señalan:

³⁹Él se levantó, reprendió al viento y ordenó al mar: —¡Silencio! ¡Cálmate! El viento se calmó y todo quedó completamente tranquilo.
⁴⁰—¿Por qué tienen tanto miedo? —dijo a sus discípulos—. ¿Todavíaa no tienen fe?
⁴¹Ellos estaban espantados y {con temor y asombro^Lc} se decían unos a otros: —¿Quién es éste, {¿Qué clase de hombre es éste^Mt} que hasta el viento y el mar le obedecen?

Ambas palabras "reprender" (*epitiman*) y "silencio" (*phimoun*), en referenia a los vientos y olas, se usan en narraciones respecto a la expulsión de demonios (ver Marcos 1:25). De modo que estamos frente a una fuerte conexión entre Jesús calmando el mar y la expulsión de demonios en Gerasa. Ambos están bajo su mando y control. Ambos muestran la autoridad divina de Jesús.

Los elementos y fenómenos obedecen la voz de Jesús e impera el silencio en el mar de Galilea. Como co-creador (Juan 1:1-18; Colosenses 1:16) y co-sustentador (Colosenses 1:17; Hebreos 1:3), el universo físico responde a los mandatos de su Hacedor.

Marcos es el único que presenta la represión de Jesús en cuanto a su falta de fe (que él repite una gran cantidad de veces, ver Marcos 7:18; 8:17-18, 21, 32-33; 9:19). Jesús ha demostrado su poder sobre las enfermedades, los demonios y la muerte. Ahora él demuestra que también es Señor de los elementos. ¡Para los pescadores, esto es poder! No es de sorprenderse que ellos no tuvieran fe para tal milagro. ¡En verdad que esto es extraordinario!

En Capernaúm (Marcos 1:27), ellos preguntaron "¿qué es esto?". Pero ahora la pregunta se torna: "¿Quién es éste?" Y precisamente esa es la pregunta clave que este milagro está diseñado a responder. Los fariseos se le oponen, las multitudes se maravillan de él. ¡Aun, sus compañeros más cercanos ignoran quién en verdad es él! Pero sus hechos revelan la verdad: Jesús es Dios revelado en forma humana.

Esta es una narración poderosa y tierna. Jesús acaba de calmar las fuerzas naturales de la tormenta. Ahora domina las fuerzas espirituales de la oscuridad.

Sección 66
Liberación del endemoniado geraseno
(Marcos 5:1-20; Lucas 8:26-39; Mateo 8:28-34)

¹Cruzaron el lago hasta llegar a la región de los gerasenos.ᵃ {que está al otro lado del lago, frente a Galilea^Lc} ²Tan pronto como desembarcó Jesús, un hombre {dos endemoniados^Mt} poseído por un espíritu maligno^b le salió al encuentro de entre los sepulcros. {Hacía mucho tiempo que este hombre no se vestía; tampoco vivía en una casa sino^Lc} ³Este hombre vivía en los sepulcros, y ya nadie podía sujetarlo, ni siquiera con cadenas. {Eran tan violentos que nadie se atrevía a pasar por aquel camino.^Mt} ⁴Muchas veces lo habían atado con cadenas y grilletes {lo mantenían bajo custodia^Lc}, pero él los destrozaba, {y el demonio lo arrastraba a lugares solitarios^Lc} y nadie tenía fuerza para dominarlo. ⁵Noche y día andaba por los sepulcros y por las colinas, gritando y golpeándose con piedras.

ᵃ1 *gerasenos*. Var. *gadarenos*; otra var. *gergesenos*. ᵇ2 griego *inmundo*; también en vv.8 y 13.

Si tratamos de unir las narraciones sinópticas, descubrimos que es posible que Jesús haya dejado Capernaúm entre las seis y siete de la tarde (ver Marcos 4:35). Debido a la tormenta, es posible que les haya tomado de tres a cuatro horas cruzar el lago (menos de ocho kilómetros). Así, es posible que ahora estemos hablando de las horas entre las nueve y la media noche. Esta escena se lleva a cabo bajo la luz del firmamento siendo testigos los guidadores de una manada de cerdos.

Este lugar queda al otro lado de Galilea, en territorio gentil, del lado este del lago. Esto tiene una importancia especial para Lucas porque bosqueja el evangelio a los gentiles. Mateo la etiqueta como Gadara en vez de Gerasa. Gadara era una ciudad muy bien conocida retirada del lago como a unos veinticinco kilómetros, pero su territorio abarcaba hasta parte del lago. Como a un kilómetro del lago estaba una ciudad conocida como Gerasa. Es posible que Jesús haya desembarcado aquí ya que los únicos acantilados del mar están aquí, en donde los cerdos cayeron al agua y se ahogaron. Hablando estrictamente, es incorrecto referirse a esta área como "Gerasín". Es posible que la similitud de los nombres causó que los escribas se equivocaran.

Esta área tiene una ribera estrecha, que se pierde rápidamente en acantilados de piedra llenos de cuevas. Los arqueólogos han encontrado tumbas de seis metros cuadrados con nichos a los lados para los cuerpos. Los indigentes en ocasiones usaban las cuevas y las tumbas como sus hogares. Esto sigue siendo común hasta nuestros días.

Mateo señala que fueron dos endemoniados los que le salieron al encuentro a Jesús. Lucas y Marcos se concentran en el más llamativo de los dos — el que hablaba. Él viene corriendo hacia Jesús y se postra a sus pies. Tenemos frente a nosotros a un endemoniado típico (Liefeld, p. 913): (1) Desnudo — sin preocupación por su pudor y dignidad personal, (2) apartado de la sociedad, (3) habitando de manera austera (por ejemplo, en las cuevas), (4) reconociendo la divinidad de Jesús, (5) control demoníaco de la lengua, (6) gritando, (7) con fuerza extraordinaria — romper cadenas es tener un poder asombroso. Además de esto no tan sólo tenía tendencias homicidas sino hasta suicidas (Mateo 8:28; Marcos 5:5). Era la comidilla y el terror del pueblo. Todos hablaban de él.

Marcos 5:6-10 con Lucas 8:28, 31, Mateo 8:29 señalan:

⁶Cuando vio a Jesús desde lejos, corrió y se postró delante de él. ⁷-¿Por qué te entrometes, Jesús, Hijo del Dios Altísimo? -gritó con fuerza-. ¡Te ruego por Dios que no me atormentes! {antes del tiempo señalado^Mt} ⁸Es que Jesús le había dicho: «¡Sal de este hombre, espíritu maligno!»
⁹-¿Cómo te llamas? -le preguntó Jesús.
-Me llamo Legión -respondió-, porque somos muchos. 10Y con insistencia le suplicaba a Jesús que no los expulsara de aquella región {al abismo^Lc}.

Esta expresión idiomática: "Por qué te entrometes Jesús" (literalmente "Qué hay entre tú y yo"), se puede entender de varias formas: "¿Qué tenemos en común?" o "¿Quieres interferirme?" o "¿Por qué interrumpes mi vida?" Esencialmente le está preguntando a Jesús cuál es el significado y/o importancia de este encuentro.

La segunda parte de esta proclamación demoníaca: "Hijo del Dios Altísimo" suena raro viniendo de un demonio. En el Antiguo Testamento, "Dios Altísimo" es un título ortodoxo de Jehová (Génesis 14:18-22; Números 24:16; Isaías 14:14; Daniel 3:26; 4:2). Así que, ¿por qué proviene de un demonio? Es posible que el demonio quiere invocar el nombre de Dios antes que Jesús invoque el nombre del demonio. Vea usted, la práctica corriente para expulsar demonios era conjurar los nombres de personajes y "dioses" famosos para poder derrotar al demonio y expulsarlo. El que tuviera el repertorio más impresionante supuestamente ganaba.

Este endemoniado tenía un listado enorme de nombres que lo respaldaban. Pero solamente se menciona uno – Legión. Este término se refiere a la unidad del ejército romano que generalmente consistía de 6,000 hombres. Sin embargo, no es necesario tomar esto como una cantidad literal. La retórica judía normalmente se refería a posesiones demoníacas múltiples como "legión". Es asunto es que el tipo está en muy malas condiciones. Está lleno de espíritus inmundos.

Los demonios rebasan por mucho en cantidad a Jesús. Sin embargo, están aterrados ante él. Saben que tiene el poder y la autoridad suficiente para castigarlos. De hecho, sabían bien de la prisión reservada para ellos en el abismo el día del juicio (ver Mateo 25:41; 2 Pedro 2:4; Judas v. 6). Le ruegan al Señor que no los sentencie antes de tiempo.

La palabra "abismo" originalmente quiere decir "sin fondo". En general se refiere al reino de los muertos. Tiene varios significados específicos en un rango desde caos primitivo hasta aprisionamiento de seres malvados (ver Romanos 10:7; Apocalipsis 9:1-3; 11:7; 17:8; 20:1-3). Mateo agrega la nota (8:29): "antes del tiempo señalado". Eventualmente Satanás y su corte serán encerrados y castigados (Apocalipsis 20:1-3, 10). No piden ser librados. Saben que esto no es posible. Sin embargo, piden tener el tiempo completo para causar estragos en la tierra.

Marcos 5:11-13 *con* Mateo 8:30-31 señalan:

> {A cierta distancia de ellos^{Mt}} ^{11}Como en una colina estaba paciendo una manada de muchos cerdos, los demonios le rogaron a Jesús: {Si nos expulsas^{Mt}} ^{12}—Mándanos a los cerdos; déjanos entrar en ellos. ^{13}Así que él les dio permiso. Cuando los espíritus malignos salieron del hombre, entraron en los cerdos, que eran unos dos mil, y la manada se precipitó al lago por el despeñadero y allí se ahogó.

Había como 2,000 cerdos en la manada. Si la cantidad de la legión y los cerdos es exacta, eso equivaldría a tres demonios por cada cerdo. No es de extrañarse por qué se suicidan. Pero, ¿no hace eso de Jesús un destructor de propiedad ajena? Para nada. Jesús simplemente lo permitió, no lo causó. No culpemos a Dios por la obra de Satanás. Además, los cerdos eran animales inmundos para los judíos. No podemos esperar que Jesús honrase una manada de cerdos. La verdad es que Jesús considera el alma humana más importante que 2,000 cerdos, y eso casi no se puede rebatir.

¿Por qué piden los demonios entrar en los cerdos y luego destruir toda la manada? Tal vez los demonios anticipan que se culpará a Jesús por la pérdida de la manada. Así, le tratan de causar problemas a Jesús. Al mismo tiempo, los demonios son destructores por naturaleza. No están haciendo algo esencialmente distinto a los cerdos de lo que le hacen al hombre. No es cierto que Satanás (y sus demonios) cuiden a los suyos. Típicamente destruyen todo aquello que tocan.

Marcos 5:14-17 *con* Mateo 8:34, Lucas 8:35, 37 señalan:

¹⁴Los que cuidaban los cerdos salieron huyendo y dieron la noticia en el pueblo y por los campos, y la gente fue a ver lo que había pasado. ¹⁵{Entonces todos los del pueblo fueron al encuentro de Jesús.^{Mt}} Llegaron adonde estaba Jesús, y cuando vieron al que había estado poseído por la legión de demonios, sentado {sentado a sus pies^{Lc}}, vestido y en su sano juicio, tuvieron miedo. ¹⁶Los que habían presenciado estos hechos le contaron a la gente lo que había sucedido con el endemoniado y con los cerdos. ¹⁷Entonces la gente comenzó a suplicarle a Jesús que se fuera de la región {porque les había entrado mucho miedo^{Lc}}.

Debió haber sido como a la media noche. Al tiempo que los cuidadores de los cerdos reportan el incidente, despiertan al dueño de la manada. Se convoca una asamblea urgente del pueblo a esa hora.

Por primera vez, por quién sabe cuanto tiempo, este endemoniado es liberado. La gente del pueblo se congrega en la playa en las primeras horas de la madrugada. Encuentran al ex-endemoniado sentado, sano y ya vestido, tal vez con la capa del propio Jesús. Cuando lo ven, se llenan de miedo. Pero, ¿qué es lo que los asusta? Conocían el poder del endemoniado; no lo podían controlar ni con cadenas. Sin embargo, Jesús lo domina. Ese tipo de poder estaba fuera del alcance y concepción de ellos. También sabían que su medio de ingresos más importante había desaparecido. Necesitan a un chivo expiatorio. Jesús está allí disponible. En vez de someterse a su poder, de miedo lo expulsan.

Esta es una decisión comunitaria (ver "todos los del pueblo"). Lo más fácil es pedirle a Jesús que se fuera y no tratar de entender la complejidad de la situación y cómo deben proceder ellos. El mismo

Pedro le pidió a Jesús irse después de la gran pesca (Lucas 5:8). Pero con Pedro había una gran diferencia. Pedro lo hizo porque captó un destello de la santidad de Jesús contra su situación personal de pecado. Esta gente lo hizo porque vislumbraron el poder de Jesús y querían protegerse de ese poder. Jesús se quedó con Pedro y obró en él. Pero debido a la incredulidad de los gadarenos, Jesús los deja, como se lo pidieron. Es un caballero. Él no se impondrá en sus vidas.

Marcos 5:18-20 señala:

> [18] Mientras subía Jesús a la barca, el que había estado endemoniado le rogaba que le permitiera acompañarlo. [19] Jesús no se lo permitió, sino que le dijo: -Vete a tu casa, a los de tu familia, y diles todo lo que el Señor ha hecho por ti y cómo te ha tenido compasión. [20] Así que el hombre se fue y se puso a proclamar en Decápolis[a] lo mucho que Jesús había hecho por él. Y toda la gente se quedó asombrada.
>
> [a]20 Es decir, las diez ciudades

El ex-endemoniado le ruega a Jesús poder acompañarlo. El verbo imperfecto indica que él sigue implorando a Cristo. ¿Por qué quiere irse con Jesús? Obviamente, ama a Jesús y aprecia lo que él ha hecho. Él sabe que si se mantiene cerca de Jesús los demonios no volverán. Pero además de su amor por Jesús, siempre será el ex-endemoniado para los gadarenos. Seguirá teniendo las huellas y cicatrices como recordatorio a la comunidad de lo que fue. Y, el pueblo lo asociará con la pérdida de los 2,000 cerdos. Quiere un inicio fresco y una nueva identidad. Sin embargo, para Jesús, es más importante que él testifique en su comunidad con su vieja identidad.

Jesús lo envía a su familia, a su casa. El contenido de este mensaje es simple. Debe contar dos cosas: (a) "Diles todo lo que el Señor ha hecho por ti" y (b) "cómo te ha tenido compasión". En ocasiones hacemos del evangelismo algo muy complejo. Tenemos frente a nosotros a un ex-endemoniado con tan sólo una tarde de educación en un "colegio bíblico". Simplemente se va a casa y cuenta su experiencia. Los resultados son fenomenales. No sólo predica en su pueblo, sino que se va a Decápolis, un asentamiento de diez ciudades griegas.[161]

---

[161] Decápolis, originalmente, fue un grupo de diez ciudades como lo sugiere su nombre. Más tarde se agregaron otras ciudades. Aparentemente estaba anexado a Siria pero con su propio sistema de apelación a las autoridades romanas. Era claramente de orientación y rasgos griegos. Pero no existe evidencia sólida de que fuese una confederación independiente

Pero la historia no termina aquí. La siguiente vez que Jesús regresa a esa misma área, tiene una gran recepción y alimenta a 4,000 personas. No hay duda, la multitud es tan grande debido al testimonio de este hombre.

Sección 67
Sanidad de dos mujeres
(Mateo 9:18-26; Marcos 5:21-43; Lucas 8:40-56)

Después de predicar por parábolas un día antes, calmar la tormenta esa misma noche, sanar al endemoniado y ser expulsado del pueblo, es probable que Jesús podía necesitar un poco de descanso. De Gadara regresa a Capernaúm sin haber dormido nada, salvo por un pequeño descanso a media tormenta. Las multitudes lo esperan en la playa anticipando su retorno. No habrá descanso para los fatigados.

Hay algo en común en la sanidad de los endemoniados, en la mujer con flujo de sangre y en la hija de Jairo: todos eran considerados ritualmente inmundos. Los demonios, la sangre y la muerte no tan sólo hacían inmundo al individuo sino a cualquiera que los tocase. De entre los rabinos, Jesús es el único que los toca y los purifica a ellos.

Marcos 5:21-24a *con* Lucas 8:40-42, Mateo 9:18 señalan:

²¹Después de que Jesús regresó en la barca al otro lado del lago, se reunió alrededor de él una gran multitud, {todos estaban esperándolo^{Lc}} por lo que él se quedó en la orilla. ²²Llegó entonces uno de los jefes de la sinagoga, llamado Jairo. Al ver a Jesús, {se arrodilló delante de él^{Mt}}se arrojó a sus pies, ²³suplicándole con insistencia:{que fuera a su casa^{Lc}} —Mi hijita {de unos doce años^{Lc}} se está muriendo {acaba de morir^{Mt}}. Ven y pon tus manos sobre ella para que se sane y viva. ²⁴Jesús se fue con él.

La niña de doce años es única descendiente de Jairo [*monogenēs*, Lucas 8:42], no tan sólo su única hija (ver Lucas 7:12; Juan 3:16). A los doce años la niña se convertía en mujer. Así, por doce años, esta pareja no ha podido tener otro descendiente. Ya no pueden tener más hijos. Mientras hablan, la vida de la niña se escapa.[162]

---

como se sugirió con frecuencia. Ver S. T. Parker, "The Decapolis Reviewed" (La Decápolis revisada), JBL (Revista de literatura bíblica) 94 (1975): 437-441.

[162] La aparente contradicción de que si la niña está ya muerta o no se resuelve cuando entendemos que a) la medicina del primer siglo no tenía la tecnología para determinar el punto exacto de muerte y b) la frase griega de Mateo (*arti eteleutēsen*) también se podía traducir

Jairo, como líder de la sinagoga, es un personaje importante en su comunidad. Es su trabajo, como laico, dirigir los cultos y asuntos de la sinagoga. En el despertar de la oposición a Jesús, es posible que Jairo estuviera exponiendo su propio empleo al acudir a Jesús, en busca de ayuda. Pero la urgencia de la situación demanda que busque la ayuda de Jesús. Dado que Jesús había estado en Capernaúm el día antes, podemos asumir que la salud de la niña empeoró durante la noche. En este momento de gran necesidad, Jairo se humilla al arrodillarse a los pies de Jesús (acto asociado con honor y adoración). Jesús responde inmediatamente a su petición y se dirige urgentemente a la casa de Jairo y los seguía un gran multitud.

Marcos 5:24b-29 *con* Lucas 8:42, Mateo 9:20 señalan:

> [24]Jesús se fue con él, y lo seguía una gran multitud, la cual lo apretujaba {lo apretujaban[Lc]}. [25]Había entre la gente una mujer que hacía doce años padecía de hemorragias. [26]Había sufrido mucho a manos de varios médicos, y se había gastado todo lo que tenía sin que le hubiera servido de nada, pues en vez de mejorar, iba de mal en peor. [27]Cuando oyó hablar de Jesús, se le acercó por detrás entre la gente y le tocó el manto {el borde del manto[Mt]}. [28]Pensaba: «Si logro tocar siquiera su ropa, quedaré sana.» [29]Al instante cesó su hemorragia, y se dio cuenta de que su cuerpo había quedado libre de esa aflicción.

La multitud "apretuja" a Jesús. Esta es la misma palabra que se utiliza en la parábola del sembrador para describir como las malas hierbas "ahogaron" la buena semilla. Hay dos palabras más que describen a esta multitud: [*synechousin*] "gran multitud" y [*apothlibousin*] "apretujar" o "aplastar", ambas usadas en Lucas 8:45. Esta multitud sí que es ruda. Se puede imaginar qué tan insistentes y rudos tuvieron que ser Jairo y esta mujer para llegar hasta Jesús. Sus necesidades los forzaron a actuar así.

Esta turba se amotina y se dirige impetuosamente a la casa de Jairo. El tiempo apremia y es de suma importancia salvar a la niña. Pero la procesión hace un alto total debido a esta mujer anónima. Ha estado sangrando constantemente por doce años, muy interesante resula que esta es la edad de la hija de Jairo. Aunque no se describe el sangrado, asumimos que se trata de un problema ginecológico, que aparentemente era muy común. Una hoja del Talmud (*Shabb.* 110b) enlista once remedios diferentes (muy raros) para detener el angrado

---

como "ha llegado al punto de muerte". La niña no está muerta pero está al borde de la muerte.

de una mujer, como el hecho de llevar siempre consigo las cenizas de un huevo de avestruz en un paño de lino.

La ley de Moisés, en Levítico 15:25-33, al igual que la costumbre judía, le habría puesto serias restricciones a la vida social de esta mujer. Ella quedaba excluida de la adoración en el templo, no podía socializar en público y a cualquiera que tocara quedaba inmundo (Números 19:22; *m. Zabim* 5:1-7; *m. Nid.* 111-3.7). Este no es tan sólo un problema médico; también es un problema social.

Marcos nos proporciona algo de información que Lucas, el médico, dejó fuera por razones obvias: "Había sufrido mucho a manos de varios médicos, y se había gastado todo lo que tenía sin que le hubiera servido de nada, pues en vez de mejorar, iba de mal en peor" (5:26).

Esta mujer parece que actúa basada en la superstición helenística la cual asumía que los poderes de sanidad de una persona pasaban a sus ropas. ¡Pero obtiene buenos resultados! Jesús respeta su fe y ella es sanada mediante su acto deliberado al tocar su manto.[163] Es posible que ella tocó uno de los flecos de su manto de oración (Números 15:38-39; Deuteronomio 22:12). Es decir, no cabe la menor duda de que fue un milagro muy raro. Pero no fue la única vez que algo así sucedió (ver Hechos 5:15; [la sombra de Pedro]; Hechos 19:11-12 [el pañuelo de Pablo]. Dios respetó su fe aunque haya sido algo supersticioso en ese tiempo.

Marcos 5:30-31 *con* Lucas 8:45 señalan:

> ³⁰Al momento también Jesús se dio cuenta de que de él había salido poder, así que se volvió hacia la gente y preguntó: -¿Quién me ha tocado la ropa? {Como todos negaban haberlo tocado, Pedro le dijo: —Maestro,^Lc} ³¹—Ves que te apretuja la gente —le contestaron sus discípulos—, y aun así preguntas: "¿Quién me ha tocado?"

Lucas 8:46 señala:

> ⁴⁶—No, alguien me ha tocado —replicó Jesús—; yo sé que de mí ha salido poder.

---

[163] Ver C. E. Powell, "The 'Passivity' of Jesus in Mark 5:25-34", BibSac 162/645 (2005): 66-75.

Marcos 5:32-34 *con* **Lucas 8:47, Mateo 9:22 señalan:**

> ³²Pero Jesús seguía mirando a su alrededor para ver quién lo había hecho. ³³La mujer, {al ver que no podía pasar inadvertida^{Lc}} sabiendo lo que le había sucedido, se acercó temblando de miedo y, arrojándose a sus pies, le confesó toda la verdad. {En presencia de toda la gente, contó por qué lo había tocado y cómo había sido sanada al instante^{Lc}} {—¡Ánimo, hija!^{Mt}} ³⁴—¡Hija, tu fe te ha sanado! —le dijo Jesús—. Vete en paz y queda sana de tu aflicción.

Jesús se da cuenta que sale poder de él. Así que pregunta quién ha tocado sus ropas. ¡Resulta sorprendente que todos nieguen haberlo hecho en circunstancias en que todos lo apretujaban hacía unos instantes! A Pedro le parece que la pregunta carece de razón alguna. ¿Cómo pudo haber sentido Jesús que alguien tocara sus *ropas* cuando estaba siendo atropellado por la multitud?

¿En verdad no sabía Jesús quién lo había tocado? Si no, ¿cómo fue que esta mujer obtiene de él poder para sanar? Hay dos muy buenas posibilidades. Primera, Jesús conocía la fe de la mujer cuando ella lo tocó. Así que él la sanó. Ahora, él quiere que la llama de fe se encienda al señalarla en la multitud. Una segunda posibilidad, que parece mejor, es que Jesús no sabía quién era esta mujer, pero su Padre sí sabía. Dios sabía de quién se trataba y sabía lo que estaba pasando, por lo que permite que su poder pase a través de su Hijo hacia el cuerpo de la mujer. Ahora Jesús, usando su poder para ver el interior del corazón de las personas, busca entre la multitud para mostrarle a esta mujer que aunque su superstición era equivocada, su fe estaba bien.

Esta mujer no había pasado desapercibida.[164] Esto puede indicarnos que Jesús sí sabía quién era ella. Hasta pudo haberla estado mirando a los ojos. O era su miedo, manifestado en temblor, que la delató.

Esto despierta su confesión pública, que ella quiere evitar. Después de todo, un sangrado ginecológico no es algo de lo cual se habla en público. Jesús no está tratando de apenarla al pedirle que confiese su problema. Pero si su fe se va a desarrollar completamente, sin mencionar la de la multitud, ella debe hacer una declaración pública.

---

[164]Lucas 8:47 (*Nueva Versión Internacional de la Biblia*) está traducida en tiempo presente: "Ella no pasaba inadvertida". Pero en verdad está en tiempo pasado y se debe leer: "Ella no había podido pasar inadvertida".

Por las palabras amables de Jesús, no tan sólo le quita el miedo por haberlo tocado, sino que quita el estigma público en cuanto a su problema. Ella ha sanado completamente, por lo que debe ser reinstalada en su comunidad de manera plena.

Esta es la única vez en que Jesús se dirige a alguien como "hija". Además, sus palabras: "Vete en paz" hacen eco a la palabra hebrea "Shalom". Esto es más que una despedida amable o un buen deseo de bienestar físico. Era una oración por una condición de buena relación entre Dios y el ser humano. Por primera vez en doce años ella puede y es apta para recibir tal saludo.

Marcos 5:35-40a *con* **Lucas 8:49-53, Mateo 9:23-24 señalan:**

³⁵Todavía estaba hablando Jesús, cuando llegaron unos hombres de la casa de Jairo, jefe de la sinagoga, para decirle: -Tu hija ha muerto. ¿Para qué {No^{Lc}} sigues molestando al Maestro? ³⁶Sin hacer caso de la noticia, Jesús le dijo al jefe de la sinagoga: -No tengas miedo; cree nada más {y ella será sanada^{Lc}}. ³⁷No dejó que nadie lo acompañara, excepto Pedro, Jacobo y Juan, el hermano de Jacobo {[y] el padre y la madre de la niña^{Lc}}. ³⁸Cuando llegaron a la casa del jefe de la sinagoga, Jesús notó el alboroto, {y vio a los flautistas^{Mt}} y que la gente lloraba y daba grandes alaridos. ³⁹Entró y les dijo: -¿Por qué tanto alboroto y llanto? La niña no está muerta sino dormida. ⁴⁰Entonces empezaron a burlarse de él, pero él los sacó a todos, tomó consigo al padre y a la madre de la niña y a los discípulos que estaban con él, y entró adonde estaba la niña {porque sabían que estaba muerta^{Lc}}.

Con este retraso, sin duda que Jairo está un poco ansioso. Su frustración empeora con la trágica noticia de que su hija ha muerto. "Muerte" es la primer palabra de la oración en griego para darle énfasis. Es algo parecido a "¡MUERTA está tu hija!" La resurrección de los muertos era algo fuera de lo común en la literatura apócrifa. El comparativo más cercano a Jesús dentro del judaísmo fue un rabino conocido como Haninah b. Dosa quien en ocasiones tenía éxito al orar por los enfermos para que estos no murieran (*m. Ber.* 5.4).

A los siervos les preocupa tanto Jesús como Jairo. No quieren que se le moleste más a Jesús, pero Jesús ignora este mensaje. Rápidamente retoma la atención de Jairo y trata de que éste se enfoque pasando del miedo a la fe.

Marcos hace que todo esto se vea como que Jesús detiene a la multitud en el sitio donde reciben la noticia de la muerte de la niña y no les permite continuar hasta la casa de Jairo. Tal vez Lucas lo exprese más claro cuando señala que Jesús únicamente permite que le acompañen tres apóstoles adentro de la casa (Pedro, Jacobo y Juan), junto con los padres de la niña. Son estos tres apóstoles que también tienen el privilegio de contemplar la transfiguración (Mateo 17:1; Marcos 9:2; Lucas 9:28) y los que siguen a Jesús en el jardín del Getsemaní (Mateo 26:37; Marcos 14:33).

Fuera de la casa hay un gran lamento. De acuerdo con los ritos judíos de un sepelio, se juntaría una multitud y harían mucho lloro y gran conmoción. Hasta a la gente más pobre se le requería que por lo menos contratara a dos flautistas y una persona que llorase (m. Ketub. 4:4). La palabra "lamento" incluía golpearse el pecho en señal de una gran pena. Aparentemente a Jesús y a Jairo les toma el tiempo suficiente en llegar que hasta hay ya una multitud reunida para el funeral.

Jesús les dice que dejen de lamentarse porque la niña no está muerta sino que duerme. Jesús utilizó la misma forma del lenguaje para describir a Lázaro (Juan 11:11; ver Mateo 27:52; Hechos 13:36; 1 Corintios 11:30; 15:20, 51; 1 Tesalonicenses 4:14). La multitud, tomando literalmente sus palabras, se rieron de él. Ellos saben plenamente cuando alguien ha muerto. No son tontos, pero creen que Jesús sí lo es. Aun hace pocos momentos, cuando una mujer entre la multitud se sanó con un toque, Pedro pensaba (como ahora piensan los de luto) que Jesús no pudo tener la razón. Cuando Jesús preguntó, "¿Quién me tocó?" había muchos obviamente que le tocaban.

Marcos 5:40b-43 *con* Lucas 8:54-56 señalan:

⁴⁰pero él los sacó a todos, tomó consigo al padre y a la madre de la niña y a los discípulos que estaban con él, y entró adonde estaba la niña. ⁴¹La tomó de la mano y le dijo: -*Talita cum*[a] (que significa: Niña, a ti te digo, ¡levántate!). ⁴²{Recobró la vida[b] y[Lc]} La niña, que tenía doce años, se levantó en seguida y comenzó a andar. Ante este hecho todos {los padres[Lc]} se llenaron de asombro. ⁴³Él dio órdenes estrictas de que nadie se enterara de lo ocurrido, y les mandó que le dieran de comer a la niña.

[a]**41** cum. Var. cumi. [b]***Lc 8:55*** *Recobró la vida*. Lit. Y volvió el espíritu de ella.

Mateo 9:26 señala:

²⁶La noticia se divulgó por toda aquella región.

Cuando Jesús levanta a esta niñita de entre los muertos ella está completamente restaurada. Ella no tan sólo se "despierta", sino que se levanta y empieza a caminar. Además, Jesús les dice a sus padres que le den algo de comer. (Ella debió de haber sido una adolescente típica).

También resulta curioso que Jesús les ordena a los padres guardar silencio respecto de este milagro. ¡Si alguna vez Jesús dijo algo fuera de razón, fue en esta ocasión! La multitud ya sabe que ella estaba muerta. Sería muy difícil esconderla una vez revivida. Es posible que lo que Jesús quiso decir fue que se ocultaran los detalles de su resurrección. En otras palabras, no hablar de *cómo* hizo esto Jesús. Podemos entender por qué. Las multitudes ya son una carga. Al gadareno se le indicó que fuera a proclamar lo sucedido debido a que esa región necesitaba tener fe. Sin embargo, este lugar está plenamente lleno de fe, curiosidad y multitudes.

¡Jesús ya no necesita más publicidad en esta región! De hecho, en el siguiente capítulo (Lucas 9:7-9) la reputación que Jesús tiene como obrador de milagros va a causar que Herodes investigue él mismo de manera oficial. Toda esta atención llevaría a un anuncio prematuro y un malentendido de que él era el Mesías. A las multitudes se les había dicho que ella tan sólo dormía. Tal vez ellos lo acepten como que ella hubiera salido de un estado de coma. Todavía se consideraría un milagro, pero no tan fenomenal como haberla resucitado de entre los muertos. A pesar de que Jesús intentó aplacar este milagro, la noticia se divulgó como fuego incontrolable.[165]

Esta es la segunda resurrección de tres que hizo Jesús. La primera fue la del hijo de la viuda en Naín (Lucas 7:11ss). La tercera será la de su amigo Lázaro, en Betania (Juan capítulo 11). Al igual que sus contrapartes del Antiguo Testamento, Elías y Eliseo (ver 1 Reyes 17:20-24; 2 Reyes 4:17-37), el poder de Dios fluía a través de Jesús hasta para resucitar a los muertos.

---

[165] Los siguientes pasajes son lugares donde Jesús ordenó completo silencio ante sus milagros: Mateo 8:4 (Marcos 1:44; Lucas 5:14); Mateo 9:30; 12:16; Marcos 3:12; 5:43 (Lucas 8:56); Marcos 7:36; 8:26.

Sección 68
Sanidad de dos ciegos y un endemoniado
(Mateo 9:27-34)

Tanto la sanidad de los ciegos como del sordo endemoniado se ponen más tarde en paralelo con otros acontecimientos similares en la vida de Jesús. Por ejemplo, en Mateo 20:29-34 leemos de dos ciegos de Jericó los cuales también le gritaron a Jesús: "¡Señor, Hijo de David, ten compasión de nosotros!" Algunos han sugerido que estos son los mismos acontecimientos pero que Mateo los edita y los repite para enfatizarlos. Sin embargo, una sugerencia más razonable es que Mateo registra dos sucesos diferentes pero similares. Sucedieron en dos lugares distintos (Capernaúm y Jericó) y en dos períodos distintos en el ministerio de Jesús. Además, Mateo capítulo 9 sucede en una casa mientras que Mateo capítulo 20 sucede en una calle mientras Jesús atraviesa el pueblo. En el primer acontecimiento, los dos hombres siguen a Jesús; en el segundo, ellos están sentados junto al camino. Tanto el vocabulario como el propósito de los dos diálogos son totalmente distintos. Dado que la ceguera fue (y sigue siendo) común en Palestina (ver Mateo 11:5), no nos sorprende leer dos registros distintos de ciegos que reciben la vista.

Mateo enlaza este acontecimiento con la resurrección de la hija de Jairo como si fuesen simultáneos. Sin embargo, en otras partes Mateo conecta acontecimientos distintos pero con temas similares. Así, es posible que estos sucesos hayan ocurrido en el mismo período del ministerio de Jesús, más no necesariamente en el mismo día. Se enlazan con la narrativa anterior de muchas maneras. (1) Ambos demuestran la sanidad basada en la fe (por ejemplo, la mujer con flujo de sangre). (2) Ambos prohíben su divulgación. (3) Ambos muestran a individuos que buscan la ayuda de Jesús. Y, (4) ambos muestran como se sigue esparciendo la fama de Jesús.

Estas tres sanidades concluyen una serie de narraciones de sanidades que Mateo compila en los capítulos 8 y 9. Son breves y hasta un tanto repetitivas. Sin embargo, resaltan toda esta serie de sanidades al señalar la gran fama de Jesús, la inconveniencia y peligro que la fama trae consigo y la tensión causada entre Jesús y los líderes religiosos del momento (v. 34).

Mateo 9:27-31 señala:

²⁷Al irse Jesús de allí, dos ciegos lo siguieron, gritándole: -¡Ten compasión de nosotros, Hijo de David!
²⁸Cuando entró en la casa, se le acercaron los ciegos, y él les preguntó: -¿Creen que puedo sanarlos? -Sí, Señor -le respondieron.
²⁹Entonces les tocó los ojos y les dijo: -Se hará con ustedes conforme a su fe. ³⁰Y recobraron la vista. Jesús les advirtió con firmeza: -Asegúrense de que nadie se entere de esto. ³¹Pero ellos salieron para divulgar por toda aquella región la noticia acerca de Jesús.

Considerando que las multitudes apretujan y agobian (Marcos 5:24), y considerando que estos hombres están ciegos, ellos debieron persistir porfiadamente para seguir a Jesús hasta la casa (tal vez de Mateo o de Marcos) y hasta logran entrar. Ellos siguen a Jesús hasta que él se detiene. Mientras tanto gritaban por sobre la multitud bulliciosa: "¡Ten compasión de nosotros, Hijo de David!". Esta era una frase mesiánica común en los días de Jesús (ver Mateo 15:22; 20:30; 21:9, 15; 22:42).[166] Puede que ellos carezcan de vista física, pero ven claramente quién es Jesús. Isaías 35:5-6 mantenía la esperanza de ellos en que el Mesías podía sanar a los ciegos.

Jesús respeta su fe y tenacidad y los quiere sanar, pero ya no necesita más publicidad. Una vez dentro de la casa, Jesús está en un lugar adecuado, privado, y los sana sin llamar la atención de la multitud afuera. Nuevamente, Jesús ordena absoluto silencio respecto a este milagro. Mateo utiliza una palabra con una connotación dura, si no es que violenta. *Embrimaomai* expresa una explosión sentimental; hasta puede expresar la acción de un "estornudo".[167] Sin embargo, hasta esa advertencia tan fuerte no detiene sus lenguas. Al tiempo que crece la popularidad de Jesús, también lo hace su oposición.

Mateo 9:32-34 señala:

³²Mientras ellos salían, le llevaron un mudo endemoniado.
³³Así que Jesús expulsó al demonio, y el que había estado mudo

---

[166] Mateo utiliza este título, "Hijo de David", diez veces mientras que Marcos y Lucas únicamente lo usan cuatro veces cada uno. Juan no lo menciona para nada. Además, la mayoría de las veces que Mateo lo usa es en relación a una sanidad. J. D. Kingsbury, "The title 'Son of David' in Matthew's Gospel" (El título 'Hijo de David' en el evangelio de Mateo), *JBL* (Revista de literatura bíblica) 95/4 [1976]: 591-602, sugiere que el título es una polémica en contra del rechazo judío de su Mesías y rey. Es decir, los ciegos y desechados pudieron "ver" a su verdadero rey, mientras que los líderes religiosos permanecieron ciegos y no lo vieron.

[167] La palabra tan sólo se usa cuatro veces más en el Nuevo Testamento, siempre expresando una emoción profunda (Marcos 1:43; 14:5; Juan 11:33, 38).

habló. La multitud se maravillaba y decía: «Jamás se ha visto nada igual en Israel.» ³⁴Pero los fariseos afirmaban: «Éste expulsa a los demonios por medio del príncipe de los demonios.»

Este pobre hombre está afligido tanto por la posesión del demonio como por estar mudo. La palabra (*kōphos*) puede indicar sordera, estar mudo o ambas cosas. Es común que estas dos cosas vayan de la mano. Después de todo, cuando alguien nace sordo, tal persona está sujeta a tener problemas con el habla. Pareciera que fue el demonio quien causó esta deficiencia física. Pero esto no quiere decir que toda deficiencia física es causada por demonios (ver Marcos 7:32-33).

Jesús no responde ante las acusaciones de los fariseos (Mateo 9:34), por lo menos no lo hace en este momento. Sin embargo, la misma acusación aparece en Mateo 12:24-37, donde él responde de manera plena. Si nuestra cronología es correcta, Mateo 12:24-37 en realidad sucedió antes de Mateo 9:34. Así, Jesús ya había dado respuesta a esta acusación y no pierde su tiempo con un argumento ya terminado. Aún así, los fariseos continúan (elegon, imperfecto) acusando a Jesús de lo mismo.

A pesar de las multitudes abrumadoras y de la creciente oposición de los líderes judíos, Jesús sigue "enseñando en las sinagogas, anunciando las buenas nuevas del reino, y sanando toda enfermedad y toda dolencia" (Mateo 9:35).

Sección 69
Jesús visita Nazaret por última vez
(Mateo 13:54-58; Marcos 6:1-6)

En este episodio, Jesús es rechazado por su propia gente en su pueblo natal. Este es un pincelazo de lo que pasará en Jerusalén. En la ciudad capital, Jesús, el rey de los judíos, será rechazado y asesinado por su propio pueblo (Juan 1:11). Esta visita a Nazaret y la de Lucas 4 son el mismo evento probablemente. Lucas la ubica en el principio del ministerio de Jesús para destacar los temas claves de sus labores próximamente a cumplirse (ver Lucas 4:14b-15). Mateo y Marcos, por otro lado, ocupan esta narración como resumen del ministerio de Jesús.

Marcos 6:1-6 *con* Mateo 13:55, 58 señalan:

¹Salió Jesús de allí y fue a su tierra, en compañía de sus discípulos. ²Cuando llegó el sábado, comenzó a enseñar en la sinagoga. -¿De dónde sacó éste tales cosas? -decían maravillados muchos de los que le oían-. ¿Qué sabiduría es ésta que se le ha dado? ¿Cómo se explican estos milagros que vienen de sus manos? ³¿No es acaso el carpintero {¿ . . . el hijo del carpintero?^{Mt}}, el hijo de María y hermano de Jacobo, de José^a, de Judas y de Simón? ¿No están sus hermanas aquí con nosotros? Y se escandalizaban a causa de él. Por tanto, Jesús les dijo: ⁴-En todas partes se honra a un profeta, menos en su tierra, entre sus familiares y en su propia casa. ⁵En efecto, no pudo hacer allí ningún {muchos^{Mt}} milagro {por la incredulidad de ellos^{Mt}}, excepto sanar a unos pocos enfermos al imponerles las manos. 6Y él se quedó asombrado por la incredulidad de ellos. Jesús recorría los alrededores, enseñando de pueblo en pueblo.

a3 Griego *Joses,* una variación de *José*

Al parecer, Jesús sale de Capernaúm después de sanar a la hija de Jairo y se dirige directamente a Nazaret. De aquí en adelante, Capernaúm deja de ser el centro de operaciones de Jesús. Regresa a "casa"[168] rodeado de discípulos como un rabino de importancia. No va simplemente de visita a su familia. Es probable que muchos de ellos se han establecido en Capernaúm (Juan 2:12). Él llega como rabino que visita, no como héroe local.

Aunque la gente se enamora de su enseñanza, se sorprende de su sabiduría y se maravilla de su poder para hacer milagros, la congregación de la sinagoga rechaza a Jesús. ¿Por qué? No es porque Jesús no haya podido transmitir su mensaje o porque no haya podido respaldar su mensaje con evidencias, sino porque lo conocían demasiado bien. Muchos de ellos tenían muebles que él y su padre hicieron. Muchos habitaban casas hechas por él y su padre.[169]

---

[168] La palabra *patris* generalmente se refiere a "país de nacimiento". Pero como Jesús ya está en Galilea puede ser más específico que eso. Por lo tanto, está correctamente traducida como "lugar de nacimiento".

[169] La palabra *tektos* también se puede referir a un albañil, pero este uso no es tan común como el de carpintero.

Conocían a sus padres[170] y hasta les ayudaron a cuidar a Jesús y a sus hermanos[171] (cuatro hermanos[172] y por lo menos dos hermanas).[173]

Seguro que este pueblerino no pensará que es el Mesías. El orgullo provinciano es una cosa muy rara. La gente de pueblo está orgullosa cuando uno de ellos logra salir y triunfar en grande. Pero cuando regresan a casa, les encanta recordarles que ellos mismos les cambiaban los pañales. Es como decir: "¡Claro que lograste triunfar, eres uno de los nuestros! ¡Pero no te creas mucho porque muchos de nosotros somos mejores que tú!"

En su primer visita a Nazaret la gente intentó matar a Jesús. En su segunda visita, él no pudo sanar a muchos debido al rechazo de la gente. Mateo le da luz a Marcos en este punto, declarando que Jesús, "por la incredulidad de ellos, no hizo allí *muchos* milagros". (Aunque Marcos informa que Jesús "sanó a unos pocos enfermos"). No es que Jesús haya perdido su poder, sino que la gente no acude en busca de su ayuda. Era común que Jesús escogiera sanar a la gente como respuesta a la fe de ellos. Pero en Nazaret no hay nada a qué responder.

---

[170]Dado que los niños generalmente eran identificados por su padre, en vez de parte de su mamá, el hecho de que no se menciona a José por nombre puede indicar que ya está muerto. (Juan 2:1-5, **Sección 29**). Otros sugieren que "hijo de María" fue confeccionado por la iglesia primitiva dada la creencia de que su nacimiento fue virginal o porque era ilegítimo. Sin embargo, H. K. McArthur discute que la frase se originó con la gente de Nazaret como mera descripción de Jesús, sin ninguna connotación especial ya fuese ética o genealógica ("Hijo de María" *NovT* 15 [1993]: 38-58.

[171]El punto de vista de que estos hermanos no eran en realidad parientes sanguíneos de Jesús (medios hermanos y hermanas), sino primos (Jerónimo) o hijos de José en su matrimonio anterior (Epifanio) está basado en la noción católica romana de la virginidad perpetua de María. La Biblia no apoya tal idea, ni tampoco presenta la idea de que las vírgenes sean más espirituales que las personas casadas y que han tenido relaciones sexuales. Ver J. P. Meier, "The Brothers and Sisters of Jesus in Ecumenical Perspective" (Los hermanos y hermanas de Jesús desde una perspectiva ecuménica), *CBQ* (Publicación trimestral católica de la Biblia) 54 [1992]: 1-28.

[172]Jacobo, el mejor conocido de los hermanos de Jesús, se convirtió cuando el Jesús resucitado se le apareció (1 Corintios 15:7). Él fue un líder destacado en la iglesia de Jerusalén (Hechos 12:17; 15:13; 21:18; Gálatas 1:19; 2:9, 12) y muy posible autor de la epístola de Santiago. "Tanto Josefo [Antiguedades de los judíos] XX:200) y Eusebio (Ecclesiastical History 2.33) preservan narraciones de su muerte violenta" (Wessel, p. 665). Es muy posible que Judas haya sido el autor de la epístola de Judas.

[173]Wessel sugiere que "Detrás de esta pregunta puede estar el rumor, circulante en los tiempos de Jesús, que él era hijo ilegítimo (Juan 4:41; 9:29; Str-B 1:39-43; Orígenes Contra Celsum, 1.28)", p. 665.

Sección 70a
Tercer recorrido galileo
(Mateo 9:35-38; Marcos 6:6)

Mateo 9:35 – 11:1 es una unidad. Describe a Jesús enviando a los doce como evangelistas por toda Galilea. Este es el segundo gran mensaje de Mateo de entre los cinco que presentará. Tanto Marcos como Lucas presentan versiones resumidas de esta "comisión".[174] Pero son tan breves que únicamente representan una octava parte de lo que Mateo narra.[175]

Mateo 9:35-38 señala:

> [35]Jesús recorría todos los pueblos y aldeas enseñando en las sinagogas, anunciando las buenas nuevas del reino, y sanando toda enfermedad y toda dolencia. [36]Al ver a las multitudes, tuvo compasión de ellas, porque estaban agobiadas y desamparadas, como ovejas sin pastor. [37]«La cosecha es abundante, pero son pocos los obreros —les dijo a sus discípulos—. [38]Pídanle, por tanto, al Señor de la cosecha que envíe obreros a su campo.»

Este es el tercer recorrido que Jesús hace por Galilea. Es la última vez que los doce ven ministrar a Jesús antes de que ellos vayan solos. Este es el típico Jesús: (1) predicando el reino en las sinagogas, (2) sanando toda clase de enfermedades, y (3) teniendo compasión por las multitudes.

Al desplazarse Jesús entre los pueblos y aldeas lo abrumó las muchas necesidades de ellos. Solo no puede hacer todo. Le ruega a sus aprendices que pidan más obreros. Como es común, la oración de los discípulos por tener más obreros (v. 38) es contestada mediante una comisión personal dada por Cristo (Mateo capítulo 10). De esta

---

[174] R. E. Morosco, "Matthew's Formation of a Commissioning Type'Scene Out of the Story of Jesus' Commissioning of the Twelve", (La formación de Mateo de una escena de tipo comisión sacada de la historia de la comisión de los doce), *JBL* (Revista de literatura bíblica) 103/4 [1984]: 539-556, nota que el discurso de Mateo contiene la mayoría de los elementos más comunes encontrados en las narraciones de comisiones del Antiguo Testamento (por ejemplo, Éxodo 3:1-4:17): (1) introducción, (2) confrontación, (3) comisión, (4) objeción, (5) seguridad, (6) conclusión y (7) dificultad. Por lo tanto, es su opinión que Mateo ha editado este discurso para mostrar a sus lectores cómo Jesús comisionó a sus apóstoles así como Jehová comisionó a sus siervos en el Antiguo Testamento, obteniendo así una respuesta más poderosa del lector.

[175] Marcos y Lucas contienen mucho de este discurso disperso en otros contextos dentro de sus evangelios. En cuanto a una gráfica del paralelo de estos pasajes ver a R. E. Morosco, "Redaction Criticism and the Evangelical: Mt 10 A Test Case" (Crítica de redacción y los evangelios: Mateo capítulo 10 es un caso de prueba), *JETS* (Diario de la sociedad teológica evangélica) 22/4 [1979]: 327.

manera, los vv. 37-38 nos preparan para Mateo capítulo 10. La gran necesidad de los desamparados combinado con la poca respuesta de obreros cristianos sigue siendo la fuerza impulsora detrás de las misiones.

Sección 70b
Jesús envía a los doce de dos en dos
(Mateo 10:1-42; Marcos 6:7-11; Lucas 9:1-5)

Este es un sermón fascinante y demandante. Al analizarlo, haremos tres observaciones. Primero, está poblado de expresiones idiomáticas e ideas judías. Sin embargo, sobrepasa toda barrera nacional. Su punto inicial es claro; pero lanza al lector hasta lo más recóndito de la tierra. Segundo, es profético. Como tal, se cumple inicialmente en el viaje presente, pero su cumplimiento final únicamente se da en las obras misioneras globales. Tercero, Mateo, como le es característico, sintetiza el presente y el futuro bajo el encabezado teológico: Enviar.[176] Así, leemos este texto con un ojo en el presente y el otro en el horizonte.

Mateo 10:1 *con* Marcos 6:7 , Lucas 9:1-2 señalan:

^{1}Reunió a sus doce discípulos {y comenzó a enviarlos de dos en dos^{Mr}} y les dio {poder y^{Lc}} autoridad para expulsar a los espíritus malignos^a y sanar toda enfermedad y toda dolencia.{Entonces los envió a predicar el reino de Dios y a sanar a los enfermos.^{Lc}}

a1 griego *inmundos*

Jesús envía a su grupo selecto de doce discípulos, también conocidos como apóstoles, a las ciudades, pueblos y aldeas de Galilea. Ellos van de dos en dos, seguramente para cumplir con el requisito mosaico de dos o tres testigos. Además, así se podían animar y proteger mútuamente, complementar sus dones, predicar juntos y compartir una gran variedad de responsabilidades. También los predicadores

---

[176] El contenido de Mateo capítulo 10 sugiere que Mateo tenía en mente algo más que el simple viaje de los doce. Las aparentes inconsistencias (10:5-6 contra 10:18 y 9:37-38 contra 10:16-22) y los pasajes paralelos en contextos diferentes (Mateo 10:17-22 y Marcos 13:9-13), parecen sugerir que Mateo tiene "coleccionado" lenguaje de tipo comisión en un sermón (Ver Morosco, pp. 323-331). Si esto es cierto, entonces el material que leemos en esta ocasión no es simplemente descriptivo de los doce sino prescriptivo de todo evangelista cristiano. En otras palabras, debemos poner suma atención a lo que Jesús está diciéndonos al igual que a los doce.

del libro de los Hechos siguen este modelo. Parece que este es un principio evangelizador sabio.

Jesús les da poder y los comisiona a que hagan dos cosas: (1) Predicar el reino de Dios (así como lo hicieron Juan y Jesús). (2) Sanar toda clase de enfermedades y dolencias. Mateo utilizó tres sinónimos distintos con respecto a las enfermedades: Enfermedad equivale a afección [*noson*], enfermedad [*malakian*] y enfermos (gente) dolientes [*asthennountas*], que literalmente quiere decir "los débiles" [v. 8]. En otras palabras, ellos pueden tratar toda clase de enfermedad no importando si es una necesidad física, una deformación congénita, una herida, un virus, etc. Además, tienen la autoridad para expulsar demonios. Así que pueden tratar tanto dolencias y azotes espirituales como los naturales.

Mateo 10:2-4 señala:

> ²Éstos son los nombres de los doce apóstoles: primero Simón, llamado Pedro, y su hermano Andrés; Jacobo y su hermano Juan, hijos de Zebedeo; ³Felipe y Bartolomé; Tomás y Mateo, el recaudador de impuestos; Jacobo, hijo de Alfeo, y Tadeo; ⁴Simón el Zelote y Judas Iscariote, el que lo traicionó. (ver *Sección 53*: Marcos 3:13-19; Lucas 6:12-16)

Al parecer, Mateo presenta a los apóstoles en pares como fueron enviados por Jesús.[177] Así que los doce son enviados en pares, confrontando las fuerzas oscuras de maldad tanto físicas como espirituales. Algo que resalta y resulta interesante es que Judas Iscariote hace pareja con Simón el zelote. ¡Qué pareja tan desigual debieron de haber formado! Sin embargo, no hay indicación de que Judas haya predicado o sanado de manera distinta que el resto de ellos. Conclusión: Resulta casi imposible evaluar la personalidad de alguien por su actividad religiosa.

Mateo 10:5-10 *con* Marcos 6:8-9 señalan:

> ⁵Jesús envió a estos doce con las siguientes instrucciones: «No vayan entre los gentiles ni entren en ningún pueblo de los samaritanos. ⁶Vayan más bien a las ovejas descarriadas del pueblo de Israel. ⁷Dondequiera que vayan, prediquen este mensaje: "El reino de los cielos está cerca." ⁸Sanen a los enfermos, resuciten a los muertos, limpien de su enfermedad a los que tienen lepraª,

---

[177] El uso de *kai*, "y", parece identificar estos pares. La Nueva Versión Internacional de la Biblia también nos ayuda a aislar estos pares utilizando un punto y coma para separarlos.

expulsen a los demonios. Lo que ustedes recibieron gratis, denlo gratuitamente. ⁹No lleven oro ni plata ni cobre en el cinturón, ¹⁰ni bolsa para el camino, ni dos mudas de ropa, ni sandalias, ni bastón {no llevaran nada para el camino, ni pan, ni bolsa, ni dinero en el cinturón, sino sólo un bastón. «Lleven sandalias -dijo-, pero no dos mudas de ropa.»^Mr}; porque el trabajador merece que se le dé su sustento.

ᵃ8 La palabra griega se utilizó en referencia a varias enfermedades de la piel – no necesariamente la lepra

Estas indicaciones son específicas para este recorrido local. Más tarde Jesús le da un giro de ciento ochenta grados al señalar que lleven dinero, una bolsa y espada (Lucas 22:35-36). Pero esto fue cuando los discípulos fueron enviados a todo el mundo y a todos los grupos étnicos (Mateo 28:18-20). Así que, ¿qué es lo característico de este viaje que hace de estas instrucciones algo temporal?

(1) Es un viaje corto, rápido. No necesitan dinero ni ropa extra. Debido a que el viaje es corto, no hay que empacar nada y hay que viajar rápido. Además, sus anfitriones en cada pueblo les pueden dar hospedaje y alimentarlos por unos pocos días. Después de todo, es lo menos que pueden hacer como pago al tratamiento médico que recibirán.

(2) No corren peligro alguno... todavía. Existe un antagonismo contra Jesús, pero no hay una persecución abierta y extendida. No hay necesidad de una espada que los proteja.

(3) Este es un recorrido local en Galilea. Jesús les prohíbe predicarles a los gentiles y a los samaritanos, no porque él no ame a esta gente, sino porque este recorrido es demasiado pronto y corto. Los judíos locales apenas entenderán este mensaje del reino. ¿Cómo podrían entenderlo los extranjeros? Llegará el momento, después de la resurrección, cuando los apóstoles son enviados a todos los pueblos y a toda raza (hasta Mateo 10:18 anticipa esto), pero todavía no.[178]

[178] Mateo 10:5-6 y Mateo 15:21-28 restringe el ministerio de Jesús a los judíos. Es claro que Jesús tenía en mente una expansión futura a los gentiles (Mateo 21:13; Marcos 1:14-15; Lucas 4:16-30; Juan 10:16). Sin embargo, antes de que los gentiles pudieran recibir a Jesús él tenía que cumplirles a los judíos primero (Hechos 13:46; 28:28; Romanos 1:16; 11:11-12, 25-26) y eso incluía su muerte substituta. J. J. Scott, "Gentiles and the Ministry of Jesus: Further Observations on Mt. 10:5-6; 15:21-28" (Los gentiles y el ministerio de Jesús: Más observaciones de Mateo 10:5-6; 15:21-28), *JETS* (Revista de la sociedad teológica evangélica) 33/2 [1990]: 161-169, correctamente observa: "la petición del centurión – como la de la mujer cananea – fue concedida únicamente después del reconocimiento de la distinción entre Israel y los otros. Aunque Jesús ansiaba ver la congregación de las naciones en el día final, claramente vio los casos de la mujer cananea, el siervo del centurión y otros como excepciones de lo que hacía en esos momentos".

También debemos recordar que los apóstoles no son extraños en estas regiones. Jesús ya ha recorrido esta misma área con ellos por casi un año. Su popularidad había subido rápidamente y los doce son tan conocidos como sus brazos derechos. No tendrán problemas para reunir una audiencia o para encontrar hospedaje.

Además, esto sigue el patrón general de ir primero a los judíos y luego a los samaritanos (Romanos 1:16; Hechos 13:46; 18:6; 19:9; 28:25-28).

Existe una aparente contradicción entre Mateo 10:10 y Marcos 6:8. Mateo señala que no hay que llevar siquiera el bastón; mientras que Marcos señala: "Sino sólo un bastón". Marcos utiliza la palabra *airõ*: "recoger". Mateo usa la palabra *ktaoma*i: "procurar". Puede que Mateo simplemente asuma que ellos ya cuentan con ciertas "herramientas de viaje" y que no deben ir a comprar un equipaje nuevo para este viaje. En otras palabras, es seguro que ya tenían un bastón en sus manos. No necesitaban conseguir otro para este viaje.

Edersheim nota que la orden de no llevar nada "extra" corresponde al mandato rabínico de entrar a servir en el templo sin "bastón, sandalias . . . y monedero". "Las razones simbólicas de esta orden serían, en ambos casos, las mismas: para evitar la apariencia de estar procurando otro tipo de negocio, cuando el ser completo debe estar absorto en el servicio del Señor" (Edersheim, I:643, ver *m. Ber.* 9.5; *j. Shabb.* 8a).

Tampoco debían llevar dos túnicas es decir, chaquetas). Una túnica extra podría representar dificultad para cargar, pero si se necesitaba dormir fuera, podría ser muy útil. Jesús les pide confiar en la provisión divina, especialmente a través del pueblo de Dios, ya que el obrero es digno de su salario (ver 1 Corintios 9:14; 1 Timoteo 5:17-18). Sin embargo, debían ofrecer sus servicios sin cobrar nada. En otras palabras, ni siquiera debían pagar sus propios gastos en este recorrido, pero tampoco debían obtener ganancias (1 Pedro 5:2).

Mateo 10:11-16 *con* Marcos 6:11, Lucas 9:5 señalan:

11»En cualquier pueblo o aldea donde entren, busquen a alguien que merezca recibirlos, y quédense en su casa hasta que se vayan de ese lugar. **12**Al entrar, digan: "Paz a esta casa."ᵃ **13**Si el hogar se lo merece, que la paz de ustedes reine en él; y si no, que la paz se vaya con ustedes. **14**Si alguno no los recibe bien ni escucha sus palabras, al salir de esa casa o de ese pueblo, sacúdanse el polvo de los pies {como un testimonio contra ellos[Mr,Lc]}. **15**Les aseguro que en el día del juicio el castigo para Sodoma y Gomorra será más tolerable que para ese pueblo. ¹⁶Los envío como ovejas en medio de lobos [ver Lucas 10:3]. Por tanto, sean astutos como serpientes y sencillos como palomas.

ᵃ12 Al entrar . . . casa". Lit. *Al entrar en la casa, salúdenla.*

Jesús desanima a sus discípulos que vayan de casa en casa una vez que hubiesen entrado a un pueblo o aldea. ¿Por qué? Bueno, ellos van a cobrar popularidad. Muchos les pedirán que se hospeden en sus casas. El problema es que tal movimiento implicaría una pérdida de tiempo tan valioso y crea un ambiente de competencia entre los habitantes de un pueblo. De igual manera, los apóstoles pudieran caer en la tentación de buscar comodidades en vez de abocarse a la predicación y proclamación del reino.

Cuando entraran a una casa debían dar un saludo de bendición: "Paz a esta casa." Vea usted, la palabra hebrea para paz (vv. 12-13) es más que un simple "hola". Es un deseo de que esa persona sea cabalmente "completa" física, social y espiritualmente. Así, esta es la oración del apóstol para ese hogar. Es en verdad una bendición poderosa (Mateo 18:18).

Si eran rechazados, en vez de bendecir a la aldea, sacuden el polvo de sus pies. Era común que los judíos sacudieran el polvo de sus sandalias al entrar a tierra santa, después de haber viajado por tierra de gentiles. Esta acción idiomática significaba para los hebreos: "¡Hasta el polvo donde camino es inmundo y yo me deshago de esa impureza!" (ver Hechos 13:51, 18:6). Esto es más que una rabieta temperamental. Es una advertencia que al rechazar el programa de Dios llevado a cabo por su Hijo Jesús lo coloca a usted en el mismo barco de los gentiles. Este rechazo apostólico daba lugar a comparecer ante Dios mismo. En verdad estos doce tenían la autoridad de maldecir una ciudad. Es parecido a lo que leemos en Mateo 11:20-30 y 12:39-42. Debido al gran beneficio para Galilea, también sería juzgada con mayor severidad que Sodoma y Gomorra.

No todos saldrán a recibirlos con los brazos abiertos. Así que debían tener cuidado. La advertencia de Jesús (v. 16) presenta cuatro similitudes: ovejas, lobos, serpientes y palomas. La comparación entre las serpientes y las palomas está dada: astutas e inocentes. Con frecuencia, estas dos características son antitéticas pero no se excluyen la una a la otra. Desafortunadamente, con frecuencia los cristianos son inocentes como serpientes y astutos como las palomas. La comparación entre las ovejas y los lobos,[179] aunque no se declara, es obvia: fragilidad, debilidad y salvajismo. Los ciudadanos del reino, que comúnmente son pobres y carentes de poder (1 Corintios 1:26-28), viven en un mundo salvaje. Nuestras oportunidades de supervivencia en tal ambiente son muy pocas. Claro, a menos que, estemos junto al pastor.

Mateo 10:17-20 señala:

> [17]»Tengan cuidado con la gente; los entregarán a los tribunales y los azotarán en las sinagogas [ver Marcos 13:9-13; Mateo 24:9-14; Lucas 21:12-19]. [18]Por mi causa los llevarán ante gobernadores y reyes para dar testimonio a ellos y a los gentiles. [19]Pero cuando los arresten, no se preocupen por lo que van a decir o cómo van a decirlo. En ese momento se les dará lo que han de decir, [20]porque no serán ustedes los que hablen, sino que el Espíritu de su Padre hablará por medio de ustedes [ver Lucas 12:11; Juan 14:26].

Los vv. 17-23 obviamente se refiere a los futuros viajes de los doce, ya que nada de esto sucedió en el primer viaje. Es posible que Jesús se refirió a esto de manera profética, buscando un cumplimiento futuro. Lo más seguro es que Mateo compiló una serie de "declaraciones de viajes" en una sola sección. Mucho de este material también se encuentra en el discurso del monte de los Olivos como lo indica la referencia cruzada. El cumplimiento de estas promesas se puede delinear por el libro de los Hechos. Así, también hoy en día cuando salgamos en fe para proclamar a Jesús, el Espíritu Santo obra y habla por medio de nosotros.

Mateo 10:21-23 señala:

> [21]»El hermano entregará a la muerte al hermano, y el padre al hijo. Los hijos se rebelarán contra sus padres y harán que los maten. [22]Por causa de mi nombre todo el mundo los odiará, pero el que se mantenga firme hasta el fin será salvo. [23]Cuando los persigan en una ciudad, huyan a otra. Les aseguro que no terminarán de recorrer las ciudades de Israel antes de que venga el Hijo del hombre.

En la mente oriental, la familia, la religión y la política son inseparables. La vida se considera de manera total en vez de estar

---

[179] Edersheim nota que la imagen de "las ovejas en medio de los lobos" es una "frase que la Midrash aplica a la posición de Israel en medio de un mundo hostil, agregando: ¡Qué grande es el pastor que los libra y vence a los lobos! De la misma manera, la recomendación a ser 'prudentes como serpientes y sencillos como palomas' se reproduce en la Midrash, donde se describe a Israel como inofensivos como lo son las palomas hacia Dios, y prudentes como serpientes hacia las naciones gentiles hostiles" (I:645).

separada como se aprecia en el oeste. En consecuencia, la traición en un área provocaba cisma en todas las áreas. Así, cuando un judío se tornaba apóstata de la fe, la familia tenía un funeral para ese individuo, considerándolo muerto. Entonces, no es extraño ver por qué es que Jesús predice tal división en la familia por causa de él.

Esta forma de hablar respecto de permanecer firme hasta el final es un lenguaje común del Nuevo Testamento (Mateo 10:22; 24:13; Marcos 13:13; 1 Corintios 1:8; Hebreos 2:14; Apocalipsis 2:26). Es claro que la salvación no es para aquellos que inician la carrera sino para aquellos que cruzan la meta. Para algunos, la meta termina con una prematura muerte como mártir. Para otros será hasta el fin de sus vidas. Y para una generación será la gloriosa venida de nuestro Señor Jesucristo.

Sin embargo estar firme no quiere decir derrotarse o truncarse innecesariamente. Jesús les dice a los doce que huyan de la persecución. No son cobardes pero tampoco deben ser tontos. Hay un tiempo para permanecer y pelear (Hechos 8:1; 16:39-40; 21:13) como también para huir (Hechos 8:1; 13:51; 14:6, 20). También hay un tiempo para abarcar lo más posible. El v. 23 indica tal tiempo. Esencialmente, Jesús dice: "no pierdan el tiempo con los corazones duros y los oídos sordos. En cambio, ¡muévanse a tierra más fértil!"

La pregunta es, "¿cuándo vendrá el Hijo del hombre?" (v. 23). (1) Él pudo haberse estado refiriendose al ministerio presente. Sin embargo, esto no encaja bien en el contexto. Las familias, en términos generales, no están sufriendo tal división, ni tampoco los apóstoles son mártires. (2) Se puede estar refiriendo al fin de los tiempos — la segunda venida de Cristo. Sin embargo, toda Palestina ha sido tocada con el mensaje del evangelio por muchas ocasiones en los últimos 2,000 años. Así, casi no se puede afirmar que las aldeas de Palestina no se empapen del evangelio antes de que Jesús regrese. (3) Pueda que él hable de manera figurativa acerca de su venida en el juicio del año 70 d.C., cuando Jerusalén sería destruida. Esto encaja bien tanto en el contexto presente como en los pasajes paralelos de Mateo capítulo 24 (ver Marcos 13:9-13; Daniel 7:13; Juan 11:48). Así entendemos que Jesús dijo: "ustedes no terminarán de evangelizar Palestina antes de ser saqueada por los ejércitos romanos y la misma Jerusalén sea destruida". La pregunta es, ¿cuánto de esto entendieron los discípulos?[180]

---

[180]C. H. Giblin ofrece una explicación distinta. Él sugiere que consideremos el texto de

Mateo 10:24-25 señala: (ver Lucas 6:40, Juan 13:16)

²⁴»El discípulo no es superior a su maestro, ni el siervo superior a su amo. ²⁵Basta con que el discípulo sea como su maestro, y el siervo como su amo. Si al jefe de la casa lo han llamado Beelzebú,ᵃ ¡cuánto más a los de su familia!

ᵃ25 Griego *Beelzebú o Beelzeboul*

No debemos tomar el v. 24 tan literal. Hay ocasiones, muy raras por cierto, cuando un discípulo supera a su maestro (ver Juan 14:12). Pero no es ese el punto de este proverbio. Se le utiliza en dos contextos más. En Lucas 6:39-40 Jesús pregunta: "¿Acaso puede un ciego guiar a otro ciego?" Ambos caminan equivocados. Nuevamente, en Juan 13:16, después de que Jesús lava los pies de los apóstoles, les recuerda que él es el Maestro y ellos, como los alumnos, deben seguir el ejemplo del Maestro. En ambos casos el punto del proverbio es claro: Como es el maestro así son los alumnos. En esta ocasión se señala lo mismo en el caso de persecución. Si Jesús fue perseguido, así también lo serán sus seguidores. Así como Jesús fue acusado de servir a Beelzebú (ver 9:34; 12:24), también lo serán los discípulos.

Mateo 10:26-31 *con* Lucas 12:3 señalan:

²⁶»Así que no les tengan miedo; porque no hay nada encubierto que no llegue a revelarse, ni nada escondido que no llegue a conocerse. ²⁷Lo que les digo en la oscuridad, díganlo ustedes a plena luz; lo que se les susurra al oído {a puerta cerradaᴸᶜ}, proclámenlo desde las azoteas. ²⁸No teman a los que matan el cuerpo pero no pueden matar el alma.ᵃ Teman más bien al que puede destruir alma y cuerpo en el infierno.ᵇ ²⁹¿No se venden dos gorriones por una monedita?ᶜ Sin embargo, ni uno de ellos caerá a tierra sin que lo permita el Padre; ³⁰y él les tiene contados a ustedes aun los cabellos de la cabeza. ³¹Así que no tengan miedo; ustedes valen más que muchos gorriones.

ᵃ28 alma. Este vocablo griego también puede significar *vida.* *ᵇ28 infierno.* Lit. *Gehenna.* *ᶜ29 una monedita.* Lit. *un asarion.*

---

manera paradigmática en vez de cronológica. En otras palabras, el v. 23 no predice lo que pasaría con los apóstoles sino que describe lo que pasa cuando los cristianos evangelizan comunidades nuevas. (1) Él interpreta a los anarquistas "gentiles" y "samaritanos" (v. 5) como metáforas en vez de identificaciones reales. (2) "No terminarán" lo aplica a la tarea de evangelizar, no necesariamente a una expansión geográfica o territorial. (3) Él aplica una hermenéutica tipológica. La verdad es esta: "Lo que nosotros empezamos predicando, Jesús lo termina con el juicio (ya sea una recompensa o requisición). Él termina nuestra obra evangelizadora a cualquier parte donde nosotros la llevemos. Ver "Theological Perspective and Matthew 10:23b" (Una perspectiva teológica en Mateo 10:23b), *TS* (Estudios teológicos) 29 [1968]: 637-661.

Esta sección plantea tres puntos. Primero, a la luz de la embestida por venir, los discípulos serán intimidados al hablar de Jesús. Jesús los anima a que hablen con valor ante la oposición dado que finalmente la verdad triunfará.

Segundo, no le tengan miedo a la persecución por venir. Únicamente podrá tocar sus cuerpos, no el alma. Algunos leen el v. 28 como si se refiriese a Satanás. No es así; no puede. Satanás no puede echar a nadie al lago de fuego. ¡Simplemente no tiene la autoridad (o las llaves: Apocalipsis 20:3)! No, a quien sí debemos temer es a Dios. Él es el único que tiene tanto el poder como la autoridad.

Tercero, no debemos temerle a la persecución o al infierno, porque nuestro Padre amoroso nos ve, nos conoce y nos cuida. Sí, enfrentaremos la persecución y tiempos difíciles. Aunque sintamos que Dios nos ha abandonado, ¡no lo hace! Cada pajarillo nos debe recordar de la atención tan detallada de Dios hacia nosotros. A él le interesa en gran manera los detalles de nuestras vidas. Tal vez no entendamos el problema tan complejo del mal y del sufrimiento, pero sabemos que podemos confiar en Dios que lleva la cuenta hasta de nuestros innumerables cabellos.[181] Así, nuestro sufrimiento no ha pasado desapercibido por el ojo observador de Dios.

Mateo 10:32-33 *con* Lucas 12:9 señalan:

> ³²»A cualquiera que me reconozca delante de los demás, yo también lo reconoceré delante de mi Padre que está en el cielo.
> ³³Pero a cualquiera que me desconozca delante de los demás, yo también lo desconoceré delante de mi Padre que está en el cielo {los ángeles de Dios^Lc}.

Tenemos frente a nosotros otra razón para mantenernos firmes en tiempos angustiosos. Lo podemos llamar "la ley del juego limpio". Lo que hagamos en la tierra por Jesús, él lo hará por nosotros en el reino de los cielos. La palabra "reconozca" (homologeō) implica una confesión verbal. Así, aunque el evangelismo del estilo de vida o testimonio personal es apropiado, no es suficiente. Debemos, en algún momento confesar a Jesús con nuestros labios (Romanos 10:9-10, Hebreos 3:1; 13:15). Además, esto se debe hacer en presencia del mundo, no en la iglesia (ver el v. 27).

---

[181] D. C. Allison, "The Hairs of Your Head Are All Numbered" (Los cabellos de tu cabeza están todos contados), *ExtT* (Tiempos de exposición) 101 [1990]: 334-336.

Mateo 10:34-36 con Lucas 12:51-52 señalan:

³⁴»No crean que he venido a traer paz a la tierra. No vine a traer paz sino espada {. . . sino división! De ahora en adelante estarán divididos cinco en una familia, tres contra dos, y dos contra tres^Lc}. ³⁵Porque he venido a poner en conflicto
"al hombre contra su padre,
a la hija contra su madre,
a la nuera contra su suegra;
³⁶los enemigos de cada cual serán los de su propia familia".ª

ª*36* Miqueas 7:6

¡Qué paradoja! El Príncipe de Paz (Isaías 9:6), que era apacible y humilde (Mateo 11:29), que ni siquiera abriría la boca a pesar de su sufrimiento (Isaías 53:7), será la causa de gran división (ver Mateo 10:21). Sin embargo, la palabra de Jesús en el v. 35: "contra" (*dichazō*), es más fuerte de lo que nuestra traducción pudiera señalar. Sugiere "incitar a una revuelta" o "sembrar discordia". Jesús tiene una pasión ardiente por la paz, pero no a expensas de la verdad y el discipulado.

Mateo 10:37-39 con Lucas 9:23 (ver Lucas 14:25-27; 17:33; Juan 12:25; y también Mateo 16:24-25; Marcos 8:24-35) señalan:

³⁷»El que quiere a su padre o a su madre más que a mí no es digno de mí; el que quiere a su hijo o a su hija más que a mí no es digno de mí; ³⁸y el que no toma su cruz {cada día^Lc} y me sigue no es digno de mí. ³⁹El que encuentre su vida, la perderá, y el que la pierda por mi causa, la encontrará.

Jamás podremos ganarnos la salvación . . . pero tampoco es gratuita. Jesús espera que sometamos todo a él. Cualquier cosa que nos estorbe en nuestro seguir a Jesús, él demanda que renunciemos a eso, ya sea la familia[182] (v. 37), el dinero (Mateo 19:21), nuestra posición (Mateo 19:30), nuestro poder (Mateo 20:27), etc.

En resumen, Jesús demanda que no nos aferremos a nuestras vidas (vv. 38-39). Eso es claro cuando habla de la cruz.[183] En la cultura romana, nadie sería capaz o tendría el valor para transformar la cruz en una chuchería o colgante para llevarse en el cuello y para colgarse

---

[182] Blomberg apropiadamente observa que este texto debe ser balanceado con tales pasajes como son Efesios 6:1-4 y 1 Timoteo 5:8. "La devoción a la familia es una responsabilidad cristiana primordial pero no debe ser absoluta y poniendo en riesgo nuestra devoción a Dios" (p. 181).

[183] D. R. Fletcher, "Condemned to Die" (Condenado a morir), *Int* (Interpretación) 18 [1964]: 156-164. Basado en Deuteronomio 21:22-23, "Cualquiera que cuelga de un madero es maldito de Dios", las palabras de Jesús provocarían horror en sus oyentes.

en el espejo de su coche. Era un instrumento de tortura y muerte. Cualquiera que llevara una cruz estaba en un viaje sin regreso.[184] También notamos que la crucifixión fue el modo romano de ejecución, no judío (el cual era apedreamiento). Por ello las palabras de Jesús son proféticas y personales.[185]

Muchos de los que han seguido a Jesús han terminado como mártires. Sin embargo, otros han sido llamados a cumplir con tareas más difíciles que morir por él, es decir, vivir para él. Aunque estas dos consecuencias son muy distintas, el compromiso a Cristo y renunciar al mundo es algo único.

La paradoja del v. 39 es un estribillo frecuente en los evangelios. Hasta se puede decir a coro. De hecho, es algo que Jesús dijo y que se cita con mayor frecuencia. En verdad, es la sangre que le da vida a nuestro compromiso con el Cristo; no tan sólo de un mejor futuro, sino también la realidad de una vida mejor hoy. No es sino hasta que una semilla se siembra que resulta en vida. No es sino hasta que una larva se encierra en su capullo que puede volar. Y, resulta que no es sino hasta que un cristiano lleva su cruz que encuentra la vida plena (Juan 10:10).

Mateo 10:40-42 (ver Juan 13:20; Lucas 10:16; Marcos 9:41) señala:

> [40]»Quien los recibe a ustedes, me recibe a mí; y quien me recibe a mí, recibe al que me envió. [41]Cualquiera que recibe a un profeta por tratarse de un profeta, recibirá recompensa de profeta; y el que recibe a un justo por tratarse de un justo, recibirá recompensa de justo. [42]Y quien dé siquiera un vaso de agua fresca a uno de estos pequeños por tratarse de uno de mis discípulos, les aseguro que no perderá su recompensa.»

La idea es simple. Es lo mismo que Jesús repite en Mateo 25:40: "Les aseguro que todo lo que hicieron por uno de mis hermanos, aun por el más pequeño, lo hicieron por mí". Ya sea que fuesen a los apóstoles, una categoría mayor de profetas o aún superior, "uno de estos pequeños", el principio semantiene verdadero: lo que usted

---

[184] Cada criminal crucificado era forzado a cargar el patíbulo (la viga de la cruz) al lugar de ejecución (Plutarco, *De Sera Num. Vind.* 9.554B).

[185] J. G. Griffiths, "The Disciple's Cross" (La cruz de los discípulos), *NTS* (Estudios del Nuevo Testamento) 16 [1970]: 358-364, nota que aparte de esta declaración, todas las demás referencias en el Nuevo Testamento de llevar la cruz se refieren al acontecimiento mismo del sufrimiento y muerte de Jesús. Por lo tanto, se debe leer a la luz de la vida de Jesús y nuestra imitación de él.

hace por el pueblo de Jesús, él lo toma muy en cuenta y de manera personal.

Otra consideración es que cuando un profeta recibe bendición, también llega la bendición a la casa donde este profeta mora. Aquellos hogares que apoyaron a los profetas y apóstoles recibirían, por lo tanto, la bendición de Dios (ver 2 Reyes capítulo 4). Esto también resulta cierto para los obreros de Dios el día de hoy.

Sección 70c
El éxito de los doce
(Mateo 11:1; Marcos 6:12-13; Lucas 9:6)

Marcos 6:12-13 señala:

> **12**Los doce salieron y exhortaban a la gente a que se arrepintiera. **13**También expulsaban a muchos demonios y sanaban a muchos enfermos, ungiéndolos con aceite.

Después del sermón, los doce salen en pares y logran las tareas que Jesús les encargó. Marcos menciona la forma como sanan los enfermos – ungidos con aceite. Esto resulta interesante a la luz de Santiago 5:14.

Sección 71a
Las ideas erradas que Herodes Antipas tiene de Jesús
(Mateo 14:1-2; Marcos 6:14-16; Lucas 9:7-9)

Justo antes del recorrido de los doce, Jesús va a su pueblo de residencia, Nazaret, por última vez (*Sección 69*). Leemos de las ideas erradas que ellos tenían en cuanto a Jesús. Ahora, leeremos de las ideas de Herodes.

Marcos 6:14-16 con Mateo 14:1-2, Lucas 9:7-9 señala:

> {En aquel tiempo[Mt]} **14**El rey Herodes {el tetrarca[Mt,Lc]}se enteró de esto, pues el nombre de Jesús se había hecho famoso. {Estaba perplejo porque[Lc]} Algunos decían:[a] «Juan el Bautista ha resucitado, y por eso tiene poder para realizar milagros.» **15**Otros decían: «Es Elías.» Otros, en fin, afirmaban: «Es un profeta, como los de antes.» **16**Pero cuando Herodes oyó esto, exclamó: «¡Juan, al que yo mandé que le cortaran la cabeza, ha resucitado!» {Y procuraba verlo[Lc]}

[a]*14 Algunos decían.* Var. *Él decía.*

La población judía, seguidores de los fariseos, creía en la resurrección. Pero su teología estaba mezclada con algo de superstición. Por ejemplo, creían que el espíritu de un muerto podía resurgir en otra persona (ver Josefo, Wars 1.599). En otras palabras, el espíritu de un difunto podía llenar y dar poder a una persona viva. Así explicaban muchos el poder de Jesús para hacer milagros. Asumían que el espíritu de un gran profeta como Elías, Jeremías o Juan el Bautista (ver Mateo 16:14) había sido derramado sobre él. Herodes compartía esta superstición popular.

La familia de Herodes, toda ella, se caracterizaba por sus maniobras políticas de renombre, relaciones familiares turbulentas, escándalos sexuales —especialmente de incesto y divorcio y la adopción de la religión judí   a (al menos cuando convenía a sus propósitos). Mientras que los Herodes adoptaron las políticas de los saduceos, obtenían su fe de los fariseos, ambas por razones pragmáticas —aumentaba su alcance e influencia de gobernar.

Herodes el tetrarca, también llamado "rey" fue el hijo de Herodes el Grande con su esposa samaritana Maltace. Al igual que los demás Herodes, tiene la suficiente conciencia que lo plaga de culpa por sus actos inmorales, pero no lo suficiente como para saciar su apetito de poder. Se encuentra en una posición desagradable de político corrupto que especula con la religión. Su culpa le hace preguntarse quien es este Jesús. Sin embargo, no está listo para seguirlo.

Sección 71b
Encarcelamiento y ejecución de Juan el Bautista
(Marcos 6:17-29 con Lucas 3:19-20; Mateo 14:3-12)[186]

Marcos 6:17-20 *con* Lucas 3:19-20 señala:

> [17]En efecto, Herodes mismo había mandado que arrestaran a Juan y que lo encadenaran en la cárcel. Herodes se había casado con Herodías, esposa de Felipe su hermano, [18]y Juan le había estado diciendo a Herodes: «La ley te prohíbe tener a la esposa de tu hermano.» {... reprendió al tetrarca Herodes por el asunto de su cuñada Herodías, y por todas las otras maldades que había cometido[Lc]} [19]Por eso Herodías le guardaba rencor a Juan y deseaba matarlo. Pero no había logrado hacerlo, [20]ya que Herodes temía a Juan y lo protegía, pues sabía que era un hombre justo y santo.

---

[186] Los acontecimientos de esta sección son como un "retroceso" que ayuda a explicar la idea equivocada que Herodes tiene de Jesús.

Cuando Herodes oía a Juan, se quedaba muy desconcertado[a], pero lo escuchaba con gusto.

[a]**20** Algunos manuscritos antiguos *él hizo muchas cosas*

Mateo 14:5 señala:

⁵Herodes quería matarlo, pero le tenía miedo a la gente, porque consideraban a Juan como un profeta.

Jamás se acusó a Juan de tener miedo para decir las cosas (ver Isaías 40:3-5; Mateo 3:7-12). Hasta acometió contra el matrimonio ilícito e ilegal de Herodes, al igual que le señaló sus demás errores (Lucas 3:19-20). El problema lo describe Josefo (Ant., 18.109-115). La primer esposa de Herodes fue la hija de Aretas, el rey de Arabia. Después de unos años, él viajó a Roma. Mientras estuvo en Roma, se quedó en casa de su medio hermano Felipe. Herodes se enamoró de la esposa de su hermano, Herodías y como pago de la hospitalidad de su hermano convenció a Herodías que se divorciara de Felipe y se casara con él. Una vez de regreso a casa, la hija de Aretas se da cuenta de todo. Antes de que Herodes se enterara que había sido descubierto, ella lo convenció de que la dejara ir a Maquero, que estaba en la frontera con el territorio de su padre. De allí, ella se fue con su padre. Aretas se enojó tanto que le declaró la guerra a Herodes y derrotó su ejército. Pudo haber destruido a Herodes por completo de no haber sido por la intervención oportuna del general romano Vitelio.

Este matrimonio era ilegal por varias razones. Por un lado, la primera esposa de Herodes seguía con vida. Además, Herodías le pertenecía al hermano de Herodes (ver Levítico 18:16). Además de todo eso, Herodías era su media sobrina, así que la relación de incesto persistía por parte de ambos medios hermanos. ¡Esto enloquecía a Juan!

Josefo nos informa de una segunda causa por la que Herodes encarcela a Juan. Al aumentar la popularidad de Juan, también aumentó la inquietud de la población. Por este tipo de cosas surgen las rebeliones. Por ello, Herodes, temiendo una revuelta popular, sacó al jugador principal en esta oposición. Otra consideración es la de que mucha gente del tetrarca Herodes Felipe se unieron a Aretas para enfrentar a Herodes Antipas en Traconite. La mayor parte de la predicación de Juan se llevó a cabo al norte de Judea y Perea que peligrosamente se encuentran muy cerca de Traconite. Si estos hombres siguen el liderazgo de sus paisanos del norte, Herodes les quita a su agitador.

Posiblemente hay una tercera razón por la que Herodes arresta a Juan. Típicamente, los Herodes se alineaban con los saduceos quienes eran los que controlaban los recintos del templo. Pero los fariseos crecían en popularidad. Este acto de arrestar a Juan sería bien recibido por los fariseos quienes rechazaban a Juan (Lucas 7:30). De esta forma llega la oportunidad de hacerse de amigos muy importantes.

No tan sólo es Herodes el que está un poco enojado con Juan, sino también Herodías. El desprecio de esta mujer no se debe tomar a la ligera. Ella trata de persuadir a Herodes de que ejecute a Juan, pero hay dos razones que se interponen. Primera, Herodes sabe que Juan es un hombre justo. Aunque su conciencia esté muy débil, lo restringe de que mate a un hombre justo. Herodes quiere ser un gobernante justo. Desafortunadamente, su deseo de justicia es rebasado por su deseo de poder. Segunda, la población cree que Juan es un profeta. Ya están levantados en armas por el arresto de Juan. Herodes debe conducirse con mucho sigilo para no empujar al pueblo a una rebelión abierta. Por un lado, él quiere deshacerse de este problema; por otro lado, quiere ser justo. Por un lado, le gusta escuchar a Juan; por otro lado, Juan sigue echándole en cara su vida personal. Por ello Marcos utiliza la palabra "desconcertado" con respecto a la respuesta de Herodes a Juan.

Según Josefo (*Ant.* 18.119), Juan estaba preso en Maquero, una fortaleza ubicada en una montaña a una altura de 786 metros, segundo fuerte en importancia después de Jerusalén. Estaba ubicado en la playa noreste del mar Muerto. Josefo también señala que este era el fuerte a donde huyó la hija de Aretas al descubrir el plan de Herodes y Herodías. En ese tiempo, este fuerte estaba bajo el control de Aretas (*Ant.* 18.112). Al parecer no pueden ser correctas ambas designaciones a menos de que el fuerte cambiara de manos de repente, de Aretas a Herodes, durante su pequeño desacuerdo o riña o a menos que Aretas no controlara el fuerte sino que tan sólo lo utilizara con el permiso de Herodes mientras eran amigos.

Es importante notar que Marcos dedica tres versículos al ministerio de Juan, pero trece a su muerte. Así, Marcos parece sugerir que de la manera en que el ministerio de Juan antecede al de Jesús, de la misma manera la muerte de Juan predice la de Jesús.

Marcos 6:21-25 señala:

> ²¹Por fin se presentó la oportunidad. En su cumpleaños Herodes dio un banquete a sus altos oficiales, a los comandantes militares y a los notables de Galilea. ²²La hija de Herodías entró en el banquete y bailó, y esto agradó a Herodes y a los invitados.
> -Pídeme lo que quieras y te lo daré -le dijo el rey a la muchacha. ²³Y le prometió bajo juramento: -Te daré cualquier cosa que me pidas, aun cuando sea la mitad de mi reino.
> ²⁴Ella salió a preguntarle a su madre: -¿Qué debo pedir? -La cabeza de Juan el Bautista -contestó.
> ²⁵En seguida se fue corriendo la muchacha a presentarle al rey su petición: -Quiero que ahora mismo me des en una bandeja la cabeza de Juan el Bautista.

Ya han pasado varias semanas desde que los discípulos de Juan regresaron a él después de estar con Jesús (**Sección 57**: Mateo 11:2-19; Lucas 7:18-35). Herodes festeja su cumpleaños con un banquete.[187] Parte del espectáculo fue la danza de Salomé su hijastra. Ella baila para este puñado de oficiales borrachos.[188] El texto no dice que fuese una danza sensual, pero la cultura oriental así lo sugiere. Además, Herodes no le ofrece la mitad de su reino por una simple coreografía. Lo que hace de todo esto algo repugnante es que ella es su hijastra. Además, ella no debe tener más de doce años. La palabra que Marcos utiliza en el v. 22, "muchacha" (korasion), fue la misma que se utilizó en Mateo 9:24 acerca de la hija de Jairo, una muchacha de doce años de edad. Al darle Herodes la mitad de su reino, la haría la segunda persona en importancia en todo su reino. Esta oferta muestra una gran generosidad, pero tal vez no lo deberíamos tomar tan literal.

¿Por qué haría tal cosa una muchacha? El v. 24 parece indicar que fue su mamá la que la empujó a hacerlo. Tan vil como pudiera ser esto, tal era la naturaleza de la familia de Herodes. Su corrupción se empeora por su sutileza. Herodías apresura a Salomé con esta petición urgente (v. 25): "Que se haga antes de que Herodes recobre la cordura".

---

[187]Edersheim nota que este pudo no haber sido el cumpleaños de Herodes, sino que esta *genesia* pudiera estarse refiriendo al ascenso de Herodes a ser tetrarca.

[188]Una traducción literal de estos tres grupos de personas en el v. 21 podría leerse como: (1) Magistrados – gobernantes políticos; (2) Militares – líderes militares de 1,000 hombres cada uno; (3) hombres sobresalientes de Galilea – hombres de negocios, políticos, religiosos, etc.

Marcos 6:26-29 *con* Mateo 14:12 señalan:

²⁶El rey se quedó angustiado, pero a causa de sus juramentos y en atención a los invitados, no quiso desairarla. ²⁷Así que en seguida envió a un verdugo con la orden de llevarle la cabeza de Juan. El hombre fue, decapitó a Juan en la cárcel ²⁸y volvió con la cabeza en una bandeja. Se la entregó a la muchacha, y ella se la dio a su madre. ²⁹Al enterarse de esto, los discípulos de Juan fueron a recoger el cuerpo y le dieron sepultura. {Después fueron y avisaron a Jesús.ᴹᵗ}

Nuevamente la sed de popularidad política de Herodes venció su conciencia. Su más grande debilidad era su miedo a ser considerado débil. La escena es muy dura ya de por sí — la cabeza de Juan colocada en una bandeja de plata. Pero una tradición señala que Herodías la llevó a su dormitorio, le sacó la lengua y le enterró una gran aguja. Así termina la vida del precursor de Cristo.

Herodías produjo la caída de Herodes. Primero, la muerte de Juan el Bautista afectó personalmente a Herodes y aterró al público. Su conciencia, mezclada con la superstición judía, le hizo pensar que Jesús era Juan y que había regresado a espantarlo como si fuese un fantasma.[189] Y, claro, la gente estaba encolerizada por el asesinato de un hombre justo, Juan. Segundo, su casamiento con Herodías le costó el divorcio con su primer esposa, la hija de Aretas, rey de Arabia. Como ya se mencionó, Aretas estaba tan enojado con Herodes que lo atacó y derrotó su ejército. Herodes quedó a salvo por la oportuna intervención de la legión romana bajo el mando de Vitelio. La gente consideró esto un castigo de Dios por la muerte de Juan (Josefo, Ant. 18.119). Esta guerra dejó a Herodes en una mala posición con Roma. Finalmente, Herodías, en su ambición de poder, engatusó a Herodes para que fuese a Roma y buscara el favor de más poder político. Cuando él lo hizo así, fue despojado de su dominio y enviado a Lyons en Galia (Francia). Herodías rehusó las fortunas que el emperador le ofreció y prefirió irse con su esposo a Galia (Josefo, Ant. 18.254). Ese es el único incidente redentor de su biografía.

Sin más a qué aferrarse, los discípulos de Juan viajaron de 128 a 144 kilómetros para informarle a Jesús este acontecimiento tan triste. ¿Por qué se mantuvieron con Juan tanto tiempo? Él les dijo que ellos siguieran a Jesús, pero solo ahora mismo, después de su muerte, se desprenden de su líder tan querido y buscan a Jesús.

---

[189] La palabra "angustiado en gran manera" (perilypos, versículo 26), se usa para describir la agonía de Jesús en el huerto (Marcos 14:34).

Parte siete
Saliendo de Galilea

(Tercer año de ministerio)

Secciones 72a,b
Intento de descansar abortado
(Mateo 14:13-14; Marcos 6:30-34; Lucas 9:10-11; Juan 6:1-3)

Este es el único suceso previo a la última semana de la vida de Jesús, registrado en los cuatro evangelios. Es la cima de la popularidad de Jesús. La estadística de su popularidad bajará al tiempo que él revela su verdadera identidad. Hay una gran cantidad de elementos en esta alimentación que se han tomado de manera simbólica. Por ejemplo, cuando Jesús menciona de comer su carne y beber su sangre, muchos señalan que se está refiriendo a la cena del Señor (ver Mateo 26:20-29; Juan 6:35-59). Muchos ven en las doce cestas a las doce tribus, a los doce apóstoles o toda la comida como el banquete mesiánico. Y el pan que Jesús ofrece es visto como el maná que Dios proveyó en el desierto (ver Juan 6:30-33).[1] El pez llegó a ser símbolo dominante del arte cristiano antiguo.[2]

No importa que lo tomemos como simbólico, Jesús está en el centro. Marcos resalta su compasión (Marcos 6:34). Juan resalta su poder sobre lo inanimado (ver Juan 2:1-11) y su provisión para nuestras necesidades espirituales (Juan 6:26-59). Y, Mateo contrasta lo pecaminoso del banquete y borrachera de Herodes (Mateo 14:3-12)

---

[1] B. E. Thiering, " 'Partiendo el pan' y 'Cosecha'" en el evangelio de Marcos, NovT (Novum Testamentum) 12 [1970]: 1-12, es un ejemplo clásico del juego especulativo con los números aplicado a la alimentación de los cinco mil.

[2] Ver el excelente resumen presentado por R. Hiers: "The Bread and Fish Eucharist in the Gospels and Early Christian Art" (La eucaristía del pan y los peces en los evangelios y el arte cristiano antiguo), PRS (Perspectivas en estudios religiosos) 3 [1970]: 20-47.

con la hermosura de la alimentación simple de los campesinos. Cierto es que la gente presente tomó esto como una clara demostración de que Jesús era el Mesías (Juan 6:15; ver 1 Reyes 17:9-16; 2 Reyes 4:42-44).

Marcos 6:30-31 señala:

> ³⁰Los apóstoles se reunieron con Jesús y le contaron lo que habían hecho y enseñado. ³¹Y como no tenían tiempo ni para comer, pues era tanta la gente que iba y venía, Jesús les dijo: –Vengan conmigo ustedes solos a un lugar tranquilo y descansen un poco.

Los apóstoles regresan de su "viaje solitario". Había sido fabulosamente exitoso. Hasta podemos apreciar su emoción al reunirse alrededor del Maestro y contarle sus victorias – sanidades, multitudes, arrepentimiento, expulsión de demonios, etc. Considerando la naturaleza de estos tipos, no dudamos que cada uno quería sobresalir con una anécdota mejor. Jesús escucha paciente y entusiasmado.

Sin embargo, al mismo tiempo (a la luz del pasaje anterior), Jesús también recibe una delegación de los discípulos de Juan, quienes le informan de la triste muerte de Juan. Seguro que Jesús siente mucho esta gran pérdida y lo toma como algo muy personal. Juan fue su primo, precursor y amigo. Fue el hombre más grande nacido de mujer y el último profeta del Antiguo Testamento. Esto pone a Jesús en la difícil posición de balancear sus emociones opuestas: Alegría por sus apóstoles y pena indignante por la muerte de Juan por parte de Herodes.

Ciertamente es tiempo de un retiro. Tanto Jesús como los doce necesitan pensar y reflexionar en los acontecimientos recientes y considerar hacia dónde se dirige este movimiento. Pero las multitudes siguen llegando, tanto que Jesús ni siquiera puede deternerse a comer. Algunos acuden debido a la popularidad de Jesús, otros por la reciente gira de los doce y otros por su enojo ante la muerte de Juan. Esta es la cima de la popularidad de Jesús. Las multitudes enloquecen y esperan ansiosas.

Ellos necesitan encontrar un lugar pacífico. No tan sólo necesitan descanso sino que deben escapar del área de dominio de Herodes Antipas y salir del peligro ya sea de arresto o de un levantamiento armado. Así que entran en una barca y van al otro lado del mar de Galilea al pueblito de Betsaida (literalmente "casa del pescado"), en la jurisdicción de Herodes Felipe. Esta no puede ser la misma Betsaida que era el lugar de residencia de Felipe, Andrés y Pedro (Juan 1:44).³ Era común en esos días tener varios pueblos con el mismo nombre. Después del milagro, se regresan a Betsaida (Marcos 6:45). Además, el lugar de residencia de Felipe, Andrés y Pedro no era un "lugar solitario" tampoco un lugar de escape para Jesús y su equipo.

Marcos 6:32-34 con Lucas 9:10-11, Juan 6:1-3 señalan:

> ³²Así que se fueron solos en la barca {a la otra orilla^{Jn}} a un lugar solitario {a un pueblo llamado Betsaida^{Lc}}. ³³Pero muchos que los vieron salir los reconocieron y, desde todos los poblados, corrieron por tierra hasta allá y llegaron antes que ellos {porque veían las señales milagrosas que hacía en los enfermos^{Jn}}. ³⁴Cuando Jesús desembarcó y vio tanta gente, {él los recibió y^{Lc}} tuvo compasión de ellos, porque eran como ovejas sin pastor. Así que {subió Jesús a una colina y se sentó con sus discípulos [y]^{Jn}} comenzó a enseñarles muchas cosas {les habló del reino de Dios. También sanó a los que lo necesitaban^{Lc}}.

Cuando el grupo de apóstoles entró en la barca, las multitudes los vieron alejarse y se dieron cuenta de la dirección y el rumbo que tomaron. Ellos se van corriendo por la ribera del lago y algunos hasta llegan primero que la barca.⁴ Jesús, muy por el contrario a nosotros, lo conmueven las necesidades de la gente, más que su hambre y cansancio. Lo conmueve la ignorancia de ellos y su gran necesidad de enseñanza. Lo conmueve sus enfermedades y su necesidad de sanidad. Lo conmueve su hambre y necesidad de alimento. Lo conmueve su deseo ansioso por seguirlo y su necesidad de un Mesías. Después de dos milenios, no existe otro modelo mejor de ministerio. En verdad somos ayudantes de las ovejas sin pastor (ver Mateo 9:36, Números 27:17, Ezequiel 34:5, 23, 25).

Como a tres kilómetros al norte de donde el río Jordán desemboca en el mar de Galilea hay un lugar apropiado para cruzar el río. Como a kilómetro y medio más arriba, cerca de Betsaida Julia, existe un lugar plano, amplio y cubierto de pasto. Al norte de esa llanura hay una montaña que de seguro Jesús subió para acomodar

---

³Para una respuesta alternativa y una explicación más completa de la controversia sobre Betsaida, ver S.H. Smith, "Bethsaida via Gennesaret: The Enigma of the Sea Crossing in Mark 6:45-53" (Betsaida via Genesaret: El enigma de cruzar el mar desde Betsaida en Marcos 6:45-53), *Biblica* 77/3 [1996]: 349-374.

⁴Si nos imaginamos a algunos de la multitud que le ganan a Jesús a llegar al otro lado del lago y a otros formando un desfile de más de kilómetro y medio de largo, podemos resolver la aparente discrepancia entre Marcos 6:33 y Juan 6:5 en cuanto a quién llegó primero.

a las multitudes. Era un espectáculo de gran envergadura: 5,000 hombres [andres] más mujeres y niños. La cantidad de personas muy bien pudo haberse elevado a unas 15,000.

Vea los comentarios sobre ovejas sin pastor en la *Sección 70a*.

Sección 72c
Alimentación de los 5,000
(Mateo 14:15-21; Marcos 6:35-44; Lucas 9:12-17; Juan 6:4-13)

Juan 6:4-7 señala:

⁴Faltaba muy poco tiempo para la fiesta judía de la Pascua.
⁵Cuando Jesús alzó la vista y vio una gran multitud que veníahacia él, le dijo a Felipe: -¿Dónde vamos a comprar pan para que coma esta gente? ⁶Esto lo dijo sólo para ponerlo a prueba, porque él ya sabía lo que iba a hacer.
⁷-Ni con el salario de ocho meses ͣ podríamos comprar suficiente pan para darle un pedazo a cada uno -respondió Felipe.

ͣ*7 el salario de ocho meses.* Lit. *doscientos denarios.*

Esta pascua marca la transición entre el ministerio de Jesús de su segundo a su tercer año. La pascua es más que una simple marca cronológica. Ayuda a explicar la presencia de una multitud tan grande, especialmente de aquellos que empezarán su viaje anual a Jerusalén. También explica su fervor en proclamar a Jesús como rey. El nacionalismo religioso judío surge durante esta fiesta. Mientras este grupo emocionado rodea el lago, seguro que se le unen personas de los pueblos y aldeas que atraviesan. Para cuando el desfile logra llegar al lugar de desembarque de Jesús, ya es enorme. Al levantar la vista Jesús, mira esta multitud que lo rodea (ver Juan 4:25).

¿Por qué Felipe? No lo sabemos. Tal vez Jesús tiene una lección especial para él (ver Juan 14:8-9); tal vez sea el más próximo a Jesús en ese instante. La respuesta tan precisa de Felipe indica que él ya había considerado el costo. Al tiempo que Jesús sigue enseñando y sanando, Felipe tendrá suficiente tiempo de no solamente considerar lo que va a contestar sino también para meditar en la pregunta. Es obvio que Jesús no está interesado en la respuesta de Felipe, sino en su solución.

Marcos 6:35-38 *con* Lucas 9:12 señalan:

³⁵Cuando ya se hizo tarde, se le acercaron sus discípulos {los doce^Lc} y le dijeron: —Éste es un lugar apartado y ya es muy

tarde. ³⁶Despide a la gente, para que vayan a los campos y pueblos cercanos {a buscar alojamiento y comida^Lc} y se compren algo de comer.
   ³⁷—Denles ustedes mismos de comer —contestó Jesús.
   —¡Eso costaría casi un año de trabajo!ª —objetaron—. ¿Quieres que vayamos y gastemos todo ese dinero en pan para darles de comer?
   ³⁸—¿Cuántos panes tienen ustedes? —preguntó—. Vayan a ver.Después de averiguarlo, le dijeron: —Cinco, y dos pescados.

ª*37 casi un año de trabajo.* Lit. *doscientos denarios*.

   Esto acontece más tarde en ese día probablemente entre las tres a cinco de la tarde.⁵ Ya que ellos se encuentran en un lugar apartado, la gente necesita suficiente tiempo para llegar a los poblados cercanos, que han de estar a unos cuantos kilómetros de distancia, en busca de "hospedaje y comida". Los apóstoles han aprendido, hasta cierto punto, a cuidar de la gente, como lo hace Jesús. No hay duda que sus propios estómagos los empujan a actuar. Recuerde, no han tenido tiempo para comer.
Cuando Jesús les dice a los doce que alimenten a la multitud, sentimos a Iscariote ponerse nervioso. Si es que en verdad tenían tanto dinero, que se duda, eso habría acabado con sus reservas. Eso pone de nervios a cualquier contador, especialmente a alguien que acostumbraba a "manipular" los fondos.
   Jesús los envía a buscar entre la multitud para ver qué alimentos había disponibles. Ellos casi regresan con las manos vacías. Sin embargo, le expropian su comida a un jovencito: cinco panecillos y dos pescaditos.⁶ Los panes no eran como los nuestros. Son pequeños, planos y redondos (tal vez no más de 10 centímetros de diámetro). Son de cebada, el alimento de los pobres, pero no necesariamente alimento bajo en proteínas. Es probable que los pescados hayan sido de los más pequeños, posiblemente algo similar a las sardinas del día de hoy. No eran algo que sirviera como platillo principal en una buena comida. Era algo suficiente para satisfacer el hambre de un muchachito, pero muy patético a la sombra de esta multitud.

⁵Según Edersheim, los judíos tomaron como la primer tarde hasta la puesta del sol (de tres a seis de la tarde); la segunda tarde al momento de la aparición de la primer estrella, desde la puesta del sol hasta la aparición de la tercera estrella (como de seis a ocho de la noche). Luego, la noche, se consideraba como el inicio de otro día.

⁶Los sinópticos utilizan la palabra normal para pez [*ichthys*]. Sin embargo, Juan usa la palabra rara [*opsarion*], indicando un pez pequeño, ya fuese seco o sazonado y que normalmente se comía con pan.

Juan 6:8-11 *con* Mateo 14:18-19, Marcos 6:40,41, Lucas 9:13,16 señalan:

⁸Otro de sus discípulos, Andrés, que era hermano de Simón Pedro, le dijo: ⁹—Aquí hay un muchacho que tiene cinco panes de cebada y dos pescados, pero ¿qué es esto para tanta gente {a menos que vayamos a comprar comida para toda esta gente^{Lc}}? ¹⁰{Tráiganmelos acá^{Mt}}—Hagan que se sienten todos —ordenó Jesús. En ese lugar había mucha hierba. Así que se sentaron {Así que ellos se acomodaron en grupos de cien y de cincuenta^{Mr}}, y los varones adultos eran como cinco mil. ¹¹Jesús tomó entonces los {cinco^{Mt,Mr,Lc}} panes, {y, mirando al cielo^{Mt,Mr,Lc}} dio gracias y {partió los panes y^{Mt,Mr,Lc}} distribuyó a los que estaban sentados todo lo que quisieron. Lo mismo hizo con los {dos^{Mt,Mr,Lc}} pescados.

Juan menciona tres veces a Andrés trayéndole alguien a Jesús: (1) a Pedro (1:40-41); (2) a este muchacho (6:8-9); y (3) a algunos griegos (12:22). Es claro que este era su fuerte. Nos impresiona la humildad de un hombre quien fue uno de los primeros discípulos, sin embargo (al parecer por voluntad propia) le deja el primer lugar a su hermano Simón Pedro. Casi estaba dentro del círculo más cercano a Jesús, pero no del todo, salvo en Marcos 13:3 durante el discurso en el monte de los Olivos. Andrés presenta al jovencito con su escuálida comida; pero sigue pensando que tendrán que ir en busca de comida.

Los pastos verdes que acompañan la pascua le dan la bienvenida a esta multitud. Se dividen en grupos de cincuenta y de cien personas, que sirve para calcular y distribuir bien los alimentos. Marcos utiliza una palabra sumamente interesante para describir estos grupos (6:40), [*prasiai*] que literalmente significa "porciones de jardín". Toda esa gente recostada⁷ en los pastos verdes debajo de donde estaba Jesús debió haber parecido como un jardín de Dios, lleno de flores. Jesús mira al cielo y da gracias por los alimentos antes de comer, que es la costumbre típica del jefe en un hogar judío. Hasta pudo haber recitado una oración típica de agradecimiento como: "Bendito seas, oh Dios, Señor nuestro, Rey del universo, que produces pan de la tierra". (m. Ber. 6:1)

Es curioso que ninguno de los evangelios siquiera da un indicio de cómo sucedió este milagro. Simplemente se asume que Jesús tenía poderes regeneradores (tal vez evocando recuerdos de Elías: 2 Reyes 4:42-44). Así como cambió el agua en vino en Caná, así también ahora reproduce *ex nihilo* el pan de cebada y los "filetitos". Jesús,

---

⁷*Anepesan* literalmente significa caer de espalda. Ciertamente describe bien la práctica común judía de reclinarse a la hora de comer.

ya en otras ocasiones, ha demostrado su poder sobre lo inanimado — la pesca milagrosa (Lucas 5:5-10) y calma la tormenta (Lucas 8:24). Pero en esta ocasión hay una diferencia cualitativa en su habilidad creadora (ver Juan 1:1-4; Colosenses 1:16-17).

Juan 6:12-13 señala:

> ¹²Una vez que quedaron satisfechos, dijo a sus discípulos:- Recojan los pedazos que sobraron, para que no se desperdicie nada. ¹³Así lo hicieron, y con los pedazos de los cinco panes de cebada que les sobraron a los que habían comido, llenaron doce canastas.

Mateo 14:21 señala:

> ²¹Los que comieron fueron unos cinco mil hombres, sin contar a las mujeres y a los niños.

Seguramente mencionar las doce cestas no es para mostrar que Jesús era económico. Probablemente tenía que ver con el simbolismo. Estas cestas fuertes [*kophinos*] eran "unas cestas especiales judías para transportar comida apta para judios" (Blomberg, p. 233). El número doce pudiera ser simbólico de las doce tribus o hasta de los doce apóstoles.

Sección 73
Intento fallido de proclamarlo a Jesús como rey
(Mateo 14:22-23; Marcos 6:45-46; Juan 6:14-15, 17)

Juan 6:14 señala:

> ¹⁴Al ver la señal que Jesús había realizado, la gente comenzó a decir: «En verdad éste es el profeta, el que ha de venir al mundo.»

Mateo 14:22 señala:

> ²²En seguida Jesús hizo que los discípulos subieran a la barca y se le adelantaran al otro lado {a Betsaida^{Mr}} {a Capernaúm^{Jn}} mientras él despedía a la multitud.

Juan 6:15 señala:

> ¹⁵Pero Jesús, dándose cuenta de que querían llevárselo a la fuerza y declararlo rey, se retiró de nuevo a la montaña él solo. {a orar ^{Mt,Mr}}.

La gente está convencida de que Jesús es el Mesías (el Profeta, ver Deuteronomio 18:15-18; Juan 1:21). Finalmente él está actuando como el Mesías que ellos esperaban.[8] ¡Esta multitud impetuosa, empujadas por la esperanza mesiánica del momento, estalló en llamas por la reciente muerte de Juan el Bautista, y está lista para inaugurar a Jesús, así lo quiera o no! De igual forma, planean llevarlo a Jerusalén, junto con su declaración de independencia, acompañados de doce cestas de sobrantes y toda la gente que él ha sanado.

Jesús aborta este intento haciendo tres cosas sumamente decisivas: (1) Aleja a sus apóstoles. (2) Despidió a la multitud. (3) Desaparece en las montañas. Finalmente, Jesús descansa. No es un descanso del cuerpo sino estar a solas con el Padre. Claro está que Jesús vio su gran necesidad de orar en vez de dormir. Aunque Mateo y Marcos únicamente mencionan a Jesús orar en momentos críticos (Mateo 14:22-23; 26:36-39; Marcos 1:35), Lucas lo muestra orando con frecuencia (Lucas 5:16; 6:12-13; 9:18; 9:28-29; 11:1).

Sección 74
Caminando sobre el agua
(Mateo 14:24-33; Marcos 6:47-52; Juan 6:16-21)

Esta narración contiene no uno, sino cuatro milagros: (1) Caminar sobre el agua, (2) causar que Pedro caminara sobre el agua, (3) calmar la tormenta y (4) arribo inmediato a tierra firme. Complementa la narración de la alimentación de los 5,000 al resaltar la soberanía de Jesús. No es tan sólo como el Dios Creador (Génesis 1:1), sino como Dios Espíritu, desplazándos sobre las aguas agitadas y caóticas (Génesis 1:2). Además, esta narración continúa desarrollando el tema en esta sección — malentendido de quién es Jesús. Claro está que no lo entienden las multitudes. Ya con anterioridad hasta Juan el Bautista preguntó quién es Jesús. Y hasta en este preciso momento sus propios discípulos no saben a ciencia cierta quién es Jesús, a pesar de haber alimentado a los 5,000 hombres (Marcos 6:52).

---

[8] Hubo una gran cantidad de movimientos o rebeliones populares entre los judíos en el primer siglo que buscaba proclamar rey a un campesino humilde. Ver R. A. Horsley: "Popular Messianic Movements around the Time of Jesus" (Movimientos mesiánicos populares en los tiempos de Jesús), *CBQ* (Publicación trimestral católica de la Biblia) 46 [1984]: 471-95. Pero todos estos movimientos fueron revolucionarios, militares y políticos. Claramente fueron diseñados para liberar a los campesinos de la aristocracia romana y herodiana. No se los puede comparar con las metas de Jesús, aunque de estos sentimientos populares surgió el intento de proclamar rey a Jesús.

Marcos 6:47-49 *con* Mateo 14:24, Juan 6:17, 19 señalan:

⁴⁷Al anochecer, la barca se hallaba en medio del lago {bastante lejos[a] de la tierra, zarandeada por las olas[Mt]}, y Jesús estaba en tierra solo. ⁴⁸En la madrugada,[b] {para entonces ya había oscurecido, y Jesús todavía no se les había unido[Jn]} vio que los discípulos hacían grandes esfuerzos para remar, pues tenían el viento en contra. {Habrían remado unos cinco o seis kilómetros[c] cuando vieron que Jesús se acercaba a la barca.[Jn]} Se acercó a ellos caminando sobre el lago, e iba a pasarlos de largo. ⁴⁹Los discípulos, al verlo caminar sobre el agua, creyeron que era un fantasma y se pusieron a gritar,

[a]*Mt 14:24 bastante lejos.* Lit. *a muchos estacdios.* [b]*Mr 6:48 En la madrugada.* Lit. *Alrededor de la cuarta vigilia de la noche.* [c]*Jn 6:19 cinco o seis kilómetros.* Lit. *veintecinco o treinta estadios.*

Mateo 14:26-27 señala:

²⁶Cuando los discípulos lo vieron caminando sobre el agua, quedaron aterrados. —¡Es un fantasma! —gritaron de miedo. ²⁷Pero Jesús les dijo en seguida: —¡Cálmense! Soy yo. No tengan miedo.

Seguro que esta fiesta de los 5,000 duró hasta el anochecer, tal vez hasta las nueve de la noche. Era algo que nadie quería terminar. Ha de haber sido algo difícil para Jesús calmar a la multitud, enviar a los doce y despedir a los 5,000. Él ora desde ese momento hasta como las tres de la mañana[9] cuando se une al grupo de apóstoles.

Desde su ubicación ventajosa en la montaña Jesús alcanza a mirar una buena distancia por el lago a la luz de una luna llena que acompaña la pascua. Él puede ver que ellos se han salido de su curso normal. En vez de navegar hacia Betsaida, en la playa norte, se acercan a Genesaret en la ribera suroeste. Están como a cuatro kilómetros fuera del rumbo original, casi en medio del lago. Obviamente, casi toda la noche han estado batallando con el viento, que es contrario a donde ellos se dirigen.

Este incidente debió haber sido difícil para los apóstoles. Seguro que también ellos sentían lo mismo que la multitud: coronar rey a Jesús. Después de todo, ellos tenían mucho que ganar si eso sucedía; y eso era lo que esperaban de un Mesías político. Jesús les pide que se vayan, para decepción de ellos. Lo que es peor, los envía a una tormenta. Estando a mitad del lago y a media tormenta tal vez

---

[9]La noche estaba dividida en cuatro vigilias, cada una de aproximadamente tres horas de duración. La cuarta vigilia era de 3 a 6 de la mañana.

causó que ellos reflexionaran y cuestionaran el señorío de Jesús aun después de tal acontecimiento como lo fue la alimentación de los 5,000.[10] Necesitaban la siguiente lección: Jesús caminando sobre el agua.

Juan hace un uso maestro de los verbos en esta sección que le dan un sabor de observador presencial a esta narración.[11]

> Él emplea los imperfectos "hacían", "estaba picado" o "se levantaba" para señalar la condición de los hombres en la barca y refiriéndose al mar. Pero entre estos imperfectos utiliza pluscuamperfecto (oscuridad) "llegó a (ser)" y (Jesús) "no había llegado", para indicar lo que sí (o lo que todavía) había pasado antes de que los discípulos llegaran a la ribera opuesta (Hendriksen, p. 224)

Así, tenemos dos escenas frente a nosotros. Una de Jesús, orando en la serena y pacífica noche. La otra es de los apóstoles como a cuatro kilómetros de distancia, remando en medio de la tormenta. Los apóstoles no están ni fuera de la vista ni fuera de la mente del Maestro.

¡Jesús empieza a caminar por el lago y piensa atravesarlo por la mitad! Viene a ayudar a sus discípulos. Entonces, ¿por qué es que Marcos dice: "iba a pasarlos de largo?" ¿Está paseándose simplemente? ¿Procura ganarles en llegar al otro lado? Una solución simple sería que ellos están a punto de llegar al otro lado y Jesús los esperará en la ribera en unos instantes. McInerney ofrece una explicación más sofisticada.[12] Él nota que la idea de "pasar" o "pasar de largo" se utiliza en el Antiguo Testamento en conexión con una teofanía

---

[10] Podríamos encontrar varias alegorías paralelas para la iglesia actual. Las tormentas en donde nosotros mismos nos encontramos no representan la mejor prueba de lo soberano que Jesús es. Como lo señala Edersheim (I:691), "al considerarlo, todo parece simbólico: la noche, la luz de la luna, la barca, el viento contrario y luego el Salvador solitario después de haber orado, mirando a los remeros trabajar arduamente sin provecho para llevar la barca a salvo en la playa."

[11] También resulta interesante notar que Lucas, quien no fue testigo ocular, no incluye este incidente en su evangelio.

[12] W. F. McInerny, "An Unresolved Question in the Gospel Called Mark: 'Who Is This Whom Even the Wind and Sea Obey?'" (4:41)" (Una pregunta no resuelta en el evangelio de Marcos: '¿Quién es este a quien hasta el viento y el mar le obedece?' (4:41)" *PRS* (Prespectivas de estudios religiosos) 23 [Primavera 1996]: 255-268. Para esta y otras posibles soluciones, ver D. F. Hill: "The Walking on the Water: A Geographical or Linguistic Answer?" (Caminando sobre el agua: ¿Una respuesta lingüística y geográfica?) *ExpT* (Tiempos de exposición) 99 [1988]: 267-269; y Harry fledderman, "And He Wanted to Pass by Them", *CBQ* 45/3 (1983): 389-395.

(manifestación de Jehová). Quizás Marcos aluda al hecho de que cuando Jesús anduvo sobre el agua era equivalente a una apariencia de Dios. O tal vez no se dan cuenta de la presencia de Jesús sino hasta que él está junto a la barca. Entonces ellos piensan que es un fantasma que va atravesando el lago. Así, "pasarlos de largo" es la impresión de los apóstoles, no la intención de Jesús.

No es de extrañarse por qué los apóstoles están aterrados. Sus ojos están puestos en esta aparición misteriosa — una figura humana emergiendo de entre las olas a media tormenta. Es natural asumir que se trata de un fantasma (un espíritu sin cuerpo). ¿Quién en la actualidad concluiría algo distinto? Su tristeza en el corazón y su fatiga física ciertamente no les ayuda en su estado anímico.

Jesús trata de calmarlos inmediatamente al identificarse: *"Soy yo"*. La forma de dirigirse a ellos es con el nombre divino Jehová, como en Éxodo 3:14. Aunque esto pudiera sonar un tanto velado o encubierto, es probable que esta sea la revelación más clara de su divinidad. Él se revela en este preciso momento (Blomberg, p. 235).[13]

En verdad, para muchos, esta es una narrativa difícil de creer . . . como lo fue la alimentación de los 5,000. Por ello, muchos han tratado de explicar estos dos milagros mediante medios naturales.[14] Simplemente es esto inaceptable. Los textos mismos son claros en cuanto al intento. Ya sea que se tomen como invenciones literarias con propósito teológico, mentiras deliberadas o Dios interviniendo en las leyes de la naturaleza. O las aceptamos o las rechazamos. Pero tratar de explicarlas carece de honestidad intelectual.

---

[13] K.L. McKay, "'I AM' in John's Gospel" ('Yo soy' en el evangelio de Juan), *ExpT* (Revista expositor) 107/10 [1996]: 302-303 sin embargo, ofrece una advertencia válida que tratar como iguales εγω ειμι con el nombre "Jehová" puede llevar a una conclusión sin mérito.

[14] La alimentación de los 5,000 comúnmente se considera un milagro de generosidad. Cuando la multitud vio al niño ofrecer su comida a Jesús, todos empezaron a abrir sus alimentos escondidos. D. F. Robinson (sin convencer) promueve que la alimentación de los 5,000 fue una alegoría, no un acontecimiento histórico ("The Parable of the Loaves" (La parábola de los panes), *ATR* (Revista teológica anglicana) 39 [1957]: 107-115). Caminar sobre el agua comúnmente se explica como si Jesús estuviese caminando en la arena a la orilla de la playa y que fueron los apóstoles los que pensaron que él caminaba sobre el agua — estaban más cerca de la playa de lo que suponían. J. D. M. Derrett ofrece una explicación natural más sofisticada. Sugiere que Jesús caminó sobre un arrecife creado por los depósitos del río Jordán en su parte norte, al desembocar en el mar ("Why Jesus Walked on the Sea" (Por qué caminó en el mar Jesús), *NovT Novum Testamentum* 23/4 [1981]: 330-348). Sin embargo, esto resulta insatisfactorio porque deja sin explicar todos los detalles, tales como Pedro caminando sobre el agua, la ignorancia de los pescadores, como llegan de pronto a la orilla, la tormenta que se calma de inmediato y el viento soplando del sur en vez del norte como lo sugiere el texto.

Mateo 14:28-33 señala:

28-Señor, si eres tú —respondió Pedro—, mándame que vaya a ti sobre el agua.
29—Ven —dijo Jesús.
Pedro bajó de la barca y caminó sobre el agua en dirección a Jesús. **30**Pero al sentir el viento fuerte, tuvo miedo y comenzó a hundirse. Entonces gritó: —¡Señor, sálvame!
31En seguida Jesús le tendió la mano y, sujetándolo, lo reprendió: —¡Hombre de poca fe! ¿Por qué dudaste?
32Cuando subieron a la barca, se calmó el viento. **33**Y los que estaban en la barca lo adoraron diciendo: —Verdaderamente tú eres el Hijo de Dios.

Marcos 6:51-52 señala:

51Subió entonces a la barca con ellos, y el viento se calmó. Estaban sumamente asombrados, **52**porque tenían la mente embotada y no habían comprendido lo de los panes.

Juan 6:21 señala:

21Así que se dispusieron a recibirlo a bordo, y en seguida la barca llegó a la orilla adonde se dirigían.

La narración de Pedro caminando sobre el agua únicamente la presenta Mateo. Habla tanto de la fe como de la falla de Pedro.[15] Él es impetuoso, en ocasiones arrogante y habla antes de pensar. Pero la verdad es que fuera de Jesús, él mantiene el récord de haber sido el único hombre que ha caminado sobre el agua.

"Si eres tú" (v. 28) se podría traducir mejor como *"dado que eres tú"* (condición de primera clase). Jesús le dice que camine . . . y él lo hace. Desafortunadamente, se distrae fácilmente y empieza a hundirse.

¡Qué contraste tan severo entre Mateo 14:33 y Marcos 6:51-52! Primeramente, observamos que toda adoración verdadera casi siempre se produce por el temor al entender verdaderamente quién es Jesús. Segundo, vemos que hasta los que pasaron la mayoría de su tiempo con Jesús realmente no lo conocen de manera plena. Tercero, entendemos que el hecho de que las obras de Jesús (por ejemplo, sus milagros) nos emocionen no quiere decir que los interpretemos de manera correcta.

---

[15] Como lo relata Blomberg, este es el primero de cinco textos clave en Mateo capítulos 14-18, característico únicamente del evangelio de Mateo, que resalta a Pedro (mayormente sus fallos), 14:28-31; 15:15-16; 16:17-19; 17:24-27; 18:21.

De pronto llegan a la playa. Esto simplemente quiere decir que ya estaban muy cerca de la playa cuando Jesús entra en la barca. O puede ser un "transporte" divino que no entendemos como tampoco entendemos el caminar sobre el agua. Pero que tonto sería no aceptar la narrativa simplemente porque no podemos entenderla. Nos podríamos encontrar en la misma categoría de los incrédulos discípulos de Jesús (aterradoramente similares a los enemigos de Jesús) – "sus corazones fueron endurecidos".

Sección 75
Sanidades en Genesaret
(Mateo 14:34-36; Marcos 6:53-56)

Marcos 6:53-56 señala:

⁵³Después de cruzar el lago, llegaron a tierra en Genesaret y atracaron allí. ⁵⁴Al bajar ellos de la barca, la gente en seguida reconoció a Jesús. ⁵⁵Lo siguieron por toda aquella región y, adonde oían que él estaba, le llevaban en camillas a los que tenían enfermedades. ⁵⁶Y dondequiera que iba, en pueblos, ciudades o caseríos, colocaban a los enfermos en las plazas. Le suplicaban que les permitiera tocar siquiera el borde de su manto, y quienes lo tocaban quedaban sanos.

Genesaret es una llanura fértil en el lado oeste del lago. Josefo afirma: "uno pudiera llamar este lugar la ambición de la naturaleza, donde forza a aquellas plantas que por naturaleza son enemigas entre sí a estar juntas" (JW 3. 518). La barca se salió de su curso en la tormenta. Originalmente se dirigían a Capernaúm (Juan 6:17), más específicamente, a su suburbio conocido como Betsaida (Marcos 6:45). Los discípulos mareados por la tormenta deciden caminar de Genesaret a Capernaúm. Es posible que se haya comisionado a dos de los discípulos a que tripularan la barca de regreso a puerto después del desayuno.

Jesús es muy bien conocido y, cuando la gente de la región oyen que Jesús va de paso, salen a las calles a esperarlo, con sus enfermos. Esto compendia y resume el ministerio de sanidad de Jesús (ver Mateo 8:1-17; 9:18-34; Marcos 1:32-34; 3:7-12). La palabra bastante fuerte de Mateo para sanidad [*diasozo*] indica que las multitudes fueron restauradas a una salud plena.

Jesús no se toma el tiempo para tener una "reunión de sanidad". En cambio, permite que las multitudes lo toquen mientras él pasa. Él viste su manto de oración típico palestino, con los flecos al borde de su manto (ver Números 15:37-39; Deuteronomio 22:12). La creencia popular era que el poder fluía de la persona a través de su ropa, especialmente por los flecos de oración. Nosotros fuimos testigos de la misma superstición con la mujer con flujo de sangre (*Sección 67*, Mateo 9:20-21; Marcos 5:24-34). Si tan sólo pueden tocar sus borlas del manto, creen poder sanar. Para cuando Jesús llega a Capernaúm debió haber habido un desfile masivo esperando ser sanados. La sinagoga en Capernaúm está a punto de romper su récord en asistencia.

Sección 76a
Sermón sobre el pan de vida
(Juan 6:22-59)

Este sermón es único en su clase. La multitud hizo algunas preguntas, de las cuales algunas Jesús ni siquiera contesta de manera directa. La multitud ha cambiado de una aparente sinceridad a una hostilidad total. Al final de su sermón, Jesús logra unas cuantas cosas que la gran mayoría de los predicadores tratan de evitar desesperadamente. Dejó confundida a su audiencia incrédula y alejó a todos, excepto a sus camaradas más cercanos. En una nota más positiva, él (a) se desplazó de la tierra al cielo, (b) hizo un llamado claro y sonoro al compromiso, (c) se acercó más a una declaración clara en cuanto a su identidad de lo que había hecho en sus dos años previos de ministerio.

El tema de su sermón es "una vida plena y verdadera en Jesús". Encontramos frente a nosotros muchas referencias en cuanto a la "vida" (vv. 27, 33, 35, 40, 47, 48, 50, 51, 53, 54, 57, 58, 63). Jesús se considera y presenta a sí mismo como la única fuente de vida eterna. Y escuchamos el estribillo coral: "y yo lo resucitaré en el día final" (vv. 39, 40, 44, 54). En este pasaje, en seis ocasiones Jesús señala que él vino del cielo (vv. 33, 38, 41, 50, 51, 58, también ver v. 62). Es claro, uno de los temas de esta sección es el origen divino de Jesús. Los judíos no pueden pasar esto desapercibidamente (ver 41-42).

Sección 76a

Juan 6:22-24 señala:

>²²Al día siguiente, la multitud que se había quedado en el otro lado del lago se dio cuenta de que los discípulos se habían embarcado solos. Allí había estado una sola barca, y Jesús no había entrado en ella con sus discípulos. ²³Sin embargo, algunas barcas de Tiberíades se aproximaron al lugar donde la gente había comido el pan después de haber dado gracias el Señor. ²⁴En cuanto la multitud se dio cuenta de que ni Jesús ni sus discípulos estaban allí, subieron a las barcas y se fueron a Capernaúm a buscar a Jesús.

Después de que Jesús despide a los 5,000 ya avanzada la noche anterior, aparentemente éstos no se fueron lejos. Es muy posible que algunos hubiesen encontrado hospedaje en los pueblos cercanos, es posible que otros simplemente acamparon en las faldas de la montaña donde comieron. Algunos de ellos vivían tan lejos hasta Tiberias, donde toda la marcha había empezado el día anterior, casi a 16 kilómetros al otro lado del lago.[16] No había forma de que regresaran a casa durante la noche así que deciden quedarse para ver que sucedería al día siguiente.

Al día siguiente regresaron de nuevo en masa. Después de caminar un rato, se dan cuenta que Jesús no está entre ellos. Pero, ¿a dónde se habrá ido? Saben que no cruzó el lago en barca — los apóstoles fueron los únicos que abordaron la barca que zarpó la noche anterior, y Jesús no estaba con ellos. Con más de 5,000 personas todavía en el lugar, ¿cómo pudo haberse escapado sin ser visto? No podemos culparlos. ¿Quién podía adivinar qué fue lo que realmente pasó?

¿Por qué llegaron las barcas de Tiberias? Tal vez algunos adolescentes de Tiberias decidieron competir en barcas desde Betsaida a Tiberias o tal vez fueron a traer las barcas a sus cansados padres. Por la mañana pudo haberse anunciado que la gente necesitaba un servicio de transporte. Algunos hombres de negocios pudieron haber estado dispuestos a dar el servicio.

Ellos no están listos para irse a casa. Quieren ver nuevamente a Jesús. Así que en vez de irse directamente a Tiberias, cruzando el

---

[16] Tenemos varias indicaciones de que Jesús cruzó el lago de Tiberias a Julia Betsaida: (1) Al siguiente día llegaron barcas de Tiberias (Juan 6:23). Es posible que estas barcas llegaron a recoger familiares y amigos de aquellos que habían seguido a Jesús el día anterior. (2) Jesús hubo cruzado a la otra orilla del mar (Juan 6:1). Tiberíades está totalmente al otro lado de Julia Betsaida. (3) En una nota entre paréntesis, Juan agrega el nombre mar de Tiberias al nombre normal del lago: mar de Galilea. (4) Además, Tiberias es un lugar común y lógico para Jesús, proveyéndolo de (a) una relativa privacidad durante los viajes de los doce, (b) un lugar central de encuentro después de su recorrido por Galilea y (c) una población significativa que congregó a una multitud una vez que regresaron los discípulos (Marcos 6:31).

lago por la mitad, primero se van a Capernaúm – el conocido centro de operaciones de Jesús. Una vez que no lo encuentran allí, se van por todo el lado oeste del lago y van preguntando en cada muelle y poblado si lo han visto.

Juan 6:25-27 señala:

> ²⁵Cuando lo encontraron al otro lado del lago, le preguntaron:
> -Rabí, ¿cuándo llegaste acá?
> ²⁶—Ciertamente les aseguro que ustedes me buscan, no porque han visto señales sino porque comieron pan hasta llenarse. ²⁷Trabajen, pero no por la comida que es perecedera, sino por la que permanece para vida eterna, la cual les dará el Hijo del hombre. Sobre éste ha puesto Dios el Padre su sello de aprobación.

Esta narrativa parece un solo sermón. Sin embargo, es imposible que sea un resumen de las discusiones de todo el día que iniciaron cerca de Tiberias (v. 25) y que termina en la sinagoga de Capernaúm (v. 59).[17] Entonces, podemos asumir que la alimentación de los 5,000 tuvo lugar un jueves y la discusión el viernes, concluyendo en una reunión normal de una sinagoga. Sin embargo, también había reuniones en la sinagoga los lunes y los jueves. Además, estando ya tan próxima la pascua, es posible que hubiera reuniones especiales en la sinagoga.

Ellos le preguntan a Jesús: "¿cuándo llegaste acá?" La respuesta es: "de cuatro a seis de la mañana". Pero esto lo sabemos por Mateo y Marcos, no por boca de Jesús. Él jamás se molesta en contestarles sus preguntas superficiales. En cambio, él asecha sus motivos. De hecho, cuando Jesús dice: "comieron pan hasta llenarse", utiliza una palabra normalmente asociada con los animales que se alimentan con forraje (*echortasthete*). La multitud está operando a un nivel de lo más carnal – satisfacción y seguridad físicas. La paradoja recae en que ellos piensan que son muy espirituales con esta discusión acerca del Mesías.

A través de toda esta narrativa, la lección clara por aprender es: "hay que mirar más allá de la carne". Ellos no lo captan. Hasta el método que utilizan para interpretar las palabras de Jesús (literal en vez de figurativo) los lleva al error.

Cuando Jesús les dice: "Trabajen, pero no por la comida que es perecedera", él no se está refiriendo únicamente a sus trabajos, sino <u>también a su actividad</u> presente de buscar a Jesús quien los alimentó

---

[17] "Es una circunstancia significativa, que entre las ruinas de la sinagoga de Capernaúm se descubrió el dintel conteniendo la vasija del maná, ornamentada con un patrón continuo de hojas de la vid con racimos de uvas" (Edersheim, II:29).

con pan y pescado. La verdad es, esta gente no está trabajando. Están de callejeros siguiendo a Jesús por todo el campo. Apenas el día anterior habían corrido dieciséis kilómetros para verlo, estuvieron con él todo el día y hasta acamparon toda la noche. Por la mañana lo persiguen desde Betsaida Julia hasta Capernaúm en rumbo a Tiberias. Aún ahora le están persiguiendo de vuelta a Capernaúm. Han perdido por lo menos dos días "laborables". Pero buscar a Jesús es un "trabajo". Es la obra que se nos demanda hacer. El problema con esta multitud es que buscan a Jesús por razones equivocadas. Están dispuestos a obtener y aceptar panes de cebada y sardinas cuando Jesús vino a ofrecerles vida eterna.

Estos galileos cerrados (como la mayoría de los seres humanos) debieron haber esperado más de Jesús. Después de todo, Dios le puso a Jesús su "sello de aprobación". En aquellos días un sello era la impresión en cera o barro del anillo real o sortija del sello. Era la marca real visible de propiedad, especialmente de reyes y gobernantes. ¿Qué señales visibles le ha otorgado Dios a Jesús?

1. Los milagros
2. El testimonio de Juan el Bautista
3. El Espíritu Santo que descendió sobre él en forma de paloma en su bautismo
4. Las profecías mesiánicas (al igual que tipos y alusiones)
5. La claridad y el carácter de las enseñanzas de Jesús

Juan 6:28-29 señala:

²⁸—¿Qué tenemos que hacer para realizar las obras que Dios exige? —le preguntaron. ²⁹—Ésta es la obra de Dios: que crean en aquel a quien él envió —les respondió Jesús.

El v. 28 parece una pregunta directa — "¿Qué tenemos que hacer?". Pero en el desarrollo de la narrativa notamos que esta multitud ya ha alejado su corazón de Jesús. Cuando él rehusó ser el rey que ellos querían, un escalofrío les llegó al corazón, que Jesús no es capaz de quitarles. De aquí a la cruz, tenemos un espectáculo triste de contemplar. Al tiempo que Jesús revela realmente quién es él, las multitudes empiezan a esfumarse.

Aunque esta pregunta puede estar basada en el escepticismo, sigue siendo una pregunta excelente. Me atrevo a señalar, es la pregunta de la humanidad. La respuesta de Jesús es igualmente fundamental: "tu **trabajo** u obra es creer en mí". Esto plantea dos preguntas. Primera, ¿cómo es que la fe sea una obra? La fe bíblica se podría entender mejor como "confianza". Si nuestras mentes están convencidas, entonces nuestras vidas lo van a mostrar. Así, nuestra "fe" inevitablemente se manifestará en lo que hagamos (Santiago 2:14-26).

La segunda pregunta que hacemos es: "¿Cómo es que somos salvos por gracia si tenemos que trabajar para obtenerla?". La respuesta es que no nos esforzamos o trabajamos para obtenerla sino que respondemos a ella. No hay forma de que nos ganemos nuestra salvación. No importa qué tan buenos seamos, qué tan nobles seamos, no podemos expiar nuestros pecados o ganarnos la entrada al cielo. Esto no quiere decir que no debamos hacer nada para recibir el regalo de Cristo. En todo el Nuevo Testamento encontramos una serie de órdenes asociadas con la salvación — arrepentimiento (Hechos 17:30-31; Lucas 13:3, 5), ser perdonados por parte de otros (Mateo 6:14-15), confesar a Jesús (Mateo 10:32-33; Romanos 10:9-10), cómo hablamos (Mateo 12:36-37), etc. Pero todos se pueden expresar con una sola palabra: **FE**. Es decir, si en verdad confío en Jesús, todo esto es resultado de esa fe, de manera natural y expresiva.

A primera vista todo parece muy simple . . . tan fácil, hasta que nos damos cuenta de todo lo que abarca. La fe verdadera hará un ajuste de todos los elementos en nuestras vidas. Demanda todo lo que poseemos — nuestro tiempo, nuestros talentos, nuestros recursos. Cuando escuchamos por primera vez los requisitos para hacer las obras de Dios: "confiar en Jesús", decimos, "¿eso es todo?" Pero después de considerarlo por un momento, decimos: ¡Ah, eso es **TODO**!"

Juan 6:30-33 señala:

> [30]—¿Y qué señal harás para que la veamos y te creamos? ¿Qué puedes hacer? —insistieron ellos—. [31]Nuestros antepasados comieron el maná en el desierto, como está escrito: "Pan del cielo les dio a comer."[a] [32]—Ciertamente les aseguro que no fue Moisés el que les dio a ustedes el pan del cielo —afirmó Jesús—. El que da el verdadero pan del cielo es mi Padre. [33]El pan de Dios es el que baja del cielo y da vida al mundo.
>
> [a]31 *Éxodo 16:4; Nehemías 9:15; Salmos 78:24, 25 [También ver Éxodo 16:15, Salmos 105:40]*

En verdad, esta es una pregunta tonta, pero no es nueva. En dos ocasiones, los judíos ya le han pedido a Jesús una señal milagrosa (ver Mateo 12:38-45; Juan 2:18-23). Ellos demandan señal tan pronto ven una. Pero Jesús rehúsa concederles lo que piden; sin embargo, sigue haciendo milagros.

Jesús ya ha desplegado un catálogo impresionante de milagros incluyendo la sanidad, la resurrección, la purificación y el exorcismo, sin dejar fuera su poder sobre lo inanimado — el vino, el pan, el viento y las olas. Un día después de alimentar a los 5,000, ¿cómo es posible que le demanden señal? El v. 31 es clave con esta lógica de los judíos. Tanto en esta ocasión como en dos previas ellos piden señal. Quieren una señal *del cielo*, como Moisés les dio el maná a sus antepasados.[18] Es como si ellos dijeran: "Te seguimos por comida terrenal porque eso fue lo que tú proveíste milagrosamente. Pero si quieres que te sigamos por comida celestial (ver el v. 27), entonces vamos a necesitar una señal del cielo". En las tres ocasiones, la única señal que Jesús ofrece es la de su resurrección.

Lo que ellos piden suena bien, pero no es otra cosa más que su evasión a las demandas que Jesús hace. El día anterior estaban todos dispuestos a coronar rey a Jesús porque él les dio lo que querían. Pero hoy, cuando Jesús les pide su alianza, lo rechazan. Le dicen a Jesús: "¡Dame, dame, dame . . . si no tienes pan terrenal entonces dame del espiritual!" Jesús contesta: "¡No soy yo quien doy, ni tampoco Moisés, sino Dios. Él dio el maná a sus antepasados; pero a ustedes me envió a mí. Ustedes me piden que les dé pan del cielo, pero yo soy ese pan!" Al rechazar a Jesús, están rechazando aquello que le están pidiendo a Jesús que provea.

Juan 6:34-36 señala:

> ³⁴—Señor —le pidieron—, danos siempre ese pan. ³⁵—Yo soy el pan de vida —declaró Jesús—. El que a mí viene nunca pasará hambre, y el que en mí cree nunca más volverá a tener sed. ³⁶Pero como ya les dije, a pesar de que ustedes me han visto, no creen.

Al leer esto, no podemos escapar pensar en la mujer en el pozo (Juan 4:4-14). Es seguro que la intención de Juan es presentar esta comparación. Por un lado, tenemos a una mujer samaritana que deposita su fe en Jesús, el Agua Viva, sin más que un simple milagro.

---

[18]"Tal maná, que era comida para los ángeles, destilaba (como ellos se imaginaban) de la luz superior 'el rocío de arriba' [Yoma 75b] — comida milagrosa, de todo sabor imaginable y apto para toda edad, de acuerdo con la condición física o el deseo de quien lo comía [Shem. R. 25], pero amargo al paladar gentil — ellos esperaban que el Mesías lo trajese del cielo nuevamente. Ya que, el primer dador, Moisés, lo hizo, así que el segundo — el Mesías — también lo haría [Midrash, Eclesiastés 1:9]" (Edersheim, II:29-30).

Por otro lado, tenemos a los incrédulos judíos que rechazan a Jesús, el Pan de Vida, aún después de ver muchos milagros.

La afirmación de Jesús de que él es "el Pan de Vida" es la primera en una serie de declaraciones "YO SOY" en el evangelio de Juan (8:12; 10:7, 11; 11:25; 14:6; 15:1). "Cada una de las cuales representa una relación en particular de Jesús con las necesidades espirituales del hombre . . . Él deseaba que el hombre lo recibiera, no simplemente por lo que él les pudiera dar, sino por lo que él significara para ellos" (Tenney, p. 76).

Juan 6:37-40 señala:

> ³⁷Todos los que el Padre me da vendrán a mí; y al que a mí viene, no lo rechazo. ³⁸Porque he bajado del cielo no para hacer mi voluntad sino la del que me envió. ³⁹Y ésta es la voluntad del que me envió: que yo no pierda nada de lo que él me ha dado, sino que lo resucite en el día final. ⁴⁰Porque la voluntad de mi Padre es que todo el que reconozca al Hijo y crea en él, tenga vida eterna, y yo lo resucitaré en el día final.

Este texto presenta el asunto tan difícil y delicado de la "seguridad eterna". Sin embargo, tal vez no sea en esta ocasión el mejor momento para discutirlo. Después de todo, el discurso frente a nosotros no es una disertación teológica sino un debate acalorado donde Jesús habla con términos enigmáticos. Esto no quiere decir que no se le pueda entender, sino que prepara su mensaje en lenguaje provocativo para que su audiencia medite en lo que está diciendo. Así que tal vez tengamos que ir a las epístolas para que sean ellas las que nos den luz y sabiduría en cuanto a este texto. Además, Jesús hará una declaración más clara en cuanto a la seguridad eterna en Juan 10:28, y nuestra discusión se desarrollará mejor en ese texto.

En algunas maneras, la discusión de la seguridad eterna es un punto debatible. Si una persona se aparta del camino, aquellos que no creen en la seguridad eterna dirán: "Él se apartó de Jesús y cayó de su gracia". Aquellos que sí creen en la seguridad eterna dirán: "En primer lugar, esa persona jamás fue salvada", o "es un pródigo que debe ser llamado al arrepentimiento". Note dos cosas. Primera, ambas posiciones teológicas responderían de la misma manera – llamar a esa persona al arrepentimiento. Por lo tanto, esta es primariamente una diferencia filosófica, no una práctica. Segunda, ambas posiciones emitan un juicio acerca de la posición de otra persona en Cristo. Pocos serían los que dirían: "Yo no tengo seguridad". En cambio, la mayoría diría: "¡Yo sé que yo estoy bien, pero no sé acerca de ti!" Esto puede ser muy peligroso. Por lo tanto, debemos tener sumo cuidado, ser amables y humildes.

El campamento de la eterna seguridad ha sido acusado de no tener ley. Algunos tienen la impresión de que como un día proclamaron a Jesús como Señor, sus estilos de vida no son tan importantes. Son salvos y, por ello, pueden vivir como quieran. Eso es totalmente falso (Gálatas 5:13, 17). Sin embargo, del otro lado de la cerca, encontramos a aquellos que creen que la persona sí se puede apartar y caer y por ello se les ha acusado a estos de predicar una inseguridad eterna. Y en verdad, existen aquellos que cuestionan innecesaria y constantemente su posición en Cristo (ver 1 Juan 5:13). Queremos evitar ambos extremos.

Antes de tratar nuestro presente texto, debemos hacer una observación más de cómo se manejan tales textos sobre la seguridad eterna y la apostasía. Nuestra conclusión depende mucho de nuestro punto de partida. Si empezamos a observar textos sobre la seguridad eterna[19] entonces tal vez terminemos mal interpretando los textos tocante a la apostasía[20] y viceversa. Nuestras presuposiciones pueden ir más lejos de lo que tal vez estemos dispuestos a admitir para determinar nuestras conclusiones. Debemos permitir un grado de paradoja porque estamos tratando el entrtejido de la soberanía de Dios y el libre albedrío del hombre, ambos de los cuales sonverdaderos, pero ninguno de los cuales con reconciliables totalmente en la mente caída del hombre. Por lo tanto, queremos ser equitativos y permitir que cada texto diga lo que tenga que decir.

Tenney dice lo siguiente en cuanto al v. 37, del texto en cuestión:

> "Todo" (*pan*) es singular neutral en vez de plural masculino y se refiere a todo lo que el Padre ha puesto bajo el control de Jesús (ver Juan 5:19-27). Incluye a la gente que le pertenece. La paradoja latente de este texto ha dejado perplejos a

---

[19] Por ejemplo, Salmos 89:30-35; Juan 4:14; 5:24; 6:37-40; 10:27-30; Romanos 8:29-39; 11:29; 14:4; 1 Corintios 1:8; 2 Corintios 1:21-22; 5:4-5; Efesios 1:13-14; 4:30; Filipenses 1:6; 1 Tesalonicenses 5:23-24; 2 Timoteo 1:12; 2:19; 4:18; Hebreos 6:17; 7:25; 1 Pedro 1:3-5; 1 Juan 2:18-19; 3:6; 5:12-13; Judas 24.

[20] Por ejemplo, Josué 24:19-20; Nehemías 1:7-9; Salmos 95:7-10; Mateo 10:22; 13:1-9, 18-23; 18:21-35; 24:13; Lucas 12:42-46; Juan 15:1-6; Romanos 11:20-22; 1 Corintios 9:24-27; 10:1-13; 15:1-2; Gálatas 5:1-4; 6:7-9; Colosenses 1:19-23; 1 Timoteo 1:18-19; 4:1; 2 Timoteo 2:11-13; 4:10; Hebreos 3:1-19; 4:1-13; 6:4-8; 10:26-31, 36-39; 12:15-17; 2 Pedro 2:20-22; Judas v. 6; Apocalipsis 2:5, 7, 10, 11, 17, 26; 3:5, 12, 21; 21:7.

muchos. ¿Cómo podemos estar seguros de que el Padre ha entregado cierta persona a Cristo? ¿Vendrá únicamente para ser rechazado? Jesús dejó plenamente claro que la salvación humana no le sorprende a Dios. Él llama a la gente mediante su palabra y su Espíritu. Ellos únicamente pueden acudir con su invitación. Sin embargo, la invitación no está restringida a cierto lugar o tiempo, tampoco es exclusiva para cierta nación, raza o cultura. Nadie debe tener miedo de que acudirá al llamado en vano, ya que Jesús mismo enfatizó que no rechazaría a nadie (p. 76)

Tanto el v. 39 como el 40 finalizan con el estribillo: "Y yo lo resucitaré en el día final". También observamos el paralelismo entre "que yo no pierda nada de lo que él me ha dado" y "todo el que reconozca al Hijo y crea en él, tenga vida eterna". Ambas cosas son voluntad de Dios que así sea. El v. 39 habla del resultado mientras que el v. 40 habla de los medios. La manera en la que obtenemos la seguridad en Jesús es al que vea o reconozca y crea en Jesús[21] (ambos verbos están en participio presente indicando así una acción continua). En otras palabras, debemos, continuamente, ver y creer en Jesús.

Note que el "que yo no pierda nada" en el v. 39 no es una promesa, sino una declaración de la voluntad del Padre. ¿Triunfa siempre la voluntad de Dios? No. No lo hizo en los días en el Edén, Noé, Moisés o David. Es la voluntad de Dios que todos procedan al arrepentimiento (2 Pedro 3:9), pero la Biblia claramente declara que esto no pasará (Mateo 22:14, Lucas 8:13; 13:23-24, Apocalipsis 3:4). Además, sabemos que "Jesús no perderá a ninguno de ellos" (ver Juan 18:9) no es una declaración absoluta. Él sí "perdió" a Judas Iscariote (Juan 17:12). Esta no es una declaración exacta de la seguridad eterna como lo es de la esperanza de Dios. ¿Se cumple la voluntad de Dios? Sí . . . debido a su soberanía. Sin embargo, en su soberanía, le ha

---

[21]En numerosos pasajes paralelos, hay otros imperativos conectados con nuestra salvación. "Mirando" y "creyendo" en Jesús son descripciones que cobijan otras descripciones específicas de comportamiento, tales como el arrepentimiento (Hechos 2:38; 3:19; 17:30-31; Lucas 13:5; Apocalipsis 2:16, 22); la confesión (Mateo 10:32-33; Juan 12:42; Romanos 10:9-10; 1 Juan 2:23; 4:2, 3, 15); la inmersión (Marcos 16:15-16; Hechos 2:38; Romanos 6:3-5; Gálatas 3:27; 1ª Pedro 3:21); el perdón de los demás (Mateo 6:14-15; 18:35; Efesios 4:32; Santiago 2:13); invocar el nombre de Cristo (Hechos 2:21; 22:16; Romanos 10:13); la obediencia (Juan 3:36; Hebreos 5:9; 11:8; 1 Juan 5:1-3); las obras y los frutos (Mateo 7:21-23; Juan 15:2; Santiago 2:20-26); el amor (Gálatas 5:6; 1 Juan 3:10-24; 4:7-21); la benevolencia (Mateo 25:31-46; 1 Juan 3:17); permanecer fieles hasta la muerte (Juan 15:6; Hebreos 3:6, 12; 10:23-31, 36-39; Apocalipsis 2:10, 26); etc.

dejado al hombre el libre albedrío. Y con frecuencia el hombre toma decisiones que no le agradan a Dios.

Juan 6:41-47 señala:

⁴¹Entonces los judíos comenzaron a murmurar contra él, porque dijo: «Yo soy el pan que bajó del cielo.» ⁴²Y se decían: «¿Acaso no es éste Jesús, el hijo de José? ¿No conocemos a su padre y a su madre? ¿Cómo es que sale diciendo: "Yo bajé del cielo"?»
⁴³—Dejen de murmurar —replicó Jesús—. ⁴⁴Nadie puede venir a mí si no lo atrae el Padre que me envió, y yo lo resucitaré en el día final. ⁴⁵En los profetas está escrito: "A todos los instruirá Dios."ᵃ En efecto, todo el que escucha al Padre y aprende de él, viene a mí. ⁴⁶Al Padre nadie lo ha visto, excepto el que viene de Dios [Juan 1:18]; sólo él ha visto al Padre. 47Ciertamente les aseguro que el que cree tiene vida eterna.

ᵃ45 Isaías 54:13

El murmurar no le agrada a Dios debido a que muestra falta de confianza. Desafortunadamente es una práctica común en el pueblo de Dios (Éxodo 16:7; Números 14:27; 14:36; 16:11, Juan 6:41, 1ª Corintios 10:10, Santiago 5:9). Lo justificamos diciendo: "no me estoy quejando contra Dios sino contra los pastores, el maestro o los ancianos de la iglesia". Pero como lo muestran estos pasajes, el pueblo de Dios jamás ha murmurado contra Dios mismo, sino contra el vocero de Dios. Sin embargo, Dios lo toma de manera personal directa en contra de él. Si rechazamos en nuestras vidas la autoridad establecida por Dios hemos rechazado a Dios mismo.

Su queja contra Jesús (como en el v. 28), aparenta una gran sinceridad y lógica, pero no tiene ese espíritu. Nuevamente se equivocan al tomar a Jesús de manera literal acerca de su declaración: "Yo bajé del cielo". Dado que ellos conocen a su familia, saben perfectamente que él no descendió del cielo en forma corporal. Saben que él es parte de su comunidad terrenal, no de la ciudadanía celestial. Jamás consideran ellos la posibilidad de la "encarnación".

Jesús, sin contestar su pregunta tan superficial, ataca el asunto que importa — la voluntad y la aptitud de acudir a Jesús. No podemos acudir a Jesús a menos que Dios no nos atraiga a él (v. 44). ¿Cómo nos atrae Dios? A través de la enseñanza (v. 45). Y, ¿cómo debían ser enseñados ellos? Nuestro texto sugiere cuatro formas:

(1) *Conociendo las Escrituras* – El hecho de que Jesús cite Isaías 54:13 sugiere que hay sabiduría divina en las Escrituras. Si

aprendemos la palabra escrita de Dios, nos llevará a Jesús (Lucas 24:25-27). Advertencia: Este no es un conocimiento académico sino un corazón dedicado en humillación al conocimiento de Dios (ver Juan 5:39-40, 45-47).

(2) *La ley de Dios en los corazones de los hombres* — Isaías 54:13 se parece mucho a Jeremías 31:31-34. Además del estudio de la palabra escrita de Dios, el Espíritu Santo insta nuestros corazones (ver 1 Corintios 2:10-16; también ver Juan 14:26; 15:26; 16:13-14), primariamente en dos áreas (a) permaneciendo en Jesús, nuestra fuente de salvación (1 Juan 2:27; 1 Corintios 2:12), (b) aprendiendo a cómo expresar el amor de Dios en un mundo caído (1 Tesalonicenses 4:9).

(3) *Escuchando a Jesús* — El v. 46 nos recuerda que únicamente Jesús conoce la naturaleza y el plan del Padre. Así, si usted quiere "ser enseñado" por Dios usted debe escuchar a Jesús (ver Juan 14:26).

(4) Con los corazones humillados hacia el creer. No podemos acudir a Jesús a menos que nuestros corazones estén predispuestos a la fe. Eso no quiere decir que debemos tragarnos el anzuelo. Pero sí quiere decir que debemos tener una mente y un corazón abiertos. El v. 47 (ver el v. 40) demanda fe como prerrequisito para que en verdad Dios nos pueda instruir.

Aunque nuestro texto suena muy predestinatario, Dios no tiene todas las cartas a su lado. Mateo 22:14 ofrece una clave: "Porque muchos son los invitados, pero pocos los escogidos". ¿Quién fue escogido en la parábola (Mateo 22:1-14)?

¿No son aquellos que responden a la invitación? En verdad, nadie podía venir a Jesús sin la invitación, el llamado o que Dios lo atrajera (ver Hechos 16:14; Isaías 6:9-10). Pero esto no exime la respuesta del hombre. Todavía estamos obligados a creer, estudiar, escuchar, responder y obedecer. La verdad es ésta: sin el llamado de Dios, no tenemos esperanza de acudir a Jesús. No somos nosotros los que iniciamos esta relación sino él. Al mismo tiempo, nadie ha sido jamás salvo sin la sumisión de su propia voluntad. La salvación es una sociedad entre la soberanía de Dios y el libre albedrío del hombre.

Juan 6:48-59 señala:

⁴⁸Yo soy el pan de vida. ⁴⁹Los antepasados de ustedes comieron el maná en el desierto, y sin embargo murieron. ⁵⁰Pero éste es el

Sección 76a | 395

pan que baja del cielo; el que come de él, no muere. ⁵¹Yo soy el pan vivo que bajó del cielo. Si alguno come de este pan, vivirá para siempre. Este pan es mi carne, que daré para que el mundo viva. ⁵²Los judíos comenzaron a disputar acaloradamente entre sí: «¿Cómo puede éste darnos a comer su carne?» ⁵³—Ciertamente les aseguro —afirmó Jesús— que si no comen la carne del Hijo del hombre ni beben su sangre, no tienen realmente vida. ⁵⁴El que come^a mi carne y bebe mi sangre tiene vida eterna, y yo lo resucitaré en el día final. ⁵⁵Porque mi carne es verdadera comida y mi sangre es verdadera bebida. ⁵⁶El que come mi carne y bebe mi sangre, permanece en mí y yo en él. ⁵⁷Así como me envió el Padre viviente, y yo vivo por el Padre, también el que come de mí, vivirá por mí. ⁵⁸Éste es el pan que bajó del cielo. Los antepasados de ustedes comieron maná y murieron, pero el que come de este pan vivirá para siempre. ⁵⁹Todo esto lo dijo Jesús mientras enseñaba en la sinagoga de Capernaúm.

ᵃ54 come. Lit. masca, o casca.

Las palabras de Jesús son fuertes, y hasta resultan ofensivas. Hasta se pueden ver los gestos de ellos al escuchar a Jesús hablar de beber su sangre y mascar [*trōgō*] su carne. La audiencia se escandaliza; empiezan a discutir sobre esto. Ahora, usted pudiera pensar que Jesús se iluminaría y afirmaría: "¡No lo tomen literal!" Pero no lo hace. De hecho, enfatiza más su metáfora.

Obviamente, esta es una figura retórica del discurso. Jesús no está promoviendo la práctica del canibalismo y beber sangre (ver Génesis 9:4; Levítico 17:10-14; 1 Samuel 14:32-35). Él se refiere a aceptarlo en los niveles más profundos. Él se refiere a participar e incorporarse a su carácter y personalidad, sus propósitos y su naturaleza. Pero, ¿cómo se "alimenta alguien de Jesús"? Él ya contestó eso en el v. 35: acudiendo y creyendo en él.[22]

Más allá de creer en Jesús mediante la fe, este pasaje habla de la muerte vicaria de Jesús en lugar nuestro (ver Marcos 10:45; Romanos 3:21-26; 2 Corintios 5:14-15; Colosenses 2:13-14; 1 Pedro 1:18-19; 1 Juan 2:2).[23] Pero ¿también se refiere Juan a la eucaristía? Resulta anacrónico equivaler Juan capítulo 6 con la cena del Señor, pero la

---

[22] En los vv. 51 y 53, el subjuntivo aoristo de *esthiō*, "comer" indica una acción única decisiva en pasado como cuando alguien acepta a Cristo inicialmente. En los vv. 54 y 56, el presente participio de *trōgō*, "roer" indica una acción continua como en la "vida diaria" del creyente.

[23] El uso de la palabra sarx en vez de *sōma* en este pasaje parece una alusión a la cruz. R. Bailey: "Juan capítulo 6", *Rev & Expos* (Expositor y repas)] 85 [1988]: 95-98.

prefigura es clara.[24] Juan, escribiendo en los últimos días de su vida, con frecuencia describe los acontecimientos de Jesús cargados con teología. En otras palabras, no se puede pasar por alto la eucaristía al leer Juan 6:53 aunque usted bien sabe que representa al propio Jesús, no a los elementos de la cena del Señor[25]. Así, la forma de expresión de Juan capítulo 6 anticipa a Jesús en la cruz. Los elementos de la mesa del Señor miran atrás a Jesús en la cruz. Se parecen debido a que representan la misma cosa.

Mediante estas imágenes pictóricas participamos en las actividades divinas de la redención y santificación. Pero nuestra participación no es únicamente una celebración sacramental. Esta unión mística con Cristo es real tan sólo si permea nuestra existencia diaria (tangible), cómo caminamos y hablamos, cómo vivimos y amamos, cómo trabajamos y descansamos.

Sección 76b
Las multitudes abandonan a Jesús
(Juan 6:60-71)

Juan 6:60-65 señala:

> [60]Al escucharlo, muchos de sus discípulos exclamaron: «Esta enseñanza es muy difícil; ¿quién puede aceptarla?»
> [61]Jesús, muy consciente de que sus discípulos murmuraban por lo que había dicho, les reprochó: —¿Esto les causa tropiezo? [62]¿Qué tal si vieran al Hijo del hombre subir adonde antes estaba? [63]El Espíritu da vida; la carne no vale para nada. Las palabras que les he hablado son espíritu[a] y son vida. [64]Sin embargo, hay algunos de ustedes que no creen. Es que Jesús conocía desde el principio quiénes eran los que no creían y quién era el que iba a traicionarlo. Así que añadió: [65]—Por esto les dije que nadie puede venir a mí, a menos que se lo haya concedido el Padre.

---

[24]En cuanto a un resumen excelente de las argumentaciones ver J. D. G. Dunn: "John 6 – A Eucharistic Discourse?" (Juan capítulo 6 – ¿Un discurso eucarístico?) NTS (Estudios del Nuevo Testamento) 17 [1971]: 328-338 y J. K. Howard: "Passover and Eucharist in the Fourth Gospel" (La pascua y la eucaristía en el cuarto evangelio), SJT (Revista escocesa de teología) 20 [1967]: 329-337.

[25]Juan, quien dedica cinco capítulos a la cena de la Pascua, no menciona nada en cuanto a la cena del Señor. Esto sugiere fuertemente que las alusiones al cuerpo de Cristo en el capítulo seis son una sustitución para ello. Juan ha hecho lo mismo con el bautismo (Juan 3:5) y el Espíritu Santo (Juan 7:38-39; 20:22). Algunos hasta han encontrado alusiones a los sacramentos en Juan 19:34 y 1 Juan 5:5-8.

ª63 O Espíritu

Al parecer hay tres grupos distintos en este capítulo. Las líneas de la demarcación no son muy claras. Sin embargo, se encuentran los doce, los seguidores más cercanos a Jesús. Este grupo está bien definido. Luego, hay en esta enorme multitud, seguidores de Jesús, que más o menos se ajustan y siguen sus enseñanzas, llamados discípulos (v. 60). También hay un grupo de antagonistas que abiertamente lo refutan, los cuales Juan llama "judíos" (vv. 41, 52).

Los judíos ya han externado su desacuerdo con Jesús. Ahora les toca a los discípulos. Lo que ellos dicen es cierto. Esta es una enseñanza dura. Pero no es tan difícil como lo que están a punto de escuchar en cuanto a la muerte insustituible de Jesús, la resurrección corporal, la ascensión (v. 62), la venida del Espíritu Santo, etc. Si ellos se "tropiezan"[26] con esto, ¡tienen pocas esperanzas de entender lo profundo y extenso del ministerio de Jesús! En otras palabras, si les molesta que Jesús haya dicho: "yo vine del cielo", ¿cómo manejarán o aceptarán el hecho de que lo vean ascender de regreso al cielo? El evangelio de Juan no describe la ascensión pero se le alude en varias ocasiones (3:13; 8:21; 14:3; 16:10; 17:11; 20:17).

En vez de retroceder o de suavizarlo todo, Jesús sigue adelante con su agenda divina, que no comprometerá. Procede a sintetizar todo el mensaje en tres versículos. Primero, él hace el llamado desde la carne (alimento físico) al espíritu (alimento espiritual) encontrado únicamente en sus palabras. Segundo, los llama a tener fe al retar su incredulidad. El v. 64 es paralelo al 70. Ya que Jesús conocía de la traición futura de Judas Iscariote, también sabía quiénes de sus seguidores lo abandonarían. Tercero, Jesús les recuerda de la influencia soberana de Dios en su capacidad para aceptar a Jesús.

Juan 6:66-71 señala:

⁶⁶Desde entonces muchos de sus discípulos le volvieron la espalda y ya no andaban con él. Así que Jesús les preguntó a los doce:

⁶⁷—¿También ustedes quieren marcharse?

⁶⁸—Señor —contestó Simón Pedro—, ¿a quién iremos? Tú tienes palabras de vida eterna. ⁶⁹Y nosotros hemos creído, y sabemos que tú eres el Santo de Dios.ª

---

[26]Esta es la traducción literal de "ofender" (*skandalizō*).

⁷⁰ —¿No los he escogido yo a ustedes doce? -repuso Jesús-. No obstante, uno de ustedes es un diablo. ⁷¹Se refería a Judas, hijo de Simón Iscariote, uno de los doce, que iba a traicionarlo.

ᵃ69 el Santo de Dios. Var. el Cristo, el hijo del Dios viviente.

El griego del v. 66 es mucho más explícito que su traducción al español. Primero, "Desde entonces" [*ek toutou*] sugiere no tan sólo a partir de este momento, sino a partir de este acontecimiento. *Como resultado de este sermón* muchos de sus discípulos lo abandonaron. Segundo, la traducción de la *Nueva Versión Internacional de la Biblia* "volvieron la espalda" deja sin traducir la frase [*eis ta opisō*], "y se regresaron a las cosas que habían dejado *atrás*". En otras palabras, se regresan a casa, al trabajo, a sus hábitos antiguos, a su vieja forma de pensar, etc. Para muchos, abdican en este preciso momento. El nuevo movimiento ya no les interesa. No tan sólo dejan de seguir a Jesús, sino que también abandonan lo que él representa y lo que enseña. No son aptos para el reino (Lucas 9:62).

Tal vez sea este el sermón menos "exitoso" jamás predicado. Jesús inicia con miles y termina solamente con un puñado. Sin embargo, es un punto decisivo en el ministerio de Jesús. Mientras él se aproxima más a una verdadera revelación de sí mismo, también cambia de un ministerio público de miles a un entrenamiento más privado de los doce. Jesús plantea su pregunta en el v. 67 como esperando una respuesta negativa. No es una invitación a que lo abandonen, sino un recordatorio del porqué han decidido quedarse.

Como es característico, Pedro contesta por todo el grupo. "El uso enfático del pronombre en primera persona del plural implica un contraste entre los doce y aquellos que ya habían abandonado a Jesús" (Tenney, p. 80). Y vaya, ¡qué respuesta! Es posible que Pedro no entendiera todo el significado del sermón, pero capta el punto principal: "La vida llega mediante la incorporación de las palabras de Jesús".

La magnífica confesión de Pedro continúa (v. 69). Los dos verbos, "Y nosotros hemos creído, y sabemos" se traducen como presente simple pero ambos son perfectos. Se deben entender como si dijeran: "Nosotros hemos creído y hemos llegado a saber". Para Pedro y los demás, esta es una convicción plena. Ellos han decidido seguir a Jesús. Su fe se contrasta totalmente a la decadencia del populismo que permea todo.

Pedro hasta señala a Jesús como "el Santo" de Dios, una frase familiar a Isaías (utilizada veintisiete veces). Se la encuentra nueve veces en el Nuevo Testamento, tres veces en Hechos (2:27; 3:14; 13:35) y una vez fue dicha por un demonio (Marcos 1:24; Lucas 4:34). Esta es una confesión cumbre de Jesús, junta con la otra confesión de Pedro registrada en los sinópticos (Mateo 16:16; Marcos 8:29; Lucas 9:20).

Sin embargo, no todo es color de rosa, ni siquiera en el grupo de los doce. Jesús, por conocimiento divino, sabía que Judas lo iba a traicionar. Muchos han señalado que Judas se sentía como un extraño, siendo el único apóstol de Judea (Querit o Queriot estaba al sur de Hebrón en el Neguev).[27] Pero no es posible que Judas se haya sentido como un extraño del grupo siendo que se le confió el puesto de tesorero.

Otra paradoja es la comparación entre Pedro, el más grande de los apóstoles, y Judas el apóstata.[28] A ambos se les llama Satanás o diablo (Mateo 16:23 y Juan 6:70; también traducido como "calumniadores" en 2 Timoteo 3:3 y Tito 2:3); ambos son líderes francos y sin timidez (Juan 6:68, etc., y Juan 12:4-6); ambos traicionan a Jesús (Juan 6:71 y Mateo 26:31-35). Sería difícil quitarle a Pedro su celo, intrepidez e iniciativa o de absolver a Judas de su responsabilidad. Sin embargo, nadie puede negar que haya una línea divina trazada entre estos dos, por la mano soberana de Dios. El predicador orgulloso debe recordar que fue Dios quien lo escogió, antes de que él prosiguiera a intentar aproximarse a Dios (v. 70).

Sección 77
Conflicto en cuanto a la pureza ceremonial
(Mateo 15:1-20; Marcos 7:1-23; Juan 7:1)

Juan 7:1 señala:

> ¹Algún tiempo después, Jesús andaba por Galilea. No tenía ningún interés en ir a Judea, porque allí los judíos buscaban la oportunidad para matarlo.

---

[27] W. B. Smith: "Judas Iscariote", *HibJ* (Revista Hibbert) 9 [1911]: 529-544, señala que etimológicamente resulta dudoso asociar "Iscariote" con la ciudad de Kerioth. Él sugiere que el significado más apropiado de "Iscariote" es "traidor".

[28] Casi siempre se le asocia a Judas con su traición a Cristo (Mateo 10:4; Marcos 3:19; Lucas 6:16; Juan 12:4; 18:2).

Tanto la alimentación de los 5,000 como el sermón en cuanto al pan de vida crean un gran conflicto. De hecho, la multitud que Jesús alimentó lleva este furor hasta Jerusalén. Cuando llegan a Jerusalén para celebrar la pascua, las actividades galileas de Jesús son el tema de toda conversación. Los fariseos responden a estos rumores enviando una delegación para "averiguar" todo respecto a este emergente "movimiento de Jesús". Les aterra el reporte blasfemo del sermón de Jesús, están preparados para matarlo (ver Marcos 3:6). Alcanzan un punto de vulnerabilidad una vez que la mayoría de los discípulos de Jesús lo han abandonado. Así que Jesús sale a su último viaje o recorrido por Galilea (Juan 7:1), antes de escapar y salir de sus límites hacia Fenicia y Cesarea de Filipo.

Marcos 7:1-4 señala:

> ¹Los fariseos y algunos de los maestros de la ley que habían llegado de Jerusalén se reunieron alrededor de Jesús, ²y vieron a algunos de sus discípulos que comían con manos impuras, es decir, sin habérselas lavado. ³(En efecto, los fariseos y los demás judíos no comen nada sin primero cumplir con el rito de lavarse las manos, ya que están aferrados a la tradición de los ancianos. ⁴Al regresar del mercado, no comen nada antes de lavarse. Y siguen otras muchas tradiciones, tales como el rito de lavar copas, jarras y bandejas de cobre.ᵃ)
>
> ᵃ4 *bandejas de cobre.* Var. *bandejas de cobre y divanes.*

Durante este recorrido itinerante, la delegación de fariseos procedentes de Jerusalén le dan alcance a Jesús. Nuevamente lo atacan porque él no se somete a las tradiciones orales de los judíos (ver Secciónes 47-48, Mateo 9:9-17; Marcos 2:13-22; Lucas 5:27-39). Acusan a los discípulos de comer con manos "inmundas" [koinos] (ver Marcos 7:15, 18, 20, 23). Esta palabra generalmente significa "común", pero aquí se la traduce correctamente como "impuras" (ver Hechos 10:14, 28; 11:8; Apocalipsis 21:27). Es claro que el asunto no es respecto de la higiene sino de algo ritual. Sus manos no habían sido santificadas con este rito de lavamiento.²⁹

La ley oral judía tenía un sistema elaborado de regulaciones en cuanto al lavamiento, tal vez basado en Levítico 15:11. De hecho, existe todo un tratado del Mishnah llamado Yadim "manos", dedicado a la purificación mediante el rito del lavamiento. Antes de

---

²⁹*Baptizō* — literalmente sumergir. La limpieza ritual era tan importante que el Mishná presentaba un tratado completo (*Yadayim*) en cuanto al lavado de manos.

cada comida (y algunos rabinos también lo agregaban para después de la comida), se requería que una persona derramara como mínimo un cuarto de un log — medio cascarón de huevo — de agua en su mano.

Edersheim ofrece una descripción extensa del ritual (II:11-12):

> El agua se derramaría en ambas manos, que deben estar libres de cualquier objeto que las cubra, ya sea grava, o mezcla, etc. Ambas manos debían levantarse para que el agua escurriera hacia la muñeca, para asegurarse que toda la mano quedaba limpia, y que el agua contaminada no volviera a escurrir por los dedos. De igual forma, se frotaban o restregaban las manos una contra la otra (el puño), para limpiarlas completamente. Si una de las manos quedaba impura, se debía frotar sobre la cabeza o en la pared. . . . Si las manos seguían "impuras", se necesitaban dos infusiones para limpiarlas. Primera o "primera agua" (*mayim rishonim*) para quitar la impureza y la segunda o "aguas postreras" (*mayim sheniyim*) para lavar el agua que había sido contaminada por las impurezas. De igual manera, con la infusión de la primera agua, debían levantarse las manos y el agua debía resbalar hacia la muñeca, y con la segunda agua, se debían bajar las manos para que el agua escurriera por la mano, los dedos y las uñas.

Nuestros traductores han puesto los vv. 3-4 en paréntesis. De igual manera, este es un comentario editorial hecho por Marcos para el beneficio de los lectores gentiles. La frase "el rito de lavarse las manos" [*pygme nipsōntai tas cheiras*] resulta difícil de traducir, como lo mostrará la siguiente tabla:

RV1995	"se lavan muchas veces las manos"
DHH	"lavarse las manos debidamente"[30]
LBLA	"se laven las manos cuidadosamente"
RVA – 2015	"se lavan las manos hasta la muñeca"
NVI	"cumplir con el rito de lavarse las manos"

---

[30]En la anatomía griega, *pygme* pudiera indicar cualquier porción del antebrazo extendiéndose desde el codo hasta la muñeca. Sin embargo, este lavado ceremonial generalmente no se extendía más allá de la muñeca.

La dificultad radica en esta rara palabrita pygme, que puede significar "puño"³¹ o "muñeca". Puede indicar lo detallado del lavamiento, lo extenso del lavamiento (hasta la muñeca), o el acto de frotar toda una mano con la otra. No importa el cómo, la idea es clara, estos tipos son meticulosos con el acto del lavamiento ritual.

Desafortunadamente, las tradiciones orales se tornaron más importantes que la palabra de Dios (Jer. Ver. 3 b; Sanh, xi. 3; Erub 21:b). Aunque esto suene aterrador, no es del todo raro. Los sistemas religiosos normalmente gravitan tomando en cuenta las interpretaciones del hombre, por encima de la revelación de Dios (los decretos papales, los credos denominacionales, las notas al margen en las Biblias de estudio, etc.). No está motivado por una falta de respeto a Dios. Sin embargo, sentimos que si seguimos o hacemos caso a las interpretaciones de los eruditos, por necesidad estaremos siguiendo la revelación de Dios. Es obvio que esto no siempre resulta cierto.

Marcos 7:5-8 *con* Mateo 15:2 señalan:

⁵Así que los fariseos y los maestros de la ley le preguntaron a Jesús: —¿Por qué no siguen tus discípulos la tradición de los ancianos, en vez de comer con manos impuras?
⁶Él les contestó: —Tenía razón Isaías cuando profetizó acerca de ustedes, hipócritas, según está escrito:
»"Este pueblo me honra con los labios,
pero su corazón está lejos de mí.
⁷En vano me adoran;
sus enseñanzas no son más que reglas humanas."ᵃ
⁸Ustedes han desechado los mandamientos divinos y se aferran a las tradiciones humanas.

ᵃ6,7 Isaías 29:13

Los fariseos regían a la gente. Los fariseos son los gigantes religiosos. Así que cuando cuestionan a Jesús respecto del comportamiento de sus seguidores, la multitud apoya la controversia. Sus seguidores se van a sentir un poco incómodos por ser el centro de atención. Esto es un conflicto religioso de primera. Jesús acepta el reto. Como es característico, él no contesta de manera directa, pero sí aborda el verdadero asunto.

---

³¹S. M. Reynolds: "PUGME (Mk 7:3) as 'Cupped Hand'"(PUGME [Marcos 7:3] como 'mano en forma de copa') *JBL* (Revista de literatura bíblica) 85 [1966]: 87-88, discute que *pygmē* se debe entender como un puño suelto que forma una copa. Esto permite que toda la mano, por dentro y por fuera, se lave con poquita agua. Y, de hecho, esta forma de lavado ceremonial antes de la comida se puede observar en los círculos judíos hasta en nuestros días.

Jesús no defiende a los discípulos ya que sí son culpables de no cumplir con las regulaciones orales. Además, lo han aprendido de Jesús (ver Lucas 11:38). En cambio, Jesús ataca a los fariseos por dos frentes. Primero, los llama hipócritas. Esta palabra tiene su origen en los escenarios griegos. Un actor llevaría puesta una máscara para ocultar su verdadera identidad mientras actuaba algo no propio. Esencialmente, Jesús les está diciendo a los fariseos que tienen dos caras. Se ponen la máscara de que honran a Dios, pero su verdadera naturaleza es la auto complacencia. Segundo, Jesús cita Isaías 29:13 y lo deja en sus conciencias (ver Oseas 6:6 en Mateo 9:13 y 12:7). Dicen todo lo verdadero pero por razones equivocadas. Sus corazones no están inclinados al amor a Dios. Por lo tanto, su alabanza no tiene validez y sus enseñanzas están contaminadas.

Marcos 7:9-13 *con* Mateo 15:4-6 señalan:

⁹Y añadió: -¡Qué buena manera tienen ustedes de dejar a un lado los mandamientos de Dios para mantener[a] sus propias tradiciones! ¹⁰Por ejemplo, Moisés dijo: "Honra a tu padre y a tu madre",[b] y: "El que maldiga a su padre o a su madre será condenado a muerte".[c] ¹¹Ustedes, en cambio, enseñan que un hijo puede decirle a su padre o a su madre: "Cualquier ayuda que pudiera haberte dado es corbán" (es decir, ofrenda dedicada a Dios). {En ese caso, el tal hijo no tiene que honrar a su padre[d Mt]} ¹²En ese caso, el tal hijo ya no está obligado a hacer nada por su padre ni por su madre. ¹³Así, {por causa de[Mt]} por la tradición que se transmiten entre ustedes, anulan la palabra de Dios. Y hacen muchas cosas parecidas.

[a][Marcos 7]9 mantener. Var. Establecer. [b]10 Éxodo 20:12; Deuteronomio 5:16. [c]10 Éxodo 21:17; Levítico 20:9. [d][Mateo 15] 6 padre. Var. padre ni a su madre.

Jesús acaba de acusar a los fariseos de dejar la palabra de Dios (no ponerla por obra) para darle rienda suelta a sus tradiciones. Ahora procederá él a ejemplificar su declaración. El mandato de honrar a los padres era prioritario para los judíos (y para Dios). De hecho, era una obligación tan seria que cualquiera que desobedeciera se hacía acreedor a la pena máxima, la muerte (Deuteronomio 21:18-21).

Dentro de las reglas de la tradición oral existía una opción denominada corbán (por ejemplo, *m. Ned.* 1:2-4; 9:7).[32] Al etiquetar

---

[32]Ver a J. D. M. Derrett: "KORBAN, HO ESTIN DORON", NTS (Estudios del Nuevo Testamento) 16 [1969–70]: 364-368 y J. A. Fitzmyer: "The Aramaic Qorban Inscription from Jebel Hallet Et-Turi and Mk 7:11-Mt 15:5" (La inscripción aramea del Corbán de Jebel

algo como corbán, su promesa era ofrecerlo a Dios, si no a la mayor brevedad posible, a la muerte. Podía ser cualquier cosa como una carreta, una casa, sus ahorros, su propiedad, etc. Ya que era corbán, usted no podía venderlo o regalarlo, incluyendo a sus padres. Pero usted podía seguirlo usando. A la muerte del poseedor, sería entregado a Dios o vendido y lo obtenido se donaría a Dios.

El corbán surgió con buenas bases teológicas, que las obligaciones hacia Dios son más importantes que las obligaciones a los hombres, incluyendo a los propios padres. Pero la oportunidad para el abuso es muy obvio. Si yo tengo algo que usted quiere o necesita, simplemente lo etiqueto de corbán. Eso hace que tal cosa quede fuera de su alcance . . . pero no para mí.

Dado que nosotros no practicamos el rito del lavamiento o utilizamos la palabra "corbán", nos sentimos seguros al dejar que este texto del primer siglo señale a los fariseos únicamente. Pero este texto no presenta tan sólo el lavamiento para purificación o el corbán. Trata acerca de la sustitución que hacemos de los requerimientos de Dios en cuanto a nuestras propias responsabilidades religiosas. Esto lleva consigo implicaciones sumamente amplias. Ve usted, además del rito de la circuncisión, a los judíos se les identificaba y evaluaba basados en tres criterios: (a) la observancia (cumplir con) del día de reposo y las festividades, (b) la observación de lo puro y lo inmundo (dieta), y (c) vestimenta ritual. Si usted cumplía meticulosamente con estas tres cosas, entonces usted era considerado "un buen judío". Si usted era negligente en uno o varios de estos puntos, entonces usted no era tan bueno.

Como cristianos, nuestro listado de qué se puede hacer y qué no es similar al de los judios, pues identificamos a "un buen cristiano" por:

a) **Día:** Asistencia regular y participación en los cultos de adoración, especialmente el domingo por la mañana, pero también participar en la escuela dominical y en las reuniones de los miércoles y los sábados. Las comidas y días de campo cuentan pero son opcionales.

b) **Dieta:** Evitar el alcohol, la nicotina y las películas para adultos. Se recomienda evitar los coches deportivos y el cablevisión, pero es opcional.

Hallet Et-Turi y Marcos 7:11/Mateo 15:5), JBL (Revista de literatura bíblica) 78 [1959]: 60-65.

c) **Vestido:** Vestirse moderadamente, no tan sólo para cubrir la piel, sino evitando las camisetas negras, los aretes en los hombres y lencería llamativa. Y los domingos es recomendable, pero opcional verstirse de camisetas con eslóganes acerca de Jesús o con traje y corbata.

Cualquiera de nosotros podría señalar el listado y decir, señalandocierta cosa, "oh, eso no me molesta". Pero este listado es más que cosas en particular y es más que la evaluación de una sola persona. Estas son las reglas no escritas (por ejemplo, las tradiciones orales), no tan sólo de la iglesia como corporación, sino de nuestra sociedad actual. Este es el barómetro que nuestra cultura utiliza para identificar y evaluar a los cristianos. Jesús desaprueba tanto esta reglas como las de los judíos, no porque el listado sea malo inherentemente, sino porque los malos son los que meticulosamente obedecen este listado bueno. El resultado es, los malos se ven bien y en el proceso se tornan peores.

¿Por qué se tornan peores? Porque una vez que cumplen con los requisitos de las "tradiciones orales" del hombre se sienten justificados al no cumplir o negar lo que Dios espera de ellos. Se tornan expertos en hacer bien las cosas insignificantes, pero negligentes en cumplir con la responsabilidad social y son ignorantes en cuanto al conocimiento bíblico.

Mateo 15:10-14 *con* Marcos 7:14 señalan:

{De nuevo[Mr]} [10]Jesús llamó a la multitud y dijo: —Escuchen y entiendan. [11]Lo que contamina a una persona no es lo que entra en la boca sino lo que sale de ella. [12]Entonces se le acercaron los discípulos y le dijeron: —¿Sabes que los fariseos se escandalizaron al oír eso? [13]—Toda planta que mi Padre celestial no haya plantado será arrancada de raíz —les respondió— [14]Déjenlos; son guías ciegos.[a] Y si un ciego guía a otro ciego, ambos caerán en un hoyo.

[a]14 guías ciegos. Var. ciegos guías de ciegos.

Ahora que Jesús ha emitido su juicio crítico en cuanto al comportamiento de los fariseos, regresa a la pregunta original y critica el comportamiento de los discípulos. Nuestro Señor no ve peligro en "contaminarse" por comer con manos sucias. La contaminación física, en tanto que entra al cuerpo cuando una persona come, tarde o temprano sale (v. 17). En cambio, lo que hace inmundo a una persona es lo que entra en su mente y sale de su boca, habiendo pasado por el corazón. De esto hablaremos después.

Todas sus vidas, han reverenciado estos discípulos a los fariseos. Ahora, al seguir a Jesús, se encuentran del otro lado de estos pilares del judaísmo. Más aún, se encuentran al centro de esta controversia teológica. Notoriamente los fariseos han huido enfurecidos (v.12). Sin duda, los discípulos siguen temblando mientras le preguntan a Jesús: "¿Sabes que los fariseos se escandalizaron al oír eso?" Es decir, se ofendieron. Jesús se abstiene de hacer todo tipo de réplica mordaz inteligente que a nosotros sonaría apropiada: "¿A quién le importa?" o "¡si ustedes piensan que están enojados conmigo, debieran de ver cómo se siente Dios con ellos!" En vez de ello, Jesús emplea la figura familiar de Mateo 13:28-30. Por el simple hecho de que una planta esté en el jardín no quiere decir que sea una planta buena. Dios, como buen jardinero, arrancará la hierba. "Déjenlos" puede indicar "déjenlos por la paz", que encajaría en la parábola de la hierba mala que no es arrancada sino hasta en el día del juicio. Pero debiéramos mejor entender que lo que Jesús quiso decir fue: "ya no los sigan más. Son guías ciegos y solamente los podrán guiar a la destrucción". Esta interpretación es lógica tomando en cuenta la lucha interna de los discípulos en este momento, al igual que la gran cantidad de discípulos que recientemente se han apartado hacia "un sendero aparentemente más seguro".

Mateo 15:15-18 *con* Marcos 7:17, 19 señalan:

{Después de que dejó a la gente y entró en la casa, sus discípulos le preguntaron^{Mr}} ¹⁵—Explícanos la comparación —le pidió Pedro.
¹⁶—¿También ustedes son todavía tan torpes? -les dijo Jesús-. ¹⁷¿No se dan cuenta de que todo lo que entra en la boca va al estómago y después se echa en la letrina? {Con esto Jesús declaraba limpios todos los alimentos.^{Mr}} ¹⁸Pero lo que sale de la boca viene del corazón y contamina a la persona.

Marcos 7:20-23 *con* Mateo 15:20 señalan:

²⁰Luego añadió: —Lo que sale de la persona es lo que la contamina. ²¹Porque de adentro, del corazón humano, salen los malos pensamientos, la inmoralidad sexual, los robos, los homicidios, los adulterios, ²²la avaricia, la maldad, el engaño, el libertinaje, la envidia, la calumnia, la arrogancia y la necedad. ²³Todos estos males vienen de adentro y contaminan a la persona. {Éstas son las cosas que contaminan a la persona, y no el comer sin lavarse las manos.^{Mt}}

Así como con el sermón en parábolas (Mateo capítulo 13), cuando Jesús deja a la multitud entra en una casa. Esto les da a los discípulos la oportunidad de preguntarle a Jesús cosas en privado. Le preguntan qué quiso decir con esta parábola. Nuevamente encontramos a Pedro hablando por todos. Ya que no hay un artículo definido con el sustantivo "casa" no tenemos indicación si fue en la casa de Pedro en Capernaúm. Ya que Jesús está haciendo su recorrido por Galilea, esto pudo haber sucedido en cualquier parte de esa región.

Tal vez deberíamos estar agradecidos que el v. 17 no está traducido literalmente. "Lo que sale de la persona" es eufemístico de "echado en la letrina" [*eis aphedrōna ekballetai*]. Su significado es obvio — ni siquiera un bocado que esté contaminado se queda en el estómago para dañarte, sino que está "de paso". Nota: Jesús está tratando el asunto de la contaminación o impureza ceremonial, no de sustancias que causan daño.

Sin embargo, lo que contamina al hombre es lo que sale de su boca. Nuestras palabras expresan lo bueno o lo malo que tenemos en el corazón (Mateo 12:34; Lucas 6:45). Esta regla es tan consistente que hasta podemos ser juzgados por nuestras palabras (Mateo 12:36). Este listado, poco común para Jesús (pero ver Romanos 1:29-31; Gálatas 5:19-21), ilustra el tipo de cosas que se dicen y se practican de lo que emana del corazón. El comportamiento humano con frecuencia se desplaza de la mente al corazón, a las palabras y al comportamiento.

Marcos agrega este importante comentario entre paréntesis: "Con esto Jesús declaraba limpios todos los alimentos". El asunto de "puro e impuro" saldrá nuevamente en la iglesia cristiana (Hechos 10:9-16; 15:20; Romanos 14:13ss; 1 Corintios capítulo 8). Y, no se trata tan sólo de la comida; se trata de la gente. Esta es la lección obvia para Pedro en Hechos capítulos 10-11. La misma estructura del texto es sugestiva. Tanto en Mateo como en Marcos la siguiente escena es la interacción que Jesús tiene con la mujer sirofenicia y la sanidad en Decápolis. El ministerio de Jesús no es la sanidad sino la santificación; no tiene que ver con la pureza física sino con la gente.[33]

---

[33] J. E. Prelan: "The Function of Mark's Miracles" (La función de los milagros de Marcos), CQ (Publicación trimestral del pacto) 48 [agosto, 1990]: 3-14, muestra como los milagros en Marcos apoya este punto de vista. Jesús continuamente purifica a aquellos que ceremonialmente están contaminados (1:25-26; 1:41; 2:5, 11, 14; 2:23-28; 5:5; 5:28-29; 5:41-42; 7:35; 8:25). Considerados en su totalidad, muestran como los códigos de santidad levítica fueron abrogados por Jesús. Un vistazo de m. *Kelim* 1.1-9 demostrará qué tan en serio tomarían estas reglas los rabinos posteriores. Muy seguro que en los días de Jesús también

Sección 78
Jesús y la mujer sirofenicia
(Mateo 15:21-28; Marcos 7:24-30)

El cuadro de la mujer sirofenicia es muy patético. Ella representa todo aquello que un buen judío quería evitar. Ella es una mujer. Y debido a que visiblemente no existe ningún hombre en su vida, queda sola para valerse por sí misma en un ambiente hostil. Peor aún, su hija está poseída por un demonio. Esto levanta la sospecha de que pudo haber algún pecado en su vida. Peor todavía, es una gentil impura. Pero hacia el fin de este episodio, será un modelo de fe, lo que todo cristiano quiere ser. Sin embargo, resulta muy raro que Jesús la llame perra. Nos sentimos perplejos y apenados por ese hecho. Demanda alguna explicación.

Mateo 15:21 señala:

²¹Partiendo de allí, Jesús se retiró a la región de Tiro y Sidón.

Marcos 7:24 señala:

²⁴Jesús partió de allí y fue a la región de Tiro.ª Entró en una casa y no quería que nadie lo supiera, pero no pudo pasar inadvertido.

ª24 de Tiro. Var. *de Tiro y Sidón.*

Las cosas se están poniendo muy candentes en Galilea como resultado de la reciente ejecución de Juan el Bautista, la alimentación de los 5,000, el sermón del pan de vida y el equipo de investigación procedente de la pascua en Jerusalén. De hecho, las cosas casi llegan al rojo vivo. Es el momento propicio para que Jesús se retire a un lugar pacífico. Así que se dirige al noroeste a la región de Fenicia, ahora conocida como Líbano. Él no tiene que viajar mucho. Este territorio está en los límites con Galilea en el noroeste. Fenicia era un territorio hostil. Tiro y Sidón, las ciudades más grandes de Fenicia, personifican los antiguos enemigos de Israel (ver Mateo 11:20-30).

Tenemos aquí a Jesús al filo de "territorio enemigo" escondido en un refugio secreto. Sin embargo, no puede permanecer de incógnito

---

imperaban estas reglas tan estrictas en cuanto a lo limpio y lo impuro. A pesar de que Paula Fredriksen correctamente advierte en contra de poner al mismo nivel la impureza con el pecado (por ejemplo, m. *Yad* 4.6) o en pensar que Jesús ignoró las leyes de la pureza –él era un kosher o auténtico judío (aunque su conclusión final de que Jesús no abrogó las leyes en cuanto a comidas resulta insostenible), "Did Jesus Oppose the Purity Laws?" *BR* (June 1995): 19-47.

mucho tiempo ya que su fama llegó hasta estos lugares desde hacía un año (Marcos 3:8; Lucas 6:17). Así que no pudieron pasar más de dos días y la mujer sirofenicia salió [*exelthousa*] a buscarlo y acorralarlo en su propio escondite.

¿Cómo entra esta mujer gentil en casa de un judío? Lo que podemos suponer es que se mezcla con un grupo de judíos y logra pasar, sin duda a pesar del disgusto del dueño de la casa. También, no podemos imaginar que ella estuviera sola en su búsqueda de Jesús. Así que asumimos que este acontecimiento tuvo lugar ante una buena cantidad de personas y una mezcla de razas.

Mateo 15:22 *con* Marcos 7:25-26 señalan:

{De hecho^{Mr}} ^{22}Una mujer cananea {Esta mujer era extranjera, sirofenicia de nacimiento^{Mr}} de las inmediaciones {muy pronto se enteró de su llegada^{Mr}} salió a su encuentro, gritando: -¡Señor, Hijo de David, ten compasión de mí! Mi {niña^{Mr}} hija sufre terriblemente por estar endemoniada.

Esta mujer es de nacionalidad fenicia. Políticamente es de Siria.[34] Sus raíces, etnia, iban hasta los cananitas (Mateo 15:22). Al usar este término, Mateo nos transporta hasta el Antiguo Testamento y conjura las rivalidades antiguas y las iras y contiendas que por tanto tiempo han permanecido entre estas razas y los judíos. Cultural y lingüísticamente ella es griega (probablemente significando gentil).[35]

Su problema es muy simple. Su hija está poseída por un demonio. Ella sabe que no tiene derecho de petición ante este sanador judío, pero tampoco tiene otra opción. Jesús es el único que la puede ayudar. Ella se dirige a él con el título mesiánico judío: Hijo de David (ver Mateo 9:27; 12:23; 15:22; 20:30-31; 21:9, 15; 22:42).[36] No es algo que se espera salga de los labios de una mujer sirofenicia. ¿Por qué una extranjera se puede dirigir a Jesús de esta manera? Primero, usar el nombre de un personaje histórico poderoso era algo común en el primer siglo al referirse a asuntos de magia y exorcismo (Hechos

---

[34] Muy probablemente Marcos utiliza el término siro-fenicia "para distinguir a esta mujer de las mujeres libofenicias del norte de África" (Wessel, p. 682).

[35] Esta breve y simple conversación pudo haberse llevado a cabo en griego. Habiendo crecido en Galilea, no hay duda de que Jesús estuviera familiarizado con el griego. Ver S. E. Porter: "Did Jesus Ever Teach in Greek?" (¿Enseñó Jesús alguna vez en griego?) *TB* (Boletín Tyndale) 44/2 [1993]: 199-235 y J. A. Fitzmyer: "Did Jesus Speak Greek" (¿Habló Jesús en griego?) *BAR* (Revista de arqueología bíblica) 18/5 [septiembre-octubre, 1992]: 58-63.

[36] Ver a D. C. Duling: "The Therapeutic Son of David" (El terapeuta Hijo de David), *NTS* (Estudios del Nuevo Testamento) 24 [1978]: 392-410.

19:13). En esta región con una mezcla de culturas y bilingüe, es de entenderse que las personas supieran plenamente de los asuntos judíos. Es probable que ella estuviera familiarizada con la llegada del Mesías y con algunos de sus títulos más comunes. Es posible que ella usara este título para honrar a Jesús e invocar el poder de sus ancestros para apropiarse de la sanidad de su hija.

Segundo, el Antiguo Testamento predijo que Jehová, el Dios de los judíos, bendeciría a todo el mundo a través de su pueblo y muy en específico a través del reinado de David:

- ❖ Isaías 9:7: "Se extenderán su soberanía y su paz, y no tendrán fin. Gobernará sobre el trono de David y sobre su reino, para establecerlo y sostenerlo con justicia y rectitud desde ahora y para siempre. Esto lo llevará a cabo el celo del SEÑOR Todopoderoso".
- ❖ Isaías 11:10: "En aquel día se alzará la raíz de Isaí como estandarte de los pueblos; hacia él correrán las naciones, y glorioso será el lugar donde repose".
- ❖ Amos 9:11-12: "En aquel día levantaré la choza caída de David. Repararé sus grietas, restauraré sus ruinas y la reconstruiré tal como era en días pasados, para que ellos posean el remanente de Edom y todas las naciones que llevan mi nombre –afirma el SEÑOR, que hará estas cosas–".

(También ver Génesis 12:3; Deuteronomio 32:43; Salmos 18:49; 67:2; 98:2; 117:1; Isaías 2:2; 42:6; 49:6, 22; 51:4; 52:10; 60:3; Joel 2:28; Malaquías 1:11).

Lo que esta mujer está pidiendo, como extranjera, es que el Mesías judío la bendiga. Jesús quiere que ella se dé cuenta que puede ser una del pueblo de Dios porque Dios así lo quiere. En ese preciso momento Jesús es el Mesías judío, pero muy pronto será el Señor universal. Así que Jesús rechaza su petición, no porque desprecie a los gentiles (ver Juan capítulo 4), sino porque ella no está lista para recibir la bendición hasta que ella entienda quién es ella a los ojos de Dios.[37] Si Jesús le diera lo que pide, todos iban a querer que él se convirtiera en tan sólo eso: "un hacedor de bien". Cobraría popularidad nuevamente y la demanda popular sería etiquetar a Jesús

---

[37] La petición del centurión – al igual que la de la mujer cananea – fue concedida únicamente después de reconocer la distinción entre Israel y los demás" J. J. Scott: "Gentiles and the Ministry of Jesus: Further Observations on Mt 10:5-6; 15:21-28" (Los gentiles y el ministerio de Jesús: Más observaciones de Mateo 10:5-6; 15:21-28), *JETS* (Revista de la sociedad teológica evangélica) 33/2 [1990]: 161-169.

como "un buen tipo que ayuda a los demás". Sin embargo, esto lo "condenaría a tener una alabanza ficticia". Lo que ella debe pedir no es un milagro, sino primordialmente una señal.

Mateo 15:23-24 señala:

> ²³Jesús no le respondió palabra. Así que sus discípulos se acercaron a él y le rogaron: -Despídela, porque viene detrás de nosotros gritando. ²⁴-No fui enviado sino a las ovejas perdidas del pueblo de Israel -contestó Jesús.

Esto no suena o no se parece al Jesús que hemos imaginado. Él siempre ha simpatizado con los despreciados y caídos. ¡No se podía estar más abajo y despreciada en una comunidad judía que ser una mujer gentil con una hija endemoniada!

Los discípulos se incomodan y se fastidian por esta situación. Ella es muy persistente, como una plaga, los sigue por todas partes, rogando, molestando, gritándoles mientras ellos avanzan. Aparte de ser mujer, ella es una gentil, lo cual los irrita todavía más. Así que no resulta nada difícil de creer que ellos le hayan pedido a Jesús: "Despídela" (Juan 4:27; Lucas 9:54). Pero esta petición puede que no sea tan fuerte como parece. El texto no dice que los discípulos hubieran rogado a Jesús que la despidiera sin concederle nada, sino simplemente que se deshiciera de ella. De hecho, el v. 24 cobra más sentido si entendemos que los discípulos quisieron decir: "Dale lo que te pide y termina con todo esto".

El v. 24 es muy claro de entenderse... pero no en este contexto. Sabemos con certeza que el ministerio de Jesús aquí en la tierra estaba dirigido a los judíos (Mateo 10:5-6; Juan 1:11) y que después llegaría a todos (Mateo 10:18; 28:18-20; Juan 10:16). Este patrón de "ir primero a los judíos" lo encontramos presente en el libro de los Hechos de los Apóstoles (1:8; 10:34-35; 13:46-47; 18:6; 19:8-9; 28:28) y así lo declara el mismo Pablo en Romanos 1:16; 2:9-10 (ver Marcos 7:27). Lo perplejo en este contexto es por qué Jesús señala: "No fui enviado sino a las ovejas perdidas del pueblo de Israel", pero procede a ayudar a esta mujer.

Jesús no tan sólo le enseña a la mujer, sino también a los doce. Todos necesitan entender esta lección sumamente difícil de que el reino de Dios es para todos. Ciertamente, ella todavía no es una persona dentro del pueblo escogido,[38] pero eso no quiere decir que

---

[38]Sería anacrónico importar en esta ocasión la idea de la teología del "Israel de Dios". Está por llegar, pero todavía no. El verdadero israelita es aquel que está bien con Dios (Génesis

ella no tiene un lugar en la "casa". ¡La demostración que Jesús hace de esta verdad es sutil, pero brillante!

Mateo 15:25-26 *con* Marcos 7:25-27 señalan:

²⁵La mujer se acercó y, arrodillándose delante de él, {se arrojó a sus pies^Mr} le suplicó: —¡Señor, ayúdame! ²⁶{le rogaba que expulsara al demonio que tenía su hija^Mr} Él le respondió: {Deja que primero se sacien los hijos^Mr} —No está bien quitarles el pan a los hijos y echárselo a los perros.

Marcos 7:28-30 *con* Mateo 15:27-28 señalan:

²⁸—Sí, Señor —respondió la mujer—, pero hasta los perros comen debajo de la mesa las migajas {que caen de la mesa de sus amos^Mt} que dejan los hijos. ²⁹Jesús le dijo: {¡Mujer, qué grande es tu fe! Que se cumpla lo que quieres.^Mt} —Por haberme respondido así, puedes irte tranquila; el demonio ha salido de tu hija. {Y desde ese mismo momento quedó sana su hija^Mt} ³⁰Cuando ella llegó a su casa, encontró a la niña acostada en la cama. El demonio ya había salido de ella.

¡Esta mujer ha renunciado a su orgullo; necesita ayuda! En una sociedad donde es típico que el hombre sea quien interceda por la mujer, ella rompe con todo lo establecido debido a su necesidad extrema. De rodillas ante Jesús, ella es la única persona, en todo el evangelio de Marcos, que lo llama "Señor". Jesús ya la había callado con su silencio y ahora la calla con sus palabras. Él lo hace no para patearla mientras ella permanece postrada, sino para que ella entienda mejor.

Para los judíos todos los perros eran animales sucios. Además, "perro" era un término común que los judíos usaban para referirse a los gentiles. Así, Jesús se dirige a esta mujer como perra sucia. Por el contrario, los griegos amaban a los perros y hasta los tenían dentro de sus casas como mascotas. Es obvio que así es como esta mujer griega interpreta la palabra kynaira que Jesús usa (especialmente con su terminación en diminutivo).³⁹ Aún así, fue una cachetada. La

---

32:28; Salmos 73:1; 125:5). El Nuevo Testamento resulta más fuerte en cuanto a este punto (Romanos 2:28-29; 9:6-7; Gálatas 3:29; 6:16; Filipenses 3:3). Jesús anticipó esto (Mateo 21:41, 43; 8:11-12; 22:1-14) y los escritores del Nuevo Testamento lo confirmaron (Gálatas 3:7, 29; Romanos 4:11, 14; Santiago 2:5; Apocalipsis 21:12-14) y los escritores del Nuevo Testamento así lo confirmaron Gálatas 3:7, 29; Romanos 4:11, 14; Santiago 2:5; Apocalipsis 21:12-14. Hasta fue profetizado en el Antiguo Testamento – Isaías 54:1-3; ver Gálatas 4:27; Oseas 2:23; ver Romanos 9:24-26; Ezequiel capítulo 47; Isaías 44:3; ver Juan 7:37-39.

³⁹Ver F. Dufton: "The Syrophoencician Woman and Her Dogs" (La mujer sirofenicia y sus

humildad de esta mujer resulta impresionante. También así lo es su sabiduría y persistencia. Ahora ha entendido (a) que Jesús es su única esperanza, (b) que ella forma parte del "hogar" de Jesús. Está lista para recibir la bendición de Dios a través de Jesús, y él está feliz de derramarla.

Este no es el primer milagro a "gran distancia" (Juan 4:46-54), ni el primero a un gentil (Mateo 8:5-13; Lucas 7:1-10). Pero es la declaración más clara, hasta este momento, del reino extendiéndose más allá de los límites de Israel (ver Mateo 13:47-50). La mujer regresa a casa para encontrar a su hija sana, pero todavía en cama. Tal vez por la sacudida última del demonio al abandonarla (ver Marcos 1:26; 9:26). Pero el más grande beneficio que recibe es la esperanza de Israel que muy pronto llegaría a su puerta de manera plena (Hechos 11:19; 15:3; 21:3-4; 27:3).

Sección 79a
Sanidad en Decápolis
(Mateo 15:29-31; Marcos 7:31-37)

Marcos 7:31 señala:

³¹Luego regresó Jesús de la región de Tiro y se dirigió por Sidón al mar de Galilea, internándose en la región de Decápolis.ª

ª31 Es decir, las diez ciudades.

Jesús es descubierto en Tiro, así que se desplaza al norte como a treinta y dos kilómetros a territorio exclusivamente gentil. Finalmente, regresa por territorio del Tetrarca Herodes Felipe y llega a la ribera oriental del mar de Galilea. También este es territorio gentil, una área conocida como Decápolis, que literalmente significa, "diez ciudades". Sin embargo, el listado de las diez ciudades varía dependiendo del autor y fecha del listado.[40] Pero lo cierto es que esta área estaba dominada por la cultura y religión griega.

---

perros), *ExpT* (Tiempos de exposición) 100 [1989]: 417.

[40] Aparentemente estas ciudades, de alguna manera relacionadas con Siria, podían apelar a Roma con ciertas quejas y hasta acuñaron sus propias monedas durante el Siglo II. Pero jamás hubo algo parecido a una confederación de ciudades con su propio gobierno, ejército o comercio propio. S. T. Parker, "The Decapolis Reviewed" (Decápolis revisada), *JBL* (Revista de literatura bíblica) 94 [1975]: 437-441.

Jesús estuvo por lo menos una vez en esta región, cuando sanó al endemoniado gadareno. Su visita de esa ocasión duró no más de doce horas. Los habitantes le suplicaron a Jesús que los dejara. Su poder sobre los demonios no tan sólo les aterraba, sino que esta visita les causó enormes pérdidas económicas. Él desapareció a 2,000 puercos. Esa fue una gran pérdida para estos campesinos. Nos gustaría pensar que esta enorme multitud no era tan sólo atraída por el poder milagroso de Jesús, sino por el testimonio incitante del ex-endemoniado (Marcos 5:20).

Podríamos decir que ahora en las **Secciones 79a y 79b** nos toca hablar de "más de lo mismo". Ni las sanidades ni la alimentación de los 4,000 presentan algo nuevo. Sin embargo, lo que las hace únicas es que fueron acontecimientos que les sucedieron a los gentiles, en territorio gentil. Lo que sí hemos notado es que ahora el ministerio de Jesús es consistente al tema de la inclusión de los gentiles (**Secciones 76b – 82**). Estos acontecimientos específicos se deben interpretar a la luz de este tema. En otras palabras, no podemos entender correctamente lo que Jesús está haciendo sin entender su propósito.

Marcos 7:32-35 *con* Mateo 15:29 señalan:

{Luego subió a la montaña y se sentó^{Mt}} ^{32}Allí le llevaron un sordo tartamudo, y le suplicaban que pusiera la mano sobre él. ^{33}Jesús lo apartó de la multitud para estar a solas con él, le puso los dedos en los oídos y le tocó la lengua con saliva.^{a} ^{34}Luego, mirando al cielo, suspiró profundamente y le dijo: «¡Efatá!» (que significa: ¡Ábrete!). ^{35}Con esto, se le abrieron los oídos al hombre, se le destrabó la lengua y comenzó a hablar normalmente.

^{a}33 con saliva. Lit. *escupiendo.*

Este pobre hombre no puede hablar, tal vez debido a su sordera. Por ello, él mismo no le puede pedir a Jesús que lo sane, así que sus amigos lo hacen por él. Ellos han escuchado del poder del toque de Jesús (Mateo 14:36), y le ruegan que sane a su amigo.

Jesús aparta a este sordomudo. Estarían en un lugar más silencioso, donde Jesús pudiera escuchar los balbuceos del hombre y/o permitirle al hombre entender mejor lo que Jesús estaba haciendo con él. Esta privacidad también le permitiría al hombre ejercitar su fe. Se concentraría mejor sin el ir y venir de la multitud con todo su bullicio. Además, causaría menos conmoción en la multitud (Marcos 7:36). En este momento de su ministerio, Jesús está tratando de evitar las multitudes, para no ganárselas con sus maravillas.

Con sus dedos en los oídos del hombre y saliva de su lengua, Jesús le comunica al hombre lo que está a punto de hacer. Sin embargo, resulta claro que la mímica de Jesús es un mensaje transparente tanto al sordomudo como a la multitud que se encuentra a una distancia de ellos. Mirando al cielo, la posición típica de la oración judía y con un suspiro profundo,[41] Jesús pronuncia la petición de una sola palabra: ¡Efatá! Marcos traduce el arameo a sus lectores al igual que lo hace en las otras dos ocasiones que cita las palabras en arameo de Jesús.

Si este es territorio griego, ¿por qué Jesús pronuncia palabras arameas? Seguro que él sabe algo de griego habiendo crecido en Galilea. Bueno, mientras ora, es natural hacerlo en su idioma materno. Además, el sordomudo no lo puede oír, así que no le hará ningún bien si Jesús le hablara en su lengua materna. También puede ser esto una declaración sutil de que el ministerio de Jesús se ha extendido a los gentiles, pero es particular para los judíos (Juan 4:22). Jesús acepta hacer los mismos milagros que ha hecho a los judíos. Pero no debe perder de vista el rasgo judío de su mesiazgo. Es únicamente a través de las profecías, los sacrificios y las promesas del Antiguo Testamento que la salvación tiene toda su fuerza y conexión hacia los gentiles.

Marcos 7:36-37 señala:

> [36]Jesús les mandó que no se le dijeran a nadie, pero cuanto más se lo prohibía, tanto más lo seguían propagando. [37]La gente estaba sumamente asombrada, y decía: «Todo lo hace bien. Hasta hace oír a los sordos y hablar a los mudos.»

Más de lo mismo, ahora para los gentiles. Las razones del porqué Jesús no quiere tener propaganda gentil de su ministerio son las mismas del porqué no quiso propaganda judía: (1) Se enfocan en los milagros y no en las señales. (2) Muestran un entendimiento inmaduro e impropio de su mesiazgo. (3) La escena político-religiosa es muy comprometedora en este momento. Una propagación prematura de este movimiento de Jesús tan sólo sería la chispa que iniciara un levantamiento popular que destruiría lo que Jesús trataba de hacer.

Marcos utiliza la palabra *mogilalos*, que la *Nueva Versión Internacional* traduce como "tartamudo". Esta es la única vez que esta palabra se utiliza en el Nuevo Testamento. La versión Septuaginta de

---

[41]Esta palabra [*stenazō*] solamente se usa en los evangelios. En las epístolas expresa un sentimiento profundo (Romanos 8:23; 2 Corintios 5:2, 4; Hebreos 13:17). No sabemos qué fue lo que motivó a Jesús a esto. Tal vez su prorrumpir tan profundo fue una demostración visual de su participación emocional con este hombre.

la Biblia también la utiliza una sola vez, en Isaías 35:6. Es claro que este es un texto mesiánico. Dice:

> Se abrirán entonces los ojos de los ciegos y se destaparán los oídos de los sordos; saltará el cojo como un ciervo, y gritará de alegría la lengua del mudo. Porque aguas brotarán en el desierto, y torrentes en el sequedal . . . Habrá allí una calzada que será llamada Camino de santidad. No viajarán en ella los impuros . . . Y volverán los rescatados por el SEÑOR, y entrarán en Sión con cantos de alegría, coronados de una alegría eterna. Los alcanzarán la alegría y el regocijo, y se alejarán la tristeza y el gemido (Isaías 35:5-10).

Pareciera que Marcos, al utilizar esta palabra tan singular, está llamando nuestra atención a la profecía mesiánica en cuanto a Jesús. Es más, Marcos la relaciona al trato de Jesús con los gentiles.

Mateo 15:30-31 señala:

> ³⁰Se le acercaron grandes multitudes que llevaban cojos, ciegos, lisiados, mudos y muchos enfermos más, y los pusieron a sus pies; y él los sanó. ³¹La gente se asombraba al ver a los mudos hablar, a los lisiados recobrar la salud, a los cojos andar y a los ciegos ver. Y alababan al Dios de Israel.

¡Más de lo mismo! Esta es la respuesta típica de Jesús — tráele tus dolidos y enfermos y él los sanará. Sin embargo, lo que sobresale en este caso es que los gentiles "alababan al Dios de Israel". Por lo tanto, Jesús tiene éxito en aceptar la arte judía de su programa. También debemos señalar que el ministerio de Jesús entre los gentiles no fue tan sólo uno de milagros, sino que también incluyó la enseñanza. Mateo (15:29) señala que Jesús "subió a la montaña y se sentó". Cuando un rabino judío se sentaba, era lo equivalente a señalar: "da inicio la clase" (ver Mateo 5:1; 13:1-2). Pero al igual que las multitudes judías, estos gentiles no están interesados en lo que Jesús tiene que decirles, sino en lo que puede hacer por ellos.

Sección 79b
Alimentación de los 4,000
(Mateo 15:32-38; Marcos 8:1-9)

La alimentación de los cuatro mil es casi idéntica a la alimentación de los cinco mil. Algunos eruditos afirman que tanto

Mateo como Marcos simplemente las repiten como recurso literario para enfatizar un punto.[42] Sin embargo, hay suficientes diferencias entre los dos acontecimientos que la lectura más simple del texto sugiere dos sucesos distintos.[43] Las similitudes entre los dos eventos muestran cómo Jesús ministraba tanto a judíos como a gentiles durante esta parte de su ministerio.

Marcos 8:1-3 señala:

> ¹En aquellos días se reunió de nuevo mucha gente. Como no tenían nada que comer, Jesús llamó a sus discípulos y les dijo: ²—Siento compasión de esta gente porque ya llevan tres días conmigo y no tienen nada que comer. ³Si los despido a sus casas sin haber comido, se van a desmayar por el camino, porque algunos de ellos han venido de lejos.

La fama de Jesús se propaga rápidamente por Decápolis porque se queda allí varios días, las multitudes empiezan a juntarse. Después de tres días de sanidades y de enseñanza, las mochilas con provisiones de las multitudes están vacías. En vez de irse a casa por más comida, muchos de ellos ayunan y se quedan a escuchar lo que Jesús tenga que decir. Es bueno que se queden porque si se van, para cuando regresen, Jesús ya se habrá marchado.

Ahora es tiempo de que Jesús se vaya. Pero le preocupa que si despide a las multitudes sin probar alimento es posible que se desmayen por el camino. La compasión de Jesús brilla aún más fuerte frente a la trivialidad de nuestra existencia diaria.

Marcos 8:4-9 *con* Mateo 15:33-38 señalan:

> ⁴Los discípulos objetaron: —¿Dónde se va a {podríamos^{Mt}} conseguir suficiente pan en este lugar despoblado para darles de comer? ⁵—¿Cuántos panes tienen? —les preguntó Jesús. —Siete —respondieron. ⁶Entonces mandó que la gente se sentara en el

---

[42] Por ejemplo, D. F. Robinson, "The Parable of the Loaves" (La parábola de los panes), ATR (Revista teológica anglicana) 39 [1957]: 107-115 y S. Masuda, "The Good News of the Miracle of the Bread", NTS 28 (1982): 191-219.

[43] (1) Presentan distintos detalles: (a) 5,000 contra 4,000; (b) 5 panes contra 7 panes; (c) 12 cestas pequeñas (*kophinos*) contra 7 canastas grandes (*spuris*, ver Hechos 9:25) de sobrantes; (d) con un día de Jesús contra 3 días; (e) una oración contra dos; (f) Jesús despidió a los discípulos contra Jesús se fue con ellos.
(2) Fueron en dos ocasiones distintas — Se sentaron en el pasto en la primera, pero en el suelo (después que el pasto se secó) en la segunda.
(3) Fueron para dos grupos distintos de personas. La primer alimentación fue para los judíos, la segunda principalmente fue para los gentiles.
(4) El mismo Jesús claramente se refirió a dos distintas alimentaciones (Marcos 8:18-21).

suelo. Tomando los siete panes, dio gracias, los partió y se los fue dando a sus discípulos para que los repartieran a la gente, y así lo hicieron. ⁷Tenían además unos cuantos pescaditos. Dio gracias por ellos también y les dijo a los discípulos que los repartieran. ⁸La gente {todos^{Mt}}comió hasta quedar satisfecha. Después los discípulos recogieron siete cestas llenas de pedazos que sobraron. ⁹Los que comieron eran unos cuatro mil {sin contar a las mujeres y a los niños^{Mt}}.

¿Tienen pocas entendederas o qué les pasa a los discípulos? ¡Cuán rápido se han olvidado de la alimentación de los 5,000 (ver Marcos 6:52)! Antes de mandar a colgar a estos discípulos, debemos señalar algunas cosas. Primero, Jesús no siempre hizo milagros (Juan 5:4-6; Mateo 13:58). Tampoco es "espiritual" esperar esto (Mateo 12:38-45; 16:1). Segundo, es posible que los discípulos no duden de la capacidad de Jesús, pero quiere hacer con los gentiles lo mismo que hizo a los judíos. Tercero, el énfasis que Mateo le pone al plural implícito "nosotros" (15:33) no sugiere que duden de la capacidad de Jesús sino de la propia de ellos (los discípulos) para hacer los milagros que Jesús ha hecho. Después de todo, Jesús les dio poder para hacer lo que hicieron (Mateo 10:1, 8). El posible que ellos piensen que Jesús quiere que ellos intenten proveer y alimentar a unos miles de personas. Finalmente, una mirada honesta a la iglesia actual no pinta un cuadro mejor de nuestra fe en Jesús para proveer y sostenernos. Aunque Jesús, vez tras vez, ha mostrado ser confiable, nuestras vidas nos traicionan mostrando un nivel de incredulidad sumamente alto.

Sección 80
Los fariseos y los saduceos piden señal en Magadán
(Mateo 15:39–16:4; Marcos 8:9-12)
[ver *Secciones 62, 106* y Juan 2:18-23; 6:30]

Mateo 15:39–16:1 *con* Marcos 8:9 señalan:

¹⁵:³⁹Después de despedir a la gente, subió Jesús a la barca y se fue a la región de Magadán^a {a la región de Dalmanuta^{Mr}}.
¹⁶:¹Los fariseos y los saduceos se acercaron a Jesús y, para ponerlo a prueba, le pidieron que les mostrara una señal del cielo.

a15:39 Magadán. Var. Magdala.

Después de la alimentación de los 4,000 en Decápolis, Jesús regresa a territorio judío.[44] Nuevamente los fariseos acosan a Jesús (ver Marcos 7:1). Esta vez están acompañados de los saduceos. Estos grupos normalmente se peleaban entre sí (ver Hechos 23:7-8), pero su odio tremendo hacia Jesús los une. Esta es la primera vez que los fariseos y los saduceos se unen nuevamente después de su investigación acerca de Juan el Bautista (Mateo 3:7; Juan 1:19, 24). Básicamente han sido los fariseos los que han perseguido a Jesús (Mateo 9:11, 34; 12:2, 14, 24, 38; 15:1, Lucas 5:17; 7:36-39), pero a partir de aquí y hasta el Gólgota, se unirán a los saduceos (Mateo 21:45; 22:34; 27:62), al igual que a los herodianos (Marcos 3:6; 12:13).

Su pregunta ni es nueva ni sincera. Jesús ya la ha escuchado por lo menos tres veces (Juan 2:18-23; Mateo 12:38-45; Juan 6:30 — ver los comentarios sobre estos textos en **Secciones 31, 62 y 76a**). Realmente ellos no quieren creer en Jesús. Tanto Mateo como Marcos señalan el motivo en la palabra "prueba" [*peirazō*]. Literalmente, estaban tentando a Jesús — buscando un motivo para acusarlo. El apóstol Pablo entiende bien a sus compatriotas cuando señala:

Los judíos piden señales milagrosas y los gentiles buscan sabiduría, mientras que nosotros predicamos a Cristo crucificado. Este mensaje es motivo de tropiezo para los judíos, y es locura para los gentiles, pero para los que Dios ha llamado, lo mismo judíos que gentiles, Cristo es el poder de Dios y la sabiduría de Dios (1 Corintios 1:22-24).

La delegación de judíos[45] esconde sus intenciones. Primero, demandan señal [*semeian*] en vez de milagro. Lo hacen ver como si buscaran evidencia razonable en vez de trucos ingeniosos. Segundo, piden señal del cielo, como la dieron Elías y Moisés, como si estos fuesen categóricamente distintos a los milagros ya hechos por Jesús.

Mateo 16:2-3 *con* Marcos 8:12 señalan:

²Él les contestó {Él lanzó un profundo suspiro[46] y dijo^{Mr}}:ª «Al atardecer, ustedes dicen que hará buen tiempo porque el cielo está rojizo, ³y por la mañana, que habrá tempestad porque el cielo está

---

[44]Tanto Magadán como Dalmanuta se han perdido, pero lo más seguro es que hayan estado ubicadas en la costa suroeste del mar de Galilea, a las afueras de Decápolis.

[45]El verbo exelthen, "salió" (8:11) indica que ellos eran de otra parte. Basado en Marcos 7:1, parece lógico asumir que esta delegación también era de Jerusalén.

[46]La NVI deja sin traducir las palabras "en su espíritu".

nublado y amenazante.ᵇ Ustedes saben discernir el aspecto del cielo, pero no las señales de los tiempos.

ᵃ2 Var. no incluye el resto del v. 2 y todo del v. 3. *ᵇ3 amenazante.* Lit. *Rojizo.*

El clima palestino normalmente viene del oeste, del mar Mediterráneo. Al amanecer, las nubes cargadas de agua y procedentes del oeste, reflejan un color rojizo del sol matutino que sale por el este. Sin embargo, por la tarde, ese mismo color rojizo indica cielo despejado en el oeste.[47]

Jesús está visiblemente molesto por la miopía del liderazgo judío. Están más atentos al clima que al Mesías. Tienen suficiente razón para creer en Jesús (ver Juan 5:31-47); pero lo han rechazado abiertamente, señalando que su poder para obrar milagros proviene de Beelzebú (Mateo 9:34; 12:22-37; ver Lucas 11:14-36).

Mateo 16:4 señala:

⁴Esta generación malvada y adúltera busca una señal milagrosa, pero no se le dará más señal que la de Jonás.» Entonces Jesús los dejó y se fue.

¿Por qué resulta malvado y adúltero demandar señal? ¿Espera Dios que creamos sin prueba alguna? ¿Realmente es fe dar un paso en la oscuridad? ¡NO! Buscar señal es malo por las siguientes razones:

(1) Ignora lo que Jesús ya ha hecho. Esencialmente dice: "Jesús, no te creemos. Debes probarlo nuevamente . . . y otra vez . . . y otra vez".

(2) Nos coloca como jueces de Jesús. Esencialmente dice: "Jesús, actúa para mí y yo decidiré si es válido o no".

(3) Pone a los milagros por encima del testimonio. Los milagros son usados para atraer nuestra atención al testimonio válido. Una vez dado el testimonio, los milagros han hecho su trabajo. Además, con frecuencia pone las emociones por encima de la razón. En vez de escudriñar bien el testimonio, andamos a tientas con experiencias extáticas.

Nuevamente, se promete la resurrección como señal a esta generación. Y hasta esto permanecerá escondido para los incrédulos (ver Marcos 8:12; Hechos 10:41). Nuevamente, Jesús tiene que salir de

---

47Estas palabras están ausentes de algunos de los manuscritos más importantes, pero es posible que pertenezcan a esta sección (ver los comentarios de Carson, p. 360). Tal vez fueron eliminadas de los manuscritos egipcios porque estas indicaciones climáticas palestinas no resultan ciertas en Egipto.

la región debido al rencor de sus enemigos. Él ha sido rechazado y casi expulsado de Jerusalén, Nazaret, Capernaúm y ahora de Magadán.

[Mateo 16:4 = Mateo 12:39. Ver los comentarios en *Sección 62*, sobre todo en cuanto a la señal de Jonás].

Sección 81a
Advertencia contra la levadura de los fariseos, saduceos y herodianos
(Mateo 16:5-12; Marcos 8:13-21)

Marcos 8:13-16 *con* Mateo 16:6 señala:

¹³Entonces los dejó, volvió a embarcarse y cruzó al otro lado. ¹⁴A los discípulos se les había olvidado llevar comida, y sólo tenían un pan en la barca. ¹⁵Tengan cuidado —les advirtió Jesús—; ¡ojo con la levadura de los fariseos {y de los saduceos^{Mt}} y con la de Herodes! ¹⁶Ellos comentaban entre sí: «Lo dice porque no tenemos pan.»

Después de otra confrontación intensa con la jerarquía religiosa judía, Jesús se aparta con sus discípulos al otro lado del lago al lado de la ribera norte. En ruta al otro lado,[48] Jesús les advierte a sus discípulos acerca de la levadura de los fariseos y saduceos. Los discípulos piensan en comida mientras que Jesús piensa en la enseñanza (ver Juan 4:31-34; 6:27). Las palabras de Jesús les recuerda que no tienen alimentos, sino tan sólo un panecito que deben dividir en trece pedazos.

Es difícil señalar cómo interpretan ellos la advertencia de Jesús. Tal vez entienden que tienen que tener cuidado con el pan envenenado. Después de todo, los fariseos ya han expresado su deseo de matar a Jesús, tanto en Judea como en Galilea (Marcos 3:6; Juan 5:18; Mateo 12:14). El asesinato por envenenamiento era común en aquellos días. Tal vez su hambruna les cierra el entendimiento y no reaccionan bien a lo que escuchan de Jesús. Todo lo que saben es que casi no hay nada que comer y de alguna manera relacionan las palabras de Jesús a la negligencia de ellos en adquirir víveres (v. 16).

---

[48] El verbo aoristo *apelthen*, "fue", se usaba en relación con *peran*, "más allá" o "al otro lado", pudiera indicar que ya habían llegado. Sin embargo, gramaticalmente, podría muy bien indicar el proceso de ir. En otras palabras, esta discusión pudo haberse llevado a cabo en ruta o de camino a Betsaida. Esta interpretación permite una transición tranquila y suave de Marcos 8:22.

Los fariseos y los herodianos eran asociaciones raras. (Mateo sustituye saduceos por herodianos, que tal vez eran mensajeros o enviados del partido de los saduceos. Aunque tenían sus particularidades, es probable que aquí los saduceos herodianos representaban la parte liberal de los fariseos.) Estos dos grupos son casi puntos opuestos, pero Jesús describe su levadura como un mal común entre ellos. ¿Qué error comparten estos dos grupos? El sutil pero abierto rechazo de Jesús. Fingen una voluntad de aceptar a Jesús, al pedirle señal (Juan 2:18-23; Mateo 12:38-45; 16:1-4). Pero no hay forma de que lo acepten como líder o Señor.

A la levadura normalmente se la considera o asocia con lo malo (ver Levítico 2:11; Mateo 16:6; Lucas 12:1; 1 Corintios 5:6-8; Gálatas 5:9), pero no siempre (ver Mateo 13:33; Lucas 13:20-21). Algunos comentaristas sugieren que la levadura que no se permitió usar en la fiesta de la pascua se debe a que representa el pecado (ver Éxodo 12:8). Sin embargo, pudiera tan sólo representar la naturaleza rápida de la comida. Es decir, no tenían tiempo para permitir que la levadura hiciera "subir" al pan. En otras palabras, el "mal" no es la característica dominante de la levadura, sino que es su "influencia penetrante". Con esto en mente, escuchamos que Jesús dice: "tengan cuidado de la influencia penetrante de incredulidad de los fariseos y saduceos". Esto llega en un tiempo de deserción masiva entre los discípulos de Jesús (ver Juan 6:60-71). Necesitan una advertencia en cuanto a la seducción social, cuando la popularidad de Jesús disminuye.

Marcos 8:17-21 *con* Mateo 16:8 señalan:

> [17]Al darse cuenta de esto, Jesús les dijo: {—Hombres de poca fe[Mt]}—¿Por qué están hablando de que no tienen pan? ¿Todavía no ven ni entienden? ¿Tienen la mente embotada? [18]¿Es que tienen ojos, pero no ven, y oídos, pero no oyen? ¿Acaso no recuerdan? [19]Cuando partí los cinco panes para los cinco mil, ¿cuántas canastas llenas de pedazos recogieron? -Doce -respondieron. [20]—Y cuando partí los siete panes para los cuatro mil, ¿cuántas cestas llenas de pedazos recogieron? —Siete. [21]Entonces concluyó: —¿Y todavía no entienden?

Mateo 16:11-12 señala:

> [11]¿Cómo es que no entienden que no hablaba yo del pan sino de tener cuidado de la levadura de fariseos y saduceos? [12]Entonces

comprendieron que no les decía que se cuidaran de la levadura del pan sino de la enseñanza de los fariseos y de los saduceos.

La "poca fe" de ellos es lamentable (ver Mateo 6:30; 8:26; 14:31; 17:20). No tan sólo fallan en entender la sublime enseñanza de Jesús en cuanto a la fe, sino que también desconocen el significado terrenal de la comida. Auxiliados por la forma de expresión de Isaías 6:10, Jesús les recuerda de su habilidad suprema para proveer alimento. Si cinco panecitos alimentaron a 5,000, sobrando doce canastas de desperdicios, y siete panecitos alimentaron a 4,000, con siete canastas de sobrantes, entonces, es claro que un panecito podía alimentar a trece personas.

Una vez explicado este pequeño mal entendido en cuanto al pan, Jesús regresa al asunto en cuestión, que es la levadura de los saduceos y fariseos — sus enseñanzas.[49] Ahora, no mal entendamos las cosas, sus enseñanzas no eran del todo mal (ver Mateo 23:3). Jesús estaría en acuerdo con los saduceos al rechazar la tradición oral de los fariseos. Estaría en acuerdo con los fariseos en su firme creencia en la resurrección, etc. Sin embargo, Jesús nos advierte a que tengamos sumo cuidado con su incredulidad tan persistente. Es tan insidiosa ya que se esconde bajo el manto de la religiosidad. Mientras se aboca a las prácticas ortodoxas y expone la doctrina bíblica, sus actitudes de beneplácito propio mediante la incredulidad los apartaba y alejaba del plan de Dios. Esto confunde a la población, cuya evaluación superficial jamás va más allá de las apariencias físicas: La forma de vestir, la forma de expresarse y la apariencia pública del clero. Que tan a menudo, en verdad, el corazón del asunto es el corazón del asunto.

Sección 81b
Sanidad de un ciego en dos pasos
(Marcos 8:22-26)

[22]Cuando llegaron a Betsaida, algunas personas le llevaron un ciego a Jesús y le rogaron que lo tocara. [23]Él tomó de la mano al ciego y lo sacó fuera del pueblo. Después de escupirle en los ojos y de poner las manos sobre él, le preguntó: —¿Puedes ver ahora? [24]El hombre alzó los ojos[50] y dijo: —Veo gente; parecen árboles que

---

[49]Blomberg destaca que "puede haber un juego de palabras en arameo en el v. 12b, dando una similitud entre 'enseñar' (*'amîr'à*) y "levadura" (*ḥămîr'à*)" (p. 249).

[50]"Mirar" [*anablepō*], se traduce mejor como "volver a ver", E. S. Johnson, "Mark 8:22-26: Blind Man From Bethsaida" (Marcos 8:22-26: El ciego de Betsaida), NTS (Estudios del Nuevo Testamento) 25 [1979]: 230-383.

caminan. ²⁵Entonces le puso de nuevo las manos sobre los ojos, y el ciego fue curado: recobró la vista y comenzó a ver todo con claridad. ²⁶Jesús lo mandó a su casa con esta advertencia: —No vayas a entrar en el pueblo.ᵃ

ᵃ26 pueblo. Var. pueblo, ni a decírselo a nadie en el pueblo.

Es posible que este "pueblo de pescadores" (Betsaida) sea donde Pedro y compañía tenían sus hogares. Después de todo, necesitaban atracar sus barcas antes de irse de viaje a Cesarea de Filipo. Al llegar a "casa", les sale al encuentro una delegación con este ciego. No podemos señalar el grado de fe de este hombre, pero la fe de sus amigos es obvia (ver Marcos 2:3-12; 7:31-37). Si a él le faltaba fe, esto puede explicar por qué Jesús actúa como lo hace para intentar despertar su fe.

Esta escena se torna ya algo muy común. Con mucha frecuencia ya, Jesús ha curado la ceguera (Mateo 9:27-30; 11:5; 12:22; 15:31; Lucas 7:21-22; Juan 5:3). Este fue y sigue siendo un problema común en países tercermundistas. Sin embargo, esta cita es única. Tiene varios rasgos similares con la sanidad del sordo mudo (Marcos 7:31-37, Sec. 79a).⁵¹

(1) ambas únicamente las registra Marcos.
(2) ambas suceden en un tiempo de retiro o descanso.
(3) ambas hombres se les saca del lugar donde están.
(4) con ambos Jesús utiliza saliva y el toque de su mano.
(5) ambos Jesús trata y les indica que no lo divulguen.

Lo que hace de esta sanidad algo raro es que es la única ocasión en que Jesús sana "en dos fases". Cualquier explicación del motivo es mera especulación. Pero Wesell (p. 691) ofrece una sugerencia hermosa: "Jesús pudo haber obrado en acuerdo con la rapidez de la fe del hombre" (en el evangelio de Marcos se enfatiza la fe como requisito de la sanidad). Por lo menos un oftalmólogo ofreció una explicación médica: Jesús le sanó los ojos de tal manera que el hombre pudiera ver o percibir imágenes físicas. Después de eso, Jesús le reprogramó su corteza cerebral (un proceso que comúnmente tarda meses) para que <u>pudiera interpretar la</u> información de manera correcta.⁵²

⁵¹R. A. Guelich (p. 436) sugiere que Marcos utiliza las historias del sordomudo (7:31-37) y el ciego (8:22-26) para resaltar la sordera y ceguera espiritual en la barca (8:13-21). En otras palabras, Marcos ilustra la incredulidad de los discípulos al acomodarla entre una sordera y ceguera literal.

⁵²Russell Grigg, "Walking Trees" (Arboles caminando) *Creation* (Creación) 21/4 [Sept/Nov 1999]: 54-55.

La sugerencia de Wessel parece tener más mérito: este milagro en dos pasos prefigura la confesión de Pedro en el siguiente periscopio. Su gráfica que muestra esta comparación en Marcos resulta iluminadora.[53]

8:22	Circunstancias	8:27
8:23-24	Vista parcial – entendimiento parcial	8:28
8:25	Vista – Entendimiento	8:29
8:26	Mandato a mantenerse callados	8:30

Una cosa es cierta. ¡La iglesia primitiva no inventó esta historia! Si fuera ficticia, no sería una sanidad en dos pasos.

El uso de saliva se alinea a la creencia judía de que ésta tenía propiedades curativas. El hecho de que el hombre viese a la gente como si fueran "árboles que caminan" indica que seguía con la vista a medias y que no fue ciego de nacimiento ya que tenía un punto de referencia. Entonces, cuando Jesús le pone las manos encima, su vista es restaurada. Marcos utiliza una palabra muy rara [*telaugos*], que indica una vista clara en la distancia. No tan sólo puede ver, sino que ve bien.

---

[53] L. W. Countryman, "How Many Baskets Full? Mark 8:14-21 and the Value of Miracles in Mark" (¿Cuántas cestas llenas? Marcos 8:14-21 y el valor de los milagros en Marcos), CBQ (Publicación trimestral católica de la Biblia) 47 [1985]: 643-655, sugiere que una explicación parcial podría proceder del libro de Marcos. Al parecer, en este caso tenemos la comparación de dos círculos del ministerio de Jesús:

Ciclo uno
Calma la tempestad (4:35-41),
La expulsión de los demonios del gadareno (5:1-20)
La sanidad de la hija de Jairo y la mujer con flujo de sangre (5:21-43)
La alimentación de los 5,000 (6:32-44)

Ciclo dos
Camina sobre el agua (6:45-52)
Expulsa el demonio de la hija geraseno o gadareno de la mujer sirofenicia (7:24-3
La sanidad del sordomudo (7:31-37)
La alimentación de los 4,000 (8:1-9).

En el primer ciclo, los milagros de Jesús fluyeron libremente y con gran poder. En el segundo ciclo, cuando el ministerio de Jesús cambió a una clientela más gentil, sus milagros quedaron un poco "restringidos". Cuando caminó sobre el agua, casi "pasó de largo". Discutió con la mujer sirofenicia y al sanar al sordomudo lo hizo en dos pasos. Y Jesús alimentó a menos gente con más pan en la segunda ocasión. Tal vez estos detalles tan peculiares se pudieran explicar con la actitud de Jesús al no querer ministrar abiertamente a los gentiles, hasta en tanto se hubiese aclarado que él es, en verdad, un Mesías judío.

Sección 82
La gran confesión de Pedro
(Mateo 16:13-20; Marcos 8:27-30; Lucas 9:18-21)

Ahora ya estamos adentrados en el tercer año del ministerio de Jesús. A esta fecha, los discípulos siguen sin entender perfectamente quién es Jesús. Ya es el momento para que esa confesión se haga.

En los dos últimos meses Jesús ha estado rondando territorio judío. Ahora de plano abandona Galilea. Viaja cuarenta kilómetros al norte de Capernaúm al corazón de territorio gentil. En ese tiempo, esto debió haber parecido como una crisis en el ministerio de Jesús, pero la presente confesión de Pedro se tornará el centro mismo de los evangelios sinópticos y un momento crítico para el ministerio de Jesús.

Mateo 16:13-14 *con* Marcos 8:27, Lucas 9:18-19 señalan:

¹³Cuando llegó a la región de {aldeas de^{Mr}} Cesarea de Filipo, {en el camino^{Mr}} {un día cuando Jesús estaba orando para sí^{Lc}} Jesús preguntó a sus discípulos: —¿Quién dice la gente que es el Hijo del hombre? Le respondieron: ¹⁴—Unos dicen que es Juan el Bautista, otros que Elías, y otros que Jeremías o uno de los profetas {de los antiguos profetas ha resucitado^{Lc}}.

Cesarea de Filipo se encuentra ubicada al pie del monte Hermón, cuyos picos nevados se pueden ver desde Nazaret, en un día despejado. Esta región es hermosa y muy fértil.[54] A más de trescientos metros sobre el nivel del mar, provee una vista impresionante de la parte alta del Jordán. Hasta el mismo paisaje parece decir: "algo maravilloso y de gran importancia está a punto de suceder". Pero lo que será y, si es bueno o malo, los apóstoles lo ignoran.

Este es un momento de gran importancia para Jesús. Lo impregna de oración (Lucas 9:18) como lo hace con cualquier otro acontecimiento fundamental (Lucas 3:21; 6:12; 9:28; 22:41). Ha habido otras confesiones en cuanto a Jesús (por ejemplo, Juan 1:29-34, 41, 45, 49; 3:2, 36; 4:42; 6:68-69; 11:27), pero ninguna ha alcanzado tan alto nivel. Ninguna ha despertado tal respuesta de Jesús como

---

[54] Cesarea de Filipo se encuentra descrita en detalle por Edersheim (II:72-74). Una de sus citas más coloridas proviene de Tristram, *Land of Israel* (La tierra de Israel), p. 586: "Por todas partes hay una miscelánea de cascadas, moras silvestres, higueras, torrentes vivos, festones de vides, fuentes burbujeantes, carrizos, ruinas y la mezcla de cantos de aves con el murmullo de las aguas".

cuando por primera vez claramente predice su muerte (aunque usted debe ver Juan 2:19; 3:14; 6:53; Mateo 9:15; 10:38-39; 12:39-40).

En alguna parte del camino, en algún momento después de orar, Jesús encara a los doce y les hace dos preguntas muy bien elaboradas. No están diseñadas para una respuesta simple sino una buena contestación. Primero, "¿quién dice la gente que es el Hijo del hombre?" Esta es una pregunta rara de parte de Jesús. ¿En verdad no lo sabe? Aun si él no tuviera la habilidad de saber lo que alguien está pensando (ver Mateo 12:25; Lucas 5:22; 6:8; 7:39-40; Juan 2:24-25), Jesús no está sordo. Tanto él como los doce escuchan perfectamente lo que la gente señala en cuanto a su persona. Además, ¿desde cuándo le preocupa a Jesús lo que la gente diga de él? No pregunta con la intención de recibir una respuesta superficial, sino que busca que sus apóstoles piensen y reflexionen juntamente con él en cuanto a él mismo.

Tenemos algunas opciones. Algunos pensaban que Jesús era Juan el Bautista (ver Mateo 14:1-2). Algunos pensaban que era Elías (Malaquías 3:1; 4:5-6). Otros, muy posiblemente basados en los libros apócrifos, percibían que Jesús era Jeremías (2 Esdras 2:16-18; 2 Macabeos 2:1-12; 15:12-16). Ahora, los judíos no creían en la reencarnación. Lo que sí creían era que las almas que habían partido podían regresar y dotar de su poder a los hombres vivos para realizar obras como ellos habían hecho en vida (ver **Sección 71a**). De esta manera Jesús o era ayudado metafísicamente por estos grandes hombres o se les parecía divinamente.

¿Por qué "se parece" Jesús a estos hombres de la antigüedad? Aparte del hecho fehaciente de que estos hombres estaban muertos, tenían tres características en común que también Jesús compartía. (1) Jamás se acobardaron. Dijeron la verdad ruda ante el antagonismo y persecución. (2) Confrontaron los poderes políticos y religiosos de su tiempo. Y, (3) fueron afectados por la turbulencia causada. Las multitudes ya han experimentado la creciente agresión en contra de Jesús, procedente de los rangos de la jerarquía religiosa. Todas estas opiniones son complementarias, pero inadecuadas. Colocar a Jesús como el mejor maestro o el profeta más excelso es "condenarlo con poca alabanza".

Mateo 16:15-16 señala:

¹⁵ —Y ustedes, ¿quién dicen que soy yo? ¹⁶ —Tú eres el Cristo[a], el Hijo del Dios viviente —afirmó Simón Pedro.

^a 16 O *Mesías;* también en el v. 20.

Ahora viene la pregunta fundamental... la que en verdad importa: "Y **ustedes**, ¿quién dicen que soy yo?" Aunque Jesús se dirige a todo el grupo, como es característico, Pedro responde por todos ellos. En ocasiones dice cosas muy tontas (Mateo 16:22-23; 26:31-35; Juan 13:6-11). En otras responde brillantemente (Mateo 14:28-31; 16:16-18; Juan 6:68-69; Hechos 2:14ss). Pero jamás brilla tan intensamente como en esta ocasión. Ya ha hecho una confesión preliminar (Juan 6:69), y es obvio que todavía tiene que cubrir mucho terreno en cuanto a su entendimiento mesiánico (vv. 22-23). Pero quién puede negar, especialmente a la luz de la respuesta de Jesús, la majestuosidad de esta simple declaración de fe.

"Cristo" es el equivalente griego del hebreo "Mesías". Ambas palabras significan "el Ungido". En la cultura hebrea, esto representa a "alguien apartado" para la obra de Dios y dotado del poder de Dios. La práctica de derramar aceite de oliva sobre alguien estaba reservada principalmente para consagrar a los profetas, a los sacerdotes y a los reyes (Éxodo 29:7, 21; 1 Samuel 10:1, 6; 16:13; 2 Samuel 1:14, 16), aunque en los contextos mesiánicos el papel de rey resalta. Entonces "Cristo" vino a ser el título oficial del Mesías judío. Este personaje libertaría a Israel de toda atadura y extendería su dominio en toda la tierra (ver Isaías 11:11-16; Daniel 9:25-27; ver *Bar.* 4:36, 37; 5:5-9; 2 Esd 13:33-47; *Pss Sol.* 17; *1 En.* 45:31; 53:6; 55:14; 61:8-10; 69:26-29; 90:28, 29; *1QM* 15-19).[55]

"El Hijo del Dios viviente" era algo singularmente judío relacionado con el título "Cristo". Viene de la idea hebrea de que Dios es un ser "viviente" en contraste con los dioses paganos muertos. Por lo tanto, Pedro no tan sólo habla por los doce sino por todos los judíos.

Mateo 16:17-18 señala:

> ^17 —Dichoso tú, Simón, hijo de Jonás —le dijo Jesús—, porque eso no te lo reveló ningún mortal,^a sino mi Padre que está en el cielo. ^18 Yo te digo que tú eres Pedro,^b y sobre esta piedra edificaré

---

[55] La esperanza judía de un Mesías libertador se encontraba principalmente entre el pueblo, no con los líderes de Israel. En los días de Jesús hubo varios movimientos mesiánicos, donde algún campesino era proclamado "rey de los judíos". Ver R. A. Horsley, "Like One of the Prophets of Old" (Como uno de los profetas de antaño: Dos tipos de profetas populares en los tiempos de Jesús), *CBQ* (Publicación trimestral católica de la Biblia) 47 [1985]: 435-463. Sin embargo, el "movimiento de Jesús" fue único en su género. Fue a la misma vez un líder pacífico y escatológico.

mi iglesia, y las puertas del reino de la muerte^c no prevalecerán contra ella.^d

^a**17** *ningún mortal.* Lit. *carne y sangre.* ^b**18** Pedro significa *piedra.* ^c**18** *del reino de la muerte.* Lit. *del Hades.* ^d**18** *no prevalecerán contra ella* o *no más fuerte que ella.*

La respuesta de Jesús se asemeja a la de Pedro. Pedro identifica a Jesús como el Hijo del Dios viviente; Jesús identifica a Pedro como hijo de Jonás (Juan 21:15 lo tiene como hijo "de Juan"). Pedro identifica la posición de Jesús como el Mesías; Jesús identifica la posición de Pedro como uno de los fundamentos de la iglesia.

Hasta aquí todo es simple. Sin embargo, el v. 18 complica un poco las cosas. ¿Cuál es, exactamente, la posición de Pedro como la "piedra" de la iglesia? ¿Significa que Pedro fue el primer Papa con el poder de la sucesión apostólica? Ésa es la respuesta católica romana tradicional. Sin embargo, los protestantes han protestado. Ellos sugieren que no es Pedro, sino su confesión la que es el fundamento de la iglesia. Basan esto en el juego de palabras de Jesús cambia de masculino [*Petros* = Pedro] a femenino [*Petra* = roca]. Además, aseguran que *petros* era una piedrecita que podía arrojarse, pero que *petra* es una roca enorme. De esta manera escuchan a Jesús decir: "Pedro, tú eres una piedrecita (ver Juan 1:42; también 1 Corintios 15:5; Gálatas 1:18), pero la confesión que acabas de hacer es tan grande que sobre ella se puede construir la iglesia" o "yo, Jesús, soy el verdadero fundamento rocoso de la iglesia" (ver 1 Pedro 2:5-8).

Sin embargo, esta sutil distinción entre *petros* y *petra* únicamente se encuentra en la poesía griega. Su aplicación aquí presenta dudas. Además, es probable que Jesús estuviera hablando en arameo. Por lo menos lo hace cuando se dirige a Pedro como "hijo de Jonás". Y el arameo no presenta esta distinción sutil entre estas palabras griegas para "piedra". Simplemente usa *kepha*. Además, aún si Pedro no es la "piedra" (v. 18), todavía tiene "las llaves del reino" (v. 19). También eso se debe explicar.

Por otro lado, todo el concepto de la primacía de Pedro como el primer papa es objetable. En el libro de los Hechos de los Apóstoles, no se describe a Pedro como portador de la autoridad papal (11:2; 15:13-21; 21:18; también ver Gálatas 2:14), como tampoco reclama tal posición (ver Hechos 10:26; 1 Pedro 1:1; 4:1). Una sucesión apostólica implicaría que Pedro pasara por sobre Juan, un apóstol todavía vivo, y que pasara su autoridad a otro de los discípulos. No existe ningún pasaje bíblico en el Nuevo Testamento, ni siquiera este mismo, que apoye adecuadamente esta doctrina.

Entonces, concluimos que Pedro es la piedra, pero no el primer Papa. Más adelante explicaremos la función específica de Pedro. Por el momento solamente diremos que la iglesia está edificada sobre Pedro, una figura representativa de los doce (ver Efesios 2:20).

La palabra "iglesia" [*ekklesia*] es una palabra compuesta cuyas raíces literalmente quiere decir "llamados fuera". En los evangelios únicamente se la utiliza tres veces (Mateo 16:18; 18:17 [dos veces]). Muchos han enfatizado de más esta etimología y han señalado rotundamente que la iglesia es "llamada fuera de la oscuridad" y/o se la debe "separar" del mundo. Pero la palabra simplemente significó una asamblea, en ocasiones pagana (Hechos 19:32), en ocasiones cristiana. Algo más importante que su etimología griega, es su pasado hebreo y contraparte, que es la palabra *qahal* — una asamblea del pueblo de Dios. "La asamblea", congregación o "iglesia" representa la ciudadanía del reino de Dios — aquellos que comparten el propósito, el programa y la autoridad de Dios.

La mala noticia es que la "asamblea del pueblo de Dios" muy pronto confrontará "las puertas del reino de la muerte". La buena noticia es que la iglesia gana la contienda. La pregunta es: ¿a qué se refiere Jesús? Existe una gran cantidad de posibilidades.[56] Pero por lo menos debemos reconocer lo siguiente: (1) Normalmente se colocan "puertas" en un fuerte que está siendo defendido. Sin embargo, esta metáfora también simboliza "poder". Así, las puertas del reino de la muerte pueden ser defensivas u ofensivas. (2) No necesariamente hay que equivaler muerte a infierno. Propiamente, significa la morada de los muertos y, por consiguiente, la misma muerte (Job 17:16; 38:17; Salmos 9:13; 107:18; Isaías 38:10). Y, (3) es la iglesia en su totalidad, no tan sólo Jesús o Pedro, quien confronta las puertas del reino de la muerte. Así que terminamos con algo como: la iglesia no es derrotada por la muerte. Ni la cruz o martirio puede parar el progreso de la iglesia.

---

[56] Algunas de las sugerencias más populares incluyen: (1) La muerte de Jesucristo no va a demoler el establecimiento de la iglesia (las puertas son ofensivas). La resurrección de Jesús destruirá el poder del mal — la muerte, Apocalipsis 1:18 (defensivas). (2) La muerte de los santos no destruirá a la iglesia porque la resurrección en el último día los revivirá al reino (ofensiva). (3) El martirio no destruirá a la iglesia. Como lo dijo Ambrosio, "La sangre de los santos es la semilla de la iglesia" (ofensiva). (4) Satanás no puede detener el progreso de la iglesia. Ella sigue creciendo y establece el reino de Dios en la tierra (defensiva). (5) Los cristianos, especialmente a través de "encuentros poderosos", pueden dominar la actividad satánica y demoníaca (defensiva).

Mateo 16:19-20 señala:

19Te daré las llaves del reino de los cielos; todo lo que ates en la tierra quedaráa atado en el cielo, y todo lo que desates en la tierra quedará desatado en el cielo. **20**Luego les ordenó a sus discípulos que no dijeran a nadie que él era el Cristo.

ᵃ19 quedará o ha sido[57]

Es claro que estas "llaves" representan autoridad, pero ¿autoridad para qué? Hiers[58] ofrece una cantidad de sugerencias, que incluyen:

(1) Absolución rabínica de un juramento (pero ver Mateo 5:33-37).

(2) Ratificación rabínica de prácticas prohibidas o permitidas (*m. Yebam* 1-4, pero ver Mateo 23:8).

(3) Excomunión (Mateo 18:18; 1 Corintios capítulo 5; *Tg. Mo'ed Qatan* 16a).

(4) Perdón de pecados en el presente (Juan 20:23; sin embargo, ver Mateo 5:23-26; 6:12-15; 18:21-35) o en el día del juicio (Mateo 10:23; 11:20-24; 19:28).

(5) Exorcismo, basado en el uso intertestamentario de las palabras "atado" y "desates" (Tobías 3:17; 8:3; Josefo, *Ant.* 8.2.5).

Una opción que no menciona Hiers, que creemos encaja mejor en el cuerpo de la evidencia y tomado del libro de los Hechos, es cuando Pedro predica el evangelio (ver Lucas 11:52). Fue Pedro quien "abrió la puerta" tanto para la iglesia judía (Hechos capítulo 2) como para la iglesia gentil (Hechos capítulo 10; ver 15:7). Tal vez esto no cumpla con todo lo relacionado a atar y desatar, pero abarca mucho. La opción #2 señalada con anticipación tal vez cubra todo el terreno que falta por cubrir, especialmente a la luz de la escritura canónica. Y la opción #3 también puede jugar un papel importante en el "atar" apostólico de tales pasajes como Hechos 4:11-12; 5:3-10; 8:20-21; 13:51-52; 28:28.

Además, no debemos asumir que Pedro fue el único que poseyó las llaves. Él es el que habla por los doce en esta ocasión (ver Mateo 15:15-16; 19:25-29; 26:40; Marcos 11:20-22; Lucas 12:41; Juan 6:67-70). También es el centro del escenario en Hechos capítulos 2 y 10.

---

[57] J. R. Mantey, "Evidence that the Perfect Tense in John 20:23 and Mt 16:19 is Mistranslated" (Evidencia de que el tiempo perfecto de Juan 20:23 y Mateo 16:19 se ha traducido mal), *JETS* (Revista de la sociedad teológica evangélica) 16 [1973].

[58] R. H. Hiers, "Binding and Loosing: The Matthean Authorizations" (Atar y desatar: Las autorizaciones de Mateo), *JBL* (Revista de literatura bíblica) 104 [1985]: 233-250

Crisóstomo llama a Pedro "la boca de los apóstoles", pero su primacía es cronológica, no jerárquica.[59] Los otros apóstoles compartirán la carga del evangelismo (Hechos 2:4, 14), la persecución (Hechos 5:18), el establecimiento de normas (Hechos 6:2), la doctrina (Hechos 2:42; 8:14; 15:10, 22-28), etc. (Efesios 2:20).

Pedro, como también los otros apóstoles, tienen la autoridad para atar y desatar pecados. El tiempo verbal aquí, como en Mateo 18:18 y Juan 20:23, es en tiempo perfecto – "...todo lo que ustedes aten en la tierra quedará atado en el cielo, y todo lo que desaten en la tierra quedará desatado en el cielo". En otras palabras, Jesús les concede jurisdicción legal a sus delegados. Esta sí que es una verdadera autoridad, poder real, un perdón real declarado a nombre de Dios mismo.[60]

Nuevamente, Jesús hace un llamado al silencio, pero no porque quiera disminuir esta revelación mesiánica poderosa. Esta confesión del Cristo no es muy fuerte, sino muy pronto para que la población en general la acepte. Además, la confesión que Jesús espera no es un reconocimiento popular humano, sino una validación divina a través de su resurrección.

Sección 83
La primera predicción clara de Jesús en cuanto a su muerte
(Mateo 16:21-23; Marcos 8:31-33; Lucas 9:22)

Ya en varias ocasiones Jesús ha aludido a su muerte (Juan 1:29; 2:19; 3:14; Mateo 9:15; 10:38-39; 12:39-40). Los discípulos no captaron la indirecta. Pero ahora que han logrado, en verdad, entender quién es Jesús, él les debe indicar qué es lo que su Mesías hará por ellos.

Mateo 16:21 *con* Marcos 8:31-32 señalan:

²¹Desde entonces comenzó Jesús a advertir a sus discípulos que tenía {el Hijo del hombre^Mr} que ir a Jerusalén y sufrir muchas{y ser rechazado^Mr} cosas a manos de los ancianos, de los jefes de los sacerdotes y de los maestros de la ley, y que era necesario que lo

---

[59] Según Mateo, Pedro fue el primero en ser llamado (4:18-20) y siempre se le nombra primero en el listado de los apóstoles (10:2-4). Gálatas 2:11 lo pone como "columna" de la iglesia junto con Jacobo y Juan.

[60] Stanley Porter, "Vague Verbs, Periphrastics, and Matt 16:19", *FN* 1 (1988): 155-172; y D. Ekem, "Another Look at the Translation of Matthew 16:19", *BT* 55/1 (2004): 119-124.

mataran y que {a los tres días^{Mr}}^{61} al tercer día resucitara. {Habló de esto con toda claridad^{Mr}}

Este acontecimiento marca un punto de cambio en la enseñanza de los doce.^{62} "Desde entonces" Jesús habla abiertamente de su muerte inminente. Dado que los apóstoles, como lo articuló Pedro, entienden perfectamente a Jesús como el Mesías, Jesús debe reajustar la forma de pensar de ellos en cuanto a la naturaleza y obra del Mesías. Ellos esperan un reino terrenal con un ejército humano. Ellos obtendrán un reino espiritual con un ejército celestial. Ellos esperan liberación del yugo romano a través de un rey conquistador. Obtendrán liberación del pecado a través de un Señor resucitado. Es mucho mejor de lo que esperaban, pero tomará tiempo aprender esto. Debe empezar ya con mucho trabajo diligente.

El término "Hijo del hombre" aparece 81 veces en los evangelios, pero siempre con referencia a Jesús y usado así por él mismo. "Hijo de hombre" también aparece mucho en el Antiguo Testamento,^{63} pero no como una expresión de aprecio. Resalta la "humanidad" del hombre; es decir, las limitaciones del cuerpo, el tiempo y la mente (Números 23:19; Job 25:6; Salmos 8:4; 144:3). Es por ello que Daniel 7:13-14 es tan raro:

> Seguí mirando en las visiones nocturnas, y he aquí, con las nubes del cielo venía uno como un *Hijo de Hombre*,que se dirigió al Anciano de Días y fue presentado ante Él. Y le fue dado dominio, gloria y reino, para que todos los pueblos, naciones y lenguas le sirvieran. Su dominio es un dominio eterno que nunca pasará, y su reino uno que no será destruido. (énfasis agregado) *(LBLA)*

---

[61] El uso que Marcos hace de "a" en vez de "al" muy probablemente es una diferencia lingüística insignificante, aunque M. Proctor lo considera como que Marcos pone más énfasis en la muerte que en la resurrección de Jesús; ver "'After Three Days' in Mark 8:31; 9:31; 10:34: Subordinating Jesus' Resurrection in the Second Gospel" *PRS* 30/4 (2003): 399-424.

[62] Solamente aparece esta frase *"apo tote"* en dos otros lugares en el libro de Mateo: En el v. 4:17 indica el comienzo del ministerio de predicar de Jesús, después de su bautismo y la tentación. Y de nuevo en 26:16 indica el intento de Judás de traicionar a Jesús después de recibir treinta monedas de plata. Entonces por medio de esta frase vemos el principio y la conclusión del ministerio de Jesús, igual como el punto culminante en el medio.

[63] "Hijo de hombre" se utiliza cien veces en el Antiguo Testamento, noventa y tres de las cuales las encontramos en Ezequiel. Sirve como título de Ezequiel por medio del cual Dios contrasta su propia deidad con la humanidad de Ezequiel.

Tenemos aquí a éste con "aspecto humano" haciendo aquello que únicamente Dios es capaz de obrar (por ejemplo, viajar entre las nubes del cielo). La mezcla de atributos humanos y divinos es una alusión a la encarnación. Por esta misma razón, Jesús utiliza el título con respecto a él mismo. Él es este "Hijo de hombre" de Daniel 7:13 (RVR, 1960). Pero este título es más que una indicación de los atributos divinos de Jesús. También nos sirve para recordarnos el aspecto "humano" de Jesús. Debido a que Jesús pudo sentir lo que nosotros sentimos — dolor, soledad, traición, tentación, limitaciones — en verdad nos entiende. Dado que se compadece de nuestras debilidades (Hebreos 4:14-16), resulta un intrépido defensor (Romanos 8:31-35).

Tanto Mateo como Marcos señalan la claridad con que Jesús habló. Mateo utiliza una palabra para "explicar" [*deiknymi*] qué significa "señalar, demostrar con evidencia". Marcos señala que Jesús habló de esto "con toda claridad"; es decir, con valor e intrepidez [*parresia*] (8:32). Jesús identifica el lugar (Jerusalén, conocida como la asesina de los profetas: Mateo 23:37), la persecución, (rechazo, ejecución, resurrección), y la gente (Sanedrín), que él está a punto de enfrentar. Los tres grupos mencionados forman el Sanedrín. Los ancianos son los líderes clérigos de la comunidad. Los jefes de los sacerdotes son los "administradores" profesionales del templo, equivalente a los saduceos. Y los escribas son los abogados y maestros de la comunidad, equivalente a los fariseos.

La muerte de Jesús era necesaria [*dei*], no tan sólo en cumplimiento del plan divino, sino para pagar por nuestros pecados.[64] También era el resultado inevitable de la hostilidad creciente por las aseveraciones de Jesús. Como es de suponerse, un asunto de tal importancia está predicho en ambos testamentos.[65] Los líderes judíos jamás sospecharon de la expiación sustituyente, a pesar de tales pasajes como Isaías 53:7-12; Salmos capítulo 22 y Zacarías 13:6-7. Por otro lado, los apóstoles fueron atrapados con la guardia baja, a pesar de que Jesús mismo les predijo que iba a morir (Mateo 12:40; 16:4, 21; 17:11-13, 22; 20:17; 21:33-39; 26:2).

Ahora se podría pensar que los doce, después de la muerte de Jesús, recordarían estas palabras y esperarían una resurrección.

---

[64] Ver los comentarios de Juan 6:48-51 en la sección 76a, en cuanto a la discusión de la expiación substituta de la muerte de Cristo.

[65] Génesis 3:15; Salmos 22:1ss; Isaías 53:7-12; 63:1-6; Zacarías 13:6-7; Mateo 9:15; 10:38-39; 12:39-40 [y Lucas 11:30]; 16:21 [y Lucas 9:22]; 20:18-19 [y Marcos 10:33-34; Lucas 18:31-33]; 26:2; Marcos 8:31; 9:9, 31; 10:38-39; Lucas 2:34; 5:35; 12:50; 17:25; 22:15, 37; Juan 2:19; 3:14; 6:53; 10:11; 12:7, 32-33; 14:19; 15:13; 16:20.

No fue ese el caso. Algunos críticos hasta llegan a señalar que estas predicciones son producto del trabajo editorial décadas después de haberse señalado. En verdad, eso explicaría el porqué los apóstoles no esperan nada. Pero también niega (1) la capacidad de Jesús en predecir el futuro, (2) el poder del Espíritu Santo en recordarles a los evangelistas estas declaraciones y (3) la credibilidad y honestidad de los cuatro autores de los evangelios. El hecho tan simple radica en que los evangelistas insertaron estas predicciones "después del hecho", con todo ya acontecido. Así, estas predicciones no precisamente se alinean con las narraciones de la pasión y no tienen los detalles específicos que pudieron haberse usado para alentar fe en la habilidad de Jesús para predecir acontecimientos específicos absolutos.

Asumiendo que Jesús sí haya hecho estas declaraciones (y sí lo asumimos), ¿cómo podemos explicar la falta de espera por parte de los apóstoles en cuanto a la resurrección? Primero, existen numerosos ejemplos en cuanto a las audiencias de Jesús, incluyendo a los apóstoles, interpretándolo figurativamente cuando él se refería a algo literal y literalmente cuando hablaba de manera figurativa (por ejemplo, Juan 2:19-20; 3:3-4; 6:51-52; 7:34-35; 8:51-52; 11:11-12, 23-24; 14:4-5). Estas palabras fuertes y severas podrían parecerles a ellos como alguna revelación secreta que ellos pasaron por alto como alguna figura retórica de expresión. Segundo, por el simple hecho de que los apóstoles escucharon estas palabras, no quiere decir que se las grabaron. En una ocasión Jesús mencionó su propia muerte, el resto de lo que dijo fue algo confuso. Los doce pudieron haberse grabado las palabras de Jesús en cuanto a su muerte, pero jamás alcanzaron a escuchar y reflexionar en su resurrección hasta después del acontecimiento. Finalmente, el concepto de una resurrección indiviual antes de la resurrección individual antes de la resurrección general de todo el pueblo de Dios era, de veras, radicalmente nueva.[66]

Mateo 16:22-23 *con* Marcos 8:33 señalan:

²²Pedro lo llevó aparte y comenzó a reprenderlo: —¡De ninguna manera, Señor! ¡Esto no te sucederá jamás! ²³Jesús se volvió {miró a sus discípulos[Mr]} y le dijo {reprendió[Mr]} a Pedro: —¡Aléjate de mí, Satanás! Quieres hacerme tropezar; no piensas en las cosas de Dios sino en las de los hombres.

---

[66]El tomo voluminoso de N. T. Wright respecto a la resurrección pone esto de manera clara e implícito: The Resurrection of the Son of God (Minneapolis: Fortress, 1992).

Pedro, todavía un poco molesto por lo que Jesús señaló, lo confronta con los términos más rudos posibles. "¡De ninguna manera, Señor!" [*hileos soi, kyrie*], que literalmente significa: "Dios, sé misericordioso contigo mismo". Pero que se convirtió en: "¡Dios no lo permita!" o "¡Esto no te sucederá jamás!" Carson considera esto una "vehemencia de la versión Septuaginta de la Biblia" (p. 377). El impetuoso Pedro va a tomar al toro por los cuernos antes de que la situación se descontrole. Después de todo, ¡él sabe quién es Jesús... piensa él! Debemos recordar que los motivos de Pedro son puros. Su insensatez la provoca el amor... casi todos los errores más atroces lo son.

Así como la alabanza de Pedro es pública, también lo es su reprimenda. Jesús encara a los doce, les mira a los ojos y le dice (esencialmente) a Pedro: "¡quítate de mi camino!"[67] La palabra "Satanás" significa "adversario". Jesús no necesariamente llamó diablo a Pedro, pero la comparación es clara. En su tentación en el desierto, Satanás le ofreció a Jesús el camino fácil de escape, la ruta rápida a la fama y la fortuna. Pedro le dice lo mismo a Jesús: "¡No tienes que morir, seguro es que no es esa la voluntad de Dios para ti!" Jesús no está rechazando una carrera política como Mesías, sino la forma de lograrlo de manera personal (ver Marcos 10:42-45). No hay más que un solo Dios. Aquel que enfrenta al Maestro cara a cara muy pronto se encontrará de cara al suelo. Nuestro Señor Jesucristo conoce la voluntad de Dios. Si sus palabras suenan extrañas o hasta horribles, es por nuestra miopía o mal entendido, lo cual no es culpa suya.

Pedro, una piedra del fundamento de la iglesia, muy pronto se convierte en la piedra de tropiezo. Aquel que recibió una gran revelación de Dios acerca de la persona de Jesús, ahora está confundido por su propio pensar con la mente del "hombre". Tal vez parte de la atracción de Pedro sea su parecido a nosotros. Este portavoz de los doce resulta frecuentemente típico de la iglesia.

---

[67] Jesús utiliza el mismo verbo en Mateo 4:10 para decirle a Satanás "¡Vete, Satanás!" La implicación en esta ocasión no es que Pedro se deba apartar sino hacerse a un lado.

Sección 84
Algunas implicaciones del discipulado
(Marcos 8:34 – 9:1; Mateo 16:24-28; Lucas 9:23-27)

Marcos 8:34-37 *con* Lucas 9:23 señala:

34Entonces llamó a la multitud y a sus discípulos. —Si alguien quiere ser mi discípulo —les dijo—, que se niegue a sí mismo, lleve su cruz {cada día^{Lk}} y me siga. **35**Porque el que quiera salvar su vida^a, la perderá; pero el que pierda su vida por mi causa y por el evangelio, la salvará. **36**¿De qué sirve ganar el mundo entero si se pierde la vida? **37**¿O qué se puede dar a cambio de la vida?

^{a}35 La palabra griega significa ya sea *vida* o *alma;* también en el v. 36.

A cualquier parte que Jesús va atrae la atención. Es probable que intenta hacer de este viaje un entrenamiento privado para los doce. Pero al igual que su viaje a Tiro y a Sidón (Marcos 7:24), y su viaje a través de Decápolis (Marcos 8:1), las multitudes nuevamente encuentran a Jesús (Marcos 8:34; 9:14).

Marcos 8:34-35 (y Mateo 16:24-25) hacen eco a Mateo 10:38-39 (ver el comentario sobre *Sección 70b*). Al agregar Lucas a llevar la cruz "cada día" presenta ramificaciones significativas. No importando cómo interprete usted los vv. 36 y 37, sigue siendo una mala inversión vender su alma por algo temporal, aunque en el presente sean placeres de la vida.

Marcos 8:38 – 9:1 *con* Mateo 16:27-28 señalan:

38Si alguien se avergüenza de mí y de mis palabras en medio de esta generación adúltera y pecadora, también el Hijo del hombre se avergonzará de él cuando venga en la gloria de su Padre con los santos ángeles {entonces recompensará a cada persona según lo que haya hecho^{Mt}}. **1**Y añadió: —Les aseguro que algunos de los aquí presentes no sufrirán la muerte sin antes haber visto {al Hijo del hombre llegar en su^{Mt}} el reino de Dios llegar con poder.

Marcos 8:38 también nos regresa a Mateo capítulo 10 (vv. 32-33) y específicamente a "la ley justa". Si usted está parado frente a Jesús ahora, usted está parado con él en el juicio. Aunque tiene su precio a pagar, el discipulado es una buena inversión. El v. 38 también alude a Daniel 7:13-14, como ya se citó anteriormente, pero esta vez con énfasis particular en la deidad de Jesús (por ejemplo, su venida con los ángeles, ver Marcos 13:26; 14:62). Lo que Mateo agrega, en cuanto a la recompensa de acuerdo a lo que se haya hecho, no es salvación por obras, sino una evaluación en cuanto a la fe y lo que ésta logra. El Nuevo Testamento constantemente señala el juicio basado en obras (Mateo 25:31-36; Juan 5:28-29; Romanos 2:6-8; 2 Corintios 5:10; 1 Pedro 1:17; Apocalipsis 20:12-13).

La pregunta difícil de este texto es: "¿cuándo llegará el reino?" Algunos de la audiencia de Jesús vivirían para verlo llegar. Algunas opciones se han sugerido:

(1) La transfiguración: el siguiente acontecimiento mencionado es éste (ver 2 Pedro 1:16-18). Sin embargo, este suceso tuvo lugar a tan sólo seis días después. Sería algo extraño mencionar que alguien moriría antes de los seis días siguientes. Podríamos entender que la frase significaba: "en el curso de su vida algunos de ustedes verán la manifestación del reino". Pero la transfiguración, tan gloriosa como lo fue, no necesariamente fue una manifestación del reino, ni tampoco ofreció "recompensas de acuerdo a las obras de cada uno"

(2) Los acontecimientos alrededor de su muerte, sepultura y resurrección de Jesús como ya se han mencionado. Esto también podría incluir la ascensión y el pentecostés. Sin embargo, hasta esos acontecimientos son tan cercanos como para restringir la frase "no sufrirán la muerte " Nuevamente, no tenemos la recompensa en estos acontecimientos.

(3) La destrucción de Jerusalén en el año 70 d.C. Esto concordaría con Mateo 10:23 y de acuerdo con algunos comentaristas con Mateo 24:27, 30. Aunque encaja bien con la frase "no sufrirán la muerte " y por lo menos explica el lado negativo de la recompensa, no parece encajar bien con este contexto que parece implicar la segunda venida (ver 2 Tesalonicenses 1:7). Sin embargo, debido a esto, algunos piensan que Jesús, en verdad, regresó en el año 70 d.C. y nosotros no lo vimos o él continuó con su plan escatológico después de su regreso. Por mucho, esto es cuestionable.

(4) Algunos sugieren que esto se refiere a la segunda venida, pero "algunos de los aquí presentes no sufrirán la muerte" no se refiere a la audiencia inmediata de Jesús, sino a la generación final, herederos de estos discípulos presentes cuando Jesús hablaba. Una teoría alterna, planteada por los radicales, sugieren que Jesús, en vez de referirse a discípulos distantes, equivocadamente creía en su inminente regreso.

(5) Una combinación de dos o tres de los anteriores puntos. Esto puede sonar "indeciso", pero considerando la naturaleza del reino como llega en etapas, es posible que esto haya sido lo que Jesús tenía en mente.

(6) Otra posibilidad intrigante es que la promesa de Jesús, como muchas promesas del Antiguo Testamento, fuera condicional. Si esto fuera verdad, entonces la tardanza de la segunda venida de Cristo es consecuencia de nuestra desobediencia opuesto al tiempo cuando Dios así lo dispuso. Después de todo, esto fue lo que precisamente sucedió con la salida de Egipto.

Sección 85
La transfiguración
(Mateo 17:1-8; Marcos 9:2-8; Lucas 9:28-36)

La transfiguración fue el pináculo del ministerio terrenal de Jesús.[68] Es, como lo señala Liefeld, "el acontecimiento más significativo entre su nacimiento y su pasión" (p. 925). Jesús jamás estuvo más cerca de su divinidad antes de la resurrección. Además, la transfiguración es un microcosmos del evangelio. Como lo sugiere Caird, "una explicación satisfactoria de la transfiguración tiene que tratar debidamente su conexión con el bautismo, Cesarea de Filipo, Getsemaní, la crucifixión, la resurrección, la ascensión y la segunda venida".[69]

Los tres temas de la cita anterior se manifiestan aquí pero a la inversa: (a) La identidad de Jesús como el Mesías, (b) la predicción de la pasión de Jesús y (c) su gloria por venir. Este acontecimiento fue indeleblemente grabado en la mente de Pedro quien lo recuenta posteriormente como evidencia de la divinidad de Jesús (2 Pedro 1:16-18).

---

[68] Una gran cantidad de eruditos de la crítica de la Fuente han sugerido que la transfiguración es una narración de la resurrección pero fuera de lugar y radicalmente alterada. Como lo muestra Stein, esa teoría no se puede sostener; ver R. H. Stein, "Is the Transfiguration [Mk 9:2-8] A Misplaced Resurrection-Account?" (¿Es la transfiguración [Marcos 9:2-8] una narración de la resurrección fuera de lugar?) *JBL* (Revista de literatura bíblica) 95 [1976]: 76-96.

[69] G. B. Caird, "The Transfiguration" (La transfiguración), *ExpT* (Tiempos de exposición) 67 [1955-56]: 292.

Lucas 9:28 *con* Mateo 17:1, Marcos 9:2 señalan:

²⁸Unos ocho {seis^(Mt,Mr)} días después de decir esto, Jesús, acompañado de Pedro, Juan y Jacobo, subió a una montaña {alta^(Mt,Mr)} a orar {donde estaban solos^(Mr)}.

Como una semana[70] después de la gran confesión de Pedro, el "círculo cerrado de los tres" (ver Marcos 5:37; 9:2; 13:3; 14:33) fueron tomados aparte para esta revelación grandiosa. Lucas tiene sumo cuidado al conectar la revelación que Jesús hizo de él de hace apenas una semana (9:22-27) con la transfiguración que está a punto de suceder. Las dos deben permanecer juntas. Como muchos cristianos modernos, los discípulos han crecido creyendo en el triunfalismo — el Mesías vendrá y conquistará. La verdad es que muchas veces el sufrimiento es un requisito previo o hasta el pasaje a la victoria. Jesús no evitará la muerte, sino que conquistará mediante su muerte. Entonces, la transfiguración es un recordatorio de la gloria futura de Jesús, en un tiempo cuando los discípulos estaban desanimados por el sufrimiento inminente de Jesús.

La ubicación tradicional de la transfiguración es el monte Tabor (643 metros de altura), que casi no se puede considerar como una montaña alta. Hay información de que los romanos construyeron allí una fortaleza tan sólo unos cuantos años más tarde (Josefo, *War II*, 20.6), que es posible que también existiera en este tiempo. Más recientemente, los eruditos han dirigido su mirada al monte Hermón (3,000 metros de altura) como el sitio. Sin embargo, existen algunas preguntas en cuanto a si Jesús y los tres tuvieron las suficientes energías para escalar hasta la cima del Hermón o pasaron la noche en las gélidas faldas del mismo (ver Lucas 9:37). Además, Liefeld nota que su regreso del monte Hermón no pudo haber sido "por Galilea" (Marcos 9:30). Pero el texto no tiene ninguna información que sugiera que ellos escalaron hasta la cima. Una seria objeción aún sería que cuando Jesús y compañía bajan, encuentran una gran multitud incluyendo a los maestros de la ley (Marcos 9:14). Esto no parece algo de esperarse en un territorio gentil de retiro y apartado. Por ello, el monte Mirón (a una altura de 1,300 metros) parece

---

[70] La diferencia entre los "seis días" de Mateo y Marcos y los "ocho días" de Lucas resulta insignificante. Ambos se refieren a un período como de una semana. También puede hacer alusión al período de tiempo que Moisés esperó en el monte Sinaí para que recibiese la ley (Éxodo 24:15-16). Además, "seis días" en la literatura semita se usaba como recurso que llevaba al clímax en el séptimo día (F. R. McCurley, "'And After Six Days' [Mk 9:2]: A semitic Literary Device" (Y después de seis días' [Marcos 9:2]: Un recurso literario semita), *JBL* [Diario de literatura bíblica] 93 [1974]: 67-81). Así, Mateo y Marcos envían una señal a sus lectores para que anticipen algo grande e importante.

algo más aceptable. Es la montaña más alta de Palestina, ubicada al noroeste de Capernaúm. En su cima había privacidad y los escribas permanecían al pie del monte. Y cuando regresaran a Capernaúm, en verdad, pasarían "por Galilea".

Al igual que en Getsemaní, esta privacidad con los tres creaba el ambiente propicio para la oración. No se nos informa a qué hora sucedió esto, pero por la noche ya avanzada explicaría varias cosas: (1) El tiempo que les tomó subir a la montaña, (2) por qué están solos, (3) por qué los discípulos están cansados, (4) la extraordinaria brillantez de la luz y (5) por qué pasaron la noche en la montaña. Si este es el caso, entonces podemos ver a los cuatro orando y uno a uno se quedan dormidos hasta que únicamente queda alerta Jesús.

Lucas 9:29-32 *con* Mateo 17:2, Marcos 9:2-3 señalan:

> ²⁹Mientras oraba, {allí se transfiguró en presencia de ellos^{Mt,Mr}} su rostro {resplandeció como el sol^{Mt}}se transformó, y su ropa se tornó blanca y radiante {blanca como la luz^{Mt}} {se volvió de un blanco resplandeciente como nadie en el mundo podía blanquearla^{Mr}}. ³⁰Y aparecieron dos personajes –Moisés y Elías– que conversaban con Jesús. ³¹Tenían un aspecto glorioso, y hablaban de la partida^a de Jesús, que él estaba por llevar a cabo en Jerusalén. ³²Pedro y sus compañeros estaban rendidos de sueño, pero cuando se despabilaron, vieron su gloria y a los dos personajes que estaban con él.
>
> *ª31 de la partida.* Lit. *del éxodo.*

Nos imaginamos a Jesús orando muy avanzada la noche (ver Marcos 1:35, Lucas 5:16; 6:12; 22:44-46), mientras sus mejores amigos duermen. Su apariencia cambia. Es decir, pasa por una transformación radical [*metamorphaō*, ver Romanos 12:2; 2 Corintios 3:18]. Cada uno de los sinópticos utiliza distintas descripciones, pero los tres indican que sus ropas y su rostro se tornan blancos como la luz. Moisés tuvo una experiencia similar al bajar del monte Sinaí (Éxodo 34:29; 2 Corintios 3:7).

Aparecen Moisés y Elías conversando con Jesús. Ambos están fuertemente relacionados a los milagros y a la espera del Mesías. Moisés, el profeta ideal (Deuteronomio 18:16-18), representa a toda la ley. Elías, el precursor del Mesías (Malaquías 4:4-6), representa a todos los profetas. Jesús reúne a ambos, el cumplimiento del pasado de Israel y la esperanza de su futuro. Además, ambos hombres tuvieron un final raro. Moisés fue enterrado por Dios mismo[71] (Deuteronomio 34:1-6); Elías fue llevado en un torbellino (2º Reyes 2:11). Más aún, tanto Moisés como Elías fueron rechazados por su propia gente, pero Dios los respaldó. La transfiguración, presentada entre dos predicciones de la pasión, muestra que Jesús pasará por lo mismo.[72]

El enfoque de su discusión es la partida de Jesús [exodos]. Obviamente esto tiene relación tipológica con la liberación de Israel de la esclavitud egipcia por medio de Moises, particularmente el cordero de la pascua. La última pascua de Jesús está como a siete o nueve meses adelante. Además de cumplir con la pascua, Jesús cumplirá con la ley (Mateo 5:17; Romanos 10:4; Colosenses 2:14). Al igual que Moisés, Jesús instituirá una nueva ley y una nueva nación (Romanos 13:10; Gálatas 6:2; Santiago 2:8; 1 Juan 3:23-24).

Es posible que sea su conversación o la luz lo que despierta a los apóstoles.[73] No hay duda que se pellizcan unos a otros para asegurarse de que no estaban soñando. No tenemos ninguna señal que nos indique como supo Pedro que se trataba de Moisés y de Elías. Solamente podemos asumir que en la conversación se llamaron por nombre o que hicieron referencia a sus respectivos ministerios particulares y cómo se relacionaban con Jesús.

Mateo 17:4-8 *con* Lucas 9:33-35, Marcos 9:5-8 señalan:

{Mientras éstos se apartaban de Jesús[Lc]} ⁴Pedro le dijo a Jesús {Rabí[Mr]} {Maestro[Lc]}: —Señor, ¡qué bien que estemos aquí! Si quieres, {Podemos[Mr,Lc]} levantaré tres albergues: uno para ti, otro para Moisés y otro para Elías. {No sabía qué decir, porque todos estaban asustados[Mr]}

⁵Mientras estaba aún hablando, apareció una nube luminosa que los envolvió, de la cual salió una voz que dijo: «Éste es mi Hijo amado {mi escogido[Lc]}; estoy muy complacido con él. ¡Escúchenlo!»

⁶Al oír esto, los discípulos se postraron sobre su rostro, aterrorizados. ⁷Pero Jesús se acercó a ellos y los tocó. —Levántense —les dijo—. No tengan miedo. ⁸{De repente[Mr]} Cuando alzaron la vista, no vieron a nadie más que a Jesús.

---

[71] Basados en *Assumption of Moses* (La asunción de Moisés), escrito en el período intertestamentario, muchos judíos pensaban que Moisés realmente no murió.

[72] M. Pamment, "Moses and Elijah in the Story of the Transfiguration" (Moisés y Elías en la historia de la transfiguración), *ExpT* (Tiempos de exposición) 92 [1980-81]: 338-339.

[73] Del griego no podemos precisar si estaban completamente dormidos o simplemente "dormitando". Sin embargo, la visión los despertó totalmente. Además, si esta narración hubiese sido una invención o leyenda no habría sido posible que se pusiera a los apóstoles como adormecidos.

Mientras los hombres se retiran, Pedro, en su forma clásica, intenta mantener este momento dorado. Le sugiere a Jesús[74] que edifiquen tres "albergues" o "enramadas", algo parecido a un techo de una parada del transporte público. Sería una reminiscencia de los cuarenta años de peregrinar por el desierto. Es una mala sugerencia basada en el temor (Marcos 9:6). No tan sólo ignoraría eso la supremacía de Jesús, sino que prolongaría el momento, obstaculizando el progreso de la misión de Jesús. Pedro prácticamente comete el mismo error que acaba de hacer una semana antes cerca de Cesarea de Filipo. En ese momento Jesús lo reprendió. En este instante lo reprenderá el Padre.

A Pedro lo interrumpe una nube y una voz. La nube cumple con su propósito inmediato, para ocultar y tal vez para transportar a Moisés y a Elías. Puede que hasta sea simbólico de (a) la nube que guiaba a los israelitas durante el día (Éxodo 13:21-22), (b) la presencia de Dios en su inmensa gloria "Shekinah"[75] (Éxodo 19:16) y (c) la venida futura del Hijo del hombre (Daniel 7:13; Marcos 14:62; 1 Tesalonicenses 4:17). Entonces se escucha la voz de Dios, repitiendo exactamente lo mismo que dijo en el bautismo de Jesús (Mateo 3:17; también ver Juan 12:28), agregándole lo siguiente: "¡Escúchenlo!". Es posible que ambos pasajes estén basados en Salmos 2:7 e Isaías 42:1. "¡Escúchenlo!" es un imperativo en plural. Así que, Dios no se está dirigiendo únicamente a Pedro. El mensaje es claro: Jesús es superior a Moisés y a Elías.

Pedro y Juan responden de la única manera que se respondería a una "Cristofanía" (es decir, una aparición del Cristo no encarnado). Caen rostro en tierra (ver Ezequiel 1:28; Daniel 8:17; Apocalipsis 1:17). Jesús responde con una extraña mezcla de humanidad y divinidad. La humanidad de Jesús baja y los alcanza tocándolos. Su divinidad profirió las palabras tan comunes de los mensajeros angélicos: "No tengan miedo".

Cuando ellos levantan la mirada desde el polvo, todo ha vuelto a la normalidad. Tanto Moisés como Elías y la nube se han ido. Únicamente está Jesús allí parado, toda la gloria se ha ido, excepto por tal vez una sonrisa brillante y el destello de sus ojos.

---

[74]Cada uno de los sinópticos utiliza un título distinto para Jesús, pero con el mismo significado. Es posible que el uso de "Rabí" que hace Marcos sea el original ya que pudo haber salido del mismo Pedro.

[75]La palabra griega *episkiazō* ("eclipsar") fue la palabra utilizada para traducir del hebreo "Shekinah" en la versión Septuaginta en Éxodo 40:35 (Liefeld, p. 928). Así, la sugerida conexión es sumamente fuerte.

Sección 86
Discusión en cuanto a la venida de Elías
(Mateo 17:9-13; Marcos 9:9-13; Lucas 9:36)

⁹Mientras bajaban de la montaña, Jesús les encargó: {les ordenó^{Mt}} —No le cuenten a nadie lo que han visto hasta que el Hijo del hombre resucite. {Guardaron el secreto^{Mr}} {y por algún tiempo a nadie contaron nada de lo que habían visto.Lc} {pero discutían entre ellos qué significaría eso de «levantarse de entre los muertos».^{Mr}}

¹⁰Entonces los discípulos le preguntaron a Jesús: —¿Por qué dicen los maestros de la ley que Elías tiene que venir primero?

¹¹—Sin duda Elías viene, y restaurará todas las cosas —respondió Jesús—. ¹²Pero les digo que Elías ya vino, y no lo reconocieron sino que hicieron con él todo lo que quisieron. {Pero entonces, ¿cómo es que está escrito que el Hijo del hombre tiene que sufrir mucho y ser rechazado?^{Mr}} De la misma manera va a sufrir el Hijo del hombre a manos de ellos. ¹³Entonces entendieron los discípulos que les estaba hablando de Juan el Bautista.

Esta es la última vez que Jesús pide guardar silencio.⁷⁶ Pero esta vez Jesús pone algunos parámetros a su mandato: "Hasta que el Hijo del hombre sea levantado de entre los muertos". Llegará el tiempo cuando ellos pueden hablar sin callar. Sin embargo, será hasta "cuando ya todo se haya cumplido" y cuando las multitudes estén debidamente preparadas para recibir la noticia. Sin embargo, va a ser muy difícil guardar este secreto tan especial. Esto es precisamente lo que deben saber los otros nueve. Además, muy pronto ellos se encontrarán discutiendo acaloradamente sobre quién es el mayor (*Sección 90*). Tal orden de guardar silencio será muy difícil mantener y obedecer. Los tres del círculo central deben sujetarse al mandato. Aparentemente lo logran. Y hasta donde podemos determinar, son los únicos que siempre obedecen a Jesús en cuanto a mantenerse callados.

Los discípulos siguen sin comprender a qué se refiere Jesús con "levantarse de entre los muertos". Y no tienen el valor para preguntar. Tal vez temen la respuesta que les dará. Tal vez tengan miedo a sonar muy tontos. Lo que sí sabemos es que no podían imaginarse una muerte literal de Jesús. Para ellos, un Mesías

---

⁷⁶Ver Mateo 8:4; 9:30; 12:16; 16:20; 17:9; Marcos 1:44; 3:12; 5:43; 7:36; 8:26, 30; 9:9; Lucas 8:56; 9:21. Esto incluye ocho incidentes distintos (ver las *Secciones 45, 52, 67, 68, 79a, 81b, 82 y 86*) de las cuales únicamente la *Sección 68* no aparece en Marcos. En cuando a la discusión del mandato a permanecer callado, ver las notas de la *Sección 52*

sufriente es algo inaceptable.⁷⁷ Tal vez piensen: "levantarse de entre los muertos" quiere decir: (a) Que Jesús recuperaría su popularidad perdida. (b) Que Jesús evitaría los planes de los judíos de matarlo. O, (c) las multitudes al pie de la montaña podrían asumir que Jesús estaba muerto, como lo supusieron los israelitas al pie del monte Sinaí. Así, cuando reapareciera inauguraría su reino.

Todavía más confuso que "levantarse de entre los muertos" era esto referente a la "venida de Elías". Basado en Malaquías 4:5-6, los escribas enseñaban que Elías vendría como precursor del Mesías.⁷⁸ Eso era correcto. Pero Jesús dijo que esta profecía se cumplió figurativamente en Juan, no que Elías la cumpliría literalmente. Los tres siguen sin entender, aunque Jesús fue claro en señalarlo (Mateo 11:14; ver Lucas 1:17). En ocasiones nos toma hasta dos o tres veces de repetición o una explicación en otras palabras para entender un concepto difícil.

Si Juan es el Elías de Malaquías 4:5-6, ¿cómo le hizo para "reconciliar a los padres con sus hijos y los hijos con sus padres?" En la mente judía, esto no se ve tanto en la relación familiar como en relaciones de los antepasados. Es decir, muchos judíos que escucharon a Juan se arrepintieron y recordaron el camino de sus antepasados y así se prepararon para recibir al Mesías. Pero quién no puede negar el hecho de que la gran mayoría de los judíos no estaban preparados para aceptar a Jesús como el Mesías. (Es por ello que, de hecho, Jesús ahora está en un lugar apartado con los doce, ordenándoles que guarden silencio). Así, somos forzados a admitir que la misión de Juan como preparador del camino para el Mesías, en general, falló, aunque no fue su culpa. Regresando a Malaquías 4:5-6, encontramos esa posibilidad predicha en el texto: "Él hará que los padres se reconcilien con sus hijos y los hijos con sus padres, y así no vendré a herir la tierra con destrucción total". Juan cumplió con su

---

⁷⁷Los únicos textos antiguos que hacían referencia a un Mesías sufriente son Zacarías 12:10; 2 Esdras 7:29 (muere en batalla); y siglos después de Jesús, b. *Sukkah* 52ª, que se aplica al Mesías en Zacarías 12:10.

⁷⁸Debido a que Elías no murió de manera oficial, los judíos esperaban que él regresase a la tierra. A pesar de que esta espera de que Elías viniese antes del Mesías estaba respaldada en los evangelios (ver Juan 1:19-21), no obraba respaldada en la literatura judía antes de b. *Erubin* 43a-b en el tercer siglo; ver M. Faierstein, "Why Do the Scribes Say That Elijah Must Come First?" *JBL* 100/1 (1981): 75-86. Hasta el día de hoy algunos eruditos en Biblia aseguran que Elías regresará como uno de los dos testigos (Apocalipsis 11:3-6) justo antes de la segunda venida del Cristo. Ver C. Blomber, "Elijah, Election and the Use of Malachi in the New Testament" (Elías, elección y el uso de Malaquías en el Nuevo Testamento), *CTR* (Repaso teológico Criswel) 2 [1987]: 100-108.

parte, pero la gente falló al no cumplir con la suya. Como resultado, sufrirían la maldición de Dios en su tierra (ver Mateo capítulo 24).

Además, el hecho de que Juan fuese Elías y Jesús fuese el Mesías, no los libraba del sufrimiento. Jesús dijo que tal sufrimiento hasta estaba predicho (Marcos 9:12). Presumimos que él hablaba de Isaías capítulo 53. Así, Jesús contesta la pregunta en cuanto a Juan. Él es Elías (figurativamente), y por su rechazo, las Escrituras sugieren la posibilidad de una misión sin "éxito" al cien por ciento. Jesús también les contesta su pregunta velada. No se pueden imaginar a un Jesús sufriente. Como Jesús lo ha mostrado, tuvieron un precursor sufriente. ¿Por qué esperar menos del Mesías? Si el precursor fue rechazado y asesinado, ¿cuánto más el Mesías?

Sección 87
Sanidad del muchacho endemoniado
(Mateo 17:14-20; Marcos 9:14-29; Lucas 9:37-43)

Esta sección podría tener el encabezado "de lo divino a lo mundano". Jesús y los tres acaban de tener la experiencia espiritual más maravillosa de sus vidas. Luego, al bajar de la montaña, Jesús es confrontado por la multitud incrédula y pendenciera y sus incapaces apóstoles. Esto es un recordatorio poderoso de que vivimos en un mundo real, lleno de incredulidad, inmadurez y disputas. Sin embargo, este es el mundo que necesita se le comparta la experiencia divina. Es aquí donde se necesita la religión, no allá en lo alto de la montaña.

Marcos 9:14-16 *con* Lucas 9:37 afirman:

{Al día siguiente, cuando bajaron de la montaña^{Lc}} ^{14}Cuando llegaron adonde estaban los otros discípulos, vieron^a que a su alrededor había mucha gente y que los maestros de la ley discutían con ellos. ^{15}Tan pronto como la gente vio a Jesús, todos se sorprendieron y corrieron a saludarlo.
^{16}—¿Qué están discutiendo con ellos? —les preguntó.

^{a}*14 Cuado llegaron . . . vieron. Var. Cuando llegó . . . vio.*

Al ir bajando de la montaña, Jesús empieza a escuchar el alboroto de las multitudes pendencieras. La riña es alimentada por los escribas los cuales siempre esperan a que Jesús diga o haga algo ofensivo. Mientras Jesús está lejos, encuentran la oportunidad para desacreditar a los nueve discípulos restantes por fallar en un exorcismo sencillo. No se nos dan los puntos específicos de la disputa, pero es seguro que se centraba en la imposibilidad de los discípulos para expulsar demonios y en la relación de Jesús con el mundo espiritual (ver Mateo 9:34; 12:22-37; Marcos 3:20-30).

La gente se sorprende de ver a Jesús llegar "justo a tiempo". Algunos señalan que lo que los sorprende es la radiación de la luz en el rostro de Jesús (ver a Moisés en Éxodo 34:29-35). Pero eso no encaja con el silencio que Jesús ordena se guarde en cuanto a lo que pasó en la montaña. Lo más aceptable es que esto se refiera a que la gente es la que es sorprendida como a un niño con las manos en la masa. Los escribas se dan cuenta que su "fanfarroneo" está a punto de llegar a un final prematuro y abrupto. Los nueve se percatan de que fueron sorprendidos "en una posición embarazosa", habiendo fallado en algo tan básico. ¡Las multitudes están seguras que Jesús puede hacer aquello en lo que sus discípulos fallaron y saben que llegó la hora del "espectáculo"!

La pregunta de Jesús "¿Qué están discutiendo con ellos?" es recibida en absoluto silencio por todos los presentes. El pobre padre, el único que no tiene vergüenza, rompe el silencio. Se arrodilla a los pies de Jesús, no tanto para adorarlo sino para suplicar. Su petición es simple, pero llena de pasión. Después de todo, este es su único hijo (como Jairo y la viuda de Naín).

Marcos 9:17-19 *con* Mateo 17:14-17, Lucas 9:38-41 señalan:

> ^{17}—Maestro —respondió un hombre de entre la multitud {un hombre se acercó a Jesús y se arrodilló delante de él^{Mt}} {exclamó^{Lc}} {—Señor, ten compasión de mi hijo.^{Mt}}—, te he traído a mi hijo {pues es el único que tengo.^{Lc}} {Le dan ataques y sufre terriblemente.^{Mt}}, pues está poseído por un espíritu que le ha quitado el habla. ^{18}Cada vez que se apodera de él, {se pone a gritar^{Lc}} lo derriba {lo sacude con violencia^{Lc}}. Echa espumarajos, cruje los dientes y se queda rígido. {Lo atormenta, a duras penas lo suelta.^{Lc}} Les pedí a tus discípulos que expulsaran al espíritu {pero no pudieron sanarlo^{Mt}}, pero no lo lograron.
> ^{19}—¡Ah, generación incrédula {y perversa$^{Mt,\ Lc}$}! —respondió Jesús—. ¿Hasta cuándo tendré que estar con ustedes? ¿Hasta cuándo tendré que soportarlos? Tráiganme al muchacho.

La descripción de este muchacho es patética. Mateo identifica su mal como epilepsia [griego *seleniazō*].^{79} Resulta interesante que

---

^{79}En la traducción en la versión Reina-Valera 1960 la palabra "lunático" no es fiel y provoca

Lucas, el médico, pasa por alto cualquier descripción médica para tratar el asunto en cuestión — la posesión demoníaca. Sus problemas físicos, inducidos por el demonio, incluían los siguientes:

1. Mudez — excepto por ocasionarle esporádicos gritos.
2. Ataques — que lo derriban, al agua y al fuego.
3. Pérdida de control bucal — incluyendo espumarajos por la boca y rechinar de dientes.
4. Rigidez — La palabra [*xerainō*] indica más propiamente "sequedad" o "deshidratación". Probablemente sin indicar "rigidez" (por ejemplo, calambres musculares), sino "debilidad" (por ejemplo, atrofia).

Resulta común que los demonios ataquen el cuerpo de una persona a través de las enfermedades.[80] Es por ello que en ocasiones se dice del exorcismo que es una sanidad (ver Mateo 15:28; 17:16, 18; Marcos 9:18; también Lucas 9:42). Tal vez, es por ello que la posesión demoníaca con frecuencia se la incluye en el listado de males que Jesús curó (Mateo 4:24; 8:16; 10:8; Marcos 1:32-34, 39; Lucas 4:41; 13:32). Con esto no queremos decir que toda enfermedad tenga que ver siempre con algún demonio o que haya demonios especializados en ciertas enfermedades. Los evangelios claramente diferencian entre demonios y enfermedades. Sin embargo, parte de la naturaleza de los demonios es la destrucción (por ejemplo, los puercos en Genesaret). Al parecer, entonces, mientras puedan, los demonios atacan y destruyen los cuerpos que poseen y agobian.

Los apóstoles no pudieron expulsar este demonio. Para este momento ya debieron haber sido maestros en ello (Marcos 3:15; 6:13). Esa es parte de la decepción de Jesús cuando él externa su disgusto: "¡Ah, generación perversa e incrédula . . . !" (una reminiscencia de Deuteronomio 32:5, 20). Una vez que bajó de la transfiguración en la montaña, inmediatamente es confrontado con el despreciable celo de los escribas, las multitudes curiosas y amantes de las disputas y la impotente fe de sus seguidores más cercanos. Ahora, hasta sus apóstoles comparten esta falta de fe como resultado de su sociedad pecadora (ver Mateo 11:16; 12:39). En breve, la montaña le causó a

---

errores. Aunque la idea de que la luna influía está presente en ambas palabras (griego *selēnē*, latín luna), estos conceptos no presentan ninguna otra relación entre ellas.

[80] De las seis descripciones en cuanto a Jesús expulsando demonios (**Secciones 42, 61, 66, 68, 78 y 87**), tres de ellas claramente indican un mal físico (ceguera, sordo/mudo y epilepsia) y una sugiere algún tipo de enfermedad (Mateo 15:22; Marcos 7:30). También observe Lucas 13:11 para ver un malestar inducido por el espíritu y sin posesión demoníaca.

Jesús que extrañara su hogar y el valle le recuerda qué tanto le faltaba por hacer.

Marcos 9:20-24 con Lucas 9:42 señalan:

²⁰Así que se lo llevaron. Tan pronto como vio a Jesús, el espíritu {demonio^Lc} sacudió de tal modo al muchacho que éste cayó al suelo y comenzó a revolcarse echando espumarajos.
²¹—¿Cuánto tiempo hace que le pasa esto? —le preguntó Jesús al padre.
—Desde que era niño —contestó—. ²²Muchas veces lo ha echado al fuego y al agua para matarlo. Si puedes hacer algo, ten compasión de nosotros y ayúdanos.
²³—¿Cómo que si puedo? Para el que cree, todo es posible.
²⁴—¡Sí creo! —exclamó de inmediato el padre del muchacho—. ¡Ayúdame en mi poca fe!

El demonio sabe que en unos instantes tendrá que salir de su morada. Así que actúa sobre el muchacho por última vez, derribándolo al suelo. En otros momentos ha causado mucho más daño, al tratar de ahogarlo o quemarlo. El cuadro de este perturbado padre es en verdad patético. Eso puede resultar en parte de su error al traerle el problema y dejarlo a los pies de Jesús en vez de en sus propias manos. Sus acciones hablan de fe, pero sus palabras resuenan con dudas: "Si puedes...".

Tenemos frente a nosotros uno de esos pasajes donde la inflexión vocal determina el significado. Cuando Jesús responde, cuestiona: "¿Cómo que si PUEDO?", queriendo decir "¿Dudas de mi capacidad?" O quiere decir, "¿Cómo que si PUEDO?", queriendo decir "¡Puedo hacerlo. Pero la verdadera pregunta es si tú tienes la suficiente fe para recibirlo!" Tenemos frente a nosotros otro caso donde la sanidad depende de la fe del beneficiado.[81] La súplica de este hombre hace eco en el corazón de cada cristiano. ¿Quién no la ha sentido alguna vez? "¡Sí creo... ayúdame en mi poca fe!" Para poder acudir a Jesús necesitamos tener algo de fe. Pero a veces es insuficiente y débil para la tarea frente a nosotros. Necesitamos que Jesús renueve nuestros corazones y supla la fe que nos falta.

---

[81] La fe resulta esencial para recibir la sanidad o hasta para recibir una respuesta a la oración (Mateo 9:22; 21:22; Marcos 6:5-6; 10:52; Lucas 7:36-50; 17:19; Hechos 14:8-9; Santiago 1:6-8) Sin embargo, en otros momentos es la fe de un amigo o de un miembro de la familia que trae sanidad a un ser querido (Mateo 8:5-13; 15:28; Marcos 2:5; 9:22-24; Lucas 8:40-42, 49-56; Santiago 5:15). Y en ocasiones la sanidad está completamente dependiente de la fe del sanador, no del sanado (Lucas 7:11-16; 8:26-33; Juan 5:1-9; 11; Hechos 3:1-8; 9:36-43; 20:1-12).

Marcos 9:25-29 *con* Mateo 17:18, 20, Lucas 9:42-43 señalan:

²⁵Al ver Jesús que se agolpaba mucha gente, reprendió al espíritu maligno. —Espíritu sordo y mudo —dijo—, te mando que salgas y que jamás vuelvas a entrar en él. ²⁶El espíritu, dando un alarido y sacudiendo violentamente al muchacho, salió de él. Éste quedó como muerto, tanto que muchos decían: «Ya se murió.» ²⁷Pero Jesús lo tomó de la mano y lo levantó, y el muchacho se puso de pie. {y éste quedó sano desde aquel momento^Mt} {y se lo devolvió al padre. Y todos se quedaron asombrados de la grandeza de Dios.^Lc}

²⁸Cuando Jesús entró en casa, sus discípulos le preguntaron en privado: —¿Por qué nosotros no pudimos expulsarlo?

²⁹{—Porque ustedes tienen tan poca fe —les respondió—. Les aseguro que si tienen fe tan pequeña como un grano de mostaza, podrán decirle a esta montaña: "Trasládate de aquí para allá", y se trasladará. Para ustedes nada será imposible.^Mt}—Esta clase de demonios sólo puede ser expulsada a fuerza de oración^a —respondió Jesús.

ᵃ29 oración. Var. oración y ayuno.

Ya se ha reunido una multitud alrededor de Jesús. Más gente acude desde sus negocios y del mercado. Las multitudes tienden a reproducirse. Al tiempo que la cantidad de gente aumenta con ojos saltones y cuellos torcidos, Jesús quiere cerrar este suceso antes de que cause más conmoción. Jesús identifica al espíritu por lo que causa y le ordena salir. El demonio no tiene otra alternativa más que obedecer. Las multitudes se sorprenden del poder de Dios. El argumento iniciado por los escribas es obvio que ha finalizado. Asumimos que ellos se han mezclado entre la gente con sus colas entre las patas.

Los escribas no son los únicos perdedores este día. Los nueve apóstoles han quedado muy mal. Pudiéramos pensar que los otros tres estaban en una mejor posición, pero también ellos recibieron unas cuantas nalgadas en la montaña. No tan sólo no pudieron contestar unas simples preguntas en cuanto a la muerte de Jesús y en cuanto a Elías, sino que hasta la voz celestial tuvo que regañarlos.[82]

En lo privado de una casa (ver Mateo 13:36; 15:12) están ansiosos por preguntar: "¿Qué se hizo mal? ¿Por qué nosotros no pudimos expulsar al demonio?" ¿Se debió a algún error metodológico? ¿Tenían ellos que identificar la naturaleza del demonio como lo hizo Jesús? ¿Era un demonio tan especialmente difícil que requería de una

---

[82] Carson (p. 390) resalta que "las fallas de los discípulos son un tema recurrente por toda esta sección (Mateo 14:16-21, 26-27, 28-31; 15:16, 23, 33; 16:5, 22; 17:4, 10-11)".

lucha extra? ¿Había alguna encantación utilizando el nombre de Jesús que podía ayudar? ¡NO! Su problema no fue la metodología. Fue la falta de fe. Podríamos asumir que la ausencia de Jesús, aunado tal vez a su confianza en sí mismos, causó que los discípulos se debilitaran en su fe. Hasta la fe más mínima ("la semilla de mostaza" era una parábola sobre la pequeñez) se sobrepondría a un problema de gran magnitud (por ejemplo, "las montañas"). Jesús habló de manera figurativa en este caso. Mover montañas resultaría en un gran truco, pero no uno muy productivo. Así, nadie lo hizo, incluyendo a Dios mismo. Pero a la sombra de la montaña de la transfiguración sus palabras tendrían un gran impacto visual.

La promesa de Jesús: "Para ustedes nada será imposible" no es algo absoluto. No es como la lámpara de Aladino. Está limitado por los parámetros del contexto. Se debe determinar por (1) lo que Jesús nos ha autorizado a hacer y (2) por otros pasajes con las mismas declaraciones (por ejemplo, 1 Corintios 6:12; Filipenses 4:12-13).

Lo que pudo haber ayudado a los nueve fue la oración,[83] no como parte del ejercicio o rito de expulsión, sino como práctica regular en preparación de una lucha espiritual. En otras palabras, Jesús no los impulsaba a orar para expulsar demonios sino a orar como discípulos de él. Muchos cristianos fallan en la lucha espiritual, no por desconocer el armamento o las tácticas de guerra, sino porque están obesos, flojos e indisciplinados.

Sección 88
Segunda predicción de la pasión de Cristo
(Marcos 9:30-32; Mateo 17:22-23; Lucas 9:43-45)

[Ver *Secciones 83 y 86*]

> [30]Dejaron aquel lugar y pasaron por Galilea. Pero Jesús no quería que nadie lo supiera, [31]porque estaba instruyendo a sus discípulos. Les decía: «El Hijo del hombre va a ser entregado en manos de los hombres. Lo matarán, y a los tres días de muerto resucitará.» [32]Pero ellos no entendían lo que quería decir con esto {les estaba encubierto para que no lo comprendieran[Lc]}, y no se atrevían a preguntárselo. {Y los discípulos se entristecieron mucho.[Mt]}

---

[83]La inclusión de "ayuno" puede ser un agregado del escribano. Tiene un testimonio de manuscritos tardíos. Y Jesús señaló que los discípulos no ayunarían sino hasta después de la muerte de él (Mateo 9:15). La inclinación de la iglesia primitiva en cuanto al ayuno posiblemente es el ímpetu para incluirlo en esta ocasión.

El efecto dramático que tuvo la sanidad del muchacho endemoniado hace difícil que Jesús continúe el entrenamiento en privado de los doce. La presencia de los escribas hace peor la situación. Ellos se van a Capernaúm, presumiblemente a la casa de Pedro, donde por lo menos pueden cerrar la puerta detrás de ellos. Este es un tiempo crítico para los apóstoles. Jesús ha revelado, como nunca antes, tanto su gloria como su pasión inminente. Es claro que los doce no han asimilado esta nueva revelación y es imperativo que lo hagan. Así, estar en privado resulta de lo más importante al tiempo que Jesús traza una línea recta en dirección hacia la cruz. Escuchamos ahora la segunda predicción clara de la muerte de Jesús.

Aunque este pasaje no presenta radicalmente nada nuevo, sí notamos algunas cosas. Primero, como en la primera predicción, Mateo señala: "al tercer día" mientras que Marcos dice "*a los* tres días". Resulta claro que los tres días no quiere decir una medida exacta sino un tiempo o período general.

Segundo, Lucas es el único que enlaza este pasaje con el milagro anterior (Lucas 9:43). Tal vez sería un error considerar esta segunda predicción como algo público (ver Marcos 9:30-31), que es la impresión que nos deja Lucas. Al mismo tiempo, sería un error separarla de la narrativa anterior. Inmediatamente a la primera predicción le sigue la gran confesión de Pedro y sirvió como "correctivo" a los errores conceptuales que ellos tenían en cuanto a los papeles del Mesías. De la misma manera, esta segunda predicción le sigue inmediatamente a la transfiguración y a la victoriosa confrontación contra las fuerzas demoníacas, como un segundo "correctivo".

Tercero, esta segunda predicción revela que Jesús sería traicionado antes de padecer. La palabra [*paradidomi*] resulta algo ambigua. La *Nueva Versión Internacional de la Biblia* la traduce como "traicionado", que sugiere el papel de Judas en la muerte de Jesús. Sin embargo, esta misma palabra puede significar "entregado", que implica el papel de Dios en la muerte de Jesús. No es de sorprenderse si ambos elementos están presentes (ver Hechos 2:23). Pero como lo sugiere Orígen, la frase "en manos de los hombres" parece describir más el papel de Dios que el de Judas.

Cuarto, los discípulos siguen sin comprender al cien por ciento la predicción de Jesús. Lucas enfatiza más su aturdimiento (9:45). También indica que no es del todo culpa de ellos. Parece haber algo escondido en la frase: "Les estaba encubierto para que no lo comprendieran". Además, tienen temor de preguntarle a Jesús que les aclarara esto. Tal vez piensan que después de dos explicaciones, Jesús los va a regañar por ser tontos si preguntan nuevamente. O tal vez tengan temor de escuchar una explicación que los lleve a un cumplimiento literal. A pesar de esto, han progresado algo desde la predicción anterior. Mateo señala que ellos "se entristecieron mucho" (17:23). Saben lo suficiente como para anticipar que se avecinan los problemas, a pesar de desconocer todos los detalles.

Sección 89
Pedro paga los impuestos del templo
(Mateo 17:24-27)

²⁴Cuando Jesús y sus discípulos llegaron a Capernaúm, los que cobraban el impuesto del templo ᵃ se acercaron a Pedro y le preguntaron: -¿Su maestro no paga el impuesto del templo ᵃ?

ᵃ 24 *el impuesto del templo*. Lit. *las dos dracmas*.

No debe sorprendernos que Leví, el cobrador de impuestos, es el único evangelista que registra este suceso tan raro. Aparte de su interés en este método singular de cobrar los impuestos, ¿por qué lo incluye? Después de todo, parece interrumpir la trama de la reseña. Pero bajo un examen minucioso, sigue con la línea que inició en Cesarea de Filipo. Es decir, a Jesús lo exaltan los demás, pero él mismo actúa humildemente. Nadie que lea esta anécdota pensaría que Jesús va a pagar impuestos por ser el Hijo de Dios, pero lo hace. Esto muestra el contraste entre la humillación de Jesús y la exaltación propia de los discípulos en los siguientes versículos.

Este impuesto en particular no era un impuesto legal romano. Sin embargo, los judíos esperaban que cada varón, entre los veinte y cincuenta años de edad contribuyera con el templo aportando dos dracmas cada año (ver Josefo, *Ant.* III. 8.2; XVIII, 9.1). Esto tenía su base en Éxodo 30:11-16; 38:25-26, donde Dios ordenó el apoyo para el tabernáculo. El costo era de aproximadamente dos días de trabajo. ¿Por qué lo piden ahora? Lo que imaginamos es que como Jesús no estuvo presente en la pascua anterior, existía la interrogante de si él, como judío, cumplía con sus obligaciones financieras. Los cobradores del impuesto del templo cuestionan a Pedro, que aparentemente se ha distinguido como el portavoz del grupo. La pregunta se plantea de tal forma que la respuesta sea positiva. Se podría traducir mejor como "Tu maestro ¿paga o no paga el impuesto del templo?" Resulta muy interesante señalar que los rabinos ordenados (graduados) oficialmente estaban exentos de este impuesto. Debido a que Jesús no acudió a las escuelas de ellos, no podía tener esta ventaja.

Mateo 17:25-27 señala:

²⁵—Sí, lo paga —respondió Pedro. Al entrar Pedro en la casa, se adelantó Jesús a preguntarle: —¿Tú qué opinas, Simón? Los reyes de la tierra, ¿a quiénes cobran tributos e impuestos: a los suyos o a los demás?
²⁶—A los demás —contestó Pedro.
—Entonces los suyos están exentos —le dijo Jesús—. ²⁷Pero, para no escandalizar a esta gente, vete al lago y echa el anzuelo. Saca el primer pez que pique; ábrele la boca y encontrarás una moneda.ᵃ Tómala y dásela a ellos por mi impuesto y por el tuyo.

ᵃ27 *una moneda*. Lit. *un estatero* (moneda que equivale a cuatro dracmas).

Asumimos que la respuesta que Pedro había dado no tenía la anuencia de Cristo, pero no estamos seguros. Pedro sabría mejor que nadie si Jesús pagaba, de hecho, él sabía si Jesús ya lo había pagado en otras ocasiones. Cuando Pedro regresa adentro de la casa, Jesús es el primero en hablar. Es probable que Mateo quiere indicarnos que Jesús en verdad lee la mente de Pedro. Cuestiona a Pedro utilizando una parábola breve. La cual sugiere que debido a la relación de Jesús con Dios, él está exento de pagar el impuesto del templo, pero para no ofender a los gobernantes judíos procede a pagar. No tan sólo está exento Jesús, sino también Pedro por ser discípulo de Jesús. Sin embargo, también Pedro paga el impuesto. Note que la moneda que Pedro obtendría sería la cantidad suficiente para pagar por ambos.

Aparentemente, la desobediencia u oposición civil del seguidor de Jesús debe reservarse para cuando al individuo se le ordena que desobedezca a Dios (Éxodo 1:15ss; Daniel 3:1ss; 6:10ss; Hechos 4:19; 5:29).

Regresemos al texto. Mateo no nos informa que Pedro salió a pescar para obtener la moneda. Tal vez debamos imaginarnos que Pedro fue a pescar y a buscar la moneda (*statēra* = cuatro dracmas) en la boca del pez. Los peces son atraídos con frecuencia hacia objetos brillantes. Hay anécdotas de pescadores que han atrapado peces en el mar de Galilea con monedas dentro. Así, es posible que Jesús haya "visto" el pez antes de que Pedro lo atrapara y los relaciona a ambos.[84]

---

[84] Una segunda alternativa es que Jesús estaba hablando figurativamente a Pedro, señalando: "ve a pescar y vende la pesca para pagar nuestros impuestos". Sin embargo, contra esta teoría

Sección 90
Discusión en cuanto a quién es el mayor
(Mateo 18:1-5; Marcos 9:33-37; Lucas 9:46-48)

Jesús y sus discípulos regresan a Capernaúm después de haber estado en el monte de la transfiguración. Por el camino, los discípulos discuten acerca de quién de ellos era el más importante. ¡Qué tontería! Nos aterra pensar que los futuros líderes de la iglesia actúen de una manera tan infantil. Pero esta es la primera vez de tres que discutieron sobre lo mismo (ver **Secciones 125b y 144**). Lo que lo hace peor es que cada vez sigue una predicción significativa en cuanto al sufrimiento de Jesús. Así que mientras Jesús está hablando de dar su vida, estos tipos están promoviendo la suya propia.

Marcos 9:33-35 con Mateo 18:1, Lucas 9:47 señalan:

³³Llegaron a Capernaúm. Cuando ya estaba en casa, {los discípulos se acercaron a Jesús y le preguntaron: —¿Quién es el más importante en el reino de los cielos?^{Mt}} Jesús les preguntó: —¿Qué venían discutiendo por el camino? ³⁴Pero ellos se quedaron callados, porque en el camino habían discutido entre sí quién era el más importante. ³⁵Entonces Jesús se sentó {Como Jesús sabía bien lo que pensaban^{Lc}}, llamó a los doce y les dijo: —Si alguno quiere ser el primero, que sea el último de todos y el servidor de todos.

Mateo lo presenta como si hubiesen sido los discípulos los que inician esta conversación. Sin embargo, Marcos señala que fue Jesús. Pudiéramos reconstruir la escena de la siguiente manera: Jesús, conociendo sus pensamientos (Lucas), les pregunta qué discutían entre ellos en el camino antes de llegar al pueblo. Ellos se sienten apenados por su comportamiento tan infantil y una competitividad egoísta, así que se quedan callados (Marcos). Finalmente, uno de los doce rompe el silencio con esta pregunta: ¿Quién es el más importante en el reino de los cielos? (Mateo: ver 5:19; 11:11). Esta pregunta se torna más importante para los doce a medida que Jesús se acerca a inaugurar su reino.

Esta era una discusión común entre los rabinos. Sin embargo, la actitud detrás de todo esto no es única del judaísmo. El egoísmo resulta casi natural para la mayoría de la gente. Nos coloca al frente

---

encontramos que Jesús le dice a Pedro que atrape el pez con un anzuelo, en vez de utilizar una red. (Esta es la única vez en el Nuevo Testamento donde se usó un anzuelo.) Una red llena de peces habría cumplido con lo prometido (Lucas 5:1-11). Pero Pedro pudo haber pescado todo el día con un anzuelo y haber terminado sin pagar los impuestos.

de la línea, en el primer lugar, en la mejor silla de la casa y con la mejor parte del botín o la mejor rebanada del pastel. A nosotros nos parece inofensivo y natural, pero irritante en otros. De hecho, los padres y maestros lo alientan. Jesús ve más allá de esta fachada. Este egoísmo es la causa de la arrogancia, buscar el bienestar propio, las guerras, los pleitos, la codicia, el celo, la violación, etc. Hasta es la causa de una baja auto-estima. El problema con la auto-estima baja no es que la persona se considere muy poca cosa sino que piensa mucho en sí misma. Cuando nuestros ojos están puestos en ayudar a otros, hacia fuera, es imposible estar plagado de auto-compasión, auto-degradación o auto-humillación.

El egoísmo fue la causa de la caída de Eva. No fue la hermosura o el valor nutritivo de la fruta lo que la atrajo. Fue la idea de que ella podía "ser como Dios". Podía ser independiente, tener el control, trazar su propio destino, ser la mandamás. La gran mayoría de los comerciales modernos hacen un llamado a lo mismo, a esa misma vanidad: "es caro, pero creo que lo valgo". "Hoy te mereces un descanso". "¡Hazlo como quieras!" Al parecer, es el egoísmo el hilo común en todo pecado. Pero la base mala del egoísmo permanece oculta debido a su aceptación cultural y a su clara penetración en nuestras vidas.

Estos doce hombres, escogidos por Jesús mismo, no son mejores que las multitudes clamorosas que ellos tienden a evitar. Están discutiendo acerca de quién de ellos es el más importante. ¿Quién de ellos se sentará a la derecha o a la izquierda de Jesús? No hay duda que Pedro podría jactarse de ser él el elegido. Después de todo, él tiene las llaves del reino; él es quien caminó sobre el agua; fue él quien dijo: "Señor, ¿a quién iremos? Tú tienes palabras de vida eterna". En respuesta a todo esto, los demás señalarían: "Sí, pero también eres tú a quien Jesús llamó 'Satanás'. Eres el que casi se ahoga con el necio truco de caminar sobre el agua. Y, eres tú el ingenuo que quiso construir enramadas en el monte de la transfiguración". Tanto Juan como Jacobo debieron haber echado mano de su rasgo distintivo. De hecho, en un futuro casi inmediato, hasta echarán mano de su mamá para ayudarles a sobresalir de entre los doce (Mateo 20:20-24). Después de todo, tienen más acciones corporativas que los demás por pertenecer al círculo central. Sin duda alguna, hasta Judas metió su chuchara.

En esta ocasión Jesús aprovecha el momento para presentar una nueva teología que tendrá que reafirmar una y otra vez. Se podría llamar "la teología de la humildad". Se encuentra en tales frases como "los primeros serán los últimos y los últimos serán los primeros" (Mateo 19:30; 20:8, 16, 27; Marcos 9:35; 10:31, 44; Lucas 13:30; 22:26). "El más importante entre ustedes será el siervo de todos" (Mateo 20:26; 23:11; Marcos 10:43; Lucas 9:48; 22:26-27; 1 Timoteo 3:13). "Humíllense ante la poderosa mano de Dios y él os exaltará" (Mateo 23:12; Lucas 14:11; 18:14; Santiago 4:10; 1 Pedro 5:5, 6).[85] Es a través de esta teología que Jesús puede ver el gran valor de las personas. Toda persona es preciosa a los ojos de Jesús, hasta los más insignificantes y los perdidos: las prostitutas, los niños, las mujeres, los inválidos, los leprosos, los cobradores de impuestos, los samaritanos, los extranjeros, etc. Esta "teología de la humildad" es fácil de entender, planteada en frases tan simples y sencillas. Sin embargo, resulta engañosa y difícil de practicar. No importa nuestro nivel de entendimiento cognoscitivo. Si no tenemos un lado práctico de esta teología de la humildad, resultará imposible entender la verdad teológica más simple como lo es Juan 3:16. La mayoría de la gente acepta el hecho que Dios nos ama. Sin embargo, no pueden concebir que Dios ame a su insolente y asqueroso vecino. Las iglesias carentes de homogeneidad, miopes por el dinero, con pequeños grupos de amigos, traicionan nuestra lamentable ignorancia de la teología de la humildad. Al igual que los doce, nos faltan muchos kilómetros por recorrer en cuanto a nuestro entendimiento del llamado que Jesús nos hace acerca de la cruz.

Mateo 18:2-4 *con* Marcos 9:36 señalan:

> ²Él llamó a un niño y lo puso en medio de ellos {Abrazándolo^{Mr}}.
> ³Entonces dijo: —Les aseguro que a menos que ustedes cambien y se vuelvan como niños, no entrarán en el reino de los cielos. ⁴Por tanto, el que se humilla como este niño será el más grande en el reino de los cielos.

Lucas 9:48 *con* Marcos 9:37 señalan:

> ⁴⁸—El que recibe en mi nombre a este niño {a uno de estos niños^{Mr}} —les dijo—, me recibe a mí; y el que me recibe a mí, recibe al que me envió. El que es más insignificante entre todos ustedes, ése es el más importante.

---

[85] Esta teología también se enseña en tales pasajes como son Mateo 11:29; Romanos 12:16; Efesios 4:2; Filipenses 2:3-11; Colosenses 3:12. Hasta se encuentra en el Antiguo Testamento (Salmos 18:27; 147:6; Proverbios 16:18-19; 18:22; 29:23; Isaías 2:11-17; 53:10-12; 57:15; Ezequiel 17:24; 21:26).

Jesús mete a un niño a la discusión que le sirve como ayuda visual. Lo abraza, muy posiblemente sentándolo en sus piernas (ver Marcos 10:16). Entonces procede a dar su famosa cita en cuanto a ser como un niño para entrar al reino de los cielos. Esto es sorprendente ya que los niños en los días de Jesús eran muy poco estimados. Algunos rabinos hasta enseñaban que "platicar con los niños...expulsa del mundo a un hombre" (m. Abot 3:10). De hecho, en arameo se utiliza la misma palabra tanto para "niños" como para "siervos". No debemos permitir que lo tierno del momento esconda su severidad. Jesús les advierte a los doce. A menos que cambien de actitud, hasta es posible que ni logren entrar al reino de los cielos. Y, de hecho, ¡uno de ellos no lo logra!

Jesús nos llama a que seamos como niños, no que seamos niños y hagamos niñerías. Debemos ser astutos y prudentes (Mateo 10:16; Lucas 16:1-9). Sin embargo, como niños debemos depender totalmente en nuestro Padre. Pero nuestro texto quiere decir más que eso. Aunque los niños son egoístas y buscan la competencia (al igual que los discípulos), no les preocupa un nivel social (a diferencia de los discípulos). No les importa su forma de vestir, si están sucios o el color de su piel. Debido a que no forman juicio, son excelentes jueces de la integridad. Además, la aprobación que desean es casi siempre y únicamente la de sus padres. ¡Si también nosotros buscáramos únicamente el reconocimiento y la aprobación de nuestro Padre celestial, qué tan distintos serían nuestros hogares y ministerios! En verdad, con tal comportamiento nos encontraríamos en el centro del reino de los cielos.

Sección 91a
Obstaculizando a otros obreros en el reino
(Marcos 9:38-41; Lucas 9:49-50)

La Sección 91 ha sido dividida en tres partes que se mantienen unidas por el tema común: La importancia de los "pequeñitos" y el peligro que hay en hacerlos tropezar. Cada uno de los sinópticos pone distinto énfasis en esto y se debe leer en el contexto propio de cada uno de ellos. Sin embargo, las tres narraciones enfatizan la humildad en el trato con los demás, especialmente a los rebajados o aproblemados. Así, esta sección ilustra la teología de la humildad en tres maneras tangibles.

Marcos 9:38-41 señala:

38 —Maestro —dijo Juan—, vimos a uno que expulsaba demonios en tu nombre y se lo impedimos porque no es de los nuestros.[a] **39** —No se lo impidan —replicó Jesús—. Nadie que haga un milagro en mi nombre puede a la vez hablar mal de mí. **40** El que no está contra nosotros está a favor de nosotros. **41** Les aseguro que cualquiera que les dé un vaso de agua en mi nombre por ser ustedes de Cristo no perderá su recompensa.

[a] **38** *no es de los nuestros.* Lit. *no nos sigue.*

Los exorcistas judíos eran comunes (Mateo 12:27; Lucas 11:19; Hechos 19:13-14). Siempre andaban buscando encantaciones poderosas para expulsar demonios. Con frecuencia invocaban los nombres de magos poderosos u obradores de milagros como autoridad sobre los demonios. No es de sorprenderse que este exorcista judío usara el nombre de Jesús para expulsar demonios. Sin embargo, lo que sí resulta sorpresivo es que funcionaba (ver Hechos 19:13-16). Esto probablemente nos indica que no utilizaba el nombre de Jesús como mera fórmula, sino que realmente cree en Jesús y está al borde de convertirse en su discípulo. Así, su obra no se debe obstaculizar a pesar de no ser discípulo directo de Jesús.

El punto de este pasaje no tiene nada que ver con las denominaciones, pero la aplicación parece inevitable. El hecho de que alguien no se anexe a mi banda o que no confiese mi credo no necesariamente lo hace mi enemigo. Este no es un llamado a un ecumenismo ignorante. Después de todo, la lealtad a Jesús resulta esencial para el compañerismo. Sin embargo, es un llamado a cooperar en la proclamación de Jesús y el alivio al sufrimiento humano. Muchas denominaciones no pueden cooperar unidas precisamente porque actúan como Juan en este punto. Su enfoque es interno en vez de externo. Están tratando de decidir "quien es el más importante" (Marcos 9:33-37). La actitud de Juan se torna todavía más repulsiva cuando nos damos cuenta de que tiene que ver con la declaración de Jesús: "El que recibe en mi nombre a uno de estos niños, me recibe a mí; y el que me recibe a mí, no me recibe a mí sino al que me envió" (Marcos 9:37). Si todos los verdaderos discípulos de Jesús se unieran, sin importar sus distintos colores, la iglesia tendría un impacto enorme en la hambruna que padece el mundo, en el evangelismo mundial, en la política, en la medicina, etc.

Jesús le dice a Juan que no obstaculice la obra de esta persona. Primero, si está haciendo milagros en nombre de Jesús, no se podría poner en contra de Jesús (v. 39). Segundo, no se opone a Jesús. Por lo tanto, su obra en expulsar demonios verdaderamente promueve a Jesús (v. 40). Tercero, su obra alivia el dolor humano en el nombre de Jesús. Así, se gana su recompensa ante Dios (v. 41; ver Mateo 10:42). También notamos que la discusión en cuanto a los "pequeñitos" o insignificantes ha dado un giro de considerar a los niños (Mateo 18:5; Marcos 9:37) para tratar a los discípulos (Marcos 9:41; Mateo 18:6).

En Mateo 12:30, Jesús dijo: "El que no está de mi parte, está contra mí". ¿No se contradice esto con Marcos 9:40)? No. Estamos hablando de dos situaciones distintas. En esta ocasión, esta persona está en el camino del discipulado. Va en la dirección correcta. Así, no está en contra de Jesús. Por lo tanto, "no obstaculicen su obra". En Mateo 12:30, los fariseos ya fueron enfrentados con el llamado de seguir a Jesús. Pero ellos se rehusaron, al mostrarse imparciales y sin querer comprometerse. Cuando uno se enfrenta a Jesús, uno no puede permanecer indiferente. Ya sea que usted abierta y verbalmente se compromete con él o está en su contra.

Sección 91b
Causando que un pequeño tropiece
(Mateo 18:6-11; Marcos 9:42-50)

Mateo 18:6-9 *con* Marcos 9:42-47 señala:

⁶Pero si alguien hace pecar a uno de estos pequeños que creen en mí, más le valdría que le colgaran al cuello una gran piedra de molino y lo hundieran en lo profundo del mar. ⁷»¡Ay del mundo por las cosas que hacen pecar a la gente! Inevitable es que sucedan, pero ¡ay del que hace pecar a los demás! ⁸Si tu mano o tu pie te hace pecar, córtatelo y arrójalo. Más te vale entrar en la vida manco o cojo que ser arrojado al fuego eterno {al infierno,ᵃ donde el fuego nunca se apaga.ᵇ ᴹʳ} con tus dos manos y tus dos pies. ⁹Y si tu ojo te hace pecar, sácatelo y arrójalo. Más te vale entrar tuerto en la vida {en el reino de Diosᴹʳ} que con dos ojos ser arrojado al fuego del infierno.

ᵃ**Mr 9:43** *al infierno*. Lit. *a la Genenna; también en vv. 45 y 47.* ᵇ**Mr 9:43**. *apaga*. Var. *apaga, v. 44 donde "su gusano no muere, y el fuego no se apaga".*

Marcos 9:48-50 señala:

⁴⁸donde
»"su gusano no muere,
y el fuego no se apaga".ª
⁴⁹La sal con que todos serán sazonados es el fuego.
⁵⁰»La sal es buena, pero si deja de ser salada, ¿cómo le pueden volver a dar sabor? Que no falte la sal entre ustedes, para que puedan vivir en paz unos con otros.

ª*9:48* Isaías 66:24.

Mateo se desplaza del niño literal a los discípulos. Al hacerlo, nos mantiene pensando en los pequeños que son preciosos a los ojos de Dios y relativamente indefensos. Dios cuida más de estos individuos. Cualquiera que "haga tropezar" a uno de ellos está en gran problema. El cuadro que Jesús pinta con palabras es grave. Esta piedra de molino no es la pequeña que una persona puede sostener con su mano. Es la enorme que hacen girar los burros para moler grandes cantidades de grano. En otras palabras, con una de estas piedras atada al cuello, usted se hundirá rápidamente en lo profundo del mar.

Marcos liga este relato con la oposición de Juan al exorcista desconocido. Entendemos entonces, que el tropiezo lo pueden poner los mismos discípulos de Jesús. El v. 7 también señala que los puede originar del mundo. Por otro lado, Romanos 5:12 sugiere que el pecado surge del individuo mismo. Así, puede haber hasta tres partes responsables de un pecado en particular: (1) El mundo, (2) el que tienta, y (3) el que cae. Al vivir en este mundo, simplemente no podemos evitar ser tentados a pecar. Pero tampoco podemos evadir la responsabilidad cuando causamos que otros pequen. Tampoco podemos decir: "el diablo me indujo a hacerlo". Cada uno de nosotros somos responsables de nuestros propios pecados (vv. 8-9; ver Mateo 26:24).

Los v. 8-9 son eco de las palabras de Jesús en el sermón del monte (Mateo 5:29-30), con dos diferencias notables. Primero, Mateo 5:29-30 hace referencia específica a mirar lujuriosamente a una mujer. En cambio, en este pasaje se refiere a cualquier pecado. Segundo, las descripciones del castigo son más vívidas en este pasaje: "el infierno, donde el fuego nunca se apaga" (Marcos 9:43), "donde su gusano no muere, y el fuego no se apaga" (Marcos 9:48; ver Isaías 66:24). Este versículo último, que concluye el libro de Isaías, pinta un aterrador cuadro del castigo eterno en contraste con el gozo del cielo nuevo y la tierra nueva.

La palabra "infierno" [*gehenna*] era el nombre de un valle al sur de Jerusalén. Era el centro de la adoración idólatra que incluía el sacrificio de seres humanos (Jeremías 7:31; 19:5-6; 32:35). Las reformas del rey Josías hicieron de este lugar un basurero donde se quemaba la basura, incluyendo el excremento humano y los huesos de animales (2 Reyes 23:10). Su hedor en verdad debió haber sido algo sumamente repulsivo. Su fuego jamás se apagaba y siempre había gusanos en ese lugar. Así, se tornó en un horrendo cuadro señalando el lugar del castigo divino.

El punto principal es lo suficientemente simple: el infierno es un lugar caliente y perdura mucho tiempo. Nada en este mundo, ni siquiera la integridad física, vale la pena a cambio de ese sufrimiento tan horrible. Jesús no está abogando por la mutilación física (ver las notas de Mateo 5:29-30). En cambio, él está diciendo que actuemos como si no tuviésemos ojos, manos o pies. Simplemente es un llamado a un arrepentimiento radical.

Es claro que Marcos 9:49 es una difícil declaración de Jesús. Como resultado, tenemos más de una docena de interpretaciones distintas y una gran cantidad de variantes textuales. Así que nosotros, en forma tentativa y humilde, ofrecemos la siguiente sugerencia. En los días de Jesús, cuando usted le ponía sal a algo, no la rociaba sino que la cubría completamente. Así que el cuadro es de alguien cubierto completamente por el fuego, una clara alusión al sufrimiento.[86] La pregunta es: "¿quién se cubre de fuego?" Si retrocedemos a Marcos 9:48, vemos un cuadro del fuego eterno. Así, pudiéramos concluir que aquellos malvados que causan tropiezo a los pequeños serán destruidos completamente.[87] Por otro lado, si nos adelantamos a considerar Marcos 9:50, al parecer son los discípulos de Jesús los que serán "cubiertos de la sal del fuego". Si ese es el caso, entonces esta sal de sufrimiento equivale a la purificación (ver Mateo 5:10-12). En verdad, la combinación de sal con fuego pudiera referirse a los sacrificios levíticos para la purificación (Levítico 2:13). Tal pensamiento debió de haberles provisto gran consuelo a los cristianos

---

[86] Comúnmente se asocia al fuego con el Espíritu Santo. Es por ello que algunos han sugerido que "sazonado [salado] con fuego" es el bautismo del Espíritu Santo. Sin embargo, el contexto se refiere al sufrimiento (v. 48) y una influencia que se puede perder (v. 50). Eso no puede ser el Espíritu Santo. Además, no "todos" recibirán el bautismo del Espíritu Santo.

[87] W. W. Fields, "Everyone Will Be Salted with Fire" (Todos serán sazonados [salados] con fuego), *GTJ* (Revista Teológica de Grace Theological Seminary) 6/2 [1985]: 299-304, muestra que por traducir Marcos 9:49 de nuevo al hebreo, la palabra "sazonado" también se podría traducir como "destruido".

en Roma que recibieron la carta de Marcos. Entonces, existe un contraste entre los vv. 48 y 49: Usted puede sufrir ahora si sigue a Jesús o puede sufrir después si no lo sigue.

Mateo 18:10 señala:

> ¹⁰»Miren que no menosprecien a uno de estos pequeños. Porque les digo que en el cielo los ángeles de ellos contemplan siempre el rostro de mi Padre celestial.ª
>
> ª*10 celestial.* Var. *celestial.* v.11 *El Hijo del hombre vino a salvar lo que se había perdido.*

Este versículo, junto con Hebreos 1:14 y Salmo 91:11, ha llevado a algunos a creer que cada individuo tiene un "ángel guardián" que Dios le asigna para su cuidado personal. Los judíos creían algo igual (*b. Sabb.* 119). Pero nada de estos versículos aprueba o desaprueba la existencia de los mismos.

Wessel sugiere algo razonable, que estos no son ángeles guardianes sino los espíritus de los "pequeños" ya muertos que son tan preciosos para Dios que tienen el privilegio de vivir continuamente en su presencia. Después de todo, ¿cómo pudiese ser que estos ángeles están de continuo en la presencia de Dios y a la misma vez proteger a la persona asignada en la tierra?

Sección 91c
La oveja perdida
(Mateo 18:12-14; ver Lucas 15:3-7)

Esta parábola se repite en Lucas 15:3-7 pero en un contexto totalmente diferente. En esta ocasión la oveja perdida representa a un discípulo "caído". En Lucas la oveja perdida representa a un pecador que no ha sido encontrado. Además, la mayoría de las palabras más importantes en el texto griego son distintas. No parece, como lo señalan los críticos de la fuente de la misma, que esta parábola la adapta Mateo y Lucas de una tercera fuente. En cambio, parece que Jesús utilizó una metáfora similar en dos parábolas diferentes, en dos distintos contextos, para probar dos puntos (si bien similares) distintos.

Mateo 18:12-14 señala:

> ¹²»¿Qué les parece? Si un hombre tiene cien ovejas y se le extravía una de ellas, ¿no dejará las noventa y nueve en las colinas para ir en busca de la extraviada? ¹³Y si llega a encontrarla, les aseguro que se pondrá más feliz por esa sola oveja que por las noventa y nueve que no se extraviaron. ¹⁴Así también, el Padre de ustedes que está en el cielo no quiere que se pierda ninguno de estos pequeños.

El punto de la parábola es simple: Dios ama a la gente, especialmente a aquellos que están perdidos y sin esperanza.[88] Se llena de extremo regocijo cuando un pecador se salva. No quiere que nadie perezca, sino que todos procedan al arrepentimiento (2 Pedro 3:9) Esto resulta sorprendentemente distinto a Rabba Gamaliel quien enseñó que los niños de los pecadores arderían en el infierno (*t. Sanh.* 13:1).

La parábola señala que el pastor deja las noventa y nueve a campo abierto. En la vida real, ningún pastor haría eso. Habría otros pastores que las cuidarían. Ciertamente, Dios es capaz de vigilar las noventa y nueve e ir en busca de la perdida. Pero como la parábola permanece en silencio respecto a esto, tal vez nosotros no debiéramos alegorizar ese detalle en particular.

El condicional "si" del v. 13 abre la posibilidad de que la una perdida se apartó del rebaño. Los pastores de Palestina con frecuencia perdían ovejas que vagaban y se apartaban del rebaño. Eso no quiere decir que el pastor era malo en su trabajo. Hasta Jesús perdió a uno de los doce (Juan 17:12; 18:9). Este es un balance importante para Juan 10:27-28.

Sección 92a
Disciplina y perdón
(Mateo 18:15-22)

Este es un pasaje difícil, no porque sea difícil entender, sino porque vivimos en una sociedad que valora el individualismo. Hasta honramos tales declaraciones como "qué te importa" y "lo puedo hacer solo". Casi contestamos NO cuando se nos pregunta "¿Acaso soy yo el que debe cuidar a mi hermano?" (Génesis 4:9), cuando la respuesta correcta debe ser: "Sí, soy responsable del bienestar espiritual

---

[88] La Biblia no señala nada en cuanto al refrán "Ayúdate que Dios te ayudará". En cambio, este pasaje afirma que Dios ayuda a los desprotegidos.

de los demás". Es cierto que primero tenemos que quitar la viga de nuestro ojo (Mateo 7:3-4), pero también tenemos que quitar la paja del ojo de nuestro hermano (Mateo 7:5). Y aunque jamás debemos condenar a nadie (Mateo 7:1-2), estamos encargados de evaluar a otros creyentes (1 Corintios 6:4-5). En verdad, no debemos juzgar hipócritamente a nuestros hermanos (Romanos 2:1) o en cuestiones de opiniones o de conciencia (Romanos 14:4, 10; 1 Corintios 4:3-5; 10:29; Colosenses 2:16). A pesar de todo, tenemos la responsabilidad de juzgar y disciplinar en la iglesia.

Mateo 18:15-17 señala:

> **15**»Si tu hermano peca contra ti,ª ve a solas con él y hazle ver su falta. Si te hace caso, has ganado a tu hermano. **16**Pero si no, lleva contigo a uno o dos más, para que "todo asunto se resuelva mediante el testimonio de dos o tres testigos".ᵇ **17**Si se niega a hacerles caso a ellos, díselo a la iglesia; y si incluso a la iglesia no le hace caso, trátalo como si fuera un incrédulo o un renegado.ᶜ
>
> ª**15** *peca contra ti.* Var. *Peca.* ᵇ**16** Deuteronomio 19:15. ᶜ**17** *un incrédulo o un renegado.* Lit. *un gentil o un recaudador de impuestos.*

La primer dificultad en una confrontación personal es la actitud del recipiente. Pero igual de difícil es la actitud del que confronta. Es relativamente fácil hacerle ver a otro sus pecados, especialmente cuando la persona está ausente. Sin embargo, resulta mucho más difícil hacerlo en amor (Levítico 19:17-18) y en humildad (Gálatas 6:1), con la vista fija en la reconciliación (Lucas 17:3-4; Santiago 5:19-20).

Hay tres pasos en este proceso. Primero, la confrontación uno a uno. Este momento en privado permite que el individuo no esté tanto a la defensiva y pone fin al chisme antes de que inicie. En la mayoría de los casos, si el paso número uno se hace en amor, con humildad, buscando la reconciliación, todo terminará allí. La mayoría de los problemas ocurren porque el paso número uno se hace fuera de orden o de plano no se hace.[89]

El segundo paso incluye a dos o tres testigos (ver Deuteronomio 19:15). Esto no quiere decir que se unan en contra del pecador,

---

[89] La confrontación pública que Pablo le hace a Pedro (Gálatas 2:11-14) fue una excepción muy notoria, pero igual lo fue el pecado de Pedro. No fue una ofensa privada personal entre Pablo y Pedro. Y Pedro era un personaje público. Sus obras habían causado que muchos siguieran su hipocresía. Tal influencia y pecado público merecía la confrontación pública como lo hace Pablo.

sino que se trata de testigos legales juiciosos en la confrontación. Esto sirve, por lo menos, con dos propósitos. Primero, verificará la historia de ambas partes por si el caso llega a presentarse ante toda la congregación. Segundo, servirá para "civilizar" la confrontación y asegura un trato justo de ambas partes. Además, de acuerdo con la jurisprudencia judía, uno de los testigos puede representar el lado del "pecador". No hay evidencia que indique que estos testigos son administradores eclesiásticos (por ejemplo, ancianos, diáconos, evangelistas, etc.). Pero sí se requiere que sean personas maduras, espirituales e imparciales.

El tercer paso tiene que ver con aquello que se conoce como "excomunión". Es mandato de Dios (ver 2 Tesalonicenses 3:14-15), comúnmente ignorado por las iglesias. Si el hermano en error rechaza tanto la confrontación en privado como la presencia de testigos, se le debe llevar ante toda la congregación. Para la audiencia judía de Mateo, tratar a alguien como si fuese cobrador de impuestos o pecador implicaba exclusión de la adoración y de la sociedad de los hijos de Dios (por ejemplo, Génesis 17:14; Éxodo 12:15, 19). En otras palabras, quedan fuera del compañerismo congregacional. Tal vez 1 Corintios 5:1-5 y 2 Corintios 2:5-11 nos proveen el único ejemplo de esto en todo en Nuevo Testamento. Describe tanto la excomunión (1 Corintios capítulo 5) y la reconciliación resultante (2 Corintios capítulo 2).

Existen dos dificultades más en todo este proceso de la confrontación. Primero, las iglesias que no tienen normas bien elaboradas y documentos que amparen esto están sujetas a ser demandadas (al menos en algunos países) si llevan a cabo este mandato bíblico. No podemos darnos el lujo de descuidarnos con este proceso en la iglesia.[90] Tampoco podemos ignorar las enseñanzas de Jesús. Si hubiese la oportunidad de ser astutos como serpientes y sencillos como palomas es aquí y ahora (Mateo 10:16). Finalmente, con otras congregaciones en la vecindad y con el número de los miembros como barómetro de un ministerio de éxito, es difícil buscar la cooperación entre las iglesias en cuanto a este asunto de la excomunión. Se torna todavía más difícil cuando cruzamos las barreras denominacionales.

---

[90]En cuanto a guías de ayuda, usted podría consultar a Marlin Jeschke, *Discipling in the Church* (Discipulado en la iglesia),[(Scottdale, PA,: Herald Press, 1988] o a John White y Ken Blue, *Healing the Wounded: the Costly Love of Church Discipline* (Sanando a los heridos:El precio del amor en la disciplina de la iglesia), [Downers Grove, IL: InterVarsity, 1985].

Mateo 18:18-20 señala:

> ¹⁸»Les aseguro que todo lo que ustedes aten en la tierra quedará^a atado en el cielo, y todo lo que desaten en la tierra quedará desatado en el cielo. ¹⁹»Además les digo que si dos de ustedes en la tierra se ponen de acuerdo sobre cualquier cosa que pidan, les será concedida por mi Padre que está en el cielo. ²⁰Porque donde dos o tres se reúnen en mi nombre, allí estoy yo en medio de ellos.
>
> *ª18* quedará *o ha sido.*

El v. 18 repite casi palabra por palabra lo que Jesús ya había prometido a Pedro en Mateo 16:19 (ver los comentarios de esa parte). Ahora parece que esta promesa se extiende a todos los discípulos, pero no en toda situación. Debemos mantener dos cosas en mente: (1) Este contexto trata de dos hermanos en desacuerdo o en conflicto. Los dos que están de acuerdo pudieran ser los dos testigos en contra del hermano en error, ejecutando así la exclusión divina del pecador. O los dos pueden ser los dos hermanos en confrontación y que ya se reconciliaron, tal vez con la ayuda de un tercero sirviendo como árbitro. (2) La razón por la que el acuerdo entre los dos se reconoce en el cielo es porque la presencia de Jesús valida la decisión. La encarnación de Cristo sigue vigente en la iglesia local. Su presencia autoriza las decisiones judiciales del cuerpo.

La oración del v. 19 no es por "algo" que nosotros deseemos o planeemos, sino por cualquier asunto judicial. La palabra *pragma* comúnmente indica asuntos financieros o decisiones legales (ver 1 Corintios 6:1). Y los "dos o tres reunidos" del v. 20 no se refiere a un culto de adoración. (La omni-presencia de Dios y la morada del Espíritu Santo asegura la presencia de Jesús no importando si un cristiano se encuentra solo). La palabra "reunir" [*synegmenoi*] significa "unir", no tan sólo "congregar". Así que lo que este texto promete es que Dios pondrá su sello de aprobación en decisiones judiciales entre los miembros de la iglesia que llegan a un común acuerdo (ver Salmo 82:1). Así "los pacificadores llevan a cabo una función divina".[91]

Mateo 18:21-22 señala:

> ²¹Pedro se acercó a Jesús y le preguntó: —Señor, ¿cuántas veces tengo que perdonar a mi hermano que peca contra mí? ¿Hasta siete veces?

---

[91] Ver a J. D. M. Derrett, " 'Where Two or Three Are Convened in My Name . . .': A Sad Misunderstanding" ('Donde dos o tres estén de acuerdo en mi nombre . . .': Un triste malentendido), ExpT (Revista exposito) 91 [1979-80]: 83-86.

> ²²—No te digo que hasta siete veces, sino hasta setenta y siete vecesᵃ —le contestó Jesús—.

ᵃ22 setenta y siete veces. Alt. *setenta veces siete.*

Pedro es más que generoso en comparación a la ley rabínica. El máximo requerido de perdones era tres (b. Yoma 86b, 87ᵃ). Jesús impresiona a Pedro multiplicando su "generoso" siete por once.[92] Él establece algo que se puede catalogar como un contraste intencional con Lamec en Génesis 4:24: "Si Caín será vengado siete veces, setenta y siete veces será vengado Lamec". El punto de ambos pasajes no es el número en sí mismo, sino la exageración del número. En otras palabras, Jesús no está diciendo: "ya no estás obligado a perdonar más de setenta y siete veces", sino "perdona indefinidamente".

Sección 92b
La parábola del siervo despiadado
(Mateo 18:23-35)

Jesús acaba de decirle a Pedro que perdone, no tan sólo siete veces, sino todas las veces que se necesite. Ahora, procede a ilustrar el punto mediante una parábola. Es esencialmente el mismo sentimiento que el expresado en el Padre Nuestro (Mateo 6:12-15 y Lucas 17:3-5). Es decir, el perdón que Dios nos ofrece está basado en la manera como nosotros perdonamos a los demás (Lucas 6:37). Jesús espera que perdonemos libremente porque así es como él nos perdonó (Lucas 23:34; 1 Juan 1:9). Pablo lo pone de la siguiente manera: "perdónense mutuamente, así como Dios los perdonó a ustedes en Cristo" (Efesios 4:32; Colosenses 3:13).

Mateo 18:23-35 señala:

> ²³»Por eso el reino de los cielos se parece a un rey que quiso ajustar cuentas con sus siervos. ²⁴Al comenzar a hacerlo, se le presentó uno que le debía miles y miles de monedas de oro.ᵃ ²⁵Como él no tenía con qué pagar, el señor mandó que lo vendieran a él, a su esposa y a sus hijos, y todo lo que tenía, para así saldar la deuda.
> ²⁶El siervo se postró delante de él. "Tenga paciencia conmigo -le rogó-, y se lo pagaré todo." ²⁷El señor se compadeció de su siervo, le perdonó la deuda y lo dejó en libertad.

---

[92] *La Nueva Versión Internacional de la Biblia* es la que probablemente esté correcta en su traducción de "setenta y siete" en vez de "setenta veces siete".

²⁸»Al salir, aquel siervo se encontró con uno de sus compañeros que le debía cien monedas de plata.ᵇ Lo agarró por el cuello y comenzó a estrangularlo. "¡Págame lo que me debes!", le exigió. ²⁹Su compañero se postró delante de él. "Ten paciencia conmigo -le rogó-, y te lo pagaré." ³⁰Pero él se negó. Más bien fue y lo hizo meter en la cárcel hasta que pagara la deuda. ³¹Cuando los demás siervos vieron lo ocurrido, se entristecieron mucho y fueron a contarle a su señor todo lo que había sucedido. ³²Entonces el señor mandó llamar al siervo. "¡Siervo malvado! -le increpó-. Te perdoné toda aquella deuda porque me lo suplicaste. ³³¿No debías tú también haberte compadecido de tu compañero, así como yo me compadecí de ti?" ³⁴Y enojado, su señor lo entregó a los carceleros para que lo torturaran hasta que pagara todo lo que debía.
³⁵»Así también mi Padre celestial los tratará a ustedes, a menos que cada uno perdone de corazón a su hermano.

ᵃ*24 miles y miles de monedas de oro.* Lit. *una mirída de talentos.*
ᵇ*28monedas de plata.* Lit. *denarios.*

El siervo malvado, obviamente algún tipo de gobernante, ha acumulado una deuda de posiblemente diez mil talentos. ¡Era una cantidad estratosférica! Para los romanos, diez mil era la cantidad más grande en su vocabulario. Un talento era la moneda de más alto valor disponible. En términos de hoy en día, diez mil talentos equivaldría a un millón de millones (1.000.000.000.000) de dólares. (Todo dependería si se trata de oro, plata u otro metal). Pero ese no es el punto. Esta persona debía todo lo que la mente del primer siglo podía comprender.

El rey quiere que se le pague su dinero. Así que amenaza con vender al deudor y a su familia a esclavitud. Esa era una práctica judía legal (Levítico 25:39; 2 Reyes 4:1). Pero el precio máximo de un esclavo apenas llegaba a los quinientos días de salario mínimo (Carson, p. 407). De modo que el hecho de vender al deudor, a su familia y sus propiedades no implicaba más que una porción mínima de la deuda. El punto es el castigo, no el pago de la deuda. La promesa del siervo para pagar su deuda es simplemente darle largas al asunto. Él simplemente no podrá pagar su deuda jamás. El rey lo sabe muy bien y se compadece de este deudor suplicante. Le condona la deuda.

Tan pronto queda libre el deudor va en busca de alguien que le debe a él para cobrarle. Tal vez quiere hacerle un regalo al rey por su buena voluntad y sabe que puede lograrlo con el pago de lo que le deben. Toma del cuello al que le debe cien denarios. Un denario era el salario mínimo por un día de trabajo de un jornalero. Así, esto representa menos de cinco meses de trabajo. Una deuda substancial de hecho pero incomparable con la gran deuda del siervo malvado. Se dice que un talento equivale a entre sesenta y diez mil denarios (Blomberg, p. 284). Así pues, la diferencia entre la deuda de estos dos hombres es tan grande como de un millón a uno.

Los demás siervos se sorprenden en gran manera por esta gran hipocresía y le cuentan al rey. El rey enfurece. Procede a hacerle al siervo malvado lo que él mismo le hizo a su deudor. Lo mete en la cárcel para ser torturado hasta pagar toda su deuda. Pero la verdad es, usted no puede obtener dinero estando en prisión. Así que se trata pues de una sentencia a cadena perpetua.

La conclusión de Jesús en el v. 35 es simple pero sobrecogedora. Si nosotros no perdonamos a nuestros compañeros sus ofensitas contra nosotros, Dios no nos perdonará nuestras grandes ofensas en contra de él. Los actos de Dios son severos pero justos. Aquellos que se encuentran en la iglesia y que mantienen rencores contra sus hermanos, su pareja o sus padres, deben prestar atención a esta enseñanza. Perdonar a otros sus ofensas es esencial para nuestra salvación (ver Mateo 6:14-15; 18:21-35; Marcos 11:25; Lucas 6:37).

> Jesús no ve ninguna incongruencia en las acciones del Padre celestial el cual perdona abundantemente y castiga tan cruelmente, y tampoco lo debemos hacer nosotros. En verdad, esto es así porque él es un Dios de tanta compasión y misericordia que no puede aceptar como suyos a aquellos que no tienen compasión y misericordia (Carson, p. 407).

Sección 93
(ver *Sección 93* después de *Sección 101*)

Sección 94
Los medios hermanos de Jesús lo "instan" a que acuda a la fiesta de los Tabernáculos
(Juan 7:2-9)

Es octubre del año 29 d.C.[93] Juan captura todo el ministerio de los últimos seis meses de Jesús en un solo versículo (7:1): "Algún tiempo después, Jesús andaba por Galilea. No tenía ningún interés en ir a Judea, porque allí los judíos buscaban la oportunidad para matarlo". Era un tiempo de retiro y capacitación de los doce que incluyó la gira a Tiro, Sidón, Decápolis, Cesarea de Filipo y Galilea.

Sin embargo, los siguientes seis meses estarán marcados por el avance deliberado de Jesús hacia la cruz. La cronología de este período es tal vez lo más difícil de los evangelios por varias razones. (1) Mateo y Marcos dicen poco de este período. (2) La extensa narrativa de Lucas (9:51 – 19:44) carece de marcas cronológicas. Y, (3) Juan entra y nos presenta tres fiestas, dos de las cuales no aparecen para nada en los sinópticos.

Juan 7:2-5 señala:

>²Faltaba poco tiempo para la fiesta judía de los Tabernáculos,ª ³así que los hermanos de Jesús le dijeron: -Deberías salir de aquí e ir a Judea, para que tus discípulos vean las obras que realizas, ⁴porque nadie que quiera darse a conocer actúa en secreto. Ya que haces estas cosas, deja que el mundo te conozca. ⁵Lo cierto es que ni siquiera sus hermanos creían en él.
>
> ª2 *los Tabernáculos.* Alt. *las Enramadas.*

La fiesta otoñal de los Tabernáculos, junto con la Pascua y el Pentecostés eran las tres fiestas principales a las que todo varón judío debía acudir (Deuteronomio 16:16). Los Tabernáculos era un festejo de ocho días hermosos (Deuteronomio 16:13-17) que celebraban dos cosas: La cosecha del otoño y el éxodo de la esclavitud en Egipto. Junto con los setenta bueyes degollados en sacrificio y el sonar diario de las trompetas del templo, había ciertos símbolos incorporados en la fiesta que les recordaba a los judíos su peregrinar por el desierto. Se colocaban tiendas de campaña (es decir, tabernáculos) por toda

---

[93] La fiesta de los Tabernáculos se llevó a cabo en el día 15 del séptimo mes (Levítico 23:34), que es como en la segunda semana de octubre. Hay también, argumentos fuertes para una fecha de 30 a.D. para la crucifixión, que significaría que este evento pasó en octubre de 29 a.D.. Como sea era seis meses antes de la crucifixión.

la ciudad, donde las familias comían y dormían como recordatorio de su morada y estancia en el desierto (Levítico 23:43). El candelero sagrado y la procesión de antorchas encendidas les recordaba la columna de fuego que los guiaba por la noche (Números 14:14; Juan 8:12). El agua del estanque de Siloé les recordaba de la provisión de agua de parte de Dios de la roca en Masah y Meriba (Éxodo 17:1-7; ver Juan 7:37). No tan sólo estará Jesús presente en esta fiesta, sino que utilizará estos símbolos como plataforma de su enseñanza (Juan 7:37; 8:12).

Es hora de iniciar su peregrinar hacia Jerusalén. Sus hermanos Jacobo, José, Simón y Judas (Mateo 13:55) lo abordan. Sugieren que Jesús se presente en la fiesta para probar que en verdad es el Mesías. Sin embargo, ni siquiera ellos creen en él. No, lo que hacen es que lo provocan con malicia. En los últimos seis meses, Jesús ha estado recorriendo los lugares por fuera de los límites del territorio judío, escondiéndose. Para empeorar las cosas, Jesús no acudió a la última Pascua. Así que han pasado dieciocho meses desde que estuvo en Jerusalén. Cualquier "buen" judío ya se sentiría obligado a acudir a cumplir con sus responsabilidades religiosas para adorar en la ciudad santa. Sin embargo, la última vez que Jesús estuvo en Jerusalén, el consejo de gobernantes tomó la decisión de matarlo (Juan 5:18). No es un lugar seguro para Jesús. Y ahora sus hermanos esencialmente afirman: "¡O lo haces o te callas para siempre! Si no puedes hacerlo en Jerusalén, entonces eres un defraudador."

Juan 7:6-9 señala:

⁶Por eso Jesús les dijo: -Para ustedes cualquier tiempo es bueno, pero el tiempo mío aún no ha llegado. ⁷El mundo no tiene motivos para aborrecerlos; a mí, sin embargo, me aborrece porque yo testifico que sus obras son malas. ⁸Suban ustedes a la fiesta. Yo no voy todavía[a] a esta fiesta porque mi tiempo aún no ha llegado. ⁹Dicho esto, se quedó en Galilea.

ᵃ8 Var. no incluye: *todavía*.

Jesús y sus medios hermanos se parecen mucho, tanto social como culturalmente. Pero espiritualmente viven en mundos distintos. Jesús resalta dos diferencias en esta ocasión. Primero, Jesús se conduce con el itinerario de Dios. Va a ir a Jerusalén y va a morir, pero todavía no. Hasta acudirá a esta fiesta y confrontará a las multitudes y a los gobernantes, pero no en este preciso momento. Los hermanos de

Jesús no siguen el calendario ni la cronología de Dios. Pueden ir y venir cuando gusten. Por otro lado, Jesús no puede. Toda su vida está meticulosamente organizada y cronometrada bajo la dirección divina (ver Juan 2:4).

La segunda principal diferencia es la relación de Jesús con el mundo. Él no está señalando que Jacobo, José, Simón y Judas no tengan enemigos, sino que son parte del sistema mundial, específicamente de la cultura judía. Puede ser que ellos provocan a algunos individuos, pero no ponen en tela de juicio las costumbres sociales. Por otro lado, Jesús está en firme oposición a la ideología, la teología y la cultura del mundo (ver Juan 2:14-16; 3:19-20; 5:30-47). Dado que él no es parte del mundo, Jesús es una importante amenaza contra los poderes existentes. Por eso el mundo lo odia (Juan 15:18, 19; 17:14).

Sección 95
Viaje por Samaria
(Lucas 9:51-56; Juan 7:10)[94]

Este pasaje es la introducción del pasaje central y bien estructurado de Lucas (Lucas 9:51 - 19:44).[95] Él hace algunas cosas en esta porción de su libro. Primero, toma muchas palabras y obras de Jesús que Mateo registra en su ministerio galileo, y las pone en el recorrido de Jesús por Judea y Perea. De tal modo, Lucas muestra que lo que Jesús dijo e hizo en Galilea, lo repitió en el sur de Palestina. Segundo, la sección central de Lucas resalta los puntos de vista conflictivos mundiales de Jesús y sus enemigos.[96] Esto nos anticipa y prepara para el gran conflicto de la cruz.

Juan 7:10 señala:

¹⁰Sin embargo, después de que sus hermanos se fueron a la fiesta, fue también él, no públicamente sino en secreto.

---

[94] Ver las notas en cuanto a J. M. Dawsey, "Jesus' Pilgrimage to Jerusalem" (Peregrinar de Jesús a Jerusalén), *PRS* (Perspectivas en estudios religiosos) 14 [1987]: 217-232 (especialmente los números 1 y 2, p. 217).

[95] H. K. Farrell, "The Structure and Theology of Luke's Central Section" (La estructura y teología en la sección central de Lucas), *TrinJ* (Revista Trinidad) 7 ns [1986]: 33-54.

[96] J. L. Resseguie, "Point of View in the Central Section of Luke (9:51-19:44)" (Punto de vista en la sección central de Lucas [9:51-19:44])", *JETS* (Revista de la sociedad teológica evangélica) 25/1 [1982]: 41-47.

Lucas 9:51 señala:

⁵¹Como se acercaba el tiempo de que fuera llevado al cielo, Jesús se hizo el firme propósito de ir a Jerusalén.

Jesús sale tarde a Jerusalén con el fin de llegar a mitad de la fiesta (Juan 7:14). Toma el camino directo de Galilea a Judea, atravesando el corazón de Samaria. Las tensiones entre judíos y samaritanos eran significativas y bien documentadas. (ver las notas en **Sección 35a**) Jesús escoge viajar por Samaria porque puede llegar más rápido y puede pasar de incógnito.

Jesús marcha a Jerusalén con resolución. (La expresión idiomática griega señala: "Con la frente muy en alto" [v. 51], lo cual indica su determinación y tenacidad). Además, Lucas no se refiere únicamente al viaje en sí. Lucas 9:51 abre una nueva sección de Lucas (9:51 – 19:44), que enfatiza la determinación de Jesús en su viaje a la cruz (Lucas 9:51; 10:38; 13:22, 32-33; 17:11; 18:31, 35; 19:1, 28-29).

Él comprime los tres viajes a Jerusalén que Juan menciona (Juan 7:10; 10:22; 12:12) en uno solo. Al igual que Juan en la sección previa, Lucas reconoce el itinerario de Dios en todo esto. Su palabra "acercaba" (*sympleroō*, v. 51), indica un sentido de destino – una cita divina (ver Lucas 1:1; 4:21; 9:31; 22:16; 24:44). A pesar de que faltan seis meses para enfrentar la cruz, el tiempo del ministerio de Jesús sigue su marcha y cada vez falta menos.

La frase "al cielo" (v. 51) no aparece en el griego, pero la Nueva Versión Internacional de la Biblia hace bien en acompañar así la frase "fuera llevado". Un cognado de la palabra *analēmpseos* "fuera llevado" lo encontramos en Hechos 1:2 y 11 con referencia específica a la ascensión. Aunque *analēmpseos* no describe directamente la crucifixión, parece incluir la muerte, sepultura y resurrección de Jesús, señalando la ascensión como punto culminante en la vida de Jesús.

Lucas 9:52-56 señala:

⁵²Envió por delante mensajeros, que entraron en un pueblo samaritano para prepararle alojamiento; ⁵³pero allí la gente no quiso recibirlo porque se dirigía a Jerusalén. ⁵⁴Cuando los discípulos Jacobo y Juan vieron esto, le preguntaron: —Señor, ¿quieres que hagamos caer fuego del cielo paraª que los destruya? ⁵⁵Pero Jesús se volvió a ellos y los reprendió. ⁵⁶Luegoᵇ siguieron la jornada a otra aldea.

ª*54 cielo para. Var. cielo, como hizo Elías, para.* ᵇ*55-56 reprendió. ⁵⁶ Luego. Var. reprendió. / —Ustedes no saben de qué espíritu son —les dijo—, ⁵⁶* *porque el Hijo del hombre no vino para destruir la vida de las personas, sino para salvarla. / Luego.—Ustedes no saben de qué espíritu son —les dijo—, V. 56 porque el Hijo del Hombre no vino para destruir la vida de las personas sino para salvarla. / Luego.*

La primer vez que Jesús pasó por Samaria fue aceptado como el Mesías y hasta como "el salvador del mundo" (Juan 4:39-42). ¿Por qué, entonces, lo rechazan ahora, unos 21 meses después? Es probable que no rechacen a Jesús sino a la banda de gente que marcha hacia Jerusalén, al templo de adoración rival (ver Juan 4:20-24).

Jacobo y Juan, haciendo honor a su apodo "hijos del trueno" (*Boanerges*, Marcos 3:17), amablemente ofrecen a Jesús hacerse cargo del asunto. Su ímpetu y arrogancia es sorprendente. Primero, ¿de dónde creen que van a obtener ese tipo de poder? Seguro que han realizado ya muchos milagros, han expulsado demonios y hasta es posible que han resucitado muertos (Mateo 10:1-8). Pero ordenar a las fuerzas de la naturaleza es otro asunto. Segundo, en una variante textual, que presenta la versión Reina-Valera, se comparan ellos mismos con Elías (ver 2 Reyes 1:9-12). Eso es ser bastante presuntuosos. Tercero, ¿por qué creen que deben defender a Jesús? Al igual que los predicadores que sienten que deben defender a Dios en un mundo hostil, Jacobo y Juan se salen de lo establecido, queriendo tomar el asunto en sus propias manos. Lo peor de todo esto es que ellos no han captado las dos últimas lecciones de Jesús: la humildad y el perdón. (ver **Secciones 90 a 92**)

Nuevamente, el Maestro modela para nosotros una vida de humildad y paz. En vez de regañar a los hostiles samaritanos, les da una reprimenda a sus discípulos los cuales debieron de haber sabido mejor cómo conducirse. De hecho, una interesante variante del v. 55 afirma: "Vosotros no sabéis de qué espíritu sois; porque el Hijo del hombre no ha venido para perder las almas de los hombres, sino para salvarlas". Luego, Jesús toma su equipaje y se va silenciosamente.

Parte ocho
El posterior ministerio judío de Jesucristo

Sección 96a
Arribo de Jesús a la fiesta de los Tabernáculos
(Juan 7:11-31)

Juan capítulo 7 retoma donde Juan capítulo 5 se quedó unos dieciocho meses atrás. Ambos casos suceden en una fiesta en Jerusalén. En ambos capítulos el Sanedrín está resuelto a matar a Jesús (5:18; 7:1, 19-20, 25, 30, 32, 44-45, también ver 8:59; 9:22; 10:31, 39; 11:8, 53). En ambos capítulos Jesús testifica de sí mismo y contra los líderes. Y en ambos capítulos la controversia del día de reposo alza su horrible cabeza (5:1-17; 7:21-24), al igual que la pregunta en cuanto a la autoridad de Jesús (5:30-49; 7:18-19). Esta es la misma canción . . . pero es la segunda estrofa.

Juan 7:11-13 señala:

> [11]Por eso las autoridades judías lo buscaban durante la fiesta, y decían: «¿Dónde se habrá metido?» [12]Entre la multitud corrían muchos rumores acerca de él. Unos decían: «Es una buena persona.» Otros alegaban: «No, lo que pasa es que engaña a la gente.» [13]Sin embargo, por temor a los judíos nadie hablaba de él abiertamente.

La fiesta de los Tabernáculos reunía multitudes de todo el imperio romano. Estos peregrinos (vv. 20, 31-32), el Sanedrín (vv. 15, 32, 35) y los residentes de Jerusalén (v. 25) son los tres grupos distintos en la fiesta. En cada grupo, las opiniones en cuanto a Jesús difieren, pero son los líderes religiosos los que más lo odian. Los habitantes de Jerusalén son escépticos mientras que los peregrinos lo aman (aunque el sermón del pan de vida hizo que muchos simpatizantes de Jesús lo abandonaran).

La jerarquía religiosa, que Juan califica como "los judíos", busca a Jesús. Hace año y medio ellos decidieron que Jesús debe ser ejecutado (Juan 5:18; 7:1). Pero debido a su popularidad, no lo pudieron tocar. Desde ese tiempo, le enviaron detectives desde Jerusalén para escudriñar su obra y tenerlo bien identificado y ubicado (Marcos 7:1; 8:15; 9:14; Mateo 16:1, 6; 17:24). Apenas hacía seis meses que habían entregado un buen informe. Las multitudes de Capernaúm abandonaron a Jesús después de su sermón del Pan de Vida (6:41, 52). Desde entonces Jesús ha estado escondiéndose. Pero ahora les llega la gran oportunidad que esperaban. Han tenido suficiente tiempo para planearlo todo. Las multitudes están divididas en su opinión hacia él. Y Jesús ya está en sus dominios. Esta es la fiesta en la que lo agarran. El problema es que Jesús no se ha aparecido.

Tanto las multitudes como el Sanedrín están tan ansiosos por ver a Jesús. Algunos están a favor de él, otros se oponen. Sin embargo, en algo están de acuerdo: Cuando Jesús aparezca, seguro que habrá un espectáculo excitante. Las multitudes debaten en un murmullo, temiendo las represalias del Sanedrín contra los seguidores de Jesús. El plan de matar a Jesús todavía no es del conocimiento público (Juan 7:20), pero su deseo es obvio para los que viven en Jerusalén (Juan 7:25). El disgusto del Sanedrín contra Jesús es claro ya que impide que muchos hablen abiertamente de él. El Sanedrín tiene el poder absoluto para excomulgar a una persona de la sinagoga (ver Juan 9:22, 34; 12:42). Ese es un castigo aterrador para ellos pues, su vida social, religiosa y económica depende del compañerismo en la sinagoga.

Juan 7:14-18 señala:

¹⁴Jesús esperó hasta la mitad de la fiesta para subir al templo y comenzar a enseñar. ¹⁵Los judíos se admiraban y decían: «¿De dónde sacó éste tantos conocimientos sin haber estudiado?»
¹⁶—Mi enseñanza no es mía —replicó Jesús— sino del que me envió. ¹⁷El que esté dispuesto a hacer la voluntad de Dios reconocerá si mi enseñanza proviene de Dios o si yo hablo por mi propia cuenta. ¹⁸El que habla por cuenta propia busca su vanagloria; en cambio, el que busca glorificar al que lo envió es una persona íntegra y sin doblez.

Jesús se esperó como hasta el tercer o cuarto día de la fiesta y se aparece en ella. Los líderes de veras están sorprendidos de que sí acude. Más sorprendente aún resulta su enseñanza extraordinaria (Mateo 7:28-29; Marcos 1:22; Lucas 2:46-47), y además no tiene ninguna preparación secular o grado religioso.[1] Su sutil sugerencia es que no se puede confiar plenamente en alguien que se auto-educó ya que no tiene ninguna guía para asegurar su ortodoxia. Jesús responde señalando: "¡Yo no me enseñé a mí mismo. Dios ha sido mi guía!" No hay comparación entre la enseñanza proveniente directamente de Dios y la sabiduría humana.

El v. 17 sugiere que aquellos que obedecen a Dios entenderán la verdad. Es como si Jesús señalase: "Prueben mi enseñanza. ¡Vean si no funciona en la vida diaria!" Cuando probamos la "insensatez" de Jesús (como poner la otra mejilla o buscar ser los últimos), descubrimos, a nuestra entera satisfacción, que sí funciona. Es como tratar de ajustar un telescopio con docenas de botones y perillas. Cuando al fin, usted logra encontrar el ajuste perfecto, nadie le va a decir cómo debe hacerlo. Usted lo sabrá porque ha logrado enfocarlo y ajustarlo bien. Así sucede con seguir las enseñanzas de Jesús.

Los líderes perciben que Jesús es un hombre que se ha auto-educado y enseñado. Él habla con autoridad propia (Mateo 7:28-29), sin citar a rabinos famosos. Por lo tanto, se le acusa de ser un disidente mal enfocado o guiado. En el v. 18 Jesús trata de disipar esa acusación. Retrocedemos a Juan 5:30-47 y enfrentamos el listado impresionante de Jesús en cuanto a testigos que lo apoyan (Dios, Juan el Bautista, sus obras, las Escrituras y Moisés). Jesús no intenta retroceder, sino que recuerda al primero y último testigo de Juan capítulo 5 — Dios y Moisés. La implicación es la misma: ¡Ustedes no están escuchando ni a Dios ni a Moisés! Dado que Jesús habla por parte de Dios, el hecho de rechazar a Jesús es lo mismo que rechazar al Padre (Juan 5:23-24, 30; Mateo 10:40).

Juan 7:19-24 señala:

[19]¿No les ha dado Moisés la ley a ustedes? Sin embargo, ninguno de ustedes la cumple. ¿Por qué tratan entonces de matarme?

[20]—Estás endemoniado —contestó la multitud—. ¿Quién quiere matarte?

---

[1]Literalmente "Cómo es que este hombre conoce las *letras* [*grammata*]. Aparte de querer señalar las letras reales (Gálatas 6:11), las epístolas (Hechos 28:21) o hasta las Escrituras (2 Timoteo 3:15), indica todo el sistema educativo.

²¹—Hice un milagro y todos ustedes han quedado asombrados. ²²Por eso Moisés les dio la circuncisión, que en realidad no proviene de Moisés sino de los patriarcas, y aun en sábado la practican. ²³Ahora bien, si para cumplir la ley de Moisés circuncidan a un varón incluso en sábado, ¿por qué se enfurecen conmigo si en sábado lo sano por completo? ²⁴No juzguen por las apariencias; juzguen con justicia.

La acusación de Jesús es tajante y hasta ofensiva. Señalarle a un rabino que no cumple con la ley de Moisés indica pelea segura. Pero era cierto. Sin justificación legal e ignorando la jurisprudencia adecuada, el Sanedrín está planeando la muerte de Jesús. Esta es en verdad una acusación seria, especialmente a la luz de las enseñanzas de Jesús en cuanto al asesinato y el deseo de matar (Mateo 5:21-22). Las multitudes desconocen el hecho de que los judíos quieren matar a Jesús, así que lo tildan de loco (es decir, poseído por demonio).² La multitud puede estarse imaginando que Jesús se refiere a ella y no en específico al Sanedrín. Aún así, dentro de seis escasos meses, muchos de ellos se congregarán nuevamente en Jerusalén y gritarán junto con el Sanedrín: "¡Crucifícalo!"

En respuesta a la pregunta de la multitud (v. 20), Jesús los remite a la Pascua (Juan capítulo 5). "El milagro" de sanidad al que se refiere Jesús es de cuando sanó al paralítico inválido en el estanque de Betesda en sábado (día de reposo). Él pudo haber citado otros ejemplos (2:23; 3:2), pero este fue el que despierta sus motivos asesinos (5:18). Ellos no estaban a disgusto por el milagro en sí, sino que estaban enojados porque lo hizo en día de reposo. Las tradiciones orales (ver notas de **Sección 51**) prohibían estrictamente la sanidad en sábado. Ahora, Jesús se propone demostrar la insensatez de esas normas humanas (ver **Sección 50**).

La circuncisión era de lo más sagrado para los judíos. Era lo que identificaba a un hombre judío (aunque, como lo señala Jesús, precedió la nacionalidad judía porque empezó con Abraham, Génesis 17:9-14). Era tan sagrado que se podía quebrantar la ley del día de reposo con el fin de llevar a cabo la circuncisión tan estrictamente observada en el octavo día de nacimiento (*m. Shabb.* 19.1-2). La lógica resulta obvia. Lo más importante para Dios es la gente, no los ritos. Se podía quebrantar el día de reposo para no fallar con el rito de la ley de Moisés. Entonces, por qué no quebrantar nuevamente el día

---

²Toda referencia a posesión demoníaca en el evangelio de Juan equivale a locura de parte de Jesús (8:48-52; 10:20-21).

de reposo con el fin de sanar a un hombre. La reprimenda del v. 24 puede ser tan pesada para la iglesia cristiana de hoy como lo fue para el Sanedrín (ver 1 Samuel 16:7). Siempre que un rito religioso tome precedencia sobre la necesidad humana, se deshonra a Dios. Ya sea un asunto de divorcio, el SIDA, la guerra, los que no tienen hogar, la educación o las tensiones raciales, las necesidades humanas son de mayor importancia para Dios que los ritos religiosos.

Juan 7:25-31 señala:

²⁵Algunos de los que vivían en Jerusalén comentaban: «¿No es éste al que quieren matar? ²⁶Ahí está, hablando abiertamente, y nadie le dice nada. ¿Será que las autoridades se han convencido de que es el Cristo[a]? ²⁷Nosotros sabemos de dónde viene este hombre, pero cuando venga el Cristo nadie sabrá su procedencia.»

²⁸Por eso Jesús, que seguía enseñando en el templo, exclamó: -¡Con que ustedes me conocen y saben de dónde vengo! No he venido por mi propia cuenta, sino que me envió uno que es digno de confianza. Ustedes no lo conocen, ²⁹pero yo sí lo conozco porque vengo de parte suya, y él mismo me ha enviado.

³⁰Entonces quisieron arrestarlo, pero nadie le echó mano porque aún no había llegado su hora. ³¹Con todo, muchos de entre la multitud creyeron en él y decían: «Cuando venga el Cristo, ¿acaso va a hacer más señales que este hombre?»

ᵃ26 O Mesías; también en los vv. 27, 31, 41 y 42

Aunque los peregrinos ignoran el plan de los judíos, los habitantes de Jerusalén lo conocen muy bien. Han escuchado los rumores de los planes del Sanedrín. Se sorprenden de que Jesús hable tan abiertamente [*parresia*, ver Hebreos 4:16] en público. Hasta preguntan, esperando una respuesta negativa: "¿Será que las autoridades se han convencido de que es el Mesías? Pero ¿qué podían hacer los líderes? Si dejaban escapar la noticia de que ellos procuraban la muerte de Jesús, los peregrinos podrían arremeter en contra de ellos. Después de todo eso indicaría que Jesús había afirmado lo correcto en cuanto a que ellos buscaban su muerte (v. 19). Y esta multitud vacilante podría apoyar al más débil.

En cuanto a los residentes de Jerusalén, ellos han concluido, en términos generales, que Jesús no es el Mesías. Sus razones para concluir esto son mal dirigidas y equivocadas. Están mal dirigidas porque ellos aseguran que el Mesías descenderá milagrosamente del cielo y sin origen humano. Están mal informados ya que aseveran que Jesús es de Galilea (v. 41; ver 6:42).

Jesús responde con algo que nosotros consideraríamos un gran sarcasmo.[3] "¡Sí, ustedes *creen* saber de donde vengo! ¡Pero ustedes no lo saben porque ni siquiera saben quién me envió! Si tan sólo me escucharan yo les contaría todo acerca de él" (ver Juan 8:42-43, 55-59). Con esto, Jesús traza una línea en la arena y le pide a la multitud que se decida de qué lado está. Se respira en el aire un antagonismo abierto como también aceptación. Las multitudes han visto lo que Jesús puede hacer. Eso les llamó la atención. Ya han escuchado cómo trata Jesús a los líderes judíos. Su claridad de ideas, su pureza en sus prioridades, su intrepidez, su autoridad y su enseñanza perceptiva los han ganado. Aún si él no fuese su Mesías, nadie lo podría igualar en la cantidad y calidad de milagros. Así pues se ponen del lado del Maestro.

Sección 96b
Intento frustrado de arrestar a Jesús
(Juan 7:32-52)

Juan 7:32-36 señala:

> [32] Los fariseos oyeron a la multitud que murmuraba estas cosas acerca de él, y junto con los jefes de los sacerdotes mandaron unos guardias del templo para arrestarlo. [33] —Voy a estar con ustedes un poco más de tiempo —afirmó Jesús—, y luego volveré al que me envió. [34] Me buscarán, pero no me encontrarán, porque adonde yo esté no podrán ustedes llegar.
> [35] «¿Y éste a dónde piensa irse que no podamos encontrarlo? —comentaban entre sí los judíos—. ¿Será que piensa ir a nuestra gente dispersa entre las naciones,[a] para enseñar a los griegos? [36] ¿Qué quiso decir con eso de que "me buscarán, pero no me encontrarán", y "adonde yo esté no podrán ustedes llegar"?»
>
> *[a]35 nuestra... naciones. Lit. La diáspora de los griegos.*

Normalmente los fariseos y los saduceos no se agrupan (ver Hechos 23:6-8), pero en esta ocasión tienen un enemigo en común.

---

[3] Nuestras razones para considerar esto como sarcasmo son las siguientes: (1) El sanedrín trató de atraparlo después (v. 30). (2) Jesús no podía afirmar con certeza el error de ellos en cuanto a su origen. (3) Jesús utilizó el sarcasmo con frecuencia en situaciones similares de un antagonismo ignorante.

Envían a sus guardias a arrestar a Jesús, pero no pudieron vencer la fuerza de su enseñanza.

Los sorprende su enseñanza en cuanto a la ascensión (vv. 33-34). A diferencia de los cristianos, ellos no tuvieron ningún punto de referencia para entender esto. Lo único en lo que pudieron pensar fue en que Jesús se apartaría de ellos y se internaría en la diáspora de las ciudades helénicas y el mundo griego. Si Jesús huye hasta lo más lejos en territorio gentil, estará a salvo de los ataques del Sanedrín. Pero así como la diáspora está tan lejos de Jerusalén, así están ellos de distantes en entender lo que Jesús quiere decir. Pero hasta este escarnio que se le hace a Jesús es profético del victorioso esparcimiento del reino de Dios.

Jesús les regresa su mofa a la perfección. Llegará el tiempo cuando busquen a Jesús tan sólo para enterarse de que ya se ha ido (v. 34). Amós 8:11-12 presenta la misma idea:

> »Vienen días —afirma el SEÑOR omnipotente—, en que enviaré hambre al país; no será hambre de pan ni sed de agua, sino hambre de oír las palabras del SEÑOR. La gente vagará sin rumbo de mar a mar; andarán errantes del norte al este, buscando la palabra del SEÑOR, pero no la encontrarán.

Juan 7:37-39 señala:

> ³⁷En el último día, el más solemne de la fiesta, Jesús se puso de pie y exclamó: —¡Si alguno tiene sed, que venga a mí y beba! ³⁸De aquel que cree en mí, como dice^a la Escritura, brotarán ríos de agua viva. ³⁹Con esto se refería al Espíritu que habrían de recibir más tarde los que creyeran en él. Hasta ese momento el Espíritu no había sido dado, porque Jesús no había sido glorificado todavía.
>
> ^a37, 38 *que venga... como dice.* Alt. *que venga a mí! ¡Y que beba 38el que cree en mí! De él, como dice.*

El último día de la fiesta pudo haber sido el séptimo día, en el que oficialmente concluía el festival o el octavo día, que la fiesta se dedicaba únicamente a la enseñanza.⁴ Pero como el octavo día no

---

⁴Levítico 23:34-36 "El día quince del mes séptimo comienza la fiesta de las Enramadas (Tabernáculos) en honor al SEÑOR, la cual durará siete días. El primer día se celebrará una fiesta solemne en honor a SEÑOR. Ese día no harán ningún trabajo. Durante siete días le presentarán al SEÑOR ofrendas por fuego. Al octavo día celebrarán una fiesta solemne en honor al SEÑOR y volverán a presentarle ofrendas por fuego. Es una fiesta solemne; ese día no harán ningún trabajo".

sería un día normal de la fiesta, y por consiguiente no sería "el más solemne" de la fiesta, asumimos que Juan se refiere al séptimo día.[5]

En los últimos siete días un sacerdote ha acudido diariamente al estanque de Siloé y ha llenado con agua una vasija dorada. Las multitudes lo han seguido mientras él llevaba esta agua al templo. Ellos han mirado a este sacerdote derramar esta ofrenda de libación en un plato hondo que drena esta agua en la base del altar. En el otro lado del altar estaba un plato similar en el cual se derramaba vino, que también daba a la base del altar. Esto se hacía al tiempo que se recitaba Isaías 12:3: "Con alegría sacarán ustedes agua de las fuentes de la salvación". La ceremonia traía a la memoria la provisión divina de agua de una peña en el desierto. Haciendo alusión a esta celebración pública, Jesús se pone de pie y a viva voz habla sobre el agua viva. En esencia, él clama ser la roca de la provisión divina (1 Corintios 10:4).

En una nota entre paréntesis,[6] Juan le informa a su lector lo que Jesús realmente tenía en mente. Jesús promete que después de su ascensión vendrá el Espíritu Santo como compañero permanente del cristiano (Juan 14:16-19; 16:5-7).[7] El Antiguo Testamento lo había prometido desde hacía mucho tiempo atrás, con frecuencia en la figura de agua (Salmos 46:4-5; Isaías 32:15; 44:3; 55:1; 58:11; Ezequiel 39:29; Joel 2:28). Pero ¿qué pasaje es el que Jesús realmente tiene en mente en el v.38? Ha habido más de una sugerencia (por ejemplo, Éxodo 17:5-6; Números 20:7-11; Salmos 78:15-16; Proverbios 5:15; 18:4; Isaías 12:3; 58:11; Zacarías 13:1; etc.). Dodd observa que las citas que se leían diariamente y en público durante la fiesta de los Tabernáculos[8] eran Isaías 12:3; Ezequiel 47:1-10 y Zacarías 14:8. La cita apropiada parece que es Ezequiel 47:1-10. Describe el agua

---

[5] Fue en este preciso día que Hageo, unos cinco siglos antes, no muy lejos de este lugar, predijo lo siguiente: "No teman, porque así dice el SEÑOR Todopoderoso: 'Dentro de muy poco haré que se estremezcan los cielos y la tierra, el mar y la tierra firme; ¡haré temblar a todas las naciones! Sus riquezas llegarán aquí, y así llenaré de esplendor esta casa — dice el SEÑOR Todopoderoso —. Mía es la plata, y mío es el oro — afirma el SEÑOR Todopoderoso —. El esplendor de esta segunda casa será mayor que el de la primera — dice el SEÑOR Todopoderoso —. Y en este lugar concederé la paz", afirma el SEÑOR Todopoderoso" (Hageo 2:6-9).

[6] En cuanto a una nota entre paréntesis de Juan, ver 2:21; 6:6, 71; 11:51; 12:6, 33; 21:19.

[7] Otra posible interpretación es que los asuntos relacionados con el "agua" fluyan de Jesús y no del cristiano. Pero eso no es muy posible. G. Fee, "One More — Jn 7:37-39" (Una vez más — Juan 7:37-39), *ExpT* (Revista expositor) 89 [1978]: 116-118.

[8] C. H. Dodd, *The Interpretation of the Fourth Gospel* (La interpretación del cuarto evangelio), [Cambridge: University Press, 1953], p. 349.

fluyendo del templo milenario. Este es un cuadro sorprendente del cristiano, que se convierte en el templo de Dios a través de la morada del Espíritu Santo (1 Corintios 6:19-20).[9]

El agua es un símbolo importante.[10] ¡En Palestina no tan sólo sirve para refrescar, sino que es vida! De la misma manera, no tan sólo es grato tener con nosotros al Espíritu Santo, sino que él vivifica nuestros cuerpos según Romanos 8:10-11 (ver Ezequiel 47:9). Es como si nuestros espíritus permanecieran adormecidos (es decir, muertos), debido a la maldición de la muerte en Edén. Sin embargo, después del pago por el pecado con la muerte de Cristo, la maldición del Edén desaparece y nuevamente podemos caminar con Dios bajo la fresca brisa del día (Génesis 3:8), por la morada en nosotros del Espíritu Santo (ver Apocalipsis 22:17).

Juan 7:40-44 señala:

⁴⁰Al oír sus palabras, algunos de entre la multitud decían: «Verdaderamente éste es el profeta.»
⁴¹Otros afirmaban: «¡Es el Cristo!»
Pero otros objetaban: «¿Cómo puede el Cristo venir de Galilea? ⁴²¿Acaso no dice la Escritura que el Cristo vendrá de la descendencia de David,ᵃ y de Belén, el pueblo de donde era David?» ⁴³Por causa de Jesús la gente estaba dividida. ⁴⁴Algunos querían arrestarlo, pero nadie le puso las manos encima.

ᵃ42 griego semilla o simiente.

Esta enseñanza difícil divide las multitudes en tres opiniones. Algunos creen que él es "el profeta". Esto está muy cerca de admitir que Jesús es el Mesías. Es posible que tengan en mente Deuteronomio 16:15-18 (ver Juan 1:20-21). Otros están dispuestos a declarar y confesar en términos correctos que "Él es el Mesías". El tercer grupo niega que él sea el Mesías porque, según ellos, él es de Galilea y no de Belén. Aunque el entendimiento de estos en cuanto al Antiguo Testamento es más certero que los del v. 27 (ver Miqueas 5:2; Mateo 2:5-6), ignoran la historia en la vida de Jesús. Ignoramos por qué Jesús no les aclaró a las multitudes que, de hecho, él había nacido en Belén. Tal vez quería evitar la sucia acusación de que era hijo ilegítimo. O

---

[9] Z. C. Hodges, "Rivers of Living Water" (Ríos de agua viva), *BibSac* (Biblioteca Sacra) 136 [1979]: 239-248.

[10] S. H. Hooke, "'The Spirit Was Not Yet'" ('El Espíritu todavía no estaba'), *NTS* (Estudios del Nuevo ...) 9 (1962-63):372-380, sugiere que la mayoría de las partes donde se habla del agua en Juan es simbólico (Juan 2:9; 3:5; 4:10-15; 5:7; 6:35; 7:37-38; 19:34).

tal vez sí lo quiso explicar pero la bulla de las multitudes lo ahogaron. Después de todo, él tenía que gritar al principio de su discurso para que lo escucharan (v. 37).

La división de la multitud no es una mera disputa civil. Los guardias están a punto de arrestar a Jesús, con el respaldo de cierto sector de la multitud. Un sector que se opone a su arresto está de parte de él. Y sin duda muchos, especialmente los peregrinos, permanecen neutrales, aturdidos por la impiedad de todo este asunto tan detestable. Tal vez no erraríamos si trajéramos a la luz nuestra imagen estereotipada de la pasión del Oriente Medio por cuestiones de controversia. Sin embargo, Jesús permanece por sobre los designios del hombre en la cronología de Dios (Juan 2:4; 7:30; 7:44).

Juan 7:45-52 señala:

⁴⁵Los guardias del templo volvieron a los jefes de los sacerdotes y a los fariseos, quienes los interrogaron: —¿Se puede saber por qué no lo han traído?
⁴⁶—¡Nunca nadie ha hablado como ese hombre! —declararon los guardias.
⁴⁷—¿Así que también ustedes se han dejado engañar? —replicaron los fariseos—. ⁴⁸¿Acaso ha creído en él alguno de los gobernantes o de los fariseos? ⁴⁹¡No! Pero esta gente, que no sabe nada de la ley, está bajo maldición.
⁵⁰Nicodemo, que era uno de ellos y que antes había ido a ver a Jesús, les interpeló: ⁵¹—¿Acaso nuestra ley condena a un hombre sin antes escucharlo y averiguar lo que hace?
⁵²—¿No eres tú también de Galilea? —protestaron—. Investiga y verás que de Galilea no ha salido ningún profeta.[a]

[a]**52** Los manoscritos más antiguos y otros testimonios de la antigüedad no incluyen Juan 7:53 – 8:11. En algunos códices y versiones que contienen el relato de la adúltera, esta sección aparece en diferentes lugares; por ejemplo, después de 7:44, o al final de este evangelio, o después de Lucas 21:38.

Cuando los guardias regresan con las manos vacías, tanto los fariseos como los jefes de los sacerdotes se lanzan contra ellos. Se enojan por haber fallado una vez más en atrapar a su archienemigo el cual los sigue derrotando en debates públicos. ¿Con todos sus años de preparación y aún no pueden con este pueblerino de Galilea? Heridos, van a atacar cualquier cosa que se mueva. Los guardias simplemente informan que la fuerza de su enseñanza los mantuvo a raya. Los jefes de los sacerdotes aumentan la declaración del guardia, que ellos mismos de ninguna manera pudieron negar, a un reconocimiento completo de quién es Jesús. Es más, la palabra "hombre" [*anthrōpos*] está al final de la oración que le da énfasis. Esto sugeriría que los guardias creen que Jesús es má que un simple hombre.

Los fariseos son diestros oradores. En esta ocasión utilizan esta habilidad para atacar a los guardias. En esencia, ellos afirman: "Las multitudes [*Am ha-aretz*) son un puñado de bufones ignorantes. Fácilmente son engañados. Y ustedes están actuando como estos plebeyos vulgares. No tan sólo son tontos, ¡están malditos!" En un momento de frustración, estos fariseos se muestran tal cual son. Son arrogantes y malvados con todos los que no se someten ante su posición social y que no comparten sus opiniones.

Aunque ellos aseguran que ningún fariseo cree en Jesús, Nicodemo está en la multitud. No tan sólo creyó en Jesús, sino que también indicó que otros lo hicieron (Juan 3:1-2). Nicodemo habla coherentemente y con buen razonamiento, no lanza su opinion, sino que sutilmente la deja escuchar en una pregunta. Cualquier observador imparcial tendrá que concordar con él en la pregunta judicial que plantea (Deuteronomio 1:16-17). El Sanedrín está al borde de una ruptura en el proceso judicial. Sin embargo, los compatriotas de Nicodemo no están de humor para escucharlo, sino que están prestos a matar. Atacan a su camarada como lo hacen con los guardias. Su malvada acusación no tan sólo va más allá de lo que dijo Nicodemo, sino que ignora la verdad de su pregunta.

Ellos declaran que jamás ha salido profeta de Galilea. Esto es totalmente falso. Jonás fue de Galilea (2 Reyes 14:25), y muy posiblemente también Oseas y Nahum. Sin embargo, tal vez deberíamos darles el beneficio de la duda y agregar un artículo a su declaración (como lo hace uno de los manuscritos más antiguos). "El Profeta" no viene de Galilea. Es decir: "El Mesías no vendrá de Galilea". Esto tal vez cobre más sentido a la luz del vasto conocimiento que ellos tienen del Antiguo Testamento.

Sección 97
La mujer sorprendida en adulterio
(Juan 7:53 – 8:11)

Antes de siquiera leer este pasaje notamos que la *Nueva Versión Internacional de la Biblia* ha editado esta parte o acontecimiento dentro de corchetes. La nota que le colocan señala: "Los manuscritos más antiguos y otros testimonios de la antigüedad no incluyen Juan 7:53 - 8:11". Eso es cierto. De hecho, no se encuentra en ningún manuscrito anterior al sexto siglo. Además, tenemos suficientes razones para creer que esto no lo escribió Juan sino que fue agregado por un escriba diestro y bien intencionado. (1) A pesar de ser incluido, contiene sustanciales variantes textuales al igual que diferencias de su ubicación dentro del libro. Algunos manuscritos lo colocan después del 7:36, algunos al final de Juan y otros después de Lucas 21:38. Otros lo colocan donde aquí aparece, pero lo marean con un obelisco para informarnos que hay algo raro en esto. "Ningún comentarista antiguo lo señaló, ni tampoco lo cita ningún padre de la iglesia antes de Ireneo . . . La multiplicidad de pequeñas variantes dentro de esta sección indican que su historia literaria pudiera tener variantes" (Tenney, p. 91). (2) Su inclusión rompe con el flujo natural entre 7:52 y 8:12.[11] Y 7:53 hace un cambio brusco entre la reunión privada del Sanedrín y la dispersión pública de la multitud. (3) Si es auténtica, es el único lugar donde Juan menciona a los escribas y el único lugar del evangelio donde Jesús escribe. (4) Hay unas cuantas cosas en la narrativa que resultan difíciles de explicar: ¿Por qué ostenta Jesús la autoridad de un juez? Y, ¿por qué le traen esta mujer a Jesús y no al hombre con quien vivía? Todo esto sugiere que Juan 7:53 - 8:11 no fue parte original del texto de Juan.[12]

Al señalar que este texto no sea auténtico, no queremos decir que no sea histórico. En otras palabras, es probable que no fuese parte original en el evangelio de Juan. Sin embargo, es posible que haya estado basado en la tradición oral verdadera en la vida de Jesús. Papías, el discípulo de Juan, estaba familiarizado con esta anécdota. Eusebio explica: "Papías ha explicado otra historia de otra mujer que fue acusada ante el Señor por tener muchos pecados, que el evangelio según los Hebreos presenta" (*Ecclesiastical History* III, 39.17). Agustín

---

[11] La alusión al agua (Juan 7:38-39) y a la luz (8:12), dos símbolos dominantes en la fiesta de los Tabernáculos, ambos resultan inseparables en el último día de la fiesta (Juan 7:37). La mujer encontrada en adulterio empujaría Juan 8:12 hasta el día siguiente una vez terminada la fiesta. Además, Juan 8:12 responde a la pregunta de 7:52 haciendo alusión a Isaías 9:1-2 (ver P. Comfort, "El periscopio de la adúltera", *BT* (Traductor bíblico) 40/1 [1989]: 145-147).

[12] En cuanto a más detalles ver G. M. Burge, "A Specific Problem in the N.T. Test and Canon: The Woman Caught in Adultery (Jn 7:53 – 8:11)" (Un problema específico en el texto y canon del Nuevo Testamento: La mujer sorprendida en adulterio [Juan 7:53-8:11]) *JETS* (Revista de la sociedad teológica evangélica) 27/2 [1984]: 141-148. Sin embargo, en cuanto a la defensa de su autenticidad, ver Z. Hodges, "The Woman Taken in Adultery (Jn 7:53 – 8:11): The Text" (La mujer sorprendida en adulterio (Juan 7:53-8:11): El texto), *BibSac* (Biblioteca Sacra) 137 [1979]: 318-332.

(*De adulterinis conjugiis* II, 7) declaró que esta anécdota fue quitada de algunos manuscritos porque algunos la consideraron propicia al adulterio. Esto se puede entender a la luz del ascetismo creciente. Por lo tanto, trataremos este texto como un bosquejo literario corto en la vida de Jesús. Pero lo consideraremos muy ligeramente por su dudosa inclusión en el evangelio de Juan.

Juan 7:53 – 8:5 señala:

⁵³Entonces todos se fueron a casa. ¹Pero Jesús se fue al monte de los Olivos. ²Al amanecer se presentó de nuevo en el templo. Toda la gente se le acercó, y él se sentó a enseñarles. ³Los maestros de la ley y los fariseos llevaron entonces a una mujer sorprendida en adulterio, y poniéndola en medio del grupo ⁴le dijeron a Jesús: -Maestro, a esta mujer se le ha sorprendido en el acto mismo de adulterio. ⁵En la ley Moisés nos ordenó apedrear a tales mujeres. ¿Tú qué dices?

Todos se fueron a casa después de un día ajetreado y con tantos debates acalorados. Ya que la fiesta ha terminado, todos quitan sus "tiendas de campaña" y regresan a sus confortables camas. Pero Jesús sigue acampando en uno de sus lugares favoritos, el monte de los Olivos. A la mañana siguiente, justo al levantarse el sol, Jesús está nuevamente en el templo con una audiencia deseosa de escucharlo. Este sería el octavo día de la fiesta, la asamblea solemne.

Los religiosos eruditos conservadores (es decir, los fariseos y los escribas) le presentan a Jesús un dilema. Aquí está una mujer encontrada en el acto mismo de aulterio. Ella está en medio de una multitud asesina con su corazón bulléndole la sangre en gran manera y las manos sudorosas. Se pregunta si logrará sobrevivir. Todo esto pasó tan de repente. Las sábanas siguen aún tibias.

Tal vez el gozo de la celebración y el vino delicioso de los últimos siete días la indujeron a pecar. Ahora, ella es presentada en el templo de Dios, expuesta. Las mismas piedras de este lugar santo parecen condenarla. La multitud, aunque de mal humor por la interrupción, permanecen con una curiosidad sádica por el espectáculo y sus miradas dicen mucho. Ella está parada en desgracia pública y sola sin el apoyo siquiera de su amante. De paso, ¿dónde está él? Si ambos fueron atrapados en el acto mismo, ¿dónde está él para que sea castigado justamente y sea apedreado (Levítico 20:10)? Su hipocresía es tan evidente. No solo la ausencia del hombre es una inconsistencia muy obvia, sino que la presencia de los fariseos cuando sucedió el acto también es una inconsistencia muy evidente. ¿Cómo pudo atraparse a esta mujer en adulterio sin habérsele tendido una trampa? A los fariseos no les preocupa ni la mujer ni el pecado. Ella resulta ser un simple instrumento para atrapar a Jesús.

Así que se le presenta este dilema a Jesús. Le preguntan enfáticamente: "¿TÚ qué dices?" Si condena a la mujer puede poner en riesgo la ira de Roma por pronunciarse a favor de la pena capital. También podía perder a la multitud que simpatizaba con él por su compasión por la gente. Pero por otro lado, si deja libre a la mujer, podía ser acusado de contradecir la ley de Moisés que demanda que una persona adúltera sea apedreada (Deuteronomio 22:22-24). Sin embargo, Jesús no podrá quedar atrapado en un paradoja (ver Mateo 22:15-40). Tampoco permitirá que tal hipocresía quede impune.

Juan 8:6-11 señala:

> ⁶Con esta pregunta le estaban tendiendo una trampa, para tener de qué acusarlo. Pero Jesús se inclinó y con el dedo comenzó a escribir en el suelo. ⁷Y como ellos lo acosaban a preguntas, Jesús se incorporó y les dijo: —Aquel de ustedes que esté libre de pecado, que tire la primera piedra. ⁸E inclinándose de nuevo, siguió escribiendo en el suelo. ⁹Al oír esto, se fueron retirando uno tras otro, comenzando por los más viejos, hasta dejar a Jesús solo con la mujer, que aún seguía allí. ¹⁰Entonces él se incorporó y le preguntó: —Mujer, ¿dónde están?ª ¿Ya nadie te condena? ¹¹—Nadie, Señor. —Tampoco yo te condeno. Ahora vete, y no vuelvas a pecar.
>
> ª10 ¿dónde están? Var. ¿dónde están los que te acusaban?

Jesús, como desinteresado en la pregunta, se inclina a escribir en el suelo. Ha habido múltiples especulaciones en cuanto a lo que escribió. Una sugerencia muy aceptada y atractiva es que él escribió muchas acusaciones en contra de los miembros del Sanedrín. Otra sugiere que él escribió un listado con sus nombres. Otra más dice que él tan sólo hizo rayas para mostrar su desinterés. Tenemos harta curiosidad en cuanto a lo que él escribió. Sin embargo, parece no importar. El énfasis recae en el acto de escribir, no en lo que escribió. Mientras Jesús escribe en la arena y el polvo, lo presionan para que emita su veredicto. Obtuvieron una respuesta más acertada de lo que querían.

Jesús se para, para darle fuerza a su respuesta. Sin pasar por alto la ley de Moisés o a la preciosa persona frente a él, simplemente dice: "si alguno de ustedes está sin pecado, que sea la primera persona en arrojar la primera piedra contra la mujer". Él no está diciendo que los acusadores deben ser inmaculados. Eso sería la muerte de todo procedimiento legal. Lo que les está pidiendo es que sean los testigos adecuados.[13] Conforme con Deuteronomio 19:16-19 (ver Éxodo 23:1-3, 6-8), esto quiere decir que no sean maliciosos o mentirosos. Lo que hace Jesús es exponer sus verdaderas intenciones. Ellos tratan de atrapar a Jesús, no a la mujer. Ahora ellos, al igual que la mujer, son hallados en el acto mismo. Además, aquellos que lanzarían la primera piedra, de acuerdo con la jurisprudencia judía, deben ser testigos del crimen. Estos tipos aparecen en el centro de esta trampa malvada.

¡Tiro acertado! Jesús, con una sola declaración, identifica, critica y desmantela todo el complot. Se inclina nuevamente y sigue haciendo garabatos en el suelo.

Los más viejos se van primero, su sabiduría y moderación ha sido forjada a través de los años. Los demás los siguen. Poco a poco, esta banda de acusadores desaparece, dejando sola a la mujer y a Jesús en el centro [griego = *en mesō ousa*]. Pero, ¿en el centro de qué? De la multitud original de discípulos que fueron interrumpidos por este acontecimiento.

Todos los acusadores de la mujer han desaparecido. Jesús es el único que queda. Pero un solo testigo no es suficiente para llevar a cabo la pena capital.[14] Tampoco es la intención de Jesús condenarla (Romanos 8:31-34). La trata con amabilidad y respeto (ver Juan 2:4; 20:13), es perdonada; queda libre. Ahora veamos que el perdón de Cristo es gratuito, pero tiene un costo muy alto. Con la gracia llega la esperanza de actuar de manera que complazca a Dios. Jesús la despide ordenándole que se mantenga pura. Si esta anécdota no es cierta, por lo menos muestra la verdadera personalidad y hermosura del amor de nuestro Señor por la gente dolida.

---

[13] C. P. Baylis, "The Woman Caught in Adultery: A Test of Jesus as the Greater Prophet" (La mujer atrapada en adulterio: Una prueba de Jesús como el gran profeta), *BibSac* (Biblioteca Sacra) 146 [1989]: 171-184.

[14] S. A. James, "The Adulteress and the Death Penalty" (La adúltera y la pena de muerte), *JETS* (Revista de la sociedad teológica evangélica) 22/1 [1979]: 45-53, correctamente concluye que este texto no abroga la pena capital. De conformidad con la jurisprudencia judía, los fariseos eran testigos ilegales. Jesús, como único testigo, no era suficiente para ejecutar la pena capital.

Sección 98
Yo soy la luz del mundo
(Juan 8:12-20)

En Juan capítulo 8 encontramos a Jesús en el templo enseñando en distintas partes del mismo. Sus mensajes le dan continuidad y ahondan respecto de la discusión del capítulo 7. Lo encontramos primero en el atrio de las mujeres donde trece recipientes en forma de trompeta se alineaban al lado de una pared. Del otro lado de la pared está la sala del Sanedrín. Este patio está reservado para los fariseos, allí enseñaban a sus discípulos. Jesús toma este lugar. Sin embargo, nadie lo detuvo aunque estaba a unos cuantos pasos del Sanedrín. Claro que querían atraparlo, pero todavía no llegaba su hora (ver Juan 2:4; 7:6, 30; 12:23, 27; 17:1). De aquí, Jesús sale a los pórticos del templo. Fuera del santuario, las multitudes podrían hacer preguntas y participar en la conversación. Desafortunadamente, a ellos no les agradó lo que Jesús señaló en ese lugar. De hecho, tomaron piedras de la construcción para apedrearlo (Juan 8:59).

Juan 8:12-20 señala:

> [12] Una vez más Jesús se dirigió a la gente, y les dijo: —Yo soy la luz del mundo. El que me sigue no andará en tinieblas, sino que tendrá la luz de la vida.
> [13] —Tú te presentas como tu propio testigo —alegaron los fariseos—, así que tu testimonio no es válido.
> [14] —Aunque yo sea mi propio testigo —repuso Jesús—, mi testimonio es válido, porque sé de dónde he venido y a dónde voy. Pero ustedes no saben de dónde vengo ni a dónde voy. [15] Ustedes juzgan según criterios humanos; yo, en cambio, no juzgo a nadie. [16] Y si lo hago, mis juicios son válidos porque no los emito por mi cuenta sino en unión con el Padre que me envió. [17] En la ley de ustedes está escrito que el testimonio de dos personas es válido. [18] Uno de mis testigos soy yo mismo, y el Padre que me envió también da testimonio de mí.
> [19] —¿Dónde está tu padre?
> —Si supieran quién soy yo, sabrían también quién es mi Padre.
> [20] Estas palabras las dijo Jesús en el lugar donde se depositaban las ofrendas, mientras enseñaba en el templo. Pero nadie le echó mano porque aún no había llegado su tiempo.

Esta es la segunda vez que Jesús declara "YO SOY" (ver Juan 6:35; 8:12; 10:7, 9, 11, 14; 11:25; 14:6; 15:1, 5). Tal vez esta es la mejor de todas. Se utiliza la luz para representar la verdad porque expone lo que hay alrededor, y la pureza debido a su esencia misma. En el Nuevo Testamento estas dos cualidades de la luz se personifican en: (1) Dios (1 Timoteo 6:16; 1 Juan 1:5). (2) Jesús – el enviado de Dios (Mateo 4:16 [Isaías 9:1-2]; Lucas 2:32; Juan 1:4-5, 9; 3:19; 8:12; 9:5; 12:36, 46-47) (3) Los cristianos – como enviados de Jesús (Mateo 5:14; Lucas 16:8; Juan 12:36; 1 Tesalonicenses 5:5). (4) El evangelio – al ser proclamado por los cristianos (Hechos 26:23; 2 Corintios 4:4; Tito 1:3; 2 Pedro 1:19). Existe un conflicto fiero entre la luz y las tinieblas (Juan 1:5; 3:19-21; 12:35; Hechos 26:18; Romanos 13:12; 2 Corintios 6:14; Efesios 5:8; 1 Tesalonicenses 5:5; 1 Pedro 2:9; 1 Juan 2:9). Las tinieblas odian a la luz porque expone y a la vez juzga sus obras que son malas (Juan 3:19-21; 1 Corintios 3:13; 4:5; Efesios 5:13-14). Esta competencia entre la luz y las tinieblas (es decir, Dios y Satanás) terminará con la consumación del reino (Colosenses 1:12; 1 Juan 2:8). Finalmente, toda esta teología de la "luz" se encuentra representada en la Nueva Jerusalén que tendrá como su luz al mismísimo Señor Jesucristo (Apocalipsis 21:23-24; 22:5).

La luz del candelabro de siete brazos jugó un papel sumamente importante en la fiesta de los Tabernáculos. Su luz iluminaba el atrio de las mujeres donde Jesús se encuentra enseñando ahora. Tal vez su alusión se conecta directamente con la luz de Dios en el tabernáculo. Sin embargo, cuando Jesús se aplica a sí mismo la metáfora de la "luz", los fariseos no pueden pasar por alto su implicación mesiánica. Lo desafían por tan audaz afirmación. Nuevamente lo consideran un charlatán porque habla por sí mismo. De acuerdo con la ley mosaica acerca del testimonio, cada declaración requería dos o tres testigos. En dos ocasiones Jesús ya ha presentado a sus testigos (Juan 5:30-47; 7:16-19). No necesita hacerlo nuevamente.

Pareciera como que Jesús se contradice en el v. 14 (ver Juan 5:31). Sin embargo, debido a que los fariseos han rechazado o ignorado todos los testigos de apoyo de Jesús, ¿qué más puede hacer que verificar su propio testimonio? En verdad, es él el único que puede atestiguar de su origen celestial (v. 14), su unidad con el Padre (v. 15-16) y la consistencia entre lo que él dice y lo que Dios dice (vv. 17-18). Nadie más ha ido al cielo y regresado a la tierra para atestiguar y verificar la verdad de lo que Jesús señala. Tanto Juan como Moisés recibieron revelación divina en cuanto a Jesús, pero los fariseos han rechazado el testimonio de ellos. Los milagros de Jesús indican su poder sobrenatural, pero los fariseos lo han determinado que es poder demoníaco. Los únicos dos testigos que quedan son Jesús y el Padre. Los fariseos se han rehusado resueltamente a escuchar a Jesús. Y como no conocen al Padre, no tienen forma de recibir su testimonio. Tristemente para los fariseos, Jesús es el único camino al Padre, pero lo han cortado. Han quemado todo puente para salir del valle de la muerte.

Todo lo que queda es el juicio y la muerte segura. Jesús no vino a condenar al mundo sino a salvarlo (Juan 3:16-17). Sin embargo, en el proceso de la predicación del evangelio de la salvación, sus palabras fijaron algunos parámetros acerca de quiénes sí o quiénes no alcanzarían la salvación (Juan 5:24). En este pequeño período de tiempo que conocemos como la encarnación, no es el Hijo del hombre el que juzga, sino sus palabras. El futuro Cristo, ya no encarnado, juzgará al mundo y a todo malvado que rehusó aceptar al mensajero de Dios (Juan 5:26-30).

Sección 99a
Me voy al Padre
(Juan 8:21-30)

Juan 8:21-26 señala:

²¹De nuevo Jesús les dijo: -Yo me voy, y ustedes me buscarán, pero en su pecado morirán. Adonde yo voy, ustedes no pueden ir.
²²Comentaban, por tanto, los judíos: «¿Acaso piensa suicidarse? ¿Será por eso que dice: "Adonde yo voy, ustedes no pueden ir"?»
²³—Ustedes son de aquí abajo —continuó Jesús—; yo soy de allá arriba. Ustedes son de este mundo; yo no soy de este mundo.
²⁴Por eso les he dicho que morirán en sus pecados, pues si no creen que yo soy el que afirmo ser,[a] en sus pecados morirán.
²⁵—¿Quién eres tú? —le preguntaron.
—En primer lugar, ¿qué tengo que explicarles?[b] —contestó Jesús—. ²⁶Son muchas las cosas que tengo que decir y juzgar de ustedes. Pero el que me envió es veraz, y lo que le he oído decir es lo mismo que le repito al mundo.

[a]*24 el que afirmo ser.* Alt. *aquél;* también en v. 28. [b]*25 En primer . . . explicarles?* Alt. *Lo que desde el principio he venido diciéndoles.*

La última vez que Jesús afirmó que se iría de entre ellos, los judíos asumieron que se iría a la diáspora (7:33-36). Ahora, tal vez suene ridículo, pero ellos se preguntan si se va a suicidar. Seguro que ellos no seguirán a Jesús hasta su muerte. Jesús dijo "ustedes morirán en sus pecados", a lo que ellos responden, "¡No, tú eres el que se va a suicidar!" Suena extraño, pero no están lejos de la verdad. Jesús va a poner su vida por nuestros pecados (Juan 10:18; Mateo 20:28), una muerte voluntaria y como sustituto.

¿Cómo es que ellos buscarán a Jesús y no lo hallarán? Existen varias posibilidades. Hendriksen piensa que buscarán a Jesús en su cama, a la hora de su muerte, pero no lo hallarán y morirán en sus pecados. También se puede referir al castigo sobre Jerusalén (año 70 d.C.). Buscarán a su Mesías para que libre a la ciudad (Mateo 24:4-5, 23-26), pero no lo encontrarán porque él ya habrá partido. O tal vez ellos buscarán a un Mesías fabricado por ellos mismos y no lo hallarán porque el verdadero Mesías, Jesús, ya ha sido ofrecido y rechazado. Sin embargo, una posibilidad más, todavía más aterradora, es que sus días en que tuvieron la oportunidad de arrepentirse han terminado. Dios endureció a Israel como nación hasta que los gentiles tuviesen la oportunidad plena de aceptar el evangelio (Romanos 11:25). Así, los que no acepten ahora a Jesús perderán su oportunidad (ver Juan 8:43; Mateo 13:13-15; Hechos 28:25-28; Hebreos 6:6; Isaías 55:6).

Las multitudes acaban de confesar que no encontrarán a Jesús porque él se suicidará. Jesús responde: "el suicidio no tiene nada que ver con esto. No me encontrarán porque pertenecemos a dos mundos totalmente distintos". Aunque Jesús vino a la tierra — fuera de este mundo, al nuestro — los judíos siguen sin entender porque siguen pensando con sus mentes terrenales en vez de ascender a los pensamientos de Dios. Jamás pudimos haber entendido a Dios a no ser porque Jesús vino a la tierra en forma corporal. Pero tampoco podemos conocer a Dios a menos que nuestras mentes asciendan al reino celestial. Se requiere tanto de la encarnación de Dios en cuerpo humano como de la renovación de la mente humana a la forma de pensar divina.

El tiempo de la información a medias ha terminado. Jesús habla lo más claro que puede: "o creen que yo soy el Mesías o se van al infierno" (ver Juan 3:36). Ellos preguntan enfáticamente: "¿Quién eres tú?" [*su tis ei*]. Lo están desafiando nuevamente. Tal declaración es seria. Como lo veremos, las respuestas de las multitudes son una mezcla de opiniones (Juan 8:30-31). Sin embargo, su pregunta delata su incapacidad de escuchar. En los últimos dos días Jesús ha estado enseñando precisamente eso: ¡Quién es él! Jesús no va a retroceder y empezar a explicar todo desde el principio nuevamente. Tampoco se va a someter a un juicio, aunque tiene todas las de ganar: tiene pruebas y la autoridad. Lo dejará a su Padre y a la fuerza de su enseñanza.

Esto será suficiente para convencer o condenar a las multitudes, y no tan sólo a estos judíos. Esto será suficiente para convencer a todo el mundo (v. 26).

Juan 8:27-30 señala:

> ²⁷Ellos no entendieron que les hablaba de su Padre. ²⁸Por eso Jesús añadió: —Cuando hayan levantado al Hijo del hombre, sabrán ustedes que yo soy, y que no hago nada por mi propia cuenta, sino que hablo conforme a lo que el Padre me ha enseñado. ²⁹El que me envió está conmigo; no me ha dejado solo, porque siempre hago lo que le agrada. ³⁰Mientras aún hablaba, muchos creyeron en él.

Nuevamente las palabras de Jesús no revelan todo a la incrédula audiencia. En vez de contestarles sus preguntas, añade otro enigma. Nuevamente recordamos (ver Mateo 13:10-17) que Jesús no enseña para aclarar sino para orientar a sus discípulos. Si sus estudiantes están predispuestos hacia la incredulidad, él no tiene por qué tener remordimientos si ellos se confunden más. Pero aquellos que se inclinan a creer se acercarán más a él.

Al igual que en 3:14, ser "levantado" tiene su inicio en la cruz (ver 12:32). ¿Cómo es posible que estos judíos de repente vayan a saber quién es Jesús? Después de todo, no habrá mayores conversiones en el Gólgota. A la mayoría de los judíos, la crucifixión no les convence que Jesús es el Cristo. Sin embargo, después de la resurrección y de la ascensión, que también es parte de ser "levantado", el remanente de Israel se salva. No podemos continuar sin pensar en el Pentecostés, cuando la predicación de Pedro en cuanto a la muerte, sepultura, resurrección y ascensión de Jesús despertó la pregunta: "Hermanos, ¿qué debemos hacer?"

Es más, la sumisión de Jesús a la cruz será la última demostración de su obediencia y unidad con el Padre. No tan sólo llevará fruto en el futuro esa demostración, sino que en este preciso instante convence a muchos para que confíen en él. Es posible que esta "fe" no vaya más allá de ser una "fe que salva" (ver Juan 2:23; 12:42), pero es un paso en la dirección correcta.

Sección 99b
Antes de que Abraham naciera, ¡yo soy!
(Juan 8:31-59)

Juan 8:31-36 señala:

31 Jesús se dirigió entonces a los judíos que habían creído en él, y les dijo: —Si se mantienen fieles a mis enseñanzas, serán realmente mis discípulos; **32** y conocerán la verdad, y la verdad los hará libres.

33 —Nosotros somos descendientes[a] de Abraham —le contestaron—, y nunca hemos sido esclavos de nadie. ¿Cómo puedes decir que seremos liberados?

34 —Ciertamente les aseguro que todo el que peca es esclavo del pecado -respondió Jesús-. **35** Ahora bien, el esclavo no se queda para siempre en la familia; pero el hijo sí se queda en ella para siempre. **36** Así que si el Hijo los libera, serán ustedes verdaderamente libres.

a33 griego semilla o simiente; también en el v. 37.

Durante esta discusión, Jesús se dirige tanto a creyentes como a incrédulos con muy poca o casi nada de distinción entre ambos. Esto se debe a que su audiencia está dividida. Algunos están decididos a matarlo; otros empiezan a creer en él. Pero aún estos "creyentes" pueden estar vacilando entre creer o no. Pueden estar titubeando entre la fe o la duda. Después de todo, tan sólo son creyentes "bebés" y las afirmaciones de Jesús son extraordinarias.

Al tiempo que Jesús alimenta su fe naciente les entrega tanto las responsabilidades como el privilegio de ser sus discípulos. Sus responsabilidades son que sigan manteniendo (aceptar y obedecer) sus enseñanzas. No es suficiente sólo hablar de Jesús, sino hay que caminar con él, a pesar de la inminente oposición. El privilegio que tienen es la libertad. No es una libertad para que hagan lo que quieran, sino el poder y el deseo de hacer lo que deben estar haciendo.

La multitud objeta la insinuación que se les hace de que son esclavos. Son, después de todo, el pueblo privilegiado de Dios. ¡Son hijos de Abraham! Cierto que no debieron haberse olvidado de su esclavitud política en Egipto y de su cautiverio en Babilonia, Siria y ahora bajo Roma. Tampoco podían negar el hecho de que muchos judíos habían sido esclavizados socialmente. De hecho, la ley mosaica legislaba la esclavitud temporal entre judíos. Lo que deben estar señalando es que espiritualmente no son esclavos de nadie, ni lo han sido jamás. No están sujetos a los ídolos de pueblos politeístas paganos que viven alrededor de ellos, ni tampoco se sienten obligados a las doctrinas oscuras de los demonios inherentes a la idolatría. Son los monoteístas puros de Jehová, no necesitan ninguna liberación espiritual . . . así lo creen.

Jesús les explica que el hecho de adoptar la religión correcta no es lo que libera a una persona, como tampoco vivir en una casa lo hace hijo. Sí, ellos tienen la religión correcta pero no tienen los estilos de vida apropiados. Son pecadores (el participio presente indica una acción continua en sus vidas de pecado, ver 1 Juan 3:4). Cualquier persona que vive sujeta al pecado vive en esclavitud (Romanos 6:16; 11:32; 2 Pedro 2:19). El v. 36 es nuestra "proclamación de independencia" (2 Corintios 3:17; Gálatas 4:6-7). Jesús, como el Hijo de Dios, tiene el derecho legal de darles la libertad a sus esclavos y adoptarlos como hijos en su familia. Nuestra libertad en Cristo es la libertad de la esclavitud del pecado: (1) De su *castigo* — nuestra deuda ha sido cancelada (Isaías 53:5); (2) de su *práctica* — podemos sobreponernos a nuestros hábitos de pecar; y (3) de su *poder* — se nos da un nuevo corazón para ya no desear las cosas que deseábamos.

Además, en Cristo, estamos libres de los juicios de los hombres (Romanos 14:4), de la culpa (Romanos 8:1-2), de las restricciones y filosofías de este mundo (Juan 3:8). Estamos libres de la preocupación en cuanto a las posesiones materiales (Mateo 6:25-34), libres del temor del juicio (1 Juan 4:18), libres de nosotros mismos y de nuestro egoísmo nefasto (Gálatas 2:20), libres de la muerte (Romanos 6:5-6). ¡Cuando Jesús nos liberta, en verdad somos libres!

Juan 8:37-41 señala:

37Yo sé que ustedes son descendientes de Abraham. Sin embargo, procuran matarme porque no está en sus planes aceptar mi palabra. **38**Yo hablo de lo que he visto en presencia del Padre; así también ustedes, hagan lo que del Padre han escuchado.ᵃ
39—Nuestro padre es Abraham —replicaron.
—Si fueran hijos de Abraham, haríanᵇ lo mismo que él hizo. **40**Ustedes, en cambio, quieren matarme, ¡a mí, que les he expuesto la verdad que he recibido de parte de Dios! Abraham jamás haría tal cosa. **41**Las obras de ustedes son como las de su padre. —Nosotros no somos hijos nacidos de prostitución —le reclamaron—. Un solo Padre tenemos, y es Dios mismo.

*ᵃ***38** O *presencia. Por lo tanto hagan lo que han escuchado del Padre.*
*ᵇ***39** Algunos manuscritos antiguos *"Si son hijos de Abraham", dijo Jesús, "entonces . . ."*

Ser hijo de Abraham implicaba ser bendecido en gran manera según la teología judía: Había una relación de pacto con Dios, participación en el banquete mesiánico, la confianza en los oráculos de Dios (ver Romanos 3:1-2; 9:4-5), etc. Pero hay una diferencia entre ser los descendientes de Abraham (v. 37) y ser sus hijos (v. 39). Ser descendiente de Abraham era un asunto meramente biológico, ser su hijo requería vivir a la altura del padre Abraham (Romanos 2:28-29; 4:12-13, 16, 18; 9:7-8; Gálatas 3:6-9, 14, 29; 4:22-28, Apocalipsis 2:9; 3:9). Jesús no niega la genealogía de ellos sino su judaísmo. Afirmar que ellos actuaban como si no fuesen judíos era un asunto muy serio y hasta un insulto. Jesús estaba calumniando y poniendo en tela de juicio su identidad como judíos. No habría sido tan duro si Jesús hubiera señalado que ellos no le hacían caso a Moisés (7:19-23), a Elías o hasta a Hillel. Pero Abraham, como el padre de toda la nación judía, representaba a sus líderes, las promesas y sus prácticas.

La acusación de Jesús es sumamente dura, pero está justificada. Al buscar destruir a Jesús, estaban atentando contra todo lo que Abraham anticipó (Génesis 12:1-3; Gálatas 3:16-29). Buscan destruir la clave de la vida y el llamado de Abraham, el Mesías prometido. Así, es difícil que ellos se jacten y afirmen ser descendientes de Abraham. Además, la fe fue la característica dominante de Abraham. Fue una fe desarrollada por escuchar a Dios y hacer lo que él demandó (ver Génesis 18:1-8). La audiencia de Jesús no está escuchando al mensajero de Dios. Por lo tanto, ellos no tienen fe, la marca distintiva de Abraham.

Sus acciones hablan de un padre distinto. Son asesinos. Rechazan el mensaje y al mensajero de Dios. Son arrogantes hasta el punto de usurpar la autoridad de Dios. Esas son características satánicas. Sus actos los traicionan y revelan que están comprometidos con Satanás en vez de con Abraham. Ellos reaccionan fuertemente al insulto tan flagrante. Ellos protestaron: "somos hijos de Dios". No hay duda de que están convencidos de ello, pero están equivocados. Así es para muchos que piensan que están en buena relación con Dios, pero están más perdidos que nunca (ver Mateo 7:21-23; 25:41-46). Esto no quiere decir que no podemos estar seguros de nuestra salvación (ver 1 Juan 5:13). Sin embargo, nuestra certeza debe venir por escuchar a Jesús, el mensajero de Dios.

Ellos objetan fuertemente el ser llamados bastardos espirituales. Al hacerlo, pueden estar dudando del nacimiento de Jesús. Esta no era una acusación rara en contra de María y de José. Había rumores de que Jesús era físicamente aquello de lo que ellos eran acusados espiritualmente.

Juan 8:42-47 señala:

42—Si Dios fuera su Padre —les contestó Jesús—, ustedes me amarían, porque yo he venido de Dios y aquí me tienen. No he venido por mi propia cuenta, sino que él me envió. **43**¿Por qué no entienden mi modo de hablar? Porque no pueden aceptar mi palabra. **44**Ustedes son de su padre, el diablo, cuyos deseos quieren cumplir. Desde el principio éste ha sido un asesino, y no se mantiene en la verdad, porque no hay verdad en él. Cuando miente, expresa su propia naturaleza, porque es un mentiroso. ¡Es el padre de la mentira! **45**Y sin embargo a mí, que les digo la verdad, no me creen. **46**¿Quién de ustedes me puede probar que soy culpable de pecado? Si digo la verdad, ¿por qué no me creen? **47**El que es de Dios escucha lo que Dios dice. Pero ustedes no escuchan, porque no son de Dios.

Los judíos están escuchando dos voces conflictivas, una de Dios (a través de Jesús) y la otra de Satanás. La voz a la que le harán caso es a la que les es familiar (1 Juan 4:5-6). Al igual que los niños que le creen a lo que dice su papá, estos judíos le están escuchando a su padre, el diablo. Escuchar no es tan sólo un asunto de verdad y lógica. Es un asunto de amor (v. 42; ver 1 Juan 3:10; 5:1-2). Ellos se muestran sordos a las palabras de Jesús, no porque sean estúpidos, no porque Jesús resulte confuso. Rehúsan prestar atención (ver Juan 8:19, 22, 25, 27, 33) porque no aman a Jesús. Y, no aman a Jesús porque no aman a su Padre.

A diferencia de los hijos que no pueden escoger a sus padres, los judíos se tornaron hijos del diablo al hacer las cosas que él hace (Mateo 13:38; 23:15; 1 Juan 3:8; Apocalipsis 12:9). La verdad es que nosotros escogemos a quién hacerle caso. Escogemos quién será nuestro padre. Llega el punto cuando escuchamos tanto las mentiras que ya no podemos creer en la verdad (v. 43).

Satanás es mentiroso (Génesis 3:1-4; Job 1:9, 10, 11; Mateo 4:6, 9; Hechos 5:3; 2 Tesalonicenses 2:9, 10, 11). Pero más todavía, es maestro de medias-verdades (Génesis 3:4) y tuerce las Escrituras (Mateo 4:6). Él logra sus objetivos no tan sólo con mentiras, sino sustituyendo la mente de Dios por la del "hombre" (Isaías 55:6-9). En nuestro mundo occidental hemos asumido que la verdad triunfará siempre; ese razonamiento, por su fuerza lógica, finalmente convencerá. Pero lo que aceptamos como "hecho" o "verdad" dependerá en gran manera en nuestros compromisos previos. Pongámoslo de manera simple: Satanás no siempre nos privará de la información. Si logra que veamos la información a través de los lentes del mundo, hasta la cruz se tornará algo tonto (1 Corintios 1:18-25). Es por ello que estos judíos, quienes conocían los hechos en cuanto a Jesús, podían rechazarlo. Jesús no encajaba en su filosofía así que su "voz" fue descartada.

Llega el tiempo cuando una filosofía errada ya no puede responder a ciertas verdades. En ese punto, el individuo honesto debe abandonar su "forma de pensar" y adoptar otro sistema que puede dar cuenta mejor de los hechos. El v. 46 está diseñado para destruir su filosofía errada al invitarlos a detectar[15] cualquier falla moral en Jesús. ¡Esa es una invitación peligrosa! Si las campañas políticas nos han enseñado algo, es el hecho de que nadie es perfecto. Sin embargo, los acusadores de Jesús quedan frustrados. No tienen nada qué decir. Posiblemente esta sea la indicación más poderosa de que Jesús está libre de pecado (ver 2 Corintios 5:21; Hebreos 4:15).

Juan 8:48-53 señala:

> [48]—¿No tenemos razón al decir que eres un samaritano, y que estás endemoniado? —replicaron los judíos. [49]—No estoy poseído por ningún demonio —contestó Jesús—. Tan sólo honro a mi Padre; pero ustedes me deshonran a mí. [50]Yo no busco mi propia gloria; pero hay uno que la busca, y él es el juez. [51]Ciertamente les aseguro que el que cumple mi palabra, nunca morirá. [52]—¡Ahora estamos convencidos de que estás endemoniado! —exclamaron los judíos—. Abraham murió, y también los profetas, pero tú sales diciendo que si alguno guarda tu palabra, nunca morirá. [53]¿Acaso eres tú mayor que nuestro padre Abraham? Él murió, y también murieron los profetas. ¿Quién te crees tú?

Ahora la multitud devuelve los insultos a Jesús. Él les dice que ellos están siendo engañados doctrinalmente. Ellos le dicen que él sigue las torcidas enseñanzas de los samaritanos (ver Juan 4:9). Él les dice que ellos son hijos del diablo. Ellos dicen que él está poseído por demonio (ver 7:20). No podía haber otra cosa peor con qué insultarse. En vez de defenderse o tomar venganza (Dios hará eso, v. 50), él simplemente ofrece vida (v. 51). Esa era su misión (Juan 10:10).

La oferta de vida eterna es una declaración audaz. ¿Quién se cree Jesús? . . . ¡Si sólo supieran! Aunque sea tan increíble para estos

---

[15]La palabra "probar" [*elenchei*] (v. 46) significa tanto probar como sentenciar basados en la evidencia suficiente. Tiene que ser algo más que una mera acusación.

judíos, si, Jesús es mayor que Abraham (ver Juan 5:18; 10:33; 19:7). El Mesías, por necesidad, debe ser así si quiere bendecir a todo el mundo (Génesis 12:3). Y, aunque las tres religiones más grandes del mundo (el judaísmo, el cristianismo y el islam) están basadas en Abraham, la historia ha demostrado que Jesús ha tenido mucho más influencia en el mundo que Abraham. La lección certera tanto en historia como en sociología, filosofía y teología es que Jesús en verdad es superior a Abraham. Y eso sin tomar en cuenta su identidad como Hijo de Dios y la segunda persona de la Deidad.

Si tan sólo escucharan ellos a Jesús entenderían que el Mesías es mucho más de lo que siquiera soñaron. Él trae liberación de la muerte (1 Corintios 15:54-57), no nos trae un gobierno insignificante. Él tiene el poder de la vida y de la eternidad para aquellos que oyen y obedecen su palabra (Mateo 7:24-27).

Juan 8:54-59 señala:

⁵⁴—Si yo me glorifico a mí mismo —les respondió Jesús—, mi gloria no significa nada. Pero quien me glorifica es mi Padre, el que ustedes dicen que es su Dios, ⁵⁵aunque no lo conocen. Yo, en cambio, sí lo conozco. Si dijera que no lo conozco, sería tan mentiroso como ustedes; pero lo conozco y cumplo su palabra. ⁵⁶Abraham, el padre de ustedes, se regocijó al pensar que vería mi día; y lo vio y se alegró. ⁵⁷—Ni a los cincuenta años llegas —le dijeron los judíos—, ¿y has visto a Abraham? ⁵⁸—Ciertamente les aseguro que, antes de que Abraham naciera, ¡yo soy! ⁵⁹Entonces los judíos tomaron piedras para arrojárselas, pero Jesús se escondió y salió inadvertido del templo.ª

ª*59 templo. Var. templo atravesando por en medio de ellos, y así se fue.*

La declaración audaz de Jesús que él podía dar vida eterna no es una mera fanfarronada. Jesús no defiende lo que afirma, únicamente lo afirma y ya. El tiempo la probará. Y únicamente el Padre puede defender a Jesús. El resto del Nuevo Testamento es un registro tanto del poder de Jesús para dar vida como la exaltación que Dios hace de su Hijo. Sin embargo, aquí no tenemos ni un debate ni una defensa sino una simple declaración de un hecho.

Abraham estaba complacido de ver el día de Jesús. Pero, ¿en qué momento vio Abraham el día de Jesús? ¿Quiere decir esto que él estaba feliz de apreciar la encarnación desde el cielo? O ¿acaso fue Jesús uno de los tres visitantes que le anunciaron a Abraham el nacimiento de Isaac (Génesis 18:1-2)? Lo más seguro es que Abraham se haya regocijado ante el inicio del cumplimiento de la promesa mesiánica (Génesis 12:1-3), cuando su propio hijo, Isaac, nació. Su nombre, después de todo, quiere decir "risa" (Génesis 21:3-6). Esta era la primicia de la promesa de Dios que a 2,000 años ellos pueden apreciar su culminación.

Obviamente, ellos mal entienden a Jesús. Ellos asumen que Jesús está diciendo que es un contemporáneo de Abraham. Pero Jesús no tiene 2,000 años de edad. Ni siquiera tiene cincuenta años de vida, es decir, en su estado encarnado. El hecho es que Jesús vivía al mismo tiempo que Abraham y mucho antes. Jesús coexistía con el Padre y es eterno igual que él (Juan 1:1-2; Colosenses 1:15-17).

Mientras que ellos mal entienden la cronología de Jesús, no pasan por alto lo que él señala. Cuando dijo: "Antes que Abraham naciera, ¡YO SOY!", perfectamente saben ellos que Jesús se está poniendo al mismo nivel de Dios. No importa si Jesús lo señala en griego, o mas probable en arameo, la traducción del tetragramatón es clara. Este nombre de Dios tan inefable, "Jehová", Jesús lo aplica a sí mismo. Con este título se identificaba Dios a su pueblo. Él le dijo a Moisés que era el "YO SOY EL QUE SOY" (Éxodo 3:14). Yo soy el que siempre he existido. Es esta la declaración más clara que Jesús hace respecto de su deidad. Y no es una declaración al vacío, los judíos la entienden perfectamente. Por ello quieren matarlo por blasfemo. Si lo que Jesús señala es una mentira, entonces él debe morir conforme a la ley de Moisés (Levítico 24:16). Pero si lo que dice es verdad, entonces están a punto de matar al Autor de la vida encarnado (Hechos 2:36; 3:15). Ellos recogen piedras de los escombros que hay porque se sigue construyendo el templo (ver Juan 2:20). Están a punto de cometer el crimen más grande de la historia.

Sección 100a
Jesús sana a un ciego
(Juan 9:1-7)

Este milagro es muy parecido al del inválido del capítulo 5. Ambos sucedieron en día de reposo, ambos tuvieron que ver con un estanque y ambos causaron un gran debate con los líderes religiosos. También es similar a la sanidad del lisiado que Pedro y Juan sanan (Hechos capítulo 3). También este acontecimiento causó un poco de malestar y fue una gran oportunidad para el evangelismo.

Juan 9:1-3 señala:

¹A su paso, Jesús vio a un hombre que era ciego de nacimiento. **²**Y sus discípulos le preguntaron: —Rabí, para que este hombre haya nacido ciego, ¿quién pecó, él o sus padres? **³**—Ni él pecó, ni sus padres —respondió Jesús—, sino que esto sucedió para que la obra de Dios se hiciera evidente en su vida.

No es probable que esta sanidad haya sido hecha en el mismo día que los judíos intentan apedrear a Jesús (Juan 8:59), ya que Jesús se escapa y se esconde fuera del templo. Pero es seguro que sucede poco tiempo después, tal vez al día siguiente. El texto no señala dónde se encuentra este hombre pero sería común que un limosnero ciego (Juan 9:8) se sentara en una de las entradas del templo para pedir limosna (ver Hechos 3:2). Él está afligido por una ceguera congénita, un problema común en los países del tercer mundo que no tienen la higiene necesaria durante el parto y las vitaminas apropiadas para los niños.[16]

Tanto los judíos (ver Job 4:7; 8:20; b. Ned. 41a, pero ver también Lucas 13:2-5) como los gentiles de ese tiempo (ver Hechos 28:4) creían que el castigo divino por los pecados se daba a través del sufrimiento físico. Así que este caso hizo surgir preguntas entre los discípulos: ¿De quién fue la culpa? Únicamente se pueden imaginar dos opciones.

Primero, preguntan si quien pecó fue el mismo ciego, causando su propia ceguera como castigo de parte de Dios, debido a que él había sido ciego desde su nacimiento, su pecado debió haber sido cometido desde que estaba en el útero. Es de sorprenderse que esa idea era común en aquellos días. Basados en Génesis 25:22-26, los rabinos enseñaban que Esaú trató de matar a Jacob aún estando en el vientre (ver Salmos 51:5; 58:3).

La segunda opción es que fueron los padres del ciego los que pecaron, pero Dios visita y castiga la siguiente generación (Éxodo 20:5; sin embargo ver Jeremías 31:29-30; Ezequiel 18:1-4). Dios

---

[16]Se supone que también el emperador Vespasiano sanó a un ciego en Alejandría, Egipto, a finales del año 69 a o principios del 70. Sin embargo, las fuentes de la sanidad marcaron diferencias cuando se compararon con Jesús. 1) Vespasiano dudaba de su propia habilidad para sanar y por ello no quería hacerlo; 2) hubo médicos que examinaron al ciego y determinaron que éste no estaba completamente ciego; 3) los historiadores notaron tanto la certeza y credibilidad de esta historia basados en la muchedumbre presente (ver Tacitus Histories IV.81, Suetonio, Vespasian 7.2; Casio Dio, Roman Histories LXV.8). La narración de la sanidad hecha por Vespasiano presenta un distintivo o tinte político; ver E. Eve, "Spit in Your Eye: The Blind Man of Bethsaida and the Blind Man of Alexandria", NTS 54 (2008): 1-17.

hizo eso porque en el antiguo pacto la salvación se daba a través de un mediador, los sacerdotes y los padres. La salvación de la familia dependía del padre, por ello las consecuencias de sus actos no eran individuales, sino que también afectaba a su familia. El nuevo pacto cambia todo esto (Jeremías 31:29-34). Sin embargo, hasta en nuestros días, en un sentido físico y social, los pecados de los padres se reflejan en los hijos. Por ejemplo, físicamente, si un padre no es fiel, los hijos pueden sufrir de sífilis o de SIDA. Socialmente, los niños maltratados o acosados sexualmente también pueden incurrir en lo mismo con sus hijos. La maldición sigue por generaciones. No tan sólo heredamos los rasgos físicos de nuestros padres sino que en ocasiones también se heredan sus pecados o sus consecuencias.

Tercero (una opción no expresada por los discípulos), este pecado pudo haberse causado por herencia desde Adán (ver Romanos 5:12-21). No tenemos que creer en el pecado original para darnos cuenta que este mundo dio un giro de ciento ochenta grados por el pecado de Adán. No tan sólo están bajo maldición los hombres y las mujeres (Génesis 3:16-19), sino que también la tierra misma experimenta maldición (Génesis 3:18; Romanos 8:19-22). Debido a esta maldición sobre la tierra, combinado con los estilos pecaminosos del hombre, tenemos toda clase de enfermedades, dolencias y malestares que Dios no planeó.[17]

Cuarto, Jesús sugiere que esta enfermedad es para honra y gloria de Dios. A nosotros nos podría parecer cruel que una persona estuviera ciega por décadas para que Dios se glorifique en esa persona sanándola. Sin embargo, conforme con Romanos 9:20-23, está bien dentro de su jurisdicción soberana. Aún así, la frase "sino que esto sucedió para que" (v. 3) no necesariamente significa que esta ceguera haya sido ordenada por Dios.[18] De hecho, Jesús puede estar ignorando cualquier especulación en cuanto a la causa de la enfermedad, y sólo declara su resultado positivo. Es como si dijera: "no me importa cómo es que este hombre quedó ciego, lo que me importa es que Dios está a punto de ser glorificado a través de su sanidad". Esta sugerencia tiene mucho sentido. Jesús típicamente opera en un plano de prioridades más alto que sus discípulos. Enamorados de las escenas en el templo, ellos empiezan a emular las especulaciones teológicas de los rabinos.

---

[17] Éstas incluirían tales cosas como el SIDA, la sífilis, la gonorrea, muchos cánceres, las úlceras, las enfermedades mentales, las enfermedades causadas por la falta de una buena nutrición, las enfermedades de los pulmones, del corazón y del hígado, etc.

[18] La cláusula hina puede indicar un resultado pero con más frecuencia quiere decir propósito.

Jesús les hace un llamado a una compasión más pragmática. Ellos preguntan: "¿Por qué le pasó esto?" Jesús pregunta: "¿Qué podemos hacer por él?"

Juan 9:4-7 señala:

> ⁴Mientras sea de día, tenemos que llevar a cabo la obra del que me envió. Viene la noche cuando nadie puede trabajar. ⁵Mientras esté yo en el mundo, luz soy del mundo. ⁶Dicho esto, escupió en el suelo, hizo barro con la saliva y se lo untó en los ojos al ciego, diciéndole: ⁷—Ve y lávate en el estanque de Siloé (que significa: Enviado). El ciego fue y se lavó, y al volver ya veía.

Los vv. 4 y 5 se deben leer juntos. "Día" equivale a "mientras estoy en el mundo". Jesús está consciente de su inminente pasión. Entre más se aproxima, más se enfoca en su propia misión, al igual que a la capacitación de los doce. Vendrá la noche cuando Jesús tendrá que partir y su obra terminará. Sin embargo, para los doce seguirá el día. La obra de ellos continuará. Esta transición, el paso del manto, es crítica. Así pues, con el uso de una sola palabra, "tenemos", Jesús los centra en la misión. "Tenemos que llevar a cabo la obra", señala Jesús.

Esta es la primera mención de los apóstoles después de Juan 7:3. Pero han estado con Jesús todo este tiempo. Ellos han sido observadores silenciosos de las serias confrontaciones que se han suscitado. Ahora Jesús retorna a prestar atención a su reclamo de ser el Mesías. Lo repite palabra por palabra: "Yo soy la luz del mundo", como si dijera: "Señores, a pesar de la oposición tan fuerte, yo soy el Mesías. Yo no voy a negar la verdad, en realidad no puedo, y tampoco deben ustedes. ¡Adelante!"

Esta aseveración de que él es la luz del mundo no tan sólo sorprende a los corazones de los discípulos; debió también sorprender al ciego. Como residente de Jerusalén, el ciego debió haber escuchado el día anterior todo el alboroto de la multitud en el tabernáculo y fuera del templo. Como limosnero ubicado en una de las entradas del templo, debió haber reconocido la voz de Jesús. No tiene vista, pero sí buenos oídos. Y, como lo mostrará el texto, tiene una mente perspicaz. Cuando Jesús afirma ser la luz del mundo, es muy posible que no únicamente sepa quién está parado frente a él (ver v. 11), sino que se acuerda qué alboroto causó.

Mezclar saliva con tierra parece una medicina muy rara para nosotros. Pero fue una señal clara para el ciego. Como lo ha mostrado Edersheim (II.48), los judíos creían que la saliva tenía ciertos poderes curativos. Jesús jamás le dice al hombre que está a punto de curarlo. Las capas de lodo en sus ojos y la reputación de Jesús como curador hablan por sí solos (Juan 7:31; también Juan 5:1-9 y 7:23). Así que cuando Jesús lo manda al Siloé (que significa "enviado"), va sin refunfuñar o preguntarse nada.

Es posible que todo esto contenga mucho simbolismo. Jesús, la luz del mundo (Juan 8:12; 9:5), le trae luz a este ciego.[19] Jesús, como el enviado de Dios (Juan 7:16, 18, 28-29, 33; 8:14, 16, 18, 26, 29, 42), envía al ciego al estanque "Enviado" (Siloé) a lavarse. El estanque de Siloé era el lugar de donde se sacaba agua para la fiesta de los Tabernáculos. Fue aquí donde Jesús dijo: "¡Si alguno tiene sed, que venga a mí y beba!" (7:37). Esta sanidad ocurre como cierre o terminación de la fiesta, pero también cierra las declaraciones de Jesús. Tal vez las multitudes puedan negar lo que Jesús afirmó, pero veamos qué hacen con lo que hizo. Sus obras hablan por sí solas. Después de todo, tanto sus afirmaciones como sus obras dicen lo mismo.

Sección 100b
Los vecinos del ciego lo investigan
(Juan 9:8-12)

⁸Sus vecinos y los que lo habían visto pedir limosna decían: «¿No es éste el que se sienta a mendigar?» ⁹Unos aseguraban: «Sí, es él.» Otros decían: «No es él, sino que se le parece.» Pero él insistía: «Soy yo.»
¹⁰-¿Cómo entonces se te han abierto los ojos? -le preguntaron.
¹¹-Ese hombre que se llama Jesús hizo un poco de barro, me lo untó en los ojos y me dijo: "Ve y lávate en Siloé." Así que fui, me lavé, y entonces pude ver.
¹²—¿Y dónde está ese hombre? —le preguntaron.
—No lo sé —respondió.

Como es de suponerse, el hombre se dirige a su casa después de haber sanado (v. 7). Sus vecinos casi no lo pueden creer. Se parece a él y suena como él. Pero nada parecido ha sucedido antes (v. 32). ¿Cómo podía sanar un hombre que había nacido ciego? Al igual que las multitudes en el templo, este vecindario forma dos grupos con

---

[19] La ceguera en la forma de expresión de Juan parece ser simbólico de incredulidad (Juan 9:39-41; 12:40; 1 Juan 2:11). Así, la historia de este ciego ilustra la condición espiritual de Israel. Ver J. M. Lieu, "Blindness in the Johannine Tradition" (Ceguera en la tradición de Juan), NTS (Estudios del Nuevo Testamento), 34 [1988]: 83-95.

opiniones divididas. Algunos están seguros que éste es el hombre. Otros creen que es un impostor "que se le parece". El ex-ciego simplemente insiste: "¡Soy yo!"

Las multitudes empiezan a investigar. Pregunta número uno: ¿Qué pasó? El hombre narra, de manera simple pero clara, todo lo que pasó. En su explicación hace una declaración que pone en alerta a los habitantes de Jerusalén. Dice: "Ese hombre que se llama Jesús . . ." ¡Espera un momento! Este es el mismo galileo que ha causado problemas en el templo. Estos habitantes de Jerusalén no simpatizan tanto con las declaraciones de Jesús como lo hacen los peregrinos sencillos y humildes que llegaron a la fiesta. Ellos saben que antes de la fiesta, también los miembros del Sanedrín se oponían a Jesús (Juan 7:25). Y durante la fiesta hubo varios intentos de arrestarlo (Juan 7:30; 32, 44) y hasta un intento de apedrearlo (Juan 8:59). También saben que cualquier simpatizante de Jesús corre el riesgo de ser excomulgado (Juan 9:22). Este es un asunto del cual debe informarse a los oficiales. De modo que hacen la pregunta número dos: ¿Dónde está Jesús? Bueno, ¿cómo podría saber el ex ciego? Una vez que dejó a Jesús, le perdió la pista. Seguía ciego hasta que le lavó en el estanque. Y del estanque de Siloé se fue directamente a su casa.

Sección 100c
Los fariseos investigan al ciego
(Juan 9:13-34)

Juan 9:13-17 señala:

¹³Llevaron ante los fariseos al que había sido ciego. ¹⁴Era sábado cuando Jesús hizo el barro y le abrió los ojos al ciego. ¹⁵Por eso los fariseos, a su vez, le preguntaron cómo había recibido la vista. —Me untó barro en los ojos, me lavé, y ahora veo —respondió.

¹⁶Algunos de los fariseos comentaban: «Ese hombre no viene de parte de Dios, porque no respeta el sábado.»

Otros objetaban: «¿Cómo puede un pecador hacer semejantes señales?» Y había desacuerdo entre ellos.

¹⁷Por eso interrogaron de nuevo al ciego: —¿Y qué opinas tú de él? Fue a ti a quien te abrió los ojos.

—Yo digo que es profeta —contestó.

Dado que es día de reposo (sábado), esta congregación de fariseos no es una reunión oficial de miembros del Sanedrín. En otras palabras, no tienen la autoridad oficial para juzgar a Jesús o para expulsar al ex-ciego (v. 34). Sin embargo, podemos apreciar que estos fariseos tienen el poder para hacer lo que quieran. Están seguros que el Sanedrín apoyará sus decisiones, no tan sólo porque el partido de los fariseos dominaba a la población, sino porque cuando se trata de Jesús tanto fariseos y saduceos se unen en contra de él. Ambos grupos concuerdan que Jesús implica malas noticias.

El ex-ciego se presenta ante los fariseos. Ya sea que sus vecinos lo escoltan ante los fariseos o que los fariseos lo hayan citado una vez que se enteran de todo. Cuando él llega ante ellos, los fariseos lo cuestionan igual que lo hacen sus vecinos: "¿Cómo recibiste la vista?" La respuesta del hombre es más concisa pero igual de clara que cuando les contestó a sus vecinos: "Me untó barro en los ojos, me lavé, y ahora veo". Los fariseos se asombran (pero tal vez en su interior están alegres) que Jesús nuevamente ha violado el día de reposo, ¡no tan sólo una vez sino dos! Primero, hizo barro y lo colocó en los ojos del ciego. Segundo, sanó a alguien en día de reposo. Ambas cosas están prohibidas de acuerdo con su tradición oral.

Toda la discusión en cuanto a la sanidad en día de reposo es un tema muy viejo para Jesús. Tanto en Jerusalén (Juan 5:10-18) como en Galilea (Mateo 12:1-4) unos dieciocho meses atrás, Jesús echó por tierra todos los argumentos que ellos utilizaron en cuanto a las regulaciones del día de reposo (ver **Secciones 49b, 50, 51**). Como lo hemos visto antes, una vez que Jesús gana una discusión, la ignora si aparece una segunda vez (por ejemplo, Lucas 7:49). Pero los fariseos no la van a ignorar. Este incidente es el *faux pas* ritual (paso en falso) que han estado esperando. Pero como veremos, sería mejor para ellos dejar esto por la paz.

Parte del problema al tratar con esta violación o quebrantamiento del día de reposo es que ha acontecido una sanidad de gran importancia. (El uso del plural "señales" del v. 16 indica que hubo otros milagros y que ellos los conocían). Tratar con la ceguera congénita es impresionante. De hecho, jamás se había oído de algo igual. Este rasgo tan particular no se les pasó por alto a los fariseos, quienes se preguntaron: "¿Cómo puede un pecador hacer semejantes señales?" La teología farisaica claramente señalaba que Dios no escucha a los pecadores (ver Salmos 34:15ss; 66:18; Proverbios 15:29; 28:9; Isaías 1:15; 59:2; Miqueas 3:4; Santiago 5:16ss).[20] Siendo ése el

---

[20] El hecho de que los fariseos atribuyeron el poder de Jesús para expulsar demonios a Beelzebú no contradice su creencia que Dios no escucha a los pecadores. Sería lógico que Satanás tuviese poder sobre los demonios y por ello controlarlos. Por lo tanto el poder de

caso, un pecador jamás podría hacer esta clase de milagro.²¹ De allí el dilema. Por un lado, Jesús claramente quebrantó las tradiciones orales. Estas eran consideradas igual de importantes que las Escrituras. Eso lo hacía un pecador. Por otro lado, un milagro de tal naturaleza indicaba que Dios lo respaldaba. Era un hombre de Dios, lo cual indicaría que no es un pecador. Por lo tanto, una de dos cosas es verdad: ya sea que este milagro en realidad no sucedió (lo cual ellos se esforzarán en gran manera para probar). O, como profeta de Dios, Jesús no está restringido por la ley oral. Y, precisamente, es eso lo que ellos no quieren admitir. A pesar de todo, allí los tenemos, a unos cuantos fariseos de noble alcurnia y corazón, que están dispuestos a enfrentar honestamente el problema. Otra vez, Jesús es motivo de división . . . hasta divide a los fariseos.

Dejando de lado el milagro, los fariseos vuelven al hombre Jesús (porque éste siempre ha sido el tema primordial), le preguntan al hombre sanado: "¿Y qué opinas tú de él?". La respuesta del hombre ayudará a los fariseos a evaluar los daños. Ayudará a que ellos determinen los efectos reales del milagro. Pero, ¿qué esperaban ellos que él dijera? Jesús le dio la vista al ciego. A este mendigo ciego le importan poco las tradiciones orales que muchas veces únicamente crean conflicto. Él era ciego y ahora ve. ¡Este curador no puede ser otro que profeta de Dios!

Juan 9:18-23 señala:

> ¹⁸Pero los judíos no creían que el hombre hubiera sido ciego y que ahora viera, y hasta llamaron a sus padres ¹⁹y les preguntaron:
>
> —¿Es éste su hijo, el que dicen ustedes que nació ciego? ¿Cómo es que ahora puede ver? ²⁰—Sabemos que éste es nuestro hijo —contestaron los padres—, y sabemos también que nació ciego. ²¹Lo que no sabemos es cómo ahora puede ver, ni quién le abrió los ojos. Pregúntenselo a él, que ya es mayor de edad y puede responder por sí mismo. ²²Sus padres contestaron así por miedo a los judíos, pues ya éstos habían convenido que se expulsara de la sinagoga a todo el que reconociera que Jesús era el Cristo. ²³Por eso dijeron sus padres: «Pregúntenselo a él, que ya es mayor de edad.»

La primera investigación fue un fracaso. En vez de ser una oportunidad para condenar a Jesús, algunos de los fariseos se

---

Jesús para expulsar demonios podía ser satánico en vez de divino. Pero no sería lógico que Satanás tuviera poder para sanar una

²¹Sin embargo, esta es una conclusión discutible. El poder de Dios no es el único capaz de obrar milagros (Mateo 7:22; 2ª Corintios 11:14; 2ª Tesalonicenses 2:9).

preguntaban cuál era su situación personal contra Jesús. Así que toman otra ruta. Mandan llamar al padre del hombre sanado. Esta segunda investigación los lleva a un fracaso aún peor. Los padres confirman aquello que los fariseos temen: "Sabemos que éste es nuestro hijo y sabemos también que nació ciego". Pero eso es todo lo que están dispuestos a señalar. No quieren ser expulsados [literalmente quedarse sin sinagoga: *aposynagōgos*]. El hecho es, mienten en cuanto a no saber cómo fue que su hijo fue sanado. Saben que Jesús lo hizo (v. 22). Además, no es imaginable que todos los vecinos sepan, menos los padres.

No debemos ser tan duros con los padres. Ser expulsados era una cosa temerosa (ver Lucas 6:22; Juan 12:42; 16:2). Debido a que la sociedad judía permanecía muy cerrada, cuando a alguien se le expulsaba de la sinagoga, se perdía su religión, su familia y sus lazos económicos y sociales. Era una situación aterradora. Además, el ciego es también limosnero (v. 8). Esto indica el bajo estado económico de la familia. Simplemente no podrían sobrevivir fuera de la comunidad. Además, la inteligencia y sabiduría de su hijo es considerable, como lo veremos. Ellos no pueden presentar una mejor defensa que él. Aunque pareciera que están abandonando a su hijo, esta puede ser la mejor medida para toda la familia.

Juan 9:24-27 señala:

²⁴Por segunda vez llamaron los judíos al que había sido ciego, y le dijeron: —Júralo por Dios.ª A nosotros nos consta que ese hombre es pecador.
²⁵—Si es pecador, no lo sé —respondió el hombre—. Lo único que sé es que yo era ciego y ahora veo.
²⁶Pero ellos le insistieron: —¿Qué te hizo? ¿Cómo te abrió los ojos? ²⁷—Ya les dije y no me hicieron caso. ¿Por qué quieren oírlo de nuevo?
¿Es que también ustedes quieren hacerse sus discípulos?

ª**24** *Júralo por Dios.* Lit. *da gloria a Dios;* véase Josué 7:19.

¡De veras los fariseos están teniendo un mal día! Es obvio que sucedió un milagro. Si lo atribuyen a Jesús, entonces estarían reconociendo que ellos están mal al desechar y oponerse a un profeta de Dios. Lo único que pueden hacer es dar crédito del milagro, pero negar que Jesús lo haya realizado. Es decir, "sí, fuiste sanado de tu ceguera, pero el papel de Jesús en todo ello fue mera coincidencia. ¡Fuiste sanado por Dios, únicamente por Dios!" De esta manera le piden al hombre que le dé la honra a Dios. Para el oído judío, esto no es meramente una declaración de alabanza, sino es también una confesión (ver Josué 7:19). Explícitamente, lo que los fariseos están tratando de lograr es que el ex-ciego confiese su error, y su posible pecado, en exaltar a Jesús al atribuir este milago a él. El hombre sanado no es el tonto de nadie, su respuesta es determinante.

Esencialmente señala: "Ustedes los fariseos afirman conocer bien a Jesús, pero yo no estoy convencido de ello. A mí no me importa la discusión teológica entre ustedes. ¡Todo lo que sé es que yo era ciego y ahora veo! Para mí, eso es suficiente".

Los fariseos responden: "¿Qué te hizo?" Es como si le estuvieran pidiendo que comprobara que en verdad había sido Jesús quien lo sanó. Pero nuevamente, el hombre sanado rehúsa caer en la trampa que ellos le ponen. Él les recuerda que ya han cerrado el círculo porque han vuelto a preguntarle lo mismo. Él simplemente rehúsa subirse al carrusel o andarse con rodeos. Él cierra completamente el círculo al preguntarles a los fariseos si también ellos quieren hacerse discípulos de Jesús.

Bien, este hombre está ciego no sordo. Seguro que escuchó las discusiones en el templo. Seguro entiende que tal sarcasmo de los fariseos únicamente lo alejan más y más de ellos. Aparentemente, a él no le importa. Ya es un marginado, un limosnero rechazado por la sociedad, jamás ha sabido qué se siente estar "dentro". Así que el hecho de ser expulsado de entre ellos no significa una pérdida. Además, un ciego limosnero con una mente brillante tendrá todo el tiempo del mundo para sentarse a reflexionar a la entrada del templo. Seguro que no es ésta la primer vez que ha analizado las palabras y los motivos de los fariseos. Ve más allá de la fachada de los fariseos. Ve lo que Jesús ve en ellos: un grupo de gente arrogante, ambiciosa y pendenciera. Ha meditado en lo que es verdaderamente importante y hermoso de la vida. Y no lo ha encontrado entre su gente. La verdad es simple: Jesús le entregó este hermoso regalo de la vista. Al hacerlo, probó que no es un simple hombre. De manera que darle la espalda a Jesús no tan sólo sería una gran ingratitud, sería algo insensato. ¡Jesús es la esperanza de Israel – el Mesías!

Juan 9:28-34 señala:

²⁸Entonces lo insultaron y le dijeron: —¡Discípulo de ése lo serás tú! ¡Nosotros somos discípulos de Moisés! ²⁹Y sabemos que a Moisés le habló Dios; pero de éste no sabemos ni de dónde

salió. ³⁰—¡Allí está lo sorprendente! —respondió el hombre—: que ustedes no sepan de dónde salió, y que a mí me haya abierto los ojos. ³¹Sabemos que Dios no escucha a los pecadores, pero sí a los piadosos y a quienes hacen su voluntad. ³²Jamás se ha sabido que alguien le haya abierto los ojos a uno que nació ciego. ³³Si este hombre no viniera de parte de Dios, no podría hacer nada. ³⁴Ellos replicaron: —Tú, que naciste sumido en pecado, ¿vas a darnos lecciones? Y lo expulsaron.

¡La simple idea de que un fariseo se hiciera discípulo de Jesús suena ridícula! ¿O no lo es (ver Juan 3:1-2; 7:50-52; 8:30; 19:39; Mateo 27:57; Hechos 15:5)? Como lo dijo Shakespeare en Hamlet: "Me parece que la señora en verdad protesta demasiado". Sus insultos parecen revelar su inseguridad. Vociferan ser aliados de Moisés, pero afirman que este tipo, de nombre Jesús, "es falso".

Nos maravilla ver la intrepidez y sensatez del ciego. Su intrépida tenacidad, combinada con su impecable lógica es insoportable para los fariseos. Construyendo sobre el silogismo de los fariseos (v. 16), él presenta más evidencia de Jesús que ellos no pueden responder. Los fariseos se ven forzados a recurrir a una de las reglas antiguas de interpretación: Cuando el razonamiento falla, ataquen al hombre. Lo atacan de ser un pecador desde su nacimiento. De los propios discípulos de Jesús, él ha escuchado lo mismo (Juan 9:2). Pero nuevamente, esta "luz del mundo", este "dador de la vista", Jesús, ya ha dado la respuesta correcta: "Ni él pecó, ni sus padres, sino que esto sucedió para que la obra de Dios se hiciera evidente en su vida". Su acusación no surte efecto. El hombre sanado sabe que lo que ellos afirman no es verdad.

Los fariseos no están dispuestos a aprender de este plebeyo. Pero la presencia misma de él los condena. Él es un recordatorio viviente de Jesús mismo, así que lo expulsan. Aunque la palabra [*exebalon*] es distinta del v. 22, se parece mucho a que él se quedó fuera de la sinagoga. No representa ninguna pérdida valiosa. No le han quitado nada, especialmente su vista.

Sección 100d
Jesús llama al ex ciego a que crea en él
(Juan 9:35-38)

³⁵Jesús se enteró de que habían expulsado a aquel hombre, y al encontrarlo le preguntó: —¿Crees en el Hijo del hombre?
³⁶—¿Quién es, Señor? Dímelo, para que crea en él.

³⁷—Pues ya lo has visto —le contestó Jesús—; es el que está hablando contigo.
³⁸—Creo, Señor —declaró el hombre. Y, postrándose, lo adoró.

En su compasión, Jesús busca al "desechado". Lo sigue una delegación impertinente de fariseos (v. 40), y es posible que también una multitud de discípulos. Esta es la primera vez que el ex-ciego ve a Jesús. Sin embargo, su voz y su séquito revelan quién es.

Algunos textos reemplazan la frase "Hijo del hombre" por "Hijo de Dios" (v. 35). Casi no hay diferencia ya que Juan utiliza ambas frases como títulos del Mesías. Por ello, podemos parafrasear la pregunta hecha al ciego: "¿Crees en el Mesías? Y podemos parafrasear la respuesta del ciego: "Dime quién es y creeré en él". El hombre ya estuvo haciendo frente en la lucha más atroz contra Jesús y en las consecuencias más fieras que pudieran resultar. Ha demostrado su valor e intrepidez en ser discípulo de Jesús (v. 28). Ahora, lo único que le queda es recibir todas las instrucciones.

El hombre pregunta: "¿Quién es el Mesías?" La respuesta es: "Yo soy". La conclusión es predecible: "Creo, Señor". Y, adoró a Jesús. ¿Qué tanto ha entendido de Jesús? En el v. 11 lo llama: "Ese hombre que se llama Jesús". En el v. 17 lo reconoce como "profeta". En el v. 33 reconoce que Jesús "viene de Dios". Y, finalmente, en el v. 38 lo proclama "Señor". Hay mucho por enseñar y hacer todavía, pero su curso de inducción ha finalizado y es parte del grupo de discípulos. En una forma muy dramática él ha reunido los requisitos de Jesús para renunciar al mundo (Mateo 10:34-39; Lucas 14:26-33).

Sección 100e
Jesús condena la ceguera de los fariseos
(Juan 9:39-41)

³⁹Entonces Jesús dijo: —Yo he venido a este mundo para juzgarlo, para que los ciegos vean, y los que ven se queden ciegos. ⁴⁰Algunos fariseos que estaban con él, al oírlo hablar así, le preguntaron: —¿Qué? ¿Acaso también nosotros somos ciegos? ⁴¹Jesús les contestó: —Si fueran ciegos, no serían culpables de pecado, pero como afirman que ven, su pecado permanece.

En ocasiones Jesús afirma que no vino a juzgar (Juan 8:15), pero en otras dice que vino a juzgar (Juan 5:27). ¿De qué se trata? No hay duda de que Dios le ha dado a su Hijo todo el juicio (Juan 5:22). Pero su propósito en venir a la tierra no fue para ejecutar juicio sino para salvar (Juan 3:17). Al mismo tiempo, la palabra de Jesús (Juan 8:26), trae juicio sobre todos aquellos que lo rechazan (Juan 12:31). Esto está mejor expresado en Juan 12:47-48: *"Si alguno escucha mis palabras, pero no las obedece, no seré yo quien lo juzgue; pues no vine a juzgar al mundo sino a salvarlo. El que me rechaza y no acepta mis palabras tiene quien lo juzgue. La palabra que yo he proclamado lo condenará en el día final".*

Simplemente tenemos que admirar la forma en que Jesús exalta a los humildes y humilla a los poderosos (Mateo 11:25). En Mateo 13:13-17, refiriéndose a sus parábolas, Jesús afirma que muchos tienen oídos pero no pueden oír. En esta ocasión señala que tienen ojos pero no ven. Dejando de lado la sanidad del ciego, toma un ejemplo físico para referirse a la visión espiritual.

Los fariseos reaccionan rápidamente con una pregunta esperando una respuesta negativa: "No estarás diciendo que también nosotros estamos ciegos, ¿verdad? Con un sesgo brillante y sorpresivo, Jesús afirma: "No, no están ciegos. Ven muy bien. Y es por ello que son culpables de pecado". Si ellos fuesen ignorantes, si les faltara la palabra de Dios a través de Moisés, si no supiesen las respuestas teológicas correctas, entonces no serían culpables de rechazar a Jesús. Pero la realidad, tal cual, revela lo contrario (Juan 15:24).

De la perspectiva de Dios, los primeros serán postreros y los postreros primeros. Los poderosos serán pequeños y los más pequeños serán poderosos. Aquellos que aceptan su ciega ignorancia, acuden a Jesús y reciben visión espiritual. Pero aquellos que confían en su propia arrogante erudición son cegados por Dios para que no vean la verdad.

Sección 101a
Alegoría del buen pastor y el ladrón
(Juan 10:1-18)

El estilo de enseñanza de Jesús cambia. En los capítulos 7-9 utilizó la polémica directa. De pronto, cambia a la alegoría. Y, en tres meses, en la fiesta de la Dedicación (Juan 10:27-29) continuará hablando del pastor y su rebaño. Esto ha llevado a algunos a afirmar que Juan 10:1-18 está conectado con la fiesta de la Dedicación que sigue (Juan 10:22ss), no a la fiesta de los Tabernáculos que precedió. Pero es probable que este texto encaje mejor al final de la fiesta de los Tabernáculos en vez de al principio de la fiesta de la Dedicación. Continúa: (1) la oposición de los líderes (Juan 10:19-21); (2) la división de opinión acerca de él (Juan 10:19); (3) la acusación de que Jesús tiene demonio (Juan 10:20); y (4) la mención de la sanidad del ciego (Juan 10:21). Nuevamente, en tres meses, en la fiesta de la Dedicación, Jesús continuará lo que dejó pendiente. Eso fue exactamente lo que hizo en la fiesta de los Tabernáculos (ver Juan 7:21-24 y 5:1-18).

Juan 10:1-6 señala:

> **1**»Ciertamente les aseguro que el que no entra por la puerta al redil de las ovejas, sino que trepa y se mete por otro lado, es un ladrón y un bandido. **2**El que entra por la puerta es el pastor de las ovejas. **3**El portero le abre la puerta, y las ovejas oyen su voz. Llama por nombre a las ovejas y las saca del redil. **4**Cuando ya ha sacado a todas las que son suyas, va delante de ellas, y las ovejas lo siguen porque reconocen su voz. **5**Pero a un desconocido jamás lo siguen; más bien, huyen de él porque no reconocen voces extrañas. **6**Jesús les puso este ejemplo, pero ellos no captaron el sentido de sus palabras.

La alegoría de Jesús tiene que ver con el pastoreo, una de las tres actividades más importantes de Palestina, junto con la pesca y la agricultura. El pastoreo es una actividad preponderante en la cultura del Medio Oriente. También es una metáfora frecuente utilizada en el Antiguo Testamento. Ambas cosas hacen de las palabras de Jesús particularmente mordaz. Él dice mucho en tan pocas palabras. Para entender plenamente la alegoría de Jesús debemos entender mejor acerca del pastoreo palestino y acerca de las ovejas.

Después de un largo día de pastar, las ovejas eran guardadas en cuevas o en lugares especiales con una sola entrada. En ocasiones este lugar tenía una sola puerta (v. 3), pero muy frecuente tan sólo era una entrada en la roca y el pastor se acostaba a la entrada de la peña. Varios rebaños se podían albergar en una sola cueva a la vez. Por la mañana, cuando los pastores llamaban a sus ovejas, cada una de ellas reconocía la voz de su pastor y lo seguía (v. 3). La relación oriental entre el pastor y sus ovejas era algo muy personal. El pastor conocía todas sus ovejas por nombre y ellas conocían la voz del pastor (v. 5). Aun si alguien se disfrazaba aparentando ser el pastor e imitaba la voz del mismo, las ovejas no serían engañadas (v. 5). Si estaban en el corral, se mantendrían allí. Si estaban en el campo, saldrían huyendo despavoridas, con gran temor y miedo.

Si el pastor podía pagar a alguien que cuidara de sus ovejas, emplearía a un guardia nocturno. El trabajo de este guardia consistía en vigilar la entrada para no dejar pasar intrusos, animales salvajes o no dejar salir ninguna oveja que quisiera vagar por la noche. Únicamente el pastor podía entrar y nadie más (v. 3). Eso era importante ya que las ovejas son de gran valor y podían ser robadas fácilmente. Palestina estaba llena de ladrones (*kleptes*), que entraban para robar, y de bandidos (*lestes*), que utilizaban la fuerza en vez de hacerlo sigilosamente (v. 1). Otra particularidad de los pastores orientales es que ellos guiaban a sus rebaños (v. 4). En otras partes del mundo, a las ovejas se las empuja a avanzar. Esta es otra clara indicación del sumo cuidado que los pastores palestinos tenían de sus rebaños.

Ahora, interpretemos correctamente esta alegoría (literalmente *paroimia* — una figura retórica que esconde información eminente — v. 6). Debemos entrelazar tanto los símbolos culturales como la teología del Antiguo Testamento de estos símbolos. Es claro que Jesús es el buen Pastor, pero esa posición únicamente le pertenecía a Dios en el Antiguo Testamento (Salmos 23; 79:13; 95:7). También se la prometió al Mesías, como delegado o representante de Dios (Ezequiel 34:23). Esta es otra declaración tenaz que Jesús hace en cuanto a que él es el Mesías. También tenemos a los ladrones y a los bandidos que roban y matan a las ovejas para sacar ventaja. Ciertamente Jesús tiene en mente a los líderes de los judíos que le están escuchando (Juan 9:40; 10:19). Al rechazar a Jesús, se rehúsan duramente a entrar por la puerta, pero quieren tener el acceso para llegar a las ovejas. Roban sin misericordia y con avaricia sin preocuparse por el bienestar de las ovejas (por ejemplo, Mateo 23:14-15; Ezequiel 34:1-6).

Absolutamente nada de esta *paronimia* es difícil de entender, especialmente teniendo el respaldo del pasado del Antiguo Testamento referente al pastoreo (especialmente Jeremías 23:3; Amós 3:12; Miqueas 2:12; 5:7-8). Esto hace que el versículo seis resulte un poco sorpresivo. Haríamos bien en asumir que su negligencia en entender fue parte de la dureza de corazón que les provocó de Dios (Mateo 13:13-16; Romanos 11:25).

Juan 10:7-13 señala:

⁷Por eso volvió a decirles: «Ciertamente les aseguro que yo soy la puerta de las ovejas. ⁸Todos los que vinieron antes de mí eran unos ladrones y unos bandidos, pero las ovejas no les hicieron caso. ⁹Yo soy la puerta; el que entre por esta puerta, que soy yo, será

salvo.ᵃ Se moverá con entera libertad,ᵇ y hallará pastos. ¹⁰El ladrón no viene más que a robar, matar y destruir; yo he venido para que tengan vida, y la tengan en abundancia. ¹¹»Yo soy el buen pastor. El buen pastor da su vida por las ovejas. ¹²El asalariado no es el pastor, y a él no le pertenecen las ovejas. Cuando ve que el lobo se acerca, abandona las ovejas y huye; entonces el lobo ataca al rebaño y lo dispersa. ¹³Y ese hombre huye porque, siendo asalariado, no le importan las ovejas.

ᵃ*9 será salvo.* Alt. *se mantendrá seguro.* ᵇ*9 Se moverá . . . libertad.* Lit. *Entrará y saldrá.*

La metáfora para Jesús ahora cambia de un pastor a una puerta. El hecho es que, los pastores funcionaban como una puerta para que las ovejas entraran al corral. Cuando ya en la noche el rebaño completo llegaba al corral, para entrar tenían que pasar una por una frente al pastor. El pastor examinará las ovejas para ver si no están maltratadas, cortadas o raspadas. Si era necesario, las curaría con aceite para que no se infectaran. Luego, cuando ya todo el rebaño estaba dentro, el pastor se acostaría a la entrada del corral o de la cueva.

Jesús es el *buen* Pastor (*kalos*, no *agathos*) (ver Hebreos 13:20; 1 Pedro 2:25; 5:4). Es decir, es hermoso, excelente y amable. Quienquiera que conoce a Jesús y es reconocido por él, es parte del rebaño. Y estar en el rebaño trae ciertos privilegios:

- La salvación: v. 9. — Lucas 19:10; Juan 3:17; Hechos 4:12; Romanos 5:9; 10:9-10; Efesios 2:5-8; 2 Tesalonicenses 2:13; Tito 3:5; 2 Pedro 1:11.
- La provisión: "se moverá con entera libertad y hallará pastos", v. 9 — Mateo 5:6; Romanos 5:5; 12:6; 1 Corintios 2:12; 2 Corintios 5:5; 2 Pedro 1:3-4.
- "Tendrá vida en abundancia", v. 10 — Juan 1:16; Romanos 6:4, 23; 8:2, 6, 11; 1 Corintios 15:45; Gálatas 2:20; Efesios 1:7-8; 2 Timoteo 1:10; 1 Juan 3:14; 5:11-13; Apocalipsis 22:1-2, 14, 17. La redención: "el buen Pastor da su vida por las ovejas", v. 11 — Isaías 53:3-6; Mateo 20:28; Hechos 20:28; 2 Corintios 5:14-15, 21; Gálatas 3:13-14; Efesios 5:25-27; 1 Juan 2:2; 1 Pedro 1:18-19.
- Protección: vv. 12-13 (por contraste) — Romanos 8:31-39; Hebreos 13:5.

Cada uno de estos privilegios, brevemente mencionados, tiene un valor incalculable y sin duda buen abasto y suministro para el tiempo devocional.

Dos metáforas Jesús se aplica a sí mismo: Pastor y Puerta. A los líderes de los judíos les aplica cuatro metáforas: Ladrón, bandido, extraño y asalariado. Estas no representan a cuatro distintos tipos de judíos, sino que cada una representa un rasgo o cualidad en particular. No todas estas cualidades se pueden aplicar a todos los fariseos y saduceos, pero sí nos dan un cuadro fiel de todo el grupo.

Jesús señala que todos los ladrones y bandidos "vinieron antes de mí". Él no dice: "los fariseos y los saduceos son los malos". Pero, ¿a quién más se refirió? Definitivamente él no quiso decir que Juan el Bautista y los demás profetas fuesen falsos pastores. Los líderes judíos del presente y del pasado encajan perfectamente. Durante la fiesta, los judíos claramente expresaron sus deseos asesinos en contra de Jesús (7:19, 25; 8:59). Debido a que lo odian, han sido crueles con algunas ovejas indefensas. No les preocupó el inválido del capítulo 5 ni el ciego del capítulo 9. No se regocijaron con ellos por su sanidad sino que los interrogaron severamente por este quebrantamiento del día de reposo. En cuanto a la mujer que supuestamente fue encontrada en el acto mismo de adulterio, la usaron para ponerle una trampa a Jesús, sin preocuparles la redención o la dignidad de la mujer. Hasta fueron en contra de su propia gente que tenía las agallas para cuestionarles sus planes rencorosos (Juan 7:46-52).

Tal comportamiento de los líderes judíos no es algo nuevo. Los profetas de antaño también criticaron a sus líderes por ser malos pastores (Jeremías 23:1-2; Ezequiel 34:1-10). Tanto los líderes de antaño como los del presente se caracterizaron por: (a) rechazar a los enviados de Dios, (b) su egoísta deseo de ganancia, (c) el uso de intimidación o violencia para salirse con la suya, (d) rechazo en alimentar a los hambrientos y aliviar a los enfermos. El resultado entonces, como ahora, es un rebaño aterrado y esparcido.

¿Por qué estos falsos pastores no cuidan del rebaño? Porque no son los dueños y no tienen intesés en ellos. Son los asalariados que únicamente se mantienen a la expectativa para ver qué pueden aprovechar del rebaño. Así que cuando se presenta el peligro, huyen. Les falta una vida de verdadero compromiso porque no han invertido nada. Este es un problema muy antiguo que también ocurre en los tiempos modernos. Ellos son el clero mercenario que se alimenta de la grosura del rebaño y cuando se presenta el peligro o la oposición, se van a pastos más verdes. Son tan distintos al buen Pastor que pone su vida por las ovejas, el cual nos llama al mismo compromiso (1 Juan 3:16; 1 Pedro 5:2-3).

Este pobre rebaño no tan sólo tiene que soportar a los asalariados mercenarios, sino también a los ladrones, a los bandidos y a los lobos. Estos enemigos externos pueden ser símbolos de Satanás y sus ejércitos. Ellos saquean, matan, roban y destruyen. Es la especialidad de Satanás. Así es explotado el pueblo de Dios por los líderes corruptos desde dentro, y del exterior lo atacan y acosan las fuerzas satánicas. La ironía recae en que los asalariados causan igual daño que los lobos y los ladrones. Tal vez debiésemos regresar a Juan 8:44. Los asalariados y los ladrones están bien relacionados.

Juan 10:14-18 señala:

> **14**»Yo soy el buen pastor; conozco a mis ovejas, y ellas me conocen a mí, **15**así como el Padre me conoce a mí y yo lo conozco a él, y doy mi vida por las ovejas. **16**Tengo otras ovejas que no son de este redil, y también a ellas debo traerlas. Así ellas escucharán mi voz, y habrá un solo rebaño y un solo pastor. **17**Por eso me ama el Padre: porque entrego mi vida para volver a recibirla. **18**Nadie me la arrebata, sino que yo la entrego por mi propia voluntad. Tengo autoridad para entregarla, y tengo también autoridad para volver a recibirla. Éste es el mandamiento que recibí de mi Padre.»

Al irse cerrando la alegoría, Jesús enfatiza nuevamente tres temas ya bien conocidos: "Yo soy el buen pastor" (ver el v. 11), "conozco a mis ovejas y ellas me conocen a mí" (ver el v. 3) y "doy mi vida por las ovejas" (ver el v. 11). Sin embargo, agrega más información. Primero, Jesús señala que su conocimiento de las ovejas proviene o tiene que ver con el Padre. Jesús es el principal Pastor del redil que le pertenece al Padre.

Luego, aprendemos que el redil va más allá de la presente audiencia. De este redil (los judíos), Jesús únicamente saca un remanente — las ovejas verdaderas (Jeremías 23:3; Ezequiel 34:11-13). En otras palabras, no todos los judíos son parte del redil de Dios. Luego, Jesús hace referencia a otros rebaños (es decir, los gentiles, ver Juan 17:20 y Mateo 28:19), y saca de otras naciones a aquellos que, por fe, pertenecen al redil de Dios (Génesis 12:3; Salmos 87:4-6; Isaías 54:2-3; 60:3; Joel 2:28; Miqueas 4:1-2; Malaquías 1:11; Efesios 1:9-10; 3:6).

Finalmente, nos damos cuenta de que la muerte de Jesús por el rebaño es voluntaria y temporal. Cualquier otro pastor preservará su vida y no la dará por el rebaño. Una vez muerto el pastor, las ovejas se dispersan y son destruidas. Y eso fue precisamente lo que pasó con los discípulos a la muerte de Jesús. Pero debido a que él también "recibió" nuevamente su vida, el rebaño se juntó y se restauró.

Sección 101b
División a causa de Jesús
(Juan 10:19-21)

¹⁹De nuevo las palabras de Jesús fueron motivo de disensión entre los judíos. ²⁰Muchos de ellos decían: «Está endemoniado y loco de remate. ¿Para qué hacerle caso?»
²¹Pero otros opinaban: «Estas palabras no son de un endemoniado. ¿Puede acaso un demonio abrirles los ojos a los ciegos?»

Una vez más las multitudes quedan divididas por causa de Jesús (Juan 6:52; 7:12, 30-31, 43; 8:30; 9:16). Muchos señalan: "está loco" (posesionado por un demonio). No han cambiado su tono desde Juan 7:20 (ver Juan 8:48). Pero otros dicen que no puede estar loco. Sus palabras no son las de un lunático rabioso. No son del todo normales, pero tampoco son insensata, tienen su propia fuerza, autoridad y cordura. Y sus acciones no son las de una persona endemoniada, no se está convulsionando en el polvo, babeando. Está fabricando barro con su saliva y polvo y, sanando ojos ciegos. No es algo natural, pero tampoco es demoníaco. Este hombre por lo menos merece ser escuchado.

Sección 93
No todos pueden seguir
(Mateo 8:19-22; Lucas 9:57-62)[22]

Mateo pone este acontecimiento en el primer año de ministerio de Jesús, antes de que escoja a sus apóstoles. Sin embargo, Lucas lo coloca en su tercer año de ministerio, al dirigirse Jesús a Jerusalén. Es una anécdota tan específica que no es posible que la

---

[22] Hemos mantenido la numeración de secciones de Thomas y Gundry, pero hemos registrado los acontecimientos de tal forma que podamos darle seguimiento a la presentación de Lucas.

misma cosa sucediera dos veces. Así que debemos escoger. ¿Seguimos el orden establecido por Mateo? ¿O el de Lucas? ¿O ninguno?[23]

Si seguimos el de Mateo, dos personas se le acercan a Jesús en el momento mismo en que Jesús quiere escapar de las multitudes. Está a punto de cruzar el mar para internarse en el área de los gadarenos. Ellos lo quieren seguir, pero él señala: "No". La ubicación que hace Mateo encaja perfectamente en el contexto. Explica por qué Jesús no quería que ellos lo acompañaran. También explica el comentario adicional de Marcos de que otras barcas intentaron seguir a Jesús al otro lado del mar (4:36). Sin embargo, Mateo capítulos 8 y 9 son notoriamente tópicos, no cronológicos. Además, ¿cómo afirma Jesús no tener casa en Capernaúm? Apenas se le vio salir de la casa de Pedro (Mateo 8:14) y es visible que su propia familia se ha ido a vivir a Capernaúm (Juan 2:12).

La cronología de Lucas tiene más sentido. El ministerio de Jesús se enfoca en Jerusalén (Lucas 9:51). En su viaje a Jerusalén, es rechazado en Samaria (Lucas 9:52-56). Una vez que llega a Jerusalén, los judíos lo rechazan (Juan capítulos 7 - 9). De hecho, hasta tratan de asesinarlo. Esto monta el escenario para este acontecimiento. Cualquiera que quiera seguir a Jesús no debe titubear. Es un predicador itinerante en Judea, un lugar que lo detesta profundamente en estos momentos. Es extraño que un escriba lo quiera seguir en un ambiente hostil. Pero las opiniones en cuanto a este fenomenal maestro están divididas (Juan 10:21), y la fe vacilante de este escriba lo traiciona.

Lucas 9:57-62 *con* Mateo 8:19-22 señalan:

[57]Iban por el camino cuando alguien {maestro de la ley[Mt]} le dijo: {Maestro[Mt]} —Te seguiré a dondequiera que vayas.
[58]—Las zorras tienen madrigueras y las aves tienen nidos —le respondió Jesús—, pero el Hijo del hombre no tiene dónde recostar la cabeza.
[59]A otro {discípulo[Mt]} le dijo: —Sígueme.
—Señor —le contestó—, primero déjame ir a enterrar a mi padre.
[60]{Sígueme[Mt]} —Deja que los muertos entierren a sus propios muertos, pero tú ve y proclama el reino de Dios —le replicó Jesús.
[61]Otro afirmó: —Te seguiré, Señor; pero primero déjame despedirme de mi familia.
[62]Jesús le respondió: —Nadie que mire atrás después de poner la mano en el arado es apto para el reino de Dios.

---

[23]Esta obra le dará seguimiento al orden que sigue Lucas. R. C. Foster le da seguimiento al orden que Mateo presenta. Y Thomas y Gundry no siguen a ninguno de estos.

Jesús ha causado gran conmoción en la fiesta de los Tabernáculos (Juan capítulos 7 al 9). Algunos lo aman; otros lo odian (Juan 10:20). Al alejarse de la ciudad en su viaje itinerante y recorrido por Judea, le sigue mucha gente. Hay tres individuos en particular que buscan seguirlo, pero tienen cosas que lo impiden. Jesús rechaza las tres excusas y demanda una total entrega para que estas personas puedan ser sus discípulos.

Primero viene a él un maestro de la ley, muy probablemente un fariseo. Es un extraño que quiere entrar. Promete ir con Jesús a donde sea, pero Jesús le dice que ser su discípulo quiere decir vivir sin comodidades, a lo cual esta persona está muy acostumbrada debido a su posición social. Eso no quiere decir que Jesús está sin dinero, pero sí que el ministerio itinerante de Jesús no promete ninguna seguridad. El texto no afirma ni niega si el escriba sigue a Jesús o no. Lo más seguro es que no lo hace. Nadie del evangelio de Mateo que se dirige a Jesús como "Maestro" realmente cree en él (ver 12:38; 19:16; 22:16, 24, 36).[24] Y en otras partes del evangelio los fariseos y los maestros de la ley muestran su falta de sinceridad en su trato con Jesús.

Segundo, lo aborda un discípulo, alguien de adentro que desea salirse temporalmente. Quiere posponer su cita hasta después de haber enterrado a su padre. Tal vez pida a Jesús permiso durante el tiempo normal de lamento, que pudiera durar por varios meses. Más probable es que su padre aún no ha muerto. Ya que los funerales palestinos siempre tomaron lugar el mismo día de la muerte de una persona, no es probable que este hombre estaría con Jesús si su padre recién había muerto. Habría responsabilidades funerales que ejecutar.[25] Por lo tanto, sugerimos que el padre de esta persona estaba moribundo y que después de su muerte, el hijo regresaría a seguir a Jesús. La aseveración enigmática de Jesús: "Deja que los muertos entierren a sus propios muertos" puede ser un sarcasmo severo, pero lo más seguro es que esté diciendo: "Deja que los espiritualmente

---

[24] En Mateo, los verdaderos creyentes se dirigen a Jesús como Señor (Mateo 8:2, 6, 8, 21, 25; 9:28; 14:28, 30; 15:22, 25, 27; 16:22; 17:4, 15; 18:21; 20:30-31, 33; 26:22). Además, Jesús se refiere a sí mismo como "Hijo del hombre" con los extraños (Mateo 9:6; 11:19; 12:8, 32; 16:13), excepto cuando habla de sí mismo de manera escatológica. J. D. Kingsbury, "On Following Jesus: The 'Eager' Scribe and the 'Reluctant?' Disciple (Mt 8:18-22) (Siguiendo a Jesús: El escriba "ansioso" y el discípulo "renuente" [Mateo 8:18-22])", NTS (Estudios del Nuevo Testamento) 34 [1988]: 45-59.

[25] Algunos han hecho la rara sugerencia de que Jesús les estaba concediendo a sus discípulos la misma excepción de responsabilidades funerarias que tenían los nazarenos y sacerdotes (Levítico 21:1-12; Números 6:7).

muertos se ocupen de los asuntos mundanos; tú tienes asuntos más importantes qué atender".

B. R. McCane ofrece una solución muy convincente de este pasaje tan difícil de entender.[26] Como un año después de darle sepultura al muerto, cuando ya no había en la tumba más que huesos, las familias judías volverían a entrar en la tumba, recogerían los huesos y los echarían en una caja de piedra conocida como osario. De este modo toda la familia podía enterrarse en la misma tumba. Este acontecimiento ponía fin al proceso de lamentación y era tan sagrado que tenía el mismo valor que una ceremonia de bodas o la circuncisión misma (*Semahot* 12.5). Así, "deja que los muertos entierren a sus propios muertos" significaría "deja que los mismos huesos del osario almacenen o recojan estos otros huesos". De cualquier forma, las palabras de Jesús son tan profundas e incisivas que sus oidores debieron de haber dado un ¡Ay! de dolor, con una sonrisa en sus rostros.

Viene a él un tercer discípulo. Él pide ir a despedirse de su familia. Sin embargo, Jesús ya ha demandado una alianza total, por encima de la misma familia (ver Mateo 10:37; Lucas 14:26). Cualquier campesino sabe que el mirar atrás mientras ara puede causar que los surcos queden chuecos. Cualquier seguidor de Jesús sabe que una doble devoción resulta devastadora en la productividad del reino (Mateo 6:24).

Jesús no permite excusas para no seguirlo: El deseo de seguridad; las responsabilidades seculares; o hasta los lazos familiares. ¡Jesús no quiere ser el número uno, quiere ser el *único* en nuestras vidas!

Sección 102a
Envío de los "setenta"
(Lucas 10:1-16)

Así como Jesús envió a los doce (Lucas 9:1-6; Mateo capítulo 10), ahora envía a setenta y dos. De hecho, mucho de esta sección se repite palabra por palabra de lo que encontramos en Mateo capítulos 10 – 11. Debido a que los ambientes son tan similares, las mismas palabras se aplican a ambas situaciones. Sin embargo, Edersheim

---

[26] B. R. McCane, "'Let the Dead Bury Their Own Dead': Secondary Burial and Matt 8:21-22" ('Que los muertos entierren a sus muertos': Entierro secundario y Mateo 8:21-22", *HTR* (Revista teológica Harvard) 83/1 [1990]: 31-43.

nota (II:138) que la misión de los setenta y dos fue algo temporal comparado a la misión de por vida de los doce. Tal vez sea por esto que a los doce les dio autoridad sobre los demonios y para sanar (10:1, 8).

Durante la fiesta de los Tabernáculos, Jesús recobró mucha de su popularidad que había perdido durante los seis meses de andar en secreto (Juan 7:31, 40-41, 45-51; 9:16, 38; 10:21). Esto resultó en una milicia de pastores para hacer en Judea lo que los doce hicieron hacia casi un año en Galilea. Jesús está a punto de recorrer Judea. Estos hombres fueron enviados adelante para prepararle su llegada en cada pueblo y aldea.

Lucas 10:1-4 señala:

¹Después de esto, el Señor escogió a otros setenta y dos[a] para enviarlos de dos en dos delante de él a todo pueblo y lugar adonde él pensaba ir. ²«Es abundante la cosecha -les dijo-, pero son pocos los obreros. Pídanle, por tanto, al Señor de la cosecha que mande obreros a su campo. ³¡Vayan ustedes! Miren que los envío como corderos en medio de lobos. ⁴No lleven monedero ni bolsa ni sandalias; ni se detengan a saludar a nadie por el camino.

[a] 1 setenta y dos. Var. setenta; también en v. 17.

Jesús acaba de rechazar a tres que querían seguirlo (Lucas 9:57-62). Debido a que ellos imponen sus propias condiciones, no son aptos para el discipulado. En el momento mismo en que pensamos que seguir a Jesús es casi imposible, tenemos a setenta y dos que aceptan el reto. Están dispuestos a darle a Jesús toda su lealtad. Existe apoyo fuerte en los manuscritos para aceptar las dos cantidades de discípulos: Setenta y setenta y dos. De manera interesante, también existe un poco de confusión en cuanto a la cantidad de miembros del Sanedrín. Algunos dicen que eran setenta, otros setenta y uno (*Sanh*, 1.6; b. *Sanh*. 16b). Es posible, entonces, que este grupo de predicadores represente un cuerpo legislativo de autoridad del reino de Dios (ver Números 11:16). Esto no quiere decir que no sea esta la cantidad de predicadores enviados. Sin embargo, sugiere que este grupo de pastores itinerantes fue una delegación oficial de Jesús como lo fueron los doce cuando fueron enviados.[27]

---

[27] Liefeld (p. 940), observa que existe una variante en el manuscrito de Génesis capítulo 10. El texto masorético tiene setenta naciones, la versión Septuaginta de la Biblia tiene setenta y dos. Así, esto parece sugerir que la cantidad de evangelistas tiene que ver con la cantidad de naciones. Así como los doce apóstoles representan a cada una de las doce tribus judías, las setenta y dos representan cada una de las naciones conocidas. Claro que eso encaja

Al igual que los doce, los setenta fueron enviados: (1) en pares (ver Marcos 6:7; compare Lucas 7:18-19; Hechos 13:2; 15:27, 39-40; 17:14; 19:22), (2) previo a la visita de Jesús, (3) como corderos[28] en medio de lobos, (4) sin provisiones extras, (5) y debían aceptar hospitalidad con gracia, sin sacar ventaja, y sin mudarse de casa en casa, (6) a bendecir los hogares con paz o maldecir los pueblos al sacudir el polvo de sus pies, (7) con poder sobrenatural (compare Lucas 10:17-19 con Mateo 10:1, 8), y (8) a anunciar la presencia del reino de Dios/cielo. Estas similitudes son evidencia a favor de que los setenta y dos, al igual que los doce, son un grupo con autoridad. Sería difícil para los habitantes de Judea no comparar a este grupo con el Sanedrín, que Jesús ha enfrentado y confundido en la última fiesta.

Su viaje debe ser expedito y pronto. Jesús les ordena no llevar nada extra y ni siquiera debían detenerse a saludar a gente en el camino (ver 2 Reyes 4:29). Las costumbres orientales de saludar son muy minuciosas y toman tiempo. Ellos pudieron parecer mal educados al tratar con desprecio a los extraños que encontraban por los caminos. Pero ellos simplemente no tenían el tiempo para gastarlo en los lujos de socializar. Por lo menos hay dos meses entre las fiestas de los Tabernáculos y la de Dedicación. Durante este tiempo Jesús debe cubrir todo el territorio de Judea. Por eso hasta los setenta y dos se tienen que dar prisa para llevar a cabo en Judea lo que Jesús y los doce lograron en Galilea.

[V. 2 = Mateo 9:37-38, ver comentario en *Sección 70a*]
[V. 3 = Mateo 10:16, ver comentario en *Sección 70b*]
[V. 4 = Mateo 10:9-10, ver comentario en *Sección 70b*]

Lucas 10:5-8 señala:

> [5]»Cuando entren en una casa, digan primero: "Paz a esta casa." [6]Si hay allí alguien digno de paz, gozará de ella; y si no, la bendición no se cumplirá.[a] [7]Quédense en esa casa, y coman y beban de lo que ellos tengan, porque el trabajador tiene derecho a su sueldo. No anden de casa en casa.
>
> [8]»Cuando entren en un pueblo y los reciban, coman lo que les sirvan.

---

perfectamente con los números, pero está fuera de contexto. Es muy pronto para hablar de la salvación de los gentiles.

[28] Mateo 10:16 señala "ovejas". Lucas pinta un cuadro más patético que Mateo.

6 Si hay . . . se sumplirá. Lit. Si hay allí un hijo de paz, la paz de ustedes reposará sobre él; y si no, volverá a ustedes.

Esta bendición de "paz" [Hebreo *shalom*] era la normal forma hebrea de saludar. Pero es algo más profundo que "¿cómo te va?" Era algo así como una oración para toda la persona en su integridad física y espiritual. Como lo vimos en Mateo 10:12-13, los apóstoles tienen la autoridad que Jesús les dio para poder predicar, para sanar y para dar su bendición. De la misma manera, los setenta y dos, como representantes de Jesús, también tienen su acceso al Padre. Cuando bendicen un hogar con "paz", es una oración efectiva para el bienestar de ese hogar. De la misma manera, en la siguiente sección, cuando maldicen un pueblo al sacudirse el polvo, no es un mero símbolo, sino una efectiva imprecación o maldición en contra de ese pueblo.

La instrucción de los vv. 7-8 no tiene el fin de ser una amonestación de los padres a los hijos para que estos se coman toda su comida. En cambio, estos pastores comisionados no deben ser vergonzosos o tímidos en participar de la mesa de otros. Se lo han ganado con su predicación (ver 1 Corintios 9:3-18; 3 Juan vv. 5-8).

[Los vv. 5-8 = Mateo 10:13, ver comentario en *Sección 70b*]

Lucas 10:9-12 señala:

> ⁹Sanen a los enfermos que encuentren allí y díganles: "El reino de Dios ya está cerca de ustedes." ¹⁰Pero cuando entren en un pueblo donde no los reciban, salgan a las plazas y digan: ¹¹"Aun el polvo de este pueblo, que se nos ha pegado a los pies, nos lo sacudimos en protesta contra ustedes. Pero tengan por seguro que ya está cerca el reino de Dios." ¹²Les digo que en aquel día será más tolerable el castigo para Sodoma que para ese pueblo.

El mensaje es el mismo para los que aceptan que para los que rechazan: "Ya está cerca el reino de Dios". No importando la recepción que se le haga al mensajero, el mensaje se debe mantener tal cual. Además, el verbo "está cerca" está en el tiempo perfecto. Es decir, ¡el reino de Dios *ha llegado cerca* — está cerca *ahora*! Eso hace del v. 12 algo más aterrador. Si usted rechaza a Jesús, enfrentará el fuego eterno (ver Romanos 9:29; 2 Pedro 2:6; Judas v. 7).

[V. 9 = Mateo 10:7-8, ver comentario en *Sección 70b*]
[Los vv. 10-12 = Mateo 10:14-15, ver comentario en *Sección 70b*]

Lucas 10:13-16 señala:

> ¹³»¡Ay de ti, Corazín! ¡Ay de ti, Betsaida! Si se hubieran hecho en Tiro y en Sidón los milagros que se hicieron en medio de ustedes, ya hace tiempo que se habrían arrepentido con grandes lamentos.[a] ¹⁴Pero en el juicio será más tolerable el castigo para Tiro y Sidón que para ustedes. ¹⁵Y tú, Capernaúm, ¿acaso serás levantada hasta el cielo? No, sino que descenderás hasta el abismo.[b]
>
> ¹⁶»El que los escucha a ustedes, me escucha a mí; el que los rechaza a ustedes, me rechaza a mí; y el que me rechaza a mí, rechaza al que me envió.»

[a]*13 con grandes lamentos.* Lit. *sentados en saco y ceniza.* [b]*15 Griego hades.*

La mención de Corazín, Betsaida y Capernaúm parece fuera de lugar en Judea. Es posible que Lucas incorpora aquí este dicho de Jesús porque encaja perfectamente con la mención que se hace de Sodoma en el versículo doce. Sin embargo, el significado es claro. Si Jesús hubiese hecho sus grandiosos milagros con estos enemigos de Israel, seguro que se habrían arrepentido. Pero el pueblo de Dios sigue rechazando al mensajero de Dios.

[Los vv. 13-15 = Mateo 11:21-23, ver comentario en *Sección 58*]

[El v. 16 = Mateo 10:40, ver comentario en *Sección 70b*]

Sección 102b
Retorno de los "setenta y dos"
(Lucas 10:17-24)

Lucas 10:17-20 señala:

> ¹⁷Cuando los setenta y dos regresaron, dijeron contentos: –Señor, hasta los demonios se nos someten en tu nombre.
>
> ¹⁸–Yo veía a Satanás caer del cielo como un rayo –respondió él–. ¹⁹Sí, les he dado autoridad a ustedes para pisotear serpientes y escorpiones y vencer todo el poder del enemigo; nada les podrá hacer daño. ²⁰Sin embargo, no se alegren de que puedan someter a los espíritus, sino alégrense de que sus nombres están escritos en el cielo.

El recorrido les dio gran regocijo a los "setenta y dos". No hay duda de que gozaron del poder de Jesús que fluyó a través de ellos para beneficio de las multitudes. También Jesús se regocijó. Lo podemos ver reír junto con los setenta y dos al contar ellos sus anécdotas de sanidades y "encuentros poderosos". Jesús observa esto desde un punto de vista ventajoso.[29] Su perspectiva espiritual revela la ruina de Satanás (ver Isaías 14:4-11; Apocalipsis 12:9; ver *As. Mos.* 10.1; *Jub.* 23.29; *t. Jud.* 25). Se veía como relámpago. ¿Quiere decir eso que Satanás cayó a gran velocidad? ¿O que su caída fue deslumbradora? Lo más seguro es que la caída de Satanás se pudo ver por todas partes. Después de todo, el verbo "veía" está en tiempo imperfecto, indicando que Jesús "estaba viendo" a Satanás caer. En otras palabras, Jesús vio a Satanás caer o ser derrotado en todas partes. Es así como la similitud del relámpago se utiliza en referencia al retorno de Jesús (Mateo 24:27; Lucas 17:24).

Probablemente resultaría más razonable considerar la habilidad de pisar serpientes y escorpiones de manera figurativa (ver Salmo 91:13), aunque se asegura que el famoso rabino Canina logró matar un camaleón problemático permitiéndole que lo mordiera en el tobillo (*b. Ver*:33a; ver Marcos 16:18. Es decir, las serpientes y los escorpiones pueden representar a los demonios expulsados por estos hombres (ver Génesis 3:15). Después de todo, el contexto se refiere al poder sobre las fuerzas de Satanás, no contra las fuerzas naturales. Aún así, Jesús les pide que celebren su bendición mayor. Los poderes sobrenaturales palidecen en insignificancia si se les compara con la salvación.

Lucas 10:21-22 señala:

> [21]En aquel momento Jesús, lleno de alegría por el Espíritu Santo, dijo: «Te alabo, Padre, Señor del cielo y de la tierra, porque habiendo escondido estas cosas de los sabios e instruidos, se las has revelado a los que son como niños. Sí, Padre, porque esa fue tu buena voluntad.
>
> [22]»Mi Padre me ha entregado todas las cosas. Nadie sabe quién es el Hijo, sino el Padre, y nadie sabe quién es el Padre, sino el Hijo y aquel a quien el Hijo quiera revelárselo.»

Esta es una declaración única en cuanto al Espíritu Santo dándole alegría a Jesús. Mateo ni siquiera lo menciona. Para complicar más

---

[29] J. V. Hills, "Luke 10:18 – Who Saw Satan Fall?" (Lucas 10:18 -¿Quién vio a Satanás caer?) JSNT (Revista para el estudio del Nuevo Testamento) 46 [1992]: 25-40, propone que *etheōroun* se debe traducir como "ellos vieron" en vez de "yo vi". Así, no sería Jesús quien vio la suerte de Satanás sino los demonios del v. 17 quienes vieron caer a su líder. Por lo tanto "la respuesta de Jesús a sus discípulos es una explicación de la expulsión de demonios exitosa de ellos: los demonios se sujetaron a los discípulos porque habían visto caer a su líder, Satanás, quien fue destronado".

las cosas, hay una variante del texto en esta parte de Lucas que deja fuera "Santo". Pero el Espíritu Santo es uno de los temas favoritos de Lucas. No debe sorprendernos el hecho de que Lucas presenta esto aunque Mateo no lo hace. Además, Jesús vivió en plena unión con el Espíritu Santo (Lucas 4:14, Juan 3:34).

[Los vv. 21-22 = Mateo 11:25-27, ver comentario en Sección 58]

Lucas 10:23-24 con Mateo 13:16-17 señala:

> ²³Volviéndose a sus discípulos, les dijo aparte: «Dichosos los ojos que ven lo que ustedes ven. ²⁴Les digo que muchos profetas {y otros justos^Mt} y reyes {anhelaron^Mt}quisieron ver lo que ustedes ven, pero no lo vieron; y oír lo que ustedes oyen, pero no lo oyeron.»

Es posible que estos versículos fueron extraídos del sermón en parábolas. Mateo los coloca en la capacitación privada de los doce (Mateo 13:10; Marcos 4:10). Por otro lado, Lucas los sitúa entre la capacitación en privado de los setenta y dos. Nuevamente vemos la posición privilegiada que Jesús otorga a su grupo.

Afirmar que Lucas "tomó prestadas" estas palabras, no quiere decir que no sean auténticas. Lucas, escribiendo de su investigación de testigos presenciales, utiliza una cita que Mateo ubica en otro acontecimiento, pero que también correctamente resume el contenido de este suceso.

[Los vv. 23-24 = Mateo 13:16-17, ver comentario en *Sección 64b*]

Sección 103
El buen samaritano
(Lucas 10:25-37)

Esta es una de las historias más poderosa jamás narrada.[30] Un experto en la ley de Moisés pone a prueba la sabiduría de Jesús con esta compleja pregunta teológica en cuanto a la vida eterna. En respuesta, Jesús lo descoloca con una simple historia de la vida en acción aquí y ahora. En la anécdota encontramos tres filosofías de la vida. Los ladrones egoístamente dicen: "Lo que es tuyo es mío".

---

[30] F. S. Spencer, "2 Chronicles 28:5-15 and the Parable of the Good Samaritan" (2 Crónicas 28:5-15 y la parábola del buen samaritano), *WTJ* (Revista teológica Westminster) 46 [1984]: 317-349, persuasivamente sugiere que esta historia está basada en un marco encontrado en 2 Crónicas 28:5-15.

Los religiosos, con justificación temerosa, señalan: "Lo que es mío es mío". El samaritano, sorprendentemente afirma: "Lo que es mío es tuyo". Él es el único que merece heredar la vida eterna. No es un asunto basado en lo que hace, sino en lo que él es.

Lucas 10:25-29 señala:

> ²⁵En esto se presentó un experto en la ley y, para poner a prueba a Jesús, le hizo esta pregunta: —Maestro, ¿qué tengo que hacer para heredar la vida eterna?
> ²⁶Jesús replicó: —¿Qué está escrito en la ley? ¿Cómo la interpretas tú? ²⁷Como respuesta el hombre citó: —"Ama al Señor tu Dios con todo tu corazón, con todo tu ser, con todas tus fuerzas y con toda tu mente",ª y: "Ama a tu prójimo como a ti mismo."ᵇ
> ²⁸—Bien contestado —le dijo Jesús—. Haz eso y vivirás.
> ²⁹Pero él quería justificarse, así que le preguntó a Jesús: —¿Y quién es mi prójimo?
>
> ª**27** Deuteronomio 6:5 ᵇ**27** Levítico 19:18

En Galilea Jesús había sido acorralado por maestros de la ley procedentes de Jerusalén. Aquí en Judea es seguro que sus movimientos serán vigilados más de cerca. No sabemos a ciencia cierta si este individuo es un espía pero se nota muy sospechoso. Viene a Jesús para interrogarlo. Es más que una simple duda; es una trampa potencial (*ekpeirazō*). Su pregunta es razonable e importante, pero no es fácil. Con los cientos de leyes en el Antiguo Testamento y las miles de tradiciones orales, ¿cómo va a saber alguien cuáles son esenciales para obtener la vida eterna? Como usted ve, no siempre es fácil limpiar el buen grano del tamo y la basura.

¡Resulta sorprendente qué tan bien conoce Jesús a la gente! Sabe que este "abogado" prefiere hablar que escuchar. Así que Jesús lo invita a dar su propia interpretación profesional de la ley. Después de todo, ese era su campo. ¡Su respuesta fue excelente! Fue, de hecho, exactamente lo que Jesús diría (ver Mateo 22:37-40; Marcos 12:29-31). Siendo un hijo de Dios, todo se resume en "ama a Dios y ama también a sus otros hijos".

Este primer y gran mandamiento es lo que los judíos llaman *shema*. Se le encuentra en Deuteronomio 6:5 donde dice que hay que amar a Dios con tres cosas: el corazón, el alma y "con todo" (que algunos rabinos interpretan como dinero; *m. Ber.* 9.5). Pero aquí, como no hay equivalente hebreo para la palabra "todo" [*moed*], se utilizan dos palabras en lugar de una: fuerza y mente. Así, pues, amamos a Dios con todo nuestro corazón, con toda nuestra alma, con todas nuestras fuerzas y con toda nuestra mente.

El segundo mandamiento, proveniente de Levítico 19:18, es crucial para entender el primero. ¿Cómo podemos mostrarle amor a Dios? Cierto que hay algunos ritos que pudiéramos llevar a cabo, pero se pueden hacer sin realmente sentir algo. Podemos ir a la iglesia, podemos leer nuestra Biblia, podemos ofrendar, etc., por numerosas razones que nada tienen que ver con amar a Dios. La única manera práctica de mostrarle amor a Dios es amando a nuestros semejantes (ver 1 Juan 4:20-21).[31]

Jesús felicita al abogado por haber contestado bien. Pero luego, con gesto cordial y amable, afirma: "sabes lo que es correcto, ahora simplemente hazlo". Este abogado es muy inteligente. Escucha lo que Jesús le está indicando: "Tu respuesta es excelente, pero necesitas mejorar tu comportamiento". En vez de arrepentirse, hace lo que cualquier hipócrita haría, trata de justificarse. Pero la única manera de justificarse es rebajando las demandas de la ley. En caso de que pudiéramos limitar el alcance de la ley, podríamos afirmar que amamos a nuestro prójimo. Esta pregunta, "¿quién es mi prójimo?", está diseñada precisamente para esto. La literatura rabínica deja plenamente claro que el prójimo solamente incluiría a los compañeros israelitas (por ejemplo, *Mek.* 61.2.4). El poder de esta parábola es que expande los parámetros de la definición de "projimo" mucho más allá de lo que este abogado o usted y yo hubiéramos siquiera imaginado.

Lucas 10:30-35 señala:

> [30]Jesús respondió: —Bajaba un hombre de Jerusalén a Jericó, y cayó en manos de unos ladrones. Le quitaron la ropa, lo golpearon y se fueron, dejándolo medio muerto. [31]Resulta que viajaba por el mismo camino un sacerdote quien, al verlo, se desvió y siguió de largo. [32]Así también llegó a aquel lugar un levita, y al verlo, se desvió y siguió de largo. [33]Pero un samaritano que iba de viaje llegó adonde estaba el hombre y, viéndolo, se compadeció de él. [34]Se acercó, le curó las heridas con vino y aceite, y se las vendó. Luego lo montó sobre su propia cabalgadura, lo llevó a un alojamiento y lo cuidó. [35]Al día siguiente, sacó dos monedas de plata[a] y se las dio al

---

[31] J. Piper, "Is Self-Love Biblical" (¿Es bíblico el amor a uno mismo?) *CT* (Revista Cristianismo Hoy Día) 21 [1977]: 1150-1153, señala que este texto no dice nada en cuanto a los intereses actuales de una auto estima saludable. De hecho, él sugiere que mientras que el error antiguo era amar muy poco a otros, el error moderno resulta ser un tipo de monopolio en cuanto al amor narcisista.

dueño del alojamiento. "Cuídemelo —le dijo—, y lo que gaste usted de más, se lo pagaré cuando yo vuelva."

*a***35** *monedas de plata.* Lit. *Denarios.*

El v. 30 inicia con una palabra sumamente interesante [*hypolabōn*], que la Nueva Versión Internacional de la Biblia deja sin traducir. En efecto, significa que Jesús "retoma" la discusión con este maestro de la ley. El guante ha sido arrojado al suelo y Jesús lo levanta y lo eleva a una argumentación verbal. Esta parábola no es sólo para contestar la segunda pregunta del maestro de la ley, "¿quién es mi prójimo?", sino también para contestar la primera: "¿qué tengo que hacer para heredar la vida eterna?"

Este camino de Jerusalén a Jericó era extremadamente peligroso. A los ladrones les gustaba este camino porque tenía varias curvas y quiebres, acantilados y cuevas donde esconderse. Su apodo era Adumín (Josué 15:7; 18:17), que quiere decir "Paso de Sangre". Así que no es de extrañarse que en esta historia se narrara de que los ladrones habían golpeado y abandonado al asaltado.

Las dos primeras personas que pasaron eran religiosos. La labor principal de los sacerdotes era oficiar en los sacrificios del templo. Por otro lado, los levitas ayudaban al mantenimiento del templo y en los servicios necesarios del mismo. Se requería que ambos se mantuvieran ceremonialmente limpios mientras servían en el templo, como cuatro semanas durante un año. Al parecer el hombre está muerto. Y tocar a un muerto los descalificaría para servir en el templo en sus labores sagradas. ¿Es por ello que pasan de largo? Claro que habría que ver si la contaminación ceremonial era una excusa propia para pasar de largo a una persona en necesidad. Esto resulta especialmente verdadero a la luz de las enseñanzas de Jesús en cuanto a la observancia del día de reposo (Mateo 12:7; Marcos 3:4-5). Pero esta excusa no es válida para estos dos. El sacerdote iba descendiendo, es decir, alejándose de Jerusalén, no hacia Jerusalén. Además, cuando se viajaba a Jerusalén para servir en el templo, normalmente los sacerdotes y levitas viajaban en grupo, no solos como lo hacen estos dos por separado. La verdad es: estos dos no tienen excusa sino un temor egoísta y pasan de largo.[32]

---

[32] Resulta un cuanto sorpresivo que los hombres del clero actuaran sin corazón. Pero eso no es nada nuevo. Darley y Bateson recrearon esta parábola. En su análisis, cuarenta estudiantes de seminario tuvieron que desarrollar el tema de las carreras vocacionales de los seminaristas. Fueron enviados a un edificio contiguo para grabar sus discusiones en un estudio. Por el camino que ellos tuvieron que pasar se colocó a una aparente "víctima" para ver como

El siguiente en pasar fue un samaritano. Ahora, para este abogado judío, el término "buen samaritano" era una contradicción o tontería. Los samaritanos eran los odiados medios-judíos cuya rivalidad y antagonismo era violento y en ocasiones mortal (ver Juan 4:5-26, *Sección 35a*). Pero este inmundo samaritano tuvo piedad de la víctima. Viendo al hombre sangrando y golpeado rompió las barreras de su prejuicio profundo. No había afinidad natural entre estos dos, excepto una necesidad.

Vendó sus heridas, tal vez haciendo vendas con su propia ropa. Le derramó de su propio vino en las heridas como desinfectante. Le derramó su propio aceite en sus heridas para anestesiar y calmar el dolor. Luego, colocó al hombre en su propia cabalgadura.[33] Gastó su dinero para pagarles hospedaje y comida. No es que le agradara el hombre, pero este hombre tenía una gran necesidad. Mostró amor a través de sus acciones.

Lucas 10:36-37 señala:

[36]¿Cuál de estos tres piensas que demostró ser el prójimo del que cayó en manos de los ladrones?
[37]—El que se compadeció de él -contestó el experto en la ley.
—Anda entonces y haz tú lo mismo —concluyó Jesús.

La frase "demostró ser el prójimo" se puede traducir más literalmente como "llegó a ser su prójimo". Ser prójimo de alguien, entonces, no tiene que ver tanto con proximidad, ubicación o raza. Es la forma de nuestro comportamiento hacia cierta persona con quien entramos en contacto.

Notamos aquí un revés sorprendente. El abogado se concentró en el objeto del amor (es decir, Dios y prójimo). Pero Jesús se concentra en el sujeto de amor (es decir, ¡el abogado o yo!) Muy cómodamente podemos discurrir teológicamente en cuanto a los objetos del amor. Pero para poder llegar a ser el sujeto, el que ama, se requiere de un compromiso personal. Y si somos como el samaritano, requerimos de dinero en efectivo para suplir las necesidades.

---

reaccionarían estos cuarenta estudiantes. Veinticuatro de ellos (60%) pasaron de largo, algunos hasta tuvieron que pasar por encima (sin pisar a la víctima). (Darley, J. M. Y Bateson, C. D. "'From Jerusalem to Jerico': A Study of Situational Variable in Helping Behaviour" (De Jerusalén a Jericó':Un estudio de variables de situación en un comportamiento de ayuda), JPSP (Revista de personalidad y sicología social) 27 [1973]: 100-108).

[33] La palabra se puede utilizar para cualquier animal de carga: burros, camellos, caballos o bueyes. Se la traduce como burro porque ese era el animal de carga más común.

En respuesta a la pregunta de Jesús, el abogado ni siquiera podía pronunciar la palabra "samaritano". Pero tampoco podía ignorar la confiabilidad de la parábola. Jesús ha contestado ambas preguntas: "¿quién es mi prójimo?" y "¿qué tengo que hacer para heredar la vida eterna?"

Las palabras finales de Jesús son pragmáticas y persistentes. Persistentes porque ya ha demandado del abogado que *haga* lo que *sabe* que es correcto hacer (v. 28). Repite nuevamente el punto para que el abogado no lo olvide y lo recuerde aún estando en casa. Sus palabras son pragmáticas porque le recuerda al abogado (y al lector) que una teología correcta no es suficiente para heredar la vida eterna. Si no *hacemos* aquello que sabemos que es correcto, entonces nuestras respuestas correctas a las preguntas bíblicas no nos acercarán más al reino de Dios.

Sección 104
La visita de Jesús a María y Marta
(Lucas 10:38-42)

Una persona normal puede correctamente escoger entre el bien y el mal. El reto llega cuando hay que escoger lo excelente de lo mejor. Marta es el espejo de muchos de nuestros voluntarios y buenos obreros en la iglesia. Ella se adentra tanto en el trabajo físico y en las buenas obras que deja de lado lo que es prioritario y más importante. La historia es simple; sus lecciones son profundas.

Lucas 10:38-40 señala:

> [38]Mientras iba de camino con sus discípulos, Jesús entró en una aldea, y una mujer llamada Marta lo recibió en su casa. [39]Tenía ella una hermana llamada María que, sentada a los pies del Señor, escuchaba lo que él decía. [40]Marta, por su parte, se sentía abrumada porque tenía mucho que hacer. Así que se acercó a él y le dijo: —Señor, ¿no te importa que mi hermana me haya dejado sirviendo sola? ¡Dile que me ayude!

El escenario es la aldea de Betania. Era un suburbio a como tres kilómetros al este de Jerusalén, al otro lado del monte de los Olivos. Esta es la primera vez (mencionada) que Jesús está en la casa de María y Marta, las hermanas de Lázaro. Es seguro que no es esta la primera vez que ellos se encuentran. Son amigos cercanos de Jesús (Juan 11:1-3). Entonces, sospechamos que Jesús tenía una invitación abierta para visitar a sus amigos Lázaro, María y Marta en su casa.³⁴ Durante el último año y medio Jesús ha estado viajando en Galilea y áreas circunvecinas. Ahora regresa a Judea y puede reanudar esta amistad.

Nos gustaría imaginarnos que Lázaro se encuentra con Jesús en la fiesta de los Tabernáculos y les cuenta esto a María y a Marta. Ellas envían a Lázaro de regreso a Jerusalén para invitar a Jesús a cenar. Pero Jesús está tan ocupado que no puede ir durante la fiesta. Sin embargo, una vez que la fiesta termina, Jesús se va a Betania a comer en casa de estos amigos tan queridos. Debido a que no se menciona a Lázaro, suponemos que es uno de los setenta y dos que Jesús envió.

María y Marta han trabajado juntas³⁵ en la preparación del banquete para recibir a su amigo y famoso rabí Jesús. No era una tarea fácil, especialmente considerando que con Jesús por lo menos iban doce personas más. Es de suponer que la casa de María y Marta era grande, representando cierto nivel de bienestar económico. Nos preguntamos en qué clase de negocios estaba Simón (el leproso: Mateo 26:6) y cómo afecta su enfermedad a su estándar de vida. O tal vez sea Lázaro el proveedor principal de esta casa. Si ese es el caso, entonces su resurrección, a tan sólo dos meses después, es un gran favor para la familia.

Cuando Jesús finalmente llega, María sale de la cocina y deja que su hermana haga todo el trabajo, mientras ella está sentada a los pies de Jesús y le escucha enseñar. No tan sólo es negligente de su parte dejar sola a su hermana, sino que es culturalmente inapropiado. Ella está asumiendo el papel de un discípulo, una posición masculina (ver Lucas 8:1-3). Mientras Marta va de la cocina al salón del banquete y viceversa, más se molesta con su hermana. Finalmente, expresa su frustración y la pone a consideración de Jesús, con estas palabras: "-Señor, ¿no te importa que mi hermana me haya dejado sirviendo sola? ¡Dile que me ayude!" Con esto, no únicamente culpa a su hermana, sino también a Jesús.

Aunque Marta resulta muy atroz y ruda (por el reclamo que hace) y también se muestra un poco presuntuosa por decirle a

---

³⁴Es posible que Simón el leproso (Mateo 26:6) sea un cuarto miembro de la familia. Si así es, entonces sospechamos que sea esposo ya sea de María o de Marta. También es posible que Mateo 26:6 tuvo lugar en un lugar totalmente distinto de la casa, o que Simón el leproso sea Lázaro.

³⁵Marta utiliza la palabra melodramática "abandonar" (v. 40), indicando que en un principio María le estaba ayudando.

Jesús qué es lo que debe hacer, su petición es razonable. Quiere que María la ayude [*synantilambano*]. La palabra significa "que comparta equitativamente o justamente el trabajo". Es la palabra que usted utilizaría para describir a dos bueyes con el mismo yugo, ambos haciendo el mismo esfuerzo. Ahora, esa es una buena ética judeocristiana de trabajo.

Lucas 10:41-42 señala:

> [41] —Marta, Marta —le contestó Jesús—, estás inquieta y preocupada por muchas cosas, [42] pero sólo una es necesaria.[a] María ha escogido la mejor, y nadie se la quitará.
>
> [a]**42** *sólo una es necesaria.* Var. *se necesitan pocas cosas, o una sola.*

Hasta podemos oír el murmullo que acompaña la corrección de Jesús: "estás inquieta y preocupada por muchas cosas". ¿No suenan así nuestros noticieros matutinos? Somos gente frenética y actuamos con frenesí. Sin embargo, al igual que Marta, la mayoría de las cosas por las que nos preocupamos son tan sólo pequeñeces.

Algunos manuscritos señalan del v. 42: "pero pocas cosas son necesarias". Si esta es la lectura apropiada, Jesús pudo haberse referido a la preparación de la cena. Jesús le está diciendo a Marta que está exagerando en la atención tan meticulosa y la abundancia de comida. Pero el texto no va por ese lado. Jesús no se refiere a la cena, sino a su enseñanza: "la única cosa necesaria es la palabra de Dios".[36]

La conclusión es clara. Marta tiene el sublime privilegio de sentarse a los pies de Jesús y escucharlo, pero en cambio se está preocupando por la cena. Se perdió de lo más importante. En tan sólo cinco meses ya no estará más entre ellos. De la misma manera, nosotros muchas veces vamos por el mundo preocupándonos de cosas triviales y nos perdemos de nuestras citas divinas. En cambio María saca ventaja de Dios encarnado que la visitó en su propia casa.[37] Debido a que sus oídos están bien abiertos ahora, el viernes antes

---

[36] R. W. Wall sugiere que esto enlaza las palabras de Jesús en cuanto al maná de Deuteronomio 8:3. Él propone que las tres secciones de Lucas 10:25-28, 29-37 y 38-42 están enlazadas consecutivamente a Deuteronomio 5-6; 7; y 8, mostrando que Jesús fue para la iglesia lo que Moisés fue para Israel. ("Martha and Mary [Luke 10:38-42] in the Context of a Christian Deuteronomy" (Marta y María [Lucas 10:38-42] es el contexto de un Deuteronomio cristiano), JSNT (Revista para el estudio del Nuevo Testamento) 35 [1989]: 19-35).

[37] Nuevamente encontramos a estas dos mujeres en Juan capítulo 11 demostrando las mismas características: Marta, trabajando y María adorando a Jesús.

de que Jesús sea crucificado será lo suficientemente perceptiva para ungirlo para su sepultura (ver **Sección 141**).

Sección 105a
Una oración ejemplar
(Lucas 11:1-4)

La oración es tan importante y poderosa. ¿Por qué sabemos muy poco de ella y casi no la practicamos? No estamos solos. También los primeros seguidores de Jesús batallaron con la oración. Cuando el Maestro oraba, ellos lo miraban con admiración y hasta tal vez con un poco de envidia. ¡Él oraba tan bien y tan seguido! Lucas enfatiza, particularmente, la vida de oración de Jesús (3:21; 5:16; 6:12; 9:18, 28; 11:1; 22:32, 41; 23:34). En esta ocasión, cuando Jesús regresa de uno de esos momentos a solas con el Padre, sus discípulos le presentan una petición: "Enséñanos a orar". También ellos querían tener esa intimidad que Jesús tenía con el Padre.

Lucas 11:1 señala:

> ¹Un día estaba Jesús orando en cierto lugar. Cuando terminó, le dijo uno de sus discípulos: —Señor, enséñanos a orar, así como Juan enseñó a sus discípulos.

La mayor parte de esta sección suena familiar. De hecho, los vv. 2-4 y 9-12 están sacados directamente del Sermón del Monte. Esto no quiere decir que Lucas hubiese editado y arreglado el material de Mateo.[38] Después de la gira de los 72, habría multitudes de gente nueva. Lo que los doce habían escuchado un año atrás en Galilea, es posible que estas personas de Judea sea la primera vez que lo oyen.

---

[38] A. J. Banstra, "The Original Form of the Lord's Prayer" (La forma original de la oración del Señor), *CTJ* (Revista teológica calvinista) 16 [1981]: 15-37, evalúa cinco distintas sugerencias en cuanto a las dos versiones de esta oración. (1) Jesús dijo la misma oración en dos ocasiones distintas, fielmente registradas por Mateo y Lucas. (2) La versión de Mateo es más original y Lucas la editó. (3) La versión de Lucas es más original y Mateo le agregó su solemnidad. (4) La oración, en ambas formas, fue creada por la iglesia primitiva y no fue originada por Jesús. (5) Tanto Mateo como Lucas le cambiaron sus palabras originales de Jesús para encajar en las suyas en cuanto a sus "comunidades de alabanza". Banstra acepta esta quinta solución, sugiriendo que la versión de Mateo es más apropiada a los judíos cristianos y la versión de Lucas es más apropiada a los cristianos gentiles. Sin embargo, hay varias precauciones que debemos tomar. Primera, las conclusiones de Banstra se basan en sus suposiciones de crítica literaria y de redacción tomando prestado de los evangelios, pero es algo que no se ha podido comprobar a ciencia cierta. Segunda, ambas versiones de la oración muestran señales de composición poética cuidadosa. Así, es imposible (y precario) identificar una como "más original". Tercera, Jesús fue un predicador itinerante. Uno pudiera esperar variaciones de forma en los distintos discursos.

La multitud recuerda plenamente cómo enseñó Juan a sus discípulos a orar. Era común para los rabinos de esos días enseñar ciertos temas repetidas veces y también la importancia y forma de la oración. Aparentemente Juan enseñó ciertos rasgos característicos de Jesús en cuanto a la oración y otros temas. Al parecer este estudiante le pide a Jesús que les muestre su caracte Jesús ha estado viajando en Galilea y áreas circunvecinas. Ahora regresa a Judea y puede reanudar esta amistad rística singular en cuanto a la oración y sus estrategias de enseñanza. Después de todo, parecen funcionar muy bien. Una característica sorprendente de Jesús al orar es que él siempre se dirige a Dios como Padre (ver Juan 20:17; Romanos 8:14-17) con una notable excepción en Marcos 15:34. En tanto que los judíos palestinos sí consideraban a Dios su "Padre" (ver 2 Samuel 7:14; Salmo 103:13), no se sentían a gusto dirigiéndose a él como "Abba". Así, Jesús abrió o presentó una nueva forma de intimidad entres sus discípulos y Dios.[39]

Tenemos varias lecciones aquí en el v. 1. (1) Las oraciones escritas o memorizadas, especialmente el Padre Nuestro, se deben continuar practicando junto con las oraciones improvisadas. Tienen un enfoque claro; cada línea está cargada de información. Generalmente contienen teología profunda expresada de manera hermosa. Están bien redactadas y, por consiguiente, resultan plataformas de lanzamiento para las oraciones improvisadas. Normalmente son de uso común. Es decir, le pertenecen a la iglesia. Así, debemos recordar que no oramos aislados de otros creyentes. (2) Haríamos bien en buscar e imitar a los "maestros de la oración". Ellos podrían ayudarnos en nuestra jornada hacia el rostro de Dios. (3) La oración se puede enseñar. No siempre llega de manera natural. Puede requerir de práctica y tal vez algo de experimentación.

Lucas 11:2-4 con Mateo 6:9-13 señalan:

²Él les dijo: —Cuando oren, digan:
"Padre[a] {nuestro[Mt]}, {que estás en el cielo[Mt]} santificado sea tu nombre.
Venga tu reino.[b] {hágase tu voluntad en la tierra como en el cielo[Mt]}
³Danos cada día {hoy[Mt]} nuestro pan cotidiano.[c]

---

[39]Ver J. Jeremias, *The Prayers of Jesus* (Las oraciones de Jesús) (Naperville: Allenson, 1967), p. 97. Sin embargo, W. A. VanGemeren, " 'ABBA' in the Old Testament?"(¿'ABBA' en el Antiguo Testamento?) *JETS* (Revista de la sociedad teológica evangélica) 31/4 [1988]: 385-398, señala que una relación íntima con un "Dios-Padre" se encuentra tanto en el Antiguo Testamento como en el Nuevo Testamento. Así, no tenemos una dicotomía entre los dos testamentos. Pero ciertamente Jesús exalta nuestra relación con Dios.

⁴Perdónanos nuestros pecados, porque también nosotros perdonamos a todos los que nos ofenden.ᵈ
Y no nos metas en tentaciónᵉ {sino líbranos del maligno^Mt}.

ᵃ*2 Padre.* Var. *Padre nuestro que estás en el cielo.* (véase Mt. 6:9) ᵇ*2 reino.* Var. *reino. Hágase tu voluntad en la tierra como en el cielo* (véase Mt. 6:10) ᶜ*3 nuestro pan cotidiano.* Alt. *el pan que necesitamos.* ᵈ*4 nos ofenden.* Lit. *nos deben.* ᵉ*4 tentación.* Var. *tentación, sino líbranos del maligno* (véase Mt. 6:13).

[Los vv. 2-4 = Mateo 6:9-13, ver *Sección 54f*]

Existen pocas diferencias entre el Padre Nuestro de Mateo y el de Lucas: (1) La versión de Mateo es más larga y solemne (considere el texto citado de Mateo anteriormente). (2) Mateo usa "Danos hoy nuestro pan cotidiano" y Lucas usa "Danos cada día nuestro pan cotidiano". Así, la petición de sustento parece más inmediata. (3) El perdón para nuestros semejantes está en pasado en Mateo: "como también nosotros hemos perdonado"; mientras que Lucas lo pone en presente y futuro: "porque también nosotros perdonamos". Y, (4) Mateo utiliza la palabra "transgresiones" mientras que Lucas usa "pecados".

Sección 105b
Exhortación a orar
(Lucas 11:5-13)

Jesús acaba de instruir a sus discípulos como orar. Ahora los anima a que lo hagan. En ocasiones es difícil creer que Dios nos escuchará. Después de todo, ¿pueden mis oracioncitas mover a un Dios soberano? Aparentemente sí. Ese es el punto de esta parábola.

Lucas 11:5-8 señala:

⁵»Supongamos —continuó— que uno de ustedes tiene un amigo, y a medianoche va y le dice: "Amigo, préstame tres panes, ⁶pues se me ha presentado un amigo recién llegado de viaje, y no tengo nada que ofrecerle". ⁷Y el que está dentro le contesta: "No me molestes. Ya está cerrada la puerta, y mis hijos y yo estamos acostados. No puedo levantarme a darte nada". ⁸Les digo que, aunque no se levante a darle pan por ser amigo suyo, sí se levantará por su impertinencia y le dará cuanto necesite.

Esta parábola se entendió mucho mejor en Palestina que en nuestro tiempo. Por ejemplo, nos parecería rudo que un amigo se presentara en nuestra casa a media noche. Pero si se viaja largas distancia a pie, puede suceder. Resulta hasta inevitable. Además, si usted quiere evitar el calor palestino, a propósito viajaría de noche. También podría parecer de mal gusto levantar a un vecino a media noche. Esto resulta todo una odisea cuando se piensa en que las familias palestinas normalmente dormían juntos en un mismo cuarto. Si el esposo se levantaba a buscar pan, también se despertaría la esposa y los hijos. Sin embargo, parte de su cultura era entender que un visitante no tan sólo era hospedado por la familia, sino por toda la comunidad. Así que, este vecino tenía el derecho de pedirle a su vecino o amigo pan para el visitante aún si se molestaba por esta petición. Y en comunidades pequeñas, no podía esconder que su familia acababa de hornear el pan de toda la semana.

Esta parábola es similar a la que encontramos en Lucas 18:1-8 acerca del juez injusto que fue presionado para ceder ante la viuda persistente. Así que, ¿qué es lo que está diciendo Jesús? ¿Es que debemos ser persistentes e insistentes antes de que Dios nos dé lo que queremos? ¡Ciertamente no! Esta no es una parábola de comparación, sino una de contraste. Es la clásica lógica judía, de menos a más: si aún un vecino tacaño cede ante una petición atrevida, cuánto más se deleitará Dios en darles buenas dádivas a sus hijos. Podemos acudir a Dios con confianza porque él es nuestro Padre amoroso que se goza en conceder nuestras peticiones.[40] Esto encaja perfectamente en lo que sigue en los vv. 9-13.

Lucas 11:9-13 señala:

⁹»Así que yo les digo: Pidan, y se les dará; busquen, y encontrarán; llamen, y se les abrirá la puerta. ¹⁰Porque todo el que pide, recibe; el que busca, encuentra; y al que llama, se le abre.

¹¹»¿Quién de ustedes que sea padre, si su hijo le pide un[a] pescado, le dará en cambio una serpiente? ¹²¿O si le pide un huevo, le dará un escorpión? ¹³Pues si ustedes, aun siendo malos, saben

---
[40] Klyne Snodgrass, "Anaideia and the Friend at Midnight (Luke 11:8)" (Anaideia y el amigo a la media noche [Lucas 11:8]), JBL (Revista de literatura bíblica) 116/3 [otoño, 1997]: 505-513, correctamente señala que *anaideia*, en la versión Septuaginta de la Biblia, la literatura griega y de la iglesia primitiva siempre significó "sin vergüenza" o "descaro" (con una posible excepción de "persistencia" en Jeremías 8:5). Además, este descaro pudo haber sido característico del durmiente en vez del que tocaba a la puerta. Es decir, él se pudo haber levantado, no porque su amigo persistía llamando a la puerta sino porque no quiere que la comunidad de vecinos lo censure a la mañana siguiente (Nolland, pp. 625-626). Sin embargo, lo importante de esta parábola no es la oración persistente sino la oración atrevida. También ver A. F. Johnson, "Assurance for Man: The Fallacy of Translating *Anaideia* by 'Persistence' in Luke 11:5-8" (Seguridad para el hombre: La falla en traducir *Anaideia* como 'persistencia' en Lucas 11:5-8), JETS (Revista de la sociedad teológica evangélica 22/2 (1979): 123-131.

dar cosas buenas a sus hijos, ¡cuánto más el Padre celestial dará el Espíritu Santo a quienes se lo pidan!

a11 le pide. Var. *le pide pan, le dará una piedra; o si le pide.*

[Los vv. 9-13 = Mateo 7:7-11, ver *Sección 54h*]

    Lucas difiere muy poco en cuanto a las palabras expresadas por Mateo. En el v. 11, Mateo usa la ilustración de un pan/piedra, mientras que Lucas usa huevo/escorpión. Viner sugiere que el escorpión encorvado tiene forma de huevo.[41] Lucas también usa el singular "cielo" (una clásica descripción griega), mientras que Mateo usa el plural "cielos" (una clásica descripción hebrea). Ambas cosas son diferencias leves. Existe otra diferencia de mayor sustancia. En vez de que el Padre dé "buenas dádivas" como lo señala Mateo, Lucas dice que él dará "el Espíritu Santo". Ése es el mejor regalo que pudiéramos recibir (ver Hechos 1:4; 2:33; Lucas 24:49!)

    El punto resulta obvio. Usted espera que un vecino mezquino le dé lo que usted necesita para atender a su huésped, aunque usted lo pida a medianoche. ¡Cuánto más nuestro buen Dios, nuestro Padre amoroso, estará dispuesto a darnos todo lo que necesitemos para alimentarnos o nutrirnos, especialmente su Espíritu Santo! ¡Así que adelante, pida! Esté seguro que va a recibir lo que necesite.

Sección 106
Beelzebú y la señal de Jonás
(Lucas 11:14-36, comparar *Secciones 61 y 62*, Mateo 12:22-45; Marcos 3:20-30)

    Ya hemos leído estas palabras antes *(Secciones 61 y 62)*. Mateo y Marcos las usaron para describir una confrontación horrible en Galilea. Lucas usa las mismas palabras para describir un encuentro similar en Judea. No nos debe sorprender. Lucas y Mateo también utilizan estas palabras para describir el envío de los setenta y dos en Judea (Lucas capítulo 10) y el envío de los doce en Galilea. Veremos este mismo fenómeno por toda la "sección central" de Lucas. Él señala el hecho de que muchos de los acontecimientos del ministerio temprano de Jesús en el norte también se repitieron después en su ministerio final en el sur.

---

[41] T. Viner, "Stories Jesus Told: The Friend at Midnight" (Historias que Jesús contó: El amigo a media noche) CS (El estándar cristiano) [febrero 3, 1991]: 17.

Los líderes religiosos, aún aquí en Judea, ya no pueden negar que Jesús hizo grandes milagros. Tampoco se pueden dar el lujo de ignorar a este hombre y su obra. Tienen dos opciones: o admiten que el poder de Jesús proviene de Dios y se someten a su señorío, o relegan su poder para obrar milagros a Satanás. Esta clase de calumnia era un mecanismo social para desacreditar públicamente al oponente y quitarle su honra. Al tomar el exorcismo de Jesús como proveniente del diablo, señalan a Jesús como "mago". Los magos eran considerados seres sombríos y se les temía por su influencia social y, en ocasiones, hasta eran desterrados de Roma (ver Tacitus *Hist.* 5:13; *Ann.* 6.12; Suetonius, *Aug.* 31.1).[42] Posiblemente por ello los oponentes de Jesús todavía lo siguen considerando un mago y charlatán durante los siglos II y III (ver Origen, *Contra Celsum* 1.28; 8.41; Justin, *Dialogue* 69.7; *b. Sanh.* 43a; *t. Hullin* 2:22-24; *Acts of Thomas* 96.

Jesús y Beelzebú

Lucas 11:14-23 con Mateo 12:22-25, Marcos 3:22-23 señalan:

14En otra ocasión Jesús expulsaba de un hombre a un demonio que lo había dejado {ciego y^{Mt}} mudo. Cuando salió el demonio, el mudo habló, y la gente se quedó asombrada. **15**Pero algunos {fariseos^{Mt}} {maestros de la ley^{Mr}} dijeron: {¡Está poseído por Beelzebú^{Mr}} «Éste expulsa a los demonios por medio de Beelzebú,ª príncipe de los demonios.» **16**Otros, para ponerlo a prueba, le pedían una señal del cielo. **17**Como él conocía sus pensamientos, les dijo {en parábolas^{Mr}}: «Todo reino {ciudad^{Mt}} dividido contra sí mismo quedará asolado, y una casa dividida contra sí misma se derrumbará.ᵇ **18**Por tanto, si Satanás está dividido contra sí mismo, ¿cómo puede mantenerse en pie su reino? Lo pregunto porque ustedes dicen que yo expulso a los demonios por medio de Beelzebú. **19**Ahora bien, si yo expulso a los demonios por medio de Beelzebú, ¿los seguidores de ustedes por medio de quién los expulsan? Por eso ellos mismos los juzgarán a ustedes. **20**Pero si expulso a los demonios con el poderᶜ {Espíritu^{Mt}} de Dios, eso significa que ha llegado a ustedes el reino de Dios. **21**»Cuando un hombre fuerte y bien armado cuida su hacienda, sus bienes están seguros. **22**Pero si lo ataca otro más fuerte que él y lo vence, le quita las armas en que confiaba y reparte el botín. **23**»El que no está de mi parte, está contra mí; y el que conmigo no recoge, esparce.

ª**15** *Griego* Beelzebú; *también en los vv.* 18 *y* 19. ᵇ**17** *y una casa* . . .

---

[42]Ver a Graham Stanton, "Jesus of Nazareth: A Magician and False Prophet Who Deceived God's People?" en *Jesus of Nazareth: Lord and Christ*, ed. Joel B. Green y Max Turner (Grand Rapids: Eerdmans 1994), 164-180.

derrumbará. Alt. *y sus casas se derrumbarán unas sobre otras.* ^c**20** *poder.*
Lit. Dedo.

[Los vv. 14-23 = Mateo 12:22-30; Marcos 3:22-27, ver **Sección 61**]

Mateo presenta unas cuantas cosas que Lucas deja fuera. Primero, el ataque está encabezado por los fariseos. Segundo, termina con una discusión respecto a la blasfemia contra el Espíritu Santo, una narrativa aterradora y poderosa. Sin embargo, la narración de Lucas es más vívida, especialmente al describir el asalto a la casa de un hombre fuerte.

Los fariseos acusan a Jesús de ser satánico. Es una acusación seria y de gran envergadura. De hecho, él echa mano de su mejor lógica para contestar a esta acusación.

Argumento #1: " Todo reino dividido contra sí mismo quedará asolado". El poder de Jesús está siendo usado en contra del reino de Satanás. Si él le pertenece a Satanás, estaría trabajando para él, no en su contra. Sería como escupir al cielo. No es que Satanás no puede ordenar la salida de un demonio, sino que no lo quiere hacer.

Argumento #2: "¿Los seguidores de ustedes por medio de quién los expulsan?" Digamos, por cuestiones de la argumentación, que Jesús sí era satánico porque sí echaba fuera demonios. ¿No se aplicaría el mismo argumento a los demás exorcistas judíos (ver Hechos 19:13-14)? La hipocresía de ellos resulta evidente. Condenar a Jesús recae en ellos mismos.

Argumento #3: "Ha llegado a ustedes el reino de Dios". Si ellos han seguido la lógica de la argumentación de Jesús, en estos precisos momentos ellos deben estar aterrados. Si hay la remota posibilidad de que el poder de Jesús viene de Dios mismo, los que acaban de blasfemar son ellos. "Ha llegado" no es el uso normal del verbo "venir". Significa "llegar, cumplirse en el tiempo" o, como lo presenta 1 Tesalonicenses 4:15, "no nos adelantaremos". La verdad es: ¡el reino de Dios está a sus puertas!

Todo esto se torna todavía más sorprendente cuando consideramos la metáfora de Jesús: "el dedo de Dios". Es claro que esta frase hace referencia al poder de Dios. Sin embargo, a la luz de Éxodo 8:19 (la plaga de los mosquitos de Moisés y Aarón), parece que el poder de Dios se manifiesta *a través de un agente humano.* "Por lo menos, Jesús está indicando con esta frase que él mismo se coloca a la par con Moisés y Aarón, mensajeros genuinos de Dios, a quienes

Dios dotó de poder para hacer milagros simbólicos relacionados con la liberación de Israel del cautiverio".[43] Aún más, así como los magos del faraón no pudieron reproducir esta plaga como lo habían hecho con las dos primeras, así Jesús es superior a los fariseos los cuales lo acusan falsamente de obrar una "magia barata". Ahora los acusadores son los que resultan condenados.

Argumento #4: *"Si lo ataca otro más fuerte que él y lo vence, le quita las armas..."* Esta propuesta también resulta aterradora a los críticos de Jesús. Jesús acaba de desarmar a Satanás y ha repartido el botín. Jesús ha penetrado en el dominio de Satanás, lo ha sometido, le ha quitado el poder y le ha arrebatado sus posesiones. ¿Quién sigue?

Demonios en lugares áridos

Lucas 11:24-26 con Mateo 12:44-45 señalan:

> [24]»Cuando un espíritu maligno[a] sale de una persona, va por lugares áridos buscando un descanso. Y al no encontrarlo, dice: "Volveré a mi casa, de donde salí". [25]Cuando llega, la encuentra {desocupada[Mt]} barrida y arreglada.[44] [26]Luego va y trae otros siete espíritus más malvados que él, y entran a vivir allí. Así que el estado final de aquella persona resulta peor que el inicial.» {Así le pasará también a esta generación malvada[Mt]}.

[a]24 Griego impuro, inmundo

[Los vv. 24-26 = Mateo 12:43-45, ver *Sección 62*]

Toda esta discusión empezó a raíz de que Jesús expulsó un demonio de este hombre mudo. Él ha llegado a ser el centro de atención. Jesús hasta utiliza a este hombre como ejemplo de la desesperación de toda la nación. Jesús le hace un favor al mudo. Lo limpia y libera expulsando al demonio. Eso es bueno. Pero si este individuo no se llena de algo más, el demonio insatisfecho por andar vagando, posiblemente se junte con otros compañeros y regrese a su morada ya renovada. Entonces, este hombre será peor. De la misma manera, los compatriotas de Jesús reciben una gran bendición debido

---

[43] Paul Meier, p. 411. Martin Hengel, "Der Finger und die Herrschaft Gottes en Lucas 11:20, en *Main de Dieu/Die Hand Gottes* (Tübingen: J.C.B. Mohr, 1997): 87-106.

[44] La palabra para "poner en orden" [*kosmeō*] se pudiera entender como "decorado" o "amueblado". El cuadro no es de una casa desolada con tan sólo paredes, espacio vacío y sin muebles. Sino lo cierto es que es todo lo contrario. Está lista para habitarse. Tal es la naturaleza de nuestros corazones humanos. Están preparados para su habitación espiritual.

a su presencia. Pero si no lo aceptan como Señor, los despertará algo aterrador. Su ruego será peor de cómo era antes de que él viniera.

Lucas 11:27-28 señala:

> ²⁷Mientras Jesús decía estas cosas, una mujer de entre la multitud exclamó:—¡Dichosa la mujer que te dio a luz y te amamantó!ª
> ²⁸—Dichosos más bien —contestó Jesús— los que oyen la palabra de Dios y la obedecen.
>
> ª27 ¡Dichosa... amamantó! Lit. ¡Dichoso el vientre que te llevó y los pechos que te criaron!

En realidad, esta mujer bendice el cuerpo de María, especialmente su vientre y sus pechos. Ella fue bendecida con el privilegio de llevar en su vientre a Jesús y verlo crecer como su hijo (Lucas 1:28-35, 42-45). Seguro que Dios respetó su fe y su piedad. Sin embargo, ella, como Juan el Bautista, fue menos que el más pequeño en el reino de Dios. La locución adverbial introductoria de Jesús, *menoun*, es una forma de señalar: "más bien = sí, PERO". Jesús afirma lo que ella ha dicho, pero señala su insuficiencia. La bendición verdadera llega con escuchar y obedecer la palabra de Dios. No existe una bendición espiritual fuera de la obediencia a la palabra. Esta declaración es similar a la de Mateo 12:46-50 — la familia de Jesús que lo busca. Ambas secciones señalan que la verdadera familia de Jesús, aquellos que escuchan y obedecen, están en contraste o contraposición total con los fariseos.

La señal de Jonás

Lucas 11:29-32 *con* Mateo 12:39 señalan:

> ²⁹Como crecía la multitud, Jesús se puso a decirles: «Ésta es una generación malvada {y adúltera^Mt}. Pide una señal milagrosa, pero no se le dará más señal que la de Jonás. ³⁰Así como Jonás fue una señal para los habitantes de Nínive, también lo será el Hijo del hombre para esta generación. ³¹La reina del Sur se levantará en el día del juicio y condenará a esta gente; porque ella vino desde los confines de la tierra para escuchar la sabiduría de Salomón, y aquí tienen ustedes a unoª más grande que Salomón. ³²Los ninivitas se levantarán en el día del juicio y condenarán a esta generación; porque ellos se arrepintieron al escuchar la predicación de Jonás, y aquí tienen ustedes a uno más grande que Jonás.

*a***31** O *algo;* también en el v. 32

[Los vv. 29-32 = Mateo 12:38-42, ver **Sección 62**]

Las cosas se están calentando. Las multitudes acuden para comprobar a qué se debe el alboroto. Jesús acaba de contestar a la acusación que se le hace en el v. 15. Ahora, regresa a la petición que algunos de entre la multitud le hacen — una señal del cielo en el v. 16.

¡Cómo se atreven a demandar señal del cielo! Oh, no hay nada malo en pedir alguna prueba o verificación de algo. Ese era el propósito de los milagros (ver Juan 20:31). Jesús ya ha realizado una gran cantidad de milagros. ¿Por qué demandaban más milagros? Precisamente porque están inclinados hacia la incredulidad.

Ahora, esto es sorprendente ya que ellos supuestamente son el pueblo de Dios. Hasta los paganos actúan mejor que ellos. Por ejemplo, la gente de Nínive y la reina de Sabá sabían lo que era bueno cuando lo escuchaban. Sin embargo, estos individuos están blasfemando contra Jesús. Su comportamiento vergonzoso quedará expuesto en el día del juicio aún por estos paganos. ¡Muy bien, sí tendrán señal! Pero no vendrá del cielo. Será del fondo de la tierra, cuando Jesús resucite.[45]

Lucas 11:33-36 afirma:

33»Nadie enciende una lámpara para luego ponerla en un lugar escondido o cubrirla con un cajón, sino para ponerla en una repisa, a fin de que los que entren tengan luz. **34**Tus ojos son la lámpara de tu cuerpo. Si tu visión es clara, todo tu ser disfrutará de la luz; pero si está nublada, todo tu ser estará en la oscuridad.*a* **35**Asegúrate de que la luz que crees tener no sea oscuridad. **36**Por tanto, si todo tu ser disfruta de la luz, sin que ninguna parte quede en la oscuridad, estarás completamente iluminado, como cuando una lámpara te alumbra con su luz.»

*a***34** *Si tu visión . . . oscuridad.* Lit. *Cuando tu ojo es bueno, todo tu cuerpo está iluminado; pero cuando es malo, también tu cuerpo está oscuro.*

[El v. 33 = Mateo 5:15, ver **Sección 54c**]
[Los vv. 34-36 = Mateo 6:22-23, ver **Sección 54g**]

---

[45]E. H. Merrill, " The Sign of Jonah" (La señal de Jonás), JETS (Revista de la sociedad teológica evangélica) 23/1 [1980]: 23-30.

Jesús enseña que la lámpara del cuerpo es el ojo. Sin embargo los ojos no producen luz,[46] sino que son el vehículo que permite la entrada de luz al cuerpo. Jesús es la luz. Y él está parado frente a los ojos de ellos. La mayoría de la gente ama la luz. De hecho, colocan lámparas en pedestales para que iluminen toda la casa. Estos individuos están tratando de "apagar" a Jesús. Sus ojos contemplan la luz del mundo, pero sus cuerpos no son iluminados porque sus ojos están dañados. Tienen nube. La nube no les permite ver. Demuestran su ceguera al demandar otra señal, ignorando las que ya les han sido dadas.[47] En esencia, Jesús les está diciendo: "¡Abran los ojos y mírenme con toda honestidad! Si me permiten entrar a ustedes, brillaré de manera increíble" (ver Efesios 5:13, 14). Podemos abrir los ojos para ser iluminados (v. 36) o podemos cerrar los ojos y permanecer en tinieblas (v. 34). "No hay más ciego que el que no quiere ver".

Con esto, Jesús termina su argumento. Lucas termina así su plática en cuanto a la luz. La presentación de Mateo termina con su plática del fruto (Mateo 12:33-37). En ambas narraciones, Jesús termina echándole un nudo al encuentro al hacer una clara distinción entre los motivos de aquellos que escuchan y los que no lo hacen.

Sección 107
Ayes a los fariseos y a los expertos en la ley
(Lucas 11:37-54, comparar *Secciones 77 y 137a*)

Este es un tercer acontecimiento al final del ministerio judío de Jesús que tiene un acontecimiento paralelo en su ministerio galileo (comparar **Secciones 102a y 106**). Al parecer Jesús hace en territorio sureño lo que hizo en Galilea. Dado que su tiempo se termina, se debe desplazar más rápido.

En *Sección 77* lo encontramos en Galilea discutiendo este mismo asunto con los fariseos en cuanto a la limpieza ceremonial. Mateo 15:1 y Marcos 7:1 identifica a los fariseos como provenievntes de Jerusalén. Por lo tanto, este puede ser el mismo grupo que acosó a

---

[46]El entendimiento antiguo griego y hebreo de la visión era que el ojo en realidad producía luz (Platón, *Timaeus* [Timeo], 45b-46a). En cuanto a un resumen de testimonio antiguo ver D. C. Allison, The Eye is the Lamp of the Body" (El ojo es la lámpara del cuerpo), NTS (Estudios del Nuevo Testamento) 33 [1987]: 61-83.

[47]S. R. Garrett, "Lest the Light in You be Darkness:Luke 11:33-36 and the Question of Commitment" (A menos que la luz en ti sea tinieblas: Lucas 11:33-36 y la pregunta del compromiso), *JBL* (Revista de literatura bíblica) 110/1 [1991]: 93-105.

Jesús anteriormente, pero en esta ocasión tienen una ventaja:[48] "estar en su propia cancha".

Los fariseos eran el ala religiosa de derecha. Originalmente fueron un grupo de personas que quisieron separarse de la impureza de su sociedad al utilizar y aplicar principios del Antiguo Testamento en todo aspecto de sus vidas. Sus motivos, en primera instancia, fueron buenos. Sin embargo, en su celo por obtener la pureza construyeron una "barrera con la ley" mediante el uso de muchas y minuciosas leyes tradicionales. Desafortunadamente, cuanto más minuciosos eran, más se interesaron en los rituales y menos se interesaron en la gente. Esto los llevó a la clase de corrupción que Jesús está a punto de reprocharles.

Debido a que Jesús no les siguió el juego (sus reglas tradicionales) en cuanto a sus regulaciones del día de reposo, lavamiento ritual y ayuno, llegó a ser objeto de sus críticas y trampas.

1. Acusaron a Jesús de haber blasfemado cuando él perdonó pecados (Mateo 9:3ss; Marcos 6:2ss; Lucas 5:21).
2. Se mofaron de su frecuente compañerismo con los pecadores (Mateo 9:11; Marcos 2:16; Lucas 5:30; 15:1).
3. Lo acusaron de violar sus tradiciones orales por no ayunar (Lucas 5:33); por violar las regulaciones del día de reposo (Mateo 12:2, 10; Marcos 2:23; 3:2; Lucas 6:5-7; 13:14ss; Juan 5:10-18; 9:13); y por no lavarse las manos antes de comer (Mateo 15:1-20; Marcos 7:1-23; Lucas 11:37-41).
4. Acusaron a Jesús de trabajar para Satanás o bajo sus órdenes (Beelzebú) (Mateo 9:34; 11:19; 12:24ss; Marcos 3:22; Lucas 11:14).
5. Lo acusaron de engaño (Mateo 27:62ss; Juan 7:12), sedición contra Roma (Mateo 27:18; Lucas 23:1-2) y amenazar con destruir el templo (Mateo 26:59-61; 27:39-40; Juan 2:19).
6. Se burlaron de él (Juan 7:48), hasta lo llamaron samaritano y endemoniado (Juan 8:48).

---

[48] Existen por lo menos diecinueve secciones en las cuales Jesús confronta a los fariseos (Mateo 9:32-34; 12:22-24; 21:33-46; 22:31-40; 22:41-46; 23:1-36; Marcos 2:15-17; 2:23-26; 3:1-6; 7:1-8; 8:11-13; 10:2-9; 12:13-17; Lucas 5:17-26; 7:36-50; 14:1-6; 15:1-7; 16:14-15; 17:20-21; 19:37-40). Estas controversias pueden reflejar la discusión que seguía entre los cristianos y los fariseos después de la caída de Jerusalén en el año 70 d.C. (ver R. A. Wild, " The Encounter between Pharisaic and Christian Judaism: Some Early Gospel Evidence" (El encuentro entre el judaísmo fariseo y cristiano: Alguna evidencia evangélica primitiva), *NovT* (Novum Testamentum) 27/2 [1985]: 105-124).

7. Se unieron a los herodianos (Marcos 3:6) y a los saduceos (Mateo 16:1) para atraparlo (Lucas 11:53-54), para arrestarlo (Juan 7:30-32, 44-45; 8:20) y para matarlo (Mateo 27:62; Juan 8:59; 18:3).

Lucas 11:37 señala:

> 37Cuando Jesús terminó de hablar, un fariseo lo invitó a comer con él; así que entró en la casa y se sentó a la mesa.

Jesús es invitado a comer.[49] Esto resulta un poco raro ya que Jesús y los fariseos no se llevaban bien. Había un rencor de ellos hacia él. Tal vez lo que el fariseo desea es atrapar a Jesús en secreto y esconde su intención en una invitación de hospitalidad. Después de todo, en poco tiempo, el partido de los fariseos abiertamente intentará atrapar a Jesús (vv. 53-54). Por otro lado, la fiesta de los Tabernáculos ha metido una cuña entre los líderes judíos, dividiéndolos. Muchos creen en Jesús pero otros lo están analizando muy detenidamente antes de creer (Juan 7:45-52; 10:19-21; ver 12:42). No estamos seguros en dónde se encuentra este fariseo. Tampoco sabemos si ya se conocían de antemano.

Parece rudo ser invitado a la casa de una persona a comer para luego arruinar la fiesta. Pero basados en sus encuentros previos, Jesús tiene razón en presentar un discurso tan directo en contra de los fariseos. En como cuatro meses Jesús repetirá en palabras casi idénticas mucho de esta reprimenda, pero entonces lo hará en el templo el martes antes de morir (Mateo capítulo 23).

Lucas 11:38-41 señala:

> 38Pero el fariseo se sorprendió al ver que Jesús no había cumplido con el rito de lavarse antes de comer.
> 39—Resulta que ustedes los fariseos —les dijo el Señor—, limpian el vaso y el plato por fuera, pero por dentro están ustedes llenos de codicia y de maldad. 40¡Necios! ¿Acaso el que hizo lo de afuera no hizo también lo de adentro? 41Den más bien a los pobres de lo que está dentro[a], y así todo quedará limpio para ustedes. [Ver Mateo 23:25-26]

> ᵃ41 *lo que está dentro*. Alt. *lo que tienen*.

---

[49] Este *ariston* probablemente se servía entre las 10 y las 11 de la mañana, justo después de la oración matutina (Lucas 14:12).

Jesús no se lavaba las manos antes de comer. El lavarse no era por cuestiones físicas sino ceremoniales. Además, no era una regulación en las Escrituras sino una tradición de los ancianos. Todo judío debía lavarse las manos por lo menos con la cantidad de agua que contenía medio cascarón de huevo, derramada sobre las manos con los dedos apuntando hacia abajo para limpiar el pecado, en vez de hacerlo con las manos hacia arriba (ver Butler, p. 239). Acusan a Jesús de impureza ritual. Jesús, en cambio, los acusa de impureza espiritual. Ellos están limpios por fuera, pero sucios por dentro. La enseñanza de Jesús es clara y simple: limpien lo de dentro y quedarán limpios por fuera.[50]

¿Cómo limpiamos por dentro? Al dar nuestra riqueza a los pobres. Jesús, sentado en este ostentoso banquete, le sugiere a este fariseo que su tiempo y su dinero estaría mejor empleado en obras de benevolencia a los pobres que en banquetes ostentosos. ¡Si usted cree que eso es rudo, simplemente espérese a escuchar lo que Jesús hace en seguida!

Lucas 11:42-44 señala:

> [42] »¡Ay de ustedes, fariseos!, que dan la décima parte de la menta, de la ruda y de toda clase de legumbres, pero descuidan la justicia y el amor de Dios. Debían haber practicado esto, sin dejar de hacer aquello.
> [43] »¡Ay de ustedes, fariseos!, que se mueren por los primeros puestos en las sinagogas y los saludos en las plazas.
> [44] »¡Ay de ustedes!, que son como tumbas sin lápida, sobre las que anda la gente sin darse cuenta. [Ver Mateo 23:27-28]

AY # 1: Obtención de licenciatura en pequeñeces, dejando lo más importante de lado. Los fariseos se preocupaban en diezmar hasta las yerbas de su jardín. El cuadro resulta ridículo: un clérigo de sotana larga y gran filacteria caminando por su jardín contando las hojas de la ruda[51] o de la menta. Mateo 23:24 lo señala claramente: "¡Guías ciegos! Cuelan el mosquito pero se tragan el camello". Qué tan eficientes nos tornamos a veces en perfeccionar las particularidades e ignoramos las verdades principales. No hay mejores y más importantes características de Dios que mostrar su justicia y su amor. Qué tan frecuentemente

---

[50] J. Neusner, "'First Cleanse the Inside'" (Primero limpien por dentro), NTS (Estudios del Nuevo Testamento) 22 [1975-76]: 486-495, explica el pasado tan complejo de esta regla en particular, basada en el Talmud.

[51] "La ruda era un arbusto pequeño de menos de un metro de alto y se dice que se usaba como condimento del vino y para usos medicinales".

las ignoramos por las trivialidades. Hemos perfeccionado el uso del microscopio y hemos olvidado el telescopio.

AY # 2: Auto engrandecimiento. A estos tipos les preocupan los títulos y menciones honoríficas. Aman cuando su sola presencia hace que las multitudes callen. Demandan que los demás les abran las puertas a su paso y que la peonada les abra el paso. Les encanta estar al frente de la línea. Se han esforzado por obtener los lugares de honor y no se van a quedar sin ellos.

AY # 3: Tumbas sin inscripciones. Para el judío, una de las maneras más comunes y rápidas de contaminarse era tocar un cuerpo muerto. Eso incluye pisar una tumba (ver Números 19:16). Estos fariseos caminan contaminando a la gente, como si fuesen tumbas sin identificación. Las multitudes encuentran a sus líderes religiosos sin darse cuenta que se están contaminando. Los clérigos incrédulos inconscientemente van propagando su mal de la incredulidad. Sus fieles confían en su liderazgo, pero los lleva a la destrucción, en vez de a la salvación.

Lucas 11:45-46 señala:

⁴⁵Uno de los expertos en la ley le respondió: —Maestro, al hablar así nos insultas también a nosotros.
⁴⁶Contestó Jesús: —¡Ay de ustedes también, expertos en la ley! Abruman a los demás con cargas que apenas se pueden soportar, pero ustedes mismos no levantan ni un dedo para ayudarlos. [Ver Mateo 23:4]

Era común que los escribas o abogados fueran también fariseos. Así como los cardiólogos son especialistas del carazón, siendo doctores, también los escribas eran expertos en la ley, pero seguían siendo fariseos. Eran la crema y nata. Se creían superiores, no tan sólo de la población en general, sino dentro de los mismos fariseos. Su trabajo era copiar, interpretar y contestar preguntas en cuanto a la ley mosaica. Debido a que pasaban mucho tiempo con los textos del Antiguo Testamento, eran los eruditos, los hombres conocedores de las Escrituras. Como suele suceder, su conocimiento y su intelecto los llevó a ser arrogantes. Jesús está regañando a los fariseos sin hacer distinción alguna entre ellos y los escribas. Está "embarrando" también a los escribas. Por ello, este escriba le pide a Jesús que los separe a los dos grupos. Sin embargo, ¡Jesús no retrocede . . . vea!

AY # 4: Imponiendo cargas difíciles de llevar. Debido a que ellos conocen tan bien la ley, son los encargados de aplicar la ley y someter a la población en general para que la cumplan. Ya que son expertos, pueden encontrar excusas para ellos mismos. Sin embargo, no harán ningún esfuerzo por ayudar a los demás con sus cargas. Lucas utiliza un término médico para "levantar un dedo", que significa tocar levemente una herida o tocar para tomar el pulso cardíaco. Estos escribas ni siquiera se toman la molestia de por lo menos tocar levemente la carga que sin misericordia imponen en los demás.

Lucas 11:47-51 señala:

⁴⁷»¡Ay de ustedes!, que construyen monumentos para los profetas, a quienes los antepasados de ustedes mataron. ⁴⁸En realidadª aprueban lo que hicieron sus antepasados; ellos mataron a los profetas, y ustedes les construyen los sepulcros. ⁴⁹Por eso dijo Dios en su sabiduría: "Les enviaré profetas y apóstoles, de los cuales matarán a unos y perseguirán a otros". ⁵⁰Por lo tanto, a esta generación se le pedirán cuentas de la sangre de todos los profetas derramada desde el principio del mundo, ⁵¹desde la sangre de Abel hasta la sangre de Zacarías, el que murió entre el altar y el santuario. Sí, les aseguro que de todo esto se le pedirán cuentas a esta generación. [Ver Mateo 23:29-36]

ª48 *En realidad.* Lit. *Así que ustedes son testigos y.*

AY # 5: Mataron a los profetas. Ser hijo significaba llevar las mismas características, ocupación y filosofía del padre. Como sus ancestros habían golpeado y matado a muchos profetas, así estos escribas habrían hecho lo mismo (ver 1 Reyes 19:10, 14; Jeremías 7:25-26; Malaquías 3:10). Y en el caso de Jesús, ellos demostrarán el mismo odio hacia la verdad y la misma terquedad de corazón como sus ancestros les enseñaron.

Niegan ser asesinos de profetas. Afirman: "Nosotros jamás habríamos matado a los profetas. En verdad, los honramos al construirles hermosas tumbas en su memoria". Pero Jesús señala que estos monumentos elaborados son continuación de la obra malvada de sus padres, no una objeción a lo que sus ancestros hicieron.

Las palabras "dijo Dios en su sabiduría" no se encuentran en el Antiguo Testamento. Jesús no está citando las Escrituras, sino presentando material nuevo. Él está presentando lo que Dios mismo le dijo en persona. Debido a que esta generación dio muerte a Jesús, el cumplimiento – último – de todos los profetas, fue culpable de la sangre de Jesús, al igual que de la de los demás.⁵² Por matar a Jesús,

⁵²Abel representa al primer mártir. Zacarías representa al último mártir del Antiguo

reunieron todos los asesinatos y maltratos de sus ancestros. Su obra atroz y horrible fue la cúspide de rebelión contra Dios.

Lucas 11:52-53 señala:

> ⁵²»¡Ay de ustedes, expertos en la ley!, porque se han adueñado de la llave del conocimiento. Ustedes mismos no han entrado, y a los que querían entrar les han cerrado el paso. [Ver Mateo 23:13]
> ⁵³Cuando Jesús salió de allí, los maestros de la ley y los fariseos, resentidos, se pusieron a acosarlo a preguntas.

AY # 6: Llaves escondidas. Los escribas tenían las llaves del conocimiento que permitían a la gente la entrada al reino de Dios. En otras palabras, sabían (o debieron haber sabido) la correcta interpretación de las Escrituras. Pero la mantenían escondida, sin entrar ellos, pero tampoco dejando que otros entraran.

Jesús identifica los problemas mayores de los fariseos. Estos seis peligros latentes no son tan distintos de los que hoy día enfrentan los clérigos. Los podríamos llamar "peligros ocupacionales".[53]

Mientras Jesús se aleja de la casa, lo persiguen los escribas y fariseos. Tratan de defender su propia inteligencia y credibilidad al desacreditar a Jesús. Después de todo, él no tenía ninguna educación formal. Debía derrotársele fácilmente. Sin embargo, Jesús desafía su entendimiento e ideas preconcebidas. Él gana en todos los niveles.

Sección 108a
Advertencias y estímulos a los discípulos
(Lucas 12:1-12)

Nuevamente nos damos cuenta que las palabras de Lucas también se encuentran en Mateo (y Marcos) en el ministerio galileo. Esto pudiera significar que tanto Mateo como Lucas se han de haber puesto a editar sus narraciones para presentar su propio contenido. Tal vez hasta hicieron algunas ediciones juntos. Pero una mejor explicación es que Jesús haya presentado el mismo material dos veces. Así que las mismas palabras pudieron haber descrito o presentado de igual manera el contenido de lo que dijo en Galilea y en Judea.

Testamento, según el orden canónico de los libros del Antiguo Testamento (ver las notas en Mateo 23:33-36, **Sección 137a**). Sería como si nosotros dijéramos, "de Génesis a Apocalipsis". O sería mejor que dijéramos, desde nuestro punto de vista ventajoso, "todos los profetas desde la A hasta la Z".

[53] Liefeld (p. 956) los etiqueta como sigue: hipocresía (vv. 39-41), desequilibrio (v. 42), ostentación (v. 43), demandas imposibles (v. 46), intolerancia (vv. 47-51) y exclusividad (v. 52).

Lucas 12:1 señala:

¹Mientras tanto, se habían reunido millares de personas, tantas que se atropellaban unas a otras. Jesús comenzó a hablar, dirigiéndose primero a sus discípulos: «Cuídense de la levadura de los fariseos, o sea, de la hipocresía.

Las noticias se esparcieron rápido del acontecimiento en la casa del fariseo.(*Sección 107*) Era común que la comunidad se sentara y presenciara estas fiestas. Así que no es de extrañarse de que se haya congregado una gran multitud para presenciar esta pelea de peso completo. La palabra que Lucas utiliza para describir esta multitud (*myriadon*) también se la encuentra en Hechos 21:20. (El libro de Hechos hace referencia a miles de judíos que aceptaron a Cristo). Esta puede ser la multitud más grande encontrada en los evangelios. Y no son pasivos. Caminan hasta por encima de los demás tratando de tener un lugar en la primera fila.

Jesús primeramente se dirige a sus seguidores más cercanos, advirtiéndoles en cuanto a la levadura de los fariseos. Utiliza las mismas palabras que utilizó en una confrontación similar en Galilea (Mateo 16:5-6; Marcos 8:14-15, *Sección 81a*). Esta levadura, de influencia perversa, es la hipocresía de los fariseos.[54] El señor McGarvey (p. 316) señala que la hipocresía "causa que el hombre perverso esconda su maldad por temor del hombre bueno y que el hombre bueno esconda su bondad por temor del malvado".

Lucas 12:2-9 señala:

²No hay nada encubierto que no llegue a revelarse, ni nada escondido que no llegue a conocerse. ³Así que todo lo que ustedes han dicho en la oscuridad se dará a conocer a plena luz, y lo que han susurrado a puerta cerrada se proclamará desde las azoteas.

⁴»A ustedes, mis amigos, les digo que no teman a los que matan el cuerpo pero después no pueden hacer más. ⁵Les voy a enseñar más bien a quién deben temer: teman al que, después de dar muerte, tiene poder para echarlos al infierno.ª Sí, les aseguro

---

[54] C. L. Mitton señala que la levadura y el fermento son distintos. El fermento era una masa con levadura. Parte se guardaba para "leudar" la siguiente masa. Para ese tiempo ya se había fermentado y se mezclaba con la siguiente preparación de masa, lo cual causaba que se esponjase o leudara. Cada año, durante la fiesta de los panes sin levadura, toda la comunidad se deshacía de su fermentación. Esta "renovación" de fermentación prevenía que se contagiaran las enfermedades. Basados en esta práctica, la fermentación se utiliza de manera figurativa en cuatro formas en el Nuevo Testamento: (1) La fermentación de los fariseos, saduceos y Herodes (Mateo 8:15; 16:6; Lucas 12:1). (2) El reino de Dios crece como el fermento (Mateo 13:33; Lucas 13:21). (3) "Un poco de levadura fermenta toda la masa" (Gálatas 5:9; 1 Corintios 5:5). (4) Renovación de la vida cristiana (1 Corintios 5:6-7). Ver C. L. Mitton, "Leaven" (fermentación), *ExpT* (Revista expositor) [1972-73]: 339-343.

que a él deben temerle. ⁶¿No se venden cinco gorriones por dos monedítas?ᵇ Sin embargo, Dios no se olvida de ninguno de ellos. ⁷Así mismo sucede con ustedes: aun los cabellos de su cabeza están contados. No tengan miedo; ustedes valen más que muchos gorriones.

⁸»Les aseguro que a cualquiera que me reconozca delante de la gente, también el Hijo del hombre lo reconocerá delante de los ángeles de Dios. ⁹Pero al que me desconozca delante de la gente se le desconocerá delante de los ángeles de Dios.

ᵃ5 *al infierno*. Lit. *a la Gehenna*. ᵇ6 *monedítas*. Lit. *asaria*.

[vv. 2-9 = Mateo 10:26-33, ver **Sección 70b**]

Los vv. 2-3 son idénticos a Mateo 10:26-27, pero el escenario es distinto. En Mateo, Jesús está diciendo: "No tengan miedo de hablar por mí a pesar de la oposición y persecución". Lo que Jesús les dijo a sus apóstoles en privado ahora lo deben hablar y predicar públicamente. Aquí en Lucas, el tema son nuestros "compromisos secretos". El fariseo en Lucas capítulo 11, que invitó a comer a Jesús, actúa como si fuese un amigo. Pero sus compromisos escondidos salen a la luz en los vv. 53-54. De la misma manera, los fariseos se unirán a los saduceos y a los herodianos para ejecutar a Jesús dentro de unos cuatro meses. Debido a que las multitudes aman a Jesús, estos fariseos deben tratar a Jesús con mucho tacto en público. Pero todo lo que hacen en secreto, su rencor y crítica, no permanecerá escondido por mucho tiempo.

Jesús sabe en cuanto a sus planes asesinos. Pero eso no asusta. Todo lo que pueden lograr los fariseos es matar el cuerpo. La eternidad sigue en manos del Padre. La pregunta es: ¿Se acobarda usted ante personas que pueden matarlo o ante Dios que tiene el poder de enviarlo al infierno?⁵⁵ Los discípulos tendrán que contestar esa pregunta muy pronto. Para ayudarles a tomar esa decisión, Jesús les recuerda que Dios los ama inmensamente. De hecho, hasta ha contado los cabellos de sus cabezas. Si a Dios le preocupan los gorriones y los tiene vigilados, ¿cuánto más protegerá a sus hijos que son tan preciosos para él? Esa es la promesa. El otro lado de la moneda

---

⁵⁵H. K. Moulton, "Lucas 12:5", *BT* (Traductor bíblico) 25 (1974): 246-247, señala un punto interesante. La palabra "Él" (refiriéndose a Dios), no aparece en el texto griego. Por lo tanto, este versículo podría traducirse, "Teme al que te puede arrojar en el infierno después de que ellos te han matado". En otras palabras, Dios no es responsable de darte muerte, sino los malvados. Este argumento tiene mucho peso ya que "el verbo *apokteino*, yo mato, aparece 74 veces y jamás es Dios el sujeto, excepto indirectamente en Apocalipsis 2:23 y 19:21" (p. 247).

tiene una advertencia: si usted escoge negar a Jesús sobre la tierra, por la oposición letal, él lo negará a usted en el cielo. La conclusión es: No le tenga miedo al hombre que lo odia, más bien tema al Padre que lo ama.

Lucas 12:10-12 señala:

> ¹⁰Y todo el que pronuncie alguna palabra contra el Hijo del hombre será perdonado, pero el que blasfeme contra el Espíritu Santo no tendrá perdón.
> ¹¹»Cuando los hagan comparecer ante las sinagogas, los gobernantes y las autoridades, no se preocupen de cómo van a defenderse o de qué van a decir, ¹²porque en ese momento el Espíritu Santo les enseñará lo que deben responder.»

[v. 10 = Mateo 12:31-32; Marcos 3:28-30, ver *Sección 61*]
[vv. 11-12 = Mateo 10:18-20; (ver Marcos 13:11 y Lucas 21:14-15), ver *Sección 70b*]

Seguimos hablando de escoger partidos. Jesús da otra advertencia y otra promesa. Advertencia: Si usted habla en contra de Jesús, es blasfemia. Afortunadamente, tiene perdón. Es entendible que una persona pudiera mal entender lo de la encarnación. Después de todo, resulta ser un concepto increíble. El problema radica en que no tan sólo se rechaza a Jesús, sino al Espíritu Santo porque se pone en tela de juicio su intervención al validar a Jesús a través de señales y prodigios. Ahora regresemos hasta el exorcismo en 11:14-15. ¿Recuerda usted que algunos dijeron que Jesús tenía el poder de Beelzebú? Decían que el poder de Jesús al expulsar demonios procedía de un espíritu malo cuando, de hecho, era obra del Espíritu Santo. No es que hiramos al Espíritu Santo y que él se rehúse a perdonar a aquellos que lo insultan. Sino que los que lo insultan ya han rechazado a Jesús y a las Escrituras que hablan de él. El último nudo en su cuerda es el Espíritu Santo. Si ellos lo rechazan, ¡la caída no tiene regreso!

Así que los fariseos se oponen a Jesús Y al Espíritu Santo. Al otro lado tenemos a los discípulos dispuestos a seguir a Jesús. Si lo hacen, se encontrarán caminando hacia un enjambre de avispones. Enfrentarán la oposición violenta que Jesús mismo está padeciendo. Serán arrestados y presentados ante las autoridades civiles y religiosas. No están listos para enfrentar tal confrontación, así que, he aquí la promesa: "No se preocupen. El Espíritu Santo intervendrá y les dará las palabras apropiadas en el momento preciso".

Sección 108b
Advertencias contra las riquezas y la preocupación
(Lucas 12:13-34)

Lucas 12:13-15 señala:

> ¹³Uno de entre la multitud le pidió:
> —Maestro, dile a mi hermano que comparta la herencia conmigo.
> ¹⁴—Hombre —replicó Jesús—, ¿quién me nombró a mí juez o árbitro entre ustedes?
> ¹⁵¡Tengan cuidado! —advirtió a la gente—. Absténganse de toda avaricia; la vida de una persona no depende de la abundancia de sus bienes.

Era común que a los rabinos importantes se les consultara sobre asuntos civiles. Después de todo, los judíos no hacían distinción entre asuntos civiles y religiosos. Debido a que Jesús no era parte de la estructura religioso política, técnicamente no tenía la autoridad legal para ordenar que este hombre compartiera su herencia con su hermano. Sin embargo, Jesús tenía la autoridad de parte de Dios como la credibilidad con las multitudes. Pudo haber forzado al hermano a compartir o pagarle a su hermano. Pero ello habría descarrilado su ministerio.

No es que a Jesús no le preocupen las finanzas o la justicia civil. Pero no está dispuesto a que estas tomen prioridad sobre su ministerio como el Mesías. No está dispuesto a "tomar el caso" en sus manos, pues esto lo habría llevado a una avalancha de peticiones similares y alentaría la concepción errada de un Mesías materialista.[56]

En cambio, habla del motivo del hombre el cual es más probable que sea el mal. Existían leyes definidas en cuanto a las herencias. Si el hombre tiene un caso legítimo entonces se podría llevar por los canales apropiados para tal fin. Pero aquí se nota que el hombre está tratando de timar o estafar porque demanda algo que no parece pertenecerle por derecho. Lo hace de manera arrogante y vociferante. Es posible que sea un hermano menor, protestando por una porción doble que ha adquirido el hermano mayor, que era lo que Dios había estipulado.

La avaricia o codicia literalmente es "querer más". Es el deseo insaciable del exceso. Qué persuadidos debemos estar aquellos

---
[56] Ver T. Gorringe, "A Zealot Option Rejected?" (¿Rechazo de una opción zelote?) Lucas 12:13-14", *ExpT* (Revista expositor) 98 [1986-87]: 267-270.

de nosotros que llenamos nuestras casas de chucherías y tonterías, convencidos de que debemos tenerlas. Como lo señala Jesús, la vida no consiste o no radica en lo que tenemos, sino en nuestra relación con Dios.

Lucas 12:16-21 señala:

> ¹⁶Entonces les contó esta parábola: —El terreno de un hombre rico le produjo una buena cosecha. ¹⁷Así que se puso a pensar: "¿Qué voy a hacer? No tengo dónde almacenar mi cosecha".
>
> ¹⁸Por fin dijo: "Ya sé lo que voy a hacer: derribaré mis graneros y construiré otros más grandes, donde pueda almacenar todo mi grano y mis bienes. ¹⁹Y diré: Alma mía, ya tienes bastantes cosas buenas guardadas para muchos años. Descansa, come, bebe y goza de la vida".
>
> ²⁰Pero Dios le dijo: "¡Necio! Esta misma noche te van a reclamar la vida. ¿Y quién se quedará con lo que has acumulado?
>
> ²¹»Así le sucede al que acumula riquezas para sí mismo, en vez de ser rico delante de Dios.

Así son los hombres que planean cuidadosamente, cierran un negocio de manera sabia, almacenan astutamente, pero no invierten en cosas espirituales. En el preciso momento en que se anima y conforta a sí mismo con todos sus lujos (v. 19), Dios le pide su alma. La Biblia considera a tal hombre como un tonto y necio. No que sea torpe e ignorante, sino que sus prioridades están mal enfocadas. En vez de invertir en nuestra seguridad financiera, debemos invertir en la eternidad.

Cuando este hombre muera, todos sus graneros pasarán a manos de sus herederos. ¿Quién sabe si serán bien administrados o si serán malgastados? Muchas fortunas han sido despilfarradas en manos de un heredero. Eclesiastés 2:18-19 afirma: "Aborrecí también el haberme afanado tanto en esta vida, pues el fruto de tanto afán tendría que dejárselo a mi sucesor, y ¿quién sabe si éste sería sabio o necio? Sin embargo, se adueñaría de lo que con tantos afanes y sabiduría logré hacer en esta vida. ¡Y también esto es absurdo!"[57] La calidad de nuestros esfuerzos terrenales se ve más claramente si ponemos sobre ella una lápida.

---

[57] Este mismo sentimiento lo encontramos en Enoc, la sabiduría de Ben Sirach y Séneca. Este **no** es un tema nuevo. Ver W. R. Stacey, "Lk 12:13-31: The Parable of the Rich Fool" (Lucas 12:13-31: La parábola del rico insensato) *RevExp* (Repaso y expositor) 94/2 [1997]: 285-292.

Lucas 12:22-32 señala:

²²Luego dijo Jesús a sus discípulos: —Por eso les digo: No se preocupen por su vida, qué comerán; ni por su cuerpo, con qué se vestirán. ²³La vida tiene más valor que la comida, y el cuerpo más que la ropa. ²⁴Fíjense en los cuervos: no siembran ni cosechan, ni tienen almacén ni granero; sin embargo, Dios los alimenta. ¡Cuánto más valen ustedes que las aves! ²⁵¿Quién de ustedes, por mucho que se preocupe, puede añadir una sola hora al curso de su vida?ᵃ ²⁶Ya que no pueden hacer algo tan insignificante, ¿por qué se preocupan por lo demás?

²⁷»Fíjense como crecen los lirios. No trabajan ni hilan; sin embargo, les digo que ni siquiera Salomón, con todo su esplendor, se vestía como uno de ellos. ²⁸Si así viste Dios a la hierba que hoy está en el campo y mañana es arrojada al horno, ¡cuánto más hará por ustedes, gente de poca fe! ²⁹Así que no se afanen por lo que han de comer o beber; dejen de atormentarse. ³⁰El mundo pagano anda tras todas estas cosas, pero el Padre sabe que ustedes las necesitan. ³¹Ustedes, por el contrario, busquen el reino de Dios, y estas cosas les serán añadidas.

³²»No tengan miedo, mi rebaño pequeño, porque es la buena voluntad del Padre darles el reino.

ᵃ25 *puede añadir . . . su vida.* Alt. *puede aumentar su estatura siquiera medio metro* (lit. *un codo*).

[Los vv. 22-32 = Mateo 6:25-34, ver *Sección 54g*]

Se les permite a las multitudes fisgonear o escuchar tras la puerta, pero las palabras de Jesús van dirigidas a sus seguidores. Los que han estado con él por un tiempo ya han escuchado este sermón.[58] Aparte de unas variaciones muy pequeñas, las palabras y el mensaje son idénticos a Mateo 6:25-34 del sermón de la montaña.[59] Puesto

---

[58] La expresión idéntica de Mateo 6:25-34 y Lucas 12:22-34 no necesariamente indica que uno de ellos le copió al otro y cambió las palabras. (Las palabras de Lucas 12:22-31 le siguen a las de Lucas 12:32-34 en el arreglo de Mateo). Es más posible que las palabras de Jesús fueron memorizadas y transmitidas oralmente con poca o ninguna variación. Entonces Mateo y Lucas escribieron estas palabras. Pero aparecen en dos sermones distintos. Esto no nos sorprende. Primero, Jesús era un predicador itinerante y el dinero es un tema que amerita repetición. Así, Jesús dijo estas cosas en varias ocasiones. Segundo, ambos sermones son tan cortos que no es posible que sean exactamente las palabras de Jesús tal cual él las dijo en todo su sermón. Por lo tanto, ambos pasajes usan palabras idénticas para darnos una sinopsis fiel de lo que Jesús dijo en dos ocasiones diferentes.

[59] Lo siguiente es los pequeños cambios entre Mateo y Lucas:
   1. Lucas usa "consideren" (v. 24) en vez de "vean". Para Lucas esto es algo más que una mirada casual. Requiere de una meditación contemplativa para entender el cuidado que Dios tiene para los hombres sobre las aves.
   2. Lucas usa "cuervo" (v. 24) en vez de "aves". El cuervo fue un animal inmundo en el Antiguo Testamento (Levítico 11:15). Tal vez el uso de Jesús de la palabra

de manera simple, no deben preocuparnos las riquezas sino el reino de Dios.

El caso de este hombre que le pide a Jesús que arregle su caso de la disputa de su herencia es un buen ejemplo de cómo **NO** debemos vivir. La parábola del campesino rico es otro buen ejemplo de cómo **NO** debemos vivir. A ambos los consumen las riquezas en vez del reino. Así que Jesús señala: "No se preocupen de las riquezas, Dios lo hará". Utiliza dos ilustraciones para mostrarles cómo lo hará. Nos preocupamos demasiado por la comida. Pero tomen el ejemplo de los cuervos. ¡Es Dios quien alimenta hasta estas aves inmundas! ¿Cuánto más no alimentará a la gente a la cual ama tanto? También nos preocupamos por nuestra ropa. Pero vea las flores silvestres. ¡Son hermosísimas! Si Dios viste a las flores transitorias con tal belleza, ¿cuánto más no hará por usted?

No debemos preocuparnos. ¿Por qué? Bueno, por un lado, prácticamente sería ateísmo. Expresa nuestras dudas respecto de la bondad de Dios. Él dice que nos cuidará por su gran amor. Pero nuestras preocupaciones lo llaman mentiroso. Esto nos hace ver como a los paganos que no conocen a Dios (v. 30). Segundo, la preocupación no nos conduce a nada. Es como una mecedora antigua que nos da algo que hacer, pero no nos lleva a ninguna parte. Jesús dijo que ni siquiera podrá agregarle una sola hora a su vida. La figura retórica es literal: "no le añadirá cincuenta centímetros a su vida". Mezclando las metáforas de tiempo y distancia, nos imaginamos a un hombre caminando por la vida. Llega a su fin. Toda su preocupación no lo hará avanzar siquiera un paso más. ¡De hecho, es posible que la preocupación lo haga retroceder unos cuantos pasos! Tercero, solamente podemos intentar y lograr una sola cosa a la **vez**. Cuando corremos tras las riquezas, no podemos ir en pos de Dios (v. 31, ver Mateo 6:24).

Lucas 12:33-34 señala:

> ³³Vendan sus bienes y den a los pobres. Provéanse de bolsas que no se desgasten; acumulen un tesoro inagotable en el cielo,

---

"cuervo" sutilmente sugiere que Dios cuida hasta de las cosas inmundas del mundo (p.ej., la gente). ¡Lucas, como gentil, estaría interesado en ello!

3. En vez de hablar de no preocuparse por el mañana, Lucas dice, "no tengan miedo, manada pequeña, porque a Dios le ha placido daros el reino". Esto es más amable y demuestra lo característico en Lucas de su preocupación por los menos importantes en el mundo y los perdidos.

donde no hay ladrón que aceche ni polilla que destruya. ³⁴Pues donde tengan ustedes su tesoro, allí estará también su corazón.

[Los vv. 33-34 = Mateo 6:19-21, ver *Sección 54g*]

Lucas 12:33 complementa Mateo 6:19. En vez de atesorar cosas para nosotros (Mateo 6:19), debemos tomar esas posesiones, venderlas y dar las ganancias a los pobres (Lucas 12:33). Así es como invertimos en nuestra cuenta en el cielo.

No estamos hablando de una venta en el patio o feria americana. Cuando vendemos nuestros bienes, lo hacemos a precios muy reducidos en las casas de empeño o en subastas. Para nosotros, nuestra seguridad financiera real está en los bancos o en las acciones de una empresa. En los días de Jesús, la seguridad económica real de la gente estaba en sus posesiones almacenadas, como las joyas, la ropa, los metales preciosos, los rebaños y los alimentos. Cuando ellos vendían estas posesiones era al valor real, no con una devaluación del 90%.

Traído al siglo XXI, lo que Jesús dijo es que no sigan acumulando para un futuro financiero cuando a su alrededor hay gente viviendo en gran necesidad, en estos precisos momentos. Además, sus palabras no son figurativas. Jesús habla de manera literal cuando dice que hacemos inversiones financieras en nuestro futuro eterno al hacer obras de benevolencia en el presente. ¡Es verdad, no nos lo podemos llevar con nosotros, pero sí podemos enviarlo por anticipado (vv. 16-21)!

¿En realidad es a beneficio de los pobres que vendemos nuestras posesiones? Creemos que no. Nuestras mezquinas contribuciones casi no erradicarán la pobreza. Siempre habrá pobres (Deuteronomio 15:11; Mateo 26:11). Básicamente, Jesús se refiere a que los beneficiados serán los discípulos. Ellos deben liberarse de la carga que provocan las cosas materiales. Las riquezas son un gran peligro para el cristiano. Aturde la mente, ciega el corazón y distorsiona las prioridades reales.

Ahora, Jesús no dijo o implicó que debemos vender todas nuestras posesiones. Sin embargo, necesitamos aprender a vivir humildemente, dando el resto a los pobres. Se espera que ganemos nuestro propio sustento y trabajar (Proverbios 6:6-8; 2 Corintios 12:14; 1 Timoteo 5:8; 2 Tesalonicenses 3:6-15; 1 Tesalonicenses 4:10-12; Colosenses 3:22-25; Efesios 6:5-9). Esto incluye proveer para nuestra propia vida: casa, ropa, transporte, al igual que para nuestras familias (1 Timoteo 5:8). Necesitamos un balance. Como lo afirma Proverbios 30:8-9: ". . . no me des pobreza ni riquezas sino sólo el pan de cada día. Porque teniendo mucho, podría desconocerte y decir: '¿Y quién es el SEÑOR?' Y teniendo poco, podría llegar a robar y deshonrar así el nombre de mi Dios".

En conclusión, no se nos hace un llamado a enclaustrarnos o a vivir ultra sacrificados. Lo que Jesús dice es simple:

1. La vida plena no se encuentra en nuestros almacenes repletos (vv. 22-23).
2. No hay que preocuparse por las necesidades básicas, Dios proveerá. Él sabe que tenemos necesidad de todas estas cosas (vv. 24-30).
3. Hay que dedicarle tiempo a la búsqueda de cosas espirituales (vv. 31-32).
4. Hay que repartir el exceso como inversión en los tesoros celestiales (vv. 33-34).

Sección 108c
Advertencia: Estar preparados para la venida de Jesús
(Lucas 12:35-48)

Únicamente podemos prestar nuestra atención a ciertas cosas. En el pasaje previo, Jesús nos advierte a no poner nuestra atención en las riquezas terrenales. Aquí, nos presenta la alternativa positiva: Estar listos para la venida de Jesús. Este material es similar al que encontramos en el discurso en el monte de los Olivos (Mateo 24:45-51), que claramente habla de la segunda venida de Cristo. Pero aquí parece que se refiere a la inminente crucifixión de Cristo, que es algo inevitable.

Lucas 12:35-38 señala:

^{35}»Manténganse listos, con la ropa bien ajustada^a y la luz encendida. ^{36}Pórtense como siervos que esperan a que regrese su señor de un banquete de bodas, para abrirle la puerta tan pronto como él llegue y toque. ^{37}Dichosos los siervos a quienes su señor encuentre pendientes de su llegada. Créanme que se ajustará la ropa, hará que los siervos se sienten a la mesa, y él mismo se pondrá a servirles. ^{38}Sí, dichosos aquellos siervos a quienes su señor encuentre preparados, aunque llegue a la medianoche o de madrugada.

ª35 *Manténganse . . . ajustada.* Lit. *Tengan sus lomos ceñidos.*

"Estar propiamente ataviados para servir" era algo más que simplemente llevar una bata. La palabra "vestido" quiere decir ataviado o "ceñir los lomos". Los hombres de Palestina vestían túnicas largas y que ondeaban por todas partes y que se les enredaban entre las piernas al intentar trabajar. Lo ideal era recoger la túnica y meterla dentro del cinturón o banda por delante, a la altura de la cintura. Todo se vería como un pañal enorme. Pero al menos se podía trabajar, correr o pelear (ver 1 Reyes 18:46; también Efesios 6:14 y 1 Pedro 1:13). Además, el verbo "estar" es un presente imperativo, indicando una acción continua. Así, debemos estar vestidos siempre – preparados siempre – para servir al Maestro.

No tan sólo debemos "ceñir nuestros lomos", sino que debemos mantener encendidas nuestras lámparas (ver Mateo 25:1-13). Estas "lámparas" eran piezas o vasijas portátiles que se podían llevar en la palma de la mano. Usted únicamente tenía que ponerle aceite a la vasija y ponerle una mecha. Estas pequeñas lámparas eran portátiles. Pero usted debía cuidarlas para mantener la mecha en buen estado y llenarlas con aceite.

Tanto estar vestido adecuadamente como tener en buen estado su lámpara eran cosas fáciles de hacer. Pero había que ser diligentes y estar siempre preparados para la llegada del señor y recibirlo de su viaje al banquete de bodas.[60] La palabra "regreso" (v. 36) quiere decir "partir". Tiene la connotación de recoger todo el campamento. En otras palabras, la fiesta de bodas ha terminado y viene a casa con su esposa. No había forma de saber cuándo llegaría a casa este hombre. La fiesta podía durar unas cuantas horas o días enteros. Por lo tanto, el regreso del señor podía acontecer en altas horas de la noche: la segunda o tercer vigilia (9 de la noche a 3 de la mañana). No presentaba una dificultad especial, pero requería diligencia. De la misma manera, aquellos que esperan diligentemente a Cristo, a pesar

---

[60]P. E. Deterding, en su artículo muy provocativo, "Eschatological and Eucharistic Motifs in Luke 12:35-40" (Motivos escatológicos y eucarísticos en Lucas 12:35-40) *CJ* Revista Concordia (1979): 85-93, rastrea los motivos de la Pascua, el banquete mesiánico, la segunda venida y la cena del Señor. Él afirma que todos estos temas están presentes en este texto. Así, (a) Lucas 12:35-40 predice la Cena del Señor como la segunda venida y (b) la Pascua, la cena del Señor y la segunda venida se deben ver a la luz de la interrelación entre ellas ya que comparte motivos y metáforas similares.

de los tiempos difíciles e incómodos recibirán una bendición especial cuando él venga.

Una vez que el señor de esta parábola llegue a casa, se da un raro revés en las responsabilidades. El amo o señor no debía servir a los sirvientes. Eso jamás se había escuchado. Pero como recompensa de su diligencia, lo hace. Esto es precisamente lo que Jesús hizo por nosotros. El Hijo se tornó en siervo (ver Lucas 22:27; Juan 13:1-17).[61] Esto solamente pasaría en el reino de Dios.

Lucas 12:39-40 señala:

> ³⁹Pero entiendan esto: Si un dueño de casa supiera a qué hora va a llegar el ladrón, estaría pendiente para no dejarlo forzar la entrada. ⁴⁰Así mismo deben ustedes estar preparados, porque el Hijo del hombre vendrá cuando menos lo esperen.

Las palabras "forzar la entrada" literalmente quieren decir "escarbar a través de". Las casas palestinas estaban construidas con algo parecido al adobe. Así que era más fácil escarbar a través de la pared que forzar la puerta. Ahora, si supiéramos el momento de la llegada del ladrón, sería muy fácil enfrentarlo y repelerlo (Mateo 24:42-44). De la misma manera, si supiéramos el momento de la llegada de Jesús, sería muy fácil estar preparados para recibirlo. Nuestro amor por Jesús no se muestra tan sólo en alistarse para su venida, sino en permanecer listos para su llegada. Él vendrá de repente e inesperadamente (ver Mateo 24:36 –25:30; 1 Tesalonicenses 5:1-2; 2 Pedro 3:10; Apocalipsis 3:3). ¡Más nos vale estar preparados!

Lucas 12:41-46 señala:

> ⁴¹—Señor —le preguntó Pedro—, ¿cuentas esta parábola para nosotros, o para todos?
> ⁴²Respondió el Señor: —¿Dónde se halla un mayordomo fiel y prudente a quien su señor deja encargado de los siervos para repartirles la comida a su debido tiempo? ⁴³Dichoso el siervo cuyo señor, al regresar, lo encuentra cumpliendo con su deber. ⁴⁴Les aseguro que lo pondrá a cargo de todos sus bienes. ⁴⁵Pero ¡qué tal si ese siervo se pone a pensar: "Mi señor tarda en volver", y luego comienza a golpear a los criados y a las criadas, y a comer y beber y emborracharse! ⁴⁶El señor de ese siervo volverá el día en que el siervo menos lo espere y a la hora menos pensada. Entonces lo castigará severamente y le impondrá la condena que reciben los incrédulos.[a]

---

[61] Esto contrasta con Lucas 17:7-10 donde se analiza un punto totalmente distinto (Liefeld, p 966).

ᵃ**46** *lo castigará . . . incrédulos*. Lit. *lo cortará en dos y fijará su porción con los incrédulos*.

Pedro, en su estilo típico, actúa como vocero del grupo. Jesús, en su estilo típico, contesta la pregunta de Pedro con otra pregunta (ver Mateo 24:45-51). Pedro realmente está preguntando por posiciones y niveles. Es decir, "¿Somos nosotros tus únicos siervos especiales?" Jesús contesta hablando de responsabilidades. Es decir, "Si le he dado responsabilidades a alguien, esa persona debe asegurarse que se lleven a cabo". Realmente no importa si Pedro es el único siervo, o los apóstoles o todos. El punto es, si Jesús le ha dado a usted una tarea, más le vale mantenerse fiel a esa tarea en vez de preocuparse en lo que los demás hacen o inclusive en las tareas que pueden ser menores a lo que a usted se le ha encomendado. Sin embargo, en otra parte Jesús especifica que el mandato de vigilar se aplica a todos (Marcos 13:37).

En el reino de Dios, como en toda organización de éxito, aquellos que cumplen con sus responsabilidades bien adquieren más y más responsabilidades. En un sentido, Jesús está dando respuesta a la pregunta de Pedro en cuanto a posiciones. "Haz bien tu trabajo", dice Jesús, "y se te dará más qué hacer". Como lo señala en otra parte, "él que es honrado en lo poco, también lo será en lo mucho" (Lucas 16:10).

Es fácil cumplir con las responsabilidades cuando el jefe está mirando o por unos cuantos minutos después de que se va. Pero cuando el jefe se va por semanas o meses, es fácil caer en la irresponsabilidad. Entonces es cuando llega la verdadera prueba del carácter de un empleado. De la misma manera, en el reino de Dios, muchos han pensado: "Jesús se ha tardado demasiado. Seguro que todavía puedo enderezar mi vida antes de que el Señor regrese". ¡Lea cuidadosamente y observe! Nuestro amor por Cristo no se muestra básicamente en alistarse para su venida, sino en mantenerse listos para su venida.

Hablar de cortar a alguien en pedazos (como lo señalan algunas versiones) es hipérbole,[62] aunque era común hacerlo en las naciones

---

[62] P. Ellingworth, "Lk 12:46 – Is There an Anti-Climax Here?" (Lucas 12:46 ¿Existe un anticlímax en esta parte?) *BT* (Traductor bíblico) 31/2 [1980]: 242-243, sugiere que suavicemos unl lenguaje tan fuerte al traducir *dichotomesei* como: *"cortar de entre el pueblo de Dios"*. Él señala que esto ref leja Levítico 17:10 y se alinea mejor con la segunda parte de Lucas 12:46, ". . . y le otorgó un lugar entre los incrédulos". Pero M. A. Beavis, "Ancient Slavery as an Interpretive Context for the N.T. Servant Parables with Special Reference to the Unjust Steward (Lk 16:1-8)" (La esclavitud antigua como contexto interpretativo del Nuevo Testamento. Parábolas de siervos con especial énfasis al mayordomo injusto [Lucas 16:1-8]) *JBL* (Revista de literatura bíblica) 111/1 [1992]: 37-54, muestra que tal lenguaje tan inculto describe fielmente la clase

antiguas (ver 1 Samuel 4:12; Daniel 2:5; Hebreos 11:37). Sin embargo, debemos reconocer que los personajes de la narración representan a los falsos maestros y a los hipócritas religiosos que sufrirán el castigo del juicio eterno (ver Hechos 20:29-30; Mateo 7:15-23).

Lucas 12:47-48 señala:

> ⁴⁷»El siervo que conoce la voluntad de su señor, y no se prepara para cumplirla, recibirá muchos golpes. ⁴⁸En cambio, el que no la conoce y hace algo que merezca castigo, recibirá pocos golpes. A todo el que se le ha dado mucho, se le exigirá mucho; y al que se le ha confiado mucho, se le pedirá aun más.

El pecado a sabiendas (Números 15:30-31; m. *Shabb.* 7.1) será castigado enormemente. Aquellos que saben qué es lo bueno y siguen haciendo el mal o quienes saben qué es lo bueno y no lo hacen, caerán en gran condenación. Lucas utiliza una palabra salvaje en referencia a "golpear", que también se pudiera traducir como "desollar", "despellejar" o "flagelar".

Los pecados por ignorancia (Números 15:27-29; Salmo 19:12) serán castigados menos rigurosamente, pero se castigarán.[63] ¿Por qué? Porque el siervo debió de haber conocido la voluntad de su señor. Todos conocen algo de Dios (Romanos 1:20) y serán juzgados de acuerdo con su nivel de entendimiento (Romanos 2:12-13). La ignorancia no es excusa alguna.

---

de trato que muchos esclavos tuvieron que soportar en todo el Imperio Romano.

[63] Esto no implica que el castigo sea placentero o tolerable. Sigue siendo el infierno. Pero sí es claro que esto enseñe los grados o distintos niveles de castigo. Algunos teólogos han tomado esto como una posición llamada aniquilamiento (p.ej., Clark Pinnock, John Stott, Edward Fudge, Michael Green, Russel Boatman). Básicamente, esta posición afirma que Dios castigará a los malos por un tiempo definido en un infierno literal y luego sus almas desaparecerán para siempre. Los argumentos para esta posición incluye: (1) Basado en 1 Timoteo 6:15-16, la inmortalidad humana solamente se encuentra conectada al Espíritu de Dios y un cuerpo resucitado (1 Corintios 15:50-54). Así, si los humanos tienen eternidad en el infierno, Dios los mantendrá allí, al igual que los mantiene aquí en la tierra. Esto crearía un dualismo metafísico eterno molesto o incómodo en donde Dios jamás redimiría el universo de manera total y plena. (2) La Biblia enseña que los pecadores van a ser completamente destruidos (Salmo 37:2, 9-10, 20, 38; Malaquías 4:1-2; Mateo 3:10-12; 10:28; Gálatas 6:8; 1 Corintios 3:17; Romanos 1:32; Filipenses 1:28; 3:19; 2 Pedro 2:1, 3, 6; 3:6-7; etc.). Mientras que estos pasajes se refieren al infierno eterno de manera figurativa, así también la palabra "eterno" puede estarse refiriendo en otros pasajes hiperbólicamente a una aniquilación eterna total (por ejemplo, Mateo 25:46; Marcos 9:48; Apocalipsis 14:11). (3) El aniquilamiento presenta a Dios como un ser justo en vez de un tirano vengativo que de manera creativa y sádica tortura a los condenados por un tiempo indefinido. Así, el aniquilamiento se torna una apologética efectiva contra aquellos que acusan a Dios de ser el autor de una eternidad tormentosa.

Sección 108d
Advertencia: Habrá problemas
(Lucas 12:49-53)

⁴⁹»He venido a traer fuego a la tierra, y ¡cómo quisiera que ya estuviera ardiendo! ⁵⁰Pero tengo que pasar por la prueba de un bautismo, y ¡cuánta angustia siento hasta que se cumpla! ⁵¹¿Creen ustedes que vine a traer paz a la tierra? ¡Les digo que no, sino división! ⁵²De ahora en adelante estarán divididos cinco en una familia, tres contra dos, y dos contra tres. ⁵³Se enfrentarán el padre contra su hijo y el hijo contra su padre, la madre contra su hija y la hija contra su madre, la suegra contra su nuera y la nuera contra su suegra.

[vv. 51-53 = Mateo 10:34-36, ver *Sección 70b*]

En este pasaje Jesús presenta el costo tanto para el mundo como para él mismo. El costo para Jesús será el Calvario y todo lo que ello implique: abandono del Padre, se hizo pecado por nosotros, rechazo de su pueblo, tortura física, abuso en público, muerte en la cruz y demás. Jesús lo llama un bautismo (Marcos 10:38-39), es decir, quedar empapado, inundado e inmerso en el sufrimiento.

El costo para el mundo es fuego y división. Es casi seguro que este fuego se refiera al juicio. Debido a que Jesús fue torturado, Jerusalén queda expuesta a la maldición divina (Mateo 27:25; Lucas 23:28-31). Esto quedará muy claro en el año 70 d.C. cuando la ciudad y el templo son destruidos. Todavía más allá de ello, Jesús es el Juez (Juan 5:22, 27) y sus palabras son el estándar bajo el cual son juzgados los hombres. Mientras que este fuego significa juicio, también puede incluir la purificación. Aquello que el fuego no queme, quedará purificado.

El segundo costo para el mundo es que Jesús causará división. Debido a que con Jesús no existe una zona neutral, él dividirá hasta las relaciones familiares más íntimas. Uno debe estar totalmente con él o en su contra. El resultado es trágico, pero inevitable si vamos a tener los beneficios que él ofrece.

Jesús trajo paz a la tierra (Lucas 2:14; 7:50; 10:5), pero su paz únicamente fue prometida a los cristianos. Los incrédulos no la pueden tener. Además, es una paz interna (Juan 14:27; 16:33), ya que los cristianos en ocasiones son maltratados en el mundo hostil. De acuerdo con este pasaje, ese maltrato en ocasiones vendrá de la propia familia (Miqueas 7:6).

Sección 108e
Advertencia en cuanto a la interpretación de las señales de los tiempos
(Lucas 12:54-59)

Lucas 12:54-56 señala:

⁵⁴Luego añadió Jesús, dirigiéndose a la multitud: —Cuando ustedes ven que se levanta una nube en el occidente, en seguida dicen: "Va a llover", y así sucede. ⁵⁵Y cuando sopla el viento del sur, dicen: "Va a hacer calor", y así sucede. ⁵⁶¡Hipócritas! Ustedes saben interpretar la apariencia de la tierra y del cielo. ¿Cómo es que no saben interpretar el tiempo actual?

[vv. 54-56 = Mateo 16:2-3, ver *Sección 80*]

En Judea, una nube que se levanta por el oeste significa lluvia del Mediterráneo. Un viento sureño por el desierto del Neguev trae una ola de calor. Cualquier meteorólogo principiante de Palestina sabe esto. ¿Por qué es que la gente es tan buena en la observación de patrones climatológicos pero tan mala para reconocer las señales espirituales de los tiempos? Cualquiera que pusiera la más mínima atención, reconocería a Jesús, especialmente a través de sus milagros y a través de los profetas. ¿No es suficiente esto? Las señales son obvias. Estas señales tienen referencia directa a la primera venida de Jesús, más que a la segunda. El énfasis en la segunda venida de Jesús no recae en la interpretación de las señales de los tiempos, sino que debemos vivir listos y esperanzados en el regreso del Señor.

Lucas 12:57-59 señala:

⁵⁷»¿Por qué no juzgan por ustedes mismos lo que es justo? ⁵⁸Si tienes que ir con un adversario al magistrado, procura reconciliarte con él en el camino, no sea que te lleve por la fuerza ante el juez, y el juez te entregue al alguacil, y el alguacil te meta en la cárcel. ⁵⁹Te digo que no saldrás de allí hasta que pagues el último centavo.^a

^a*59 centavo.* Griego *lepton*

[vv. 57-59 = Mateo 5:25-26, ver *Sección 54e*]

Mientras que Mateo utiliza estas palabras para hablar de las relaciones humanas, Lucas alude a lo divino. Mateo señala que debemos entablar amistad con nuestro semejante o vecino con quien tenemos un litigio. En Lucas, debemos tener amistad con Jesús ya que él nos llevará ante el Padre (Salmo 2:12), ya sea para que nos adopte o para juicio. El tiempo sigue su marcha. Debemos reconciliarnos rápido. ¡Debemos arreglarnos fuera de la corte![64]

Sección 109
El que no se arrepiente perece
(Lucas 13:1-9)

¡**Se arrepiente o perece; voltea o se quema!** Esto es rudo y muy cerrado de pensamiento, hasta resulta repulsivo. Sin embargo, proviene de los labios de Jesús. Su advertencia es clara y llena de misericordia. Si una persona está cayendo por un precipicio, ¿acaso no le gritaría alguien **Arrepiéntete o Perecerás**? Si las Escrituras están en lo correcto, debemos advertirles a las personas en cuanto al lago que arde con fuego y azufre.

Lucas 13:1-5 señala:

>¹En aquella ocasión algunos que habían llegado le contaron a Jesús cómo Pilato había dado muerte a unos galileos cuando ellos ofrecían sus sacrificios.^a ²Jesús les respondió: «¿Piensan ustedes que esos galileos, por haber sufrido así, eran más pecadores que todos los demás? ³¡Les digo que no! De la misma manera, todos ustedes perecerán, a menos que se arrepientan. ⁴¿O piensan que aquellos dieciocho que fueron aplastados por la torre de Siloé eran más culpables que todos los demás habitantes de Jerusalén? ⁵¡Les digo que no! De la misma manera, todos ustedes perecerán, a menos que se arrepientan.»
>
>*^a1 le contaron . . . sacrificios.* Lit. *le contaron acerca de los galileos cuya sangre Pilato mezcló con sus sacrificios.*

Fuera de Lucas, no encontramos ningún registro de la masacre de galileos que Pilato hizo. Por lo tanto, no tenemos los detalles. Sabemos que Pilato gobernó Judea en los años 26 a 36 d. C., un área peligrosa y propicia para las revueltas. Él tuvo un conflicto constante con los judíos. Tanto Filo (*Embassy to Gaius* 38) como Josefo (*Antiquities* 18.55-62; *War* 2.169-174), contemporáneos de Poncio

---

[64] B. Kinman discute que esta parábola no trata del castigo eterno de un individuo, sino del juicio temporal de Israel por haber rechazado a Jesús. "Debtor's Prison and the Future of Israel (Lucas 12:57-59)" (La prisión del deudor y el futuro de Israel [Lucas 12:57-59]), JETS (Revista de la Sociedad Teológica Evangélica) 42/3 [1999]: 411-425.

Pilato, lo describen como un hombre cruel y violento. No era extraño que tuviera conflictos con los judíos.

De acuerdo con este pasaje, Pilato ejecutó a algunos galileos rebeldes mientras éstos se encontraban ofreciendo sus sacrificios en Jerusalén.[65] Eso fue muy fácil. La guarnición romana estaba ubicada en el fuerte de Antonia en la esquina noroeste del templo. Desde este punto ventajoso, podían vigilar las actividades en el templo. Aparentemente estos galileos salieron de su territorio y los soldados recibieron la orden de ejecutarlos dentro del templo mientras ofrecían sus sacrificios sagrados. Eso debió haber sido abominable para los judíos. Al parecer, estos "chismosos" querían que Jesús hiciera algo al respecto. Después de todo, un Mesías verdadero tomaría venganza contra Pilato.

Tal acontecimiento también resultaba confuso para los judíos ya que ellos creían que una persona sufría por causa del pecado. Tal vez querían que Jesús les explicara por qué una persona buena sufre cosas malas. O tal vez quieren que Jesús denuncie a sus compatriotas galileos como gente perversa y mala. Pero Jesús no cae en la trampa (ver Juan 9:1-3). En cambio, enseña que el juicio es universal e igualmente severo universalmente. Jesús afirma el punto presentando otro ejemplo: una catástrofe estructural en el estanque de Siloé (tampoco tenemos los detalles precisos). Ninguno de estos dos grupos sufrieron porque Dios los estuviera castigando por algún pecado en particular. Simplemente estuvieron en el lugar equivocado en el momento equivocado. Sin embargo, todos compareceremos y enfrentaremos el juicio de Dios a menos que nos arrepintamos. Y eso será peor que ser atravesado por una espada o aplastado por una construcción.

Lucas 13:6-9 señala:

>[6]Entonces les contó esta parábola: «Un hombre tenía una higuera plantada en su viñedo, pero cuando fue a buscar fruto en ella, no encontró nada. [7]Así que le dijo al viñador: "Mira, ya hace tres años que vengo a buscar fruto en esta higuera, y no he encontrado nada. ¡Córtala! ¿Para qué ha de ocupar terreno?"
>
>[8]"Señor —le contestó el viñador—, déjala todavía por un año más, para que yo pueda cavar a su alrededor y echarle abono. [9]Así tal vez en adelante dé fruto; si no, córtala".»

---

[65]Josefo declara que los galileos, muy en particular, eran proclives a causar revueltas (*Life* (Vida) 92.17).

Jesús ilustra su enseñanza previa con una parábola: Érase una vez un campesino que tenía una viña. Aumentó su producción plantando árboles frutales en el viñedo. Por un tiempo todo iba bien. Sin embargo, esperó a que una higuera creciera y produjera. Creció, pero no produjo nada. Esperó un año más y otro. ¡Nada! Llegó el tiempo de arrancarla y plantar algo más productivo en su lugar. El viñador, quien había puesto todos sus esfuerzos en esta higuera no quiere que todo su trabajo se vaya a la basura. Así que pide una prórroga y obtiene un año más. Pero esta será la última oportunidad.[66]

Jesús utiliza esta historia de una higuera estéril para confrontar a estos seguidores incrédulos quienes lo acosan. Ellos quieren que Jesús tome venganza por el derramamiento de sangre que causó Pilato en el pueblo judío. Jesús pide que ellos se arrepientan antes de que su tiempo se consuma. Seguro que estos "discípulos" celosos fueron atrapados fuera de guardia cuando su futuro rey rehusó reivindicar a sus hermanos caídos. Sin embargo, si ellos no hacen caso a este llamado al arrepentimiento, entonces serán final y fatalmente atrapados fuera de guardia.

Como la higuera, así también nosotros hemos sido colocados en buena tierra. Además, Dios nos ha alimentado como si fuésemos un árbol bien fertilizado. Entonces Dios espera pacientemente, más del tiempo razonable, a que produzcamos fruto. Ahora, la paciencia de Dios es inmensa, pero se agota. No permitirá que el "cristiano" permanezca sin frutos. Así que el círculo se cierra: **"Arrepentirse o Perecer"**. El juicio es para todos: los dieciocho que perecieron al colapso de la torre de Siloé, los rebeldes galileos ofreciendo sus sacrificios en el templo y todo aquel que no produce ningún fruto.

Sección 110
Sanidad en sábado de una mujer encorvada
(Lucas 13:10-21)

Aquí vamos de nuevo. Tenemos otra confrontación sobre el día de reposo (ver **Secciones 49 a 51**). Jesús está en la sinagoga, enseñando en día de reposo. Ve a una mujer con una necesidad física y suple la necesidad. Sin embargo, como ya hemos visto, de conformidad con la

---

[66] C. Hedrick ofrece una perspectiva antigua en cuanto a los aspectos literarios y horticultural de este texto en "An Unfinished Story about a Fig Tree in a Vineyard (Luke 13:6-9)", *PRS* 26/2 (1999): 169-192.

tradición oral, ninguna sanidad se debía hacer en tal día. Así que otro enfrentamiento está a la vuelta de la esquina.

Lucas 13:10-13 señala:

> ¹⁰Un sábado Jesús estaba enseñando en una de las sinagogas, ¹¹y estaba allí una mujer que por causa de un demonio llevaba dieciocho años enferma. Andaba encorvada y de ningún modo podía enderezarse. ¹²Cuando Jesús la vio, la llamó y le dijo: —Mujer, quedas libre de tu enfermedad. ¹³Al mismo tiempo, puso las manos sobre ella, y al instante la mujer se enderezó y empezó a alabar a Dios.

Aparentemente Jesús es el invitado del día en esta sinagoga para presentar la enseñanza. Era común que el jefe de la sinagoga pidiera a un invitado, especialmente a alguien tan prominente como Jesús, compartir el mensaje del día.

Mientras Jesús presenta su sermón, de repente ve a una mujer "encorvada" en la audiencia.[67] El término era una palabra médica haciendo alusión a la curvatura de la espina dorsal.[68] Lucas, el médico, nota que ella ha padecido de esto por dieciocho largos años. Hasta aquí todo parece normal. Sin embargo, lo sorprendente es que esta enfermedad la causa un demonio. No sorprende que este era el demonio de la "invalidez", siendo su especialidad la curvatura de la columna vertebral. La obra "Testament of Solomon", falsamente atribuída a Salomón presenta demonios especializados en ciertas enfermedades. Esa era la idea para los exorcismos en los tiempos de Jesús. Los problemas físicos pueden ser resultados de alguna obra maligna, más allá de causas naturales. Esto no quiere decir que debamos culpar a los demonios por cada nariz congestionada o uña caída, pero el texto parece ser lo suficientemente claro. Este problema es causado por un espíritu malo. Y en el Antiguo Testamento tenemos varios ejemplos del control de los espíritus sobre la condición humana (espíritu de un sueño profundo: Isaías 29:10; espíritu de prostitución: Oseas 4:12, 19). Si esto es verdad, la sanidad de todo tipo es un

---

[67] La primer palabra de esta oración *idou*, que significa "mira", se deja sin traducir en la Nueva Versión Internacional de la Biblia. Parece indicar que Jesús notó de pronto la condición de esta mujer a la mitad de su sermón. Es probable que ella estaba sentada junto con las demás mujeres, separada de los hombres.

[68] J. Wilkinson, " The Case of the Bent Woman in Luke 13:10-17" (El caso de la mujer encorvada en Lucas 13:10-17), *EvQ* (Revista evangélica trimestral) 49 [1977]: 195-205.

ataque frontal del reino de Dios contra la obra del diablo (ver Hechos 10:38).[69]

Lucas 13:14-16 señala:

14Indignado porque Jesús había sanado en sábado, el jefe de la sinagoga intervino, dirigiéndose a la gente: —Hay seis días en que se puede trabajar, así que vengan esos días para ser sanados, y no el sábado.

15—¡Hipócritas! —le contestó el Señor—. ¿Acaso no desata cada uno de ustedes su buey o su burro en sábado, y lo saca del establo para llevarlo a tomar agua? **16**Sin embargo, a esta mujer, que es hija de Abraham y a quien Satanás tenía atada durante dieciocho largos años, ¿no se le debía quitar esta cadena en sábado?

El jefe de la sinagoga no tiene el valor para enfrentar directamente a Jesús. En cambio, se dirige y le grita a la multitud. Es como si estuviese culpando a la mujer por acudir a la sinagoga y ser sanada. Él está muy equivocado. Primero, la mujer no acude para ser sanada. Jesús la llama de entre la multitud. Si hay que culpar a alguien, esa persona sería Jesús, no la mujer. Segundo, cambia una ocasión de celebración en pelea. Tercero, le preocupan las reglas tan meticulosamente exageradas más que la salud y libertad de una preciosa hija de Dios.

El jefe de la sinagoga se enoja porque han sido violadas las reglas del sábado, basadas en Éxodo 20:9-10, las cuales señalan que no se debía hacer ningún trabajo. Las tradiciones de los fariseos claramente señalan que en sábado no se debía sanar a nadie a menos que su vida estuviese en peligro. Por ejemplo, si una persona rodaba por una escalera, se podía parar el sangrado únicamente, pero no se podían arreglar sus huesos rotos sino hasta la puesta del sol. Tal es el carácter de la ley a la luz de una crisis humana.

Tenemos algunas importantes prohibiciones con respecto al día de reposo: (a) No trabajar (Éxodo 20:9-10); (b) No arar o cosechar (Éxodo 34:21); (c) No apagar el fuego (Éxodo 35:3; Números 15:32-36; (d) No cocinar (Éxodo 16:23); (e) No preparar vino (Nehemías 13:15); (f) No llevar ninguna carga (Nehemías 13:15); (g) No intercambiar o vender (Nehemías 13:16; Amós 8:5). Sin embargo, estas prohibiciones no eran negativas sino positivas. El sábado le fue dado al hombre como regalo, no como castigo. Tenía un propósito doble. Primero, le daba

---

[69] J. B. Green, "Jesus and a Daughter of Abraham (Lk 13:10-17): Test Case for a Lucan Perspective on Jesus' Miracles" (Jesús y una hija de Abraham [Lucas 13:10-17]: Una muestra para su análisis en la perspectiva de Lucas en cuanto a los milagros de Jesús), *CBQ* (Publicación trimestral católica de la Biblia) 51 [1989]: 643-654.

al hombre la oportunidad de descansar. Esto era más propicio para las mujeres y los esclavos. Segundo, le daba a la gente la oportunidad de alabar y adorar. Debían reconocer el cuidado y provisión de Dios y apartar un día específicamente para él.[70]

Jesús se desplaza de lo menor a lo más importante. Si los fariseos podían trabajar para preservarle la vida a un animal, es claro que Jesús podía trabajar para restablecer y renovar a una "hija de Abraham". Claro que en un sentido, Jesús compara dos desiguales. Los fariseos únicamente hacían lo necesario para preservarle las vidas a sus animales. Y lo que Jesús hace con esta mujer no es esencial. Es decir, pudo haberse esperado al día siguiente para sanarla. Así, de conformidad con la lógica farisea, Jesús sigue siendo culpable. Sin embargo, el punto principal de todo esto es que Jesús rehúsa someterse a la lógica humana y a las tradiciones de los hombres. Ciertamente, él no va a perder una oportunidad inmediata para ayudar a alguien por el simple hecho de que pueda ofender a un sistema equivocado e hipócrita. Es increíble qué tan insidiosa puede ser nuestra hipocresía vestida de mantos clericales.

Jesús es claro al señalar que la enfermedad de esta mujer es causada o por lo menos mantenida por Satanás. Es decir, uno de sus demonios la ha mantenido cautiva por dieciocho años con esta enfermedad. El hecho de que Jesús la sana nos enseña su dominio sobre Satanás y la intromisión del reino de Dios.[71]

---

[70]Como cristianos, no estamos bajo el pacto de la ley (Colosenses 2:14; Gálatas 5:2-6; Efesios 2:14-16; Romanos 14:5-9). Por lo tanto, no estamos obligados a guardar el día de reposo como requisito para nuestra salvación. Sin embargo, sigue siendo un regalo que se nos ofrece, especialmente el descanso sabático ante la presencia de nuestro Señor Jesucristo (Hebreos 4:9-11). Además, el principio del día de reposo sigue aplicándose a nuestras vidas. Si no descansamos a intervalos frecuentes en nuestras vidas, es posible que tengamos que hacerlo de una sola vez al final.

[71]Lucas ha entretejido esta sección de tal forma que muestre que este incidente resulta paradigmático para la restauración de Israel a través del reino futuro de Dios. Esta mujer representa al verdadero Israel, que está a punto de florecer en el reino como una semilla de mostaza (Lucas 13:18-21), en contraste con la higuera improductiva del sistema religioso de Israel (Lucas 13:6-9). El cuidadoso quiasmo de Lucas 12:49 – 13:35 remarca muchos de los temas favoritos de Lucas, tales como la venida de Cristo, el templo, los demonios, dei, una respuesta de aceptación dividida, etc. En cuanto a mayores detalles, ver a D. Hamm, " The Freeing of the Bent Woman and the Restoration of Isreal: Luke 13:10-17 as Narrative Theology" (La liberación de la mujer encorvada y la restauración de Israel: Lucas 13:10-17 como teología narrada) *JSNT* (Revista para el estudio del Nuevo Testamento) 31 [1987]: 23-44 y R. F. O'Toole, "Some Exegetical Reflections on Luke 13:10-17" (Algunas reflexiones exegéticas de Lucas 13:10-17), *Bíblica* 73 [1992]: 84-107.

Lucas 13:17 señala:

17Cuando razonó así, quedaron humillados todos sus adversarios, pero la gente estaba encantada de tantas maravillas que él hacía.

Esta fue una victoria rotunda para Jesús que sus oponentes quedaron humillados inmediatamente. Metieron sus colas por entre sus patas y salieron huyendo. No se nos dice, pero es seguro que ellos redoblaron sus esfuerzos para deshacerse de este causante de problemas. Esto es, después de todo, precisamente lo que ellos hicieron la vez anterior que Jesús sanó a alguien en sábado (Mateo 12:14; Marcos 3:6; Lucas 6:11). Por el otro lado, la multitud, amaba estas "maravillas" (literalmente, "cosas hermosas"). Le encantó la sanidad de la mujer, la exposición de la hipocresía y la intromisión del reino de Dios. Fue este un día glorioso.

Lucas 13:18-21 *con* Mateo 13:31; Marcos 4:31-32 señalan:

18—¿A qué se parece el reino de Dios? —continuó Jesús—. ¿Con qué voy a compararlo? **19**Se parece a un grano de mostaza que un hombre sembró en su huerto {campo^{Mt}} {tierra^{Mr}}. {pero una vez sembrada crece hasta convertirse en la más grande de las hortalizas^{Mr}} Creció hasta convertirse en un árbol, y las aves anidaron en sus ramas.
20Volvió a decir: —¿Con qué voy a comparar el reino de Dios? **21**Es como la levadura que una mujer tomó y mezcló con una gran cantidad^a de harina, hasta que fermentó toda la masa.

^{a}*21 una gran cantidad.* Lit. *tres satas* (probablemente unos 22 litros).

Ahora Jesús ilustra el reino con dos ejemplos similares. Ambos hablan de algo pequeño y que crece mucho y tienen un gran efecto. El reino de Cristo es semejante a esto. Tuvo inicios humildes, desde en un pesebre. Pero hoy día, no existe institución más grande, ningún poder mayor, ningún ejército mayor que el del reino de Dios.

[Los vv. 18-19 = Mateo 13:31-32 y Marcos 4:30-32, ver **Sección 64e**]

MOSTAZA — Esta bien conocida yerba hortelana tiene una semilla pequeña, pero en una buena tierra la planta puede alcanzar una altura de más de tres metros (siendo la planta hortelana más grande de tan sólo poco más de un metro). Las aves pequeñas, de hecho, pueden descansar en sus ramas. Este puede ser un cuadro profético de la protección en el reino mesiánico (Ezequiel 17:23;

31:6, 12; Daniel 4:12, 14, 21-22). De esta forma se hace alusión a dos atributos del reino: Su increíble muchedumbre y su provisión de protección.

[Los vv. 20-21 = Mateo 13:33, ver *Sección 64f*]

LEVADURA — Mientras que los hombres tienen que plantar las semillas, las mujeres hornean el pan. Las ilustraciones de Jesús tienen que ver con experiencias diarias de la clase trabajadora. Su audiencia sabía perfectamente a lo que él se refería. "Una gran cantidad de harina" literalmente es tres *sata*. Aproximadamente 22 litros es una cantidad suficiente para alimentar por una semana a una familia numerosa.

¿Qué mujer no se maravillaba ante el poder de la levadura? El reino de Dios es semejante a esto. Silenciosa e imperceptiblemente se esparce, penetra y leuda toda la masa. Los judíos esperaban al reino mesiánico con címbalos resonantes y poder espectacular. Dios escogió hacerlo de manera silenciosa y con sutil penetración.

Sección 111
La fiesta de la Dedicación
(Juan 10:22-39)

Jesús regresa a Jerusalén a la fiesta de la Dedicación. Estuvo en Jerusalén hacía dos meses en la fiesta de los Tabernáculos. Así que retoma la discusión donde la había dejado la vez anterior, hablando del buen Pastor y sus ovejas (ver Juan 10:1-21)

Juan 10:22-24 señala:

²²Por esos días se celebraba en Jerusalén la fiesta de la Dedicación.ª Era invierno, ²³y Jesús andaba en el templo, por el pórtico de Salomón. ²⁴Entonces lo rodearon los judíos y le preguntaron: —¿Hasta cuándo vas a tenernos en suspenso?⁷² Si tú eres el Cristo,ᵇ dínoslo con franqueza.

ª**22** Es decir *Hanukkah*. ᵇ**24** O *Mesías*

La fiesta de la Dedicación se celebraba el día 25 del mes de Kisleu, que corresponde aproximadamente a nuestro mes

---
⁷²Literalmente, "¿Por cuánto tiempo levantarás nuestras almas?". Equivalente a nuestras expresiones: "Mantenernos suspendidos en el aire" o "mantenernos en suspenso".

de diciembre. Era un memorial por ocho días que celebraba la rededicación del templo en el año 165 antes de Cristo, tres años después que el rey Antíoco Epífanes lo profanó (1 Macabeos 4:36-59; 2 Macabeos 10:1-8). Aunque no era esta una de las fiestas obligatorias oficiales, sí congregaba a una multitud considerable. La característica sobresaliente de esta fiesta era que se encendía el fuego en el templo y en muchos hogares de Jerusalén. Por ello, en ocasiones se le conocía a esta fiesta como "La fiesta de las luces".

Jesús camina por el pórtico de Salomón, que se encontraba ubicado al lado este del templo (Hechos 3:11; 5:12). Era un albergue lógico por el crudo invierno con su viento y lluvia, como el lugar más amplio para congregar una multitud. Él es acosado (literalmente encerrado y atacado) por los líderes judíos. Su pregunta parece muy razonable, pero está planeada para atrapar a Jesús. Quieren que Jesús claramente confiese si él es el Mesías. Así lo podrán acusar abiertamente de blasfemia (ver Mateo 14:60-64).

Juan 10:25-30 señala:

²⁵—Ya se lo he dicho a ustedes, y no lo creen. Las obras que hago en nombre de mi Padre son las que me acreditan, ²⁶pero ustedes no creen porque no son de mi rebaño. ²⁷Mis ovejas oyen mi voz; yo las conozco y ellas me siguen. ²⁸Yo les doy vida eterna, y nunca perecerán, ni nadie podrá arrebatármelas de la mano. ²⁹Mi Padre, que me las ha dado, es más grande que todos;^a y de la mano del Padre nadie las puede arrebatar. ³⁰El Padre y yo somos uno.

^a29 *Mi Padre . . . todos.* Var. *Lo que mi Padre me ha dado es más grande que todo.*

Jesús ya ha declarado claramente quien es él. De hecho, este fue su propósito en sus últimos tres sermones en Juan (Juan 5:16-47; 6:32-59; 7:14-30). Además, sus obras han sido una declaración certera de su deidad. Pero los corazones endurecidos de estos líderes han cerrado sus ojos y oídos. Así que le piden a Jesús que declare su identidad de manera precisa y clara.[73] Pero si él lo hace, ellos no escucharán ni entenderán. Jesús es el Mesías, pero está muy lejos de ser lo que los judíos conciben al oír esa palabra. Por eso, él deja que sean sus obras las que declaren su identidad, en vez de sus palabras.

---

[73] La palabra traducida como "plenamente" (griego *parresia*) también implica atrevimiento. Tal vez tenga que ver con Jesús en el sentido de que se le considera cobarde si no da la cara y se presenta como el Mesías.

Sección 111 | 579

Jesús responde con la alegoría de las ovejas (ver los comentarios en Juan 6:37-40, *Sección 76a*). Es una fuerte cachetada a la audiencia frente a Jesús. Él señala ser el verdadero Pastor del rebaño o pueblo de Dios. Los judíos eran falsos pastores. Peor aún, son ladrones. Aún más, no se les permitirá entrar para arrebatarlas. Esta alegoría principalmente es una afrenta a estos religiosos incrédulos. Pero para el rebaño, estas palabras eran de lo más confortantes. Estamos seguros eternamente en Cristo Jesús. Ningún poder del mundo nos puede separar de su amor (Romanos 8:38-39). Como ovejas de él, escuchamos su voz y lo seguimos. Siendo él nuestro pastor, nos conoce personalmente y nos guía a la vida eterna. Jamás pereceremos porque es él quien nos protege.[74]

En cuanto a la doctrina de la seguridad eterna, "una vez salvos para siempre salvos", presentamos las siguientes observaciones:

1. Esta es la declaración más clara en las Escrituras de la seguridad eterna. Sin embargo, el punto del pasaje no es si un creyente puede "caer" sino si puede ser "arrebatado". Ciertamente el creyente no tiene por qué temer algún poder en el universo que lo pueda separar de Cristo (Romanos 8:35-39). Al mismo tiempo no debemos ignorar aquellos pasajes que advierten al individuo no retroceder o caer en la incredulidad (Mateo 10:22-24; 24:13; Juan 15:1-6; Romanos 11:20-22; 1 Corintios 9:24-27; 10:1-13; Gálatas 5:1-4; 1 Timoteo 1:18-19; Hebreos 6:4-8; 10:26-31; 2 Pedro 2:20-22; Judas v. 6).

2. Esta es una alegoría en medio de una discusión acalorada. Este hecho debe moldear nuestra forma de interpretar el texto. En otras palabras, debemos ser precavidos para no adentrarnos únicamente en los detalles específicos del texto. En cambio, debemos concentrarnos en los puntos generales de comparación.

3. No es verdad al cien por ciento que todas las ovejas escuchen a sus pastores. Cada pastor palestino conocía el dolor y la tribulación de aquellas ovejas que se apartaban y morían. Hasta Jesús experimenta lo mismo con Judas Iscariote (Juan 17:12; 18:9).

---

[74] La Nueva Versión Internacional de la Biblia tiene una nota marginal en el v. 29. Algunos manuscritos antiguos dicen: "Lo que mi Padre *me ha dado es mayor que cualquier cosa*". La pregunta es "¿Qué es mayor que cualquier cosa?". Si es el Padre (*Nueva Versión Internacional*), entonces eso explica por qué es capaz de proteger a su rebaño. Si es el rebaño (nota marginal), entonces eso explica por qué Jesús es tan firme en cuanto a su protección.

4. Salmo 95:7-10 ofrece un paralelismo interesante con este texto. Israel es conocido como el rebaño de Dios pero se le advirtió a que escuchara con atención de otra manera no entraría en su descanso.
5. Originalmente, esto no fue dicho a creyentes sino a incrédulos. Por lo tanto, su función original no fue confortar sino reprender a aquellos que llegarían a ser los saqueadores de ovejas.
6. Nuestra perseverancia en Cristo no recae totalmente o ni siquiera depende primariamente de nuestros propios esfuerzos. Él es nuestro pastor y toma en serio su obligación de protegernos y de mantener su rebaño. Él es responsable de agregarnos al rebaño (Juan 6:44) y de mantenernos en el rebaño (Juan 10:27-30). Cristo es soberanamente capaz de mantenernos. Además, debemos tener el cuidado de no hacer de este texto un campo de batalla y pierda así su capacidad de confortar y dar consuelo a los creyentes.
7. Nuestra conclusión puede depender de nuestro punto de arranque. Si empezamos leyendo "seguridad eterna" en el texto,[75] esa puede terminar siendo nuestra conclusión. Pero si empezamos con textos de "apostasía"[76], muy probablemente concluiremos que una persona puede alejarse de Jesús. Precaución: La meta de un estudio bíblico no es defender una doctrina sino ser obediente a la Palabra. No debemos ignorar ningún pasaje de cualquier lado de esta discusión.

Juan 10:31-39 señala:

31Una vez más los judíos tomaron piedras para arrojárselas, **32**pero Jesús les dijo: —Yo les he mostrado muchas obras irreprochables que proceden del Padre. ¿Por cuál de ellas me quieren apedrear?

33—No te apedreamos por ninguna de ellas sino por blasfemia; porque tú, siendo hombre, te haces pasar por Dios.

---

[75]Por ejemplo, Salmo 89:30-35; Juan 4:14: 5:24; 6:37-40; 10:27-30; Romanos 8:29-39; 11:29; 14:4; 1 Corintios 1:8: 2 Corintios 1:21-22; 5:4-5; Efesios 1:13-14; 4:30; Filipenses 1:6; 1 Tesalonicenses 5:23-24; 2 Timoteo 1:12; 2:19; 4:18; Hebreos 6:17; 7:25; 1 Pedro 1:3-5; 1 Juan 2:18-19; 3:6; 5:12-13; Judas v. 24.

[76]Por ejemplo, Josué 24:19-20; Nehemías 1:7-9; Salmo 95:7-10; Mateo 10:22; 13:1-9, 18-23; 18:21-35; 24:13; Lucas 12:42-46; Juan 15:1-6; Romanos 11:20-22; 1 Corintios 9:24-27; 10:1-13; 15:1-2; Gálatas 5:1-4; 6:7-9; Colosenses 1:19-23; 1 Timoteo 1:18-19; 4:1; 2 Timoteo 2:11-13; 4:10; Hebreos 3:1-19; 4:1-13; 6:4-8; 10:26-31, 36-39; 12:15-17; 2 Pedro 2:20-22; Judas v. 6; Apocalipsis 2:5, 7, 10, 11, 17, 26; 3:5, 12, 21; 21:7.

³⁴—¿Y acaso —respondió Jesús— no está escrito en su ley: "Yo he dicho que ustedes son dioses?"ᵃ **³⁵**Si Dios llamó "dioses" a aquellos para quienes vino la palabra (y la Escritura no puede ser quebrantada), **³⁶**¿por qué acusan de blasfemia a quien el Padre apartó para sí y envió al mundo? ¿Tan sólo porque dijo: "Yo soy el Hijo de Dios?" **³⁷**Si no hago las obras de mi Padre, no me crean. **³⁸**Pero si las hago, aunque no me crean a mí, crean a mis obras, para que sepan y entiendan que el Padre está en mí, y que yo estoy en el Padre. **³⁹**Nuevamente intentaron arrestarlo, pero él se les escapó de las manos.

ᵃ34 Salmo 82:6

Esta es la segunda vez que ellos intentan apedrear a Jesús.[77] La vez anterior fue apenas hacía tres meses en la fiesta de los Tabernáculos (Juan 8:59). Jesús no los enfrenta diciendo: "Yo soy el Mesías" o "Yo soy Jehová". Pero la implicación es tan clara que los judíos están listos para apedrearlo por blasfemo (ver Juan 5:17-18; 8:58-59; 10:30-33). Si Jesús no hubiese sido el Hijo de Dios, ellos habrían estado escrituralmente correctos y justificados (Levítico 24:16).

No pueden matar legalmente a Jesús ya que los romanos le acababan de quitar este derecho a los judíos, la pena capital. Pero ellos están enfurecidos en este preciso momento que eso no importa. De cualquier manera, están preparados para asesinarlo. En vv. 32-33, al parecer Jesús y los judíos hablan de dos cosas diferentes: los milagros contra el testimonio. Jesús está determinado a revelar su identidad, no a través de sus declaraciones, sino a través de sus obras milagrosas. Él sabe perfectamente que ellos no aceptarán ningún reclamo verbal de su deidad. Por eso, demuestra quién es por lo que hace *(ver Sección 46, sanando al paralítico).*

En su defensa, Jesús los lleva a Salmos 82:6, donde a los jueces de Israel se les llama "hijos del Altísimo": *Elohim*.[78] Debido a que ellos

---

[77] La frase de la *Nueva Versión Internacional de la Biblia* "recogieron piedras" literalmente quiere decir "*cargaron* piedras". Probablemente no había piedras en el pórtico de Salomón. Por lo que la idea es que las personas corrieron a buscar piedras y llevar consigo "cargando" un puñado de ellas.

[78] A. Hanson, "John's Citation of Psalm 82 Reconsidered" (Reconsideración de la cita que Juan hace del Salmo 82), *NTS* (Estudios del Nuevo Testamento) 13 [1964-65]: 363-367, señala que hay varias interpretaciones válidas de este pasaje (todas sin presentar dificultad alguna). Hasta los judíos tenían tres interpretaciones diferentes del Salmo 82. (a) Según *b. Ver.* 6a, Dios es el que habla y a los jueces de Israel se les llama "dioses" como su representante. Este es el punto de vista adoptado en esta ocasión y defendido por S. L. Homcy, "'You Are gods': Spirituality and a Difficult Text," (Ustedes son dioses: Espiritualidad y un texto difícil), *JETS* (Revista de la sociedad teológica evangélica) 33/4 [1989]: 485-491. (b) Según un fragmento encontrado en Qumrán (11Qmelch), "el que habla es Melquisedec, un ser

funcionaban de parte de Dios, la autoridad de Dios los respaldaba. Debido a que la autoridad de Dios los respaldaba, podían llevar el título de Dios — *Elohim*. Ahora, Jesús **no** está señalando que él sea un mero juez de parte de Dios o un subordinado de Dios. NO es un empleado de Dios. No, el hecho de señalar ser el Hijo de Dios es equivalente a decir: "Comparto el carácter y personalidad de Dios, junto con su posición y autoridad". En breve, afirma ser igual a Dios.

Nuevamente, el argumento de Jesús, va de lo menor a lo mayor. Si ellos no hicieron un alboroto o se incomodaron de que a los jueces terrenales se les llamara dioses, ¿por qué objetarían que Jesús se igualara a Dios? (Juan 5:18; 10:33; 19:7, 12) Después de todo, lo prueba viviendo una vida sin pecado y con obras milagrosas. Estos jueces terrenales simplemente recibieron la palabra de Dios. Únicamente escucharon a Dios. Pero Jesús verdaderamente había visto a Dios (Juan 1:18). Dios lo aparta, lo envía a la tierra y hace las obras y milagros de Dios. Por lo tanto, tiene todo el derecho de afirmar igualdad a Dios. Su argumento es razonable. Desafortunadamente, está presentado a una audiencia irracional. Tratan de atraparlo, pero nuevamente se escapa de sus garras, no porque se pueda escabullir perfectamente, sino porque tiene la protección de Dios. No ha llegado su hora (Juan 7:6, 30; 8:20; 13:1; 19:28).

En el v. 35, Jesús hace este comentario: "Y la Escritura no puede ser quebrantada". Es una añadidura menor que casi no agrega nada al texto, pero nos dice mucho en cuanto al punto de vista de

---

angelical, representante de Dios; aquellos a los que se dirige es a los ángeles malvados." Hanson, él mismo, adopta este punto de vista, sugiriendo que Jesús era ese Melquisedec. Lo pone de la siguiente manera: "Si el hecho de que La Palabra preexistente se dirija a los hombres justifica que estos sean considerados dioses, indirectamente y mediante ese acercamiento... mucho más somos justificados en aplicar el título Hijo de Dios al portador humano o Palabra preexistente, santificado y enviado por el Padre como lo fue, en presencia real directa". (A. Hanson, "John's Citation of Psalm 82" (La cita que Juan hace del Salmo 82) *NTS* (Estudios del Nuevo Testamento) 11 [1965]: 158-162). (c) De acuerdo con b. Abod. Zar 5a, Dios se estaba dirigiendo a los israelitas al pie del monte Sinaí. J. H. Neyrey, "'I Said: You are Gods': Psalm 82:6 and John 10" ('Yo les he dicho: Ustedes son dioses': Salmo 82:6 y Juan 10) *JBL* (Revista de literatura bíblica) 108/4 [1989]: 647-663, defiende este tercer punto de vista. El Salmo 82, afirma, no se refiere a jueces (ni a ángeles o a Melquisedec como algunos afirman). Sino que se refiere a los israelitas al pie del monte Sinaí. Esa es la interpretación judía del Midrash más aceptada. Estos judíos recibieron la Tora o ley que los purificaba. Así, se creía, que ellos eran inmunes a la muerte (como el Adán original). Por lo tanto, fueron llamados dioses (Salmo 82:6). Pero debido a que pecaron al adorar el becerro de oro, serían ejecutados (Salmo 82:7). Nuevamente la lógica va de lo menor a lo mayor. Si los israelitas pueden ser llamados dioses por su santidad en el monte Sinaí, ¿no resulta que Jesús tenga más posibilidades que ellos, quien es consagrado por Dios mismo? Jesús les contesta su acusación al hacerse igual a Dios. Les dice, "Yo no me hice igual a Dios. Dios me hizo igual a él al consagrarme".

Jesús respecto de la Biblia. Aparentemente cree en la inspiración, infalibilidad y exactitud de las Escrituras. Y si verdaderamente vino del cielo como asegura, entonces debe estar en una buena posición de saber todo esto.

Parte nueve
El posterior ministerio pereo

Sección 112
Jesús se va de Jerusalén a Perea
(Juan 10:40-42)

⁴⁰Volvió Jesús al otro lado del Jordán, al lugar donde Juan había estado bautizando antes; y allí se quedó. ⁴¹Mucha gente acudía a él, y decía: «Aunque Juan nunca hizo ninguna señal milagrosa, todo lo que dijo acerca de este hombre era verdad.» ⁴²Y muchos en aquel lugar creyeron en Jesús.

Después de una segunda vez que casi lo apedrean en Jerusalén en la fiesta de la Dedicación (Juan 10:31-33), Jesús elude a sus prospectos asesinos y escapa a Perea, al lado este del río Jordán. Este territorio estaba bajo la jurisdicción de Herodes Antipas. Así, los líderes de Jerusalén no lo podrían arrestar legalmente. Además, la gente de esos lugares simpatizaba con Juan el Bautista, simpatía que pasó a Jesús, especialmente después de estos milagros de benevolencia. De ese modo Jesús estaba a salvo entre las multitudes.

Sección 113a
Pregunta en cuanto a cómo entrar en el reino
(Lucas 13:22-30).

Hemos interrumpido el flujo del pensamiento de Lucas al insertar Juan 10:22-42 entre Lucas 13:21 y 22. Mientras que eso ayuda a la armonía, también se debe poner suma atención al contexto de Lucas. Si sólo leyésemos Lucas, esta pregunta: ¿Son pocos o muchos los que van a salvarse? encaja de forma natural en la enseñanza de Jesús en cuanto a la expansión del reino de Dios. Por un lado, parece muy grande. Pero por otro, es difícil entrar (Mateo 7:13-23).

Lucas 13:22-25a señala:

²²Continuando su viaje a Jerusalén, Jesús enseñaba en los pueblos y aldeas por donde pasaba. ²³—Señor, ¿son pocos los que van a salvarse? —le preguntó uno. ²⁴—Esfuércense por entrar por la puerta estrecha —contestó—, porque les digo que muchos tratarán de entrar y no podrán. ²⁵Tan pronto como el dueño de la casa se haya levantado a cerrar la puerta, ustedes desde afuera se pondrán a golpear la puerta, diciendo: "Señor, ábrenos".

Lucas señala que Jesús va de camino a Jerusalén. Pero Juan nos dice que Jesús apenas acaba de escapar de allí. Además, pasarán tres meses antes de que él regrese. Entonces leemos que Lucas dice: "Jesús se hizo el firme propósito de ir a Jerusalén" (Lucas 9:51; 13:33-34; 17:11; 19:28, 41).

Durante el recorrido itinerante de Jesús para enseñar por Perea, alguien hace esta pregunta simple pero lógica: ¿Serán muchos o pocos los que van a salvarse? Las opiniones de los rabinos difieren. Hasta Jesús da una respuesta positiva y negativa. Sí, pocos entrarán porque la puerta es estrecha (vv. 24-28).[1] Por otro lado, muchos serán salvos (vv. 28-30). Al parecer pocos judíos se salvarán, pero sí muchos gentiles (Romanos 11:11-15). Tal vez Jesús está reiterando lo que ha enseñado en parábolas. Es decir, el reino tiene un inicio pequeño pero se multiplica enormemente (Lucas 13:18-21; comparar **Secciones 64e, 64f**).

Entrar por la puerta estrecha no es fácil. La palabra griega para "esfuércense" es *agonizō*, de donde obtenemos la palabra "agonizar". Se usaba para describir el esfuerzo extra de un atleta en su competencia, pelea o contienda. Entrar al reino es duro. ¡Jesús jamás prometió que entraríamos danzando! Requiere esfuerzo, lucha y persistencia. Necesitamos pensar claramente en cuanto a la enseñanza de Jesús respecto de la salvación. Es un regalo que no podemos alcanzar o merecer; **NO** es un regalo fácil o gratuito. Muchos estarán parados a

---

[1] La metáfora dos caminos era perfectamente conocida en la literatura antigua. Por ejemplo, Sirach 21:10 afirma "el camino de los pecadores está cubierto de piedras lisas, pero conduce al hades" (ver 2 Esdr 7:3; m. *Abot* 2:9; b. *Ber.* 28b.

la puerta una vez que esta se haya cerrado sólo para darse cuenta que cuando pudieron haber entrado no lo hicieron (Mateo 7:13-23). Jesús es esa puerta estrecha, no porque esté limitado en su forma de pensar, sino porque él es el único camino al Padre (Juan 14:6).

Suena como si muchos quisieran entrar pero no reúnen los requisitos. Eso **NO** es lo que Jesús está diciendo. Lo que sí dice es que hay un tiempo propicio para el arrepentimiento. Si usted se espera demasiado tiempo, puede ser demasiado tarde. De hecho, cerrar la puerta puede ser simbólico de la muerte. Mientras hay vida, la oportunidad generalmente está abierta. Una vez que una persona muere, la puerta se cierra para siempre (Hebreos 9:27). Muchos le rogarán a Dios dejarlos entrar una vez que sea demasiado tarde, tal vez hasta después de su muerte. Pero el tiempo del arrepentimiento habrá terminado.

Lucas 13:25b-27 señala:

> ²⁵Pero él les contestará: "No sé quiénes son ustedes".
> ²⁶Entonces dirán: "Comimos y bebimos contigo, y tú enseñaste en nuestras plazas".
> ²⁷Pero él les contestará: "Les repito que no sé quiénes son ustedes. ¡Apártense de mí, todos ustedes hacedores de injusticia".

Entramos al reino, no por obras, sino por nuestra relación con Jesús. Cuando Jesús dice: "No sé quién eres o de dónde vienes" está señalando "no tengo una relación contigo ni siquiera con tu familia". Ese era un sentimiento poderoso a los oídos de los judíos. Únicamente los miembros de la familia abrirán la puerta para que entre el conocido.

No es como si esta gente fuera totalmente extraña. Conocen al señor de la casa. La práctica de comer y beber era un gesto significativo en su cultura. Existía un lazo de unión a ello. Además, el señor de la casa les había enseñado en las calles. Habían adquirido cierto nivel de relación y contaban con ello para poder entrar a la casa. Nuevamente, la puerta únicamente se abre a los familiares. En un pasaje similar, Mateo 7:21-23, ellos muestran que confían en sus obras. Afirmaron ser siervos. Hasta señalan ser sus amigos. Sin embargo, solamente se le permitirá la entrada a la familia.

Todos, menos la "familia", serán "apartados" [*apostete*]. En su forma sustantiva esta palabra se traduce como "apostasía". Es la total renuncia de alguien o algo. En otras palabras, el señor de la casa no tendrá nada que ver con ellos. ¿Por qué? ¿Debido a que fueron indiferentes? ¿Debido a que perdieron su oportunidad? ¡NO! Porque fueron "hacedores de injusticia". Aquellos que no entran al reino tienen un problema de pecado, no un problema del manejo de su tiempo. Así que, ¿cometieron un crimen atroz? ¡Sí! Rechazaron a Jesús. A los ojos del Padre, el rechazo de su Hijo es la mayor ofensa posible.

Lucas 13:28-30 señala:

> ²⁸»Allí habrá llanto y rechinar de dientes cuando vean en el reino de Dios a Abraham, Isaac, Jacob y a todos los profetas, mientras a ustedes los echan fuera. ²⁹Habrá quienes lleguen del oriente y del occidente, del norte y del sur, para sentarse al banquete en el reino de Dios. ³⁰En efecto, hay últimos que serán primeros y primeros que serán últimos.

El tema de las relaciones familiares continúa en el v. 28. Ninguno de estos héroes del pasado fueron perfectos. De hecho, algunos de ellos ni siquiera fueron muy buenos. Pero todos ellos covnfiaron en Dios para su salvación en vez de confiar en sus obras. El cuadro que vemos es el del banquete del Mesías que tanto esperaban los judíos. Para ellos, lo peor después de perderse de este banquete mesiánico era mirar por la ventana y ver sentados en sus lugares a los profanos gentiles.[2] Eso sí que era un cuadro doloroso para los judíos palestinos (en cuanto a "llanto y rechinar de dientes" ver Mateo 8:12; 22:13; 24:51; 25:30).

Aquí encontramos la segunda respuesta a la pregunta del hombre: ¿Son pocos los que van a salvarse? ¡Muchos! Vendrán de todas partes de la tierra. Esto fue profetizado en numerosas ocasiones (Isaías 2:2; 19:16-24; 25:6-12; 60:8-14; 66:18-24; Oseas 1:10-11; Zacarías 14:16-21). Los judíos rechazaron a su propio Mesías. Los gentiles se amotinaron a su alrededor.

Los últimos (gentiles) serán primeros (sobre los judíos).[3] Esta fue una de las declaraciones favoritas de Jesús. En todos los contextos tiene que ver con la economía de Dios contra la del hombre. La gente da prioridad a las cosas de manera distinta a la de Dios. Nosotros

---

[2] El Antiguo Testamento prometió la inclusión gentil (especialmente Isaías 43:1-7; ver Isaías 2:1-4 (Mic 4:1-4); 19:22-23; Jeremías 16:19-21; Zacarías 14:16) cuya literatura intertestamental siguió desarrollando (Tobit 14:6; 2 Esdr 13:13, 39; Enoch 48:4;5; t. Ben. 9.2; t. Naph. 8.3).

3 Los gentiles pertenecían al rango más bajo. Es decir, eran considerados inmundos. Además, fueron los últimos en recibir el evangelio. En todo el libro de los Hechos los judíos fueron los primeros en oír. Debido a que ellos rechazaron a Jesús, sus asientos en el banquete mesiánico fueron ocupados por los gentiles (Hechos 13:46; 18:6; 19:8-9; 28:28).

honramos aquello que podemos ver, obras tangibles. Dios honra el corazón puro y una buena relación familiar. Estaremos sorprendidos en el juicio cuando Dios nos despoje de todas nuestras obras y nos quite nuestra ostensible armadura de falsa justicia. Estaremos parados frente a Jesús únicamente o estaremos fuera de la puerta . . . solos.

Sección 113b
Los fariseos le advierten a Jesús en cuanto a Herodes
(Lucas 13:31-35)

Lucas 13:31-33 señala:

31En ese momento se acercaron a Jesús unos fariseos y le dijeron: —Sal de aquí y vete a otro lugar, porque Herodes quiere matarte. **32**Él les contestó: —Vayan y díganle a ese zorro: "Mira, hoy y mañana seguiré expulsando demonios y sanando a la gente, y al tercer día terminaré lo que debo hacer". **33**Tengo que seguir adelante hoy, mañana y pasado mañana, porque no puede ser que muera un profeta fuera de Jerusalén.

Herodes Antipas es todo un caso (*ver las notas en Secciones 71 a y b*). Él fue quien mandó ejecutar a Juan el Bautista. Y al parecer también tenía la mira puesta en Jesús. Después de todo, ambos hombres son parte del mismo movimiento (Lucas 9:9). Hasta cree que Jesús de alguna manera es un tipo de "reencarnación" de Juan (Mateo 14:1-2). Para empeorar las cosas, Jesús es mucho más popular que Juan. De hecho, hasta algunos miembros de la corte de Herodes lo siguen (Lucas 8:3; ver Hechos 13:1). No debe sorprendernos si Herodes trata de alcanzar a Jesús (Lucas 9:9; 23:7-12).[4] Si lo hace, tratará de matarlo. Ahora, Jesús no tiene miedo de morir. A eso vino. Pero debe ser en Jerusalén, no Maquero.

Herodes no era popular entre los judíos. Los que lo odiaban más eran los fariseos. De hecho, hasta odiaban a los que lo apoyaban, los herodianos. Pero más que a Herodes y a sus compinches, los fariseos odiaban a Jesús (Lucas 5:17, 21, 30; 6:2, 7; 7:30; 11:38-54; 14:1-6). Por eso se unieron (Mateo 22:14-16; Marcos 3:6). Los dos grupos trabajaron unidos para eliminar a Jesús. Siendo ese el caso, ¿cómo es que se les ocurrió a los fariseos advertirle a Jesús en cuanto a las intenciones de Herodes? Tal vez estos sean unos fariseos de buen

---

[4]J. B. Tyson, "Jesus and Herod Antipas" (Jesús y Herodes Antipas), *JBL* (Revista de literatura bíblica) 79 [1960]: 239-246, rastrea la búsqueda que Herodes hace de Jesús.

corazón, no los malos que se asociaron con Herodes. Después de todo, hay algunos fariseos nobles (por ejemplo, Nicodemo, José de Arimatea, Gamaliel). Pero no puede ser que sean una gran cantidad o tan arriesgados, a esta altura en el ministerio de Jesús, como para advertirle en cuanto a Herodes.

Lo más seguro es que este sea su plan de acción o juego. Aunque Lucas no los acusa de hacer algo encubierto, al parecer tienen motivos nocivos en cuanto a que Jesús deba dejar esa región. Primero, están perdiendo la batalla en Perea. La gente se agolpa para seguir a Jesús y cuanto más tiempo se quede él en ese lugar, más las cosas empeorarán. Segundo, lo quieren en Jerusalén. Al parecer Jesús tiene mejores resultados en Galilea y en Perea que en Judea. Y los fariseos tienen mejores resultados en Judea, especialmente en Jerusalén la capital. La última vez, casi logran su objetivo. Con otro intento, tal vez logren atraparlo.

Jesús realmente conoce lo que ellos dicen. Él ve sus corazones. Por eso responde de la manera que lo hace. Llama a Herodes zorro. En el Antiguo Testamento un zorro indicaba un maquinador insignificante y pequeño (Nehemías 4:3; Cantar de los Cantares 2:15).[5] Además, Jesús utiliza el femenino: "zorra". Muchos creen que él expone a la esposa de Herodes como la que mueve todo detrás de él. Ella es la autora intelectual de todo lo que él maquinaba. Es obvio que Jesús no se intimida por este insignificante mandilón. Para hacer peor las cosas, como rey, Herodes debió haber sido identificado como un león. En cambio, el hecho de llamarlo zorro significa cuestionar la legitimidad de su reino.[6]

Jesús entiende, con una claridad impresionante, la soberanía de Dios. Sus pasos están ordenados. ¡Herodes no va a arruinar el plan de Dios! Y Jesús no se va a asustar con pequeñas amenazas.[7] Haríamos bien en aprender esta lección. Dios tiene todo bajo control. Nosotros, como su pueblo, descansamos en sus manos. Si somos obedientes, nos encontramos protegidos por él. Al igual que con Jesús, esto no quiere decir que no seremos lastimados jamás. Pero los planes de Dios no serán frustrados en las vidas de sus hijos obedientes.

[5] En la literatura rabínica, en ocasiones la zorra es la antítesis del león real (ver 'Abot 4.15; b. B. Qam 117a) y en ocasiones simplemente a una persona insignificante (Hag 14a; Meg. 16b).

[6] E. A. Hermanson, "Kings Are Lions, but Herod Is a Fox: Translating the Metaphor in Luke 13:22" (Los reyes son leones, pero Herodes es una zorra: Traduciendo la metáfora de Lucas 13:22), BT (Traductor bíblico) 50/2 [1999]: 235-240.

[7] Sin duda "tres días" les recordó a los lectores de Lucas la resurrección. Pero sin duda únicamente se refiere a un período corto de tiempo.

Los fariseos se debieron haber sentido desnudos ante la declaración de Jesús que iba a morir en Jerusalén. Él revela los vergonzosos deseos de ellos. Él admite su propio destino de destrucción. Usted podría imaginarse que él sentía lástima por él mismo. Pero su pena se derrama sobre Jerusalén. Toda la belleza de Sión, la esperanza y las aspiraciones de Jerusalén están puestas en este hombre parado frente a ellos. Sin embargo, ansiosamente lo apresuraron a Jerusalén, a la casa del ejecutor.

Lucas 13:34-35 señala:

> **34** »¡Jerusalén, Jerusalén, que matas a los profetas y apedreas a los que se te envían! ¡Cuántas veces quise reunir a tus hijos, como reúne la gallina a sus pollitos debajo de sus alas, pero no quisiste! **35** Pues bien, la casa de ustedes va a quedar abandonada. Y les advierto que ya no volverán a verme hasta el día que digan: "¡Bendito el que viene en el nombre del Señor!"[a]

a **35** Salmo 118:26

He aquí el rasgo conmovedor.[8] Mateo (23:37-39) repetirá estas mismas palabras unos pocos días antes de la muerte de Jesús. Mateo también da una narración más completa de cómo ellos mataron a los profetas (23:29-36). Fiel a la forma y a la historia, Jerusalén rechaza a su Cristo, lo clava en la cruz, se lava las manos y dice: "¡Ahora sí tendremos algo de paz!" Poco saben de la condenación que han traído sobre sí mismos (v. 35).

Jerusalén[9] quedará desolada (literalmente abandonada, vacía). Esto conlleva dos implicaciones. Primero, Jesús es su Mesías. Cuando lo hayan matado, no quedará alguien más en quien tener esperanza.[10] Segundo, dentro de una generación, la ciudad pagará por su horrible crimen contra el Hijo de Dios (Mateo 24:1ss; Lucas 19:41-44; 21:20-24). En el año 70 d.C. el ejército romano sitió Jerusalén y la derribó

---

[8] Esta es la primera de cuatro veces en que Lucas registra cuando Jesús se lamenta sobre Jerusalén (13:31-35; 19:41-44; 21:20-24; 23:27-31).

[9] La palabra "Jerusalén" se utiliza tres veces consecutivas. Esa es una repetición poderosa (*epizeuxis*).

[10] K. Baltzer, "The Meaning of the Temple" (El significado del templo), *HTR* (Revista teológica Harvard) 58 [1965]: 263-277, presenta que "casa" se debe entender como templo. Después de todo, *oikos* es la palabra más común en la versión Septuaginta de la Biblia para templo. Y mientras Lucas comúnmente usa *hieron*, cuando su material es paralelo al de Mateo y Marcos utiliza *oikos* para templo (6:4; 19:46). Además, él sugiere que Jesús representa la *shekinah* gloria de Dios (Lucas 9:28-36; Hechos 7:55; 9:3-5). Por lo tanto, cuando Jesús sale del templo (o es rechazado por el pueblo de Dios), la gloria [*kabod*] de Dios ha partido. En otras palabras, cuando Jesús sale de la casa (es decir, del templo), también sale su Dios.

piedra por piedra, pero no antes de que la lucha interna la destrozara por completo. Con facciones y guerra civil adentro y el ejército romano afuera, la ciudad de Jerusalén nunca antes ni después eperimentó tal horror y devastación.

Jesús les dice que ya no lo verán más hasta que griten: "Bendito el que viene en el nombre del Señor" (Salmo 118:26). Dentro de tres meses las multitudes fuera de Jerusalén gritarán estas mismísimas palabras, dándole la bienvenida a Jesús en su entrada triunfal. Pero aún después de ello Jesús repite esta profecía (Mateo 23:37-39). En otras palabras, todavía no se cumple con la entrada triunfal. ¿Debemos mirar figurativamente al año 70 d.C. cuando el juicio de Jesús cae sobre la ciudad? Eso casi no encaja en su tono de júbilo en esta declaración. Así que debemos concluir que esto se refiere a la segunda venida de Cristo, cuando toda rodilla se doblará y toda lengua confesará que él es Señor (Filipenses 2:9-11; Mateo 24:30-31; Apocalipsis 1:7). Tal vez se refiera a la salvación de muchos judíos (Romanos 11:25-27) quienes reciban a Jesús con júbilo en su segunda venida.[11]

Sección 114
Una comida con un fariseo y la sanidad de hidropesía
(Lucas 14:1-24)[12]

Esta es la última de tres veces que Jesús come con un fariseo (Lucas 7:36; 11:37; 14:1). La primer vez terminó con una pelea cuando Jesús permitió que la mujer pecadora le ungiera los pies. La segunda vez terminó con una pelea porque Jesús no se lavó las manos antes

---

[11] D. C. Allison, "Mt 23:39 = Lk 13:35b as a Conditional Prophecy" Mateo 23:39 = Lucas 13:35b como una profecía condicional), *JSNT* (Revista para el estudio del Nuevo Testamento) 18 [1983]: 75-84, señala que en el contexto de Salmo 118:26 estas palabras son alabanzas de júbilo, pero en el contexto de Mateo 23:39 y Lucas 13:35 auguran una terrible ruina. ¿Cómo vamos a manejar esta paradoja? Él sugiere que el texto no quiere decir, "Cuando el Mesías venga la gente lo bendecirá", sino "Cuando Israel lo bendiga, el Mesías vendrá". Él defiende este pasaje como una profecía condicional con varias evidencias que lo apoyan: (a) Los judíos creían que la venida del Mesías dependía de su pureza o arrepentimiento. (b) *Heos* normalmente es algo previo o condición de una oración griega. (c) Esta estructura parece ser consistente en la literatura rabínica referente a las cláusulas condicionales. (d) Esto se refiere tanto la salvación prometida en Salmo 118 como el contexto del juicio en Mateo capítulo 23 y Lucas capítulo 13. (e) Hechos 3:19-21 y 2 Pedro 3:11-12 ambos aluden al anuncio de la venida de Cristo.

[12] Lucas capítulos 13 y 14 probablemente se podrían leer como torres gemelas de controversia con los fariseos. Tienen paralelos significativos: (a) 13:10-17 y 14:1-6 son sanidades en día de reposo. (b) 13:22-30 y 14:15-24 describen quien logra entrar al reino. (c) 13:31-35 y 14:25-35 presentan el sufrimiento de Jesús, Jerusalén y los discípulos.

de comer. Así que no nos sorprende en gran manera que esta comida termine con Jesús dando una "paliza" tanto al anfitrión como a sus invitados por su actitud en buscar los primeros lugares.[13]

Lucas 14:1-6 señala:

> [1] Un día Jesús fue a comer a casa de un notable de los fariseos. Era sábado, así que éstos estaban acechando a Jesús. [2] Allí, delante de él, estaba un hombre enfermo de hidropesía. [3] Jesús les preguntó a los expertos en la ley y a los fariseos: —¿Está permitido o no sanar en sábado? [4] Pero ellos se quedaron callados. Entonces tomó al hombre, lo sanó y lo despidió.
> [5] También les dijo: —Si uno de ustedes tiene un hijo[a] o un buey que se le cae en un pozo, ¿no lo saca en seguida aunque sea sábado? [6] Y no pudieron contestarle nada.

[a]5 hijo. Var. Burro

Lucas prepara a sus lectores para el ataque, resaltando dos cosas. Primero, el banquete es en la casa de un fariseo *notable*, literalmente "uno de los jefes dentro del círculo de los fariseos". Es posible que este fariseo sea miembro del sanedrín o tal vez el jefe de la sinagoga donde ellos habían adorado ese mismo sábado. Segundo, sucede en sábado. Eso ha causado problemas antes (comparar *Secciones 50 a 52, 100c, 110*).

No conocemos los motivos de este notable fariseo (si era benévolo o malévolo hacia Jesús). Pero el resultado de su invitación es que Jesús es cuidadosamente escudriñado por todo el grupo de fariseos. La palabra para "acechando" se usa dos veces más en Lucas (6:7, 20:20). En ambas ocasiones describe a los fariseos tratando de atrapar a Jesús haciendo algo mal.

En la multitud hay un hombre enfermo de hidropesía. Hoy día esta enfermedad se conoce como edema. Muy simple, el hombre retiene agua. Suena muy benigna. Sin embargo, es común que una edema presente desórdenes del hígado o del corazón. Dependiendo de la causa, el edema puede ser curable, pero en otras ocasiones resulta fatal. De cualquier manera, el hombre presenta un cuadro patético.

---

[13] J. T. Carroll, "Luke's Portrayal of the Pharisees" (El retrato que Lucas hace de los fariseos), CBQ (Publicación trimestral católica de la Biblia) 50 [1988]: 604-621, rastrea la evolución de la controversia de Jesús con los fariseos. Mientras que siempre hubo algunos fariseos que apoyaron a Jesús y a sus seguidores (por ejemplo, Juan 3:1-2; Hechos 5:33-40; 23:6-10), de acuerdo con Lucas, las cosas pasaron de lo tibio al rojo vivo, especialmente durante el último recorrido de Jesús a Jerusalén (Lucas 5:21, 26; 6:1-11; 7:29-30, 36-50; 11:37-54; 12:1; 14:1-6, 7-11, 12-14, 15-24; 15:1-2; 16:14-31; 17:20-21; 18:9-14).

¿Por qué está este hombre en el banquete? Pudo haber sido "plantado" en la multitud para causar otra controversia (ver Lucas 5:17; 6:7). Sin embargo, lo más seguro es que sea uno de tantos enfermos que seguían a Jesús esperando ser sanados. Mientras los espectadores se congregan en el patio embobados por esta fiesta tan suntuosa, este individuo es arrastrado por ellos.

La pregunta que Jesús hace es tan simple (v. 3). ¡La respuesta es tan obvia! Sin embargo, los fariseos permanecen callados. Quieren que Jesús rompa la tradición sanando (ver *Secciones 51 y 110*). Quedan atrapados. No pueden decir que está permitido sanar en sábado. No podrían atrapar a Jesús y a la vez contradecir sus propias tradiciones. Pero tampoco pueden decir que no esté permitido. Eso contradiría la lógica, la compasión y todo lo bueno y justo. Expondría su hipocresía y sus devotos tal vez se convertirían en seguidores de Jesús. Su solución es el silencio.

La respuesta de Jesús es sanar al enfermo en sus propias narices. La pelea está a punto de empezar. Jesús no quiere que este individuo quede atrapado entre dos fuegos cruzados (ver Juan 5:1-18; 9:1-34). Así que lo despide. Luego, enfrenta a los fariseos. Les recuerda que también ellos sanan en sábado. Si ellos salvan a un hijo o a un buey, seguro que Jesús puede salvar a este hombre que padece de hidropesía.[14] La clara diferencia es que los fariseos únicamente harán lo necesario para salvar una vida en sábado.[15] Jesús rebasa esto al sanar a alguien en sábado, pero pudo haber esperado para hacerlo en domingo. Precisamente es aquí donde está el desacuerdo y la fricción. Jesús claramente y a propósito rompe las tradiciones del sábado a favor de la más grande preocupación de Dios para mostrar misericordia y compasión.

La lógica de Jesús se impone. La frase: "no pudieron contestarle nada" literalmente quiere decir: "no pudieron contradecirle o refutarle estas cosas". No tienen amarrada la lengua, quedan totalmente paralizados. Están atados de pies y manos. Saben que fueron rebasados, que Jesús fue más listo que ellos. Quisieron contradecir a Jesús de la peor manera y salieron contradichos.

---

[14] Algunos manuscritos tienen "asno" en vez de "hijo".

[15] En los rollos del mar muerto, "El pacto del Cairo y Damasco" 11:13-15, la secta del Qumrán prohibía auxiliar a un animal en el día de reposo, ya fuese para su alumbramiento o para sacarlo de un hoyo. Sin embargo, estaba permitido tanto en el Antiguo Testamento como en la ley rabínica (*Shabbath* 128b).

Lucas 14:7-11 señala:

⁷Al notar cómo los invitados escogían los lugares de honor en la mesa, les contó esta parábola: ⁸—Cuando alguien te invite a una fiesta de bodas, no te sientes en el lugar de honor, no sea que haya algún invitado más distinguido que tú. ⁹Si es así, el que los invitó a los dos vendrá y te dirá: "Cédele tu asiento a este hombre". Entonces, avergonzado, tendrás que ocupar el último asiento. ¹⁰Más bien, cuando te inviten, siéntate en el último lugar, para que cuando venga el que te invitó, te diga: "Amigo, pasa más adelante a un lugar mejor". Así recibirás honor en presencia de todos los demás invitados. ¹¹Todo el que a sí mismo se enaltece será humillado, y el que se humilla será enaltecido.

Un banquete judío exhibía toda la comida en una mesa en forma de herradura a unos cuantos centímetros del suelo. Alrededor de la mesa había cojines o sofás muy bajos donde se podían reclinar tres hombres. El anfitrión se sentaba al centro de la "herradura" en su parte más ovalada. El lugar de honor era inmediatamente a su lado derecho y el segundo lugar en importancia era inmediatamente a su lado izquierdo. Esta forma de sentarse y los lugares descendían en importancia a manera que se alejaban del anfitrión.

El arreglo físico para recostarse en estas fiestas estaba bien definido y se cumplía en estricto orden. Tal vez usted se podría salir con la suya si se recorría uno o dos lugares hacia el frente. Pero si usted se tornaba muy audaz, el anfitrión tendría que pedirle que cediera el lugar a su invitado más importante que usted. Eso sería vergonzoso.

Estos hombres resultan ser como niños peleándose por el asiento delantero del automóvil. Resulta ridículo, egoísta y arrogante. Jesús pone énfasis en fijar la atención en estos hombres adultos presentando una escena cómica peleándose por unos cojines.[16] Señala: "No tomen los mejores asientos aunque aparentemente estén disponibles. Tomen los asientos de menor importancia". Ese es un buen consejo no tan sólo en lo espiritual sino también en lo social (ver Proverbios 25:6-7). En vez de ser degradados, serán promovidos y exaltados. El resultado de una humillación voluntaria puede significar una aclamación pública.

Jesús no habla tan sólo de reglas sociales de banquete. Esta regla se aplica a toda área en nuestras vidas, desde los lugares de estacionamiento del automóvil hasta las fiestas empresariales. Si actuamos de manera arrogante, Dios traerá a alguien que nos ponga

---

[16] Lucas utiliza un verbo en tiempo imperfecto, indicando que esta escena continuó por algún tiempo. Jesús "notaba" (*epechō*, significando "agarrar, captar").

en nuestro lugar. Tal vez podamos disfrutarlo un poco y por un instante, pero finalmente este infantilismo nos conducirá a una gran afrenta.

Lo contrario también es ierto. Si nos humillamos al tomar una posición más baja, finalmente seremos reconocidos entre nuestros iguales. El secreto está en dejar que sea otro quien lo reconozca a uno y no exaltarse y promoverse uno a sí mismo.

El razonamiento de Dios no tan sólo es diferente al nuestro, en ocasiones es totalmente opuesto. Y cuando la vida termine, Dios pondrá de cabeza el tótem. Los que estaban arriba quedarán abajo y los de abajo quedarán arriba. Dios es capaz de hacer esto porque él juzga el corazón mientras que nosotros únicamente podemos ver las apariencias y los actos. Dios conoce lo más profundo de una persona, ya sea que sus motivos sean puros y sinceros o no.

Lucas 14:12-14 señala:

> [12]También dijo Jesús al que lo había invitado: —Cuando des una comida o una cena, no invites a tus amigos, ni a tus hermanos, ni a tus parientes, ni a tus vecinos ricos; no sea que ellos, a su vez, te inviten y así seas recompensado. [13]Más bien, cuando des un banquete, invita a los pobres, a los inválidos, a los cojos y a los ciegos. [14]Entonces serás dichoso, pues aunque ellos no tienen con qué recompensarte, serás recompensado en la resurrección de los justos.

Este consejo está dirigido al anfitrión. En esencia, también se aplica a los invitados. En vez de ser arrogantes y buscar lo mejor, se debe ser humilde y dadivoso. ¿Cómo? "Dejar de invitar"[17] únicamente a gente importante a nuestras fiestas. No hay nada malo en tener a los amigos y los familiares para comer juntos. Pero si ellos son los únicos que usted invita siempre, usted tiene un problema. Una enorme cantidad de dinero se gastaba en estos banquetes. Se gastaba en la gente que podía suplir sus propias necesidades. Los que realmente lo necesitaban jamás eran invitados. Esto debió haber asestado un golpe fuerte a las regulaciones levíticas en cuanto a la pureza (Levítico 21:17-23; ver 1Qsa 2:3-10) pero no a los sacerdotes y en la mishná, el rabino Yose ben Yohanan (año 140 d. de C.) ofrece un consejo similar: "abre

---

[17] Esa es la implicación del imperativo presente griego. René Kruger en "la inclusión de las personas excluídas: La propuesta contracultural de Lucas" Caud. *Teo.* 23 (2005): 67-88 resalta lo contracultural que esta práctica es y sigue siendo, junto con las ramificaciones prácticas de su implementación en latinoamérica.

las puertas de tu casa de par en par y sienta a los pobres a tu mesa" (*Abot* 1.5).

Todos nos damos cuenta de la importancia en invertir. Si nos gastamos todo nuestro dinero ahora, no tendremos nada para disfrutar después. Dar a los pobres realmente es una inversión. Estamos escogiendo dejar el gozo del reconocimiento de nuestros iguales para ser reconocidos por Dios. Él recompensará muy bien en la resurrección.

Lucas 14:15-20 señala:

¹⁵Al oír esto, uno de los que estaban sentados a la mesa con Jesús le dijo: —¡Dichoso el que coma en el banquete del reino de Dios!

¹⁶Jesús le contestó: —Cierto hombre preparó un gran banquete e invitó a muchas personas. ¹⁷A la hora del banquete mandó a su siervo a decirles a los invitados: "Vengan, porque ya todo está listo".

¹⁸Pero todos, sin excepción, comenzaron a disculparse. El primero le dijo: "Acabo de comprar un terreno y tengo que ir a verlo. Te ruego que me disculpes".

¹⁹Otro adujo: "Acabo de comprar cinco yuntas de bueyes, y voy a probarlas. Te ruego que me disculpes".

²⁰Otro alegó: "Acabo de casarme y por eso no puedo ir".

Jesús acaba de mencionar la recompensa de los creyentes en la resurrección de los justos (v. 14). Esto naturalmente pone en acción el razonamiento de un fariseo piadoso y lo relaciona de inmediato con el banquete mesiánico (Isaías 25:6-12; 65:13-16). Este tipo está en lo correcto. Desdichadamente, muchos de los que están a la mesa no van a compartir la fiesta mesiánica (ver 13:28-30); no porque no sean invitados, sino porque ellos mismos rehúsan estar presentes a pesar de la invitación. El regaño de Jesús se presenta en forma de parábola. Nuevamente contará esta historia el martes antes de morir (Mateo 22:1-14). Tendrá un énfasis un poco distinto y unos detalles diferentes. Pero el objetivo es el mismo.

Dios prepara un banquete en honor de su Hijo Jesús. Se propaga la noticia por todos lados (v. 16). Una vez preparada la comida, se envía una segunda invitación (v. 17): "Vengan porque ya todo está listo". ¡Vengan pronto! Todos los invitados acudan — todos los ricos y famosos. (Figurativamente esto simboliza a los judíos). Sin embargo, de manera unísona [apo mias] todos rechazan acudir al banquete. El siervo enviado se regresa sin prosperar en su comisión.

Se dan tres excusas.¹⁸ Las dos primeras son similares. ¿Qué persona no comprueba primero una propiedad antes de comprarla? El hecho es, ambas personas ya han comprobado aquello que compraron. Las usan como excusas para no acudir al banquete. Para empeorar las cosas, este es un banquete al atardecer, a la puesta del sol. No podían ellos revisar sus adquisiciones en la oscuridad. Esto hace de sus excusas algo más débil y ofensivo. La tercer persona parece tener una excusa válida. Acaba de casarse y quiere pasar tiempo con su esposa.¹⁹ Normalmente, en estas fiestas no se mezclaban hombres con mujeres y por ello una pareja estaría separada. Deuteronomio 24:5 ofrece apoyo o respaldo a esta excusa. Allí se señala que un recién casado quedaba exento de servir en el ejército por un año para que se quede en casa y complazca a su esposa (también ver 1a Corintios 7:33). Su excusa es la más válida; pero también es la más ruda.

Lucas 14:21-24 señala:

> ²¹El siervo regresó y le informó de esto a su señor. Entonces el dueño de la casa se enojó y le mandó a su siervo: "Sal de prisa por las plazas y los callejones del pueblo, y trae acá a los pobres, a los inválidos, a los cojos y a los ciegos". ²²"Señor —le dijo luego el siervo—, ya hice lo que usted me mandó, pero todavía hay lugar". ²³Entonces el señor le respondió: "Ve por los caminos y las veredas, y obligalos a entrar para que se llene mi casa. ²⁴Les digo que ninguno de aquellos invitados disfrutará de mi banquete".

Los judíos rechazan a su propio Mesías, así que la salvación llega a los gentiles (ver Hechos 28:28; Romanos 11:1-24). En la parábola hay un sentido de urgencia en la invitación — la comida se está enfriando. Obviamente, el banquete mesiánico no se está enfriando o haciéndose rancio, pero sigue habiendo una urgencia en esta invitación. Dios ha fijado la duración de esta era. Al tiempo que el reloj divino avanza, nuestra oportunidad de invitar a otros se reduce. Además, los días de cada hombre están señalados. Si una persona no responde rápidamente, es posible que la oportunidad de responder se disipe.

---

¹⁸La palabra "poner excusas" también puede significar "esquivar, rechazar o rehusar".

¹⁹La frase "tengo que ir a verlo" y "voy a probarlas" con respecto al terreno y las yuntas adquiridas quedan fuera cuando Jesús hace referencia a la esposa. B. Longenecker publicó un artículo fabuloso respecto al humor de Jesús y sugirió que esta omisión debió haber causado un silencio aterrador seguido de una risita entre dientes: "A Humorous Jesus? Orality, Structure and Characterization in Luke 14:15-24, and Beyond", *BI* 16 (2008): 179-204).

Por lo tanto, los siervos son enviados por todas partes. Se utilizan cuatro palabras distintas para camino. Las primeras dos están en el v. 21, indicando dos clases de calles de una ciudad. Las otras dos en el v. 23 indican caminos en el campo. Las calles eran amplias y espaciosas, los callejones eran estrechos y los caminos por el campo (v. 23) eran simples senderos con matorrales o corrales donde los vagabundos podían encontrar albergue. En otras palabras, los siervos debían recorrer todo lugar en busca de invitados.

Debían invitar a todos, a los pobres, a los inválidos, a los ciegos y a los cojos. A muchas de estas personas no se les permitía participar de toda la alabanza judía debido a su impedimento físico e imperfecciones. Esto hace de la invitación algo de lo más apreciado. El señor, en su intento por llenar la sala del banquete en honor de su hijo, envía a sus siervos una vez más. Sin embargo, en esta ocasión los siervos no *invitan* a las personas, sino "*oblígalos* a entrar". Claro que el siervo no podía forzar a alguien a entrar. Pero sí podía enfatizar la urgencia e importancia de la invitación. De la misma manera, nosotros como evangelistas debemos expresar la urgencia de la invitación para acudir a Jesús. Hay una gran celebración esperando a los que acepten entrar.

Esta parábola entreteje la soberanía de Dios y la respuesta del hombre. Vemos que nuestro acudir a Cristo no fue por nuestra inteligencia, percepción o merecimiento. Fuimos llamados por Dios y sus siervos nos instaron. Por otro lado, muchos quedarán fuera por su duro rechazo. En respuesta, Dios endurece sus corazones como acto soberano de juicio (v. 24, Isaías 6:9-10; Mateo 13:15; Juan 12:40; Hechos 28:26-27; Romanos 11:1-24). Entonces será demasiado tarde para acudir.

Sección 115
Considerando el costo del discipulado
(Lucas 14:25-35)

En estos días de la igualdad en los derechos humanos y de un materialismo extremo, resulta muy difícil hablar de los costos radicales en ser discípulo de Jesús. Hemos confundido la gracia gratuita con las obras baratas. Ciertamente, no podemos ganarnos la salvación como si estuviésemos torciéndole el brazo a Dios con nuestras buenas obras. Al mismo tiempo, ¡la salvación no es gratis! Nos cuesta nuestra familia, nuestro matrimonio, nuestros hijos, nuestras posesiones, nuestras posiciones, nuestro tiempo. No se acepta menos de todo lo que tengas.

Lucas 14:25-27 señala:

²⁵Grandes multitudes seguían a Jesús, y él se volvió y les dijo: ²⁶«Si alguno viene a mí y no sacrifica el amorª a su padre y a su madre, a su esposa y a sus hijos, a sus hermanos y a sus hermanas, y aun a su propia vida, no puede ser mi discípulo. ²⁷Y el que no carga su cruz y me sigue, no puede ser mi discípulo.

ª**26** *no sacrifica el amor.* Lit. *no odia.*

[Los vv. 25-27 = Mateo 10:37-38; ver *Sección 70b*; también Mateo 16:24; Marcos 8:34; Lucas 9:23]

El festín en la casa del fariseo (*Sección 114*) atrajo una buena atención, resultando en una multitud presente. Eso fue precisamente lo que pasó la última vez que Jesús comió con un fariseo (Lucas 12:1). Debido a que estas fiestas eran parcialmente públicas, y los discursos de Jesús eran tan elocuentes, despertaban el interés de las comunidades.

Mientras se desarrolla este entorno, de repente Jesús, hasta acaloradamente, se dirige a la multitud. Esta amonestación dura es una reacción a la admiración hueca de la multitud. Hasta hoy día Jesús tiene muchos simpatizantes, pero pocos partidarios. Resulta popular hablar de él de manera parcialmente escolástica o seguir parcialmente la ética cristiana judía. Sin embargo, es otra cosa ser un verdadero discípulo. Jesús explica la diferencia.

Ser discípulo demanda una alianza total. Debemos amar a Jesús más que a nuestra propia familia.[20] Es obvio que el "odio" resulta una exageración. Pero comparado con nuestro amor por Jesús, nuestro amor por nuestra familia resulta como muestra de odio. Especialmente en los días de Jesús, el descuido de las obligaciones familiares por seguir a Jesús sería considerado como odio. Estamos hablando de prioridades. ¿Quién es más importante? Si alguien aparte de Jesús está en primer lugar en nuestra lista, no estamos listos para ser sus discípulos.

---

[20] Interesantemente, Filón también consideró el abandono de las familias como algo esencial a una verdadera conversión de proselitismo (*De Specialibus Legibus* 51-52). Ver M. Lattke, " The Call to Discipleship and Proselytizing" (El llamado al discipulado y el proselitismo), *HTR* (Revista teológica Harvard) 92/3 [1999]: 359-362.

Además, un discípulo debe cargar su cruz diariamente (literalmente, su propia cruz). Cuando un hombre cargaba su cruz, iniciaba una jornada sin retorno. La cruz no es simple carga, un ministerio o una inconveniencia. Ni tampoco es la disponibilidad de morir por Jesús. Es un instrumento de ejecución que causaba horror en la audiencia de Jesús. La crucifixión era un recordatorio detestable de la dominación romana. Para empeorar las cosas, Deuteronomio 21:22-23 especifica que cualquiera que cuelgue de un madero es maldito. Estos judíos debieron escandalizarse con las demandas de Jesús . . . al igual que nosotros. Pero la verdad persiste, cada cristiano es sujeto de sentencia de muerte de por vida (ver Gálatas 2:20-21; 2ª Corintios 5:14-21; Filipenses 3:4-11).

Lucas 14:28-30 señala:

> ²⁸»Supongamos que alguno de ustedes quiere construir una torre. ¿Acaso no se sienta primero a calcular el costo, para ver si tiene suficiente dinero para terminarla? ²⁹Si echa los cimientos y no puede terminarla, todos los que la vean comenzarán a burlarse de él, ³⁰y dirán: "Este hombre ya no pudo terminar lo que comenzó a construir".

Esta es la primera de dos parábolas que Jesús contará en cuanto a considerar el costo. La palabra "calcular" originalmente significó "contar meticulosamente y con lujo de detalle". El costo específico se registraba con gran precisión y exactitud. No era un cálculo aproximado, sino un cálculo explícito.

Es común que los cimientos sean lo más costoso e importante de un edificio. Pero los cimientos apenas son el inicio. Muchos discípulos apenas inician en su fe y ya no tienen fuerzas. Son como el terreno rocoso de la parábola del sembrador. La semilla germina con prontitud, pero carece de raíces profundas. Así que tan pronto el sol calienta un poco, la planta se seca.

Una razón para considerar el costo es para evitar hacer el ridículo. El constructor insensato se convierte en el hazme reír de toda la ciudad, ya que los cimientos de su construcción son el monumento a su torpeza.

Lucas 14:31-33 señala:

> ³¹»O supongamos que un rey está a punto de ir a la guerra contra otro rey. ¿Acaso no se sienta primero a calcular si con diez mil hombres puede enfrentarse al que viene contra él con veinte

mil? ³²Si no puede, enviará una delegación mientras el otro está todavía lejos, para pedir condiciones de paz. ³³De la misma manera, cualquiera de ustedes que no renuncie a todos sus bienes, no puede ser mi discípulo.

Esta segunda parábola trata con pelear en vez de construir. Usted puede pelear, correr o hablar. ¡Si usted no es lo suficientemente grande para pelear y no puede correr, más le vale empezar a hablar! El punto es, antes de meterse en una pelea, debe considerar cuidadosamente si tiene lo que se necesita para terminarla. De la misma manera, antes de acudir a Jesús, usted debe considerar si realmente cuenta con lo que se necesita para la larga travesía. ¡Son los fieles, no los efusivos temporales, los que serán salvos!

En el mundo, preguntamos: "¿Tiene él lo que se necesita para vencer?" En la iglesia, Dios pregunta: "¿Ha dejado él todo para ser salvo?" El mundo nos hace un llamado a las ganancias y al lucro; Cristo nos llama a morir. Esto no quiere decir que no podamos retener ninguna posesión. Pero sí indica renunciar a esas posesiones como suyas.²¹ Dios toma ahora el control de nuestras pertenencias. Él las puede usar como mejor le convenga.

Lucas 14:34-35 señala:

³⁴»La sal es buena, pero si se vuelve insípida, ¿cómo recuperará el sabor? ³⁵No sirve ni para la tierra ni para el abono; hay que tirarla fuera.

»El que tenga oídos para oír, que oiga.»

[Los vv. 34-35 = Mateo 5:13, ver **Sección 54c**; también Marcos 9:50, ver **Sección 91**]

Esta es una frase famosa de Jesús.²² Únicamente aquí, el v. 35 le agrega un detalle extra en cuanto a echarla fuera (con el estiércol).

---

²¹Tal es la implicación de la palabra *apotassetai* ("darse por vencido"). El tiempo presente tal vez implique el completo abandono aún bajo la propia administración de uno mismo. T. E. Schmidt, "Burden, Barrier, Blasphemy: Wealth in Mt. 6:33, Lk 14:33, and Lk 16:15" (Carga, barrera, blasfemia: La Riqueza en Mateo 6:33, Lucas 14:33 y Lucas 16:15), *TrinJ* (Revista Trinidad) 9 [n.s.] [otoño 1988]: 171-189, presenta un análisis profundo en cuanto al "lenguaje del dinero" que Jesús maneja y nuestra negación de siquiera escuchar o aplicar sus mandamientos.

²²W. Nauck interpreta los dichos sobre la "sal" más importantes del Nuevo Testamento (Marcos 9:49-50; Lucas 14:34-35; Mateo 5:13; Colosenses 4:6) contra el telón de fondo de un proverbio en cuanto a la sal del tratado rabínico *Derek 'Erec Zuta*. Él propone que cada texto se entiende mejor al interpretar su metáfora de la sal como sabiduría e ingeniosidad en el contexto del discipulado. Esto encaja muy bien en nuestro contexto presente de

El cloruro de sodio (p.ej., la sal) es un químico extremadamente estable. Verdaderamente no puede "perder su salinidad". Por lo tanto, debemos estar hablando de una sal hechiza. Parece sal pero no tiene ninguna de sus propiedades. Era tan insignificante que ni siquiera presenta algunos nutrientes químicos, que servían en la creación de abono.[23] Es totalmente un relleno inútil.

Esto es algo de suma importancia. Es por ello que Jesús hace un llamado a su audiencia a que despierte y ponga atención con su hebraísmo: "El que tenga oídos para oír, que oiga".

Sección 116
Parábolas de lo perdido y encontrado
(Lucas 15:1-32)

Este es el gran capítulo de la Biblia en cuanto a "artículos perdidos y encontrados". Es un solo discurso explosivo, iniciado en los dos primeros versículos. Jesús cuenta tres parábolas, una con tras otra, en cuanto al gran gozo de encontrar aquello que se había perdido. Este pasaje resulta mordaz en el banquete en la casa del fariseo (Lucas 14:1-24).

Lucas 15:1-2 señala:

> ¹Muchos recaudadores de impuestos y pecadores se acercaban a Jesús para oírlo, ²de modo que los fariseos y los maestros de la ley se pusieron a murmurar: «Este hombre recibe a los pecadores y come con ellos.»

Todo empezó con los fariseos que seguían murmurando en cuanto a Jesús fraternizando con "pecadores".[24] Ellos señalan desdeñosamente: "Este hombre recibe a los pecadores y come con ellos". Su declaración es verdad, pero degradante. Ellos insinúan que como Jesús come con ellos, debe ser igual a ellos. Jesús tiene la reputación de darles la bienvenida a los pecadores (ver Lucas 7:29, 34, 37). Hasta llama a Mateo, un cobrador de impuestos, a ser uno de

---

juiciosamente analizar el costo de seguir a Jesús y escucharlo sabiamente en cuanto a sus palabras (es decir, obedeciendo) (W. Nauck, "Salt as a Metaphor" (Sal como metáfora), ST (Estudio teológico) [1952]: 165-178).

[23] E. P. Deatrick, "Salt, Soil, Savior" (Sal, tierra y Salvador), BA (Arqueólogo Bíblico) 25 [1962]: 41-48.

[24] Note que la *Nueva Versión Internacional de la Biblia* le coloca a la palabra "pecadores" entre comillas. Esta marca editorial fielmente refleja la actitud de los fariseos en cuanto a los amigos de Jesús sin que Lucas acepte lo que pasa.

sus apóstoles (Mateo 9:9-13).¡Hasta se atreve a comer en su casa! Más tarde come en casa de Zaqueo, ¡un jefe de cobradores de impuestos!

Pero cuando Jesús come con los pecadores, no lo contaminan; él los limpia. Es como cuando Jesús sanó al leproso. En vez de contaminarse Jesús, el leproso quedó limpio. ¡Oh, qué gozo debió haber sido para Jesús: buscar, encontrar y salvar a un pecador!

La oveja perdida (comparar Mateo 18:12-14). Énfasis: Los perdidos

Lucas 15:3-7 señala:

> ³Él entonces les contó esta parábola: ⁴«Supongamos que uno de ustedes tiene cien ovejas y pierde una de ellas. ¿No deja las noventa y nueve en el campo, y va en busca de la oveja perdida hasta encontrarla? ⁵Y cuando la encuentra, lleno de alegría la carga en los hombros ⁶y vuelve a la casa. Al llegar, reúne a sus amigos y vecinos, y les dice: "Alégrense conmigo; ya encontré la oveja que se me había perdido". ⁷Les digo que así es también en el cielo: habrá más alegría por un solo pecador que se arrepienta, que por noventa y nueve justos que no necesitan arrepentirse.

La audiencia judía de gente de campo que escucha a Jesús no tiene ningún problema en entender esta parábola. Se la imaginan perfectamente. Por todos lados hay ovejas. Y todos saben que las ovejas se apartan y se pierden. Era un problema común. Vagan pastando sin rumbo fijo. De pronto se dan cuenta que están solas. Lo típico es que una oveja perdida se eche y emita balidos hasta ser encontrada. En ocasiones buscar a una oveja perdida representaba el trabajo de un grupo de personas. Así, muchos de la audiencia habían participado en la "búsqueda" de una oveja propia o de un amigo o vecino.

Conocían el regocijo de encontrar la oveja. No tan sólo la oveja tenía gran valor para el dueño, sino que también servía de mascota. Tenían nombre propio y dependían totalmente del cuidado del pastor. De modo que el pastor y sus ovejas tenían una relación estrecha y tierna. Si resulta natural salir en búsqueda de una oveja perdida, ¿cuánto más esperamos que Dios busque a la gente perdida (ver 1 Pedro 2:25)?²⁵ Jesús hace exactamente aquello que nosotros esperamos que Dios haga: buscar y salvar a los perdidos. Esto resulta más verdadero cuando entendemos que las "ovejas" en el Antiguo

---

²⁵El "regocijo en el cielo" de Lucas es una forma de expresar que "Jehová se regocija" sin invocar el nombre divino. Era común reemplazar el concepto "Dios" por "cielo"en la forma rabínica de hablar (ver Str-B 2:209-210).

Testamento eran símbolo del pueblo de Dios (ver Salmo 23:1ss; 119:176; Ezequiel 34:1ss; Zacarías 11:16-17; Isaías 40:11; 53:6; Jeremías 23:1).

Así que el pastor deja las noventa y nueve ovejas y sale a buscar la que está perdida. Presumiblemente las deja con sus ayudantes. Nadie era tan tonto como para dejar todo un rebaño de ovejas a campo abierto. Una vez que encuentra la ovejita perdida, la carga en sus hombros. Este era un cuadro popular en la iglesia primitiva:

> No podemos recorrer las catacumbas u hojear cualquier colección de monumentos cristianos antiguos, sin encontrarla una y otra vez. Por Tertuliano nos enteramos que comúnmente se la diseñaba sobre el cáliz. La encontramos pintada en los techos y paredes de las tumbas; rudimentariamente incrustadas en las piedras de los sepulcros o más cuidadosamente esculpidas en los sarcófagos; trazada en líneas doradas sobre vidrio, moldeada en lámparas, gravadas en anillos; y, en una sola palabra, representada en cada pieza monumental cristiana que nos ha llegado.[26]

Hay gran gozo en encontrar lo que se había perdido. ¡Esto es tan natural, tan humano, tan divino! Así como nosotros nos alegramos en encontrar algo que habíamos perdido, así también se alegra Dios. Si tenemos mucho dinero en el banco, pero perdemos un billete, lo buscaremos hasta encontrarlo. Y cuando lo encontramos, estamos más felices en haber hallado el billete que por todo el dinero acumulado que tenemos en el banco. Todos los hijos de Dios son preciosos. Pero el gozo de redimir una persona "perdida" implica más gozo aún. "El Señor no tarda en cumplir su promesa, según entienden algunos la tardanza. Más bien, él tiene paciencia con ustedes, porque no quiere que nadie perezca sino que todos se arrepientan" (2 Pedro 3:9).

La moneda perdida. Énfasis: La búsqueda

Lucas 15:8-10 señala:

> [8]»O supongamos que una mujer tiene diez monedas de plata[a] y pierde una. ¿No enciende una lámpara, barre la casa y busca con cuidado hasta encontrarla? [9]Y cuando la encuentra, reúne a sus

---

[26]Vincent, *Word Studies in the New Testament*, (Estudio conceptual en el Nuevo Testamento), Vol. 1, p. 383.

amigas y vecinas, y les dice: "Alégrense conmigo; ya encontré la moneda que se me había perdido". ¹⁰Les digo que así mismo se alegra Dios con sus ángeles^b por un pecador que se arrepiente.

^a8 monedas de plata. Lit. Dracmas. *^b10 se alegra . . . ángeles.* Lit. hay alegría en la presencia de los ángeles de Dios.

Varias observaciones en cuanto a esta parábola le dan vida. Primero, la moneda que esta mujer perdió fue un dracma. Su valor era como de un día de salario. Segundo, considerando que comúnmente las mujeres no trabajaban, sino que dependían exclusivamente del esposo, esta moneda le fue dada o por su esposo o la obtuvo en la dote. Jeremías sugiere que esta dote la llevaba la mujer en su vestido de bodas y se le cayó una de las monedas.[27] Resulta claro que la moneda era un recurso precioso para ella y una gran pena si la perdía. Ella enciende una lámpara que ilumine su búsqueda. Es posible que su casa tenga pocas ventanas o que no quiera esperar hasta la mañana siguiente. ¡La debe encontrar inmediatamente! Además, cuando usted vive en una casa con suelo de tierra, entre más tiempo se tarde en buscar algo, le será más difícil encontrarlo. También notamos que la palabra griega utilizada es femenina: amigas y vecinas. No sabemos si esta mujer le contó a su esposo la anécdota, pero sí le dice a su círculo de amistades. Así, Jesús pone el departamento de "objetos perdidos" en términos que tanto hombres como mujeres pueden entender plenamente.

El hijo perdido. Énfasis: La restauración

Lucas 15:11-16 señala:

¹¹»Un hombre tenía dos hijos —continuó Jesús—. ¹²El menor de ellos le dijo a su padre: "Papá, dame lo que me toca de la herencia". Así que el padre repartió sus bienes entre los dos. ¹³Poco después el hijo menor juntó todo lo que tenía y se fue a un país lejano; allí vivió desenfrenadamente y derrochó su herencia. ¹⁴»Cuando ya lo había gastado todo, sobrevino una gran escasez en la región, y él comenzó a pasar necesidad. ¹⁵Así que fue y consiguió empleo con un ciudadano de aquel país, quien lo mandó a sus campos a cuidar cerdos. ¹⁶Tanta hambre tenía que hubiera querido llenarse el estómago con la comida que daban a los cerdos, pero aun así nadie le daba nada.

---

[27]Jeremias, *Parables of Jesus* (Las parábolas de Jesús) [Philadelphia: Westminster, 1972], p. 134, contra J. D. M. Derrett, "Fresh Light on the Lost Sheep and the Lost Coin" (Luz fresca en cuanto a las ovejas extraviadas y la moneda perdida), *NTS* (Estudios del Nuevo Testamento) 26 [1979-80]: 36-60.

Charles Dickens señaló, en cuanto a esta parábola: "Es el mejor cuento corto jamás escrito". Esta es la parábola más famosa de las tres y es el clímax de la trilogía. También es la parábola más larga que Jesús contara. Consta de dos partes. La primera es del hijo vagabundo y la segunda es del hijo que se queda en casa. El hijo menor se pierde en el mundo y el otro hijo se pierde en la casa. El hijo que se queda en casa es importante ya que nos hace volver a los vv. 1-2 donde los fariseos (los hijos que no se fueron a vagar) se quejan de que Jesús fraternice con los hijos perdidos.

La narración se inicia con el hijo menor demandando prematuramente la entrega de su herencia. La herencia de un judío se dividía entre la cantidad de hijos que tuviera, más uno (ver m. B. Bat. 8.5). Si el hombre tenía tres hijos, su herencia se dividía en cuatro partes; si eran cuatro hijos, la herencia se dividía en cinco partes, etc. Al hijo mayor se le entregaba la parte extra, conocida como la "doble porción" (Deuteronomio 21:17). Este hombre tenía dos hijos. Por ello, las posesiones se dividieron en tres partes. Una tercera parte se le entregaría al hijo menor a la muerte de su padre.[28] Sin embargo, hasta ese momento, él no tiene ningún derecho de reclamar su herencia. De hecho, al pedir su herencia por adelantado equivalía a decir: "papá, ya muérete".[29] Este joven descarado está declarando que ya no puede vivir bajo el techo de su padre. Es por gracia de su padre que recibe algo.

También debemos notar que el padre divide todo en dos partes. Tanto el hijo mayor como el menor reciben la misma cantidad en herencia. Sin embargo, el hijo mayor únicamente recibe la promesa porque sigue vivo el padre y él sigue viviendo con él. El hermano menor es el que recibe toda su herencia en efectivo. A pesar de ello, el hecho de que él ha recibido todo lo que le pertenece, hace ofensiva su queja hecha al final de la parábola.

El hijo menor, ansioso de su independencia, viaja lejos persiguiendo su libertinaje. Llegan los tiempos difíciles. Más difíciles se tornan para aquel insensato que lo ha despilfarrado todo. ¡Está desesperado! Su fuente se ha agotado. Así que se consigue un trabajo

---

[28] J. D. M. Derrett, "Law in the N.T.: The Parable of the Prodigal Son" (La ley en el Nuevo Testamento: La parábola del hijo pródigo), NTS (Estudios del Nuevo Testamento) 14 [1967-68]: 56-74, señala qué parte de la propiedad se destinaría como fondo para el mantenimiento de toda la propiedad y para las mujeres solteras. Así, esta parte sería algo aproximado a dos novenas partes en vez de una tercera parte.

[29] E. H. Hiehl, " 'The Lost' Parables in Luke's Gospel Account" (Las parábolas de cosas perdidas en la narración del evangelio de Lucas), CJ (Revista concordia) 18 [1992]: 244-258.

— literalmente, se "pega" o "adhiere" — a un granjero de la localidad. Confía en un ciudadano de aquel país, el cual puede que ni lo quiera ni lo necesita porque lo envía a cuidar cerdos. Literalmente se entrega debido a su situación. Sin embargo, el granjero lo responsabiliza con la posición más baja, que para los judíos era algo odioso: alimentar a los cerdos. Los judíos difícilmente podían imaginarse un cuadro tan aborreciblible como éste: era algo profundamente depravado.

Justo cuando parece que las cosas no pueden empeorar, sucede. Tiene tanta hambre que está a punto de comerse las algarrobas con las que se alimentan los cerdos. Eran comestibles, pero era un último recurso. Una dieta de algarrobas se menciona en la literatura judía como una necesidad de lo más deplorable, en situación de una pobreza extrema. Las algarrobas tienen la forma de unos cuernos en miniatura y que crecen en pares.

Lucas 15:17-20 señala:

> [17] Por fin recapacitó y se dijo: "¡Cuántos jornaleros de mi padre tienen comida de sobra, y yo aquí me muero de hambre! [18] Tengo que volver a mi padre y decirle: Papá, he pecado contra el cielo y contra ti. [19] Ya no merezco que se me llame tu hijo; trátame como si fuera uno de tus jornaleros". [20] Así que emprendió el viaje y se fue a su padre.
>
> »Todavía estaba lejos cuando su padre lo vio y se compadeció de él; salió corriendo a su encuentro, lo abrazó y lo besó.

Esta situación deplorable hace volver a la realidad al muchacho: "Por fin recapacitó". Esta frase indica un retorno a la sensatez. El joven sabiamente decide regresar a casa. Era claro que estaría mejor como esclavo de su padre que como esclavo del criador de cerdos. Al acercarse a la casa de su padre, el padre lo reconoce y corre a saludarlo y recibirlo. En el Oriente Medio, correr era algo indigno.[30] Este padre ignora el protocolo apropiado debido a la emoción de ver a su hijo. Jesús no dice si el papá estaba parado esperando o si de pronto levanta la mirada y ve a su hijo a la distancia. Sin embargo, lo que Jesús sí señala es que el papá toma la iniciativa en la reconciliación. Se lanza al cuello del muchacho y lo abraza y lo besa [*katephilesen*], ignorando la suciedad y el hedor a cerdo, los andrajos y las bolsas vacías.

---

[30] Ver a K. E. Bailey, " The Pursuing Father" (El padre que busca), *CT* (Revista cristianismo hoy) 42/12 (1998): 34-40, en cuanto a otros detalles históricos de esta historia.

Lucas 15:21-24 señala:

²¹El joven le dijo: "Papá, he pecado contra el cielo[31] y contra ti. Ya no merezco que se me llame tu hijo".[a]
²²Pero el padre ordenó a sus siervos: "¡Pronto! Traigan la mejor ropa para vestirlo. Pónganle también un anillo en el dedo y sandalias en los pies. ²³Traigan el ternero más gordo y mátenlo para celebrar un banquete. ²⁴Porque este hijo mío estaba muerto, pero ahora ha vuelto a la vida; se había perdido, pero ya lo hemos encontrado". Así que empezaron a hacer fiesta.

[a]*21 hijo. Var. hijo; trátame como si fuera uno de tus jornaleros.*

En un principio el hijo pensó en convertirse en siervo en la casa de su padre. Tiene memorizado todo su discurso (vv. 18-19). Sin embargo, antes de pronunciar siquiera la mitad (v. 21), su padre empieza a dar órdenes a los siervos y coloca en el hijo todos los atavíos de un hijo que es honrado.

La mejor ropa, el anillo y las sandalias son más que simples prendas de vestir y confort, son signos de honra, libertad y honorabilidad como hijo. La mejor ropa era aquella que se daría a un huésped honorable. El anillo es símbolo de autoridad. Y las sandalias representaban la libertad ya que los esclavos andaban descalzos. Su padre lo restaura al lugar propio del hijo honorable. En breve "nuevamente está vivo". Esta palabra utilizada para "resurrección" es una alusión obvia a los efectos del pecado. Esta parábola tiene semillas de la teología del Nuevo Testamento — muertos en el pecado pero vivos en Cristo (Romanos 6:4, 9, 11; 7:4; 8:10-11; Efesios 2:5; Colosenses 2:13).

Lucas 15:25-32 señala:

²⁵»Mientras tanto, el hijo mayor estaba en el campo. Al volver, cuando se acercó a la casa, oyó la música del baile. ²⁶Entonces llamó a uno de los siervos y le preguntó qué pasaba. ²⁷"Ha llegado tu hermano —le respondió—, y tu papá ha matado el ternero más gordo porque ha recobrado a su hijo sano y salvo". ²⁸Indignado, el hermano mayor se negó a entrar. Así que su padre salió a suplicarle que lo hiciera. 29Pero él le contestó: "¡Fíjate cuántos años te he servido sin desobedecer jamás tus órdenes, y ni un cabrito me has dado para celebrar una fiesta con mis amigos! ³⁰¡Pero ahora llega ese hijo tuyo, que ha despilfarrado tu fortuna con prostitutas, y tú mandas matar en su honor el ternero más gordo!" ³¹»"Hijo mío —le

---

[31] "Contra el cielo" es un hebraísmo, significando "contra Dios". También pudiese indicar que sus pecados habían "llegado al cielo" (Liefeld, p. 984).

dijo su padre—, tú siempre estás conmigo, y todo lo que tengo es tuyo. ³²Pero teníamos que hacer fiesta y alegrarnos, porque este hermano tuyo estaba muerto, pero ahora ha vuelto a la vida; se había perdido, pero ya lo hemos encontrado".»

Esto presenta el inicio de la segunda parte de la parábola, concerniente al hermano mayor. Esta conclusión del discurso nos regresa a los vv. 1 y 2 donde los fariseos están disgustos debido a que Jesús pasa tiempo con los publicanos y pecadores.

El hermano mayor escucha la música [*symphonias*] y la danza [*choron*] al regresar del campo. Es obvio que se muestre curioso. Hay una fiesta sorpresa para alguien. Tal vez sea para él. Cuando un siervo le informa que su hermano menor perdido ha regresado y es el que está siendo honrado, se enoja en gran manera que hasta se rehúsa a entrar. Su hermanito ha sido beligerante en demandar su herencia, ha deshonrado a su padre, ha despilfarrado sus bienes y ha deshonrado a la familia. El hermano mayor está justificado (de manera lógica y legal) por mostrarse enojado. Pero la letra y el espíritu de la ley no siempre coinciden. Él no muestra compasión y perdón, que sobrepasan por mucho la retribución.

El padre sale a hablar con el hermano mayor.³² Por segunda vez en ese día sale a rescatar a un hijo perdido. Pero el hermano mayor, celoso de la fiesta en el interior de la casa, todavía no está dispuesto a dejar su propia fiesta privada de lástima. Su comentario introductorio, "¡Fíjate!", fija el tono de su encuentro. No tan sólo refunfuña por lo de su hermano, sino que además critica a su propio padre. "Ese hijo tuyo" surge como un dedo herido. No está dispuesto a llamarlo su hermano. También acusa a su hermano de cosas que no puede asegurar sean ciertas. Por ejemplo, la narración de Jesús jamás señala que el hijo pródigo haya contratado a prostitutas.

La respuesta del padre es amable y razonable. El hermano mayor tiene y obtendrá su justa recompensa. Eso ni siquiera se debe cuestionar. El asunto principal no es la justicia, sino la alegría. Su hermano³³ estaba perdido, pero ha sido encontrado (Efesios 2:1-5).

---

³²El padre que sale a recibir a su hijo es el clímax de cada mitad de las parábolas de acuerdo con G.W. Ramsey, "Plots, Gaps, Repetitions, and the Ambiguity in Luke 15" (Trama, lagunas, repeticiones y ambigüedad en Lucas capítulo 15), *PRS* (Perspectivas en estudios religiosos) 17 [1990]: 33-42.

³³"Pocas traducciones reflejan el hecho interesante que Lucas tiene al padre usando *exactamente la misma frase* en su respuesta; '. . . ho adelphos sou houtos . . .' (v. 32)" (T. Corlett, "'This *Brother* of yours'" (Este tu hermano), *ExpT* (Tiempos de exposición) 100 [1989]: 216).

Nuevamente, terminamos esta tercer parábola notando una gran alegría por haber encontrado lo que se había perdido. Sin embargo, el hermano mayor le agrega algo interesante. ¿Qué le pasó? ¿Entró o no a la casa de su padre para regocijarse con él y con su hermano? Tal vez Jesús no lo dijo porque su narración no había terminado. Jesús está parado en medio de los pródigos: los cobradores de impuestos y los pecadores. Los fariseos están parados en el borde. La narración sigue su curso. Todavía no se da el resultado final.

Sección 117a
Parábola del administrador astuto
(Lucas 16:1-13)

Para entender el contexto del capítulo 16, debemos regresar a 15:1-2.[34] Jesús está rodeado de cobradores de impuestos y pecadores. Los fariseos están en el perímetro, criticando. El capítulo 15 es una serie de tres parábolas dirigidas a los fariseos. Se refieren a la iniciativa de Dios en buscar a los perdidos. Por otro lado, el capítulo 16 se refiere a la iniciativa del hombre. Tenemos un par de parábolas. La primera está dirigida a los discípulos, la segunda va de regreso a los fariseos. La primera nos habla de cómo utilizar nuestro dinero para llegar al cielo. La segunda nos muestra como utilizar nuestro dinero para llegar al lago de fuego.[35]

Lucas 16:1-4 señala:

¹Jesús contó otra parábola a sus discípulos: «Un hombre rico tenía un administrador a quien acusaron de derrochar sus bienes. ²Así que lo mandó a llamar y le dijo: "¿Qué es esto que me dicen de

---

[34] La Nueva Versión Internacional de la Biblia deja fuera una palabra sumamente importante: "También". "Y Jesús también les dijo a sus discípulos . . ." Esto conecta al capítulo 16 con 15:1, 2. M. R. Austin, "The Hypocritical Son" (El hijo hipócrita), *EvQ* (Revista trimestral evangélica) 57 [1985]: 307-315, hasta señala que las parábolas de la oveja y la moneda perdidas son historias gemelas, y las parábolas del hijo pródigo y el pródigo mayordomo son gemelas y se deben leer en conexión la una con la otra. Además, David Landry, "Honor Restored: New Light on the Parable of the Prudent Steward (Lk 16:1-8a) (El honor restaurado: Luz nueva en cuanto a la parábola del mayordomo prudente [Lucas 16:1-8a]), *JBL* (Revista de literatura bíblica) 119/2 [2000]: 287-309, señala que la estructura de esta parábola resulta similar a la del hijo pródigo que la precedió y por ello las dos parábolas se deben conectar exegéticamente.

[35] Según H. K. Farrell, el quiasmo de la narrativa de viajes de Lucas (9:51 - 19:44) estaría a la par con estas parábolas y la del lenguaje en cuanto al dinero de Lucas 12:16-21. "The Structure and Theology of Luke's Central Section" (La estructura y teología de la sección central de Lucas), *Trin J* (Diario de la trinidad) 7 [1986]: 33.

ti? Rinde cuentas de tu administración, porque ya no puedes seguir en tu puesto".

³El administrador reflexionó: "¿Qué voy a hacer ahora que mi patrón está por quitarme el puesto? No tengo fuerzas para cavar, y me da vergüenza pedir limosna. ⁴Tengo que asegurarme de que, cuando me echen de la administración, haya gente que me reciba en su casa. ¡Ya sé lo que voy a hacer!"

Érase una vez que había un hombre rico que puso a uno de sus siervos como administrador de toda su casa y sus asuntos. Ahora, es probable que este siervo no era un hombre libre, pero tampoco un simple ayudante. Su función era administrar los bienes de su señor — alimentos, salarios, ganado y demás. Era una posición de suma importancia, de la cual se presume que él abusó. Alguien lo acusó con su patrón. Eso lo puso en una posición muy peligrosa. Eso le quitaría su trabajo cómodo y sus opciones eran limitadas y poco deseables.

Una persona en tal puesto no se le puede correr de la noche a la mañana. Todavía tiene que hacer sus cuentas, hacer un inventario y dejar limpio su escritorio. Hace uso de esta pequeña oportunidad que se le presenta para beneficio propio. Jesús lo alaba por haberlo hecho. No necesariamente aprueba lo que hizo sino la forma en que lo hizo.

Lucas 16:5-9 señala:

⁵»Llamó entonces a cada uno de los que le debían algo a su patrón. Al primero le preguntó: "¿Cuánto le debes a mi patrón?" ⁶"Cien barriles^a de aceite", le contestó él. El administrador le dijo: "Toma tu factura, siéntate en seguida y escribe cincuenta". ⁷Luego preguntó al segundo: "Y tú, ¿cuánto debes?" "Cien bultos^b de trigo", contestó. El administrador le dijo: "Toma tu factura y escribe ochenta".

⁸Pues bien, el patrón elogió al administrador de riquezas mundanas^c por haber actuado con astucia. Es que los de este mundo, en su trato con los que son como ellos, son más astutos que los que han recibido la luz. ⁹Por eso les digo que se valgan de las riquezas mundanas para ganar amigos,^d a fin de que cuando éstas se acaben haya quienes los reciban a ustedes en las viviendas eternas.

^a6 *cien barriles.* Lit.*cien batos* (unos 3,700 litros) ^b7 *cien bultos.* Lit. del griego--*cien korous* (unos 37,000 litros) ^c8 *administrador de riquezas mundanas.* Alt. *administrador deshonesto.* Lit. *administrador de injusticia.* ^d9 *se valgan . . . amigos.* Lit. *se hagan amigos por medio del dinero de injusticia.*

El reducir las deudas seguramente haría amigos. Como administrador de la casa, todavía tenía el poder para hacerlo. La factura era un documento por escrito, firmado por ambas partes como contrato de pago. Una vez entregada al deudor, éste quedaba libre de su deuda u obligación. La cuenta estaba pagada en su totalidad. Esto tal vez no era ético, pero era legal.

Derrett sugiere que el administrador en realidad no estaba reduciendo la deuda sino tan sólo prescindiendo de los intereses (p.ej., la usura) acumulados por el préstamo. Si este era el caso, estaría siguiendo apropiadamente la ley del Antiguo Testamento (Éxodo 22:25; Levítico 25:36-37; Deuteronomio 15:7-8; 23:19-20).[36] Aunque este proceder habría bajado los ingresos del patrón, habría incrementado su reputación. Así, esto habría sido un acto sabio tanto para el administrador como para el patrón.

El patrón alabó al administrador. Cierto que no estaba contento por haber sido defraudado, pero lo impresionó la forma sabia de actuar del siervo. En aquellos días, había siervos que defraudaban a sus amos, y aquellos que eran ayudados debían rascarles las espaldas como agradecimiento.[37]

¿Debemos creer que Jesús utilizó a una persona malvada como buen ejemplo?[38] ¿Por qué no? Hasta el enemigo puede quedar

---

[36] J. D. M. Derrett, "Fresh Light on St. Luke 16:1, The Parable of the Unjust Steward" (Luz fresca en cuanto a San Lucas 16:1, La parábola del mayordomo injusto), NTS (Estudios del Nuevo Testamento) 7 [1961]: 198-219. Sin embargo, las deducciones de Derrett están basadas en los tratados del Mishna que no se codificaron sino hasta en el tercer siglo. Además, la parábola no sugiere que el siervo redujo la usura del pago. De hecho, el término "administrador injusto" [*ton oikonomon tes adikias*] parece hablar en contra del punto de vista en cuanto a que el mayordomo era de un carácter noble. J. A. Fitzmyer, " The Story of the Dishonest Manager" (La historia del mayordomo deshonesto), TS (Estudios teológicos) 25 [1964]: 23-42, ofrece una explicación alterna. Él sugiere que el administrador redujo la deuda con la parte que a él le correspondía en pago de su trabajo. Tanto Fitzmyer como Derret interpretarían, entonces, que las acciones del mayordomo fueron legales y dignas de alabarse. Esto alivia la tensión del dueño en alabar una acción deshonesta. Pero ambas teorías parecen ir más allá de las evidencias disponibles concernientes a los contratos antiguos y las funciones de un administrador. Así como Derrett y Fitzmyer, D. Landry y B. May discuten que el mayordomo en verdad hizo algo bueno. Ellos sugieren que el verdadero asunto no tiene que ver con el dinero sino con el honor. Al despilfarrar los fondos avergonzaría a su señor porque este sería ridiculizado al no poder controlar a su siervo. Sin embargo, cuando el siervo redujo las deudas, causó que su señor fuese visto como alguien muy dadivoso. Fue así como el mayordomo deshizo el daño causado a la reputación de su señor. "Honor Restored: New Light on the Parable of the Prudent Steward (Lk 16:1-8a)" (El honor restaurado: Nueva luz en cuanto a la parábola del mayordomo prudente [Lucas 16:1-8a]), JBL (Revista de literatura bíblica) 119/2 [2000]: 287-309.

[37] Ver a John S. Kloppenborg, " The Dishonoured Master (Luke 16:1-8a)" (El señor deshonrado [Lucas 16:1-8a]), *Biblica* 70 [1989]: 474-495.

[38] Algunos tienen serias dificultades en aceptar que Jesús hubiese alabado a una persona

impresionado satisfactoriamente por la destreza de su oponente.[39] ¿Qué papá no ha utilizado esta clase de lógica? Se parece a algo como: "¡Si hasta el malvado de Juan puede ser amable con su hermana tan tierna, cierto que usted también lo puede lograr!"

Jesús no está exaltando la deshonestidad del hombre, su desperdicio, su flojera o su orgullo. Lo alaba por su habilidad en usar su poder y recursos temporales presentes para enfrentar el futuro inmediato. Nosotros que somos hijos de luz debemos obrar de igual manera. Debemos utilizar nuestro poder, recursos y habilidades en preparación para la eternidad. Lo hacemos en por lo menos dos formas. Primero, usamos nuestros recursos y habilidades para invertir en cosas eternas (Mateo 6:19-21, 33). Ganamos amigos (específicamente Dios) que nos pueden ayudar cuando estamos desamparados (p.ej., en el juicio) para que tengamos un lugar placentero cuando perdamos nuestro empleo (p.ej., cuando muramos). Segundo, evangelizamos a los perdidos, utilizando los recursos y destrezas que tengamos para que también ellos se preparen para el futuro. Ambos puntos serán mejor ilustrados en la segunda parábola (vv. 19-31).

¡Los hijos de luz (Efesios 5:8) pueden ser tan ingenuos! Tememos que si actuamos sagazmente o de manera astuta estamos faltando a nuestra ética cristiana. Sentimos que no debemos utilizar habilidades o procedimientos seculares en la obra del reino. Pero Jesús dijo: "sean astutos como serpientes y sencillos como palomas" (Mateo 10:16). ¡Debemos ser ejemplos impresionantes de sagacidad en este mundo!

¡Este "uso astuto de nuestros recursos" también debe incluir nuestro dinero, especialmente en el caso de que se nos hubiese

---

malvada. Por ello, interpretan las palabras de Jesús como una ironía. Entienden a Jesús como algo así: "Sí, seguro, adelante, gánate amigos haciendo uso de ganancias deshonestas. Nada más ve si ellos te pueden ayudar en la eternidad". Entonces, el administrador es un ejemplo de lo que NO se debe hacer (D. R. Fletcher, "The Riddle of the Unjust Steward: Is Irony the Key?" (El acertijo del mayordomo injusto: ¿Es la ironía la clave?) *JBL* (Revista de literatura bíblica) 82 [1963]: 15-30.)

[39] Existen muchos ejemplos en la literatura greco romana donde un siervo tramposo fue honrado por ser más inteligente que su señor. Estos ejemplos provienen de las vidas de Esopo y Plutarco. Ver a M. A. Beavis, "Ancient Slavery as an Interpretive Context for the New Testment Servant Parables with Special Reference to the Unjust Steward (Lk 16:1-8) (La esclavitud antigua como contexto interpretativo para entender las parábolas de los siervos del Nuevo Testamento con especial referencia al mayordomo injusto [Lucas 16:1-8]), *JBL* (Revista de literatura bíblica) 111/1 [1992]: 37-54. Algunos hasta han sugerido que Jesús es el pícaro de la narración quien es acusado del mal manejo de los asuntos de Dios (W. Loader, "Jesus and the Rogue in Luke 16:1-8a: The Parable of the Unjust Steward" (Jesús y el pillo en Lucas 16:1-8a: La parábola del mayordomo injusto) *RB* (Revue Biblique) 96/4 [1989]: 518-532).

confiado mucho! El uso más sabio del dinero no son los placeres temporales, sino la seguridad eterna. La presente inversión en los pobres será honrada por Dios en la eternidad. La segunda parábola explica como sucederá eso, en los vv. 19-31.

Lucas 16:10-13 señala:

¹⁰»El que es honrado[a] en lo poco, también lo será en lo mucho; y el que no es íntegro[b] en lo poco, tampoco lo será en lo mucho. ¹¹Por eso, si ustedes no han sido honrados en el uso de las riquezas mundanas,[c] ¿quién les confiará las verdaderas? ¹²Y si con lo ajeno no han sido honrados, ¿quién les dará a ustedes lo que les pertenece?

¹³»Ningún sirviente puede servir a dos patrones. Menospreciará a uno y amará al otro, o querrá mucho a uno y despreciará al otro. Ustedes no pueden servir a la vez a Dios y a las riquezas.»

[a] **10** honrado. Alt. *digno de confianza*. Lit. *fiel;* también en vv. 11,12. [b] **10** *el que no es íntegro*. Lit. *el que es injusto*. [c] **11** *las riquezas mundanas*. Lit. *el dinero injusto*.

[v. 13 = Mateo 6:24, ver *Sección 54g*]

Esto es axiomático. El muchacho almacenista que hurta de la tienda de abarrotes desfalcará a la empresa si llega a ser el administrador general. La persona que se gasta insensatamente sus últimos pesos hará lo mismo si se sacase la lotería. Lo inverso es totalmente cierto. El niño que ahorra será de adulto un buen contribuyente de impuestos. La mujer que diezma sus pequeñas entradas también lo hará si recibe una herencia.

Si esto es cierto, entonces Dios podrá ciertamente decir cómo vamos nosotros a disponer de las riquezas espirituales, al ver cómo administramos las riquezas materiales. Si honramos a Dios con nuestras finanzas, entonces se nos pueden confiar responsabilidades espirituales grandes, al igual que las riquezas. Pero si Dios no tiene control de nuestras carteras, entonces puede que tampoco tenga todo el control de otras áreas de nuestras vidas.

Sección 117b
La historia del rico y Lázaro
(Lucas 16:14-31)

Enseñanzas transitorias en cuanto a las requezas:

Estas "enseñanzas transitorias" podrían verse como una colección al azar puestas aquí por descuido. Después de todo, se encuentran en la narración de Mateo en distintos contextos. Pero tienen dos funciones importantes en esta sección. Primero, forman un puente de transición entre las dos parábolas en cuanto a las riquezas; la primera dirigida primariamente a sus discípulos, la segunda a los fariseos. Segundo, resumen cuatro resultados prácticos de los fariseos en cuanto a su amor por el dinero: (1) Ellos ponen valor a cosas que Dios odia (v. 15). (2) Ellos intentan tomar el reino de Dios con violencia (v. 16). (3) Ellos se apartan la ley de Dios especialmente cuando entra en conflicto con sus intereses financieros (v. 17). (4) Y se divorcian de sus esposas.

Lucas 16:14-18 señala:

> [14] Oían todo esto los fariseos, a quienes les encantaba el dinero, y se burlaban de Jesús. [15] Él les dijo: «Ustedes se hacen los buenos ante la gente, pero Dios conoce sus corazones. Dense cuenta de que aquello que la gente tiene en gran estima es detestable delante de Dios.
> [16] »La ley y los profetas se proclamaron hasta Juan. Desde entonces se anuncian las buenas nuevas del reino de Dios, y todos se esfuerzan por entrar en él.[a] [17] Es más fácil que desaparezcan el cielo y la tierra, que caiga una sola tilde de la ley.
> [18] »Todo el que se divorcia de su esposa y se casa con otra, comete adulterio; y el que se casa con la divorciada, comete adulterio.

[a]16 se esfuerzan por entrar en él. Alt. hacen violencia por entrar en él, o hacen violencia contra él.

Los fariseos, por su amor al dinero, desprecian las enseñanzas de Jesús. La palabra griega utilizada tiene la connotación de erguirse o hasta resoplar y bufar. La gente de hoy día es igual. Nuestras posesiones no nos han acercado un milímetro más a las cosas que realmente importan. De hecho, las cosas temporales con frecuencia levantan barreras entre nosotros y Dios.

[El v. 16 = Mateo 11:12-13, ver *Sección 57*]

Existen tres interpretaciones principales del v. 16. Primera, puede ser un elogio a sus seguidores.[40] Hendricksen afirma:

> Pero se hace necesario que los hombres luchen vigorosamente por entrar al reino, y esto es precisamente lo que desde los días de Juan el Bautista, los hombres de valor han estado haciendo. La entrada al reino requiere de una negación de sí mismo de manera genuina, una lucha y compromiso interminables, una energía incansable y un esfuerzo grande.[41]

Sin embargo, la audiencia principal de Jesús es los fariseos, no sus seguidores (v. 14). Además, esta palabra "esforzar" [*biazetai*] indica violencia y oposición, no tan sólo una fuerza pura. Esto se muestra mejor en Mateo 11:12.

Segunda, J. Cortes (siguiendo el comentario de F. Godet de 1889) sugiere que el v. 16 quiere decir algo parecido a: "La ley y los profetas (estaban en efecto) hasta el **tiempo de Juan [el Bautista];** a partir de entonces las buenas nuevas del reino de Dios están siendo proclamadas [por Jesús] y a todos se les *insiste e insta* a entrar [en el reino].[42] Esto tiene la ventaja que explica la palabra "todos". Después de todo, ni "todos" los fariseos se oponían a Jesús, ni "todos" los seguidores de Jesús lo buscaban con vehemencia. Pero "todos" eran animados fuertemente a entrar al reino. Además, la palabra *biazetai* puede significar "animar con ahínco o fuertemente". Así se la utiliza en la versión Septuaginta de la Biblia. Y en los tiempos del Nuevo Testamento era prácticamente sinónimo de *parabibazomai*, que significa "urgir fuertemente" (ver Lucas 24:29 y Hechos 16:15). Mientras que esta interpretación puede ser posible aquí (aunque "urgir fuertemente" no es la principal definición de *biazetai*), casi no encaja en Mateo 11:12. Debido a que estas dos son palabras casi paralelas, parece mejor encontrar una interpretación que encaje en ambos pasajes.

---

[40] Este es el punto de vista unánime de la iglesia primitiva de acuerdo con F. W. Danker, "Lk 16:16 – An Opposition Logion" (Lucas 16:16 – Las máximas de Jesús en oposición), *JBL* (Revista de literatura bíblica) 77 [1958]: 231-243.

[41] W. Hendricksen, The Gospel of Luke (El evangelio de Lucas) New Testament Commentary (Comentario del Nuevo Testamento); Grand Rapids: Baker, 1978], p. 774.

[42] J. B. Cortes, "On the Meaning of Luke 16:16" (En cuanto al significado de Lucas 16:16), *JBL* (Revista de literatura bíblica) 106/2 [1987]: 247-259.

Como lo sugerimos en Mateo 11:12, esto no es un elogio ni a la enseñanza de Jesús como tampoco lo es a sus seguidores. Es un insulto a los fariseos. El reino de Dios fue prometido a través de los profetas hasta el tiempo de Juan. Ahora está aquí. ¿Qué hacen los fariseos con el reino? En su totalidad, se oponen violentamente.

[El v. 17 = Mateo 5:18, *ver Sección 54d*]

Jesús acaba de derrotar a los fariseos por oponerse al reino proclamado por los profetas. Ahora cierra el féretro y lo clava. La razón por la que los fariseos se oponen a las presentes obras de Dios (v. 16) es porque ignoran la revelación anterior de Dios en las Escrituras (v. 17). Pero ellos no podrán parar el crecimiento del reino como tampoco podrán volver a escribir la Biblia. Las declaraciones de Dios permanecen por la eternidad. Aquellos que se oponen a Jesús también se oponen a las Escrituras y a su Autor. Uno de ellos será derrotado. ¿Se imagina usted quién será?

[El v. 18 = Mateo 19:9 y Marcos 10:11, ver **Sección 122**; ver también Mateo 5:32, *Sección 54e*]

Los fariseos negarán que ignoran las Escrituras. Así que Jesús procede a darles otro ejemplo de cómo la ignoran. Tomemos el asunto del divorcio. La Biblia dice: "Yo (Dios) aborrezco el divorcio" (Malaquías 2:16). Pero los fariseos evadían la ley. Esto les "permitía" abusar de las mujeres y obtener ganancias financieras. Los resultados del divorcio son iguales hoy día: La libertad y lo financiero de las mujeres sufre mientras la situación de los hombres mejora. Dios sigue odiándolo.

Regresemos al asunto en cuestión. Jesús les contó a sus discípulos esta parábola acerca del uso del dinero para entrar al cielo (Lucas 16:1-13). Luego fija su atención nuevamente en los fariseos (v. 14) con una miscelánea en cuanto al asunto del dinero.

Esto monta el escenario para presentar nuestra última parábola de la serie. Describe cómo una persona puede usar su dinero y terminar en el lago de fuego.

La historia del rico y Lázaro:

Si esta narración es una parábola es algo fuera de lo común. Por ejemplo, no tiene la introducción que las otras parábolas presentan, y contrario a las demás parábolas, nos da el nombre de uno de los actores, Lázaro (que significa "Dios ayuda"). El nombre tan simbólico es el apropiado en esta parábola.[43] Sin embargo, parece curioso que está presentada tan cerca de la resurrección de Lázaro (Juan 11:1-44, ver *Sección 118*). Por ello muchos interpretan esta historia como una descripción literal de la experiencia de Lázaro en la tumba. Sin embargo, el Lázaro de Juan capítulo 11 era un hombre con una posición económica buena, no un pobre como este hombre. Además, esta parábola tiene características de una parábola y sigue una línea de parábolas. Por lo tanto, lo mejor es tratarla como una parábola.[44] Como tal, debemos tomar las precauciones debidas en no rebuscar en estos versículos un cuadro de un estado intermedio de los muertos ya que no todos los detalles de una parábola se intentan interpretar. Además, esta parábola no trata el asunto de los muertos sino de los vivos. Jesús les ha estado hablando a los fariseos, quienes amaban más las riquezas que a los profetas. Esta parábola intenta mostrarles a ellos las consecuencias eternas del uso presente que ellos hagan de las riquezas. En Lucas, el hombre inmensamente rico representa a los fariseos.[45] De manera que este es el otro lado de la parábola anterior. Su tema es "inverso". Al final, Dios pondrá todo en la balanza.[46]

---

[43] R. Bauckham, " The Rich Man and Lazarus: The Parable and the Parallels" (El hombre rico y Lázaro: La parábola y sus paralelos), NTS (Estudios del Nuevo Testamento) 37 [1991]: 225-246, señala que en las historias de gente que resucitó, casi siempre se da el nombre de los individuos. Además, era necesario dar el nombre de Lázaro en esta ocasión dado que las descripciones del hombre rico y del pobre se invierten una vez que mueren.

[44] En cuanto a una discusión completa de que esta es una parábola, ver a Charles Ray, " The Rich Man and Lazarus (Lk 16:19-31)" (El hombre rico y Lázaro [Lucas 16:19-31]), TheolEd (Educador teológico) 56 [otoño, 1997]: 77-84.

[45] David B. Growler presenta este punto de manera especialmente puntual en "'At His Gate Lay a Poor Man': A Dialogic Reading of Luke 16:19-31", PRS 32/3 (2005): 249-265.

[46] La historia de Jesús no fue única. Tiene una gran cantidad de paralelos en la literatura antigua: La historia egipcia de Si Osiris (R. Bauckham, " The Rich Man and Lazarus" (El hombre rico y Lázaro, NTS (Estudios del Nuevo Testamento) 37 [1991]: 225-246); La historia cínica de Mícelo (R. F. Hock, "Lazarus and Micyllus: Greco-Roman Backgrounds to Luke 16:19-31" (Lázaro y Mícelo: Fondos greco romanos de Lucas 16:19-31), JBL (Revista de literatura bíblica) 106/3 [1987]: 447-463); y el apócrifo judío en 1 Enoc capítulo 22 (L. Kreitzer, "Lk 16:19-31 and 1 Enoch 22" (Lucas 16:19-31 y 1º Enoc capítulo 22), ExpT (Revista Expositor) 103 [1992]: 139-142. Sin embargo, aunque estas historias utilicen el mismo tema o trama básica no es razón suficiente para asumir que dependan la una de la otra. En forma muy particular, Jesús era capaz de desarrollar un tema independiente. Sin embargo, lo que esto quiere decir es que la audiencia de Jesús reconocería el desarrollo de la historia en esta parábola.

Lucas 16:19-24 señala:

19»Había un hombre rico que se vestía lujosamente[a] y daba espléndidos banquetes todos los días. **20**A la puerta de su casa se tendía un mendigo llamado Lázaro, que estaba cubierto de llagas **21**y que hubiera querido llenarse el estómago con lo que caía de la mesa del rico. Hasta los perros se acercaban y le lamían las llagas. **22**»Resulta que murió el mendigo, y los ángeles se lo llevaron para que estuviera al lado de Abraham. También murió el rico, y lo sepultaron. **23**En el infierno,[b] en medio de sus tormentos, el rico levantó los ojos y vio de lejos a Abraham, y a Lázaro junto a él. **24**Así que alzó la voz y lo llamó: "Padre Abraham, ten compasión de mí y manda a Lázaro que moje la punta del dedo en agua y me refresque la lengua, porque estoy sufriendo mucho en este fuego".

[a]**19** *lujosamente.* Lit. *con púrpura y tela fina.* [b]**23** *infierno.* Lit. *Hades.*

Este hombre rico tenía lo mejor y no tenía temor en mostrarlo. Sus ropas moradas eran las más costosas de la época y su mesa estaba llena de manjares. Lázaro, en contraste, era un mendigo. Aparentemente estaba incapacitado ya que sus amigos lo llevaban al lugar donde pedía limosna. En vez de llevar ropa suntuosa, las llagas abiertas decoraban su cuerpo. Los perros, odiados por los judíos, se le acercaban y le lamían sus heridas. Esto era una degradación total.

Como usted esperaría, hasta en sus funerales había un claro contraste entre Lázaro y el rico.[47] Sin duda alguna, el cuerpo del rico fue embalsamado, envuelto en un sudario y colocado en una tumba de gran precio. El cuerpo del pobre debió de haber sido arrojado con desprecio en las llamas del basural (Gehena) de la ciudad. Pero entonces vemos un instante del "otro lado".

El "infierno" de la Nueva Versión Internacional de la Biblia es literalmente el "*Hades*". Los griegos creían que este lugar era uno de consciencia perpetua donde los buenos eran confortados y los malos atormentados. Ese es el cuadro que Lucas nos presenta. Pero también es ese el cuadro del "*Seol*" del Antiguo Testamento. Es por ello que *Hades* es una traducción apropiada para la palabra hebrea *Seol* en la versión Septuaginta de la Biblia.

Hades no es el destino final de los malos. Este sería el lago de fuego, que todavía no está en uso (Apocalipsis 20:11-15). En cambio, es un lugar temporal de aprisionamiento de almas sin cuerpo y precursor

---

[47]La iglesia primitiva nombra al personaje rico como Dives, que es la palabra latina para "hombre rico" o Neves (K. Grobel, ". . .'Whose Name was Neves'" (Cuyo nombre era Neves), *NTS* (Estudios del Nuevo Testamento) 10 [1963-64]: 373-382).

de una recompensa o castigo futuro. En el juicio final el Hades entregará sus muertos (Apocalipsis 20:12, 13). Entonces, el Hades con su esposa la muerte, serán destruidos (Apocalipsis 20:14; 1 Corintios 15:26). Al parecer en el estado final (p.ej., la Nueva Jerusalén y el lago de fuego) lo que experimentarán aquellos en el Hades se intensificará. En otras palabras, aquellos atormentados encontrarán un tormento mucho mayor. Aquellos que son confortados gozarán intensamente.

Lucas 16:25-31 señala:

> [25] Pero Abraham le contestó: "Hijo, recuerda que durante tu vida te fue muy bien, mientras que a Lázaro le fue muy mal; pero ahora a él le toca recibir consuelo aquí, y a ti, sufrir terriblemente. [26] Además de eso, hay un gran abismo entre nosotros y ustedes, de modo que los que quieren pasar de aquí para allá no pueden, ni tampoco pueden los de allá para acá".
> [27] »Él respondió: "Entonces te ruego, padre, que mandes a Lázaro a la casa de mi padre, [28] para que advierta a mis cinco hermanos y no vengan ellos también a este lugar de tormento".
> [29] Pero Abraham le contestó: "Ya tienen a Moisés y a los profetas; ¡que les hagan caso a ellos!"
> [30] "No les harán caso, padre Abraham —replicó el rico—; en cambio, si se les presentara uno de entre los muertos, entonces sí se arrepentirían".
> [31] Abraham le dijo: "Si no les hacen caso a Moisés y a los profetas, tampoco se convencerán aunque alguien se levante de entre los muertos".»

El asunto aquí no es la igualdad social del lado de los muertos. De hecho, un pobre pudiera encontrarse en tormento y un rico siendo confortado. La razón por la que el rico sufre es debido a que no comparte su riqueza con los pobres. Sufre no por su riqueza sino por su mala administración de sus riquezas.

Experimenta un tormento infernal donde no hay alivio, especialmente por Lázaro, a quien el rico se negó a ayudar a pesar de su sufrimiento. Ahora por lo menos quiere ayudar a sus hermanos de tan terrible destino. Desdichadamente, Lázaro no los puede ayudar como tampoco puede ayudar al rico.

Bock ofrece la siguiente reflexión: "No permitas que las riquezas y las bendiciones te endurezcan considerando a los menos afortunados como castigados, sin importancia o como objetos que se pueden utilizar cuando la ocasión así lo permita. No permitas que tu fortuna obstaculice que alcances y suplas las necesidades de los demás. No conozcas al pobre tan sólo para ignorar su necesidad".[48]

Quisiéramos pensar que los milagros son munición propia del evangelismo. No lo son. Los milagros más sorprendentes de Jesús no convencieron a todos. Si la gente no se inclina a escuchar a los profetas, no se impresionará por los milagros, ni siquiera por uno de los más grandes como lo es la resurrección.

Aquí tenemos un vistazo de lo que sucede más allá de la tumba. Sin embargo, lo importante del texto tiene que ver con el aquí y ahora. Si esta parábola dice la verdad, más nos vale evangelizar. Estemos junto a los profetas de este lado de la tumba, anunciando las buenas nuevas de Jesús y advirtiendo la peligrosa realidad del lago de fuego. Pero más directamente, este pasaje nos advierte que nuestra presente administración financiera tiene repercusiones eternas. El descuido o negligencia en atender a los pobres tendrá severas y tenebrosas consecuencias.[49]

Sección 117c
Lecciones misceláneas en cuanto al discipulado
(Lucas 17:1-10)

Aquí Jesús habla de los derechos que un discípulo no tiene. No tenemos el derecho de "hacer lo que queramos" si causa que otro peque (vv. 1-2). No tenemos el derecho de mantenernos callados cuando vemos que otra persona está pecando (v. 3). No tenemos el derecho de juzgar o guardar rencor (v. 4). Y no tenemos el derecho de sentirnos complacientes o de presumir nuestra obra por el Señor (vv. 7-10).

Estas lecciones misceláneas las enlista aquí Lucas sin sus marcas cronológicas comunes.[50] Pudiera ser que representaran un día

---

[48] D. Bock, "The Parable of the Rich Man and Lazarus and the Ethics of Jesus" (La parábola del hombre rico y Lázaro y la ética de Jesús), *SwJT* (Revista suroeste de teología) 40/1 [1997]: 63-72.

[49] El mensaje de esta parábola le llegó hasta a Albert Schweitzer. Él fue un renombrado organista como profesor famoso del Nuevo Testamento en la universidad de Strasbourg. Pero en 1913 dejó todo por convertirse en un médico misionero en África ecuatorial. En sus propias palabras: "¡Me parece que la parábola de Dives y Lázaro fue dicha directamente a nosotros! Nosotros somos Dives... así que pecamos contra el pobre hombre que toca a la puerta", (*On the Edge of the Primeval Forest* (En la orilla del bosque primitivo) [1992]).

[50] Liefeld nota que "las palabras de introducción 'Jesús les dijo a sus discípulos' son similares a aquellas en otras partes donde aparentemente no hay ningún intento de establecer una secuencia cronollógica (p.ej., 12:22, 54; 13:6; 16:1)" (p. 993).

completo de enseñanza. Es más, son una colección de temas comunes de Jesús, que reflejan la clase de discusiones que tuvo durante su ministerio posterior en Perea y Judea. Hay una colección similar en Mateo capítulo 18, con muchas frases similares (*Secciones 91-92*).

Lucas 17:1-6 señala:

> ¹Luego dijo Jesús a sus discípulos:
> —Los tropiezos son inevitables, pero ¡ay de aquel que los ocasiona! ²Más le valdría ser arrojado al mar con una piedra de molino atada al cuello, que servir de tropiezo a uno solo de estos pequeños. ³Así que, ¡cuídense!
> »Si tu hermano peca, repréndelo; y si se arrepiente, perdónalo. ⁴Aun si peca contra ti siete veces en un día, y siete veces regresa a decirte "Me arrepiento", perdónalo.
> ⁵Entonces los apóstoles le dijeron al Señor: —¡Aumenta nuestra fe!
> ⁶—Si ustedes tuvieran una fe tan pequeña como un grano de mostaza —les respondió el Señor—, podrían decirle a este árbol: "Desarráigate y plántate en el mar", y les obedecería.

[Los vv. 1-2 = Mateo 18:6-7, ver *Sección 91*]

La frase "los tropiezos" es una sola palabra en el griego: [*skandalon*]. Su significado es "piedra de tropiezo". Era un obstáculo que hacía que la gente se tropezara. Lo podríamos relacionar con una parte levantada en la vereda. Se da, en ocasiones a propósito, y a veces inadvertidamente, pero resultan inevitables. No es de extrañarse que provengan de los inconversos o incrédulos; se espera que así sea. Sin embargo, son más peligrosos y mortales cuando provienen de los creyentes porque llegan de repente y nos sorprenden. Pablo habla de esto de manera extensa en Romanos capítulo 14 y 1 Corintios capítulos 8-10 con relación a comer carne sacrificada a los ídolos. Resulta imperativo que los cristianos vigilen su propio comportamiento para que no sean piedra de tropiezo para otros.

Hay una consecuencia terrible para aquel que cause que otro peque, pero especialmente los pequeños. Es probable que Jesús se esté refiriendo más a los niños que a los "niños espirituales" (ver Mateo 18:6-7). Es posible que los niños no entiendan nuestras trivialidades teológicas, pero sí que notan muy de cerca nuestro comportamiento. La clave está en el versículo tres: "¡Cuídense!" ¡Cuídense porque los niños los están mirando!

No tenemos derecho privativo o exclusivo de nuestras propias acciones. Tampoco tenemos por qué privarnos el derecho de acudir a exhortar si un hermano está pecando. Estamos obligados a acudir al hermano en amor, en pureza y con amabilidad a reprenderlo. Mateo 18:15-20 nos da tres pasos específicos a seguir al reprender al hermano (ver *Sección 92*). Los pasos son fáciles de seguir, pero casi no se hacen. ¿Por qué? Por una sola razón: no queremos herir los sentimientos de nadie. Usted sabe, eso es lo que divide a las iglesias. Además, la verdad es que no queremos que la gente se meta y fisgonee en nuestros asuntos. Así que los dejamos por la paz, esperando que también ellos extiendan esa misma cortesía a nuestro favor y rogamos a Dios que el problema desaparezca de alguna manera. El resultado es una iglesia con pecado debajo de la alfombra. Esto coloca una nube espiritual negra en la congregación y estorba la adoración, el compañerismo y el evangelismo.

[Los vv. 3-4 = Mateo 18:21-22, ver *Sección 92*]

Debemos notar dos cosas en los vv. 3-4. Primero, Jesús menciona una cantidad ridícula de veces que una persona puede pecar contra usted. Esto simplemente no sucede. Una persona empacaría sus cosas y se iría del pueblo antes de que esto sucediera. Para empeorar las cosas, Jesús advierte que esto pudiera suceder diariamente: "Aun si peca contra ti siete veces en un día . . . perdónalo". El punto esencial es, no importa las veces que tu hermano peca contra ti, tu responsabilidad es perdonarlo. Claro que la forma en que Jesús lo narra lo hace más divertido escucharlo. Segundo, notamos que Jesús no dice "si se arrepiente", sino si dice "me arrepiento". No debemos ser jueces de si una persona se arrepiente o no. No podemos escudriñar sus motivos o su corazón. Debemos aceptar la confesión de esa persona.

Si tomamos literalmente las palabras de Jesús y las implementamos de manera práctica, ¡esto es algo difícil de lograr! No es de extrañarse que los discípulos dijeran: "¡Auméntanos la fe!", que literalmente quiere decir "impártenos fe". Ellos pidieron al instante una provisión de fe espontánea. Pero no es así cómo se desarrolla la fe. En la mayoría de los casos llega a través de circunstancias difíciles, de la monotonía de nuestras vidas diarias y por la exposición de nuestras imperfecciones.

Parte del problema es que queremos una gran fe; pero Jesús simplemente quiere una fe creciente. El texto griego señala: "Si tuvierais fe *como* un grano de mostaza"(RVR60). En otro momento se ha comparado a la semilla de mostaza con el reino de Dios (Lucas 13:18-21). Ilustra cómo es que algo empieza de manera pequeña o insignificante y su fin es algo grande. Pero el énfasis no es tan sólo en su pequeñez sino en su potencial de crecimiento. Tal es la naturaleza de la fe. Naturalmente crece y se desarrolla. Si la ponemos en acción, incrementará su tamaño miles de veces. En otras palabras, no importa donde empieza usted; lo que importa es a dónde se dirige.

Una fe creciente puede hacer maravillas, como desarraigar árboles. Eso sería algo grandioso e impresionante, mover un árbol de unos diez metros de alto. Pero a Jesús no le interesa andar moviendo árboles o aun las montañas por cuanto a eso (ver Mateo 17:20; 21:21; Marcos 11:23). Nuestros mayores obstáculos no son los árboles sino principados y potestades. La verdadera obra de fe del cristiano recae en obedecer a Dios y compartir el evangelio.

Lucas 17:7-10 señala:

> ⁷»Supongamos que uno de ustedes tiene un siervo que ha estado arando el campo o cuidando las ovejas. Cuando el siervo regresa del campo, ¿acaso se le dice: "Ven en seguida a sentarte a la mesa"? ⁸¿No se le diría más bien: "Prepárame la comida y cámbiate de ropa para atenderme mientras yo ceno:después tú podrás cenar"? ⁹¿Acaso se le darían las gracias al siervo por haber hecho lo que se le mandó? ¹⁰Así también ustedes, cuando hayan hecho todo lo que se les ha mandado, deben decir: "Somos siervos inútiles; no hemos hecho más que cumplir con nuestro deber".

Esta ilustración es tan clara, no necesita mucho comentario sino tan sólo una pequeña advertencia. En nuestra cultura estas palabras suenan ofensivas. Debemos tomarlo con la mente del primer siglo donde la esclavitud era una práctica común y aceptada.[51]

Cuando usted tiene un esclavo se espera que ese esclavo haga todo lo que se le pida. Una vez hecho, no se espera que usted le agradezca por haber hecho aquello que se le pidió. No importando qué tan bien cumpla con sus responsabilidades el esclavo, no es de

---

[51] Según M. A. Beavis, el promedio de esclavos que se ponían en libertad en el imperio era de uno de cinco y uno de tres en la ciudad de Roma. Eran tratados claramente como propiedad y en ocasiones sometidos a un trato sumamente rudo y tortura (M. A. Beavis, "Ancient Slavery as an Interpretive Context for the N.T. Servant Parable with Special Reference to the Unjust Steward (Lk 16:1-8) (La esclavitud antigua como contexto interpretativo de las parábolas de siervos en el Nuevo Testamento con especial énfasis en el mayordomo injusto [Lucas 16:1-8]), *JBL* (Revista de literatura bíblica) 111/1 [1992]: 37-54).

mayor utilidad al amo sino hasta que haga más de lo que se le pide. Cuando un esclavo rebasa las expectativas del amo, se torna útil.

Nosotros, al igual que el esclavo, realmente no somos útiles para Dios a menos que excedamos lo esperado (lo cual ninguno de nosotros logra). Así, todos somos siervos inútiles. La verdad es: Un siervo no tiene lugar para la complacencia en el reino de Dios. "Las demandas de los vv. 1-6 pueden parecer duras, pero su cumplimiento no nos da el derecho para reclamar algo de Dios. Es nuestra responsabilidad ante él" (Nolland, p. 841).

Sección 118a
Enfermedad y muerte de Lázaro
(Juan 11:1-16)

Este pasaje es la parte medular del evangelio de Juan. Nos hace retroceder a los milagros previos de Jesús y nos anticipa la señal más grande y última: La resurrección. Este es el pináculo del ministerio público de Jesús y el pasaje a su pasión. Aquí vemos, como nunca antes, tanto su humanidad como su deidad.[52]

Juan 11:1-6 señala:

> ¹Había un hombre enfermo llamado Lázaro, que era de Betania, el pueblo de María y Marta, sus hermanas. ²María era la misma que ungió perfume al Señor, y le secó los pies con sus cabellos. ³Las dos hermanas mandaron a decirle a Jesús: «Señor, tu amigo querido está enfermo.»
> ⁴Cuando Jesús oyó esto, dijo: «Esta enfermedad no terminará en muerte, sino que es para la gloria de Dios, para que por ella el Hijo de Dios sea glorificado.» ⁵Jesús amaba a Marta, a su hermana y a Lázaro. ⁶A pesar de eso, cuando oyó que Lázaro estaba enfermo, se quedó dos días más donde se encontraba.

Aquí en el versículo uno, Juan presenta por vez primera a Lázaro, María, Marta y su pueblo: Betania. De acuerdo con el versículo dos, Juan asume que su audiencia ya está familiarizada con estos tres personajes. Tal vez Juan espera que su audiencia ya hubiese leído las otras narraciones de María y Marta en los otros dos evangelios sinópticos. En Lucas 10:38-42 leímos de María sentada, como

---

[52] En cuanto a un excelente análisis retórico de Juan 11:1-44, ver a M. W. Stibbe, "A Tomb with a View: Jn 11:1-44 in Narrative-Critical Perspective" (Una tumba con una mirada: Juan 11:1-44 en cuanto a una perspectiva crítica de su narrativa), NTS (Estudios del Nuevo Testamento) 40 [1994]: 38-54.

estudiante, a los pies de Jesús, dejando las responsabilidades de la cocina a Marta. Naturalmente, Marta se quejó y le pidió a Jesús que hiciera que María le ayudara. Dando un giro sorprendente, Jesús rehúsa hacer que María se levante y ayude ya que ella ha escogido la mejor parte. La segunda historia, específicamente mencionada en el versículo dos, se cumpliría tan sólo una semana antes de la crucifixión de Jesús. Fue cuando María ungió los pies de Jesús con un perfume sumamente costoso (Mateo 26:6-13; Marcos 14:3-9; Juan 12:1-8).

Así, antes de que Juan cuente la historia, su audiencia ya conoce algo de estas mujeres. Se entiende que eran amigos muy cercanos de Jesús. También se entiende que eran mujeres de fe; Marta del estilo práctico y María de la clase adoradora y pródiga. Poco sabemos de Lázaro, pero notoriamente era un hombre con posesiones y prominente (ver v. 19).

Lázaro enferma de muerte. No pudo haber sucedido en un tiempo peor. Jesús había estado en la periferia de Judea ya que el sanedrín en Jerusalén quería aprenderlo, especialmente después de las dos últimas fiestas. Su muerte está a tan sólo dos meses.[53] Ahora Lázaro lo necesita en Betania, a tres kilómetros de Jerusalén, el corazón donde radica el peligro.

Por la amistad entre ellos, María y Marta envían mensajeros a Jesús. En realidad no le piden a Jesús que venga a Betania. Simplemente le informan que Lázaro está en su lecho de muerte. Las hermanas son lo suficientemente amables y conscientes de que su familia no es más importante que el ministerio de Jesús. Al mismo tiempo, esperan que Jesús pueda aplazar un poco su itinerario de viaje y que acuda a sanar a su hermano. Aparentemente, ellas esperan hasta que la condición de Lázaro se torna crítica para no molestar a Jesús con frivolidades o para que Jesús no acuda de balde a atender una petición que no procede porque ya Lázaro estuviera bien. Es el tiempo ya en que si Jesús no acude, Lázaro morirá. De hecho, se esperan demasiado, porque para cuando los mensajeros llegan ante Jesús a informarle de la situación de Lázaro, éste ya está muerto.[54]

---

[53] Jesús ya ha asistido a la fiesta de la Dedicación en diciembre del año 29 después de Cristo. Todavía le queda un ministerio itinerante un tanto largo en Perea como lo registra Lucas capítulos 17-19; Mateo capítulos 19-20. Por lo tanto, especulamos que este acontecimiento tuvo lugar como un mes después de la Dedicación y dos meses antes de la muerte de Jesús.

[54] Hemos recreado la cronología como sigue: (1) como dos días antes de la muerte de Lázaro, un siervo es enviado a Jesús. (2) Llegaante Jesús dos días después y le informa de la muerte inminente de Lázaro. (3)El siervo se regresa a Betania dos días después de la muerte de Lázaro con la promesa de Jesús de que Lázaro no moriría (v. 4). (4) En el mismo día, Jesús

Juan no señala el punto exacto de la ubicación de Jesús, pero estaba en algún lugar de Perea, al otro lado del río Jordán (Juan 10:40), muy cerca de donde Juan el Bautista bautizaba. Es probable que los mensajeros se tardaron dos días en encontrar a Jesús. Es de sorprenderse que Jesús les pide a los mensajeros que regresen a casa con el siguiente mensaje: "Esta enfermedad no terminará en muerte, sino que es para la gloria de Dios, para que por ella el Hijo de Dios sea glorificado" (ver 9:3). Sin embargo, cuando los mensajeros regresan a Betania, Lázaro ya está muerto.

Ahora este mensaje debió de haber perturbado a las hermanas, especialmente la parte en cuanto a la enfermedad de Lázaro (y ahora muerte) que daría gloria a Dios y a Jesús. Sin embargo, el enigma no hace tambalear su fe. En vez de acusar a Jesús de estar en el error, interpretan sus palabras de manera figurativa (vv. 23-24). Sin embargo, las palabras de Jesús son literales; ellas simplemente no pueden imaginarse a Jesús resucitando a Lázaro. Ahora, ellas deben saber que él resucitó a la hija de Jairo (Mateo 9:18-25; Marcos 5:21-43; Lucas 8:40-56) y al hijo de la viuda de Naín (Lucas 7:11-17). Pero esas "resurrecciones" tuvieron lugar antes de que la rigidez cadavérica se presentara. Este es un milagro cualitativamente distinto.

En acuerdo con el v. 11, Jesús supo perfectamente en qué momento Lázaro dejó de existir. Tuvo que haberlo sabido por su omnisciencia divina. También es posible que los mensajeros se regresaron de inmediato para informarle a Jesús que Lázaro ya había muerto. Tal vez invitan a Jesús al funeral o le dicen que no se moleste en acudir porque ya era demasiado tarde o muy peligroso arriesgarse.

Juan 11:7-10 señala:

> ⁷Después dijo a sus discípulos: —Volvamos a Judea.
> ⁸—Rabí —objetaron ellos—, hace muy poco los judíos intentaron apedrearte, ¿y todavía quieres volver allá?
> ⁹—¿Acaso el día no tiene doce horas? —respondió Jesús—. El que anda de día no tropieza, porque tiene la luz de este mundo. 10Pero el que anda de noche sí tropieza, porque no tiene luz.

La razón por la que Jesús salió de Judea fue por el intento de asesinato en contra de su persona después de la fiesta de la Dedicación (Juan 10:31, 39-40; 8:59). Es obvio que resulta peligroso regresar. De hecho, la siguiente vez que Jesús va a Jerusalén, en como dos meses,

---

y sus discípulos salen rumbo a Betania. (5) Llegan dos días después, cuando Lázaro ya lleva cuatro días de muerto (vv. 17, 39).

será ejecutado. Los discípulos saben del peligro y por ello protestan ante la sugerencia de Jesús en regresar a Judea.

Jesús contesta con este enigma en cuanto a que el día tiene doce horas de luz solar. Esa era la largura o duración de un día de trabajo judío (ver Mateo 20:1-14). En otras palabras, la obra de Jesús para Dios todavía no termina (ver 9:4). Hasta que eso suceda, nadie le va a poner el dedo encima (2:4; 7:6, 30; 8:20; 12:23, 27; 17:1). Aunque Jesús tiene precaución para no ser atrapado, porque aún no ha llegado la "hora", nadie, ni siquiera en Jerusalén, lo va a matar prematuramente. Jesús no es el que está en peligro en este caso. Son los que ignoran descaradamente el plan de Dios (p.ej., caminan en la oscuridad) y se meten en problemas.

Juan 11:11-16 señala:

> ¹¹Dicho esto, añadió: —Nuestro amigo Lázaro duerme, pero voy a despertarlo.
> ¹²—Señor —respondieron sus discípulos—, si duerme, es que va a recuperarse. ¹³Jesús les hablaba de la muerte de Lázaro, pero sus discípulos pensaron que se refería al sueño natural.
> ¹⁴Por eso les dijo claramente: —Lázaro ha muerto, ¹⁵y por causa de ustedes me alegro de no haber estado allí, para que crean. Pero vamos a verlo. ¹⁶Entonces Tomás, apodado el Gemelo,ᵃ ⁵⁵ dijo a los otros discípulos: —Vayamos también nosotros, para morir con él.
>
> ᵃ16 *apodado el Gemelo.* Lit. *llamado Dídimos.*

Nuevamente no se entiende a Jesús, no porque sus palabras sean tomadas figurativamente, sino porque son tomadas literalmente. Los discípulos están contentos de que Lázaro duerma. Esta es una buena señal de recuperación. Pero esa no es la clase de sueño al que se refiere Jesús. Con "duerme" quiso decir "está muerto" (ver Génesis 47:30; 2 Samuel 7:12; Mateo 27:52; Hechos 7:60; 1 Tesalonicenses 4:13).⁵⁶ Eso es especialmente apropiado para aquellos que la muerte será una experiencia feliz (Salmo 116:15; Lucas 16:22; 23:43; Juan 14:2; Filipenses 1:21, 23; 2 Timoteo 4:6).

---

⁵⁵Una palabra griega que significa "gemelos". Solamente podemos suponer que esta era una descripción literal de Tomás.

⁵⁶Como lo señala Hendriksen (p. 143), el eufemismo de "dormir" para "muerte" no es una base adecuada en cuanto a la doctrina de "alma dormida". Aunque el alma está "dormida" para *este* mundo (Job 7:9, 10; Isaías 63:16; Eclesiastés 9:6), está totalmente despierta en su propio mundo (Lucas 16:19-31; 23:43; 2 Corintios 5:8; Filipenses 1:21-23; Apocalipsis 7:15-17; 20:4).

Debido al craso literalismo de los discípulos, Jesús habló sin consideración: *¡Lázaro ha muerto!* Jesús parece insensible, alegrándose ante la muerte de un amigo. Pero él es capaz de ver el final desde el inicio. No tan sólo sabe que le regresará la vida a Lázaro, sino que al hacerlo sus discípulos ganarán terreno en su fe.

Tomás surge como líder del grupo. Aparte de los cuatro listas donde se menciona a todos los apóstoles (Mateo 10:2-4; Marcos 3:16-19; Lucas 6:14-16; Hechos 1:13) a Tomás solamente se le menciona dos veces más. Después de la resurrección, Tomás fue a pescar con Pedro (Juan 21:2). Y claro, el pasaje más famoso de Tomás es Juan 20:24-28, donde dudó que Jesús hubiese resucitado de entre los muertos, algo que también se pudo haber señalado de los otros diez apóstoles antes de ver a Jesús. (Ver **Sección 179** para una explicación de porque no es justo acusar a Tomás de dudar.)

¡Este Tomás escéptico tiene la suficiente fe como para morir con Jesús! Claramente entiende el peligro de que Jesús regrese a Judea y está dispuesto a estar junto a él en su ejecución. Algunos han asegurado que su confesión es falsa ya que cuando llega el tiempo de morir con Jesús, tanto él como los demás huyen (Mateo 26:56). Pero Pedro dijo lo mismo (Mateo 26:35) y nadie duda de su sinceridad. Como la mayoría de nosotros, las intenciones tanto de Pedro como de Tomás fueron mejores que sus acciones.

Sección 118b
Lázaro es resucitado
(Juan 11:17-44)

Juan 11:17-27 señala:

¹⁷A su llegada, Jesús se encontró con que Lázaro llevaba ya cuatro días en el sepulcro. ¹⁸Betania estaba cerca de Jerusalén, como a tres kilómetros de distancia,ª ¹⁹y muchos judíos habían ido a casa de Marta y de María, a darles el pésame por la muerte de su hermano. ²⁰Cuando Marta supo que Jesús llegaba, fue a su encuentro; pero María se quedó en la casa.
²¹—Señor —le dijo Marta a Jesús—, si hubieras estado aquí, mi hermano no habría muerto. 22Pero yo sé que aun ahora Dios te dará todo lo que le pidas.
²³—Tu hermano resucitará —le dijo Jesús.
²⁴—Yo sé que resucitará en la resurrección, en el día final —respondió Marta.

²⁵Entonces Jesús le dijo: —Yo soy la resurrección y la vida. El que cree en mí vivirá, aunque muera; ²⁶y todo el que vive y cree en mí no morirá jamás. ¿Crees esto?
²⁷—Sí, Señor; yo creo que tú eres el Cristo,ᵇ el Hijo de Dios, el que había de venir al mundo.

ᵃ**18** *tres kilómetros.* Lit. *quince estadios.* ᵇ**27** *O Mesías*

Cuando Jesús llega, María y Marta están en su cuarto día de luto. Para un judío, el luto podía durar hasta un año. En el primer día, claro está, el luto era más fuerte, pero baja su intensidad para el tercer y séptimo días. El luto sigue por un año, pero su intensidad se aminora hasta completar el año, cuando cesa por completo. Algunos "judíos" prominentes de Jerusalén acuden a darles el pésame y a dolerse con ellas. Estos judíos debieron conocer a Jesús, especialmente después de las fiestas de Tabernáculos y la Dedicación. Sin duda muchos de estos judíos simpatizan y son amistosos con la banda de Jesús, María, Marta y Lázaro (v. 45). Pero algunos aparentemente no lo son (v. 46).

Cuando el rumor le llegó a Marta de que Jesús venía en camino, corrió a recibirlo aún fuera del pueblo. Ella no está descontenta con Jesús, sino triste por Lázaro cuando afirma: "Si hubieras estado aquí, mi hermano no habría muerto". A pesar de su luto, Jesús le presenta algo de esperanza. Ella señala: "Pero yo sé que aun ahora Dios te dará todo lo que le **pidas**". Esta palabra "pidas" resulta interesante. Hendricksen (pp. 148-149) señala:

> Ella utilizó una palabra referente a la oración (*aiteō*, pedir) que Jesús nunca empleó con relación a sus propias peticiones. El término que Marta usó es apropiado en tanto que es una petición de un inferior a un superior (4:9, 10; 14:13; 15:7, 16; 16:23, 24, 26). El término que Jesús empleó con respecto a sus propias peticiones generalmente implica la cualidad de las dos personas (*erotaō*).

Jesús había enviado a los mensajeros de regreso a Marta con la promesa de que Lázaro no moriría y que a través de su enfermedad tanto él como Dios serían glorificados. Pero Lázaro está muerto. Ella no podía culpar a Jesús por no sanar a Lázaro. Después de todo, el mensaje le había llegado muy tarde. Pero el mensaje que Jesús envió de regreso no parece concordar con el hecho de que Lázaro está muerto. Por lo tanto, sin vacilar Marta por su fe en Jesús, interpreta sus palabras de manera espiritual entendiendo que Jesús resucitaría a Lázaro en el día del juicio.

¡Jesús es nuestra esperanza en el día del juicio, y qué bendita esperanza es! Es en verdad la "resurrección y la vida" (Juan 6:39-40, 44, 54; 1 Corintios 6:14; 15:20-28; 2 Corintios 4:14; también ver Hechos 4:2; 23:6; 24:15; Romanos 6:5; 1 Corintios 15:42; Filipenses 3:10-11; Apocalipsis 20:5-6). Así que aquí tenemos la quinta proclamación "**Yo soy**" de Jesús en Juan. Esto desencadenó algo en Marta. Ella exclama una confesión de Cristo que equivale a la gran confesión de Pedro (Mateo 16:16-18).

Confesiones acerca Cristo en Juan

Juan el Bautista	¡Aquí tienen al Cordero de Dios, que quita el pecado del mundo! (1:29)
Andrés	Hemos encontrado al Mesías (es decir, el Cristo) (1:41)
Felipe	Hemos encontrado aquel de quien escribió Moisés (1:45)
Natanael	Rabí, ¡tú eres el Hijo de Dios! ¡Tú eres el Rey de Israel! (1:49)
Los samaritanos	Este es el Salvador del mundo (4:42)
Simón Pedro	Tú tienes palabras de vida eterna. Y nosotros hemos creído, y sabemos que tú eres el Santo de Dios (6:68-69)
Marta	Yo creo que tú eres el Cristo, el Hijo de Dios, el que había de venir al mundo (11:27)

La esperanza y confesión de Marta siguen quedándose cortas en cuanto a lo que Jesús realmente le promete. Finalmente, el regalo de la vida eterna es mucho mejor que la resurrección de Lázaro. Pero este milagro en el capítulo 11 de Juan es una de las evidencias más importantes de que Jesús es, en verdad, capaz de darnos vida eterna. En otras palabras, si el día de hoy puede resucitar a Lázaro, nos puede resucitar en el futuro.[57]

---

[57] J. P. Martin sugiere que la resurrección de Lázaro no tan sólo anticipa y verifica la resurrección de Jesús, sino que juntas, estos dos acontecimientos aseguran a los lectores de Juan que también ellos resucitarán en el día postrero. Así, esta historia tiene rasgos fuertes en cuanto a lo escatológico y nos exhorta, no es tan sólo algo histórico ("History and Eschatology in the Lazarus Narrative, John 11:1-44" [Historia y escatología en la narrativa de Lázaro, Juan 11:1-44] *SJT* [Revista escocesa de teología] 17 [1964]: 332-343).

Juan 11:28-37 señala:

²⁸Dicho esto, Marta regresó a la casa y, llamando a su hermana María, le dijo en privado:
—El Maestro está aquí y te llama.
²⁹Cuando María oyó esto, se levantó rápidamente y fue a su encuentro. ³⁰Jesús aún no había entrado en el pueblo, sino que todavía estaba en el lugar donde Marta se había encontrado con él· ³¹Los judíos que habían estado con María en la casa, dándole el pésame, al ver que se había levantado y había salido de prisa, la siguieron, pensando que iba al sepulcro a llorar.
³²Cuando María llegó adonde estaba Jesús y lo vio, se arrojó a sus pies y le dijo: —Señor, si hubieras estado aquí, mi hermano no habría muerto.
³³Al ver llorar a María y a los judíos que la habían acompañado, Jesús se turbó y se conmovió profundamente. 34—¿Dónde lo han puesto? —preguntó. —
Ven a verlo, Señor —le respondieron.
³⁵Jesús lloró.
³⁶—¡Miren cuánto lo quería! —dijeron los judíos.
³⁷Pero algunos de ellos comentaban: —Éste, que le abrió los ojos al ciego, ¿no podría haber impedido que Lázaro muriera?

Al parecer María no se entera que Jesús ha venido sino hasta cuando Marta regresa. Marta llama a María aparte, en secreto, y le informa que Jesús ha acudido al llamado. Como pudiéramos suponer, inmediatamente sale a recibirlo. Los judíos que vinieron de Jerusalén para consolarla, al darse cuenta de ello, salen corriendo tras ella. La siguen para ver si necesita un hombro donde reclinarse o si requiere de alguien fuerte que la ayude a mantenerse en pie. Ella los lleva a Jesús.

Por alguna razón, Jesús sigue fuera del pueblo. Tal vez esté en el "cementerio". Tal vez se prevenía para no despertar peligro alguno si entraba a la ciudad. Su popularidad representa peligro en estos momentos. Tal vez quiere tener una entrevista privada con María como la tuvo con Marta. Después de todo, Jesús pidió que ella viniera a él (v. 28).

Cuando María llega, se arroja a sus pies. Al parecer allí encuentra alivio (ver Lucas 10:39; Juan 12:3). Ella repite exactamente lo que su hermana había dicho al ver a Jesús. También ella cree que Jesús pudo haber sanado a su hermano. ¡Que tan seguido estas hermanas debieron haber repetido estas palabras en la última semana: "Si tan sólo Jesús estuviera aquí!" ¡Es interesante que con las mismas palabras, Marta logra que Jesús inicie un discusión teológica, pero María conmueve su corazón!

¡Lo humano y lo divino están claramente mezclados en este texto! Jesús sabe que Lázaro resucitará en unos momentos. Habrá risa y celebración. Pero sigue atrapado en las emociones del momento. Su gran amigo está muerto, y María está acurrucada sobre sus pies cubierta de lágrimas. La multitud compadecida la mira con simpatía por sus lamentos de dolor y también lloran con ella. Jesús se conmueve.

Las dos palabras utilizadas para describir las emociones de Jesús son fuertes. La primera, *embrimaomai*, comúnmente se usa para la ira, no para la tristeza (Mateo 9:30; Marcos 1:43; 14:5). Literalmente significa "resoplar como un caballo". La segunda palabra, *tarasso*, significa "revolverse" o "agitarse". Se la utiliza para describir un mar agitado por la tormenta (Isaías 24:14, versión Septuaginta de la Biblia). Jesús no tan sólo está triste; está preocupado. Hasta se podría decir que está molesto. Solamente podemos adivinar, pero es posible que esté molesto por la misma muerte, como resultado de la caída en el Edén. Seguro que está enojado contra Satanás, no tan sólo por arruinar la primitiva utopía de Edén, sino también por seguir asolando a la preciosa gente en torno a Jesús. Y seguro que está a disgusto y preocupado por la falta de fe y comprensión de la gente siendo que frente a ellos está parado el mismo creador de la vida. Y algunos de estos judíos que ahora se lamentan junto con María se regocijarán por el cuerpo maltratado de Jesús a dos meses de este momento, a tres kilómetros de este lugar.

Jesús pide que lo lleven a la tumba de Lázaro. Nuevamente, una corriente de emociones llena a nuestro Señor al quedar atrapado en su humanidad. El v. 35 registra con gran simplicidad la profunda realidad de la humanidad de Jesús: "Jesús lloró". Muy por el contrario a los lamentadores judíos, quienes gemían ostentosamente (algunos mostrando su enorme falta de sinceridad), las lágrimas de Jesús son silenciosas y controladas (Hebreos 5:7).[58] A pesar de ello, llaman la atención de la multitud. Son una obvia indicación del afecto de Jesús hacia Lázaro. Esta multitud comparte los sentimientos de María y Marta: "Es una lástima que él no hubiese estado con ellos antes. Ciertamente él pudo haber hecho algo y no habríamos tenido que

---

[58] La palabra utilizada para describir el lloriqueo y lamento de María (v. 31, 33) como el lamento de los judíos (v. 33) es *klaio*, que indica un "lloriqueo fuerte de lamento". La palabra usada para describir el lamento de Jesús es *dakryo*, que simplemente indica el derramamiento de lágrimas.

pasar por todo este lamento". Poco saben qué tan afortunados son de estar aquí ahora y qué afortunados son de que Jesús no hubiese estado entre ellos antes.

Juan 11:38-44 señala:

^{38}Conmovido una vez más, Jesús se acercó al sepulcro. Era una cueva cuya entrada estaba tapada con una piedra. ^{39}—Quiten la piedra —ordenó Jesús.

Marta, la hermana del difunto, objetó: —Señor, ya debe oler mal, pues lleva cuatro días allí.

^{40}—¿No te dije que si crees verás la gloria de Dios? —le contestó Jesús.

^{41}Entonces quitaron la piedra. Jesús, alzando la vista, dijo:

—Padre, te doy gracias porque me has escuchado. ^{42}Ya sabía yo que siempre me escuchas, pero lo dije por la gente que está aquí presente, para que crean que tú me enviaste.

^{43}Dicho esto, gritó con todas sus fuerzas: —¡Lázaro, sal fuera! ^{44}El muerto salió, con vendas en las manos y en los pies, y el rostro cubierto con un sudario.

—Quítenle las vendas y dejen que se vaya —les dijo Jesús.

Jesús está parado frente a una cueva, tal vez cavada en la piedra caliza.[59] Una gran piedra en forma de "V" cubre la entrada para mantener fuera a los depredadores. La piedra de la entrada también mantiene los malos olores adentro. Los aromatizantes y las especias amarradas al cuerpo con lino ayudan a la fetidez. Pero hasta los treinta y cinco kilogramos de especias, que era lo normal para un entierro honorable (Juan 19:39), no eran suficientes para cubrir el hedor. Así que cuando Jesús pide que sea quitada la piedra, Marta protesta. Habría sido un hedor y acción ofensivos. La mayor ofensa para un judío era que su tumba fuese abierta. Aunque mover la piedra no sería ofensivo, pero era un paso innecesario y en la dirección equivocada.

Jesús pudo haber quitado la piedra con tan sólo haberlo dicho. Pudo haberle dado el poder a Lázaro para que él mismo la pateara y saliera de la tumba. La piedra no es la barrera; es su falta de fe, sus corazones inesperados. Al hacer que ellos quiten la piedra, Jesús logra eliminar dos barreras a la misma vez.

---

[59] Edersheim calcula quee la bóveda es como de dos metros de ancho por tres metros de profundo por dos metros de alto. Por lo general tenían "nichos" para ocho cuerpos, tres a cada lado y dos al fondo, del lado opuesto a la entrada. También era normal que tuviesen nichos pequeños cortados para las urnas que contenían los huesos de los miembros de la familia una vez que los cuerpos se descomponían por completo.

Quitar la piedra es el primer paso para el milagro; su oración es el segundo. Él ora, no para su propio beneficio sino a beneficio de la multitud. Él no le pide a Dios que haga este milagro, sino que le agradece por haberlo ya hecho. Esto esclarece dos cosas importantes: (1) *Jesús es enviado de Dios*. Dios le ha dado poder divino y siempre lo escucha. Jesús no es simple hombre de Dios, sino que es Dios-hombre. (2) *Este milagro es evidencia, no mero acto de entretenimiento.* Lázaro va a morir nuevamente. Esta gente nuevamente va a tener que pasar por todo este dolor y lamento. Aunque aprecian tener de vuelta a Lázaro entre ellos y les impresiona el poder de Jesús, si no lo aceptan como Señor están pasando por alto el punto.

Jesús clama a gran voz: "¡Lázaro, sal fuera!" Tal vez el grito de Jesús fue para que Lázaro lo escuchara, ya que estaba todo cubierto de tela y estaba en lo más profundo de la cueva. Sin embargo, eso puede ser mera especulación ya que el alma de Lázaro no está en su cuerpo que está en plena descomposición. Lo más probable es que Jesús grite por causa de la multitud, en parte como señal de autoridad y en parte para ser escuchado ya que los lamentos y quejidos seguían.

Aquí viene, envuelto de pies a cabeza. Algunos sugieren que como sus pies estaban "envueltos" Lázaro salió dando pequeños brincos. Eso agrega algo de humor a la narración. De igual manera es el hecho de que Jesús pide le quiten las vendas de la cabeza (¿para que pudiera respirar?).[60] ¿Puede uno simplemente maravillarse en tratar de contestar la pregunta de quién estaba más sorprendido de ver al otro — María y Marta o Lázaro?

Así como la alimentación de los 5,000 fue el punto culminante del ministerio galileo, así la resurrección de Lázaro es el punto culminante del ministerio en Judea y un preludio a la misma resurrección de Jesús. "Cada uno de los siete milagros [de Juan] ilustran un aspecto particular de la autoridad divina de Jesús, pero este ejemplifica su poder sobre el último y más irresistible enemigo de la humanidad — la muerte" (Tenney, p. 114). Jesús no tan sólo lo resucitó, sino que también ha revertido los efectos de cuatro días en descomposición. Además, los judíos creían que el alma del muerto

---

[60] Tanto la piedra como la ropa de la tumba sirven de anticipo a la resurrección de Jesús. W. E. Reiser, " The Case for the Tidy Tomb: The Place of the Napkins of John 11:44 and 20:7" (El caso para la tumba ordenada: El lugar del sudario de Juan 11:44 y 20:7) *HeyJ* (Revista Heythrop) 14 [1973]: 47-57, afirma que el sudario no tan sólo conecta a los dos acontecimientos sino que los pone encontraste. Él sugiere que para Lázaro, el sudario era señal de muerte, para Jesús era señal de vida y la pieza clave de evidencia para que Juan creyese en la resurrección de Jesús (Juan 20:6-8).

"vuela por encima del cuerpo por tres días" (Hendriksen, p. 146), pero que luego se va cuando se da cuenta que toda esperanza está perdida.

Las multitudes están impresionadas. Esto creará un fervor que llegará a su punto culminante en la pascua a dos meses en el futuro. La gente hablará de esto. Querrán ver tanto a Jesús como a Lázaro, los cuales, en nuestros días tendrían innumerables entrevistas en la radio y la televisión.

Sección 119
El Sanedrín decide asesinar a Jesús
(Juan 11:45-54)

La resurrección creó una gran agitación. El oleaje alcanza a Jerusalén. Puso a temblar al mismísimo sanedrín. Caifás habló en representación del grupo cuando señaló: "Jesús tiene que morir". De hecho, profetizó para toda la nación. Jesús tenía que morir, pero por razones distintas a las que se refirió este profeta inconsciente.

Juan 11:45-48 señala:

⁴⁵Muchos de los judíos que habían ido a ver a María y que habían presenciado lo hecho por Jesús, creyeron en él. ⁴⁶Pero algunos de ellos fueron a ver a los fariseos y les contaron lo que Jesús había hecho. ⁴⁷Entonces los jefes de los sacerdotes y los fariseos convocaron a una reunión del Consejo.
—¿Qué vamos a hacer? —dijeron—. Este hombre está haciendo muchas señales milagrosas. ⁴⁸Si lo dejamos seguir así, todos van a creer en él, y vendrán los romanos y acabarán con nuestro lugar sagrado,ª e incluso con nuestra nación.

ª48 O templo

No nos sorprende que muchos crean en Jesús, pero tampoco nos sorprende que muchos de los líderes no crean en él. Todos estaban de acuerdo en que la resurrección de Lázaro fue un acontecimiento trascendental y que las autoridades religiosas debían saber de ello. No tan sólo era de interés teológico, sino hasta de interés político. El milagro creó un fervor entre las multitudes que podría ser potencialmente peligroso. Los romanos vigilaban muy de cerca de los judíos ya que podían levantarse en una revuelta. En muchas ocasiones recientes así lo habían demostrado. Esto le dio al Consejo del sanedrín más razones para arrestar (Juan 7:30-32, 44-45; 10:39) y matar a Jesús (Juan 5:18; 8:59; 10:31). Simplemente era un asunto de seguridad nacional.

Así, algunos de los testigos oculares informaron de este acontecimiento a los poderes religiosos en Jerusalén. Ellos convocan a una asamblea de emergencia del sanedrín. Llegan a tres conclusiones: (1) Jesús está haciendo muchos milagros de gran magnitud; (2) Sus esfuerzos por detenerlo no han surtido efecto, no tan sólo se les ha escapado de entre sus manos (Juan 7:44-45; 8:59; 10:39), sino que más gente cree en él (Juan 7:31, 40-41; 8:30; 9:36; 10:19-21); (3) Si ellos no le ponen un alto, lo harán los romanos. Resulta interesante que la lógica de Caifás en parar a Jesús a toda costa, tendrá un revés total cuando Gamaliel sugiere y aconseja al sanedrín mismo dejar en paz a los apóstoles porque podrían encontrarse todos ellos peleando contra Dios (Hechos 5:38). Tanto Caifás como Gamaliel debieron haber estado presentes en ambas asambleas. Uno no puede más que maravillarse de todo lo que tuvo que haber pasado para dar este giro de ciento ochenta grados.

La tercera conclusión es un triste malentendido en cuanto a la misión de Jesús. El judío común esperaba la llegada de un Mesías militante. Querían a alguien que los libertara de la opresión romana y lograran su libertad e independencia. Odiaban el dominio romano. Los fariseos también esperaban a un Mesías igual y hasta predicaban tal esperanza. Sin embargo, para el sanedrín y para la jerarquía del templo, el riesgo de una revuelta sangrienta es algo demasiado grande. Además, a pesar de todo lo que se quejan de Roma, a decir verdad, como que les gusta como están las cosas. No quieren que su autoridad quede al desnudo y sea desafiada por un posible Mesías.

Para empeorar las cosas, todo esto se debió a la idea errónea que ellos tenían del Mesías. El reino de Jesús no era militar. Pilato lo vio de esa manera (Juan 18:33-38). Sin embargo, debido a su odio por Jesús, ellos confrontaron directamente a Roma a través de Pilato. Y por su ejecución de Jesús, se enfrentaron directamente a Dios a través de Tito. En el año 70 d.C. la ira de Dios demolió su ciudad, hasta el templo santo, como lo predijo Jesús (Mateo 24:2; Lucas 21:20; 23:27-31). Debido a que el templo fue destruido, cesaron los sacrificios de animales. Así, tanto el partido saduceo como el sanedrín se desmembraron. En un intento por salvar sus posiciones y lugares, terminan destruyéndolos. Esta es parte de la paradoja del reino (Mateo 10:39).

Juan 11:49-54 señala:

⁴⁹Uno de ellos, llamado Caifás, que ese año era el sumo sacerdote, les dijo: —¡Ustedes no saben nada en absoluto! ⁵⁰No entienden que les conviene más que muera un solo hombre por el pueblo, y no que perezca toda la nación.

⁵¹Pero esto no lo dijo por su propia cuenta sino que, como era sumo sacerdote ese año, profetizó que Jesús moriría por la nación judía, ⁵²y no sólo por esa nación sino también por los hijos de Dios que estaban dispersos, para congregarlos y unificarlos. ⁵³Así que desde ese día convinieron en quitarle la vida.

⁵⁴Por eso Jesús ya no andaba en público entre los judíos. Se retiró más bien a una región cercana al desierto, a un pueblo llamado Efraín, donde se quedó con sus discípulos.

Caifás reinó como sumo sacerdote del año 18 al 36 d.C. Era el yerno de Anás, quien reinó como sumo sacerdote del año 7 al 14. Debido a que los judíos aceptaban de por vida al sumo sacerdote, seguían considerando a Anás como el líder. Esto se puede ver en el hecho de que el primer juicio de Jesús es llevado a cabo ante Anás, antes de ser llevado a Caifás. Pero los romanos no querían que ninguno se apoderara del poder por siempre. Por ello a menudo reemplazaban al sumo sacerdote. Esto puede ser el significado de las palabras "ese año" (v. 49).

Caifás tenía la fama de ser presuntuoso y rudo (Mateo 26:3, 57; Lucas 3:2; Juan 11:49; 18:1, 14, 24, 28; Hechos 4:6). Josefo, fariseo, señala lo siguiente en cuanto a los otros saduceos:

> Los fariseos muestran mucho afecto entre ellos y cultivan relaciones armoniosas con la comunidad. Los saduceos, por el contrario, hasta entre ellos mismos, son salvajes en su conducta y, son tan malvados con sus iguales como lo son con los extraños (*War* [Guerra] II:166).

Caifás, como sumo sacerdote, profetiza sin ser esa su intención (comparar 1 Pedro 1:10-12). Es usado por Dios a pesar de lo que era él mismo. Se hubiera sentido un poco escandalizado si hubiera sabido el verdadero significado de sus palabras y qué tan certero estuvo. La muerte de Jesús será para toda la nación de Israel. No tan sólo eso, sino que Juan dice que la sangre de Jesús limpia a todo el mundo (1ª Juan 2:1-2). Resulta ser una ironía pura el hecho de que la única voz "conocida" del sanedrín (v. 49) profetiza sin siquiera saberlo.[61]

---

[61]ST. Nicklas, "Die Prophetie des Kajaphas im Netz johannischer Ironie", NTS 46 (2000): 589-594.

Los acuerdos y planes secretos del sanedrín llegan a la luz pública. Inician, con prontitud, un esfuerzo organizado para capturar, sentenciar y matar a Jesús. Alguien (tal vez Nicodemo) alerta a Jesús. En consecuencia, le esconde por un tiempo en Efraín. Los arqueólogos no han podido encontrar la ubicación de Efraín, pero estando cerca del desierto, esto permitía que Jesús huyese si se hacía necesario. Los siguientes dos meses estuvieron llenos de viajes y discusiones por el camino, hasta el tiempo de su encuentro final en Jerusalén. Jesús se mantendrá recluido, principalmente en áreas rurales y se mantendrá en constante movimiento para evitar las garras del sanedrín.

El último viaje a Jerusalén

Sección 120a
Sanidad de los diez leprosos
(Lucas 17:11-19)

Al igual que Naamán en los tiempos antiguos, este samaritano encontró la sanidad mediante el profeta de Dios (2 Reyes 5:8-19). Al inicio de su ministerio, Jesús predijo que esto sucedería (Lucas 4:23-27). De la misma manera que la samaritana de Juan capítulo 4, este individuo encuentra al "Salvador del mundo" y regresa a adorarlo.[62]

Lucas 17:11-13 señala:

> [11]Un día, siguiendo su viaje a Jerusalén, Jesús pasaba por Samaria y Galilea. [12]Cuando estaba por entrar en un pueblo, salieron a su encuentro diez hombres enfermos de lepra[a] Como se habían quedado a cierta distancia, [13]gritaron: —¡Jesús, Maestro, ten compasión de nosotros!

> [a]12 La palabra griega se usaba para varias enfermedades de la piel — no necesariamente lepra.

Después de la resurrección de Lázaro, el sanedrín publicó la noticia en cuanto a Jesús. Lo querían capturar a como diera lugar.

---

[62]D. Hamm, "What the Samaritan Leper Sees: The Narrative Christology of Luke 17:11-19" (Lo que ve el samaritano leproso: La cristología narrada en Lucas 17:11-19), *CBQ* (Publicación trimestral católica de la Biblia) 56/2 [1994]: 273-287. Hamm también ofrece un resumen fabuloso de la información primaria de los Samaritanos (ver Josephus, *Ant.* 18 *Secciones 85 a 89* y 20 *Sección 118*; m. *Rosh Hash.* 1:2;2:2, b. *Kutim* 61b). Ver además J.P. Meier, "The Historical Jesus and the Historical Samaritans: What Can Be Said?"(El Jesús histórico y los Samaritans históricos: ¿Que podemos decir?), *Bib* 81 (2000): 202-232.

Jesús, sabiendo que todavía no llegaba su hora, se va a Galilea, escondiéndose en una aldea de nombre Efraín (Juan 11:54). Llega la primavera y es tiempo de que Jesús suba a Jerusalén por última vez. Cada uno de los sinópticos narra este último viaje de enseñanza (Mateo 19:1-2; Marcos 10:1; Lucas 17:11). Grandes multitudes, incluyendo a algunas mujeres importantes (Marcos 15:40-41) siguen a Jesús de Efraín hasta Jerusalén. Sin duda, se dirigen todos a Jerusalén para celebrar la pascua.

Viajando entre Galilea y Samaria, justo antes de entrar a una de las ciudades fronterizas, un grupo de leprosos se dirige a él. Estos nueve judíos y un samaritano comparten la misma suerte tan miserable (ver *Sección 45*). Si no fuera por su enfermedad, jamás se les habría encontrado juntos.

El capítulo 14 de Levítico describe vívidamente la lepra. No es una enfermedad de los nervios. La lepra es una enfermedad contagiosa de la piel. Se le temía y era incurable. De hecho, sin la intervención divina, nadie se curaba de la lepra. Para empeorar las cosas, se la asociaba con el pecado en la vida de una persona. Por lo tanto, los leprosos eran expulsados de sus comunidades. Una restricción legal de los leprosos era que no se podían acercar a una persona sana. Y si una persona sana inadvertidamente se acercaba mucho a un leproso, el leproso debía gritar: "¡Inmundo! ¡Inmundo!" Era humillante.

Lucas 17:14-19 señala:

¹⁴Al verlos, les dijo:bv—Vayan a presentarse a los sacerdotes. Resultó que, mientras iban de camino, quedaron limpios.
¹⁵Uno de ellos, al verse ya sano, regresó alabando a Dios a grandes voces. ¹⁶Cayó rostro en tierra a los pies de Jesús y le dio las gracias, no obstante que era samaritano.
¹⁷—¿Acaso no quedaron limpios los diez? —preguntó Jesús—. ¿Dónde están los otros nueve? ¹⁸¿No hubo ninguno que regresara a dar gloria a Dios, excepto este extranjero?[63] ¹⁹Levántate y vete —le dijo al hombre—; tu fe te ha sanado.

Jesús les ordena que se muestren a los sacerdotes. Después de todo, esa era la ley para la limpieza ceremonial (Levítico 14:8-11). Es interesante que Jesús no los sanó inmediatamente. En cambio, espera hasta que ellos hubieran obedecido su mandato a que se presenten

---

[63]La palabra "extranjero" (*allogenés*)solamente aparece aquí en todo el Nuevo Testamento. Es la misma palabra que se usó en la inscripción de balaustrada prohibiéndole a los gentiles su entrada al templo.

ante los sacerdotes. En fe, ellos se van y por el camino quedan limpios 7:50; 8:48; 18:42).

Es una lástima que al parecer la única cosa que mantiene unido a este grupo es la lepra. Solamente pueden ser amigos en la enfermedad. Una vez sanos, el samaritano abandona a los demás. ¡Seguro que él no se va a aparecer ante un sacerdote judío! Él tiene a su propio sacerdote. Así que, en vez de continuar con sus nueve excamaradas, regresa a agradecerle a Jesús.

Los nueve hacen justamente aquello que se les indica. Obedecen a Jesús y a la ley. Hacen lo correcto. Sin embargo, el samaritano hace algo mejor todavía. Regresó para agradecer (*eucharistōn*, palabra siempre utilizada para darle gracias a Dios, Lucas 18:11; 22:17, 19; Hechos 27:35; 28:15). Esa es una distinción también dura para los cristianos. Con frecuencia nos sentimos motivados a hacer lo correcto, a obedecer y a cumplir con la ley de Dios. No hay nada de malo en ello. Pero, lo "mejor" es adorar a Jesús. Nuevamente, vemos una diferencia entre los ritos y las relaciones. Es posible hacer todo lo correcto y pasar por alto a Jesús.

Sección 120b
La venida del reino y el Hijo del hombre
(Lucas 17:20-37)

Este pasaje esencialmente es el mismo contenido que tenemos en Mateo capítulo 24 pero presentado en un ambiente totalmente distinto. Es un tiempo diferente, es una audiencia diferente y la pregunta es distinta. En Mateo capítulo 24, los apóstoles preguntan acerca de las hermosas construcciones del templo (comparar Lucas 21:5-38). En esta ocasión son los fariseos los que cuestionan a Jesús no acerca del templo, sino acerca del reino. Ese es un concepto difícil ya que el reino viene en fases. El reino se presentó con Jesús mismo, en su primera aparición (Lucas 11:20; 17:21). El reino vino el día de Pentecostés (Marcos 9:1; 16:28). Viene como un reino milenario (Apocalipsis 20:4). Y se manifestará de forma total y final con la Nueva Jerusalén (Apocalipsis 21:1-6).

Ubicar la fase de la cual habla Jesús es veces difícil. Aún más, cuando Mateo capítulo 24 predominantemente se refiere a la destrucción de Jerusalén, que tuvo lugar en el año 70 d.C. (comparar Lucas 21:5-38). Pero en esta ocasión, ese no parece ser el mensaje aunque se utilice casi el mismo lenguaje y forma de expresión. Al parecer se utilizan ilustraciones y ejemplos similares para describir dos acontecimientos diferentes. Eso resulta un poco confuso, pero no del todo anormal en la profecía bíblica.

A Jesús le presentan dos preguntas acerca del reino dos grupos distintos. Primero preguntan los fariseos: "¿*Cuándo* vendrá el reino de Dios?" Más tarde en la discusión, sus mismos discípulos le preguntan: "¿*Dónde* vendrá el reino de Dios?"

Lucas 17:20-21 señala:

> **20**Los fariseos le preguntaron a Jesús cuándo iba a venir el reino de Dios, y él les respondió: — a venida del reino de Dios no se puede someter a cálculos.ᵃ **21**No van a decir: "¡Mírenlo acá! ¡Mírenlo allá!" Dense cuenta que el reino de Dios está entreᵇ ustedes.
>
> ᵃ*20 La venida . . . cálculos.* Lit. *El reino de Dios no viene con observación.*
> ᵇ*21 entre.* Alt. *dentro de.*

Los fariseos están tan interesados en el reino como lo está la "banda de Jesús".[64] Ambos grupos tienen similares esperanzas en cuanto al reino mesiánico. Debía ser: (1) militar — el Mesías libertaría a Israel (especialmente de los romanos) con poder de un ejército; (2) próspero — habría una riqueza increíble, hasta divina, otorgada a cada ciudadano de Israel; (3) visible — debía ser anunciado de manera fantástica, audible e impresionante o llamativa para que todos lo vieran y se unieran a la celebración.

Jesús se refiere a esta tercera cualidad cuando señala: "no viene bajo una observación minuciosa" (p.ej., con señales y prodigios). No será algo que usted podrá ver como el lanzamiento de un cohete o como un desfile.

El reino no es tan sólo geopolítico, sino que también es espiritual e interno (es decir, "dentro de usted"). Sin embargo, esta frase también se puede traducir como "entre ustedes" o hasta "a su alcance".[65] Tal vez sea eso lo que Jesús tiene en mente ya que hablaba con los fariseos que no tienen el propósito, la naturaleza y el corazón del reino en ellos. De este modo afirma Jesús ser él mismo la manifestación del reino de Dios a pesar de estar parado

---

[64]Para los fariseos la pregunta en cuanto a la llegada del reino equivale a la venida del Mesías o la restauración del reino de David (Str-B 2.235-236).

[65]H. J. Cadbury, " The Kingdom of God and Ourselves" (El reino de Dios y nosotros), *ChrCen* (Siglo cristiano) 67 [1950]: 172-173 y C. H. Roberts, " The Kingdom of Heaven (Lk 17:21)" [El reino de los cielos (Lucas 17:21)] *HTR* (Repaso teológico) Harvard 41/1 [1948]: 1-8.

en medio de ellos. Lo pueden aceptar si quieren. En otras palabras, los fariseos preguntan: "¿Cuándo vendrá el reino de Dios?" A lo que Jesús responde: "Aquí estoy entre ustedes, disponible a ustedes – a su alcance".

Lucas 17:22-29 señala:

> **22** A sus discípulos les dijo: —Llegará el tiempo en que ustedes anhelarán vivir siquiera uno de los días del Hijo del hombre, pero no podrán. **23** Les dirán: "¡Mírenlo allá! ¡Mírenlo acá!" No vayan; no los sigan. **24** Porque en su día[a] el Hijo del hombre será como el relámpago que fulgura e ilumina el cielo de uno a otro extremo. **25** Pero antes él tiene que sufrir muchas cosas y ser rechazado por esta generación.
>
> **26** »Tal como sucedió en tiempos de Noé, así también será cuando venga el Hijo del hombre. **27** Comían, bebían, y se casaban y daban en casamiento, hasta el día en que Noé entró en el arca; entonces llegó el diluvio y los destruyó a todos. **28** »Lo mismo sucedió en tiempos de Lot: comían y bebían, compraban y vendían, sembraban y edificaban. **29** Pero el día en que Lot salió de Sodoma, llovió del cielo fuego y azufre y acabó con todos.
>
> *a* **24** Var. no incluye: *en su día*.

La conversación cambia de los fariseos a los discípulos pero el tema sigue siendo el mismo: "¿Cuándo sucederá todo esto?" Aunque Jesús, en medio de ellos, representa la presencia del reino, la manifestación completa del reino no acontecerá sino hasta después de la muerte, sepultura, resurrección y ascensión de Cristo (v. 25). ¿Se cumplió con la resurrección de Jesús? No, porque solamente se manifestó a algunos y no vino como relámpago de un extremo a otro del cielo (v. 24). Esto se debe referir a la segunda venida. Eso es consistente con Mateo capítulo 24. Allí las ilustraciones de Jesús en cuanto al relámpago y a Noé se refieren a su regreso.

Desde los días de los apóstoles hasta el tiempo presente, ha habido gente que proclama ser Cristo o que han afirmado haberlo visto. Hasta en el tiempo que Lucas escribe su evangelio, había rumores que Cristo ya había vuelto (2 Tesalonicenses 2:1-2). Es sumamente tentador seguirlos porque ansiamos ver la inauguración del Rey Jesús (v. 22). Pero no debemos caer en el engaño y seguirlos. Cuando Jesús venga, va a ser tan obvio como el relámpago que se deja ver de un extremo a otro del cielo (v. 24).

Este versículo muestra el reloj escatológico para el resto del capítulo. Es decir, ya estamos viendo la segunda venida de Cristo.

Tiene muchos paralelismos a la destrucción de Jerusalén (ver Mateo capítulo 24; Marcos capítulo 13; Lucas 21:5-38), pero se aprecia aquí en su propio contexto.

Todos los verbos de los vv. 27 y 28 son imperfectos, indicando una acción pasada continua. En otras palabras, la vida continuó como lo había hecho en el pasado. La gente de continuo estaban realizando sus actividades diarias. Se puede decir que la vida seguía su curso de manera normal. Como en los días de Noé, los negocios se administran como es común. Así como los sorprendió el diluvio, la segunda venida de Cristo sorprenderá a la gente en su diario proceder. Como en los días de Lot, la vida se desenvuelve sin cambio alguno. Pero de repente, así como aquellos fueron sorprendidos por el fuego y el azufre, así también ahora la gente será sorprendida por la segunda venida de Cristo. Jesús aparecerá inesperadamente, de repente (1 Tesalonicenses 5:2-3; 2 Pedro 3:8-10).

Lucas 17:30-33 señala:

> 30»Así será el día en que se manifieste el Hijo del hombre. 31En aquel día, el que esté en la azotea y tenga sus cosas dentro de la casa, que no baje a buscarlas. Así mismo el que esté en el campo, que no regrese por lo que haya dejado atrás. 32¡Acuérdense de la esposa de Lot! 33El que procure conservar su vida, la perderá; y el que la pierda, la conservará.

El tema "inesperado" continúa. Jesús va a regresar de repente que a usted no le dará tiempo de recoger sus posesiones. Los que aman a Cristo no las necesitarán. Aquellos que no aman a Cristo, no serán librados por sus posesiones.

Así escuchamos la advertencia número uno en los vv. 30-31: Jesús va a volver tan de pronto que usted no tendrá tiempo de recoger sus posesiones. Ahora escuchamos la advertencia número dos en los vv. 32-33: El amor a sus posesiones lo puede apartar a usted del reino por venir. La mujer de Lot amaba su ciudad. Al voltear a verla cómo era destruida, perdió su salvación. El mismo principio se aplica a la segunda venida de Cristo. Aquellos que aman este mundo no tendrán lugar en el reino de Cristo.

Jesús resume estas dos advertencias con su dicho más citado: "El que procure conservar su vida, la perderá; y el que la pierda, la conservará". Anteriormente, esto fue aplicado al costo del discipulado (Mateo 10:39). En este caso su aplicación resulta muy concreta, refiriéndose a nuestro amor por poseer cosas. El principio es el mismo: Usted debe escoger en cuanto a su alianza. ¿Será a Cristo o a este mundo? Esta es la pregunta clave del discípulo desde el tiempo en que venimos a Cristo hasta el tiempo en que él viene a nosotros.

Lucas 17:34-37 señala:

> **34**Les digo que en aquella noche estarán dos personas en una misma cama: una será llevada y la otra será dejada. **35**Dos mujeres estarán moliendo juntas: una será llevada y la otra será dejada.ª
> **37**—¿Dónde, Señor? —preguntaron. —Donde esté el cadáver, allí se reunirán los buitres —respondió él.
>
> ª**35** *dejada.* Var. *dejada.* **36***Estarán dos hombres en el campo: uno será llevado y el otro será dejado* (véase Mateo 24:40).

La segunda venida de Jesús será de repente. Junto con su venida habrá serias divisiones en el hogar y en el trabajo. Habrá hogares donde todos se salvarán y talleres donde todos se perderán. Pero el punto es que un cristiano no podrá salvar toda la casa. Habrá un juicio discriminatorio cuando Jesús regrese. Por lo tanto, él nos llama a que nos comprometamos con él, por encima de nuestras posesiones.[66]

La idea del juicio está siempre conectada con la segunda venida. En esta ocasión se saca de la corte y se la coloca en el campo de batalla. El cuadro que Jesús pinta es el de un campo de matanza, con cuerpos destrozados por todas partes, y los buitres alimentándose de ellos. Donde haya un cuerpo muerto allí se reunirán los buitres (ver Mateo 24:28). De la misma manera, donde haya pecado habrá juicio. Los discípulos preguntan: "¿Dónde, Señor? . . . ¿Dónde se manifestará el reino en juicio?" Jesús contesta: "En cualquier parte y en todas partes". Es un cuadro desolador. Jesús lo recalca, más vívidamente, para Juan en Apocalipsis 19:11, 14-18, 21:

> Luego vi el cielo abierto, y apareció un caballo blanco. Su jinete se llama Fiel y Verdadero. Con justicia dicta sentencia y hace la guerra . . . lo siguen los ejércitos del cielo, montados en caballos blancos y vestidos de lino fino, blanco y limpio. De su boca sale una espada afilada, con la que herirá a las naciones. "Las gobernará con puño de hierro". Él mismo exprime uvas en el lagar del furor del

---

[66]El v. 36 no aparece en los manuscritos griegos antiguos y por lo tanto omitido de la mayoría de traducciones modernas. Dice, "Dos estarán en el campo; uno será llevado y el otro dejado" (Mateo 24:40). Su inclusión o exclusión no hace ninguna diferencia en nuestro entendimiento del texto.

castigo que viene de Dios Todopoderoso. En su manto y sobre el muslo lleva escrito este nombre: REY DE REYES Y SEÑOR DE SEÑORES.

Vi a un ángel que, parado sobre el sol, gritaba a todas las aves que vuelan en medio del cielo: "Vengan, reúnanse para la gran cena de Dios, para que coman carne de reyes, de jefes militares y de magnates; carne de caballos y de sus jinetes; carne de toda clase de gente, libres y esclavos, grandes y pequeños" . . . Los demás fueron exterminados por la espada que salía de la boca del que montaba a caballo, y todas las aves se hartaron de la carne de ellos.

Sección 121
Dos parábolas en cuanto a la oración
(Lucas 18:1-14)

Jesús continúa su caminata de Efraín a Jerusalén rodeado de gran multitud de gente. Al caminar, Jesús les enseña. En una de esas ocasiones, les cuenta dos parábolas en cuanto a la oración. La primera va dirigida a sus discípulos. El punto es claro:

¡Oren sin cesar! La segunda parábola está dirigida a los fariseos auto-justificados. El punto es igualmente claro: La oración de auto-confianza, de crítica y de auto-justificación carece de efectividad ante Dios.

Lucas 18:1 señala:

¹Jesús les contó a sus discípulos una parábola para mostrarles que debían orar siempre, sin desanimarse.

Lucas nos da de inmediato la interpretación de la parábola. Eso resulta poco común pero resalta la importancia de la petición persistente. Sin embargo, debemos darnos cuenta del contexto de este pasaje. Jesús acaba de hablar de su segunda venida. Les acaba de decir a sus discípulos que ellos "anhelarán vivir siquiera uno de los días del Hijo del hombre" (17:22). Es la oración — constante, persistente — que sostendrá a los discípulos de Jesús mientras ellos esperan su regreso. No debemos "desanimarnos". Seguro que será tedioso y cansado trabajar y esperar. La oración persistente es la herramienta que Jesús ofrece para sostener a los discípulos maltratados y mal entendidos (1 Tesalonicenses 5:17).

Lucas 18:2-5 señala:

²Les dijo: «Había en cierto pueblo un juez que no tenía temor de Dios ni consideración de nadie. ³En el mismo pueblo había una viuda que insistía en pedirle: "Hágame usted justicia contra mi adversario".
⁴Durante algún tiempo él se negó, pero por fin concluyó: "Aunque no temo a Dios ni tengo consideración de nadie, ⁵como esta viuda no deja de molestarme, voy a tener que hacerle justicia, no sea que con sus visitas me haga la vida imposible".»

Las parábolas principian con un villano, un juez injusto. Edersheim (II:287) describe a estos jueces villanos como si fuesen jefes de policía a la antigua. Los nombraban los romanos para mantener la paz en poblados pequeños. Tenían su pequeño ejército. Eran corruptos, pedían sobornos y rivalizaban con cualquiera que pretendía ganarles un puesto político. Entra esta viuda. Eso era poco común. En aquellos días, las mujeres no tenían permitido entrar en el juzgado, tribunal o la corte. Las representaba un hombre que las favorecía. Pero esta viuda no tiene a nadie que le interese su caso — sin esposo, sin hijos y sin yernos. En contra de cualquier etiqueta, humillada, esta viuda molesta al juez para que actúe como su defensor. Ella está totalmente sola y en gran peligro (ver Marcos 12:40; Lucas 20:47). Su única esperanza es un juez injusto. Ese sí que es un cuadro patético.[67] Aunque sus posibilidades de obtener justicia son pocas, es su única posibilidad. Así que persiste en ello. Finalmente su tenacidad prevalece.

Las viudas eran personajes marginados en el antiguo Israel. Debido a que ellas no tenían nada que perder, podían darse el lujo de ser persistentes. Día tras día podían pedir justicia. De hecho, con frecuencia era ese su papel en la sociedad. No se las consideraba molestias implacables. Sino que eran maestras de la comunidad. Le mostraban a Israel que la victoria no estaba en el poder del monarca sino en la persistencia del marginado.[68]

---

[67]La Biblia consistentemente exhorta al pueblo de Dios a cuidar de las viudas (Éxodo 22:22-24; Deuteronomio 10:18; 24:17; 27:19; Job 24:3, 21; Isaías 1:17; 10:2; Jeremías 22:3; Malaquías 3:5; Marcos 12:40; Hechos 6:1: 9:41; 1 Timoteo 5:13-15; Santiago 1:27) precisamente porque son tan vulnerables.
[68]Ver a V. Matthews y a D. Benjamin, *Social World of Ancient Israel* (El mundo social del Israel antiguo) [Peabody, MA: Hendrickson, 1993], pp. 132-141.

La palabra traducida como "me haga la vida imposible" literalmente significa "pegarle a alguien en la parte inferior del ojo". Debemos decir: "le puso morado el ojo". Se usa figurativamente en el sentido de "ponerlo en ridículo".[69] La persistencia de esta viuda escandaliza al juez de varias maneras: (1) Demuestra que él no está cumpliendo con su trabajo, que puede obstaculizar su promoción en el futuro; (2) Ella muestra que él es injusto, lo cual va a manchar su reputación en la comunidad; (3) Ella toma una gran cantidad del tiempo valioso de este juez. Aunque él no es temeroso de Dios, ni tampoco respeta la opinión de los hombres, el precio por no hacerle caso a esta mujer se eleva cada día más.

Lucas 18:6-8 señala:

> ⁶Continuó el Señor: «Tengan en cuenta lo que dijo el juez injusto. ⁷¿Acaso Dios no hará justicia a sus escogidos, que claman a él día y noche? ¿Se tardará mucho en responderles? ⁸Les digo que sí les hará justicia, y sin demora. No obstante, cuando venga el Hijo del hombre, ¿encontrará fe en la tierra?»

¿Cómo puede representar este malvado a Dios en esta parábola? ¿Quiere decir Jesús que podemos obtener lo que queramos si somos persistentes en la oración? ¡No! Esta es una parábola de *contrastes*, no de *comparación*. Lo que Jesús está señalando es que si el juez injusto cede ante la petición persistente, ¿cuánto más un Padre amoroso prontamente otorgará las peticiones de sus amados "escogidos"? (v. 7, ver Mateo 24:22; Romanos 8:33; 1 Pedro 2:9; Apocalipsis 17:14; Sirach 35:14-19). El punto de la narración no es que fastidiemos a Dios con la oración hasta que él ceda. El punto es que no estamos fastidiando a Dios cuando le pedimos algo y que por lo tanto no debemos rendirnos.

Esto debió de haber sorprendido a la audiencia de Jesús. La teología judía consideraba que resultaba un poco ofensivo "molestar" a Dios con nuestras necesidades. Pero Jesús nos instó a hacerlo. ¿Recuerda usted el "pedir, buscar y tocar"?[70] Luego, él procedió a darnos unas parábolas para ilustrar cómo orar persistentemente (Lucas 11:5-8; 18:1-8). Como si eso no fuese suficiente, Jesús nos mostró él mismo, como hacerlo (Marcos 14:35-42).

---

[69] J. D. M. Derrett, "Law in the NT: The Unjust Judge" (La ley en el Nuevo Testamento: El juez injusto), NTS (Estudios del Nuevo Testamento) 18 [1971-72]: 178-191.

[70] Estos tres mandatos están en presente imperativo, indicando una acción continua. Esto resulta de lo más sorprendente dado que Jesús utilizó de manera sobreabundante los imperativos aoristo cuando enseñó sobre la oración.

Jesús promete que nuestras oraciones serán contestadas. Recibiremos justicia y la recibiremos de manera expedita. Esto no necesariamente significa que será "inmediatamente" sino "en poco tiempo". Simplemente espere hasta que Jesús regrese (17:29-37; ver Apocalipsis 22:20). Podría suceder en cualquier instante. Y cuando suceda será en un abrir y cerrar de ojos. Hicks nos ayuda con su traducción del v. 7: "¿No vindicará Dios a sus escogidos, que le ruegan noche y día aunque él pareciera demorarse?[71] Tendremos que esperar ese día. Pero grávese mis palabras, vendrá. Hasta entonces, ¡siga orando!

Cuando Jesús venga, ¿encontrará fe? Nuevamente, observamos que Jesús se refiere a la oración en relación con su segunda venida. Seguro que tenemos que esperar. No podemos acelerar el tiempo de Dios con nuestras oraciones. Pero sí reconocemos consistentemente su cuidado amoroso en nuestras vidas. La pregunta que Jesús hace es: "¿Se mantendrán fervientes en la oración hasta que yo regrese? ¿Lo lograrán?" Esta pregunta permanece sin respuesta hasta nuestros días. Tal vez sea esta la pregunta que nosotros mismos podemos contestar mejor que el mismo Jesús. Depende de nosotros. ¿Permaneceremos fieles hasta el regreso de nuestro Señor? Seguro, si esta viuda pudo persistir con este juez injusto, impredecible y no confiable, nosotros podemos persistir con un Dios amoroso quien siempre guarda su palabra.

Lucas 18:9-12 señala:

> [9] A algunos que confiando en sí mismos, se creían justos y que despreciaban a los demás, Jesús les contó esta parábola: [10] «Dos hombres subieron al templo a orar; uno era fariseo, y el otro, recaudador de impuestos. [11] El fariseo se puso a orar consigo mismo: "Oh Dios, te doy gracias porque no soy como otros hombres —ladrones, malhechores, adúlteros— ni mucho menos como ese recaudador de impuestos. [12] Ayuno dos veces a la semana y doy la décima parte de todo lo que recibo".

Jesús acaba de hablar del juez injusto. Ahora contrasta a este adorador autojustificado con un pecador arrepentido. Los fariseos se consideraban a sí mismos merecedores de la gracia de Dios. Creían que por su desempeño religioso podían demandar cosas de Dios y de

---

[71] J. M. Hicks, " The Parable of the Persistent Widow (Luke 18:1-8)" [La parábola de la viuda insistente (Lucas 18:1-8)], *Rest Q* (Publicación trimestral de la restauración) 33 [1991]: 209-223.

los demás (comparar vv. 18-30; Mateo 23:5-7; Marcos 7:6; Filipenses 3:4-6).

El fariseo "se puso a orar consigo mismo" (o mejor dicho: oraba a SÍ mismo – en un monólogo interior"). La razón por la que este hombre dejó el templo sin que su oración fuese contestada es porque él ora consigo mismo y no con Dios. Jamás pide algo. Lo único que hace es reportar qué tan bueno es él (utilizando el pronombre personal "yo" cinco veces en su oración) y reporta qué tan malo es este publicano. Puede catalogar fácilmente su proeza y hazaña ritual. Ayunaba dos veces por semana y diezmaba en detalle (ver 11:42). Los fariseos ayunaban los días lunes y jueves. La ley únicamente requería de un ayuno por año (ver Levítico 26:29; Números 29:7). Sin embargo, estos eran los días de plaza y la gente venía al pueblo. Había servicios especiales en las sinagogas en estos días y también se congregaba el sanedrín. Era el tiempo perfecto para llamar la atención.

Esta era (es) la actitud típica del fariseo. El rabino Simeón ben Jochai dijo: "¡Si hay dos hombres justos en el mundo, somos yo y mi hijo; si tan sólo hay uno, soy yo!"

Lucas 18:13-14 señala:

¹³En cambio, el recaudador de impuestos, que se había quedado a cierta distancia, ni siquiera se atrevía a alzar la vista al cielo, sino que se golpeaba el pecho y decía: "¡Oh Dios, ten compasión de mí, que soy pecador!"

¹⁴»Les digo que éste, y no aquél, volvió a su casa justificado ante Dios. Pues todo el que a sí mismo se enaltece será humillado, y el que se humilla será enaltecido.»

El recaudador de impuestos es un caso en sí mismo. Presenta un contraste tremendo. Se queda parado a cierta distancia, reconociendo su propia indignidad ante Dios. Rehúsa asumir la posición normal judía de la oración, parado, mirando al cielo. Este hombre, como un niño castigado, ni siquiera quiere mirarle a su padre los ojos. Mientras que el fariseo está parado a cierta distancia mirando de reojo al cobrador de impuestos, nota que el cobrador se golpea el pecho. En vez de orar para sí, ora a Dios. Su petición es simple: "Oh Dios, ten compasión de mí, que soy pecador". El texto griego tiene un artículo definido y se debe leer "EL pecador". Mientras que el fariseo se refiere a sí mismo como un hombre justo, el publicano se refiere a sí mismo como *EL* pecador.

Ambos hombres reciben lo que sinceramente piden. El publicano es justificado. El fariseo no recibe **NADA**. Eso es exactamente lo que pide y lo que piensa que necesita. Tal vez resulte difícil para nosotros sentir el impacto de esta narración porque Lucas ya nos preparó para que sintamos compasión por los que son menos y los perdidos (5:12, 27; 7:34, 37; 15:1-2; 16:20), y desprecio por el fariseo (5:17; 6:2, 7; 7:39; 11:37-54; 15:2; 16:14).[72] Pero en los días de Jesús, el "reverso" de esta parábola sería impactante. Así también resulta en nuestros días, nos escandalizaríamos si en verdad entendiésemos las oraciones de aquellos que respeta Dios.

Sección 122
Divorcio, volverse a casar y celibato
(Mateo 19:1-12; Marcos 10:1-12; ver Lucas 16:18)

Cuando Jesús se aproxima a Jerusalén, las multitudes crecen. Los fariseos, que siempre acechan desde atrás, pasan al frente con una pregunta. No buscan una respuesta sino una oportunidad. Quieren hacer caer a Jesús con este tema tan controversial como lo es el divorcio. Fue un botón rojo en aquel entonces como lo es ahora. Todos se detienen. Todas las orejas se yerguen; todas las miradas están fijas en Jesús. Sus palabras son típicamente aplastantes. Le aplica a los hombres, por vez primera, las mismas restricciones absolutas en cuanto al divorcio que siempre se habían aplicado a las mujeres. Esto les dio a las mujeres una protección del abuso masculino, los cuales al igual que los fariseos, quieren estar en la misa y repicar las campanas a la vez.

Mateo 19:1-3 con Marcos 10:1 señalan:

¹Cuando Jesús acabó de decir estas cosas, salió de Galilea y se fue a la región de Judea, al otro lado del Jordán. ²{Otra vez[Mr]} Lo siguieron grandes multitudes, y {como era su costumbre, les enseñaba[Mr]} sanó allí a los enfermos.

---

[72]En la caracterización que Lucas hace de los personajes, los fariseos y los cobradores de impuestos son opuestos binarios (3:12-13; 5:27-30; 7:34; 15:1; 18:11-13; 19:2, 10). Culturalmente, los fariseos se ponían sombreros blancos mientras que los cobradores de impuestos llevaban sombreros negros. Pero Lucas los cambia siempre (A. M. Okorie, " The Characterization of Tax Collectors in the Gospel of Luke" [La caracterización de los cobradores de impuestos en el evangelio de Lucas], *CurTM* [Corrientes en la teología y la misión] 22/1 [1995]: 27-32).

³Algunos fariseos se le acercaron y, para ponerlo a prueba, le preguntaron: —¿Está permitido que un hombre se divorcie de su esposa por cualquier motivo?

Desde su segundo año de ministerio, cada vez que Jesús atrae una multitud también atrae a los fariseos. No son discípulos, son informantes — obvios enemigos. Esto resulta más cierto debido a que el sanedrín abiertamente planeó matar a Jesús (Juan 11:53) y un mes atrás ofreció una "recompensa" a quien lo entregara (Juan 11:57). Eso fue lo que hizo que Jesús se refugiara en esta área (Juan 11:54; Lucas 17:11).

La pregunta de los fariseos tiene el firme propósito de atrapar a Jesús (ver Mateo 16:1; Marcos 10:2; Lucas 11:53). El divorcio era un tema de mucha discusión, generaba acaloramiento. De hecho, el Mishná le dedicaba todo un capítulo, titulado *Gittin*. Jesús presentó el tema en Judea unos dos meses antes, pero aparentemente no hubo tiempo para discutirlo (Lucas 16:14, 18). Ahora que los fariseos finalmente alcanzan a Jesús, lo acosan con este asunto. Esta vez el tema se abre a la discusión.

Las opiniones de los fariseos en cuanto al divorcio estaban divididas en dos campos. Una seguía a Hillel y la otra a Shammai (ambos ya tenían décadas de fallecidos). Hillel afirmaba que un hombre podía divorciarse de su esposa casi por cualquier razón. Cualquier falta de atención que no consintiera al marido era causa suficiente.[73] De hecho, Akiba, un discípulo de Hillel, hasta afirmó que un hombre se podía divorciar de su esposa si encontraba a una mujer más bonita (Gittin 9:10).[74] Shammai, por el otro lado, afirmaba que un hombre solamente se podía divorciar de su esposa por una gran ofensa sexual. No importando la respuesta de Jesús, la mitad de la multitud mostrará su furia.

El punto de vista de Shammai es más próximo al de Jesús que el de Hillel. Sin embargo, los dos están muy distantes. En primer lugar, la teología de Shammai en cuanto al divorcio se basa en Deuteronomio 24:1-4, mientras que el de Jesús se basa en Génesis capítulos 1-2. Segundo, Shammai únicamente trata el asunto legal en

---

[73]Para cuando el Talmud llegó, algunas razones válidas de divorcio de acuerdo con los Hillelitas eran (1) quemar la comida del esposo (b. Gitt 90a), (2) salir en público sin cubrirse la cabeza, (3) conversar con los hombres, (4) hilar en la calle, (5) hablar sin respeto a los familiares políticos frente al esposo, (6) causar problemas o discutir, (7) no procrear dentro de diez años.

[74]Josefo, quien también era fariseo divorciado, estuvo en el campo Hillelita. Él creía que el divorcio era permitido bajo cualquier causa (*Ant* [Antigüedades de los judíos] 4.253).

cuanto a los hombres, mientras que Jesús trata con las obligaciones espirituales de los hombres y de las mujeres. Tercero, Jesús es el único que le pone restricciones al acto de volverse a casar, que los judíos habrían considerado casi como un derecho absoluto.

También debemos notar que fue este asunto el que llevó a Juan el Bautista a ser decapitado (Mateo 14:3-12). Los fariseos enfrentan a Jesús en el mismo terreno donde andaba Juan (ver Juan 10:40-41; Lucas 17:11). Si tan sólo pudieran lograr que dijera las mismas cosas que Juan, tal vez Jesús tendría la misma suerte que tuvo su precursor. Eso agradaría a estos fariseos.

Mateo 19:4-6 señala:

> [4] —¿No han leído —replicó Jesús— que en el principio el Creador "los hizo hombre y mujer",[a] [5] y dijo: "Por eso dejará el hombre a su padre y a su madre, y se unirá a su esposa, y los dos llegarán a ser un solo cuerpo"?[b] [6] Así que ya no son dos, sino uno solo. Por tanto, lo que Dios ha unido, que no lo separe el hombre.
>
> [a] 4 Génesis 1:27; 5:2 [b] 5 Génesis 2:24

Jesús jamás retrocedió ante una buena pelea. Ellos lo desafiaron con un asunto de lo más delicado y difícil y él se para con los puños en alto. Abre con la frase, "¿No han leído . . . ?" (ver Mateo 12:3, 5; 21:16, 42; 22:31; Marcos 12:10, 26). Esto sonó sumamente ofensivo a estos eruditos de la Biblia. Ellos no tan sólo habían leído sino que habían memorizado mucho de la torá.

La teología de los fariseos en cuanto al divorcio está basada en las tradiciones orales basadas en Deuteronomio 24:1-4. Sin embargo Jesús, con una típica claridad impresionante, se remonta hasta el mero principio, hasta el diseño de Dios para el hombre y la mujer. Primero declara que Dios diseñó que el hombre y la mujer se casaran y formaran una unidad (citando Génesis 1:27 de la versión Septuaginta de la Biblia). Ellos se pertenecen el uno al otro de manera física, emocional y espiritual.

Segundo, los lazos matrimoniales tienen que ver con dos cosas: "dejar y unir" (Génesis 2:24, también ver la versión Septuaginta de la Biblia). Dejar padre y madre, en el mundo bíblico, no necesariamente significaba dejar la casa de los padres. De hecho, eso habría sido algo raro, por lo menos en los días de los patriarcas. Sino que "dejar" quería decir cambiar de compromisos. La mamá y el papá ya no eran objeto de lealtad primordial. La segunda parte de los lazos matrimoniales tenía que ver con ser una sola carne. Aunque esto no resulta ser exclusivamente la unión sexual, no hay otro cuadro de unión física mejor que esta.⁷⁵ Así, el matrimonio se presenta como un pacto (Proverbios 2:17) que tiene sus fundamentos en dos pilares: (a) compromiso y (b) unidad, fidelidad íntima. Si cualquiera de estos se destruye, el matrimonio se rompe.

Basado en estos dos pilares Dios "une" una pareja. Jesús utiliza una palabra que significa "unidos en yugo" *[synezeuksen]*. Así, llegan a ser compañeros y colaboradores de por vida. Este es el diseño de Dios desde el huerto en Edén. No es particularmente algo judío o cristiano, sino humano. Esta es la "ordenanza divina desde la creación": Un hombre con una mujer de por vida.

Mateo 19:7-8 señala:

⁷Le replicaron: —¿Por qué, entonces, mandó Moisés que un hombre le diera a su esposa un certificado de divorcio y la despidiera? [Deuteronomio 24:1-4].

8—Moisés les permitió divorciarse de su esposa por lo obstinados que sonᵃ —respondió Jesús—. Pero no fue así desde el principio.

ᵃ8 por lo obstinados que son. Lit. por su dureza de corazón.

Los fariseos debatían el significado de Deuteronomio 24:1-4. Pero ellos erraban en su manejo del texto. En primer lugar, Moisés no "ordenó" que un hombre se divorciara de su mujer. Sino que prohibió que un hombre se casara dos veces con la misma mujer. Esto tenía que ver principalmente con la protección de la mujer. En tal sociedad dominada por el varón, las mujeres eran tratadas como propiedad. Esta ley prevendría que un hombre se deshiciera rápidamente de su mujer por el simple hecho de haberse peleado. Si él la deja ir, será para siempre. No la puede recuperar como el niño a sus juguetes que avienta.

---

⁷⁵El hecho de tener relaciones sexuales no constituye en sí mismo un matrimonio. Un matrimonio requiere tanto de una relación íntima (consumada en la relación sexual) como de un compromiso. Aunque 1 Corintios 6:16 afirma que el acto sexual con una prostituta crea un lazo que va más allá del contacto físico, no va tan allá como para señalar que la pareja se convierte en esposo y esposa. Si así fuese, entonces Jesús se habría equivocado cuando le dijo a la mujer en el pozo que el hombre con el que vivía no era su esposo (Juan 4:18). Es precisamente por eso que una relación sexual fuera del matrimonio es tan peligrosa. Crea una unidad entre dos personas sin compromiso por parte de la pareja. Con frecuencia, las consecuencias son devastadoras.

La pregunta principal en el debate Hillel contra Shammai es el significado de "algo indecente" (ver *m. Qidd.* 9:10). Literalmente, significa "desnudez" o "exposición" especialmente de sus partes genitales (y más frecuentemente con respecto a las mujeres). Es probable que no se refiera meramente al adulterio, ya que la ley decía que en tal caso se apedrearía de muerte al adúltero (Levítico 20:10; Deuteronomio 22:22). Uno no necesita divorciarse de una mujer muerta. Y aunque los judíos no ejecutaron a alguien por causa de adulterio (especialmente en los tiempos del Nuevo Testamento), no sería congruente que Moisés estableciera un doble estándar dentro de la misma ley escrita. Por otro lado, "algo indecente" ciertamente debe ser algo más que "ser fea" o "ser mala cocinera" como lo aplicaron los seguidores de Hillel. Suena razonable asumir que "algo indecente" cubre un rango de pecados sexuales incluyendo el adulterio. Esto sería cierto tanto para la palabra hebrea como la aplicación de Jesús, traducida con la palabra griega *porneia*. Así, un pecado sexual serio derriba el pilar de "un solo cuerpo" del pacto matrimonial.

Regresemos a la pregunta de los fariseos. Aunque Moisés no *ordenó* el divorcio, sus regulaciones sí lo **permitieron**. Ahora, Moisés no está propugnando el divorcio, sino que lo regula. No lo puede detener, pero le puede poner unos cuantos parámetros. Sin pautas legales, especialmente las mujeres y los niños[76] quedaban vulnerables a lo que Jesús llama "la dureza de vuestro corazón".[77]

Mateo 19:9 *con* Marcos 10:11 señalan:

> ⁹Les digo que, excepto en caso de infidelidad conyugal, el que se divorcia de su esposa, y se casa con otra, comete adulterio {contra la primera^Mr}.

Marcos 10:12 señala:

> ¹²Y si la mujer se divorcia de su esposo y se casa con otro, comete adulterio.

---

[76] Tal vez esto sea mera coincidencia, pero resulta significativo que las siguientes dos secciones en cuanto a esta enseñanza del divorcio tratan con el dinero y los niños, ambos resultan asuntos críticos en cuanto al divorcio.

[77] Dios permitió la legislación en cuanto al divorcio por la dureza del corazón de su pueblo. De igual forma Dios permitió una monarquía y la construcción del templo aunque esto tampoco fue la intención o idea original de Dios.

Lucas 16:18 señala:

> **18**»Todo el que se divorcia de su esposa y se casa con otra, comete adulterio; y el que se casa con la divorciada, comete adulterio.

Este es un texto de lo más difícil por varias razones. Pero antes de tratar el texto, debemos fijar ciertos parámetros en cuanto a la explicación de este texto. Primero, esta es una discusión entre Jesús y los fariseos. La pregunta, planeada para atrapar a Jesús, específicamente se refiere a un esposo divorciándose de su esposa.[78] Por ello tal vez debiéramos ser precavidos al universalizar absolutos en esta narrativa como lo hacemos con otros textos de "debates".[79]

Segundo, cuando Mateo escribe esto, la tinta sigue húmeda de haber escrito 18:18-35, tratando con el asunto del perdón del hermano en error y el confrontar a un hermano no arrepentido. El divorcio, aunque es un asunto personal de importancia, no se debe tratar solo. Los cristianos son parte de un cuerpo. Por lo tanto, una pareja en proceso de divorcio tiene la obligación de buscar consejería y apoyo del compañerismo cristiano al que pertenecen.

Tercero, debemos balancear tanto la exégesis pura como la aplicación real. Aunque el texto debe reinar de manera suprema sobre nuestras opiniones, la razón y la cultura, cualquier explicación del texto que lleve a la opresión, a la intolerancia o al legalismo debe ser sospechoso. Nuestra obligación no simplemente radica en que debemos explicar el texto de manera certera sino que debemos aplicarlo con sensibilidad. Una vez dicho esto, este versículo nos confronta con por lo menos dos preguntas de importancia:

---

[78] En los círculos judíos, casi no se escuchaba que una mujer se divorciara de su esposo. Aun la Mishnah lo permitió por el año 200 a.C. (*m. Git* 2:5). Sin embargo, en los círculos greco-romanos, era más común. Es probablemente por esto que Marcos incluye sus palabras (10:12), declarando que lo que es para el hombre también va para la mujer. Sería más aplicable a la audiencia de Marcos que a la de Mateo.

[79] C. Blomberg advierte que "Pocos son los que hacen estos pronunciamientos en otras controversias o historias con declaraciones absolutas (p. ej. Mateo 19:21; 9:15 y especialmente 13:57, un paralelo realmente interesante ya que presenta la misma cláusula de excepción . . .) así que uno debiera tener la misma cautela para no elevar 19:9 (o Marcos 10:11-12) en un absoluto sin excepción" ("Marriage, Divorce, Remarriage and Celibacy: An Exegesis of Matthew 19:3-12" [Matrimonio, Divorcio, volverse a casar y celibato: Una exégesis de Mateo 19:3-12] *TrinJ* [Revista Trinidad] 11NS [1990]: 162).

1. ¿Permite Jesús que usted se divorcie si su pareja es infiel?

Algunos dicen ¡**No**! Esta cláusula "condicional" o de excepción únicamente se encuentra en Mateo 5:32 y 19:9. Algunos sugieren que Mateo no contendría una cláusula condicional o de excepción que no tienen Marcos y Lucas porque entonces los lectores de Mateo podrían divorciarse y los de Marcos y Lucas no podrían hacerlo. Sin embargo, entre los griegos y romanos, a los que principalmente escriben Marcos y Lucas, universalmente se asume que el adulterio era terreno adecuado y suficiente para el divorcio. Se hacía en la práctica sin necesidad de señalarlo. En otras palabras, Mateo explícitamente declara aquello que Marcos y Lucas pueden asumir.

Además, si consideramos Mateo 5:32 minuciosamente, realmente no afirma que el adulterio permita o sea causa de divorcio. Simplemente señala que si un hombre se divorcia de su esposa la fuerza a cometer adulterio, a menos que, claro, ella hubiese adulterado. En otras palabras, si ella ya es adúltera, no la puedes hacer una adúltera. Esa lógica funciona bien para Mateo 5:32.[80] Pero se desploma en Mateo 19:9. En este pasaje es el hombre el que comete adulterio al divorciar a su esposa.

Basados en esto, confiadamente podemos señalar que Jesús otorga permiso, sin obligación, para divorciarse de una pareja "infiel". Pero, ¿qué es exactamente esta "infidelidad"? La palabra utilizada en Mateo 5:32 y en 19:9 es *porneia*. Por lo menos quiere decir "adulterio" [*moichos*].[81] Pero puede significar más. Como su contraparte ['*ervah*] en Deuteronomio 24:1, *porneia* puede cubrir un rango de pecados sexuales. Esto pudiera incluir el coito, exposición indecente, homosexualidad, incesto, acoso, etc. Pero tiene que ser de una naturaleza tal que rompa con la "unión" del pacto matrimonial.

Pero, ¿es la infidelidad sexual la única razón válida para el divorcio? No. Pablo claramente añade otra en 1 Corintios 7:15. Si una pareja incrédula abandona a su pareja, el creyente o la creyente debe dejar ir a su pareja. Sin embargo, si un cristiano es abandonado por su pareja creyente, la persona abandonada se debe mantener en celibato

---

[80] Sin embargo, P. H. Wiebe, "Jesus' Divorce Exception" (La excepción de divorcio presentada por Jesús), *JETS* (Revista de la sociedad teológica evangélica) 32/3 [1989]: 327-333, muestra que lingüísticamente la cláusula de excepción puede modificar cualquier frase, "quienquiera que se divorcie de su esposa" o "causa que ella cometa adulterio". Por lo tanto, hasta en Mateo 5:32, se pudiera tomar como excepción válida para el divorcio.

[81] Aquellas palabras con la raíz *porn-* se utilizan con más frecuencia en un mal comportamiento sexual femenino que masculino. Esto puede explicar por qué Jesús utiliza *porneia* en esta ocasión en vez de usar la palabra más específica adulterio, *moicheō*.

y debe buscar la reconciliación (1 Corintios 7:11). Uno pudiera pensar que un cristiano abandonado por su pareja incrédula también debe permanecer en celibato (1 Corintios 7:8), a menos que la tentación sexual sea tan grande que no se pueda vivir sin ello (1 Corintios 7:9). Obviamente, es preferible un segundo matrimonio que fornicar.

En conclusión, existen dos razones válidas para el divorcio: (1) la infidelidad sexual, que destruye el primer pilar del pacto matrimonial – "la unidad"; (2) El abandono de una pareja incrédula, que destruye el segundo pilar del pacto matrimonial – "el compromiso". ¿Existen otros casos en que Jesús aprobaría el divorcio además del abandono o el adulterio? Algunos confiadamente señalan: "Sí".[82] Sin embargo, si existen deben ser lo suficientemente serios para dañar irreparablemente uno de los dos pilares del pacto matrimonial. Algunos han sugerido que el abuso o maltrato físico, la locura, la desviación sexual, el Alzheimer, el alcoholismo, la drogadicción u otras causas similares pueden caer en esta categoría. Pero debemos tener sumo cuidado al respecto.

Mientras que reconocemos que ni las discusiones de Jesús ni las de Pablo están diseñadas para abordar todas las complejidades y posibilidades de este asunto del divorcio, sí asientan los parámetros de Dios al respecto. Por un lado, debemos ser fieles con lo que enseñan las Escrituras. Por otro lado, debemos aplicar esta enseñanza con sensibilidad, compasión y razón. Así, basados en el contexto de Mateo 18:15-35, ofrecemos esta precaución en cuanto a tratar este asunto con ligereza. Aunque pudiera haber más razones válidas para el divorcio que las dos mencionadas por Jesús y Pablo, esa no es una decisión individual. Cuando una pareja experimente dificultad matrimonial, tienen la obligación de buscar consejería y oración. Una pareja envuelta en conflicto casi invariablemente aumentará sus problemas y concluirán rápidamente que sus diferencias son irreconciliables. En ese punto, los líderes cristianos temerosos de Dios deben tomar mejores decisiones que la pareja viviendo el conflicto. Dado que el divorcio afecta a toda la iglesia, no parece correcto que sea una decisión privada.

---

[82] R. H. Stein, "Is It Lawful For a Man to Divorce His Wife" (¿Permite la ley que un hombre se divorcie de su esposa?) *JETS* (Revista de la sociedad teológica evangélica) 22/2 [1979]: 115-121 y M. J. Molldrem, "A Hermeneutic of Pastoral Care and the Law-Gospel Paradigm Applied to the Divorce Text of Scripture" (Una hermenéutica del cuidado pastoral y el paradigma de la ley/evangelio aplicado al texto escritural del divorcio), *Int* (Interpretación) 45 [1991]: 43-54.

El divorcio siempre será malo (Malaquías 2:16). Se debe reconocer como una falla personal y una derrota espiritual. Pero en ocasiones en un mundo caído no encontramos buenas opciones. No nos podemos dar el lujo de escoger entre lo bueno y lo malo sino meramente entre lo menos. En ocasiones el divorcio será algo más razonable que permanecer casados. Pero debemos sopesar nuestras opciones cuidadosamente y únicamente aceptar el divorcio como último recurso cuando ya no hay más opciones.

2. ¿Quién es el culpable de adulterio en el divorcio y el volver a casarse?

Jesús no está diciendo que el divorcio sea el acto del adulterio. En cambio, señala que el divorcio es como el adulterio. Es decir, ambos rompen con el pacto matrimonial. Es una metáfora.[83] Jesús con frecuencia utilizó tales formas retóricas de hablar. Por ejemplo, en el sermón de la montaña, cuando Jesús presentó sus enseñanzas en cuanto al divorcio (Mateo 5:32), la acompañó de otras metáforas: El enojo = al asesinato; la lujuria = al adulterio; "sacarte el ojo derecho"; la sal y la luz; etc.

La mujer se convierte en adúltera sin falla aparente de ella (Mateo 5:32). ¿Cómo? Una mujer divorciada en los tiempos de Jesús tenía muy pocas opciones. Las afortunadas se volvían a casar. Las no afortunadas eran forzadas a entrar a la prostitución. Ambas opciones tenían que ver con actividades sexuales que se podían etiquetar de "adulterio". Y ¿qué en cuanto a las mujeres que permanecían en celibato (tal vez apoyadas por los miembros de su familia)? Si ella no se ha acostado con ningún hombre previo o después del divorcio, no parece justo considerarla adúltera. Sin embargo, ella es *tratada* como una adúltera y sufre las mismas consecuencias de rechazo y privación que una adúltera. Así que para todo propósito *práctico*, su ex-esposo la fuerza a ser adúltera aunque ella no hubiese cometido ese crimen.

Así que, ¿cómo es que el divorcio se podría ver como adulterio? El divorcio destruye el pilar de "compromiso" en el matrimonio. El adulterio destruye el pilar de "la unidad" en el matrimonio. De cualquier forma, el matrimonio termina. Así, tanto el divorcio como el adulterio tienen la misma consecuencia terrible. Por ello, el divorcio es tan malo como el adulterio. Ahora, eso causaría un terrible impacto a los perniciosos fariseos, quienes jamás cometerían

---

[83] "Adulterio" se utilizaba frecuentemente de manera metafórica en el Antiguo Testamento en referencia a la "idolatría" (Oseas 2:4; 4:12; Jeremías 5:7; Ezequiel 16:32; 23:37).

adulterio pero que se sentían libres para divorciarse caprichosamente. Además, volverse a casar, lo cual estos fariseos pensaban que era un derecho divino, destruye cualquier esperanza de reconciliación. Así volverse a casar es igual al adulterio.[84] Los tres: el divorcio, el adulterio y volverse a casar separan aquello que Dios ha unido.

¿Quiere decir esto que volverse a casar es pecado? La iglesia primitiva contestaría con un rotundo "¡Sí!" Pero, ¿qué diría Jesús? Si todo intento de reconciliación ha fallado, entonces puede que no sea pecado. Jamás es ideal. Es una marca de falla moral. Lleva consigo la carga de rotura pasada. Pero frente al divorcio no tenemos buenas opciones. Por lo tanto, a veces somos forzados a escoger entre dos males. Eso no quiere decir que un segundo matrimonio no funcionará. Pero jamás será el matrimonio ideal. A Pablo le gustaba que toda persona soltera se quedara así, pero sabe perfectamente que muchos no lo pueden resistir (1 Corintios 7:8-9). En ese caso, volverse a casar es una mejor opción que fornicar. Además, donde hay hijos, es mejor tener a ambos padres que a uno solo.

Pero si una pareja se vuelve a casar, ¿no vivirán en adulterio perpetuo? ¡No! Volverse a casar no es adulterio, es como el adulterio. Es decir, termina y sella el matrimonio previo. El "adulterio" está unido al divorcio, no a la unión sexual de la segunda pareja.[85] Sin embargo, algunos sugerirían que debido a que la frase griega "comete adulterio" está en presente, quiere decir que la pareja sigue cometiendo adulterio en tanto vivan juntos. Sin embargo, el tiempo presente del verbo no significa algo más de lo que lo hace en español. Simplemente indica un acontecimiento que ocurre sin una clara indicación de si continúa o no.[86] Además, la implicación de tal idea es atroz.

---

[84] Todas las partes involucradas cometen adulterio: (1) El hombre que se divorcia de su esposa (Mateo 19:9), (2) la mujer que se divorcia de su esposo (Marcos 10:12), (3) la mujer que es divorciada por su esposo (Mateo 5:32) y (4) el hombre que se casa con una mujer divorciada (Mateo 5:32).

[85] Cuando una persona reconoce que volverse a casar era un derecho fundamental virtualmente reconocido por todos los judíos de la antigüedad (m. Git. 9:3), uno debe darse cuenta que si Jesús hubiese querido que alguien de su audiencia entendiese que él estaba prohibiendo todo matrimonio, él hubiese tenido que ser totalmente claro al respecto" (C. L. Blomberg, "Marriage, Divorce, Remarriage . . ." (Matrimonio, divorcio, volverse a casar . . .) *TrinJ* (Revista Trinidad) 11NS [1990]: 179-180).

[86] En el griego el verbo en tiempo presente indica una acción continua si se la usa en modo imerativo, subjuntivo o infinitivo. Pero cuando se usa en modo indicativo, como en esta ocasión, no siempre indica una acción progresiva: y la única forma de averiguarlo es a través del contexto (C. D. Osburn, " The Present Indicative of Matthew 19:9" [El presente indicativo de Mateo 19:9], *RestQ* [Publicación trimestral de la restauración] 24 [1981]: 193-203).

Si todas las parejas de segundos matrimonios viven en adulterio constante, entonces la única solución sería disolver ese segundo matrimonio y buscar la reconciliación del primer matrimonio. Esto implicaría que (1) se cometiera adulterio con un segundo divorcio, (2) se disolvería un buen matrimonio para buscar una casi imposible reconciliación de un mal matrimonio, (3) se traumarían dos relaciones y (3) se dividirían a los niños del segundo matrimonio.

Además, Jesús reconoció la validez de varios matrimonios (Juan 4:18), sin aprobarlos o acusarlos de adulterio. Así también lo hizo Moisés (Deuteronomio 24:1-4). Nosotros debemos hacer lo mismo. Esto es especialmente cierto al llegar a aceptar a Cristo una vez ya divorciados (1 Corintios 7:17). El hecho de destruir un segundo matrimonio en un inútil intento de reconciliar un primer matrimonio resulta ser un paso equivocado.

Mateo 19:10-12 *con* Marcos 10:10 señalan:

{Vueltos a casa^{Mr}} ^{10}—Si tal es la situación entre esposo y esposa —comentaron los discípulos—, es mejor no casarse.
^{11}—No todos pueden comprender este asunto —respondió Jesús—, sino sólo aquellos a quienes se les ha concedido entenderlo. ^{12}Pues algunos son eunucos porque nacieron así; a otros los hicieron así los hombres; y otros se han hecho así^a por causa del reino de los cielos. El que pueda aceptar esto, que lo acepte.

^{a}12 O se han hecho eunucos a sí mismos

La santidad del matrimonio y el celibato después del divorcio es un asunto muy serio. Así que cuando están en privado en la casa de su anfitrión, los discípulos le preguntan a Jesús en cuanto a esto. Tal vez de manera irónica o chistosa afirman: "Si el matrimonio es tan difícil, sería mejor quedarse soltero".

Pero en vez de suavizar el golpe, Jesús afirma: "¡Están en lo cierto! Sería mejor el celibato, pero no todos pueden hacerlo". Pablo estaría de acuerdo (1 Corintios 7:7-9). Muchas personas en la iglesia moderna simplemente dirían: "¡Eso no es para mí!" Una persona soltera puede ser de gran contribución y ayuda al reino.[87] Las relaciones familiares son hermosas y son el plan de Dios. Pero toman

---

[87] La iglesia primitiva tomó esto muy en serio. Hubo grandes grupos de personas que se quedaron solteros para dedicar toda su atención y tiempo al servicio de la iglesia (W. A. Heth, "Unmarried 'For the Sake of the Kingdom' (Mt 19:12) in the Early Church" [Sin casarse 'por causa del reino' (Mateo 19:12) en la iglesia primitiva], *GTJ* [Revista Teológica de Grace Theological Seminary] 8/1 [1987]: 55-88).

una gran cantidad de energía y tiempo que se pudiera utilizar en la obra del evangelio (1 Corintios 7:32-35).

Sin embargo, el hecho de permanecer soltero implica un don de Dios. De acuerdo con Jesús (ver *m. Zab.* 2.1), existen tres categorías de eunucos. El primero es una persona que nació sin la capacidad natural para las relaciones sexuales. La segunda es una persona que, mediante la cirugía (p.ej., la castración), pierde sus impulsos sexuales (p.ej., Hechos 8:27). Tercero, es una persona que decide no casarse por causa de Cristo. Mientras que la teología del celibato del sacerdocio católico romano ha sido cuestionado por protestantes, cristianos y por católicos romanos (1 Timoteo 4:1-3), el don del celibato ha sido tristemente rebajado por los cristianos y protestantes.

La mayoría de los solteros de nuestra sociedad son tratados cono una anomalía desafortunada. Se han hecho grandes intentos para "arreglarlos" como si estuviesen rotos o descompuestos.[88] Los ministerios a los solteros harían bien en presentar una perspectiva con un balance bíblico en vez de caer presa de la persuasión contemporánea equivocada que idolatra la sexualidad. Existen cosas más importantes que la gratificación sexual personal. La pregunta no debe ser: "¿qué me haría más feliz?", sino "¿sería yo más eficaz para Cristo casado o soltero?"

Sección 123
Jesús y los niños del reino
(Mateo 19:13-15; Marcos 10:13-16; Lucas 18:15-17)

Mateo y Marcos unen esta sección a la enseñanza de Jesús en cuanto al divorcio. Al hacerlo, tal vez intenten resaltar la santidad de la familia. Por otro lado, Lucas la conecta con unas parábolas en cuanto a la oración: la viuda y el recaudador de impuestos. Ambas parábolas muestran como Dios escucha las oraciones de "los pequeños". Parece que los discípulos han pasado por alto esta lección ya que les prohiben a estos niños acercarse a Jesús.

---

[88] En la Biblia encontramos una gran cantidad de hombres y mujeres solteros de provecho incluyendo: Jesús, Jeremías, Pablo, Ana y probablemente Juan el Bautista, Lidia y María Magdalena (F. Stagg, "Biblical Perspectives on the Single Person" [Perspectivas bíblicas de la persona soltera] *RevExp* [Revisor y expositor] 74 [1977]: 5-19).

Marcos 10:13-16 *con* Mateo 19:13-15; Lucas 18:15-16 señalan:

{Llevaron^{Mt}} ¹³Empezaron {También^{Lc}} a llevarle niños a Jesús para que los tocara {y orara por ellos^{Mt}}, pero los discípulos reprendían a quienes los llevaban. ¹⁴Cuando Jesús se dio cuenta, se indignó {pero Jesús llamó a los niños^{Lc}} y les dijo: «Dejen que los niños vengan a mí, y no se lo impidan, porque el reino de Dios {los cielos^{Mt}} es de quienes son como ellos. ¹⁵Les aseguro que el que no reciba el reino de Dios como un niño, de ninguna manera entrará en él.» ¹⁶Y después de abrazarlos, los bendecía poniendo las manos sobre ellos {se fue de allí^{Mt}}.

Las multitudes siguen creciendo (ver Mateo 19:2; Marcos 10:1), demandando más del tiempo de Jesús. Entre aquellos que aclamaban y demandaban el tiempo de Jesús encontramos a un grupo de mujeres con sus niños.[89]

Los motivos de los discípulos son probablemente buenos. Quieren apartar toda interferencia de Jesús y protegerlo de estas madres tan insidiosas, junto con sus niños bulliciosos. Ahora, quien haya estado en una reunión congregacional junto con niños sabe de la frustración de los discípulos. Los niños tienden a retorcerse, a hacer mucho ruido y a distraer a todos; en ocasiones con su dulzura pero a veces con su ruido. Estos niños distraen a los adultos y no logran escuchar a Jesús.

Se esperaba que los niños judíos estuvieran callados y fueran sumisos, y se les igualaba a siervos hasta que tuvieran cierta edad (comparar Gálatas 4:1-2). Sin embargo, eran una parte apreciada de la sociedad judía. No era del todo raro que los padres llevaran a sus hijos ante gente importante para que les impusieran las manos y oraran por ellos. Los discípulos los reprenden cuando debieron de haber actuado distinto. En Galilea ya Jesús les había enseñado que los niños eran el mejor ejemplo de los ciudadanos del reino (Mateo 18:1-5; Marcos 9:33-37; Lucas 9:46-48).[90]

---

[89] Tanto Mateo como Marcos utilizan la palabra *paidia*, que con anterioridad se había utilizado para describir a la hija de doce años de Jairo. Pero Lucas usa la palabra *brephe* (v. 15) que normalmente significa un infante (Lucas 2:12, 16; Hechos 7:19; 2 Timoteo 3:15; 1 Pedro 2:2) y hasta se puede utilizar para un niño que todavía no ha nacido (Lucas 1:41, 44). Así, la invitación de Jesús incluye a niños de edades muy diversas y dispares.

[90] El ministerio posterior judío y pereo de Jesús con frecuencia cubre los mismos asuntos que su ministerio galileo, en ocasiones hasta con las mismas palabras. Presentamos en esta ocasión algunos paralelos: (1) Enviando a los 72 (Lucas 10:1-16) y a los 12 (Mateo capítulo 10); (2) la oración modelo (Lucas 11:1-4, 9-12 y Mateo 6:9-13; 7:7-11); (3) Beelzebú y la blasfemia contra el Espíritu Santo (Lucas 11:14-36 y Mateo 12:22-37; Marcos 3:20-30); (4) conflicto con los fariseos en una cena (Lucas 11:37-54; 14:1-24 y Mateo 15:1-20; Marcos 7:1-23); (5) advertencias en cuanto al discipulado (Lucas 12:1-12;14:25-35; 17:1-10 y Mateo 10:18-33, 37-

Cuando Jesús ve lo que los discípulos hacen se enoja y les dice que "se aparten de su camino" [*mē kōlyete*]. Esto no sucede muy a menudo. En dos ocasiones se implica que Jesús se enojó con los jefes de los sacerdotes cuando purifica el templo (Juan 2:14-17; Mateo 21:12-13; Marcos 11:15-17; Lucas 19:45-46). Pero hubo una ocasión más cuando Jesús se enojó. Se señala eso de manera explícita. Fue cuando sanó al de la mano paralizada y lo hizo en día de reposo (Marcos 3:5). Él se enojó porque los fariseos le daban prioridad a los ritos religiosos en vez de a la necesidad de este pobre hombre. Así sabemos de tres grupos con los que Jesús se enojó: los fariseos, los saduceos y los discípulos. Qué raro resulta entonces que los "pecadores" son el objeto de tanto veneno "cristiano".[91]

Casi no existe otra escena tan tierna como ésta. Jesús acogiendo a los niños y abrazándolos. Ellos son modelos de los ciudadanos del reino, no porque sean ingenuos y débiles. Son ciudadanos modelo porque (a) son humildes, (b) no buscan posiciones o puestos de importancia y (c) reconocen libremente su necesidad de ser ayudados.

La escena es breve. Jesús debe continuar su viaje. Tiene que llegar a la fiesta de la pascua.

Seccion 124a
El dirigente rico
(Mateo 19:16-30; Marcos 10:17-31; Lucas 18:18-30)

Esta narración es simple. Un joven hombre de negocios se siente atraído a seguir a Jesús. Pero no se puede imaginar siguiendo a Jesús y dejando sus riquezas, así que decide dejar a Jesús. Pocas historias son tan mordaces para la iglesia de hoy día. Tal vez por ello sentimos que esta narración debe desaparecer de la Biblia. Decimos: "esa sí que es una historia poderosa para los ricos". No pensamos

---

38; 18:6-7, 21-22); (6) advertencias en cuanto al dinero (Lucas 12:22-34 y Mateo 6:19-34); (7) advertencias en cuanto a la alianza a Jesús sobre la familia (Lucas 12:49-53 y Mateo 10:34-36); (8) advertencias en cuanto al discernimiento de los tiempos (Lucas 12:54-59 y Mateo 16:2-3; 5:25-36); (9) controversia en cuanto a sanidad en día de reposo (Lucas 13:10-21; 14:1-24 y Mateo 12:1-14; Marcos 2:23 – 3:6; Lucas 6:1-11); (10) otros usos de las parábolas (Lucas capítulos 15-16; 18:1-14 y Mateo capítulo 13; Marcos capítulo 4; Lucas capítulo 8); (11) resucitando a alguien de entre los muertos (Lucas 7:11-17; 8:40-56; Mateo 9:18-26; Marcos 5:21-43 y Juan 11:17-44).

[91] Las emociones de Jesús traicionan las prioridades de Dios. Las emociones no son debilidades humanas sino que de hecho son parte de nuestra Imago Dei. Nuestras debilidades recaen en nuestra incapacidad para controlar nuestras emociones o dirigirlas hacia las personas y situaciones correctas (W. Hansen, "The Emotions of Jesus" [Las emociones de Jesús], *CT* [Revista cristianismo hoy] [Febrero 3, 1997]: 43-46).

que se aplica a todos nosotros. A nuestra manera de pensar, el rico es aquel que tiene un poco más de dinero que nosotros. O decimos: "Bueno, Jesús no les pide a todos que abandonen sus riquezas, sino solamente lo hace con aquellos para los cuales la riqueza resulta un problema". Sin embargo, no nos detenemos a considerar qué gran obstáculo es el dinero cuando se trata de buscar a Cristo.

Marcos 10:17-18 *con* Mateo 19:16; Lucas 18:18 señalan:

> ^{17}Cuando Jesús estaba ya para irse, un hombre {Cierto dirigente^{Lc}} llegó corriendo y se postró delante de él. —Maestro bueno —le preguntó—, ¿qué {de bueno^{Mt}} debo hacer para heredar la vida eterna?
> ^{18}—¿Por qué me llamas bueno? —respondió Jesús—. Nadie es bueno sino sólo Dios.

Mientras Jesús viaja de Perea a Jerusalén, nuevamente se le detiene con una pregunta. Este joven apresurado está en completo contraste con los niños que Jesús acaba de bendecir (Mateo 19:13-15; Marcos 10:13-16; Lucas 18:15-17). Aunque él es joven (probablemente 20-40 años), ya se ha rodeado de una gran fortuna (Lucas 18:23).[92] Además, él es un líder respetado en la comunidad (Lucas 18:18), probablemente en la sinagoga. Era respetuoso (Marcos 10:17), religioso (Marcos 10:20) y dispuesto a aprender (Lucas 18:18). Al parecer él es el "candidato" ideal o perfecto.

Muy por el contrario a los fariseos, quienes obstaculizaban el progreso de Jesús con preguntas que estaban diseñadas para atraparlo (Mateo 19:3; Marcos 10:2), este joven parece sincero. Después de todo, se le acerca a Jesús con gran respeto tanto en su postura (de rodillas), apelación ("Maestro bueno") y honestidad ("¿Qué me falta?"). Por ello, Jesús lo "amó" (Marcos 10:21). Además, le hace una muy buena pregunta; de hecho es la mejor pregunta: "¿Qué debo hacer para heredar la vida eterna?"

Antes de que Jesús le conteste, debe aclarar dos cosas importantes: N°1 – ¿Quién es Jesús? y N° 2 – ¿Cómo somos salvos? A menos que este joven tenga un claro entendimiento de estas dos cosas, no entenderá de manera apropiada la respuesta de Jesús.

---

[92]Aunque Mateo y Marcos simplemente afirman que él tenía muchas posesiones [*ktemata polla*], lo cual no necesariamente indica que era rico, Lucas utiliza la frase que solamente se podía aplicar a la clase alta [*plousios sphodra*].

Asunto N° 1: ¿Quién es Jesús? El joven se dirige a él como "Maestro bueno".[93] Jesús llama su atención a lo que ello implica. Cuando Jesús afirma: "Nadie es bueno sino sólo Dios", no está diciendo que él mismo no sea bueno. En cambio, él está haciendo un llamado de atención al hecho de que él comparte la bondad de Dios. Únicamente bajo esa base y con ese entendimiento será que el joven entenderá propiamente la respuesta a su pregunta.

Esta "bondad" tal vez tenga más que ver con la capacidad de Jesús de enseñar la verdad que su perfección moral (2 Corintios 5:21; Hebreos 4:15). En otras palabras, él es un buen Maestro debido a que tiene todas las respuestas correctas. Sin embargo, únicamente Dios tiene la verdad en su poder. Por lo tanto, si Jesús siempre dice la verdad, entonces habla como el representante de Dios (Juan 8:28; 12:49-50). Entonces, más le vale a este joven prestar atención y escuchar bien.

Marcos 10:19-20 *con* Mateo 19:17-20 señalan:

{Si quieres entrar en la vida, obedece los mandamientos. —¿Cuáles —preguntó el hombre. Contestó Jesús[Mt]} **19**Ya sabes los mandamientos: "No mates, no cometas adulterio, no robes, no presentes falso testimonio, no defraudes, honra a tu padre y a tu madre[a] {y "ama a tu prójimo como a ti mismo"[b] [Mt]}.

20—Maestro —dijo {el joven[Mt]} el hombre—, todo eso lo he cumplido desde que era joven. {¿Qué más me falta?[Mt]}

a[Mr 10]**19** Éxodo 20:12-16; Deuteronomio 5:16-20 b[Mt 19]**19** Levítico 19:18

Asunto N° 2: ¿Cómo somos salvos? Cualquier rabino de renombre contestaría por "elección". Dios escogió a la nación judía para que fuera su instrumento de salvación. Pero ese mismo rabino añadiría: ". . . y obedeciendo los mandamientos del pacto" (ver Deuteronomio 30:15-16). Así que Jesús da la respuesta típica judía: "Guarda los mandamientos". Nombra desde el quinto hasta el

---

[93]Existen diferencias significativas entre la forma de expresarse de Mateo y la de Marcos que D. A. Carson ha tratado extensamente ("Redaction Criticism: On the Legitimacy and Illegitimacy of a Literary Tool" [Crítica de redacción: En cuanto a la legitimidad e ilegitimidad de la herramienta literaria], en Scripture and Truth [Las Escrituras y la verdad], ed. D. A. Carson y J. D. Woodbridge [Grand Rapids: Zondervan, 1983], 131-137). Estas diferencias no serán tratadas en esta ocasión debido a que (1) el propósito de esta obra no es tratar con los aspectos técnicos de una crítica profunda, (2) no afectan significativamente el significado del pasaje y (3) la forma de expresarse de Mateo señala a la forma de expresarse de Marcos en el v. 17, indicando que las dos lecturas no son antitéticas. J. W. Wenham, "Why Do You Ask Me About the Good? A Study of the Relation Between Text and Source Criticism" (¿Por qué me preguntas acerca de lo bueno? Un estudio de la relación entre la crítica de la fuente y el texto), NTS (Estudios del Nuevo Testamento) 28 [1982]: 116-125, presenta todo un caso del texto original de Mateo que dice "Maestro bueno, qué bien debo hacer".

décimo (Éxodo 20:12-16; Deuteronomio 5:16-20).[94] Entonces, como lo señala Mateo, Jesús resume toda la lista al agregar Levítico 19:18: "ama a tu prójimo como a ti mismo" (ver Mateo 22:34-40).

Estos últimos seis mandamientos tratan con las relaciones horizontales de una persona (es decir, de humano a humano). Este dirigente rico no tiene falla alguna en su trato con los demás (v. 20). Eso no quiere decir que esté sin pecado (Romanos 3:23). Pero una disculpa sincera y los sacrificios en el templo borraban cualquier transgresión ocasional. Él es un devoto impecable y podía afirmar junto con el apóstol Pablo: "en cuanto a la justicia que la ley exige, intachable" (Filipenses 3:6). Muchos rabinos hicieron el mismo reclamo (*Str. B.* 1.814-816).

Aunque su justicia externa es intachable, su corazón y mente no están bien. Algo falta y parece saberlo. En lo más recóndito de su espíritu siente las palabras de Jesús: "Porque les digo a ustedes, que no van a entrar en el reino de los cielos a menos que su justicia supere a la de los fariseos y de los maestros de la ley" (Mateo 5:20). Así que cuando Jesús le da la clásica respuesta judía acerca de "¿Cómo somos salvos?", él responde: "Sí, sí, ya he escuchado todo eso antes, pero ¿qué me falta?" Este joven sabe que ninguna de sus buenas obras realizadas le han asegurado la vida eterna.[95]

Marcos 10:21-22 *con* Mateo 19:21; Lucas 18:22 señalan:

> {Al oír esto, Jesús añadió[Lc]} [21]Jesús lo miró con amor y añadió:
> —Una sola cosa te falta {si quieres ser perfecto[Mt]}: anda, vende todo lo que tienes y dáselo a los pobres, y tendrás tesoro en el cielo. Luego, ven y sígueme.
> [22]Al oír esto, el hombre se desanimó y se fue triste porque tenía muchas riquezas.

Jesús le hace un llamado al joven a que sea su discípulo al deshacerse primero de todo su dinero. Esta fue una demanda sumamente especial a la luz del hecho que los judíos prohibían dar más del veinte por ciento de sus posesiones (*Ketub.* 50a). Aun todas las finanzas de uno son considerados parte de su "fuerza" con que uno debe amar a Dios. Todo discípulo es llamado a seguir a Jesús en fe. Pero en ocasiones hay obstáculos que están entre nosotros y Jesús

---

[94]Tal vez Marcos intenta que "no defraudes" sea una aplicación práctica del décimo mandamiento acerca de no codiciar.

[95]Esta pregunta en cuanto a lo que a una persona le falta para obtener la vida eterna aparentemente era común entre los rabinos (ver *b. Sota* 22b).

por lo que no lo podemos seguir, sino hasta que nos deshagamos de estas barreras. Para este joven, la barrera fue el dinero. Para otros puede ser la familia, el negocio, la reputación o el orgullo. A pesar de que el obstáculo puede ser distinto para nosotros, la demanda sigue siendo tan radical y absoluta (Gálatas 2:20; Mateo 10:37-39; Filipenses 3:7-11).

Las dos historias que siguen en la narración de Lucas muestran que no todo discípulo es llamado a vender todo lo que tenga y darlo a los pobres. Zaqueo dio la mitad de sus riquezas (19:1-10) y los siervos fieles en la parábola del 19:11-27 se les hace un llamado a invertir sabiamente su dinero para su Maestro (Blomberg, p. 299). Sin embargo, en todos los casos, el punto de vista de Dios en cuanto al dinero es claro: Él lo posee todo. Nosotros somos simples mayordomos, usando sus recursos para sus propósitos. Al mismo tiempo, la iglesia contemporánea, sumida en una sociedad materialista, debe escuchar con sumo cuidado el llamado de Jesús a abandonar toda riqueza por seguirlo a él. Ciertamente subestimamos mucho de este texto y no le damos la debida importancia en su aplicación a nosotros (Santiago 2:14-17; 1 Juan 3:17)

Uno puede cumplir con la ley y seguir amando todo lo demás (dinero, sexo, poder). Pero cuando se trata de acudir a Jesús, nos olvidamos de todos los demás amores. Este hombre rico debe escoger entre su relación con Jesús y el amor a su dinero. "Nadie puede servir a dos señores, pues menospreciará a uno y amará al otro, o querrá mucho a uno y despreciará al otro. No se puede servir a la vez a Dios y a las riquezas" (Mateo 6:24). El asunto principal aquí no es la benevolencia hacia los pobres, por muy importante que esto sea, sino su alianza a Jesús. Su dinero es un obstáculo. Jesús le pide que se deshaga de su dinero.

El hombre se va triste. Lucas usa una palabra que se puede traducir literalmente como "lleno de pena" o "afligido". Mateo dice que él se lamentaba [*hypeō*]. Su tristeza no se debe a que "acaba de perder su salvación". Ciertamente, en su mente, no escogió el dinero sobre la vida eterna. En cambio, él está triste porque su pregunta permaneció sin respuesta. Él sigue buscando una forma en la que pueda obtener la vida eterna y además conservar su dinero.

Él está equivocado en cuanto a que la vida eterna sea una clase de recompensa por ser justo en vez de que sea una relación personal con el Mesías. Si la salvación se ve como un sistema de recompensas, entonces no hay razón por la que una persona no pueda tener riquezas o poder y obtener la salvación. Pero si se considera la salvación una relación con Jesús, entonces usted debe escoger a qué le dedica su tiempo y atención: al dinero o al Señor.

Marcos 10:23-27 *con* Mateo 19:23, 25; Lucas 18:24 señalan:

²³Jesús miró alrededor {Al verlo^{Lc}} y les comentó a sus discípulos: —¡Qué difícil es para los ricos entrar en el reino de Dios! {cielos^{Mt}}
²⁴{Al oír esto^{Mt}} Los discípulos se asombraron de sus palabras. —Hijos, ¡qué difícil es entrar^a en el reino de Dios! —repitió Jesús—.
²⁵Le resulta más fácil a un camello pasar por el ojo de una aguja, que a un rico entrar en el reino de Dios.
²⁶Los discípulos se asombraron aún más, y decían entre sí: «Entonces, ¿quién podrá salvarse?»
²⁷—Para los hombres es imposible —aclaró Jesús, mirándolos fijamente—, pero no para Dios; de hecho, para Dios todo es posible.

ᵃ24 es entrar. Var. es para los que confían en las riquezas entrar.

Mientras que Jesús observa cómo se aleja este hombre cabizbajo, les dice a sus discípulos: "¡Qué difícil es para los ricos entrar en el reino de Dios!" Nos hemos acostumbrado a esta clase de expresión. Pero la audiencia judía de Jesús se asombra. Como usted puede ver, ellos creían, conel apoyo de las Escrituras que las riquezas eran una bendición de parte de Dios. De toda la gente, los ricos eran los más aptos para heredar la vida eterna ya que Dios los favorecía. Si ellos no lo pueden lograr, entonces, ¿cuáles son las esperanzas de los "pequeños"?

La multitud queda perpleja. En vez de resolver su acertijo, Jesús los confunde más al señalar que un rico no entrará al cielo como tampoco un camello⁹⁶ pasará por el ojo de una aguja. ¡Obviamente que eso es imposible! El camello⁹⁷ era el animal más grande en

---

⁹⁶J. D. M. Derrett sugiere que "camello" en arameo [*gamal*] es un juego de palabras respecto de la palabra *gemiluth* significando "acciones de benevolencia" que los ricos no estaban haciendo ("A Camel through the Eye of a Needle" [Un camello a través del ojo de una aguja], NTS [Estudios del Nuevo Testamento] 32 [1986]: 465-70).

⁹⁷En Babilonia esta expresión idiomática se cambia a un elefante pasando por el ojo de una aguja ya que los elefantes son los animales más grandes en Babilonia.

Palestina y el ojo de una aguja[98] era el agujero más pequeño de uso común.[99]

La audiencia de Jesús queda perpleja. Su pregunta es predecible: "¿Quién podrá salvarse?" Pareciera como si Jesús estuviera saliéndose por la tangente, pero de hecho, está parado en el corazón del asunto. El joven rico preguntó: "¿Qué debo hacer para heredar la vida eterna?" Jesús resalta que ninguna cantidad de buenas obras es suficiente. Ninguna cantidad de obedecer la ley "llenará el hoyo" (Mateo 19:20). Debemos dejar todo aquello que esté entre nosotros y Jesús y debemos confiar en Dios únicamente y de forma total. La salvación es un regalo precioso de Dios por medio de su gracia (Marcos 10:27), que nos apropiamos mediante nuestra respuesta por medio de la fe (Marcos 10:21).

Marcos 10:28 señala:

²⁸—¿Qué de nosotros, que lo hemos dejado todo y te hemos seguido? —comenzó a reclamarle Pedro.

Mateo 19:28 señala:

²⁸—Les aseguro —respondió Jesús— que en la renovación de todas las cosas, cuando el Hijo del hombre se siente en su trono glorioso, ustedes que me han seguido se sentarán también en doce tronos para gobernar a las doce tribus de Israel.

Marcos 10:29-31 *con* Lucas 18:29 señalan:

²⁹—Les aseguro —respondió Jesús— que todo el que por mi causa y la del evangelio {del reino de Dios^Lc} haya dejado casa, {esposa^Lc}, hermanos, hermanas, madre, padre, hijos o terrenos, ³⁰recibirá cien veces más ahora en este tiempo (casas, hermanos, hermanas, madres, hijos y terrenos, aunque con persecuciones); y en la edad venidera, la vida eterna. ³¹Pero muchos de los primeros serán últimos, y los últimos, primeros.

¡Pedro se muestra muy inteligente! Empieza a pensar en sí mismo: "La salvación se obtiene mediante un abandono total de este mundo y adquiriendo un compromiso total para seguir a Jesús. ¡Yo he hecho exactamente eso!" Así que, hablando por los doce, le señala lo

---

[98] Lucas utiliza una palabra especial que no usan ni Mateo ni Marcos, que indica una aguja quirúrgica.

[99] Pocos de los manuscritos posteriores sustituyen "soga" por "camello". Eso le hace justicia a la metáfora y mantiene el elemento de la imposibilidad, pero el apoyo de los manuscritos es tan débil que lo hace una lectura poco probable.

obvio a Jesús. Tal vez sus motivos sean un poco egoístas y su mente un poco legalista, pero su lógica está bien determinada. Jesús le da una respuesta legítima y directa. La recompensa para los apóstoles tendrá cuatro partes. Todos los demás discípulos disfrutarán y compartirán los otros tres de los cuatro beneficios:

Primero, los apóstoles se sentarán en doce tronos y juzgarán a las doce tribus de Israel (Mateo 19:28, comparar Lucas 22:28-30). Es decir, cuando Jesús regrese e inicie el juicio, las doce tribus de Israel serán juzgadas por los doce apóstoles. Al mismo tiempo, los cristianos ayudarán a juzgar al resto del mundo y hasta los ángeles (1 Corintios 6:2-3). Jesús llama a esto "la renovación de todas las cosas" [*palingenesia*] (ver Isaías 65:17; 2 Pedro 3:10-13; Apocalipsis capítulos 21 y 22). Finalmente volveremos al plan original de Dios que empezó en el huerto de Edén.

La segunda recompensa, que sucederá en la vida presente (Marcos 10:30), es la multiplicación de las cosas que se nos pide que abandonemos (casas, hermanos, hermanas, madres, hijos y terrenos). La lista de Marcos resulta significativo. La "casa" incluye tanto personas como posesiones (es decir, tierra). Las personas aparecen en la lista en orden ascendente de valor: hermanos, padres, hijos. Así Jesús nos pide que abandonemos a aquellas personas y posesiones que son más queridas por nosotros. Mateo y Marcos especifican que el valor de la recompensa será cien veces el valor de lo sacrificado. Esto es 10.000% de intereses. Esta promesa literalmente se cumple cuando la iglesia comparte sus riquezas con el cuerpo de Cristo.

Tercero, junto con esta gran riqueza viene la persecución (Marcos 10:30). Es parte del mismo paquete por seguir a Jesús (Juan 15:18-25). Finalmente, más allá de la persecución en esta vida está la esperanza de la vida eterna. Eso ciertamente hará como nada todo el sufrimiento que soportemos aquí (Romanos 8:18).

Sección 124b
Parábola: Los primeros serán últimos y los últimos primeros (Mateo 20:1-16)

Es desafortunado que nuestras Biblias inician un nuevo capítulo aquí. Esta parábola es una extensión de la discusión previa. Eso resulta obvio cuando leemos las mismas palabras en Mateo 19:30 y 20:16: "Los primeros serán últimos y los últimos primeros". Esta oración sirve como parte final de la parábola. Es la conclusión.

Así, esta parábola ilustra como los primeros pueden ser últimos y los últimos primeros. Pero por el contexto también finaliza la respuesta de Jesús a Pedro en cuanto a las recompensas de los discípulos. El joven rico le preguntó a Jesús: "¿Qué debo hacer para heredar la vida eterna?" Aparte de cumplir con los mandamientos, Jesús le dijo que debía dejar todos sus bienes y seguirle. El joven dirigente se fue triste, pero Pedro afirmó: "Señor, nosotros hemos hecho esto. Entonces, ¿qué recompensa tendremos?" Jesús le presenta una lista impresionante. Hay beneficios en ser discípulo. Pero eso no es el final de la historia. La salvación llega por gracia a través de la fe. Para que Pedro no piense que él se ha ganado estos beneficios, Jesús cuenta esta historia para recordarnos que lo que tenemos en Cristo no es porque nos lo hayamos ganado sino porque Dios muestra su gracia para con nosotros.

Mateo 20:1-7 señala:

¹»Así mismo el reino de los cielos se parece a un propietario que salió de madrugada a contratar obreros para su viñedo. ²Acordó darles la paga de un día de trabajo[a] y los envió a su viñedo.

³Cerca de las nueve de la mañana,[b] salió y vio a otros que estaban desocupados en la plaza. ⁴Les dijo: "Vayan también ustedes a trabajar en mi viñedo, y les pagaré lo que sea justo". ⁵Así que fueron.

Salió de nuevo a eso del mediodía y a la media tarde, e hizo lo mismo. ⁶Alrededor de las cinco de la tarde, salió y encontró a otros más que estaban sin trabajo. Les preguntó: "¿Por qué han estado aquí desocupados todo el día?"

⁷"Porque nadie nos ha contratado", contestaron. Él les dijo: "Vayan también ustedes a trabajar en mi viñedo".

*a*2 *la paga de un día de trabajo.* Lit. *un denario por el día*; también en vv. 9,10,13. *b*3 *las nueve de la mañana.* Lit. *la hora tercera*; en v. 5 *la hora sexta y novena*; en vv. 6 y 9 *la hora undécima*.

Durante la cosecha, el campesino tiene que contratar ayuda extra para cosechar rápido y que no se pierda o pudra la cosecha en el campo. Es un tiempo de alegría pero frenético. En Palestina, el campesino salía en busca de obreros a la plaza pública o al mercado, donde se congregaban los desocupados. Ellos esperaban ser contratados.

Nuestra historia principia con el inicio del día laboral, en la madrugada y en la plaza. Allí, conocemos al propietario o campesino que contrata a un grupo de trabajadores y los envía a su viñedo a cortar uvas durante todo el día.[100] El salario común era un denario por doce horas de trabajo.[101] Eso es lo que este campesino les promete a sus primeros trabajadores. Unas cuantas horas más tarde el campesino se da cuenta que necesita recoger las uvas con mayor rapidez. Así que regresa a la plaza y contrata más obreros y los envía a su viñedo. Debido a que ya es tarde, no les promete pagarles un denario sino "lo justo". El campesino sigue contratando obreros, de la misma manera, durante todo el día: al mediodía, a las tres de la tarde y a las cinco de la tarde, a tan sólo una hora que termine el día laboral. Esta es una exageración obvia pero nos da una imagen vívida.

Mateo 20:8-16 señala:

> [8]»Al atardecer, el dueño del viñedo le ordenó a su capataz: "Llama a los obreros y págales su jornal, comenzando por los últimos contratados hasta llegar a los primeros".
> [9]Se presentaron los obreros que habían sido contratados cerca de las cinco de la tarde, y cada uno recibió la paga de un día. [10]Por eso cuando llegaron los que fueron contratados primero, esperaban que recibirían más. Pero cada uno de ellos recibió también la paga de un día. [11]Al recibirla, comenzaron a murmurar contra el propietario. [12]"Estos que fueron los últimos en ser contratados trabajaron una sola hora —dijeron—, y usted los ha tratado como a nosotros que hemos soportado el peso del trabajo y el calor del día".
> [13]Pero él le contestó a uno de ellos: "Amigo, no estoy cometiendo ninguna injusticia contigo. ¿Acaso no aceptaste trabajar por esa paga? [14]Tómala y vete. Quiero darle al último obrero contratado lo mismo que te di a ti. [15]¿Es que no tengo derecho a hacer lo que quiera con mi dinero? ¿O te da envidia de que yo sea generoso?
> [16]»Así que los últimos serán primeros, y los primeros, últimos.

En aquellos días, por lo general, a los obreros se les pagaba al final del día laboral (ver Levítico 19:13). Todos hacen una fila para recibir su dinero. Al frente se encuentran los que fueron contratados al último. El capataz empezó a repartir el dinero. Los que fueron contratados después del amanecer no tienen ni la menor idea de lo que recibirán en pago, pero lo cierto es que esperan menos de un denario. ¡Que sorpresa se debieron haber llevado los que únicamente trabajaron una hora y recibieron un denario, doce veces más de lo que se merecían por su trabajo!

---

[100] El viñedo era un símbolo frecuente en referencia a Israel (especialmente Isaías 5:1-7).
[101] El sueldo de un soldado parece fijar el estándar. Se les pagaba un denario por un día de trabajo (Tobías 5:14; Tácito, *Anales*, 1.17; Plinio 33:3).

Esto anima a todo mundo. Se imaginan cuanto recibirían. Pero cuando alargan su mano, el capataz les deja caer un solo denario. Aquellos que han trabajado desde el amanecer no tan sólo están contrariados, sino que con justa razón se indignan. Como si fueran niños, gritan: "¡No es justo!" El propietario, con igual indignación contesta: "Tienen razón, no es justo . . . es debido a la gracia, no a la justicia. Y ese es asunto mío, nada que tenga que ver con ustedes!"[102]

De la misma manera: "Muchos de los primeros serán últimos, y muchos de los últimos serán primeros" (19:30). Al tiempo presente, únicamente tenemos pequeños destellos de esta promesa. Sin embargo, cuando Jesús regrese habrá un revés en la economía humana. El poste del tótem será puesto de cabeza para que los que en este mundo están en lo más alto en el reino de Dios estarán abajo.[103]

Nuestro mundo honra la belleza, las riquezas y el poder. Estas son las personas que van al frente para recibir los mejores tratos preferentes. Sin embargo, Dios honra la fe, la humildad y el ser como niños. Así que cuando "venga el reino", los candidatos con menos posibilidades en este mundo recibirán un trato igual o mejor respecto de los "grandes" de este mundo. Los pobres serán ricos, los oprimidos serán libertados, los niños serán exaltados, los discapacitados serán curados y los no letrados serán educados. Pero por ahora, aquí, es nuestra responsabilidad como iglesia de Jesús implementar la economía de Dios lo más que podamos. Es obvio que no podemos hacer todo. Pero cuando Jesús regrese, él terminará el proceso

Sección 125a
La tercera predicción en cuanto a los sufrimientos de Jesús
(Mateo 20:17-19; Marcos 10:32-34; Lucas 18:31-34)

Marcos 10:32-34 *con* Mateo 20:17-19 señalan:

³²Iban de camino subiendo a Jerusalén, y Jesús se les adelantó. Los discípulos estaban asombrados, y los otros que venían detrás tenían miedo. De nuevo tomó aparte a los doce {discípulos^Mt} y

---

[102] El término "amigo" [*hetaire*] no es un concepto que implique hacerse querer (Mateo 11:16; 22:12; 26:50). Es muy cercano a nuestra expresión idiomática "¡Oye amigo!"

[103] Esta palabrita "mucho" indica que ésta no es una declaración absoluta. No *todos* los roles se van a invertir en el reino de Dios. N. Santos indica, amablemente, que cada uno de las tres profecías de su muerte es combinado con una declaración que es al revés de los valores mundiales. Es un recurso retórico potente de Jesús. Ver "Jesus' Paradoxical Teaching in Mark 8:35; 9¦35; and 10:43-44," ("Enseñanza pardójica de Jesús en Marcos 8:35; 9:35 y 10:43-44", *Bib. Sac.* 157/625 (2000): 15-25.

comenzó a decirles lo que le iba a suceder. ³³«Ahora vamos rumbo a Jerusalén, {donde se cumplirá todo lo que escribieron los profetas acerca del Hijo del hombre^Lc} y el Hijo del hombre será entregado a los jefes de los sacerdotes y a los maestros de la ley. Ellos lo condenarán a muerte y lo entregarán a los gentiles. ³⁴Se burlarán de él, {lo insultarán^Lc} le escupirán, lo azotarán y lo matarán {crucifiquen^Mt}. Pero a los tres días resucitará.»

Lucas 18:34 señala:

³⁴Los discípulos no entendieron nada de esto. Les era incomprensible, pues no captaban el sentido de lo que les hablaba.

Esta es una escena gráfica. Después de tres potentes encuentros con los fariseos (19:3), sus discípulos (19:13) y este joven dirigente rico (19:16), Jesús retoma su ruta a Jerusalén. Al parecer camina con determinación y energía a la ciudad capital, su destino final. Al parecer él va al frente dirigiendo al grupo, pero con una determinación absoluta y a paso rápido. Sus discípulos vienen detrás de él, perplejos, mientras que las multitudes les siguen a distancia, temerosas. Jamás sabremos lo que pasaba por sus mentes, pero una cosa es cierta, hay algo en el paso de Jesús y su determinación que grita qué tan serios son estos instantes y su caminar. No importando qué representaba esta ciudad santa para las multitudes, para Jesús significaba la muerte.

Nuevamente toma a los doce aparte para enseñarles (ver 16:21 y 17:22-23). Aparte de la multitud, le explica a este grupo fiel de qué se trata todo esto. Esta es la tercera vez que Jesús predice claramente su inminente muerte (ver **Secciones 83, 86, 88**), aunque ya se ha referido a ella varias veces. Esta predicción en particular va más allá de las otras dos ya que declara específicamente la participación de los gentiles y el modo específico de ejecución: crucifixión.

Esta predicción tiene esencialmente seis elementos:
1. Debe llevarse a cabo en **Jerusalén**.
2. Será traicionado.
3. Los jefes de los sacerdotes y los maestros de la ley (es decir, los líderes de entre los fariseos y los saduceos) serán los responsables de su muerte.
4. Será entregado en manos de los gentiles para ser sentenciado a muerte.
5. Se burlarán de él, lo insultarán, le escupirán, lo golpearán y lo crucificarán.

6. Resucitará al tercer día.[104]

Muchos han dudado de la integridad de esta narrativa. Debido a que contiene una predicción tan específica, señalan que se debió de haber escrito después de su muerte y luego se le acreditó a Jesús. Pero si Jesús era quien afirmaba ser e hizo lo que afirman los escritores de los evangelios, entonces la profecía predictiva es un milagro pequeño para Jesús. El asunto se reduce a esto: ¿Era Jesús mero hombre o indica su vida que era el enviado de Dios?

Lucas ofrece dos contribuciones significativas a su narrativa. Primero, les recuerda a sus discípulos que los profetas predijeron su muerte (v. 31). Ciertamente Isaías capítulo 53 y el Salmo 22 debió haber surgido en sus mentes, al igual que Salmo 16:10; 118:22; Génesis 3:15. Segundo, resalta la ignorancia de ellos, como lo hizo con su segunda predicción acerca de su padecimiento (Lucas 9:45). Este asunto estaba escondido de ellos. La palabra [*kryptō*] parece indicar que Dios fue quien escondió este asunto de los apóstoles; no era simplemente que ellos estuvieran embotados.

Sección 125b
Jacobo y Juan piden sentarse en posiciones de jefes
(Mateo 20:20-28; Marcos 10:35-45; comparar Lucas 22:24-27)

Si Jacobo y Juan no fuesen apóstoles nos sentiríamos tentados a despacharlos como tontos egoístas cuando solicitan posiciones especiales con Jesús. Ellos piensan que van a una fiesta inaugural, cuando en realidad se dirigen a una ejecución mediante crucifixión.

Marcos 10:35-37 *con* Mateo 20:20-22 señalan:

{Entonces la madre de Jacobo y de Juan, junto con ellos, se acercó a Jesús y, arrodillándose, le pidió un favor[Mt]} ³⁵Se le acercaron Jacobo y Juan, hijos de Zebedeo. —Maestro —le dijeron—, queremos que nos concedas lo que te vamos a pedir.

³⁶—¿Qué quieren que haga por ustedes?

³⁷—Concédenos {Ordena[Mt]} que en tu glorioso {reino[Mt]} reino uno de nosotros se siente a tu derecha y el otro a tu izquierda.

---

[104] Note que Mateo y Lucas, con referencia a los tres días de la resurrección, utilizan el dativo indicando "en" mientras que Marcos usa la preposición "después" [*meta*]. Esto indica que Jesús no hablaba de una medida cronológica precisa.

De acuerdo con Mateo, es Salomé (Mateo 27:55-56 con Marcos 15:40), la madre de Jacobo y de Juan, la que hace esta petición. Es posible que sus dos hijos fueron los que le pidieron a ella que lo hiciera, pensando en que ella tendría más poder de petición ante Jesús. Es posible que Salomé sea tía de Jesús (ver Juan 19:25) y como es mujer es posible que su corazón le indique mejor forma de hacer esta petición. Además, la solicitud puede parecer menos egoísta si viene de una madre. Pero Jesús ve a través de sus tretas y se dirige directamente a Jacobo y a Juan.[105]

Su petición es rotunda y demandante: "Queremos que nos concedas lo que te vamos a pedir", lo cual nos remite a la oferta negligente de Herodes a su hijastra, también de nombre Salomé (Marcos 6:22, 23). Queda claro que su petición es ilícita. Después de todo, Jesús ya ha enfrentado a todo el grupo respecto de buscar rangos y posiciones (ver **Sección 90**). Y apenas acaba de reiterar la importancia en ser como niños (ver **Sección 123**), y su certera muerte (ver **Sección 125a**). Como es común, no lo han estado escuchando. Lo que es peor, ellos seguirán discutiendo acerca de quién de ellos es el mayor hasta la misma noche en que Jesús es traicionado (Lucas 22:24-27).

Jesús no va a caer en sus garras. Les pregunta: "¿Qué es lo que quieren?" Ellos contestan: "Queremos sentarnos a tu derecha y a tu izquierda; es decir, queremos las posiciones primera y segunda, junto a ti". Ellos se acercan peligrosamente a Jerusalén. Esta ciudad representa peligro para Jesús. Pero como todo un súper hombre, Jesús constantemente esquiva las balas. Ni los planes de los judíos, ni las tormentas en el mar o las fuerzas demoníacas lo han derrotado. Sin duda alguna, los doce comparten las expectativas de las multitudes en que Jesús establecerá su reino una vez en Jerusalén. Por ello, Jacobo y Juan quieren tomarles la delantera a los demás. Ellos quieren tener las posiciones administrativas más altas en el reino por venir del Mesías. Y ¿por qué no? ¡Ellos son los que tienen la mayoría de los votos respecto al círculo de los tres!

Marcos 10:38-40 *con* Mateo 20:23 señalan:

[38] —No saben lo que están pidiendo —les replicó Jesús—. ¿Pueden acaso beber el trago amargo de la copa que yo bebo, o pasar por la prueba del bautismo con el que voy a ser probado?[a]

---

[105] Mateo 20:22 utiliza el plural en segunda persona "todos ustedes", indicando que Jesús les hablaba directamente a Jacobo y a Juan o por lo menos incluyéndolos en su respuesta a Salomé.

³⁹—Sí, podemos. —Ustedes beberán de la copa que yo bebo —les respondió Jesús— y pasarán por la prueba del bautismo con el que voy a ser probado, ⁴⁰ pero el sentarse a mi derecha o a mi izquierda no me corresponde a mí concederlo. Eso ya está decidido {por mi Padre^Mt}.ᵇ

ᵃ38 beber . . . probado? Lit. *beber la copa que yo bebo, o ser bautizados con que yo soy bautizado?* ᵇ*40 concederlo. Eso ya está decidido.* Lit. *concederlo, sino para quienes está preparado.*

Jesús trata de abrirles los ojos al utilizar dos metáforas en cuanto al sufrimiento: El bautismo (Mateo 3:11-12) y la copa (Salmo 75:8; Isaías 51:17; Jeremías 25:15-28). No van a Jerusalén a celebrar una victoria sino para experimentar el sufrimiento. Jacobo y Juan quieren identificarse como los amigos más cercanos de Jesús. Al tiempo presente eso no significa ninguna promoción sino persecución. Ellos están confiados en su ignorancia de que pueden compartir con Jesús sus experiencias inevitables.

En verdad, ambos serán bautizados con el fuego de la persecución. Jacobo será el primer mártir apostólico (Hechos 12:2). Juan, por otro lado, será el último apóstol sobreviviente. De acuerdo con las tradiciones, él fue el único apóstol que no murió como mártir. Aunque su vida fue librada, no quedó exento del sufrimiento. En los últimos años de su vida, fue exiliado a la isla de Patmos donde vio la visión del Apocalipsis (1:1).

Jesús les puede prometer persecución pero no posiciones. Esa es una prerrogativa exclusiva de su Padre. Aunque a Jesús se le dé toda autoridad después de su resurrección (Mateo 28:18), durante su ministerio, vive sumiso a su Padre (Juan 14:28). No sólo eso, se somete por voluntad propia a las necesidades espirituales y físicas de la humanidad pecadora. Viene como siervo e invita a sus discípulos a una posición igual.

Marcos 10:41-45 *con* Mateo 20:28; Lucas 22:26 señalan:

⁴¹Los otros diez, al oír la conversación, se indignaron contra Jacobo y Juan. ⁴²Así que Jesús los llamó y les dijo: —Como ustedes saben, los que se consideran jefes de las naciones oprimen a los súbditos, y los altos oficiales abusan de su autoridad. ⁴³Pero entre ustedes no debe ser así. Al contrario, el que quiera hacerse grande entre ustedes deberá ser su servidor, ⁴⁴y el que quiera ser el primero deberá ser esclavo {como el menor^Lc} de todos. ⁴⁵Porque ni aun {así como^Mt} el Hijo del hombre vino para que le sirvan, sino para servir y para dar su vida en rescate por muchos.

Los diez anticipadamente se disgustan, no porque Jacobo y Juan entiendan mal las enseñanzas de Jesús, sino porque les toman la delantera. Todos los doce ansían esos lugares codiciados de privilegio. Anhelar grandeza era común entre judíos y gentiles (por ejemplo, b. Abot. R. Nathan 23a). Aun después de tres años de caminar con Jesús, viéndolo servir y tomar nota de sus sermones, siguen sin entender el propósito básico y el método de su ministerio — morir como siervo de la humanidad. Usted pensaría que los discípulos más cercanos de Jesús a estas alturas ya sabrían esto. Pero aún después de 2.000 años, la lección casi no se ha entendido o se ha implementado.

El problema es simple: Estamos imitando la forma de ser del mundo (los gentiles), en vez de a Jesús. El patrón de nuestras iglesias son los gobiernos o los negocios. Competimos por el poder y las posiciones a través de títulos, salarios, reconocimiento, votos, ventajas, juntas, autoridad y demás. De hecho, la política del mundo ni siquiera es efectiva para los políticos del mundo. En el mundo literario de Marcos, Pilatos y Herodes son los ejemplares "gobernantes de los gentiles" y sus historias son *trágicas* e irónicas, ambos fueron engañados por los plebellos a quienes debían gobernar. En realidad, estos gobernantes fueron gobernados por sus adicciones a ser contemplados como gobernantes.

El camino a la grandeza en el reino no es a través de una escalera corporativa de ascensos. En cambio, está diseñado con una toalla en las manos y una vasija para el agua (Juan 13:1-17). Esto no es difícil de entender. Repleto está de literatura del Antiguo Testamento y hasta de la greco-romana.[106] Jesús lo repite tantas veces que no podemos olvidarlo. Pero nuestra negación obvia de vivirlo revela la dificultad que tenemos con esta paradoja sublime que el más grande en el reino de Dios es el siervo (1 Corintios 9:19; 2 Corintios 4:5; 1 Pedro 5:2-3).

El ejemplo último de la teología de la humildad de Jesús está a la vuelta de la esquina, en la cruz. Algunos teólogos han intentado deshacerse de Marcos 10:45 (y Mateo 20:28); es demasiado claro para quedarnos muy a gusto.[107] Pero tenazmente soporta y resiste todo.

---

[106] D. Lee-Pollard, "Powerlessness as Power: A Key Emphasis in the Gospel of Mark", *SJT* 40 (1987): 173-188; y D. Seeley, "Rulership and Service in Mark 10:41-45", *Nov. T.* 35/3 (1993): 234-250. Claro que la diferencia con Jesús resulta doble. Primera, la vivía en vez de tan sólo hablar de un servicio abstracto. Segunda, para Jesús, ser siervo no era algo en *preparación* para el liderazgo sino el mecanismo principal que se debía llevar a cabo.

[107] Tenemos como ejemplos clásicos a P. Davies, "Did Jesus Die as a Martyr-Prophet?" *BR* 2 (1951): 19-30; y A. Y. Collins, "Finding Meaning in the Death of Jesus", *JR* 78 (1998):

Es la declaración de misión de Jesús: Servir a la humanidad al morir por nuestros pecados. La palabra "rescate" [*lytron*] era de uso común en los círculos griegos con referencia al pago que se hacía para liberar a un esclavo o prisionero,[108] y en ocasiones para dejar libres a los que estaban poseídos por demonios o eran malditos por algún culto. Además, en la versión Septuaginta de la Biblia se usa para "libertar" al pueblo de Dios (Éxodo 30:12; Salmo 49:7-9). Aquí, los mundos griego y hebreo se unen al tiempo que Jesús es visto como el libertador de los cautivos de su esclavitud del pecado (Romanos 6:16-18; Isaías 53:10-12).[109]

En Marcos 10:45 también encontramos la preposición "por" [*anti*] que quiere decir "en lugar de". No puede estar más claro que Jesús murió "en lugar de muchos" (Tito 2:14; 1 Pedro 1:18). Su muerte es un reemplazo o nuestro sustituto.

Sección 126
Sanidad del ciego Bartimeo en Jericó
(Mateo 20:29-34; Marcos 10:46-52; Lucas 18:35-43)

La sanidad del ciego Bartimeo parece algo simbólico. Por un lado, echa un vistazo a los últimos tres años de ministerio de Jesús y lo ejemplifica de manera mesiánica (Lucas 4:18). Por otro lado, anticipa la ceguera de Jerusalén (Juan 9:39-41). Resalta la paradoja. El mendigo ciego llamado Bartimeo puede ver, pero los líderes de Israel permanecen cegados.

175-196.

[108] A. Y. Collins, "The Significance of Mark 10:45 among Gentile Christians" (El significado de Marcos 10:45 entre los cristianos gentiles), *HTR* (Revista teológica Harvard) 90/4 [1997]: 371-382.

[109] Es cierto que la forma de expression de Marcos 10:45 difiere con Isaías 53; ver C. K. Barrett, "The Background of Mark 10:45", en *New Testament Essays: Studies in Honor of T. W. Manosn*, ed. A. J. B. Higgins (Manchester: Manchester University Press, 1959), 1-18; y M. Hooker, "Did the Use of Isa 53 to Interpret His Mission Begin with Jsus?" en *Jesus and the Suffering Serant: ISA 53 and Christian Origins*, ed. W. Belinger and W. Farmer (Harrisburg, PA: Trinity Press, 1998), 88-103. No obstante, casi no existe otro texto del Antiguo Testamento que pudiera servir como fundamento ideológico para el concepto de la expiación substituta. Ver R. T. France, "The Servant of the Lord in the Teaching of Jesus", *Tyn Bul* 19 (1968): 26-52; K. Kertelge, "Der diende Mensehensohn (Mk 10, 45)", en *Jesus und der Menschensohn: für Anton Vogtle*, ed. R. Pesh y R. Shnackenber (Freiburg: Herder, 1975) 225-239; y Witherington, *Mark*, 288-290).

Marcos 10:46 *con* Lucas 18:35; Mateo 20:30 señalan:

⁴⁶Después llegaron a Jericó. Más tarde, salió {acercarse^Lc} Jesús de la ciudad acompañado de sus discípulos y de una gran multitud. Un mendigo ciego llamado Bartimeo (el hijo de Timeo) {Dos ciegos que^Mt} estaba sentado junto al camino.

Lucas 18:36-39 señala:

³⁶Cuando oyó a la multitud que pasaba, preguntó qué acontecía. ³⁷—Jesús de Nazaret está pasando por aquí —le respondieron. ³⁸—¡Jesús, Hijo de David, ten compasión de mí! —gritó el ciego. ³⁹Los que iban delante lo reprendían para que se callara, pero él se puso a gritar aún más fuerte: —¡Hijo de David, ten compasión de mí!

La ciudad de Jericó está ubicada a unos veinticuatro kilómetros al noreste de Jerusalén. Es una de las ciudades principales en la ruta comercial a Arabia. Sería la última parada para pernoctar de los peregrinos rumbo a la fiesta de la pascua, procedentes de Siria, Galilea, Decápolis, Mesopotamia y Arabia y con rumbo a Jerusalén. Era una ciudad fértil llena de palmeras, higos, jardines y bálsamos para sanar las enfermedades de los ojos (Strabo 16.2.41), (Carson, p. 435).

Mientras Jesús dirige el peregrinar fuera de la ciudad, encuentra a dos ciegos.[110] Marcos y Lucas únicamente mencionan a un hombre, Bartimeo (Marcos 10:46). Aparentemente es él quien le grita a Jesús. Pero Mateo nos asegura que ese día sanaron dos ciegos. Hizo lo mismo con los dos gadarenos endemoniados (Mateo capítulo 9). Eso es típico de Mateo que presenta todo el detalle.

Bartimeo y su amigo están sentados a la orilla del camino pidiendo limosna. Esa era prácticamente la única manera de supervivencia de un ciego. Son ciegos pero no sordos. Escuchan

---

[110] Mateo y Marcos señalan que Jesús sanó al hombre cuando salía de Jericó. Lucas afirma que él los sanó al entrar. Esta aparente discrepancia se resuelve fácilmente. En el tiempo del que se habla había dos lugares conocidos como Jericó (Josefo, *War* 4.459). Tan sólo se encontraban a un kilómetro y medio de distancia uno de otro. Así que Jesús sanó a estos hombres al tiempo que salía de la ciudad antigua, pero antes de entrar a la ciudad moderna. Mateo y Marcos mencionan el sitio de conformidad con el Antiguo Testamento que estaba casi en una ruina total, mientras que Lucas, con una orientación más griega, menciona la ciudad moderna que había sido hermosamente reconstruida por Herodes el Grande.

Otra posible solución es que Lucas coloca las narraciones de Bartimeo y Zaqueo de manera temática en vez de cronológica haciendo de la visita de Jesús a Jericó el clímax con la historia de Zaqueo. Luego, para evitar cualquier confusión, coloca a Jesús sanando a los hombres de camino a la ciudad en vez de en su salida. De cualquier forma, Marcos 10:46 menciona que Jesús entró y salió de la ciudad. Lucas sigue la primera mitad del versículo mientras que Mateo solamente menciona la segunda parte.

el tumulto de la procesión que pasa. Es una multitud formada por diversos grupos. Hay peregrinos con rumbo a Jerusalén. Hay comerciantes y caravanas pasando por esta capital comercial. Hay soldados romanos que son los encargados de guardar la paz en esta estratégica ciudad. Los comerciantes tratan de sacar ventaja de las actividades inherentes a la pascua.

Bartimeo pregunta a una persona qué es lo que pasa. Le informan que Jesús está pasando por el pueblo. ¡Eso sí que es una gran noticia! Cierto que el chisme no ha pasado desapercibido por los oídos finos de Bartimeo. Los rumores aseguran que este Jesús resucitó a Lázaro en Betania, a unos veinte kilómetros de Jericó. Más rumores aseguran que el sanedrín persigue a este tipo debido a que ha blasfemado y se ha insubordinado. A Bartimeo le importan poco los rumores. ¡Lo único que sabe es que alguien que ha resucitado a muertos, le puede dar la vista! Eso es suficiente para él.

Empieza a gritar: "¡Hijo de David, ten compasión de mí!" Esa fue precisamente la misma frase que el ciego de Galilea utilizó para asegurar su sanidad, hacía apenas como un año atrás (Mateo 9:27-31). Debido al uso de esta frase en las dos narraciones y porque las dos narraciones tienen que ver con dos ciegos, algunos piensan que estas narraciones se repiten pero que la sanidad es la misma. Eso no es posible por varias razones: (1) Mateo fue testigo ocular de las dos narraciones y no las habría confundido; (2) Suceden en dos áreas geográficas distintas, separadas por más de un año; (3) La primer narración termina con el mandato de mantener todo en silencio (Mateo 9:30). Es posible que Bartimeo utilice la misma frase porque escuchó de la otra sanidad. O es posible que estos dos ciegos son más astutos para identificar a Jesús que el resto de la población. A pesar de ello, no había ningún otro término mesiánico mejor que este (Isaías 11:1, 10; Jeremías 23:5-6; Ezequiel 34:23-24; ver las notas en *Sección 68*).[111]

Los que van al frente en la procesión se impresionan por los gritos de este Bartimeo. Tratan de callarlo como hacen los discípulos con los niños (ver *Sección 123*). Pero cuanto más tratan de callarlo, más ruido y bullicio hacen, hasta que Jesús se da cuenta.

---

[111] El título "hijo de David" se utiliza principalmente en un contexto de sanidad (Mateo 9:27-31; 12:22-23; 15:21-28; 20:29-34; 21:14-15). Kingsbury sugiere que el título es una polémica contra el rechazo judío de su Mesías y Rey. Es decir, los ciegos rechazados "vieron" y reconocieron a su verdadero Rey, mientras que los líderes religiosos permanecieron ciegos ante él (Juan 9:40-41) (" The Title 'Son of David' in Matthew's Gospel" [El título 'hijo de David' en el evangelio de Mateo], *JBL* [Revista de literatura bíblica] 95/4 [1976]: 591-602).

Marcos 10:49-52 *con* Lucas 18:41; Mateo 20:34 señalan:

⁴⁹Jesús se detuvo y dijo: —Llámenlo. Así que llamaron al ciego. —¡Ánimo! —le dijeron—. ¡Levántate! Te llama. ⁵⁰Él, arrojando la capa, dio un salto y se acercó a Jesús.
⁵¹—¿Qué quieres que haga por ti? —le preguntó.
—Rabí, {Señor^{Lc}} quiero ver —respondió el ciego. {Jesús se compadeció de ellos y les tocó los ojos^{Mt}}
⁵²—Puedes irte —le dijo Jesús—; tu fe te ha sanado.
Al momento recobró la vista y empezó a seguir a Jesús por el camino.

Lucas 18:43 señala:

⁴³Al instante recobró la vista. Entonces, glorificando a Dios, comenzó a seguir a Jesús, y todos los que lo vieron daban alabanza a Dios.

Jesús hace un alto total y llama a Bartimeo. De pronto, la misma gente que lo reprochaba empieza a animarle. La Nueva Versión Internacional de la Biblia lo pone de una manera muy débil: "¡Ánimo!" Todo uso de esta palabra [*tharseō*] lo hace Jesús cuando promete sanidad o seguridad (Mateo 9:2, 22; 14:27; Marcos 6:50; Juan 16:33; Hechos 23:11). No hay duda, este hombre va a recibir su vista nuevamente. Vemos que Bartimeo tiene plena confianza, ya que arroja su capa y salta para estar con Jesús. En otras palabras, dejó su posesión más valiosa tirada a un lado. Para un ciego esa es una propuesta peligrosa. Pero parece seguro de que la recobrará.

Jesús sabe perfectamente qué es lo que Bartimeo quiere, pero se lo pregunta. Aparentemente Jesús quiere despertar fe en él y una respuesta apropiada de la multitud. Como es típico de Mateo, nos dice que Jesús no está a gusto con tan sólo sanar a Bartimeo, sino que siente compasión por él y toca sus ojos (ver Mateo 9:36; 14:14; 15:32; Marcos 1:41). Luego procede Jesús a dejarlo libre que se vaya a donde Bartimeo quiera ir. Bartimeo escoge unirse a la procesión que va hacia Jerusalén. Es posible que esta sea su primer pascua. Qué trauma va a ser para Bartimeo ver con sus propios ojos la ejecución de la persona que le dio la vista.

Sección 127a
Salvación de Zaqueo
(Lucas 19:1-10)

Lucas es el único que nos narra lo de Zaqueo. Para él, este incidente es un micro cosmos del ministerio de Jesús.[112] En los cuatro últimos capítulos Lucas ha enfatizado a los menos y a los perdidos. Sigue hablando de los indigentes. Ahora resalta a este personaje adinerado pero igual rechazado por la sociedad. Como los otros desechados, Jesús lo recibe con brazos abiertos. Qué apropiado que Lucas concluya este episodio con lo que pudiéramos considerar un tema de todo el libro: "El Hijo del hombre vino a buscar y a salvar lo que se había perdido".nLucas 19:1-6 señala:

> ¹Jesús llegó a Jericó y comenzó a cruzar la ciudad. ²Resulta que había allí un hombre llamado Zaqueo, jefe de los recaudadores de impuestos, que era muy rico. ³Estaba tratando de ver quién era Jesús, pero la multitud se lo impedía, pues era de baja estatura. ⁴Por eso se adelantó corriendo y se subió a un árbol para poder verlo, ya que Jesús iba a pasar por allí.
> ⁵Llegando al lugar, Jesús miró hacia arriba y le dijo: —Zaqueo, baja en seguida. Tengo que quedarme hoy en tu casa. ⁶Así que se apresuró a bajar y, muy contento, recibió a Jesús en su casa.

De alguna manera llegó la noticia a Jericó que Jesús se aproximaba a la ciudad. Sin duda, la sanidad de los dos ciegos a las afueras de la ciudad encendieron las llamas de la curiosidad por ver a Jesús. Las multitudes que se dirigían a Jerusalén retrasaron su viaje por una noche. Su última jornada se pospuso. Se colocaron a las orillas de la calle para ver llegar a Jesús, esperando estar donde pasaría. En la multitud, había varios personajes que no eran judíos: las fuerzas romanas que guardaban la paz, los mercaderes internacionales que pasaban por Jericó y este pequeño pero poderoso jefe de los cobradores de impuestos.

Zaqueo no era un simple recaudador de impuestos. Era el jefe de los cobradores de impuestos. Él administraba esta función en Jericó. Era él la autoridad respectiva. Él se encargaba de coordinar a todos los cobradores de impuestos de la región (ver las notas en *Sección 47a* para los detalles de cobranza de impuestos). Además, Jericó era

---

[112] J. O'Hanlon, " The Story of Zacchaeus and the Lukan Ethic" (La historia de Zaqueo y la ética de Lucas), *JSNT* (Revista para el estudio del Nuevo Testamento) 12 [1981]: 2-26, muestra cómo esta historia resume la teología de Lucas en general pero especialmente del capítulo 18, la narrativa de los viajes de Jesús y, explica el sermón en la llanura.

un centro comercial de gran importancia ubicada en la ruta entre Egipto, Palestina, Arabia y Siria. En otras palabras, Zaqueo es una gran personalidad dentro del gobierno romano. Al mismo tiempo, se le describe como pequeño –un insulto típico en la literatura antigua. Lucas, presenta a Zaqueo como un traidor a Israel, codicioso y con una forma de pensar cuadrada. A pesar de ello, como hijo de Abraham, Jesús reescribe la biografía de Zaqueo.[113]

Él, al igual que la tumultuosa multitud, está ansioso de ver a Jesús. Pero es muy bajo de estatura y no logra ver nada. Los hombros de la gente se lo impiden. Tampoco puede llegar al frente para ver pasar a Jesús, y debido a que es odiado como cobrador de impuestos y como colaborador de Roma, nadie lo trata con preferencias. Su único recurso es correr hacia el árbol más cercano para treparse. Se trata de un sicómoro (una especie rara que tiene hojas de sicómoro pero produce higos). Esto resulta un acto de degradación por su estatura o posición social. Pero no tiene muchas opciones y su curiosidad que es mucha, hace que se trepe a un árbol.

Cuando Jesús llega al lugar donde está Zaqueo, se dirige a él por su nombre. Tal vez Jesús conozca a varios oficiales gubernamentales del área, pero lo más seguro es que Jesús lo haga debido a su naturaleza divina. Algunos de entre la multitud deben estar pensando: "¡Oye Jesús, no sabes con quién hablas!" Pero el hecho de que se dirige a Zaqueo por su nombre indica que sí sabe quién es. No tan sólo lo conoce, lo ama y lo necesita (*"Tengo que* quedarme . . ." [*dei meinei*]). Así que Zaqueo responde de inmediato y con sumo gozo. Con frecuencia nos maravillamos y a la misma vez nos ofendemos con la gente que Dios escoge para amarlas y cómo éstas le responden con afecto inmediato.

Lucas 19:7-10 señala:

⁷Al ver esto, todos empezaron a murmurar: «Ha ido a hospedarse con un pecador.»

⁸Pero Zaqueo dijo resueltamente: —Mira, Señor: Ahora mismo voy a dar a los pobres la mitad de mis bienes, y si en algo he defraudado a alguien, le devolveré cuatro veces la cantidad que sea.

⁹—Hoy ha llegado la salvación a esta casa —le dijo Jesús—, ya que éste también es hijo de Abraham. ¹⁰Porque el Hijo del hombre vino a buscar y a salvar lo que se había perdido.

---

[113]M. Parsons, "Short in Stature': Luke's Physical Description of Zacchaeus", ("'Bajo en estatura': La descripción de Lucas referente a Zaqueo") NTS 47/1 (2001): 50-51.

¿Cuántos de entre la multitud quieren ser reconocidos por Jesús o que éste los identifique, hasta con tan sólo un ademán o guiño? ¿Cuántos pagarían por un estrechar de manos con él o por un autógrafo? De pronto, el sueño de un hombre se hace realidad. ¡Jesús se detiene para reconocer a un hombre . . . Zaqueo! Todos pensaban que Zaqueo **NO** merecía ese honor. ¡Qué error tan aterrador!

Las multitudes están fuera de la casa de Zaqueo con estupor. La multitud está celosa y quejumbrosa por este acontecimiento inconcebible. Mientras tanto, dentro de la casa, Zaqueo experimenta un verdadero arrepentimiento y de manera tangible. Su conversión se registra en su chequera.[114]

Primero, cumple con la ley de Moisés al devolverle a todos los que ha defraudado cuatro veces la cantidad del fraude (Éxodo 22:1; ver Lucas 3:13). Luego, sigue la ley de Cristo ("la ley del amor", Gálatas 6:2; Santiago 2:8) al dar la mitad de sus riquezas a los pobres. Jesús proclama que es salvo, no en base a sus buenas obras, sino en base a su relación con Abraham (Gálatas 3:29). Sus buenas obras son tan sólo una expresión y evidencia de su fe (Santiago 2:14-26). Zaqueo es todo lo contrario al joven dirigente rico (Lucas 18:18-30; ver Lucas 12:33).

Jesús concluye esta narración con su propia declaración de misión (v. 10). Él quiere que los perdidos sean encontrados (Lucas capítulo 15). Quiere sanar a los enfermos y libertar a los cautivos. No importa si se encuentran en círculos bajos y son despreciados como los leprosos o si están en los círculos altos y son despreciados como Zaqueo. Jesús vino a buscar y a salvar a los perdidos. Él no se

---

[114]Sin embargo, A. C. Mitchell, "Zacchaeus Revisited: Luke 19:8 as a Defense" (Nueva visita a Zaqueo: Lucas 19:8 como defensa", *Biblica* 71 (1990): 153-176, presenta que Zaqueo no es un pecador arrepentido, sino que Jesús lo vindica ante sus iguales como hijo legítimo de Abraham. Además, Lucas 19:8 describe la práctica de benevolencia regular de Zaqueo y no es un acto de arrepentimiento. Así, Zaqueo se defiende a sí mismo como fiel judío en vez de dar un giro completo en su forma de vida. Si él está en lo cierto, entonces los "perdidos" a los cuales Jesús vino a buscar y a salvar, se refiere a, o por lo menos incluye a los rechazados socialmente. Así, resulta que esta historia no es una de conversión sino Jesús detonando estereotipos típicos y trastornando nuestros prejuicios en cuanto a la gente "mala". También ver a A. C. Mitchell, "The Use of *Sukophantein* in Luke 19:8: Further Evidence for Zacchaeus's Defense" (El uso de *Sukophantein* en Lucas 19:8: Más evidencia en defensa de Zaqueo), Biblica 72 (1991): 546-547; R. C. White, "A Good Word for Zacchaeus" (Una palabra buena en cuanto a Zaqueo), *LexTQ* (Publicación trimestral teológica Lexington) 14 [1979]: 89-96; y D. A. Ravens, "Zacchaeus: The Final Part of a Lucan Triptych?" (Zaqueo: ¿Parte final de un tríptico de Lucas?) JSNT (Revista para el estudio del Nuevo Testamento) 41 [1991]: 19-32. Sin embargo, D. Hamm discute convincentemente en cuanto al punto de vista tradicional de que Zaqueo es un pecador arrepentido ("Luke 19:8 Once Again: Does Zacchaeus Defend or Resolve?" [Lucas 19:8 nuevamente: ¿Se defiende o se resuelve Zaqueo?] JBL [Revista de literatura bíblica] 107/3 [1988]: 431-437).

impresiona con nuestras actividades religiosas narcisistas y santuarios brillantes que no salvan a nadie ni alcanzan a los perdidos.

Sección 127b
Parábola de las minas
(Lucas 19:11-28; comparar Mateo 25:14-30)

Esta parábola resulta parecida a la que contará dentro de cinco días, el martes de la última semana, cuando les está enseñando a los doce en privado en el monte de los Olivos (Mateo 25:14-30) Aunque hay algunas diferencias entre ambas parábolas, son más fuertes las similitudes.[115] Ambas parábolas describen cómo deben conducirse los apóstoles entre el tiempo de su ascensión y su segunda venida.

Lucas 19:11-15 señala:

11Como la gente lo escuchaba, pasó a contarles una parábola, porque estaba cerca de Jerusalén y la gente pensaba que el reino de Dios iba a manifestarse en cualquier momento. **12**Así que les dijo: «Un hombre de la nobleza se fue a un país lejano para ser coronado rey y luego regresar. **13**Llamó a diez de sus siervos y entregó a cada cual una buena cantidad de dinero.ª Les instruyó: "Hagan negocio con este dinero hasta que yo vuelva".

14Pero sus súbditos lo odiaban y mandaron tras él una delegación a decir: "No queremos a éste por rey".

15»A pesar de todo, fue nombrado rey. Cuando regresó a su país, mandó llamar a los siervos a quienes había entregado el dinero, para enterarse de lo que habían ganado.

ª**13** *y entregó ... de dinero.* Lit. *y les entregó diez minas* (una mina equivalí al salario de unos tres meses).

Cuanto más se acerca Jesús a la ciudad capital, más se anticipa e intensifica que él inaugurará el reino mesiánico. Hasta los discípulos más cercanos de Jesús comparten esta noción equivocada de un reino militar (Mateo 24:1-3; Hechos 1:6). Así que para corregir esta esperanza equivocada, Jesús les cuenta la parábola de las minas.

La trama es muy simple: un hombre rico intenta ser rey a través de medidas diplomáticas con un gobierno distante. Mientras está lejos deja la administración de su dinero en manos de diez de

---

[115] Diferencias: (1) Rey contra hombre rico; (2) cantidad de dinero y recompensa; (3) y odio hacia el rey. Similitudes: (a) el siervo malo esconde el dinero en vez de invertirlo o depositarlo; (b) el rey dijo, "Bien hecho buen siervo" y "aquel que tiene se le dará más..."; (c) el dinero extra se le da al siervo que ganó más; y (d) ambas parábolas terminan en juicio.

sus siervos y espera que éstos pongan a producir su riqueza. Pero él es odiado por lo que el consejo local envía una delegación diplomática a este gobierno lejano para que *no* lo nombren rey.

Seguro que su audiencia ríe burlonamente cuando Jesús cuenta esta parábola. Vea usted, esto mismo sucedió hacía veinticinco años. Arquelao tomó el lugar de su padre, Herodes el Grande. Se convirtió en Tetrarca de Judea, Samaria e Idumea, pero eso no lo satisfizo. Dejó su palacio en Jericó y viajó a Roma para solicitar el título de rey (año 6 d.C.). Los judíos lo odiaban y enviaron una delegación para rogarle al César que Arquelao no fuera nombrado rey para gobernar a los judíos. Arquelao fue depuesto, los judíos ganaron el caso. ¡Así, esta multitud debió aterrarse al escuchar que el noble de la parábola regresó como rey, perdiendo el caso la gente local!

Pero existe otro paralelo histórico en esta parábola: el mismo Jesús. Muchos de esta multitud, a como una semana de este momento, gritarán "¡crucifícale!" El "noble" fue rechazado por su gente al rehusarse aceptarlo como rey. Su protesta durará tan sólo el tiempo que el rey esté ausente. Cuando regrese, habrá un ajuste de cuentas con tanto los ciudadanos (v. 27) como sus siervos (v. 15).

Lucas 19:16-23 señala:

> ¹⁶Se presentó el primero y dijo: "Señor, su dinero[a] ha producido diez veces más". ¹⁷"¡Hiciste bien, siervo bueno! —le respondió el rey—. Puesto que has sido fiel en tan poca cosa, te doy el gobierno de diez ciudades." ¹⁸Se presentó el segundo y dijo: "Señor, su dinero ha producido cinco veces más". ¹⁹El rey le respondió: "A ti te pongo sobre cinco ciudades". ²⁰»Llegó otro siervo y dijo: "Señor, aquí tiene su dinero; lo he tenido guardado, envuelto en un pañuelo. ²¹Es que le tenía miedo a usted, que es un hombre muy exigente: toma lo que no depositó y cosecha lo que no sembró". ²²El rey le contestó: "Siervo malo, con tus propias palabras te voy a juzgar. ¿Así que sabías que soy muy exigente, que tomo lo que no deposité y cosecho lo que no sembré? ²³Entonces, ¿por qué no pusiste mi dinero en el banco, para que al regresar pudiera reclamar los intereses?"
>
> ᵃ*16 dinero*. Lit. *mina;* también en vv. 18, 20, 24.

A cada uno de los diez siervos le fue entregado una mina (el valor de como tres meses de sueldos). Es una cantidad pequeña para el noble, pero suficiente para poner a prueba la capacidad de sus siervos.

Uno de los diez gana diez minas, una cantidad increíble de 1000%. Otro de los siervos también lo hace de manera excelente, ganando 500%. Cada uno es alabado y recompensado con la administración de una ciudad por cada mina obtenida en ganancia. Han probado ser buenos administradores de poco, por lo cual se les da mucho (Lucas 16:10).

Sin embargo, un tercer siervo, no logra nada. De hecho, ni siquiera lo intenta. ¡Esconde el tesoro! Su excusa es el miedo. En vez de aceptar la responsabilidad por haber fallado, culpa al rey por su "dureza", tomando lo que no le pertenecía, viviendo del trabajo de los demás. Pero su excusa presentada no resistirá el minucioso escrutinio. Si en verdad el siervo está temeroso de su Señor, y si el Señor es tan malo como lo afirma el siervo, entonces el hombre es un singular tonto por ni siquiera depositar el dinero en el banco para que ganara intereses. Una explicación más aceptable es que el siervo odia a su Señor y *no* esperaba que regresara como rey. Así podía quedarse con la mina ya que todas las propiedades del noble habrían sido redistribuidas.

Lucas 19:24-28 señala:

[24] Luego dijo a los presentes: "Quítenle el dinero y dénselo al que recibió diez veces más".
[25] "Señor —protestaron—, ¡él ya tiene diez veces más!"
[26] El rey contestó: "Les aseguro que a todo el que tiene, se le dará más, pero al que no tiene, se le quitará hasta lo que tiene.
[27] Pero en cuanto a esos enemigos míos que no me querían por rey, tráiganlos acá y mátenlos delante de mí".»
[28] Dicho esto, Jesús siguió adelante, subiendo hacia Jerusalén

Ahora que el noble ya es rey, actuará como tal. Lo primero que hace es distribuir sabiamente la riqueza. Sus siervos protestan que el siervo más rico es quien recibe la mina extra. No era justo, pero es una inversión de negocios sabia. ¿Quién quiere invertir su dinero de manera "justa" en vez de "sabiamente"? Ahora, si nosotros colocamos nuestras inversiones en donde producirán más, ¿por qué Dios no va a entregar sus recursos y recompensas a aquellos que "ejecutan negocios del reino" de manera fiel? (1 Pedro 4:10; ver los comentarios de Lucas 16:10, *Sección 117a*) Si esta parábola se refiere a la segunda venida de Cristo, uno podría asumir que hay niveles de recompensa en el cielo.

Segundo, este rey debe apagar todo potencial de rebelión. Esto puede resultar repugnante, pero a la larga este rey salvará vidas al ejecutar a los líderes de la insurrección. De la misma manera, cuando Cristo venga habrá juicio y castigo tanto para aquellos que se dicen ser sus administradores como para aquellos que se le oponen de manera abierta. Sería un error tratar de hacer que las cosas encajen al señalar que el noble de la parábola, ahora rey, sea Jesús mismo. Pero también resultaría un error hacer de Jesús alguien que siempre estará poniendo la otra mejilla. Jesús es misericordioso, amable y perdonador. Pero estas características están bien balanceadas con su justicia, severidad y pureza. No se le debe poner a prueba o tratar de engañar (ver Mateo 24:27-30; Apocalipsis 1:13-18; 19:11-18). Salmo 2:9-12 lo señala de manera tan pictórica:

> Las gobernarás con puño de hierro; las harás pedazos como a vasijas de barro. Ustedes, los reyes, sean prudentes; déjense enseñar, gobernantes de la tierra. Sirvan al SEÑOR con temor; con temblor ríndanle alabanza. Bésenle los pies, no sea que se enoje y sean ustedes destruidos en el camino, pues su ira se inflama de repente. ¡Dichosos los que en él buscan refugio!

Secciones 128a y 141
Arribo y unción en Betania
(Mateo 26:6-13; Marcos 14:3-9; Juan 11:55 – 12:11)

Juan 11:55-57 señala:

> **55**Faltaba poco para la Pascua judía, así que muchos subieron del campo a Jerusalén para su purificación ceremonial antes de la Pascua. **56**Andaban buscando a Jesús, y mientras estaban en el templo comentaban entre sí: «¿Qué les parece? ¿Acaso no vendrá a la fiesta?» **57**Por su parte, los jefes de los sacerdotes y los fariseos habían dado la orden de que si alguien llegaba a saber dónde estaba Jesús, debía denunciarlo para que lo arrestaran.

Verdaderamente, Jesús nació para morir. La culminación de su vida es inminente y todo está listo y dispuesto para ello. Aunque mucha gente se ha unido a Jesús en su último viaje a Jerusalén, muchos le han precedido a la ciudad santa. Se han adelantado para el ritual de la purificación y estar listos para celebrar la Pascua.

El monte del templo empieza su algarabía y los sacerdotes preparan todo para celebrar el festival más sagrado del año. Pero la excitación generada este año supera en intensidad cualquier otra. Además de los preparativos normales de la Pascua, todos se preguntan en cuanto a Jesús. Por un lado las multitudes se siguen preguntando: "¿Realmente creen que Jesús se aparecerá?" Después de todo, no acudió a la Pascua anterior, pero sí asistió en la fiesta de los Tabernáculos y en la de la Dedicación. Ambas fiestas se celebraban en el otoño y en el invierno, respectivamente. Por otro lado, la alta jerarquía religiosa ha puesto una orden de arresto en su contra. Rotundamente niegan que Jesús sea algo más que un simple blasfemo e incitador, a pesar de sus muchas maravillas y milagros. Su mayor problema lo tuvieron con la resurrección de Lázaro. Es un milagro innegable o algo que pudieran simplemente evitar. Así que quieren borrar toda evidencia buscando la muerte de Jesús y de Lázaro. Pero la población, aunque no la mueva la fe, está curiosa de comprobar este rumor de la "resurrección" y está ansiosa de ver tanto a Jesús como a Lázaro.

Juan 12:1-2 *con* Mateo 26:6; Marcos 14:3 señalan:

> ^{1}Seis días antes de la Pascua llegó Jesús a Betania, {en casa de Simón llamado el Leproso^{Mt,Mr}} donde vivía Lázaro, a quien Jesús había resucitado. ^{2}Allí se dio una cena en honor de Jesús. Marta servía, y Lázaro era uno de los que estaban a la mesa con él.

Aunque este banquete se ofreció en sábado o día de reposo, es probable que Jesús llegó a Betania en viernes ya que no es probable que él haya viajado una gran distancia en día de reposo. Aunque la "jornada del día de reposo" 1,080 metros fue fijada por la tradición oral, Jesús sigue respetando y honrando las Escrituras al reposar en ese día. Por ello registramos los seis días de Juan 12:1 mediante la forma de contabilizar romana y asumimos que Jesús y compañía arribó a Betania el viernes. Sin embargo, eso no determina si el banquete fue ofrecido en el día de su llegada. Pudo haber sido el viernes, con todas las preparaciones llevadas a cabo antes del inicio del día de reposo, al atardecer. O pudo haberse llevado a cabo al finalizar el día de reposo, a la puesta del sol.

Aparte del banquete, también leemos de los judíos de Jerusalén que descubrieron donde se encontraba Jesús y vinieron a verlo y a ver a Lázaro (Juan 12:9). ¿Cuándo sucede esto? Bueno, sabemos que la famosa entrada triunfal sucede al día siguiente (Juan 12:12), en domingo. Por ello, podemos reconstruir los acontecimientos de la siguiente manera: Jesús llega a Betania el viernes. Cuando Jesús recibe la bienvenida en casa de Simón el Leproso, las multitudes no tienen razón de permanecer en Betania. Siguen su viaje a la ciudad de Jerusalén, a tan sólo un poco más de tres kilómetros pasando por el monte de los Olivos. Las noticias del "escondite" de Jesús les llegan muy tarde a los habitantes de Jerusalén como para viajar a Betania en día de reposo, por lo cual esperan hasta el sábado por la noche para hacerlo. El domingo se unen a Jesús en su entrada triunfal. Mientras tanto, este banquete acontece ya sea el viernes o el sábado por la noche.[116]

Al parecer, por lo menos dos familias se unen para honrar a Jesús: La de Lázaro y la de Simón el Leproso. En teoría es posible que el tal "Simón" sea el mismo Lázaro. Otro nombre para la misma persona. Pero eso resulta equivocado si asumimos que Lázaro es un hombre prominente entre los judíos de Jerusalén (Juan 11:45-47). Aun si hubiese quedado sano, no es probable que un leproso alcanzase tal estado social. También se especula que este hombre sea el esposo de Marta, o hasta su padre, ya que ella sirve en el banquete. Sin embargo, no era del todo raro que una mujer ayudara a servir la comida en otra casa que no fuese la suya. Lo que parece más probable es que Lázaro y Simón, ambos habiendo sido sanados por Jesús, se ponen de acuerdo para honrar a Jesús con un banquete sumamente especial.

Juan 12:3 *con* Marcos 14:3; Mateo 26:7 señalan:

³María tomó entonces {un frasco de alabastro[Mr]} como medio litro[a] de nardo puro, que era un perfume muy caro, {Rompió el frasco y lo derramó sobre la cabeza de Jesús[Mr]} {mientras él estaba sentado a la mesa[Mt]} y lo derramó sobre los pies de Jesús, secándoselos luego con sus cabellos. Y la casa se llenó de la fragancia del perfume.

ª3 del griego lítran (como una libra o medio litro)

Debemos recordar que esta no es la primera vez que esta familia ha preparado una comida para Jesús y sus seguidores (Lucas 10:38-42, *Sección 104*). María honró a Jesús por vez primera cuando se sentó a sus pies, como educada estudiante, para escuchar sus enseñanzas. Esta vez lo honrará con un regalo costoso y lo hará de manera impetuosa. Es probable que este frasco de alabastro colgaba

---

[116] Tanto Mateo (26:2) como Marcos (14:1) mencionan este acontecimiento junto con los planes del sanedrín para atrapar a Jesús y la traición premeditada de Iscariote, que tuvo lugar dos días antes de la Pascua (es decir, el miércoles según el registro judío). Mateo y Marcos no están diciendo que la unción tuvo lugar en miércoles. En cambio, han estructurado su narrativa de manera retórica y "retroceden" a este acontecimiento en Betania antes en esa misma semana que ilustra tan bien la ignorancia de los discípulos.

de su cuello. El frasco era una piedra traslúcida labrada que había sido elaborada especialmente para contener tan costoso perfume. Una vez que el contenido era colocado dentro del frasco, éste se sellaba. Para hacer uso del contenido, se tenía que romper el frasco.

Dentro del frasco había medio litro de nardo puro, literalmente "mirra". Hendriksen (p. 175) afirma que este aromatizante era "una hierba aromática que crecía en las montañas del Himalaya, entre el Tíbet y la India". Representaba los salarios de todo un año de trabajo, como trescientos denarios. Los perfumes eran de gran importancia especialmente en una cultura donde el agua (y por lo tanto bañarse) escasea. Pero medio litro de perfume resulta excesivo. De hecho, ella tiene tanto que empieza a derramarlo en la cabeza de Jesús (Mateo y Marcos) y lo empapa hasta los pies (Juan). ¡Nadie necesitaba tanto perfume para una sola ocasión! A menos que estuviera muerto. Era común ungir a los muertos de forma completa y luego colocarles especias y otros perfumes en los pliegues de la mortaja para atacar los malos olores del cuerpo en descomposición. Este acto de "despilfarro" tan sólo se puede explicar a la luz de la muerte tan cercana de Jesús.

De acuerdo a los estándares humanos, lo anterior es algo impropio. Es malgastar algo. Se pudo haber usado para propósitos más prácticos. Además, ella deshace su peinado en público, algo impropio en sí mismo en aquella cultura y luego procede a humillarse al secar los pies de Jesús con sus cabellos.[117] Por ello, los discípulos protestan.

Juan 12:4-6 *con* Mateo 26:8; Marcos 14:4-5 señalan:

> [4]Judas Iscariote, que era uno de sus discípulos {los discípulos[Mt]} y que más tarde lo traicionaría, objetó: {Algunos de los presentes comentaban indignados[Mr]} [5]—¿Por qué no se vendió este perfume, que vale muchísimo dinero,ª para dárselo a los pobres? {Y la reprendían con severidad[Mr]} [6]Dijo esto, no porque se interesara por los pobres sino porque era un ladrón y, como tenía a su cargo la bolsa del dinero, acostumbraba robarse lo que echaban en ella.
>
> ª5 *perfume . . . dinero.* Lit. *perfume por trescientos denarios.*

---

[117]Muchos han sugerido que esta escena y Lucas 7:36-50 provienen de la misma historia pero que ambas han sido establecidas de maneras distintas. Sin embargo, las diferencias de las historias son muy fuertes como para contemplarlas como una tradición única. Ver la **Sección 59** en cuanto a una explicación de las diferencias entre estas dos narraciones.

Marcos 14:6-9 *con* Juan 12:7 señalan:

> ⁶—Déjenla en paz —dijo Jesús—. ¿Por qué la molestan? Ella ha hecho una obra hermosa conmigo. {Ella ha estado guardando este perfume para el día de mi sepultura^{Jn}} ⁷A los pobres siempre los tendrán con ustedes, y podrán ayudarlos cuando quieran; pero a mí no me van a tener siempre. ⁸Ella hizo lo que pudo. Ungió mi cuerpo de antemano, preparándolo para la sepultura. ⁹Les aseguro que en cualquier parte del mundo donde se predique el evangelio, se contará también, en memoria de esta mujer, lo que ella hizo.

Los discípulos, dirigidos por Iscariote, empiezan a objetar la actuación de María y la regañan por ello. Los motivos de Judas son la codicia. Dado que él se ha abastecido libremente (robado) de la bolsa del dinero, ve una oportunidad que se le escapa. Sin embargo, los demás tienen motivos puros, engañados como se puede ver. Ellos creen representar el corazón mismo de Jesús en este asunto debido a que él siempre se ha preocupado por los pobres. Pero Jesús nuevamente le agrega un quiebre sorprendente al incidente. Así como Jesús regañó a Marta por su aparente posición correcta en criticar a María por su comportamiento (Lucas 10:40-42), así también regaña en esta ocasión a los discípulos.

Los discípulos no logran entender qué tan hermoso resulta este acontecimiento, pero debieron entender. Jesús claramente ha predicho su muerte por lo menos una media docena de veces, con otras seis u ocho alusiones a la misma. Aparentemente ellos no han prestado la debida atención. Sin embargo, María sí ha prestado la debida atención y ha entendido perfectamente todo. Su proceder es el de un ungimiento en preparación para su sepultura. Jesús así lo declara. Por ello, uno puede asumir que precisamente se trata de un ungimiento para ello. Es posible que tanto ella como Judas sean los primeros discípulos que realmente entienden que Jesús tiene que morir; pero sus respuestas son totalmente opuestas. Es posible que ella no sea tan perceptiva, pero qué tal si pretendemos ser María. De todos los discípulos, ella es la única persona que ha escuchado con suma atención a Jesús. Y debido a su percepción y devoción, Jesús promete que ella será recordada en cualquier lugar y en todo tiempo en que se comparta el evangelio.

Consideremos ahora a los pobres. Jesús les recuerda a sus discípulos que los pobres siempre los tendrán presentes. Sin embargo, las oportunidades de ministrar a Jesús se agotan cada día más. Por lo tanto, este regalo extravagante y pródigo no es un desperdicio.

Las oportunidades de ministrar a los pobres son inmensas, no tienen fin. Las oportunidades de ministrar a Jesús son limitadas. ¿Qué hay de ello en nuestros días? No hay nada de malo en tener lujosas construcciones de reunión y pagarles bien a nuestros evangelistas y pastores. Pero esto no se puede comparar con pródigos regalos hechos personalmente a Jesús. Ahora que él se ha ido es hora de redoblar nuestros esfuerzos para ministrar a los pobres. Esto resulta especialmente cierto cuando nos damos cuenta de que Jesús lo toma de manera personal cuando ayudamos a los pobres (Mateo 25:40; ver Deuteronomio 15:11).

Juan 12:9-11 señala:

⁹Mientras tanto, muchos de los judíos se enteraron de que Jesús estaba allí, y fueron a ver no sólo a Jesús sino también a Lázaro, quien Jesús había resucitado. ¹⁰Entonces los jefes de los sacerdotes resolvieron matar también a Lázaro, ¹¹pues por su causa muchos se apartaban de los judíos y creían en Jesús.

Ya han pasado como dos meses de cuando Jesús resucitó a Lázaro de entre los muertos. La simple presencia de este hombre con Jesús es causa de que haya una "conversión" masiva entre los judíos. Estos no son cuentos de hadas que acontecen en un lugar distante. Betania está a tan sólo tres kilómetros de Jerusalén y ahora han podido comprobar de primera mano todo lo escuchado. Pero los jefes de los sacerdotes siguen sin impresionarse. No les preocupa la veracidad de este acontecimiento maravilloso, sino la seguridad de sus posiciones y el alcance de su influencia. Dado que tanto Jesús como Lázaro se interponen en estas dos cosas, deben ser eliminados. La ceguera y la hipocresía de estos líderes judíos son colosales. Pero, desafortunadamente, no son únicos en otras instituciones religiosas donde la jerarquía y el poder empacan el propósito y los planes de Dios.

Parte diez
La última semana

Sección 128b
La entrada triunfal
(Mateo 21:1-11, 14-17; Marcos 11:1-11; Lucas 19:29-44; Juan 12:12-19)

Este es tan sólo el segundo acontecimiento en la vida de Jesús que se encuentra registrado en los cuatro evangelios. El primero fue la alimentación de los 5,000. Los discípulos saben que algo significativo está a punto de suceder. Jesús caminaba a cualquier parte a donde iba. Sin embargo ahora, a como tres kilómetros de su destino final, ¿se monta en un burro? De pronto este campesino palestino se ve como un rey conquistador al entrar a la ciudad santa.[1] Aún así, al final del día será aparente que su "entrada triunfal" no representa ninguna victoria –es una marcha triunfal fracasada.[2] Las multitudes están ansiosas . . . pero ¿para qué?

1. Preparación

Marcos 11:1-7 *con* Mateo 21:2; Lucas 19:33-34 señalan:

> [1]Cuando se acercaban a Jerusalén y llegaron a Betfagué y a Betania, junto al monte de los Olivos, Jesús envió a dos de

---

[1] Ver Zacarías capítulo 14 y P. B. Duff, " The March of the Divine Warrior and the Advent of the Greco-Roman King: Mark's Account of Jesus' Entry into Jerusalem" (La marcha del guerrero divino y la llegada del rey greco romano: Narración de Marcos en cuanto a la entrada triunfal de Jesús en Jerusalén), *JBL* (Revista de la literatura bíblica) 111/1 [1992]: 55-71.

[2] B. Kinman, *Jesus' Entry into Jerusalem: In the Context of Lukan Theology and the Politics of His Day* (Leden: brill, 1995), ver B. Tatum, "Jesus' So-Called Triumphal Entry: On Making an Ass of the Romans", *Forum* (NS) 1/1 (1998): 129-143.

sus discípulos ²con este encargo: «Vayan a la aldea que tienen enfrente. Tan pronto como entren en ella, encontrarán atado {una burra atada y, un burrito con ella^{Mt}} un burrito, en el que nunca se ha montado nadie. Desátenlo y tráiganlo {tráiganmelos^{Mt}} acá. ³Y si alguien les dice: "¿Por qué hacen eso?", díganle: "El Señor lo necesita, y en seguida lo devolverá".»

⁴Fueron, encontraron un burrito afuera en la calle, atado a un portón, y lo desataron. ⁵Entonces algunos {los dueños^{Lc}} de los que estaban allí les preguntaron: «¿Qué hacen desatando el burrito?» ⁶Ellos contestaron como Jesús les había dicho {—El Señor lo necesita^{Lc}}, y les dejaron desatarlo. ⁷Le llevaron, pues, el burrito a Jesús. Luego pusieron encima sus mantos, y él se montó.

Desde Betania, Jesús llega a Jerusalén, como a tres kilómetros al este. Entre las dos ciudades se encuentra el monte de los Olivos, a 866 metros de altura. La cima del monte provee un panorama impresionante, especialmente del templo, ubicado a cien metros abajo. En los siguientes días Jesús hará muchas remembranzas sobre este monte. Sobre él llorará por Jerusalén, dará el "discurso del monte de los Olivos", orará en Getsemaní y ascenderá al cielo.

En el lado este del monte de los Olivos se encuentra una pequeña aldea llamada Betfagué. Desde allí Jesús envía dos discípulos, de los cuales no se mencionan sus nombres, tal vez Pedro y Juan, para traerle una burra y su burrito.³ Mateo menciona que son dos los animales que le traen a Jesús.⁴ Marcos explica porque. Jamás alguien ha montado el burrito.⁵ Si Jesús espera que el burrito se muestre un poco dócil, más les vale traer consigo a la madre, especialmente con esta multitud bravía.

---

³De acuerdo con J. D. M. Derrett, "Law in the New Testament: The Palm Sunday Colt" (La ley en el Nuevo Testamento: El pollino del domingo de palmas), *NovT* (Novum Testamentum) 13 [1971]: 241-258, el Estado podía tomar animales del público en general en beneficio y uso del propio Estado. 1 Samuel 8:17 da soporte para esta práctica (ver m. *B. Mesìa* 6:1). ¡Jesús, como descendiente de David y Mesías, ciertamente tenía este derecho! Además, los rabinos también tenían este derecho bajo ciertas circunstancias. Sin embargo, muy por el contrario al Estado, Jesús pide permiso para utilizar el pollino y luego regresarlo. Así, los apóstoles parecen someterse a las responsabilidades legales en cuanto a pedir un animal prestado: Éxodo 22:14-15.

⁴Mateo ha sido acusado de no leer y entender bien el paralelismo hebreo de Zacarías 9:9 (citado en Mateo 21:5), que menciona a dos animales en líneas subsecuentes, donde probablemente tan sólo uno cobra significado con frases paralelas; ver a R. Bartnicki, "Das Zitat von Zach IX, 9-10 und die Tiere im Bercht von Mattäus über dem Einzug Jesu in Jerusalem (Mt XXI, 1-11), *NovT* 18/3 (1976): 161-166. Sin embargo, Mateo, de entre toda la gente, sabía como leer la poesía profética. Su narración no es el resultado de una hermenéutica con fallas, sino fiel detalle de testimonio visual.

⁵Los bueyes, los burros y los potros que jamás habían sido montados en ocasiones se les usaba con propósitos sagrados (Números 19:2; Deuteronomio 21:3; 1 Samuel 6:7).

Jesús los preparó para lo inevitable — alguien preguntaría por qué se iban a llevar a estos animales. Debían decir: "El Señor lo necesita". La palabra Señor se pudiera estar refiriendo al dueño de los animales, que tal vez estaba con Jesús.[6] Sin embargo, como Lucas señala que "los dueños" fueron los que les preguntaron a los dos discípulos acerca de lo que hacían, es más probable que la palabra "Señor" se refiera a Jesús. Debemos recordar que Jesús ha pasado los últimos seis meses en las áreas de Judea y Perea. Ha resucitado a Lázaro de entre los muertos y sus setenta discípulos enviados han sanado a cientos y posiblemente hasta miles de personas en esa área. En otras palabras, Jesús era bien reconocido y aceptado. Por lo tanto, resulta razonable asumir que Jesús envía a los dos discípulos a uno de sus allegados para pedir prestados los animales.[7]

2. Profecía

Mateo 21:4-5 señala:

> [4] Esto sucedió para que se cumpliera lo dicho por el profeta:
> [5] «Digan a la hija de Sión:
> "Mira, tu rey viene hacia ti,
> humilde y montado en un burro,
> en un burrito, cría de una bestia de carga."»[a]

[a]5 Zacarías 9:9

El libro de Zacarías predice al Mesías con claridad sorprendente.[8] Este pasaje en particular era interpretado por muchos rabinos como mesiánico. Mateo muestra como esta entrada triunfal cumple Zacarías 9:9.[9] Sin embargo, también muestra que aunque Jesús es el Mesías predicho por los profetas, no es el Mesías esperado por la gente. La gente esperaba que el rey cabalgara a Jerusalen[10] en un

---

[6]J. M. Ross, "Names of God: A Comment on Mk 13:3 and Parallels" (Nombres de Dios: Un comentario de Marcos 13:3 y los paralelismos), BT (Traductor bíblico) 35/4 [1984]: 443

[7]J. Blenkinsopp sugiere que el acto de desatar un pollino tendría significado mesiánico basado en el oráculo de Judá (Génesis 49:10-11), (" The Oracle of Judah and the Messianic Entry" [El oráculo de Judá y la entrada mesiánica], JBL [Revista de literatura bíblica] 80 [1961]: 55-64).

[8]Especialmente Zacarías 9:9; 11:13; 12:10; 13:7; 14:4.

[9]La frase introductoria en verdad se aproxima más a Isaías 62:11, "Digan a la hija de Sion: '¡Ahí viene tu Salvador!'" Dado que el contexto de Isaías 62:11 también es el apropiado para nuestros pasajes, Mateo puede que intente que nosotros veamos una conexión.

[10]Tenney (p. 127) nota que la hija de Sion es "una personificación de la ciudad de Jerusalén" en el Antiguo Testamento, especialmente con los profetas postreros (Isaías 1:8; 52:2; 62:11; Jeremías 4:31; 6:23; Lamentaciones 2:4, 8, 10, 13; Miqueas 4:8; Zacarías 3:14; Zacarías 2:10).

caballo de batalla (ver Apocalipsis 6:4; 19:11). Lo que a la gente se le prometió fue un Príncipe de paz (Isaías 9:6) montado en un burrito — un símbolo de reyes y de paz (Jueces 5:10; 1 Reyes 1:33; b. Ber, 56b).[11]

Esta clase de profecía seguirá hasta el final de los evangelios. Aunque ya nos hemos acostumbrado a que Jesús cumpla las profecías a través de los evangelios, nos abrumará *la cantidad* de profecías que Jesús cumplirá en la última semana. La mayoría presentará el mismo mensaje: Jesús es el Mesías predicho por los profetas, pero no el esperado por la gente.

3. Alabanza

Mateo 21:8 *con* Lucas 19:36; Juan 12:13; Marcos 11:8 señalan:

> {A medida que avanzaba^{Lc}} ⁸Había mucha gente que tendía sus mantos sobre el camino; otros cortaban {palma^{Jn}} ramas de los árboles {en los campos^{Mr}} y las esparcían en el camino.

Lucas 19:37 señala:

> ³⁷Al acercarse él a la bajada del monte de los Olivos, todos los discípulos se entusiasmaron y comenzaron a alabar a Dios por tantos milagros que habían visto.

Mateo 21:9 *con* Lucas 19:38; Marcos 11:10 señalan:

> ⁹Tanto la gente que iba delante de él como la que iba detrás, gritaba:
> —¡Hosanna^a al Hijo de David!
> —¡Bendito el {Rey^{Lc}} que viene en el nombre del Señor!^{b}
> {—Bendito el reino venidero de nuestro padre David!^{Mr}}
> {—¡Paz en el cielo y gloria^{Lc}}
> —¡Hosanna en las alturas!
>
> ^{a}9 Expresión hebrea que significaba «¡Salve!», y que llegó a ser una exclamación de alabanza; también en el v. 15 ^{b}9 Salmo 118:26

Cuando Jesús escala el monte de los Olivos, la gente está lista para aclamarlo Mesías y Rey. Esta es la segunda vez que esto sucede. Un año atrás, cuando Jesús alimentó a los 5,000 (hombres), la multitud estaba preparada para hacerlo rey por la fuerza (Juan 6:15). Eso aconteció en Galilea. Ahora, esto sucede a las puertas del templo.

---

[11] HN. Marros, "La unción de Salomón y la entrada de Jesús en Jerusalén", *Bib* 68 (1987): 89-97; M. Hanfmann, "The Donkey and King", *HTR* 78 (1985); 421-426; and J. M. Sasson, "The Thoughts of Zimri-Lim", *BA* 47/2 (1984): 119.

Esta multitud no está congregada por accidente. Los peregrinos de la Pascua subían a Jerusalén amontonados por esta colina. Llegaban llenos de fervor religioso y político. Las pascuas anteriores precipitaron una revuelta en contra de Arquelao (4 a. de C., ver J. W. 2.8-13 / Ant. 17.206-218) y la profanación del templo por los samaritanos (c. A. D. 6-9; Ant. 18.29-30). Este festival se hacía acompañar de las fuerzas armadas romanas (J. W. 2.224, Ant. 20.106-107). Jesús ha pasado seis meses de ministerio itinerante en Judea y Perea. La cantidad de sus seguidores aumenta. Además, los rumores en cuanto a Lázaro han creado una algarabía. De hecho, las noticias en las calles son que el sanedrín quiere matar tanto a Lázaro como a Jesús. La gente se muestra curiosa, a la expectativa y con júbilo. Ansían un Mesías, y este hombre, con la capacidad de hacer tales milagros, es su candidato principal.

Algunos de la multitud tendían sus mantos en el camino (2 Reyes 9:13, ver Str. B. 1:844). Otros cortaban palmas (ver Apocalipsis 7:9; 1 Macabeos 13:51; 2 Macabeos 10:6-7; m. Suk. 3-4) y ramas de los árboles del campo y las tendían para que el burrito caminara sobre ellas.[12] Ambas cosas son gestos o acciones políticas y de la realeza. En otras palabras, las multitudes le dan la bienvenida a Jesús como Rey en la ciudad santa. (2 Reyes 9:13; comparar Str. B. 1:844)

Cuando Jesús llega a la cima del monte de los Olivos, esta enorme multitud grita de júbilo y los ecos se escuchan hasta el otro lado de la ciudad. Ello ha atraído a todos y sus implicaciones mesiánicas han generado gran animación. De Salmo 118:25-26, considerado por los rabinos como mesiánico (ver *Tg. Psa.* 118:22), la gente toma prestadas tales frases como "Hosanna" y "Bendito el que viene".[13] Y la gente le agrega tales palabras mesiánicas como "David", "reino", "paz" y "gloria en las alturas". Su mensaje es claro y fuerte. El sanedrín queda paralizado. Jesús los enfrentará en poco tiempo.

Además del sanedrín, esta procesión debió haber inquietado a la guardia romana atrincherada en Jerusalén. Son las fuerzas que están

---

[12] Fue durante la revuelta de los macabeos que las palmas tomaron un tinte político (c. 166 a. de C.). Ya que más de la mitad de los discípulos de Jesús tienen nombres de héroes macabeos, no sorprende que Juan observa este gesto de la realeza en cuanto a agitar palmas; ver W. Farmer, "The Palm Branches in John 12, 13" *JTS* 3 (1952): 62-66

[13] La palabra Hosanna literalmente significa, "salva ahora". Pero en los días de Jesús la palabra "hosanna" había, en la mayoría de los casos, perdido su significado original y quedó tan sólo como una expresión de alabanza, como nuestro uso de la palabra "amén". Sin embargo, hay algo casi profético en los gritos de la multitud al proclamar "hosanna" en el primer día de la celebración de la semana de Pascua.

allí para mantener la paz. Son especialmente cuidadosos y precavidos durante las fiestas judías, cuando la fiebre judía aflora debido a sus sentimientos políticos y religiosos. Ahora presenciarán la entrada de tal hombre que entra con tanta aclamación. Tal vez no sea una exageración imaginarnos a las columnas de gente paradas de uno y otro lado del camino desde la cima del monte hasta abajo vitoreando la entrada de Jesús a Jerusalén. Al tiempo que Jesús desciende, se cierran las filas detrás de él, formando la procesión creciente hasta llegar a las puertas del templo.

4. Ignorancia de los discípulos

Juan 12:16-18 señala:

> **16** Al principio, sus discípulos no entendieron lo que sucedía. Sólo después de que Jesús fue glorificado se dieron cuenta de que se había cumplido en él lo que de él ya estaba escrito.
> **17** La gente que había estado con Jesús cuando él llamó a Lázaro del sepulcro y lo resucitó de entre los muertos, seguía difundiendo la noticia. **18** Muchos que se habían enterado de la señal realizada por Jesús salían a su encuentro.

Los discípulos están tan animados con todo esto como lo está toda la gente y por las mismas razones equivocadas. También ellos están errados en cuanto al Mesías, comparten con la demás gente la idea equivocada en cuanto a su misión. De hecho, no lo entenderán sino hasta que Jesús sea glorificado (es decir, ascienda).

5. Los fariseos

Lucas 19:39-40 señala:

> **39** Algunos de los fariseos que estaban entre la gente le reclamaron a Jesús: —¡Maestro, reprende a tus discípulos!
> **40** Pero él respondió: —Les aseguro que si ellos se callan, gritarán las piedras.

Juan 12:19 señala:

> **19** Por eso los fariseos comentaban entre sí: «Como pueden ver, así no vamos a lograr nada. ¡Miren cómo lo sigue todo el mundo!»

Los fariseos tienen razón en preocuparse. Entienden perfectamente las implicaciones tanto de los gritos como de las acciones de las multitudes. Jesús se dirige al trono y las multitudes lo aclaman. En la mente de los fariseos, Jesús debe estar obligado a calmar a sus discípulos antes de que sus ánimos den cauce a una revolución.

Muy por el contrario, Jesús afirma: "Su alabanza es tanto la apropiada como inevitable. Si ellos paran, las piedras empezarán". Los fariseos demandan que Jesús calme a la multitud. Pero Jesús los enfrenta y los pone por los suelos. En este día, ellos quedan sin poder. Pierden toda su popularidad y ya no tienen el poder oficial para hacer nada; simplemente se quedan parados ociosamente mirando. Los frentes de batalla se trazan y no deben permanecer ociosos por mucho tiempo.

6. Jesús llora por Jerusalén

Lucas 19:41-44 señala:

> [41]Cuando se acercaba a Jerusalén, Jesús vio la ciudad y lloró por ella. [42]Dijo: —¡Cómo quisiera que hoy supieras lo que te puede traer paz! Pero eso ahora está oculto a tus ojos. [43]Te sobrevendrán días en que tus enemigos levantarán un muro y te rodearán, y te encerrarán por todos lados. [44]Te derribarán a ti y a tus hijos dentro de tus murallas. No dejarán ni una piedra sobre otra, porque no reconociste el tiempo en que Dios vino a salvarte.[a]
>
> [a]44 *el tiempo... salvarte.* Lit. *el tiempo de tu visitación.*

Nosotros nos sentimos tentados a regocijarnos por la victoria de Jesús sobre los fariseos. Pero Jesús no se deleita; llora. Esta palabra significa sollozos profundos. Su interés no está en ganar un argumento sino a la gente. Viéndolo de manera superficial, pareciera como si hiciera justamente esto. Pero él conoce sus corazones. Dentro de unos cuantos días, muchos de los que gritan "Hosanna" cambiarán a "¡Crucifícale!". Están comprometidos con Jesús si él se convierte en su rey libertador. Cuando es arrestado como rebelde, lo abandonarán por considerarlo un subversivo peligroso.

Al estar frente a la ciudad, tal vez mirando las entradas al templo, ruega por su paz. No una paz política al final de un levantamiento sangriento, sino por paz con su Dios. Esa es su meta final, pero los ojos de la gente permanecen ciegos a esto. Cuando Jesús rehúsa ser el Mesías que ellos quieren, lo matarán. Como resultado, la venganza de Dios caerá de manera total hasta alcanzar las piedras de la misma ciudad. Dentro de cuarenta años, los romanos se asegurarán que no quede piedra sobre piedra. En tan sólo tres días, Jesús describirá esto con lujo de detalle, desde este mismo sitio

(Mateo capítulo 24: Marcos capítulo 13; Lucas capítulo 21). Pero por ahora, esta advertencia profética deja escapar lágrimas de los ojos de Jesús. Es seguro que esto debió haber confundido grandemente a los discípulos, si en verdad, alguno de ellos notó algo.

7. Entrada al templo

Mateo 21:10-16 señala:

¹⁰Cuando Jesús entró en Jerusalén, toda la ciudad se conmovió. —¿Quién es éste? —preguntaban.
¹¹—Éste es el profeta Jesús, de Nazaret de Galilea —contestaba la gente. ¹²Jesús entró en el templo[a] y echó de allí a todos los que compraban y vendían. Volcó las mesas de los que cambiaban dinero y los puestos de los que vendían palomas. ¹³«Escrito está —les dijo—: "Mi casa será llamada casa de oración"[b], pero ustedes la están convirtiendo en "cueva de ladrones"[c].
¹⁴Se le acercaron en el templo ciegos y cojos, y los sanó. ¹⁵Pero cuando los jefes de los sacerdotes y los maestros de la ley vieron que hacía cosas maravillosas, y que los niños gritaban en el templo: «¡Hosanna al Hijo de David!», se indignaron.
¹⁶—¿Oyes lo que ésos están diciendo? —protestaron.
—Claro que sí —respondió Jesús—; ¿no han leído nunca: "En los labios de los pequeños y de los niños de pecho has puesto la perfecta alabanza"?[d]

[a]*12* Es decir, *en el área general del templo;* también en v v. 14,15, 23. [b]*13* Isaías 56:7 [c]*13* Jeremías 7:11 [d]*16* Salmo 8:2

Marcos 11:11 *con* Mateo 21:17 señalan:

¹¹Jesús entró en Jerusalén y fue al templo. Después de observarlo todo, como ya era tarde, salió {de la ciudad^Mt} para Betania {a pasar la noche^Mt} con los doce.

Para cuando Jesús llega a las puertas de la ciudad, todos se preguntan acerca de él. La traducción que la Nueva Versión Internacional hace de Mateo 21:10 "Toda la ciudad se conmovió", resulta muy débil. La palabra traducida como "conmover" se la utiliza en otras partes con referencia a un terremoto (Mateo 27:51; Apocalipsis 6:13). Los habitantes de Jerusalén junto con los peregrinos de la Pascua preguntan a los que van al frente de la procesión: "¿Quién es éste?" "Éste es el profeta Jesús, de Nazaret de Galilea" es la respuesta que necesitan y la cual ya anticipan.

Los enfermos de la ciudad logran llegar a las puertas del templo, hasta donde se les permitía llegar. Era común que los enfermos y cojos se sentaran a pedir limosna a la entrada del templo (ver Hechos 3:2). De alguna manera logran llegar hasta Jesús, pasando por la multitud atiborrada y todos mirándolos fijamente. Como si faltara emoción, Jesús los sana. Hasta los niños han formado su coro y repiten las alabanzas de sus padres.

Los fariseos, los cuales ya lo han acosado, son ahora apoyados por los saduceos. Como Jesús está dominando su territorio del templo, le piden que pare de hacerlo aunque está haciendo maravillas. Suena raro que los líderes religiosos objeten las sanidades de Jesús. Sin embargo, debemos entender que la sanidad era una señal de que él era el Mesías (ver Isaías 35:46). De hecho, cuando Juan envía embajadores a Jesús para preguntarle de su ministerio, en vez de presentar una larga defensa lógica, Jesús simplemente dijo: "Vayan y cuéntenle a Juan lo que están viendo y oyendo" (Mateo 11:2-6).

Jesús responde señalando: "¿No han leído nunca?" Eso es como recriminarle a un pastor por no saberse de memoria Juan 3:16. Basado en Salmo 8:2, ellos debieron haber sido más sensibles a las alabanzas de los niños. No es que este pasaje sea tan famoso, sino que el acontecimiento es tan obvio. ¡Qué contraste! Por un lado tenemos las alabanzas de la gente, tenemos a los enfermos siendo sanados y tenemos a los niños alabando a Dios. Por otro lado tenemos a los líderes religiosos tratando de parar todo ya que, según ellos, las cosas se les han salido fuera de control.

Tal hipocresía merece más que esta reprimenda menor. Sin embargo, tendrá que esperar al día siguiente. Jesús se ha pasado casi toda la tarde con la entrada triunfal y su servicio sanador. Así que decide regresarse a Betania y pasar allí la noche junto con sus doce discípulos. ¡Pero los fuegos artificiales llegarán el lunes!

Sección 129a
Maldición de la higuera
(Mateo 21:18-19; Marcos 11:12-14)

En este momento, Mateo condensa su narrativa. Como resultado, tenemos dos cosas. Primero, parece como que la purificación del templo se llevó a cabo el domingo por la tarde, mientras que Marcos clarifica que sucedió el lunes. Segundo, lo hace parecer como si la maldición de la higuera y la lección obtenida de ello se hubieran presentado en el mismo momento. Nuevamente, Marcos clarifica que hubo veinticuatro horas de intervalo entre estos dos acontecimientos.

El intervalo de tiempo de veinticuatro horas de Marcos resulta de suma importancia no tan sólo para entender la cronología, sino también la teología de este pasaje. ¡Vea usted! Jesús maldice la higuera el lunes. Los discípulos no lo notan sino hasta el martes. En el intervalo de tiempo entre estos dos acontecimientos, Jesús purifica el templo. Así entendemos que la higuera seca es símbolo del futuro de Israel. Es como una parábola actuada.

Marcos 11:12-14 *con* Mateo 21:18-19 señalan:

^{12}Al día siguiente, {Muy de mañana^{Mt}} cuando salían de Betania {cuando volvía a la ciudad^{Mt}}, Jesús tuvo hambre. ^{13}Viendo a lo lejos {junto al camino^{Mt}} una higuera que tenía hojas, fue a ver si hallaba algún fruto. Cuando llegó a ella sólo encontró hojas, porque no era tiempo de higos. ^{14}«¡Nadie vuelva jamás a comer fruto de ti!», le dijo a la higuera. Y lo oyeron sus discípulos. {Y al instante se secó la higuera^{Mt}}

Muy de mañana el lunes Jesús camina tres kilómetros de regreso a Jerusalén para terminar con algunos asuntos pendientes en el templo. Jesús no debió tener hambre todavía. Era común que los judíos únicamente se alimentaran dos veces al día: a las 10:00 de la mañana y de 6 a 7 de la noche. Era muy temprano para el "desayuno". Es posible que por toda la algarabía y trabajo del día anterior se le olvidó a Jesús cenar. No sería esa la primera vez en que Jesús no comiera por causa de su trabajo (Marcos 3:20; 6:31).

Delante de él, al lado del camino, Jesús ve a una higuera hermosa y con muchas hojas. El tiempo de la Pascua era muy temprano para que las higueras echaran sus primeras hojas. Junto con las hojas, una higuera presenta sus botones que se convertirán en higos. Son amargos, pero se pueden comer. Jesús se acerca a la higuera buscando los frutos que anuncian las hojas. No encuentra más que puras hojas.

Jesús había sido criticado por esperar higos antes de su tiempo. Después de todo, "no era tiempo de higos". Esa crítica pierde de vista el punto en cuestión. Las hojas prometen que habrá fruto verde, pero no hay nada. Lo que es peor, sin los higos tiernos ahora, jamás habrá la esperanza de fruto en el futuro inmediato.

También se ha criticado a Jesús por utilizar su poder divino para destruir objetos inanimados estando enojado.[14] También esto pasa por alto el punto en cuestión. Jesús no toma venganza en una higuera engañosa. Está utilizando esta oportunidad para enseñar a sus discípulos una lección de gran valor, especialmente a la luz de lo que está a punto de hacer en el templo. Para Jesús, la gente es más importante y de más valor que las cosas. Le pone más valor a su enseñanza con sus discípulos que a un objeto inanimado. Esta misma lección se debió haber aprendido con la pérdida de 2,000 cerdos en Gerasa. Además, este árbol no produce nada. Está ocupando espacio en la tierra buena de Dios, sin hacer su trabajo. Resulta absurdo imaginarnos a la naturaleza llorando y lamentando la muerte de una camarada, muerte causada por el enojo caprichoso de Jesús. Es una higuera inútil. Es un árbol improductivo.

Tiene la apariencia de un árbol productivo, pero no lo es. Así que Jesús maldice este árbol improductivo como está a punto de maldecir a un templo improductivo que no produce el fruto apropiado. No hay forma de que ellos hubiesen imaginado que sus palabras, — "nadie vuelva jamás a comer fruto de ti", — causarían la muerte inmediata del árbol. Mateo señala que el árbol se secó inmediatamente. Dentro de veinticuatro horas, cuando ellos pasan de nuevo por el lugar, notarán que se ha secado desde sus raíces (Marcos 11:20). ¡Ahora eso es "inmediato" en cualquier tratado sobre árboles!

Sección 129b
Segunda purificación del templo
(Mateo 21:12-13; Marcos 11:15-18; Lucas 19:45-48; ver *Sección 31*)

Mateo, Marcos y Lucas colocan esta purificación al final del ministerio de Jesús. Sin embargo, Juan la coloca al inicio del ministerio de Jesús. Ahora, nadie negará que los escritores de los evangelios colocarán la información de manera temática en vez de cronológica. Pero tal revisión tan radical por Juan, escribiendo después de los

---

[14]T. W. Manson, "The Cleansing of the Temple" (La purificación del templo), *BJRL* (Boletín de la universidad de Manchester John Rylands) 33 [1951]: 259 afirma, "Es una narración de poder milagroso malgastado al servicio de un mal genio (ya que el poder sobrenatural empleado para borrar del mapa a la higuera desafortunada pudo haberse empleado de una manera más productiva forzando toda una producción de higos fuera de temporada); y como sucedió resulta simplemente increíble".

sinópticos, se pudiera considerar como errónea o que confunde (ver Morris, pp. 288ss).[15]

Marcos 11:15-17 *con* Mateo 21:12 señalan:

> ¹⁵Llegaron, pues, a Jerusalén. Jesús entró en el templo[a] y comenzó a echar de allí {a todo^Mt} a los que compraban y vendían. Volcó las mesas de los que cambiaban dinero y los puestos de los que vendían palomas, ¹⁶y no permitía que nadie atravesara el templo llevando mercancías. ¹⁷También les enseñaba con estas palabras: «¿No está escrito:
> » "Mi casa será llamada
> casa de oración para todas las naciones?"[b]
> Pero ustedes la han convertido en "cueva de ladrones".»[c]
>
> [a]**15** Es decir, *en el área general del templo;* también en v. 16. [b]**17** Isaías 56:7. [c]**17** Jeremías 7:11

La primer puerta a la que llega Jesús, cuando entra a Jerusalén por el este, lo llevó de inmediato a los atrios del templo, es decir, el atrio de los gentiles. Hay palomas, ovejas y bueyes (Juan 2:14). Hay cajas, canastos y comercio, todo apuntando hacia el valle de Kidron (*Str-B* 1:850-852). Hay mesas de dinero donde están los cambistas haciendo su negocio al cambiar moneda romana por el siclo kosher necesario para el pago del impuesto del templo.[16] Todo es un caos y esto enfureció a Jesús.

En la primer purificación Jesús tejió un látigo con material que encontró disponible, más cuerdas ya hechas. En esta ocasión no se nos dice si hizo otro látigo con cuerdas o no. Pero se requiere de fuerzas para volcar las mesas de los cambistas. Marcos agrega lo siguiente: "y no permitía que nadie atravesara el templo llevando mercancías". Los mercaderes hacían uso del atrio de los gentiles como atajo para llegar rápido al camino que los llevaría al este, al monte de los Olivos (Josefo, *C. Ap.* 2:108 y *M. Ber.* 9.5). La venganza de Jesús no es tan sólo con los vendedores sino también contra los comprador.

Esta resulta ser una escena impresionante. Los negociantes y mercaderes todos en cuclillas y de rodillas buscando sus monedas por

---

[15] Esto pone en duda el conceso erudito rotundo de una purificación única del templo, pero bajo fundamentos literarios y sociológicos, la pregunta debe quedar abierta; ver C. Blomberg, *The Historical Reliability of John's Gospel: Issues and Commentary* (Downers Grove, IL: InterVarsity, 2001), 90; y E. R. Richards, "An Honor/Shame Argument for Two Temple Cleansings", *TrinJ* 29 NS (2008): 19-43.

[16] J. Neusner, "Money-Changers in the Temple: Mishnah's Explanation" (Los cambistas del templo: La explicación del Mishnah), *NTS* (Estudios del Nuevo Testamento) 35 [1989]: 287-290.

todo el piso. Las ovejas, los bueyes, los macho cabríos y las palomas corriendo desenfrenados, aterrados por la agitación y el alboroto. La gente empujándose y atropellándose unos a otros tratando de escapar. Los saduceos tan sólo miran desde las orillas, furiosos de que Jesús nuevamente interfiera con sus ganancias financieras. Pero no pueden hacer mucho. El pueblo está del lado de Jesús y odia la obvia corrupción del templo. Si los saduceos intervinieran, la gente se agolparía en contra de ellos en defensa de Jesús, especialmente después de esa gran procesión del día anterior (Marcos 11:18). Además, la guarnición romana está atenta con las manos en las espadas. Si se desenlaza una disputa, los romanos podían aplacarla tenaz y rápidamente. Con toda justicia, debemos señalar que el templo tenía una construcción de 430 x 300 metros, lo cual era una extensión del 25% de toda la ciudad (Josefo, *Ant.* 20.106-107); *J. W.* 2.224-227). El actuar de Jesús, en medio de la actividad frenética, ciertamente no pudo haber perturbado todo el complejo, especialmente si sucedió de manera aislada en una parte pequeña y porque también fue algo breve.

Sin embargo, el punto no es que la casa estuviera sucia y necesitara una limpieza profunda. Tampoco se debe a que estos gentiles piadosos necesitaran un lugar pacífico donde orar. La crítica de Jesús es doble. Primero, de Isaías 56:7 sugiere que el templo debe estar abierto a todos. El contexto (Isaías 56:1-7) sugiere que el Mesías atraería a todos los pueblos y razas a adorar a Dios. Por ello, terminaría con el "exilio" de los hijos verdaderos de Dios. Segundo, de Jeremías 7:11, Jesús amenaza a los líderes presentes (ver Jeremías 7:1-16). Como en los días de Jeremías, se sentían seguros en su pecado ya que eran ellos los que controlaban el templo. Sin embargo, Dios les declara que si ellos no corregían sus maneras de ser, el templo sería destruido. No es de maravillarse porqué son tan agresivos con Jesús. Sin embargo, esto no es algo raro. Malaquías (3:1-3) predijo eso mismo.

Marcos 11:18 *con* Lucas 19:48 señalan:
> [18]Los jefes de los sacerdotes y los maestros de la ley lo oyeron y comenzaron a buscar la manera de matarlo, pues le temían, ya que toda la gente se maravillaba de sus enseñanzas {con gran interés[Lc]}.

Es claro que Jesús se gana a las multitudes. ¡Tanto la secta de los saduceos (los jefes de los sacerdotes) como la secta de los fariseos (los maestros de la ley) lo quieren matar, especialmente porque su amenaza en contra del templo se volvía algo recurrente! En tres ocasiones Jesús ya había abordado intrépidamente este asunto del templo antes de esta "purificación" (Lucas 13:34, 35; 19:42-44; Juan 2:19, 20) y dos veces posteriormente (Mateo 23:37-39 y Marcos 13:1-37/Mateo 24:1-5/Lucas 21:5-36). Estas amenazas fueron recordadas con claridad posteriormente (Marcos 14:58/Mateo 26:61; Marcos 15:29/Marcos 27:40; Thom 71; Hechos 6:14).[17]

Además, dado que los templos eran usados como herramientas para "hacerle monumentos" a los emperadores y a los reyes mediante su reconstrucción y defensa, es posible que Herodes tomara esto como un asunto para un asalto personal.[18] Ellos están aterrados por el poder que Jesús ejerce sobre las multitudes. Además, las autoridades romanas vigilaban de cerca los dineros del templo y como hurtaban dinero a través de los impuestos. Así, la purificación que Jesús hace del templo tiene ramificaciones políticas y económicas más allá de los límites del judaísmo.[19] Es claro que estos líderes estaban más preocupados por sus posiciones de autoridad que con la posibilidad de que sea Jesús su tan esperado Mesías. Después de todo, interferencia de los reyes en el templo tenía sus antecedentes con Ezequías (2 Reyes 18:4), Josías (2 Reyes 22:3-23:25, y Judas Maccabee (1 Macc 4:36-60; 2 Macc 10:1-8).[20]

---

[17] En cuanto a un listado de personajes históricos que amenazaron el templo, ver C. Evans, "Opposition to the Temple: *Jesus and the Dead Sea Scrolls*", en Jesus and the Dead Sea Scrolls, ed. James H. Charlesworth (New York: Doubleday, 1992), 235-253, al igual que sus "Predictions of the Destruction of the Herodian Temple in the Pseueprigrapha, Qumran Scrolls, and Related Texts", JSP 10 (1992): 89-147.

[18] H. Betz, "Jesus and the Purity of the Temple" (Jesús y la purificación del templo), JBL (Revista de literatura bíblica) 116/3 [1997]: 455-472 y H. Hamilton, "Temple Cleansing & Temple Bank", JBL 83/4 (1964): 365-372.

[19] Ver a J. M. Dawsey, "Confrontation in the Temple" (Confrontación en el templo), PRS (Perspectivas en estudios religiosos) 11 [1984]: 153-165.

[20] La posición de sumo sacerdote resultaba ciertamente algo lucrativo y se había corrompido demasiado. Josefo informa que Jesús ben Gamaliel compró el puesto de sumo sacerdote con un soborno (*Ant* [Antigüedades de los judíos] 20. 213). También señala quealgunos sacerdotes de alto rango golpeaban a los sacerdotes de rangos inferiores para despojarlos de sus diezmos a los cuales eran merecedores (Ant [Antigüedades de los judío] 28. 181 y 206-207). Además, les vendían a los adoradores hasta 25 veces más el valor de un animal para el sacrificio. Esto hacía que fuesen temidos y odiados (C. A. Evans, "Jesus' Action in the Temple: Cleansing or Portent of Destruction?" [La acción de Jesús en el templo: ¿Purificación o potentado de destrucción?] *CBQ* [Publicación trimestral católica de la Biblia] 51 [1989]: 237-270).

Sección 130a
Algunos griegos quieren ver a Jesús
(Juan 12:20-36)

Jesús acaba de amenazar el templo. Específicamente, libró el atrio de los gentiles de gente indeseable y ahora los prosélitos podrán orar de manera apropiada. Se opuso al cierre del templo a los extranjeros. Así que no es de extrañarse que un grupo de convertidos griegos quiera conversar con Jesús.

Juan 12:20-26 señala:

²⁰Entre los que habían subido a adorar en la fiesta había algunos griegos. ²¹Éstos se acercaron a Felipe, que era de Betsaida de Galilea, y le pidieron: —Señor, queremos ver a Jesús. ²²Felipe fue a decírselo a Andrés, y ambos fueron a decírselo a Jesús.
²³—Ha llegado la hora de que el Hijo del hombre sea glorificado —les contestó Jesús—. ²⁴Ciertamente les aseguro que si el grano de trigo no cae en tierra y muere, se queda solo. Pero si muere, produce mucho fruto. ²⁵El que se apega a su vida la pierde; en cambio, el que aborrece su vida en este mundo, la conserva para la vida eterna. ²⁶Quien quiera servirme, debe seguirme; y donde yo esté, allí también estará mi siervo. A quien me sirva, mi Padre lo honrará.

Al parecer estos griegos son prosélitos que ya se encontraban a la puerta. Llegaron a Jerusalén para adorar al Dios y a ofrecer sacrificios (ver Sheqal. 7.6), pero les faltaba entrar al pacto mediante la circuncisión. Es claro que hay algo en Felipe, el cual los atrae. Tal vez sea su nombre. Después de todo, tanto él como Andrés son llamados por sus nombres griegos, desde el inicio. Felipe los lleva ante Andrés quien es famoso por traer la gente a Jesús (ver Juan 1:41; 6:8-9).

Andrés es hermano de Pedro. Él es el único de los pescadores que no pertenece al círculo de los tres. Pero creo que era él el más cercano a Jesús después de los tres. Por ello, tiene sentido que Felipe traiga a estos griegos ante Andrés. Él era el más apropiado para presentarlos ante Jesús.

Bueno, Andrés le dice a Jesús que estos griegos lo quieren ver, pero jamás sabemos si Jesús los recibió o no. Lo único que tenemos es la respuesta de Jesús hacia "ellos". ¿Se refiere la respuesta a Felipe y Andrés o al grupo de griegos? No importa, lo que sí sabemos es que una multitud de judíos reunidos en torno a Jesús oyen su respuesta (v. 29).

Esta respuesta parece fuera de relación con la petición de los griegos. Pero es exactamente lo que deben escuchar. Quieren ser parte del pueblo de Dios y lo serán. Pero serán incluidos sólo mediante la muerte de Jesús por sus pecados, no porque se conviertan al judaísmo.

No nos sorprende que los extranjeros busquen a Jesús. Después de todo, el centurión (**Sección 55**) y la mujer sirofenicia (**Sección 78**) ya han encontrado a Jesús. Pero este grupo presente de griegos es una señal clara que el camino está a punto de llegar a su fin. Jesús reflexiona en ello brevemente y pone en su respuesta unas advertencias bien fuertes para sus futuros seguidores.

La ejecución de Jesús hará temblar a los discípulos en lo más profundo. Por ello, deben recordar que la muerte de Jesús es tan necesaria como muere el grano de trigo. Si un grano de trigo no se entierra, no habrá cosecha (ver *b. Sanh.* 906). De la misma manera, si Jesús no es asesinado y enterrado, no habrá resurrección, no habrá iglesia, no habrá la inclusión de los gentiles (ver Isaías 53:10; Lucas 24:26; Romanos 3:23-25; 5:12-21). Y lo que pase con Jesús, pasará con los discípulos. También ellos deben morir (ver Mateo 10:37-39; 16:24-26; Marcos 8:34-38; Lucas 9:23-26; 14:26; 17:32, 33). Después de todo, no se puede seguir a Jesús sin ir a donde él va. En muchas maneras, la presentación que aquí Juan hace de Jesús se parece más a los sinópticos que en cualquier otra parte de su narración.[21]

Juan 12:27-29 señala:

> [27]»Ahora todo mi ser está angustiado, ¿y acaso voy a decir: "Padre, sálvame de esta hora difícil?" ¡Si precisamente para afrontarla he venido! [28]¡Padre, glorifica tu nombre!
> Se oyó entonces, desde el cielo, una voz que decía: «Ya lo he glorificado, y volveré a glorificarlo.» [29]La multitud que estaba allí, y que oyó la voz, decía que había sido un trueno; otros decían que un ángel le había hablado.

Jesús anticipa lo que está por venir y se turba. Expresa su dolor en el v. 27. La manera en que puntuemos este versículo da la diferencia. La primera oración ciertamente es una pregunta. Pero la segunda oración puede ser una declaración exclamativa en vez de una pregunta como la señala la *Nueva Versión Internacional de la Biblia*. Si la entendemos como una pregunta, escuchamos a Jesús decir: "¿Debo acaso decir: 'Sálvame Padre de esta hora'? No, porque para eso he venido!" Sin embargo, si la entendemos como una declaración,

---

[21] P. Ensor, "The Authenticity of John 12:24",*?Q* 74/2 (2002): 99-107.

entonces escuchamos que Jesús dice: "Padre, ya sé a lo que me voy a enfrentar . . . y no lo quiero hacer. Sin embargo, he venido para cumplir con esto mismo, así que adelante, procedamos a hacerlo".

Este segundo punto de vista hace de esta declaración algo muy parecido a la oración en Getsemaní (ver Mateo 26:39; Marcos 14:36; Lucas 22:42). Jesús empieza a entender las implicaciones abrumadoras del Calvario. No debe sorprendernos que no quiere pasar por ello. Pero sus motivos no son sus impulsos y deseos personales. No puede ser indulgente consigo mismo. Está más interesado en la gloria de su Padre que en su propia comodidad. No tiene que hacerlo, pero ejecuta fielmente los planes de su Padre.

¡La oración de Jesús es intensa! Está llena de su compromiso con su Padre y de sus emociones personales. Dios respeta y responde a su Hijo en este momento decisivo con una confirmación audible. Esta es la tercera y última vez que Dios habla de manera audible durante el ministerio de Jesús. Cada vez fue en un momento crítico: en su bautismo (Marcos 1:11), en la transfiguración (Marcos 9:7) y ahora, al consolidar su compromiso de morir en la cruz.

Muchos de los presentes no logran entender la voz y por ello atribuyen el ruido a un trueno (ver Hechos 9:7; 22:9). Otros están convencidos que la voz proviene de un ángel. Pero Jesús la oye fuerte y clara: "Ya lo he glorificado, y volveré a glorificarlo". Sin duda que esta fue una gran aprobación de bienvenida y justo a tiempo hecha por el Padre.

Juan 12:30-34 señala:

> [30] —Esa voz no vino por mí sino por ustedes —dijo Jesús—. [31] El juicio de este mundo ha llegado ya, y el príncipe de este mundo va a ser expulsado. [32] Pero yo, cuando sea levantado de la tierra, atraeré a todos a mí mismo. [33] Con esto daba Jesús a entender de qué manera iba a morir.
> [34] —De la ley hemos sabido —le respondió la gente— que el Cristo permanecerá para siempre; ¿cómo, pues, dices que el Hijo del hombre tiene que ser levantado? ¿Quién es ese Hijo del hombre?

Aunque estas palabras son de gran consuelo y aliento para Jesús, es la multitud la que más las necesita. Ellos verán la crucifixión de Jesús dentro de tres o cuatro días. Ese castigo solamente lo merecen los más crueles y viles de los criminales. Cristo será el objeto que recibirá toda la ira del hombre como la ira de Dios cuando el juicio por los pecados del hombre caigan sobre él. No se verá bien para Jesús. Para aquellos que lo aman, se verá como si Satanás hubiera triunfado. Para aquellos que lo odian, se verá como si Dios hubiera triunfado (ver Isaías 53:10). Ninguna de las dos cosas es cierta. Jesús muere voluntariamente, llevando el castigo que pertenece y corresponde a nosotros.

Hasta la multitud reconoce esta metáfora de ser "levantado"[22] en referencia a su muerte. Nada más que ellos creen que el reino del Mesías sería permanente. Así que preguntan: "¿Cómo puedes ser el Mesías si vas a morir?" Ahora, esa era una muy buena pregunta a la luz de Isaías 9:7 (ver Salmo 110:4; Ezequiel 37:25; Daniel 7:14; también Enoch 49:1; 62:14; Sib. Or. 3.49-50).

Juan 12:35-36 señala:

> **35**—Ustedes van a tener la luz sólo un poco más de tiempo —les dijo Jesús—. Caminen mientras tienen la luz, antes de que los envuelvan las tinieblas. El que camina en las tinieblas no sabe a dónde va. **36**Mientras tienen la luz, crean en ella, para que sean hijos de la luz. Cuando terminó de hablar, Jesús se fue y se escondió de ellos.

Jesús es la luz (ver las notas de v. 46). Cualquiera que reciba a Jesús recibe su luz así como de la llama se enciende una vela. Pero en unos cuantos días caerán las tinieblas (es decir por la crucifixión). Jesús resucitará, pero la mayoría de sus apariciones serán en privado y solamente ante sus discípulos. Sin embargo, ciertamente la gente podrá obtener la luz (sólo aceptando a Jesús) a través de los discípulos, pero eso será mucho más difícil. La mejor manera de seguir a Jesús es en tanto que él está parado frente a ellos.

Después de señalar lo anterior salió y se escondió. Si este acontecimiento sucedió el lunes, Jesús daría la cara a las dieciséis horas. Pero el gran día de la última discusión sería el martes. Es posible que este acontecimiento tuviera lugar por la tarde del martes. Si ese es el caso, entonces estas fueron las últimas palabras públicas de Jesús. La siguiente vez que él se mostraría a una multitud sería el viernes por la mañana ante Pilato. La multitud gritaría: "¡Crucifícale!"

---

[22] "El verbo *levantado* (*hypsoō*) se utiliza de manera exclusiva en Juan para referirse a la muerte de Jesús (Juan 3:14; 8:28; 12:32, 34)" Tenney (p. 131); y J. Romanowsky, "'When the Son of Man Is Lifted Up': The Rdemptive Power of the Crucifixion in the Gospel of John", HOR 32/1 (2005): 100-116.

Sección 130b
Ojos cegados y corazones endurecidos
(Juan 12:37-50)

Juan 12:37-41 señala:

³⁷A pesar de haber hecho Jesús todas estas señales en presencia de ellos, todavía no creían en él. ³⁸Así se cumplió lo dicho por el profeta Isaías:

«Señor, ¿quién ha creído a nuestro mensaje,
 y a quién se le ha revelado el poder del Señor?»ª
³⁹Por eso no podían creer, pues también había dicho Isaías:
⁴⁰«Les ha cegado los ojos
 y endurecido el corazón,
 para que no vean con los ojos,
 ni entiendan con el corazón
 ni se conviertan; y yo los sane.»ᵇ
⁴¹Esto lo dijo Isaías porque vio la gloria de Jesús y habló de él.

ª38 Isaías 53:1 ᵇ40 Isaías 6:10

Esta sección resume todo el ministerio público de Jesús. Él siempre ha respaldado sus aseveraciones con milagros (Juan 2:11, 23; 3:2; 4:48, 54; 6:2, 14, 26; 7:31; 9:16; 10:41; 11:47; 12:18; especialmente 20:30). Pero a pesar de los muchos milagros, la gente en general (v. 42) seguía incrédula. El tiempo verbal imperfecto "todavía no creían" indica la indisponibilidad de confesar a Jesús al creer en él. No es que los milagros sean defectuosos. Tampoco tienen toda la culpa los judíos. Dios ha endurecido sus corazones (Romanos 11:25).

El primer pasaje es una cita textual de Isaías 53:1. Hasta en el texto original parece que es una conversación entre el Mesías y Jehová. Aunque Jesús predica la verdad y la confirma con milagros, los judíos siguen incrédulos. El segundo texto es de Isaías 6:10 y es parte de la comisión de Isaías a predicar. En el Nuevo Testamento se cita este pasaje dos veces más (Mateo 13:14-15 [comparar Marcos 4:12; Lucas 8:10] y Hechos 28:26-27). Las cuatro veces que este texto aparece en la Biblia resalta el endurecimiento de los judíos. En Mateo el "crédito" del endurecimiento se atribuye al predicador. Es decir, Jesús enseñó por parábolas para que los líderes religiosos NO entendieran su mensaje. En Hechos, el "crédito" se atribuye al que escucha. Tuvieron oportunidades de sobra para responder al mensaje de Dios, pero no lo hicieron. Ahora, el "crédito" recae en Dios. Ello se debe a que el endurecimiento del corazón es progresivo y cooperativo entre Dios y el hombre. Al tiempo que el hombre le da la espalda a Dios, Dios retira su Espíritu de ellos. De este modo se hace más lejano arrepentirse y regresar a Dios. Esta es una propuesta aterradora (ver comentario de Mateo 13:14-15, *Sección 64b*).

El v. 41 es una declaración pasmosa: Jesús y Jehová están al mismo nivel. Señala que Isaías vio la gloria de Jesús. Pero al ir a Isaías 6:1, señala: "... vi al Señor excelso y sublime, sentado en un trono; las orlas de su manto llenaban el templo". El capítulo prosigue a describir la alabanza y adoración ofrecida al Cristo pre encarnado. Juan vio o entendió claramente a Jesús como al Dios mismo.

Juan 12:42-46 señala:

> **42** Sin embargo, muchos de ellos, incluso de entre los jefes, creyeron en él, pero no lo confesaban porque temían que los fariseos los expulsaran de la sinagoga. **43** Preferían recibir honores de los hombres más que de parte de Dios.
> **44** «Él que cree en mí —clamó Jesús con voz fuerte—, cree no sólo en mí sino en el que me envió. **45** Y el que me ve a mí, ve al que me envió. **46** Yo soy la luz que ha venido al mundo, para que todo el que crea en mí no viva en tinieblas.

Este párrafo es un resumen perfecto del ministerio y enseñanza de Jesús. Primero, siempre había una respuesta dividida hacia Jesús hasta de entre los líderes (v. 42). La mayoría lo rechazó, pero muchos lo aceptaron. Aquellos que lo aceptaron casi siempre guardaron silencio para no ser expulsados de la sinagoga. Pudiéramos considerarlos como cobardes. Sin embargo, recordemos que si alguien era expulsado de la sinagoga, esto significaba perder su empleo, su familia y el respeto de la comunidad. Era algo muy duro. Pero el v. 43 clarifica aquello que era de más valor para ellos: La alabanza de los hombres, algo que los rabinos valoraban (ver Aboth 2:10; 4:12; b. Ber. 286). En verdad, la alabanza del hombre resulta ser una cosa peligrosa que muchas veces se ansía. Es inconstante y demandante, casi siempre requiere que la persona rechace a Dios y su camino.

Segundo, Jesús resalta dos características personales que han resumido su ministerio público: (1) su unión íntima con el Padre (ver Juan 1:14; 3:35; 5:18-23; 5:26; 5:36-37: 5:45; 6:27; 6:32; 6:45; 7:16; 8:16; 8:18-19; 8:27-28; 8:41; 10:30; 10:38; 12:49-13:1) y (2) la luz que trajo a este mundo (Mateo 4:16; Lucas 2:32; Juan 1:4-5; 1:7-9; 3:19-21; 8:12; 9:5; 11:9-10; 12:35-36; 12:46). La implicación de ambas características es obvia. Cuando creemos en Jesús, también nosotros experimentaremos esa intimidad con el Padre y ya no viviremos en tinieblas sino que caminaremos en la luz.

Juan 12:47-50 señala:

⁴⁷»Si alguno escucha mis palabras, pero no las obedece, no seré yo quien lo juzgue; pues no vine a juzgar al mundo sino a salvarlo. ⁴⁸El que me rechaza y no acepta mis palabras tiene quien lo juzgue. La palabra que yo he proclamado lo condenará en el día final. ⁴⁹Yo no he hablado por mi propia cuenta; el Padre que me envió me ordenó qué decir y cómo decirlo. ⁵⁰Y sé muy bien que su mandato es vida eterna. Así que todo lo que digo es lo que el Padre me ha ordenado decir.»

Este párrafo retoma otra discusión de tiempo atrás. Jesús no vino a juzgar sino para decirnos la verdad acerca de Dios (ver Juan 5:24, 25-47; 8:31, 37, 51; 14:23-24). De hecho, sus palabras son las mismísimas palabras de Dios, (ver los comentarios de 7:16 en *Sección 96a*; ver 3:11; 8:26, 28, 38; 14:10). Por lo tanto, cuando una persona rechaza a Jesús, está rechazando a Dios. De manera que no es Jesús quien juzga a tal persona sino su propio rechazo de la palabra de Dios. Por el otro lado, seguir las palabras de Jesús nos lleva a la vida eterna.

Sección 131
Lecciones obtenidas de la higuera seca
(Mateo 21:19-22; Marcos 11:19b-25; Lucas 21:37-38)

Marcos 11:19-22 señala:

¹⁹Cuando cayó la tarde, salieronª de la ciudad.
²⁰Por la mañana, al pasar junto a la higuera, vieron que se había secado de raíz. ²¹Pedro, acordándose, le dijo a Jesús: —¡Rabí, mira, se ha secado la higuera que maldijiste!
²²—Tengan fe en Dios —respondió Jesús—.

ª*19 salieron. Var. salió.*

Mateo 21:21 señala:

²¹—Les aseguro que si tienen fe y no dudan —les respondió Jesús—, no sólo harán lo que he hecho con la higuera, sino que podrán decirle a este monte: "¡Quítate de ahí y tírate al mar!", y así se hará.

Marcos 11:24-25 señala:

24Por eso les digo: Crean que ya han recibido todo lo que estén pidiendo en oración, y lo obtendrán. **25**Y cuando estén orando, si tienen algo contra alguien, perdónenlo, para que también su Padre que está en el cielo les perdone a ustedes sus pecados.ᵃ

a25 pecados. Var. pecados. Pero si ustedes no perdonan, tampoco su Padre que está en el cielo les perdonará a ustedes sus pecados.

El martes por la mañana los apóstoles regresan a Jerusalén desde Betania. Pedro es el primero que nota a la higuera seca desde sus raíces. La lección *no declarada* de Jesús con este incidente es la posición de los líderes religiosos incrédulos. Basado en la estructura de la narrativa de Marcos, concluimos que la higuera es símbolo de los líderes judíos (ver Jeremías 8:13; Oseas 9:10; Miqueas 7:1-6; Nahum 3:12). Su apariencia engañaba. Por fuera se veían como árboles frondosos y productivos — hacían todo lo correcto. Pero bajo la detallada inspección, no tenían fruto alguno. Como lo predijo Jesús el domingo por la tarde, Jerusalén sería destruida literalmente (Lucas 19:41-44), así lo hace aquí de manera simbólica con la higuera.[23]

La lección que sí declara Jesús tiene que ver con la oración. Él oró contra la higuera y tuvo resultados dramáticos. También los discípulos de Jesús pueden orar con ese mismo poder. Pero existen dos parámetros en este texto que nos señalan acerca de la oración efectiva: la fe y el perdón (ver Mateo 6:14-15, *Sección 54f*). Sin fe en Dios y sin perdonar a aquellos que nos han ofendido, nuestras oraciones permanecen anémicas.

¿Quiere decir esto que la oración es *carte blanche* (comodín) para aquellos que oran con fe? No. Si estamos en lo correcto al asumir que la maldición de la higuera es un cuadro de la purificación del templo, entonces podríamos asumir que las oraciones a las cuales se refiere Jesús son en referencia específica al Israel sin fe. Aunque la incredulidad de los líderes judíos parece un obstáculo que nos atemoriza (una montaña), se puede remontar a través de la oración con fe.[24] Jesús hasta pudo señalar con su dedo al monte de los Olivos o el monte Sión para ilustrar su punto.

---

[23] M. Moulton, "Jesus' Goal for Temple and Tree: A Thematic Revisit of Matt 21:12-22"(La meta de Jesús para el templo y el madero: Una nueva visita temática de Mateo 21:12-22), JETS (Revista de la sociedad teológica evangélica) 41/4 [1998]: 561-572.

[24] Mover una montaña era un proverbio rabínico para designar algo imposible (ver *Str.-B* 1:759). Sin embargo, aquí Moulton presenta algo más específico en cuanto a que la lección de la oración debe estar conectada con la maldición del templo.

Si consideramos de manera aislada este pasaje, hasta podríamos orar potencialmente por cosas frívolas o extravagantes (ver Marcos 10:35). Una gran cantidad de otros pasajes similares nos dan los parámetros en cuanto a nuestras oraciones. Por ejemplo, debemos orar:

1. Con fe (Mateo 21:22) y obediencia (1 Juan 3:22).
2. Con persistencia (Lucas 11:9; 18:1-6).
3. De acuerdo con la voluntad de Jesús (es decir, "En mi nombre"), (Juan 14:13-16; 15:16; 16:23-26; 1 Juan 5:14-15), permaneciendo en él (Juan 15:7).
4. Conjuntamente con otros creyentes (Mateo 18:19).
5. Sin motivos egoístas (Santiago 4:2-3).

Y debemos orar:

1. Para que Dios envíe obreros a su mies (Mateo 9:38).
2. Por el Espíritu Santo (Lucas 11:13).
3. Por lo que sea necesario para producir fruto (Juan 15:16).
4. Por sabiduría (Santiago 1:5).

Así que mientras que no creemos que podemos pedir a nuestro antojo, tampoco debemos negar el poder de la oración. Efesios 3:20 señala: "Al que puede hacer muchísimo más que todo lo que podamos imaginarnos o pedir, por el poder que obra eficazmente en nosotros . . ." El peligro real que enfrentan la mayoría de los cristianos no es pedir extravagantemente, sino simplemente no pedir

Lucas 21:37-38 señala:

> ³⁷De día Jesús enseñaba en el templo, pero salía a pasar la noche en el monte llamado de los Olivos, ³⁸y toda la gente madrugaba para ir al templo a oírlo.

Lucas parece afirmar que Jesús acampaba todas las noches de su última semana en el monte de los Olivos. Mientras que el clima cálido de Palestina podía permitir esto, es más seguro que Jesús viajaba hasta Betania, atravesando el monte de los Olivos, a hospedarse en la casa de Lázaro, María y Marta. Muy de mañana regresaba al templo para enseñar. Cuando llegaba, la gente ya lo estaba esperando y se reunían a su alrededor para escucharlo con algo nuevo.

Sección 132a
El Sanedrín cuestiona la autoridad de Jesús
(Mateo 21:23-27; Marcos 11:27-33; Lucas 20:1-8)

En los dos últimos días Jesús ha cobrado gran popularidad. La entrada triunfal el domingo y la purificación del templo del lunes han servido de gran atracción. Hoy ya es martes por la mañana en el templo. La gente ya se congregó alrededor de Jesús. Los líderes judíos deben hacer algo al respecto. Lo que tenemos es su intento por desacreditar a Jesús y recuperar su posición de prestigio.

Marcos 11:27-33 con Mateo 21:24; Lucas 20:1-3 señala:

²⁷Llegaron de nuevo a Jerusalén, y mientras Jesús andaba por el templo, {enseñaba al pueblo en el templo y les predicaba el evangelio^{Lc}} se le acercaron los jefes de los sacerdotes, los maestros de la ley y los ancianos. {Dinos^{Lc}}
²⁸—¿Con qué autoridad haces esto? —lo interrogaron—. ¿Quién te dio autoridad para actuar así?
²⁹—Yo {también^{Mt,Lc}} voy a hacerles una pregunta a ustedes —replicó él—. Contéstenmela, y les diré con qué autoridad hago esto: ³⁰el bautismo de Juan, ¿procedía del cielo o de la tierra? Respóndanme.
³¹Ellos se pusieron a discutir entre sí: «Si respondemos: "Del cielo", nos dirá: "Entonces, ¿por qué no le creyeron?" ³² Pero, si decimos: "De la tierra"...» Es que temían al pueblo, porque todos consideraban que Juan era realmente un profeta. ³³Así que le respondieron a Jesús:
—No lo sabemos.
—Pues yo tampoco les voy a decir con qué autoridad hago esto.

De inmediato, el sanedrín enfrenta a Jesús. Anticipadamente se prevé que este va a ser un día muy atareado, lleno de preguntas y controversia. De hecho, hay más detalles de este día en la vida de Jesús que de cualquier otro. Mateo dedica casi una sexta parte de todo su evangelio a tan sólo este día.

Los representantes de las tres "ramas" del sanedrín están presentes: los jefes de los sacerdotes (saduceos), los maestros de la ley (fariseos) y los ancianos (líderes del pueblo). Ellos se presentan con una pregunta que parece inocente, inofensiva y justa: "¿Con qué autoridad haces esto?" Después de todo, Jesús acaba de purificar el templo el día anterior. En otras palabras, penetró al templo, en la jurisdicción del sanedrín. Parte de la función del sanedrín era vigilar el desarrollo de la fiesta de la Pascua en el templo. Esto resulta ser una función muy especial ya que los soldados romanos (Roma) están atentos desde la torre Antonia para aplacar cualquier intento de revuelta judía. Su función era proteger la religión judía y la paz cívica del pueblo.

Por mucho, su pregunta parecía razonable y justa. Sin embargo, Jesús ve sus motivos reales. Seguían buscando una oportunidad para atraparlo en sus palabras, acusarlo de blasfemia y privarlo de su buena reputación. Por ello, apropiadamente, Jesús contesta su pregunta con otra pregunta. Para nosotros eso podría interpretarse como que Jesús trata de evadir la pregunta que le hicieron. Pero en las discusiones rabínicas era común contestar una pregunta haciendo otra. Al sanedrín esto no le sonaría como evasión, sino una contestación apropiada, tomando Jesús el control. Se asumía que Jesús finalmente les contestaría su pregunta, pero se entendía que primero quería dirigir la discusión en cierta dirección. Además, la respuesta que le dan a Jesús contestará la pregunta que ellos mismos han planteado. Al contestarle a Jesús, encuentran la respuesta que buscan.

Dado que Juan el Bautista fue el precursor de Jesús y, ya que su mensaje y propósito eran los mismos, su autoridad también sería la misma (Juan 1:19, 26-27; 3:25-30; Mateo 11:7-10). Así que Jesús plantea su contra pregunta: "¿Era del cielo o de la tierra el bautismo de Juan?" En otras palabras, provenía de Dios la autoridad de Juan o estaba "haciendo lo que él quería hacer". Jesús se concentró en el bautismo de Juan porque era el resumen de todo su ministerio y porque era precisamente en cuanto a ese punto que los líderes judíos se rehusaban a seguir sus enseñanzas (Lucas 7:30).

Mateo 21:25b-27 *con* Lucas 20:6; Marcos 11:32 señalan:

²⁵Ellos se pusieron a discutir entre sí: «Si respondemos: "Del cielo", nos dirá: "Entonces, ¿por qué no le creyeron?" ²⁶Pero si decimos: "De la tierra" . . . tememos al pueblo, {todo el pueblo nos apedreará^{Lc}} porque todos consideran que Juan era {realmente^{Mr}} un profeta.» Así que le respondieron a Jesús:

²⁷—No lo sabemos.

—Pues yo tampoco les voy a decir con qué autoridad hago esto.

De pronto los cazadores se convierten en la presa. El hecho de que se ponen de acuerdo para contestar los delata. No importa lo que conteste, será usado en su contra. Si dicen: "la autoridad de Juan provenía del cielo", entonces Jesús obtiene su autoridad del mismo lugar. Lo que es peor, ellos rehusaron seguir a Juan. Entonces esta respuesta delataría su hipocresía. Por otro lado, si ellos afirman: "la autoridad de Juan provenía del hombre", podrían ser apedreados en el mismísimo lugar donde se encontraban. Esta multitud de peregrinos[25] creían firmemente en Juan. Seguían enojados por su muerte al ser ejecutado por Herodes. Además, apenas hacía dos días vitorearon a Jesús, sucesor de Juan, como Rey en la entrada triunfal. Ya lo habían proclamado rey (político) de los judíos. Si los delegados del sanedrín se echan encima a Juan (y a Jesús), podían echarse encima a esta peligrosa multitud.

Así que desisten. Manifestaron: "no sabemos". Jesús les responde de la misma manera. Pero note usted, él no les dijo: "no lo sé", sino "tampoco les voy a decir". Jesús sabe perfectamente que ellos no son ignorantes. Simplemente rehusaron aceptar la verdad. Y si ellos rechazaron la verdad con anticipación, no estarán dispuestos a aceptarla ahora. Así que Jesús no desperdicia sus palabras. Ellos no buscan una respuesta sino una oportunidad. El Maestro no está dispuesto a dárselas.

Sección 132b
Tres parábolas en cuanto a aceptar o rechazar a Jesús
(Mateo 21:28 – 22:14; Marcos 12:1-12; Lucas 20:9-19)

Los líderes judíos rehusaron responder a Jesús en cuanto a su pregunta acerca de la autoridad (comparar **Sección 132a**) de Juan. Jesús responde ante el silencio de ellos con tres parábolas apropiadas. Mateo es el único que presenta las tres; Marcos y Lucas tan sólo presentan la parábola de la viña.[26] Sin embargo, las tres parábolas

---

[25] En el v. 1 Lucas describe a esta multitud como "la gente" [*laos*]. Liefeld nota (p. 1013) que en Lucas esta palabra siempre designa a una multitud perceptiva a las enseñanzas de Jesús. En otras palabras, eran sus seguidores.

[26] Una versión resumida de esta parábola también se encuentra en el evangelio de Tomás. Algunos sugieren que es la versión más "original" (J. D. Crossan, " The Parable of the Wicked Husbandmen" [La parábola de los labradores malvados], *JBL* [Revista de literatura bíblica] 90 [1971]: 451-465. Sin embargo, los cambios editoriales se explican mejor como herejía gnóstica, no como transmisión oral primitiva (W. R. Schoedel, "Parables in the Gospel of Thomas: Oral Tradition or Gnostic Exegesis" [Parábolas en el evangelio de Tomás: Tradición oral o exégesis gnóstica], *CTM* [Revista mensual de teología Concordia] 43 [1972]: 548-560; también ver a K. R. Snodgrass, " The Parable of the Wicked Husbandmen: Is the Gospel of Thomas Version the Original?" [La parábola de los labradores malvados: ¿Es la versión del evangelio de Tomás el original?] *NTS* [Estudios del Nuevo Testamento] 20 [1974-75]: 142-144).

estaban designadas para mostrarles a los judíos cómo es que ellos habían rechazado la autoridad de Dios a través de Jesús.

Con cada parábola tanto el rechazo como el castigo aumentan progresivamente. En la primer parábola, aquellos que rechazan a Jesús son como el hijo malo que no hizo lo que le pidió su padre. En la segunda, son como los siervos malvados los cuales dan muerte al hijo y recibirán una recompensa justa. En la tercer parábola, ellos son como aquellos que rechazaron la invitación del rey y por ello serán rechazados del banquete mesiánico.

Parábola de los dos hijos:

Mateo 21:28-32 señala:

> [28]»¿Qué les parece? —continuó Jesús—. Había un hombre que tenía dos hijos. Se dirigió al primero y le pidió: "Hijo, ve a trabajar hoy en el viñedo". [29]"No quiero", contestó, pero después se arrepintió y fue. [30]Luego el padre se dirigió al otro hijo y le pidió lo mismo. Éste contestó: "Sí, señor"; pero no fue. [31]¿Cuál de los dos hizo lo que su padre quería?
> —El primero —contestaron ellos.
> Jesús les dijo:
> —Les aseguro que los recaudadores de impuestos y las prostitutas van delante de ustedes hacia el reino de Dios. [32]Porque Juan fue enviado a ustedes a señalarles el camino de la justicia, y no le creyeron, pero los recaudadores de impuestos y las prostitutas sí le creyeron. E incluso después de ver esto, ustedes no se arrepintieron para creerle.

Esta es una parábola muy simple. Jesús señala: "No son los que dicen lo apropiado los que honran a Dios, sino aquellos que caminan por el sendero correcto". Mientras que esto nos resulta obvio, no lo fue para ellos. Como usted puede ver, en la cultura del Medio Oriente responderle a un padre era dar pie a un escándalo, tal vez peor que la misma desobediencia. Así la parábola de Jesús no ofrece escoger entre el bien y el mal sino entre dos males.[27]

Esta es la primera vez que Jesús aplica abiertamente una de sus parábolas a los líderes judíos (Carson, p. 449). Ellos se escandalizan. ¿Por qué irían delante hacia el reino las prostitutas y los recaudadores

---

[27]W. Langley, "The Parable of the Two Sons (Mt 21:28-32) Against Its Semitic and Rabbinic Backdrop" (La parábola de los dos hijos (Mateo 21:28-32) contra telón de fondo rabínico y semítico), CBQ (Publicación trimestral católica de la Biblia) 58/2 [1996]: 228-243.

de impuestos en vez de los líderes religiosos?²⁸ De acuerdo con la narración, aquellos se arrepintieron y obedecieron a Dios. Ahora, los fariseos se escandalizarían con las implicaciones de Jesús de que ellos no estaban obrando para Dios. Sus vidas estaban dedicadas a Dios . . . o por lo menos eso creían.

La obra que Dios requiere no es tanto "asunto de las actividades de la iglesia", sino confiar en Jesús. Jesús lo señaló de la siguiente manera: "Ésta es la obra de Dios: que crean en aquel a quien él envió" (Juan 6:29). En primera instancia los recaudadores de impuestos y las prostitutas rechazaron el plan de Dios ya que sus estilos de vida eran malos. Pero cuando escucharon a Juan, se arrepintieron y fueron bautizados y siguieron a Jesús a su debido tiempo. Sin embargo, sus líderes hablan de hacer la voluntad de Dios, pero no la obedecen. Porque cuando Juan vino predicando el bautismo de arrepentimiento, rehusaron someterse (Lucas 7:30). Y ahora que Jesús está frente a ellos, están tratando de encontrar la manera de matarlo.

La parábola de la viña:²⁹

Mateo 21:33-39 *con* Lucas 20:9-16; Marcos 12:2-5 señalan:

³³»Escuchen otra parábola: Había un propietario que plantó un viñedo. Lo cercó, cavó un lagar y construyó una torre de vigilancia. Luego arrendó el viñedo a unos labradores y se fue de viaje {por largo tiempo^{Lc}}. ³⁴Cuando se acercó el tiempo de la cosecha, mandó sus siervos a los labradores para recibir {de ellos^{Mr}} de éstos lo que le correspondía {de la cosecha^{Lc,Mr}}. ³⁵Los labradores agarraron a esos siervos; golpearon a uno {y lo despidieron con las manos vacías^{Lc} y ^{Mr}}, mataron a otro y apedrearon a un tercero. ³⁶Después les mandó otros siervos, en mayor número que la primera vez, y también los maltrataron. {a unos los golpearon, a otros los mataron^{Mr}}

³⁷»{Entonces pensó el dueño del viñedo: "¿Qué voy a hacer?"^{Lc}} »Por último, les mandó a su propio hijo, {amado^{Lc}} pensando: "¡A mi hijo sí lo respetarán!"

³⁸Pero cuando los labradores vieron al hijo, se dijeron unos a otros {trataron el asunto^{Lc}}: "Éste es el heredero. Matémoslo, para quedarnos con su herencia". ³⁹Así que le echaron mano, lo arrojaron fuera del viñedo y lo mataron. {Al oír esto, la gente exclamó: —¡Dios no lo quiera!^{Lc}}

---

²⁸La palabra *proagō* puede indicar "tomando precedencia sobre", no tan sólo "entrando antes". Así, la implicación *puede* alcanzar a señalar que los pecadores entran "en lugar" de los fariseos.

²⁹Ver *Thomas* 65.

Los viñedos eran de las aventuras de negocios de agricultura más comunes en el tiempo de Jesús. Con frecuencia, el dueño de las tierras compraría y prepararía la propiedad y luego la arrendaría a los labradores.[30] Los labradores harían todo el trabajo y le daban un porcentaje al terrateniente (generalmente del 25-30%). Además, el viñedo era la metáfora más frecuente que se utilizó en el Antiguo Testamento con referencia a Israel (Isaías 5:1-7; Salmo 80:6-16; ver también Jeremías 2:21; 6:9; 8:13; 12:10; Ezequiel 15:1-8; 19:10-14; Oseas 10:1). No hay duda de que los fariseos saben perfectamente que Jesús utilizó al viñedo en representación de su pueblo. De hecho, el targum de Isaías capítulo 5 interpreta el proceso de pisotear las uvas como la destrucción del templo. Debido a la proximidad de esta parábola a la "purificación" del templo, esta alusión pudiera agijonear de alguna manera.[31]

Jesús describe un viñedo que está especialmente preparado con: (1) una muralla o cerca, para proteger la cosecha de los animales salvajes y los ladrones; (2) un lagar, para cosechar las uvas y preparar el vino en el mismo sitio; (3) una torre de vigilancia, donde uno de los obreros podía vigilar y proteger de incendios y ladrones.

Una vez preparado el viñedo y contratados los obreros o labradores, el dueño estaba libre para irse de viaje por largo tiempo. Cuando ya estaba lista la cosecha, él envió a sus siervos para recoger su parte de la producción (Marcos 12:1-2). Blomber (p. 323) nota que la forma de expresión de Jesús, al hablar de este punto, se parece mucho a la de Juan: "Produzcan frutos que demuestren arrepentimiento" (Mateo 3:8; ver 3:10; 7:16-20; 12:33; 13:8, 24-26; 21:19). Es posible que esto aluda a Salmo 1:3.

¡El comportamiento de los labradores resultó de lo más vil y escandaloso! En vez de pagar la renta de la tierra, *golpean* (esta palabra también puede significar desollar o flagelar) y matan a los cobradores. Esto no pasó tan sólo una vez, sino que se repite. El dueño busca la mejor manera de obtener su ganancia y está sumamente molesto o disgustado. ¿Qué puede hacer? ¡Decide enviar a su propio hijo![32]

---

[30] La realidad histórica de los terratenientes que arrendaban sus tierras para la siembra de viñedos está perfectamente ilustrada en los papiros de Zenón (ver m. *B. Messia* 9.2-10); ver M. Hengel, "Das Gleichnis von den Weingartnern Mc 121-12 im Lichte der Zenonpapyri und der rabinischenisse", ZNW 59 (1959): 1-39 y Craig A. Evans, *Jesus and His Contemporaries* (Leden: Brill, 2001 (1995), 381-406.

[31] C. A. Evans, "On the Vineyard Parables of Isaiah 5 and Mark 12", BZ 28/1 (1984):82-86.

[32] La palabra "amado" [*agapētos*] (Lucas 20:13) es en ocasiones virtualmente sinónimo de "solamente" [*monogenē s*] en la versión Septuaginta de la Biblia (p.ej., Génesis 22:2). Por lo

Seguro que al verlo, los labradores malvados se arrepentirán de su mal proceder y cumplirán con sus obligaciones.

Sin embargo, cuando lo vieron venir por el camino, se juntaron para planear cómo van a proceder. Asumen que el dueño debió de haber muerto y el hijo viene a posesionarse de su herencia.[33] Así que, si matan al hijo, nadie más demandará no sólo la renta de la tierra sino toda la tierra misma. Toda la propiedad con lo que haya en ella será de ellos. De manera que matan al hijo y lo arrojan fuera de la viña.[34] La gente reunida en torno a Jesús respiran aterrados. Dicen: "¡Dios no lo quiera!" Pero así será y sucederá antes de que se lo imaginen.

Mateo 21:40-42 señala:

[40]»Ahora bien, cuando vuelva el dueño, ¿qué hará con esos labradores?

[41]—Hará que esos malvados tengan un fin miserable —respondieron—, y arrendará el viñedo a otros labradores que le den lo que le corresponde cuando llegue el tiempo de la cosecha.

[42]Les dijo Jesús:

—¿No han leído nunca en las Escrituras:

»"La piedra que desecharon los constructores
ha llegado a ser la piedra angular;[a]
esto es obra del Señor,
y nos deja maravillados?"[b]

[a]42 o principal; [b]42 Salmo 118:22, 23

Ningún terrateniente va a admitir este tipo de comportamiento. Así que cuando Jesús pregunta: "¿Qué hará con esos labradores?", la respuesta resulta obvia. Los destruirá y los reemplazará con labradores que respeten al dueño y paguen sus deudas.

Al igual que con la parábola anterior, todos ellos conocen la interpretación correcta, pero lamentablemente pasan por alto toda su

---

tanto, podríamos apreciar una alusión en este pasaje con Juan 3:16, la narrativa del bautismo de Jesús (Mateo 3:17; Lucas 3:22) y el caso de su transfiguración (Mateo 17:5).

[33] *Klēronomia* fue, de hecho, usada en ocasiones como "usurpar" los derechos de propiedad (Septuaginta 3 Reyes 20:15-16 [nuestro 1 Reyes 21:15-16]; Josefo *Ant.* 8:359-360; *J. W.* 2:249; m. B. Batra 3.3. K. Snodgrass, "Recent Research on the Parable of the Wicked Tenants: An Assessment" [Investigación reciente en cuanto a la parábola de los labradores malvados: Un avalúo], *BBR* [Boletín de investigación bíblica] 8 [1998]: 187-216.)

[34] Mateo y Lucas presentan al hijo arrojado del viñedo y luego asesinado (Mateo 21:39; Lucas 20:15), mientras que Marcos lo presenta como que lo matan dentro del viñedo (Marcos 12:8). El significado es virtualmente el mismo, a menos de que alguien tome el viñedo como metáfora para la ciudad de Jerusalén en vez de para Israel.

aplicación. Ellos mismos los labradores malvados. Dios les ha enviado sus profetas vez tras vez a quienes ellos mismos han golpeado hasta matarlos (Jeremías 20:1-2; 26:20-23; 1 Reyes 18:4, 13; 2 Crónicas 24:20-21; Mateo 23:34; Hebreos 11:37). Ahora, Dios les está enviando a su propio Hijo.[35] Pero ellos están más preocupados en cómo quitarle la vida para salvar sus propias posiciones y prestigio (ver Juan 11:45-54, *Sección 119*). Están a punto de cumplir con Salmo 118:22. Rechazarán a Jesús matándolo. Con ello, Dios colocará a Jesús como la piedra angular.

Jesús presenta su argumento con esta réplica mordaz en cuanto a Salmo 118:22: "¿No han leído nunca en las Escrituras?" (Mateo 12:3; 19:4; 21:16; Marcos 12:10). Este Salmo era un pasaje mesiánico bien conocido. De hecho, el targum del Salmo 118:22 interpreta el rechazo de la piedra angular como hijo de Isaí. Esto no es tan sólo mesiánico sino que también tenía que ver con David: "el joven que los constructores desecharon era uno de los hijos de Isaí y merecía ser nombrado rey y gobernante".

Esta "piedra principal" podía tomar el lugar de tres piedras distintas en una construcción. Podía ser la *piedra angular*. Es decir, era la primera piedra y la más importante que se colocaba al arrancar una construcción. Era la piedra de la cual dependía todo el edificio. Era la piedra base de todo el cimiento y por consiguiente de toda la construcción. Si se colocaba correctamente, todo el edificio quedaría bien construido. Segundo, la *piedra de coronamiento* era la piedra final del techo y que mantenía todos los pilares en su lugar debido. Tercero, la *piedra de arco* era la última que se colocaba en medio de un arco para mantenerlo firme. Una vez colocada en su lugar debido, se podían quitar todas las vigas de apoyo utilizadas para sostener el arco. Ahora, la idea de la piedra angular encaja mejor al inicio del v. 44, caer sobre esta piedra tiene resultados sumamente perjudiciales para la salud. Sin embargo, la piedra de coronamiento o la piedra del arco encajan mejor en la segunda parte del v. 44, si esta piedra caía sobre usted, lo aplastaría. Es posible que Jesús intente una doble metáfora con todo esto.

Esta metáfora proviene de Salmo 118:22, que originalmente se refería a la nación judía. Otras naciones las podían maltratar, pero ellos eran preciosos para Dios. Sin embargo, aquí Jesús declara ser el

---

[35] Esta puede ser la primera vez que Jesús públicamente dijo ser el "Hijo de Dios". Caifás recordaría esto y así lo externaría en el juicio de Jesús tres días más tarde (Mateo 26:63).

representante o hasta la personificación de toda la nación.[36] Lo que es cierto para la nación de Israel es cierto para Jesús como individuo, como el Mesías. Ciertamente aplicamos correctamente el Salmo al tomarlo de manera mesiánica. La iglesia primitiva así lo aceptó (Hechos 4:11; Romanos 9:33; 1 Pedro 2:7). En los versículos que rodean a Salmo 118:22 (ver 21, 25) leemos "lenguaje de salvación". Esto nos remite a la entrada triunfal (Mateo 21:9), especialmente el v. 26: "Bendito el que viene en el nombre del Señor".[37]

Veamos una nota final en cuanto a Salmo 118:22. Le siguen las siguientes palabras en los vv. 23-24: "Esto ha sido obra del SEÑOR, y nos deja maravillados. *Éste es el día en que el SEÑOR actuó; regocijémonos y alegrémonos en él.*" Aunque la muerte de Jesús fue una injusticia terrible contra el Dios encarnado, también es la fuente de nuestra salvación. Tan terrible y detestable como parezca, lo apreciamos. En verdad, su belleza está envuelta en sangre.

Mateo 21:43-46 *con* Marcos 12:12 señalan:

> [43]»Por eso les digo que el reino de Dios se les quitará a ustedes y se le entregará a un pueblo que produzca los frutos del reino. [44]El que caiga sobre esta piedra quedará despedazado, y si ella cae sobre alguien, lo hará polvo.ª
> [45]Cuando los jefes de los sacerdotes y los fariseos oyeron las parábolas de Jesús, se dieron cuenta de que hablaba de ellos. [46]Buscaban la manera de arrestarlo, pero temían a la gente porque ésta lo consideraba un profeta. {así que lo dejaron y se fueron[Mr]}
>
> *ª*44 Var. no incluye v. 44.

La "viña" de Dios sería arrebatada de estos labradores malvados y se entregaría a la gente que sí le retribuye a Dios lo justo. Los primeros labradores que vemos son los cobradores de impuestos y las rameras. Pero se incluirá a los gentiles también.[38] Hay grandes bendiciones

---

[36] F. F. Bruce, "New Wine in Old Wine Skins: III. The Corner Stone" (Vino nuevo en odres viejos: III. La piedra angular), *ExpT* 84 (Revista expositor) 84 [1972-73]: 231-235.

[37] Blomberg (p. 325) nota que "Mateo no ha presentado tantas citas de las Escrituras en un solo capítulo desde su narrativa en cuanto a su infancia (capítulos 1-2), y siguen poblando el resto de su evangelio".

[38] A. A. Milavec, "Mark's Parable of the Wicked Husbandmen as Reaffirming God's Predilection for Israel" (La parábola de Marcos de los labradores malvados para confirmar la predilección de Dios por Israel), *JES* (Revista de estudios ecuménicos) 26/2 [1989]: 289-312, basado en una comparación de redacción de Marcos 12:1-12 e Isaías 5:1-7, concluye que esta parábola no es en cuanto a Jesús y la iglesia sino que sigue tratando la predilección de Dios por Israel. Mientras que su interpretación resulta insostenible, Milavec ofrece una advertencia válida contra el anti semitismo basada en esta parábola. El punto principal de Mateo 21:43 no es la inclusión de los gentiles sino la fe en Jesús.

esperando a aquellos que aceptan a Jesús, pero las consecuencias son aterradoras para aquellos que no lo hacen. Serán aplastados hasta convertirse en polvo por esta misma piedra que intentan desechar (ver Isaías 8:14; Daniel 2:35, 44). Las implicaciones de esta parábola son más de lo que ellos pueden resistir.

Quieren, a como dé lugar, arrestar a Jesús. Pero la multitud asimila cada palabra que sale de su boca. Fueron insultados y se vieron impotentes, que es una combinación mala.

La parábola del banquete de bodas:

Esta parábola tiene muchas similitudes con una que se contó en Lucas 14:15-24. Pero se narran en dos momentos distintos, con detalles diferentes y con propósitos diferentes. Simplemente no parece razonable considerarlas como provenientes del mismo "corazón" y que fueran editadas en su forma actual. Cierto que Jesús era lo suficientemente inteligente para crear dos parábolas completamente distintas de un mismo tema, especialmente de uno tan común y rico como un "banquete".

Mateo 22:1-7 señala:

¹Jesús volvió a hablarles en parábolas, y les dijo: ²«El reino de los cielos es como un rey que preparó un banquete de bodas para su hijo. ³Mandó a sus siervos que llamaran a los invitados, pero éstos se negaron a asistir al banquete. ⁴Luego mandó a otros siervos y les ordenó: "Digan a los invitados que ya he preparado mi comida: Ya han matado mis bueyes y mis reses cebadas, y todo está listo. Vengan al banquete de bodas". ⁵Pero ellos no hicieron caso y se fueron: uno a su campo, otro a su negocio. ⁶Los demás agarraron a los siervos, los maltrataron y los mataron. ⁷El rey se enfureció. Mandó su ejército a destruir a los asesinos y a incendiar su ciudad.

La *Nueva Versión Internacional de la Biblia* deja sin traducir la primer palabra del versículo uno. Dice que Jesús "contestó" [*apokritheis*]. Puede que esté notando algo más que una simple fórmula literaria, que presente una nueva discusión. O quizás pueda sugerir que Jesús da respuesta a los deseos, expresiones corporales o palabras de los líderes judíos, que nosotros no tenemos el privilegio de conocer.

Los banquetes de bodas normalmente duraban varios días. Por ello se enviaban mensajeros para alertar a los invitados que todo se preparaba para la gran celebración de gala y que se esperaba hicieran acto de presencia, honrando al novio. Llegado el día señalado para la gran celebración, el rey envió nuevamente a sus mensajeros para comunicar que la mesa estaba puesta y que el desayuno matutino [*ariston*] se enfriaba. El banquete normalmente simbolizaba el compañerismo entre el Mesías y su pueblo (Mateo 8:11; Lucas 13:29; Apocalipsis 19:9). Tampoco debemos olvidar que al Mesías se le simbolizaba como el novio (Mateo 9:15; 25:1; Juan 3:29; Efesios 5:25-32; Apocalipsis 21:2, 9).

Casi inesperadamente, los invitados se rehusaron a acudir. De hecho, fueron persistentes en rechazar la invitación (como lo implica el tiempo verbal imperfecto). Así que el rey les envía más mensajeros para animarlos a venir al banquete, describiéndoles lo hermoso de todos los preparativos. Era un banquete suntuoso esperándolos. Pero los mensajeros fueron rechazados también. Algunos de los invitados prefirieron irse a sus campos a trabajar y otros a sus reuniones de negocios. Algunos de los invitados no tan sólo ignoraron la invitación sino que golpearon y dieron muerte a los mensajeros. La rabia y respuesta del rey fueron predecibles. El rey envió a su ejército para destruir a todos los primeros invitados y a quemar su ciudad. Este es un cuadro fuerte del juicio utilizando imágenes pictóricas del Antiguo Testamento.

Mateo 22:8-14 señala:

> [8]Luego dijo a sus siervos: "El banquete de bodas está preparado, pero los que invité no merecían venir. [9]Vayan al cruce de los caminos e inviten al banquete a todos los que encuentren".
> [10]Así que los siervos salieron a los caminos y reunieron a todos los que pudieron encontrar, buenos y malos, y se llenó de invitados el salón de bodas.
> [11]»Cuando el rey entró a ver a los invitados, notó que allí había un hombre que no estaba vestido con el traje de boda. [12]"Amigo, ¿cómo entraste aquí sin el traje de boda?", le dijo. El hombre se quedó callado. [13]Entonces el rey dijo a los sirvientes: "Átenlo de pies y manos, y échenlo afuera, a la oscuridad, donde habrá llanto y rechinar de dientes". [14]Porque muchos son los invitados, pero pocos los escogidos.»

El rey no quedó satisfecho con su venganza; tenía un salón de banquetes por llenar. Su hijo se casaba y él quería una fiesta digna de un rey. Por ello, la invitación fue hecha a todo ciudadano del reino, a todo tipo de gente. Los mensajeros fueron enviados a cada rincón de las calles y a todo cruce de los caminos [*tas diexodous ton hodon*] donde se encontrara a la gente. Sin embargo, uno de los invitados no se había vestido de manera apropiada para entrar al banquete. El silencio del hombre lo delata y resulta culpable e irrespetuoso. No está preparado para estar frente al rey.

Hasta la forma de dirigirse del rey: "Amigo", es una afrenta (ver Mateo 20:13). Tal hombre es echado afuera, no porque no sea merecedor de entrar, ya que todos los invitados no merecen estar presentes. Es arrojado afuera porque él, como los primeros invitados, rehusaron entrar de manera apropiada.

El versículo catorce nos ayuda a entender mucho de la soberanía de Dios. Afirma que muchos, en uso semítico, "virtualmente todos" son los llamados (la *Nueva Versión Internacional de la Biblia* lo pone como "invitados"), pero son pocos los escogidos. ¿Cómo son llamados? Los mensajeros de la parábola representa a los profetas quienes fueron rechazados y asesinados. Su predicación fue la invitación, el llamado. ¿Y cómo fueron escogidos? Por su disponibilidad en responder al llamado de Dios (es decir, la predicación). De conformidad con este texto, el llamado de Dios no es irresistible. La elección de Dios tiene que ver con nuestra respuesta, al igual que con su selección.

Sección 133
Primera pregunta, hecha por los herodianos: pago de impuestos al César
(Mateo 22:15-22; Marcos 12:13-17; Lucas 20:20-26)

En los siguientes pasajes leeremos acerca de cuatro preguntas. Las primeras tres las hacen los opositores de Jesús, representando a los tres sectores político religiosos más importantes de la época: Los herodianos, los saduceos y los fariseos. Tomando sus turnos, cada uno de ellos trata de hacer caer a Jesús con una pregunta difícil. Jesús contesta las preguntas de tal manera que no se atreven a preguntar más. Jesús expone los motivos hipócritas y hostiles de ellos. Finalmente, Jesús hace sus preguntas, pero nadie las puede contestar. Esto pondrá fin al discurso entre Jesús y sus enemigos. Ya no queda nada de qué hablar. El único recurso que les queda es el asesinato.

Mateo 22:15-17 *con* Lucas 20:20; Marcos 12:15 señalan:

[15]Entonces salieron los fariseos y tramaron cómo tenderle a Jesús una trampa con sus mismas palabras {y así poder entregarlo a la jurisdicción del gobernador[Lc]}. [16]Enviaron algunos de sus

discípulos junto con los herodianos, {espías que fingían ser gente honorable^Lc} los cuales le dijeron:

—Maestro, sabemos que eres un hombre íntegro y que enseñas el camino de Dios de acuerdo con la verdad. No te dejas influir por nadie porque no te fijas en las apariencias. ¹⁷Danos tu opinión: ¿Está permitido pagar impuestos al césar o no? {¿Debemos pagar o no?^Mr}

El primer grupo que probó suerte para ver si podían atrapar a Jesús fue una mezcla de fariseos y herodianos. Bajo circunstancias normales, estos dos grupos eran enemigos. Los fariseos representan el ala religiosa derecha. Por el otro lado, los herodianos creían que el camino a la paz y la prosperidad en Palestina era su alineación a Roma. En tanto que nadie hacía eso mejor que la familia de Herodes, ellos apoyan a Herodes y su familia en las distintas posiciones de gobierno.

A través de sus lisonjas y falsedad parecen sinceros y que desean saber la respuesta. Le dicen a Jesús: (1) Eres un hombre íntegro, entonces podemos seguir tu ejemplo en esto; (2) Fielmente enseñas la voluntad de Dios, entonces podemos confiar en tu opinión al respecto; (3) Y no te dejas influenciar por los hombres, entonces podemos creer en que tu respuesta es propia e imparcial.

Nadie es engañado por esta falsedad y lisonja. Es claro que su pregunta simple: "¿Está permitido pagar impuestos a César o no?" está diseñada para atrapar a Jesús. Si él dice "No", las multitudes estarán felices. Ellos odian los impuestos. Más de una tercera parte de sus ingresos van directamente a Roma como pago de impuestos. Además, la misma moneda tiene una inscripción odiosa: "Tiberio César, hijo del divino Augusto" y del otro lado, *"pontifex maximus"* ("el sumo pontífice o sacerdote"). Mientras que a las multitudes les habría encantado que Jesús aboliera los impuestos, los herodianos habrían hecho planes inmediatos para su arresto y ejecución. Por el otro lado, si Jesús dice "Sí, debemos pagar impuestos a César", la gente, arengada por los fariseos, dejarían de seguirlo. Después de todo, cualquier Mesías que no arroja los grilletes de la dominación romana (y especialmente los impuestos) no es digno de ser apoyado. ¡Jesús está atrapado!

Mateo 22:18-22 señala:

¹⁸Conociendo sus malas intenciones, Jesús replicó:

—¡Hipócritas! ¿Por qué me tienden trampas? ¹⁹Muéstrenme la moneda para el impuesto. Y se la enseñaron.[a]

²⁰—¿De quién son esta imagen y esta inscripción? —les preguntó.
²¹—Del césar —respondieron.
—Entonces denle al césar lo que es del césar y a Dios lo que es de Dios.
²²Al oír esto, se quedaron asombrados. Así que lo dejaron y se fueron.

ᵃ19 se la enseñaron. Lit. le trajeron un denario.

Lucas 20:26 *con* Mateo 22:22 señalan:

²⁶No pudieron atraparlo en lo que decía en público. Así que, admirados de su respuesta, se callaron. {Así que lo dejaron y se fueron[Mt]}

Jesús conoce bien sus intenciones y los enfrenta. Debió haberles dolido mucho el ser identificados públicamente como "hipócritas". Pero el aguijón más grande está por llegar. Jesús pide una moneda. El mismísimo hecho de que llevan una moneda romana, un denario, en sus bolsas prueba que, de alguna manera, aceptan el dominio romano. Después de todo, no se puede admitir un derecho del gobierno para acuñar monedas sin admitir su derecho a cobrar impuestos. Es más, la moneda era algo blasfemo siendo que presentaba la imagen del emperador con las leyendas "divino César" y "sumo sacerdote". Como lo señala France "las dos inscripciones no era otra cosa que una gran ofensa a la devoción religiosa judía" (France, Matt, 833).

Jesús levanta la moneda y pregunta de quién es la imagen de la moneda. Ellos debieron haberse dado cuenta qué se proponía Jesús al tiempo que se les escapaba la respuesta entre dientes. La lógica es tan simple, pero a la misma vez tan profunda: Denle al césar lo que es del césar y a Dios lo que es de Dios. La palabra "denle" literalmente quiere decir "regrésenle". Así, Jesús implica que nuestros impuestos son obligatorios. Es decir, se los debemos al gobierno como también tenemos obligaciones financieras con Dios como parte de nuestra mayordomía (Romanos 13:1-7; 1 Pedro 2:13-17).

Los fariseos, junto con sus asíduos compañeros, los herodianos, intentaron atrapar a Jesús con esta emboscada política. La respuesta de Jesús resulta evasiva, brillante y condenadora. Condena al emperador por su moneda blasfema, condena a sus enemigos exponiendo sus motivos impropios y condena a las multitudes por no entregarse a Dios ni a él.[39]

Los fariseos y los herodianos están frustrados. Ellos han luchado y pensado arduamente para elaborar esta pregunta "impenetrable". Su treta era a prueba de tontos. Sin embargo, en menos de quince segundos este galileo sin educación desmantela su pregunta, expone sus motivos y condena su hipocresía. Lo que les queda por hacer es retirarse con la cola entre las piernas. Los herodianos quedan fuera de combate con este batazo o golpe en falso. Sin embargo, los fariseos regresarán sólo para ser derrotados por segunda vez.

Sección 134
Segunda pregunta, hecha por los saduceos: casamiento en la resurrección
(Mateo 22:23-33; Marcos 12:18-27; Lucas 20:27-40)

Marcos 12:18-23 *con* Mateo 22:23-28 señala:

[18]Entonces {ese mismo día[Mt]} los saduceos, que dicen que no hay resurrección, fueron a verlo y le plantearon un problema: [19]—Maestro, Moisés nos enseñó en sus escritos que si un hombre muere y deja a la viuda sin hijos, el hermano de ese hombre tiene que casarse con la viuda para que su hermano tenga descendencia. [20]Ahora bien, había {entre nosotros[Mt]} siete hermanos. El primero se casó y murió sin dejar descendencia. [21]El segundo se casó con la viuda, pero también murió sin dejar descendencia. Lo mismo le pasó al tercero. [22]En fin, ninguno de los siete dejó descendencia. Por último, murió también la mujer. [23]Cuando resuciten,[a] ¿de cuál será esposa esta mujer, ya que los siete estuvieron casados con ella?

a23 Algunos manuscritos resurrección, cuando los hombres se levanten de entre los muertos

Este es el segundo episodio: los saduceos. Este grupo tuvo su fin con la destrucción del templo de Jerusalén en el año 70 d.C. Así que lo poco que sabemos de ellos viene de la Biblia (tan sólo se hace mención de ellos catorce veces en los evangelios), de Josefo y de los primeros escritores cristianos. Debido a que todas estas fuentes fueron "enemigos" de los saduceos, debemos manejar nuestra información con sumo cuidado. Sin embargo, notoriamente los saduceos eran los

---

[39] Ver a A. Kee, "El culto imperial: el desenmascarado de una ideología". *SJRS* 6/2 (1985): 112-128; y Dunn, *Jesus Remembered*, 636.

religiosos "liberales" negando la resurrección, la existencia tanto de ángeles como de los espíritus (Hechos 23:8; ver Josefo, *Ant* 18.1.3-4; **Sección 16**; *J. W.* 2.8.14; *m. Sanh.* 10.1) También parece que le daban preferencia al Pentateuco por encima de cualquier otra parte del Antiguo Testamento y ciertamente negaban la validez de cualquier tradición oral de los fariseos. Al parecer, eran ellos la fuerza dominante en el sacerdocio, por lo tanto controlaban el templo.

También ellos acuden ante Jesús con una aparente cortesía, "objetividad" filosófica y falsa adulación. Su pregunta tiene que ver con el matrimonio levirato como se aplicaría en la resurrección. Los tres sinópticos aclaran que los saduceos no creen en la resurrección. Así pues su meta no es atrapar a Jesús con un dilema falso o invalidar cualquier respuesta suya, sino que tratan de que Jesús niegue cualquier concepto de resurrección al mostrar qué ridículo sería un caso de casamiento levirato. Su caso lo presentan de forma tan "bien estructurada" que los siete esposos tendrían una sola esposa (citando libremente Deuteronomio 25:5 y Génesis 38:8).[40] Su intención no sólo era derrotar a Jesús, sino también a los fariseos. El matrimonio levirato no era algo común en los días de Jesús, si es que acaso se practicaba. De hecho, los únicos dos registros que nos sirven de ejemplo, provenientes del Antiguo Testamento son Tamar (Génesis capítulo 38) y Rut (1:11-13; 4:1-22).

Sin embargo, si los siete hermanos tuvieron a esta persona por esposa, tratando de cumplir con las obligaciones de proveer un heredero a su hermano o hermanos, ¿de cuál de ellos sería mujer si hubiere resurrección corporal? ¿No sería ello un "incesto celestial"? Ellos pudieron haber desarrollado y planteado bien su punto con tan sólo dos hermanos, pero siete hace del punto algo más vívido y cómico.[41]

---

[40] Edersheim (II:399) presenta una gran cantidad de ejemplos mostrando qué tan ridículos se habían vuelto las extrapolaciones rabínicas en cuanto a la resurrección. Por ejemplo, algunos sugerían que a pesar de que alguien fuese enterrado desnudo resucitaría con ropa como el grano de trigo. Y otros, basados en la aparición de Samuel (1 Samuel 28:14), sugerían que resucitaremos en semejanza a nuestros cuerpos presentes. Otros más aseguraban que todos los judíos resucitarían del suelo palestino. Por lo tanto, aquellos que fueron enterrados en el extranjero, había cavidades en la tierra y pasajes que los conducirían hasta llegar a tierra santa.

[41] Esta historia de los siete hermanos pudo haberse inspirado en la historia apócrifa de Tobías (3:8-9; 6:13-15; 7:11). Habla de una cierta mujer llamada Sara, cuyos siete esposos fueron asesinados la misma noche de su boda por un demonio que la atormentaba a ella (P. G. Bolt, "What Were the Sadducees Reading? An Enquiry into the Literary Background of Mark 12:18-23" [¿Qué leían los saduceos? Una búsqueda en el pasado literario de Marcos 12:18-23], *TB* [Boletín Tyndale] 45/2 [1994]: 369-394).

Marcos 12:24 señala:

²⁴—¿Acaso no andan ustedes equivocados? —les replicó Jesús—. ¡Es que desconocen las Escrituras y el poder de Dios!

Lucas 20:34-36 señala:

³⁴—La gente de este mundo se casa y se da en casamiento —les contestó Jesús—. ³⁵Pero en cuanto a los que sean dignos de tomar parte en el mundo venidero por la resurrección: ésos no se casarán ni serán dados en casamiento, ³⁶ni tampoco podrán morir, pues serán como los ángeles. Son hijos de Dios porque toman parte en la resurrección.

Jesús va a presentar dos respuestas a la pregunta. La primera tiene que ver con el poder de Dios y la segunda se relaciona con las Escrituras, las cuales ignoran los saduceos. Primero, aparentemente los saduceos creen en la resurrección. Creen en que se va a necesitar un cuerpo igual al actual, con funciones sexuales. Pero Dios nos puede dar cuerpos totalmente nuevos y que no estén atados al matrimonio.

El matrimonio es una idea excelente en el mundo actual. Provee un recurso de intimidad, procreación y protección de la familia. Pero en la resurrección, ninguna de estas cosas será necesaria. La procreación será cosa del pasado porque la nueva tierra ya estará poblada de santos de todas las épocas. Tampoco necesitaremos de la intimidad que nos provee la relación sexual. En el cielo, tendremos la capacidad de la intimidad con muchos, pero sin celos o rivalidades. Y la unidad familiar ya no será necesaria debido a que (1) ya no necesitaremos protección y (2) ya habrá cumplido con su función de enseñarnos la estructura de nuestra relación con Dios. Entonces, el único valor del sexo sería el placer físico. Sin señalar que ello sea algo de menor importancia. Pero ¿no suena razonable creer que Dios, el dador de cosas buenas, pudiera reemplazar el placer sexual con una mejor sensación en nuestros cuerpos? La verdad es que ya no se necesitará o extrañará el sexo.

Ahora, cuando Jesús señala que seremos "como los ángeles", él no implica que compartiremos cada una de las cualidades que ellos tienen. De hecho, la primer comparación tiene que ver con el hecho que ya no moriremos y tal vez también que los ángeles no tienen relaciones sexuales. Esta mención que Jesús hace de los ángeles también crearía un conflicto con las creencias saduceas porque ellos no tan sólo negaban la resurrección, sino la naturaleza angelical de esos cuerpos resucitados (Hechos 23:8).

Lucas 20:37-38 *con* Marcos 12:26-27 señalan:

{¿No han leído en el libro de Moisés?^{Mr}} ³⁷Pero que los muertos resuciten lo dio a entender Moisés mismo en el pasaje sobre la zarza, pues llama al Señor "el Dios de Abraham, de Isaac y de Jacob". ³⁸Él no es Dios de muertos, sino de vivos; en efecto, para él todos ellos viven. {¡Ustedes andan muy equivocados!^{Mr}}

Mateo 22:33 señala:

³³Al oír esto, la gente quedó admirada de su enseñanza.

Lucas 20:39-40 señala:

³⁹Algunos de los maestros de la ley le respondieron:
—¡Bien dicho, Maestro!
⁴⁰Y ya no se atrevieron a hacerle más preguntas.

La segunda respuesta de Jesús fue con relación a la interpretación de las Escrituras. Su pregunta retórica: "¿No han leído . . . ?" fue tomada con la intención que llevaba — un insulto (comparar Mateo 21:42). Ahora, hay unos pasajes del Antiguo Testamento que describen una resurrección o volver a la vida (1 Reyes 17:22; 2 Reyes 4:35; 13:21) y algunos que hablan de resurrección (Isaías 26:19; Daniel 12:2; Job 19:25-27; también ver 2 Samuel 12:23; Isaías 53:10-12; Eclesiastés 12:7). Pero admitimos que no son tan claros o numerosos como quisiéramos. Lo que complica más las cosas es que los saduceos prefieren el Pentateuco sobre cualquier otro texto del Antiguo Testamento. Si Jesús los va a convencer, tendrá que hacerlo en territorio de ellos.

Citando Éxodo 3:6, Jesús utiliza una interpretación judía típica y aceptable.⁴² Presentando su punto con el uso del tiempo

---

⁴²El rabino D. M. Cohn-Sherbok discute que la lógica de Jesús NO es aceptable como hermenéutica judía. Él hasta afirma que el argumento de Jesús resulta "sorprendentemente inadecuado desde un punto de vista rabínico. El hecho de que Jesús podía usar tal argumento no nos debe sorprender, ya que sostiene la verdad de la tradición del evangelio al sugerir que Jesús no era un diestro casuista al estilo de los saduceos y fariseos" ("Jesus' Defence of the Resurrection of the Dead" [Defensa de Jesús en cuanto a la resurrección de los muertos] JSNT [Revista del estudio del Nuevo Testamento] 11 [1981]: 64-73). ¡En verdad, el argumento de Jesús era único, pero no por ser patán o rústico, sino porque era brillante! ¡Cierto que, los saduceos rechazarían las conclusiones de Jesús, pero los principales maestros de la ley lo felicitaron por su respuesta que frustró la oposición (Lucas 20:39-40! Además, F. G. Downing, " The Resurrection of the Dead: Jesus and Philo" (La resurrección de los muertos: Jesús y Filón), JSNT (Revista para el estudio del Nuevo Testamento) 15 [1982]: 42-50, menciona una gran cantidad de similitudes entre el manejo que Jesús y Filón hacen de Éxodo 3:15. Por lo tanto, podemos, de hecho, concluir que la respuesta de Jesús habría sido aceptable por su lógica y hermenéutica para los fariseos pero no para los saduceos.

verbal, Jesús asegura que la resurrección es una necesidad lógica. Pero más que eso, la inmensa grandeza de Dios demanda que sus siervos resuciten en su presencia.[43] Es decir, Dios es Dios de los vivos, no de los muertos. Sin embargo, hablando de manera estricta, Jesús discute únicamente en cuanto a la inmortalidad del alma. Sin embargo, los judíos no consideraban por separado la inmortalidad del alma y la resurrección corporal.

Nuevamente Jesús arremete contra ellos señalando: "¡Ustedes andan muy equivocados!" Uno podría pensar o tener la impresión de que Jesús está jugando rudo con estos tipos. Pero ellos están equivocados en cuanto al milagro que Jesús hará y que presentará la evidencia mayor. Si ellos se pierden este milagro, ya no hay esperanza para ellos en cuanto al arrepentimiento y encontrar la vida eterna. Sí, las palabras de Jesús son severas, tal vez rudas, pero son las apropiadas al tema tan crítico y al momento.

Nuevamente, las multitudes quedan impresionadas. Los maestros de la ley (los fariseos) se sorprenden placenteramente. Con frecuencia ellos habían debatido con los saduceos este mismísimo asunto y no podían, con su sabiduría extensa, presentar un argumento tan convincente y determinante como el de Jesús. Los saduceos quedan confusos. No tienen nada que argumentar y ya no tienen más preguntas. Jesús acaba con los saduceos.

---

[43] J. J. Kilgallen lo pone de la siguiente manera, "aquellos que son considerados merecedores de la vida con Jehová deben levantarse, ya que el amor de él para con ellos no tiene otra conclusión" ("Los saduceos y la resurrección de entre los muertos: Lucas 20:27-40", *Bíblica* 67 [1986]: 478-495). J. G. Jansen "Resurrection and Hermeneutics: On Exodus 3:6 in Mark 12:26" (La resurrección y la hermenéutica: En cuanto a Éxodo 3:6 en Marcos 12:26), *JSNT* (Diario para el estudio del Nuevo Testamento) 23 [1985]: 43-58, va un paso más allá. Él especula que Éxodo 3:6 y Marcos 12:26 tratan el mismo problema, la esterilidad que metafóricamente es "vivir muerto" de donde Dios los rescató a través de la "resurrección general". Así, la fórmula tripartita "Abraham, Isaac y Jacob" es una declaración de la fidelidad de Dios y obras salvadoras, especialmente en el contexto de Éxodo 3:6. Si Dios salva a su pueblo mediante la resurrección de su simiente muerta (Romanos 4:19; Hebreos 11:11-12), ¿no los resucitará también de la muerte?

Sección 135
Tercera pregunta, hecha por los fariseos: ¿Cuál es el mandamiento más importante?

(Mateo 22:34-40; Marcos 12:28-34; ver Lucas 10:25-27)

Mateo 22:34 señala:

³⁴Los fariseos se reunieron al oír que Jesús había hecho callar a los saduceos.

Marcos 12:28 *con* Mateo 22:35 señala:

²⁸Uno de los maestros {experto^Mt} de la ley se acercó y los oyó discutiendo. Al ver lo bien que Jesús les había contestado, le preguntó: —De todos los mandamientos, ¿cuál es el más importante?

En el primer enfrentamiento los fariseos enviaron a sus discípulos para que juntos con los herodianos le tendieran una trampa a Jesús. Fueron derrotados rotundamente. Se apartaron y se reagruparon, decidiendo enviarle a Jesús su mejor carta: Un experto en la ley, no un novicio o iniciado. Le mandan a un profesor de la ley. Él llega ante Jesús en el momento preciso en que Jesús derrota a los saduceos. Los saduceos no tuvieron mejor suerte que los herodianos. Claro que esto alegró a los fariseos.

Ahora, este experto en la ley parece más amigable con Jesús que los demás: (1) Nota que Jesús les dio una buena respuesta a los saduceos; (2) Hace una pregunta más razonable e importante; (3) Reconoce la belleza en la respuesta de Jesús; así que (4) Jesús mismo afirma su integridad al señalarle que él mismo no está lejos del reino de Dios.

La pregunta del experto en la ley era un debate común entre los fariseos. Con seiscientos trece mandatos del Antiguo Testamento y una gran cantidad de tradiciones orales, la respuesta no puede ser tan simple. También debemos notar que esta no es la primera vez que Jesús tiene que contestar esta pregunta. Un día otro experto de la ley se presentó ante Jesús y le preguntó: "¿Qué tengo que hacer para heredar la vida eterna?" Jesús invirtió la pregunta al señalarle: "¿Qué está escrito en la ley? ¿Cómo la interpretas tú?" Este experto de la ley contestó citando estos mismos mandatos. Esta fue la plataforma de lanzamiento para la parábola del buen samaritano (Lucas 10:25-37;

Sección 103). Así que, ni la pregunta ni la respuesta de Jesús son algo nuevo.[44]

Marcos 12:29-30 señala:

²⁹—El más importante es: "Oye, Israel. El Señor nuestro Dios es el único Señor[a] —contestó Jesús—. ³⁰Ama al Señor tu Dios con todo tu corazón, con toda tu alma, con toda tu mente y con todas tus fuerzas."[b]

ᵃ29 O *Dios es el único Señor.* Alt. *Dios, el Señor es uno.* *ᵇ30* Deuteronomio 6:4, 5

Mateo 22:38 señala:

³⁸Éste es el primero y el más importante de los mandamientos.

Marcos 12:31 *con* Mateo 22:39 señalan:

³¹El segundo es {se parece a éste^Mt}: "Ama a tu prójimo como a ti mismo."[a] No hay otro mandamiento más importante que éstos.

ᵃ31 Levítico 19:18

Mateo 22:40 señala:

⁴⁰De estos dos mandamientos dependen toda la ley y los profetas.

[Mateo 22:37-39 y Marcos 12:29-31 = Lucas 10:27, ver comentario de *Sección 103*]

El primer mandamiento, tomado de Deuteronomio 6:4-6, se le conoce como el shema, nombre procedente de la primera palabra hebrea de una oración: "Escuchar". Los judíos piadosos la recitaban al inicio y al final de cada día y era con lo que se empezaban todas las reuniones de la sinagoga los viernes. Era como "el Juan 3:16" del judaísmo. Era común que este pasaje se colocara en la filacteria y postes[45] de las casas judías. Afirmaba la unidad de Dios y nuestra

---

[44]En verdad, E. E. Lemcio, "Pirke 'Abot 1:2(3) and the Synoptic Redactions of the Commands to Love God and Neighbor" [Pirke 'Abot 1:2(3) y redacciones sinópticas de los mandamientos de amar a Dios y al prójimo], *ATJ Revista teológica Asbury*) 43 [1988]: 43-53, sugiere que la combinación de Deuteronomio 6:5 y Levítico 19:18 se basa en una declaración de Simeón el Justo (350-200 a.C.): "En cuanto a las tres cosas sobre las cuales se fundamenta el mundo: En la Tora, en el servicio (al templo) y en las obras de caridad" (*Pirke 'Abot* 1:2[3]).

[45]O. S. Brooks, " The Function of the Double Love Command in Matthew 22:34-40" (La función del doble mandato en Mateo 22:34-40), *AUSS* (Estudios del seminario de la

obligación de amarlo con todo **nuestro ser**. Servía de recordatorio de este compromiso adquirido. Para el judío, no había mayor obligación ni credo teológico. Sabiamente, Jesús escogió el mandamiento más importante.

El estudiante astuto observará que mientras que solamente se mencionan tres cosas en Deuteronomio (corazón, alma, fuerzas), Marcos utiliza cuatro, añadiendo *mente* a la lista. La razón es que la tercer palabra hebrea puede indicar varias cosas diferentes. Marcos (12:30) y Lucas (10:27), ambos escribiendo para una audiencia más gentil, utilizan dos palabras griegas (*mente* y *fuerzas*) para traducir adecuadamente esa palabra hebrea única. Sin embargo, ninguna de las cuatro se excluyen una a la otra. Todas ellas están entrelazadas.

El segundo mandamiento más importante proviene de Levítico 19:18. Una vez que reconocemos que nuestra obligación más importante es obedecer a Dios, la pregunta obvia es: "¿Cómo expresa alguien su amor a Dios?" Ciertamente lo podemos hacer a través del culto de alabanza y adoración; es decir, la devoción religiosa. Pero esto no ayuda de mucho en la comunidad.[46] A Dios le agrada más que mostremos nuestro amor por él ayudando o supliendo las necesidades de nuestros semejantes (Mateo 25:40, 45) que, de acuerdo con Jesús, es cualquier persona con quien nos encontramos (Lucas 10:25-37). Si obedecemos estos dos mandamientos, por necesidad, cumpliremos con todo lo demás en cuanto a los mandamientos de la ley del Antiguo Testamento (Romanos 13:8, 10; Gálatas 5:14; Santiago 2:8).

Marcos 12:32-34 señala:

> [32] —Bien dicho, Maestro —respondió el hombre—. Tienes razón al decir que Dios es uno solo y que no hay otro fuera de él.
> [33] Amarlo con todo el corazón, con todo el entendimiento y con todas las fuerzas, y amar al prójimo como a uno mismo, es más importante que todos los holocaustos y sacrificios.
> [34] Al ver Jesús que había respondido con inteligencia, le dijo:
> —No estás lejos del reino de Dios.
> Y desde entonces nadie se atrevió a hacerle más preguntas.

---

universidad Andrews) 36/1 [1998]: 7-22.

[46] A. Malamat muestra que el "amor" usado intransitivamente (sólo 4 veces, Levítico 19:18, 34; 1 Reyes 5:1; 2 Crónicas 19:2), no tiene que ver con una emoción, sino una acción. Él explica, "La Biblia no nos está mandando a que *sintamos* algo, amor, sino que *hagamos* algo, ser útiles o benéficos, que ayudemos a nuestro prójimo. Este entendimiento también elimina del pasaje aquello que algunos han considerado como una adoración inapropiada de amor propio" ("Love Your Neighbor as Yourself" [Ama a tu prójimo como a ti mismo], *BAR* [Revista de arqueología bíblica] 16 [1990]: 50-51).

Este maestro de la ley queda impresionado. Jesús toca su corazón. Para el judío verdadero no hay algo más vital que amar al único Dios verdadero y mostrar caridad al prójimo. Estas dos cosas son más importantes que todo el culto o devoción religiosa, como lo son las ofrendas y los sacrificios (1 Samuel 15:22; Oseas 6:6).

No solamente es el experto en la ley quien se impresiona con Jesús, también Jesús se impresiona con él. Se ha acercado a Jesús de manera respetuosa y le ha hecho una pregunta seria e importante. Ahora, públicamente reconoce la belleza en la respuesta de Jesús. Así que Jesús lo afirma señalando: "No estás lejos del reino de Dios". Jamás se nos dice si entró o no. Este incidente nos muestra que no todos los oponentes de Jesús son malos. Los fariseos no son el mal encarnado. Son líderes religiosos llenos de orgullo y una posición que defender. Venir a los pies de Jesús era un gran sacrificio para este grupo.

Bueno, esa fue la tercera derrota: los fariseos quedan fuera de combate. Las tres secciones o facciones religioso-políticas más importantes intentaron atrapar a Jesús, para ser severa y rotundamente derrotadas. No es de maravillarse que ya nadie quería hacerle más preguntas a Jesús.

Sección 136
Cuarta pregunta, hecha por Jesús: ¿Cómo puede el Cristo ser Hijo de David?
(Mateo 22:41-46; Marcos 12:35-37; Lucas 20:41-44)

Jesús respondió a estas tres preguntas de los tres partidos más grandes de su tiempo. Ya no le tienen más preguntas. Ahora Jesús tiene una pregunta para ellos. Fue en realidad la única pregunta que quedaba sin respuesta, la única que realmente vale: ¿Quién es Jesús?

Mateo 22:41-46 *con* Marcos 12:35-37 y Lucas 20:42-43 señala:

⁴¹Mientras estaban reunidos los fariseos, Jesús {enseñaba en el templo^{Mr}} les preguntó: {—¿Cómo es que los maestros de la ley dicen que el Cristo es hijo de David?^{Mr}}

⁴²—¿Qué piensan ustedes acerca del Cristo?ª ¿De quién es hijo? —De David —le respondieron ellos.

⁴³—Entonces, ¿cómo es que David, {mismo^{Mr}} hablando por el Espíritu {Santo^{Mr}}, lo llama "Señor"? {en el libro de los Salmos^{Lc}} Él afirma:

⁴⁴»"Dijo el Señor a mi Señor:

'Siéntate a mi derecha,
hasta que ponga a tus enemigos debajo de tus pies'".
{hasta que ponga a tus enemigos por estrado de tus pies[Lc]}[b]
⁴⁵Si David lo llama "Señor", ¿cómo puede entonces ser su hijo?
⁴⁶Nadie pudo responderle ni una sola palabra, y desde ese día ninguno se atrevía a hacerle más preguntas.{La muchedumbre lo escuchaba con agrado[Mr]}

[a]42 O *Mesías*. [b]44 Salmo 110:1

Al final del tercer encuentro los líderes judíos ya están completamente frustrados y las multitudes permanecen estáticas. ¡Este es un espectáculo de las ligas mayores! ¡Es un encuentro entre profesionales! Una vez que Jesús ha desmantelado todas las emboscadas, él es quien hace las preguntas.

En realidad era una pregunta muy sencilla: "¿Quién es el Cristo?" Bueno, ese sería el hijo de David (progenitor); todos sabían eso (ver 2 Samuel 7:13-14; Isaías 9:2-7; 11:1, 10; Jeremías 23:5, etc.).[47] "Está bien", afirma Jesús, "siendo ese el caso, expliquemos el Salmo 110, empezando con el v. 1. ¿Cómo puede ser que el Cristo sea tanto el hijo de David como su Señor (*adonai*)?" Ahora, esa pregunta resulta un poco más difícil. En la cultura judía, el padre siempre era más grande e importante que el hijo. Simplemente no había ninguna manera "natural" de que David le llamara a uno de sus descendientes Señor.

Este Salmo no era aceptado como un Salmo mesiánico, aunque sí era considerado un Salmo de la realeza (*T. Job* 33:3; 1 Macabeos 14:41; *T. Levi* 8:3; 18:1-3, 8, 12). Siendo que el Salmo hace referencia a un rey procedente de David y siendo que el Mesías procedería de la descendencia de David, Jesús lleva a sus oidores a una conclusión lógica: el Cristo es más importante que David. No podían evadir o negar esta conclusión. ¡Tampoco la podían explicar![48]

La implicación es que este ser humano, hijo de David (refiriéndose, claro está, a Jesús [Mateo 1:1; Lucas 3:23, 31]) también era el divino Hijo de Dios (Pablo así lo declara en Romanos 1:3-4). Los profetas así lo señalaron de manera amplia y extensa (Isaías 9:6;

---

[47] Los rabinos posteriores concordaban de corazón; b. *Yoma* 10a: "El Hijo de David no vendrá sino hasta que el malvado reino de Roma haya esparcido su influencia por todo el mundo durante nueve meses"; ver b. *Erub.* 43a; b. *Sukkah* 52a; b. *Meg* 17b; etc.

[48] Esta es la declaración pública más clara que Jesús hace de su rol mesiánico; ver C. Kelly: "The Messiah: Whose Son Is He? Another look at the Son of David and the Son of God Titles in Matthew", TSR 26/1 (2005): 17-28; también B. Chilton: "Jesus ben *David*: Reflections on the *Davidsohnfrage*" JSNT 14 (1982): 88-112.

Jeremías 23:5-6; 33:15-16; Zacarías 12:10; 13:7). Siendo ese el caso, sus acusaciones de blasfemia eran falsas y su resistencia a Jesús como el Mesías es una clara oposición a Dios mismo. En éxito del argumento de Jesús respecto al Salmo 110 dio como resultado que este fuera el texto más citado en en Nuevo Testamento (ver Hechos 2:34-35; Hebreos 1:13; 5:6; 7:17, 21; 10:13).

Ellos no han podido explicar la primera parte del primer versículo del Salmo 110. Jesús ni siquiera toca la segunda parte del versículo: "¡Hasta que ponga a tus enemigos por estrado de tus pies!" Eso habría sido una propuesta tenebrosa para estos preguntones antagonistas. Además, Jesús muy bien pudo haber planteado y desarrollado su discusión basándose en el v. 2: "¡Que el SEÑOR extienda desde Sion el poder de tu cetro!" O de igual manera, el v. 4: "Tú eres sacerdote para siempre, según el orden de Melquisedec". ¿Cómo llega a ser rey un sacerdote? La respuesta llegará en el Calvario.

Esto debió haber sido una perturbación y ofensa graves para estos "eruditos de la Biblia": darse cuenta de pronto qué tan poco saben en cuanto a las bases de su fe. Este galileo sin educación los deja pasmados. No tan sólo se ha colado entre sus narices teológicas, sino que los ha dejado perplejos con una simple pregunta tomada de entre uno de sus versículos favoritos. ¡Y lo hace en el atrio del templo, mientras ellos tienen la ventaja de estar en sus territorios! Los líderes están frustrados; las multitudes estáticas.

Sección 137a
"¡Ay de ustedes, maestros de la ley y fariseos, hipócritas!
(Mateo 23:1-36; Marcos 12:38-40; Lucas 20:45-47; ver Lucas 11:37-54)

Esta es la conclusión de la enseñanza del martes en el templo. Es posible que los líderes judíos hayan emprendido la retirada, derrotados (Mateo 22:22, 34, 46). Se van para planear la muerte de Jesús. Sin embargo, las multitudes crecen en cantidad y su alegría se desborda. Jesús se dirige a la gente con este sorprendente regaño hacia los fariseos. De hecho, es tan fuerte que algunos han sentido un conflicto entre Mateo capítulo 23 y el sermón del monte (Mateo capítulos 5-7). Sin embargo, hasta el sermón del monte contiene algunas advertencias severas y aterradoras (p.ej., Mateo 7:13-29). Y su discurso termina con algunas preocupaciones tiernas en cuanto al pueblo judío (vv. 37-39).[49] Además, Jesús ha repetido esta misma clase de cosas antes y en distintos lugares y situaciones (p.ej. Lucas 11:37-54). En esta ocasión es más extensa. Finalmente, no debemos olvidar que estos fariseos apenas han intentado atrapar a Jesús y están, en este preciso momento, planeando su muerte. Es por ello que la respuesta de Jesús es merecida y justa.

Después de una introducción de advertencia a sus discípulos (vv. 1-12), Jesús presenta una serie de "ayes". Esta palabra "ay" [*ouai*] puede contener tristeza, enojo, advertencias y escarnio; y puede incluir un poquito de cada una de estas cosas a la vez. Los primeros seis ayes parecen presentarse en pares. El primero y el segundo tratan del evangelismo de los fariseos; tres y cuatro tratan de sus ritos; y cinco y seis tratan de su pureza interna contra la externa. El gran final, el número siete, llega al meollo del asunto: su deseo de matar a Jesús.

Mateo 23:1-4 señala:

> ¹Después de esto, Jesús dijo a la gente y a sus discípulos: ²«Los maestros de la ley y los fariseos tienen la responsabilidad de interpretar a Moisés.ᵃ ³Así que ustedes deben obedecerlos y hacer todo lo que les digan. Pero no hagan lo que hacen ellos, porque no practican lo que predican. ⁴Atan cargas pesadas y las ponen sobre la espalda de los demás, pero ellos mismos no están dispuestos a mover ni un dedo para levantarlas.
>
> ᵃ *2 tienen... Moisés.* Lit. *se sientan en la cátedra de Moisés.*

La audiencia de Jesús incluye a dos grupos: sus discípulos y las multitudes menos comprometidas que tan sólo están presentes para gozar del espectáculo. Sin embargo, resulta un poco difícil determinar qué tanta diferencia hay entre estos dos grupos. Del otro lado de la cerca, el objetivo de Jesús también incluye a dos grupos: Los fariseos y los maestros de la ley. Hay una distinción menos clara entre estos dos grupos. La palabra "fariseo" lleva la connotación de ser un grupo político-religioso/teológico, mientras que "maestros de la ley" describe

---

[49] Cualquier acusación de que Jesús fuese antisemita en esta ocasión falla: (1) Tanto Jesús como su "biógrafo", Mateo, fueron judíos y sentían un amor enorme por el evangelismo judío. (2) Jesús no regaña a todos los judíos sino tan sólo a un segmento de los líderes. Y esta afrenta fue por la "categoría" de fariseos, pero no necesariamente abarcaba a cada fariseo. (3) Este grupo acababa de intentar atrapar a Jesús y estaban haciendo planes inmediatos para asesinarlo. (4) Jesús dijo la verdad. Fielmente descrbió el carácter de este grupo. Y (5) las palabras de Jesús no son más duras que muchos de los Salmos y profetas (p.ej., Salmo capítulo 58; Isaías 5:8-23; Jeremías capítulo 23; Habacuc 2:6-20).

la función educativa de las Escrituras de básicamente el mismo grupo de personas con las mismas "inclinaciones". Las distinciones son escasas y muy sutiles.

Estos hombres se sientan en la silla de Moisés. Muchas sinagogas antiguas en verdad tenían una silla que representaba la silla de Moisés. En ella se sentaban los principales maestros de la sinagoga. Era *la* silla principal de posición y poder en la comunidad. Representaba la cadena o línea de sucesión que se remontaba hasta Moisés mismo. Este maestro dominante supuestamente llevaba el manto del liderazgo de Moisés, la antorcha de la fe de las generaciones pasadas. Nuestro equivalente más aceptable sería el púlpito como símbolo de una enseñanza con autoridad. Quien se adueñe del púlpito tiene los oídos atentos de la congregación. Esta posición pertenecía a los fariseos.

"Así", Jesús afirma: "hagan todo lo que les digan". Ahora, Jesús no quiso decir de manera absoluta. Los fariseos tenían, literalmente, miles de reglas minuciosas entre mezcladas en sus tradiciones orales. Hasta Jesús mismo violó a propósito las insensatas tradiciones orales de los fariseos (Mateo 9:10-13; Marcos 218-19, 23-24; Lucas 6:6-8; 11:38-39; Juan 5:8-10). Ciertamente no está diciendo: "Sigan todas sus reglas minuciosas e injustificadas". Lo que quiso decir fue: "hasta el punto en que enseñen lo que Moisés, síganlos" (ver Deuteronomio 17:10). Pero eso requiere agregar más a lo que Jesús mismo señaló. Así que tal vez debamos leer un poco de sarcasmo en lo que Jesús dijo. Después de todo, el sarcasmo no le era extraño a Jesús. Por ello, tal vez debamos parafrasear las palabras de Jesús: "¡Ah, claro, ellos ocupan lugares importantes de autoridad, así que ustedes están a salvo si siguen sus palabras, pero seguir su ejemplo los matará!"

La ley del Antiguo Testamento de por sí ya era difícil de obedecer. Pero los fariseos le agregaron reglas tan meticulosas que solamente entendía un maestro de la ley (que ellos mismos evadían). Su devoción superior los hacía inmunes, pero hasta ellos ignoraban todos los recodos o rincones de las leyes. El judío promedio no podía obedecer todo. Los fariseos no los iban a ayudar. En cambio, les imponen más reglas, cargas y sentido de culpabilidad. Eso es tan distinto de lo que Jesús hace con nosotros (ver Mateo 11:28-30).

Mateo 23:5-12 señala:

⁵»Todo lo hacen para que la gente los vea: Usan filacterias grandes y adornan sus ropas con borlas vistosas;[a] ⁶se mueren por

el lugar de honor en los banquetes y los primeros asientos en las sinagogas, ⁷y porque la gente los salude en las plazas y los llame "Rabí".

⁸»Pero no permitan que a ustedes se les llame "Rabí", porque tienen un solo Maestro y todos ustedes son hermanos. ⁹Y no llamen "padre" a nadie en la tierra, porque ustedes tienen un solo Padre, y él está en el cielo. ¹⁰Ni permitan que los llamen "maestro", porque tienen un solo Maestro, el Cristo.ᵇ ¹¹El más importante entre ustedes será el siervo de los demás. ¹²Porque el que a sí mismo se enaltece será humillado, y el que se humilla será enaltecido.

ᵃ5 Usan . . . vistosas. Lit. *Ensanchan sus filacterias y engrandecen las borlas. Las filacterias erán pequeñas cajas en las que llevaban textos de las Escrituras en la frente y en los brazos, las borlas simbolizaban obediencia a los mandamientos (véanse Números 15:38-39; Deuteronomio 6:8; 11:18).*
ᵇ10 O *Mesías.*

La principal meta de un fariseo era ser visto y notado por dondequiera que andaba. Lo hacían a través de letreros, posiciones y el desempeño de sus responsabilidades religiosas. En esta ocasión, Jesús menciona dos de esas responsabilidades: El estudio de las Escrituras (llevadas en sus filacterias) y la oración (llevadas en borlas al final de sus ropas). Estas filacterias eran cajitas llevadas en la frente y/o el brazo izquierdo.⁵⁰ Normalmente llevaban pequeños rollos conteniendo Éxodo 13:2-16; Deuteronomio 6:4-9; 11:13-21. Es posible que esta práctica haya tenido como punto de partida una interpretación literal de Deuteronomio 6:8,9 y 11:18: "Grábate en el corazón estas palabras que hoy te mando. Átalas a tus manos como un signo; llévalas en tu frente como una marca; escríbelas en los postes de tu casa y en los portones de tus ciudades". En verdad estas se habían convertido como los amuletos de los paganos. Al parecer los fariseos hacían sus filacterias de un tamaño desproporcionado y las borlas muy vistosas para ser plenamente identificadas.

De la misma manera, engrandecían sus oraciones que colgaban de sus mantos. Esto era parte normal de la vestimenta judía (Números 15:37-41; Deuteronomio 22:12). Hasta Jesús llevó borlas (Mateo 9:21). Eran utilizadas como las bolitas del rosario que se podían tocar y contar mientras se recitaba las oraciones litúrgicas obligatorias. Pero los fariseos buscaban que las suyas fueran extremadamente largas para

---

⁵⁰Ver a J. H. Tigay, "On the Term Phylacteries (Matt 23:5)" [En cuanto al término filacteria (Mateo 23:5)], HTR (Revista teológica de Harvard) 72 [1979]: 45-53. Él señala que la palabra griega *phylakteria* se refería a talismán o amuleto. Basado en eso, él sugiere que usando *phylakteria* (griego) para traducir *tefillin* (hebreo) indica que estas cajas habían degenerado en amuletos para los fariseos

ser vistos y no pasar desapercibidos, y tal vez para mostrar que ellos oraban más que los demás.

Los fariseos también buscaban ser reconocidos por sus posiciones. Ya hemos visto como aspiraban a la silla de "Moisés" en la sinagoga. Y si no eran ellos los maestros más importantes de la sinagoga, por lo menos debían sentarse en los lugares de reconocimiento y frente a todos para que la gente común quedara embobada con sus vestimentas tan arrogantes. Cuando acudían a un banquete, celosamente buscaban acomodarse en los lugares de honor, lo más cercano posible al anfitrión (Lucas 14:7-11; see comments on *Sección 114*).

Buscaban ser reconocidos con tales calificativos como "Rabí" (literalmente, "mi alteza" o "eminencia"), "Maestro" o hasta "Padre" (que parece estaban reservados tan sólo a los rabinos de antaño). Como ya hemos visto anteriormente, los mandatos de Jesús no siempre se deben tomar de manera absoluta (p.ej. Mateo 5:22, 29; 6:3, 6, 17). Tal es el caso en esta ocasión. Por ejemplo, no hay nada malo con dirigirse a su papá terrenal como "Padre" o hasta un mentor o ayo (1ª Corintios 4:15; Hechos 22:1; 1 Juan 2:13). Tampoco está del todo mal dirigirse a alguien como "maestro" (Hechos 13:1; 1 Timoteo 2:7; Efesios 4:11; Santiago 3:1). Sin embargo, debemos evitar a toda costa títulos o calificativos que promuevan arrogantemente los logros de un individuo o que dividan por rango a los hermanos. Únicamente Dios merece la honra y el honor. Los títulos suntuosos que ponen a un lado a Dios y se enfocan en el hombre son tabúes para los discípulos de Jesús (ver Jeremías 31:33-34). La economía del reino está llena de paradojas. El más grande es el que sirve a los demás y el más pequeño es más grande. El que se exalta a sí mismo será humillado y el que se humilla será enaltecido (ver Mateo 18:1-5; 20:26; Lucas 14:11; 18:14).

Ay #1: Apartando a la gente del reino de los cielos.

Mateo 23:13 señala:

> [13]»¡Ay de ustedes, maestros de la ley y fariseos, hipócritas! Les cierran a los demás el reino de los cielos, y ni entran ustedes ni dejan entrar a los que intentan hacerlo.[a]

> [a]*13 hacerlo.* Var. *hacerlo. v. 14¡Ay de ustedes, maestros de la ley y fariseos, hipócritas! Ustedes devoran las casas de las viudas y por las apariencias hacen largas plegarias. Por esto se les castigará con más severidad.*

Jesús llama hipócritas a los fariseos. Ese es un lenguaje fuerte, tomado del teatro griego. Un hipócrita, literalmente, era un actor que se ponía una máscara para asumir una identidad falsa mientras representaba y actuaba una obra de teatro para la audiencia. Esta acusación resultaría particularmente ofensiva para los fariseos que odiaban cualquier forma de helenismo, incluyendo el teatro griego.[51] En esencia, Jesús les llama precisamente aquello que odian.

La crítica de Jesús fue puesta en la llaga. En ese preciso momento los fariseos se encontraban haciendo lo que Jesús señalaba. Aquí estaba él, el Rey de este reino celestial, en medio de todos ellos. No tan sólo no lo aceptaron los fariseos, sino que celosamente trataban de obstaculizarle el paso a los demás que querían aceptarlo (Mateo 11:19; 12:23-24; 21:15). Se oponen a Jesús.[52] Amenazaban a sus mismos compañeros por si lo querían aceptar o eran amables con él (Juan 7:45-52). Excomulgaron a la gente que seguían a Jesús (Juan 9:22, 34-35). Así espantaron a mucha gente para no aceptar el reino de los cielos.

Marcos 12:40 señala:

> ⁴⁰Se apoderan de los bienes de las viudas y a la vez hacen largas plegarias para impresionar a los demás. Éstos recibirán peor castigo.

Los fariseos no tan sólo usaban sus posiciones religiosas para corromper a los nuevos convertidos, sino que también lo utilizaban para robarle a las viudas sus finanzas. Es posible que les cobraban a las viudas cualquiera de sus "servicios" u oraciones a favor de las mismas. Sin embargo, lo más seguro es que este versículo se refiera a que los fariseos servían como guardas de las propiedades de las viudas.[53] Tales guardias podían cobrar cierta tarifa por sus servicios de árbitros legales, y además cobrar legalmente cierta retribución por gastos devengados de la propiedad. Obviamente, había suficiente cabida a la corrupción.

---

[51] Jesús estaría familiarizado con el teatro griego construido por Herodes Antipas en su lugar de residencia en Séforis, a menos de una hora de camino del pueblo de Jesús. Además, el hecho de que no hay un equivalente funcional para *hypocrites* en hebreo o en arameo indica que Jesús por lo menos sabía un poco de griego y metió esta palabra para "sazonar" un poco su reprimenda (R. A. Batey, "Jesus and the Theater" [Jesús y el teatro], *NTS* [Estudios del Nuevo Testamento] 30 [1984]: 463-574).

[52] En cuanto a una lista completa de la oposición de los fariseos a Jesús, ver las notas de Lucas 11:37, *Sección 107*.

[53] J. D. M. Derrett hace todo un caso de esto en "Eating up the Houses of Widows: Jesus's Comment on Lawyers?" (¿Devorando las casas de las viudas: El comentario de Jesús en cuanto a los abogados?) *NovT* (Novum Testamentum) 14 [1972]: 1-9.

Es por ello que hacían largas oraciones y juramentos para asegurarles a las viudas honestidad y el aseguramiento de sus "negocios".

Ay #2: Enviando los adeptos al infierno.

Mateo 23:15 señala:

> ¹⁵»¡Ay de ustedes, maestros de la ley y fariseos, hipócritas! Recorren tierra y mar para ganar un solo adepto, y cuando lo han logrado lo hacen dos veces más merecedor del infierno[a] que ustedes.

> [a]*15 merecedor del infierno.* Lit. *hijo de la Gehenna.*

Hay suficiente evidencia en el primer siglo de la existencia de proselitistas fariseos (Carson, p. 478). No eran del tipo de evangelistas que "tocaban a las puertas"; sino cuando un pagano expresaba su interés en el judaísmo, los fariseos se adherían a él hasta lograr que tal persona adoptara esta forma de legalismo. Como suele suceder, sus estudiantes llegaron a ser más celosos y extremos que sus maestros. Al parecer tanto Pedro como Pablo tuvieron que enfrentar este tipo de fenómeno en la iglesia del primer siglo (Hechos 11:1-3; 15:1-2; 1ª Corintios 4:6, 9-10; Gálatas 1:7-8).

Ay #3: Juramentos engañosos.

Mateo 23:16-22 señala:

> ¹⁶»¡Ay de ustedes, guías ciegos!, que dicen: "Si alguien jura por el templo, no significa nada; pero si jura por el oro del templo, queda obligado por su juramento". ¹⁷¡Ciegos insensatos! ¿Qué es más importante: el oro, o el templo que hace sagrado al oro? ¹⁸También dicen ustedes: "Si alguien jura por el altar, no significa nada; pero si jura por la ofrenda que está sobre él, queda obligado por su juramento". ¹⁹¡Ciegos! ¿Qué es más importante: la ofrenda, o el altar que hace sagrada la ofrenda? ²⁰Por tanto, el que jura por el altar, jura no sólo por el altar sino por todo lo que está sobre él. ²¹El que jura por el templo, jura no sólo por el templo sino por quien habita en él. ²²Y el que jura por el cielo, jura por el trono de Dios y por aquel que lo ocupa.

Era notorio que los fariseos "estipulaban" que un juramento solamente se podía hacer respaldándose con algo que se podía utilizar como colateral (Gundry, p. 463). De esa manera, si alguien mentía, podía haber repercusiones financieras. Por lo tanto, los juramentos hechos por el templo o su altar no eran aceptados como válidos, pero los juramentos hechos por el oro del templo o las ofrendas en el altar eran válidas. Pero los motivos reales en todo esto era el engaño. Su casuismo les permitía robarle "religiosamente" a la gente.

Jesús señala que el propósito de un juramento no es la seguridad financiera sino la honestidad. Usted es firme a su palabra no por causa de que pudiera perder dinero al no cumplir con ella, sino porque usted tendrá que responder a un poder superior, finalmente Dios mismo. Por ello, entre más grande sea el objeto que respalda el juramento, uno se siente más responsable en cumplir. Por lo tanto, los juramentos hechos por el templo y el altar son más grandes que aquellos hechos por el oro del templo o la ofrenda sobre el altar.

Jesús llevó un paso más adelante. Cuando usted jura ya sea por el templo o por el altar, esto está jurando por quien es el dueño de ambas cosas. Aún si usted jura por el cielo o su trono, jura por el que mora en ellos. Esta lógica se podía extrapolar a toda la tierra y lo que en ella hay. Por ello, todo juramento ata de igual manera. Por esta mismísima razón, en el sermón del monte, Jesús dijo que no debemos jurar jamás (Mateo 5:33-37). Sino "Cuando ustedes digan 'sí', que sea realmente sí; y cuando digan 'no', que sea no. Cualquier cosa de más, proviene del maligno". La verdad es que debemos ser personas honestas. Cualquier necesidad de jurar, cruzar los dedos o advertencias legales en letra pequeña traiciona nuestra confianza y muestra la influencia de Satanás en nuestras vidas, ya que él es el padre de mentira (Juan 8:44).

Ay #4: Diezmos engañosos.

Mateo 23:23-24 señala:

> ²³»¡Ay de ustedes, maestros de la ley y fariseos, hipócritas! Dan la décima parte de sus especias: la menta, el anís y el comino. Pero han descuidado los asuntos más importantes de la ley, tales como la justicia, la misericordia y la fidelidad. Debían haber practicado esto sin descuidar aquello. ²⁴¡Guías ciegos! Cuelan el mosquito pero se tragan el camello.

Esto es una extensión de lo que Jesús dijo en Lucas 11:42. Los fariseos eran totalmente impresionantes en la ejecución de sus responsabilidades religiosas. Hasta diezmaban las hojas de la menta y el anís de sus hortalizas (que cae en lo ridículo). Pero de alguna manera descuidaron el bosque completo. No hay duda, Dios se agrada del diezmo; se debe hacer. Pero no es lo central de su corazón como lo es la justicia, la misericordia y la fidelidad, que estos tipos dejaron a gran distancia.

Jesús los amonesta a través del proverbio cínico: "Cuelan el mosquito pero se tragan el camello". Ambos animales eran especies inmundas y usted no querría a ninguno de ellos en su sopa. Pero si usted tuviera que escoger de entre los dos, debía eliminar el camello . . . porque se puede ahogar más fácil con él. En español esto resulta ser algo humorístico. En arameo, el juego de palabras es todavía más enriquecedor: Camello es gamla y mosquito es galma.

Hoy en día, la iglesia debiera poner suma atención a este proverbio. Las cosas más pequeñas a los ojos de Dios casi siempre son las más visibles al mundo (la vestimenta, el diezmo, congregarse y demás), mientras que los asuntos de mayor peso casi siempre se practican en privado (la justicia, la misericordia y la fidelidad). Si no tenemos el debido cuidado, nos encontraremos actuando para la audiencia equivocada y negando las prioridades de Dios.

Ay #5: Sucios por dentro.

Mateo 23:25-26 señala:

> [25]»¡Ay de ustedes, maestros de la ley y fariseos, hipócritas! Limpian el exterior del vaso y del plato, pero por dentro están llenos de robo y de desenfreno. [26]¡Fariseo ciego! Limpia primero por dentro el vaso y el plato, y así quedará limpio también por fuera.

Los cristianos de hoy día no son tan distintos de los fariseos de antaño. Nos preocupa más lo que la gente ve en nuestro exterior que lo que Dios ve dentro. La vida interna, que determina nuestros motivos y aspiraciones, demanda nuestra atención. Es fácil ignorar el llamado y gran necesidad de nuestra limpieza interna porque frenéticamente respondemos a lo externo a nuestro alrededor. Pero nuevamente, la verdad es: "¿Quién es su audiencia más importante?" ¿Está usted actuando para Dios, el cual ve el interior, o para el hombre (hasta los religiosos) que únicamente puede ver lo exterior?

Jesús identificó sus motivos que eran robo y desenfreno. Eso puede sonar como la descripción de un libertino, pero aquellos de nosotros que pertenecemos al "clero profesional" sabemos de sobra que estos deseos pueden encajar bien en los líderes religiosos. Es nuestro deseo vernos bien y ser alabados por nuestros compañeros y seguidores. Son deseos religiosos, pero no los correctos. Para estar limpios frente a Dios, debemos profundizar. El corazón no se santifica a través de los cortes de cabello o corbatas, listas de asistencia o títulos. La limpieza simplemente se debe hacer de dentro hacia fuera.

Ay #6: Blancos por fuera.

Mateo 23:27-28 señala:

> ²⁷»¡Ay de ustedes, maestros de la ley y fariseos, hipócritas!, que son como sepulcros blanqueados. Por fuera lucen hermosos pero por dentro están llenos de huesos de muertos y de podredumbre. ²⁸Así también ustedes, por fuera dan la impresión de ser justos pero por dentro están llenos de hipocresía y de maldad.

Ahora Jesús lleva esta limpieza un paso más adelante. No tan sólo debe empezar la limpieza de dentro hacia fuera, sino que cuando no se hace hay consecuencias funestas y lamentables. Los líderes religiosos que son estériles por fuera pero que están corrompidos por dentro pueden tener un efecto contaminador en sus seguidores.

El Antiguo Testamento declaraba inmundo a cualquiera que tocase un cuerpo muerto (Números 19:16). Los judíos extrapolaron eso llevándolo hasta los féretros y las tumbas. Por ello, como un mes antes de la Pascua, había grupos de trabajo que salían a los alrededores de Jerusalén para blanquear todos los sepulcros y evitar así que los peregrinos inocentemente pisaran uno de ellos y se contaminaran, no pudiendo participar ya en la Pascua. Mientras Jesús se acercaba a la ciudad santa dos días antes, recordó esto nuevamente al ver todas las tumbas recién encaladas. Su belleza externa atraía a la gente, pero su interior contaminaba. Así resultaban ser también los fariseos.

No había insulto más grande para un fariseo que llamarlo ataúd. Las palabras de Jesús pueden ser duras, pero son exactas. La población judía estaba impresionada por los fariseos. Conocían perfectamente las Escrituras. Y eran tan meticulosos con su religiosidad. Pero sus corazones eran orgullosos y buscaban lo suyo propio. Mientras la gente seguía a los fariseos, también sus corazones se torcieron junto con sus prioridades. Se auto justificaban al guardar los ritos, sin sentirse obligados a amar a sus semejantes o ser misericordiosos con los menos y perdidos. Así se corrompieron al estar en contacto con los fariseos.

Ay #7: El gran final: deseos asesinos.

Mateo 23:29-32 señala:

> ²⁹»¡Ay de ustedes, maestros de la ley y fariseos, hipócritas! Construyen sepulcros para los profetas y adornan los monumentos de los justos. ³⁰Y dicen: "Si hubiéramos vivido nosotros en los días de nuestros antepasados, no habríamos sido cómplices de ellos para derramar la sangre de los profetas". ³¹Pero así quedan implicados ustedes al declararse descendientes de los que asesinaron a los profetas. ³²¡Completen de una vez por todas lo que sus antepasados comenzaron!

Peor que todas sus fallas combinadas, los fariseos procuraban matar a Jesús, el final de todos los profetas. Ellos señalaban no estar de acuerdo con sus antepasados por haberle dado muerte a los profetas. Ellos mostraban su desacuerdo al decorar las tumbas de los profetas. Pero Jesús señala que toda esta decoración era la continuación de la obra de sus padres, no un contraste a la misma.

[v v. 29-32 = Lucas 11:47-48 ver la nota en *Sección 107*]

Mateo 23:33-36 señala:

> ³³»¡Serpientes! ¡Camada de víboras! ¿Cómo escaparán ustedes de la condenación del infierno?ª ³⁴Por eso yo les voy a enviar profetas, sabios y maestros. A algunos de ellos ustedes los matarán y crucificarán; a otros los azotarán en sus sinagogas y los perseguirán de pueblo en pueblo. ³⁵Así recaerá sobre ustedes la culpa de toda la sangre justa que ha sido derramada sobre la tierra, desde la sangre del justo Abel hasta la de Zacarías, hijo de Berequías, a quien ustedes asesinaron entre el santuario y el altar de los sacrificios. ³⁶Les aseguro que todo esto vendrá sobre esta generación.

ª*33 del infierno.* Lit. *de la Gehenna.*

Dios no tan sólo envió a Jesús, sino a otros profetas, sabios, maestros y apóstoles (Lucas 11:49). Estos no son simples mártires que precedieron a Jesús, sino también aquellos que le sucedieron. Aquellos que mueren por la fe mueren en solidaridad con la muerte de Jesús.

Jesús, el pináculo de todos los profetas, morirá crucificado en tan sólo tres días. Por ello, esta generación será culpable de matar a todos los profetas desde Abel hasta Zacarías. No sabemos a ciencia cierta quién fue este Zacarías, pero tenemos por lo menos tres posibilidades. (1) Pudo haber sido Zacarías el hijo de Baris (Baruc o Bareque, dependiendo del manuscrito que uno sigue). Él fue asesinado en los recintos del templo en el año 67-68 después de Cristo (Josefo, *War* [Guerra] 4. 334-344). Aquellos que aceptan la inspiración de las Escrituras, o la honestidad de Mateo, deben rechazar esa opción debido a que esto sucede después del tiempo de Jesús. (2) Pudo haber sido el profeta Zacarías, el hijo de Berequías (Zacarías 1:1). El único problema aquí es que no hay referencia de las Escrituras del asesinato de Zacarías aunque sí hay algunas referencias post cristianas judías en cuanto a su muerte. O, (3) pudo haber sido el sacerdote Zacarías (2 Crónicas 24:20-25). Se presentan dos dificultades con su identidad. Primera, él era el hijo de Joiada, no el hijo de Berequías, como lo señala Mateo. Sin embargo, era común que la palabra "hijo" significara "descendiente". Por lo tanto, Zacarías puede ser identificado como el descendiente de un ancestro famoso en vez de con su mismo padre (ver Carson, pp. 485-486). La segunda dificultad es que Zacarías, el hijo de Joiada, al parecer murió en el lugar santo y no en el atrio entre el altar y el santuario (v. 35). Sin embargo, eso debe ser una distancia aproximada de acuerdo con Mateo. Si esta es la referencia correcta, Jesús habla de un orden canónico (es decir, de los libros del Antiguo Testamento) en vez de un orden cronológico. Abel fue la primera persona asesinada (Génesis 4:8-10), Zacarías el último que fue asesinado de acuerdo con el orden de los libros del Antiguo Testamento.

Note, Jesús cambia de una reprimenda a los fariseos a sus seguidores en el v. 36. Debido a que ellos rehusaron abandonar a sus líderes después de que Jesús les advirtió, también ellos eran responsables de la muerte de Jesús. La ejecución de Jesús traería el juicio de Dios sobre la ciudad santa. Muy por el contrario de complacer a Jesús, el destino de Jerusalén hace que Jesús derrame lágrimas.

Sección 137b
Lamento de Jesús por Jerusalén
(Mateo 23:37-39)

Jesús no se gozó por reprender duramente a los fariseos (Mateo capítulo 23). Tampoco se goza por la destrucción inevitable de Jerusalén (Mateo capítulo 24). En esta ocasión podemos apreciar su corazón, lleno de compasión y sus ojos llenos de lágrimas por el futuro negro que le espera a esta ciudad.

Mateo 23:37-39 señala:

> **37**»¡Jerusalén, Jerusalén, que matas a los profetas y apedreas a los que se te envían! ¡Cuántas veces quise reunir a tus hijos, como reúne la gallina a sus pollitos debajo de sus alas, pero no quisiste! **38**Pues bien, la casa de ustedes va a quedar abandonada. **39**Y les advierto que ya no volverán a verme hasta que digan: "¡Bendito el que viene en el nombre del Señor!"ª»
>
> ª**39** Salmo 118:26

Esta sección forma un puente entre las advertencias de Jesús contra los fariseos (Mateo capítulo 23) y contra la ciudad de Jerusalén (Mateo capítulo 24). Nos prepara para leer el "Discurso en el monte de los Olivos" presentado en el capítulo siguiente. En esta ocasión Jesús habló mientras lo hacía Dios. Utiliza una figura del Antiguo Testamento en cuanto a Dios para su propio beneficio al tratar de juntar a todo Israel bajo sus alas (Deuteronomio 32:11; Salmo 17:8; 36:7; 91:4; Isaías 31:5).

Estas palabras son casi idénticas a las encontradas en Lucas 13:34-35 (ver comentario sobre la *Sección 113b*), dichas tres meses antes en Perea. Aunque esta sección funciona en una manera distinta en la narrativa de Lucas que en esta ocasión, el significado de las palabras es esencialmente lo mismo.

Sección 138
La ofrenda de la viuda
(Marcos 12:41-44; Lucas 21:1-4)

Jesús alaba a esta pobre mujer por su gran sacrificio. Eso es lo suficientemente claro. Pero puede que haya más aquí de lo que se aprecia a simple vista. Los contextos tanto de Marcos como de Lucas son significativos. Jesús acaba de criticar a los fariseos porque ellos "se apoderan de los bienes de las viudas" (Marcos 12:40; Lucas 20:47). Y en los siguientes versículos Jesús predice la destrucción del templo. Así este pasaje puede estar ilustrando cómo una religión en banca rota lleva a la ruina a las viudas.[54]

---

[54] A. G. Wright, "The Widow's Mites: Praise or Lament?, A Matter of Context" (Las monedas de la viuda: ¿Alabanza o lamento?, Un asunto de contexto), *CBQ* (Publicación trimestral católica de la Biblia) 44 [1982]: 256-265 y R. S. Sugirtharajah, "The Widow's Mites Revalued" (Reevaluación de las monedas de la viuda), *ExpT* (Revista expositor) 103 [1991]: 42-43.

Marcos 12:41-44 *con* Lucas 21:1 señalan:

⁴¹Jesús se sentó frente al lugar donde se depositaban las ofrendas, y estuvo observando cómo la gente echaba sus monedas en las alcancías del templo. {y vio a^Lc} Muchos ricos echaban grandes cantidades. ⁴²Pero una viuda pobre llegó y echó dos moneditas de muy poco valor.ᵃ ⁴³Jesús llamó a sus discípulos y les dijo: «Les aseguro que esta viuda pobre ha echado en el tesoro más que todos los demás. ⁴⁴Éstos dieron de lo que les sobraba; pero ella, de su pobreza, echó todo lo que tenía, todo su sustento.»

ᵃ**42** *dos moneditas de muy poco valor.* Lit. *dos lepta, que es un cuadrante.*

Jesús sale de los patios del templo por última vez. Se sienta en el patio de las mujeres frente a los 13 receptáculos de bronce en forma de trompetas. Cada uno de estos receptáculos tenía su función. Cada uno servía para recibir una ofrenda distinta. Estaban etiquetadas propiamente. Jesús observaba cuidadosamente y de manera deliberada como los ricos orgullosamente lanzaban sus monedas. Al deslizarse sobre el bronce y rozar el metal, el ruido de las monedas atraía gran atención.

En medio de este espectáculo, se aproxima una modesta viuda. De hecho, es posible que quería pasar desapercibida, un poco apenada por su regalo tan pequeño. Casi no se escucharon sus moneditas que caían al cofre. De hecho, eran tan pequeñas, que su nombre *lepta*,[55] también conocidas como **blancas**, provenía de la palabra "pelar". Eran simples pedazos de metal. Juntas las dos monedas apenas equivalían a 1/64 parte del salario de un día de trabajo. Era más latoso contarlas que lo que realmente valían, como las monedas inservibles de nuestro país.

Jesús, emocionado, llama a sus discípulos. Ellos debieron sentir gran expectativa al correr a su lado. Con todo lo colosal que aconteció en ese día, Jesús debe tener algo para ellos que es inmensamente importante para emocionarse tanto y hacer tanto alboroto. Qué chasco se debieron de haber llevado al saber que se trataba de dos *lepta* (rebabas metálicas). Pero para Jesús es un asunto de gran importancia. Vea usted, él no mide los regalos con una báscula sino con un termómetro. Él considera el tamaño del sacrificio, no la denominación. La gente ve tan sólo aquello que se ofrece, pero Dios

---

[55]"Que Marcos sintió necesario explicar el valor de un *lepton* y que lo hace mediante el uso de una moneda latina (*quadrans*) que únicamente se conocía en el oeste y lo cual sugiere fuertemente, a pesar de una opinión contraria, que él le estaba escribiendo a los romanos" (Wessel, p. 741).

ve lo que se queda (2 Corintios 8:1-7, 12). Esta mujer ha dado más que todos los ricos porque no se ha quedado con nada.

En aquellos días a la clase trabajadora se le pagaba diariamente. Así que era posible que ella tuviera que ayunar ese día por su gran sacrificio ofrecido a Dios. Pero considerando que era una viuda, lo que ofreció pudo haber sido todos sus ahorros y no tan sólo su sueldo del día. Como la viuda de Sarepta, dio todo lo que tenía para el servicio a Dios (1 Reyes 17:12-16).

Con sus dos últimas *lepta*, lo único que podía comprar era un panecillo. Así que es posible que haya dicho: "Gran cosa, voy a padecer hambre de cualquier manera. ¿Qué diferencia hay entre tener una última pieza de pan y luego depender totalmente de la misericordia de Dios?" Es posible que era mejor hacer eso con unas cuantas moneditas que con un millón de pesos. Sin embargo, es precisamente a este lugar a donde debemos llegar con nuestra fe concerniente a los asuntos financieros. Si no podemos confiar en Dios con nuestras moneditas, no será muy fácil que podamos dejarle controlar nuestros ahorros más sustanciosos tampoco.

Parte once
Preparación para la muerte de Cristo

Discurso en el monte de los Olivos

Sección 139a
Preparando el escenario
(Mateo 24:1-3; Marcos 13:1-4; Lucas 21:5-7)

En esta sección Jesús describirá dos acontecimientos: la destrucción de Jerusalén (en el año 70 d.C.) y la segunda venida. En alguna parte, a mitad de este capítulo, debemos trazar la línea divisoria entre estos dos acontecimientos. Pero resulta que esto es más fácil decir que hacerlo. Lo que es peor, los eruditos no se ponen de acuerdo en cuanto a esta división. Existen varias razones por las que esta tarea se ha tornado tan difícil.

Primero, lo que estamos a punto de leer muy bien pudiera referirse *tanto* a la destrucción de Jerusalén como a la segunda venida. Eso es común en cuanto a la profecía (p.ej. Isaías 7:14; Jeremías 31:15; Miqueas 5:2). El "cumplimiento" inicial podría estarse refiriendo o señalar hacia un cumplimiento posterior mayor. Así, puede contener una "probadita" de lo que se espera con posterioridad. Sucede así con Mateo capítulo 24. La forma de expresión que se aplica para la destrucción de Jerusalén muy bien pudiera estarse refiriendo a la segunda venida (vv. 23-31). Por ejemplo, algunas de las cosas que experimentó Jerusalén en el año 70 d.C. se podrían llevar a un plano global al "fin de los tiempos". De hecho, Lucas toma un cuadro que Mateo presenta como la destrucción de Jerusalén (Mateo 24:17,-20) y, en un contexto diferente, lo presenta como la segunda venida (Lucas 17:31).[1]

Segundo, con frecuencia la profecía se cumple de manera figurativa. De alguna manera nos sentimos tímidos en cuanto a interpretar todo esto de manera figurativa. Pareciera como falta de "fe". Pero si interpretamos algo de manera literal que tenía *intención* figurativa nos perderemos del verdadero significado del pasaje (ver Juan 2:19-21; 3:3-4; 6:51-52; 11:11-12; etc.). Además, asumimos que este pasaje se desplaza de manera cronológica, pero pudiera ser que no sea ese el caso. Algunos han sugerido que Jesús brinca de un lado a otro; es decir, que mezcla su discurso en cuanto a la destrucción de Jerusalén y la segunda venida.

Tercero, este es un material apocalíptico. Se le puede considerar de alto contenido profético (como Daniel y Apocalipsis). Está lleno de imágenes y vocabulario proféticos, mucho de lo cual no es literal. Aunque esto nos suene muy raro en el siglo XXI, en el primer siglo no era rara la presentación de literatura apocalíptica. Aún así, resulta ser un género difícil de interpretar. Parte del problema recae en que no fue escrita para explicar o describir sino para exhortar. Es decir, la literatura apocalíptica no tenía el propósito de describir la cronología escatológica[2] sino para animar a los santos viviendo en sufrimiento, a permanecer fieles hasta el fin.

Cuarto, el sistema de interpretación milenario con el cual nos acerquemos a este pasaje afectará donde "tracemos la línea" divisoria. Muchos podrán afirmar no haber adoptado ningún punto de vista milenario (amilenialismo, premilenialismo o posmilenialismo). Pero casi todos tenemos presuposiciones en cuanto a la literatura profética o escatológica, así no lo reconozcamos abiertamente o conscientemente. Esto iluminará nuestra forma de pensar y determinará particularmente si trazamos la línea entre el año 70 d.C. y el regreso de nuestro Señor.

---

[1] Es opinión del escritor de esta obra que Mateo 24:4-22 trata principalmente con el año 70 d.C. Mateo 24:23-31 tiene una referencia doble tanto al año 70 d.C. como a la segunda venida. Y el material después de Mateo 24:36 trata exclusivamente con el regreso de Cristo.

[2] En Mateo capítulo 24 encontramos una serie de *entonces*. Esta es una marca cronológica libre en la literatura apocalíptica. Puede significar "tan pronto suceda esto" o "lo que sigue en una serie de acontecimientos", o tan sólo "por lo tanto" (una marca lógica en vez de cronológica)

Sección 139a

Mateo 24:1-3 con Marcos 13:1-3; Lucas 21:5-6 señalan:

¹Jesús salió del templo y, mientras caminaba, se le acercaron sus discípulos y le mostraron los edificios del templo. {—¡Mira, Maestro! ¡Qué piedras! ¡Qué edificios!^{Mr}} {adornado con hermosas piedras y con ofrendas dedicadas a Dios^{Lc}}

²Pero él les dijo:

—¿Ven todo esto? Les aseguro que no quedará piedra sobre piedra, pues todo será derribado.

³Más tarde estaba Jesús sentado en el monte de los Olivos {frente al templo. Y Pedro, Jacobo, Juan y Andrés^{Mr}}, cuando llegaron los discípulos y le preguntaron en privado:

—¿Cuándo sucederá eso, y cuál será la señal de tu venida y del fin del mundo?

Este día en particular ha sido hermoso en el templo para los discípulos. Su Maestro ha dado respuesta a cada pregunta que le hicieron y ha dejado pasmados a los líderes judíos con sus propias preguntas. Luego, Jesús denunció a los fariseos con mayor énfasis como jamás lo había hecho (Mateo capítulo 23). Llegó la hora de regresar a Betania para pasar allí la noche.

Los discípulos estaban fuera de sí. Ha sido un día de victoria decisiva para Jesús y en consecuencia, para ellos también. Al salir del templo pavoneándose, se gozaban del momento en la misma manera que se respira la fragancia de las flores de primavera. En verdad es un gran día. Notan, en particular, la grandeza del templo. No pasa por su mente que será destruido, sino tan sólo piensan en su uso continuo. Es posible que hasta estén pensando en que Jesús está a punto de tomar el control total del templo para establecer allí su reino. Tal vez también estén "apostando" en cuanto al espacio que ellos mismos ocuparán para sus oficinas. Después de todo, son ellos los gobernantes máximos o ejecutivos de este nuevo reino.

El templo era un espectáculo en sí mismo (Josefo, *Ant* 15. 391-402; *Wars* [Guerra] 5. 184-227; Tácito, *Histories*, 5.8.12). Herodes el Grande empezó su restauración en el año 19 a.C. No se terminó su reedificación sino hasta por el año 60 d.C. Pero en los días de Jesús estaba casi terminado y con una decoración sumamente bien elaborada. El templo gozaba de un esplendor magnífico.

Jesús les arroja una granada de mano: "¿Ven todo esto? ¡Les aseguro que no quedará piedra sobre piedra, pues todo será derribado!" Luego, sin más explicación, Jesús sale por la puerta oriental, atraviesa el valle del Cedrón y sube al monte de los Olivos[3] como a un kilómetro de distancia, con una excelente vista panorámica del templo. Allí se sienta. Un grupo de discípulos desconcertados lo alcanza. Marcos señala que con él se encuentran Pedro, Jacobo, Juan y Andrés, Ellos son los que le hacen preguntas a Jesús, pero es seguro que los demás discípulos les seguían y también están enterados de la respuesta de Jesús.

Los discípulos plantean tres preguntas: (1) ¿Cuándo será destruido el templo? (2) ¿Cuál será la señal de tu venida? Y, (3) ¿Cuál será la señal del fin del mundo? En sus mentes, piensan que estas tres cosas sucederán al mismo tiempo. No se imaginan o conciben la idea de que el templo pueda ser destruido antes del fin del mundo. Desde nuestro punto de vista, muy ventajoso por cierto, podemos apreciar por los menos dos acontecimientos distintos: (1) La destrucción de Jerusalén y (2) la segunda venida. Jesús describirá estos dos acontecimientos en el siguiente capítulo. Desafortunadamente, en su respuesta, al igual que las preguntas hechas, presentará muy poca distinción entre ambos acontecimientos. Esto ha causado una gran dificultad para explicar este pasaje.

Sección 139b
Dolores de parto
(Mateo 24:4-14; Marcos 13:5-13; Lucas 21:8-19)

La aplicación de estos versículos comúnmente se hace a la segunda venida de Jesús. Pero es mejor aplicarlos al año 70 d.C. Después de todo, se espera que Jesús les conteste a sus discípulos sus preguntas en el orden en que éstas fueron hechas. La primer pregunta fue en cuanto al templo. Más importante aún resulta que en el v. 16 Jesús les aliente y recomiende a sus discípulos a que huyan a las montañas de Judea. Eso no se puede forzar a que se interprete como la segunda venida. No hará ningún bien huir cuando Jesús regrese. Y, sus discípulos, mucho menos van a querer esconderse de él.

Mateo 24:4-8 *con* Lucas 21:8-11 señalan:

4—Tengan cuidado de que nade los engañe —les advirtió Jesús—. [5]Vendrán muchos que, usando mi nombre, dirán: "Yo soy el Cristo"[a] {y: "El tiempo está cerca"[Lc]}, y engañarán a muchos.

---

[3]Por lo tanto este discurso se conoce como "El discurso del monte de los Olivos". Esta montaña les daba a los discípulos una armonía escatológica especial (Zacarías 14:4).

{No los sigan ustedes^Lc} ⁶Ustedes oirán de guerras y de rumores de guerras, pero procuren no alarmarse. Es necesario que eso suceda {primero^Lc}, pero no será todavía el fin. ⁷Se levantará nación contra nación, y reino contra reino. Habrá hambres y terremotos {y epidemias por todas partes, cosas espantosas y grandes señales del cielo^Lc} por todas partes. ⁸Todo esto será apenas el comienzo de los dolores.

ᵃ5 O *Mesías;* también en el v. 23

Hubo muchas señales apuntando hacia la destrucción de Jerusalén. Jesús las llama "dolores de parto". Eso es apropiado ya que eran difíciles de soportar, anticipaban que algo grande estaba por suceder y hacían parecer que todo sucedería inmediatamente, aunque faltara todavía bastante tiempo. Jesús, en particular, presenta tres dolores de parto: Falsos cristos, guerras y rumores de guerra y desastres naturales y epidemias. Todas estas señales se pudieron ubicar entre los años 30-70 d.C.

Falsos cristos: Josefo atestigua que este período estuvo lleno de falsos mesías (JW 2.259-264). Hasta el libro de Hechos menciona a algunos de ellos: Teudas y Judas el galileo (5:36-37), un egipcio (21:38), posiblemente hasta Barjesús o Elimas el hechicero (13:6-8) y Simón el mago (8:9ss). No es de extrañarse que muchos auto-denominados y proclamados mesías sacaron ventaja de la turbulencia sociopolítica y engañaron a muchos.

Guerras y rumores de guerra: Los judíos fueron amenazados durante este período por tres emperadores distintos: Calígula, Claudio y Nerón (Meserve, p. 23). Pero algo más peligroso para toda la nación judía fueron las divisiones internas que proclamaron las guerras civiles entre los judíos.

Hambruna y terremotos: Hubo varios terremotos y hambruna plenamente documentados durante este período, incluyendo el que predijo Ágabo en Hechos 11:28, durante el reinado de Claudio (año 44 d.C). Otros incluyen los años 46 ó 47, 51, 60, 62 ó 63 (Meserve, p. 25).

La frase de Lucas "cosas espantosas y grandes señales del cielo" probablemente representen un vocabulario profético resumiendo los tres "dolores de parto" señalados anteriormente. Aún así, ninguno de ellos marca que el fin sea inminente. Únicamente anticipan la llegada de mayor sufrimiento.

Lucas 21:12-18 *con* Marcos 13:9-11; Mateo 24:9 señalan:

{Pero ustedes cuídense^{Mr}} ^{12}»Pero antes de todo esto, echarán mano de ustedes y los perseguirán {y los maten^{Mt}}. Los entregarán a las sinagogas y a las cárceles, y por causa de mi nombre los llevarán ante reyes y gobernadores. ^{13}Así tendrán ustedes la oportunidad de dar testimonio ante ellos. ^{14}Pero tengan en cuenta que no hay por qué preparar una defensa de antemano, ^{15}pues yo mismo les daré tal elocuencia y sabiduría para responder, que ningún adversario podrá resistirles ni contradecirles. {porque no serán ustedes los que hablen, sino el Espíritu Santo^{Mr}} ^{16}Ustedes serán traicionados aun por sus padres, hermanos, parientes y amigos, y a algunos de ustedes se les dará muerte. {y los odiarán todas las naciones^{Mt}} ^{17}Todo el mundo los odiará por causa de mi nombre. ^{18}Pero no se perderá ni un solo cabello de su cabeza.

[vv. 12-18 = Mateo 10:17-22, ver comentario en *Sección 70b*]

Resulta apropiado que tanto Marcos como Lucas incorporen este pasaje al discurso en el monte de los Olivos. Cuando Jesús dijo estas palabras estaba enviando a los doce en su primer "vuelo a solas". Pero nada de esto tuvo lugar durante este tiempo. Así, sabemos que Jesús estaba profetizando acontecimientos futuros, muchos de los cuales se encuentran en el libro de los Hechos. Por lo tanto, estas palabras se aplican muy bien en el momento mismo del discurso, más que en Mateo capítulo 10.

Mateo 24:10-14 *con* Lucas 21:19 señalan:

^{10}En aquel tiempo muchos se apartarán de la fe; unos a otros se traicionarán y se odiarán; ^{11}y surgirá un gran número de falsos profetas que engañarán a muchos. ^{12}Habrá tanta maldad que el amor de muchos se enfriará, ^{13}pero el que se mantenga firme hasta el fin será salvo {se salvarán^{Lc}}. ^{14}Y este evangelio del reino se predicará en todo el mundo como testimonio a todas las naciones, y entonces vendrá el fin.

Tenemos tres señales más antes de la destrucción de Jerusalén: Persecución, herejía y predicación del evangelio en "todo el mundo". También estas tres señales, ciertamente, tan sólo presagian el fin inevitable.

Persecución: El libro de los Hechos presenta persecuciones organizadas por civiles (7:54-60; 8:1 – 9:2; 23) y persecuciones esporádicas locales (13:50-51; 14:18-19; 16:19-23; 17:5-10; 19:23-41). Tácito habla por el mundo romano cuando señala que los cristianos son "una clase odiada debido a sus abominaciones" (*Annals*, 15.44). En los años 64-68 d.C., Nerón decretó la primera persecución romana oficial contra la iglesia.[4]

Herejías: La lucha de la iglesia fue constante en contra de las herejías, desde los judaizantes de Hechos capítulo 15 hasta los gnósticos de 1 Juan. Gálatas, Colosenses, 2 Corintios, 2 Timoteo, 2 Pedro, 1 Juan y Judas fueron cartas escritas, en parte, para combatir las falsas doctrinas prevalecientes en la iglesia primitiva. Y después de la destrucción de Jerusalén, las cosas empeoran con respecto a esto. Juan escribe contra los falsos apóstoles en Apocalipsis 2:2. Además, Juan tiene mucho qué decir contra la sinagoga de Satanás (2:9, 13; 3:9), los nicolaítas (2:6, 15), las enseñanzas de Balaam (2:14) y Jezabel (2:20).

Predicación del evangelio "en todo el mundo": Con frecuencia se ha tomado versículo para "probar" que esta sección se debe estar refiriendo a la segunda venida del Cristo y que de ninguna manera se puede referir a la destrucción de Jerusalén (p.ej., Barclay, p. 336; Walvoord, p. 183). De hecho, Armerding afirmó que el regreso de Jesús no puede ser inminente debido a que todavía no se ha predicado el evangelio en todo el mundo.[5] Utilizando la misma lógica, Hendriksen arguye lo contrario. Afirma: "un breve vistazo del avance en misiones desde el tiempo más antiguo hasta nuestros días convencerá a cualquiera que nos estamos acercando al fin".[6]

Sin embargo, la frase "todo el mundo" [*oikoumenē*] significaba "el mundo habitado conocido" (ver Mateo 4:23; 9:35; Lucas 2:1; Josefo, Ant 15.387; 19.193). Esto es muy distinto de lo que comúnmente pensamos ya que nosotros incluiríamos a Sudáfrica, Hawaii, Rusia, Japón y demás. La palabra *oikoumenē* no lo indicaba o consideraba así. Equivalía, esencialmente, al Imperio romano. En otras palabras, Jesús no estaba señalando que toda persona escucharía el evangelio, sino que el evangelio alcanzaría a llegar a todas las naciones **conocidas**. La verdad es la siguiente: Pablo proclamó que el evangelio había alcanzado el *oikoumenē* (Romanos 1:8; 10:18; 16:26; Colosenses 1:6,

---

[4] En cuanto a una lista más detallada de la persecución del primer siglo y rencor hacia los cristianos, ver a W. Barclay, "Great Themes of the NT: VI Matthew 24" (Grandes temas del Nuevo Testamento: VI Mateo capítulo 24), *ExpT* (Tiempos de exposición) 70 [1959]: 327-328.

[5] C. E. Armerding, *Dreams, Visions, & Oracles* (Sueños, visiones y oráculos) [Grand Rapids: Baker, 1977], p. 169.

[6] W. Hendriksen, *Lectures on the Last Things* (Conferencias en cuanto a las últimas cosas) [Grand Rapids: Baker, 1951], p. 19.

23; 1 Tesalonicenses 1:8). Es justo señalar, entonces, que esta profecía se cumplió antes del año 70 d.C.

Al mismo tiempo, la destrucción en el año 70 d.C. parece un microcosmos de la ruina inminente de toda la tierra. Así, los patrones y principios que Jesús plantea y señala en su discurso puedan, de hecho, aplicarse de manera equitativa a ambos acontecimientos. Así, la predicación completa a todo el Imperio romano como precursor del año 70 d.C. podría darnos el panorama completo de toda la gran comisión como precursora de la segunda venida. Hechos 3:19-20 también puede señalar en esta dirección, dado que el arrepentimiento está involucrado en la venida de Cristo.

¿Resulta una idea novedosa que Cristo regrese una vez que hallamos hecho aquello que nos encomendó? Una nota final que cabe mencionar antes de que nos desplacemos a la siguiente sección. Jesús dijo: "el que se mantenga firme hasta el fin será salvo". Esto no se refiere a que mantenerse firme sea un requisito para ganarse la salvación, aunque esa idea se expresa en otra parte también (Mateo 10:22; Hebreos 10:36-39; Apocalipsis 2:10-11; etc.). Se refiere a la destrucción de Jerusalén. Aquellos que creyeron en las palabras de Jesús huyeron de la ciudad y se libraron de la horrible destrucción. Lucas señala que esta gente mantuvo su vida. Por otro lado, aquellos que desertaron y abandonaron a Jesús sufrieron las mismas consecuencias de Jerusalén.

Sección 139c
La terrible abominación de la desolación
(Mateo 24:15-28; Marcos 13:14-23; Lucas 21:20-24)

Mateo 24:15-18 *con* Marcos 13:14; Lucas 21:20-22 señala:

> **15**»Así que cuando vean en el lugar santo "el horrible sacrilegio",ª {donde no debe estar^Mr} de la que habló el profeta Daniel (el que lee, que lo entienda), {Ahora bien, cuando vean a Jerusalén rodeada de ejércitos^Lc} **16**los que estén en Judea huyan a las montañas. **17**El que esté en la azotea no baje a llevarse nada de su casa. **18**Y el que esté en el campo no regrese para buscar su capa. {los que estén en la ciudad salgan de ella, y los que estén en el campo no entren en la ciudad. **22**Ése será el tiempo del juicio cuando se cumplirá todo lo que está escrito^Lc}.

ª15 el horrible sacrilegio. Lit. *la abominación de la desolación;* Daniel 9:27; 11:31; 12:11.

La "abominación de la desolación" es una acción o entidad que causa sacrilegio y destrucción. Daniel predice que esta cosa horrible sucedería en el lugar santo (es decir, el templo). Los judíos del tiempo entre los dos testamentos lo aplicaban de manera apropiada a Antíoco Epífanes el cual penetró en el templo con su ejército sirio en el año 167 a.C. Asesinó a muchos adoradores, permitió que sus soldados fornicasen en el templo, sacrificó un cerdo en el altar de Dios y luego saqueó el edificio (1 Macabeos 1:54-61; 6:7). Ese es, sin duda, un buen ejemplo de la "abominación de la desolación". Pero, de la misma manera se aplicó este término y frase a lo que aconteció en el año 63 a.C., cuando el general romano Pompeyo invadió la ciudad y hasta penetró al lugar santísimo. Sin embargo, Jesús anticipa otro cumplimiento. Ciertamente la destrucción del año 70 d.C. encaja con esa descripción. Esto resulta especialmente cierto cuando consideramos que Lucas describe este acontecimiento como viendo "a Jerusalén rodeada de ejércitos" (21:20). Josefo (*Wars* [Guerras]) describe los horrores de ese sacrilegio desolador:

5.31	Los lamentos de la gente eran más fuertes que los gritos de guerra.
5.429-438	Los soldados judíos atormentaban a los ciudadanos para que entregaran la comida. Los niños robaban comida de sus padres ancianos. Las madres robaban los alimentos que pertenecían a sus hijos.
5.446-451	Hubo miles de crucifixiones.
6.1-2	Descripciones horribles de la hambruna y montones de muertos.
6.201-213	Hubo canibalismo en la ciudad — la mamá se comía a su propio crío.
6.271-280	Jerusalén fue quemada.
6.285-288	Los falsos profetas dijeron que Dios los salvaría.
6.406	El fuego fue sofocado con sangre.
6.420	1,100,000 murieron y 97,000 fueron tomados cautivos y vendidos en esclavitud
7.1-3	Toda piedra fue derribada excepto algunas torres principales.

En verdad que estas predicciones sí debieron referirse al año 70 d.C. Si se refirieran a la segunda venida, ¿por qué se le instó a la gente a que huyera a las montañas de Judea? ¿Realmente van a poder escapar ante la venida de Jesús? Y ¿por qué querrán esconderse de Jesús los cristianos? Los vv. 16-18 no pueden estar aludiendo a la segunda venida en este contexto. Pero sí tienen gran importancia si se consideran a la luz de la destrucción de Jerusalén. Durante el sitio, que culminó en el año 70 d.C., Gesio Galo se retiró misteriosamente de la ciudad en el año 68 d.C. (Josefo, *Wars* [Guerras] 2.538-539).

Pero a la gente de la iglesia de Jerusalén se le ordenó por revelación, concederle a los hombres, antes de la guerra, abandonar la ciudad e irse a vivir a un pueblo de Perea llamado Pela. Esto aconteció para que aquellos que creyeran en Cristo salieran de Jerusalén y así la ciudad santa, ciudad real y también Judea quedaran sin ningún hombre santo... (Eusebio, *Ecclesiastical History* [Historia eclesiástica], 3.5.3).

Jesús se refirió a una salida real (huir) de la ciudad una vez que los soldados romanos la hubiesen rodeado. Era más fácil escapar a aquellas mujeres que no estuviesen embarazadas o que el tiempo no fuese en invierno o que no fuese día de reposo ya que el sábado tenía restricciones para viajar (Mateo 24:19-20). La bendición de la mujer estéril resulta extremadamente rara, únicamente presente en textos apocalípticos de desastre (Wis. 3:13-14; 2 *Bar.* 10:13b-16). Las mujeres embarazadas y los niños pequeños siempre resultan suseptibles a las atrocidades de una guerra (2 Reyes 8:12; 15:16; Salmo 137:9; Isaías 13:16-18; Amós 1:13; Oseas 9:11-14; 13:16).[7] Los cristianos que vivieron una generación posterior a Jesús tomaron las palabras de manera literal y, de hecho, escaparon de la masacre de Jerusalén, salvando sus vidas y a sus familias.

Lucas señala que todos estos sufrimientos eran el cumplimiento de lo que estaba escrito. Claro que se refiere a las profecías del Antiguo Testamento, como Daniel 9:27; 11:31; 12:11. Pero Jesús mismo predijo estos acontecimientos más de una vez: Lucas 13:35; 19:43-44; 23:28-31; Mateo 23:35-38. Estos versículos agregan detalles importantes a los sufrimientos específicos en el tiempo del sitio de Jerusalén. También esclarecen que esto no es el resultado de malos manejos de la política o la naturaleza cruel del hombre. Este era un juicio divino sobre la ciudad por haberle dado muerte al Mesías, el Hijo unigénito de Dios.

Pero, ¿se refiere este texto *únicamente* al año 70 d.C.? Muchos estudiosos de la Biblia buscan un cumplimiento futuro con relación

---

[7] Grant J. Pitre, "Blessing the Barren and Warning the Fecund: Jesus' Message for Women Concerning Pregnancy and Childbirth", *JSNT* 81 (2001): 59-80.

al "hombre de pecado" se levanta y se adueña del templo de Dios (2 Tesalonicenses 2:1-9; Apocalipsis 13:3-10).[8] Mientras que eso pudiera ser verdad (el tiempo lo dirá), el paralelo claro de Lucas 21:20 y Mateo capítulo 24 señalan al ejército romano rodeando a Jerusalén en el año 70 d.C. Estas palabras se cumplieron de manera literal y completa con la caída de Jerusalén. No se necesita un acontecimiento futuro para el cumplimiento adecuado de esta profecía.

Lucas 21:23-24 señala:

[23]Porque habrá gran aflicción en la tierra, y castigo contra este pueblo. [24]Caerán a filo de espada y los llevarán cautivos a todas las naciones. Los gentiles pisotearán a Jerusalén, hasta que se cumplan los tiempos señalados para ellos.

Mateo 24:19-22 *con* Marcos 13:19-20 señalan:

[19]¡Qué terrible será en aquellos días para las que estén embarazadas o amamantando! [20]Oren para que su huida no suceda en invierno ni en sábado. [21]Porque habrá una gran tribulación, como no la ha habido desde el principio {cuando Dios creó[Mr]} del mundo hasta ahora, ni la habrá jamás. [22]Si no se acortaran esos días, nadie sobreviviría, pero por causa de los elegidos {los que él ha elegido[Mr]} se acortarán.

Hay dos cosas que pudieran señalar a un cumplimiento futuro de estos versículos. Primero, Lucas 21:24 suena como Romanos 11:25 "hasta que haya entrado la totalidad de los gentiles". Dado que Romanos 11:25 está por cumplirse en el futuro, algunos han querido forzar Lucas 21:24 también al futuro. Pero por el simple hecho de que dos versículos utilicen palabras semejantes no quiere decir que se refieran a las mismas cosas. En verdad, Lucas y Pablo están tratando dos asuntos totalmente distintos. Lucas se refiere a la destrucción de Jerusalén. Pablo habla del evangelismo de los gentiles. No son dos cosas paralelas aunque así suenen. De modo que Romanos 11:25 no puede empujar a Lucas 21:24 al futuro.

Segundo, Mateo señala que este sufrimiento no tenía precedente desde el principio del tiempo y no tendrá algo equivalente hasta el fin del mundo. Se ha señalado el hecho de que más judíos murieron en la Alemania Nazi que en el año 70 d.C. Por lo tanto, se

---

[8]P.ej., Lewis Chafer, The Kingdom in History and Prophecy (El reino en la historia y la profecía) {Philadelphis: Sunday School Times, 1922] (Philadelphia: Los tiempos de escuela dominical, 1922) y John Walvoord, Matthew – Thy Kingdom Come (Mateo – Venga tu reino) [Chicago: Moody Press, 1974].

afirma que el año 70 d.C. no fue el año de la mayor persecución del pueblo judío. Por ello, se señala que esta tribulación debe ser algo en el futuro, relacionada con las profecías de los últimos días. Sin embargo, la medición de la tribulación no tiene que ver con la cantidad sino con su magnitud. Como castigo de Dios, como lo describe Josefo, el año 70 d.C. no puede ser igualado o sobrepasado en los ámbitos espiritual y físico. Fue algo aterrador. Durante la caída de Jerusalén, no solo tenían que ocuparse con los romanos, sino también con la guerra civil dentro de la ciudad. Peor aún, el sufrimiento del año 70 d.C. no fue meramente la pérdida de vida humana, sino además la profanación de la Ciudad Santa y el templo de Dios. Este acontecimiento alteró permanentemente el judaísmo, terminanado con su templo, y por ende, sus sacrificios. En este sentido, 70 d.C. fue el año del sufrimiento más extremo jamás experimentado por los judíos.

Además, el hecho de llevar esta tribulación hasta el fin del mundo nos presenta dos dificultades de interpretación del texto. Primero, existe esta tremenda laguna de unos 2,000 años entre Mateo 24:20 y 21. En segundo lugar, ¿por qué diría Jesús que esta tribulación, "como no la ha habido desde el principio del mundo hasta ahora", que "no la habrá jamás"? Si es la tribulación final, se supone que no habrá peor.[9]

Mateo 24:22 también parece estar señalando al año 70 d.C. en vez de al fin del mundo. Jesús señaló que esta tribulación se acortaría por causa de los elegidos. Los elegidos sobrevivirían. ¿Cuál sería el valor de una supervivencia física de los elegidos al fin del mundo? Parece mejor y más apropiado si se la considera una supervivencia de los judíos en el año 70 d.C. Al acortar el tiempo de la tribulación, Dios preservó para sí mismo un remanente de judíos. Esa es la promesa consistente de Dios para su pueblo (Isaías 6:13; Romanos 9:27-29; 11:5, 29).

Mateo 24:23-28 *con* Marcos 13:23 señalan:

> [23]Entonces, si alguien les dice a ustedes: "¡Miren, aquí está el Cristo!" o "¡Allí está!", no lo crean. [24]Porque surgirán falsos Cristos y falsos profetas que harán grandes señales y milagros para engañar,

---

[9]Blomberg (p. 359), sugiere que este tiempo de tribulación encierra todo el período desde la devastación en el año 70 d.C. hasta el regreso de Cristo. Mientras que eso soluciona el problema de la descripción del año 70 d.C. como el sufrimiento más terrible de todos los tiempos, crea otro problema. Estas descripciones (vv. 15-25) son totalmente específicas. Hacer una aplicación genérica del v. 21 parece fuera de índole en este contexto.

de ser posible, aun a los elegidos. {Así que tengan cuidado^Mr} ²⁵Fíjense que se lo he dicho a ustedes de antemano.

²⁶»Por eso, si les dicen: "¡Miren que está en el desierto!", no salgan; o: "¡Miren que está en la casa!", no lo crean. ²⁷Porque así como el relámpago que sale del oriente se ve hasta en el occidente, así será la venida del Hijo del hombre. ²⁸Donde esté el cadáver, allí se reunirán los buitres.

[vv. 25-28 = Lucas 17:23-24, 37, ver comentario en **Sección 120b**]

"Entonces" [del griego *tote*] se usa en ocasiones como marca cronológica y en otras como marca lógica. En este caso parece indicar lo segundo. No se usa como introductorio a algo que sucederá después en el transcurrir del tiempo, sino la implicación lógica de los falsos mesías cuando éstos aparezcan. Estamos ansiosos de ver a Jesús. Estamos fatigados por los problemas de este mundo. Eso nos hace vulnerables ante los falsos mesías quienes señalan ser Jesús. Podemos ser engañados fácilmente. No es nada nuevo (ver 2 Tesalonicenses 2:1-2). Tampoco es algo complicado. Cuando Jesús regrese, será tan obvio como el relámpago. Por lo tanto, si alguien dice ser el Cristo y le hace a usted el llamado a seguirlo, no lo haga. Cristo vendrá por usted; usted no tiene que buscarlo o perseguirlo hasta unas instalaciones ocultas o desérticas. No tendrá usted que encontrarlo en un culto secreto. La implicación de los "falsos Cristos" no es que sus milagros sean ficticios, sino que engañan en vez de guiarlo a usted hacia Dios.[10]

Estos tipos aparecerán a través de la historia, hasta que Jesús regrese. Por ejemplo, Lucas utiliza estas mismas palabras para describir la segunda venida de Jesús (17:22-24, 37). Pero se refieren al año 70 d.C. (ver Mateo 24:5). La única diferencia es que Mateo agrega que estos falsos mesías también harán señales y prodigios maravillosos. Aunque esto suena a "lenguaje del fin del mundo" (ver Mateo 7:21-23; 2 Tesalonicenses 2:9-12; Apocalipsis 13:11-17), se puede aplicar justamente a ambos acontecimientos.

Con los v. 27-28 nos desplazamos claramente al fin.[11] Cuando Jesús venga, habrá juicio severo. El v. 28 lo describe con un cuadro, no de una corte sino del campo de batalla. Los cuerpos están

---

[10]Ver a G. Harris, "Satan's Deceptive Miracles in the Tribulation" (Los milagros engañosos de Satanás en la tribulación), BS BibSac: (Biblioteca sacra) 156/623 [1999]: 308-324.

[11]Aunque J. A. O'Flynn discutiría que hasta el v. 27 podría considerarse apocalíptico con el juicio de Jesús en el año 70 d.C. (" The Eschatological Discourse" [El discurso escatológico], *ITQ* [Publicación teológica trimestral irlandesa] 18 [1951]: 277-281).

esparcidos por toda la tierra y los buitres se alimentan de su carroña (ver Apocalipsis 19:11-21). Así será el juicio cuando Jesús regrese. En otras palabras, donde haya pecado, ciertamente habrá juicio. Así como todo ojo verá a Jesús, así todo pecado será presa de su juicio.

Sección 139d
La venida del Hijo del hombre
(Mateo 24:29-31; Marcos 13:24-27; Lucas 21:25-27)

Al igual que los vv. 27-28, este pasaje señala principalmente hacia la segunda venida. Pero cuando los leemos comparándolos con su pasado en el Antiguo Testamento, también puede describir el cataclismo socio político del año 70 d.C. De hecho, en Lucas y no tanto en Mateo y Marcos estos desórdenes cósmicos están conectados más íntimamente con la caída de Jerusalén.

Mateo 24:29 señala:

> 29 »Inmediatamente después de la tribulación de aquellos días,
> »"se oscurecerá el sol
> y no brillará más la luna;
> las estrellas caerán [Ezequiel 32:7; Joel 2:10, 31; 3:15] del cielo
> y los cuerpos celestes serán sacudidos".[a]

[a] 29 Isaías 13:10; 34:4

Lucas 21:25-26 señala:

> 25 »Habrá señales en el sol, la luna y las estrellas. En la tierra, las naciones estarán angustiadas y perplejas por el bramido y la agitación del mar. 26 Se desmayarán de terror los hombres, temerosos por lo que va a sucederle al mundo, porque los cuerpos celestes serán sacudidos.

Mateo 24:30-31 señala:

> 30 »La señal del Hijo del hombre aparecerá en el cielo, y se angustiarán todas las razas de la tierra. Verán al Hijo del hombre venir sobre las nubes del cielo con poder y gran gloria. 31 Y al sonido de la gran trompeta mandará a sus ángeles, y reunirán de los cuatro vientos a los elegidos, de un extremo al otro del cielo.

"Inmediatamente" después del período de tribulación habrá desorden "cósmico". ¿Cuándo será todo eso? Bueno, la palabra "inmediatamente" puede indicar, utilizando lenguaje profético, "lo que sigue en una serie de acontecimientos" que de hecho, muy bien pudieran estar por suceder dentro de mucho tiempo. Al mismo tiempo, esta palabra "inmediatamente" se usa ochenta veces en el Nuevo Testamento, siempre indicando "sin tardanza, en el acto, de inmediato". Solamente hay dos excepciones a todo esto. Primera, Marcos 4:5, en la parábola del sembrador, afirma que la semilla brotó "pronto" porque la tierra no era profunda. En este caso la palabra significa en poco tiempo, especialmente comparada con las demás plantas. La otra excepción es 3 Juan v. 14, donde Juan señala: "espero verte muy pronto". Claro que llevaría tiempo porque la persona tenía que viajar. Por ello, la palabra se pudo entender como "dentro de poco tiempo".[12] Pero una tardanza de 2,000 años está fuera de consideración. Dado que "inmediatamente" resulta ser una palabra poco común para Mateo, parece que en esta ocasión tiene mucha relevancia para él. En consecuencia, si Mateo 24:23-28 tiene algo de relevancia para la destrucción de Jerusalén, entonces los acontecimientos de los vv. 29-31, que siguen "inmediatamente", se deben aplicar figurativamente a los acontecimientos del año 70 d.C.[13]

Así que mientras que estos versículos se cumplirán finalmente al regreso de Jesús, estos acontecimientos cósmicos también nos dan un panorama o cuadro de la destrucción de Jerusalén. Eso nos suena un poco raro. Pero los discípulos, empapados en la literatura del Antiguo Testamento, no tendrían problemas en ver la relación. Por ejemplo, la frase "se oscurecerá el sol y no brillará más la luna; las estrellas caerán del cielo y los cuerpos celestes serán sacudidos" se utilizó varias veces en el Antiguo Testamento para describir la caída de una gran nación. En Isaías 13:10, 19 se refiere a **Babilonia**; en Isaías 34:4 se refiere a **Edom**; y en Ezequiel 32:7-8 se refiere a **Egipto**. Tomando prestado el lenguaje de los profetas, Jesús describe la caída de una gran nación. "Este lenguaje no debe ser el quebrantamiento de todo el universo" (Lewis, p. 128).

---

[12] Ciertamente no es correcto interpretar *eutheōs* como "inmediatamente" tan sólo como un período de tiempo indefinido, contra Floyd Hamilton, *The Basis of Millennial Faith* (La base de la fe milenaria) [Grand Rapids: Baker, 1959], p. 68

[13] T. Hatina discute esto en "The Focus of Mk. 13:24-27 – The Parousia or the Destruction of the Temple?" (El enfoque de Marcos 13:24-27 – ¿La segunda venida o la destrucción del templo?) *BBR* (Boletín de investigación bíblica) 6 [1996]: 43-66.

De hecho, algunos hasta señalan que Mateo 24:30 se refiere a la caída de Jerusalén. El "Hijo del hombre en las nubes" se puede interpretar como una expresión idiomática judía para "el día del Señor", cuando venga con gran ira y castigo (basado en Daniel 7:13-14). Esto concuerda con una gran cantidad de referencias del Antiguo Testamento en cuanto a la venida del Señor en las nubes (Deuteronomio 33:26; Salmo 68:4) y con su juicio (Isaías 30:27; Ezequiel 30:3; Nahum 1:3). Después de todo, esta destrucción fue resultado del castigo de Dios por haberle dado muerte a Jesús (Lucas 19:42-44; 23:28-31; Mateo 23:35-39). Es más, "todas las naciones de la tierra angustiándose" se puede traducir como "todas las tribus de la tierra" o "todas las razas de la tierra". Así, esta angustia del v. 30 se puede referir a las lágrimas de los judíos. Ellos se lamentan por su propio sufrimiento, otros se arrepentirán de haber matado a Jesús (Zacarías 12:10-14; Juan 19:37). Pero finalmente esto dará todo el panorama completo de la segunda venida de Jesús cuando todas las naciones se lamentarán por su propio juicio (1 Tesalonicenses 4:17; Apocalipsis 1:7). Ese será un día de cosecha divina (v. 24:31; ver Mateo 13:24-30, 47-50).

Sección 139e
Lección de la higuera
(Mateo 24:32-41; Marcos 13:28-32; Lucas 21:28-33)

Mateo 24:32-35 con Marcos 13:29 ; Lucas 21:28, 29 señala:

> [32]»Aprendan de la higuera esta lección {comparación[Lc]}: Tan pronto como se ponen tiernas sus ramas y brotan sus hojas, ustedes saben que el verano está cerca. [33]Igualmente, cuando vean todas estas cosas {suceden[Mr]} {cobren ánimo y levanten la cabeza, porque se acerca su redención[Lc]}, sepan que el tiempo está cerca, a las puertas. [34]Les aseguro que no pasará esta generación[a] hasta que todas estas cosas sucedan. [35]El cielo y la tierra pasarán, pero mis palabras jamás pasarán.

[a]34 O raza

La parábola de la higuera es simple. Cuando usted ve los brotes de las hojas y los higos tiernos, usted sabe que el verano está a la vuelta de la esquina. En otras palabras, hay ciertas señales en el mundo natural que predicen la llegada de una estación. Así también, Jesús les da a sus discípulos ciertas señales que les permitirán reconocer la inminente destrucción de Jerusalén (ver Mateo 16:28; Marcos 9:1; Lucas 9:27). Pueden confiar en las palabras de Jesús. De hecho, las palabras de Jesús son más estables y permanentes que el universo físico (Mateo 24:35). Ese es ciertamente el tipo de consuelo o aliento que ellos necesitan para enfrentar la clase de tribulación que está por venir.

Ahora, muchos expositores aplican la parábola de la higuera a la segunda venida de Jesús.[14] Lo dicho por Lucas acerca de la "redención" se parece mucho a Romanos 8:23. Y como lo hemos señalado, los versículos previos (Mateo 24:27-31; Marcos 13:24-27; Lucas 21:25-27) se pueden aplicar a la segunda venida como también a la destrucción de Jerusalén. Sin embargo, esto no nos fuerza a encajar estos versículos en el mismo "doble servicio" como esta sección previa. Recuerde, Jesús está dando respuesta a dos preguntas sin hacer una clara diferencia entre ellas. No sería raro que él utilizara una doble metáfora y luego regresar a un material que hablara tan sólo del año 70 d.C. Hay varias razones por las que es posible que esta parábola no se aplique a la segunda venida.

Primero, la parábola pide que los discípulos busquen y disciernan la estación de esta tribulación. Mientras que eso resulta apropiado para los acontecimientos del año 70 d.C., no es lo apropiado a la segunda venida. El punto de Mateo 24:36 - 25:30 es que *no* se sabe cuándo vendrá Jesús. Algunos encuentran la forma de rodear este acertijo señalando que mientras que no sabemos el día y la hora (Mateo 24:36), sí podemos saber el mes y el año. Tales pronósticos fallan en su veracidad, y también fallan en apreciar el lenguaje simple de Jesús. No importa si fallamos por un día, un mes, una hora o un año, no sabemos la exactitud del regreso de Jesús. Las palabras "día" y "hora" significan la medida del tiempo en general y no se refieren a incrementos cronológicos específicos (Mateo 7:22; 10:19; 24:42, 44, 50; 25:13; 26:45). La palabra "día" también sugiere "día del Señor", significando, en vocabulario profético "el día en que Dios venga para juzgar y salvar" (Joel 2:11; Amós 5:18, 20; Malaquías 4:5). En otras palabras, "día" quiere decir el fin de los tiempos. Simplemente no sabemos cuando acontecerá eso. Por ello se nos amonesta a que estemos preparados.

---

[14]En cuanto a una comparación de estas dos interpretaciones, ver a A. McNicol, " The Lesson of the Fig Tree in Mark 13:28-32: A Comparison Between Two Exegetical Methodologies" (La lección de la higuera en Marcos 13:28-32: Una comparación entre dos metodologías exegéticas), *RestQ* (Publicación trimestral de la restauración) 27 [1984]: 193-207.

Segundo, el v. 36 empieza con un par de participios peri de (= "pero"). Esta combinación asienta un contraste fuerte. Sería como poner en mayúsculas nuestra palabra "**PERO**". En otras palabras, el v. 36 parece indicar un cambio de énfasis. Por ello, suena razonable leer el v. 36 como la línea divisoria del capítulo. Aunque en la primera mitad del capítulo hay algo de material que presenta referencia doble; es decir, tanto al año 70 d.C. como al regreso de Cristo (es decir, los vv. 23-31), principalmente trata con los acontecimientos del primer siglo. Sin embargo, el resto de Mateo capítulos 24 y 25 tratan exclusivamente de la segunda venida.

Tercero, Jesús señala que todas estas cosas acontecerán dentro de una generación. Su audiencia estará pensando en términos de un lapso de tiempo de cuarenta años y se incluirían a sí mismos en este grupo. Esto, ciertamente, encaja a la perfección con el año 70 d.C., pero no encaja con los acontecimientos del fin del mundo. Existen varias propuestas de soluciones. (1) Marcarlo como un error ya sea de Mateo o de Jesús. Rechazamos esta postura ya que (a) hay una mejor explicación y (b) la Biblia ha demostrado ser precisa y exacta. (2) Empezar a contabilizar la generación (es decir, 40 años) no desde los días de Jesús sino de la higuera: "tan pronto como se ponen tiernas sus ramas y brotan sus hojas". Sin embargo, esto de la higuera algunos lo toman como el restablecimiento de la nación judía en el año 1948 o La Guerra de los Seis Días en 1967, hasta el transcurrir de los 40 años. Aunque lingüísticamente esto es *posible*, no parece probable en este contexto y a la luz del uso que Jesús hace de esta palabra, *generación*, en otras partes (ver Mateo 16:28; 23:35-36; Marcos 9:1; Lucas 9:27). (3) Algunos han sugerido que "generación" se debe traducir como "nación", con especial referencia a la nación judía. Como lo afirma Alford, *"genea"* tiene un significado helenístico griego de 'una raza o grupo étnico -familia' (ver Jeremías 8:3 de la versión Septuaginta de la Biblia y Mateo 23:36).[15] Esto ha llevado a algunos a pensar de esto en términos de una generación continua o constante hasta el fin del mundo (Ryle, p. 323). Es verdad que Mateo 12:45; 17:17; 23:36; Lucas 16:8; 17:25 y Filipenses 2:15 *se pudiera* entender como refiriéndose a toda la nación de Israel. Pero sigue considerándose a la nación **de ese tiempo**. El entendimiento más simple y directo de "generación" sería entendiéndose como los contemporáneos de

---

[15]Henry Alford, *The Greek Testament Vol. 1* (El testamento griego), [Chicago: Moody, 1958], p. 244.

Jesús. Aquellos que estaban parados junto a Jesús serían los que verían y contemplarían el cumplimiento de aquello escrito entre los vv. 4 y 35 de Mateo capítulo 24, a pesar de que los vv. 27-31 también se aplicaran a la segunda venida.

Sección 139e (continuación)
Nadie sabe el tiempo de su venida
(Mateo 24:36-41; Marcos 13:32)

Mateo 24:36-41 señala:

> ³⁶»Pero en cuanto al día y la hora, nadie lo sabe, ni siquiera los ángeles en el cielo, ni el Hijo,ª sino sólo el Padre. ³⁷La venida del Hijo del hombre será como en tiempos de Noé. ³⁸Porque en los días antes del diluvio comían, bebían y se casaban y daban en casamiento, hasta el día en que Noé entró en el arca; ³⁹y no supieron nada de lo que sucedería hasta que llegó el diluvio y se los llevó a todos. Así será en la venida del Hijo del hombre. ⁴⁰Estarán dos hombres en el campo: uno será llevado y el otro será dejado. ⁴¹Dos mujeres estarán moliendo: una será llevada y la otra será dejada.
>
> ª**36** var. *no incluye*: ni el Hijo.

[vv. 37-41 = Lucas 17:26-27, 34-35, ver comentario de *Sección 120b*]

Todo a partir de esto corresponde a la segunda venida. Jesús presenta tres verdades importantes en cuanto a su regreso. Primero, nos señala con precisión que no sabemos cuando será. Ni siquiera los ángeles lo saben. De hecho, ni el Jesús mismo, sabía cuando regresaría. ¿Y nosotros pensamos que podemos saberlo con certeza?

Segundo, Jesús nos dice que su venida sorprenderá a mucha gente. Lo compara a los días de Noé. Noé predicó, por décadas, que vendría un diluvio. Pero la gente lo ignoró, seguían con sus asuntos y su vida cotidiana como si nada fuera a suceder. Cuando por fin llegó el diluvio los atrapó provocando una gran catástrofe. Así será cuando Jesús regrese.

Tercero, la segunda venida dividirá hasta las relaciones familiares más íntimas. Unos amigos estarán juntos labrando la tierra, pero serán separados. Las mujeres moliendo juntas en el molino serán separadas. Lucas 17:34 agrega que hasta dos personas durmiendo juntas serán separadas, los esposos de sus esposas y los hijos de sus padres.

Sección 139f
Cuatro parábolas que nos instan o amonestan a estar preparados para cuando Jesús regrese
(Mateo 24:42 – 25:30; Marcos 13:33-37; Lucas 21:34-36)

Dado que no sabemos el momento exacto del regreso de Jesús, dado que su regreso sorprenderá a muchos y dado que dividirá hasta las relaciones más íntimas, más nos vale estar preparados para cuando Jesús regrese. Él regresará en cualquier momento. Esa es el objetivo de las cuatro parábolas siguientes. En su propia forma de expresión, cada una de ellas dicen lo mismo: *¡Estad preparados!*

Lucas 21:34-36 señala:

³⁴»Tengan cuidado, no sea que se les endurezca el corazón por el vicio, la embriaguez y las preocupaciones de esta vida. De otra manera, aquel día caerá de improviso sobre ustedes, ³⁵pues vendrá como una trampa sobre todos los habitantes de la tierra. ³⁶Estén siempre vigilantes, y oren para que puedan escapar de todo lo que está por suceder, y presentarse delante del Hijo del hombre.

Marcos 13:34 señala:

³⁴Es como cuando un hombre sale de viaje y deja su casa al cuidado de sus siervos, cada uno con su tarea, y le manda al portero que vigile.

Tanto Marcos como Lucas presentan declaraciones resumidas antes de la primer parábola, que advierten a los discípulos a mantenerse vigilantes. Suena mucho a la primer parábola de Mateo pero también es similar a la cuarta (Mateo 25:14-30).

Número 1: Como ladrón en la noche, Jesús viene inesperadamente.

Mateo 24:42-44 señala:

⁴²»Por lo tanto, manténganse despiertos, porque no saben qué día vendrá su Señor. ⁴³Pero entiendan esto: Si un dueño de casa supiera a qué hora de la noche va a llegar el ladrón, se mantendría despierto para no dejarlo forzar la entrada. ⁴⁴Por eso también

ustedes deben estar preparados, porque el Hijo del hombre vendrá cuando menos lo esperen.

[vv. 42-44 = Lucas 12:39-40, ver comentario de la *Sección 108c*]

Los ladrones no le envían a usted su programa de actividades para que usted sepa en qué momento intentarán entrar a su casa. Si lo hicieran, seguro que encontrarían trampas o una escopeta esperándolos. Como ladrón, Jesús vendrá sin advertencia alguna (Lucas 12:39; 1 Tesalonicenses 5:2, 4; 2 Pedro 3:10; Apocalipsis 3:3; 16:15). Esto no indica un rapto secreto como tampoco indica que Jesús sea un criminal. El único punto de comparación es que Jesús vendrá sin previo aviso.

Jesús utilizó una frase profética común para indicar su venida: "Día del Señor" (Joel 2:11; Amós 5:18, 20; Malaquías 4:5). Hasta en el Antiguo Testamento se presenta como algo inminente (Isaías 13:6, 9; Ezequiel 30:3; Joel 1:15; 2:1; 3:14; Abdías 1:15; Sofonías 1:7, 14). Significaba, claro, la venida de Dios. Y tenía un resultado doble. Primero, aquellos que eran fieles a Dios tendrían su protección y recompensa. Pero los que no, serían castigados severamente. En el Antiguo Testamento "el día del Señor" comúnmente significaba un juicio temporal sobre una nación en particular. Pero en el Nuevo Testamento comúnmente indica el juicio final (ver 1 Corintios 5:5; 2 Pedro 3:10). Por lo tanto, el retorno de Jesús y el día del juicio están presentados como un solo acontecimiento que sucede en un solo momento.

Número 2: Como siervo fiel: Jesús viene más tarde de lo esperado.

Mateo 24:45-51 señala:

45»¿Quién es el siervo fiel y prudente a quien su señor ha dejado encargado de los sirvientes para darles la comida a su debido tiempo? **46**Dichoso el siervo cuando su señor, al regresar, lo encuentra cumpliendo con su deber. **47**Les aseguro que lo pondrá a cargo de todos sus bienes. **48**Pero ¿qué tal si ese siervo malo se pone a pensar: "Mi señor se está demorando", **49**y luego comienza a golpear a sus compañeros, y a comer y beber con los borrachos? **50**El día en que el siervo menos lo espere y a la hora menos pensada el señor volverá. **51**Lo castigará severamente y le impondrá la condena que reciben los hipócritas. Y habrá llanto y rechinar de dientes.

[vv. 45-51 = Lucas 12:42-46, ver comentario de la *Sección 108c*]

Mateo y Lucas cuentan esta misma parábola palabra por palabra,[16] pero las ponen en contextos diferentes. En Lucas, Pedro provoca esta respuesta al preguntarle a Jesús si su parábola se refiere a todos o únicamente a algunos en especial. En otras palabras, Pedro pregunta si hay privilegios especiales. Jesús vuelca todo y le habla a Pedro de sus responsabilidades personales. Sin embargo, en esta ocasión el énfasis no es en cuanto a las responsabilidades sino en cuanto a estar preparados.

Al tiempo que pasan las semanas, los meses y los años, es fácil que el siervo sea seducido a dejar de lado sus responsabilidades. Cuanto más tiempo el señor está ausente, es menos probable, al parecer, que regresará de un momento a otro. De hecho, todo lo contrario es cierto. Regresará. ¡Y con cada tictac del reloj, su llegada está más próxima! (Romanos 13:11)

Número 3: Como vírgenes insensatas/prudentes: Jesús regresará más pronto de lo esperado.

Mateo 25:1-5 señala:

> ¹»El reino de los cielos será entonces como diez jóvenes solteras que tomaron sus lámparas y salieron a recibir al novio. ²Cinco de ellas eran insensatas y cinco prudentes. ³Las insensatas llevaron sus lámparas, pero no se abastecieron de aceite. ⁴En cambio, las prudentes llevaron vasijas de aceite junto con sus lámparas. ⁵Y como el novio tardaba en llegar, a todas les dio sueño y se durmieron.

Era muy común que el Mesías fuese comparado a un novio (Isaías 54:4-6; 62:4-5; Ezequiel 16:7-34; Oseas 2:19; ver Juan 3:27-30; Mateo 9:15; Marcos 2:19-20). Este es un cuadro típico de una boda palestina. Después de la ceremonia de bodas en la casa de la novia, habría una procesión por las calles que terminaría en la casa del novio. En la casa del novio esperaba un gran banquete. Las damas de honor de la novia, las vírgenes, debían esperar en la casa del novio a que el novio llegara con toda la gente de la procesión. Pero nadie sabía el tiempo que se tardaría en llegar. Debido a que era de noche, ellas debían llevar consigo sus lámparas portátiles de aceite. Estas lámparas

---

[16] De los 102 palabras en el texto griego, solamente 14 palabras no son idénticas, letra por letra. Seis de esas palabras son sinónimos, cinco de ellas están en distinto tiempo verbal y hay tres palabras que utiliza un escritor, pero que no las utiliza el otro.

no eran otra cosa más que un depósito pequeño de aceite, hecho de barro. Por un lado tenían una ranura pequeña por donde se colocaba el pabilo. Estas lámparas eran tan pequeñas que apenas contenían una cucharada de aceite y eran de unos seis o siete centímetros de diámetro. Así que resultaba sumamente importante llevar consigo más aceite para una larga espera del novio.

ADVERTENCIA: Esta parábola tiene muchos detalles que son tan sólo de interés retórico y no se deben alegorizar. (1) Cinco eran prudentes y cinco eran insensatas. Esto no quiere decir que el 50% de la iglesia no se irá con Jesús cuando él regrese. (2) El hecho de que todas se quedan dormidas no quiere decir que eran infieles o se habían "deslizado". Se esperaba que estas vírgenes estuvieran preparadas para acompañar al novio en la gala o fiesta de la boda, pero no se esperaba que se mantuvieran despiertas mientras esperaban. Después de todo, no eran soldados romanos, eran damas de honor. (3) Las damas de honor eran vírgenes. No se espera que esto simbolice la pureza de la iglesia. El término "virgen" virtualmente equivale a "jovencita". (4) Cinco de ellas llevaron consigo sus vasijas de aceite. Esto no representa al Espíritu Santo. Algunos han utilizado tal alegoría para explicar el aparente egoísmo de las mujeres prudentes. Si el aceite representa al Espíritu Santo, entonces ellas no compartieron su "Espíritu" porque ello no es posible, aunque sí pudieron haber compartido el aceite. Pero eso es una sobre interpretación de la parábola. El punto de la parábola simplemente es: Usted debe estar preparado para recibir a Jesús. Si lo está, entonces es prudente y se irá con Jesús. Si usted no está preparado, entonces es insensato y queda excluido del banquete.

Mateo 25:6-13 señala:

6A medianoche se oyó un grito: "¡Ahí viene el novio! ¡Salgan a recibirlo!" **7**Entonces todas las jóvenes se despertaron y se pusieron a preparar sus lámparas. **8**Las insensatas dijeron a las prudentes: "Dennos un poco de su aceite porque nuestras lámparas se están apagando". **9**No —respondieron éstas—, porque así no va a alcanzar ni para nosotras ni para ustedes. Es mejor que vayan a los que venden aceite, y compren para ustedes mismas". **10**Pero mientras iban a comprar el aceite llegó el novio, y las jóvenes que estaban preparadas entraron con él al banquete de bodas. Y se cerró la puerta. **11**Después llegaron también las otras. "¡Señor! ¡Señor! —suplicaban—. ¡Ábrenos la puerta!" **12**"¡No, no las conozco!", respondió él.

¹³»Por tanto —agregó Jesús—, manténganse despiertos porque no saben ni el día ni la hora.

A medianoche el velador gritó que el novio estaba en camino y las damas de honor se despertaron (ver Mateo 24:31; 1 Corintios 15:52; 1 Tesalonicenses 4:16). Al tiempo que se limpiaban la lagaña y se ponían de pie, alargaron sus pabilos para tener una flama decente. Las cinco insensatas alargaron sus pabilos para incrementar la llama. Pero lo único que lograron fue que las últimas gotas de aceite de sus lámparas fueran absorbidas. Les rogaron a las otras cinco prudentes que les proporcionaran algo de su aceite. Pero eso haría que pusieran en peligro su propio abastecimiento ya que el novio se encontraba a cierta distancia y podría sufrir cualquier retraso inesperado. Así que las cinco vírgenes prudentes se rehusaron. En cambio, enviaron a las cinco insensatas al mercader más cercano a que compraran de él su aceite.

Las cinco insensatas salieron de prisa a comprar aceite. Lo normal era que las tiendas estuviesen cerradas. Pero en el caso de una gran boda en el pueblo, se mantendrían abiertas para suplir cualquier cosa que la familia del novio necesitara. Recuerde, no estamos refiriéndonos a ninguna tienda grande, sino a un negocio familiar.

Para cuando regresaron las cinco insensatas, el novio había llegado, había entrado a la casa y había cerrado la puerta, llevándose consigo a las cinco damas de honor prudentes. Las cinco insensatas golpeaban la puerta y rogaban se les permitiera entrar. Pero el novio les dijo: "¡No, no las conozco!" Eso puede sonar muy duro e insensible, especialmente cuando estas jóvenes tuvieron que correr a la tienda más cercana para abastecerse de aceite. Pero esta es la recepción que Jesús les prometió a los falsos profetas (Mateo 7:23). Su falta de preparación muestra su falta de amor.

Número 4: Como siervos a quienes se les confía riquezas.

Esta parábola es muy parecida a la que Jesús contó unos cinco días antes mientras viajaba de Jericó a Betania (Lucas 19:11-27, ver la *Sección 127b*). La diferencia principal radica en que la parábola de Lucas señala la advertencia de que el reino de Dios no era inminente como ellos esperaban (Lucas 19:1). Sin embargo, en Mateo esta parábola les advierte que estén preparados para ese reino. Existen otras diferencias menores:

Lucas 19:11-27	Mateo 25:14-30
Acercándose a Jerusalén	Alejándose de Jerusalén
10 siervos, dado "una" mina a cada uno	Tres siervos, dándoles a cada uno 5, 2 y 1 talento respectivamente
Los ciudadanos odiaban al que sería rey	No se menciona a otros personajes
Rey	Hombre rico
Cada siervo recibió una ciudad por cada mina ganada	No se especifica ninguna recompensa
El último siervo escondió el dinero en un pañuelo	El último siervo enterró el dinero

Sin embargo, las similitudes sobrepesan a las diferencias:
1. El último siervo esconde el dinero en vez de depositarlo.
2. "¡Hiciste bien, siervo bueno y fiel! En lo poco has sido fiel; te pondré a cargo de mucho más . . ."
3. Los siervos malos dan una evaluación similar de su señor.
4. El dinero extra se pone a cargo del siervo que más ganó.
5. "Porque a todo el que tiene, se le dará más . . ."
6. Ambas parábolas terminan en el juicio.

Estas similitudes no indican que Mateo y Lucas hayan sido editores en vez de reporteros de las palabras de Jesús. Resulta muy razonable asumir que Jesús contó las parábolas dos veces, alterando los detalles por cuestiones retóricas y por su audiencia que era distinta en las dos ocasiones.

Mateo 25:14-18 señala:

14»El reino de los cielos será también como un hombre que, al emprender un viaje, llamó a sus siervos y les encargó sus bienes. **15**A uno le dio cinco mil monedas de oro,[a] a otro dos mil y a otro sólo mil, a cada uno según su capacidad. Luego se fue de viaje. **16**El que había recibido las cinco mil fue en seguida y negoció con ellas y ganó otras cinco mil. **17**Así mismo, el que recibió dos mil ganó otras dos mil. **18**Pero el que había recibido mil fue, cavó un hoyo en la tierra y escondió el dinero de su señor.

[a]**15** *cinco mil monedas de oro.* Lit. *cinco talentos (y así sucesivamente en el resto de este pasaje).*

Resulta difícil saber exactamente la cantidad de dinero que el señor entregó a cada uno de sus siervos. Por un lado, un talento o moneda era más bien una medida de peso, no de un valor monetario. El valor ciertamente dependía de si la moneda era de oro, de plata o de bronce. El peso era el mismo. Pero lo que sí podemos afirmar es que era una gran cantidad de dinero con la cual negociar.

Cuando Jesús utilizó la palabra talento (moneda), su audiencia pensó en el dinero. Cuando nosotros hablamos de "talento" nuestras audiencias piensan en talentos y habilidades, y debido a eso podríamos perder el significado de la parábola. Al mismo tiempo, el símbolo del dinero de la parábola representa todos los recursos que Dios nos ha dado, incluyendo el dinero, nuestras habilidades y aptitudes, nuestros talentos, nuestro tiempo, nuestras oportunidades, etc.

A cada siervo se le dotó de acuerdo a su habilidad. Los primeros dos cumplieron con su reputación y desempeño anterior, ganando el 100% de lo que se les confió. El último siervo hasta se rehusó a siquiera intentar algo. En vez de ello, hizo un hoyo en su jardín y enterró el dinero.

Mateo 25:19-23 señala:

> [19]»Después de mucho tiempo volvió el señor de aquellos siervos y arregló cuentas con ellos. [20]El que había recibido las cinco mil monedas llegó con las otras cinco mil. "Señor —dijo—, usted me encargó cinco mil monedas. Mire, he ganado otras cinco mil". [21]Su señor le respondió: "¡Hiciste bien, siervo bueno y fiel! En lo poco has sido fiel; te pondré a cargo de mucho más. ¡Ven a compartir la felicidad de tu señor!" [22]Llegó también el que recibió dos mil monedas. "Señor —informó—, usted me encargó dos mil monedas. Mire, he ganado otras dos mil". [23]Su señor le respondió: "¡Hiciste bien, siervo bueno y fiel! Has sido fiel en lo poco; te pondré a cargo de mucho más! ¡Ven a compartir la felicidad de tu señor!"

[vv. 19-23 = Lucas 19:15-18, ver el comentario de la *Sección 127b*]

Como en la primera vez que esta parábola fue contada, el señor recompensó a los siervos fieles multiplicándoles sus riquezas.

Mateo 25:24-30 señala:

> [24]»Después llegó el que había recibido sólo mil monedas. "Señor —explicó—, yo sabía que usted es un hombre duro, que cosecha donde no ha sembrado y recoge donde no ha esparcido. [25]Así que tuve miedo, y fui y escondí su dinero en la tierra. Mire, aquí

tiene lo que es suyo". ²⁶Pero su señor le contestó: "¡Siervo malo y perezoso! ¿Así que sabías que cosecho donde no he sembrado y recojo donde no he esparcido? ²⁷Pues debías haber depositado mi dinero en el banco, para que a mi regreso lo hubiera recibido con intereses.
    ²⁸»"Quítenle las mil monedas y dénselas al que tiene las diez mil. ²⁹Porque a todo el que tiene, se le dará más, y tendrá en abundancia. Al que no tiene se le quitará hasta lo que tiene. ³⁰Y a ese siervo inútil échenlo afuera, a la oscuridad, donde habrá llanto y rechinar de dientes".

[vv. 24-30 = Lucas 19:20-27, ver el comentario de la *Sección 127b*]

    Es claro que este siervo malvado mintió cuando dijo que tenía miedo de su señor. Si realmente hubiese estado temeroso de su señor, habría depositado el dinero con un prestamista para que ganase intereses. La verdad es, estaba convencido de que su señor no regresaría. ¡Enterró el dinero para sacarlo después y usarlo para sí mismo! Esto resultó ser una mala artimaña, porque cuando el señor regresó le dio lo justo (v. 30). Steinmetz señala:

> La justicia expedita aplicada al siervo flojo le pone un fin misericordioso a cualquier noción de que los desobedientes y deshonestos podrán entrar al reino de los cielos, manipulando la misericordia de Dios o jugando con la piedad divina. La bondad de Dios es tan inteligente como para caer en la trampa. Ningún truco se impondrá a esa bondad. La piedad divina perdonará pecados, pero no los condonará.[17]

    Aunque la venida de Jesús ha sido retardada, regresará. Y cuando lo haga, le entregaremos cuentas de nuestra mayordomía. Aquellos que se prepararon bien para recibirlo estarán gustosos de recibir su recompensa. Aquellos que siguen confiando en su tardanza quedarán perplejos, serán enjuiciados y serán castigados severamente.

Sección 139g
Juicio en la segunda venida
(Mateo 25:31-46)

    Esta sección termina con la serie de parábolas en cuanto al regreso de Jesús, y cierra el discurso del monte de los Olivos. Comparte

---
[17] D. C. Steinmetz, "Mt (Mateo) 25:14-30", *Int* (Interpretación) 34 [1980]: 172-176.

el mismo tema de las parábolas anteriores: ¡Estad preparados... Jesús **REGRESARÁ**! Sin embargo, esta escena no parece una parábola. En cambio, parece un esbozo del juicio que llega con la venida del Cristo. Las ovejas y las cabras son metáforas para los justos y los malos. Pero el resto parece una descripción verdadera del juicio en vez de ser una ilustración por parábola.

Mateo 25:31-33 señala:

> ^{31}»Cuando el Hijo del hombre venga en su gloria, con todos sus ángeles, se sentará en su trono glorioso. ^{32}Todas las naciones se reunirán delante de él, y él separará a unos de otros, como separa el pastor las ovejas de las cabras. ^{33}Pondrá las ovejas a su derecha, y las cabras a su izquierda.

El cuadro del Mesías viniendo con los ángeles no se encuentra en el Nuevo Testamento (aunque una idea similar se encuentra en 2 Esdras 7:28). Sin embargo, esto es algo común en el Nuevo Testamento (1 Tesalonicenses 3:13; 2 Tesalonicenses 1:7; Apocalipsis 19:14).

Este es un cuadro vívido del juicio utilizando una analogía del pastoreo. Era común que los rebaños de ovejas y cabras se mezclaran para pasar la noche juntos o al ser pastoreados durante el día. Pero había momentos en que tenían que separarse (p.ej., cuando se iban a trasquilar las ovejas). Aunque estos animales peludos se parezcan en parte, hay una gran diferencia en su comportamiento y valor. Las divisiones eran claras. De la misma manera, el juicio pondrá en claro quiénes están con Jesús y quiénes no.

Mateo 25:34-40 señala:

> ^{34}»Entonces dirá el Rey a los que estén a su derecha: "Vengan ustedes, a quienes mi Padre ha bendecido; reciban su herencia, el reino preparado para ustedes desde la creación del mundo. ^{35}Porque tuve hambre, y ustedes me dieron de comer; tuve sed, y me dieron de beber; fui forastero, y me dieron alojamiento; ^{36}necesité ropa, y me vistieron; estuve enfermo, y me atendieron; estuve en la cárcel, y me visitaron". ^{37}Y le contestarán los justos: "Señor, ¿cuándo te vimos hambriento y te alimentamos, o sediento y te dimos de beber? ^{38}¿Cuándo te vimos como forastero y te dimos alojamiento, o necesitado de ropa y te vestimos? ^{39}¿Cuándo te vimos enfermo o en la cárcel y te visitamos?" ^{40}El Rey les responderá: "Les aseguro que todo lo que hicieron por uno de mis hermanos, aun por el más pequeño, lo hicieron por mí".

¿Qué determina si alguien es oveja o cabra? Como cualquier otra escena de juicio en el Nuevo Testamento, también esta tiene como base las obras (Mateo 16:27; Juan 5:28-30; Romanos 2:5-11; 2 Corintios 5:10; 1 Pedro 1:17; Apocalipsis 20:11-15). ¿Se opone esto a la salvación por gracia? ¿Cómo puede alguien salvarse por gracia pero ser juzgado por sus obras? Simplemente es: Cuando nos enfrentemos ante el trono de Jesucristo, la única cosa que contará será nuestra relación con él — hemos confiado (es decir, puesto nuestra fe) en él? La respuesta a esa pregunta no está en nuestro hablar sino en nuestro actuar y caminar. La forma en que vivamos mostrará lo que creemos. Nuestras buenas obras no nos salvan. Pero claramente demostrarán nuestros compromisos principales.

Jesús resalta seis obras que son características de sus seguidores. No son todo lo que ellos hacen, pero son características de las cosas que hacen. Propiamente resumen las necesidades básicas de la humanidad: Alimento, bebida, ropa, albergue, atención en la enfermedad y aceptación. Al analizar estos seis comportamientos, nos damos cuenta que requieren de una gran cantidad de nuestro tiempo y dinero, dos de las cosas que nosotros más apreciamos.

Las ovejas quedan perplejas, no por heredar el reino, sino por haberle ministrado personalmente al Rey en sus momentos de gran necesidad. Ellos simplemente no lo reconocieron. Jesús explica por qué. No le ministraron personalmente a él. Pero cuando suplieron las necesidades de los que son desechados o tienen menos y de los perdidos, Jesús lo tomó como un servicio personal a él. Existe un poco de debate en cuanto a que si "el más pequeño" se refiere a los discípulos o no.[18] Lo más seguro es que Jesús quiere que nosotros alcancemos con nuestra bondad a toda la gente, pero especialmente a los cristianos (Gálatas 6:10).

---

[18] En cuanto a una declaración clara del asunto de alguien con una perspectiva "particularista", ver a G. Foster, "Making Sense of Matthew 25:31-46" (Haciendo sentido de Mateo 25:31-46), SBET Publicación escocesa de teología evangélica 16/2 [1998]: 128-139. Sin embargo, J. P. Heil ofrece un argumento coherente que a través de la respuesta del lector ambos tomen sentido. " The Double Meaning of the Narrative of Universal Judgment in Matthew 25:31-46" (El doble significado de la narrativa en cuanto al juicio universal en Mateo 25:31-46), JSNT (Revista para el estudio del Nuevo Testamento) 69 [1998]: 3-14. También se debe notar que en tanto que las cabras tenían una connotación negativa entre los romanos y se separaban en manadas muy aparte de otros animales, nada de esto era así en Palestina. Las cabras y las ovejas eran animales "honrosos". Ver a K. Weber, " The Image of Sheep and Goats in Mt. 25:3-.46" (La imagen de las ovejas y las cabras en Mateo 25:31-46), CBQ (Publicación trimestral católica de la Biblia) 59/4 (1997): 657-678.

Mateo 25:41-46 señala:

⁴¹»Luego dirá a los que estén a su izquierda: "Apártense de mí, malditos, al fuego eterno preparado para el diablo y sus ángeles. ⁴²Porque tuve hambre, y ustedes no me dieron nada de comer; tuve sed, y no me dieron nada de beber; ⁴³fui forastero, y no me dieron alojamiento; necesité ropa, y no me vistieron; estuve enfermo y en la cárcel, y no me atendieron". ⁴⁴Ellos también le contestarán: "Señor, ¿cuándo te vimos hambriento o sediento, o como forastero, o necesitado de ropa, o enfermo, o en la cárcel, y no te ayudamos?" ⁴⁵Él les responderá: "Les aseguro que todo lo que no hicieron por el más pequeño de mis hermanos, tampoco lo hicieron por mí".
⁴⁶»Aquéllos irán al castigo eterno, y los justos a la vida eterna.

Las cabras son enviadas al fuego eterno junto con Satanás y sus ángeles. Son castigadas, no por haber hecho lo malo, sino por lo bueno que no quisieron hacer. Esto no es porque no "cumplieron con sus obligaciones" para entrar al cielo, sino porque su comportamiento mostró su falta de compromiso con Jesús, el único camino al cielo.

Jesús con anticipación ya había señalado que los malos de Sodoma y Gomorra (Mateo 10:15), Tiro y Sidón (Mateo 11:22, 24; Lucas 10:14), Nínive (Mateo 12:41; Lucas 11:32) y la reina del Sur (Mateo 12:42; Lucas 11:31) estarían en el día del juicio testificando en contra de Israel por rechazar a Jesús y demandar señales. Eso sí que sonaría escandaloso para los judíos. Este texto retiene ese mismo elemento de perplejidad. Estas cabras no pueden creer lo que escuchan porque (1) no aceptaron la verdad de que Jesús sea el Juez (Juan 5:22, 30; 9:39) y (2) consideraron poca cosa la seriedad y entereza de ese juicio (Mateo 12:36 señala sus palabras; Romanos 2:16 señala sus pensamientos; y 1 Corintios 4:3-5 señala sus motivos).

Sección 140
Preparación para el sufrimiento y muerte de Jesús: Jesús y los sacerdotes
(Mateo 26:1-5; Marcos 14:1-2; Lucas 22:1-2; ver Lucas 21:37-38 en la *Sección 131*)

Este es el principio del fin. Miramos cómo los actores toman su lugar para este acto final. En esta sección Jesús prepara su parte con una predicción final de su muerte. Los líderes judíos se preparaban para cumplir con su papel preparando el arresto y asesinato de Jesús. En las próximas dos secciones, María se prepara ungiendo a Jesús para ser sepultado. Finalmente, Iscariote se prepara consultando al sanedrín en cuanto a su traición.

Mateo 26:1-5 señala:

> ¹Después de exponer todas estas cosas, Jesús les dijo a sus discípulos: ²«Como ya saben, faltan dos días para la Pascua, y el Hijo del hombre será entregado para que lo crucifiquen.»
> ³Se reunieron entonces los jefes de los sacerdotes y los ancianos del pueblo en el palacio de Caifás, el sumo sacerdote, ⁴y con artimañas buscaban cómo arrestar a Jesús para matarlo. ⁵«Pero no durante la fiesta —decían—, no sea que se amotine el pueblo.»

Hemos terminado el quinto y último discurso del libro de Mateo, como lo indican las palabras "Después de exponer todas estas cosas, Jesús . . ." (ver Mateo 8:1; 11:1; 13:53; 19:1). Puede que estos acontecimientos hayan sucedido al tiempo que Jesús y sus discípulos abandonaban la ciudad el martes por la tarde, después de un largo día en el templo. Pero lo más seguro es que hubiesen sucedido en miércoles. Eso, después de todo, se seguiría contando como dos días incluidos para los judíos, antes de la Pascua. La Pascua iniciaría a la puesta del sol el jueves. Un dato más importante es el hecho de que Jesús predice en esta cuarta vez el tiempo exacto de su juicio.

Mientras Jesús se encuentra en Betania (ver Lucas 21:37-38), el sanedrín está muy ocupado tratando de resolver este problemita tan delicado. Dos meses atrás, bajo la dirección de Caifás,[19] habían determinado dar muerte a Jesús (Juan 11:49-53). Ahora, en el palacio de Caifás, bajo su propio techo, confirman sus propósitos y redoblan sus esfuerzos. Sus primeros intentos de asesinar a Jesús se remontan hasta dos años atrás y dos pascuas (Juan 5:18). Sin embargo, desde ese tiempo han aprendido a tener sumo cuidado de las multitudes porque la gente común, el pueblo, adora a Jesús (Mateo 21:46; Marcos 12:12). Después de la entrada triunfal (el domingo), la purificación del templo (el lunes) y el día de fuertes discusiones (el martes), el sanedrín debe tener sumo cuidado de no arrestar a Jesús en presencia de su creciente número de seguidores. En verdad, si la gente se amotina, Roma terminaría rápidamente con el motín y reemplazaría a los gobernantes. Temen por su país y sus propias

---

[19]En noviembre de 1990, se descubrió la tumba de la familia rica de "Caifás" al sur de Jerusalén. Contenía osamentas (que probablemente pertenecieron entre el año 30 y 70 antes de Cristo). Es muy posible que sea este el mismo Caifás del que leemos en nuestro texto. Ver a Z. Greenhut, "Burial Cave of the Caiaphas Family" (Sepultura de la familia de Caifás), *BAR* (Revista de la arqueología) Septiembre/Octubre, 1992: 29-36.

posiciones. Determinan que "muera un solo hombre por el pueblo" (Juan 11:50).

En el v. 2 Jesús afirma que será entregado durante la Pascua. Pero en el v. 5 el sanedrín quiere evitar cualquier confrontación durante la fiesta por temor al pueblo. Pero con lo que no cuentan es con esta oportunidad de oro llamada Iscariote. Cuando él los busca y les ofrece entregarles a Jesús, simplemente no pueden dejar pasar esa oportunidad, aunque pudiera desatar muchos riesgos obvios. Debemos recordar que los acontecimientos que están a punto de suceder no se dieron porque los hombres fueran tan hábiles sino por la soberanía de Dios. Estos acontecimientos fueron planeados y son la voluntad de Dios y no se pueden desviar.

Sección 141
Preparación para la muerte y sepultura de Jesús: María
(Mateo 26:6-13; Marcos 14:3-9; Juan 12:2-8)

Realmente este acontecimiento sucedió unos cinco días antes. Cronológicamente encaja entre el tiempo en que Jesús llegó a Betania y la entrada triunfal (ver la *Sección 128a*). Mateo y Marcos colocan este tema o asunto aquí, mostrando así la ignorancia de los apóstoles. Les preocupa el tema no la cronología. Juan agrega a Iscariote a la mezcla, para mostrar y resaltar su avaricia o codicia.[20] Así, podemos apreciar claramente que Judas traiciona a Jesús porque le interesa el dinero. El dinero es una lujuria para él. Pero este acontecimiento también muestra la ignorancia de los once apóstoles en cuanto a la verdadera personalidad de Judas. Debido a que él llevaba las riendas del gasto, también los demás apóstoles caen con él en la condenación que le hacen a María por su acto de devoción.

---

[20] Algunos han sugerido que Judas solamente quería forzar la mano de Jesús y empujarlo a su papel de Mesías. ¿Pero qué bien le habría hecho eso a Judas? Aun si hubiese funcionado, ¿habría retenido Jesús a tal traidor como tesorero en su reino? (ver a W. B. Smith, "Judas Iscariot" [Judas Iscariote], *HibJ* [Revista Hibbert] 9 [1911]: 529-544).

Sección 142
Preparación para la muerte de Jesús: Judas
(Mateo 26:14-16; Marcos 14:10-11; Lucas 22:3-6)

Lucas 22:3-4 señala:
³Entonces entró Satanás en Judas, uno de los doce, al que llamaban Iscariote. ⁴Éste fue a los jefes de los sacerdotes y a los capitanes del templo para tratar con ellos cómo les entregaría a Jesús.

Mateo 26:15 *con* Marcos 14:11 señala:
¹⁵—¿Cuánto me dan, y yo les entrego a Jesús? —les propuso. {Ellos se alegraron al oírlo^{Mr}} Decidieron pagarle {y prometieron darle dinero^{Mr}} treinta monedas de plata.

Lucas 22:6 señala:
⁶Él aceptó, y comenzó a buscar una oportunidad para entregarles a Jesús cuando no hubiera gente.

Lucas nos dice que Satanás entró en el corazón de Judas (Lucas 22:3), posiblemente el mismo miércoles. Nuevamente el jueves por la noche, después de que Judas comió del pan que Jesús le entregó, también Juan señala que Satanás entró en Judas (Juan 13:27). Esto suena a Hechos 5:3, cuando Pedro le dijo a Ananías: "¿cómo es posible que Satanás haya llenado tu corazón para que le mintieras al Espíritu Santo y te quedaras con parte del dinero que recibiste por el terreno?" Aparentemente Satanás tiene la habilidad de plantar ideas en las mentes y corazones de las personas que entonces éstas implementan o ponen en acción. Tal vez jamás conozcamos los mecanismos de Satanás para influenciar a la gente, pero se nos advierte a que él sí lo hace. Los tres sinópticos señalan que Judas era uno de los doce, como si dijeran: "¡Si él tuvo tal desvío, también usted tenga cuidado!" Debemos estar alertas para no caer en tentación o influencia de Satanás. Al resistir sus sugerencias o tentaciones podemos ahuyentarlo (Santiago 4:7).

Existen muchas sugerencias en cuanto a qué pudo haber motivado a Judas para traicionar a Jesús. Tal vez estaba celoso de Jesús o disgustado por el incidente de María. Tal vez estaba impaciente y quiso forzar a Jesús a que instituyese su reino a través de un conflicto final con el sanedrín. Tal vez estaba desilusionado con Jesús porque éste no era el líder político mesiánico esperado por el propio Judas. Tal vez Judas intentaba recobrar el dinero que él mismo había tomado de la bolsa. Tal vez quiso salvarse de lo inevitable que estaba por ocurrir con Jesús y la jerarquía religiosa — un conflicto en serio. Quizás jamás conozcamos el motivo, únicamente el resultado, tanto para Jesús como para Judas. Sin embargo, sí conocemos que Judas operaba bajo la fuerte mano de la predestinación (Salmo 41:9; Zacarías 11:7-14). Eso no quiere decir que no tenía control acerca de su proceder. Pero sí afirmamos que tanto él, como Jesús, hicieron aquello que desde antaño estaba ya ordenado por Dios.

Se le prometió treinta piezas de plata, el precio de un esclavo común y corriente (Éxodo 21:32). A cambio, Judas prometió entregar a Jesús en el momento propicio, sin la presencia de las multitudes.

Sección 143
Preparación para celebrar la Pascua
(Mateo 26:17-19; Marcos 14:12-16; Lucas 22:7-13)

Los sinópticos señalan que Jesús celebró la Pascua en el mes de Nisán día 14 antes de ser crucificado en Nisán 15 (aproximadamente equivalente a nuestro mes de abril). Sin embargo, algunos han interpretado Juan 18:28 y 19:14 señalando que Jesús murió en el tiempo exacto en que eran acuchillados los corderos de la Pascua, en Nisán 14. Si eso fuese cierto, entonces tendríamos una seria contradicción entre Juan y los sinópticos.

A pesar de que algunos están prestos a culpar a los evangelistas con ediciones teológicas o error flagrante, una mejor solución es la que presenta la posibilidad del uso de dos calendarios distintos. Por ejemplo, Jaubert discute que Jesús se sujetó al calendario solar esenio,[21] o que los sacrificios y comidas de la Pascua se extendieron por dos días debido a la gran cantidad de gente de visita en Jerusalén.[22] Esto haría que los discípulos participaran de la Pascua el jueves, pero los saduceos la celebraron el viernes. Hoehner discute que había una diferencia en el conteo de los días hecho por los galileos y los de

---

[21] Annie Jaubert, *The Date of the Last Supper* (La fecha de la última cena) [New York: Alba House, 1965]. Una gran debilidad en su punto de vista es que su evidencia para el calendario solar esenio viene de un documento del Siglo III.
[22] Ver a Maurice Casey, " The Date of the Passover Sacrifices and Mark 14:12" (La fecha de los sacrificios de la Pascua y Marcos 14:12), *TB* (Boletín Tyndale) 48/2 [1997]: 245-247.

Judea (desde la salida del sol hasta su puesta).²³ Por ello Jesús y los otros galileos comían su Pascua un día antes de cuando lo hacían los de Judea. Otros sugerían que la discrepancia se originaba de una discusión entre fariseos y saduceos. Sin embargo, ninguno de estos argumentos basados en un calendario tiene suficiente apoyo documental.

Existe una tercer solución que es mejor y más simple. Jesús y sus discípulos celebraron la Pascua a su debido tiempo. Juan lo supo. Después de todo, él estaba familiarizado con la cronología sinóptica. De hecho, Juan capítulo 13 también describe la Pascua que Jesús celebró. (1) Fue en Jerusalén y no en Betania, que había sido su escondite toda la semana. (2) Se les presenta como reclinados a la mesa, en la noche, lo cual prueba que fue una cena festiva. Y (3) cuando los discípulos vieron salir a Judas así de repente pensaron que iba a comprar más víveres o que iba a darle limosna a los pobres. Esta es una indicación de una cena de Pascua. En consecuencia, lo que Juan llama comer la Pascua (18:28), en realidad es *chagigah* (Números 28:18-19), que daba inicio a la fiesta de los Panes sin Levadura. ¿Estaba equivocado Juan en cuanto a cómo se llamaba esto? No. En los días de Juan, casi no existía distinción entre la Pascua (Nisán 14) y la Fiesta de los Panes sin Levadura (Nisán 15-21). Ambos términos se utilizaban indistintamente (Mateo 26:17; Marcos 14:1, 12; Lucas 2:41; 22:1; Josefo, *Ant* 2.317; *Wars* [Guerras] 5.98). Así que resulta perfecto para Juan identificar esta cena especial como la Pascua. Además, cada vez que Juan utiliza el término "pascua" se refiere a toda la fiesta, no tan sólo a la cena de Pascua (Juan 2:13, 23; 6:4; 11:55; 12:1; 13:1). Por lo tanto, sugerimos que tanto Jesús como sus discípulos comieron la Pascua a su debido tiempo, celebrada en Nisán 14. Además, los judíos de Juan 18:12 rehusaron entrar al pretorio de Pilato para no quedar descalificados del resto de los siete días de celebración de los Panes sin Levadura, no de comer la Pascua.²⁴

---

[23] H. W. Hoeher, *Chronological Aspects of the Life of Christ* (Aspectos cronológicos de la vida de Cristo) [Grand Rapids: Zondervan, 1977].

[24] Ver a Carson, pp. 528-532; y a B. Smith, " The Chronology of the Last Supper" (La cronología de la última cena), *WTJ* (Revista teológica Westminster) 53 [1991]: 29-45. F. Chenderlin, "Distributed Observance of the Passover: A Preliminary Test of the Hypothesis" (Observancia repartida de la Pascua: Una prueba preliminar de la hipótesis), *Biblica* 57 [1976]: 1-24, agrega un par de puntos perspicaces. Primero, es posible que haya habido muchos participantes de la Pascua para matar y comer todos los corderos en un solo día. Por lo tanto, él discute a favor de una "observancia repartida" en la cual la Pascua se celebraría en días sucesivos. Segundo, si ese fuese el caso, los líderes judíos habrían preferido comer la Pascua en el día de reposo correspondiente a la semana de la Pascua en vez de estrictamente en el día 14 de Nisán.

Marcos 14:12-16 *con* Lucas 22:8; Mateo 26:18 señalan:

¹²El primer día de la fiesta de los panes sin levadura, cuando se acostumbraba sacrificar el cordero de la Pascua, los discípulos le preguntaron a Jesús:

—¿Dónde quieres que vayamos a hacer los preparativos para que comas la Pascua?

¹³Él envió a dos de sus discípulos {Pedro y Juan^{Lc}}con este encargo:

—Vayan a la ciudad y les saldrá al encuentro un hombre que lleva un cántaro de agua. Síganlo, ¹⁴y allí donde entre díganle al dueño: "El Maestro pregunta: {Mi tiempo está cerca.^{Mt}} ¿Dónde está la sala en la que pueda comer la Pascua con mis discípulos?" ¹⁵Él les mostrará en la planta alta una sala amplia, amueblada y arreglada. Preparen allí nuestra cena.

¹⁶Los discípulos salieron, entraron en la ciudad y encontraron todo tal y como les había dicho Jesús. Así que prepararon la Pascua.

Ya es jueves, el día 14 del mes de Nisán. La Pascua era un memorial de siete días en conmemoración del éxodo (Éxodo 12:13-27; 23:15; 34:18; Deuteronomio 16:1-8; Jubilees 49:1-2, 10-12; Philo VI, 2.41.224 y 2.42.228), también llamado la fiesta de los Panes sin Levadura (Josefo, Ant 2.317). Los adoradores judíos fieles se congregaban en Jerusalén, procedentes de todo el Imperio romano. Muy probable era que había alrededor de un cuarto de millón de peregrinos que acudían a la celebración y por ello se requería la disponibilidad de hasta 25,000 corderos. La matanza y el olor de los ríos de sangre caliente serían abrumadores.

Cada hogar celebraba con un cordero asado, yerbas amargas (rábano picante, tomillo, mejorana, albahaca), vino y un aderezo [haroset] donde meter los trozos de cordero antes de ingerirlo. Cada familia debía reunir la cantidad de gente suficiente para comerse todo el cordero. Durante la cena cuatro copas ceremoniales de vino recorrían la mesa. entonaban cánticos entre cada una de ellas. Los cánticos usuales eran los Salmos 113-118. Después de la segunda copa de vino, la persona más pequeña de la familia debía preguntar el verdadero significado de las celebraciones de la Pascua. El patriarca de la familia procedería a explicar la historia de cómo Dios libertó a Israel de la esclavitud egipcia.

Los discípulos sabían que éste era el verdadero propósito por el cual habían venido a la ciudad santa, ya que los residentes de Palestina solamente podían celebrar la Pascua en Jerusalén (Carson, p. 534). Es por ello que le preguntan a Jesús dónde deben preparar esta celebración tan especial. Él envía a Pedro y a Juan para encontrarse con un hombre que llevaba un cántaro de agua. Este hombre sería fácil de reconocer. Después de todo, lo típico era que las mujeres fueran las que cargaran los cántaros con agua. Ellos deben seguir a este hombre hasta la casa donde entre. Le deben decir al dueño que Jesús está listo para celebrar la Pascua y que necesitan el lugar apropiado para esta celebración. El aposento alto es posiblemente un lugar propicio dentro de la casa de María, la madre de Juan Marcos, donde Jesús se les apareció a los once por primera vez (Lucas 24:33-36; Juan 20:19), donde la iglesia primitiva se reunía a orar (Hechos 1:13-14; 12:12) y donde el Espíritu Santo descendió sobre los discípulos por primera vez (Hechos 2:1-4).

Aparentemente ya había algún tipo de arreglo previo dado que el cuarto ya estaba dispuesto y arreglado, listo para usarse desde antes de la llegada de los discípulos. Ya sea eso o el dueño esperaba que algunos peregrinos se lo pidieran para el mismo propósito, que era común en aquellos días y debido a la gran celebración. Pero Jesús ha estado en Jerusalén casi toda la semana y tuvo el tiempo suficiente para hacer tal tipo de arreglo. Todo esto permite que los discípulos se reúnan en privado, más no en secreto, sin las multitudes. También impide que Judas pase la información de la ubicación de Jesús a los miembros del sanedrín.

Sección 144
Conflicto inicial durante la cena de la Pascua
(Mateo 26:20; Marcos 14:17; Lucas 22:14-16, 24-30)

Lucas 22:14-16 señala:

¹⁴Cuando llegó la hora, Jesús y sus apóstoles se sentaron a la mesa. ¹⁵Entonces les dijo:
—He tenido muchísimos deseos de comer esta Pascua con ustedes antes de padecer, ¹⁶pues les digo que no volveré a comerla hasta que tenga su pleno cumplimiento en el reino de Dios.

Después de la puesta del sol el jueves, Jesús y sus hombres se reúnen de manera privada, tal vez hasta en secreto, en el aposento alto en alguna casa en Jerusalén. Al igual que las demás familias que se reunían en Jerusalén para celebrar esta fiesta, este grupo de personas se ha congregado como una sola familia espiritual para celebrar un memorial sagrado (Mateo 12:50). Toman sus lugares alrededor de una mesa en forma de U, como a 15 centímetros del suelo. Todos se recuestan apoyándose sobre su codo izquierdo en cojines ubicados alrededor de esta mesa. Para Jesús esto es mucho más que una simple celebración con su respectiva cena. Es más que una celebración de la Pascua. Jesús sabe que él es el Antitipo del éxodo; él es el Cordero de la Pascua, ofrecido para la liberación de su pueblo. Esta cena conmemora su inminente destino (Juan 1:29). Es la última vez que él participará en carne y hueso de esta celebración de la Pascua. Habrá otro banquete . . . una fiesta de bodas. Pero eso será otro día. Por ahora simplemente expresa su gran deseo de querer celebrar con sus hombres esta Pascua. Su expresión es con una frase idiomática hebrea: "*Con mucho deseo, he deseado* de comer esta Pascua con ustedes".

Lucas 22:24-30 señala:

²⁴Tuvieron además un altercado sobre cuál de ellos sería el más importante. ²⁵Jesús les dijo:

—Los reyes de las naciones oprimen a sus súbditos, y los que ejercen autoridad sobre ellos se llaman a sí mismos benefactores. ²⁶No sea así entre ustedes. Al contrario, el mayor debe comportarse como el menor, y el que manda como el que sirve. ²⁷Porque, ¿quién es más importante, el que está a la mesa o el que sirve? ¿No lo es el que está sentado a la mesa? Sin embargo, yo estoy entre ustedes como uno que sirve. ²⁸Ahora bien, ustedes son los que han estado siempre a mi lado en mis pruebas. ²⁹Por eso, yo mismo les concedo un reino, así como mi Padre me lo concedió a mí, ³⁰para que coman y beban a mi mesa en mi reino, y se sienten en tronos para juzgar a las doce tribus de Israel.

[vv. 25-27 = Mateo 20:25-28 y Marcos 10:42-45, ver los comentarios de la *Sección 125b*]

Al entrar todos ellos al aposento alto, los doce retoman una disputa que se ha presentado dos veces ya: ¿Quién de ellos es el más importante? La primera vez que surgió esta disputa fue un año atrás (Mateo 18:1-5; Marcos 9:33-37; Lucas 9:46-48; **Sección 90**). La última vez no pudo haber sido a más de una semana atrás (Mateo 20:17-28; Marcos 10:32-45; **Sección 125b**). Las tres veces se presentaron inmediatamente después de que Jesús predice su muerte. Las tres veces Jesús los amonesta y regaña fuerte y severamente. Seguro que ellos se debieron sentir apenados cuando Jesús los escucha nuevamente discutir sobre lo mismo.

Los doce han sacrificado tres años de sus vidas para seguir a Jesús y no han podido trabajar a beneficio propio durante todo este tiempo. Jesús les asegura que todo ese sacrificio no es en vano. Su recompensa será muy grande, liderazgo en el reino, lugares especiales en el banquete mesiánico y un trono para cada uno de ellos, desde donde van a juzgar a las tribus de Israel. Sin embargo, todo esto está por venir. Se les sigue haciendo un llamado a sufrir y servir.

Este concepto es uno de los temas favoritos y muy común de Jesús. Muy por el contrario a lo que el mundo enseña. El mundo enseña que yo debo cuidar a mi mismo como el número uno, que yo puedo hacer lo que yo quiera, que siempre se me debe servir a mí primero, etc. Pero los cristianos operan bajo un juego de reglas muy distinto.

Sección 145
Jesús lava los pies de sus apóstoles
(Juan 13:1-20)

Al entrar al aposento alto, los discípulos empiezan a discutir en cuanto a sus lugares que ocuparán. La disputa se refiere a quién se sentará junto a Jesús. Sin duda que se han olvidado de la recomendación que Jesús les hizo unos seis meses atrás a los fariseos en cuanto a sentarse en las posiciones más bajas en vez de tratar de forzar su avance hacia los lugares de preferencia, junto al anfitrión (Lucas 14:7-11).

Jesús acaba de darles una respuesta verbal a la disputa de sus discípulos en cuanto a quién es el más importante (Lucas 22:24-30). Ahora les da una respuesta visual. Les señala que él es alguien que vino a servir y no alguien que se sienta a la mesa (Lucas 22:27). Los sorprendidos discípulos están a punto de aprender qué tan cierto es eso. Este lavamiento de los pies es un preludio a la cruz; ambos nos traen limpieza y purificación.

Juan 13:1-5 señala:

¹Se acercaba la fiesta de la Pascua. Jesús sabía que le había llegado la hora de abandonar este mundo para volver al Padre. Y habiendo amado a los suyos que estaban en el mundo, los amó hasta el fin.[a]

²Llegó la hora de la cena. El diablo ya había incitado a Judas Iscariote, hijo de Simón, para que traicionara a Jesús. ³Sabía Jesús

que el Padre había puesto todas las cosas bajo su dominio, y que había salido de Dios y a él volvía; ⁴así que se levantó de la mesa, se quitó el manto y se ató una toalla a la cintura. ⁵Luego echó agua en un recipiente y comenzó a lavarles los pies a sus discípulos y a secárselos con la toalla que llevaba a la cintura.

a1 hasta el fin. Alt. hasta lo sumo.

Juan monta el escenario teológico para este acontecimiento al notar algunas cosas. Primero (13:1), la Pascua se acercaba. Esta fiesta simboliza todo aquello que Jesús vino a cumplir. Este es el inicio del último acto de la obra. Segundo (13:1-2), Jesús ama a sus discípulos de manera total y plena, hasta "el final amargo". A pesar de ello, Iscariote, cuyo corazón está sometido a la voluntad de Satanás, planea traicionar ese amor consumado. El contraste resulta colosal. Tercero (13:3), Jesús está controlándolo todo. En todo esto no hay ningún accidente o huida. Jesús se encuentra cumpliendo la voluntad de Dios. Sus propósitos y planes son ejecutados a la perfección y sabe que muy pronto regresará a Dios.

Mientras los discípulos se acomodan en sus cojines y se sirve la cena de la Pascua, Jesús se levanta, toma una toalla y se ciñe con ella. Al parecer no lleva más ropa puesta que un atuendo de esclavo: se viste humildemente (ver 13:12; 19:23-24; Filipenses 2:7). Él toma esa labor que todos desprecian y se pone a lavarles los pies a sus discípulos. ¡Todos quedan abrumados! Después de todo, esta función era la de un esclavo o siervo del más bajo rango. Éste debía lavar los pies a la persona que acababa de llegar a la casa, antes de que se sirviese la comida. El lavamiento de pies servía para evitarle la vergüenza al invitado de ensuciar las alfombras del anfitrión. Pero los discípulos se olvidaron de esto y prefirieron pelearse por quién sería el mayor. Estaban más interesados en los lugares de honor y en su prestigio e importancia personal. Por lo menos uno de ellos debió haberse ofrecido para lavarle los pies a Jesús. En cambio, mientras ellos se pelean por los lugares de honra y honor, los privilegiados, Jesús se aboca a realizar esta tarea de gran humillación. Qué humillante debió haber sido para los doce, sabiendo que Jesús les hacía a ellos aquello que ellos le debieron haber ofrecido.

Juan 13:6-11 señala:

⁶Cuando llegó a Simón Pedro, éste le dijo:
—¿Y tú, Señor, me vas a lavar los pies a mí?

⁷—Ahora no entiendes lo que estoy haciendo —le respondió Jesús—, pero lo entenderás más tarde.
⁸—¡No! —protestó Pedro—. ¡Jamás me lavarás los pies!
—Si no te los lavo,ᵃ no tendrás parte conmigo.
⁹—Entonces, Señor, ¡no sólo los pies sino también las manos y la cabeza!
¹⁰—El que ya se ha bañado no necesita lavarse más que los pies —le contestó Jesús—; pues ya todo su cuerpo está limpio. Y ustedes ya están limpios, aunque no todos.
¹¹Jesús sabía quién lo iba a traicionar, y por eso dijo que no todos estaban limpios.

ᵃ8 *te los lavo.* Lit. *te lavo.*

Pedro reclama enérgicamente. De hecho, él exagera (lo cual no era la primera vez ni de manera figurativa ni literal). Le ordena a Jesús que retroceda, diciendo: "¡Jamás [*eis ton aiōna*] me lavarás los pies!" Jesús le contesta: "Si no te los lavo, no tendrás parte conmigo". Así que Pedro se va hasta el otro extremo del péndulo y solicita un lavamiento completo. Como usted se imaginará, si poco hace bien, una cantidad mayor hará mucho mejor. Pero como Pedro ya se había bañado, son sus pies lo único que necesita una lavada. La mención de Pedro en cuanto a necesitar una lavada de cabeza (o cara) y manos resulta muy significativo. Culturalmente, las manos representaban autoridad y energía mientras que la cabeza y cara representaban poder y honor. En otras palabras, Pedro sometía sus partes más nobles a Jesús, no tan sólo sus indignos pies.[25]

Jesús no se refiere únicamente al agua y a las partes del cuerpo. Esto es algo simbólico de una purificación más profunda. Hay alguien en su presencia cuya avaricia no se puede limpiar tan fácil como el polvo palestino. Juan abre un paréntesis para explicar que Jesús sabe perfectamente acerca de lo que Judas planea hacer. Estas palabras debieron haber causado un gran impacto en Iscariote. Uno se pregunta qué hizo este lavado de pies para él cuando las manos tiernas del Maestro y Señor lo tocaron.

Juan 13:12-17 señala:

¹²Cuando terminó de lavarles los pies, se puso el manto y volvió a su lugar. Entonces les dijo:
—¿Entienden lo que he hecho con ustedes? ¹³Ustedes me llaman Maestro y Señor, y dicen bien, porque lo soy. ¹⁴Pues si yo, el

[25] G. S. Shae, "Why Feet, Hands and Head?" (¿Por qué pies, manos y cabeza?), *BT* (Traductor bíblico) 48/2 [1997]: 221-228.

Señor y el Maestro, les he lavado los pies, también ustedes deben lavarse los pies los unos a los otros. ⁱ⁵Les he puesto el ejemplo, para que hagan lo mismo que yo he hecho con ustedes. ¹⁶Ciertamente les aseguro que ningún siervo es más que su amo, y ningún mensajero es más que el que lo envió. ¹⁷¿Entienden esto? Dichosos serán si lo ponen en práctica.

La lección es simple. Jesús es el Maestro. Sus alumnos no son mayores que él. Por lo tanto, si él sirve en tal posición tan baja, sus discípulos deben estar preparados para hacer lo mismo. Claro que el acto de lavar los pies no tiene el mismo significado ahora como el que tuvo en el primer siglo. Así que mientras que lavar los pies de alguien pudiera ser un gesto de humildad y un acto religioso hermoso, pierde su significado pragmático que tuvo con los apóstoles. Jesús nos hace el llamado, no a un acto único, sino a una actitud única que se manifieste en varias formas. En nuestros días pudiera significar sacar y tirar la basura, limpiar los sanitarios o cambiar los pañales. "El lavamiento de pies" se traduce en realizar aquellas actividades y tareas tan despreciables por los demás, debido a su orgullo.²⁶ Mientras que ello hiere nuestros instintos, Jesús promete una bendición a aquellos que viven de esta manera (13:20).

Juan 13:18-20 señala:

¹⁸»No me refiero a todos ustedes; yo sé a quiénes he escogido. Pero esto es para que se cumpla la Escritura: "El que comparte el pan conmigo me ha puesto la zancadilla".ᵃ

¹⁹»Les digo esto ahora, antes de que suceda, para que cuando suceda crean que yo soy. ²⁰Ciertamente les aseguro que el que recibe al que yo envío me recibe a mí, y el que me recibe a mí recibe al que me envió.

ᵃ*18* Salmo 41:9

Estaba predestinado que Judas le diera cumplimiento a Salmo 41:9 (ver Zacarías 11:7-14; Salmo 69:25; 109:8; Hechos 1:20). Al parecer, Dios miró el futuro y vio lo que Judas haría y lo registró en las Escrituras antes de que Judas siquiera naciera (1 Pedro 1:2). Sin embargo, eso no quiere decir que Dios predestinó a Judas

---

²⁶Sin embargo, A. Edgington, "Foot washing as an ordinance" (El lavamiento de pies como una ordenanza), *GTJ* (Revista teológica de Grace Theological Seminary) 6.2 [1985]: 425-434, discute que se debe practicar como una ordenanza. Él sugiere que el lavamiento de pies en Juan 13:1-17 y 1 Timoteo 5:10 cumplen con los tres criterios de una ordenanza: (1) Un acto físico que tiene una naturaleza ceremonial. (2) Una representación simbólica de una realidad espiritual expresamente enseñada en el Antiguo Testamento. (3) Un mandato de perpetuarlo por Cristo o sus apóstoles. Sin embargo, los tres criterios son discutibles a algún nivel.

a la condenación. Hay una gran cantidad de hombres que Dios predestinó.[27] Los encontramos en las páginas de la Biblia. Con la excepción de Judas y Jesús, ninguno de ellos fue predestinado para obtener la salvación o la condenación, sino para realizar o cumplir con una responsabilidad asignada. Sin duda, harían aquello para lo cual estaban predestinados. Pero podían hacerlo a la manera de Dios o a su propia manera. Por ejemplo, el Faraón dejaría libre al pueblo de Dios. Él escogió hacerlo a su manera y Dios tuvo que obligarle a actuar. La biografía de Jonás nos cuenta una historia similar. Mientras que tal vez no podamos resolver la paradoja entre lo soberano de Dios y el libre albedrío del hombre, asumimos que Judas Iscariote *decidió* traicionar a Jesús y se le pedirá que rinda cuentas de sus actos.

Tan interesante como pudiera ser tal especulación teológica, pasa por alto la confianza en las palabras de Jesús. Él predijo que Judas lo iba a traicionar para que cuando sucediera, sus fieles seguidores estuvieran seguros de que Jesús en verdad era el Cristo. Eso sería crucial en esos días tenebrosos de su muerte cuando se vería como cualquier otro personaje, menos como el Mesías conquistador. No solamente esto, en los días siguientes a su ascensión, esta predicción serviría como recordatorio de su propia posición predestinada con Jesús. Aquellos que acepten a los apóstoles aceptan a Jesús; y aquellos que acepten a Jesús aceptan a Dios el Padre.

Sección 146
Identificación del traidor
(Mateo 26:21-25; Marcos 14:18-21; Lucas 22:21-23; Juan 13:21-30)

Juan 13:21-22 *con* Marcos 14:18 señala:

²¹Dicho esto, Jesús se angustió profundamente {Mientras estaban sentados a la mesa comiendo^Mr} y declaró:
—Ciertamente les aseguro que uno de ustedes me va a traicionar {que está comiendo conmigo^Mr}.
²²Los discípulos se miraban unos a otros sin saber a cuál de ellos se refería.

---

[27]Abraham (Nehemías 9:7); Jacob y Esaú (Génesis 25:19ss; Malaquías 1:2-3; Romanos 9:10-13); el Faraón (Éxodo 9:16; Romanos 9:17); Saúl y David (1 Samuel 16:1-14); Josías (1 Reyes 13:1-3); Ciro (Isaías 41:25; 44:28; 45:1-3; 2 Crónicas 36:22ss); Juan el Bautista (Malaquías 4:6; Isaías 40:3; Lucas 1:17ss); Jesús (Isaías 42:1; Mateo 12:18; Lucas 9:35; Hechos 2:23; 4:28); Iscariote (Salmo 41:9; 69:25; 109:8; Marcos 14:10; Hechos 1:20); los apóstoles (Lucas 6:13; Juan 6:70; 15:16); Pablo (Hechos 9:15; 13:2; Romanos 1:1; Gálatas 1:15; Efesios 3:7); Rufo (Romanos 16:13); Jeremías (Jeremías 1:5).

Mateo 26:22-25 señala:

²²Ellos se entristecieron mucho, y uno por uno comenzaron a preguntarle:

—¿Acaso seré yo, Señor?

²³—El que mete la mano conmigo en el plato es el que me va a traicionar —respondió Jesús—. ²⁴A la verdad el Hijo del hombre se irá, tal como está escrito de él, pero ¡ay de aquel que lo traiciona! Más le valdría a ese hombre no haber nacido.

²⁵—¿Acaso seré yo, Rabí? —le dijo Judas, el que lo iba a traicionar.

—Tú lo has dicho —le contestó Jesús.[a]

[a]25 O "tú mismo lo has dicho"

Al tiempo que progresa la celebración de la cena de Pascua, Jesús se entristece cada vez más. Arroja la granada de mano: ¡Uno de ustedes me va a traicionar! Jesús ya había predicho esta traición con anterioridad (**Sección 88**: Mateo 17:22; Marcos 9:31; Lucas 9:44; y **Sección 125a**: Mateo 20:18; Marcos 10:33). Sin embargo, ahora lo señala como un amigo que se encuentra entre ellos. Él (a) come con Jesús (Marcos 14:18), (b) es uno de los doce (Marcos 14:20) y (c) el mismo Maestro le dará un bocado (Juan 13:26). En una cultura oriental como la de Jesús, la traición de uno con el cual se han compartido los alimentos y el compañerismo más íntimo, es una traición de lo más vil.

Los apóstoles quedan aterrados, se entristecen, están confundidos y hasta están un poco apenados (como lo implica la palabra *aporeō* ["por una pérdida"]). De manera predecible, los doce tratan de identificar al traidor. Pero al echar un vistazo por el cuarto, no pueden identificar a nadie más que cada uno a sí mismo. Con dudas, cada uno pregunta: "¿Acaso seré yo, Señor?" Claro que cada uno de ellos utiliza una frase que espera una respuesta negativa. Hasta Judas toma su turno, utilizando exactamente la misma pregunta: "¿Acaso seré yo, Rabí?" Lo hace así para no traicionarse a sí mismo; es decir, para no delatarse. Sin embargo, a diferencia de los demás no le llama "Señor" a Jesús, sino simplemente "Rabí". Su hipocresía no conoce barreras. Jesús literalmente le contesta: "Es como tú lo has dicho" (ver Mateo 26:64). Al parecer esta breve interacción parece haber quedado sólo entre ellos dos. Pero aún si la escucharon los otros once, las palabras de Jesús son tan vagas que pudieron haberlas pasado por alto . . . excepto por Judas mismo. A pesar de que tanto Jesús como Judas conocen la realidad de los hechos (comparar Juan 13:10 -11, 18-19), los once siguen perdidos en la oscuridad.

Jesús estaba destinado a ser traicionado de conformidad con las Escrituras (ver Zacarías 11:7-14; Salmo 41:9). Sin embargo, Judas era responsable de sus propios actos. Se le quitará su posición de apóstol (Salmo 69:25; 109:8; Hechos 1:20), morirá una muerte horrenda (Mateo 27:3-10; Hechos 1:18-19) y recibirá su propio lugar de castigo. En verdad, cuando ya todo sea dicho y hecho, Iscariote, el hijo de perdición (Juan 17:12), deseará jamás haber nacido.

Lucas 22:23 señala:

²³Entonces comenzaron a preguntarse unos a otros quién de ellos haría esto.

Juan 13:23-26 *con* Marcos 14:20 señalan:

²³Uno de ellos, el discípulo a quien Jesús amaba, estaba a su lado. ²⁴Simón Pedro le hizo señas a ese discípulo y le dijo:
—Pregúntale a quién se refiere.
²⁵—Señor, ¿quién es? —preguntó él, reclinándose sobre Jesús.
²⁶{Es uno de los doce^{Mr}} —Aquel a quien yo le dé este pedazo de pan que voy a mojar en el plato —le contestó Jesús.
Acto seguido, mojó el pedazo de pan y se lo dio a Judas Iscariote, hijo de Simón.

Los apóstoles siguen preguntándole a Jesús y se siguen preguntando unos a otros. Pedro, desde el otro lado de la mesa, le hace señas [*neuō*] a Juan, el "discípulo amado" (Juan 19:26; 20:2; 21:7, 20). Pedro quiere que sea Juan quien le pregunte a Jesús, personalmente, quién es. La reconstrucción que Edersheim hace del arreglo de los lugares y cojines no puede estar muy lejos de la verdad (II:494). Él describe cómo los cojines y sofás están arreglados en tres lados de la mesa y la comida se servía desde el espacio abierto. La mesa estaba casi a ras del suelo y las personas alrededor de la mesa estaban recostados o reclinados sobre los cojines sobre su codo izquierdo, formando una especie de "U" alrededor de la mesa. El anfitrión se sentaba en un lugar visible y privilegiado de la "U" con sus dos invitados de honor a la derecha e izquierda respectivamente. El lugar de menor importancia era completamente del otro lado de la "U", es decir, en la parte más alejada del anfitrión. Juan estaba frente a Jesús (Juan 13:23-25). A su espalda, el lugar que Edersheim identifica como el lugar de más honor, debía estar Judas. Después de todo, al parecer tanto él como Jesús tienen una conversación en privado (Mateo 26:25) y Jesús está lo suficientemente cerca de él como para darle el bocado de pan (Juan 13:26-27). Al parecer Judas ha ganado la discusión de quién es el más importante o tal vez Jesús lo colocó en este lugar de prestigio, el principal, en un intento por ganarse su amor. Por el otro lado, Pedro parece haberse humillado al tomar un lugar completamente al otro extremo de la mesa. Tal vez actuó de manera intempestiva después de que Jesús le lavó los pies.

Juan se reclina en el pecho de Jesús y simplemente le pregunta: "Señor, ¿quién es?" Jesús le da una señal. Mojará un pedazo de pan en la preparación (hecha de frutas aplastadas, agua y vinagre) y lo entregará al traidor. Este acto es una muestra de una amistad íntima (ver Rut 2:14). Antes ya Jesús había dicho que el traidor mojaría su pan en el plato de Jesús. Pero hacia el fin de la tarde, eso potencialmente describiría a los doce. Meter su mano en el mismo plato era sinónimo de "compartir la cena". Pero esta señal es algo más específico, más inmediato. Toma un trozo de pan, lo moja en el plato y lo entrega a Judas.

Juan 13:27-30 señala:

²⁷Tan pronto como Judas tomó el pan, Satanás entró en él.
—Lo que vas a hacer, hazlo pronto —le dijo Jesús.
²⁸Ninguno de los que estaban a la mesa entendió por qué le dijo eso Jesús. ²⁹como Judas era el encargado del dinero, algunos pensaron que Jesús le estaba diciendo que comprara lo necesario para la fiesta, o que diera algo a los pobres. ³⁰En cuanto Judas tomó el pan, salió de allí. Ya era de noche.

Al tiempo que el trozo de pan toca la boca de Judas, Satanás entra en su corazón. Jesús le ordena que se apresure a cumplir con su tarea, que los demás interpretan como funciones potenciales de tesorero. Al irse del cuarto, los apóstoles, con la probable excepción de Pedro y de Juan, siguen sin entender lo de Judas. También Judas está a oscuras, no por la noche, sino por el velo de Satanás en cuanto a su avaricia, codicia y traición. Las cuatro breves palabras de Juan, "Ya era de noche", suenan muy apropiadas en cuanto al final de la vida de Judas. Ahora que tanto Juan como Jesús y Pedro saben lo que está a punto de suceder, Judas debe actuar con prontitud.

Sección 147
Predicción de la negación de Pedro
(Mateo 26:31-35; Marcos 14:27-31; Lucas 22:31-38; Juan 13:31-38)

La cronología se torna difícil a estas alturas debido a dos razones. Primero, Juan no registró la cena del Señor (*Sección 148*). Aparentemente pensó que los sinópticos ya la habían cubierto propiamente y tal vez porque ya la había mencionado en Juan 6:53-54. Segundo, Mateo y Marcos ubican la predicción de la negación de Pedro después de que Jesús salió de la casa y se fue al Getsemaní (comparar la *Sección 152*). Sin embargo, Juan la pone antes del mensaje de despedida de Jesús (Juan 14 - 17), mientras siguen dentro de la casa. Concordamos con la armonía de Thomas y Gundry porque señala que debemos seguir a Juan en vez de a Mateo y a Marcos. Después de todo, Juan dedica casi una cuarta parte de su libro a esta sola tarde. Sin embargo, estamos en desacuerdo con respecto a que la predicción de la negación de Pedro haya sido hecha antes de la cena del Señor (*Sección 148*). No hay razón alguna para sacar a los tres sinópticos de orden en este momento. Por lo tanto, haremos dos cosas. Primero, extraeremos Mateo 26:30 y Marcos 14:26 de su contexto y los colocaremos en la *Sección 152* para seguir la cronología de Juan. Segundo, reajustaremos la armonía de Thomas y Gundry al comentar primero *la Sección 148 antes de la 147*. Debemos dar una palabra de precaución. Cuando comenzamos a mover textos para ajustarlos a la cronología, debemos ser extremadamente sensibles al contexto de cada sección en su propio evangelio para no perder el sabor único de cada una de ellas en nuestro esfuerzo por presentar un cuadro completo de los cuatro evangelios.

Sección 148
La cena del Señor
(Mateo 26:26-29; Marcos 14:22-25; Lucas 22:17-20;
1 Corintios 11:23-26)

Cuatro voces registran este sacramento santo. Mateo y Marcos casi son idénticos, mientras que Lucas y Pablo se sobreponen significativamente. Aunque nosotros no estuvimos presentes en esa celebración, cada cristiano tiene el privilegio de formar parte de ello.[28] Ya casi por dos mil años, la iglesia de Cristo Jesús ha promulgado y recordado su muerte. De manera extraña y divina este acto nos ha hecho retroceder en el tiempo. Nos permite revivir todos los acontecimientos que siguen: la negación de Pedro, la muerte de Jesús, el gozo de la resurrección y la esperanza de la restitución y restauración de Pedro. Esta es la cena del Señor; es la celebración cristiana. Al tiempo que la iglesia consume su cuerpo, su cuerpo es uno en la iglesia.[29]

Lucas 22:17-18 señala:

> [17] Luego tomó la copa, dio gracias y dijo:
> —Tomen esto y repártanlo entre ustedes. [18] Les digo que no volveré a beber del fruto de la vid hasta que venga el reino de Dios.

Mateo 26:26-29 *con* Lucas 22:19-20; Marcos 14:23; 1 Corintios 11:24 señalan:

> [26] Mientras comían, Jesús tomó pan y lo bendijo. Luego lo partió y se lo dio a sus discípulos, diciéndoles:

---

[28] B. B. Thurston, "'Do This': A Study on the Institution of the Lord's Supper" ('Haced esto': Un estudio en cuanto a la institución de la cena del Señor, *RestQ* (Publicación trimestral de la restauración) 30 [1988]: 207-217. Ella discute que la importancia primordial de la eucaristía recae en sus acciones, no en los elementos. En otras palabras, es una representación dramática de la expiación. Además, tiene fondos evangelizadores en tanto que proclama la muerte del Señor hasta que él vuelva. N. A. Beck, "The Last Supper as an Efficacious Symbolic Act" (La última cena como acto simbólico eficaz), *JBL* (Revista de literatura bíblica) 89 [1970]: 192-198, hasta sugiere que la institución original de Jesús de la cena fue algo así como la actuación de una parábola. Como lo enseñaron los profetas del Antiguo Testamento a través de demostraciones dramáticas, así lo hace Jesús en esta ocasión con el partimiento del pan. Yendo un paso más adelante, B. Cooke defiende la posición católica de la presencia continua de Jesús en la eucaristía como una necesidad lógica si es que Jesús continúa como mediador de nuestro pacto. En otras palabras, esto no es un simple símbolo que nosotros ponemos nuevamente en vigor, es un sacramento en el cual participa el mismo Jesús (B. Cooke, "Synoptic Presentation of the Eucharist as Covenant Sacrifice" [Presentación sinóptica de la eucaristía como sacrificio del pacto], *TS* [Estudios teológicos] 21 [1960]: 1-44).

[29] Tristemente, la eucaristía ha sido el centro de mucha controversia. El hecho funesto es que un gran porcentaje de cristianos ejecutados, como lo registra *Foxe's Book of Martyrs* (El libro de los mártires de Foxe), fueron asesinados por otros creyentes debido a sus diferencias en cuanto a la cena del Señor. Existen no menos de diez debates en cuanto a este simple memorial que ha dividido a la iglesia del Señor: (1) ¿Vino o jugo de uva? (2) ¿Pan sin o con levadura? (3) ¿Con qué frecuencia se debe celebrar? (4) ¿Es simbólico o sacramental: Es metáfora, transubstanciación o consubstanciación? (5) ¿Debe ser un sacerdote o un anciano el requerido para orar y/o distribuir los emblemas? (6) ¿Es esencial la sangre para perpetuar la expiación semana a semana? (Algunos creen que si una persona no toma de la cena del Señor un domingo y luego muere esa semana que su salvación estaría en peligro.) (7) ¿Una o varias copas? (8) ¿Se puede sustituir con otros emblemas (como el pastel de arroz del oriente)? (9) Pueden participar aquellos que son miembros de cierta iglesia o denominación? O ¿pueden participar niños no bautizados o incrédulos? (10) ¿Cómo se le debe llamar: Eucaristía, la cena del Señor, comunión?

—Tomen y coman; esto es mi cuerpo {entregado por ustedes; hagan esto en memoria de mí^{Lc}}.
{De la misma manera tomó la copa después de la cena^{Lc}}
^{27}Después tomó la copa, dio gracias, y se la ofreció diciéndoles:
—Beban de ella todos ustedes {en memoria de mí$^{1\,Cor}$}. {y todos bebieron de ella^{Mr}} ^{28}Esto es mi sangre del {nuevo^{Lc}} pacto, que es derramada por muchos para el perdón de pecados. ^{29}Les digo que no beberé de este fruto de la vid desde ahora en adelante, hasta el día en que beba con ustedes el vino nuevo en el reino de mi Padre.

1 Corintios 11:26 señala:

^{26}Porque cada vez que comen este pan y beben de esta copa, proclaman la muerte del Señor hasta que él venga.

Jesús se sienta con sus amigos más cercanos para participar de su última cena juntos. Para los judíos, comer juntos era un acontecimiento sagrado. De hecho, Jeremías señala cinco implicaciones de las comidas judío cristianas.^{30} (1) Las comidas judías demostraban una afinidad profunda entre los participantes. Era una declaración de parentesco. (2) Las comidas judías eran acontecimientos sagrados ya que se invitaba la presencia de Dios mediante la oración o bendición. No simplemente se agradecía a Dios por la comida; lo invitaban a que estuviera presente a la mesa. (3) El compañerismo con Jesús a la mesa indicaba que usted se constituía parte de su nueva familia. Además, él invitó a los menos importantes y a los perdidos como invitados especiales a comer con él. (4) Las comidas con Jesús eran fiestas y celebraciones. Declararon la inauguración de su reino — redención y perdón. (5) Después de la ascensión de Jesús, las comidas en común de las iglesias recordaban a Jesús. Como resultado, estas comidas fueron utilizadas como oportunidades de benevolencia. Todo esto es el telón de fondo de la última cena de Jesús.

De todas las comidas judías, la Pascua anual es la más sagrada. Pero este año se altera un poco. Finalmente se cumple lo que se ha esperado por casi 1,500 años: La cena del Señor. Seder ha llegado por fin.^{31} (Seder es una celebración judía ya sea en familia o en la

---

[30] J. Jeremias, "This is My Body...'" ('Este es mi cuerpo...') *ExpT* (Tiempos de exposición) 83 [1972]: 196-203.

[31] En cuanto a las regulaciones de la celebración de la Pascua ver Éxodo capítulo 12; Levítico 23:4-8; Números 9:1-14; Deuteronomio 16:1-8; también al rabino D. Cohn-Sherbok, "A Jewish Note on (Una nota judía en cuanto a) *TO POTĒRION TĒ S EULOGIAS*", NTS (Estudios del Nuevo Testamento) 27 [1980-81]: 704-709 y G. J. Bahr, " The Seder of Passover and the Eucharistic Words" (La cena de la Pascua y las palabras eucarísticas), NovT (Novum Testamentum) 12 [1970]: 181-202. Sin embargo, B. M. Bosker advierte que la cena de

comunidad donde se incluye una comida ceremonial y llevada a cabo en la primer tarde o noche de la Pascua).

La mesa está dispuesta. Ante nosotros está el pan, el vino y el plato de *haroset*, las hierbas amargas y frutas machacadas. El anfitrión saca el cordero asado. Pero antes de comer, un jovencito debe preguntar: "Padre, ¿qué significa todo esto?" El patriarca de la casa debe, entonces, narrar toda la historia del éxodo y la gloriosa liberación del pueblo de Dios. Hasta donde podemos determinar, en el aposento alto no hay ningún jovencito. Sin embargo, podemos imaginarnos que en este instante de la cena, Jesús levanta la primer copa de vino y explica a su "familia" el verdadero significado del éxodo.

Mateo y Marcos solamente mencionan una copa de vino mientras que Lucas menciona dos.[32] En realidad, la cena de la Pascua incluía cuatro copas, cada copa representaba una declaración de Éxodo 6:6-7.

Copa 1: "Yo soy el SEÑOR, y voy a quitarles de encima la opresión de los egipcios".

Copa 2: "Voy a librarlos de su esclavitud".

Copa 3: "Voy a liberarlos con gran despliegue de poder y con grandes actos de justicia".

Copa 4: "Haré de ustedes mi pueblo; y yo seré su Dios".

Si G. J. Bahr está en lo correcto, la primera copa se servía con los entremeses en la casa principal antes de que ellos subieran al

---

la Pascua fue alterada después del año 70 d.C. (la destrucción del templo) y mucho más después del año 135 d.C. (la segunda revuelta judía en contra de Roma) para ajustarse a las necesidades cambiantes de los adoradores judíos ("Was the Last Supper a Passover Seder?" [¿Fue la última cena una celebración de la Pascua?] BR [Panorama bíblico] [verano, 1987]: 24-33). F. C. Senn va más allá, declarando que no hay textos de la cena de la Pascua antes de la Edad Media. Por lo tanto, las celebraciones de la cena de la Pascua moderna, tan intrigantes para muchos cristianos, puede que hayan sido muy distintas de lo que hicieron Jesús y sus apóstoles. Además, él sugiere que el significado de la cena del Señor para el cristiano no consiste en una reconstrucción histórica judía de la cena de Pascua, sino el recordatorio simbólico de la obra redentora de Cristo a través de los elementos eucarísticos (F. C. Senn, " The Lord's Supper, Not the Passover Seder" [La cena del Señor, no la cena de la Pascua], Worship [Adoración] 60 [1986]: 362-368). M. Cook, desde una perspectiva judía, discute vigorosamente que los judíos deben parar de ayudar a los cristianos en las celebraciones de la cena de la Pascua que él considera no apropiadas y que guían mal o equivocadamente. "Christian Appropriation of Passover: Jewish Responses Then and Now" (La apropiación cristiana de la Pascua: Respuestas judías entonces y ahora), LexTQ (Publicación trimestral teológica Lexington) 34/1 [1999]: 13-40.

[32]La frase "fruto de la vid" fue una terminología de oración judía para "vino". Fue, en verdad, fermentado y no tan sólo jugo de uva. Sin embargo, el vino palestino estaba comúnmente diluido con dos a tres partes de agua.

aposento alto.³³ Así, las dos copas que menciona Lucas serían la dos y la tres que se han mencionado anteriormente, servidas al inicio y al final de la cena de Pascua. Ambas copas estaban atadas a un discurso bastante fuerte en cuanto a la "salvación". Esto hace de la institución de la cena del Señor algo sumamente rico e importante. La cuarta copa representaba la presencia de Dios. Carson especula que Jesús, de hecho, se abstuvo de esta cuarta copa (Mateo 26:29; Marcos 14:25), en preparación para su muerte. No celebrará la presencia de Dios con sus discípulos nuevamente sino hasta el banquete mesiánico (Lucas 22:16, 18; Mateo 26:29).

Jesús, entonces, toma el pan sin levadura y da gracias a Dios (*eucharisteō*, "da gracias", de donde obtenemos la palabra "eucaristía"). Esto representa su cuerpo. Como en Juan 6:53-58, aquí lo que dijo Jessús es figurativo e igualmente pintoresco.

Con estos dos elementos simples, Jesús explica de qué se trata todo este asunto del éxodo. (1) El pan y el vino, representando el cuerpo y la sangre de Jesús, apuntan a su muerte vicaria (p.ej., Isaías capítulo 53; Mateo 20:28). Esto se llevará a cabo dentro de unas doce horas. (2) La muerte de Jesús establecerá un nuevo pacto. Recordamos las palabras de Jeremías 31:31-34, especialmente: "Yo les perdonaré su iniquidad, y nunca más me acordaré de sus pecados". Las palabras "sangre" y "pacto" solamente se usan juntas otras dos veces (Éxodo 24:8; Zacarías 9:11). De hecho, Éxodo 24:8 dijo como el pacto mosaico fue ratificado por el derramamiento de sangre. "El Mishnah (*Pesahim* 10:6), que en este caso puede preservar las tradiciones de los tiempos de Jesús, usa Éxodo 24:8 para interpretar el vino de la Pascua como metáfora para la sangre que sella un pacto entre Dios y su pueblo" (Carson, p. 537). De la misma manera, el nuevo pacto fue ratificado por el derramamiento de sangre. Hebreos 9:22 explica por qué: "De hecho, la ley exige que casi todo sea purificado con sangre, pues sin derramamiento de sangre no hay perdón". (3) Las palabras "derramada por muchos" ("muchos" significando "todos") les prendería el foco de los once, recordándoles toda la sangre derramada por los corderos de la Pascua, que tipifica a Jesús (Juan 1:29). Tal vez hasta lo relacionaron con Isaías 53:12: "Porque derramó su vida hasta la muerte . . ."

Lo que Jesús está haciendo es claro. ¡Conmemora su muerte — no su vida, sus milagros o sus enseñanzas! El propósito principal de la

---

³³G. J. Bahr, " The Seder of Passover and the Eucharistic Words" (La cena de la Pascua y las palabras eucarísticas), *NovT* (Novum Testamentum) 12 [1970]: 181-202, da un bosquejo superlativo de comidas en festividades judías basado en descripciones antiguas.

venida de Jesús a la tierra fue morir por los pecados de la humanidad, por todo el mundo (Marcos 10:45). Así que la eucaristía tiene como firme propósito recordarnos la cruz (1 Corintios 11:26). Pero también anticipa el regreso de Jesús. Como lo señala Carl: "Recordamos hacia adelante o lo que esperamos y ansiamos".[34] La última copa de vino, el símbolo de la presencia de Dios, sigue esperando la consumación del banquete de bodas del Cordero (Mateo 22:1-14; Apocalipsis 19:6-9; también Isaías 25:6; 1 Enoc 72:14; Mateo 8:11; Lucas 22:29-30). Más allá de este vistazo **hacia atrás** y **hacia adelante**, la cena del Señor nos insta a que nos veamos **internamente**, que nos examinemos (1 Corintios 11:27-32) y **por fuera**, para proclamar la unidad del cuerpo de Cristo (1 Corintios 10:17; 11:17-19). Resulta en verdad un misterio maravilloso que tan frágil memorial, de tan comunes y transitorios elementos, ha soportado tan tenazmente los embates del tiempo.

Sección 147 (de nuevo)
Predicción de la negación de Pedro
(Mateo 26:31-35; Marcos 14:27-31; Lucas 22:31-38; Juan 13:31-38)[35]

Juan 13:31-38 señala:

> [31]Cuando Judas hubo salido, Jesús dijo:
> —Ahora es glorificado el Hijo del hombre, y Dios es glorificado en él. [32]Si Dios es glorificado en él, Dios glorificará al Hijo en sí mismo, y lo hará muy pronto.
> [33]»Mis queridos hijos, poco tiempo me queda para estar con ustedes. Me buscarán, y lo que antes les dije a los judíos, ahora se lo digo a ustedes: Adonde yo voy, ustedes no pueden ir.
> [34]»Este mandamiento nuevo les doy: que se amen los unos a los otros. Así como yo los he amado, también ustedes deben amarse los unos a los otros. [35]De este modo todos sabrán que son mis discípulos, si se aman los unos a los otros.

---

[34] W. J. Carl, "Mark (Marcos) 14:22-25", *Int* (Interpretación) 39 [1985]: 296-301.

[35] En esta ocasión notamos que Mateo 26:30 y Marcos 14:26 están incluidas en la **Sección 152**. Estos versículos señalan que Jesús salió del aposento alto y se fue al monte de los Olivos. Así, Mateo y Marcos colocan esta predicción *en ruta* al monte de los Olivos, mientras que Lucas y Juan la mantienen en el aposento alto. Realmente no hay problema con dos de los evangelistas ubicando esta narración de manera temática en vez de hacerlo de manera cronológica. Sin embargo, Thomas y Gundry (p. 202, nota b) sugieren que tal vez Jesús hizo dos predicciones en vez de una y que Lucas y Juan registraron la primera y Mateo y Marcos registraron la segunda. Si eso es verdad, entonces las observaciones de Mateo y Marcos deben estar a la inversa, para cuando ya han dejado el aposento alto.

36—¿Y a dónde vas, Señor? —preguntó Simón Pedro.
—Adonde yo voy, no puedes seguirme ahora, pero me seguirás más tarde.
37—Señor —insistió Pedro—, ¿por qué no puedo seguirte ahora? Por ti daré hasta la vida.
38—¿Tú darás la vida por mí? ¡De veras te aseguro que antes de que cante el gallo, me negarás tres veces!

Juan retoma su narración justo en el momento en que Judas sale del aposento alto. Jesús dice: "ahora es glorificado el Hijo del hombre". Eso incluye no tan sólo ser levantado en alabanza y adoración sino, sino la crucifixión misma, la resurrección y su ascensión (Juan 7:39; 12:16, 23). El mundo consideró la crucifixión de Jesús como su extinción, pero Jesús la consideró como su obra definitoria. Ahora que Judas ha abandonado el cuarto, su "levantamiento" final puede dar inicio. La cruz será el inicio de la jornada de Jesús hacia su "glorificación".

Dios mismo es glorificado con la muerte, sepultura y resurrección de Jesús. Esto es así porque en todo ello Jesús demostró su obediencia al Padre y cumple con los planes trazados por Dios desde el principio.

Jesús se dirige a su grupo de manera tierna: "Mis queridos hijos". Juan adoptará esta forma de expresión cuando se dirige a su rebaño (1 Juan 2:1, 12, 28; 3:7, 18; 4:4; 5:21). Jesús trata de preparar a sus discípulos para su inminente ausencia. Esta no es ninguna información nueva. Seis meses atrás, en la fiesta de los Tabernáculos, les advirtió a los judíos de la misma cosa (Juan 7:33; 8:21; ver también 12:35; 14:19; 16:16-20). Pero las malas noticias son difíciles de soportar.

Jesús se desplaza a un nuevo tema: un nuevo mandamiento. No hay nada nuevo en el mandamiento de amarse unos a otros. Estaba ya presente en la ley antigua (Levítico 19:18). Además, en dos ocasiones Jesús ha verificado el mandamiento más importante y ha comprobado este versículo (***Secciones 103 y 135***). Pero la forma en la que Jesús ama es totalmente algo nuevo. Pablo lo pone de la siguiente manera en Romanos 5:7-8: "Difícilmente habrá quien muera por un justo, aunque tal vez haya quien se atreva a morir por una persona buena. Pero Dios demuestra su amor por nosotros en esto: en que cuando todavía éramos pecadores, Cristo murió por nosotros". Y 1 Juan 3:16 (tal vez el mejor comentario de Juan 3:16) afirma: "En esto conocemos lo que es el amor: en que Jesucristo entregó su vida por nosotros. Así también nosotros debemos entregar la vida por nuestros hermanos". En verdad, Jesús declara que esta debe ser la marca definitiva de los creyentes, que amen a otros con un sacrificio desinteresado.

Pedro sigue atorado con este asunto de que Jesús se va a "ir" a alguna parte. Pedro ha seguido fielmente a Jesús por tres años ya. Han llegado hasta este punto donde el reino será inaugurado en cualquier instante. ¡No va a permitir que Jesús se le escape! "¿Y a dónde vas, Señor?", le pregunta. ¿Cómo va Jesús a contestar esta pregunta? Es demasiado para que Pedro comprenda. ¿Qué le dirá? "Bueno Pedrito, mi primera parada después de mi crucifixión será el Hades, donde les predicaré a las almas desobedientes que ya han partido. Estaré allí unos dos días (1 Pedro 3:19-20). Luego, regresaré para estar con ustedes unos 40 días (Hechos 1:3). Después de eso, me iré volando hasta el trono de mi Padre (Marcos 16:19), donde me sentaré a su derecha por tiempo indefinido y luego regresaré a la tierra montado en un caballo blanco" (Apocalipsis 19:11). No hay forma de que Pedro entienda todo esto. Resulta suficiente que Jesús diga: "Adonde yo voy, no puedes seguirme ahora". Sin embargo, Pedro seguirá a Jesús hasta el martirio. De acuerdo con la tradición, Pedro fue crucificado por Nerón en el año 68 d.C. Pedro no se sintió merecedor de morir de la misma manera que su Señor y pidió que lo crucificaran de cabeza. Su petición fue concedida. Pedro siguió, entonces, a Jesús hasta el trono mismo de Dios con los otros mártires (Apocalipsis 6:9-11).

Mateo 26:31-33 señala:

³¹—Esta misma noche —les dijo Jesús— todos ustedes me abandonarán, porque está escrito:
»"Heriré al pastor,
y se dispersarán las ovejas del rebaño".ᵃ
³²Pero después de que yo resucite, iré delante de ustedes a Galilea.
³³—Aunque todos te abandonen —declaró Pedro—, yo jamás lo haré.

ᵃ*31* Zacarías 13:7

Todo está sucediendo muy de prisa. Cada elemento de este plan trazado desde el principio cae en su lugar con una velocidad y precisión aterradoras. Al igual que Judas, los otros once también tienen funciones que desempeñar, un poco menos halagüeñas que la de él. Basado en Zacarías 13:7, Jesús predice el abandono y retirada de los once en el Getsemaní (Mateo 26:56; Marcos 14:50). Existen algunas diferencias significativas en el texto de Zacarías 13:7 (entre los textos de la versión Septuaginta de la Biblia y el Nuevo Testamento). También hay duda en cuanto al significado del texto original de Zacarías 13:7 (al parecer su referencia principal es en cuanto a la maldad de los gobernantes/pastores de Israel quienes son golpeados como castigo, que no se parece mucho a Jesús). Sin embargo, estas dificultades parecen ser bien contestadas al considerar esta profecía como tipología. En otras palabras, Jesús es el Antitipo de todos los líderes judíos; de la misma manera, los once representan a Israel. Cuando Israel perdió a sus líderes, huyeron y fueron esparcidos. De la misma manera, cuando los apóstoles pierden a Jesús, fueron esparcidos. No todos los detalles contextuales de Zacarías capítulo 13 se aplican a la situación presente.

Pedro, como alguien pudiera imaginarse, objeta tremendamente. Afirma que él se mantendrá fiel a pesar de que todos estos bribones fallen. El discursillo de Pedro en su propia defensa casi no lo redime ante sus camaradas. Pero cuando todo ha sido dicho y hecho, su negación será más notoria que la de ellos.

Lucas 22:31-33 señala:

³¹»Simón, Simón, mira que Satanás ha pedido zarandearlos a ustedes como si fueran trigo. ³²Pero yo he orado por ti, para que no falle tu fe. Y tú, cuando te hayas vuelto a mí, fortalece a tus hermanos.
³³—Señor —respondió Pedro—, estoy dispuesto a ir contigo tanto a la cárcel como a la muerte.

Marcos 14:30-31 señala:

³⁰—Te aseguro —le contestó Jesús— que hoy, esta misma noche, antes que el gallo cante por segunda vez,ª me negarás tres veces.
³¹—Aunque tenga que morir contigo —insistió Pedro con vehemencia—, jamás te negaré.
Y los demás dijeron lo mismo.

ª30 Var. no incluye: *por segunda vez*

Sin duda que Jesús tiene la atención de Pedro al dirigirse a él por su nombre anterior y lo hace dos veces. Es algo bueno ya que Pedro debe escuchar lo que Jesús tiene que decirle. No es algo que tenga tanta relevancia en el momento sino para su ministerio futuro. La palabra que Lucas utiliza para "ha pedido" en el v. 31 indica que a Satanás se le concedió lo que solicitó. En otras palabras, Pedro está en manos del enemigo. Esta escena tiene la intención de contrastar la de Iscariote. Aunque sus acciones no son del todo distintas, su amor por Jesús está totalmente en lados opuestos del espectro. Por ello la naturaleza de su arrepentimiento y los resultados son opuestos totalmente.

Satanás tiene el control de Pedro únicamente con el permiso de Dios. Dios permitirá que Pedro sea zarandeado, pero no destruido (Juan 10:29). Como en muchas de las tretas de Satanás con las que quiere lastimar al individuo, Dios usa la falla de Pedro para purificarlo y perfeccionarlo. Así, Dios contesta la oración de Jesús en beneficio de Pedro. Aunque Pedro falla, su fe se mantiene firme. Su fe lo guía al arrepentimiento, su arrepentimiento le da fuerzas, su fe se esparce por toda la comunidad cristiana y sigue así hasta nuestros días. Pedro modela para nosotros. Nos da la esperanza del perdón, la reconciliación, y la mejor persona a través de la fe, el amor, y la perseverancia. Vemos en Pedro nuestro propio peregrinar.[36]

Pero Pedro sigue objetando. En esencia, él afirma: "¡Jesús, te equivocas!" Afirma que está dispuesto a ir a la cárcel o hasta morir junto con Jesús. En verdad, está dispuesto. ¿Quién negaría la devoción y el valor (aunque esté equivocado) de un hombre que desafía a todo un ejército romano con tan sólo dos espadas? (Lucas 22:38, 50) ¿Cómo podía negar a Jesús un discípulo tan abnegado? Realmente es muy simple. Está dispuesto a arriesgar su vida por un Mesías milagroso y poderoso. Pero cuando Jesús le ordena que guarde la espada (Mateo 26:52), le quitó el único recurso que Pedro conocía y en el cual confiaba. Pedro está dispuesto a pelear por su vida; no está dispuesto a ofrecerla.

La predicción de Jesús se torna más aguda: Me negarás tres veces esta misma noche, entre las 24 horas y las 3 de la mañana. En Palestina los gallos cantaban durante el tiempo que los romanos designaban como la tercer vigilia (12-3 de la mañana). De hecho, hasta le apodaron a esa vigilia de "el canto del gallo". Pedro no lo puede creer y tan vehementemente no da crédito a las palabras de Jesús como lo negará dentro de unas cuantas horas. Los otros diez se ponen del lado de Pedro en contra de Jesús. ¡Tampoco ellos lo pueden creer! Pero muy pronto no necesitarán que nadie los convenza de la

---

[36] J. Thompson, " The Odyssey of a Disciple" (La odisea de un discípulo), *RestQ* (Publicación trimestral de la restauración 23 (1980): 77-81.

exactitud de esta predicción de Jesús. El gallo cantará una segunda vez en el mismo instante en que Pedro niega a Jesús por tercera vez y los ojos de ellos dos se encontrarán en ese momento decisivo (Lucas 22:60-61).

Lucas 22:35-38 señala:

³⁵Luego Jesús dijo a todos:
—Cuando los envié a ustedes sin monedero ni bolsa ni sandalias, ¿acaso les faltó algo?
— Nada —respondieron.
³⁶—Ahora, en cambio, el que tenga un monedero, que lo lleve; así mismo, el que tenga una bolsa. Y el que nada tenga, que venda su manto y compre una espada. ³⁷Porque les digo que tiene que cumplirse en mí aquello que está escrito: "Y fue contado entre los transgresores".ᵃ En efecto, lo que se ha escrito de mí se está cumpliendo.ᵇ
³⁸—Mira, Señor —le señalaron los discípulos—, aquí hay dos espadas.
—¡Basta! —les contestó.

ᵃ37 Isaías 53:12 *ᵇ37 En efecto . . . cumpliendo.* Lit. *Porque lo que es acerca de mí tiene fin.*

Jesús envió a los doce (Mateo capítulo 10), al igual que a los setenta y dos (Lucas capítulo 10), sin dinero extra, cambios de ropa o armas de defensa. Pero los tiempos han cambiado. Ya no estamos hablando de recorridos locales de evangelización ante los vecinos conocidos. Ahora nos referimos a la conquista global en una atmósfera de gran oposición y hasta de frecuente persecución física. Estamos hablando de largos viajes, no de simples recorridos. Como fue predicho en Isaías 53:12, Jesús será considerado un hombre fuera de la ley.³⁷ Por ello, también sus seguidores serán considerados renegados. Estas provisiones extras serán esenciales bajo estas nuevas condiciones.

Las espadas que Jesús les pidió que llevasen consigo han causado gran preocupación. ¿Nos referimos aquí a las cruzadas "santas"? ¡NO! Jesús aclara que estas espadas no se usarán para agredir (ver Juan 18:10-11). De hecho, cuando Pedro saca la suya y hiere a Malco, Jesús le ordena guardarla (Mateo 26:52). Tampoco se usarán estas espadas para salir victoriosos de un lío. El ejemplo de Hechos es el de no tomar venganza (ver Mateo 5:39) y de someternos

---

³⁷Acerca de otras citas en el Nuevo Testamento en cuanto a Isaías capítulo 53, ver Mateo 8:17; Juan 12:38; Hechos 8:32-33; Romanos 10:16; 1 Pedro 2:22.

a las autoridades (ver Romanos 13:1-5). Por ejemplo, Pedro y Juan pudieron haber levantado a las multitudes para oponerse a los guardas del templo, pero prefirieron obrar en silencio (ver Hechos 4:1-4 y 5:26-27). Así que, ¿para qué son estas espadas? Hasta podrían propiciar una persecución innecesaria o podrían ser tachados como provocadores de alguna rebelión.[38]

Los discípulos rápidamente responden a este llamado "revolucionario". Le informan a Jesús que tan sólo tienen dos espadas en su arsenal. Jesús apaga su exuberancia militar señalando de manera simple: "¡Basta!"

El discurso en el aposento alto

Este es el discurso de despedida de Jesús.[39] En los siguientes cuatro capítulos (Juan 14-17), Jesús debe resaltar tres hechos críticos:[40] (1) Él se va (Juan 13:1, 31-33, 36; 14:1-4, 18, 25, 27-29; 16:5, 11-19, 28; 17:11) (2) Los apóstoles seguirán con la misión aunque enfrenten oposición del mundo (Juan 13:13-17, 20, 34-35; 14:12-14, 18-21; 15:1-21, 27; 16:1-4, 23-24; 17:12-22). (3) El Espíritu Santo les asistirá en su misión (Juan 14:15-18, 26; 15:26-27; 16:6-11, 13-14). Este es uno de esos escenarios con noticias buenas y malas a la misma vez. Lo que está por venir es sumamente difícil. ¡Pero las promesas de Jesús simplemente están fuera de este mundo!

---

[38] La espada conocida como *machaira* tiene un amplio rango de significados, desde una espada militar pasando por un escapelo y hasta significar un cuchillo para acampar (una herramienta esencial para viajeros como el grupo de Jesús; ver W. Michaelis, "$\mu\acute{\alpha}\chi\alpha\iota\rho\alpha$" *TDNT* 4:524-527). Cambiar el manto por una espada es un asunto serio ante la persecución imperante; ver G. W. H. Lampe, "Two Swords" en *Jesus and the Politics of His Day*, ed. Ernst Bammel y C. F. D. Moule (Cambridge: Cambridge University Press, 1984), 337. A pesar de ello S. G F. Brandon, *Jesus and the Zealots* (New York: Scribners, 1967), 16, 341, interpreta de manera inapropiada este texto como un llamado de Jesús a un levantamiento violento.

[39] Esta es una forma literaria bien conocida tanto en el primer siglo como en la Biblia (Jacob en Génesis capítulos 48 y 49; a Moisés en Deuteronomio capítulos 31-34; a Josué en Josué capítulos 23-24; y a David en 1 Crónicas capítulos 28 y 29. También ver los discursos en el Nuevo Testamento presentados en Lucas capítulo 22, Juan capítulos 13-17 y Hechos 20:17-38). El propósito de estos discursos es resumir la obra y enseñanzas del individuo, para presentar una defensa de su vida si así se requiere y para aplicar las lecciones de la vida de una persona. Normalmente hay un énfasis fuerte en los problemas que aquejan a la comunidad y una comisión para que los sucesores continúen la obra. [R. W. Paschal, "Farewell Discourse" (Discurso de despedida), en el *Dictionary of Jesus and the Gospels* (Diccionario de Jesús y los Evangelios), editado por Joel B. Green, Scot McKnight, I. Howard Marshall (Downers Grove, IL: InterVarsity, 1992), pp. 229-233.]

[40] G. D. Fee, "John (Juan) 14:8-17", *Int* (Interpretación) 43 (1989): 170-174.

Sección 149
Jesús se va al Padre y envía al Espíritu Santo
(Juan capítulo 14)

Juan 14:1-4 señala:

¹»No se angustien. Confíen en Dios, y confíen también en mí.ª ²En el hogar de mi Padre hay muchas viviendas; si no fuera así, ya se lo habría dicho a ustedes. Voy a prepararles un lugar. ³Y si me voy y se lo preparo, vendré para llevármelos conmigo. Así ustedes estarán donde yo esté. ⁴Ustedes ya conocen el camino para ir adonde yo voy.

ª1 Confíen . . . en mí. Alt. *Ustedes confían en Dios; confíen también en mí.*

Esta cena con Jesús ha sido de lo más especial. Ninguna otra se la compara. Jesús se muestra tan solemne, tan serio. Un presagio y determinación envolvía toda la cena de la Pascua. La celebración se vio de alguna manera interrumpida con las palabras iniciales del Maestro: "Uno de ustedes me va a traicionar". Además, Jesús le acaba de decir a Pedro que éste lo va a negar y que los otros diez huirán y se esconderán. Se estremecen profundamente. Así que Jesús les dice que no tengan miedo.⁴¹ Con dos imperativos más,⁴² Jesús les da la solución: ¡Confíen en Dios; confíen también en mí!

Aunque la crucifixión y la ascensión serán pérdidas devastadoras para los discípulos, su fe se mantendrá firme en toda esta turbulencia y sufrimiento. Tres realidades gloriosas los sostendrán: (1) La presencia permanente del Espíritu Santo, (2) la venida de Jesús y (3) la esperanza de un hogar celestial. Esta "morada" representaba uno de los cuartos adyacentes a un hogar palestino grande. El cuarto o morada sería algo modesto dentro de un complejo enorme. Por ello, la versión autorizada King James de la Biblia lo traduce como "mansión", pero equivocadamente. La gloria de nuestra morada futura no recae en su tamaño o prestigio sino en la presencia de Cristo.

---

⁴¹La sintaxis de este verbo en imperativo [*mē* con el presente imperativo] indica parar de hacer aquello que se está haciendo en ese preciso momento.

⁴²Es posible que "creer en Dios" sea indicativo, "tú estás creyendo en Dios". Pero la Nueva Versión Internacional de la Biblia presenta su texto principal con un mayor sentido, traduciendo a ambos como imperativos.

Juan 14:5-7 señala:

⁵Dijo entonces Tomás:
—Señor, no sabemos a dónde vas, así que ¿cómo podemos conocer el camino?
⁶—Yo soy el camino, la verdad y la vida —le contestó Jesús—. Nadie llega al Padre sino por mí. ⁷Si ustedes realmente me conocieran, conocerían[a] también a mi Padre. Y ya desde este momento lo conocen y lo han visto.

ᵃ7 me conocieran, conocerían. Var. me han conocido, conocerán.

Tomás ha determinado seguir a Jesús adonde éste vaya. De hecho, anteriormente ya les había insistido a los demás apóstoles a que regresaran con Jesús a Judea no importando si ello representaba morir con él (Juan 11:16). Pero no puede seguir a Jesús si no sabe a dónde va o el camino que utilizará para llegar a donde va. Así que cuando Jesús declara que los apóstoles conocen el camino, Tomás se siente obligado a corregirlo.

¿Adónde vamos a ir para "encontrar" a Dios? Él es un Espíritu omnipresente. No hay un lugar que sea el adecuado en donde se le pueda encontrar con certeza. Sin embargo, Dios se manifestará de manera más visible en Jerusalén (Apocalipsis 21:3). Aun ahora Jesús regresa al trono donde la "manifestación" de Dios está rodeada de ángeles y ancianos (Apocalipsis capítulos 4-5). Aunque Jesús puede "viajar" allá ahora, el resto de nosotros tenemos que esperar. Pero en verdad nos encontraremos ante el trono, convertido en silla del juicio. Llegar allá no es el problema; lo que sí nos debe preocupar es el lugar en el que estemos parados cuando estemos allá. El camino al Padre no es una autopista sino una relación. Únicamente a través de Jesús podremos estar de pie ante el Padre en aquel día. Una vez que Jesús le explicó a Tomás su unidad con el Padre y, una vez demostrada a través de su resurrección y ascensión, Tomás ya no tendrá ninguna duda.

Que no quede ninguna duda, ¡mientras el cristianismo esté abierto a todo el mundo, el cielo estará cerrado! No importa como lo considere usted. La opinión que cuenta es la de Jesús. Muchos dirán que es intolerancia, que es tener una mente muy cerrada, pero es la verdad que viene de los mismos labios de Jesús. El dijo: "Yo soy el camino, la verdad y la vida. Nadie llega al Padre sino por mí". Si alguien logra sacar con bien del bosque a un niño perdido o rescata a alguien de un desastre, esta persona es considerada héroe, no un fanático. Jesús, quien probó su divinidad a través de su resurrección, hace un reclamo exclusivo y sin precedente que no debemos ignorar.

Esta es la sexta declaración **"Yo Soy"** en Juan (6:48; 8:12; 10:9; 10:11; 11:25; 15:1). La primera descripción o atributo de Jesús, **"El camino"**, se convirtió en uno de los nombres asignados a la iglesia primitiva (Hechos 9:2; 19:9, 23; 22:4; 24:22). Es segundo y tercer atributos de Jesús (verdad y vida) se encuentran en una gran cantidad de lugares en Juan:

Jesús es la VERDAD	Jesús es la VIDA
Juan 1:14, 17; 5:33; 7:18; 8:32, 40, 44-46; 18:23, 37-38	Juan 1:4; 3:15-16, 36; 5:21-26, 39-40; 6:40; 10:10, 28; 17:2; 20:31
El Espíritu Santo es VERDAD (14:17; 15:26; 16:13)	El Espíritu Santo es VIDA (6:63)
La Palabra de Dios es VERDAD (17:17)	La Palabra de Dios es VIDA (6:68)
"Les digo la verdad" (se encuentra 24 veces en Juan)	"Pongo mi vida" (10:11, 15-17; 15:13)
	Otras referencias a Vida: Pan de vida (6:33-35, 47-54), Agua de vida (4:14) y Luz de vida (8:12)

Juan 14:8-14 señala:

⁸—Señor —dijo Felipe—, muéstranos al Padre y con eso nos basta.

⁹—¡Pero, Felipe! ¿Tanto tiempo llevo ya entre ustedes, y todavía no me conoces? El que me ha visto a mí, ha visto al Padre. ¿Cómo puedes decirme: "Muéstranos al Padre"? ¹⁰¿Acaso no crees que yo estoy en el Padre, y que el Padre está en mí? Las palabras que yo les comunico, no las hablo como cosa mía, sino que es el Padre, que está en mí, el que realiza sus obras. ¹¹Créanme cuando les digo que yo estoy en el Padre y que el Padre está en mí; o al menos créanme por las obras mismas. ¹²Ciertamente les aseguro que el que cree en mí las obras que yo hago también él las hará, y aun las hará mayores, porque yo vuelvo al Padre. ¹³Cualquier cosa que ustedes pidan en mi nombre, yo la haré; así será glorificado el Padre en el Hijo. ¹⁴Lo que pidan en mi nombre, yo lo haré.

Enseguida nos encontramos a Felipe cuestionando a Jesús.[43] En Juan nos damos cuenta de tres cosas en cuanto a Felipe. Él fue uno de los primeros seguidores de Jesús, desde los días de Juan el Bautista (Juan 1:43-46). Su primer acto de devoción hacia Jesús fue presentarle a Natanael. Dos años más tarde Jesús prueba a Felipe ante la alimentación de los cinco mil al preguntarle cómo alimentarían a toda esta gente (Juan 6:5-7). Finalmente, en Juan 12:21, los griegos que querían conversar con Jesús se dirigen a Felipe para que sea éste quien los guíe ante Jesús.

Felipe quiere ver a Dios físicamente. Quiere una muestra de Dios. Tal vez esté pensando en la visión de Ezequiel (capítulos 1 y 2), Isaías (capítulo 6) o hasta Moisés mismo (Éxodo 33:18-23). Pero Jesús le da únicamente lo que necesita y nada menos que a él mismo. Ver a Jesús es ver al Padre (Hebreos 1:3). Claro, ver a Jesús encarnado no representa lo mismo que tener una visión de Dios. Por otra parte, su presencia en la carne no fue tan sorprendente como verlo sin carne y huesos (Isaías 11:3-5; Ezequiel 40:3; Daniel 10:6; Apocalipsis 1:12-16). A pesar de ello, lo que se necesita en esta ocasión no es una visión deslumbrante sino una revelación precisa de su personalidad, de su propósito y de las obras de Dios. Esto está claramente representado con una claridad deslumbrante en el ministerio del Jesús encarnado a través de sus palabras (14:10) y sus obras (14:11), ambas cosas provienen directamente del Padre (Juan 5:18-23, 36-39; 8:41-42; 10:30-32, 37-38; 12:49-50). A través de Juan, los milagros de Jesús se registran como evidencia de sus afirmaciones (Juan 9:31-33; 10:37-38; 11:39-43; 20:30-31; ver Hechos 2:22; 2 Corintios 12:12).

La unidad de Jesús con el Padre es una cosa maravillosa (Juan 1:18; 10:38; 14:10, 20; 17:21). Pero más maravillosa resulta su solidaridad con sus seguidores. Mientras Jesús cumplía con la voluntad de su Padre, su Padre le daba poderes sobrenaturales. De la misma manera, cuando nosotros cumplimos con las órdenes de Jesús, el poder del Padre fluye a través de él y llega hasta nosotros. De hecho, Jesús hasta señaló que las obras de sus discípulos serían mayores a las de él. Ahora, parte de las obras de Jesús consistió en obrar milagros (14:11). Y, en el libro de los Hechos hay una fuerte conexión entre la <u>oración y hacer milagros</u> como la hay aquí también (ver Hechos 4:31;

---

[43] J. M. Reese señala que existe un patrón consistente de tres partes en Juan capítulos 13-16 donde Jesús presenta una revelación, un discípulo superficialmente interroga lo que él quiere decir y entonces Jesús procede a aclarar la declaración ("Literary Structure of John 13:31 – 14:31; 16.5-6, 16:33" [La estructura literaria de Juan 13:31 – 14:31; 16:5-6, 16-33], *CBQ* [Publicación trimestral católica de la Biblia] 34 [1972]: 321-331).

6:6-7; 8:15; 9:11, 40-41; 10:4; 11:5; 12:5; 13:3; 16:25-34; 28:8). Pero es poco probable que Jesús estuviese pensando en los milagros cuando les dice a sus apóstoles que harán mayores obras que él mismo. Después de todo, ¿qué milagro es más grande que resucitar a alguien? Y Jesús resucitó a tres personas (incluyéndose a sí mismo), mientras que los apóstoles de mayor relevancia, Pedro y Pablo, únicamente resucitaron a uno cada cual (Hechos 9:40-41; 20:10). Ciertamente, la grandeza de los seguidores de Jesús no recaería en la cantidad o la naturaleza de sus milagros sino en la cantidad y naturaleza de sus convertidos. Qué enormes en verdad son las obras de aquellos que rompen con las barreras geográficas y de raza para traer la gente al Cristo, de cualquier lengua y tribu.

Para cumplir con esta gran obra, Jesús promete contestar, él mismo, nuestras oraciones, sin importar el tamaño de la petición. Esto no es un cheque en blanco para satisfacer nuestros caprichos. Existen algunos parámetros alrededor de las promesas de Jesús que los obtenemos de pasajes paralelos. Debemos pedir con fe (Mateo 21:22), estar de acuerdo con otros creyentes (Mateo 18:19), en el nombre de Jesús (Juan 14:13-16; 16:23-26), de acuerdo con su voluntad (1 Juan 5:14-15), en obediencia a su palabra (Juan 15:7; 1 Juan 3:22) y llevando fruto para él (Juan 15:16). La promesa no se aplica cuando pidamos egoístamente o con motivos equivocados (Marcos 10:35; Santiago 4:2-3). Pero seguro que Dios nos otorgará nuestras peticiones cuando lo hagamos pidiendo aquellas cosas por las que él nos instruyó pedir. Así que ¿qué pediremos? Jesús nos dijo que pidamos por lo menos por tres cosas: El Espíritu Santo (Lucas 11:13), obreros para la mies (Mateo 9:38) y sabiduría de lo alto (Santiago 1:5). Nuestro error más grande no es que pidamos equivocadamente o para cosas que no convienen, sino que de plano no pedimos (Lucas 11:9; Efesios 3:20; Santiago 4:2).

Juan 14:15-21 señala:

¹⁵»Si ustedes me aman, obedecerán mis mandamientos. ¹⁶Y yo le pediré al Padre, y él les dará otro Consolador para que los acompañe siempre: ¹⁷el Espíritu de verdad, a quien el mundo no puede aceptar porque no lo ve ni lo conoce. Pero ustedes sí lo conocen, porque vive con ustedes y estará* en ustedes. ¹⁸No los voy a dejar huérfanos; volveré a ustedes. ¹⁹Dentro de poco el mundo ya no me verá más, pero ustedes sí me verán. Y porque yo vivo, también ustedes vivirán. ²⁰En aquel día ustedes se darán cuenta de que yo estoy en mi Padre, y que ustedes están en mí, y

yo en ustedes. ²¹¿Quién es el que me ama? El que hace suyos mis mandamientos y los obedece. Y al que me ama, mi Padre lo amará, y yo también lo amaré y me manifestaré a él.

ª17 estará. Var. está.

En esencia, un cristiano es una persona que ama a Jesús. Hemos utilizado nuestros ejercicios religiosos (tales como las ofrendas, congregarnos con la iglesia y nuestra vestimenta) como barómetro de nuestro amor por Cristo. Mientras que nuestra devoción religiosa *pudiera* cumplir el mandamiento más grande, casi no toca el segundo mandamiento en importancia, amar a nuestro prójimo como a nosotros mismos. Si Jesús está en lo correcto, este segundo mandamiento tendrá un énfasis principal en el día del juicio (Mateo 25:31-46). Después de todo, el mejor barómetro de nuestro amor por Dios es nuestro amor por sus hijos.

Aquellos cuyo amor por Cristo está validado por su obediencia se les otorgará un regalo más precioso, el Espíritu Santo (Hechos 5:32). A él se le conoce como el Consolador [literalmente, *paraklētos*: uno que va a nuestro lado para ayudar o socorrer]. El Espíritu morador está reservada a los cristianos (Juan 7:39-40). En realidad él penetra en nuestros cuerpos (Romanos 8:9-11; 1 Corintios 6:19) y nos marca como posesión de Dios (2 Corintios 1:22; Efesios 1:13; 4:30). A través de él somos santificados (Romanos 15:16; 2 Tesalonicenses 2:13), somos enseñados (1 Corintios 2:10-16; Efesios 1:17-18; 1 Juan 2:27), somos guiados (Romanos 8:14; Gálatas 5:18) y somos fortalecidos (Juan 14:26). A través de él recibimos nuestra adopción (Romanos 8:12-17), recibimos dones para servir en la iglesia (Romanos 12:6-8; 1 Corintios 12:7-11; Efesios 4:11-13) y producimos fruto para la honra de Dios (Gálatas 5:22-23). Él intercede por nosotros cuando no sabemos como orar (Romanos 8:26) y nos alienta cuando estamos desanimados (Hechos 3:19 [ver Hechos 2:38]; Juan 7:38-39; Isaías 40:1-2; 41:17-20; 44:1-5; 54:11-17; 55:1-5; Hebreos 4:1-11). ¡Hasta estas pocas descripciones de la obra del Espíritu Santo logran hacer que respondamos en acción de gracias! La comunidad cristiana debe tener sumo cuidado en no permitir contención en cuanto a los dones milagrosos. Los dones no deben eclipsar la necesidad y hermosura del Espíritu Santo en la vida del creyente.

"Dentro de poco" los apóstoles van a perder a Jesús (ver Juan 7:33; 12:35; 13:33; 16:16-19). Esto será devastador. Perderán a su Maestro, su guía, su poder. Sin embargo, todo lo que pierdan cuando Jesús los abandone, lo recuperarán con la venida del Espíritu Santo. De hecho, el libro de Hechos, la continuación de la historia de Jesús (Hechos 1:1) no es tanto los Hechos de los apóstoles como lo es los Hechos del Espíritu Santo. Él es "otro" [*allon*] ayudador de la misma naturaleza y capacidad que Jesús. Es claro en Hechos que el mundo no conoce absolutamente nada de este regalo maravilloso (ver Hechos 2:6ss porque opera al nivel del mundo. La persona mundana rechaza al Espíritu Santo porque no se puede mercadear con él ni analizarlo minuciosamente (1 Corintios 2:14). Sin embargo, los vv. 19-20 presentan de manera clara que nosotros, en nuestros cuerpos, participamos en la unidad de la Trinidad a través del Espíritu morador. En verdad somos partícipes de la naturaleza divina (2 Pedro 1:4).

Juan 14:22-27 señala:

²²Judas (no el Iscariote) le dijo:
—¿Por qué, Señor, estás dispuesto a manifestarte a nosotros, y no al mundo?
²³Le contestó Jesús:
—El que me ama, obedecerá mi palabra, y mi Padre lo amará, y haremos nuestra vivienda en él. ²⁴El que no me ama, no obedece mis palabras. Pero estas palabras que ustedes oyen no son mías sino del Padre, que me envió.
²⁵»Todo esto lo digo ahora que estoy con ustedes. ²⁶Pero el Consolador, el Espíritu Santo, a quien el Padre enviará en mi nombre, les enseñará todas las cosas y les hará recordar todo lo que les he dicho. ²⁷La paz les dejo; mi paz les doy. Yo no se la doy a ustedes como la da el mundo. No se angustien ni se acobarden.

Una tercer pregunta surge en aquella noche mientras cenan. La hace un apóstol que vive relativamente en la oscuridad — el otro Judas, también conocido como Tadeo (Mateo 10:3; Marcos 3:18) o Lebeo. Todavía pensando en un reino terrenal, no puede entender por qué Jesús no se manifiesta a todos del país. Después de todo, ¿no querrá un rey la publicidad de coronarse de manera opulenta? Jesús casi ni se da cuenta que Judas dijo algo. Simplemente reitera sus puntos anteriores, asegurando que el mundo es incapaz de recibir al Espíritu Santo o unidad con el Padre porque no aman ni obedecen a Jesús.

Parte del ministerio del Espíritu Santo es establecer la doctrina apostólica (Hechos 2:42). Para cumplir con eso, los apóstoles necesitan que se les "recuerde" las palabras y obras de Jesús (ver Juan 16:13). Además, el Espíritu Santo interpretará y aplicará esas palabras y obras en los apóstoles, especialmente cuando ellos se paren a predicar (Mateo 10:19-20). Finalmente, esta doctrina de los apóstoles fue escrita, por inspiración del Espíritu Santo, para las futuras generaciones de cristianos. Aunque el proceso fue un poco más complejo de lo que el tiempo y espacio nos permite describir, creemos que esos 27 libros que conforman el Nuevo Testamento son la doctrina de los apóstoles. Es el mensaje central de la fe. Aunque no es todo lo que Jesús dijo e hizo o todo lo que los apóstoles enseñaron de él, es todo lo que la iglesia necesita para subsistir: existir, crecer y permanecer hasta que Cristo regrese por su novia.

Con el v. 27 Jesús regresa al versículo uno: "No se angustien ni se acobarden". Los dos días siguientes serán muy traumáticos para los doce. Huirán de Jesús y lo abandonarán en su hora crucial y desde lejos contemplarán como lo golpean y crucifican. Luego, su gozo de la resurrección se verá consternado con la ascensión. Su camino frente a ellos los llevará a ser rechazados, a que se mofen de ellos, a que los golpeen y a ser martirizados — excepto Juan. Sin embargo, Jesús les ofrece paz. No una paz sin tribulación, sino en medio de ella. Esa oferta sigue presente con cada uno de sus seguidores. Debido a que tenemos en nosotros la morada del Espíritu Santo, debido a que tenemos la esperanza de una morada con Dios y porque estamos confiados en el regreso de Cristo, estas aflicciones momentáneas y breves son soportables, hasta casi gozosas, por lo que prometen traernos (Romanos 8:18, 22-23).

Juan 14:28-31 señala:

> [28]»Ya me han oído decirles: "Me voy, pero vuelvo a ustedes". Si me amaran, se alegrarían de que voy al Padre, porque el Padre es más grande que yo. [29]Y les he dicho esto ahora, antes de que suceda, para que cuando suceda, crean. [30]Ya no hablaré más con ustedes, porque viene el príncipe de este mundo. Él no tiene ningún dominio sobre mí, [31]pero el mundo tiene que saber que amo al Padre, y que hago exactamente lo que él me ha ordenado que haga.
> »¡Levántense, vámonos de aquí!

Jesús ha descrito en dos ocasiones su inminente partida y regreso (14:2-3, 18-19). Los discípulos deben alegrarse de que Jesús regrese al Padre, a su "hogar". Pero están tan abrumados por su propia pérdida que no se pueden alegrar junto con Jesús. A pesar de ello,

Jesús no les cuenta todo esto para que ellos se alegren con él, sino para asegurarles que Jesús sabe perfectamente a qué se refiere.⁴⁴

La embestida de Satanás está a unas cuantas horas de acontecer. Conquistará a Judas Iscariote, derrotará a Pedro y a los apóstoles y hará lo que quiera con el cuerpo de Jesús. Aunque todo se vea muy mal, la verdad es que Satanás no tiene ningún poder sobre Jesús. No pudo triunfar con sus tentaciones en el desierto y no podrá derrotarlo en la cruz o mantenerlo en la tumba. Satanás no tiene la capacidad o el poder de influenciar a Jesús y no tiene ninguna acusación válida contra él. Jesús muere, no por el poder de Satanás, sino por la voluntad de Dios.

Una vez dicho esto, es hora de partir. ¡Pero tenemos todavía tres capítulos de este discurso en el aposento alto! Los siguientes tres capítulos tan sólo toman unos diez minutos de lectura. Al parecer, lo que tenemos es tan sólo un resumen de lo que Jesús dijo, pero también pudiera ser que Jesús no pronunció un discurso largo. Al parecer, Jesús sigue hablando mientras ellos hacen la limpieza del lugar que usaron para cenar, recogen sus pertenencias y se ponen los mantos antes de salir al aire fresco de la noche. Jesús seguirá hablando mientras todos ellos caminan por las calles de Jerusalén hacia el valle de Cedrón (Juan 18:1). Tiene el tiempo suficiente para presentar todo su discurso antes de su oración en privado en el huerto.

Sección 150a
La vid y las ramas
(Juan 15:1-17)

Este capítulo se puede dividir en tres partes: (a) La unidad con Jesús [alegoría de la vid] (vv. 1-8); (b) la unidad con otros creyentes (vv. 9-17); y (c) la oposición del mundo (vv. 18-27). De hecho, nuestra unidad con Jesús es la base tanto de nuestra unidad con otros creyentes como de la oposición que tenemos del mundo.

Este párrafo introductorio es una alegoría basada en una práctica hortícola común palestina. Los viñedos eran una de las formas de ingreso económico más comunes. Por lo tanto, las lecciones enseñadas a través de la vid serían obvias y hasta sumamente ilustrativas para los once. Al tiempo que interpretamos tal alegoría,

---

⁴⁴Tenney (p. 149) afirma, "en todo el evangelio se enfatiza la necesidad de creer (Juan 1:50; 3:12, 15; 4:21, 41; 5:24, 44, 46; 6:29, 35, 47, 64; 7:38; 8:24, 45; 9:35; 10:38; 11:25, 40; 12:37, 44; 13:19; 14:1,11; 16:31; 17:20; 20:27)".

a la distancia que nos encontramos de ese momento y cultura, nos debemos concentrar en sus componentes clave: La viña, las ramas y el labrador. El trabajo de la vid es suplir la savia suficiente para que las ramas produzcan fruto (vv. 4-5, 7). El trabajo de las ramas es permanecer unidas a la vid y así producir fruto de manera natural (vv. 4-5, 8). El trabajo del labrador (literalmente, "campesino") es cortar aquellas ramas que no llevan fruto y podar aquellas ramas que llevan fruto (vv. 1-2, 6). Considerando la deserción de Judas, esta alegoría presenta implicaciones fuertes para los doce.

Este pasaje es una severa advertencia a los once. Deben cuidar que tanto ellos como sus convertidos no se conviertan en "ramas muertas". Cualquier explicación de este texto que minimice la advertencia de Jesús debido a su promesa previa en cuanto a la seguridad de un creyente (Juan 10:28) guía equivocadamente y presenta un peligro potencial sumamente alto. Pablo nos ofrece una alegoría hortícola similar a esta (Romanos 11:11-24). Él afirma que las ramas, injertadas por fe, de hecho podrían ser desgajadas si cayesen en incredulidad (Romanos 11:20-22).[45] Los cristianos deben tomar seriamente la advertencia de Jesús.

Juan 15:1-8 señala:

[1]»Yo soy la vid verdadera, y mi Padre es el labrador. [2]Toda rama que en mí no da fruto, la corta; pero toda rama que da fruto la poda[a] para que dé más fruto todavía. [3]Ustedes ya están limpios por la palabra que les he comunicado. [4]Permanezcan en mí, y yo permaneceré en ustedes. Así como ninguna rama puede dar fruto por sí misma, sino que tiene que permanecer en la vid, así tampoco ustedes pueden dar fruto si no permanecen en mí.

[5]»Yo soy la vid y ustedes son las ramas. El que permanece en mí, como yo en él, dará mucho fruto; separados de mí no pueden ustedes hacer nada. [6]El que no permanece en mí es desechado y se seca, como las ramas que se recogen, se arrojan al fuego y se queman. [7]Si permanecen en mí y mis palabras permanecen en ustedes, piden lo que quieran, y se les concederá. [8]Mi Padre es

---

[45] R. A. Peterson, " The Perseverance of the Saints" (La perseverancia de los santos), *Pres Presbiterio* 17/2 [1991]: 95-112, discute que las ramas que fueron cortadas jamás fueron creyentes, es decir, realmente no estaban "en" Cristo (contra el v. 2). Él sugiere que cualquiera que profesa su fe en Cristo pero ya sea que no produce fruto o no persevera en Cristo jamás fue un creyente verdadero. Sin embargo, en este punto la distinción entre el calvinismo y el arminianismo es tan sólo una argumentación de términos.

glorificado cuando ustedes dan mucho fruto y muestran así que son mis discípulos.

2 poda. Alt. Limpia.

La vid era un símbolo común de Israel (Salmo 80:8-9, 14; Isaías 5:1-7; Ezequiel 17:8). De hecho, los macabeos del año 150 a.C. la inscribieron en sus monedas, representando a su nación. Herodes el Grande, quien restauró el templo de Jerusalén en el año 19 a.C., colocó una vid de oro enorme en todo el contorno de la entrada al lugar santo. Jesús acaba de instituir la cena del Señor, usando "el fruto de la vid". Todo esto le agrega mayor énfasis al cuadro que Jesús está a punto de pintar para sus discípulos. Esta celebración eucarística será una de las formas más poderosas que los creyentes podrán conmemorar y consagrar su conexión con la vid.

Resultaba de suma importancia que las vides fuesen podadas. Las uvas solamente surgían en las ramas nuevas, no en las ramas viejas y leñosas. Por ello, cada año se podaban las ramas para que las vides produjeran fruto en vez de alimentar solamente ramas leñosas viejas: ramas improductivas. Las ramas viejas podían seguir viviendo y produciendo más ramas, pero sin fruto. Por ello, estas ramas eran cortadas y echadas al fuego. Ningún otro uso se les podía dar a estas ramas.

Como buen labrador, Dios no permite que haya "madera muerta" en su viñedo. Aquellos que aparentan ser cristianos, al verse radiantes y hermosos, pero que no llevan fruto, serán cortados. La combinación de las palabras "cortar", "echar" y "fuego" es un muy buen cuadro del juicio (Mateo 3:10; 7:19; Apocalipsis 20:14-15).[46] La palabra "limpiar" nos recuerda de Juan 13:10: "Y ustedes ya están limpios, aunque no todos". Judas sigue presente al fondo del cuadro.

Sin embargo, aun aquellos que llevan fruto están sujetos al proceso doloroso pero necesario de la poda. En ocasiones la poda se

---

[46] J.C. Dillow, "Abiding is Remaining in Fellowship: Another Look at John 15:1-6" (Permanecer es continuar en compañerismo: Otra interpretación de Juan 15:1-6), *BibSac* (Biblioteca Sacra) 147 [1990]: 44-53, coherentemente presenta que las ramas "en" Jesús (v. 2) en verdad son cristianos. Después de todo, cada uno de los 16 usos de "en mí" en el evangelio de Juan se refiere a un compañerismo íntimo con Jesús o el compañerismo de Jesús con el Padre. Sin embargo, él procede a presentar que la separación de la vid no es condenación, sino una disciplina temporal de un hijo descarriado. Él va más allá al señalar en el v. 2 que el verbo *airō* no indica separación de Cristo sino un cuidado compasivo de Dios, quien "levanta" a las ramas con dificultades para que puedan llevar fruto. Sin embargo, esta interpretación no encaja en el lenguaje de la alegoría (Mateo 3:12; 5:22; 18:8-9; 25:41; 2 Tesalonicenses 1:7-8; Apocalipsis 20:15) ni en su pasado histórico.

da a través de pruebas difíciles que uno sin querer enfrenta. Pero el v. 3 parece indicar que esta poda, que Jesús llama una limpia, se lleva a cabo a través de las palabras de Jesús. Para los apóstoles, estas palabras les fueron entregadas de manera oral. Para nosotros, están escritas. Pero el resultado es el mismo. Las palabras de Jesús poda en nuestras vidas todo aquello que no lleva fruto (ver Hebreos 4:12).

Sigue presente una pregunta: ¿cómo "permanecemos" en Jesús? La respuesta de dos partes la tenemos en el v. 7. Nos aferramos a las palabras de Jesús y oramos. Aunque esto es más fácil decir que hacer, el concepto resulta muy simple. A través de los estudios bíblicos, la memorización y la enseñanza o predicación, llenamos nuestras vidas con la palabra de Cristo. A través de peticiones verdaderas a Dios tenemos la fe y la resistencia que necesitamos para permanecer unidos a la vid. [Para comentario de v. 7, ver 14:13, *Sección 149*]. En su primera carta, Juan agrega un tercer paso: Obedeciendo los mandamientos de Dios (1 Juan 2:3-6, 27; 5:1-4). Aunque puede haber otras formas de permanecer unidos a Cristo, estas tres siguen siendo las cosas que Dios nos ha dado para nuestro sostenimiento espiritual. Así, en este contexto, las palabras "fe", "amor", y "obediencia" son sinónimos prácticos.

Al permanecer en Cristo llevaremos fruto. No es automático, pero resulta inevitable. Es decir, aunque requiere de nuestros esfuerzos, todo discípulo de Cristo lleva fruto. Así como las ramas unidas a la vid producen uvas, así los cristianos conectados a Jesús producen fruto. Estos frutos tienen que ver con tales cosas como una personalidad cristiana (Gálatas 5:22), viviendo justamente y siendo bondadosos (Efesios 5:9), ganando almas (Romanos 1:13) y ofreciendo alabanza y adoración a Dios (Hebreos 13:15). (Ver Mateo 7:16-20; 12:33; 13:8, 23; Romanos 7:4; 2 Corintios 9:10; Efesios 5:9; Colosenses 1:6; Hebreos 12:11; Santiago 3:18).

Juan 15:9-17 señala:

⁹»Así como el Padre me ha amado a mí, también yo los he amado a ustedes. Permanezcan en mi amor. ¹⁰Si obedecen mis mandamientos, permanecerán en mi amor, así como yo he obedecido los mandamientos de mi Padre y permanezco en su amor. ¹¹Les he dicho esto para que tengan mi alegría y así su alegría sea completa. ¹²Y éste es mi mandamiento: que se amen los unos a los otros, como yo los he amado. ¹³Nadie tiene amor más grande que el dar la vida por sus amigos. ¹⁴Ustedes son mis amigos si hacen

lo que yo les mando. ¹⁵Ya no los llamo siervos, porque el siervo no está al tanto de lo que hace su amo; los he llamado amigos, porque todo lo que a mi Padre le oí decir se lo he dado a conocer a ustedes. ¹⁶No me escogieron ustedes a mí, sino que yo los escogí a ustedes y los comisioné para que vayan y den fruto, un fruto que perdure. Así el Padre les dará todo lo que le pidan en mi nombre. ¹⁷Éste es mi mandamiento: que se amen los unos a los otros.

Tal vez la palabra clave del cristianismo sea amor. No nos referimos al mero sentimentalismo, sino a un compromiso de entrega en sacrificio propio en busca del bienestar de otros. Es la marca distintiva de los cristianos (Juan 13:34-35). Si no amamos a nuestros hermanos, es una señal clara de que tampoco amamos a Dios (1 Juan 4:20-21). Claro que Jesús fue el claro ejemplo del amor; se nos instruye a que lo imitemos. Su amor estuvo caracterizado por dos cosas: (1) Una obediencia absoluta a Dios (15:10) y (2) dar su vida (15:13).

Si realmente luchamos por imitar el amor de Jesús debemos hacer dos cosas. Primero, debemos obedecer sus mandamientos implícitamente. Eso no quiere decir que jamás nos equivocaremos en ninguno de sus mandamientos. Sin embargo, ciertamente no podemos permanecer negligentes en cuanto a este mandamiento principal de amarnos los unos a los otros (ver 13:34). Esto hace de las disputas en la iglesia y de la riña y rivalidad entre pastores violaciones aterradoras de la ética cristiana. Segundo, daremos nuestras vidas por los demás (1 Juan 3:16). Muchos de nosotros, con gusto, afirmamos que daremos nuestras vidas por otros (especialmente por Jesús y por nuestra familia) debido a que plenamente sabemos que esa es una posibilidad poco probable. Pero no se nos pide que muramos como lo hizo Jesús.⁴⁷ En cambio, se nos pide que vivamos como él vivió (1 Juan 3:17). Eso incluye tales cosas como pagar los gastos médicos de personas que jamás podrán recompensarnos, visitar a las viudas, adoptar a los niños que así lo necesitan, hospedar a los viajeros o albergar a la gente viviendo con tal necesidad, etc. En verdad, vivir para otros es mucho más difícil que morir por ellos.

Este tipo de amor abnegado tiene su costo. Pero también tiene su recompensa. Jesús prometió tres cosas a aquellos que obedecen su mandamiento de amar. (1) Serían llenos del gozo de Jesús (15:11). En este preciso momento en que Jesús habla, se dirige hacia la cruz.

---

⁴⁷La muerte vicaria de Jesús parece que se le alude en el versículo trece por la preposición *hyper*, significando "en lugar de" o "en vez de".

Usted no esperaría que él estuviese alegre. Pero lo inunda una gran satisfacción y paz. Él sabe que es, el mismo, el centro de la voluntad de su Padre y que muy pronto estará a su derecha. Esa recompensa vale la pena. El sacrificio es poco en comparación con la gran recompensa. (2) Jesús es ahora amigo de sus discípulos, no tan sólo su Maestro (15:14-15). Él ha compartido con ellos sus sentimientos y planes más íntimos. Esta clase de amistad caracteriza a los amigos. Cuando nosotros hacemos lo que Jesús nos pide, también entramos a su círculo de amigos. Tenemos, entonces, un compañerismo con Jesús, que es profundo, rico y pleno. Vale la pena pagar el costo. (3) Jesús contesta nuestras oraciones (15:16b, ver v. 7 y 14:13). Tenemos influencia con el Creador del universo. Nuevamente, ¡vale la pena pagar el costo! ¡La recompensa es grande!

Si nos sentimos un poco orgullosos por obtener tales recompensas, el v. 16 nos recuerda que nuestra bondad está basada en la gracia de Dios. En primer lugar, fue él quien nos llamó (Juan 6:44). Él nos afirma y sostiene en nuestra fe (Juan 10:28). Él nos da el poder para llevar fruto (Juan 15:5). ¡Toda nuestra bondad y todo lo que producimos es mero testimonio de la maravillosa gracia de Dios (Juan 15:8)!

Sección 150b
Oposición del mundo
(Juan 15:18 – 16:4)

Juan 15:18-19 señala:

18»Si el mundo los aborrece, tengan presente que antes que a ustedes, me aborreció a mí. **19**Si fueran del mundo, el mundo los querría como a los suyos. Pero ustedes no son del mundo, sino que yo los he escogido de entre el mundo. Por eso el mundo los aborrece.

El compañerismo con Jesús (vv. 1-8) inevitablemente lleva a tres cosas: (1) llevar fruto (15:2, 4, 5, 8); (2) amar a la gente (15:9-17); y (3) la persecución (15:18-25; ver Marcos 13:9; Lucas 21:12). Nos agrada la idea de llevar fruto. Logramos sobrellevar la responsabilidad de amar a nuestros semejantes. Pero casi siempre detestamos ser perseguidos, auque sea la norma. Sin embargo, si usted sigue a Jesús, inevitablemente será perseguido. Resulta ser algo muy simple. Si usted se afilia a Jesús, el mundo lo tratará a usted de la misma manera en que lo trató a él (ver 13:16; 15:20). Por otro lado, si usted se afilia al mundo, será tratado como uno de los "suyos", de dentro. Los apóstoles fueron escogidos por Jesús, uno a uno.[48] En verdad, todo cristiano ha sido escogido por Dios y ha sido arrancado de este mundo. Por ello, podemos esperar persecución.

Si esto resulta cierto, entonces, ¿por qué la iglesia norteamericana no sufre persecución? Tenemos, por lo menos, tres respuestas. Primero, Jesús explicó que la persecución no era tan sólo física (Mateo 5:11-12), sino que podría incluir tales características como la burla, la calumnia, el rechazo o destierro social. Aunque la iglesia en los Estados Unidos de Norteamérica no experimenta una persecución física, existe una burla verbal por seguir a Jesús. Los programas de televisión, las cortes los festivales y demás ambientes mundanos ridiculizan a la iglesia. Segundo, la iglesia se libra de la persecusión cuando está adormecida o deja de ser la luz y sal de la tierra. La iglesia está escondida en ropajes del mundo; el mundo secular la ha desgarrado de su verdadero ser. Poniéndolo de manera abrumadora, la iglesia ya no se reconoce como tal. En vez de predicar la justicia, la templanza y el juicio por venir (Hechos 24:25), predica un evangelio social. En vez de confrontar a la gente por su pecado, extiende la mano "amiga" a una gran variedad de clubes sociales.

Tercero, una de las causas principales de la persecución es la culpa que sienten los que miran al que vive una vida justa. Sin proferir palabra, una persona justa hace que un pecador sienta vergüenza. Su pureza testifica contra las obras y forma de vida erróneas de un malvado. Tal forma de vida debe ser ya sea imitada o silenciada. Desdichadamente, resulta más fácil silenciar a alguien que imitarlo. Pero más desafortunado resulta el hecho que la mayoría de los cristianos no tiene el nivel de justicia que irrita al mundo vigilante. Sus vidas no son una amenaza contra Satanás y sus ejércitos, ni tampoco desafían al hombre secular. De hecho, resulta difícil, si no imposible, distinguir entre muchos cristianos y los incrédulos. Eso es precisamente lo de que Jesús habla en el v. 19 y el apóstol Juan en 1 Juan 4:4-6. El mundo es experto en reconocer a los "suyos". Y si el mundo no puede reconocer a un cristiano, tal vez tampoco Jesús lo podrá reconocer (Mateo 10:32-33).

---

[48]Esta "opción" tiene un énfasis especial a los apóstoles (Lucas 6:13; Juan 6:70; 13:18; 15:16; Hechos 1:2, 24; 9:15; 22:14). Pero una gran cantidad de referencias también describen a Dios cuando esoge predeterminadamente a los cristianos (Romanos 8:29-30; 11:5; Efesios 1:4-5; 1:11; 2 Tesalonicenses 2:13; 1 Pedro 1:2; 2:9; Apocalipsis 17:14). Ver los comentarios de Mateo 22:14 del cómo se lleva a cabo ese "proceso de selección".

Juan 15:20-25 señala:

²⁰Recuerden lo que les dije: "Ningún siervo es más que su amo".ᵃ Si a mí me han perseguido, también a ustedes los perseguirán. Si han obedecido mis enseñanzas, también obedecerán las de ustedes. ²¹Los tratarán así por causa de mi nombre, porque no conocen al que me envió. ²²Si yo no hubiera venido ni les hubiera hablado, no serían culpables de pecado. Pero ahora no tienen excusa por su pecado. ²³El que me aborrece a mí, también aborrece a mi Padre. ²⁴Si yo no hubiera hecho entre ellos las obras que ningún otro antes ha realizado, no serían culpables de pecado. Pero ahora las han visto, y sin embargo a mí y a mi Padre nos han aborrecido. ²⁵Pero esto sucede para que se cumpla lo que está escrito en la ley de ellos: "Me odiaron sin motivo".ᵇ

ᵃ**20** Juan 13:16. ᵇ**25** Salmo 35:19; 69:4

La persecución jamás será algo agradable, pero hay varias cosas que la hacen aceptable. Primero, como Jesús les recuerda a sus discípulos, él fue perseguido antes que cualquiera de nosotros fuese perseguido (15:20). Lo que está a punto de sucederle a Jesús en las siguientes 24 horas es peor de lo que nosotros experimentaremos jamás. Como resultado de lo que él sufrió, se identifica con nuestros sufrimientos. ¡En verdad Jesús entiende perfectamente! Más aún, así como compartimos sus sufrimientos también compartimos su poder (Filipenses 3:10-11) y su herencia (Romanos 8:17). Segundo, hay una recompensa al final de todo el sufrimiento que pasemos. Aun en estos momentos tenemos una relación personal con Dios y tenemos el perdón de nuestros pecados. El mundo no tiene esto (15:21-25). Pero Jesús vendrá y con él el juicio (como está implícito en este pasaje). En aquel tiempo nuestra relación con Dios y el perdón de nuestros pecados será muy dulce y la falta de perdón en el mundo será algo muy terrible. Tercero, el sufrimiento presente desarrolla nuestra personalidad y justicia en nuestras vidas (2 Corintios 4:17-18; Filipenses 3:10; Santiago 1:2-4; 1 Pedro 4:12-16). En ocasiones la persecución tiene un gran precio. Pero en nada se comparan los sufrimiento actuales con la gloria que habrá de revelarse en nosotros (Romanos 8:18).

Además de todo esto, nuestras opciones no son mejores "del otro lado". Hay serias consecuencias en rechazar a Cristo y evitar así la persecución. (1) No tan sólo no conocemos a Dios sino que hasta terminamos odiándolo. Odiamos a Dios porque rechazamos lo que es precioso para él (15:21-23). En consecuencia, quedamos expuestos a su juicio aterrador. (2) Somos culpables de pecado (15:22, 24). No tan sólo el pecado de gratificación sensual o de ambiciones egoístas, sino el de rechazar a su Hijo, el pecado de incredulidad. Tal pecado lleva consigo uno de los castigos más severos. (3) No tenemos excusa ni defensa (15:22-24). Esto resulta cierto de tres maneras. Primero, Jesús nos ha dicho la verdad para que no digamos que somos ignorantes (15:22). Segundo, respaldó sus afirmaciones con milagros sin precedente (15:24, p.ej., Marcos 2:12; Juan 9:32). Tercero, Jesús jamás hizo algo para merecer la persecución que recibió (15:25). Esta cita pide prestado los sentimientos de Salmos 35:19 y 69:4. El ataque violento de sus enemigos a tan sólo unas cuantas horas irá más allá de cualquier reclamo en contra de Jesús.

Juan 15:26-27 señala:

> ²⁶»Cuando venga el Consolador, que yo les enviaré de parte del Padre, el Espíritu de verdad que procede del Padre, él testificará acerca de mí. ²⁷Y también ustedes darán testimonio porque han estado conmigo desde el principio.

La predicación del evangelio es una de las causas más grandes de persecución. Esto está plasmado vez tras vez en el libro de los Hechos. Así sucedió en las vidas de Pedro y de Juan (Hechos 4:1ss); de todos los apóstoles (Hechos 5:17ss); de Esteban (Hechos 6:8ss); de Pablo (Hechos 9:20ss; 13:6-9, 44-45; 14:1-2, 19-20, etc.).

¡Jesús profetizó acerca de tal persecución (Mateo 10:17-20), pero también llegó la promesa: el Espíritu Santo! También él sería compañero de los discípulos en la proclamación de Jesús. En verdad, la función principal del Espíritu Santo siempre ha sido ser portavoz de Dios. Fue él el impulso detrás de cada profecía del Antiguo Testamento (2 Pedro 1:20-21). Sigue enseñando (Juan 14:26; 15:26; 16:13, 15) y testificando a los cristianos (Juan 15:26; 1 Timoteo 4:1; Apocalipsis 2:7). Además, convencerá al mundo de su error en cuanto al pecado, de justicia y de juicio (Juan 16:8-11). No estamos de manera independiente de Dios o abandonados por él en nuestros esfuerzos por ganar al mundo para Cristo.

Sin embargo, el Espíritu Santo no va a hacer aquello que es nuestra responsabilidad hacer. Nosotros somos los responsables de hablar por Jesús (Romanos 10:10). Esto fue especialmente cierto para los apóstoles, quienes fueron los primeros delegados de Cristo. Esta posición tan especial requería que ellos fueran sus seguidores desde el inicio de su ministerio, desde los días de Juan el Bautista (15:27; Hechos 1:21-22; 4:19).

Juan 16:1-4 señala:

> ¹»Todo esto les he dicho para que no flaquee su fe. ²Los expulsarán de las sinagogas; y hasta viene el día en que cualquiera que los mate pensará que le está prestando un servicio a Dios. ³Actuarán de este modo porque no nos han conocido ni al Padre ni a mí. ⁴Y les digo esto para que cuando llegue ese día se acuerden de que ya se lo había advertido. Sin embargo, no les dije esto al principio porque yo estaba con ustedes.

Jesús no quiere que los once sean sorprendidos en cuanto a la persecución por venir, así que les advierte para que se preparen. No hubo necesidad de advertirles antes ya que él estaba con ellos. Sin embargo, ahora que está a punto de partir, deben tener sus ojos muy abiertos. Serán tomados por sorpresa todos ellos. Es más, los perseguidores pensarán que le están haciendo un favor a Dios. Eso será cierto, especialmente de parte de Saulo de Tarso, quien emprende su propia "guerra santa" (ver Hechos 7:60 – 8:3; 9:1-3; 23:1; Gálatas 1:13). Pero también era común la persecución judía en el primer siglo (ver Hechos 14:19; 17:5-9, 13-14; 18:12; 20:3; 21:27-32; 23:12-16). Para mediados de los noventa, a los cristianos ya no se les permite la entrada a las sinagogas (ver Apocalipsis 2:9; 3:9). De hecho, el nieto de Gamaliel le agregó la decimoctava bendición a su liturgia sabática que en efecto decía: "¡Que los nazarenos (es decir, los cristianos) y los herejes mueran en el acto!"

Sección 150c
El ministerio del Espíritu Santo que está por venir
(Juan 16:5-15)

Juan 16:5-7 señala:

> ⁵»Ahora vuelvo al que me envió, pero ninguno de ustedes me pregunta: "¿A dónde vas?" ⁶Al contrario, como les he dicho estas cosas, se han entristecido mucho. ⁷Pero les digo la verdad: Les conviene que me vaya porque, si no lo hago, el Consolador no vendrá a ustedes; en cambio, si me voy, se lo enviaré a ustedes.

Simplemente no es cierto que los discípulos jamás hayan preguntado a dónde iba Jesús. Esa misma tarde Pedro preguntó (Juan 13:36). Y Tomás, unos instantes antes, preguntó: "Señor, no sabemos a dónde vas, así que ¿cómo podemos conocer el camino?" (Juan 14:5). El problema no es que no hubiesen preguntado sino que ellos terminan la discusión antes de que Jesús terminara de desarrollar su punto. Este es el discurso de despedida. En vez de considerar a dónde va Jesús, se empantanan en su propio dolor y pena. Debían regocijarse con Jesús e investigar acerca de sus planes.

No tan sólo se debían regocijar con Jesús, debían estar felices por ellos mismos. Una vez que Jesús se hubiese ido, ellos recibirían al Espíritu Santo. Sin embargo, las despedidas jamás han sido fáciles, especialmente una de tanta magnitud. Lo que apreciamos es que los apóstoles no podían concebir aún el regalo tan colosal que representaba recibir al Espíritu Santo. Sin embargo, desde la perspectiva de Jesús, tanto él como los once se benefician de este acontecimiento aunque esté precedido por muerte de cruz.

Jesús jamás explica por qué la llegada del Espíritu tiene que esperar hasta que él se vaya. ¡Seguro que no tiene nada que ver con que el cielo requiera la presencia de dos miembros de la Divinidad! El omnipresente Espíritu (Salmo 139:7-10) puede estar en los dos lugares a la misma vez y, de hecho, descendió en forma corporal a la tierra en el bautismo de Jesús (Juan 1:32-33). Por lo tanto, asumimos que la obra que el Espíritu Santo está a punto de iniciar tiene que ver con la obra de Jesús una vez que ascienda al cielo. Jesús abandonará esta tierra a través de la cruz. El Espíritu Santo viene a terminar la obra de la cruz a través de la convicción (16:8-11), la regeneración (Juan 3:3-7; Tito 3:5), la santificación (2 Tesalonicenses 2:13; Romanos 15:16), la intercesión (Romanos 8:26), la guía o dirección (Hechos 16:6-7) y el fortalecimiento (Juan 14:26). El libro de Lucas narra acerca de lo que Jesús *comenzó* a hacer y enseñar (Hechos 1:1). El libro de Hechos continúa narrando de esta obra de Jesús orquestada por el Espíritu Santo. Virtualmente toda la obra del Espíritu Santo tiene que ver con ampliar, esclarecer y aplicar toda la enseñanza respecto de la muerte, resurrección y ascensión de Jesús. Así, uno pudiera parafrasear el 16:7 de esta manera: "Si yo no cumplo con mi responsabilidad (partir a través de la cruz), entonces el Espíritu Santo no puede venir a cumplir con su obra".

Juan 16:8-11 señala:

⁸Y cuando él venga, convencerá al mundo de su error en cuanto al pecado,ᵃ a la justicia y al juicio; ⁹en cuanto al pecado, porque no creen en mí; ¹⁰en cuanto a la justicia, porque voy al Padre y ustedes ya no podrán verme; ¹¹y en cuanto al juicio, porque el príncipe de este mundo ya ha sido juzgado.

ᵃ8 convencerá . . . error. Alt. pondrá en evidencia la culpa del mundo.

El Espíritu Santo obrará a favor de los incrédulos (16:8-11), los cristianos (16:12-13) y Jesús (16:14-15). Su obra en cuanto a los incrédulos es que los convencerá en cuanto al pecado. Muchos no apreciarán sus esfuerzos y tratarán sin tregua de acabar con su obra. Para aquellos que rechacen la obra del Espíritu, su convicción será la parte legal que los acuse en el día del juicio. Pero para aquellos que se arrepienten, la convicción del Espíritu será la voz de bienvenida a la cruz.[49]

El Espíritu Santo convencerá de tres cosas. Primero, en cuanto al pecado, particularmente el pecado de incredulidad. Aunque a Dios le desagradan los pecados de la carne, se acongoja completamente ante el rechazo que alguien hace de Jesús y lo toma de manera personal. No habrá excusa alguna que respalde eso en el día del juicio. Segundo, en cuanto a la justicia, Jesús la presenta como su propio regreso al Padre. ¿Cómo es que un pagano se convence de la justicia por el hecho de que Jesús regresó al Padre? Tal vez porque la vida de Jesús se vindicó a través de su resurrección y ascensión. Él *es* el justo (Hechos 3:14-15; 2 Corintios 5:21; 1 Pedro 3:18; 1 Juan 2:1; 3:7). Por lo tanto, él llega a ser el estándar mediante el cual se medirá nuestra justicia. A menos que él llegue a ser nuestra justicia (2 Corintios 5:21), no tenemos esperanza de contar con algo de justicia. A través de Jesús, vemos qué tan raquíticos son nuestros mejores esfuerzos. Tercero, en cuanto al juicio. Satanás ya ha sido derrotado, juzgado y sentenciado (Lucas 10:18; Romanos 16:20; Apocalipsis 12:12; 20:7-10). Le queda ser ejecutado, pero esto depende de la voluntad de Dios. Al siguiente día por la mañana el juicio del mundo caerá sobre Jesús. Pero con

---

[49] La palabra griega "convicto" [*elenchō*], tiene un gran rango de significados. Puede significar (1) "amonestar verbalmente", (2) "sacar a luz", (3) "refutar o impugnar", (4) o "sentenciar y castigar". Las definiciones que se apliquen a un individuo en particular, dependen de la respuesta misma de ese individuo a la convicción del Espíritu Santo en su vida.

ello, el juicio de Dios caerá sobre Satanás. El mundo sabrá qué tan equivocados son sus juicios.[50]

Juan 16:12-15 señala:

> [12]»Muchas cosas me quedan aún por decirles, que por ahora no podrían soportar. [13]Pero cuando venga el Espíritu de la verdad, él los guiará a toda la verdad, porque no hablará por su propia cuenta sino que dirá sólo lo que oiga y les anunciará las cosas por venir. [14]Él me glorificará porque tomará de lo mío y se lo dará a conocer a ustedes. [15]Todo cuanto tiene el Padre es mío. Por eso les dije que el Espíritu tomará de lo mío y se lo dará a conocer a ustedes.

Hubo muchas cosas que los apóstoles no entendieron esa noche. Parte del problema es que sus mentes están atestadas de pesar; pero parte se debe a que algunas cosas simplemente hay que verlas para creerlas. Sin embargo, después de la muerte, resurrección y ascensión de Jesús, estarán en una mejor posición de entender. El problema radica en que Jesús ya no estará con ellos para explicarles nada. Nuevamente, la solución será la presencia del Espíritu Santo (Juan 14:26; 15:26; 16:7).

Resulta de particular importancia que los apóstoles reciban una guía clara y divina. Como se ha señalado [ver los comentarios del 14:26], los apóstoles serán los responsables del establecimiento de la doctrina apostólica y de la producción de la Escritura canónica. Por lo tanto, esta promesa de enseñanza objetiva de la doctrina está dirigida más específicamente a los apóstoles. Eso no quiere decir que el Espíritu Santo no guíe, dirija y enseñe a los cristianos de hoy día. ¡En verdad sí lo hace! Pero se nos enseña de una manera más subjetiva y personal en cuanto a los aspectos de nuestra fe, tal como conocer personalmente a Dios (Hebreos 8:11), cómo permanecer en él (1 Juan 2:27) y cómo amarnos unos a otros (1 Tesalonicenses 4:8-9). El Espíritu enseñará lo espiritual (1 Corintios 2:10-16). Esta educación o enseñanza tratará específicamente acerca del plan divino de salvación (1 Corintios 2:6-9) y no será contradictorio a lo escrito en las Escrituras (1 Corintios 4:6). "Toda la verdad" (16:13) se refiere a "toda la verdad necesaria para el mensaje de salvación". Mientras que ciertos principios de esta verdad se aplican hoy día a nosotros, es posible que la promesa no sea una que podamos reclamar como nuestra con absoluta seguridad. Existe una gran diferencia entre los

---

[50]D. A. Carson, " The Function of the Paraclete in John 16:7-11" (La función del Paracleto en Juan 16:7-11), JBL (Revista de literatura bíblica) 98/4 [1979]: 547-566.

apóstoles y el cristiano promedio de hoy en día. Aquellos cristianos que caminan de manera impertinente señalando: "El Espíritu me reveló . . ." probablemente se encuentran dañando tanto a la iglesia como al Espíritu Santo.

Al igual que Jesús, el Espíritu Santo practica la autonegación. No le interesa promoverse un nombre para sí mismo, sino promover al Padre a través de la obra terminada del Hijo. Así como el objetivo único de Jesús fue glorificar al Padre y cumplir con sus órdenes, así, ahora, el deseo del Espíritu es glorificar al Hijo (vv. 14 y 15).

Sección 150d
Predicción de gozo ante la resurrección de Jesús
(Juan 16:16-22)

Juan 16:16-18 señala:

[16]»Dentro de poco ya no me verán; pero un poco después volverán a verme.
[17]Algunos de sus discípulos comentaban entre sí:
«¿Qué quiere decir con eso de que "dentro de poco ya no me verán", y "un poco después volverán a verme", y "porque voy al Padre"?» [18]E insistían: «¿Qué quiere decir con eso de "dentro de poco"? No sabemos de qué habla.»

La profecía velada dejó perplejos a los apóstoles. ¿Qué tanto tiempo quería decir dentro de poco? ¿Por qué no lo podrían ver? ¿Cómo y cuándo regresaría? Desde nuestro punto ventajoso resulta más fácil resolver estas preguntas. Jesús va a ser crucificado al día siguiente y será sepultado en una cueva donde permanecerá por tres días. Después de eso resucitará y aparecerá a los apóstoles por cuarenta días antes de su ascensión. Ellos lo verán todo muy claro dentro de muy poco tiempo.

Juan 16:19-22 señala:

[19]Jesús se dio cuenta de que querían hacerle preguntas acerca de esto, así que les dijo:
—¿Se están preguntando qué quise decir cuando dije: "Dentro de poco ya no me verán", y "un poco después volverán a verme"? [20]Ciertamente les aseguro que ustedes llorarán de dolor, mientras que el mundo se alegrará. Se pondrán tristes, pero su tristeza se convertirá en alegría. [21]La mujer que está por dar a luz siente dolores porque ha llegado su momento, pero en cuanto nace la criatura se olvida de su angustia por la alegría de haber traído al

mundo un nuevo ser. ²²Lo mismo les pasa a ustedes: Ahora están tristes, pero cuando vuelva a verlos se alegrarán, y nadie les va a quitar esa alegría.

Los apóstoles siguen tan perturbados por esta predicción que siguen discutiéndola entre ellos a la mesa. Pero tienen mucho miedo o vergüenza de preguntarle a Jesús su significado. Pero Jesús se da cuenta que hablan de ello. Mientras que no dudamos de la presciencia de Jesús, no necesita una luz divina para saber qué es lo que cuchichean estos hombres en el círculo que han formado. Casi con humor, Jesús pregunta: "discuten lo que quise decir cuando afirmé 'en poco tiempo no me verán más . . . ?' " Saben que han sido descubiertos y que Jesús tiene la respuesta a su propia pregunta.

Jesús los libera de este atolladero al señalar, en detalle, la primera y tal vez el cumplimiento más importante de esta predicción — su muerte y resurrección. Durante la muerte y sepultura de Jesús tanto los líderes judíos como sus ejecutores romanos se alegrarán. Claro que los apóstoles estarán quebrantados (Marcos 16:10; Lucas 24:38; Juan 20:11, 15). Pero su pena cambiará en gozo cuando Jesús resucite el domingo. Jesús lo compara a un nacimiento. Una mujer puede sufrir terriblemente durante el parto, pero tales dolores tan intensos pronto los absorberá el gozo de ver nacido al bebé.

Además, la resurrección va a darles sumo gozo a los apóstoles. Tendrán que enfrentar mofas, golpes y hasta ejecuciones. En todos sus viajes y pruebas los sostendrá el gozo de la resurrección porque es la promesa y seguridad de su propia resurrección y recompensa. Aunque nosotros no podemos compartir con los testigos oculares la gran sorpresa de la resurrección, compartimos su gozo. Es tan significativo y real hoy en día como lo fue en el año 30 d.C. Debido a que Jesús se levantó de entre los muertos, también nosotros tenemos el don del Espíritu Santo, nuevos cuerpos, un hogar celestial y vida eterna con nuestro Señor y Dios. Tal esperanza mantiene nuestro gozo aun a través de las más grandes dificultades de la vida.

Sección 150e
Promesa de oraciones contestadas y paz
(Juan 16:23-33)

Juan 16:23-28 señala:

²³En aquél día ya no me preguntarán nada. Ciertamente les aseguro que mi Padre les dará todo lo que le pidan en mi nombre. ²⁴Hasta ahora no han pedido nada en mi nombre. Pidan y recibirán, para que su alegría sea completa.

²⁵»Les he dicho todo esto por medio de comparaciones, pero viene la hora en que ya no les hablaré así, sino que les hablaré claramente acerca de mi Padre. ²⁶En aquel día pedirán en mi nombre. Y no digo que voy a rogar por ustedes al Padre, ²⁷ya que el Padre mismo los ama porque me han amado y han creído que yo he venido de parte de Dios. ²⁸Salí del Padre y vine al mundo; ahora dejo de nuevo el mundo y vuelvo al Padre.

Jesús procede a describir el segundo cumplimiento de su predicción: "un poco después volverán a verme". Cuando Jesús regresa a sus apóstoles a través de su delegado, el Espíritu Santo, ya no necesitarán hacerle más preguntas a Jesús. Eso no quiere decir que los apóstoles jamás le preguntarán a Jesús que manifieste su voluntad (ver Hechos 1:24-26). Lo que sí quiere decir es que el Espíritu Santo guiará la memoria de ellos y les enseñará toda la verdad necesaria para establecer la doctrina apostólica por medio de la predicación y de la escritura de las palabras del Señor (Juan 14:26; 15:26; 16:13). De hecho, la enseñanza del Espíritu Santo será más clara que la de Jesús. En ocasiones Jesús tuvo que utilizar lenguaje figurativo para revelar aquello que estaba por venir (p.ej., 15:1-8; 16:17-21) y para esconder aquello que los incrédulos no aceptarían (Mateo 13:10-15). Sin embargo, el Espíritu Santo no tendrá la necesidad de utilizar ningún lenguaje figurado. Claramente revelará al Padre (Hebreos 8:11). Esta revelación clara dará como resultado una relación más abierta.

Además, debido a que tenemos una relación más abierta con el Padre, tendremos más libertad de pedirle cosas. Jesús ya no tendrá que presentarle nuestras peticiones (16:26-27). No, porque nosotros le pedimos al Padre, en el nombre de Jesús y eso hará que el Padre nos responda. ¡Como seguidores de Jesús tenemos influencia verdadera con el Dios del universo!

Ahora, pedir en el nombre de Jesús no quiere decir que tengamos una fórmula mágica que va al final de la oración para hacerla funcionar. Para los judíos, el nombre de una persona representaba su personalidad y autoridad. Así, pedir algo en el nombre de Jesús, es acercarse al Padre con la autoridad expresa de Jesús basado en nuestra amistad con él (Juan 15:14-15). Si realmente estamos afiliados a Jesús y nuestra petición se alinea a su integridad y propósitos, seguro que el Padre responderá. Hasta este preciso momento, los apóstoles, por ser judíos, han orado como judíos. Jesús les pide, ahora, que empiecen a orar como cristianos a través de Jesús.

Juan 16:29-33 señala:

> [29] —Ahora sí estás hablando directamente, sin vueltas ni rodeos —le dijeron sus discípulos—. [30] Ya podemos ver que sabes todas las cosas, y que ni siquiera necesitas que nadie te haga preguntas. Por esto creemos que saliste de Dios.
> [31] —¿Hasta ahora me creen?[a] —contestó Jesús—. [32] Miren que la hora viene, y ya está aquí, en que ustedes serán dispersados, y cada uno se irá a su propia casa y a mí me dejarán solo. Sin embargo, solo no estoy, porque el Padre está conmigo. [33] Yo les he dicho estas cosas para que en mí hallen paz. En este mundo afrontarán aflicciones, pero ¡anímense! Yo he vencido al mundo.
>
> *31 ¿Hasta... creen? Alt. ¿Ahora creen?*

Cuando Jesús afirma que vino del Padre y ahora vuelve al Padre, los once como que entienden lo que está pasando. Están impresionados de que él entienda su pregunta antes de que ellos siquiera la hagan. En respuesta, confirman su capacidad divina para leer las mentes de las personas.

Aunque esto es como un rayo de luz para los discípulos obtusos, entienden menos de lo que creen entender. Primero, parecen creer que Jesús empieza a hablarles claro mientras que eso tiene que esperar a la llegada del Espíritu (16:25-26). Segundo, parecen entender que el tiempo ya ha llegado cuando nadie necesite hacerle preguntas a Jesús (16:23). También esto debe esperar a la llegada del Espíritu. Tal vez esta sea una manera conveniente para los apóstoles en cuanto a ponerle fin a esta conversación. Después de todo, cada pregunta que hacen parece estar desacertada (14:5, 8, 22). Luego se les reprende por no hacer la pregunta adecuada (16:5).

Jesús los felicita, tal vez de manera sarcástica, por esta lucidez modesta de su parte. Luego, regresando al tema inicial de este discurso, les advierte nuevamente de que serán esparcidos (Mateo 26:31). Él señala que cada uno de ellos se irá a su propia casa. Si lo hubieran hecho, literalmente se habrían ido a Galilea. Pero se quedan en Jerusalén por lo menos diez días más antes de irse a Galilea para encontrarse con Jesús como él lo había ordenado (Mateo 26:32). Cuando sí se regresan a Galilea, realmente no están esparcidos. Por ello debemos interpretar la frase "cada uno se irá a su propia casa" como "cada uno tomará su propio rumbo". Esto nos presenta el cuadro del Getsemaní, a tan sólo unas horas de que acontezca.

Jesús predice este terrible abandono para darles paz a los apóstoles. ¿Cómo puede traer paz una predicción tan dolorosa? Bueno, no lo haría en esa ocasión. Pero una vez calmados los humos, estas predicciones específicas demostrarían que Jesús es el Hijo de Dios, que él y el Padre uno son y que él está sentado a la diestra de Dios. Mostraría que el sufrimiento de Jesús no estuvo fuera de su control. En verdad, él resultó ser conquistador a través de su sufrimiento. Esta confianza sostendrá y mantendrá firmes a los discípulos cuando ellos mismos enfrenten la persecución proveniente del mundo hostil. Así, estas terribles predicciones traerán, *finalmente*, paz a los apóstoles (Juan 14:27). Así que la conclusión de este discurso un poco problemático es: "¡Anímense,[51] yo he vencido al mundo!"

Sección 151
La oración del Señor
(Juan capítulo 17)

Lo que normalmente se considera la oración del Señor (Mateo 6:9-12; Lucas 11:2-4) realmente es lo que Jesús les dio a sus discípulos para que aprendieran a orar. La oración de Jesús la encontramos en Juan capítulo 17. Los evangelios casi no registran las oraciones de Jesús (ver Mateo 11:25-26; Marcos 14:36; Lucas 10:21; 23:34, 46; Juan 11:41). Estamos pisando tierra santa.

En su oración, Jesús ora por sí mismo (17:1-5), por sus discípulos (17:6-19) y por la futura iglesia (17:20-26). Aunque este es vocabulario de Juan (es decir, "gloria", "vida eterna", "creer", "amor", "palabra", "mundo"), se aprecia el corazón de Jesús. En esta oración pública final, muestra su preocupación por la gloria del Padre (17:1, 4-5), su propia relación con el Padre (17:7-8), 10, 24-26), la salvación de los discípulos (17:2-3, 12) y la unidad de los tres (17:11, 21-23).

---

[51] Con una sola excepción (Marcos 10:49), este verbo "animar" [*tharsei*] únicamente lo usa Jesús (Mateo 9:2, 22; 14:27; Marcos 6:50; Juan 16:33; Hechos 23:11).

Esta oración es una conclusión perfecta de su cena de Pascua y un resumen perfecto del ministerio de Jesús encarnado.[52]

Juan 17:1-5 señala:

> [1] Después que Jesús dijo esto, dirigió la mirada al cielo y oró así: «Padre, ha llegado la hora. Glorifica a tu Hijo, para que tu Hijo te glorifique a ti, [2] ya que le has conferido autoridad sobre todo mortal para que él les conceda vida eterna a todos los que le has dado. [3] Y ésta es la vida eterna: que te conozcan a ti, el único Dios verdadero, y a Jesucristo, a quien tú has enviado. [4] Yo te he glorificado en la tierra, y he llevado a cabo la obra que me encomendaste. [5] Y ahora, Padre, glorifícame en tu presencia con la gloria que tuve contigo antes de que el mundo existiera.

Es probable que Jesús oró esta oración en el aposento alto. Sin embargo, es posible que tanto él como sus hombres ya hayan salido de la casa y se estén dirigiendo al torrente de Cedrón (Mateo 26:30; Juan 18:1). Jesús asume la postura judía típica para orar: con los ojos fijos en el cielo y tal vez con las manos alzadas al cielo mismo. Empieza su oración con una aseveración muy íntima: "Padre". Prosigue con una petición personal: "Glorifica a tu Hijo". A primera vista, esto parece algo muy egoísta de su parte. Pero Jesús pide gloria para regresarle la gloria al Padre. Además, la glorificación de Jesús llegaría por medio de la cruz. Nota él que "ha llegado [finalmente] la hora" (comparar 2:4; 7:8, 30; 8:20; 12:23; 13:1). Ello se refiere a la hora de su muerte. A través de su obediencia en la muerte (17:4), Jesús honra al Padre y a través de su resurrección y ascensión, el Padre honra a Jesús. Eso no tiene nada de egoísmo. Además, la palabra "glorifica" [*doxazō*] significa "dar honor" o "conceder esplendor". Pero también tiene un tinte en cuanto a la representación de una personalidad. En otras palabras, Jesús vino en representación del Padre (17:6; comparar Juan 1:18; Hebreos 1:3). Ahora le pide al Padre que le asista en esta tarea, mediante su resurrección y ascensión al cielo. Esto mostraría a los discípulos la gloria de Dios a través de la persona de Jesús.

Jesús no vino a la tierra simplemente para presentarle gente a Dios (dar a conocer a Dios) sino para reconciliarlos con Dios. Es lo que conocemos como "salvación". En breve, Jesús tiene la autoridad para otorgar la vida eterna, no a todos, pero sí a todos los que el Padre le ha dado. ¿Quiere decir esto que Dios arbitrariamente escoge

---

[52] Ver a D. A. Black, "On the Style and Significance of John 17" (En cuanto al estilo y significado de Juan capítulo 17), *CTR* (Revista teológica Criswell) 3 [1988]: 141-159.

a algunos para ser salvos y deja a otros para ser condenados? Sin duda, nadie llega al Padre si el Padre no lo atrae hacia él (Juan 6:44). Y Dios sí predestina a algunos para ser salvos (Mateo 24:22; Romanos 8:29-30; Efesios 1:5, 11). Pero las Escrituras parecen indicar que la predestinación se basa en tres cosas (además de su voluntad soberana): (1) Su presciencia (Romanos 8:29; 1 Pedro 1:2). Debido a que Dios conoce el corazón de una persona aun antes de que ésta nazca, tiene la capacidad de hacer un juicio justo en cuanto a su destino. (2) En Cristo (Efesios 1:4, 11). Cualquier persona que tiene a Cristo está predestinada a ser salva; cualquiera que lo rechaza está predestinado a la perdición. (3) La respuesta del hombre (Mateo 22:14; 2 Pedro 1:10). La parábola de Mateo 22:1-14 sugiere que aquellos que responden a la invitación de Dios son los escogidos para estar con él en el banquete. Más aún, Pedro afirma que al vivir vidas santas podemos tener mayor seguridad de nuestra elección. Entonces, al parecer, Dios en su decreto soberano declara que todos los que acepten a Jesús están predestinados a ser salvos y todos los que no lo hagan quedan predestinados a perderse. Además, Dios sabe desde antes que una persona nazca cuál va a ser su elección.

Por lo tanto, concluimos que la elección de Dios no es ni arbitraria ni limitada por su propia voluntad, sino por la respuesta del hombre. En verdad, Dios quiere que todos se salven (2 Pedro 3:9) y el sacrificio de Jesús tiene todo el poder para hacer precisamente eso (1 Juan 2:2).

Estamos hablando de la vida eterna (17:3). Esto no es un período de tiempo sino una relación con Dios. La vida eterna es conocer personalmente y de manera íntima a Dios. Se le conoce, no a través de la meditación mística, sino a través de una persona: Jesús. Es a través de la muerte y resurrección de Jesús que tenemos acceso a Dios. De manera sorprendente, Jesús habla de ello como si ya hubiese sucedido (17:4-5). Puede hacer esto debido a su determinación para cumplir con la tarea que Dios le ha encomendado. Debido a que Jesús ha determinado cumplir con su parte, le pide a Dios que él haga su parte; es decir, glorificar a Jesús a través de su resurrección y ascensión (17:5). Únicamente podemos imaginarnos la gloria que Jesús tuvo antes de venir a la tierra. Sabemos que tenía la forma de Dios (Juan 1:1-4; Filipenses 2:6; Colosenses 1:15, 19). Trabajaba con Dios (p.ej., Génesis 1:26), tenía la apariencia o forma de Dios (Isaías 11:3-5; Ezequiel 40:3; Daniel 10:6) y nuevamente es adorado como Dios (Apocalipsis capítulo 5).

Juan 17:6-12 señala:

⁶»A los que me diste del mundo les he revelado quién eres.ª Eran tuyos; tú me los diste y ellos han obedecido tu palabra. ⁷Ahora saben que todo lo que me has dado viene de ti, ⁸porque les he entregado las palabras que me diste, y ellos las aceptaron; saben con certeza que salí de ti, y han creído que tú me enviaste. ⁹Ruego por ellos. No ruego por el mundo, sino por los que me has dado, porque son tuyos. ¹⁰Todo lo que yo tengo es tuyo, y todo lo que tú tienes es mío; y por medio de ellos he sido glorificado. ¹¹Ya no voy a estar por más tiempo en el mundo, pero ellos están todavía en el mundo, y yo vuelvo a ti.

»Padre santo, protégelos con el poder de tu nombre, el nombre que me diste, para que sean uno, lo mismo que nosotros. ¹²Mientras estaba con ellos, los protegía y los preservaba mediante el nombre que me diste, y ninguno se perdió sino aquel que nació para perderse, a fin de que se cumpliera la Escritura.

ª*6 quién eres.* Lit. *tu nombre*; también en v. 26.

Todo creyente es un regalo de parte de Dios para Jesús (17:2). Entre estos regalos había ciertas personas que Jesús consideró sus amigos. A estos designó como apóstoles y éstos podían escuchar su conversación con el Padre. Antes de que los apóstoles siguieran a Jesús, ya pertenecían a Dios (17:6). Es decir, su corazón estaba dispuesto a seguir a Dios. De hecho, por lo menos seis de ellos habían sido discípulos de Juan el Bautista (Juan 1:35-51, ver los comentarios de la *Sección 28*).

Jesús apreciaba los regalos de su Padre y en apreciación esencialmente se los devuelve. Lo hizo de dos formas. Primero, Jesús los llenó con las palabras de su Padre (17:6, 8). Rehusó hablar o promoverse a sí mismo (Juan 7:17; 8:28; 12:49). Segunda, Jesús fue claro con sus seguidores explicándoles que él era simple delegado, cumpliendo con las instrucciones de otro (4:34; 5:30; 6:38). Los apóstoles logran comprender qué tan completamente Jesús representa al Padre (17:7-8).

Jesús está a punto de dejar este mundo. Personalmente, ya no podrá entrenar y cuidar a sus discípulos. Así que le pide al Padre que intervenga a favor de ellos. Este es apenas el inicio de la obra intercesora de Jesús por sus discípulos (Romanos 8:34; Hebreos 7:25; 9:24; 1 Juan 2:1). Este es un favor especial para los discípulos que no se extiende a los creyentes (17:9). Cuando Dios conteste la oración de

Jesús, los discípulos sabrán, sin duda, que Jesús y el Padre piensan y actúan como uno solo.

Jesús exitosamente protegió a los doce mientras estuvo con ellos, ahora le pide al Padre que proteja a los once. Judas, como estaba profetizado, abandonó a Jesús (Juan 13:18; Salmos 41:9; 69:25; 109:6-8). Por tal traición adquiere el título de "hijo de perdición" o como lo traduce la *Nueva Versión Internacional de la Biblia*, "aquel que nació para perderse". Esta frase es la misma que se usa para describir al "hombre de maldad" (2 Tesalonicenses 2:3).

Juan 17:13-19 señala:

> ¹³»Ahora vuelvo a ti, pero digo estas cosas mientras todavía estoy en el mundo, para que tengan mi alegría en plenitud. ¹⁴Yo les he entregado tu palabra, y el mundo los ha odiado porque no son del mundo, como tampoco yo soy del mundo. ¹⁵No te pido que los quites del mundo, sino que los protejas del maligno. ¹⁶Ellos no son del mundo, como tampoco lo soy yo. ¹⁷Santifícalosᵃ en la verdad; tu palabra es la verdad. ¹⁸Como tú me enviaste al mundo, yo los envío también al mundo. ¹⁹Y por ellos me santifico a mí mismo, para que también ellos sean santificados en la verdad.
>
> ᵃ**17** Del griego *hagiazo* (*apartado para un uso sagrado o hacerlo puro y santo*); también ver el v. 19.

Para los apóstoles, este es un mensaje de despedida. Para Jesús, es una bienvenida a casa. Después de una gran prueba, está a punto de reunirse con su Padre y hasta con su propia naturaleza divina. Pero en su propio gozo, Jesús no pierde de vista el dolor y la pena de los discípulos. Ellos deben tener confianza, una vez que él se haya ido, en que Jesús vino del Padre y en verdad está regresando al Padre para interceder por ellos. Tal confianza les permite a los discípulos de Jesús compartir su gozo aun en medio de la persecución.846

Para el cristiano, la persecución resulta algo inevitable (Juan 15:18-25, ver el comentarios de la **Sección 150b**). No vivimos como el mundo lo hace o estamos de acuerdo con sus formas de vida. De hecho, somos la sal y la luz (Mateo 5:13-16). Es decir, nuestro mensaje puede preservar y purificar pero puede que sea con dolor. La palabra de Dios amenaza la filosofía y formas de vida del mundo pagano ya que éste presenta arrogancia, confianza en sí mismo e indulgencia propia. Es por ello que Jesús identifica de manera precisa a la palabra de Dios como el agente divisorio entre los cristianos y el mundo. Lo hace dos veces en este mismo pasaje. Dos veces afirma que los cristianos no pertenecen al mundo, como tampoco él pertenece al mundo.

La solución a la persecución no es quitar a los cristianos del mundo sino la santificarlos en el mundo. Jesús no ora para que los cristianos queden exentos del sufrimiento. Sino que ora para que seamos protegidos del maligno. Esta oración no es a favor de nuestro cuerpo sino de nuestro ser en su totalidad. A través de las autoridades judías y romanas, Satanás hizo lo que quiso con los cuerpos de miles de cristianos. Sin embargo, Jesús es el guardián de nuestras almas o vidas.

La meta del cristiano es llegar a ser como Jesús en todos los aspectos. Así como él sufrió también nosotros sufriremos. Así como él fue santificado (es decir, apartado, diferente, santo) en el mundo, también nosotros lo debemos ser.

Juan 17:20-23 señala:

> **20**»No ruego sólo por éstos. Ruego también por los que han de creer en mí por el mensaje de ellos, **21**para que todos sean uno. Padre, así como tú estás en mí y yo en ti, permite que ellos también estén en nosotros, para que el mundo crea que tú me has enviado. **22**Yo les he dado la gloria que me diste, para que sean uno, así como nosotros somos uno: **23**yo en ellos y tú en mí. Permite que alcancen la perfección en la unidad, y así el mundo reconozca que tú me enviaste y que los has amado a ellos tal como me has amado a mí.

Jesús oró por sí mismo (17:1-5) y por sus discípulos (17:6-19). Ahora fija su atención en aquellos que llegarán a ser cristianos a través de la predicación de los apóstoles. Su principal preocupación es la unidad de todos los creyentes. Seguro que una iglesia fragmentada es una pena y vergüenza colosal para Jesús. Sólo en Los Estados Unidos y Canadá existen más de 300 grupos religiosos distintos. Además, estas denominaciones tienen sus fracturas internas. Jesús no le pone atención a los nombres de denominaciones o sedes; únicamente reconoce un cuerpo (Efesios 4:4-6).

Aquellos que buscan la unidad de las organizaciones a través de fusiones de iglesias o paneles doctrinales tienen un optimismo tal vez ingenuo.[53] Las denominaciones son producto de filosofías y

---

[53] T. E. Pollard, "'That They All May Be One' (John 17:21) – and the Unity of the Church" (Para que todos sean uno' (Juan 17:21) – y la unidad de la iglesia), *ExpT* (Revista expositor) 70 [1958-59]: 149-150, presenta que la unidad que Jesús anticipa no tiene por fin la unidad organizacional o denominacional. Sino que es una unidad en medio de la diversidad ya que es una unidad modelada en la de Jesús y su Padre (Juan 17:11, 21, 22-23) y ciertamente ellos

líderes humanos. Debido a que hemos confundido nuestra lealtad a una denominación o posición de doctrina con la lealtad al Señor, no será fácil que nos deshagamos de nuestras etiquetas divisorias o distinciones doctrinales. Nos parece algo "infiel" llamarnos solamente cristianos. Sentimos que necesitamos una descripción clara del verdadero pueblo de Dios (p.ej. católico romanista, bautista, metodista, presbiteriano, pentecostal, menonita, etc.).[54]

Hemos sido engañados al creer que pertenecer a un grupo equivale a aceptación. Es decir, si nos unimos con los católicos romanistas en una marcha a favor de la vida entonces estamos de acuerdo con el Papa. O si participamos en un servicio ecuménico de acción de gracias entonces negamos la inspiración de las Escrituras. O que si estamos a cargo de un banco de alimentos con los metodistas entonces todos aprobamos al Consejo Mundial de Iglesias. Debemos tener cuidado con dos cosas. (1) Es Jesús quien nos salva, no el adherirnos a una lista de particularidades doctrinales. Hay unas cuantas cosas que NO se pueden negociar: El derramamiento de la sangre de Jesús, su resurrección corporal, su deidad de ser el Cristo, etc. Pero en la mayoría de los casos lo que nos divide son circunstancias: métodos de la participación de la comunión, estilos de liderazgo o gobierno, sistemas milenarios, la vestimenta, la música, etc. Hay ocasiones en que hay que rechazar el compañerismo de una persona ya que tal persona no es miembro del cuerpo de Jesús. Pero jamás debemos fraccionar el cuerpo de Cristo por imponer nuestras plataformas caprichosas. (2) Las misiones mundiales se ven severamente dañadas por nuestras divisiones. Dividimos nuestros recursos en miles de pequeñas fracciones y tratamos de componer o rehacer los esfuerzos de los demás. Resulta dolorosamente ridículo. Si tan sólo la iglesia evangélica uniese sus esfuerzos, lograríamos mucho en reducir el hambre y el sufrimiento a nivel mundial, traduciríamos la Biblia a todas las lenguas conocidas, determinaríamos las políticas religiosas y de la familia en nuestra propia nación, acabaríamos con los pordioseros de nuestras ciudades, proveeríamos ropa y albergue

---

era muy distintos. Esto es correcto en su argumento, que la unidad que Jesús desea es de aquellos individuos que se alineen en espíritu y propósito, no en lograr que las organizaciones que estén bajo un mismo techo.

[54]D. Bjork discute en busca de un ecumenismo, de clase, en misiones, basado en la naturaleza de la Trinidad, unidad de propósitos sinperder la identidad individual. Así él presenta que los grupos cristianos deber[ían definirse en base a sus *relaciones* con otras denominaciones en vez de basarse en sus diferencias. " Toward a Trinitarian Understanding of Mission in Post-Christendom Lands" (Hacia un entendimiento trinitario de misión en tierras post cristianas), *Missiology* (Misiología) 27/2 [1999]: 231-244.

a todas las madres solteras, evangelizaríamos a todos los estudiantes extranjeros en nuestra nación, etc. Todo esto no sucede debido a que pensamos que si nos unimos para trabajar juntos alguien puede pensar que también nosotros creemos como ellos en algunos puntos.

Además, tales organizaciones como lo son las iglesias en sus distintas denominaciones jamás se podrán fusionar. Ya sea que una absorba a la otra o que ambas pierdan su identidad corporativa y surja una nueva con recursos de ambas que dejaron de existir. Las organizaciones tienen su base en su personalidad fundadora y la perpetúa la gente con poder dentro de esas organizaciones. Por lo tanto, para que las organizaciones se fusionen en un solo cuerpo corporativo, se debe abandonar la personalidad fundadora y se deben deshacer de posiciones de poder. Desafortunadamente, eso casi no sucede debido a que pensamos que Jesús no es capaz de dirigir su iglesia. ¡Ciertamente necesita de nuestra ayuda! ¡Él podría hacer una mejor obra si ciertas personalidades prominentes se ocuparan de distintas cosas del reino!

Como resultado, estamos atorados con estas vergonzosas y debilitantes divisiones denominacionales. Pero, ¿quiere decir eso que la oración de Jesús no fue contestada? ¿Realmente no es una la iglesia? Si por "iglesia" entendemos "denominaciones", entonces no, la oración de Jesús no pudo haber sido contestada. Sin embargo, si usamos una definición escritural de "iglesia" como "reino", entonces su oración sí fue contestada. Los verdaderos cristianos de toda clase forman el reino de Dios en esta tierra. Mientras que las denominaciones, con todos sus intentos buenos, quieren organizar y orquestar el reino de Dios, nuestros esfuerzos humanos no han sido suficientes. Esto no quiere decir que las iglesias organizadas carezcan totalmente de efectividad o que se deban abandonar. ¡Lo más seguro es que esto nos llevaría a tener más denominaciones! Lo que sí pudiera ser es que: (1) los cristianos necesitamos aceptarnos unos a otros y debemos trabajar juntos tanto en la arena personal (empleos, vecindades, escuelas) como en la arena pública (demostraciones, publicaciones, cruzadas). Nos podemos dar el lujo de pelearnos con otros cristianos cuando hayamos perdido de vista al verdadero enemigo. (2) Sin abandonar nuestra devoción a la palabra de Dios y nuestro compromiso para corregir la doctrina, debemos tener claro cuál es la doctrina esencial para la salvación y cuál no lo es. Debemos aprender a dialogar respecto de nuestras opiniones sin causar división (Romanos 14:1-8). (3) A los líderes de la iglesia se les debe recordar que no son ellos los dueños de la misma ni deben imponerse en sus necedades.

La unidad de la iglesia era algo esencial para Jesús. Ya hemos visto que la unidad es esencial en una obra efectiva tanto misionera como de benevolencia. Jesús nos da tres razones más por qué es importante la unidad. (1) **Gloria** — La unidad está basada en la gloria que Jesús le otorgó a su cuerpo (17:22). A través de la gloria de Jesús no tan sólo somos uno en Cristo, sino que también somos partícipes de su naturaleza divina (2 Corintios 3:18; Hebreos 12:10; 1 Juan 3:2; 2 Pedro 1:4). Por lo tanto, podríamos decir que las divisiones surgen cuando perdemos de vista a Jesús. Además, nuestra unidad le da la honra y gloria a Dios. Cuando el mundo ve un cuerpo dividido se burla de la cabeza por padecer de esquizofrenia. (2) **Apologética** — Jesús afirmó que la unidad de la iglesia probaría al mundo que Jesús vino de Dios (17:23; comparar Juan 3:17, 34; 5:36-37; 8:18, 27, 29; 9:7). (3) **Amor** — A través de una iglesia unida, el mundo se da cuenta que Dios ama a su pueblo (17:23). Por la causa de Cristo, por la gloria del Padre, la iglesia debe estar unida.

Juan 17:24-26 señala:

> ²⁴»Padre, quiero que los que me has dado estén conmigo donde yo estoy. Que vean mi gloria, la gloria que me has dado porque me amaste desde antes de la creación del mundo.
>
> ²⁵»Padre justo, aunque el mundo no te conoce, yo sí te conozco, y éstos reconocen que tú me enviaste. ²⁶Yo les he dado a conocer quién eres, y seguiré haciéndolo, para que el amor con que me has amado esté en ellos, y yo mismo esté en ellos.»

Esta conclusión tierna vuelve a tomar los puntos principales de la oración: La gloria y revelación de Dios, el amor que Dios tiene por Jesús y que él mismo entregó a los apóstoles y el regreso de Jesús al Padre.

Sección 152
La oración de Jesús en Getsemaní
(Mateo 26:30,[55] 36-46; Marcos 14:26, 32-42; Lucas 22:39-46; Juan 18:1)

Esta es la hora crucial para Jesús. Fue en este momento en que toma su decisión final. ¿Irá o no a la cruz? Ya sabemos lo que Jesús va a hacer; siempre obedece a su Padre. Pero eso no hace que las cosas sean siquiera un poquito más fáciles. Después de la tentación en el desierto, Jesús no había enfrentado y luchado con el malo tan arduamente.[56] Tampoco ha estado tan solitario desde ese entonces. Sin embargo, como en el desierto, en su más profundo dolor, Dios le envió un ángel que le ministrase (Lucas 22:43). Y al igual que en el desierto, Jesús está resuelto a terminar su misión. A partir de este instante, no vacilará, no tendrá más conjeturas y no volverá atrás.

Mateo 26:30 *con* Juan 18:1; Lucas 22:39 señalan:

> ³⁰Después {Juan: Cuando Jesús terminó de orar,^Lc} de cantar los salmos,ª salieron {y cruzó el arroyo de Cedrón^Jn} al monte de los Olivos {como de costumbre^Lc}.

ª30 cantar un himno

Mateo 26:36-38 *con* Juan 18:1; Lucas 22:40; Marcos 14:33 señalan:

> ³⁶Luego fue Jesús con sus discípulos {Juan: un huerto} a un lugar llamado Getsemaní, y les dijo: «Siéntense aquí mientras voy más allá a orar.» {«Oren para que no caigan en tentación»^Lc} ³⁷Se llevó a Pedro y a los dos hijos de Zebedeo {a Jacobo y a Juan^Mr}, y comenzó a sentirse triste y angustiado. ³⁸«Es tal la angustia que me invade, que me siento morir —les dijo—. Quédense aquí y manténganse despiertos conmigo».

---

[55] Nuevamente se nos recuerda que, de hecho, puede haber dos predicciones de la negación de Pedro, Lucas y Juan registran la primera en el aposento alto y Mateo y Marcos registran la segunda en ruta al Getsemaní. Sin embargo, hemos colocado a los cuatro evangelistas juntos en la **Sección 147**. Por eso es que hay un intervalo de 5 versículos en Mateo y Marcos, en esta ocasión en particular.

[56] R. S. Barbour, "Gethsemane in the Tradition of the Passion" (Getsemaní en la tradición de la Pasión), NTS (Estudios del Nuevo Testamento) 16 [1969-70]: 231-251, presenta rotundamente que para Jesús el Getsemaní fue una experiencia de tentación, al igual que su experiencia en el desierto.

La cena de la Pascua concluye con la oración de "sumo sacerdote" de Jesús y un canto tradicional (probablemente el Salmo 136 o alguno de los Salmos 115-118 que se entonaban después de la tercera copa; ver a m. Pesach 9.3). Jesús y su grupo caminan por las calles de Jerusalén ya muy avanzada la noche. Pero sigue habiendo mucha actividad en la ciudad. Muchos hogares se apresuran a reunir todos los víveres necesarios para celebrar la Pascua. Muchos salen a repartirles regalos a los pobres. Muchos se dirigen al templo, que abre sus puertas a la media noche para hacer todos los preparativos de los muchos sacrificios para el siguiente día santo. Jesús guía a sus discípulos fuera de la ciudad pasando por la puerta oriental del templo. Cruzan el arroyo de Cedrón.[57] Al ir ascendiendo hacia el monte de los Olivos llegan a un área boscosa llamada Getsemaní (cuyo significado es "prensa de aceitunas"). Aparentemente era un huerto privado que Jesús tiene permiso de frecuentar.

Deja a ocho de sus apóstoles a la entrada del huerto.[58] Les dice que oren para que no caigan en tentación (Lucas 22:40). Entonces él, junto con los tres de sus apóstoles más cercanos (Pedro, Jacobo y Juan), se internan en el huerto. Con sus más cercanos amigos y sabiendo perfectamente que su muerte había llegado, Jesús se siente triste. La traducción que tenemos no le hace justicia a la seriedad de su sufrimiento. Entre Mateo y Marcos utilizan tres palabras distintas para describir la perturbación interna de Jesús.[59] Su dolor es tan grande que se siente morir. El sufrimiento de Jesús empieza en el Getsemaní no en el Gólgota. Dos días antes ya Jesús había señalado qué tan triste se sentía (Juan 12:27-36). Sin embargo, es aquí donde se da cuenta del enorme peso que tienen todos los pecados del mundo y la inminente ausencia de su Padre (2 Corintios 5:21). Estos son

---

[57] Brown (Vol. 1, p. 125) señala las conexiones tan fuertes entre Jesús y David en cuanto a este punto. (1) David dejó Jerusalén (2 Samuel 15:16), cruzó el Cedrón y lloró en el monte de los Olivos (2 Samuel 15:23, 30). (2) Fue traicionado por su amigo Ahitofel, quien más tarde se colgó, quitándose la vida (2º Samuel 17:23), el único personaje, aparte de Iscariote que se suicidó. También se debe notar que los Olivos tiene un significado simbólico profundo. No menos es la batalla apocalíptica del Mesías (Zacarías capítulo 14). Los acontecimientos en esta ocasión son mucho más grandes de lo que a simple vista parecen.

[58] Al parecer había otros discípulos con Jesús aparte de los apóstoles. El uso que Lucas hace de "discípulos" (22:39) parece distinguirlos de los doce (6:13), de acuerdo con M. L. Soards, "On Understanding Luke 22:39" (En cuanto a entender Lucas 22:39), *BT* (Traductor bíblico) 36 [1985]: 336-337. Esta conclusión parece confirmar la mención que Marcos hace de un discípulo joven y sin nombre que aparece en el huerto (Marcos 14:51-52).

[59] *Lypeō* es "lamentar". *Ademoneō* solamente se usa en esta ocasión y en Filipenses 2:26. Se refiere a un pesar y congoja que perturba el alma. Y *ekthambeō* significa "estar dominado por la sorpresa o el terror". Tal vez estas palabras tuvieron la intención de reflejar la clase de expresión que encontramos en el Salmo 42:5-6 ó 43:5.

nuevos sentimientos que experimenta. Desde el principio del mundo a la fecha, Jesús jamás se había sentido culpable o abandonado. Les pide a sus tres mejores amigos a que se mantengan vigilantes. Ellos no son una guardia militar para advertirle a Jesús de la llegada del enemigo. Ellos deben permanecer despiertos y orar, protegiéndose así a ellos mismos (Lucas 22:40; Mateo 26:40-41) y participando con Jesús en una lucha espiritual (Efesios 6:17-18).

Marcos 14:35-36 *con* Lucas 22:41; Mateo 26:39 señalan:

> ³⁵Yendo un poco más allá {a una buena distancia^{Lc}}, {se arrodilló y^{Lc}} se postró {sobre su rostro^{Mt}} en tierra y empezó a orar que, de ser posible, no tuviera él que pasar por aquella hora. ³⁶Decía: Abba,ᵃ Padre, todo es posible para ti. No me hagas beber este trago amargo,ᵇ pero no sea lo que yo quiero, sino lo que quieres tú.

> ᵃ36 Arameo para *Padre*. ᵇ36 *No . . . amargo*. Lit. *Quita de mí esta copa*.

Lucas 22:43-44 señala:

> ⁴³Entonces se le apareció un ángel del cielo para fortalecerlo. ⁴⁴Pero, como estaba angustiado, se puso a orar con más fervor, y su sudor era como gotas de sangre que caían a tierra.ᵇ

> ᵇ44 Var. no incluye vv. 43 y 44.

Una vez que Jesús exhorta a sus discípulos a que oren, camina "una buena distancia", es decir como a un tiro de piedra. No se sabe exactamente la distancia que se separó de ellos, pero lo pueden seguir viendo, aunque tal vez no oyen lo que dice. Allí, Jesús se pone de rodillas (Lucas) y luego cae con el rostro en tierra (Mateo) bajo la luna llena de la Pascua. En su dolor, Jesús se dirige a su Padre con toda la intimidad del mundo. La palabra "Abba" es un término arameo afectivo que los judíos no se atrevían a utilizar con relación a Dios. Creían que era un concepto muy "familiar". Jesús prosigue a decir las siguientes palabras: "No me hagas beber este trago amargo". ¡Cuidado! Si Jesús no bebe esta copa de sufrimiento, nuestros destinos eternos quedarían suspendidos en el aire. ¡Ay de nosotros si Jesús no hubiese terminado de orar: "pero no sea lo que yo quiero, sino lo que quieres tú"! Jesús no tiene que morir — no hay ningún imperativo moral que llame a su ejecución. Además, no había poder en la tierra capaz de forzarlo a morir (Juan 10:18). Muere por opción propia.

¿Por qué pide Jesús evitar la cruz? ¿No lo hace débil y cobarde ante otros mártires quienes marcharon alegres a sus ejecuciones sin siquiera un mal gesto? Esta pregunta ha causado que algunos señalen que la copa a la que se refiere Jesús no es la cruz sino una muerte prematura en el Getsemaní. Después de todo, él señaló: "Es tal la angustia que me invade, que me siento morir" (Mateo 26:38). Además, su sufrimiento lo llevó a derramar sudor como gotas de sangre (Lucas 22:44), que pudo poner en riesgo su vida. Por ello, muchos tienden a pensar que Jesús le rogó a Dios le permitiese vivir unas quince horas más.[60]

Una mejor explicación parece ser la siguiente: Primero, no es de cobardes querer evitar la muerte o buscar otra forma de morir. El valor se define por las acciones de una persona, no por sus emociones. Segundo, no es justo comparar la muerte de Jesús a un martirio. Los mártires mueren por una causa; Jesús murió por los pecados del mundo. En la cruz él *se hizo* pecado (2 Corintios 5:21) y llevó en su propio cuerpo los pecados del mundo (1 Pedro 2:24). Lo que torturaba a Jesús no era un padecimiento físico como mártir, sino el tormento espiritual del Dios-hombre experimentando por primera vez tanto la culpa de la humanidad como la separación del Padre. No hay forma de que sepamos cuanto tuvo que condescender Jesús para hacer eso. En consecuencia, no podemos medir la profundidad de su tortura espiritual. Carson (p. 543) afirma: "Esta sección debe entenderse a la luz de Mateo 1:21 y 20:28 . . . por ello los escritores del Nuevo Testamento resaltan tanto la muerte redentora y única de Jesús (Romanos 3:21-26; 4:25; 5:6, 9; 1 Corintios 1:23; 2 Corintios 5:21; Hebreos 2:18; 4:15; 5:7-9; 1 Pedro 2:24)". Además, la "copa" no era tan

---

[60]H. R. Cowles, "'This Cup': What Did Jesus Mean" ('Esta copa': ¿Qué quiso decir Jesús?), AL (Alianza Vida) 128 [abril, 1993]: 6ss, ofrece una segunda sugerencia. Él discute que Jesús no quiso decir o pidió ser abandonado en su muerte sino que pidió ser resucitado. Ambas soluciones libran a Jesús de "parecer débil", pidiendo ser librado de la cruz. Ambas soluciones le otorgan a Jesús lo que pidió. Pero ninguna de ellas es suficiente para cumplir con la segunda parte de la oración: "Pero no se haga mi voluntad", y ninguna toma en serio la magnitud del sufrimiento de Jesús en Getsemaní. Una tercera explicación es que la "copa" en el Antiguo Testamento era una metáfora en cuanto a la ira de Dios, así, Jesús se encuentra orando para que Dios aparte su ira personal contra él (C. E. B. Cranfield, " The Cup Metaphor in Mark 14:36 and Parallels" (La metáfora de la copa en Marcos 14:36 y sus paralelos), ExpT (Revista expositor) 59 [1947-48]: 137-138). C. A. Blaising, "Gethsemane: A Prayer of Faith" (Getsemaní: Una oración de fe), JETS (Revista de la sociedad teológica evangélica) 22 [1979]: 333-343, combina ambos puntos de vista y sugiere que cuando Jesús le pide al Padre quitar la copa no estaba tratando de evitar ir a la cruz, sino pidiéndole a Dios que lo resucitase y no permitir que su copa de ira quedase con él. Sea lo que fuese, la metáfora de la copa también significa "mi porción". Y en Marcos 10:39, Jesús ya ha utilizado esta metáfora de la copa para describir su porción como una de sufrimiento y martirio y nuevamente lo plantea así en Juan 18:11. Por lo tanto, ese es el entendimiento que adoptaremos en esta ocasión.

sólo sufrimiento. Era un símbolo del Antiguo Testamento de la ira de Dios (Salmo 75:8; Isaías 51:22; Jeremías 25:15-16; Lamentaciones 4:21; Habacuc 2:16). Jesús no está meramente mirando atrás a Mateo 20:22-23 sino está mirando hacia adelante a Mateo 27:46 cuando la ira de Dios contra el pedado caería totalmente sobre él. Finalmente, si Jesús hubiese enfrentado la muerte de manera estoica, nosotros jamás entenderíamos que él enfrentó nuestra fragilidad humana y la entendió perfectamente. Resulta, paradójicamente, que su humanidad nos atrae a su divinidad. El escritor de Hebreos nos recuerda el peso de su oración en el mismo Jesús (Hebreos 5:7).[61]

De la oración de Jesús surge una segunda pregunta: "¿Había otra forma?" Jesús utiliza una cláusula condicional de primera clase en Mateo 26:39: "si es posible . . ." Esto habla de una posibilidad real, por lo menos en la mente de Jesús (aunque ver Mateo 26:42). En Marcos resulta ser más atrevido: "todo es posible para ti". De manera teórica pudo haber otra forma de salvar a la humanidad sin una muerte vicaria. Pero eso es mera especulación. La voluntad soberana de Dios determinó que su propio Hijo moriría por los pecados del mundo. Por lo tanto, en realidad, no había otra opción. Jesús estaba resuelto a cumplir con la voluntad de su Padre no importando qué tan desagradable o dolorosas fuesen las consecuencias.

Mientras que el Dr. Lucas menciona, naturalmente, tanto al ángel como la condición física de Jesús (gotas de sudor como sangre), el texto de Lucas 22:43-44 tiene un soporte muy débil. En otras palabras, no está en los manuscritos más antiguos. Ya que al parecer esta información se agregó más tarde, concluimos que tal vez no fue Lucas quien lo escribió, sino que fue agregado más tarde, tal vez basado en una tradición oral confiable.[62] Así que la aceptamos como verdad,

---

[61] R. E. Brown (1:229-233) señala qué tan similares son las oraciones de Hebreos 5:7, Juan capítulo 17 y la de Getsemaní. Tal consistencia tan sorprendente seguramente sugiere una historicidad.

[62] B. D. Ehrman y M. A. Plunkett, " The Angel and the Agony: The Textual Problem of Luke 22:43-44" (El ángel y la agonía: El problema textual de Lucas 22:43-44), CBQ (Publicación trimestral católica de la Biblia) 45 [1983]: 401-416, analiza en detalle esta variante textual. Ellos llegan a esta conclusión: "Una omisión debe estar fechada entre 200-300 y una interpolación antes del año 160 d.C." (p. 403). Ellos concuerdan que fue una interpolación, pero señalan que debió de haber sido muy temprano, que aumenta sus posibilidades de confiabilidad histórica. T. Baarda, "Luke 22:42-47a: The Emperor Juliano as a Witness to the Text of Luke") Lucas 22:42-47a: El Emperador Juliáno como testigo del texto de Lucas), NovT (Novum Testamentum) 30/4 [1988]: 289-296, lista las objeciones del Emperador Julián "el apóstata" (ca.331-63) a este texto al igual que las respuestas de Teodoro Mossuestia (ca. 350-428). Sin importar sus argumentos, los dos se convierten en testigos primitivos a la aceptación general de este pasaje.

pero no como parte del texto original. Nos dice que en medio del sufrimiento de Jesús, un ángel descendió para ministrarlo. Esa debió haber sido la primera vez después de la tentación en el desierto tres años atrás (Mateo 4:11). Como resultado de su sufrimiento, Jesús experimenta lo que Lucas describe como "sudor parecido a gotas de sangre". La explicación médica más aproximada a esto es algo conocido como hematidrosis. Es una condición donde los vasos capilares de la frente se revientan debido al estrés.[63] Esto ciertamente describe la verdadera condición de Jesús.

Mateo 26:40-46 *con* Lucas 22:45-46; Marcos 14:40-41 señalan:

> [40]Luego {cuando terminó de orar y[Lc]} volvió a dónde estaban sus discípulos y los encontró dormidos {agotados por la tristeza[Lc]}. {Por qué están durmiendo?[Lc]} «¿No pudieron mantenerse despiertos conmigo ni una hora? —le dijo a Pedro—. [41]Estén alerta y oren para que no caigan en tentación. El espíritu está dispuesto, pero el cuerpo es débil.»
>
> [42]Por segunda vez se retiró y oró: «Padre mío, si no es posible evitar que yo beba este trago amargo, hágase tu voluntad.»
>
> [43]Cuando volvió, otra vez los encontró dormidos, porque se les cerraban los ojos de sueño. {No sabían qué decirle[Mr]} [44]Así que los dejó y se retiró a orar por tercera vez, diciendo lo mismo.
>
> [45]Volvió de nuevo {por tercera vez[Mr]} a los discípulos y les dijo: «¿Siguen durmiendo y descansando? {¡Se acabó![Mr]} Miren, se acerca la hora, y el Hijo del hombre va a ser entregado en manos de pecadores. [46]¡Levántense! ¡Vámonos! ¡Ahí viene el que me traiciona!»

Jesús oró tres veces: "Padre, de ser posible que pase de mí esta copa". Tres veces Dios contestó: "No". Dios pudo enviarle un ángel a Jesús en esta hora, le pudo haber prometido la resurrección, pudo habérselo llevado al trono inmediatamente. Pero no era su voluntad librar a Jesús de esta tarea. Ni nuestras oraciones ni nuestra fe son débiles por el simple hecho de que Dios contesta "No" a nuestras peticiones. Aunque este pasaje no trata en cuanto a las oraciones, aprendemos mucho de él.[64] Se nos hace un llamado a que oremos como Jesús, pero terminamos orando como Pedro.

---

[63]Ver a W. D. Edwards, W. J. Gabel y F. E. Hosmer, "On the Physical Death of Jesus Christ" (En cuanto a la muerte física de Jesucristo), JAMA (Revista de la Asociación Médica Norteamericana) 255/11 [marzo 21, 1986]: 1455-1463.

[64]De este pasaje, aprendemos las siguientes lecciones en cuanto a la oración:(1) La oración en grupo es poderosa. ¡Jesús mismo les pidió a los tres que oraran con él y por él! (Mateo 26:38, 40). (2) No es que usted no sea espiritual si Dios no le concede su ruego. De hecho,

Tres veces regresa Jesús en busca del círculo de amigos más cercano que tiene y las tres veces los encuentra dormidos. Se dirige a Pedro: "¿No pudieron mantenerse despiertos conmigo ni siquiera una hora?" (Aunque una hora no es exactamente sesenta minutos, nos da la impresión general de la duración de la primer oración de Jesús). Tal vez Jesús se dirige a Pedro porque apenas habían pasado unas horas de cuando éste afirmó que estaba dispuesto a morir con él. Y dentro de pocos minutos sacará su espada para cortarle la oreja a Malco. Conclusión: Pedro está dispuesto a pelear con una espada física y defender a Jesús, pero tiene demasiado sueño como para pelear con armas espirituales de combate.

¡No importando cuánto intentaban, no podían mantenerse despiertos! Están fatigados de tanto pesar. Esa semana había estado muy ajetreada y habían tenido emociones fuertes, pero también habían decaído en gran manera. El domingo fue la entrada triunfal. El lunes fue la purificación del templo. El martes fue el gran día de fuertes discusiones y controversia con los grandes líderes de Israel. Y cada tarde caminaban varios kilómetros de regreso a Betania donde pernoctaban. El miércoles y el jueves los pasaron preparándose para celebrar la Pascua, cuando Jesús hizo tales declaraciones como: "La hora ha llegado", "dentro de poco ya no me verán", "los perseguirán", "uno de ustedes me va a traicionar y todos ustedes serán esparcidos". Mientras tanto los discípulos se pelean por los lugares privilegiados y tienen que soportar a Pedro y sus declaraciones. Para empeorar las cosas, Jesús los reprende por hacer preguntas tontas (Juan 14:7, 9) y por no hacer las preguntas adecuadas (Juan 16:5). Simplemente están agotados. ¡Pero es precisamente en estos momentos cuando más necesitan orar! Están a punto de enfrentar una prueba espiritual de gran envergadura donde el descanso físico no servirá de nada. Necesitan orar para ser llenos de poder para resistir la tentación de abandonar a Jesús. Jesús está en lo correcto. Sus espíritus están dispuestos, pero la carne es débil. Como lo mostrará la narrativa que sigue, escogieron mal. Decidieron hacerle caso a la debilidad de la carne en vez de a sus espíritus.

La segunda vez que Jesús ora al Padre cambia un poco su petición. Afirma: "si no es posible . . ." Suena como si él se hubiese

---

eso puede indicar que usted se encuentra en el centro de la voluntad de Dios y que él se rehúsa a moverlo. (3) En ocasiones dejamos de orar por cumplir con nuestras necesidades físicas (como dormir). (Es un error dejar que nuestros cuerpos dirijan nuestros asuntos, en vez de nuestros espíritus. (4) La oración nos da el poder para no sucumbir ante la tentación.

resignado a cumplir con la tarea. Nuevamente encuentra durmiendo a los tres; nuevamente ellos se quedan mudos — avergonzados por su negligencia. Después de encontrarlos dormidos por tercera vez, Jesús dice: "¡Se acabó!" Esta frase quiere decir "abstenerse o terminar con cierta actividad" (comparar Hechos 15:29). Algunos interpretan esto como señalando: "He terminado de orar, he cumplido con mis asuntos; vámonos". Pero también pudiera indicar: "ya han dormido suficiente; vámonos". De cualquier manera, se desplazan al siguiente paso rumbo a la cruz. Judas ha terminado preparándolo todo e igualmente lo ha hecho Jesús. Los dos están a punto de encontrarse a la entrada del huerto.

Sección 153
Traición y arresto en Getsemaní
(Mateo 26:47-56; Marcos 14:43-52; Lucas 22:47-53; Juan 18:1-12)

Juan 18:1-9 *con* Mateo 26:47, Marcos 14:43 y Lucas 22:47 señalan:

¹Cuando Jesús terminó de orar, salió con sus discípulos y cruzó el arroyo de Cedrón. Al otro lado había un huerto en el que entró con sus discípulos.

²También Judas, el que lo traicionaba, conocía aquel lugar, porque muchas veces Jesús se había reunido allí con sus discípulos. ³Así que Judas {uno de los doce[Mt,Mr,Lc]} llegó al huerto, a la cabeza de un destacamento[a] de soldados y guardias de los jefes de los sacerdotes {maestros de la ley[Mr]} {y los ancianos[Mt,Mr]} {del pueblo[Mt]} y de los fariseos. {Todavía estaba hablando Jesús[Mt,Mr,Lc]} Llevaban antorchas, lámparas y armas {espadas y palos[Mt,Mr]}.

⁴Jesús, que sabía todo lo que le iba a suceder, les salió al encuentro.

—¿A quién buscan? —les preguntó.

⁵—A Jesús de Nazaret —contestaron.

—Yo soy.

Judas, el traidor, estaba con ellos. ⁶Cuando Jesús les dijo: «Yo soy», dieron un paso atrás y se desplomaron.

⁷—¿A quién buscan? —volvió a preguntarles Jesús.

—A Jesús de Nazaret —repitieron.

⁸—Ya les dije que yo soy. Si es a mí a quien buscan, dejen que éstos se vayan.

⁹Esto sucedió para que se cumpliera lo que había dicho: «De los que me diste ninguno se perdió».[b]

*a*3 *un destacamento.* Lit. *una cohorte* (que tenía 600 soldados). *b*9 Juan 6:39

Juan nos lleva hasta el momento en que los discípulos entraron a Getsemaní. Escoge no registrar la oración de Jesús en el huerto, que pudo haber tardado hasta dos horas.[65] En cambio, Juan presenta rápidamente la traición de Judas, que sucedió tan pronto Jesús hubo terminado de orar. Es posible que Judas acudió y guió a su contingente al aposento alto, que había estado en secreto hasta el mismo momento de la celebración de la cena. Ese hubiera sido un lugar apropiado para arrestar a Jesús. Era un lugar privado, así que no podía provocar una rebelión de las multitudes. Era un lugar cerrado y Jesús no hubiera podido escapar. Cuando encontraron vacío el lugar, Judas sabía que debía buscar en Getsemaní, un escondite preferido de Jesús (Lucas 22:39). Jesús desciende de la montaña para encontrar a Judas a la entrada del huerto. ¡Los otros ocho apóstoles debían estar confundidos! Únicamente Judas y Jesús saben qué es lo que está sucediendo.

Ha habido algo de debate en cuanto a la gente que integraba la compañía de Judas que llegó hasta Getsemaní. Algunos sugieren que los soldados eran guardias judíos que vigilaban el templo. Sin embargo, Juan señala que había un cohorte (en la traducción Nueva Versión Internacional de la Biblia dice que con ellos iba un "destacamento"). Esto normalmente indicaba una unidad militar compuesta de 600 soldados. Se duda que el templo haya tenido tal cantidad de guardias. Así que algunos han concluido que se trata de una muchedumbre de patriotas siguiendo a sus líderes amados. "Una gran turba" usada por los sinópticos (Mateo 26:47; Marcos 14:43), parece apoyar esta conclusión. Sin embargo, una conclusión más aceptable es que se trata de soldados romanos enviados por el mismo Pilato. ¿Por qué se metería Pilato en ello? Para apagar una potencial revuelta. Jesús ya había causado algunos disturbios tanto el domingo como el lunes con su entrada triunfal y su purificación del templo, respectivamente. Los romanos lo vigilaban muy de cerca, esperando un levantamiento en esta celebración solemne y santa. Si los jefes de los sacerdotes podían prometerle a Pilato que arrestarían a Jesús sin incidentes, entonces ambos partidos políticos quedarían satisfechos. Y si Pilato estaba enterado del arresto de Jesús, eso explica por qué se lo presentaron tan temprano por la mañana y por qué el sanedrín

---

[65]Juan, quien escribe alrededor del año 95 d.C., ve muy poca necesidad en repetir lo que ya han señalado los sinópticos en gran detalle, especialmente después de que él acababa de registrar la prolongada oración de Jesús en el capítulo 17.

trabajó toda la noche (ilegalmente) para inventar cargos en contra de Jesús. Es más, eso explicaría por qué la mujer de Pilato tuvo pesadillas en cuanto a Jesús mientras todo esto acontecía.

A la entrada del huerto, Jesús hace su primer movida al preguntar a quién buscaban. Ellos contestaron: "a Jesús de Nazaret". Cuando Jesús contestó: "Yo soy", se frustró el plan de Judas. Ya no hay necesidad de besar a Jesús. La multitud cae al suelo. ¿Los derriba el soplo milagroso procedente de la nariz de Jesús? Probablemente no. Una explicación más natural es que Judas haya dado un paso atrás tropezándose con Anás y Caifás, quienes a su vez se tropezaron con los jefes de los sacerdotes y estos con los ancianos . . . y así hasta atrás con los fariseos, centuriones romanos, comandantes y soldados como fichas de dominó. Bueno, sin importar qué fue lo que pasó, ellos se levantaron inmediatamente, se sacudieron el polvo y quedaron como si nada hubiera pasado. Pero se quedan petrificados y sin saber qué hacer o qué decir. ¿Qué van a hacer? Jesús rompe el silencio al repetir su pregunta: "¿A quién buscan?" La respuesta es la misma. Así que Jesús les contesta: "Ya les dije que yo soy. Si es a mí a quien buscan, dejen que éstos se vayan". Resulta verdaderamente sorprendente que hasta en su hora crucial Jesús se preocupa por los suyos, a pesar de que sabe perfectamente que ellos están a punto de desertar y abandonarlo. Esto no tan sólo cumple con la compasión de Jesús por los once, sino que cumple sus promesas hacia ellos (Juan 6:39; 17:12).

Marcos 14:44-45 *con* Mateo 26:49 señalan:

⁴⁴El traidor les había dado esta contraseña: «Al que yo le dé un beso, ése es; arréstenlo y llévenselo bien asegurado.» ⁴⁵Tan pronto como llegó, Judas se acercó {y lo saludó^Mt} a Jesús.
—¡Rabí! —le dijo, y lo besó.

Mateo 26:50 *con* Lucas 22:48 señalan:

⁵⁰—Amigo —le replicó Jesús—, {—Judas, ¿con un beso traicionas al Hijo del hombre?^Lc} ¿a qué vienes?ª
Entonces los hombres se acercaron y prendieron a Jesús.

ª**50** *¿a qué vienes?* Alt. *haz lo que viniste a hacer.*

Lucas 22:49 señala:

⁴⁹Los discípulos que lo rodeaban, al darse cuenta de lo que pasaba, dijeron:
—Señor, ¿atacamos con la espada?

Sección 153 | 861

Mateo 26:51-54 *con* Juan 18:10-11; Lucas 22:51 señalan:

⁵¹En eso, uno de los que estaban con él {Simón Pedro[Jn]} extendió la mano, sacó la espada e hirió al siervo del sumo sacerdote, cortándole una oreja. {(El siervo se llamaba Malco.)[Jn]} {¡Déjenlos![Lc]} ⁵²—Guarda tu espada —le dijo Jesús—, porque los que a hierro matan, a hierro mueren.ª {¿Acaso no he de beber el trago amargo que el Padre me da a beber?[Jn]} ⁵³¿Crees que no puedo acudir a mi Padre, y al instante pondría a mi disposición más de doce batallonesᵇ de ángeles? ⁵⁴Pero entonces, ¿cómo se cumplirían las Escrituras que dicen que así tiene que suceder? {Entonces le tocó la oreja al hombre, y lo sanó[Lc]}.

ª**52** *porque... mueren.* Lit. *Porque todos los que toman espada, por espada percerán.* ᵇ**53** *batallones.* Lit. *Legiones.*

Judas ha arreglado que con un beso entregaría a Jesús, un saludo usual, especialmente de un discípulo a su maestro. Pero debido a que Jesús se identifica él mismo, Judas no necesita besarlo. De cualquier forma, ¡lo hace! Ese hecho delata a un corazón completamente controlado por Satanás. Judas saluda a Jesús con mucho respeto, pero ciertamente sin amor. Jesús responde diciéndole "amigo", una palabra que previamente había utilizado como advertencia o regaño (Mateo 20:13; 22:12). Entonces, procede a preguntarle a Judas: "¿A qué vienes? ¿En verdad vas a hacer lo que dices? Entonces, adelante, termina ya con tu plan". Y así lo hace Judas. De hecho, Mateo y Marcos indican que Judas lo besa profusamente [*katephilēsen*], tal vez muchas veces en cada mejilla o abrazándolo fuertemente. Es una muestra máxima de hipocresía y traición. En verdad, esta fue una afrenta colosal para Dios. De muchas maneras refleja el rechazo de la humanidad hacia Jesús, tratar de deshacernos de él con gestos de bondad fingida.

Los soldados se desplazan a cumplir con su mandato. Toman a Jesús de los brazos y lo atan como a cualquier criminal. Los discípulos están dispuestos a pelear. Son pocos (en proporción como de 60 a 1). Pero bueno, han visto a Jesús calmar las tormentas y purificar el templo. Él podía enfrentarlos y vencer. Antes de que Jesús pueda contestar la pregunta que sus discípulos le hacen en cuanto a si desenfundan sus espadas o no, Pedro ya había sacado el cuchillo de carnicero[66] que habían usado para degollar al cordero de la Pascua y le había lanzado un golpe a Malco, EL siervo del sumo sacerdote. Al parecer, Malco es el brazo derecho del sumo sacerdote. Pedro gira. Malco se agacha. Pedro le asesta el golpe en la oreja, pero su intención

---
[66]Tal vez se refería al mandato anterior de Jesús de manera muy literal (Lucas 22:36).

era alcanzarle la clavícula. Jesús le pone el alto.⁶⁷ Es probable que Pedro no es arrestado debido a que (1) Jesús no permitió que las cosas se pusieran peor, (2) no podían comprobar nada ya que Jesús sanó la oreja del siervo, y (3) es más fácil llevarse a un prisionero calmado que a trece furiosos y aterrados prisioneros.

Jesús le dijo a Pedro que guardara la espada porque esa no era la forma de pelear de su reino. En verdad, Jesús pudo haber convocado a 72,000 ángeles (cada uno capacitado para degollar a 185,000 hombres, ver Isaías 37:36). Si se hubiese tratado de una riña física, no habría habido batalla alguna, Jesús hubiese ganado. Pero esta no es la naturaleza del reino de Dios. Todo reino o individuo que busque reclamar algo con uso de violencia finalmente será destruido con la misma fuerza física. Además, la voluntad de Dios para Jesús, como fue profetizada (Isaías capítulo 53), es que muera por los pecados de la humanidad. Tenney (p. 170) sugiere que la mención que Juan hace del "trago amargo" (18.11) conecta el arresto con la oración de Jesús en el huerto (Mateo 26:42; Marcos 14:36; Lucas 22:42). Paradójicamente, las siguientes doce horas estarán determinadas tanto por la parodia humana como por el destino divino.

Lucas 22:52-53 *con* Mateo 26:55; Marcos 14:49 señalan:

⁵²Luego dijo a los jefes de los sacerdotes, a los capitanes del templo y a los ancianos, que habían venido a prenderlo:

—¿Acaso soy un bandido,ᵃ para que vengan contra mí con espadas y palos {a arrestarme^Mt}? ⁵³Todos los días estaba con ustedes en el templo {a enseñar^Mt} {enseñando^Mr}, y no se atrevieron a ponerme las manos encima. Pero ya ha llegado la hora de ustedes, cuando reinan las tinieblas.

ᵃ52 bandido. Alt. insurgente.

Mateo 26:56 señala:

⁵⁶Pero todo esto ha sucedido para que se cumpla lo que escribieron los profetas.

Entonces todos los discípulos lo abandonaron y huyeron.

Marcos 14:51-52 señala:

⁵¹Cierto joven que se cubría con sólo una sábana iba siguiendo a Jesús. Lo detuvieron, ⁵²pero él soltó la sábana y escapó desnudo.

---

⁶⁷"Suficiente" también se podría traducir como "permítanme esto". Puede ser una petición a los guardas para que lo dejen levantar la oreja de Malco.

Juan 18:12-13a señala:

> ¹²Entonces los soldados, con su comandante, y los guardias de los judíos, arrestaron a Jesús. Lo ataron ¹³y lo llevaron primeramente a Anás...

Jesús le mostró a Iscariote que sabía perfectamente de qué se trataba todo. Entonces fue claro para que los once entendieran qué pasaba y que él tenía todo bajo control. Se dirige a los líderes judíos y les dice: "Claro que sé perfectamente lo que aquí está pasando, ustedes operan bajo el poder de las tinieblas". Tuvieron la oportunidad para haber arrestado a Jesús en el templo pero no tuvieron las agallas (ver Juan 7:32, 45-47) o el apoyo suficiente para hacerlo. Esto no fue porque Jesús fuera un rebelde malvado, sino porque tenía la verdad de su lado. Como resultado, el sanedrín, llevado por las circunstancias y restringidos por las profecías, tienen que operar cubiertos por las tinieblas.

Cuando los discípulos se dan cuenta, tal vez por primera vez, que el reino de Jesús no se debe establecer por medio de espadas y escudos, huyen. No es que estén avergonzados de Jesús y que teman morir por él. Simplemente no saben luchar espiritualmente. Una vez que Jesús les quita las espadas, no les queda nada con qué pelear y por ello huyen.

Marcos registra un incidente bastante raro. Entre los discípulos que huyen hay un joven que no lleva nada más que una sábana de lino. "Los hombres comunes llevaban puesto una ropa interior conocida como *chiton*. Este joven solamente llevaba puesto un *sindon*, una tela exterior. Era normal que esta tela fuese hecha de lana. Sin embargo, su sábana era de lino, un material caro que únicamente lo usaban los ricos" (Wessel, pp. 766-767). Cuando se dispersan uno de los guardias le arrebata su sábana y el joven huye a su casa desnudo. La mayoría de los eruditos afirman que el joven era Juan Marcos, el autor del evangelio. Él reúne las características presentadas. ¡Además, es un detalle insignificante, a menos que, claro, le sucediera a usted! Es posible que la última cena se haya llevado a cabo en la casa de Juan Marcos. Cuando Judas se presentó buscando a Jesús, el joven se levantó de su cama, y salió al huerto para advertirlo o por lo menos para ver qué iba a pasar. Fue allí donde estuvo envuelto en una situación bastante embarazosa.

¿Por qué se incluyó en los evangelios tal incidente? Bueno, perder una prenda de vestir, que era algo que no sucedía con frecuencia en días en que no había botones o cierres, fue un motivo literario.[68]

---

[68]H. Jackson, "Why the Youth Shed His Coat and Fled Naked: The Meaning and Purpose of

Esencialmente, enfatizaba la escena de una huida cobarde. Este joven salió para apoyar a Jesús y termina huyendo desnudo y asustado. Jesús queda solo con sus enemigos. Arrestado como un criminal y a punto de comenzar su juicio.

Mark 14:51-52) (Por qué dejó su sábana el joven y huyó desnudo: El significado y propósito de Marcos 14:51-52), *JBL* (Revista de literatura bíblica) 116/2 [1997]: 273-289.

Parte doce
La muerte de Cristo

Los Juicios

Jesús pasó por seis juicios. Los primeros tres fueron judíos: ante Anás, Caifás y el sanedrín. Los tres últimos fueron juicios civiles: ante Pilato, Herodes y nuevamente ante Pilato. Casi no les podemos llamar juicios a estas comparecencias porque se hizo una ridiculez espantosa de las leyes judías.[1] En cuanto al veredicto judío, ya estaba decidido, no basado en la verdad y la justicia, sino basado a los celos y la conveniencia. En cuanto al veredicto romano, Jesús jamás fue encontrado culpable de ningún crimen. En cambio, Pilato lo entregó para evitar otra horrible confrontación con los líderes judíos que hubiese puesto fin a su carrera política.

Los siguientes puntos catalogan las injusticias mayores cometidas con respecto a los juicios de Jesús (especialmente según la ley de la Mishná del Sanhedrín):[2]

1. Fue arrestado mediante el uso de un soborno (en este caso, dinero pagado por entregarle a sus enemigos).

---

[1] Los líderes judíos claramente violaron las leyes mosaicas. Sin embargo, estas eran opiniones de los *fariseos* de *cómo* el sanedrín debía conducirse y gobernar hasta 100 años después de Jesús. Por ello, esto abre la puerta de mucha especulación, especialmente en torno a las extraordinarias circunstancias de su juicio que posiblemente se contempló como una emergencia. Aún así, la gran cantidad de violaciones enumeradas como las declaraciones de Mateo y Marcos en cuanto a los testigos falsos casi no dejan dudas que hubo muchas violaciones a la justicia. Pilato, por otro lado, actuó de manera inmoral, pero permaneció dentro de su jurisdicción de acuerdo con R. L. Overstreet, "Roman Law and the Trial of Christ" (La ley romana y el juicio de Cristo),*BibSac* (Biblioteca Sacra) 135 [1978]: 323-332.

[2] Ver a D. Foreman, *Crucify Him: A Lawyer Looks at the Trial of Jesus* (Crucifiquenlo:Una mirada de un abogado al juicio de Jesús) [Grand Rapids: Zondervan, 1990], pp. 116-120. También ver a C. S. Keener, "The Mistrial of the Millennium" (El juicio errado del milenio), *ChHist* (Historia de la iglesia) 17/3 [1998]: 38-40.

2. Fue arrestado sin un cargo real en su contra.
3. Los juicios no podían celebrarse por las noches o en días de fiesta solemne.
4. Se utilizó la fuerza física para tratar de intimidar a Jesús durante su juicio.
5. Se usaron testigos falsos para acusarlo sin pruebas fehacientes.
6. Los testigos no debían testificar uno en presencia de otro testigo.
7. Se le pidió a Jesús que se declarara culpable, lo cual jamás hizo.
8. Jesús no tuvo la oportunidad de interrogar a los testigos.
9. El sumo sacerdote jamás pidió que el sanedrín votase, que hubiese empezado desde el más joven hasta el más viejo de sus miembros.
10. Fue acusado de blasfemia y de violar el templo en su juicio judío, pero cuando se le presentó ante sus juicios civiles, se le acusó de proclamarse rey, causar disturbios y rehusarse a pagar impuestos.
11. Fue sentenciado y ejecutado en el mismo día de haber sido enjuiciado.

Algunos dudan de la veracidad de las narraciones de los evangelios en cuanto al juicio de Jesús debido a que no creen posible que estos líderes religiosos respetables pudieran permitir tantas violaciones a la ley.[3] Lo que complica más el asunto es que estas narraciones han servido de plataforma para muchas manifestaciones antisemitas.[4] Debido a que fueron los líderes judíos los perpetradores de este crimen en contra de Jesús, sus descendientes han sido tratados con crueldad a través de la historia de la iglesia. Eso resulta repulsivo e ilógico, especialmente porque Jesús murió como resultado de los pecados de cada uno de nosotros, no como resultado de la habilidad

---

[3] Por ejemplo, la obra de S. G. F. Brandon, *The Trial of Jesus of Nazareth* (El juicio de Jesús de Nazaret) [Nueva York: Stein y Day, 1968], se propone que Marcos (y los demás evangelios después de él) se equivocaron al representar los hechos del juicio para quedar bien con los romanos. Él atrevidamente asegura que Jesús murió como rebelde contra Roma cuando él, junto con Barrabás, intentaron tomar el templo por la fuerza como revolucionarios zelotes e intentaron echar fuera a Caifás, el sumo sacerdote impuesto por Roma (M. S. Enslin, " The Trial of Jesus" [El juicio de Jesús], JQR [Revista trimestral judía] 60 [1970]: 353-355).

[4] Ver a A. T. Davies, " The Jews and the Death of Jesus" (Los judíos y la muerte de Jesús), Int (Interpretación) 23 [1969]: 207-217.

judía. Todos somos culpables. Además, Mateo, Marcos y Juan (sin mencionar al mismo Jesús y más tarde a Pablo), eran judíos y no se les puede acusar de antisemitas (Carson, pp. 549-552).

Mientras que resulta ilógico perseguir a los judíos por lo que unos cuantos de sus líderes hicieron hace siglos, también resulta ilógico volver a escribir la historia para disculpar a aquellos líderes judíos que perpetraron ese crimen.[5] Eran culpables, junto con los romanos, de un crimen atroz y por quebrantar justicia. Dios ya ha juzgado este acto (Mateo 23:37-39; Lucas 13:34-35; 23:27-30). Los "cristianos" no deben agregarle más al juicio de Dios, ni tampoco ejecutarlo.

En cuanto a todos estos actos de violación a la ley, tal vez no sean tan radicales como parecen a primera vista. (1) Las regulaciones de la Mishná puede que se hayan aplicado más a una corte local (*Beth Din*) en vez de al sanedrín. (2) Pudo que hubiesen excepciones para los casos especiales juzgados en días de fiesta debido a su naturaleza excepcional y por restricciones de tiempo. (3) Puede que estas regulaciones no hayan estado vigentes durante el tiempo del juicio de Jesús. (4) Al parecer el sanedrín actuó por conveniencia (es decir, para evitar una rebelión de la gente). Debido a las restricciones del tiempo por la llegada del día de reposo pascual y por el hecho de que Pilato, un gobernador romano, tal vez únicamente atendiese este tipo de casos por las mañanas, el consejo judío tenía que actuar con prontitud.

La esencia es: La justicia se ve violada en innumerables ocasiones. Esto resulta entendible ya que los líderes judíos sentían la presión del pueblo y los acontecimientos resultaban muy volátiles. No existe nada en todo esto que resulte históricamente fuera de razón. Además, mientras que nos horroriza esta injusticia judicial tanto de parte de los judíos como de los romanos, todos aceptamos nuestro papel en la muerte de Jesús. Nuestro papel no es para inculpar, sino para proclamar las hermosas noticias de que Jesús murió por nuestros pecados y nos libertó de toda culpa y castigo que merecíamos.

---

[5] Por ejemplo, J. T. Pawlikowski, "The Trial and Death of Jesus: Reflections in Light of a New Understanding of Judaism" (El juicio y muerte de Jesús: Reflexiones a la luz de un nuevo entendimiento del judaísmo), *ChicSt* (Estudios Chicago) 55 [1986]: 79-94, después de una gran cantidad de explicaciones para desenredar el embrollo de los judíos por su participación en la ejecución de Jesús, él llega a la siguiente conclusión, citando a Robert Grant: "A la luz de la historia cualquier intento en atribuirle la crucifixión de Jesús a 'los judíos' resulta absolutamente absurda" ("The Trial of Jesus in the Light of History" [El juicio de Jesús a la luz de la historia], *Judaism* [Judaísmo], 20:1, [Invierno, 1971]: 42).

Sección 154
Episodio 1: Anás
(Juan 18:12b-14, [15-18] 19-23)

Juan 18:12b-14 señala:

> Lo ataron ¹³y lo llevaron primeramente a Anás, que era suegro de Caifás, el sumo sacerdote de aquel año. ¹⁴Caifás era el que había aconsejado a los judíos que era preferible que muriera un solo hombre por el pueblo.

Jesús fue escoltado de Getsemaní al palacio del sumo sacerdote. Anás fue sumo sacerdote del año 7 al 14 d.C. Debido a que los judíos aceptaban a un sumo sacerdote de por vida, Anás sigue teniendo respeto del pueblo a pesar de que los romanos habían colocado a otro sumo sacerdote en su lugar. Anás es un hombre sumamente rico y poderoso. Él controla todo el comercio en el templo. Por lo tanto, las dos purificaciones del templo que Jesús hace le irritan en gran manera. Su codicia voraz y su ambición política son una combinación mortal para cualquiera que se le pusiera enfrente.

Anás utiliza su riqueza e influencia para salirse con la suya tanto con los romanos como con los judíos. Cinco de sus hijos, su yerno Caifás y uno de sus nietos ocupan los puestos de sumos sacerdotes por órdenes romanas. Esto permite a Anás manipular la toma de decisiones de todos ellos sin restricción alguna (en verdad, una posición muy lucrativa). Por ello, no nos sorprende que Jesús sea presentado primero ante Anás, aun antes de ser presentado ante su yerno Caifás, el cual es el sumo sacerdote impuesto por los romanos (18-36 a.C.).

Esta indagatoria preliminar se lleva a cabo en el palacio de Anás. Es posible que Caifás viva en una ala del mismo palacio.[6] Por ello, no les tomó mucho tiempo en llevar a Jesús de Anás a Caifás. Ambos personajes concuerdan en que Jesús debe morir. Así lo señaló Caifás como uno o dos meses antes (Juan 11:49-50). Si tanto Anás como Caifás viven en el mismo palacio, no es raro que Pedro niegue a Jesús en ambos lugares también (ver Mateo 26:57-58 y Juan 18:13, 15, 24).

---

[6]Rupprecht apoya esta conclusión. De hecho, él ha investigado los restos de un palacio judío enorme que fue descubierto en unas instalaciones judías dentro de Jerusalén. Él ha concluido que se trata del palacio del sumo sacerdote en el año 66 d.C., y muy probable una generación antes. Se ajusta a todas las descripciones del palacio de Anás/Caifás detalladas en los evangelios. Si esta no fuese la casa de Caifás, fue una parecida en su tamaño, estructura y estado (A. Rupprecht, " The House of Annas-Caiaphas" [La casa de Anás-Caifás], *ABW* [Arqueología en el mundo bíblico] 1/1 [1991]: 1-17).

Las tres negaciones de Pedro acontecen en el mismo patio, que está rodeado de alas con habitaciones.

Juan 18:19-23 señala:

> **19** Mientras tanto, el sumo sacerdote interrogaba a Jesús acerca de sus discípulos y de sus enseñanzas.
> **20** —Yo he hablado abiertamente al mundo —respondió Jesús—. Siempre he enseñado en las sinagogas o en el templo, donde se congregan todos los judíos. En secreto no he dicho nada.
> **21** ¿Por qué me interrogas a mí? ¡Interroga a los que me han oído hablar! Ellos deben saber lo que dije.
> **22** Apenas dijo esto, uno de los guardias que estaba allí cerca le dio una bofetada y le dijo:
> —¿Así contestas al sumo sacerdote?
> **23** —Si he dicho algo malo —replicó Jesús—, demuéstramelo. Pero si lo que dije es correcto, ¿por qué me pegas?

Anás inicia su interrogatorio con preguntas un poco necios en cuanto a los discípulos de Jesús y sus enseñanzas. Jesús señala qué tan simples son estas preguntas ya que su ministerio ha sido público. No se necesita hacer una investigación para saber lo que Jesús dijo e hizo. Todo está en los registros públicos. Pero es posible que lo que Anás quiera es ganar tiempo o que Jesús termine incriminándose a sí mismo.

Uno de los guardias de Anás se siente ofendido por la respuesta de Jesús y le da una bofetada (ver Hechos 23:1-5). Es posible que Jesús haya actuado de manera imprudente, pero su respuesta fue certera y lógica. Estaba dentro de la legalidad. Por ello, Jesús demanda que el guardia explique su comportamiento.

Sección 155
Episodio 2: Caifás
(Mateo 26:57, 59-68; Marcos 14:53, 55-65; Lucas 22:54a, 63-65; Juan 18:24)

Mientras Anás interroga a Jesús, Caifás reúne a las tropas. Ha logrado reunir a ciertos miembros del sanedrín, tal vez a aquellos que son sus cómplices en este plan. También ha citado a los testigos falsos. Éstos están ansiosos de testificar en contra de Jesús aunque no reúnan los requisitos para hacerlo.

Juan 18:24 señala:

²⁴Entonces Anás lo envió, todavía atado, a Caifás, el sumo sacerdote.ª

ª24 Entonces . . . envió. Alt. Ahora bien, Anás lo había enviado.

Marcos 14:55-59 *con* Mateo 26:59-60 señalan:

⁵⁵Los jefes de los sacerdotes y el Consejo en pleno buscaban alguna prueba {falsa^(Mt)} contra Jesús para poder condenarlo a muerte, pero no la encontraban. ⁵⁶Muchos testificaban falsamente contra él, pero sus declaraciones no coincidían. ⁵⁷Entonces unos {Mateo: dos} decidieron dar este falso testimonio contra él:

⁵⁸—Nosotros le oímos decir: "{Puedo^(Mt)} "Destruiré este templo {de Dios^(Mt)} hecho por hombres y en tres días construiré otro, no hecho por hombres".

⁵⁹Pero ni aun así concordaban sus declaraciones.

De pronto, el interrogatorio de Anás queda atrapado en un callejón sin salida. Fue entonces cuando se le lleva a Jesús ante Caifás, en otra ala del edificio. El sumo sacerdote se refuerza y rodea de otros miembros del sanedrín. Buscan evidencias en contra de Jesús. Muchos antagonistas se ofrecen a rendir testimonio contra Jesús, pero sus declaraciones no coinciden.

Finalmente, dos historias se parecen. Dos personas recuerdan un incidente que pasó tres años atrás. Fue algo que sucedió al inicio del ministerio de Jesús, cuando él señaló que podía reconstruir el templo (Juan 2:19).⁷ Sin embargo, los dos testigos tergiversan las cosas. Ellos lo acusan de querer destruir el templo de Jerusalén. Pero eso no fue lo que Jesús dijo. Él dijo: "—**Destruyan** este templo —respondió Jesús—, y lo levantaré de nuevo en tres días". Además, Jesús se refirió a su propio cuerpo, no al mortero y los ladrillos de la construcción. Mientras que ellos tergiversan sus palabras, entienden correctamente la acción simbólica de Jesús al purificar el templo. Esa fue una verdadera amenaza (ver Lucas 19:41-44; Marcos 11:11-25; Jeremías 7:1-11).

---

⁷Esto no se puede referir a Mateo 24:2 ya que fueron los apóstoles los únicos que se enteraron de esa discusión y no los acusadores de Jesús y dos días no son suficientes para que una lección privada salga a la luz pública, a menos que Judas sea la fuente. Jesús sí purificó el templo hacía tres días y pudo haber dicho algo parecido a lo que señaló en Juan capítulo 2. Además, algunos han afirmado que Juan capítulo 2 registra la misma purificación que los sinópticos pero que Juan la "colocó mal" al inicio del ministerio de Jesús para darle énfasis teológico. Sin embargo, cada una de estas sugerencias requieren de nuestras propias suposiciones que se anexen al texto en vez de una lectura continua de lo que el evangelista afirma.

Mateo 26:62-64 *con* Marcos 14:61-62 señalan:

⁶²Poniéndose en pie, el sumo sacerdote le dijo a Jesús:
—¿No vas a responder? ¿Qué significan estas denuncias en tu contra?
⁶³Pero Jesús se quedó callado. Así que el sumo sacerdote insistió:
—Te ordeno en el nombre del Dios viviente que nos digas si eres el Cristo,ᵃ el Hijo de Dios {del Bendito^Mr}.
⁶⁴{—Sí, yo soy^Mr} —Tú lo has dicho —respondió Jesús—. Pero yo les digo a todos: De ahora en adelante verán ustedes al Hijo del hombre sentado a la derecha del Todopoderoso, y viniendo en las nubes del cielo.

ᵃ63 O *Mesías;* también en el v. 68

Jesús no contesta esta acusación tonta en cuanto a su supuesta amenaza en cuanto a la destrucción del templo. ¿Por qué habría de contestar? Ya que el testimonio de ellos no concuerda, no se admite como evidencia. Además, Jesús no se ha presentado para defenderse sino para morir por los pecados del mundo. Por lo tanto, permanece callado como fue profetizado (Isaías 53:7).

De manera ilegal, el sumo sacerdote pone a Jesús bajo juramento para que testifique contra sí mismo: "¿Eres el Mesías, el Hijo de Dios?" (Claro que Caifás utilizó esos dos títulos de manera sinónima). La respuesta de Jesús presentada por Mateo parece un poco ambigua.⁸ Se puede interpretar como "bueno, eso es lo que tú afirmas" o "si eso es lo que quieres pensar, está bien". Sin embargo, en Marcos Jesús es plenamente claro: "Sí, yo soy". El tiempo de referencias veladas y sugerencias sutiles ha terminado. Caifás hace una pregunta directa y recibe una respuesta directa.

Caifás recibe más de lo que espera recibir. No tan sólo afirma Jesús ser el Mesías; sino que hasta se aplica profecía mesiánica a sí mismo: "De ahora en adelante [literalmente a partir de este momento] verán ustedes al Hijo del hombre sentado a la derecha del Todopoderoso...", que es una clara referencia a Daniel 7:13 y Salmo 110:1, dos de los textos del Antiguo Testamento más claramente mesiánicos. Estos versículos se cumplirán literalmente cuando Jesús regrese a la tierra. Pero a partir del día en que Jesús es crucificado, ya no se revelará más a los líderes judíos en la carne. Cualquier aspecto

---

⁸D. R. Catchpole, " The Answer of Jesus to Caiaphas Matt.26:64)" [La respuesta de Jesús a Caifás (Mateo 26:64)]", NTS (Estudios del Nuevo Testamento) 17 [1970-71]: 213-226.

que vean de Jesús a partir de ese momento será el majestuoso Cristo no encarnado.

Mateo 26:65-68 con Marcos 14:64-65; Lucas 22:63-64 señalan:

⁶⁵—¡Ha blasfemado! —exclamó el sumo sacerdote, rasgándose las vestiduras—. ¿Para qué necesitamos más testigos? ¡Miren, ustedes mismos han oído la blasfemia! ⁶⁶¿Qué piensan de esto?

{Todos ellos lo condenaron^{Mr}} —Merece la muerte —le contestaron.

⁶⁷Entonces algunos {que vigilaban a Jesús comenzaron a burlarse de él^{Lc}} le escupieron en el rostro {le vendaron los ojos^{Lc}} y le dieron puñetazos. Otros lo abofeteaban ⁶⁸y {le increpaban^{Lc}} {—¡Profetiza! —le gritaban^{Mr}} decían:

—A ver, Cristo, ¡adivina quién te pegó! {Los guardias también le daban bofetadas^{Mr}}.

Lucas 22:65 señala:

⁶⁵Y le lanzaban muchos otros insultos.

Esta forma de hablar pone a Caifás en órbita. Su furia ante tal "blasfemia" lo pone contento, finalmente encuentra una excusa para matar a Jesús. Desgarra su manto (un gesto judío típico de consternación ya sea de tristeza o de ira: Génesis 37:29; 2 Reyes 18:37; Jueces 14:19; Hechos 14:14). Le grita a sus colegas que Jesús ha blasfemado. En la mente de Caifás, tal blasfemia sobrepasa cualquier necesidad de jurisprudencia. No necesitan más testigos, más formalidades, más legitimidad. Le dieron suficiente cuerda a Jesús y en un sentido se ahorcó él mismo. Lo que les queda por hacer es patear el banco bajo sus pies. Los demás miembros del Consejo están de acuerdo con Caifás.

Caifás no acusó a Jesús de blasfemia por usar mal el nombre de Dios,⁹ sino porque se apoderó de las prerrogativas de Dios (por ejemplo, Marcos 2:7-10; Juan 5:17, 18). Afirmar que él se sienta a la derecha del Padre, usando el Salmo 110 y Daniel 7:13, 14 como textos de respaldo, sería blasfemo por usurpar la posición y el privilegio que

---

⁹G. Vermes (35) asegura que Jesús no pudo haber sido acusado de blasfemia por usar mal el nombre de Dios que por sí solo ya se constituía en un crimen de acuerdo con *m. Sanh.* 7.5. Pero la literatura bíblica y seudopigráfica anterior al Mishná ciertamente consideraban un punto de vista más amplio de la blasfemia (por ejemplo, Salmo 74:18; Isaías 52:5; Ezequiel 35:12; Tobit 1:18; 1 Macabeos 7:35-38; *Str-B* 1:1016-1020), ver C. Evans, *Mark*, 453-455; y "In What Sense Blasphemy? Jesus before Caiaphas in Mark 13:61-64", SBLSP 30 (1991): 215-234.

únicamente Dios puede otorgar. Tal aseveración tan atrevida, si no resulta cierta, merece la pena de muerte.

Convencidos de la culpabilidad de Jesús, se sienten perfectamente justificados al maltratarlo, injuriarlo, golpearlo y burlarse de él. Los guardias rodean a Jesús para escupirlo, darle de bofetadas y golpearlo.[10] Luego, lo vendan y le dan de puñetazos en el rostro. Se divierten jugando con él.[11] Quieren más diversión aún, pidiendo que sus cualidades de profeta salgan a relucir.[12] ¡Se mofan de él! Además de la golpiza y el ridículo, Pedro le agrega más dolor a su sufrimiento al negarlo.

Sección 156
Las negaciones de Pedro
(Mateo 26:58, 69-75; Marcos 14:54, 66-72; Lucas 22:54b-62; Juan 18:15-18, 25-27)

¡Tratar de armonizar este acontecimiento tan confuso resulta prácticamente imposible! Los cuatro evangelios presentan a distintas personas dirigiéndose a Pedro. Y los cuatro evangelistas mezclan la narración del juicio de Jesús en el palacio con el juicio de Pedro en el patio. Como resultado, muchos versículos que describen la negación de Pedro se encuentran separados.[13] Sin embargo, esto no quiere decir que esta historia sea un mero producto literario o que los cuatro evangelistas no representan fielmente los acontecimientos. Considere lo siguiente: (1) Tenemos dos acontecimientos de gran importancia llevándose a cabo al mismo tiempo, uno con Jesús y el otro con Pedro. Así que pudiésemos esperar algo similar a un efecto de telenovela al

---

[10]La palabra *rapizō* tiene como definición principal, "golpear con una caña" (A *Greek/English Lexicon* [Léxico Griego/Inglés] de Thayer, p. 561).

[11]D. L. Miller, "Empaizein: Playing the Mock Game (Luke 22:63-64)" [Empaizein: Jugando el juego de la burla (Lucas 22:63-64)], *JBL* (Revista de literatura bíblica) 90 [1971]: 309-313, sugiere que era un juego conocido como *kollabismos* o *chalkē muia*. Estos juegos los describe Pólux (*Onomasticon* 9.113). Son una clase de "fanfarronada del hombre ciego". Los detalles del juego son vagos pero lo cierto es que estos guardias están jugando con Jesús.

[12]Esto pudo estar basado en una mala interpretación de Isaías 11:2-4 que declaraba que el Mesías podía juzgar por oler, sin tener que mirar (Lane, p. 540).

[13]C. A. Evans, "'Peter Warming Himself': The Problem of an Editorial 'Seam'" ('Pedro calentándose': El problema de una 'juntura' editorial), *JBL* (Revista de literatura bíblica) 101/2 [1982]: 245-249, muestra como este recurso literario de traslapar escenas también la usan los escritores griegos de antaño. En consecuencia, no necesitamos asumir ninguna dependencia literaria entre los evangelios por el simple hecho de que comparten este método de reportar las negaciones de Pedro.

volver a contar la historia. (2) En el patio había muy poca luz. Aparte de la luz proveniente de la luna llena en Pascua, lo poco de luz que había la proveía una fogata de leña, con algunas antorchas clavadas a los lados. Era difícil que los siervos identificaran y vieran plenamente a Pedro. De hecho, finalmente logran identificarlo no por su físico sino por su acento galileo. Si encuentran difícil ver a Pedro, más difícil se torna que tanto Pedro como Juan logren identificar quién es la persona que interroga a Pedro. (3) Más aún, es posible que varias personas hablasen a la misma vez. Así, dos evangelistas pueden identificar a distintas personas, sin equivocarse.[14] Por ejemplo, Lucas afirma que un hombre fue quien presenta la segunda acusación mientras que Mateo y Marcos identifican a una esclava. Y Marcos afirma que es la misma esclava la que presenta la segunda acusación mientras que Mateo afirma que fue otra. Juan identifica a un pariente cercano de Malco quien fue el que hizo la tercera acusación mientras que Mateo y Marcos afirman que todo el grupo acusó a Pedro. Es muy posible que todos los evangelistas estén en lo correcto. (4) Este acontecimiento fue algo muy vergonzoso para Pedro y para su amigo Juan. Era algo de lo cual no querían hablar y detallar para nada. Tal vez se deba a su reserva al hablar de ello que nos presenta una escasez de información. Casi no tenemos los detalles.

Tenemos detalles divergentes, pero no contradictorios. El hecho de que este acontecimiento fuese algo vergonzoso para Pedro y, para la iglesia en general, le da credibilidad histórica. En otras palabras, ¿quién inventaría una historia como esta? Además, la confusión de los detalles es algo lógico en noche como ésta, llena de tragedia, cubierta por la oscuridad y bañada en lágrimas.

Sin embargo, no debemos pasar por alto los detalles consistentes en los cuatro evangelios. Primero, la confrontación con Pedro la inició una esclava. El gran apóstol, el pescador viril, cayó presa del miedo, intimidado por una sierva que cumplía con sus funciones de portera. Segundo, tenemos a Jesús. Mientras él está compareciendo en su juicio dentro del palacio y está siendo torturado por hombres diabólicos, Pedro está afuera, en el patio, siendo zarandeado por Satanás. Ambos juicios van de mal en peor, pero las razones son muy

---

[14] N. J. McEleney, "Peter's Denials – How Many? To Whom?" (Las negaciones de Pedro – ¿Cuántas? ¿A quién?) CBQ (Publicación trimestral católica de la Biblia) 52 [1990]: 467-472, lista seis distintos grupos de individuos a quienes Pedro les niega conocer a Jesús. Además, él sugiere que cada uno de los evangelistas describen tres negaciones en términos que son característicos de su propio estilo. Así, cada uno de los evangelistas muestra su propio énfasis al presentar informe sobre las negaciones de Pedro.

distintas. Tercero, tenemos el fuego. Específicamente era un simple montón de carbón ardiendo. Por lo tanto, casi no daba luz alguna. Las sombras se cruzaban en el patio del sumo sacerdote esa noche. Era simbólico de la condición espiritual que cubría el lugar. Finalmente, aparece el gallo, una clara indicación de que Jesús tiene el control de los acontecimientos. Aunque el canto del gallo resultó ser algo horrible para Pedro, hace eco a la soberanía de Dios.

Juan 18:15-17 *con* Mateo 26:58; Marcos 14:54; Lucas 22:54 señalan:

> ¹⁵Simón Pedro y otro discípulo seguían a Jesús {de lejos^{Mt, Mr y Lc}}. Y como el otro discípulo era conocido del sumo sacerdote, entró en el patio del sumo sacerdote con Jesús; ¹⁶Pedro, en cambio, tuvo que quedarse afuera, junto a la puerta. El discípulo conocido del sumo sacerdote volvió entonces a salir, habló con la portera de turno y consiguió que Pedro entrara.
> ¹⁷—¿No eres tú también uno de los discípulos de ese hombre? —le preguntó la portera.
> —No lo soy —respondió Pedro.

Aunque Pedro huye de Getsemaní no llega muy lejos. Escondiéndose tras los edificios y callejones, Pedro sigue, junto con otro discípulo, a distancia a Jesús. Lo más seguro es que este otro discípulo sea Juan. (1) Se sabe que Pedro y Juan pasaban gran cantidad de tiempo juntos (Juan 13:23-24; 20:2-3; Hechos 3:1-2; 8:14). (2) Es característico de Juan no mencionar su nombre en su evangelio. Es seguro que sea él "el discípulo a quien Jesús amaba" (Juan 13:23; 19:26; 20:2-3; 21:20, 24). (3) Es casi seguro que en su familia había lazos sacerdotales y por ello tenía acceso al palacio del sumo sacerdote.[15]

Mientras que Juan tiene libre acceso, Pedro se tiene que quedar afuera, en la puerta. Pero Juan mueve sus influencias, así que sale, conversa con la portera y ésta permite que Pedro entre al patio. Al ir pasando frente a la portera, ésta cree reconocer a Pedro y le pregunta si no es él uno de los discípulos. Además, va acompañado de Juan. No hay duda. La Nueva Versión Internacional de la Biblia hizo bien su trabajo de traducción a este respecto. La pregunta está bien planteada. La forma de hacer la pregunta (18:17) espera una respuesta

---

[15] "Salomé, la madre de Juan, era hermana de María, la madre de Jesús (Juan 19:25 con Marcos 15:40), y también pudo haber sido parienta de Elizabet, cuyo esposo, Zacarías, era sacerdote (Lucas 1:36). La evidencia resulta tenue, pero el autor sí exhibe un gran conocimiento de Jerusalén y los acontecimientos que allí sucedieron" (Tenney, p 172).

negativa. Así aparece en el original griego. Aunque la pregunta plantea que la respuesta sea una negación, ella sabe perfectamente y no deja pasar la oportunidad. En este preciso momento, tal vez los motivos de Pedro no son salvar su propio pellejo sino tener acceso al palacio para estar cerca de Jesús o hasta para sacarlo de allí y escapar juntos.

Juan 18:18 *con* Mateo 26:58, 69; Marcos 14:54, 66; Lucas 22:55 señalan:

^{18}Los criados y los guardias estaban de pie {y se sentaron$^{Mt, Mr, Lc}$} alrededor de una fogata que habían hecho para calentarse, pues hacía frío. Pedro también estaba de pie {se sentó^{Mt} y ^{Mr}/se les unió^{Lc}} con ellos, calentándose.

Marcos 14:66-68 *con* Lucas 22:56-57; Mateo 26:70 señalan:

^{66}Mientras Pedro estaba abajo en el patio, pasó una de las criadas del sumo sacerdote. ^{67}Cuando vio a Pedro calentándose {a la lumbre^{Lc}}, se fijó en él.
{—Éste estaba con él^{Lc}} —Tú también estabas con ese nazareno, con Jesús —le dijo ella.
^{68}Pero él lo negó {delante de todos^{Mt}}
{—Muchacha, yo no lo conozco^{Lc}}: —No lo conozco. Ni siquiera sé de qué estás hablando.
Y salió afuera, a la entrada.^{a}

^{a}68 entrada. Var. entrada, y cantó gallo.

El aire primaveral de Jerusalén, a unos 860 metros sobre el nivel del mar, puede tornarse frío durante la noche. Así que los siervos, junto con los guardias y los oficiales hicieron una fogata con carbón [*anthrakian*] y se sentaron alrededor para narrar su "captura heroica" de este villano. Debió de haber habido mucha especulación alrededor de la fogata en cuanto al resultado de todo esto. Tal vez hasta mencionaron a los once que dejaron escapar. Pedro debió haberse acercado al calor, pero sin permitir que las llamas iluminaran su rostro. Algunos estaban sentados más cerca de la fogata y otros se quedaron en un círculo externo. Intercambian posiciones al irse calentando y debido a que permanecen en cuclillas. Esto puede explicar por qué Juan señala que estaban parados y los sinópticos afirman que estaban sentados.

Mientras Pedro se intercala entre la multitud alrededor del fuego, nuevamente se le acerca una esclava. Es posible que sea la misma que ha estado al pendiente de la puerta. Pensándolo más y mirando a Pedro desde lejos, no puede borrarse la idea. Se le acerca y se lo queda mirando. Su rostro se ilumina intermitentemente con las llamas anaranjadas. Él serpentea tratando de esquivar la mirada. Finalmente, ella exclama: "¡Éste estaba con él!" Se nota claramente que ella no era amiga de la banda de Jesús por la forma en que se refiere al Señor: "ese nazareno, Jesús" (Marcos 14:67). Ahora esa intrusa despierta las sospechas de todos los siervos y oficiales presentes en el patio. La situación alrededor del fuego se torna muy caliente para que Pedro la pueda manejar por lo que Pedro repetida[16] y categóricamente niega conocer a Jesús, finge ignorancia plena y se disculpa retirándose de la fogata. Se sentirá más seguro a la puerta de la entrada al patio. No está tan iluminado allí y además no están allí los siervos mirones. Además, está a la salida del palacio, por si las cosas salen de control.

Marcos 14:69 *con* Mateo 26:71; Lucas 22:58 señalan:

^{69}Cuando la {otra^{Mt}} criada lo vio allí {Poco después^{Lc}}, les dijo de nuevo a los presentes:
—Éste es uno de ellos {—Éste estaba con Jesús de Nazaret^{Mt}}.

Mateo 26:72 señala:

^{72}Él lo volvió a negar, jurándoles:
—¡A ese hombre ni lo conozco!

Lucas 22:59 *con* Mateo 26:73 señalan:

^{59}Como una hora más tarde, otro {se acercaron a Pedro los que estaban allí y^{Mt}} lo acusó:
—Seguro que éste estaba con él; miren que es galileo. {se te nota por tu acento^{Mt}}

Juan 18:26 señala:

^{26}—¿Acaso no te vi en el huerto con él? —insistió uno de los siervos del sumo sacerdote, pariente de aquel a quien Pedro le había cortado la oreja.

---

[16] El tiempo verbal imperfecto de Marcos 14:68, 70 y 72 indica que las negaciones de Pedro se repitieron varias veces cada una.

Marcos 14:71-72 señala:

⁷¹Él comenzó a echarse maldiciones. —¡No conozco a ese hombre del que hablan! —les juró. ⁷²Al instante un gallo cantó por segunda vez.ª

ª72 Var. no incluye: *por segunda vez*

Lucas 22:61-62 *con* Marcos 14:72 señalan:

⁶¹El Señor se volvió y miró directamente a Pedro. Entonces Pedro se acordó de lo que el Señor le había dicho: «Hoy mismo, antes que el gallo cante {por segunda vezᵇ ᴹʳ}, me negarás tres veces.» ⁶²Y saliendo de allí, lloró amargamente.

ᵇ72 Var. no incluye: *por segunda vez.*

Aparentemente Pedro tuvo un alivio temporal a la puerta, pero no duró por mucho tiempo. Otra sierva nota que está allí y lo hace saber a todos: "¡Miren lo que encontré! Es uno de los discípulos de Jesús". Esta vez Pedro lo niega con mayor ahínco, hasta negándolo bajo juramento. Señala no conocer a Jesús.[17]

La multitud alrededor del fuego realmente no quiere perseguir a Pedro. Pero después de cómo una hora, una vez ya considerándolo bien y después de mirarlo a la luz de la lumbre, algunos de los hombres deciden hablar con él. Eso realmente los tranquilizó. Sus preguntas (esperando recibir una respuesta negativa) se tornan en afirmaciones atrevidas: "¡Eres discípulo de Jesús!" Después de todo, podían identificarlo por su acento, que era un provinciano del norte.[18] Luego, sale a relucir un testigo ocular. Un pariente de Malco lo identifica y lo reconoce de cuando estuvieron en el huerto de Getsemaní: "¡Sí, te conozco! Te vi en el huerto cuando arremetiste contra Malco".

Las cosas se ven muy mal. Pedro está desesperado. Queda al descubierto. Esto amerita tomar medidas drásticas. ¡Pedro se maldice a sí mismo [*anathematizō*]![19] Esencialmente jura con ser castigado en el fuego eterno. Pero asegura que él no conoce a Jesús. De pronto,

---

[17] Lane (p. 542), afirma que Pedro utilizó una forma legal de juramento rabínico (por ejemplo, M. Shebuoth VIII.3).

[18] Los galileos tendían a tragarse sus sonidos guturales. Para los judíos de Judea esto hacía que los galileos sonaran como personas sin educación y hasta bufones y comúnmente se les trataba como tales.

[19] Gramaticalmente, también es posible que Pedro maldijo a Jesús. Pero esta es una opción poco probable. Basicamente es un juramento falso para protejese a si mismo. Esto es especialmente prohibido por los rabinos (*m.Shabuot* 8.6).

un gallo lo interrumpe . . . es el segundo canto del gallo.[20] Pedro se sobresalta. En ese momento mira hacia la sala donde se encuentra Jesús siendo juzgado. Sus miradas quedan conectadas. Contempla el rostro ensangrentado e hinchado de Jesús. Pero por su mirada Pedro puede adivinar que todo eso que está padeciendo no es tan doloroso como lo que él mismo le acaba de hacer. Luego, como disparo de cañón, las palabras de Jesús resuenan en su mente: "¡De veras te aseguro que antes que cante el gallo, me negarás tres veces!" ¡Ha negado a su Señor! Ha caído y es un hombre quebrantado. Se interna en la oscuridad y llora amargamente.[21] Esto marca el final de Pedro. En cierta manera, sí lo es. Jamás volverá a ser el mismo.

Sección 157
Episodio 3: El sanedrín
(Mateo 27:1; Marcos 15:1a; Lucas 22:66-71)

Lucas es el único de los evangelios que registra los detalles de este tercer interrogatorio. De hecho, Mateo 27:1 y Marcos 15:1 se pueden considerar como la conclusión del segundo interrogatorio, en vez de una instancia separada. Además, Lucas ni siquiera registra las dos primeros interrogatorios del juicio de Jesús. Esto ha llevado a algunos a señalar que el interrogatorio dos (Mateo y Marcos) y el interrogatorio tres (Lucas) son el mismo (compare Lucas 22:67-71 y Mateo 26:63-66), concluyendo que tan sólo son cinco interrogatorios, no seis. Mientras que esto es posible, parece que Jesús fue presentado ante todo el consejo al amanecer, tal vez en su lugar oficial de reunión,

---

[20]Marcos 14:72 afirma que esta era la segunda vez que cantaba el gallo. Parece extraño que Pedro no hubiese recordado las palabras de Jesús después del primer canto del gallo y salir de allí antes de que fuese demasiado tarde. Esta rareza ha llevado a plantear explicaciones interesantes de este pasaje. Por ejemplo, J. W. Wenham plantea que cada mención del segundo canto es una interpolación en el texto y se debe quitar ("How Many Cock-Crowings? The Problem of Harmonistic Text-Variants" [¿Cuántos cantos del gallo? El problema de la armonía respecto de las variantes del texto], NTS [Estudios del Nuevo Testamento] 25 [1978-79]: 523-525). Por otro lado, J. D. M. Derrett busca una explicación cultural. El sugiere que los judíos creían que los espíritus malvados se quedaban deambulando por la noche hasta el tercer canto del gallo. Dado que la tercer negación de Pedro (completa y final de acuerdo con Deuteronomio 17:6; 19:15) tuvo lugar entre el primer y segundo canto del gallo, los demonios todavía no abandonaban la escena. En otras palabras, la presentación que el evangelio hace en cuanto a la negación de Pedro sugeriría la participación de seres demoníacos para la mente judía (ver " The Reason for the Cock-crowings" [La razón de los cantos del gallo], NTS [Estudios del Nuevo Testamento] 29 [1983]: 142-144).

[21]El significado de la frase de Marcos [*epibalon eklaien*] poco claro. Wessel (p,772) ofrece varias posibilidades de traduciónes: "Empezó a llorar". "Él se puso a llorar". "Lo pensó y lloró". "Se cubrió la cabeza y lloró". "Él se tiró al suelo". "Salió corriendo".

la sala de Gazith.²² Querían aparentar que todo este proceso tan sucio se estaba llevando con toda transparencia y legalidad antes de conducir a Jesús ante Pilato.

Lucas 22:66-71 *con* Marcos 15:1; Mateo 27:1 señalan:

⁶⁶Al amanecer, se reunieron los ancianos del pueblo, tanto los jefes de los sacerdotes como los maestros de la ley {y el Consejo en pleno^Mr}, e hicieron comparecer a Jesús ante el Consejo. {tomaron la decisión de condenar a muerte a Jesús^Mt}
⁶⁷—Si eres el Cristo,ª dínoslo —le exigieron. Jesús les contestó:
—Si se lo dijera a ustedes, no me lo creerían, ⁶⁸y si les hiciera preguntas, no me contestarían. ⁶⁹Pero de ahora en adelante el Hijo del hombre estará sentado a la derecha del Dios Todopoderoso.
⁷⁰—¿Eres tú, entonces, el Hijo de Dios? —le preguntaron a una voz. —Ustedes mismos lo dicen. ⁷¹—¿Para qué necesitamos más testimonios? —resolvieron—. Acabamos de oírlo de sus propios labios.

ª67 O *Mesías*

Debió de haber sido entre las 5:30 y 6:00 de la mañana. Jesús es presentado ante el sanedrín o Consejo en pleno. Muchos de sus miembros ya habían participado en su arresto e investigaciones preliminares (Mateo 26:59; Marcos 14:55). Sin embargo, pudo haber habido simpatizantes de Jesús que no se habían enterado de los acontecimientos de la tarde anterior y todo lo que sucedió durante la noche. Pero todos tendrán que comparecer y dar automáticamente su voto de aprobación para constatar y hacer oficial esta convicción. A pesar de las abstenciones o los votos a favor de Jesús, la mayoría votará condenándolo a muerte. Caifás y sus colegas ya lo tienen todo arreglado.

El sanedrín era la Corte Suprema de esas tierras, also parecido a la Suprema Corte de un país. Estaba conformada por setenta y un miembros que se sentaban en tres semicírculos y con el acusado en medio (m *Sanh* 1.5-6). Podían sentenciar a pena de muerte, pero no tenían la personalidad jurídica para ejecutar al sentenciado (a menos que la acusación fuese por violar el templo).²³ Toda sentencia de muerte se tenía que comunicar al gobernador romano, Pilato. Debido

---

²²Lucas insinúa esto al colocar los azotes de Jesús *antes* de ser llevado ante el sanedrín (Lucas 22:63-65). De los otros evangelios nos damos cuenta que los azotes fueron parte de la fase número dos y el veredicto del sanedrín fue parte de la fase tres.
²³Ver a R. A. Stewart, "Judicial Procedure in New Testament Times" (Procesos judiciales en tiempos del Nuevo Testamento), *EvQ* (Revista trimestral evangélica) 47 [1975]: 94-109.

a que los gobernadores romanos únicamente trataban estos casos recientes y nuevos por la mañana, esta decisión de matar a Jesús debe llegarle a toda prisa. Este juicio debe ser breve y sin obstáculos. Tal vez sea por ello que la narrativa de este tercer interrogatorio es tan corta. Tal vez por ello también el sanedrín simplemente cubra el mismo terreno ya andado por Caifás. Después de todo, esto llevó a Jesús a proferir "blasfemia" la primera vez y, si funcionó la primer vez, debe funcionar nuevamente.[24]

Se le pide a Jesús, nuevamente, que se declare culpable (ver Mateo 26:63-66; Marcos 14:61-64). Jesús contesta casi de la misma manera como lo había hecho antes. Señala la farsa de esta audiencia. Sus preguntas no están encaminadas a discernir la verdad sino para atrapar a Jesús. Además, si Jesús les hacía preguntas, no se las iban a contestar. Por lo tanto, todo el proceso es algo falso y no se podía analizar y examinar a detalle la información. ¡El juicio es un simulacro!

Muy por el contrario a la pregunta hecha antes por Caifás (Mateo 26:63), el sanedrín pregunta por separado si Jesús creía ser él el Mesías y si cree ser el Hijo de Dios. En vez de contestarles llanamente que "sí", Jesús les dice "de ahora en adelante ustedes verán". Cuando Cristo venga en las nubes del cielo con todos sus ángeles, seguro que no habrá duda de que él es quien dice ser. A partir de este instante (22:69) los enemigos de Jesús ya no verán al Cristo encarnado. Cualquier vistazo de él, ya sea en visiones (Hechos 9:1-5; Apocalipsis 1:12-16) o cualquier vindicación (Lucas 21:27), será del Cristo glorificado. Esta es una declaración audaz.

Esto nos lleva a la segunda pregunta: "¿Eres el Hijo de Dios?" Jesús responde clara y atrevidamente: "Es como tú dices". La respuesta de ellos es predecible; ya lo hemos presenciado con Caifás. Todos deciden darle muerte a Jesús. ¡Qué ironía! El sanedrín procura entonces la evidencia necesaria para condenar a Jesús. Sin embargo, es también ésta la evidencia necesaria para creer en él. Al condenar

---

[24] De acuerdo con J. Plevnik, el registro de Lucas lo hace más claro de que Jesús es condenado por señalar ser Hijo de Dios, no así lo que Mateo y Marcos señalan ("Son of Man Seated at the Right Hand of God: Luke 22:69 in Lucan Christology" [El Hijo del hombre sentado a la derecha del Padre: Lucas 22:69 en la cristología de Lucas) *Biblica* 72 [1991]: 331-347). Él hasta asegura que la declaración que Jesús hace en ser Hijo de Dios estaba relacionada con su declaración de ensalzamiento. Esta alusión al Salmo 110:1, 4 no tan sólo apoyaba el señalamiento de Jesús, sino que servía como advertencia profética contra sus enemigos. Lucas continúa con el tema de la exaltación a través de la ascensión (Lucas capítulo 24; Hechos capítulo 1), una variedad de sermones (por ejemplo, Hechos 2:14-42; 3:12-26; 5:29-32) y especialmente en el juicio de Esteban (Hechos 7:56), como evidencia de que Jesús estaba vindicado por Dios.

a muerte a Jesús, el sanedrín se condena a sí mismo mostrando una incredulidad total.[25]

Jesús debe ser presentado ahora ante Pilato. El problema es que a Pilato no le interesa la acusación presentada: blasfemia. Los romanos no van a ejecutar a alguien por ser blasfemo. Así que lo que el sanedrín tiene que hacer es presentar cargos contra Jesús de tal magnitud que Pilato se muestre interesado. El sanedrín logra fabricar tres acusaciones: (1) Jesús agita a la gente (es decir, causa motines), (2) se rehusa a pagar impuestos y (3) señala ser rey (Lucas 23:2).

Sección 158
Suicidio de Judas Iscariote
(Mateo 27:3-10; Hechos 1:18-19)

Mateo y Lucas son los únicos evangelistas que registran el suicidio de Judas. Lucas lo reserva para su segundo volumen. En Hechos esta sección prueba que se necesita un reemplazo apostólico para alguien que abandonó su cargo. En Mateo, sirve para contrastar el horrible final de Judas comparado con el sufrimiento del justo Jesús. También sirve de advertencia contra las terribles consecuencias de rechazar a Jesús. Así como la negación de Pedro "interrumpe" la fluidez en la narración del juicio contra Jesús ante Caifás, así el suicidio de Judas "interrumpe" su juicio ante el sanedrín. Nuevamente Mateo utiliza este estilo de telenovela para presentar estas escenas simultáneas.

Mateo 27:3-8 *con* Hechos 1:18-19 señalan:

³Cuando Judas, el que lo había traicionado, vio que habían condenado a Jesús, sintió remordimiento y devolvió las treinta monedas de plata a los jefes de los sacerdotes y a los ancianos.
⁴—He pecado —les dijo— porque he entregado sangre inocente.
—¿Y eso a nosotros qué nos importa? —respondieron—. ¡Allá tú!
⁵Entonces Judas arrojó el dinero en el santuario y salió de allí. Luego fue y se ahorcó. {allí cayó de cabeza, se reventó, y se le salieron las vísceras.^Hechos}
⁶Los jefes de los sacerdotes recogieron las monedas y dijeron: «La ley no permite echar esto al tesoro, porque es precio de sangre.»
⁷Así que resolvieron comprar con ese dinero un terreno conocido

---

[25] J. P. Heil, "Reader-Response and the Irony of Jesus before the Sanhedrin in Luke 22:66-71" (Respuesta del lector y la ironía de Jesús ante el sanedrín en Lucas 22:66-71), *CBQ* (Publicación trimestral católica de la Biblia) 51 [1989]: 271-284.

como Campo del Alfarero, para sepultar allí a los extranjeros. {Todos en Jerusalén se enteraron de ello^{Hechos}} ⁸Por eso se le ha llamado {Acéldama, que en su propio idioma quiere decir^{Hechos}} Campo de Sangre hasta el día de hoy.

El inevitable veredicto oficial del sanedrín finalmente se anuncia. No se nos dice cómo es que Judas se enteró de esta decisión en privado, pero lo que sí sabemos es que la noticia lo trastorna. Se sintió muy mal por lo que había hecho y lo que había pasado [*metamelomai*]. Tal vez no esperaba que Jesús fuese condenado a muerte. Tal vez pensó que Jesús podía imponerse a ellos como la había hecho muchas veces antes, o que la gente se levantase para rescatarlo. Tal vez Judas no pensó en el alcance de su traición y de todo lo que desencadenaría y está abrumado por las consecuencias. Él no sería ni el primero ni el último cegado por su avaricia. Es bueno que él se sienta mal, pero eso está muy distante de un arrepentimiento bíblico verdadero.

Cuando Judas trata de deshacer sus acciones al tratar de devolver el dinero, ya es demasiado tarde. Este es un gesto significativo para alguien que amaba el dinero como lo hacía Judas. Los jefes de los sacerdotes muestran qué tan poco les interesaba Judas o en cuanto a la verdad. No importando cuanto hiciese Judas ya no podía parar lo que había iniciado.

Así que, en un gesto más de despecho, Judas arroja las monedas en el templo. El templo era tan grande que es difícil imaginar a dónde fueron a parar las monedas. Una muy buena posibilidad es que él las hubiese arrojado en el arca de las ofrendas [*korbanas*, un derivado de la palabra *corbán* (ver los comentarios de Mateo 15:5)], donde dijeron los jefes de los sacerdotes que el dinero no se podía echar debido a que era un precio pagado por sangre. Una opción más pintoresca es la de que él arrojó las monedas en el lugar santo [*naos*]. Nadie podía entrar a ese lugar más que los sacerdotes. Sin embargo, Judas ya se considera a sí mismo hombre muerto, condenado por Dios (Deuteronomio 21:23; Hechos 1:20), así que no tenía muchos escrúpulos en cuanto a contaminar el lugar santo, especialmente después de cómo fue tratado por los jefes de los sacerdotes. Esta suposición también respeta la distinción que Mateo hace entre las instalaciones del templo [*hieron*] y propiamente el templo [*naos*].

Judas sale huyendo del templo y se dirige al Campo del Alfarero, donde se suicida. Más tarde este campo se utiliza para enterrar a los extranjeros y se le da un nuevo nombre: "Campo de Sangre o Acéldama en arameo". No importa si se trataba de un cementerio, porque Judas murió allí o porque fue comprado con dinero de sangre, la diferencia es mínima y los tres se relacionan. De acuerdo con la tradición, este lugar estaba ubicado en el lado sur de la ciudad, en la ladera del cerro, frente al valle de Hinom (es decir, Gehena). Era un lugar estéril a donde los alfareros de la ciudad acudían para obtener su barro.

Ahora debemos arreglar dos discrepancias. Primera, ¿por qué dice Mateo que los jefes de los sacerdotes compraron el campo mientras que Lucas señala que quien lo compró fue Iscariote? Respuesta: Lucas abrevia todo el asunto. Debido a que el campo fue comprado con el dinero de Judas, la compra se le acredita a él (de manera póstuma), a pesar de que los jefes de los sacerdotes fueron los que hicieron la transacción. Ellos negociaron la compra y llevaron a cabo toda la operación de negocios. Segundo, ¿por qué afirma Mateo que Judas se colgó mientras que Lucas afirma que se cayó y se abrió su vientre?[26] ¿No puede ser posible que las dos cosas sean verdad? El Campo del Alfarero está ubicado en las laderas de un cerro. Cuando Judas se colgó, si falló el nudo o si se rompió la cuerda (tal vez como resultado del terremoto), pudo haber caído a una muerte horrenda. La otra opción más grotesca aún es que él se **hubiese colgado el viernes por la mañana y que no fuese encontrado sino hasta después del día de reposo. Bajo el sol quemante de Palestina él pudo haberse inflado y caído con resultados grotescos.**

Mateo 27:9-10 señala:

> ⁹Así se cumplió lo dicho por el profeta Jeremías: «Tomaron las treinta monedas de plata, el precio que el pueblo de Israel le había fijado, ¹⁰y con ellas compraron el campo del alfarero, como me ordenó el Señor.»ᵃ

ᵃ**10** Véanse Zacarías 11:12, 13; Jeremías 19:1-13; 32:6-9

Esta profecía presenta algunas dificultades. Las palabras más aproximadas de la cita las tenemos en Zacarías 11:12-13. Sin embargo, Mateo le atribuye la profecía a Jeremías. Ahora, algunas expresiones verbales similares las encontramos en Jeremías 32:6-16 y 18:2-3, pero estos pasajes no se refieren a lo mismo. Así que, ¿cómo debemos entender el cumplimiento de esta profecía? Se han propuesto una gran cantidad de soluciones (comparar Carson, pp. 562-566).

---

[26]La palabra que Lucas utiliza es muy gráfica. No tan sólo describe la acción (algo que estalla), sino que también el sonido que lo acompaña ("estallar").

(1) Mateo se equivocó. (2) Mateo hace referencia a una *sección* del Antiguo Testamento encabezada por Jeremías en vez de citar el libro específico de donde fue tomada la profecía. (3) Existe una variación del texto, con un soporte muy débil, que utiliza "Zacarías" en vez de "Jeremías". (4) Algunos hasta han llegado a señalar que Mateo citó una porción última escrita por Jeremías o que Jeremías fue el autor de Zacarías capítulos 9-11. Sin embargo, ninguna de estas soluciones resulta satisfactoria.

Carson presenta una solución más razonable.[27] En vez de buscar una correspondencia verbal (palabra por palabra), debemos buscar una correspondencia en las ideas (pensamiento por pensamiento).[28] Además, debemos analizar el uso que Mateo hace de tales ideas a través de la exégesis tipológica, tan común en el evangelio según San Mateo. He aquí lo que encontramos. Las ideas de Mateo 27:9-10 corresponden a Jeremías 19:1-13. Dios le pide a Jeremías que compre una vasija de barro. Jeremías debe llevarla, junto con los sacerdotes y ancianos del pueblo, al valle de Hinón. Allí debe quebrar la vasija en la tierra para así simbolizar lo que Dios va a hacer con Jerusalén debido a su idolatría y desobediencia. Además, Mateo no tan sólo utiliza las ideas de Jeremías 19:1-13 sino que usa las palabras de Zacarías 11:12-13. Cuando combina los dos pasajes le da crédito al más prominente (ver Marcos 1:2, citando a Isaías 40:3 y Malaquías 3:1). Esto no resulta ser una gran sorpresa.

Ahora veamos el significado de la profecía. Cuando tomamos las ideas de Jeremías capítulo 19, le insertamos las palabras de Zacarías capítulo 11, y las aplicamos tipológicamente en Mateo capítulo 27, llegamos a tener algo parecido a: Los pastores del pueblo de Dios eran corruptos. De hecho, devaluaron al pastor verdadero a treinta piezas de plata, el precio de un esclavo (Éxodo 21:32). En vez de comprar su independencia, su "dinero sucio" compró castigo y muerte. Lo que es peor, no tan sólo son los líderes de Israel los que rechazaron a Dios, sino también el pueblo. En vez de seguir a los enviados de Dios

---

[27] También ver a D. J. Moo, "Tradition and Old Testment in Matt 27:3-10" (Tradición y Antiguo Testamento en Mateo 27:3-10), en *Gospel Perspectives* (Perspectivas del evangelio), Vol. 3, ed. R. T. France y D. Wenham (Sheffield: JSOT, 1983), 157-175; y a J. A. Upton, " The Potter's Field and the Death of Judas" (El campo del alfarero y la muerte de Judas" (El campo del alfarero y la muerte de Judas), CJ (Revista Concordia) 8 [1982]: 213-219.

[28] Blomberg (p. 409) lista una gran cantidad de pensamientos paralelos en esta ocasión: "Sangre inocente" (v. 4), el "alfarero" (vv. 1, 11), volver a nombrar un lugar en el valle del Hinón (v. 6), violencia (v. 11) y el juicio y sepultura de los líderes judíos por Dios mismo (v. 11).

(Jeremías, Zacarías y Jesús), siguieron a sus líderes corruptos y pagaron caro su error.

Sección 159
Episodio 4: Pilato
(Mateo 27:2, 11-14; Marcos 15:1b-5; Lucas 23:1-5; Juan 18:28-38)

El sanedrín ha sellado la sentencia de muerte contra Jesús. Ellos han formulado cargos inventados que fueron aceptados por el tribunal romano. Están listos para presentarlo ante Pilato. Lo normal era que Pilato se encontrara en Cesarea. Pero durante las fiestas era común encontrarlo en Jerusalén para vigilar de cerca la población judía explosiva.

Juan 18:28 *con* Mateo 27:2; Marcos 15:1b ; Lucas 23:1 señala:

²⁸Luego los judíos {Así que la asamblea en pleno se levantó, y^Lc} {Lo ataron, se lo llevaron y^Mt,Mr} llevaron a Jesús de la casa de Caifás al palacio del gobernador romano {a Pilato^Mt,Mr,Lc}. Como ya amanecía, los judíos no entraron en el palacio, pues de hacerlo se contaminarían ritualmente y no podrían comer la Pascua.

Jesús es atado y llevado de la sala de Gazith al palacio del gobernador. No sabemos con precisión donde estaba el palacio al que se hace referencia. Pudo haber estado ubicado en la torre de Antonia, en la esquina noroeste de todo el complejo del templo, donde se encontraba la fortaleza romana. Sin embargo, un lugar más apropiado es el palacio antiguo de Herodes el Grande en el lado oeste de la ciudad. Era común que Pilato se hospedase allí cuando visitaba Jerusalén. Si Pilato está en el palacio de Herodes, eso explicaría por qué Jesús es llevado rápidamente a/y desde Herodes. Después de todo, sin duda, Herodes se hospedaba en este lugar cuando visitaba Jerusalén.

Nuestras fuentes antiguas son menos lisonjeras de Pilato que los mismos evangelios. Pilato fue un oportunista político que despreciaba a los judíos. Era el Prefecto de Palestina, lo cual le daba poder absoluto sobre la vida y la muerte. La única corte superior a él era el mismo César, pero apelar al emperador estaba reservado única y exclusivamente a los ciudadanos romanos. Una vez en sus funciones de Procurador, Pilato quiso halagar al Emperador Tiberio colocando escudos con la imagen del emperador en las paredes del templo. Los judíos se escandalizaron. Cuando llegaron al palacio de Pilato en

Cesarea (cientos de ellos) a solicitarle que quitara los escudos, no tan sólo se rehusó Pilato, sino que los amenazó de muerte si no se retiraban. En vez de intimidarse, los judíos se tendieron en el piso y le mostraron sus cuellos para ser degollados. Afortunadamente, Pilato entendió que tal masacre le habría puesto fin a su carrera política (si no es que a su vida) y concedió la petición de los judíos. Más tarde, Pilato quiso construir un acueducto en Jerusalén. Confiscó dinero de los tesoros del templo para tal fin. Esto enfureció a los judíos y causó un disturbio. Pero esta vez Pilato rehusó retractarse. Es obvio que el emperador estaba bien informado de todos estos acontecimientos y de la tensión entre los judíos y Pilato. Para empeorar las cosas, había rumores circulando en Roma de que Pilato era cómplice de algunos levantamientos en contra del emperador mismo.[29] Es posible que estos rumores no fueran verdad. Sin embargo, Pilato estaba siendo muy bien vigilado por Roma. Todo esto daba como resultado que Pilato no favoreciera a los judíos al querer ejecutar a un hombre inocente.

Los líderes judíos escoltan a Jesús hasta el Pretorio, pero se rehúsan a entrar ya que quedarían contaminados ceremonialmente.

---

[29]Los problemas políticos de Pilato con Roma llegaron al máximo después de la ejecución de Sejano el 18 de octubre del año 31 d.C. Basado en esto y otros argumentos, algunos han señalado que Jesús murió en el año 33 después de Cristo (P. L. Maier, "Sejanus, Pilate, and the Date of the Crucifixion" [Sejano, Pilato y la fecha de la crucifixión], ChHist [Historia de la iglesia] 37 [1968]: 3-13; y H. W. Hoehner, "Chronological Aspects of the Life of Christ" [Aspectos cronológicos de la vida de Cristo], BibSac [Biblioteca Sacra] 131 [1974]: 332-348). Nisán 14 fue un viernes en el año 30 y también en el 33. Por lo tanto, ambos años son posibilidades muy fuertes en cuanto a la fecha de la muerte de Jesús. Hay tres discusiones muy fuertes del porqué se acepta como el año correcto el año 30. (1) Jesús tenía alrededor de 30 años al inicio de su ministerio (Lucas 3:23). Si Herodes murió en el año 4 a.C., eso haría que Jesús hubiese nacido en el año 5 a.C., y de una edad entre 31 y 32 años para el año 26 después de Cristo, cuando empezó a predicar. Sin embargo, "como 30" puede resultar muy impreciso. Después de todo, sus enemigos calcularon que él tenía menos de 50 (Juan 8:57). (2) De conformidad con Daniel 9:24-27, el Mesías empezaría su ministerio 483 años después del decreto de reconstruir Jerusalén. Esa proclamación fue hecha en el año 457 a.C., por lo que el Mesías príncipe vendría en el año 26 d.C.. Sin embargo, la misma reconstrucción se retrasó algunos años. (3) El templo de Herodes llevaba 46 años de reconstrucción cuando Jesús lo purificó (Juan 2:20). Su reconstrucción inició en el año 19 a.C., por lo que fue purificado por Jesús en el año 27 d.C. Sin embargo, algunos afirman que los 46 años son a partir de haberse completado la primera fase de reconstrucción en el año 17 a.C., lo cual empujaría su purificación al año 29 d.C.

Por otro lado, hay dos argumentos fuertes para fecharlo en el año 33 d.C. (1) El año 15 de Tiberio, momento en el cual Juan inicia su ministerio (Lucas 3:1), lo cual fue el 19 de agosto del año 28 ó el 18 de agosto del año 29 d.C. Sin embargo, algunos señalan que Tiberio fue removido tres años antes, lo cual empuja el ministerio de Juan al año 26 d.C. (2) Sejano (el "jefe" de Pilato) fue ejecutado el 18 de octubre del año 31 d.C. Eso explica por qué las amenazas de los judíos en exponer a Pilato ante Roma fueron tan efectivas durante el juicio de Jesús, y por qué él pronto deja de lado su antisemitismo.

Si tocaban a un gentil, una idólatra, los alimentos impuros o cualquier cosa que estaba en la casa de un pagano, no podrían celebrar la Pascua. Ahora, de conformidad con la cronología bosquejada en la **Sección 143**, la cena de la Pascua se comía el jueves por la noche. Ya es viernes por la mañana. ¿Existe discrepancia entre los sinópticos? ¡Creemos que no! La Pascua o fiesta de los Panes sin Levadura duraba siete días. El viernes había otra cena importante conocida como *Chagigah*: "Los líderes". Estos miembros del sanedrín no se la iban a perder.[30] Lo más sorprendente de estos líderes es que son tan escrupulosos en cuanto a su observancia religiosa, pero a la misma vez tan corruptos en sus prácticas judiciales (Mateo 12:9-14; 15:1-9; 23:23; 28:12-13).

Juan 18:29-32 señala:

>[29] Así que Pilato salió a interrogarlos:
>—¿De qué delito acusan a este hombre?
>[30] —Si no fuera un malhechor —respondieron—, no te lo habríamos entregado.
>[31] —Pues llévenselo ustedes y júzguenlo según su propia ley —les dijo Pilato.
>—Nosotros no tenemos ninguna autoridad para ejecutar a nadie —objetaron los judíos.
>[32] Esto sucedió para que se cumpliera lo que Jesús había dicho, al indicar la clase de muerte que iba a sufrir.

Lucas 23:2 señala:

>[2] Y comenzaron la acusación con estas palabras:
>—Hemos descubierto a este hombre agitando a nuestra nación. Se opone al pago de impuestos al emperador y afirma que él es el Cristo,[a] un rey.

[a] 2 O *Mesías;* también en los vv. 35 y 39.

¡Esta escena es increíble! Estos hombres le piden a Pilato que condene a Jesús sin realmente presentar cargos y sin investigar nada. Quieren que Pilato confíe en su proceso judicial judío. Pilato no va a caer en la trampa.

---

[30] La frase "comer la Pascua" siempre se ha referido exclusivamente a la propia Pascua (Mateo 26:17 Marcos 14:12, 14; Lucas 22:8, 11, 15). Por lo tanto, es posible que los líderes judíos la comieron más tarde que la población en general ya fuese porque estaban preocupados por "sus negocios" de la noche anterior o porque hubo tantos sacrificios que no les fue posible terminarlos en un solo día y escogieron comer la Pascua en el solemne sábado de la semana de la Pascua.

Seguro que Pilato está enterado del arresto tan importante que aconteció por la noche. Es probable que las mismas tropas de Pilato fueron las que arrestaron a Jesús en Getsemaní. Lo que Pilato no sabe es que el sanedrín quiere una ejecución. Así que cuando Pilato dice: "llévenselo ustedes y júzguenlo" ellos responden: "¡No podemos! Roma nos ha quitado nuestra autoridad para ejercer la pena capital". Eso debió de haber paralizado por un segundo el ritmo cardíaco de Pilato.

El sanedrín siente que ha sido restringido por Roma. La verdad es, todo este escenario ha sido planeado por Dios mismo. Fue él quien dijo que el Mesías debía ser crucificado (Salmo 22), como ofrenda por el pecado (Deuteronomio 21:23, Gálatas 3:13). Jesús lo sabía y así lo predijo (Mateo 20:19; 26:2; Juan 12:32-33). Si lo hubiesen ejecutado los judíos, habría sido apedreado.[31] Sin embargo, el método romano de ejecución para los extranjeros y los traidores era mediante la crucifixión.[32]

Los judíos presentan tres cargos específicos contra Jesús. (1) Es un agitador. Este cargo es, por razones prácticas, igual al que le hizo Pilato en cuanto a que amenazó con destruir el templo. Meramente fue dicho de otra manera para sonara mejor a los oídos romanos.[33] Ahora, si ellos podían probar que Jesús causaba disturbios entonces Pilato podría tomar en serio esta acusación. El Imperio romano era tan vasto que sí habían pequeños brotes de rebelión de vez en cuando. En consecuencia, no se tentaban el corazón para aplacar cualquier insurrección. Además, Palestina era una de las áreas más difíciles

---

[31]Sin embargo, Otto Betz señala que los judíos no necesariamente se oponían a la ejecución por crucifixión basados en Deuteronomio 21:22. "El rey Alejandro Jano (103-76 a.C.) colgó a 800 de sus enemigos judíos en maderos . . . El famoso maestro Simeon ben Shetach, un fariseo que vivió durante la primer mitad del primer siglo a.C., colgó a 80 brujas en Ascalón". Este mismísimo asunto se debatía en los rollos del templo (11 Q Miqdash 64:6-13), en cuanto al modo de cómo alguien era colgado en el madero (" The Temple Scroll and the Trial of Jesus" [El rollo del templo y el juicio de Jesús], SwJT [Revista Suroeste de teología] 30 [1988]: 5-8). Ver a D. J. Halperin, "Crucifixion, the Nahum Pesher, and the Rabbinic Penalty of Strangulation" (Crucifixión, el pesher de Nahum y la pena rabínica de la estrangulación), JJS (Revista de estudios judíos) 32 [1981]: 32-46 y J. A. Fitzmyer, "Crucifixion in Ancient Palestine, Qumran Literature, and the New Testament" (La crucifixión en la antigua Palestina, Literaruta del Qumrán y el Nuevo Testamento), CBQ (Publicación trimestral católica de la Biblia) 40 [1978]: 493-513. Sin embargo, J. M. Baumgarten, "Does tlh in the Temple Scroll Refer to Crucifixion?" (¿Se refiere a la crucifixión t lh en el rollo del templo?) JBL (Revista de literatura bíblica) 91 [1972]: 472-481, no aprueba esta conclusión.

[32]R. A. Stewart, "Judicial Procedures in New Testament Times" (Procedimientos judiciales en los tiempos del Nuevo Testamento), EvQ (Revista trimestral evangélica) 47 [1975]: 94-109.

[33]A. Vargas-Machuca, "¿Por qué condenaron a muerte a Jesús de Nazaret?" EstEcl 54 (1979): 441-470.

de gobernar. Por lo tanto, con tan sólo este cargo Jesús pudo haber sido ejecutado. Sin embargo, cuando Pilato ve la sumisión de Jesús, resignado a su inevitable sufrimiento y lo contrasta con los injuriosos y demandantes líderes, se da plena cuenta de quién es la causa de los disturbios. (2) Los judíos afirman que Jesús rehúsa pagar los impuestos a César. Esa es una mentira tan obvia que Pilato ni siquiera se molesta en considerarla. Tan sólo tres días antes, en el templo, frente a cientos de testigos, Jesús ordenó el pago de tributos a César (Mateo 22:21). (3) Jesús afirma ser el Cristo, un rey. Este es el cargo más serio ya que tan sólo se permite la existencia de un rey en este imperio y ese es el emperador. Cualquier otra persona que afirme ser el César será ejecutado por tratarse de un caso de sedición. Mientras que es cierto que Jesús afirmó ser rey, Pilato no tarda en darse cuenta que el reino de Jesús no representa ninguna amenaza política para Roma.

Juan 18:33-38a señala:

³³Pilato volvió a entrar en el palacio y llamó a Jesús.
—¿Eres tú el rey de los judíos? —le preguntó.
³⁴—¿Eso lo dices tú —le respondió Jesús—, o es que otros te han hablado de mí?
³⁵—¿Acaso soy judío? —replicó Pilato—. Han sido tu propio pueblo y los jefes de los sacerdotes los que te entregaron a mí. ¿Qué has hecho?
³⁶—Mi reino no es de este mundo —contestó Jesús—. Si lo fuera, mis propios guardias pelearían para impedir que los judíos me arrestaran. Pero mi reino no es de este mundo.
³⁷—¡Así que eres rey! —le dijo Pilato.
—Eres tú quien dice que soy rey. Yo para esto nací, y para esto vine al mundo: para dar testimonio de la verdad. Todo el que está de parte de la verdad escucha mi voz.
³⁸—¿Y qué es la verdad? —preguntó Pilato.

Pilato, como debe hacerlo todo gobernador romano, entrevista al acusado. Empieza con el cargo de mayor importancia. (Que termina siendo el único cargo serio.) Jesús no responde con ligereza (18:34). El veredicto recaerá en la definición del término "rey" y Jesús debe determinar qué definición va a usar Pilato. Mientras que Pilato espera una respuesta positiva o negativa, Jesús sabe que un "sí" o un "no" era inapropiado por ser una respuesta incompleta y engañosa.

Pilato se muestra impaciente y molesto desde el principio de todo esto. ¿Por qué no habría de estarlo? De los judíos no ha recibido más que problemas. Su respuesta es básicamente: "Mira, tu propia gente te entregó en mis manos. ¡Ayúdame a resolver este caso;

hagámoslo juntos! Dime qué has hecho que los tiene tan a disgusto contigo". Así que Jesús le ayuda. Jesús le contesta sus dos preguntas que hasta este momento Pilato le ha presentado: "¿Eres rey? Y, ¿Qué has hecho?" Respuesta: "He establecido un reino espiritual".

Ahora que tanto Jesús como Pilato entienden lo mismo, Jesús admite libremente: "¡Sí, soy esa clase de rey!" ¡En este preciso momento el juicio se torna evangelíslizador! Jesús, como ya lo ha hecho en muchas ocasiones, testifica de quién es realmente y de dónde vino, e intenta que Pilato entienda y conozca la verdad. Sin embargo, Pilato es muy cínico y no acepta escuchar esto. Calla a Jesús haciéndole una pregunta sumamente crítica, que ni siquiera permite que Jesús conteste: "¿Qué es la verdad?" Si Pilato hubiese prestado atención, este juicio habría sido muy distinto.

¡Qué tan distinta habría sido su propia vida; qué distinta su huella en la historia!

Juan 18:38 *con* Lucas 23:4 señalan:

³⁸Dicho esto, salió otra vez a ver a los judíos {a los jefes de los sacerdotes y a la multitud^{Lc}}.

—Yo no encuentro que éste sea culpable de nada —declaró—.

Mateo 27:12-14 *con* Marcos 15:4 señalan:

¹²Al ser acusado por los jefes de los sacerdotes y por los ancianos, Jesús no contestó nada.

¹³—¿No oyes lo que declaran contra ti? —le dijo Pilato. {—¿No vas a contestar? —le preguntó de nuevo Pilato—. Mira de cuántas cosas te están acusando^{Mr}}

¹⁴Pero Jesús no respondió ni a una sola acusación, por lo que el gobernador se llenó de asombro.

Lucas 23:5 señala:

⁵Pero ellos insistían:

—Con sus enseñanzas agita al pueblo por toda Judea.^a Comenzó en Galilea y ha llegado hasta aquí.

^a5 *toda Judea*. Alt. *toda la tierra de los judíos*.

Juan 18:38 registra el segundo intento, de diez, de Pilato para soltar a Jesús.³⁴ Cuando sale al patio donde se encuentran los

---

³⁴(1) "Júzguenlo ustedes" (Juan 18:31); (2) "No encuentro bases para condenarlo con los cargos que ustedes presentan" (Juan 18:38); (3) Pilato envía a Jesús ante Herodes (Lucas 23:7); (4) "No encuentro bases para los cargos o acusaciones que ustedes presentan en su

judíos esperando el veredicto, claramente les dice: "¡Este hombre es inocente!" No es lo que ellos quieren oír y arman un alboroto [*epischyon*]. Insisten, demandan y amenazan a Pilato hasta que él cede.

Empiezan por acusar a Jesús de muchas violaciones. Jesús permaneció callado como lo hizo ante Caifás. Esto sorprende a Pilato.

Pero, ¿qué puede decir Jesús para cambiar sus mentes? Ya ha contestado sus acusaciones principales. No hay razón para malgastar su saliva y así estaba predicho (Isaías 53:7).

Sección 160
Episodio 5: Herodes
(Lucas 23:6-12)

Únicamente Lucas menciona este incidente. No nos sorprende ya que a él le interesó más la política que a cualquier otro evangelista. Además, Lucas ya ha mencionado a Herodes en varias ocasiones (Lucas 3:1; 9:7-9; 13:31). Resulta un encuentro raro el que el rey de los judíos entreviste al Rey de reyes.

Lucas 23:6-12 señala:

⁶Al oír esto, Pilato preguntó si el hombre era galileo. ⁷Cuando se enteró de que pertenecía a la jurisdicción de Herodes, se lo mandó a él, ya que en aquellos días también Herodes estaba en Jerusalén.
⁸Al ver a Jesús, Herodes se puso muy contento; hacía tiempo que quería verlo por lo que oía acerca de él, y esperaba presenciar algún milagro que hiciera Jesús. ⁹Lo acosó con muchas preguntas, pero Jesús no le contestaba nada. ¹⁰Allí estaban también los jefes de los sacerdotes y los maestros de la ley, acusándolo con vehemencia. ¹¹Entonces Herodes y sus soldados, con desprecio y burlas, le pusieron un manto lujoso y lo mandaron de vuelta a Pilato. ¹²Anteriormente, Herodes y Pilato no se llevaban bien, pero ese mismo día se hicieron amigos.

Mientras que los líderes judíos gritan acusaciones venenosas contra Jesús, uno de ellos dice: "¡Jesús empezó todo en Galilea

---

contra" (Lucas 23:14); (5) "¿A quién quieren ustedes que les deje en libertad: Barrabás o Jesús?" (Mateo 27:17); (6) "¿Qué crimen ha cometido este hombre? No lo he encontrado culpable de muerte. Por lo tanto, lo castigaré y luego lo pondré en libertad" (Lucas 23:22). (7) "Miren, lo sacaré ante ustedes para que ustedes sepan que yo no encuentro ninguna base para imputarle los cargos que ustedes presentan . . . ¡He aquí al hombre!" (Juan 19:4-5); (8) "Ustedes tómenlo y crucifíquenlo. En cuanto a mí, no encuentro bases de culpa alguna" (Juan 19:6); (9) "A partir de ese momento, Pilato trató de poner en libertad a Jesús" (Juan 19:12); (10) " Tomó agua y se lavó las manos frente a la multitud. 'Soy inocente de la sangre de este hombre'" (Mateo 27:24).

y desde allí se ha deslizado hasta aquí!" Vino a la mente de Pilato una escaptoria. Galilea no era jurisdicción suya. Esa área la gobierna Herodes Antipas, quien por suerte se encuentra en Jerusalén con motivo de las celebraciones de la Pascua.

¡Qué afortunado resulta todo esto para Pilato! Herodes es una persona convertida al judaísmo y nombrado por Roma como rey de los judíos. Él estaría más familiarizado con la ley judía y más aceptado por el pueblo judío para tratar y resolver este caso. Le llega a Pilato la oportunidad de deshacerse de este caso político tan difícil. Además, él y Herodes han sido rivales políticos hasta este preciso momento (tal vez peleándose por más poder político con Roma). Esta movida conciliatoria de parte de Pilato sella la amistad de ellos de allí en adelante.

Jesús es escoltado por los guardias y llevado ante Herodes. No tienen que desplazarse grandes distancias ya que se presume que tanto Pilato como Herodes estuvieran hospedándose en el palacio de Herodes el Grande. Herodes Antipas está ansioso de ver a Jesús, por varias razones. Primera, Jesús había atraído mucha atención en Galilea y Perea, lo cual se había mal interpretado como aspiraciones políticas. Herodes está interesado en preguntarle a Jesús en cuanto a sus intenciones pero no ha podido conocer personalmente a este evangelista itinerante (Lucas 13:32). Especialmente en estos doce últimos meses, Jesús se ha desplazado de un lugar a otro de manera expedita y se ha estado apartando mucho de las multitudes. Segunda, Herodes le dio muerte al precursor y pariente de Jesús, Juan el Bautista. Siendo supersticioso, asume que el espíritu de Juan le ha dado poder a Jesús para obrar milagros (Mateo 14:2; 16:14). Tercera, por pura curiosidad, quiere ver uno de los milagros de Jesús para ver si realmente son tan sorprendentes como la gente afirma.

¡No tan sólo se rehúsa Jesús a entretener a Herodes con un milagro, sino que ni siquiera le dirige la palabra! Por extraño que parezca, este edomita [judío[es la única persona registrada en los evangelios con quien Jesús rehúsa conversar. Su silencio continúa (Isaías 53:7), aun ante Herodes. La última oportunidad que Herodes tuvo para arrepentirse fue ante la predicación de Juan el Bautista, al cual él mismo mandó a ejecutar.

Los jefes de los sacerdotes siguen a Jesús presentando más acusaciones en su contra mientras avanzan. Herodes interroga severamente a Jesús, pero éste permanece estoico con un silencio absoluto. Tal respuesta (o falta de ella) enfurece a Herodes. Así que lo entrega a sus guardias para que éstos "jueguen" con él. Hasta el mismo Herodes participa con su burla y abuso físico. Tal comportamiento no es el de un rey y revela su personalidad tan baja y humillante. De hecho, es posible que es el mismo manto caro de Herodes el que le ponen a Jesús. Tal vez le dice algo parecido a: "Bueno, si eres el rey de los judíos, te debes vestir como un rey. Toma, permíteme ayudarte". Esta "coronación" como burla refleja la adoración hecha a los emperadores (Suetonius, *Tiberius* 17.2: "arropado con una toga púrpura y una corona de laurel"; Nero 25:1: "llevaba un manto púrpura...y en su cabeza llevaba la corona olímpica y en su mano derecha el pitio"; Josephus, *JW* 7.123-131: "Vespacio y Tito salieron, coronados de laurel y vestidos en mantos púrpura tradicionales. Toma, permíteme ayudarte". Una vez que ya se han burlado y despreciado a Jesús con tal bajeza, se lo regresa a Pilato, para mayor mortificación de Pilato.

Secciones 161 y 162[35]
Episodio 6: Pilato
(Mateo 27:15-30; Marcos 15:6-20a; Lucas 23:13-25; Juan 18:39 – 19:16a)

Lucas 23:13-16 señala:

> [13]Pilato entonces reunió a los jefes de los sacerdotes, a los gobernantes y al pueblo, [14]y les dijo:
> —Ustedes me trajeron a este hombre acusado de fomentar la rebelión entre el pueblo, pero resulta que lo he interrogado delante de ustedes sin encontrar que sea culpable de lo que ustedes lo acusan. [15]Y es claro que tampoco Herodes lo ha juzgado culpable, puesto que nos lo devolvió. Como pueden ver, no ha cometido ningún delito que merezca la muerte, [16]así que le daré una paliza y después lo soltaré.[a]
>
> [a]*16 soltaré.* Var. *soltaré.* v. 17 *Ahora bien, durante la fiesta tenía la obligación de soltarles un preso* (véanse Mateo 27:15 y Marcos 15:16).

---

[35]Estos dos incidentes están enlazados porque creemos que sucedieron al mismo tiempo. Juan presenta a Jesús que fue azotado *antes de* que Pilato lo entregue para ser crucificado, como un intento más para dejarlo en libertad. Por otro lado, los sinópticos presentan ser azotado como parte de su sentencia de muerte. Casi resulta increíble que Jesús haya sido azotado dos veces. Entonces aceptamos esta variante entre Juan y los sinópticos como uno de énfasis retórico en vez de dos acontecimientos por separado. Lucas 23:16 y 22 insinúan el arreglo de Juan. Juan, el testigo visual más cercano de este acontecimiento, es posible que sea el más fiel en cuanto a la cronología del acontecimiento.

Seguro que a Pilato se le cayó el alma a los pies cuando ve que nuevamente le traen a Jesús. Herodes se lo devolvió. Jesús lleva puesto un manto real en son de burla, pero no le presentan ningún veredicto de culpabilidad. Simplemente escucha más de las acusaciones de los jefes de los sacerdotes que caminan detrás de Jesús. Pilato encara a estos líderes y les dice: "Ahora bien, miren, lo han acusado de sedición. Han mirado y escuchado nuestros interrogatorios. Pero ni Herodes ni yo hemos encontrado suficientes pruebas a las acusaciones que ustedes presentan. Simplemente, no hay pruebas contundentes".

Pilato sabe que los judíos no permitirán que Jesús se vaya libre. Así que intenta algo intermedio — darle una buena paliza y luego dejarlo libre.[36] Pilato trata de obtener clemencia a través de la piedad.

Marcos 15:6-10 con Mateo 27:15-17 señalan:

[6]Ahora bien, durante la fiesta él {el gobernador[Mt]} acostumbraba soltarles un preso, el que la gente pidiera. [7]{Tenían un preso famoso[Mt]} Y resulta que un hombre llamado Barrabás estaba encarcelado con los rebeldes condenados por haber cometido homicidio en una insurrección. [8]Subió la multitud y le pidió a Pilato que le concediera lo que acostumbraba.

[9]—¿Quieren que les suelte {a Barrabás o[Mt]} al rey de los judíos {a Jesús, al que llaman Cristo[Mt]}? —replicó Pilato, [10]porque se daba cuenta de que los jefes de los sacerdotes habían entregado a Jesús por envidia.

Hasta este instante los principales protagonistas que acusan a Jesús han sido los líderes judíos del sanedrín. Al parecer, ha hecho acto de presencia otra multitud a la puerta de Pilato. Son ciudadanos judíos, tal vez en su mayoría gente que vive en Jerusalén. No se han presentado por el juicio de Jesús. De hecho, pocos lo saben aparte de los apóstoles y el sanedrín. Este grupo acude ante Pilato para solicitarle les libere a un preso como parte de la celebración de la Pascua. Es un misterio cuándo y cómo se desarrolló esta costumbre.[37] Mediante esto, Pilato se hacía más querido de los judíos (algo que

---

[36]La palabra "castigo" [*paideuō*] puede significar simplemente "corregir" o "castigar". Sin embargo, de acuerdo con Juan este castigo intermedio fue con azotes, como lo describe Lucas después en el juicio.

[37]No contamos con una sólida documentación de esta costumbre. Sin embargo, había una serie de paralelos en los tiempos antiguos desde Babilonia, Asiria, Grecia y Roma de que a algunos prisioneros se les perdonaba durante ciertas festividades (R. L. Merrit, "Jesus, Barabbas and the Paschal Pardon" [Jesús, Barrabás y el perdón pascual], *JBL* [Revista de literatura bíblica] 104 [1985]: 57-68. Hay también una mención inusual de prometer liberar a un prisionero en el tiempo de la Pascua en la Mishnah (Pesach 8.6).

realmente necesitaba). También le permite a Pilato otra oportunidad más para tratar de liberar a Jesús.

Pilato, a través de sus informantes, sabe plenamente que Jesús es inmensamente popular. Seguro que Jesús fue popular en la fiesta de los Tabernáculos apenas unos seis meses atrás o en la fiesta de la Dedicación apenas hacía tres meses. Seguro que Pilato sabía perfectamente de la entrada triunfal, la purificación del templo y las discusiones del domingo, lunes y martes de esa misma semana. La verdad plena es: Las multitudes aman a Jesús. Pilato lo sabe y tratará de hacer que las multitudes estén en contra de sus líderes.

Pilato les presenta una opción: a Jesús o a Barrabás. Eso no es algo como escoger entre el bien y el mal. Para muchos de entre la multitud, Barrabás era considerado un líder y héroe por su insurrección contra Roma. Aunque la Nueva Versión Internacional de la Biblia afirma que Barrabás era "famoso", tal palabra también se entendía como "notable" (ver Romanos 16:7). Describe a una persona muy bien conocida ya fuese por ser buena o mala. Se le conoce como un insurrecto (Lucas 23:19), un asesino (Lucas 23:19) y un ladrón (Juan 18:40). Lo más seguro es que a quien tengamos aquí es a un opositor rotundo de Roma, causando saqueos y hasta dándole muerte a soldados y colaboradores de Roma. Resulta interesante que los otros dos que son crucificados junto con Jesús se les conoce como criminales y "ladrones" [*lēstēs*] como Barrabás. Es posible que sean compañeros de Barrabás y que los tres iban a ser crucificados ese mismo día. Si este es el caso, entonces Jesús tomó el lugar de Barrabás. Ahora, eso presentaría un cambio radical raro de los acontecimientos. Jesús, el Hijo de Dios, toma el lugar de Barrabás, cuyo nombre significa, "el hijo de un padre".

Mientras que la mayoría de entre la multitud estaría satisfecha con cualquier opción, Pilato está seguro que escogerán a Jesús sobre Barrabás. Después de todo, la gente ama a Jesús; son los líderes judíos los que lo odian. Pilato puede ver a través de sus falsas acusaciones, ve la profunda envidia que motiva el castigo que quieren infligir en el Cristo. La envidia no era un vicio acorde con la filosofía y moral helénica. Era una idea junto con los valores generales de honor y deshonra. Por la misma naturaleza de las cosas, uno solamente siente envidia por alguien con el mismo nivel. Así, Jesús es reconocido como igual a esta élite religiosa. Ellos intentan minimizar a Jesús (para sobresalir ellos) matándolo.[38]

Mateo 27:19-21 *con* Marcos 15:11 señalan:

[19]Mientras Pilato estaba sentado en el tribunal, su esposa le envió el siguiente recado: «No te metas con ese justo, pues por causa de él, hoy he sufrido mucho en un sueño.»
[20]Pero los jefes de los sacerdotes y los ancianos persuadieron {incitaron[Mr]} a la multitud a que le pidiera a Pilato soltar a Barrabás y ejecutar a Jesús.
[21]—¿A cuál de los dos quieren que les suelte? —preguntó el gobernador.
—A Barrabás.

Lucas 23:18 señala:

[18]Pero todos gritaron a una voz:
—¡Llévate a ése! ¡Suéltanos a Barrabás!

El juicio se ve interrumpido por un mensaje urgente de la esposa de Pilato. Ella le advierte que no se enrede con los asuntos de Jesús porque él es inocente. Por la noche ella tuvo pesadillas en cuanto a todo este asunto. Tal vez todo lo provocó el hecho de que ella escuchó a su esposo despachar a un pelotón de soldados para arrestar a Jesús, a petición de los judíos. No importando qué lo motivó, los antiguos consideraban los sueños como mensajes de los mismos dioses. Pilato, como todo un supersticioso, se debió haber conmovido profundamente por este comunicado que confirmó aquello que él ya ha señalado varias veces: Jesús es inocente. El sueño también le indicó a Pilato que esta ejecución tenía que ver con algo más que el simple designio de los hombres.

Las multitudes, animadas por sus líderes, empiezan a gritar: "¡Llévate a ése!" Eso debió de haber sorprendido a Pilato. El domingo las multitudes aclaman a Jesús, pero para el viernes ya lo odian y buscan su muerte. ¿Cómo podía cambiar tan de pronto la multitud? Primero, las dos multitudes no eran del todo iguales. La mayoría de gente de la multitud de este día debían ser residentes de Jerusalén. La multitud del domingo eran peregrinos que acudían a la fiesta de la Pascua. Ya lo hemos visto en la fiesta de la Dedicación (Juan

---

[38]H. Anselm y J. Neyrey, "It Was Out of Envy That They Handed Jesus Over (Mk 15:10): The Anatomy of Envy and the Gospel of Mark" [Fue por envidia que entregaron a Jesús (Marcos 15:10): La anatomía de la envidia y el evangelio de Marcos], *JSNT* (Revista para el estudio del Nuevo Testamento) 69 [1998]: 15-56.

capítulo 7) que la mayoría de los habitantes de Jerusalén se oponen a Jesús, mientras que los peregrinos lo aclaman. Segundo, las multitudes apoyaban a Jesús pero por considerarlo un Mesías político. En este preciso momento no se ve como un rey triunfante, desbancando al imperio opresor romano. Eso debió de haberlos hecho cambiar tan de repente. Tercero, los líderes sometían a su antojo y arbitrio a las multitudes porque ellos controlaban todo el ambiente social, político y religioso del momento. Los líderes religiosos sobresalían en todo. Lo controlaban todo. El pueblo o la gente común se veía obligada a someterse debido a los momentos tan difíciles que se vivían. Las emociones también afloraban. El pueblo judío siempre había sido gente reaccionaria, movidos fácilmente a la acción, ya fuese buena o mala.

Lucas 23:20-22 *con* Mateo 27:22-23; Marcos 15:12-14 señalan:

[20]Pilato, como quería soltar a Jesús, apeló al pueblo otra vez, {—¿Y qué voy a hacer con Jesús, al que llaman Cristo?[Mt]} {con el que ustedes llaman el rey de los judíos?[Mr]} [21]pero ellos se pusieron a gritar:

—¡Crucifícalo! ¡Crucifícalo!

[22]Por tercera vez les habló:

—Pero, ¿qué crimen ha cometido este hombre? No encuentro que él sea culpable de nada que merezca la pena de muerte, así que le daré una paliza y después lo soltaré. {Pero ellos gritaron aún más fuerte: —¡Crucifícalo![Mt,Mr]}

El proceso judicial se desmoronó. La pasión se impone sobre la razón. Los intentos que hace Pilato de liberar a Jesús a través de Herodes y de Barrabás han fallado. Los líderes judíos están muy enardecidos y las multitudes se han unido a ellos. Sin embargo, Pilato está más convencido que nunca de que Jesús es inocente; además sospecha que "los dioses" están participando en toda esta lucha. Pilato quiere, a como dé lugar, liberar a Jesús. Pero las cosas se ven horrendas.

Regresa a su plan original (Lucas 23:16) de darle una paliza terrible a Jesús y esperar en la piedad del pueblo. Cuando él así lo anuncia a la multitud, se oponen con fuerza. Al unísono gritan: "¡Crucifícalo!"

Juan 19:1 señala:

[1]Pilato tomó entonces a Jesús y mandó que lo azotaran.

Mateo 27:27 *con* Marcos 15:16 señala:

27Los soldados del gobernador llevaron a Jesús a palacio {al pretorio^Mr} y reunieron a toda la tropa alrededor de él.

Juan 19:2-3 *con* Mateo 27:28-29 señalan:

2Los soldados, que habían tejido una corona de espinas, se la pusieron a Jesús en la cabeza {le quitaron la ropa^Mt} y lo vistieron con un manto de color púrpura {escarlata^Mt}.
3—¡Viva el rey de los judíos! —le gritaban, mientras se le acercaban para abofetearlo.

Marcos 15:19 señala:

19Lo golpeaban en la cabeza con una caña y le escupían. Doblando la rodilla, le rendían homenaje.

Juan 19:4-5 señala:

4Pilato volvió a salir.
—Aquí lo tienen —dijo a los judíos—. Lo he sacado para que sepan que no lo encuentro culpable de nada.
5Cuando salió Jesús, llevaba puestos la corona de espinas y el manto de color púrpura.
—¡Aquí tienen al hombre! —les dijo Pilato.

Marcos 15:20a señala:

20Después de burlarse de él, le quitaron el manto y le pusieron su propia ropa.

Nuevamente se llevan a Jesús al pretorio (palacio) para ser golpeado. Todos los soldados se unen al ataque.[39] Las bofetadas y el azote parecen una forma común que los soldados usan para castigar a alguien. Parecen disfrutarlo. El trato inhumano o indecente de los soldados a Jesús no surge tanto de su enojo contra él personalmente, sino contra la gente que había causado innumerables problemas a los romanos. Para estos soldados, quienes tienen que mantener la paz en un territorio bajo ocupación, todo esto es como un mero deporte. Así como el gato que ha atrapado un ratón, el gozo no radica en matar sino en torturar a su víctima.

---

[39]Una corte era una décima parte de una legión, generalmente cerca de 600 hombres. Es posible que los 600 participaron en el azote y burla que se le hace a Jesús. Pero parece que todos los que estaban francos se mofaron de este campesino de una raza de gente problemática para los romanos.

El azote era un castigo tan severo y horrendo que estaba prohibido aplicarlo a los ciudadanos romanos. Únicamente un edicto del César permitía que un ciudadano romano fuese azotado. La víctima se amarraba a un poste o colgaba de la pared. Cualquiera de estas posiciones tensaba los músculos de la espalda de la víctima. El soldado utilizaba un flagelador, también conocido como el "gato de nueve colas".[40] Era un trozo corto de madera con (comúnmente) nueve cuerdas atadas al final de una de las puntas. Al final de cada cuerda había algo filoso (por ejemplo, un hueso, un trozo de metal o vidrio) o una bolita metálica. El propósito no era flagelar inmediatamente sino levantar ampollas y causar moretones. Cuando el verdugo así lo quería, en vez de golpear a su víctima, le arrastraba esta herramienta de castigo para cortar los pliegues de los músculos en la espalda, nalgas o pantorrilla. Los judíos limitaban los azotes a treinta y nueve. Sin embargo el único límite de los romanos, era su rencor o hasta donde sus fuerzas lo permitieran. Era flagelado tanto músculo y quedaba colgando que la espina dorsal quedaba al descubierto o a veces hasta se veían las vísceras. En ocasiones los azotes eran tan fuera de control y rotundos que alcanzaban los rostros de sus víctimas, sacándoles los ojos. No nos sorprende, entonces, que seis de cada diez la víctimas morían. Aquellos que sobrevivían eran sacados en camillas y quedaban lisiados de por vida.

A pesar de todo esto, la sed de sangre de los soldados quedó insatisfecha. Encuentran una rama de espinas y la tejen en una corona de burla, imitando la corona real de un líder romano. La colocan en su cabeza y la presionan sobre su frente. El dolor de la coronación fue mínimo comparado con todo lo que ya había sufrido. Casi no hay nervios en la frente de una persona, pero sí hay vasos capilares. El resultado **sería un sangrado abundante que llenaría de sangre su cabellera, sus orejas y le nublaría la visión.**

La coronación burlesca continúa. Le quitan la ropa (una experiencia vergonzante para un judío modesto) y le pusieron un manto escarlata, lo más seguro es que esta sea una capa militar vieja y desgastada.[41] Le ponen una vara en la mano, imitando el cetro de

---

[40] En cuanto a una descripción fisiológica del azote ver a W. D. Edwards, W. J. Gabel y a F. E. Hosmer, "On the Physical Death of Jesus Christ" (En cuanto a la muerte física de Jesucristo), JAMA (Revista de la Asociación Médica Norteamericana) 255/11 (1986): 1455-1463.

[41] Marcos y Juan afirman que el manto era púrpura mientras que Mateo afirma que era escarlata. Pero los antiguos no diferenciaban los colores como lo hacemos nosotros hoy en día. Además, sin duda que se trataba de una tela vieja y descolorida que a ellos no les importaba manchar de sangre. Por lo tanto, sus colores no se distinguirían con la sangre que los cubriría.

un gobernante. Luego los soldados se le acercan de uno en uno para rendirle tributo. Se le arrodillan y en son de burla le dicen: "¡Viva el rey de los judíos!" Se levantan, le escupen en la cara, lo golpean en la cabeza, toman la vara y ejercen presión sobre su corona de espinas para que éstas se le claven más en la frente.

Una vez que los soldados terminan de burlarse de él, Jesús es llevado ante el gobernador. Pilato sale de nuevo ante la multitud clamorosa y nuevamente resalta que este hombre es inocente. Lo presenta para que la gente contemple el espectáculo. Piensa él que al verlo les brotará su compasión . . . pero nuevamente se equivoca. Contra toda humanidad y sensibilidad, como controlada por una fuerza y odio satánicos, gritan más fuerte: "¡Crucifícalo!"

La sangre de Jesús que brota de su espalda empieza a coagularse al tocar la tela del manto. Cuando traen de nuevo a Jesús adentro, los soldados, insensiblemente, le arrancan el manto, dejando ver sus heridas frescas de los azotes. Le regresan sus prendas simples de un campesino palestino.

Juan 19:6b-11 señala:

⁶—Pues llévenselo y crucifíquenlo ustedes —replicó Pilato—. Por mi parte, no lo encuentro culpable de nada.

⁷—Nosotros tenemos una ley, y según esa ley debe morir, porque se ha hecho pasar por Hijo de Dios —insistieron los judíos.

⁸Al oír esto, Pilato se atemorizó aun más, ⁹así que entró de nuevo en el palacio y le preguntó a Jesús:

—¿De dónde eres tú?

Pero Jesús no le contestó nada.

¹⁰—¿Te niegas a hablarme? —le dijo Pilato—. ¿No te das cuenta de que tengo poder para ponerte en libertad o para mandar que te crucifiquen?

¹¹—No tendrías ningún poder sobre mí si no se te hubiera dado de arriba —le contestó Jesús—. Por eso el que me puso en tus manos es culpable de un pecado más grande.

Pilato está frustrado y no quiere tener nada que ver en todo este asunto tan turbio. Maliciosamente señala: "¡Llévenselo y crucifíquenlo ustedes!" La verdad es, legalmente no lo pueden hacer. Ese es el punto de Pilato: "Todo esto no es más que un linchamiento y yo no quiero tener nada que ver en ello". No hay evidencia que demuestre el cargo de sedición en contra de Jesús.

Ahora, surge la verdad. Los judíos ansían que Jesús sea ejecutado, no por sedición, sino por blasfemo. Jesús ha afirmado ser el Hijo de Dios. Eso es verdad. La blasfemia, según el Antiguo Testamento, se castigaba con la muerte. Era cierto. Pero, ¿qué tal si en verdad Jesús es el Hijo de Dios? Ahora, esa es la pregunta que Pilato mismo se hace. Su naturaleza supersticiosa, las pesadillas de su esposa y la nueva acusación del sanedrín encajan a la perfección en la mente de Pilato, en una sola pregunta: ¿Qué tal si Jesús realmente es quien dice ser? Esta era una idea aterradora (ver 19:8).

Pilato se encuentra de nuevo por donde empezó: interrogando a Jesús. Bueno, eso cobra sentido; apenas acaba de recibir otra nueva acusación contra él, que se debe investigar. El problema es, ¡ahora Jesús no le responde! ¿Por qué? Porque Pilato le hace una pregunta tonta. Pilato sabe que Jesús es de Galilea; por eso se lo envió a Herodes. Pilato sabe que el reino de Jesús no es de este mundo; eso fue lo primero de lo que conversaron (Juan 18:36). Así que ¿por qué pregunta de dónde es Jesús? Lo que pasa es que Pilato está perdido y no sabe por dónde empezar a investigar este nuevo cargo. Él es romano no judío. No entiende ni le preocupa todo este debate teológico en cuanto a la blasfemia.

El silencio de Jesús le agrega más frustración y temor a Pilato. Sin embargo, Pilato se repone y señala: "¿No te das cuenta que tengo el poder para ponerte en libertad o para mandar que te crucifiquen? Eso es cierto; y Jesús no lo niega. Pero Jesús le recuerda a Pilato que todo el poder que tiene le ha sido conferido en confianza. Pueden estar en desacuerdo en cuanto a su origen. Jesús afirma que proviene de Dios el Padre. Pilato puede afirmar que proviene de Tiberio, el emperador romano. Sin embargo, ambos concuerdan en que Pilato tiene la obligación de gobernar con justicia, no por conveniencia política. La afirmación de Jesús de que en verdad Dios es su Padre nuevamente abre el torrente en la mente de Pilato a esa pregunta de mal agüero: "¿Qué hay si . . . ?" Esta discusión conmueve tanto a Pilato que a partir de este momento tratará con más fervor de liberar a Jesús.

Jesús también señala otra verdad en su breve respuesta (19:11). Mientras que Pilato tiene la obligación de ejecutar la justicia y tendrá que rendir cuentas si no lo hace, los líderes judíos ques arrestaron a Jesús y presionan para que sea ejecutado quedarán con más responsabilidad todavía. Ni los judíos ni los romanos pueden ser exonerados de este crimen. De hecho, las multitudes clamarán que la sangre de Jesús, es decir, su culpa, caiga sobre ellos y sus hijos (Mateo 27:25). No sabemos si Dios honró esta petición de los judíos, pero sería una gran y nefasta mal interpretación y una injusticia horrible contra la humanidad usar Mateo 27:25 para apoyar el anti semitismo. A la misma vez, sería una exégesis irresponsable y una historia errada afirmar que los líderes judíos no fueron la fuerza principal detrás de la muerte de Jesús de Nazaret.[42]

Juan 19:12 señala:

> [12]Desde entonces Pilato procuraba poner en libertad a Jesús, pero los judíos gritaban desaforadamente:
> —Si dejas en libertad a este hombre, no eres amigo del emperador. Cualquiera que pretende ser rey se hace su enemigo.

Lucas 23:23 señala:

> [23]Pero a voz en cuello ellos siguieron insistiendo en que lo crucificara, y con sus gritos se impusieron.

Juan 19:13-15 *con* Lucas 23:23 señalan:

> [13]Al oír esto, Pilato llevó a Jesús hacia fuera y se sentó en el tribunal, en un lugar al que llamaban el Empedrado (que en arameo se dice Gabatá). [14]Era el día de la preparación para la Pascua, cerca del mediodía.[a]
> —Aquí tienen a su rey —dijo Pilato a los judíos.
> [15]—¡Fuera! ¡Fuera! ¡Crucifícalo! —vociferaron.
> —¿Acaso voy a crucificar a su rey? —replicó Pilato.
> —No tenemos más rey que el emperador romano —contestaron los jefes de los sacerdotes. {y con sus gritos se impusieron[Lc]}
>
> [a]*14 del mediodía.* Alt. *de las seis de la mañana* (si se cuentan las horas a partir de la medianoche, según la hora romana). Lit. *de la hora sexta;* véase nota en 1:39.

Mateo 27:24-25 señala:

> [24]Cuando Pilato vio que no conseguía nada, sino que más bien se estaba formando un tumulto, pidió agua y se lavó las manos delante de la gente.
> —Soy inocente de la sangre de este hombre —dijo—. ¡Allá ustedes!

---

[42]Ver a R. E. Brown, "The Narratives of Jesus' Passion and Anti-Judaism" (Las narraciones de la pasión de Jesús y anti-judaísmo), *America* 172/11 (1995): 8-12. En la antigüedad, no se creía que los judíos crucificasen, sino solamente los romanos. T. Elgrin demuestra que esto es falso. " The Messiah Was Cursed on a Tree" (El Mesías fue maldito en un madero), *Themelos* 22:3 (1997): 14-21). Él nos provee de varios ejemplos específicos. Además, demuestra que colgar de un madero era lo peor que le podía pasar a un judío. Era una maldición de tal magnitud que era el castigo final de traición a la patria o por blasfemia. Por lo tanto "crucifícale" es precisamente lo que esperamos que hayan pedido a gritos los saduceos.

²⁵—¡Que su sangre caiga sobre nosotros y sobre nuestros hijos! —contestó todo el pueblo.

Lucas 23:24 señala:
²⁴Por fin Pilato decidió concederles su demanda:

Marcos 15:15 *con* Juan 19:16; Lucas 23:25 señalan:
{Entonces^Jn} ¹⁵Como quería satisfacer a la multitud, Pilato les soltó a Barrabás; a Jesús lo mandó azotar, y lo entregó para que lo crucificaran {y dejó que hicieran con Jesús lo que quisieran^Lc}.

Pilato sabe que Jesús está en lo correcto. ¡Él tiene que ejercer la justicia! Por ello se presenta ante esta clamorosa muchedumbre para decirles que va a dejar en libertad a Jesús. Pero ahora ellos empiezan a jugarle sucio. Le dicen que si deja libre a Jesús, entonces no es amigo del César porque Jesús se opone al César cuando afirma ser rey. Traducción: "¡Si tú no matas a Jesús por nosotros, te acusaremos ante Tiberio de sedición, junto con Jesús, y tu carrera política (si no es que tu vida) terminará!" Ese fue un golpe bajo. Pilato empieza a desplomarse. No entregará a Jesús por el simple hecho de que los jefes de los sacerdotes le tienen envidia y coraje. Pero sí lo entregará por su carrera política, que de todos modos terminaría dentro de tres años. (El mismo emperador lo destituiría). Tan débil como eso parezca, muchos han traicionado a Jesús por mucho menos.

Pilato nuevamente presenta a Jesús ante la muchedumbre. Ahora Jesús se encuentra parado en el Empedrado (Gabatá) donde escuchará su sentencia. Todo es una completa burla: el sanedrín pretende ser leal al César; Pilato pretende librarse del asesinato de Jesús;[43] y ambas partes pretenden practicar un proceso judicial. Todo lo que queda de la justicia es un simple disfraz de formalidad. Todos los sentidos están embotados por un canto incesante: "¡Crucifícalo!" Cuando Pilato se burla de la multitud diciendo, "aquí tienen a su rey", casi provoca un gran disturbio. Él sabe perfectamente que ha perdido y debe ceder a sus demandas. Se lava las manos. También esto resulta una burla y un insulto a los judíos. Esta práctica era tal vez judía, no romana (ver Deuteronomio 21:6; Salmo 26:6). Con una demostración visual que su audiencia antagonista entiende

---

[43] Las palabras de Pilato son similares a las de los jefes de los sacerdotes (Mateo 27:4) cuando tratan de librarse de culpa ante la traición de Judas. Ambas partes no tienen éxito.

perfectamente, Pilato dice por última vez: "¡No tengo nada que ver en todo esto!"

Así que suelta a Barrabás. Jesús está listo para ser ejecutado. La escena nos aterra; resulta repulsiva a todos los actores. Sin embargo, raro es que nos sintamos parte del plan. De alguna manera, estamos presentes allá, en el lado equivocado de la justicia. Al recorrer las hordas que hemos llegado a detestar, nos damos cuenta que estamos entre ellas.

Juan toma nota de la hora. Es viernes casi al mediodía, el día de la preparación.[44] Sin embargo, Marcos 15:25 afirma que Jesús fue crucificado como a las 9:00 de la mañana. Al parecer tenemos una contradicción en nuestras manos. ¿Cómo pudieron crucificar a Jesús a las 9:00 de la mañana si Pilato emitió su sentencia cerca del mediodía? En un intento por resolver esta aparente discrepancia, algunos eruditos proponen que Juan utiliza la hora civil romana que empieza a contar las horas del día a la media noche y la tarde como lo hacemos hoy día (ver Hendriksen, pp. 104-105; B. F. Westcott, 2:324-326). Su soporte principal es Pliny (*Natural History*, 2.79.188), quien afirma que los sacerdotes romanos reconocían a un día civil con una duración de la media noche a la siguiente media noche con propósitos legales. Sin embargo, en la oración anterior afirma que "la gente común en todas partes" cuenta *las horas de un día* desde el amanecer hasta el anochecer. De hecho, los relojes solares romanos reflejan esta práctica. El medio día es "VI" no "XII".[45]

Entonces, ¿cómo resolvemos esta aparente discrepancia? Se han ofrecido una buena cantidad de sugerencias (ver Brown, pp. 882-883; Morris, pp. 649-650).[46] Sin embargo, la solución más simple

---

[44] El "día de la preparación" era el día en que se hacían los preparativos para el día de reposo (sábado). En otras palabras, este era el nombre oficial del día que nosotros conocemos como viernes (ver Lucas 23:54; Marcos 15:42).

[45] En los círculos judíos las horas del día en ocasiones se contaban a partir del amanecer o del atardecer. Pero jamás hay evidencia de que las horas se empezaran a contar a partir de la media noche (R. T. Beckwith, " The Day, Its Divisions and Its Limits, In Biblical Thought" [El día, sus divisiones y sus límites, en el pensamiento bíblico], *EvQ* [Revista trimestral evangélica] 43 [1971]: 218-227).

[46] Algunas de las soluciones menos posibles son las siguientes: (1) Mediante la pequeña alteración en la puntuación de Marcos 15:25, entenderíamos que la tercera hora se refiriera a los soldados echando suertes para quedarse con la ropa de Jesús. Si ubicamos este acontecimiento en el Pretorio de Pilato y no en el Gólgota, entonces ya no existe contradicción alguna. (2) Pudo haber sido un error de transcripción. La letra utilizada para referirse a la tercer hora es "Γ" mientras que la sexta hora es "F." Por lo tanto, el original de Marcos pudo haber señalado la hora "sexta" y luego inadvertidamente pudo haberse confundido con la hora "tercera". Mientras que esto es posible, no existe evidencia sólida de

resulta ser la siguiente: No se espera que ni Marcos ni Juan hablen con una absoluta precisión cronológica. Ninguno de ellos llevaba puesto un reloj en la muñeca. Tampoco creemos que hubiese un reloj de sol en cada esquina. Cuando cada uno de ellos miró al cielo para ver el sol, tan sólo pudieron dar una estimación en cuanto a qué tan avanzada estaba la mañana. El hecho de que sus aproximaciones difieren como tres horas nos molesta, pero no es una dificultad insuperable. Además, ambos pudieron haber registrado la hora por cuestiones retóricas (para enfatizar) en vez de para ofrecernos una precisión cronológica. Juan pudo haberse estado refiriendo a cómo avanzaba el juicio en la mañana. Marcos, por el otro lado, divide la crucifixión en tres segmentos, cada uno con tres horas de duración. Para ambos, la mención del tiempo no tiene nada que ver con registrar la hora, sino para darnos un cuadro.[47]

La crucifixión

Sección 163
En ruta al Gólgota
(Mateo 27:31-34; Marcos 15:20-23; Lucas 23:26-33a; Juan 19:16b-17)

Marcos 15:20-21 *con* Lucas 23:26; Juan 19:16-17 señala:

> [20]Después de burlarse de él {los soldados[Jn]}, le quitaron el manto y le pusieron su propia ropa. Por fin, lo sacaron {cargando su propia cruz[Jn]} para crucificarlo.
> [21]A uno que pasaba por allí de vuelta del campo, un tal Simón de Cirene, padre de Alejandro y de Rufo, lo obligaron a llevar la cruz {detrás de Jesús[Lc]}.

Después que los soldados juegan con Jesús, con descaro le quitan el manto escarlata de su espalda, junto con los trozos de carne y la sangre coagulada que se han pegado a su fibra. Lo entregan para ser ejecutado al pelotón de ejecuciones. Este pelotón normalmente consistía de un centurión y cuatro legionarios (Juan 19:23 parece

---

manuscritos que la apoyen. (3) Algunos han sugerido que Marcos quiso decir la tercer vigilia. Contando en períodos consecutivos de tiempo de tres horas, representando 9:00 a 12:00 de la mañana. Nuevamente, la evidencia es débil.

[47] G. R. Osborne, "Redactional Trajectories in the Crucifixion Narrative" (Trayectorias de narración en la narrativa de la crucifixión), *EvQ* (Revista trimestral evangélica) 51 [1979]: 80-96.

respaldar esto). Le ponen sus ropas antes de llevarlo por las calles de Jerusalén. Tal vez sea esto lo único amable que hicieron con él en todo el día. Normalmente, la víctima a ser crucificada caminaba desnuda a su lugar de ejecución, siendo azotada en todo el trayecto. Esto serviría de advertencia severa a todo aquel que quisiere dedicarse a algo ilícito. Pero Jesús ya había sido azotado, por lo que se libra de ello. Se libra de esta experiencia humillante.

Como la mayoría de las víctimas a ser crucificadas, Jesús tiene que cargar el *patibulum*, la viga horizontal de la cruz (tal vez una reminiscencia de Génesis 22:6). Los cálculos varían, pero pesaba un mínimo de por lo menos cuarenta kilogramos. Una viga de ese tamaño debió causarle un dolor increíble a Jesús debido a sus heridas frescas, especialmente al irse tambaleando y ascendiendo por la Vía Dolorosa ("el Camino del Sufrimiento"). No nos sorprende que ese peso brutal haga caer a Jesús en varias ocasiones. Por ello, no puede cargar esa viga hasta su destino final: el Gólgota. Simón de Cirene, de la costa norte de África, entra a la ciudad mientras la procesión avanza al lugar de ejecución. Se le fuerza a servir, llevando la cruz.

El centurión a cargo de la ejecución marcha frente a la víctima. Un "asistente" marcha junto a él, llevando consigo un letrero que señala los crímenes cometidos por la víctima (esta placa con el letrero se llama *titulus*).[48] El letrero de Jesús, que más tarde sería clavado en la cruz a la altura por encima de su cabeza, simplemente dice: "Este es Jesús, El Rey de los judíos"; sin cargos, sin crimen alguno, simplemente una declaración y punto.

Los dos hijos de Simón, Alejandro y Rufo, al parecer son bien conocidos por la audiencia de Marcos. Esto sugiere que ellos se convirtieron al cristianismo, tal vez bajo la influencia de su padre que es muy seguro era un judío de la Diáspora. Mientras que Rufo era un nombre común, Romanos 16:13 puede estarse refiriendo a este hijo de Simón. Una excavación de 1941 descubrió una tumba ubicada en las laderas sudoeste del Cedrón que le pertenecieron a un judío de Cirene. La osamenta, fechada a antes del año 70 d.C., tenía la inscripción doble que decía: "Alejandro hijo de Simón".[49] Claro que

---

[48]V. Tzaferis, "Crucifixion – The Archaeological Evidence" (Crucifixión – La evidencia arqueológica), *BAR* (Revista de arqueología bíblica) 11 (1985): 44-53.

[49]Ver a N. Avigod, "A Depository of Inscribed Ossuaries in the Kidron Valley", *IEJ* 12 (1962): 1-12; y Tom Powers, "A 'Simon of Cyrene' in Jerusalem: The Story of the 'Alexander [son] of Simon' Ossuary", *BAR* (July-Aug 2003): 46-51.

no podemos estar seguros si este fue el mismo hombre, pero existe una similitud sorprendente.

Lucas 23:27-32 señala:

²⁷Lo seguía mucha gente del pueblo, incluso mujeres que se golpeaban el pecho, lamentándose por él. ²⁸Jesús se volvió hacia ellas y les dijo:

—Hijas de Jerusalén, no lloren por mí; lloren más bien por ustedes y por sus hijos. ²⁹Miren, va a llegar el tiempo en que se dirá: "¡Dichosas las estériles, que nunca dieron a luz ni amamantaron!" ³⁰Entonces

»"dirán a las montañas: '¡Caigan sobre nosotros!', y a las colinas: '¡Cúbrannos!"ᵃ

³¹Porque si esto se hace cuando el árbol está verde, ¿qué no sucederá cuando esté seco?

³²También llevaban con él a otros dos, ambos criminales, para ser ejecutados.

ᵃ30 Oseas 10:8

Lucas es el único que menciona a estas mujeres llorando en el recorrido de esta ruta de este séquito sangriento. Llenas de compasión, estas mujeres de Jerusalén lamentan el espectáculo. Ya libre del peso de la viga, Jesús se puede dirigir a ellas haciéndoles una advertencia. En referencia a Lucas 19:41-44 y 21:3-32, Jesús les advierte de la fatal e inevitable destrucción de la ciudad. Lo que están a punto de cometer no quedará impune y sin consecuencias; no quedará sin retribución divina.

Era común que una mujer considerase una maldición ser estéril (Oseas 9:14). Pero en el año 70 d.C., el sitio y el sufrimiento serán tan terribles que las estériles serán vistas como las que gocen de una gran bendición.[50] No se tendrán que preocupar por alimentar a sus criaturas durante la hambruna o no tendrán que cargar a sus hijos en su huida de la ciudad. No sufrirán el horror de ver a sus hijos siendo arrancados de sus brazos para ser vendidos como esclavos o a la prostitución. Tampoco tendrán la tentación de sucumbir bajo el canibalismo para sobrevivir a la gran hambruna existente (Josefo, *War* [Guerra] 6.205-208).

---

[50] Este punto de vista en cuanto a que las mujeres estériles serían benditas lo comparten los autores apocalípticos de *Wisdom* 3:13-14 y *2 Baruch* 10:13b-16. Las mujeres embarazadas y los niños eran los que más sufrían las atrocidades de la guerra (2 Reyes 8:12; 15:16; Salmo 137:9; Isaías 13:16-18; Amós 1:13; Oseas 9:11-14; 10:14; 13:16. Ver a Brant J. Pitre, "Blessing the Barren and Warning the Fecund: Jesus' Message for Women concerning Pregnancy and Childbirth", *JSNT* 81 (2001) 59-80.

En aquellos días la gente pedirá en vano a las montañas que las cubran. Pero no habrá protección alguna de la masacre venidera. Jesús puede ver el futuro de la ciudad con claridad divina. En 23:31 él sugiere que si los hombres de la ciudad actúan con tanta crueldad y con una avaricia injusta durante días de una paz relativa, su crueldad no tendrá límites durante la guerra del año 70 d.C.. Tan sólo eche un vistazo a cómo están tratando a Jesús en este momento, un hombre de paz, sanidad, amabilidad y verdad. ¿Cómo, entonces, tratarán a los líderes opositores en el tiempo venidero de gran angustia? Los días sombríos están por cubrir la ciudad.

Jesús no camina solo la Vía Dolorosa. Dos criminales son crucificados junto con él. Se les acusa de ser "ladrones", crimen que casi no se castigaba con la muerte, especialmente mediante la crucifixión. Sin embargo, Barrabás también es conocido como ladrón [*lēstēs*], que se entiende significa "un insurrecto". Por lo tanto, consideramos que estos hombres son judíos rebeldes opositores a Roma. Además, es posible que sean compañeros de Barrabás, y ya previamente programados, junto con Barrabás, para morir ese mismo día. Ahora ven libre a su líder y encuentran a Jesús, un campesino famoso, tomando su lugar. Sin embargo, es seguro que ellos desconocen que esto ya estaba ordenado así desde siglos atrás (Isaías 53:12). Es parte de la vergüenza de Jesús ser considerado entre los transgresores.

Mateo 27:33-34 *con* Juan 19:17; Marcos 15:23 señalan:

³³Llegaron a un lugar llamado Gólgota {en arameo^{Jn}} (que significa «Lugar de la Calavera»). ³⁴Allí le dieron a Jesús vino mezclado con hiel {mirra^{Mr}}; pero después de probarlo, se negó a beberlo.

El lugar de ejecución se llama Gólgota en hebreo.[51] De la traducción latina obtenemos el término "Calvario". Ambos conceptos significan "el lugar de la Calavera". No sabemos cómo obtuvo este nombre. Es seguro que no se debe a que hubiese calaveras por todas partes. Los judíos de Jerusalén jamás habrían permitido un lugar así cerca de su ciudad. Tal vez obtuvo ese nombre por la apariencia del terreno. Tal vez era el lugar el que se veía como una calavera gigante. No estamos seguros.

Hay dos lugares que se sugieren como el Gólgota. El que los protestantes mayormente prefieren es el conocido como "el Calvario

---

[51] La traducción NVI traduce *Hebraisti* interpretivo como "arameo", suponiendo que arameo fue el idioma hablado principalmente en el tiempo de Jesús.

de Gordon", identificado así en 1883 por Gen. Charles Gordon, tan pronto se sale por la puerta de Damasco, al norte de la ciudad. Es un acantilado caliso con la apariencia de una calavera, aunque su erosión en los últimos cien años le ha borrado su forma cranial. Está fuera de los muros actuales de la ciudad, lo cual era un requisito para darle muerte a alguien según las reglas judías (Levítico 24:14; Números 15:36; Deuteronomio 17:5; 1 Reyes 21:13; Hechos 7:58; Hebreos 13:12). Una segunda sugerencia, que parece tener una tradición antigua más aceptada, es un lugar ubicado cerca del templo del Santo Sepulcro. Está dentro de la ciudad actual, pero afuera de los muros de la ciudad en el primer siglo. No hay forma de saber exactamente donde murió Jesús. Ambas sugerencias suenan razonables y tal vez no hace ninguna diferencia ya que ambos lugares están a menos de medio kilómetro de distancia el uno del otro.

Una vez que llegan al lugar de ejecución le ofrecen vino a Jesús. Mateo enfatiza el sabor del vino al señalar que estaba mezclado con hiel. Marcos, por otro lado, se enfoca en el contenido real que causa el vino que esté amargo, la mirra. Algunos sugieren que el vino se lo ofrecen las mujeres como analgésico que aminore el dolor. Tal gesto estaría basado en Proverbios 31:6-7 (ver *b. Sanh.* 43a). En ese caso, Jesús rechaza la oferta ya que está dispuesto a sentir todo el dolor. Es posible que hayan sido los soldados los que le ofrecen el vino como burla y en cumplimiento a Salmo 69:21). Es posible que tenga un efecto analgésico, pero es posible que la razón por la que Jesús lo rechaza sea porque es muy amargo para tomarlo. Tal "broma" pudo haber entretenido a los soldados.

La forma de expresión aquí es la de una maldición. A los ojos de los romanos, Jesús es maldito por ser crucificado, la forma de ejecución más denigrante o degradante del momento. A los ojos de los judíos, también es maldito por ser colgado en un madero (Deuteronomio 21:23; cf. Gálatas 3:13; 1 Pedro 2:24) y por habérsele llevado fuera de la ciudad para que muriera allí (Levítico 24:14; Hebreos 13:12-13). Es maldito por colgar entre dos malhechores (Isaías 53:12). Todo esto porque aceptó cargar en su cuerpo los pecados de toda la humanidad (Isaías 53:5; 1 Pedro 2:24; 3:18).

Sección 164
Las primeras tres horas de la crucifixión
(Mateo 27:35-44; Marcos 15:24-32; Lucas 23:33b-43; Juan 19:18-27)

Juan 19:18 señala:
¹⁸Allí lo crucificaron, y con él a otros dos {bandidos^{Mt,Mr}}, uno a cada lado y Jesús en medio.

Marcos 15:25 señala:
²⁵Eran las nueve de la mañana cuando lo crucificaron.

Lucas 23:34 señala:
³⁴—Padre —dijo Jesús—, perdónalos, porque no saben lo que hacen.ª

ª*34* Var. no incluye esta oración.

Sorprende que los evangelios digan tan poco en cuanto a la crucifixión. Los cuatro declaran los hechos con sobrio brevedad: "lo crucificaron". Lo cual nos lleva a pensar que los cristianos del primer siglo no necesitaban escuchar los horrores de una crucifixión. Estaban bien familiarizados con los detalles.⁵² Pero, ¿no será que los primeros cristianos estaban más interesados en la resurrección que en la muerte del Cristo? ¿Podía ser que lo horrendo de los detalles podía minimizar el significado teológico del acontecimiento (2 Corintios 5:21; Romanos 3:21-26; Hebreos 9:26-28)? Con esto en mente, ofrecemos los siguientes comentarios para ayudar al lector a entender y revivir este terrible acontecimiento. Pero no queremos perder de vista el hecho de que todo esto fue diseñado y controlado por el plan divino y soberano para salvar a un mundo perdido.

Jesús llega al Gólgota a media mañana (Marcos 15:25). Se preparan tres cruces. Los romanos utilizaban cuatro tipos distintos de cruces. La más rara era la *crux decussata*, que tenía la forma de una "X". La más sencilla era la *crux simplex*, que no era otra cosa que un gran poste enterrado. La más común era la *crux commissa*, con la forma de una "T". Pero lo más seguro es que Jesús haya sido crucificado en la imagen tradicional que era la *crux immissa*. Este tipo

---

⁵²Martin Hengel, *Crucifixion* (Philadelphia: Fortress, 1977) nos presenta una descripción poderosa y extensa de la crucifixión en el período romano.

de cruz permitiría la colocación del letrero (*titulus*), que sería clavado por arriba de su cabeza (Mateo 27:37).

Primero se coloca a Jesús sobre la viga horizontal de la cruz (*patibulum*) y se le clavan sus manos con clavos cuadrados fabricados de hierro. Algunos han sugerido que sus manos fueron amarradas a la viga y no clavadas[53] ya que las manos no podrían soportar el peso del cuerpo sin desgarrarse.[54] Es posible que sus brazos fuesen amarrados al *patibulum* mientras la víctima la llevaba al lugar de ejecución pero la evidencia indica que sus manos sí fueron clavadas y no amarradas. La palabra "mano" [*cheir*] incluye toda la parte al final del brazo. Por lo tanto, los clavos pudieron haber penetrado entre los huesos de la muñeca o más seguro entre el radio y el cúbito detrás de la muñeca. Tal posición de los clavos permitiría suficiente soporte especialmente del cuerpo, ya que los pies también fueron clavados y más todavía cuando la cruz llevaba consigo un pedestal donde el crucificado podía "sentarse".[55] Pero de igual importancia para los romanos, un clavo a través de la "muñeca" dañaría el nervio medio, causándole gran dolor a la víctima.

Luego, el patibulum era clavado al *stipes* (la viga vertical de la cruz), y se fijaban los pies de la víctima. Hay una gran cantidad de posibilidades de cómo se hacía todo esto. Es posible que los romanos utilizaran todas estas opciones en varias ocasiones. (Los romanos eran muy creativos en sus crucifixiones). El punto de vista tradicional presenta a Jesús con los pies colgados en forma cruzada, con el clavo incrustado a través de los dos metatarsos. Sin embargo, eso no concuerda con los restos encontrados de una víctima de crucifixión.[56]

---

[53] H. Shanks, "New Analysis of the Crucified Man" (Nuevo análisis del hombre crucificado), *BAR* (Revista de arqueología bíblica) 11 [Noviembre-diciembre, 1985]: 20-21.

[54] Esta investigación fue llevada a cabo originalmente por el médico Pierre Barbet. Él experimentó con miembros recién amputados. Él concluyó que una mano con un clavo en el centro solamente podía resistir un peso de unos cuarenta kilogramos. Durante una crucifixión, con las convulsiones y el ángulo del cuerpo, cada mano debía soportar mucho más peso que eso; ver a P. Barbet, *A Doctor at Calvary* (Un doctor en el Calvario) (New York: P. J. Kennedy, 1953).

[55] Sin embargo, el doctor Frederick Zugibe ha demostrado que un clavo precisamente puesto en la parte gruesa de la base de la mano señalando hacia el dedo pulgar con una inclinación de 10-15 grados y pasando por los metacarpianos del dedo índice y los huesos de la muñeca, podría, de hecho, aguantar el peso de un hombre. Además, un clavo en esta posición no rompería ningún hueso; ver a F. Zugibe, *The Cross and the Shroud: A Medical Examiner Investigates the Crucifixion* [La cruz y el sudario: Un investigador médico examina la crucifixión (New York: Paragon House Publishers, 1988).

[56] N. Haas, "Anthropological Observations on the Skeletal Remains from Giv'at ha-Mivtar" (Observaciones arqueológicas en los restos del esqueleto de Giv'at ha-Mivtar), *IEJ* (Revista de exploración Israel) 20 [1970]: 38-59; y J. Zias y E. Sekeles, " The Crucified Man from Giv'at

En una excavación de 1968 en Giv'at ha-Mivtar, cerca de la puerta de Damasco en Jerusalén, el cuerpo de un tal Jehohanan (Juan) fue encontrado enterrado junto con su esposa Marta y sus dos hijos. Su calcañar derecho (el hueso del talón) seguía todavía con el clavo incrustado). Aparentemente cuando crucificaron a Jehohanan, la punta del clavo encontró un nudo en la madera y se le dobló la punta. Por ello, no le pudieron sacar el clavo antes de enterrarlo. De no haber sido por este accidente tan raro, no habríamos sabido que Jehohanan fue una víctima de la crucifixión. Pero el clavo no penetró en la parte superior de su pie, sino por el lado donde está el talón. Haas asume que los pies se colocaron uno al lado del otro sobre un pedazo de madera de una pulgada de grueso y luego clavados con los dedos señalando hacia un lado de la cruz. Esto le daría un giro de noventa grados al torso y le causaría calambres sumamente tormentosos. El único problema es que esto habría requerido de un clavo de alrededor de dieciséis o dieciocho centímetros de largo. Pero el clavo incrustado en la víctima encontrada era como de diez centímetros de longitud. Por lo tanto, los talones de Jehohanan debieron haber sido clavados por separado, tal vez al frente de la cruz (contorsionando el bajo torso) o a los lados de la cruz patiabierto sobre el *stipes*. Cualquiera de estos métodos enviaría un dolor sumamente agudo a la zona pélvica que equivaldría al del torso superior.

La cruz se levanta para desplegar su espectáculo. Las víctimas cuelgan sin esperanza alguna, dándole la bienvenida a la muerte que los libraba de tan terrible agonía. El Dr. Pierre Barbet popularizó la idea de que las víctimas de la crucifixión morían por asfixia.[57] Él llegó a estas conclusiones por los prisioneros colgados de sus manos en la Segunda Guerra Mundial en el sector de Austria y Alemania. En esta posición, la víctima no puede exhalar. El bióxido de carbono se acumula en los pulmones. La sangre se torna gruesa y pesada. Los músculos contusionados sufren de severos calambres. La víctima

ha-Mivtar: A Reappraisal" (El hombre crucificado de Giv'at ha-Mivtar: Una apreciación nueva), *IEJ* (Revista de exploración Israel) 35 [1985]: 22-27. El hecho de que tan sólo hemos identificado un esqueleto de una víctima de la crucifixión no quiere decir que no hubiese habido miles de crucifixiones. Parte del problema es que los restos de esqueletos ya deteriorados casi no se pueden identificar como víctimas de la crucifixión. Lo que complica más el asunto es que los romanos normalmente cremaban a sus muertos o dejaban que las aves de rapiña y los animales de carroña consumieran a los ejecutados crucificados. Además, considerando que los ejecutores romanos eran muy versátiles en sus métodos de crucifixión, tal vez debemos ser precavidos en cuanto a hacer de los restos de Jehohanan la norma a seguir para todas las víctimas de la crucifixión, incluyendo a Jesús.

[57] P. Barbet, A *Doctor at Calvary* (Un doctor en el Calvario) (New York: P. J. Kennedy, 1953).

sufre de convulsiones. En algún momento, el pericardio se llena de suero causando una gran presión en el corazón y en los pulmones, causándole a la víctima un dolor insoportable en el pecho. Finalmente, una vez agotadas todas las fuerzas, la víctima ya no puede exhalar todo el bióxido de carbono y muere asfixiada. Sin embargo, Zugibe está en desacuerdo. También él es un doctor que hizo experimentos propios. En vez de colgar sujetos con sus manos y brazos hacia arriba, creó un aparato que simuló la posición de una víctima de crucifixión. Él no encontró evidencia de que una persona colgada en un ángulo de sesenta o setenta grados sea víctima de asfixia.[58] En cambio, él sugirió que las víctimas de la crucifixión mueren de shock. En particular, Jesús murió de shock como resultado de múltiples abusos que lo llevaron a una falla coronaria.[59]

Cuando Jesús cuelga a menos de un metro de la tierra (Mateo 27:48; Juan 19:29), mira a la multitud. Los miembros del sanedrín hacen acto de presencia para seguirse burlando de Jesús. Los soldados los secundan. Muchos pasan de largo para ir en busca de los preparativos de la Pascua. Las mujeres gimen ante tan terrible espectáculo. Están acompañadas de tan sólo uno de los apóstoles, el amado Juan. Mientras Jesús contempla la situación, toma aire para pronunciar una de sus siete declaraciones hechas desde la cruz:[60] "Padre, perdónalos porque no saben lo que hacen". Mientras que esto no se puede considerar como un perdón proveniente de un rey, enfatiza dos asuntos críticos de todo este acontecimiento. Primero, los que participaron en la crucifixión ignoran lo que realmente están haciendo (Hechos 3:17; 1 Corintios 2:8). En ese sentido, su juicio será leve. Segundo, la crucifixión tiene que ver con el perdón. Es a través de este sacrificio substituto que nuestra deuda es pagada. Quedamos libres debido a que Jesús llevó consigo nuestro castigo (Isaías 53:5;

---

[58] F. T. Zugibe, " Two Questions About Crucifixion" (Dos preguntas en cuanto a la crucifixión), BR (Repaso bíblico) 5 (1989): 34-43. Sin embargo, D. J. Halperin, basado en evidencia lingüística, asegura que la crucifixión era considerada una forma de estrangulación en la jurisprudencia judía, "Crucifixion, the Nahum Pesher, and the Rabbinic Penalty of Strangulation," (Crucifixión, el Pesher de Nahum y la pena rabínica de estrangulación), JJS (Diario en estudios judíos) 32 (1981): 32-46. SI este análisis es correcto, podría demostrar que las víctimas de crucifixión tienen dificultad en respirar aunque esa no sea la causa principal de muerte.

[59] G. Bare, "Un doctor analiza la crucifixión", Revista The Lookout (abril 4, 1982): 2-3, 6.

[60] Las siete declaraciones en la cruz son las siguientes: (1) "Padre, perdónalos porque no saben lo que hacen" (Lucas 23:34); (2) " Te aseguro que hoy estarás conmigo en el paraíso" (Lucas 23:43); (3) "Mujer, ahí tienes a tu hijo. Ahí tienes a tu madre" (Juan 19:26-27); (4) "Dios mío, Dios mío, ¿por qué me has desamparado?" (Mateo 27:46; Marcos 15:34); (5) " Tengo sed" (Juan 19:28); (6) "Consumado es" (Juan 19:30); (7) "Padre, en tus manos encomiendo miespíritu" (Lucas 23:46).

Juan 3:17; Romanos 4:25; 6:23; 1 Corintios 15:3; Hebreos 9:28; 1 Pedro 2:24; 1 Juan 2:2). A la luz de las primeras palabras de Jesús desde la cruz, no encontramos justificación alguna para mostrarnos envidiosos, calumniadores o criticones unos de los otros. Todos debemos recordar el gran sacrificio del Cristo y su respuesta inicial a sus perseguidores.

Juan 19:19-22 *con* Mateo 27:37; Lucas 23:38 señalan:

> ¹⁹Pilato mandó que se pusiera sobre la cruz un letrero {encima de su cabeza^{Mt}} en el que estuviera escrito: {«ÉSTE ES^{Mt,Lc}} «JESÚS DE NAZARET, REY DE LOS JUDIOS.» ²⁰Muchos de los judíos lo leyeron, porque el sitio en que crucificaron a Jesús estaba cerca de la ciudad. El letrero estaba escrito en arameo, latín y griego.
> ²¹—No escribas "Rey de los judíos" —protestaron ante Pilato los jefes de los sacerdotes judíos—. Era él quien decía ser rey de los judíos.
> ²²—Lo que he escrito, escrito queda —les contestó Pilato.

Esta placa acompaña a Jesús hasta el Gólgota. Ahora, se la colocan por encima de su cabeza. Es su sentencia oficial y paradójicamente una gran declaración de la verdad. De acuerdo con esta acusación, Jesús es culpable de los cargos que se le fijan. Pilato, tratando de irritar a los judíos con esta declaración, en realidad él mismo contesta a su propia pregunta: "¿Y qué es la verdad?"

Mientras que los cuatro evangelios registran la frase de forma un cuanto distinta, todos registran la esencia de la declaración, aunque no lo hacen palabra por palabra. Parte de esta variación se debe a las distintas traducciones. La declaración aparece escrita en tres idiomas: arameo (el idioma que hablan los palestinos), en griego (el idioma universal de la época) y en latín (la lengua oficial de Roma). Qué tan apropiado resulta que el Salvador del *mundo* fuese sentenciado de tal manera que toda persona del Imperio romano pudo entender.

Los jefes de los sacerdotes están furiosos por el letrero. Demandan que Pilato le cambie las palabras para que diga: "Este hombre dijo ser el rey de los judíos". No quieren que las cosas se mal entiendan. No quieren que los transeúntes piensen erróneamente que los romanos están ejecutando a un potencial gobernador del sanedrín. No, esta es la ejecución judía de un "impostor", no la ejecución romana de un rebelde. Pero Pilato se mantiene firme. El letrero quedará sin cambio alguno.

Juan 19:23-24 señala:

²³Cuando los soldados crucificaron a Jesús, tomaron su manto y lo partieron en cuatro partes, una para cada uno de ellos. Tomaron también la túnica, la cual no tenía costura, sino que era de una sola pieza, tejida de arriba abajo.

²⁴—No la dividamos —se dijeron unos a otros—. Echemos suertes para ver a quién le toca.

Y así lo hicieron los soldados. Esto sucedió para que se cumpliera la Escritura que dice:

«Se repartieron entre ellos mi manto,
y sobre mi ropa echaron suertes.»ᵃ

ᵃ**24** Salmo 22:18

Mateo 27:36 señala:

³⁶Y se sentaron a vigilarlo.

En las crucifixiones era común que los ejecutores confiscasen las prendas de vestir de las víctimas para beneficio propio. Aparentemente los soldados se reparten entre ellos las sandalias, el turbante, el cinturón y el manto de Jesús. Pero quedaba pendiente de repartir la valiosa túnica sin costura alguna. Si la cortan, ya no tendría el mismo valor. Así que deciden echar suertes para ver quién se queda con ella (un pasatiempo favorito de los soldados romanos). Tal vez sacaron el palillo más corto o echaron los dados para determinar la suerte. Ellos piensan que esto es un simple pasatiempo, parte de las tareas mundanas de aquellos que mantenían la paz. Pero su juego lo había registrado Dios hacía ya unos mil años en el Salmo 22:18. Los soldados piensan que son ellos los que están en control de esta ejecución. Así que se sientan a esperar que Jesús muera, asegurándose que ningún rebelde trate de rescatarlo. Pero esta profecía nos recuerda quién está en control de todo es Dios. También él se sienta para mirar desde los cielos cómo muere su propio Hijo.

Mateo 27:39-43 *con* Marcos 15:30-32; Lucas 23:35 señalan:

³⁹Los que pasaban meneaban la cabeza y blasfemaban contra él:

⁴⁰—Tú, que destruyes el templo y en tres días lo reconstruyes, ¡sálvate a ti mismo! ¡Si eres el Hijo de Dios, baja de la cruz! {¡... sálvate a ti mismo^Mr}

⁴¹De la misma manera se burlaban de él los jefes de los sacerdotes, junto con los maestros de la ley y los ancianos. ⁴²—Salvó a otros —decían—, pero no puede salvarse a sí mismo! ¡Y es el Rey de Israel! Que baje ahora de la cruz, {para que veamos^Mr} y

así creeremos en él {ese Cristo, el rey de Israel^{Mr}}. {si es el Cristo de Dios, el Escogido^{Lc}} ^{43}Confía en Dios; pues que lo libre Dios ahora, si de veras lo quiere. ¿Acaso no dijo: "Yo soy el Hijo de Dios"?

Lucas 23:36-37 señala:

^{36}También los soldados se acercaron para burlarse de él. Le ofrecieron vinagre ^{37}y le dijeron:
—Si eres el rey de los judíos, sálvate a ti mismo.

Mateo 27:44 señala:

^{44}Así también lo insultaban los bandidos que estaban crucificados con él.

Cuatro grupos se unen para insultar a Jesús de manera verbal. Primero, están las multitudes. Aparentemente Jesús es crucificado cerca de un camino principal que llega a la ciudad. Mientras las multitudes entran y salen de la ciudad, el chisme aumenta en cuanto al arresto y juicio de la noche anterior. Como títeres o loros, el pueblo ignorante repite las acusaciones de sus líderes. Recordando la promesa de Jesús en cuanto a la reconstrucción del templo, gritan: "¡Cómo esperas destruir el templo si ni siquiera te puedes bajar de la cruz! ¡Qué Hijo de Dios eres! Poco se imaginan que Jesús está cumpliendo precisamente con esa promesa que ellos de plano mal interpretan.

Luego vienen los miembros del sanedrín: los saduceos jefes de los sacerdotes, los fariseos maestros de la ley y los delegados ancianos del pueblo. Al parecer, en grupo (es decir, "entre ellos") se dan palmaditas en la espalda y comentan que han hecho lo correcto. "Cierto, sus milagros de sanidad fueron impresionantes, pero el hecho de que ahora no se puede ayudar ni siquiera a sí mismo "prueba" que fue un fraude". "Después de todo," afirman, "si Jesús es un Mesías enviado por Dios, podría salvarse a sí mismo. Además, ¡seguro que Dios rescataría a su propio Hijo!" Pero eso **NO** es lo que las Escrituras predicen. Isaías 53:10 señala: "Pero el SEÑOR quiso quebrantarlo y hacerlo sufrir, y como él ofreció su vida en expiación, verá su descendencia y prolongará sus días, y llevará a cabo la voluntad del SEÑOR". Como justificando su enorme incredulidad señalan: "pero si él bajara de la cruz, **ENTONCES** sí creeríamos en él". Pero no están engañando a nadie. Si trataron de matar a Lázaro una vez que Jesús lo resucitó de entre los muertos, tratarían nuevamente de clavar a Jesús en la cruz si él descendiera.

Los soldados son el tercer grupo que se unen a las burlas, nuevamente ofreciéndole vino amargo a Jesús. Repiten los gritos de la muchedumbre y del sanedrín: "¡Sálvate a ti mismo!" Finalmente, hasta los dos criminales a sus lados se unen en las burlas. Como muy pronto veremos en Lucas, uno de los criminales defiende a Jesús. Tal vez Mateo diga que los dos se burlaban de Jesús, cuando en realidad era solamente uno el que lo hacía. O tal vez uno de los ladrones se arrepiente después de haber escuchado la respuesta justa de Jesús a la injusticia que le hacen de ridiculizarlo. No estamos seguros. Pero lo que sí sabemos es que no tan sólo supervisaba Dios esta escena sino que la había predicho mil años antes. Por medio de la pluma de David, Dios describe lo que pasó al pie de la cruz: "Cuantos me ven, se ríen de mí; lanzan insultos, meneando la cabeza «Éste confía en el SEÑOR, ¡pues que el SEÑOR lo ponga a salvo! Ya que en él se deleita, ¡que sea él quien lo libre!»... Como perros de presa, me han rodeado; me ha cercado una banda de malvados; me han traspasado las manos y los pies" (Salmo 22:7-8, 16).

Los cuatro grupos se mofan de Jesús, diciendo: "¡Salvó a otros, pero no puede salvarse a sí mismo!" De manera paradójica, dicen la verdad. En ese momento Jesús no podía salvarse a sí mismo y salvar a otros. Voluntariamente ofreció su vida para que pudiésemos encontrar verdadera vida en él (2 Corintios 5:21; Romanos 3:21-26; Hebreos 9:26-28).

Lucas 23:39-43 señala:

39Uno de los criminales allí colgados empezó a insultarlo:
—¿No eres tú el Cristo? ¡Sálvate a ti mismo y a nosotros!
40Pero el otro criminal lo reprendió:
—¿Ni siquiera temor de Dios tienes, aunque sufres la misma condena? **41**En nuestro caso, el castigo es justo, pues sufrimos lo que merecen nuestros delitos; éste, en cambio, no ha hecho nada malo.
42Luego dijo:
—Jesús, acuérdate de mí cuando vengas en tu reino.[a]
43—Te aseguro que hoy estarás conmigo en el paraíso —le contestó Jesús.

[a]**42** Algunos manuscritos *cuando vengas con tu poder del reino*

Uno de los insurrectos ridiculiza (*blasphemeō*) a Jesús como falso Mesías. Claro que opera bajo la idea errónea de un Mesías militar político que rompería los grilletes de Roma. En verdad, con esa definición, Jesús es un rotundo fracaso. Para este guerrillero celoso, la pasividad de Jesús resulta ser una gran ofensa. ¡Cómo se atreve este pseudobienhechor a jactarse de ser el libertador de Israel!

Mientras que el primer criminal habla con una pasión impresionante, es su camarada al otro lado el que habla con una razón y fe impresionantes. Mirando más allá de Jesús, reprende a su amigo. Mientras que su primera declaración resulta un tanto ambigua, por lo menos podemos determinar tres cosas por sus comentarios: (1) Los dos criminales son pecadores y merecen morir. (2) Jesús es justo y no merece morir. (3) La mano de Dios está participando en la sentencia que comparten con Jesús, él es el personaje principal y ellos simplemente sirven de relleno. Esto hace un llamado al temor que le debemos tener a Dios mediante el respeto que le debemos mostrar a su Hijo en vez de ridiculizarlo.

Con su cabeza en dirección hacia su camarada, le habla directamente a Jesús: "acuérdate de mí cuando vengas en tu reino". Considerando el hecho de que Jesús está a punto de morir, esta declaración muestra una fe impresionante. Este hombre debe creer en una clase de resurrección y en un reino espiritual. Él ha luchado celosamente por un reino político. Ahora en los momentos finales de su vida conoce al verdadero Rey que ha estado buscando. Su petición es simple y surge debido a su fe. La respuesta de Jesús debió de haber pacificado el sufrimiento de este hombre en la cruz: "Te aseguro que hoy estarás conmigo en el paraíso". La palabra "paraíso" indica un lugar de belleza y felicidad (ver Isaías 51:3; 2 Corintios 12:4; Apocalipsis 2:7). Se la utiliza para describir al huerto en Edén (Génesis 2:8, en la versión Septuaginta de la Biblia). Pero la belleza de esta promesa no recae en el "paraíso" (sin importar qué conlleve eso), sino estar con Jesús. El hombre responde a Jesús con arrepentimiento y fe. Jesús le responde prometiéndole la salvación. Mientras que nosotros no logramos comprender cuánto entiende acerca de Jesús este criminal, tampoco podemos estar seguros de la dinámica de su conversión "en su lecho de muerte". De lo que sí estamos seguros es que algún día se lo podremos preguntar personalmente . . . si aun así lo deseamos.

Juan 19:25-27 señala:

> [25] Junto a la cruz de Jesús estaban su madre, la hermana de su madre, María la esposa de Cleofas, y María Magdalena. [26] Cuando Jesús vio a su madre, y a su lado al discípulo a quien él amaba, dijo a su madre:
> —Mujer, ahí tienes a tu hijo.
> [27] Luego dijo al discípulo:

—Ahí tienes a tu madre.
Y desde aquel momento ese discípulo la recibió en su casa.

Los seguidores varones de Jesús en la cruz brillan por su ausencia. Por todo lo que sabemos, únicamente Juan estuvo presente. Se encuentra entre un grupo de mujeres. Juan menciona a cuatro de ellas mientras que Mateo y Marcos solamente mencionan a tres.[61] Claro que Marcos y Mateo mencionan a las mujeres que estuvieron presentes cuando Jesús murió y Juan menciona a aquellas que se encontraban allí cuando fue crucificado. Es posible que Juan y María se van tan pronto que Jesús hubo hablado con ellos.

En la segunda declaración que Jesús hace desde la cruz, le pide a Juan que se haga cargo de su mamá, Juan siendo su discípulo amado. Esto cobra sentido cuando usted considera que la familia de Jesús está compuesta por creyentes fieles y los medios hermanos de Jesús no entran dentro de esa categoría, sino hasta después de la resurrección. Además, es posible que Juan sea primo de Jesús (ver la tabla presentada abajo). Por lo tanto, él es su pariente creyente más cercano. Juan se lleva a María a su casa y cuida de esta apreciable santa que lleva una herida en el alma (Lucas 2:35).[62]

Juan 29:25	Marcos 15:40	Mateo 27:56
María, madre de Jesús		
La hermana de María	Salome	Madre de los hijos de Zebedeo (Jacobo y Juan)
María, esposa de Cleofas	María, madre de Jacobo el menor y de José[63]	María, madre de Jacobo y José
María Madalena	María Magdalena	María Magdalena

---

[61]Lenski cree que Juan únicamente describe a tres mujeres (María, la mujer de Cleofas, descrita como la hermana de María). Pero si eso es verdad entonces tenemos a dos hermanas, de nombre María, lo cual no es muy común.

[62]Juan 19:27 pudiera indicar que Juan tenía algún tipo de residencia en Jerusalén. Si es así, eso puede explicar cómo es que tiene familiares dentro del círculo del sumo sacerdote y acceso sin restricción a su casa.

[63]Había una tradición muy antigua que señala que Cleofas (es decir, Alfeo) era hermano de José (*Hegesipo* en *Eusebio*, H. E. 3.11 y 4.22). Esto haría de Jacobo primo adoptivo de Jesús. Edersheim (II:602-3) también sugiere que Judas (Tadeo) y Simón el zelote eran hijos de Cleofas pero no de María, basados en su posición en el orden de mención de los apóstoles (Mateo 10:3-4; Hechos 1:13, etc.) y en algunas declaraciones de Hegesipo. Por lo tanto, también ellos serían primos adoptivos de Jesús.

Sección 165
La muerte de Jesús
(Mateo 27:45-50; Marcos 15:33-37; Lucas 23:44-46; Juan 19:28-30)

Marcos 15:33 señala:
³³Desde el mediodía y hasta la media tarde quedó toda la tierra en oscuridad.

Lucas 23:45 señala:
⁴⁵pues el sol se ocultó.

Marcos 15:34-35 señala:
³⁴A las tres de la tarde ͣ Jesús gritó a voz en cuello:
—Eloi, Eloi, ¿lama sabactani? (que significa: "Dios mío, Dios mío, ¿por qué me has desamparado?")ᵇ
³⁵Cuando lo oyeron, algunos de los que estaban cerca dijeron:
—Escuchen, está llamando a Elías.

ͣ*34* O *Y en la hora novena.* ᵇ*34* Salmo 22:1.

Entre el mediodía y las tres de la tarde la oscuridad cubre Judea. Este es el primero de tres fenómenos que acompañan la muerte de Jesús. Es una señal sobrenatural del juicio (ver Amós 8:9-10) que no se puede explicar de manera natural. Por ejemplo, un eclipse no tarda tres horas y tampoco ocurre en luna llena de Pascua. Una tormenta de arena del desierto tampoco cubre al sol en su totalidad: "El sol se ocultó".⁶⁴ No, fue la mano de Dios la que cubrió la tierra.

Después de tan sólo seis horas en la cruz, Jesús muere. Clama a gran voz: "Eloi, Eloi . . ."⁶⁵ Esta cuarta declaración que hace en

⁶⁴Otro ejemplo es la explicación de J. Sawyer, el cual sugiere que Lucas anacrónicamente aplica el eclipse solar de noviembre del año 29 d.C. a la muerte de Jesús. Mientras que ese eclipse tan sólo duró un minuto y medio, Lucas exagera señalando que duró tres horas (J. Sawyer "Why is a Solar Eclipse Mentioned in the Passion Narrative (Luke 23:44-45)" [Por qué se menciona un eclipse solar en la narración de la pasión (Lucas 23:44-45)], JTS [Revista de estudios teológicos] 23 [1972]: 124-128). Pero esto de forma inapropiada impugna a los evangelistas.

⁶⁵No es claro qué idioma utilizó Jesús cuando dijo esto. La segunda mitad ("¿Por qué me has abandonado?") está claramente en arameo. Pero en Mateo, la primera parte "Elí, Elí" parece hebreo mientras que el "Eloi, Eloi" de Marcos es arameo. Si Jesús habló originalmente en hebreo eso pudo causar que la multitud se confundiese al escuchar Elí y señalara que Jesús se estaba refiriendo a Elías. Esto también señalaría que Marcos puso las palabras de Jesús en arameo en vez de hebreo por razones culturales. Pero las evidencias del texto favorecen

la cruz tal vez sea la más significativa teológicamente y tal vez muy profunda para que logremos entenderla. Pero parece dirigirse en dos direcciones. Primero, Jesús nos hace regresar al Salmo 22:1, citándolo al pie de la letra. Este pasaje es una predicción increíblemente clara de la crucifixión de Jesús. Sirve de recordatorio mordaz que este es el plan de Dios y sigue bajo su control sin importar cómo se vea en la superficie. Sin embargo, lo que sorprende más de este Salmo es que fue escrito aproximadamente en el año 1,000 a.C., como 600 años antes de que el método de crucifixión estuviese en boga. También nos impresiona el hecho de que el Salmo del Buen Pastor (Salmo 23) tenga como prefacio al Salmo del Cordero de Dios, preparado para el sacrificio (Salmo 22).

Segundo, Jesús no está simplemente citando el Salmo 22:1; está describiendo su sufriente separación de su Padre celestial. Desde la eternidad pasada hasta esta fecha Jesús jamás había experimentado lo que se sentía estar separado de su Padre. Lo que realmente significa es no estar en la presencia de Dios. Mientras que no queremos caer en el error de los gnósticos y docéticos, quienes creen que Jesús dejó de ser Dios en este momento, sí afirmamos que el Padre, en cierta medida, le da la espalda a Jesús al cubrirse y encarnar el pecado en él (2 Corintios 5:21; ver Romanos 3:26; Gálatas 3:13). Jesús es abandonado por Dios, es decir, queda separado, dejado sin los recursos e intervención divina, para sufrir y morir solo.[66] Pero esta palabra vuelve a presentarse en Hechos 2:27, 31 para describir cómo Dios **NO** abandonó a Jesús en la tumba. El abandono de Dios puede resultar duro, pero es sólo temporal. Hasta el Salmo 22 termina con una nota de victoria. Después de todo, tras la cruz tenemos una tumba vacía.

Juan 19:28-29 *con* Mateo 27:48; Marcos 15:36 señalan:

> [28]Después de esto, como Jesús sabía que ya todo había terminado, y para que se cumpliera la Escritura, dijo:
> —Tengo sed.

---

que el original fue en arameo. Además, el Elí de Mateo pudiera reflejar la necesidad de una traducción al arameo del Salmo 22:1. "Aparentemente algunos maestros arameos mantenían el nombre de Dios en hebreo de la misma manera en que muchos conferencistas modernos utilizan Yavé" (Carson, p. 578). El error de la multitud al escuchar "Elías" puede explicarse por la dificultad en hablar por parte de Jesús.

[66]Pablo utiliza esta palabra para describir cómo sus compatriotas lo habían abandonado (2 Timoteo 4:10, 16).

²⁹Había allí una vasija llena de vinagre; así que {Al instante^{Mt}} empaparon {un hombre^{Mr}} una esponja en el vinagre, la pusieron en una caña y se la acercaron a la boca.

Mateo 27:49 con Marcos 15:36 señala:

⁴⁹Los demás decían {–dijo^{Mr}}:
—Déjalo, a ver si viene Elías a salvarlo.

Juan 19:30 señala:

³⁰Al probar Jesús el vinagre, dijo:
—Todo se ha cumplido.
Luego inclinó la cabeza y entregó el espíritu.

Lucas 23:46 con Juan 19:30 señala:

⁴⁶{Al probar Jesús el vinagre^{Jn}} Entonces Jesús exclamó con fuerza:
—¡Padre, en tus manos encomiendo mi espíritu!
Y al decir esto, expiró {Luego, inclinó la cabeza y entregó el espíritu^{Jn}}.

Juan interpreta la quinta declaración de Jesús desde la cruz como un cumplimiento profético, probablemente aludiendo al Salmo 69:21. Jesús pide algo de beber y uno de los hombres parados junto a la cruz responde inmediatamente. Es posible que sea un soldado que empapa una esponja en su propia reserva de bebida. Esta agua mezclada con vinagre es la bebida de un hombre pobre. Es un poco agria, pero apaga la sed inmediatamente. Al parecer, en esta ocasión no la mezclan con mirra. Coloca la esponja en una vara y la lleva a los labios de Jesús, antes de que alguien realmente se enterase de lo que pasaba⁶⁷ Las multitudes dicen: "¡Oye, déjalo en paz! Queremos ver si Elías viene a salvarlo". Esto debido a que ellos mal entienden "Eloi" por "Elías". Esto les da una oportunidad más para burlarse de Jesús. Debido a que Elías realmente no muere, los judíos esperan que literalmente regrese como precursor del Mesías, basados en Malaquías 4:5. Ahora que Jesús "ora a Elías" esto provee otro punto más para ridiculizarlo.

---

⁶⁷Juan señala que era una planta de hisopo. El hisopo puro tal vez no podría sostener una esponja empapada en vino. Por lo tanto, algunos han sugerido una enmienda al texto de "hisopo" [*hyssōpō*] a "javalina" [*hyssō*], basados en un manuscrito posterior (MS 1242). Eso no es necesario. La palabra "hisopo" puede referirse a una gran variedad de plantas. Además, la vara o caña donde se colocó la esponja tal vez nada más necesitaba alcanzar una altura de menos de un metro. Tal vara podía encontrarse en el lugar donde se encontraban.

Su mofa termina inmediatamente. Tan pronto que Jesús recibe algo de beber dijo: "Todo se ha cumplido" y luego gritó: "¡Padre, en tus manos encomiendo mi espíritu!" Con ello, toma su último respiro, inclinó la cabeza y entregó el espíritu. Pero ¿exactamente qué fue lo que terminó? ¿Su vida? ¡**NO**! ¡La Pascua se aproxima! Su obra sobre la tierra quedaba concluida (Hebreos 9:26; 10:12-14). El tiempo verbal perfecto [*tetelestai*] resalta el pleno fin de la tarea encomendada. Terminó aquello para lo cual fue enviado a la tierra (Mateo 20:28; Marcos 10:45). Además, algunos han especulado que Jesús nuevamente cita al Salmo 22, esta vez hasta la última línea, donde Dios termina *su* tarea.

Hasta con su último aliento de vida alude a las Escrituras. "Padre, en tus manos encomiendo mi espíritu" probablemente fue tomado del Salmo 31:5. Liefeld señala que esto era parte de la oración vespertina de los judíos (p. 1045). Al ir al Salmo, hay mucho allí que es relevante para Jesús en este preciso momento:

> Inclina a mí tu oído, y acude pronto a socorrerme. Sé tú mi roca protectora, la fortaleza de mi salvación. Líbrame de la trampa que me han tendido, porque tú eres mi refugio. En tus manos encomiendo mi espíritu; líbrame, Señor, Dios de la verdad. Me alegro y me regocijo en tu amor, porque tú has visto mi aflicción y conoces las angustias de mi alma. Por causa de todos mis enemigos, soy el hazmerreír de mis vecinos; soy un espanto para mis amigos; de mí huyen los que me encuentran en la calle. Me han olvidado, como si hubiera muerto; soy como una vasija hecha pedazos. Son muchos a los que oigo cuchichear: «Hay terror por todas partes.» Se han confabulado contra mí, y traman quitarme la vida. Pero yo, Señor, en ti confío, y digo: «Tú eres mi Dios.» En mi confusión llegué a decir: «¡He sido arrojado de tu presencia!» Pero tú oíste mi voz suplicante cuando te pedí que me ayudaras. Cobren ánimo y ármense de valor, todos los que en el Señor esperan. (Salmo 31:2, 4-5, 7, 11-14, 22, 24).

Sección 166
Acontecimientos que acompañan la muerte de Jesús
(Mateo 27:51-56; Marcos 15:38-41; Lucas 23:47-49)

Mateo 27:51-53 señala:

> ⁵¹En ese momento la cortina del santuario del templo se rasgó en dos, de arriba abajo. La tierra tembló y se partieron las rocas. ⁵²Se abrieron los sepulcros, y muchos santos que habían muerto resucitaron. ⁵³Salieron de los sepulcros y, después de la resurrección de Jesús, entraron en la ciudad santa y se aparecieron a muchos.

En el preciso momento en que Jesús muere, la cortina del templo se parte en dos. Habría sido más público si la cortina que se partió hubiese sido la que se encontraba entre el atrio y el lugar santo.[68] Pero Hebreos 4:16; 6:19-20; 9:11-28; 10:19-22 parece indicar que la cortina que se partió fue la que estaba entre el lugar santo y el lugar santísimo.[69] Aunque esto no fue visto por la población en general, no se podía mantener en secreto, especialmente por los sacerdotes que más tarde se convirtieron al cristianismo (Hechos 6:7). Edersheim afirma que esta cortina tenía una anchura de aproximadamente 20 metros por 10 metros de alto y un espesor de aproximadamente el canto de la palma de la mano (II:611). El hecho de que fue partida de arriba abajo indica que fue la mano de Dios la que lo hizo y no por sabotaje humano. Además, mientras que es muy probable que esta rotura de la cortina tuvo lugar al mismo tiempo que el terremoto, nos equivocaríamos al señalar que fue el terremoto que causó esto. Todo el edificio habría caído antes de que la cortina se partiera en dos. No, este es un acontecimiento sobrenatural, que tal vez señala hacia dos direcciones. Primera, simboliza la fehaciente destrucción del templo que está por venir y la cancelación de cualquier otro sacrificio. Segundo, marca el acceso abierto y directo para el pueblo de Dios a su santa presencia.

---

[68] D. Ulansey, " The Heavenly Veil Torn: Mark's Cosmic Inclusio" (El velo celestial rasgado: La Inclusio cósmica de Marcos *JBL* (Revista de literatura bíblica) 110 [1991]: 123-125, resalta que Josefo describe al velo exterior [*War* (Guerra), 5.212-214). Estaba decorado de tal forma que asemejaba todo "el firmamento". Este paisaje, que se veía como el mismo cielo, fue partido en dos (Marcos 15:38). Ulansey sugiere que esto llevaría a los lectores de Marcos hasta el 1:10. Esto crearía una inclusión del inicio y terminación del ministerio de Jesús.

[69] Ver a M. De Jonge, "Matthew 27:51 in Early Christian Exegesis" (Mateo 27:51 en la exégesis cristiana primitiva), HTR (Revista teológica de Harvard) 79 (1986): 67-79 y D. D. Sylva, "The Temple Curtain and Jesus' Death in the Gospel of Luke" (El velo del templo y la muerte de Jesús en el evangelio de Lucas), *JBL* (Revista de literatura bíblica) 105/2 [1986]: 239-250.

Más notable para aquellos que se encontraban en el Gólgota es el terremoto que sacude la ciudad, también como señal del descontento de Dios (Isaías 29:6; Jeremías 10:10; Ezequiel 26:18).[70] Las tumbas de la ciudad se abren y los santos resucitan como un preámbulo de 1 Corintios 15:20-23. Pero, ¿cuándo exactamente resucitan? El v. 53 parece indicar que no se aparecen en la ciudad sino hasta el domingo. ¿Estuvieron vivos, escondidos en sus tumbas por dos días? Tres cambios simples en la *Nueva Versión Internacional de la Biblia* nos aclaran este versículo.[71] Primero, le ponemos un punto después de las palabras "se abrieron" del v. 52. Luego, eliminamos la coma y la palabra "y" después de "sepulcros" en el v. 53. Tercero, traducimos "salieron" en el v. 53 [*exelthontes*] como un participio "habiendo salido". Ahora leemos: "Se abrieron los sepulcros. Y muchos santos que habían muerto resucitaron y *habiendo salido* de los sepulcros después de la resurrección de Jesús, entraron en la ciudad santa y se aparecieron a muchos". Así, los sepulcros se abrieron el viernes pero la resurrección tuvo lugar junto con la de Jesús el domingo.

Debido a que estos acontecimientos fueron tan milagrosos, muchos dudan de su historicidad. Pero resulta igual de creíble esta historia que la de 1 Corintios capítulo 15: nuestra propia esperanza de la resurrección. Con esta narración, Mateo une la muerte de Jesús y su resurrección para mostrarnos dos implicaciones: El velo entre Dios y nosotros se abre mediante su muerte y los sepulcros que nos aprisionan en la muerte se abren mediante su resurrección.

Mateo 27:54 *con* Marcos 15:39; Lucas 23:47 señalan:

> ⁵⁴Cuando el centurión y los que con él estaban custodiando a Jesús {al oír el grito y ver cómo murió[Mr]} vieron el terremoto y todo lo que había sucedido, quedaron aterrados {El centurión alabó a Dios[Lc]} y exclamaron:
> —¡Verdaderamente éste {este hombre[Mr]} era el Hijo[a] de Dios! {era justo[Lc]}

ª54 era el Hijo. Alt. era hijo.

---

[70]Ver a R. J. Bauckham, "The Eschatological Earthquake in Apocalypse of John" (El terremoto escatológico en el Apocalipsis de Juan), *NovT* (Novum Testamentum) 19 [1977]: 224-233.

[71]Ver a J. W. Wenham, "When Were the Saints Raised?" (¿Cuándo fueron resucitados los santos?) JTS (Revista de estudios teológicos) 32 [1981]: 150-152; y a D. Senior, "The Death of Jesus and the Resurrection of the Holy Ones (Mt 27:51-53)" [La muerte de Jesús y la resurrección de los santos (Mateo 27:51-53)], *CBQ* (Publicación trimestral católica de la Biblia) 38 [1976]: 312-329.

Lucas 23:48 señala:

⁴⁸Entonces los que se habían reunido para presenciar aquel espectáculo, al ver lo ocurrido, se fueron de allí golpeándose el pecho.

Mateo 27:55-56 *con* Lucas 23:49; Marcos 15:40-41 señalan:

⁵⁵Estaban allí, mirando de lejos, muchas mujeres {todos los conocidos de Jesús^{Lc}} que habían seguido a Jesús desde Galilea {Además había allí muchas otras que habían subido a Jerusalén^{Mr}} para servirle. ⁵⁶Entre ellas se encontraban María Magdalena, María la madre de Jacobo y de José, y {Salomé^{Mr}} la madre de los hijos de Zebedeo.

Este terremoto mueve los cimientos de Jerusalén a la vez que el alma de este centurión. Hay algo majestuoso, hasta divino, en la forma que Jesús muere. Lo acompaña esta oscuridad misteriosa, el terremoto, la cortina partida en dos y los sepulcros abiertos. Todo esto hace mella en su alma. En terror santo, alaba a Dios, afirmando que Jesús era quien dijo ser, el Hijo de Dios. Hacía poquito tiempo que las multitudes se habían estado burlando de Jesús por haber afirmado ser el Hijo de Dios; ahora el centurión honra a Jesús por haber afirmado ser el Hijo de Dios.

Siendo romano, tal vez él no entienda bien lo que implica ser el Hijo de Dios. Después de todo, con frecuencia los romanos deificaban a los hombres después de su muerte.[72] Además, el artículo definido "el" no está en el texto griego. Por ello, es posible que él no esté señalando nada más que Jesús era un Hijo de Dios.[73] La versión de Lucas en cuanto a "Verdaderamente este hombre era justo" en vez de "Hijo de Dios" también puede respaldar esta aclamación débil.

---

[72]Adela Yarbro Collins, "Mark and His Readers: The Son of God among Greeks and Romans" (Marcos y sus lectores: El Hijo del hombre entre los griegos y romanos), *HTR* (Revista teológica de Harvard) 93/2 [2000]: 85-100.

[73]R. Bratcher señala que la falta de un artículo definido en una construcción predicativa tal como esta no necesita traducirse al español con un artículo indefinido ("A Note on Huios Theou (Mk 15:39) [Una nota en cuanto a *Huios Theou* (Marcos 15:39)]", ExpT [Revista expositor] 68 [1956-57]: 27-28.) Además, esto permite que Marcos termine su evangelio con una confesión completa de un gentil como lo hace Lucas, aunque no parece una confesión cristiana completa; ver a E. Johnson, "Mark 15:39 and the So-called Confession of the Roman Centurion", *Bib* 81 (2000): 406-413. W. T. Shiner coherentemente discute que tal vez él simplemente proclamó a Jesús como "un hijo de un dios" en la tradición romana que acostumbraba deificar a sus gobernantes ya muertos. " The Ambiguous Pronouncement of the Centurion and the Shrouding of Meaning in Mark" (El pronunciamiento ambiguo del centurión y lo encubierto de los significados en Marcos), *JSNT* (Revista para el estudio del Nuevo Testamento) 78 [2000]: 3-22; también Tae Hun Kim, "The Anarthrous in Mark 15, 39 and the Roman Imperial Cult", *Bib* 79 (1998): 221-241..

Pero el centurión era un residente de Palestina y seguramente sabe que este título lo usaban los judíos con referencia a esta esperanza mesiánica. Por lo tanto, por lo menos afirma: "Jesús no se merecía esto. Realmente era el Mesías judío que afirmaba ser".

El centurión no fue el único que tembló ante la muerte de Jesús. Las multitudes también se retiran del lugar de los hechos lamentándose, cumpliendo así con Zacarías 12:10 (ver Juan 19:37). Sus fieles seguidoras quedan paralizadas y con un profundo dolor. Han estado con él desde Galilea para suplir sus necesidades: Lo habían seguido y atendido (Marcos 15:41; Lucas 8:2-3). Pero en este momento, no hay nada más qué hacer. Simplemente se quedan a lo lejos mirándolo y lo ven morir. Sus sueños se esfuman. Tanto el hombre como el movimiento han muerto.

Sección 167a
José le pide a Pilato el cuerpo de Jesús
(Mateo 27:57-58; Marcos 15:42-45; Lucas 23:50-52; Juan 19:31-38)

Juan 19:31-37 señala:

> **31** Era el día de la preparación para la Pascua. Los judíos no querían que los cuerpos permanecieran en la cruz en sábado, por ser éste un día muy solemne. Así que le pidieron a Pilato ordenar que les quebraran las piernas a los crucificados y bajaran sus cuerpos. **32** Fueron entonces los soldados y le quebraron las piernas al primer hombre que había sido crucificado con Jesús, y luego al otro. **33** Pero cuando se acercaron a Jesús y vieron que ya estaba muerto, no le quebraron las piernas, **34** sino que uno de los soldados le abrió el costado con una lanza, y al instante le brotó sangre y agua. **35** El que lo vio ha dado testimonio de ello, y su testimonio es verídico. Él sabe que dice la verdad, para que también ustedes crean. **36** Estas cosas sucedieron para que se cumpliera la Escritura: «No le quebrarán ningún hueso»[a] **37** y, como dice otra Escritura: «Mirarán al que han traspasado.»[b]
>
> [a]**36** Éxodo 12:46; Números 9:12; Salmo 34:20 [b]**37** Zacarías 12:10

Ya es viernes por la tarde. El sol vuelve a salir después de la muerte de Jesús, como a las 3:00 de la tarde y desciende rápidamente en el horizonte oeste. La puesta del sol (como a las 6:00 de la tarde en esta época del año) marca el inicio del siguiente día para los judíos.

En este caso resulta que es un día muy especial. No tan sólo es día de reposo, sino que es el día de reposo durante la fiesta de la Pascua de una semana de duración. De acuerdo con la ley (Deuteronomio 21:22-23), los judíos no podían permitir que un cuerpo permaneciera colgado en un árbol por toda una noche, especialmente en el día santo de reposo. Así que le envían una delegación a Pilato para solicitarle que despache rápidamente a los criminales rompiéndoles las piernas. Los romanos casi siempre dejaban a sus víctimas en sus cruces hasta que los animales de carroña dispusieran de ellos. Esto serviría como lección visual para desanimar a los que quisiesen provocar rebeliones o andar de criminales. Pero tales acciones ofendían la sensibilidad de los judíos. Como obsequio a sus "súbditos", Pilato está de acuerdo con "terminarlos" y bajarlos de la cruz antes del día de reposo.

Uno de los cuatro soldados que ejecutaron a las tres víctimas recibió la orden de cumplir con esta horrorosa tarea de romperles las piernas a los crucificados (conocida como *crurifragium*). Se hacía de un golpe certero con un mazo de hierro. Nuevamente, se le causaba a la víctima un dolor insoportable y shock repentino. Convulsionado y retorciéndose por el dolor y debilitado, muere en pocos minutos. Así se despacha a los dos rebeldes. Pero Jesús ya estaba muerto. Lo normal era que el soldado cumpliese, de todas maneras, las órdenes del gobernador. Pero por alguna razón no lo hace. Tal vez su jefe inmediato, el centurión, conmovido por la muerte de Jesús, lo impide.

En vez de romperle las piernas a Jesús, el soldado se asegura de que esté muerto al perforarle el costado. Le encaja su lanza por debajo de las costillas. Al hacerlo, lo que sale es sangre y agua. Existe debate en cuanto a que si esto significa que hubo una ruptura coronaria.[74] Pero lo que sí podemos afirmar es: (1) La sangre pudo haber salido del mismo corazón al ser perforado por la lanza o del pulmón lleno de sangre, indicando una ruptura coronaria. Un órgano perforado o una arteria cortada no indicaba que podía salir mucha sangre debido a que el corazón de Jesús había terminado de latir. (2) Lo más probable es que el agua provenga del pericardio, indicando también una ruptura coronaria. (3) No importa la explicación que es utilice, la verdad es que Jesús está muerto. Juan dedica tan sólo cuatro versículos a esta

---

[74] En cuanto a un análisis detallado ver a J. Wilkinson, "The Incident of the Bolood and Water in John 19:34" (El incidente de la sangre y el agua en Juan 19:34), *SJT* (Revista escocesa de teología) 28 [1975]: 149-172 y P. Barbet, *A Doctor at Calvary* (Un doctor en el Calvario) [New York: Doubleday, 1963], especialmente las páginas 129-147.

evidencia ocular. No hay forma de aceptar el reclamo docetista que Jesús realmente no murió, sin negar la veracidad de Juan.

Sin embargo, para Juan el asunto realmente no es médico sino teológico. En los escritos de Juan, el agua y la sangre están llenos de significado. Ambos son símbolos sacramentales de la fuente de la vida. Por lo tanto, del cuerpo de Cristo emana el líquido de la vida.

Según Juan, este acontecimiento cumple con dos profecías mesiánicas. Primera, Salmo 34:20: "ni uno solo (de sus huesos) le quebrarán". Esto describe cómo Dios protegió a David cuando éste tuvo que fingirse loco ante Abimelec para salvar la vida. Aunque David tuvo que ser expulsado, Dios lo protegió. Así David sirve como "prototipo" del Mesías que ahora es desechado pero finalmente rescatado y salvado por Dios mismo. Además, Éxodo 12:46 ordena que el cordero de la Pascua sea asado en su totalidad y sin ser descuartizado, es decir, sin romperle un solo hueso. También el cordero de la Pascua es un tipo del Mesías, el Cordero de Dios que quita el pecado del mundo (Juan 1:29). La segunda profecía que se cumple aquí es Zacarías 12:10, prediciendo que el Mesías sería traspasado y que los judíos lamentarían este acto tan malvado.

Marcos 15:42b-45 *con* Lucas 23:50-51; Juan 19:38 señalan:

42Así que al atardecer, **43**José de Arimatea, miembro distinguido del Consejo, {un hombre bueno y justo . . . que no había estado de acuerdo con la decisión ni con la conducta de ellos[Lc]} y que también esperaba el reino de Dios, se atrevió a presentarse ante Pilato para pedirle el cuerpo de Jesús. {José era discípulo de Jesús, aunque en secreto por miedo a los judíos[Jn]} **44**Pilato, sorprendido de que ya hubiera muerto, llamó al centurión y le preguntó si hacía mucho que[a] había muerto. **45**Una vez informado por el centurión, le entregó el cuerpo a José. {Con el permiso de Pilato, fue y retiró el cuerpo.[Jn]}

*a***44** hacía mucho que. Var. ya.

Del momento en que el soldado traspasa el costado de Jesús y la puesta del sol tan sólo hay tres horas. José debió haberse conducido con rapidez. Por primera vez escuchamos de él, pero su pasado es sorprendente y maravilloso. Era miembro del sanedrín pero no estuvo de acuerdo con las decisiones del Consejo. Ya sea que presenta su voto en contra o ni siquiera se le invita por su desacuerdo rotundo en cuanto a lo que están haciendo. Él se inclina a favor de Jesús de manera obvia. Sin embargo, permanece siendo un discípulo de Jesús en secreto, por miedo a ser expulsado de la sociedad judía. No hay duda, varias personas saben que él está a favor de Jesús y mantiene un compromiso secreto con él. Se puede apreciar su devoción abierta por el reino de Dios. El hecho de que es un hombre rico y ofrece su tumba cumple con Isaías 53:9.

De manera atrevida se acerca a Pilato para pedirle el cuerpo de Jesús. ¿Por qué de pronto se llena de valor? Tal vez la muerte de Jesús lo hace salir de su escondite. Tal vez piensa que los demás miembros del sanedrín deben estar ocupados y distraídos preparando su propia cena de la Pascua o que no les importa debido a que sus demandas ya han sido satisfechas. Pero sin importar la razón, José de Arimatea se dirige valientemente al palacio de Pilato y pide el cuerpo de Jesús.

Pilato se sorprende de que Jesús ya hubiese muerto en tan sólo seis horas de haber estado en la cruz. ¿Pero de qué se sorprende si dio órdenes de que se le rompiesen las piernas? Juan es el que registra lo de romperles las piernas a los crucificados. Marcos es el que registra la sorpresa manifestada por Pilato. Puede que Pilato le haya preguntado al centurión si le rompió las piernas a Jesús y si lo vio morir. Pero el centurión diría: "No tuve que romperle las piernas. Ya estaba muerto. Pero sí lo comprobamos al traspasarle el corazón con una lanza". Así, Pilato se sorprende que Jesús haya muerto tan pronto.

Una vez verificado el fin de la ejecución, Pilato entrega el cuerpo de Jesús a José para su entierro. Las acciones de José y de Pilato muestran que Jesús no fue ejecutado por acusársele de alta traición. Si así hubiese sido, Pilato no habría permitido que se le hiciese un entierro digno, entre los ricos, ni José se habría ofrecido a hacerlo. En cambio, el cuerpo de Jesús habría sido bajado de la cruz y echado en la fosa común, a donde iban a parar los villanos.[75]

---

[75] De acuerdo con R. E. Brown, es probable que Pilato no tenía prisa en dar el cuerpo de Jesús a sus discípulos a menos que lo honraran como héroe. Sin embargo, no tendría ninguna objeción en entregarlo en manos de José ya que éste era miembro del sanedrín. (ver a R. E. Brown, " The Burial of Jesus (Mark 15:42-47) [La sepultura de Jesús (Marcos 15:42-47)], *CBQ* [Publicación trimestral católica de la Biblia] 50 [1988]: 233-245).

Sección 167b
Sepultura de Jesús
(Mateo 27:59-60; Marcos 15:46; Lucas 23:53-54; Juan 19:39-42)

Juan 19:39-42 con Mateo 27:59-60; Marcos 15:46 y Lucas 23:53 señalan:

> ³⁹También Nicodemo, el que antes había visitado a Jesús de noche, llegó con unos treinta y cuatro kilos[a] de una mezcla de mirra y áloe. ⁴⁰Ambos tomaron el cuerpo de Jesús y, conforme a la costumbre judía de dar sepultura, lo envolvieron en vendas {sábana limpia[Mt]} {sábana de lino[Lc]} con las especias aromáticas. ⁴¹En el lugar donde crucificaron a Jesús había un huerto, y en el huerto un sepulcro nuevo {de su propiedad que había[Mt]} {cavado en la roca[Mt,Mr,Lc]} en el que todavía no se había sepultado a nadie. ⁴²Como era el día judío de la preparación, y el sepulcro estaba cerca, pusieron allí a Jesús. {Luego hizo rodar una piedra grande a la entrada del sepulcro, y se fue[Mt,Mr]}

> [a]39 unos... kilos. Lit. como cien litrai.

A José, por lo menos, le ayuda su amigo y compañero miembro del sanedrín Nicodemo. Esta es la tercera vez que Nicodemo aparece en la narración de Juan (Juan 3:1ss; 7:45-52). Mientras que José ofrece su tumba, Nicodemo ofrece los óleos, ambos con un costo altísimo. La mirra era una resina pegajosa extraída de árboles que había en Arabia. Tenía un aroma muy fuerte y se utilizaba como perfume caro. Se podía mezclar con otros áloes para formar como una pasta que se podía meter en los pliegues del lino o los pedazos de lino (vendas) se podían empapar en esa preparación. Su propósito era contrarrestar y no permitir que el olor del cuerpo en descomposición sobresaliese, los cuales sí podían lograr los treinta y cuatro kilogramos. Una vez seca esta pasta formaría como una cubierta dura alrededor del cuerpo (comparar Juan 11:44), pero no tenía las cualidades preservativas de una momificación egipcia.

De acuerdo con las normas comunes de los entierros judíos, estos dos hombres debieron de lavar el cuerpo ensangrentado. Luego lo envolverían en lino limpio. El texto no indica cómo lograron esto. Pero lo común era tender el cuerpo sobre una sábana grande de lino, que luego se doblaría sobre el cuerpo, en su parte frontal (por ejemplo, la mortaja o el sudario del Turín). Luego, se utilizaban más trozos de lino para envolver esa sábana de lino.

Debido a que el día de reposo se aproxima rápidamente, los dos hombres no se pueden dar el lujo de perder el tiempo. Cargan a Jesús y lo colocan en la tumba de José, a una corta distancia de donde Jesús fue crucificado, en un huerto.[76] Es un lugar privado, no un cementerio público. (Así, resulta imposible que las mujeres y Pedro con Juan se equivocaran de tumba el domingo por la mañana.) La tumba fue labrada en piedra caliza blanca. No había sido usada por nadie. Estos sepulcros en forma de cueva normalmente tenían unos tres metros cuadrados de extensión. Había como gavetas para colocar los cuerpos, unas sobre otras hasta un máximo de seis. Además, normalmente tenían túneles conocidos como *loculi* a los lados de la cueva. Éstos tenían alrededor de 35 centímetros de ancho por dos metros de profundidad para colocar allí las cajas de osamenta. Un año después de que alguien era enterrado, oficialmente finalizaba el período de lamento. Era entonces cuando un miembro de la familia entraba a la tumba y recogía los huesos.[77] Éstos se podían colocar en una caja llamada osario. Así, toda una familia completa podía ocupar una sola tumba pequeña.

El cuerpo de Jesús es colocado en una plancha de piedra labrada para tal fin. Una vez colocado el cuerpo en el lugar apropiado, una gran piedra se coloca para tapar la entrada que tiene forma de "V". A pesar de que las mujeres tenían que inclinarse para mirar dentro de la tumba (Juan 20:11), una roca de ese tamaño, descansando en una hondonada podía, efectivamente, mantener fuera a los predadores y a los saqueadores de tumbas.

---

[76] Existen dos lugares propuestos. Uno es el templo del Santo Sepulcro, dentro de las murallas actuales de la ciudad. El otro es un pequeño huerto al pie de la montaña que al tiempo presente se llama Gólgota, a las afueras de la muralla norte de la ciudad. Debido a que ninguno de los dos lugares se puede probar sin que exista duda, la evidencia fortalece más la idea de que sea el templo del Santo Sepulcro (D. Bahat, "Does the Holy Sepulchre Church Mark the Burial of Jesus?" [¿Marca el templo del Santo Sepulcro la sepultura de Jesús?] *BAR* [Revista de arqueología de la Biblia] 12/3 [1986]: 26-45; G. Barkay, " The Garden Tomb: Was Jesus Buried Here?" [La tumba en el huerto: ¿Fue sepultado allí Jesús?] [Revista arqueología de la Biblia] *BAR* 12/2 [1986]: 40-57; y J. McRay, " Tomb Typology and the Tomb of Jesus" [Tipología de la tumba y la tumba de Jesús], *ABW* [Arqueología en el mundo bíblico] 2/2 [1994]: 34-42).

[77] Esta práctica de "volver a enterrar" parece estar limitada al período de entre el año 30 a.C. – 70 d.C. En cuanto a más detalles arqueológicos de entierros palestinos del primer siglo, ver a R. Hachlili y a A. Killebrew, "Jewish Funerary Customs During the Second Temple Period, in the light of the Excavations at the Jericho Necropolis" (Costumbres fúnebres de los judíos durante el período del segundo templo, a la luz de las excavaciones de la necrópolis de Jericó), *PEQ* (Revista trimestral de la exploración palestina) 115 [1983]: 109-132.

Sección 168
Las mujeres miran la tumba, los soldados la resguardan
(Mateo 27:61-66; Marcos 15:47; Lucas 23:55-56)

Mateo 27:61 *con* Marcos 15:47 señala:

⁶¹Allí estaban, sentadas frente al sepulcro {vieron dónde lo pusieron^Mr}, María Magdalena y la otra María {la madre de José^Mr}.

Lucas 23:55-56 señala:

⁵⁵Las mujeres que habían acompañado a Jesús desde Galilea siguieron a José para ver el sepulcro y cómo colocaban el cuerpo. ⁵⁶Luego volvieron a casa y prepararon especias aromáticas y perfumes. Entonces descansaron el sábado, conforme al mandamiento.

Las mujeres quieren rendirle el debido respeto a Jesús pero se mantienen alejadas de estos dos miembros prominentes del sanedrín. ¿Cómo estar seguras de que estos dos hombres simpatizan con Jesús? También las mantiene apartadas el estigma social de ser mujeres, no pueden interactuar con los hombres. Además, Carson declara que la ley romana prohibía lamentar la muerte de un criminal (p. 584). Estas dos Marías quieren, a como dé lugar, mostrar su amor por Jesús, pero simplemente no lo pueden hacer en este preciso momento. Así que hacen lo mejor que pueden hacer. Se enteran dónde han puesto a Jesús para regresar en la primera oportunidad que tengan. Eso será al romper el alba el domingo. Por ahora, regresarán corriendo a Jerusalén, antes de que se ponga el sol, para preparar las especias necesarias para ungir a los muertos.

Mateo 27:62-66 señala:

⁶²Al día siguiente, después del día de la preparación, los jefes de los sacerdotes y los fariseos se presentaron ante Pilato. ⁶³—Señor —le dijeron—, nosotros recordamos que mientras ese engañador aún vivía, dijo: "A los tres días resucitaré". ⁶⁴Por eso, ordene usted que se selle el sepulcro hasta el tercer día, no sea que vengan sus discípulos, se roben el cuerpo y le digan al pueblo que ha resucitado. Ese último engaño sería peor que el primero. ⁶⁵—Llévense una guardia de soldados —les ordenó Pilato—, y vayan a asegurar el sepulcro lo mejor que puedan. ⁶⁶Así que ellos fueron, cerraron el sepulcro con una piedra, y lo sellaron; y dejaron puesta la guardia.

Pilato piensa que todo el asunto de Jesús había quedado resuelto a las 9:00 de la mañana el viernes. Pero como a las 3:00 de la tarde se le presentan unos judíos pidiéndole que les rompa las piernas a los crucificados. Luego, José de Arimatea se le acerca para pedirle el cuerpo de Jesús. Ahora, el sábado por la mañana ve venir a una tercer delegación de judíos solicitándole una guardia para resguardar la tumba.

No es que los jefes de los sacerdotes crean que Jesús podía resucitar de entre los muertos. Simplemente tienen miedo de que sus discípulos traten de propagar un engaño robando el cuerpo de Jesús y afirmando que hubo resucitado como cumplimiento de la "supuesta" profecía de Jesús mismo. Ahora, no nos debe sorprender que los jefes de los sacerdotes estén más prestos y sean más perceptivos en interpretar las palabras de Jesús. Eran buenos en la hermenéutica, pero muy faltos de fe.

Le piden a Pilato una guardia romana que esté a su servicio tres días. La respuesta de Pilato parece un tanto ambigua: "Llévense una guardia de soldados" [*echete koustōdian*]. ¿Significa que les dice: "Adelante, tomen lo que necesiten" (como lo implica la *Nueva Versión Internacional de la Biblia*)? O ¿significa "ustedes tienen su propia guardia del templo, úsenlos?" Mientras que ambas posibilidades pueden estar en lo correcto, al parecer Pilato pone al servicio de los judíos una guardia romana. Primero, quiere evitar cualquier conflicto que podía florecer en un desorden civil. Segundo, después de la resurrección, estos guardias están preocupados del reporte que le entregarán a Pilato (Mateo 28:14). A los guardias del templo no les concernía esto. Por el otro lado, los guardias romanos, tal vez se reportarían primero al sanedrín en vez de a Pilato ya que era un cuerpo que el sanedrín les había encargado (Mateo 28:11). Tercero, Pilato pone su sello en la piedra que sella la entrada de la tumba. Esto no es más que barro o cera impresa con un sello grabado en una sortija, con una cuerda frente a la tumba. Al mover la piedra, el sello de cera o barro se rompería. No es algo difícil de hacer, pero al hacerlo se viola a la autoridad representada con el sello. En otras palabras, con el sello de Pilato en la piedra, se violaría la autoridad de Roma, una violación con una pena o castigo ejemplar. Así, este sello apartaría a los ladrones o a los que quisieran irrumpir en la tumba. Sin embargo, Dios no se intimida con nada.

Parte trece
La resurrección y ascensión de Jesús

Finalmente, hemos llegado al meollo del asunto: la resurrección. En el libro de Hechos y en las Epístolas, este acontecimiento es proclamado como la piedra angular de nuestra fe (Hechos 2:22-36; 4:2, 33; 23:6; 24:15; Romanos 1:4; 6:5; 1 Corintios 15; Efesios 1:18; 2:4-7; Filipenses 3:10-11; 1 Tesalonicenses 4:13-18; 1 Pedro 3:18-22; Apocalipsis 20:5-6). Pablo llega a señalar que si Jesús en verdad y de hecho no resucitó corporalmente de entre los muertos, entonces nosotros somos dignos de conmiseración como cristianos (1 Corintios 15:19). Este acontecimiento hace toda la diferencia en el mundo. Valida la afirmación de Jesús: ser el Hijo de Dios. Entonces, podemos creer en él implícitamente y seguirlo de manera total. Valida la obra redentora de Jesús en la cruz. Si él no hubiese resucitado de entre los muertos, entonces no fue más que un simple y valiente mártir y nosotros seguimos sumidos en nuestros pecados (1 Corintios 15:17). Nos asegura nuestra propia victoria sobre la muerte y nos otorga la esperanza de nuestra propia resurrección (1 Corintios 15:21-22, 42-44, 51-54). ¡El único enemigo de la humanidad ha sido derrotado! Esto no es simple acrobacia teológica. Los evangelistas registraron para nosotros el mensaje más importante en cuanto a la vida y la muerte (¡y nuevamente la vida!).

Sin embargo, no todos están dispuestos a aceptar la resurrección de Jesús como un hecho histórico. Algunos la niegan por razones filosóficas, religiosas o hasta "científicas". Pero se debe reconocer, de alguna manera, el testimonio de los evangelios. Existen, sin embargo, cinco teorías que intentan negar la realidad histórica de la resurrección corporal de Jesús.[1]

(1) El cuerpo fue robado. — *Los discípulos robaron el cuerpo de Jesús para luego propagar la gran mentira de que había resucitado.* Esta fue la teoría original planeada por los judíos (Mateo 28:11-15). Sin embargo, inmediatamente nos enfrentamos a dos problemas: motivación y habilidad. ¿Cómo pudieron arrastrarse once personas para pasar la guardia romana que estaba bien armada, rodar la piedra (sin despertar a los guardias), llevarse el cuerpo y luego propagar esta mentira de la resurrección? Aun si hubiesen podido haberlo hecho, ¿con qué motivo? Ninguno de los once lo creyó a pesar de que algunas personas afirmaron haber visto a Jesús. Y para que un judío profanara una tumba, especialmente una de tanta dignidad, no tiene precedente alguno. Además, estos serían unos ladrones muy tontos para violar la tumba de un campesino crucificado, desenvolver un cuerpo en putrefacción en el sitio (especialmente para robarse las especias y los ungüentos) y luego dejar todo el lugar bien arreglado con las sábanas y las vendas bien dobladas antes de irse.

(2) La teoría del desvanecimiento (especialmente promovida en The Passover Plot *[el complot de la Pascua] por Dr. Hugh J. Schonfield), Jesús realmente no murió, sino que simplemente se desmayó y luego volvió en sí.* Pero consideremos los hechos. Después de ser azotado, Jesús fue entregado a ejecutores profesionales para ser crucificado. Cuando José de Arimatea pidió el cuerpo, Pilato ordenó al centurión que se asegurase bien de su trabajo. Se aseguraron de la muerte de Jesús perforándole el costado con una lanza. El fluido copioso de sangre y agua aseguró un corazón también traspasado. Después, Jesús fue envuelto en lino con 34 kilogramos de especias. Aún si Jesús seguía moribundo, seguro que esto lo habría sofocado. Después de esto, Jesús fue colocado en una tumba fría que fue sellada con una piedra enorme. Sobrevivir a tal sometimiento físico y luego escapar de la tumba, en verdad habría sido un milagro tan grande como la misma resurrección.

(3) La tumba equivocada: Las mujeres, luego Pedro y Juan, acudieron a la tumba equivocada y luego pensaron que Jesús había resucitado. Sin embargo, esta era una tumba privada, no un cementerio público. No había otras tumbas con las cuales se pudieran confundir. Además, es difícil pensar que María, la madre de Jesús, olvidase tan

---

[1] En cuanto a una defensa prolongada de la resurrección corporal e histórica, ver a N. L. Geisler, *La batalla por la resurrección* [Nashville: Nelson, 1989].

rápido dónde habían puesto a su hijo, especialmente cuando la tumba estaba sellada con una gran piedra y con una guardia romana ante ella. Pero el punto más débil de esta teoría es que no explica dónde estaba el cuerpo de Jesús y por qué el sanedrín no lo pudo exhibir así en el día del Pentecostés.

(4) *Alucinación: Los discípulos ansiaban que Jesús resucitase al punto de alucinar con apariciones.* La psicología efectivamente acaba con esta teoría. Jamás ha habido grupos de personas que tengan la misma alucinación (ver 1 Corintios 15:6). Además, se necesita de cierta sicosis para alucinar. Ahora, podríamos asumir que dos o tres de sus discípulos estuviesen en ese estado en algún momento de sus vidas, pero no todos a la misma vez. Un problema mayor es que ninguno de sus discípulos realmente esperaba que Jesús resucitase y por ello no pudieron tener alucinaciones al respecto. Nuevamente, esta teoría tampoco nos dice dónde se encuentra el cuerpo de Jesús.

Una teoría similar afirma que la resurrección de Jesús fue algo espiritual y no físico. Así, sus discípulos no vieron su cuerpo sino una "cristofanía" (un tipo de aparición o visión). Eso no es lo que afirman los evangelios. Su intento es que creamos que Jesús resucitó físicamente. Así, una teoría de una resurrección no corporal no se puede defender ni de manera escritural[2] ni filosófica.[3]

(5) *Mito: Los evangelios son una "ficción" literaria con pocas bases en la realidad histórica.* Sin embargo, si esta fuese una mera fabricación literaria podríamos esperar una gran cantidad de diferencias de lo que actualmente tenemos en los evangelios.[4] Por ejemplo, no se

---

[2] N. L. Geisler, " The Significance of Christ's Physical Resurrection" (El significado de la resurrección física de Jesús), *BibSac* (Biblioteca Sacra) 146 [1989]: 148-170.

[3] S. T. Davis, "Was Jesus Raised Bodily?" (¿Resucitó corporalmente Jesús?), CSR (Revista para el estudiante cristiano) 14/2 [1985]: 140-152 y G. J. Hughes, "Dead Theories, Live Metaphors and the Resurrection" [Teorías muertas, metáforas vivas y la resurrección], HeyJ (Revista Heythrop) 29 [1988]: 313-328.

[4] Russ Dudrey señala que los escritores de los evangelios jamás habrían creado una ficción en cuanto a la resurrección en su contexto judío-helénico. Por ejemplo, los helénicos anticipaban un desprendimiento del cuerpo con la muerte, no que se quedara uno "atrapado" con el mismo cuerpo en la resurrección. Si, de hecho, estas son historias inventadas, NO narraciones históricas, los autores resultan ineptos en tanto que no pudieron predecir y evitar los cargos más elementales de los filósofos greco-romanos. Ross Dudrey, "What the Writers Should Have Done Better: A Case for the Resurrection of Jesus Based on Ancient Criticisms of Resurrection Reports" (Lo que los autores debieron haber hecho mejor: Un caso de la resurrección de Jesús basado en críticas antiguas de reportes de resurrecciones), *SCJ* (Revista de Stone-Campbell) 3 [primavera, 2000]: 35-54. Aún más, P. Bolt demuestra que las teorías que defienden alguna conexión con cualquier mito con sus respectivos héroes o motivos de traducción yerran su punto a desarrollar "Mark 16:1-8: The Empty Tomb of a Hero" (Marcos 16:1-8: La tumba vacía de un héroe), *TB* (Boletín Tyndale) 47/1 [1996]: 27-38.

esperaba que fuesen las mujeres las primeras testigos.⁵ Y Pedro y compañía hubieran esperado que así sucediese y habrían creído inmediatamente. Seguro que alguien habría visto tal acontecimiento de tal magnitud.⁶ La verdad es que los evangelistas escriben con "moderación y sobriedad y estas narraciones se comparan más tarde con los evangelios apócrifos (por ejemplo, *Gospel of Peter* [El Evangelio de Pedro], 9:35–11:44)" (Carson, p. 588). Lo que estamos a punto de leer no es ficción literaria sino una presentación de aquello que los evangelistas creyeron hechos históricos.⁷

La evidencia a favor de la resurrección de Jesús resulta abrumadora. Muchas cosas solamente se pueden considerar o cobran sentido por la resurrección literal corporal del Señor: (1) La conversión de las 3,000 personas en el día del Pentecostés que sucedió tan enseguida y cerca del lugar donde Jesús murió; (2) la transformación de Pedro y de Pablo; (3) el martirio de los apóstoles; (4) la continuación de las ordenanzas como son el bautismo y la cena del Señor; (5) el día de adoración pasó del día sábado al domingo (por ejemplo, Hechos 20:7); (6) el testimonio fiel de la iglesia primitiva en cuanto a que este acontecimiento sí sucedió; y (7) las vidas cambiadas de millones de cristianos a lo largo de toda la historia.⁸

---

⁵No sería común presentar como testigos principales a las mujeres porque ellas no podían ser testigos legales en la cultura judía. Josefo afirma: "Que el testimonio de las mujeres no se acepte por ser seres que actúan con ligereza y son presuntuosas" (*Ant* 4.219). Pero como lo señalan G. O'Collins y D. Kendall, María Magdalena, en particular, fue una testigo principal de la resurrección de Jesús. De las seis narraciones de la resurrección (Marcos 16:1-8, 9:20; Mateo 28:1-20; Lucas 23:56b–24:53; Juan 20:1-29; 21:1-23), María aparece en primer lugar en cinco de ellas. Resulta imposible que esa sea una treta o invención literaria del primer siglo (G. O'Collins y D. Kendall, "Mary Magdalene as Major Witness to Jesus' Resurrection" [María Magdalena como testigo principal de la resurrección de Jesús], *TS* [Estudios teológicos] 48 [1987]: 631-646).

⁶Otras anexiones literarias potenciales pudieran incluir más pruebas de la profecía, el hecho de que Jesús bajó al infierno, una descripción del cuerpo resucitado de Jesús y la aparición de Jesús a los incrédulos miembros del sanedrín.

⁷W. L. Craig, "The Historicity of the Empty Tomb of Jesus" (La comprobación histórica de la tumba vacía de Jesús), *NTS* (Estudios del Nuevo Testamento) 31 [1985]: 39-67, muestra cómo el evangelista presenta la resurrección como un hecho histórico. Felizmente, el escepticismo de los racionalistas rápidamente mengua en los círculos de los eruditos actuales. La tumba vacía es ampliamente aceptada como hecho histórico. Hasta forma la base de la polémica anti-cristiana original contra la realidad de la resurrección de Jesús.

⁸N. T. Wright, en *Jesus the victory of God* (Jesús la victoria de Dios) [Minneapolis: Fortress, 1996], p. 10, señala que "En ningún caso escuchamos de algún grupo, que después de la muerte de su líder, señale que él está vivo nuevamente". Después de la muerte de los líderes revolucionarios judíos, sus movimientos murieron con ellos siempre y para siempre. Eso fue así para Juan el Bautista, Judas de Galilea, Simón, Atronges, Eleazar Ben Dina, Alejandro, Menajem, Simón bar Glera y Bar-Kochba. También ver a P. Bolt, "Empty Tomb of a Hero" (La tumba vacía de un héroe), 27-37.

Al mismo tiempo, en ninguna parte de los evangelios hay dificultad textual o variación entre las narraciones o registros.⁹ Tal vez esto se deba a la naturaleza misma de los acontecimientos, lo conciso de las narraciones, las profundas narraciones personales de las apariciones de Jesús y el particular énfasis teológico de cada uno de los evangelistas al llegar al fin de su libro. Mientras que estas variaciones casi desafían la armonía, no son ni contradicciones irreconciliables ni impugnan la veracidad histórica de los registros. Así, mientras quedamos perplejos, no hay razón para dudar de la verdad central del evangelio: ¡Jesús está vivo y se encuentra bien!

Secciones 169-171
Las mujeres encuentran vacía la tumba
(Mateo 28:1-8; Marcos 16:1-8; Lucas 24:1-9; Juan 20:1)

Marcos 16:1 con Lucas 24:10 señala:

¹Cuando pasó el sábado, María Magdalena, {Juana^{Lc}}, María la madre de Jacobo, y Salomé compraron especias aromáticas para ir a ungir el cuerpo de Jesús.

Mateo 28:1-4 señala:

¹Después del sábado, al amanecer del primer día de la semana, María Magdalena y la otra María fueron a ver el sepulcro. ²Sucedió que hubo un terremoto violento, porque un ángel del Señor bajó del cielo y, acercándose al sepulcro, quitó la piedra y se sentó sobre ella. ³Su aspecto era como el de un relámpago, y su ropa era blanca como la nieve. ⁴Los guardias tuvieron tanto miedo de él que se pusieron a temblar y quedaron como muertos.

El viernes por la tarde (Lucas 23:56) y el sábado por la noche (Marcos 16:1) estas mujeres piadosas se ocuparon comprando y preparando un óleo fragante para el sepelio de Jesús. El domingo por la mañana sería bastante tarde para cubrir el hedor del cuerpo descompuesto y un tanto innecesario ya que Nicodemo había provisto como 34 kilogramos de ungüento para tal fin. A pesar de ello, ungir un cuerpo era un acto de devoción y amor de lo cual estas mujeres no se van a privar. La siguiente tabla muestra qué mujeres identifica

---

⁹C. E. B. Cranfield, " The Resurrection of Jesus Christ" (La resurrección de Jesucristo), *ExpT* (Revista expositor) 101 [1990]: 167-172, enlista diez aparentes discrepancias en las narraciones de la resurrección y da explicaciones razonables para cada una de ellas.

cada evangelista en el sepulcro. Es muy posible que todas ellas fueron juntas a la tumba, pero no necesariamente.[10]

Mateo 28:1	Marcos 16:1	Lucas 24:10	Juan 20:1-2
María Magdalena	María Magdalena	María Magdalena	María Magdalena
María la madre de Jacobo	María la madre de Jacobo,	María la madre de Jacobo,	
	Salomé		
		Juana	
		otros	"nosotros" implícito en "no sabemos" v. 2

Mientras todavía está oscuro, se dirigen a la tumba (Juan 20:1). Al ir subiendo, el sol se asoma en la cima del monte de los Olivos al este. De pronto, hay un tremendo terremoto, tal vez una réplica del gran terremoto sobrenatural del viernes. Esta pequeña banda de mujeres se muestra todavía más temerosa. Pero no están tan asustadas como los guardias. A ciencia cierta, no sabemos qué fue lo que vieron estos hombres. Mateo simplemente afirma que ellos "informaron a los jefes de los sacerdotes de todo lo que había sucedido" (28:11). De acuerdo con Mateo 28:3-4, es posible que ellos hayan visto a este ser angelical radiante venir del cielo, rodar la piedra con una sola mano y sentarse en ella. Y basados en su reporte al Sanedrín, también observaron que la tumba estaba vacía. Estos guardias son los únicos testigos potenciales de la resurrección. Si Jesús salió de la tumba en el preciso instante en que el ángel rodó la piedra, ellos lo debieron de haber visto. Pero, Jesús pudo haber salido del sepulcro aun con la piedra en su lugar (ver Juan 20:26).

Marcos 16:2-4 *con* Juan 20:1 señalan:

²Muy de mañana el primer día de la semana, apenas salido el sol, {cuando todavía estaba oscuro^Jn} se dirigieron al sepulcro. ³Iban diciéndose unas a otras: «¿Quién nos quitará la piedra de la entrada del sepulcro?» ⁴Pues la piedra era muy grande. Pero al fijarse bien, se dieron cuenta de que estaba corrida.

---

[10] J. Wenham, *Easter Enigma* (El enigma de la Pascua) [Grand Rapids: Baker, 1984], pp. 82-84, sugiere que María Magdalena, María la esposa de Cleofas y Salomé van juntas a la tumba, partiendo de la casa de Juan. Y Juana y "Susana" van juntas, partiendo del palacio Hasmoneo.

Lucas 24:3-4 *con* Marcos 16:5 señalan:

³y, al entrar, no hallaron el cuerpo del Señor Jesús. ⁴Mientras se preguntaban qué habría pasado, se les presentaron dos hombres {un joven vestido con un manto blanco[Mr]} con ropas resplandecientes {sentado a la derecha[Mr]}.

Estas pobres mujeres apenas se acaban de reponer del terremoto cuando se dan cuenta de la realidad. "¿Quién va a mover la piedra del sepulcro para que podamos ungir el cuerpo de Jesús?" En ese momento llegan al sepulcro y se dan cuenta que la piedra ha sido removida. No saben cómo.

Al entrar en la tumba, se dan cuenta que enfrentan un problema mucho más grande que la piedra. ¡El cuerpo no está! ¿Quién se lo llevó? Y ¿dónde lo han colocado? Antes que puedan tener una hipótesis, su confusión aumenta por lo que ven dentro de la tumba. Hay dos hombres vestidos con ropas resplandecientes, como el relámpago.[11] De manera instintiva, las mujeres caen de rodillas con sus rostros a tierra.

Lucas 24:5-8 *con* Mateo 28:5-6; Marcos 16:6 señalan:

⁵Asustadas, se postraron sobre su rostro, pero ellos {ángel[Mt]} les dijeron:

{—No tengan miedo; sé que ustedes buscan a Jesús[Mt]} {el nazareno, el que fue crucificado[Mr]} —¿por qué buscan ustedes entre los muertos al que vive? ⁶No está aquí; ¡ha resucitado! {Vengan a ver el lugar donde lo pusieron[Mt]} Recuerden lo que les dijo cuando todavía estaba con ustedes en Galilea: ⁷"El Hijo del hombre tiene que ser entregado en manos de hombres pecadores, y ser crucificado, pero al tercer día resucitará".

⁸Entonces ellas se acordaron de las palabras de Jesús.

Mateo 28:7 *con* Marcos 16:7 señalan:

⁷Luego vayan pronto a decirles a sus discípulos {y a Pedro[Mr]}: "Él se ha levantado de entre los muertos y va delante de ustedes a Galilea. Allí lo verán {tal como les dijo[Mr]}". Ahora ya lo saben.

El ángel las conforta diciendo: "No tengan miedo". Típicamente, estas son las primeras palabras de un ángel (Mateo 1:20; 28:5, 10; Lucas 1:13, 30; 2:10; Hechos 18:9; 27:24). Este ángel va al grano.

---

[11]Mateo entra en acción y señala que son ángeles. Marcos y Lucas los identifican como ángeles por sus vestiduras (Lucas 24:23). Además, Mateo y Marcos se concentran en el ángel que habló, mientras que Lucas da todo detalle de dos seres reales (Juan 20:12). Esto no es raro (Mateo 8:28; 20:30 y los paralelos). Lucas puede estar enfatizando la legalidad de la presencia de dos testigos.

Desde el punto de vista celestial, todo está perfectamente claro. Jesús predijo su resurrección varias veces (Mateo 16:21; 17:23; 20:19; Lucas 9:22, 43-45; 18:31-33). Él únicamente hace lo que prometió que haría y lo que su naturaleza divina demandaba. ¿Por qué resulta tan difícil creer eso? El ángel no podía entender la incredulidad de las mujeres.

El ángel les ordena que rápidamente les informen a los hombres (especialmente a Pedro), de lo que ha sucedido. Deben encontrarse con Jesús en Galilea. Esto resulta muy apropiado ya que fue en Galilea donde todo empezó y desde allá es más apropiado lanzar su misión a los gentiles. Pero esto no quiere decir que Jesús no se les aparecerá en Jerusalén. En verdad, en toda la siguiente semana, durante la celebración de la Pascua, se les aparecerá varias veces. Después de la Pascua estos hombres deben regresar a sus hogares en Galilea y deben esperar más indicaciones de parte del Señor. Como un mes más tarde deben regresar a Jerusalén para la fiesta del Pentecostés. Naturalmente, deben llegar antes para el período de purificación. Será en ese tiempo cuando Jesús ascienda desde el monte de los Olivos, diez días antes del Pentecostés.[12]

Marcos 16:8 *con* Mateo 28:8 señalan:

> **8**Temblorosas y desconcertadas {pero muy alegres^{Mt}}, las mujeres salieron huyendo del sepulcro. No dijeron nada a nadie, porque tenían miedo.

Lucas 24:9 señala:

> **9**Al regresar del sepulcro, les contaron todas estas cosas a los once y a todos los demás.

Las mujeres tienen miedo, están confundidas, pero rebosan de alegría. Corren lo más que pueden para compartir las noticias con los once, sin detenerse a conversar con nadie en el camino.[13]

---

[12]La compactación en la narración de Lucas solamente señala de las apariciones en Jerusalén. Por otro lado, Mateo enfatiza las apariciones en Galilea. Sin embargo, como lo señala C. F. D. Moule, ciertamente esto no constituye una contradicción a la luz de los constantes viajes de ida y vuelta entre Jerusalén y Galilea (" The Post-Resurrection Appearances in the Light of Festival Pilgrimages" [Las apariciones después de la resurrección a la luz de las peregrinaciones debido a los festivales y las celebraciones], NTS [Estudios del Nuevo Testamento] 4 [1957-58]: 58-61.)

[13]Marcos 16:8 tal vez presente lo último que Marcos escribió. Los vv. 9-20 no están escritos al estilo o vocabulario de Marcos y está plagado de dificultades textuales. Pero, ¿pudo cerrar Marcos su libro en el v. 8? Esto querrá decir que Marcos terminó su libro con una marca de terror, sin la aparición del Jesús resucitado y su última palabra en su libro sería la conjunción griega *gar*, significando "por ello" o "por esta causa". Sin embargo, F. W. Danker, "Postscript to the Markan Secrecy Motif" (Nota posterior al motivo secreto de Marcos], CTM (Revista

Su reporte, naturalmente, se dirige a Pedro y a Juan, quienes están en el centro del círculo y los otros nueve los rodean en un círculo muy cerrado. Otros discípulos más escuchan todo, incrédulos, desde fuera, un poco más retirados.

Sección 172
Pedro y Juan investigan la tumba vacía
(Lucas 24:9-12; Juan 20:2-10)

Juan 20:2 *con* Lucas 24:9-12 señala:

> ²Así que {María Magdalena, Juana, María la madre de Jacobo, y las demás que las acompañaban^{Lc}} fue corriendo {al regresar del sepulcro^{Lc}} a ver a Simón Pedro y al otro discípulo, a quien Jesús amaba, {a los once y a todos los demás^{Lc}} y les dijo:
> —¡Se han llevado del sepulcro al Señor, y no sabemos dónde lo han puesto! {Pero a los discípulos el relato les pareció una tontería, así que no les creyeron.^{Lc}}

Al parecer, entre Lucas y Juan hay una discrepancia. Juan se enfoca en María y su incredulidad. Ella está convencida de que el cuerpo de Jesús ha sido robado, no que Jesús hubiese resucitado como lo han anunciado (en Lucas) los ángeles (Juan 20:2, 11-15). Sin embargo, Lucas se refiere a todo el grupo de mujeres. Como un todo, creen a los ángeles y recuerdan como Jesús predijo su resurrección (Lucas 24:6-8). Podemos arreglar estas diferencias en una de dos formas.

Primero, María pudo haber mirado dentro de la tumba vacía y corrió rápidamente a contarles a los apóstoles antes de que los ángeles se aparecieran. Así, ella les reporta a Pedro y a Juan que la tumba está vacía y ellos corren a verificarlo. Las otras mujeres les reportan a los otros nueve apóstoles restantes y más tarde a Pedro y a Juan por separado. Toda la información, sin embargo, es rechazada por los apóstoles. María sigue a Pedro y a Juan al sepulcro donde ella llora

---

mensual de teología concordia) 38 [1967]: 24-27, defiende Marcos 16:8 como fin del libro. Él sugiere que este fin abrupto encaja perfectamente con el inicio abrupto del libro al igual que su motivo secreto (1:45). Además, P. W. van der Horst, "Can a Book End with *gar*? A Note on Mark 16:8" (¿Puede terminar en gar un libro? Una nota de Marcos 16:8), *JTS* (Revista de estudios teológicos) ns 23 [1972]: 121-124, muestra que gramaticalmente es posible terminar una oración o hasta un libro así, con la palabra *gar*. Y J. Williams ofrece una gran cantidad de explicaciones especulativas para tal terminación: "Literary Approaches to the End of Mark's Gospel" (Enfoques literarios en cuanto al final del evangelio de Marcos), *JETS* (Revista de la sociedad teológica evangélica) 42/1 [1999]: 21-35.

y se lamenta amargamente y ve a los ángeles por primera vez (Juan 20:12). En ese instante, Jesús se le aparece. Ella, entonces, cree. Sale corriendo para reportar a los apóstoles lo que resulta ser la primera aparición de Jesús ya resucitado (Marcos 16:9-11).

Una segunda explicación es que todas las mujeres, incluyendo a María, ven a los ángeles y juntas lo reportan a los apóstoles (Lucas 24:9-10). Sin embargo, no todas las mujeres tienen el mismo nivel de credibilidad. Eso, claro, sería natural; tampoco todos los apóstoles creen a la misma vez (comparar Lucas 24:12 y Juan 20:8). Tal vez María no está tan convencida como las demás de que en verdad Jesús está vivo. Una vez que ella sale y se aleja del huerto, el sepulcro vacío se torna una realidad más certera que el mismo mensaje angelical.

La narrativa está tan compacta, es casi imposible ver donde caben cada una de las piezas. Pero no necesitamos hacerlo. Podemos estar seguros de lo siguiente: (1) Pedro y Juan saben por medio de María que la tumba está vacía y salen corriendo a comprobarlo. (Tal vez se quedaron el tiempo suficiente para escuchar el otro reporte de las mujeres también.) (2) Por lo menos nueve apóstoles escuchan a las demás mujeres hablar de un anuncio angelical que Jesús ha resucitado de entre los muertos. (3) La fe de las mujeres crece (Lucas 24:8), pero los hombres creen que sus emociones las traicionan.

Juan 20:3-10 *con* Lucas 24:12 señalan:

> ³Pedro y el otro discípulo se dirigieron entonces al sepulcro. ⁴Ambos fueron corriendo, pero como el otro discípulo corría más aprisa que Pedro, llegó primero al sepulcro. ⁵Inclinándose, se asomó y vio allí las vendas, pero no entró. ⁶Tras él llegó Simón Pedro, y entró en el sepulcro. Vio allí las vendas ⁷y el sudario que había cubierto la cabeza de Jesús, aunque el sudario no estaba con las vendas sino enrollado en un lugar aparte. ⁸En ese momento entró también el otro discípulo, el que había llegado primero al sepulcro; y vio y creyó. {Pedro, sin embargo, ... volvió a su casa, extrañado de lo que había sucedido^Lc} ⁹Hasta entonces no habían entendido la Escritura, que dice que Jesús tenía que resucitar.
>
> ¹⁰Los discípulos regresaron a su casa.

Tanto Pedro como Juan corren al sepulcro a *toda prisa*. Al principio corren a la par, pero Pedro simplemente no puede seguirle el trote a Juan, y Juan está tan ansioso que no lo puede esperar. Tal vez Pedro sea más viejo que Juan o tal vez no tan atlético. Sin importar las razones, Pedro se queda atrás. Pobre María, va más atrás todavía.

Aparentemente, ella no llega a la tumba sino hasta después de que Pedro y Juan han partido de regreso.

Cuando Juan llega al lugar, ciertamente, la piedra ha sido movida. Se detiene a la entrada y se inclina para mirar dentro. ¡El cuerpo no está! Todo lo que queda son las vendas de lino que enrollaban el cuerpo de Jesús. En ese instante, Pedro, recuperando el aliento, hace a Juan a un lado y entra al sepulcro. Ve más de cerca.[14] Pedro mira tanto las vendas de lino como el sudario por separado. Además, el sudario está "doblado". La palabra significa "enrollado" (comparar Lucas 23:53). "Implica que la tela había sido enrollada alrededor de la cabeza en forma de esfera y no doblada como se haría con una servilleta de mesa" (Tenney, p. 189). El texto no indica que la tela estuviese en la posición exacta de cuando estuvo en la cara de Jesús, como si apenas hubiese salido de ella, pero sí indica que las ropas de la sepultura estaban en orden. En otras palabras, esto no es obra de los saqueadores de tumbas. Cualquiera que hubiese robado o llevado el cuerpo, se habría llevado también "el envoltorio". Después de todo, ¿quién desenvolvería un cuerpo en plena descomposición? Y considerando a los guardias fuera del sepulcro, ningún ratero se tomaría la molestia en doblar las ropas, aun si la hubiesen quitado del cuerpo. ¡Esto simplemente no tiene sentido! Pedro queda estupefacto.

Finalmente, Juan entra al sepulcro y ve todo bien arreglado. Aunque no lo relaciona todavía con el cumplimiento de la profecía (ver Salmo 16:10; Isaías 53:10-11; Oseas 6:1-2; Lucas 24:26-27), cree que Jesús resucitó como lo había prometido (ver Juan 2:22; 11:25; 16:22).[15] Por otro lado, Pedro necesita más tiempo y más evidencias. Sale todo confundido. ¡Qué discusión tan acalorada debieron haber tenido estos dos de regreso a casa!

---

[14] Hay tres palabras distintas en los vv. 5-8 para "mirar" [v. 5: *blepei*; v. 6: *theorei*; v. 8: *eiden*]. Tomado como un total, Juan está señalando que todos investigaron la tumba cuidadosamente.

[15] En su profundo artículo, "The Faith of the Beloved Disciple and the Community of John 20" (La fe del discípulo amado y la comunidad de Juan capítulo 20), JSNT (Revista para el estudio del Nuevo Testamento) 23 [1985]: 83-97, B. Byrne analiza la estructura de Juan capítulo 20. Él señala que María Magdalena (11-18), los apóstoles (19-23) y en particular Tomás (24-29), creyeron únicamente después de haber visto a Jesús. Por otro lado, Juan cree basándose en las ropas y telas que cubrieron la cabeza de Jesús (tal vez en contraste con las vendas de Lázaro [11:44]) sin ver a Jesús. Así, sólo "el discípulo amado" demuestra el paradigma de la señal de fe que Jesús elogia (20:29). Finalmente, de esto trata todo el libro (20:31). De esta manera, Juan modela para sus lectores la propia respuesta que se debe dar a Cristo.

Sección 173
Jesús se le aparece a María Magdalena
([Marcos 16:9-11];[16] Juan 20:11-18)

Juan 20:11-14 señala:
¹¹pero María se quedó afuera, llorando junto al sepulcro. Mientras lloraba, se inclinó para mirar dentro del sepulcro, ¹²y vio a dos ángeles vestidos de blanco, sentados donde había estado el cuerpo de Jesús, uno a la cabecera y otro a los pies.
¹³—¿Por qué lloras, mujer? —le preguntaron los ángeles.
—Es que se han llevado a mi Señor, y no sé dónde lo han puesto —les respondió.
¹⁴Apenas dijo esto, volvió la mirada y allí vio a Jesús de pie, aunque no sabía que era él.

Marcos 16:9 señala:
⁹Cuando Jesús resucitó en la madrugada del primer día de la semana, se apareció primero a María Magdalena, de la que había expulsado siete demonios.

Pedro y Juan regresan a casa para dar parte de la situación. Ellos están tan metidos en su conversación que ignoran a María (que no habría sido raro o rudo en su cultura). Ella está tan devastada mientras se encuentra llorando frente a la tumba [*klaiō*, Lucas 8:58; Juan 11:31, 33]. Cuando ella se inclina para mirar dentro de la tumba y ver qué fue lo que impresionó tanto a Pedro y a Juan, ella

---

[16] Del v. 9 hasta el fin de Marcos capítulo 16 resulta ser el texto que más disputa genera en toda la Biblia. Los manuscritos antiguos lo manejan de varias formas. (1) El Sinaítico (N) y el Vaticano (B) lo omiten, aunque el Vaticano deja un espacio donde se podría insertar. Aquellos que concuerdan en que se debe omitir son Clemente, Orígenes, Eusebio, Jerónimo y Amonio. (2) Una gran cantidad de manuscritos lo incluyen (A, C, D, K, X, Δ, Θ, ω) desde las familias tan antiguas como lo son las bizantinas, de Alejandría y del occidente. (3) Otros manuscritos más lo incluyen pero con una nota aclaratoria, marcada con un asterisco o cualquier otra marca (ƒ1, 137, 138, 1110, 1210, 1215, 1217, 1221, 1241^{vid} y el 1582). (4) Los vv. 9-20 son reemplazados por una terminación corta (it^k, k). (5) Se incluye a los vv. 9-20 junto con la terminación corta. En ocasiones los vv. 9-20 están colocados primero (L, Ψ, 099, 0112, 274^{mg}, 579, 1602) y aveces las terminaciones cortas están primeros (274^{mg} 1$^{961, 1602}$. (6) Se inserta una larga aclaración entre los v. 14 y 15 (W). La verdad es que no podemos saber a ciencia cierta si fue Marcos quien escribió esto o no. Sin embargo, si lo quitamos por completo deja un final difícil y raro al evangelio. S. Helton, "Churches of Christ and Mark 16:9-20" (Las iglesias de Cristo y Marcos 16:9-20), *RestQ* (Publicación trimestral de la restauración) 36 [1994]: 33-52, presenta una opción bastante atractiva. Mientras que tal vez no fue Marcos quien lo escribió, fue insertado por alguien con la autoridad suficiente en la antigüedad y se debe considerar dentro del canon. Por lo tanto, Marcos 16:9-20 se tratará en esta ocasión con la autoridad antigua, si no es que con un estado canónico, a pesar de que reconozcamos que Marcos no fuese el autor de estas palabras.

ve algo que ellos no vieron. Dos ángeles, aparentemente los mismos que habían estado allí antes (Mateo 28:5; Marcos 16:5; Lucas 24:4), están sentados en la saliente donde fue colocado el cuerpo de Jesús. Seguro que ella sabe que estos son ángeles; Lucas describe sus ropas como "resplandecientes como el relámpago". Eso no puede pasar inadvertido. En Juan, esta es la primera vez que María ve estos ángeles. Esto nos lleva a concluir que María corrió y se separó del otro grupo de mujeres, a quienes estos ángeles se les aparecieron anteriormente. Por el otro lado, los sinópticos parecen colocar a María en la escena cuando los ángeles aparecen. Por lo tanto, no sabemos a ciencia cierta si este es el primer o el segundo encuentro de María con estos ángeles.

Ellos le preguntan a María: "¿Por qué lloras?" Esta es una ocasión gloriosa si tan sólo ella les pusiera atención y creyera. Estos pobres ángeles deben estar pasmados ante tanta incredulidad de los humanos por no creer las palabras del mismo Jesús. María no puede quitarse la idea de que en verdad alguien se robó el cuerpo de su Señor.

Antes de que los ángeles tengan tiempo de responder, Jesús aparece detrás de María. No sabemos qué fue lo que hizo que María voltease y lo viera. Tal vez fueron los ángeles los que miran a Jesús o lo señalan. Tal vez María sintió sus pasos detrás de ella. Sin importar la razón, ella voltea, lo ve, pero no lo reconoce. (Los ángeles deben estar muertos de risa por tanta incredulidad). Tal vez la apariencia de Jesús estaba velada como con los dos en camino a Emaús (Lucas 24:16, 31; Marcos 16:12). O tal vez sus ojos estaban llenos de lágrimas y por la niebla matutina no podía ver bien. A pesar de todo, ella sigue sin verlo directamente (Juan 20:16).

Juan 20:15-18 *con* Marcos 16:10 señalan:

[15]Jesús le dijo:
—¿Por qué lloras, mujer? ¿A quién buscas?
Ella, pensando que se trataba del que cuidaba el huerto, le dijo:
—Señor, si usted se lo ha llevado, dígame dónde lo ha puesto, y yo iré por él.
[16]—María —le dijo Jesús. Ella se volvió y exclamó:
—¡Raboni! (que en arameo significa: Maestro).
[17]—Suéltame, porque todavía no he vuelto al Padre. Ve más bien a mis hermanos y diles: "Vuelvo a mi Padre, que es Padre de ustedes; a mi Dios, que es Dios de ustedes".
[18]María Magdalena fue a darles la noticia a los discípulos {que habían estado con él, que estaban lamentándose y llorando[Mr]}.

«¡He visto al Señor!,» exclamaba, y les contaba lo que él le había dicho.

Marcos 16:11 señala:

11Pero ellos, al oír que Jesús estaba vivo y que ella lo había visto, no lo creyeron.

Jesús le hace a María la misma pregunta que le hicieron los ángeles: "¿Por qué lloras?" Ella asume que la persona que le hace esta pregunta es el cuidador del huerto. ¿Quién más estaría allí tan de mañana? Esperando que este personaje le pudiera ayudar, ella le pregunta donde ha puesto el cuerpo. Ella hasta se ofrece para llevárselo.

Cuando Jesús se dirige a ella por su nombre, que solamente él podía hacer, al instante lo reconoce. Su dulzura e intimidad son inconfundibles. Ella exclama: "¡Raboni!" (título de gran honor) y se aferra a él. Jesús le pide que lo libere [*mē mou haptou*], pero no porque lo "contaminaría" en su estado actual, ya que él invita a Tomás a que lo toque (Juan 20:27). No, ella no debe intimidar tanto con él porque (1) él no se va a quedar con ellos indefinidamente y (2) hay trabajo por hacer. Ella es la primera que ve a Jesús y debe comunicarlo a los apóstoles.

Jesús los llama "hermanos" por primera vez (en Juan). Los tiempos cambian. Jesús los eleva a posiciones nuevas al concederles el bastón de mando por cuanto ya los ha redimido de sus pecados (ver Hebreos 2:11). Ya no son tan sólo sus amigos (Juan 15:15), sino hermanos. Jamás seremos igual a Jesús, pero somos sus hermanos y él comparte su herencia con nosotros (Romanos 8:17). A pesar de ello, Jesús hace una clara diferencia entre "mi Padre y el Padre de ustedes, mi Dios y el Dios de ustedes". Mientras que hay un solo Dios, nuestra relación con él es muy distinta a la de Jesús. Él es Hijo por naturaleza, nosotros por adopción.

María irrumpe en el cuarto donde los apóstoles se encuentran todos confundidos y llorando. Seguro que ellos han escuchado el reporte de Pedro y de Juan. Algunos hasta debieron haberse inclinado hacia Juan para escuchar su interpretación, otros se cargaron por el lado de Pedro. María claramente coincide y favorece a Juan diciendo: "¡Lo he visto! . . . ¡Lo toqué!" Pero, sigue siendo una "simple mujer". Rehúsan creerle.

Sección 174
Jesús se aparece a las otras mujeres
(Mateo 28:9-10)

⁹En eso Jesús les salió al encuentro y las saludó. Ellas se le acercaron, le abrazaron los pies y lo adoraron.
¹⁰—No tengan miedo —les dijo Jesús—. Vayan a decirles a mis hermanos que se dirijan a Galilea, y allí me verán.

Ahora regresamos a la narrativa de Mateo. Mientras las mujeres se alejan del sepulcro para reportar lo sucedido a los apóstoles, Jesús las saluda con un alegre "¡hola!". Al tiempo que ellas se aferran a sus pies, él les ordena que comuniquen a los discípulos el punto de encuentro: Galilea.

Esta pequeña parte presenta un problema cuando lo comparamos con Juan 20:11-18. En ese texto, Jesús se le aparece primero tan sólo a María Magdalena después de que ella sigue a Juan y a Pedro al sepulcro. Para armonizar Mateo y Juan debemos hacer una de dos cosas. Primero, podríamos señalar que María no estaba incluida en ese grupo de mujeres que vieron a Jesús. Claro que eso significaría que ella corrió rápidamente hasta donde estaban los apóstoles, sola. Cuando ella regresó con Pedro y Juan, Jesús se le apareció a ella sola fuera del sepulcro. Y todo esto aconteció *antes* de que Jesús se les apareciera a todas estas otras mujeres ya que Marcos 16:9 afirma: "se apareció primero a María Magdalena". O podemos tomar Marcos 16:9 como una variante del texto y tomar "primero" como la primera aparición a María, no como su primera aparición.

Una segunda posibilidad sería que Mateo 28:9-10 se refiera a la aparición que Jesús le hace a María, y únicamente a María. Dado que ella era la representante principal de ese grupo, y las demás mujeres de cualquier forma verían más tarde a Jesús, Mateo comprime la narrativa e incluye a todo el grupo de mujeres en esta ocasión. Esta opción la refuerzan los paralelismos encontrados en Mateo 28:9-10 y Juan 20:11-18. Ambos contienen "abrazaron", "comisionó" y "hermanos".

Otra peculiaridad de la narración de Mateo es su énfasis en Galilea. Leyendo solamente el v. 10, tendríamos la impresión de que esta aparición a las mujeres fue la única aparición en Jerusalén. Pero este versículo no excluye otras apariciones en Jerusalén. Y de otros paralelos trazados podemos apreciar que hubo otras apariciones. Sin embargo, Mateo parece enfatizar la continuación de la obra de Jesús en Galilea, luego extenderse a *todo* Israel, y finalmente hasta llevar luz a los gentiles (ver Mateo 4:14-16).

Sección 175
Los soldados dan parte de los acontecimientos a las autoridades judías
(Mateo 28:11-15)

Mateo 28:11-15 señala:

> ¹¹Mientras las mujeres iban de camino, algunos de los guardias entraron en la ciudad e informaron a los jefes de los sacerdotes de todo lo que había sucedido. ¹²Después de reunirse estos jefes con los ancianos y de trazar un plan, les dieron a los soldados una fuerte suma de dinero ¹³y les encargaron: «Digan que los discípulos de Jesús vinieron por la noche y que, mientras ustedes dormían, se robaron el cuerpo. ¹⁴Y si el gobernador llega a enterarse de esto, nosotros responderemos por ustedes y les evitaremos cualquier problema.»
> ¹⁵Así que los soldados tomaron el dinero e hicieron como se les había instruido. Esta es la versión de los sucesos que hasta el día de hoy ha circulado entre los judíos.

Mientras las mujeres reportan lo acontecido, los guardias también están reportando los hechos. Estos soldados romanos se han metido en un gran lío. Ellos tendrían que pagar la pena del prisionero que han dejado escapar. Así que en vez de ir a Pilato, se presentan ante los jefes de los sacerdotes quienes son a los que pertenece el cuerpo. Estos líderes judíos se muestran muy comprensivos. Pero su plan era uno muy peligroso. Si estos guardias confiesan haberse quedado dormidos, casi es seguro que han firmado su sentencia de muerte. De cualquier forma, este era el castigo por dejar "escapar" a Jesús. Las dos opciones son malas. Una gran suma de dinero en las manos de cada uno de ellos les hace recapacitar y escoger "bien". Si Pilato se enteraba del acontecimiento, los jefes de los sacerdotes lo convencerían de que no hiciese nada al respecto. Al juzgar por los acontecimientos del viernes, ellos están seguros que pueden hacerlo.

Esta historia de que el cuerpo de Jesús había sido robado por sus discípulos predominaba en los días en que Mateo escribe. Sin duda, sigue vivo hasta nuestros días. Pero, ¿qué tan creíble resulta? Los discípulos ni siquiera creen en la resurrección cuando escuchan qué ha sucedido. ¿Por qué se robarían un cuerpo para alimentar una idea en la cual ni siquiera creían? ¿Por qué estuvieron dispuestos a morir como mártires por algo que sabían era una mentira?

También debemos entender que Jesús tuvo una sepultura de lo más honorable para un judío: 34 kilogramos de especias y ser colocado en una tumba para ricos. Cualquier otro tipo de sepultura habría sido un retroceso. Pero, ¿quién se atrevería a violar un sepulcro? Además, mover un cuerpo de su lugar de descanso era algo atroz tanto para el muerto como para el vivo. Ningún amigo de Jesús lo habría hecho y mucho menos sus enemigos. Además, había una guardia romana apostada allí frente a la tumba. Pero aún, los discípulos de Jesús estaban enclaustrados bajo llave (Juan 20:19), sin siquiera querer exponerse al peligro de su propio arresto y ejecución por seguir a Jesús. ¿En qué momento querrían los discípulos salir a robarse el cuerpo de Jesús, quitándole la mortaja, el sudario y todas las vendas cargadas de aceites? Sin embargo, los guardias les echan la culpa. Pero, ¿cómo pudieron saberlo si estaban dormidos? ¿Por qué no los detuvieron si estaban despiertos? Y ¿por qué no fueron perseguidos los discípulos o interrogados en cuanto al robo? Paradójicamente, esta teoría haría del Nuevo Testamento, la porción mayor de enseñanzas morales en toda la historia de la humanidad, un producto de mentirosos y ladrones. Esta teoría carece de razón y credibilidad. Por ello tan sólo 50 días después, en esta misma ciudad, 3.000 almas aceptan a Jesús como el Cristo de Dios.

Sección 176
Jesús se aparece a dos en el camino a Emaús
([Marcos 16:12-13]; Lucas 24:13-32)

Esta seccion no tan sólo nos cuenta una historia verdadera, sino que es profundamente simbólica y espiritual.[17] Primero, resume las apariciones de Jesús resucitado. Tenemos a dos testigos "legales" (Lucas 24:4), los ojos velados, la tristeza convertida en alegría, el cumplimiento de la profecía y un informe a los apóstoles. Segundo, ofrece un paradigma para interpretar el Antiguo Testamento (es decir, cristo-lógicamente). El manejo neotestamentario del Antiguo

---

[17] B. P. Robinson, " The Place of the Emmaus Story in Luke-Acts" (El lugar de la narración de Emaús en Lucas y Hechos), *NTS* (Estudios del Nuevo Testamento) 30 [1984]: 481-497, muestra cuántos de los temas favoritos de Lucas juegan un papel predominante en su narrativa: los viajes, la profecía, reconocimiento y confesión y, en especial, la hospitalidad.

Testamento no era una mera invención literaria. Los escritores lo aprendieron de las enseñanzas del Jesús resucitado.

Lucas 24:13-16 *con* Marcos 16:12 señalan:

> [13] Aquel mismo día dos de ellos se dirigían a un pueblo llamado Emaús, a unos once kilómetros[a] de Jerusalén. [14] Iban conversando sobre todo lo que había acontecido. [15] Sucedió que, mientras hablaban y discutían, Jesús mismo se acercó y comenzó a caminar con ellos {en otra forma[Mr]}; [16] pero no lo reconocieron, pues sus ojos estaban velados.
>
> *a 13 once kilómetros. Lit. sesenta estadios.*

La acción empieza el domingo por la tarde. Dos discípulos, uno de nombre Cleofas,[18] pero ambos virtualmente anónimos,[19] se dirigen a la aldea de Emaús, a once kilómetros de distancia de Jerusalén.[20]

Predominan dos ideas en este pasaje: caminando y hablando. En el pasaje cada acción está representada por varias palabras en griego. Mientras estos dos discípulos van de camino a casa, muy entristecidos, no pueden hacer otra cosa sino hablar de los acontecimientos del momento. Estos dos son cómplices de la banda de Jesús. Inclusive ya han escuchado el reporte de las mujeres, el de Pedro y el de Juan, sus "compañeros", muy de mañana (24:22-24). Es posible que hayan estado con Jesús en su ministerio en Judea, hasta la entrada triunfal. Tenían grandes esperanzas que fueron frustradas por la muerte de este gran profeta. Los líderes judíos fueron crueles con Jesús como sus antepasados lo fueron con los grandes profetas de Dios. Pero estos dos habían tenido esperanzas de algo mejor . . . esperaban un Mesías.

Sus pasos, como su conversación, son sombríos pero deliberados. Al lanzar ideas de acá para allá [*antiballō*], Jesús se aproxima

---

[18] Eusebio (*Ecclesiastical History* [Historia Eclesiástica], 3.11) identifica a Cleofas como el hermano de José, por lo tanto, tío político de Jesús. El posible que este Cleofas no sea el mismo de Juan 19:25.

[19] Algunos han especulado que este discípulo sin nombre sea el mismo Lucas y que su lugar de nacimiento haya sido Emaús. Aunque esto haría que los cuatro evangelios llevasen la marca de sus autores, no hay una evidencia sólida para tal reclamo. Pero podemos estar seguros de que Lucas testificó de la resurrección porque la evidencia era abrumadora como para convencerlo. La resurrección corporal de Jesús la comprobó, entonces, un doctor griego: Lucas.

[20] Se proponen cuatro lugares para la ubicación de Emaús, cada una de las cuales están a la misma distancia de Jerusalén. En cuanto a los detalles, ver a W. L. Liefeld, "Exegetical Notes: Luke 24:13-35" (Notas exegéticas: Lucas 24:13-35), *TrinJ* (Revista Trinidad) 2 ns [1981]: 223-229.

a ellos y les hace compañía. Casi no lo notan. No lo reconocen (literalmente, "sus ojos estaban cegados para no reconocerlo"). Este es como un recurso literario llamado un *pasivo divino*. En otras palabras, es Dios quien les ciega. Lo que Marcos agrega parece apoyar esta interpretación al señalar que Jesús se les apareció "en otra forma".

Lucas 24:17-24 señala:
17 —¿Qué vienen discutiendo por el camino? —les preguntó. Se detuvieron, cabizbajos: 18 y uno de ellos, llamado Cleofas, le dijo:
—¿Eres tú el único peregrino en Jerusalén que no se ha enterado de todo lo que ha pasado recientemente?
19 —¿Qué es lo que ha pasado? —les preguntó.
—Lo de Jesús de Nazaret. Era un profeta, poderoso en obras y en palabras delante de Dios y de todo el pueblo. 20 Los jefes de los sacerdotes y nuestros gobernantes lo entregaron para ser condenado a muerte, y lo crucificaron; 21 pero nosotros abrigábamos la esperanza de que era él quien redimiría a Israel. Es más, ya hace tres días que sucedió todo esto. 22 También algunas mujeres de nuestro grupo nos dejaron asombrados. Esta mañana, muy temprano, fueron al sepulcro 23 pero no hallaron su cuerpo. Cuando volvieron, nos contaron que se les habían aparecido unos ángeles quienes les dijeron que él está vivo. 24 Algunos de nuestros compañeros fueron después al sepulcro y lo encontraron tal como habían dicho las mujeres, pero a él no lo vieron.

Cuando Jesús les pregunta acerca de las noticias más recientes, ellos están asombrados, hasta escandalizados por su ignorancia. De hecho, hacen un alto total. Cleofas rompe el silencio al presentarle una pregunta retórica: "¿No eres de por aquí, o sí?" Jesús responde con una pregunta socrática: "¿Qué acontecimientos?" La compuerta se abre. Ellos le cuentan a Jesús todo en cuanto a él mismo y sus esperanzas puestas en él. Reconocen a Jesús como profeta de Nazaret (ver Lucas 4:24) y un gran obrador de milagros. De hecho, ellos esperan que él redimiese a Israel (ver Lucas 1:68). Paradójicamente, no tenían la más menor idea en cuanto a la redención que Jesús había logrado.

Ahora, lo peor del caso es que ya han pasado tres días. Eso cobraba gran significado para los judíos. Ellos creían que el espíritu del muerto quedaba suspendido en el aire sobre el cuerpo por tres días, antes de abandonarlo. Ahora Jesús se ha ido *por completo*. Además, mientras ellos se lamentan por la muerte de su posible libertador, alguien se aparece y se roba el cuerpo. Y, si eso no fuese suficiente, estas mujeres "alucinan". Señalan que unos ángeles les dijeron que Jesús está vivo. Ahora, tanto Pedro como Juan verificaron y comprobaron el reporte del sepulcro vacío, pero no vieron ángeles ni vieron a nadie, vivo o muerto.

Lucas 24:25-32 señala:

²⁵—¿Qué torpes son ustedes —les dijo—, y qué tardos de corazón para creer todo lo que han dicho los profetas! ²⁶¿Acaso no tenía que sufrir el Cristoᵃ estas cosas antes de entrar en su gloria? ²⁷Entonces, comenzando por Moisés y por todos los profetas, les explicó lo que se refería a él en todas las Escrituras.
²⁸Al acercarse al pueblo adonde se dirigían, Jesús hizo como que iba más lejos.
²⁹Pero ellos insistieron:
—Quédate con nosotros, que está atardeciendo; ya es casi de noche.
Así que entró para quedarse con ellos. ³⁰Luego, estando con ellos a la mesa, tomó el pan, lo bendijo, lo partió y se lo dio. ³¹Entonces se les abrieron los ojos y lo reconocieron, pero él desapareció. ³²Se decían el uno al otro:
—¿No ardía nuestro corazón mientras conversaba con nosotros en el camino y nos explicaba las Escrituras?

ᵃ26 O *Mesías;* también en el v. 46

Cleofas arremete contra Jesús por mostrarse socialmente ignorante. Jesús los regaña por ser ignorantes de las Escrituras. Por seleccionar pasajes del Antiguo Testamento, han ignorado tales pasajes como el Salmo 22 e Isaías capítulo 53. Estos pasajes resultaban esenciales en la glorificación de Jesús ya que incluían la resurrección y la ascensión (ver Filipenses 2:6-11).

El resto del viaje lo pasa Jesús explicándoles y presentándoles un panorama completo del Antiguo Testamento (un resumen de Moisés y todos los profetas), mostrándoles que todo tiene que ver con el Mesías. Cuando los tres llegan a Emaús, Jesús da a entender que su viaje continúa. Jesús no está tratando de engañarlos. Esto es un procedimiento social normal. La cultura así lo requiere. El anfitrión invitaría al visitante a quedarse; el visitante tiene que rehusar la oferta. El anfitrión le rogaría al visitante a quedarse; el visitante se rehúsa nuevamente. El anfitrión insistiría que el visitante se quedase; el visitante aceptaría.²¹ Por lo tanto, finalmente persuaden a Jesús a

---

²¹El verbo traducido "insistir" [*parebiasantō*] puede hasta significar "forzarlo". En cuanto a otras invitaciones fuertes o con mucha insistencia ver Génesis 24:55; Jueces 19:9; Tobías 10:8; Hechos 16:15.

que se quede con ellos. Su jornada de once kilómetros termina muy tarde ese día.

Mientras se sientan a cenar, Jesús asume el papel de anfitrión. "Tomó el pan, lo bendijo, lo partió y empezó a repartirlo". Hay algo tan característico en Jesús al hacerlo que lo reconocen al momento. Algunos han sugerido que lo reconocen por lo de la cena del Señor. Sin embargo, no hay razón alguna para que estos discípulos tomen la cena del Señor. De hecho, nada parece indicar que estos discípulos estén familiarizados con la cena ya que no estuvieron presentes en el aposento alto el jueves por la noche. Además, Jesús señaló que no participaría de ello hasta el establecimiento del reino. Otra sugerencia es que ellos vieron las cicatrices en sus muñecas o que había algo único en la forma en que oraba o distribuía el pan (ver Lucas 9:10-17). Mientras que esto puede ser cierto, parece que Dios es el responsable de abrirles los ojos como los había cegado.[22]

Misteriosamente Jesús desaparece. Todo encaja. Recordaron cómo sus corazones ardían (ver Lucas 12:35; Juan 5:35) mientras Jesús les explicaba las Escrituras de camino a Emaús. Tal vez se decían entre sí, "¡claro que es Jesús! ¿Es el único que puede enseñar así! Debimos de haberlo supuesto."

Sección 177
Los dos reportan estos acontecimientos a los diez
(Lucas 24:33-35; 1 Corintios 15:5a)

Lucas 24:33-35 señala:

³³Al instante se pusieron en camino y regresaron a Jerusalén. Allí encontraron a los once y a los que estaban reunidos con ellos. ³⁴«¡Es cierto! —decían—. El Señor ha resucitado y se le ha aparecido a Simón.»
³⁵Los dos, por su parte, contaron lo que les había sucedido en el camino, y cómo habían reconocido a Jesús cuando partió el pan.

Ya empieza a anochecer. Cleofas y su compañero caminan de prisa de regreso a Jerusalén. Rompen récord en su caminata de los once kilómetros. En la oscuridad corren hacia el escondite de los once apóstoles. Conocen el lugar; estuvieron allí esa misma mañana.

---

[22]Nuevamente asumimos que sus ojos "fueron abiertos" es un *pasivo divino*.

El grupo de apóstoles también se conocía como "los doce". Siendo que Judas se había separado y estaba muerto, ahora se conocían como "los once". Lucas utiliza este nuevo título para referirse al grupo de los apóstoles. Juan nos entera que solamente había diez apóstoles congregados allí (por alguna causa Tomás no está entre ellos en ese momento). Lucas deja fuera ese incidente o detalle ya que no quiere confundir a sus lectores. Juan es quien nos señala que Tomás estaba en otra parte. (Pablo hace lo mismo en 1 Corintios 15:5 cuando se refiere al grupo de apóstoles como los doce cuando la cantidad era once.)

Sin duda que Cleofas y su compañero esperan algún tipo de resistencia cuando narren lo que les pasó. Felizmente, Pedro ha visto a Jesús y su testimonio puede servir de gran ayuda. Esta es, por lo menos, la tercer narración individual de un encuentro con el Jesús resucitado. No sabemos dónde o cuándo Jesús se le apareció a Pedro. Qué amable de parte de Jesús por haberlo hecho en privado. Pedro todavía pudo haberse sentido culpable por haberlo negado en el patio de Caifás.

Sección 178
Jesús se aparece a los diez
([Marcos 16:14]; Lucas 24:36-43; Juan 20:19-25)

Lucas 24:36-43 *con* Marcos 16:14 y Juan 20:19 señalan:

36Todavía estaban ellos hablando acerca de esto {Al atardecer de aquel primer día de la semana . . . a puerta cerrada por temor a los judíos^{Jn}}, cuando Jesús mismo se puso en medio de ellos {Por último se apareció Jesús a los once mientras comían^{Mr}} y les dijo:
—Paz a ustedes.
37Aterrorizados, creyeron que veían a un espíritu {los reprendió por su falta de fe y por su obstinación en no creerles a los que lo habían visto resucitado^{Mr}}. **38**—¿Por qué se asustan tanto?
—les preguntó—. ¿Por qué les vienen dudas? **39**Miren mis manos y mis pies. ¡Soy yo mismo! Tóquenme y vean; un espíritu no tiene carne ni huesos, como ven que los tengo yo.
40Dicho esto, les mostró las manos y los pies. **41**Como ellos no acababan de creerlo a causa de la alegría y del asombro, les preguntó:
—¿Tienen aquí algo de comer?

⁴²Le dieron un pedazo de pescado asado, ⁴³así que lo tomó y se lo comió delante de ellos.

Los apóstoles están sentados para cenar cuando de pronto se ven interrumpidos por la llegada de estos dos discípulos jadeantes. Al tiempo que todos se calman y se vuelven a sentar, nuevamente se ve interrumpida su cena. Esta vez nadie llama a la puerta, nadie tuvo que recorrer los cerrojos. ¡Simplemente se aparece! Al parecer Jesús simplemente atraviesa las paredes. Claro que si podía caminar sobre el agua y transfigurarse, no debe sorprender que su cuerpo ya resucitado pueda atravesar paredes o "materializarse" en ciertas ocasiones. Jesús llama la atención de todos con un simple saludo. Obviamente, los discípulos están aterrados y alarmados.

Jesús los regañó por su incredulidad, Aun ahora, mientras él está parado frente a ellos, estos piensan estar mirando a un fantasma. A pesar de que acaban de decir que creen (Lucas 24:34), piden pruebas. Puede que queden niveles de incredulidad. Algunos están plenamente convencidos, pero otros no han llegado a ese nivel. Además, todos ellos se manifestaron incrédulos cuando las mujeres les contaron que habían visto vivo a Jesús. Tal vez el único que creyó en la resurrección sin haber visto a Jesús fue Juan (Juan 20:8). Pero ninguno de ellos debió haber necesitado ver a Jesús. Ninguno debió haber necesitado el reporte de las mujeres o haber visto y escuchado a los ángeles. Jesús les había dicho que resucitaría de entre los muertos (Mateo 12:40; 16:21; 17:9; 17:22-23; 20:18-19; 26:32; Marcos 14:28; Juan 2:19-22). Eso debió haber sido suficiente.

Aún después de que Jesús les mostró sus manos y sus pies y les permitió que lo tocasen (ver 1 Juan 1:1) para demostrarles que no era una simple visión, seguían sin creer. Los aturdía el gozo y estaban completamente sorprendidos. No lo pueden creer. En otras palabras, no logran comprender lo que está pasando. Así que Jesús tiene que darles más pruebas comiéndose un pedazo de pescado. Ahora todo queda plenamente claro. ¡No se puede negar! ¡No hay error! ¡Jesús está vivo!

Juan 20:20-23 señala:

²⁰Dicho esto, les mostró las manos y el costado. Al ver al Señor, los discípulos se alegraron.
²¹—¡La paz sea con ustedes! —repitió Jesús—. Como el Padre me envió a mí, así yo los envío a ustedes.
²²Acto seguido, sopló sobre ellos y les dijo:

—Reciban el Espíritu Santo. ²³A quienes les perdonen sus pecados, les serán perdonados; a quienes no se los perdonen, no les serán perdonados.

Jesús repite su saludo: "¡La paz sea con ustedes!, como señalando, ¡vamos muchachos, manos a la obra!" No se les apareció únicamente para mostrarles que estaba vivo. Vino a reiterar su comisión. Sus palabras "como el Padre me envió a mí, así yo los envío a ustedes", les debe recordar muchas palabras que Jesús les dijo durante la cena de la Pascua apenas tres días antes (Juan 14:2-5, 18-19; 15:20-27; 16:5-7, 16-23). Les recordará que tendrán que enfrentar resistencia y persecución, al igual que Jesús pasó. Les recordará de la promesa del Espíritu Santo. Y les recordará la verdad tan dolorosa que Jesús regresa al Padre. Más les vale no intimar mucho con él. Jesús predijo este momento:

> Algunos de sus discípulos comentaban entre sí: «¿Qué quiere decir con eso de que "dentro de poco ya no me verán", y "un poco después volverán a verme", y "porque voy al Padre"?» Ciertamente les aseguro que ustedes llorarán de dolor, mientras que el mundo se alegrará. Se pondrán tristes, pero su tristeza se convertirá en alegría (Juan 16:17, 20).

Con esta simple comisión Jesús sopló sobre ellos y les dijo: "reciban el Espíritu Santo". Al parecer esto es tan sólo un anticipo, como una nota promisoria. El Espíritu Santo vendrá cuando Jesús ya hubiese ascendido al cielo (Juan 7:39; 16:7). Al soplar sobre los discípulos, Jesús está representando cómo sería la llegada del Espíritu Santo.²³ Las palabras "soplar" y "espíritu" son las mismas tanto en hebreo como en griego. Así, el significado de esta acción resultará obvia a los once. De hecho, ellos pudieron haberlo conectado con Génesis 2:7, cuando Dios sopló aliento de vida en Adán. El Espíritu

---

[23] R. W. Lyon, "John 20:22, Once More" (Juan 20:22, una vez más), ATJ (Revista teológica Asbury) 43/1 [1988]: 73-85, presenta una gran cantidad de opciones de interpretación, incluyendo que este fue el momento preciso en que los apóstoles se convirtieron al cristianismo a través de la morada del Espíritu. Pero finalmente sugiere que Juan 20:22 funciona en Juan como Hechos 2:4 hace en Lucas. Para ambos, haber recibido al Espíritu Santo tiene que ver con la misión, el poder y la autoridad. M.B. Turner sugiere una opción más simple, pero menos atractiva. Él propone que "recibir el Espíritu" no es un acontecimiento único. En cambio, la gente recibió al Espíritu en niveles, tiempos y razones diferentes (" The Concept of Receiving the Spirit in John's Gospel" [El concepto de recibir al Espíritu en el evangelio de Juan], VE [Evangélica Vox] 10 [1977]: 24-42). Mientras que esto encaja bien en el patrón del Antiguo Testamento en cuanto a la obra del Espíritu Santo, este acontecimiento parece tener un significado más profundo, especialmente como "víspera" del Pentecostés.

Santo será la fuerza necesaria de "vida" para que los apóstoles lleven a cabo su comisión.

No tan sólo tendrán los once la responsabilidad de la comisión y el especial poder del Espíritu Santo, sino que también tendrán el derecho de declarar el perdón de pecados. Esta no es una absolución arbitraria de pecados por una autoridad eclesiástica. No es el derecho de señalar a alguien y afirmar: "tus pecados te son perdonados... no te son perdonados tus pecados". Las palabras de Jesús en esta ocasión se deben leer junto con las que dijo en Mateo 16:19 y 18:18-20. En estos pasajes descubrimos que el perdón eclesiástico de pecados se logra de dos formas. Primera, la predicación apostólica asienta los parámetros de la salvación. Su doctrina expresará la voluntad y autoridad de Jesús para la iglesia. En otras palabras, la predicación apostólica determina quién está dentro y quién queda fuera. Segunda, los líderes de la iglesia, como un solo cuerpo, son los responsables de aplicar la disciplina, incluyendo la excomunión (p. ej. 1 Corintios capítulo 5). Esta interpretación también cumple con el tiempo verbal tan raro del 20:23. Los verbos perfectos se pueden traducir como:[24] "cualquier pecado que ustedes perdonen, *queda como ya perdonado*; y cualquier pecado que ustedes retengan, *queda sin perdonar*". Entonces este pasaje les otorga tres cosas a los discípulos y probablemente muy específico a los once apóstoles. Tienen (1) la comisión de predicar, (2) la promesa de la persecución y (3) la autoridad de Jesús sobre la iglesia.

Juan 20:24-25 señala:

[24]Tomás, al que apodaban el Gemelo,[a] y que era uno de los doce, no estaba con los discípulos cuando llegó Jesús. [25]Así que los otros discípulos le dijeron:

—¡Hemos visto al Señor!

—Mientras no vea yo la marca de los clavos en sus manos, y meta mi dedo en las marcas y mi mano en su costado, no lo creeré —repuso Tomás.

a24 apodaban el Gemelo. Lit. *llamaban Dídimos*.

Tomás, el gemelo (también conocido como, Dídimo), por alguna razón, estuvo ausente de la reunión de esa noche. La siguiente vez que lo ven, obviamente le contarán lo que pasó. Ahora, no son

---

[24]Ver a J. R. Mantey, "Evidence That the Perfect Tense in John 20:23 and Matthew 16:19 is Mistranslated" (Evidencia de que el tiempo perfecto en Juan 20:23 y Mateo 16:19 se ha traducido mal), *JETS* (Revista de la sociedad teológica evangélica) 16 [1973]: 129-138.

unas cuantas mujeres las que afirman haber visto a Jesús resucitado, es Pedro, los dos en el camino a Emaús y los apóstoles. La evidencia está creciendo. Sin embargo, Tomás permanece escéptico. De los otros dos instantes (Juan 11:16; 14:5) en que vemos a Tomás, nos damos cuenta que es un fiel seguidor de Jesús, hasta dispuesto a morir por él. Pero también tiene su lado pesimista.

Sabía que Jesús había muerto. Perfectamente sabía que los muertos no caminan. No vivía engañado ni esperaba ninguna resurrección. Tenía que ver. No, más que eso, tenía que tocar a Jesús en los lugares donde había sido herido.

Sección 179
Jesús se aparece a Tomás con los otros diez
(Juan 20:26-31; 1 Corintios 15:5b)

Juan 20:26-29 señala:

^{26}Una semana más tarde estaban los discípulos de nuevo en la casa, y Tomás estaba con ellos. Aunque las puertas estaban cerradas, Jesús entró y, poniéndose en medio de ellos, los saludó.
—¡La paz sea con ustedes!
^{27}Luego le dijo a Tomás:
—Pon tu dedo aquí y mira mis manos. Acerca tu mano y métela en mi costado. Y no seas incrédulo, sino hombre de fe.
^{28}—¡Señor mío y Dios mío! —exclamó Tomás.
^{29}—Porque me has visto, has creído —le dijo Jesús—; dichosos los que no han visto y sin embargo creen.

El siguiente domingo por la noche (literalmente después de ocho días), nuevamente se encontraban reunidos los once. Esta vez estaba Tomás entre ellos. Como antes, Jesús se aparece en medio del cuarto aunque la puerta esté cerrada y con llave. Nuevamente Jesús los saluda con "¡La paz sea con ustedes!" Se dirige a Tomás, quien probablemente se quedó con la boca abierta del asombro. Tomás había demandado tres cosas: ver las huellas de los clavos, meter su dedo en una de esas huellas y meter la mano en la herida del costado de Jesús, causada por la lanza. Aunque Jesús no estuvo presente (en cuerpo) cuando Tomás pidió esto, conoce perfectamente esto. Usando las propias palabras de Tomás, Jesús le ordena meter su dedo en la huella del clavo y su mano en la herida causada por la lanza. ¡No sabemos si Tomás lo hizo, pero de acuerdo con 1 Juan 1:1 alguien tocó a Jesús!

Jesús le ordena a Tomás que crea. ¡Así lo hizo! Tomás externa una de las aclamaciones más poderosas jamás recibida por Jesús. Para que un judío expresara y considerara a otro: "¡Señor mío y Dios mío!" era blasfemo. Tomás rebasa esa línea; reconoce y cree en la encarnación de Dios.

El incrédulo Tomás recibió una acusación falsa. Seguro que dudaba. Sí, reclamaba pruebas empíricas antes de creer. Pero igual estaban los demás. Tal vez ellos no lo manifestaron tan abiertamente. Pero el error de los demás es esencialmente el mismo que el de Tomás. No creyeron sino hasta ver a Jesús. Debido a que Tomás vio a Jesús creyó. Pero para aquellos que creen sin ver hay gran galardón esperándoles. El testimonio resulta verdadero. Los testigos son fehacientes. Si tan sólo creyésemos sus relatos confiables recibiríamos una alabanza de parte de Jesús y vida en su nombre.

Juan 20:30-31 señala:

> [30] Jesús hizo muchas otras señales milagrosas en presencia de sus discípulos, las cuales no están registradas en este libro. [31] Pero éstas se han escrito para que ustedes crean[a] que Jesús es el Cristo, el Hijo de Dios, y para que al creer en su nombre tengan vida.
>
> [a]31 Algunos manuscritos *para que sigan*

Esta es la conclusión del libro. Como afirma Juan: "pudo haberse dicho mucho o escrito mucho más". Aparentemente, para cuando Juan escribe este libro hacia fines del primer siglo, los registros escritos del evangelio se multiplicaban. Pero Juan escoge escribir tan sólo unos cuantos milagros[25] para que la gente los leyera y creyera en Jesús. Al creer en Jesús, tendrían vida eterna.

Sección 180
Jesús se aparece a siete discípulos mientras pescan
(Juan 21:1-25)

El capítulo 21 parece estar fuera de lugar. Después de todo, propiamente el evangelio ha cumplido con la declaración de su propósito (20:30-31). Además, este capítulo contiene un vocabulario

---

[25] Juan registra siete milagros de Jesús: (1) Convirtiendo el agua en vino; (2) Sanando al hijo del oficial; (3) Sanando al hombre en el estanque de Betesda; (4) alimentando a los 5,000; (5) Caminando sobre el agua; (6) Sanando al ciego; y (7) Resucitando a Lázaro. A estos se pudieran agregar la purificación del templo, la entrada triunfal y la pesca milagrosa. Pero cada uno de estos últimos son de una cualidad diferente que los siete "milagros" restantes.

inusual de Juan, una mención de un miembro de la familia (v. 21:2) y un "estamos" raro en v. 21:24. Esta evidencia ha llevado a algunos a concluir que Juan no fue quien escribió este capítulo. Sin embargo, ya que no hay evidencia manuscrita que el capítulo 21 de Juan jamás estuvo separado del resto del libro y, debido a que sí es el estilo típico de Juan, sostenemos que Juan, o que por lo menos su escribiente fue quien lo escribió.[26] Este capítulo cumple con un papel vital en el libro y en la iglesia del primer siglo. Funciona para: (1) mostrar que Pedro queda restaurado, (2) mostrar que Jesús, en verdad, se apareció en Galilea y (3) desaparecer el rumor de que Juan no moriría (v. 21:23).

Juan 21: 1-6 señala:

> ¹Después de esto Jesús se apareció de nuevo a sus discípulos, junto al lago de Tiberíades.ª Sucedió de esta manera: ²Estaban juntos Simón Pedro, Tomás (al que apodaban el Gemelo), Natanael, el de Caná de Galilea, los hijos de Zebedeo, y otros dos discípulos.
> ³—Me voy a pescar —dijo Simón Pedro.
> —Nos vamos contigo —contestaron ellos.
> Salieron, pues, de allí y se embarcaron, pero esa noche no pescaron nada.
> ⁴Al despuntar el alba Jesús se hizo presente en la orilla, pero los discípulos no se dieron cuenta de que era él.
> ⁵—Muchachos, ¿no tienen algo de comer? —les preguntó Jesús.
> —No —respondieron ellos.
> ⁶—Tiren la red a la derecha de la barca, y pescarán algo.
> Así lo hicieron, y era tal la cantidad de pescados que ya no podían sacar la red.
>
> ª1 Es decir, *el mar de Galilea*

Una vez que la fiesta de la Pascua termina, los apóstoles regresan a Galilea como se les instruye. Esperan que Jesús se les aparezca como lo señaló (Mateo 28:7; Marcos 16:7; Lucas 24:6). En vez de quedarse de ociosos, Pedro decide irse a pescar al mar de Galilea (Juan lo llama Tiberíades). Por años Pedro se ha ganado la vida en este mar y tal vez esté pensando en regresar a su antigua profesión (ver Juan 16:32). El negocio de la pesca ha estado a cargo de Zebedeo y los siervos de la familia en los últimos dos años. Pedro se embarca y se va a pescar.

---

[26] En cuanto a una excelente evaluación de la evidencia, ver a S. S. Smalley, " The Sign in John 21" (La señal en Juan capítulo 21), NTS (Estudios del Nuevo Testamento) 20 [1974]: 275-288. Smalley señala que Juan capítulo 21 no tan sólo resume la teología de todo el libro, sino que sigue el patrón del ciclo típico de los otros siete milagros: Declaración, señal (ejecución del milagro), testimonio.

Seis hombres van con él. Se desconoce el nombre de dos de ellos. Posiblemente son Andrés, el hermano de Pedro y Felipe, quien, al igual que Pedro y Andrés, vive en la aldea pescadora de Betsaida en las afueras de Capernaum. Tal vez sea más importante la cantidad de hombres en la barca que sus nombres.

Pescan toda la noche sin siquiera atrapar un pescadito que pudiese ser utilizado como carnada. Al despuntar el alba, piensan en que ya es necesario atracar e iniciar la tediosa tarea del lavado de las redes. Una figura solitaria está parada en la playa. Desde allá les grita: "amigos, ¿tienen pescados? No se dan cuenta con quién hablan. Su respuesta es corta y al grano: "¡**NO**!" (característico en los pescadores facasados). El extraño dice: "si ustedes echan las redes del otro lado de la barca, pescarán una gran cantidad de peces". ¡Bueno, esa era una sugerencia tonta! ¿Qué diferencia podrían significar unos cinco metros? Pero, ¿por qué no? Ya lo han intentado todo. Y cuando echan las redes del otro lado, encuentran una gran cantidad de peces de buen tamaño. (Si esto no estuviese en las Escrituras, nos preguntaríamos si esto no es un cuento de pescadores combinado con la narración de un predicador.)

Juan 21:7-14 señala:

⁷—¡Es el Señor! —dijo a Pedro el discípulo a quien Jesús amaba. Tan pronto como Simón Pedro le oyó decir: «Es el Señor», se puso la ropa, pues estaba semidesnudo, y se tiró al agua. ⁸Los otros discípulos lo siguieron en la barca, arrastrando la red llena de pescados, pues estaban a escasos cien metros[a] de la orilla. ⁹Al desembarcar, vieron unas brasas con un pescado encima, y un pan.

¹⁰—Traigan algunos de los pescados que acaban de sacar —les dijo Jesús.

¹¹Simón Pedro subió a bordo y arrastró hasta la orilla la red, la cual estaba llena de pescados de buen tamaño. Eran ciento cincuenta y tres, pero a pesar de ser tantos la red no se rompió.

¹²—Vengan a desayunar —les dijo Jesús.

Ninguno de los discípulos se atrevía a preguntarle: «¿Quién eres tú?», aunque sabían que era el Señor. ¹³Jesús se acercó, tomó el pan y se lo dio a ellos, e hizo lo mismo con el pescado. ¹⁴Ésta fue la tercera vez que Jesús se apareció a sus discípulos después de haber resucitado.

ª8 a escasos 100 metros. Lit. *a unos doscientos codos.*

Juan es el primero que reconoce el acto. Ha estado en esto antes. De hecho, fue la primera vez en que escucharon el llamado de Jesús para seguirlo. Fueron llamados a una vocación de servicio. Después de la primera pesca milagrosa, Jesús dijo: "¡Síganme y yo los haré pescadores de hombres" (Lucas 5:1-11; *Sección 41*). No había error alguno, ese extraño era Jesús. Cuando Juan afirma: "¡Es el Señor!" el impetuoso Pedro se da cuenta que Juan tiene razón. Se arropa y se lanza al mar. (Los pescadores normalmente llevan muy poca ropa puesta debido a su actividad, pero antes de llegar a la playa se arropan debidamente.) Pedro nada los cien metros hasta la playa. La barca viaja más despacio detrás de él. La red cuelga de la barca, llena de peces y es arrastrada porque simplemente contiene demasiado peso para subirla a la barca.

En la playa, Jesús ya tiene fuego y ha asado un pescado pequeño [*opsarion*]. Con el pan y el pescado se dan todos un agasajo. El texto no señala si agregaron más pescados al fuego o si Jesús proveyó todo el desayuno completo.[27] Lo que sí sabemos es que se les ordena traer de los pescados atrapados en la red. Pedro, seguramente ayudado por los demás, arrastra la red llena de peces hasta la orilla. Cuando los cuentan (y tal vez regresan al mar a los peces pequeños), tienen 153.[28] Muy raro pero la red no se rompió.

---

[27] La ausencia de un artículo definido puede indicar que Jesús solamente tenía un pecesito y un panecito.

[28] El número 153 ha tenido una gran cantidad de interpretaciones alegóricas, ninguna de las cuales parece válida: (1) Aparentemente había 153 variedades distintas de peces en el mar de Galilea. Por ello, esta es una referencia velada a Mateo 13:47-48, mostrando que toda clase de gente se salvará. Este estimado proviene de Oppian vía Jerónimo. Sin embargo, Jerónimo es un tanto "liberal" en cuanto a las categorías de peces que Oppian distingue. Además de eso, Oppian escribió entre los años 176-180 y no puede tomársele en serio en cuanto a el uso de Juan en cuanto al número 153. (2) El total representa la suma de todos los números desde 1-17. 17 = 10 mandamientos más los siete dones del Espíritu. O, de acuerdo con R. Grant, " 'One Hundred Fifty-Three Large Fish' (John 21:11)" ['Ciento cincuenta y tres peces de buen tamaño' (Juan 21:11)], *HTR* (Revista teológia de Harvard) 42 [1949]: 273-275, hay siete apóstoles presentes en la gran pesca y diez que reciben el Espíritu Santo (Juan 20:24). Así, 153 funciona en esta ocasión como los 144,000 en Apocalipsis 7:4 para representar a todos los redimidos de Dios. (3) El nombre de Pedro en hebreo, *Simon Iona*, en forma numérica es 153. (4) 153 = 100 (gentiles) + 50 (judíos) + 3 (trinidad). (5) La palabra hebrea para el monte Pisga tiene un valor numérico de 153. Esto muestra como Juan capítulo 21 es el mensaje de despedida de Jesús a los líderes del nuevo Israel, así como Moisés (Números 11:16-25; 27:17). (O. T. Owens, "One Hundred and Fifty Three Fishes" [Ciento cincuenta y tres peces], ExpT [Tiempos de exposición] 100 [1988]: 52-54). (6) El equivalente hebreo para "los hijos de Dios" tiene un valor numérico de 153. Por lo tanto, Juan capítulo 21 es una referencia a los nuevos "hijos de Dios" (ver J. A. Romeo, "Gematria and John 21:11 – The Children of God" [Gematria y Juan 21:11 – Los hijos de Dios], *JBL* [Revista de literatura bíblica] 97/2 [1978]: 263-264). (7) Los 153 peces en la red, más el que Jesús cocinó hacen un total de 154 peces. Esto equivale en la forma numérica a la palabra griega "día", que fue uno de los títulos de Jesús en la iglesia primitiva (ver K. Cardwell, " The Fish on the Fire: Jn 21:9" [El pez en el fuego: Juan 21:9] *ExpT* [Revista expositor] 102 [1990]: 12-14). (8) 153 es el geométrico Atbash. Si usted pone en reverso el alfabeto hebreo, entonces tome los números 70, 3 y 80 y se obtienen las letras hebreas "I", "X" y "Θ", que son las primeras tres letras de la palabra "pez",

El v. 12 parece indicar que Jesús resucitó con un cuerpo un poco distinto en apariencia (comparar Marcos 16:12; Lucas 24:16; Juan 20:14). Pero no es posible equivocarse. Por sus acciones saben que es el Señor. Si hubiesen tenido dudas, le habrían visto las manos al partir el pan y distribuir el pescado. Esta es la tercera vez que se aparece al grupo de discípulos. (En realidad es la séptima vez que Jesús se aparece, pero no estamos tomando en cuenta su aparición a María, Pedro, las mujeres y a los dos en camino a Emaús). Resulta interesante observar que Jesús únicamente se aparece a sus allegados y amigos, no a sus enemigos o a los que se le oponen (Hechos 10:41). Si ellos trataron de matar a Lázaro una vez resucitado, habrían intentado lo mismo con Jesús (Juan 12:10). Como señaló Abraham: "Si no les hacen caso a Moisés y a los profetas, tampoco se convencerán aunque alguien se levante de entre los muertos" (Lucas 16:31).

Juan 21:15-19 señala:

¹⁵Cuando terminaron de desayunar, Jesús le preguntó a Simón Pedro:
—Simón, hijo de Juan, ¿me amas más que éstos?
—Sí, Señor, tú sabes que te quiero —contestó Pedro.
—Apacienta mis corderos —le dijo Jesús.
¹⁶Y volvió a preguntarle:
—Simón, hijo de Juan, ¿me amas?
—Sí, Señor, tú sabes que te quiero.
—Cuida de mis ovejas.
¹⁷Por tercera vez Jesús le preguntó:
—Simón, hijo de Juan, ¿me quieres?
A Pedro le dolió que por tercera vez Jesús le hubiera preguntado: «¿Me quieres?» Así que le dijo:
—Señor, tú lo sabes todo; tú sabes que te quiero.
—Apacienta mis ovejas —le dijo Jesús—. ¹⁸De veras te aseguro que cuando eras más joven te vestías tú mismo e ibas adonde querías; pero cuando seas viejo, extenderás las manos y otro te vestirá y te llevará adonde no quieras ir.
¹⁹Esto dijo Jesús para dar a entender la clase de muerte con que Pedro glorificaría a Dios. Después de eso añadió: —¡Sígueme!

Es tiempo de que Jesús regañe y restaure a Pedro. Por tres ocasiones Jesús le pregunta: "¿Me amas?" Pedro contesta, las tres veces, "Señor, tú sabes que te amo". Por tres ocasiones Jesús le encarga:

que era, ciertamente, un símbolo significativo en el cristianismo primitivo. Esta palabra era un acróstico para los cristianos primitivos que significaba: "Jesucristo, Dios, Hijo, Salvador" (N. J. McEleney, "153 Great Fishes [John 21:11] — Geometrical Atbash" [Ciento cincuenta y tres peces de buen tamaño (Juan 21:11) — Atbash geométrico], *Biblica* 58 [1977]: 411-417).

"apacienta mis corderos". La idea general es esa, pero en detalle, el griego presenta pequeñas variantes en detalle. En el griego se utilizan sinónimos. Es posible que únicamente reflejen una variación retórica. O tal vez tengan y presenten un sentido más profundo. El lector debe decidir. La siguiente gráfica muestra los cambios tan sutiles:

Pregunta de Jesús:	Respuesta de Pedro:	Petición de Jesús:
¿Me amas [*agapaō*] más que éstos?	Tú sabes [*oida*] que te quiero [*phileō*]	Apacienta [*boskō*] mis corderos [*arnia*]
¿Me amas [*agapaō*]?	Tú sabes [*oida*] que te quiero [*phileō*]	Cuida de [*poimainō*] mis ovejas [*probata*]
¿Me quieres [*phileō*]?	Tú sabes [*ginōskō*] que te quiero [*phileō*]	Apacienta [*boskō*] mis ovejas [*probata*]

Tenemos frente a nosotros cuatro juegos de sinónimos:
    (A) Amor – amor divino del Antiguo Testamento [*agapaō*] contra un amor amistoso [*phileō*].[29]
    (B) Conocimiento – conocer algo intelectualmente [oida] contra un conocimiento [*ginōskō*] personal experimental.
    (C) Apacentar/cuidar – simple alimentación [*boskō*] contra apacentar o pastorear [*poimainō*].
    (D) Ovejas – corderitos [*arnia*] contra ovejas adultas [*probata*].

El hecho de que aparezcan muchos sinónimos, unos junto a otros, ha llevado a muchos a creer que debe haber un significado más profundo en ellos. Tal vez sea correcto eso. Sin embargo, el contexto no indica que estos sinónimos sean utilizados con un significado distinto. Por lo tanto, debemos tener cuidado en cuanto a no otorgarles algo que no tienen. El significado obvio del pasaje es suficiente para mantenernos ocupados.

---

[29] Sin embargo, en el evangelio de Juan estas dos palabras se usan en referencia tanto a Dios como al hombre sin una clara distinción (3:16; 5:20; 14:21; 16:27). También se debe aclarar que *agapaō* todavía no alcanzaba su significado teológico con todas sus connotaciones en los tiempos de Jesús y en el momento que Pedro tuvo esta conversación. Por lo tanto *phileō* puede, de hecho, ser la palabra fuerte, significando "te amo porque eres digno de mi amor" en vez de "te amo porque yo soy amante". Nuevamente, si esta conversación se dio en arameo, entonces ninguna de estas connotaciones se aplican en el año 33 después de Cristo. Entonces el argumento se desplaza al intento de Juan al escribir su libro. En cuanto a un vistazo de los asuntos lingüísticos de ambos lados ver a R. Leedy, " Two Loves or One" (¿Uno o dos amores?) *BV* (Perspectiva bíblica) 34/1 [2000]: 35-53.

Después del desayuno, Jesús se dirige a Pedro utilizando su viejo nombre, antes de ser apóstol. Es una declaración sutil, pero Pedro la escucha fuerte y clara. Su pregunta es simple pero dolorosa: "¿Me amas más que éstos?" "Éstos" se debe entender que se refiera a los demás apóstoles y no a los avíos de pesca. Jesús está llevando a Pedro en un viaje doloroso hasta el jueves por la noche, cuando dijo: "Aunque todos te abandonen, yo no" (Mateo 26:33; Marcos 14:29). Pedro se da cuenta de lo presuntuoso que fue. Pero seguro que el Señor no va a negar el profundo amor de Pedro hacia él, el Señor. Cuando Jesús repite la misma pregunta la segunda y la tercer vez, es todavía más doloroso para Pedro, porque no hay comparación del amor de Pedro y el de los demás. Esta vez Jesús simplemente pregunta: "¿Me amas?" Pedro responde con las mismas palabras que antes, pero esta vez con mayor énfasis. Llega el tercer episodio; más profundo que los dos anteriores. No se debe tanto a que Jesús cambia la palabra *agapaō* por *phileō*, aunque esto no debió de haber ayudado en nada. El dolor llega por el hecho de que Jesús presiona a Pedro con la misma pregunta tres veces. Es un recordatorio sutil de la negación de Pedro en tres ocasiones la noche de Pascua.

Aunque esto resulta doloroso para Pedro, es amable de parte de Jesús. En presencia de estos hombres prominentes, le encarga a Pedro apacentar su rebaño. Sí, Pedro le ha fallado rotundamente a Jesús, pero eso no indica que no sea de valor. No quiere decir que ya no se le entregarán a Pedro las llaves del reino. Pedro ya ha sido reprendido por Jesús debido a este error, nadie más lo debe hacer después de esto.

Finalmente, Pedro se convierte en pescador de hombres de tiempo completo. Sus redes están colgadas secándose por última vez. Tendrá una larga y próspera carrera como predicador. Y su vida independiente y vociferadora tendrá un final cruel pero glorioso. Jesús predice que Pedro se convertirá en mártir mediante la crucifixión. De acuerdo con la tradición, Pedro fue crucificado en el año 68 d.C. bajo el mandato de Nerón. No se sintió merecedor de la muerte de su Señor y por ello pidió ser crucificado de cabeza. Su deseo fue concedido.

Juan 21:20-25 señala:

[20] Al volverse, Pedro vio que los seguía el discípulo a quien Jesús amaba, el mismo que en la cena se había reclinado sobre Jesús y le

había dicho: «Señor, ¿quién es el que va a traicionarte?» ²¹Al verlo, Pedro preguntó:

—Señor, ¿y éste, qué?

²²—Si quiero que él permanezca vivo hasta que yo vuelva, ¿a ti qué? Tú sígueme no más.

²³Por este motivo corrió entre los hermanos el rumor de que aquel discípulo no moriría. Pero Jesús no dijo que no moriría, sino solamente: «Si quiero que él permanezca vivo hasta que yo vuelva, ¿a ti qué?»

²⁴Éste es el discípulo que da testimonio de estas cosas, y las escribió. Y estamos convencidos de que su testimonio es verídico.

²⁵Jesús hizo también muchas otras cosas, tantas que, si se escribiera cada una de ellas, pienso que los libros escritos no cabrían en el mundo entero.

Juan los ha estado siguiendo. Cuando Pedro voltea y lo ve, pregunta cuál será el destino de Juan. Jesús simplemente afirma: "Eso no te incumbe a ti. Pon atención en tus propias obligaciones y responsabilidades". Pero la forma en que Jesús lo expresa provocó que se mal entendiese que Juan no iba a morir. De acuerdo con la tradición, Juan es el único apóstol que no muere como mártir. Sin embargo, sí murió. Esta pequeña aclaración debió calmar los falsos rumores aun en los días de Juan.

Sin decir su nombre, Juan se identifica a sí mismo como el autor del libro. Él es el apóstol amado, el que se recostó junto a Jesús en la cena de la Pascua, el que aparentemente no moriría. Él fue testigo ocular del ministerio de Jesús.[30] A pesar de que pudo haber escrito innumerables libros en cuanto a lo que Jesús dijo e hizo, escogió estos pocos incidentes y los describió brevemente. Pero aun estos deben ser suficientes para que el lector crea en Jesús.

Sección 181
La gran comisión en Galilea
(Mateo 28:16-20; [Marcos 16:15-18])

De alguna manera, la gran comisión se repite en cada uno de los cuatro evangelios, al igual que en el libro de los Hechos de los Apóstoles (Mateo 28:18-20; Marcos 16:16-18; Lucas 24:45-49; Juan 20:21; Hechos 1:8). En pocas palabras, estas son nuestras órdenes.

---

[30] El "nosotros" del v. 24 es muy raro en Juan. Se puede explicar en una de varias maneras. Primero, puede ser un "nosotros" retórico, esencialmente equivalente a "yo". O, *oidamen* "sabemos" se puede dividir como *oida men*, "yo sé con *certeza*". O puede ser la obra del escribiente de Juan.

Basado en el hecho de que Jesús tiene **toda** autoridad, debemos evangelizar **todas** las naciones, bautizándolas y enseñándoles **todo** lo que él mandó. Si lo hacemos, Jesús estará con nosotros siempre.

Mateo 28:16-17 señala:

> [16]Los once discípulos fueron a Galilea, a la montaña que Jesús les había indicado. [17]Cuando lo vieron, lo adoraron; pero algunos dudaban.

En obediencia a las instrucciones de Jesús, los discípulos van a Galilea después de la fiesta de la Pascua (Mateo 28:7, 10). "Galilea de los gentiles" era el lugar apropiado para tal comisión global. Notoriamente, Jesús ya había dispuesto todo para llevar a cabo esta reunión. Como lo ha hecho muchas veces antes, utiliza una montaña como plataforma para entregar verdades excelsas a sus discípulos (Mateo 4:8; 14:23; 15:29; 17:1; 24:3; 26:30). Cuando ellos ven a Jesús, la respuesta es una mezcla. Algunos lo adoran, mientras que otros dudan.

¿Quién dudó? La expresión *"Hoi de"* podría estarse refiriendo a los once, a algunos de ellos o a otro grupo muy distinto. Sin embargo, en sus 25 usos previos en Mateo se refiere a su antecedente, que en este caso pudieran ser los once. Al parecer son los apóstoles los que lo adoraron y a la vez dudaron o titubearon.

Así que si nos referimos a los once, ¿por qué siguen dudando? La palabra "dudar" [*distazō*], no quiere decir que se rehúsan a creer, sino que vacilan o titubean. Esta palabra únicamente se la utiliza una vez más, en Mateo 14:31. Describe a Pedro cuando se hundió al ir caminando sobre el agua. Obviamente que él tiene fe, pero no es la suficiente para la tarea encomendada. Así es como debiéramos leer estas palabras. Están ansiosos, no resistentes. Mientras que ellos debieron haber creído el testimonio verdadero y fiel de los apóstoles, ni tienen la mente entenebrecida ni el corazón endurecido. La honestidad de Mateo nos sorprende en gran manera. Su punto simplemente es que todo esto no es ficción sino la realidad.

Mateo 28:18-20 señala:

> [18]Jesús se acercó entonces a ellos y les dijo:
> —Se me ha dado toda autoridad en el cielo y en la tierra. [19]Por tanto, vayan y hagan discípulos de todas las naciones, bautizándolos en[a] el nombre del Padre y del Hijo y del Espíritu Santo, [20]enseñándoles a obedecer todo lo que les he mandado a

ustedes. Y les aseguro que estaré con ustedes siempre, hasta el fin del mundo.ᵇ

*ᵃ**19** En*, ver Hechos 8:16; 19:5; Romanos 6:3; 1ª Corintios 1:13; 10:2 y Gálatas 3:27. *ᵇ**20** el fin del mundo*. Lit. *la consumación del siglo*.

A la luz de unos discípulos titubeantes y dudosos, Jesús pone las cosas en su verdadera dimensión. Él es supremo. Mientras que con frecuencia ha hablado de su autoridad (Mateo 9:6, 8; Lucas 9:1; 10:19; Juan 5:27; 10:18; 17:2), su resurrección ha establecido los hechos. Jesús es Dios encarnado y gobierna como Dios tanto en el cielo como en la tierra. Seguirá sumiso a su Padre, claro, pero eso es todo (1 Corintios 15:27-28).

Basado en la autoridad de Jesús, debemos hacer discípulos a todas las naciones. El 28:19 tiene un verbo principal y tres participios de apoyo. El verbo principal es un imperativo: ¡Hagan discípulos! Los otros verbos describen la forma de hacerlo. Primero, debemos ir. Ahora, resulta cierto que el participio "vayan" se pudiera entender como "mientras van, hagan discípulos". Por lo tanto, algunos han enfatizado que la gran comisión simplemente señala que hay que hacer discípulos donde uno se encuentra.[31] Pero esto no puede ser todo lo que Jesús quiso decir. Lingüísticamente, un participio adopta algo de la fuerza del verbo principal en imperativo.[32] En otras palabras, se nos ordena ir. Además, el contexto parece demandarlo. ¿Cómo vamos a alcanzar a todas las naciones a menos que intencionalmente crucemos las fronteras con el propósito de evangelizar? Jesús claramente ordena un esfuerzo evangelizador global. Al mismo tiempo, debemos tener la precaución de no crear una dicotomía no escritural entre misiones locales y foráneas al exaltar la obra evangelizadora por encima del trabajo en donde nos encontremos. Ambos son mandatos de Jesús y ambos son necesarios para cumplir con la tarea que Jesús nos ha dejado.

El segundo y tercer participios en el 28:19 son "bautizándolos" y "enseñándoles". Juntos describen el proceso de hacer discípulos. Estas fueron las marcas distintivas de la conversión y el discipulado, el peregrinaje de cada creyente.

---

[31] Por ejemplo, R. Duncan Culver, "What is the Church's Commission? Some Exegetical Issues in Matthew 28:16-20" (¿Qué comisión tiene la iglesia? Algunos asuntos exegéticos en Mateo 28:16-20), *BETS* (Boletín de la sociedad teológica bíblica) 10 [1967]: 115-126.

[32] En cuanto a otros ejemplos de esta construcción en Mateo ver 2:13, 20; 5:24; 11:4; 21:2. Ver a C. Rogers, " The Great Commission" (La gran comisión), *BibSac* (Biblioteca Sacra) 130 [1973]: 258-267.

Se ha dicho mucho en cuanto a esta "fórmula" bautismal: "en el nombre del Padre y del Hijo y del Espíritu Santo". Este texto apoya en gran manera el concepto de la Trinidad. Sin embargo, en Hechos y las epístolas, solamente encontramos que la gente se bautiza en el nombre de Jesús el Cristo, no de los tres. Esto ha llevado a la gente a practicar una gran variedad de bautismos. Por ejemplo, algunos han insistido que una persona se la debe bautizar *únicamente* en el nombre de Jesús, otros practican la inmersión repetida por tres ocasiones, una vez por cada persona de la Trinidad.[33] Tales prácticas están equivocadas por tres razones. Primero, no hay razón para creer que Jesús nos estaba dejando una fórmula con esto. Las palabras que exteriorizamos al sumergir a una persona no son lo importante. Lo que importa es que esa persona deposite su fe en Jesús como su Señor y Salvador, que mueran para sí mismos y resuciten juntamente con Cristo. Segundo, bautizarse en el nombre de Jesús no tiene nada que ver con cierta apelación. El "nombre" de Jesús representa su autoridad, propósito y carácter. Por lo tanto, la efectividad del bautismo no está en una encarnación mágica utilizada en la ceremonia. El bautismo "funciona" debido al poder y la autoridad de Jesús para limpiarnos de nuestros pecados (1 Pedro 3:21; Hechos 2:38) e incorporarnos en su reino. El mismo error se comete cuando oramos: "en el nombre de Jesús, amén", pensando que como ya hemos dicho tales palabras, en realidad hemos orado en el nombre de Jesús. La fórmula verbal puede tener muy poco qué ver con la oración real o ser bautizado en el nombre de Jesús.

Mateo está a punto de terminar su narración. En vez de enfocarse en nuestro mandato, concluye con la promesa del Cristo. Esta es lapromesa total y completa de Emanuel: "Dios con nosotros" (Mateo 1:23). Él estará con nosotros hasta el fin del mundo a través de la presencia del Espíritu Santo. Estará con nosotros cara a cara. ¡Qué pensamiento tan glorioso!

Marcos 16:16-18 señala:

> [16]«El que crea y sea bautizado será salvo, pero el que no crea será condenado. [17]Estas señales acompañarán a los que crean: en mi nombre expulsarán demonios; hablarán en nuevas lenguas; [18]tomarán en sus manos serpientes; y cuando beban algo venenoso,

---

[33] Por ejemplo, D. R. Plaster, "Baptism by Triune Immersion" (Bautismo en inmersión triuna), *GTJ* (Revista Teológica de Grace Theological Seminary) 6/2 [1985]: 383-390.

no les hará daño alguno; pondrán las manos sobre los enfermos, y éstos recobrarán la salud.»

Este final de Marcos está cargado de dificultades textuales, que ya se discutieron antes (*Sección 173*). A pesar de estas dificultades textuales, este resulta ser un texto peculiar. El v. 16 contiene "la presentación de Marcos" de la gran comisión, con una declaración fuerte en cuanto a la inmersión. Luego, procede a enumerar una gran cantidad de señales milagrosas que acompañarán a los creyentes (no nada más a los apóstoles). Ahora, no nos sorprende que podrán echar fuera demonios. Tanto los doce como los setenta y dos hicieron eso durante el ministerio de Jesús (Marcos 6:13; Lucas 10:17). Y Pablo lo hizo en el libro de los Hechos (16:18). De hecho, el poder de Jesús sobre los demonios era bien conocido en Éfeso (Hechos 19:13). Tampoco nos sorprende que hablarían en lenguas. Este fenómeno tocó a los apóstoles (Hechos 2:1-4); la casa de Cornelio (Hechos 10:44-48); los doce discípulos en Éfeso (Hechos 19:1-4) y a la iglesia en Corinto (1ª Corintios capítulo 14). Y, claro, esperaríamos sanidades milagrosas en el nombre de Jesús. La sanidad fue uno de los dones del Espíritu (1ª Corintios 12:9).

Lo que no esperaríamos es tomar a las serpientes venenosas y beber veneno mortal. Parece algo muy raro. Sin embargo, Jesús afirmó con anterioridad que los discípulos tenían el poder para pisotear serpientes y escorpiones (Lucas 10:19, muy posiblemente haciendo alusión a los poderes del mal). Y Pablo no sufrió ningún daño cuando lo mordió una culebra venenosa en Malta (Hechos 28:3-6). Aunque en las Escrituras no encontramos a nadie tomar veneno, tiene el mismo efecto que sobrevivir a una mordedura de serpiente venenosa. Ahora, si por un momento pudiéremos sobreponernos a nuestra tendencia a exhibiciones espectaculares, el texto no es tan fantástico como pudiera parecer. No quiere decir que podemos poner a prueba a Dios o nuestro destino al jugar con las serpientes venenosas o tomando estricnina. Esencialmente, todo lo que está señalando es que los fenómenos sobrenaturales y en ocasiones la protección sobrenatural de algún daño acompañaría a los cristianos.

Debemos apartar este texto del circo y llevarlo a la arena romana donde lo encontrarían los lectores de Marcos. Debido a que los cristianos se mantenían firmes por Cristo y testificaban con sus vidas, enfrentaban oposición letal. En ocasiones se les forzaba a beber veneno como forma de ejecución y en ocasiones enfrentaban animales salvajes. Los detalles pueden variar. Usted puede reemplazar a las serpientes venenosas por leones o por perros salvajes. Puede reemplazar el veneno por la espada o la cruz. El significado sigue siendo el mismo: cuando usted le sirve a un Dios sobrenatural que ama a su pueblo, usted puede esperar sorpresas hermosas cuando él decide hacer acto de presencia entre su pueblo.

Este texto no está señalando que cada cristiano va a tener manifestaciones sobrenaturales ni tampoco que el cuerpo de creyentes tendrá siempre manifestaciones milagrosas. Lo que sí está señalando es que cuando la iglesia se mantiene firme en Dios, Dios estará presente con su iglesia. De hecho, Marcos 16:17-18 funciona en la gran comisión como lo hace Mateo 28:20 (y Hechos 1:8). Es la promesa de la presencia de Dios con nosotros. Por lo tanto, este pasaje da un gran alivio, especialmente a los creyentes que encuentran oposición al predicar a Cristo. Mateo señala que cuando evangelizamos al mundo, Jesús estará con nosotros (Mateo 28:20). Lucas señala que cuando evangelizamos al mundo, el Espíritu Santo nos dará poder (Hechos 1:8). Marcos afirma que cuando evangelizamos al mundo, Dios nos protegerá.

Sección 182
Jesús se aparece a Jacobo y a quinientos
(1 Corintios 15:6-7)

⁶Después se apareció a más de quinientos hermanos a la vez, la mayoría de los cuales vive todavía, aunque algunos han muerto. ⁷Luego se apareció a Jacobo, más tarde a todos los apóstoles.

En algún momento, Jesús también se aparece a su medio hermano Jacobo y a un grupo de más de quinientos hermanos. La forma como está presentado en el texto, Jesús primero se le aparece a los quinientos, luego a Jacobo y finalmente a los apóstoles. Aunque este es una lista fiel de las apariciones, seguro que no es cronológico. Eso querría decir que Jesús se apareció a Jacobo y a los quinientos el domingo por la tarde antes de aparecerse a los apóstoles el domingo por la noche. En realidad, un orden inverso sería lo correcto: los apóstoles, luego a Jacobo y luego a los quinientos (muy probablemente en Galilea).

Sin importar el tiempo exacto de estas apariciones, nos proveen grandes evidencias en cuanto a la realidad de la resurrección. Primero, Jacobo se convierte en el líder de la iglesia en Jerusalén (Hechos 12:17;

15:13; 21:18; Gálatas 2:9) y muy probablemente el autor de la carta del Nuevo Testamento que lleva su nombre, Santiago. Pero no siempre estuvo comprometido con Jesús. De hecho, aun en la cruz, Jesús pone a María al cuidado de Juan, como si no tuviera hermanos vivos. Y seis meses antes de eso, los hermanos de Jesús, probablemente incluyendo a Jacobo, desafiaron a Jesús para que subiera a Jerusalén y probara quién era, dándose a conocer abiertamente mediante sus milagros (Juan 7:1-5). Ya habían tomado la determinación de que Jesús estaba loco y se lo querían llevar a su casa (Marcos 3:31-32). ¿Qué fue lo que cambió a Jacobo para convertirse en pilar de la iglesia después de ser todo un escéptico? Nada menos que la resurrección.

También está la multitud de quinientos que lo vieron resucitado. Esta no es una mera alucinación. Existen testigos múltiples. Además, Pablo señala que muchos de ellos seguían con vida cuando él escribió 1 Corintios (en el año 55 d.C.). En otras palabras, todo esto no es un mito fraudulento. Se podía hablar con la gente que seguía viva.

Sección 183
Jesús se aparece a los apóstoles en Jerusalén
(Lucas 24:44-49; Hechos 1:3-8)

Hemos combinado Lucas 24:44-49 con Hechos 1:3-8 como si fuesen un incidente. Pero note, la narración de Lucas empieza con el v. 36, que tuvo lugar en el domingo de resurrección. La narración de Hechos parece haberse llevado a cabo hacia finales de los cuarenta días. Lucas, el autor de ambas narraciones, está utilizando un recurso literario para unir los dos libros. Es como cuando una telenovela le presenta al público un adelanto del próximo episodio, pero lo hace al final de un programa y luego le presenta un resumen del episodio anterior al inicio del siguiente programa. Muy probablemente lo que tenemos en esta ocasión no es un solo incidente, sino la síntesis de varias apariciones. Lucas puede estar combinando todo lo que Jesús dijo e hizo en sus cuarenta días de apariciones. El final de Lucas lo tenemos con el domingo de resurrección, pero echando una mirada hacia los cuarenta días posteriores, mientras que el inicio de Hechos presenta el día de la ascensión y echa una mirada retrocediendo cuarenta días.

Hechos 1:3 señala:

³Después de padecer la muerte, se les presentó dándoles muchas pruebas convincentes de que estaba vivo. Durante cuarenta días se les apareció y les habló acerca del reino de Dios.

Lucas 24:44-48 *con* Hechos 1:4 señalan:

{Una vez, mientras comía con ellos^He} ⁴⁴—Cuando todavía estaba yo con ustedes, les decía que tenía que cumplirse todo lo que está escrito acerca de mí en la ley de Moisés, en los profetas y en los salmos.
⁴⁵Entonces les abrió el entendimiento para que comprendieran las Escrituras.
⁴⁶—Esto es lo que está escrito —les explicó—: que el Cristo padecerá y resucitará al tercer día, ⁴⁷y en su nombre se predicarán el arrepentimiento y el perdón de pecados a todas las naciones, comenzando por Jerusalén. ⁴⁸Ustedes son testigos de estas cosas.

La primer aparición de Jesús fue el domingo después de la Pascua. Su última aparición fue cuarenta días más tarde en el monte de los Olivos. Ahora, el Pentecostés se iniciaba en domingo, cincuenta días después de la resurrección. Por lo tanto, Jesús ascendió diez días antes de que esa fiesta comenzara.

Durante esos cuarenta días, de muchas maneras, él demuestra que está vivo. Lucas las llama "pruebas convincentes", [*tekmerion*, Hechos 1:3]. Aristóteles usó la misma palabra para indicar "una prueba rotundamente convincente" (Rhetórica I.2.16). Jesús come con sus apóstoles y discípulos, conversa con ellos, se les aparece, permite que toquen sus heridas y les enseña como tan sólo él sabe hacerlo. Juan lo pone de la siguiente manera: "Lo que ha sido desde el principio, lo que hemos oído, lo que hemos visto con nuestros propios ojos, lo que hemos contemplado, lo que hemos tocado con las manos, esto les anunciamos respecto al Verbo que es vida" (1 Juan 1:1).

Durante esos cuarenta días Jesús tuvo mucho que enseñarles a sus discípulos acerca del reino de Dios (Hechos 1:3). Una lista de estas enseñanzas después de resucitado nos muestra que él específicamente habló de tres cosas:

1. La interpretación de las profecías mesiánicas (Lucas 24:26-27, 44-45; Hechos 1:5)
2. El evangelismo mundial (Mateo 28:18-20; Marcos 16:15-16; Lucas 24:47-49; Juan 20:21)

3. Su presencia continua en la iglesia (28:20; Marcos 16:17-18), especialmente mediante poderes milagrosos (Marcos 16:17-18; Lucas 24:49; Hechos 1:4)

En una ocasión, mientras Jesús comía con ellos, tuvieron un estudio bíblico. Jesús no sólo les enseñó en cuanto al contenido del Antiguo Testamento, sino que les dijo como interpretarlo correctamente. De este pasaje aprendemos por lo menos tres cosas en cuanto a la correcta interpretación de la Biblia. Primero, debía centrarse en Cristo. En otras palabras, debemos buscar a Jesús en todas partes, aun en el Antiguo Testamento (que claro eran las únicas Escrituras que Jesús tuvo en sus manos). Jesús cubrió todo en su totalidad. La frase, "en la ley de Moisés, en los profetas y en los salmos" representa las tres divisiones principales de la Biblia hebrea.[34] En nuestro lenguaje popular, Lucas nos está diciendo: "Jesús está explicando el Antiguo Testamento de pasta a pasta". Esto no quiere decir que cada versículo señala hacia Jesús. Pero sí quiere decir que cada libro anticipa o prepara, predice o provee luz en cuanto a Jesús.

Segundo, Lucas 24:45 enseña que Jesús nos ayudará a entender la Biblia. Esa tarea ha sido tomada ahora por el Espíritu Santo (Juan 16:13-15; 1ª Corintios 2:10-16). Esto no quiere decir que el Espíritu Santo nos dará más revelación objetiva nueva. Su obra es mostrarnos cómo aplicar las Escrituras en vez de cómo interpretarla. Nos ayuda a entender la Biblia dándonos el corazón de Dios. Cuando ponemos como prioridad lo mismo que Dios, cuando compartimos su propósito y apreciamos su gracia, es entonces cuando su palabra se abre para nosotros. Hay mucha gente bien preparada y educada que no tienen un compromiso con Cristo y que saben a la perfección lo que la Biblia quiere decir, pero no saben qué significa. "El que no tiene el Espíritu no acepta lo que procede del Espíritu de Dios, pues para él es locura. No puede entenderlo, porque hay que discernirlo espiritualmente" (1 Corintios 2:14).

Tercero, la interpretación debe ser evangelizadora. Es decir, se centra en la muerte y resurrección de Jesús que nos limpia de nuestros pecados y nos eleva en justicia. También significa que le llevamos al mundo aquello que aprendemos. En el reino de Dios no hay cabida a un estudio bíblico narcisista. Dios tiene muy poco

---

[34]Este punto de vista de las tres partes de la Biblia hebrea no se solidificó sino hasta siglos después de Jesús (ver a b. Baba Batra 136), pero se le puede percibir desarrollándose 200 años antes del primer siglo en Sir 39:1 y 4QMMT. En cuanto a la desciption de ese desarrollo ver a Craig A. Evans, "The Dead Sea Scrolls and the Canon of Scripture in the Time of Jesus", en *The Bible at Qumran*, ed. por Peter W. Flint (Grand Rapids: Eerdmans, 2001), 67-79).

uso para la investigación religiosa académica que siempre tiene como objetivo a uno mismo, siempre preguntando y debatiendo, siempre puliendo y reordenando, pero jamás comunicándose con un mundo perdido. Dios jamás es glorificado en los estudios bíblicos donde la gente se la pasa apapachándose porque lograron acudir a ellos, donde se discute la moda teológica más reciente y yéndose silenciosamente, imaginando que esto es cumplir con la voluntad de Dios. Lucas, al igual que los demás evangelistas, nos instan a que proclamemos las buenas nuevas de manera global.

Lucas 24:49 *con* Hechos 1:4 señalan:

⁴⁹Ahora voy a enviarles lo que ha prometido mi Padre; pero ustedes quédense en la ciudad hasta que sean revestidos del poder de lo alto. {esperen la promesa del Padre, de la cual les he hablado[He]}

Hechos 1:5-8 señala:

⁵Juan bautizó con[a] agua, pero dentro de pocos días ustedes serán bautizados con el Espíritu Santo.
⁶Entonces los que estaban reunidos con él le preguntaron:
—Señor, ¿es ahora cuando vas a restablecer el reino a Israel?
⁷—No les toca a ustedes conocer la hora ni el momento determinados por la autoridad misma del Padre —les contestó Jesús—. ⁸Pero cuando venga el Espíritu Santo sobre ustedes, recibirán poder y serán mis testigos tanto en Jerusalén como en toda Judea y Samaria, y hasta los confines de la tierra.

ᵃ5 *con* Alt. En.

Los discípulos necesitan el liderazgo, compañía y enseñanza de Jesús. Sin embargo, Jesús debe regresar al Padre. Así que Jesús le pasa el trabajo al Espíritu Santo. Él va a ser más efectivo que el mismo Jesús encarnado para llevar a cabo la gran comisión.

Los apóstoles regresan a Jerusalén para celebrar el Pentecostés. Se les instruye a que permanezcan en la ciudad, en vez de irse a Galilea, a menos hasta que hayan sido bautizados con el Espíritu Santo. No tendrán que esperar mucho. Diez días después, el Espíritu Santo desciende corporalmente sobre ellos (Hechos 2:1-4) y manifiesta visiblemente su poder. Pedro utiliza sus llaves para abrir la puerta principal a la iglesia, 3,000 personas entran, y así nace la iglesia de Jesucristo. Por lo tanto, así empieza la conquista global.[35]

[35] Hay mucho en este pasaje que proviene de Hechos y que merece ser comentado. Con gran

Sección 184
La ascensión
([Marcos 16:19-20]; Lucas 24:50-53; Hechos 1:9-12)

Este glorioso acontecimiento culmina con la glorificación y exaltación de Jesús. Fue levantado no sólo de entre los muertos sino a la derecha del Padre. Ahora él se encuentra allí sentado trabajando. Claro que todos los jueces trabajan sentados (Hebreos 1:3; 12:2). No es tan sólo Juez sino que también es nuestro abogado defensor (Romanos 8:34) o como lo pone el libro de Hebreos, nuestro sumo sacerdote, intercediendo por nosotros (4:14; 8:1ss; 9:11; 10:12). Dios lo ha exaltado (Filipenses 2:9-11), dándole el poder de gobernar todas las galaxias (Efesios 1:20-23). Pero lo más sorprendente está por venir. Debido a que Jesús ascendió, ¡también nosotros (Colosenses 3:1)! Así como compartimos con él en su resurrección, también compartimos en su glorificación. En verdad, esta es la crema y nata del evangelio.

Lucas 24:50-51 *con* Marcos 16:19; Hechos 1:9 señalan:

⁵⁰Después los llevó Jesús hasta Betania; {Después de hablar con ellos^Mr} allí alzó las manos y los bendijo. ⁵¹Sucedió que, mientras los bendecía, se alejó de ellos y fue llevado {mientras ellos lo miraban^He} al cielo {hasta que una nube lo ocultó de su vista^He}. {y se sentó a la derecha de Dios^Mr}

Hechos 1:10-12 con Lucas 24:52 señalan:

¹⁰Ellos se quedaron mirando fijamente al cielo mientras él se alejaba. De repente, se les acercaron dos hombres vestidos de blanco, que les dijeron:
¹¹—Galileos, ¿qué hacen aquí mirando al cielo? Este mismo Jesús, que ha sido llevado de entre ustedes al cielo, vendrá otra vez de la misma manera que lo han visto irse.
¹²Entonces {lo adoraron y^Lc} regresaron a Jerusalén {con gran alegría^Lc} desde el monte llamado de los Olivos, situado aproximadamente a un kilómetro de la ciudad.

---

restricción, dejamos eso a uno de los buenos comentarios de Hechos. Sin embargo, se debe notar lo siguiente: El libro de los Hechos de los apóstoles es la continuación de la narración del evangelio. Hechos 1:1 señala: "Estimado Teófilo, en mi primer libro me referí a todo lo que Jesús comenzó a hacer y enseñar . . ." (con énfasis agregado). Aunque Hechos está separado de su primer volumen por el Evangelio de Juan, no debemos perder de vista lo que Lucas hacía. En el volumen uno cuenta de la obra de Jesús a través de su encarnación. En el volumen dos nos cuenta de la obra de Jesús a través de su Ayudador, el Espíritu Santo. Sin el libro de los Hechos de los Apóstoles, el mensaje de los cuatro evangelios queda incompleto.

Lucas 24:53 señala:

⁵³Y estaban continuamente en el templo, alabando a Dios.

Diez días antes del Pentecostés, Jesús lleva a sus discípulos a [pros] Betania (Lucas 24:50). Hacen un alto total en la cima del monte de los Olivos donde inició la procesión de la entrada triunfal seis semanas antes (Hechos 1:12).[36] Allí les habló a sus apóstoles por última vez. Es posible que también se encuentren allí los ciento veinte (Hechos 1:15). Levanta las manos y los bendice.[37] Con esto, termina su ministerio terrenal.

En medio de la bendición, Jesús empieza a flotar y ascender. Ellos sabían perfectamente que el cuerpo encarnado de Jesús podía caminar sobre el agua. Saben que el cuerpo resucitado de Jesús no tiene barreras y que puede atravesar puertas. Pero esto aún los sorprende. Los discípulos, como niños que han dejado escapar un globo inflado con helio, miran fijamente el cielo mientras Jesús se pierde en las nubes. Quedan absortos por tal acontecimiento que no se dan cuenta inmediatamente de que hay dos hombres parados junto a ellos, vestidos de blanco.

Nos preguntamos cuánto tiempo debieron haber estado parados allí los ángeles esperando a que los discípulos galileos los notaran. Finalmente, rompen el silencio al preguntar: "¿Cuánto tiempo se van a quedar ustedes aquí mirando al cielo?" Luego, proceden a indicarles: "¡Regresará!" La implicación es obvia: ¡A trabajar! Hay mucho qué hacer antes de que regrese. Naturalmente, adoran a Jesús y luego se regresan a la ciudad santa con gran alegría y anticipando lo que Dios hará enseguida.

Obviamente que la ascensión es un acontecimiento maravilloso y milagroso. Sin embargo, Lucas es el único que lo registra (además de Marcos con su fin prolongado). Prediciblemente, algunos se muestran escépticos a que realmente sucedió. Pero Stott presenta un argumento razonable de la realidad histórica en cuanto a la ascensión:

1. Fue predicha (Salmo 110:1; Lucas 22:69).

---

[36]Ver a P. Atkins, "Luke's Ascension Location – A Note on Luke 24:50" (Ubicación de la ascensión según Lucas – Una nota en cuanto a Lucas 24:50), *ExpT* (Revista expositor) 109/7 [1998]: 205-206.

[37]Liefeld (p. 1058) nota que Lucas usa la palabra "bendecir" [*eulogeō*] únicamente al principio y al final de su libro (1:22, 42, 64; 2:28, 34; 24:30, 51, 53). Por ello se dice que Lucas puede intentar que esta palabra sirva como "la conclusión" o "cierre" del volumen uno.

2. Así afirma el Nuevo Testamento (Marcos 16:19; Lucas 24:50-51; Hechos 1:9-11).
3. Así se asume en el Nuevo Testamento (Juan 20:17; Hechos 7:55; Romanos 8:34; 1 Corintios 15:1-28; Efesios 1:18-23; Filipenses 2:9-11; 3:10, 20; Colosenses 3:1; Hebreos 1:3; 4:14ss; 8:1; 9:11ss; 10:12; 12:2; 1 Pedro 3:21.22).
4. Se presenta con sobriedad, no como literatura apócrifa.
5. Hubo testigos oculares presentes.
6. No hay nada más que narre la terminación repentina de las apariciones del Jesús resucitado.[38]

Así que aceptamos la ascensión como un acontecimiento histórico verdadero. ¡Tanto por eso! ¿Realmente importa? Primero, la obra de Jesús había concluido (Juan 17:4-5; 19:30; Filipenses 2:6, 9-10). Terminó su obra. Cumplió con la encomienda y llegó la hora de regresar a casa. Segundo, tiene que ocuparse en su nueva responsabilidad de interceder por los santos a la derecha del Padre (Romanos 8:34; Hebreos 7:25). Tercero, prometió ir a preparar lugar para nosotros (Juan 14:2). Finalmente, y tal vez lo más importante, el Espíritu Santo vendría únicamente después de la ascensión de Jesús (Juan 7:39; 16:7). Jesús cumplió con su propósito siendo él capaz de realizarlo. Ahora, es tiempo de dejarle el lugar al Espíritu Santo. Es su ascensión que nos promete su regreso y nos da el poder para vivir por un tiempo sin él físicamente con nosotros.

Marcos 16:20 señala:

> [20]Los discípulos salieron y predicaron por todas partes, y el Señor los ayudaba en la obra y confirmaba su palabra con las señales que la acompañaban.

Así termina la narración en cuanto a Jesús se inicia la crónica de su novia. Que su poder siga presente en nuestra predicación hasta su gloriosa aparición en las nubes. ¡Ven, Señor Jesús!

---

[38] J. Stott, *The Spirit, the Church and the World* (El Espíritu, la iglesia y el mundo) [Downers Grove: IVP, 1990], pp. 47-49.

Bibliografía citada

(Los siguientes libros, disponibles en inglés, fueron citados por el autor Mark Moore. Quizás algunos, también estén publicados en español.)

Alford, Henry. *The Greek Testament* (El testamento griego). Vol. 1. Chicago: Moody Press, 1958.

Ash, Anthony L. *The Gospel According to Luke* (El Evangelio según Lucas). 2 Vols. Austin, TX: Sweet, 1972.

Barclay, William. *The Gospel of Matthew* (El Evangelio de Mateo). 2 Vols. Philadelphia: Westminster Press, 1975.

Beasley-Murray, George R. *John* (Juan). Vol. 36: *Word Biblical Commentary* (Comentario bíblico conceptual). Waco, TX: Word Books, 1987.

Blomberg, Craig L. *Matthew* (Mateo) *The New American Commentary: An Exegetical and Theological Exposition of Holy Scripture* (El nuevo comentario americano: Una exposición exégeta y teológica). Ed. por David S. Dockery, et al. Nashville: Broadman, 1992.

Brooks, James A. *The New American Commentary: Mark* (El nuevo comentario americano: Marcos). Nashville: Broadman, 1991.

Brown, Raymond E. *The Death of the Mesiah* (La muerte del Mesías). New York: Doubleday, 1977.

Brown, Raymond E. *The Gospel According to John XII-XXI* (El Evangelio según Juan XII-XXI). New York: Doubleday, 1970.

Bruce, F. F. *The Hard Sayings of Jesus* (Las declaraciones difíciles de Jesús). Downers Grove: InterVarsity Press, 1983.

Butler, Paul T. *The Gospel of Luke* (El evangelio de Lucas). Joplin, MO: College Press, 1981.

Carson, D. A. *Matthew* (Mateo). Vol. 8: *The Expositor's Bible Commentary* (Comentario bíblico del expositor). Ed. By Frank E. Gaebelein. Grand Rapids: Zondervan, 1984.

Carson, D. A. *Sermon on the Mount: An Evangelical Exposition of Matthew 5-7* (El Sermón del Monte: Una exposición evangélica de Mateo 5-7). Grand Rapids: Baker, 1978.

Crowther, Duane S. *Atlas and Outline of the Life of Christ* (Atlas y bosquejo de la vida de Cristo). Bountiful, UT: Horizon Publishers & Distributors, 1982.

Dodd, C. H. *Interpretation of the Fourth Gospel* (Interpretación del cuarto evangelio). Cambridge: University Press, 1955.

Dunn, J. D. G. *Jesus Remembered: Christianity in the Making* (Jesús recordado: El cristianismo en marcha). Grand Rapids: Eerdmans, 2003.

Edersheim, Alfred. *The Life and Times of Jesus the Messiah* (La vida y época de Jesús el Mesías). McLean, VA: MacDonald, n.d.

Evans, Craig A. *Luke* (Lucas). Peabody, MA: Hendricksen, 1990.

Evans, Craig A. *Mark* (Marcos). In the Word Biblical Commentary, vol. 34b. Nashville: Thomas Nelson, 2001.

Ferguson, Everett. *Backgrounds of Early Christianity* (Antecedentes del cristianismo primitivo). Grand Rapids: Eerdmans, 1987.

Foreman, Dale. *Crucify Him: A lawyer Looks at the Trial of Jesus* (Crucifíquelo: Una consideración legal del juicio de Jesús). Grand Rapids: Zondervan, 1990.

Foster, R. C. *Studies in the Life of Christ* (Estudios de la vida de Cristo). Joplin, MO: College Press, 1995.

France, R. C. *The Gospel of Matthew* (El evangelio de Mateo). NICNT. Grand Rapids: Eerdmans, 2007.

Green, Joel B., Scot McKnight, and I. Howard Marshall, eds. *Dictionary of Jesus and the Gospels*. (Diccionario de Jesús y los evangelios). Downers Grove: InterVarsity Press, 1992.

Guelich, Robert A. *Mark* (Marcos) *1-8:26*. Vol. 34A: *Word Biblical Commentary*. (Comentario bíblico conceptual). Ed. by David A. Hubbard, Glenn W. Barker, John D. W. Watts, and Ralph P. Martin. Dallas: Word, 1989.

Gundry, Robert H. *Matthew: A Commentary on His Handbook for a Mixed Church under Persecution* (Mateo: Un comentario de su manual para una iglesia mixta bajo persecución). Grand Rapids: Eerdmans, 1994.

Hendriksen, William. *New Testament Commentary: Exposition of the Gospel According to John* (Comentario del Nuevo Testamento: Exposición del Evangelio según Juan). Grand Rapids: Baker, 1953.

Johnson, Luke Timothy. *The Gospel of Luke* (El Evangelio de Lucas). Ed. by Daniel J. Harrington. Collegeville, MN: Liturgical Press, 1991.

Lane, William L. *The Gospel According to Mark* (El Evangelio según Marcos). Grand Rapids: Eerdmans, 1974.

Lewis, Jack P. *The Gospel According to Matthew* (El Evangelio según Mateo). 2 Vols. Austin, TX: Sweet, 1976.

Liefeld, Walter L. *Luke* (Lucas). Vol. 8: *The Expositor's Bible Commentary* (Comentario bíblico del expositor). Ed. by Frank E. Gaebelein. Grand Rapids: Zondervan, 1984.

Linnemann, Eta. *Is there a Synoptic Problem?* (¿Existe un problema sinóptico?) Grand Rapids: Baker, 1992.

Longenecker, Richard N. *Acts* (Hechos) Vol. 9: *The Expositor's Bible Commentary* (Comentario bíblico del expositor). Ed. by Frank E. Gaebelein. Grand Rapids: Zondervan, 1981.

The Lost Books of the Bible (Los libros perdidos de la Biblia). New York: Bell Publishing, 1979.

MacArthur, John. *The MacArthur New Testament Commentary: Matthew 16-23* (Comentario MacArthur del Nuevo Testamento: Mateo 16-23). Chicago: Moody Press, 1988.

Matthew-Mark (Mateo-Marcos). Vol. 8. *The Broadman Bible Commentary* (Comentario bíblico Broadman). Ed. by Clifton J. Allen et al. Nashville: Broadman, 1969.

McGarvey, J. W., and Philip Y. Pendleton. *The Fourfold Gospel or A Harmony of the Four Gospels* (El cuarto evangelio o una armonía de los cuatro evangelios). Cincinnati: Standard, 1914.

Meserve, Albert D. *The Olivet Discourse: A Study of Matthew 24* (El Discurso del Monte de los Olivos: Un estudio de Mateo 24). San Jose, CA: San Jose Bible College, 1970.

Morris, Leon. *Expository Reflections on the Gospel of John* (Reflexiones sobre el evangelio de Juan). Grand Rapids: Baker, 1988.

Mounce, Robert H. *New International Biblical Commentary: Matthew* (Comentario Bíblico Nuevo Internacional: Mateo). Peabody, MA: Hendrickson Publishers, 1991.

Nolland, John. *Luke* (Lucas). 1—9:20. Vol. 35A. *Word Biblical Commentary* (Comentario bíblico conceptual). Ed. by David A. Hubbard, Glenn W. Barker, John D. W. Watts, and Ralph P. Martin. Dallas: Word Books, 1989.

Nolland, John. *Luke* (Lucas). 18:35—24:53. Vol. 35C *Word Biblical Commentary* (Comentario bíblico conceptual). Ed. by David A. Hubbard, Glenn W. Barker, John D. W. Watts, and Ralph P. Martin. Dallas: Word Books, 1993.

Rogers, Cleon L., Jr. *The Topical Josephus: Historical Accounts that Shed Light on the Bible* (El Josefo temático: Narraciones históricas que arrojan luz a la Biblia). Grand Rapids: Zondervan, 1992.

Rudin, A. James, and Marvin R. Wilson. *A Time to Speak: The Evangelical-Jewish Encounter* (Tiempo de hablar: El encuentro evangélico judío). Grand Rapids: Eerdmans, 1987.

Ryle, John C. *Ryle's Expository Thoughts on the Gospels: Matthew* (Reflexiones en cuanto a los evangelios: Mateo). Greenwood, SC: Attic Press, 1974.

Shepard, J. W. *The Christ of the Gospels* (El Cristo de los evangelios). Grand Rapids: Eerdmans, 1939.

Stott, John R. W. *Christian Counter-Culture: The Message of the Sermon on the Mount* (La contra cultura cristiana: El mensaje del Sermón del Monte). Downers Grove: InterVarsity, 1978.

Tenney, Merrill C. *John* (Juan). Vol. 9: *The Expositor's Bible Commentary* (Comentario bíblico del expositor). Ed. by Frank E. Gaebelein. Grand Rapids: Regency Reference Library, 1981.

Vermes, Geza. *Jesus the Jew: A Historian's Reading of the Gospels* (Jesús el judío: Una lectura histórica de los evangelios). New York: Macmillan, 1973.

Walvoord, John F. *Matthew: Thy Kingdom Come* (Venga tu reino). Chicago: Moody Press, 1974.

Wenham, John. *Easter Enigma: Are the Resurrection Accounts in Conflict?* (Enigma de la Semana Santa: ¿Están en conflicto las narraciones de la resurrección?) Grand Rapids: Baker, 1992.

Wessel, Walter W. *Mark* (Marcos). Vol. 8: *The Expositor's Bible Commentary* (Comentario bíblico del expositor). Ed. by Frank E. Gaebelein. Grand Rapids: Regency Reference Library, 1984.

Westcott, Brooke F. *The Gospel According to St. John* (El Evangelio según San Juan). Grand Rapids: Eerdmans, 1950.

Wieand, A. *A New Harmony of the Gospels.* (Una nueva armonía de los evangelios). Grand Rapids: Eardmans, 1947.

Witherington, Ben. *The Gospel of Mark: A Socio-Rhetorical Commentary* (El evangelio de Marcos: Un comentario socio-retórico). Gran Rapids: Eerdmans, 2001.

The Works of Flavius Josephus (Las obras de Flavio Josefo), Tr. William Whiston, 4 vol. Grand Rapids: Baker, 1974.

Guía para encontrar los pasajes

Cita	Sección	Pág.	Cita	Sección	Pág.	Cita	Sección	Pág.
			12:9-14	51	211	20:17-19	125a	675
	MATEO		12:15-21	52	219	20:20-28	125b	677
1:1-17	3	30	12:22-37	61	305	20:29-34	126	681
1:18-25	9	59	12:38-45	62	310	21:1-11	128b	697
2:1-12	14	74	12:46-50	63	313	21:12-13	129b	707
2:13-18	15	78	13:1-3	64a	315	21:14-17	128b	697
2:19-23	16	81	13:3-23	64b	317	21:18-19	129a	705
3:1-6	21	91	13:24-30	64d	324	21:19b-22	131	717
3:7-10	22	94	13:31-32	64e	326	21:23-27	132a	720
3:11-12	23	98	13:33-35	64f	327	21:28—22:14	132b	722
3:13-17	24	101	13:36-43	64g	328	22:15-22	133	731
4:1-11	25	105	13:44	64h	329	22:23-33	134	734
4:12	34	140	13:45-46	64i	329	22:34-40	135	739
4:13-16	40	163	13:47-50	64j	330	22:41-46	136	742
4:17	37	154	13:51-53	64k	331	23:1-36	137a	744
4:18-22	41	164	13:54-58	69	349	23:37-39	137b	755
4:23-25	44	178	14:1-2	71a	364	24:1-3	139a	759
5:1-2	54a	224	14:3-12	71b	365	24:4-14	139b	762
5:3-12	54b	226	14:13-14	72a,b	371	24:15-28	139c	766
5:13-16	54c	237	14:15-21	72c	374	24:29-31	139d	772
5:17-20	54d	239	14:22-23	73	377	24:32-41	139e	774,777
5:21-48	54e	243	14:24-33	74	378	24:42—25:30	139f	778
6:1-18	54f	255	14:34-36	75	383	25:31-46	139g	785
6:19-7:6	54g	263	15:1-20	77	399	26:1-5	140	788
7:7-27	54h	273	15:21-28	78	408	26:6-13	128a	691
7:28-8:1	54i	279	15:29-31	79a	413	26:6-13	141	691,790
8:2-4	45	179	15:32-38	79b	416	26:14-16	142	791
8:5-13	55	279	15:39—16:4	80	418	26:17-19	143	792
8:14-17	43	175	16:5-12	81a	421	26:20	144	795
8:18	65	332	16:13-20	82	426	26:21-25	146	801
8:19-22	93	470,521	16:21-23	83	432	26:26-29	148	805
8:23-27	65	332	16:24-28	84	437	26:30	152	851
8:28-34	66	335	17:1-8	85	439	26:31-35	147	805,810
9:1-8	46	183	17:9-13	86	444	26:36-46	152	851
9:9	47a	188	17:14-20	87	446	26:47-56	153	858
9:10-13	47b	191	17:22-23	88	451	26:57	155	869
9:14-17	48	194	17:24-27	89	453	26:58	156	873
9:18-26	67	340	18:1-5	90	455	26:59-68	155	869
9:27-34	68	347	18:6-11	91b	460	26:69-75	156	873
9:35-38	70a	352	18:12-14	91c	463	27:1	157	889
10:2-4	53	217	18:15-22	92a	464	27:2	159	886
10:1-42	70b	353	18:23-35	92b	468	27:3-10	158	882
11:1	70c	364	19:1-12	122	652	27:11-14	159	886
11:2-19	57	287	19:13-15	123	663	27:15-26	161	894
11:20-30	58	294	19:16-30	124a	665	27:27-30	162	894
12:1-8	50	207	20:1-16	124b	672	27:31-34	163	906

Guía de pasajes

Cita	Sección	Pág.	Cita	Sección	Pág.	Cita	Sección	Pág.
27:35-44	164	911	6:14-16	71a	364	13:33-37	139f	778
27:45-50	165	921	6:17-29	71b	365	14:1-2	140	788
27:51-56	166	925	6:30	72a	371	14:3-9	141	691,790
27:57-58	167a	928	6:31-34	72b	371	14:10-11	142	791
27:59-60	167b	932	6:35-44	72c	374	14:12-16	143	792
27:61-66	168	934	6:45-46	73	377	14:17	144	795
28:1	169	941	6:47-52	74	378	14:18-21	146	801
28:2-4	170	941	6:53-56	75	383	14:22-25	148	805
28:5-8	171	941	7:1-23	77	399	14:26	152	853
28:9-10	174	951	7:24-30	78	408	14:27-31	147	805,810
28:11-15	175	952	7:31-37	79a	413	14:32-42	152	851
28:16-20	181	970	8:1-9a	79b	416	14:43-52	153	858
			8:9b-12	80	418	14:53	155	869
MARCOS			8:13-21	81a	421	14:54	156	873
1:1	20	89	8:22-26	81b	423	14:55-65	155	869
1:2-6	21	91	8:27-30	82	426	14:66-72	156	873
1:7-8	23	98	8:31-33	83	432	15:1a	157	879
1:9-11	24	101	8:34–9:1	84	437	15:1b-5	159	886
1:12-13	25	105	9:2-8	85	439	15:6-15	161	894
1:14a	34	140	9:9-13	86	444	15:16-20a	162	894
1:14-15	37	154	9:14-29	87	446	15:20-23	163	906
1:16-20	41	164	9:30-32	88	451	15:24-32	164	911
1:21-28	42	170	9:33-37	90	455	15:33-37	165	921
1:29-34	43	175	9:38-41	91a	458	15:38-41	166	925
1:35-39	44	178	9:42-50	91b	460	15:42-45	167a	928
1:40-41	45	179	10:1-12	122	652	15:46	167b	932
2:1-12	46	183	10:13-16	123	663	15:47	168	934
2:13-14	47a	188	10:17-31	124a	665	16:1	169	941
2:15-17	47b	191	10:32-34	125a	675	16:2-8	171	941
2:18-22	48	194	10:35-45	125b	677	16:[9-11]	173	948
2:23-28	50	207	10:46-52	126	681	16:[12-13]	176	953
3:1-6	51	211	11:1-11	128b	697	16:[14]	178	958
3:7-12	52	214	11:12-14	129a	705	16:[15-18]	181	970
3:13-19	53	217	11:15-18	129b	707	16:[19-20]	184	980
3:20-30	61	305	11:19b-25	131	717			
3:31-35	63	313	11:27-33	132a	720	**LUCAS**		
4:1-2	64a	315	12:1-12	132b	722	1:1-4	1	13
4:3-25	64b	317	12:13-17	133	731	1:5-25	4	40
4:26-29	64c	324	12:18-27	134	734	1:26-38	5	45
4:30-32	64e	326	12:28-34	135	739	1:39-45	6	51
4:33-34	64f	327	12:35-37	136	742	1:46-56	7	52
4:35-41	65	332	12:38-40	137a	744	1:57-66	8a	55
5:1-20	66	335	12:41-44	138	756	1:67-79	8b	56
5:21-43	67	340	13:1-4	139a	759	1:80	8c	58
6:1-6a	69	349	13:5-13	138b	762	2:1-7	10	62
6:6b	70a	352	13:14-23	139c	766	2:8-20	11	65
6:7-11	70b	353	13:24-27	139d	772	2:21	12	69
6:12-13	70c	364	13:28-32	139e	774,777	2:22-38	13	69

Guía de pasajes

Cita	Sección	Pág.	Cita	Sección	Pág.	Cita	Sección	Pág.
2:39	16	81	9:7-9	71a	364	20:1-8	132a	720
2:40	17	83	9:10-11	72a,b	371	20:9-19	132b	722
2:41-50	18	84	9:12-17	72c	374	20:20-26	133	731
2:51-52	19	87	9:18-21	82	426	20:27-40	134	734
3:1-2	20	89	9:22	83	432	20:41-44	136	742
3:3-6	21	91	9:23-27	84	437	20:45-47	137a	744
3:7-14	22	94	9:28-36a	85	439	21:1-4	138	756
3:15-18	23	98	9:36b	86	444	21:5-7	139a	759
3:19-20	34	140	9:37-43a	87	446	21:8-19	139b	762
3:19-10	71b	365	9:43b-45	88	451	21:20-24	139c	766
3:21-23a	24	101	9:46-48	90	455	21:25-27	139d	772
3:23b-38	3	30	9:49-50	91a	458	21:28-33	139e	774
4:1-13	25	105	9:51-56	95	473	21:34-36	139f	778
4:14a	34	140	9:57-62	93	470,521	21:37-38	131	717
4:14b-15	37	154	10:1-16	102a	524	22:1-2	140	788
4:16-31a	39	158	10:17-24	102b	528	23:3-6	142	791
4:31-37	42	170	10:25-37	103	530	22:7-13	143	792
4:38-41	43	175	10:38-42	104	535	22:14-16	144	795
4:42-44	44	178	11:1-4	105a	538	22:17-20	148	805
5:1-11	41	164	11:5-13	105b	540	22:21-23	146	801
5:12-16	45	179	11:14-36	106	542	22:24-30	144	795
5:17-26	46	183	11:37-54	107	548	22:31-38	147	805,810
5:27-28	47a	188	12:1-12	108a	554	22:39-46	152	851
5:29-32	47b	191	12:13-34	108b	558	22:47-53	153	858
5:33-39	48	194	12:35-48	108c	563	22:54a	155	869
6:1-5	50	207	12:49-53	108d	568	22:54b-62	156	873
6:6-11	51	211	12:54-59	108e	569	22:63-65	155	869
6:12-16	53	217	13:1-9	109	570	22:66-71	157	879
6:17-19	54a	224	13:10-21	110	571	23:1-5	159	886
6:20-26	54b	226	13:22-30	113a	585	23:6-12	160	892
6:27-30	54e	243	13:31-35	113b	589	23:13-25	161	894
6:31	54h	273	14:1-24	114	592	23:26-33a	163	906
6:32-36	54e	243	14:25-35	115	599	23:33b-43	164	911
6:37-42	54g	263	14:35	54c	237	23:44-46	165	921
6:43-49	54h	273	15:1-32	116	603	23:47-49	166	925
7:1-10	55	279	16:1-13	117a	611	23:50-52	167a	928
7:11-17	56	283	16:14-31	117b	616	23:53-54	167b	932
7:18-35	57	287	17:1-10	117c	622	23:55-56	168	934
7:36-50	59	298	17:11-19	120a	640	24:1-9	171	941
8:1-3	60	303	17:20-37	120b	642	24:9-12	172	945
8:4	64a	315	18:1-14	121	647	24:13-32	176	953
8:5-18	64b	317	18:15-17	123	663	24:33-35	177	957
8:19-21	63	313	18:18-30	124a	665	24:36-43	178	958
8:22-25	65	332	18:31-34	125a	675	24:44-49	183	976
8:26-39	66	335	18:35-43	126	681	24:50-53	184	980
8:40-56	67	340	19:1-10	127a	685			
9:1-5	70b	353	19:11-28	127b	688			
9:6	70c	364	19:29-44	128b	697			
			19:45-48	129b	707			

Guía de pasajes

Cita	Sección	Pág.	Cita	Sección	Pág.
JUAN			12:2-8	141	691,790
			12:9-11	128a	691
1:1-18	2	17	12:12-19	128b	697
1:19-28	26	109	12:20-36	130a	711
1:29-34	27	112	12:37-50	130b	715
1:35-51	28	113	13:1-20	145	797
2:1-11	29	118	13:21-30	146	801
2:12	30	123	13:31-38	147	805,812
2:13-22	31	124	14:1-31	149	817
2:23-25	32a	129	15:1-17	150a	825
3:1-21	32b	130	15:18—16:4	150b	830
3:22-36	33	137	16:5-15	150c	834
4:1-4	34	140	16:16-22	150d	838
4:5-26	35a	142	16:23-33	150e	840
4:27-38	35b	148	17:1-26	151	842
4:39-42	35c	150	18:1	152	851
4:43-45	36	153	18:1-12	153	858
4:46-54	38	155	18:12b-14	154	868
5:1-9	49a	196	18:15-18	156	875
5:10-18	49b	200	18:19-23	154	858
5:19-47	49c	202	18:24	155	869
6:1-3	72a,b	371	18:25-27	156	873
6:4-13	72c	374	18:28-38	159	886
6:14-15	73	377	18:39—19:16a	161	894
6:16-21	74	378	19:16b-17	163	906
6:22-59	76a	384	19:18-27	164	911
6:60-71	76b	396	19:28-30	165	921
7:1	77	399	19:31-38	167a	928
7:2-9	94	471	19:39-42	167b	932
7:10	95	473	20:1	171	941
7:11-31	96a	477	20:2-10	172	945
7:32-52	96b	482	20:1-18	173	948
7:53–8:11	97	487	20:19-25	178	958
8:12-20	98	492	20:26-31	179	962
8:21-30	99a	494	21:1-25	180	963
8:31-59	99b	497			
9:1-7	100a	503	**HECHOS**		
9:8-12	100b	507			
9:13-34	100c	508	1:3-8	183	976
9:35-38	100d	513	1:9-12	184	980
9:39-41	100e	514	1:13	53	217
10:1-18	101a	515	1:18-19	158	882
10:19-21	101b	521			
10:22-39	111	577	**1 Corintios**		
10:40-42	112	587	11:23-26	148	805
11:1-16	118a	626	15:5a	177	957
11:17-44	118b	630	15:5b	179	962
11:45-54	119	637	15:6-7	182	975
11:55—12:11	128a	691			

Para ver más libros de LATM:
www.latm.info/bookstore

www.ingramcontent.com/pod-product-compliance
Lightning Source LLC
Chambersburg PA
CBHW052052300426
44117CB00013B/2089